참 고 도 서

이 책은 기본적인 약 20,000단어와 많은 예문을 선택하였는바 그 기준을 다음의 사전을 바탕으로 하여 필자의 판단에 의해 취사 선택하고 가감을 하였다.

◇ *Alphonse Juilland & E. chag – Rodríguez* : **Frecuency Dictionary of Spanish Words**; Wouton & Co. The Hague, The Netherlands, 1964年版.

◇ **Dictionary of Spoken Spanish**; Garden City Books, Garden City, New York, 1960年版.

◇ *Miguel de Toro y Gisbert y Ramón García – Pelayo y Gross* : **Pequeño Larousse Ilustrado**; Editorial – Larousse, París, 1964年版.

◇ *Lazaro, Sánchez Ladero*, **Diccionario Ilustrado Básico Sopena**; Editorial Ramón Sopena, S. A., Barcelona; 1970年版.

◇ *María Moliner* **Diccionario do Uso del Español** Editorial Gredos, S. A., Madrid, 1966−1967年版.

◇ 高橋正武, 瓜谷良平, 宮城 昇, *Enrique Contreras* : スペイン基本語辭典 (白水社, 東京) 1972年版.

◇ *Edwin B. Williams* **Diccionario del Idioma Español** Pocket Books, New York, 1975年版.

◇ 高橋正武 : **Diccionario Abreviado Español – Japonés** (白水社, 東京) 1961年版.

◇ 高橋正武 : **Diccionario Español – Japonés**：(白水社, 東京) 1979年版.

약　　자

- 감 감탄사
- 관 관사
- 남 남성 명사
- 대 대명사
- 명 명사(남·여성)
- 복 복수형
- 부 부사·부사구
- 여 여성명사
- 자 자동사
- 재 재귀동사
- 전 전치사
- 접 접속사
- 타 타동사
- 형 형용사

inf. infinitivo 부정사

ind. indicativo 직설법

pl. plural 복수

subj. subjuntivo 접속법

A

a [a+정관사 el은 al이 된다] 젠 ① [사람, 동물 때로는 지명의 대격보어 앞에서]…을. Espero *a* José. 나는 호세를 기다린다. Respetan *a* los ancianos. 노인을 공경한다. ¿A quién esperas? 누구를 기다리느냐. El dueño cuida *al* caballo. 주인이 말을 돌본다. Visité *a* Berlín. 나는 베를린을 방문했다. ② [여격보어의 앞에서]…에게. Ella escribió *a* mi padre. 그녀는 내 아버지에게 편지를 썼다. ¿A quién quiere Vd. escribir? 누구에게 편지쓰기를 원하십니까. Dígaselo *a* él. 그에게 그것을 말씀하십시오. ③ [여격보어의 앞에서]…한테서. Se lo compré *a* Tomás. 나는 그것을 또마스한테서 샀다. He comprado estas flores *a* esa niña. 나는 그 소녀한테서 이 꽃들을 샀다. ④ [목적·방향·귀착점]…에·로. El va *a* Méjico. 그는 멕시코에 간다. Voy *a* Barcelona. 나는 바르셀로나에 간다. ⑤ [목적]…을 위해, …하러. Antonio vino *a* verme. 안또니오는 나를 만나러 왔다. ¿A qué vienes? 뭐하러 왔느냐. ⑥ [시점]…에. ¿A qué hora llega el avión? 비행기는 몇시에 도착합니까. Partieron *al* día siguiente. 그들은 다음 날에 출발했다. ⑦ [지접]…에, …을, …에서. Llaman *a* la puerta. 누군가가 문을 두들긴다. El avión volaba *a* 130 kilómetros *al* oeste de la costa. 비행기는 해안에서 서쪽 130킬로미터의 곳을 비행하고 있었다. ⑧ [단위]…(의 비율)으로. Venden *a* veinte pesetas el metro. 1미터에 20페세따로 팔고 있다. ⑨ [명령의 대용 : a+inf.]…하자. ¡A dormir! 자, 자자. ¡A ver! 자, 보자. ⑩ [방법·수단]…으로·을 써서. Iré *a* pie. 나는 걸어 가겠다. El escribe *a* mano. 그는 손으로 쓴다. La secretaria escribió *a* máquina. 여비서는 타자를 쳤다.

aarónico, ca 혱 아아론(Aarón)의.

aaronita 혱 아아론의. 몡 아아론의 후손.

ababol 몡 [식물] 양귀비꽃(amapola).

abacá 몡 [식물] 마닐라삼.

abacería 여 식료품점.

abacero, ra 몡 식료품점 주인.

ábaco 몡 주판; (딩기의) 점수판.

abad 몡 수도원장; 신부. ◇ **abadesa** 여 여자 수녀원장

abadía ① 수도원장의 직·관구·임기. ② 수도원(monasterio).

abajo 뷔 아래에·로; 아랫층에 [↔ arriba]. Sube tú y yo me quedaré *abajo*. 너는 올라 가거라, 나는 아래에 있겠다. Empezamos por la línea cinco contando desde *abajo*. 우리들은 아래에서 세어서 다섯째 줄부터 시작한다. El está *abajo*. 그는 아래층에 있다.

abalanzar 타 균형을 잡다, 저울로 달다; 던져버리다. ◇ **~se** [a·sobre : …에] 달려들다, 돌진하다, 급습하다.

abaldonar 타 모욕하다(ofender).

abanderado 남 기수(旗手).

abanderamiento 남 선적등록.

abanderar 타 선적등록[증명]을 하다.

abandonado, da 형 버림받은, 의지할 곳 없는, 자포자기하는.

abandonar 타 버리다. Ernesto *abandonó* a su prometida. 에르네스또는 그의 약혼녀를 버렸다. ◇ ~**se** 자포자기가 되다; (악덕·감정에) 빠지다. Si *te abandonas* a la pereza, estás perdido. 만일 태만에 빠지면, 너는 길을 파멸한다.

abandono 남 ①포기. ②자포자기. ③마음 편함. Ella estaba vestida con *abandono*. 그녀는 단정치 못한 복장을 하고 있다. ④【경기】기권. ◇ **abandonismo** 남 자포자기 주의. ◇ **abandonista** 형 자포자기 주의의. 명 자포자기주의자.

abanicar 타 부채질하다; 학대하다; 혼내주다. ◇ **abanico** 남 부채; 선풍기. *abanico de culpas* 밀고자. *abanico de chimenea* 바람막이. *parecer abanico de tonta* 바보같이 보이다. ◇ **abaniqueo** 남 부채질; 과장한 몸짓, 힘찬 손짓. ◇ **abaniquero, ra** 명 부채장수.

abanto, ta 형 (소, 말 등) 놀라기 잘하는. 남 아프리카 독수리 종류.

abaratamiento 남 하락(下落).

abaratar 타 (값을) 내리다.

abarca 남 슬리퍼 (zapatilla).

abarcar [7] sacar] 타 ①품다, 껴안다. Quien mucho *abarca* poco aprieta. 모든 것을 원하는 자는 전부를 잃는다. (El que todo lo quiere todo lo pierde). ②포함하다, 갖다. España *abarca* dos tipos de idiomas; las lenguas románicas y el vascuence. 스페인은 두 가지형태의 언어, 즉로만스어와 바스크어를 가지고 있다. ◇ ~**se** 한 눈에 바라보이다. Desde allí *se abarca* con la mirada todo el lago. 저곳에서는 호수 전체가 한 눈에 바라보인다.

abarquillar 타 밀가루 과자를 원추형으로 만들다.

abarrajar 타 타락하다; 걸려 넘어지다.

abarrancadero 남 장애, 궁지; 벼랑.

abarrancar 타 궁지에 몰아넣다. ◇ ~**se** 곤경에 빠지다.

abarrotar 타 (짐을) 넣다; 묶다, 싸다; (상품을) 매점하다.

abarrotería 여 식료품 가게.

abarrotero, ra 명 식료품가게 주인.

abarrotes 남복 식료품(점). *tienda de abarrotes* 식료품점.

abastecer 타 [31 conocer] 보급하다, 공급하다. *abastecer* de víveres a una guarnición 경비대에 식량을 보급하다. ◇ **abastecedor, ra** 형 (식료품 등을) 공급하는. 명 공급자. ◇ **abastecimiento** 남 보급, 공급; 조달; 식량.

abastero 남 (야채·과일의) 중매인; 거간.

abasto 남 공급. 복 필수품; 식료품.

abatanar 타 표백하다; 학대하다.

abate 남 수도원장; 신부, 성직자.

abatí 명 옥수수 나무(의 열매), 그 열매의 빛깔; 누런 빛.

abatir 태 ① 내리다. Los marineros *abatieron* las velas. 선원들은 닻을 내렸다. ② 쓰러뜨리다. Tuvimos que *abatir* los palos del barco. 우리들은 배의 돛대를 쓰러뜨려야 했다. ◇ **~se** ① 내리다; 쓰러지다. El águila *se abatió* sobre su presa. 그 독수리는 먹이 위에 춤추며 내려왔다. ② 녹초가 되다, 기가 죽다. Al oírlo *él se abatió* mucho. 그는 그 말을 듣자 마자 무척 기가 죽었다. ③ 쇠약해지다, 기운이 빠지다. *Se abatió* por la enfermedad. 그는 병으로 쇠약해졌다. ◇ **abatido, da** 형 풀이 죽은, 기가 꺾인; 인기(가격)가 떨어진; (과실이) 상한; (가격을) 깎아 낮춘. ◇ **abatimiento** 명 쇠약; 기력 빠짐.

abdicar 태 [⑦ sacar] 퇴위·양위하다. El rey *abdicó* la corona en su hijo. 왕은 왕위를 그의 아들에게 양위했다. ◇ **abdicación** 여 퇴위, 양위.

abdomen 명 배, 복부(vientre). ◇ **abdominal** 형 배·복부의. *cavidad abdominal* 복강.

abecé 명 자모(표); 초보 지식. *no entender·saber el abecé* 낫놓고 기억자도 모르다.

abecedario 명 자모(표) (alfabeto).

abeja 여 【곤충】 꿀벌. Luis trabajo como una *abeja*. 루이스는 꿀벌처럼 일한다. *abeja machiega·maestra·reina* 여왕벌. *abeja neutra·obrera* 일벌.

abejero, ra 명 양봉가.

abejón 명 수펄(zángano). *hacer abejón* 수군거리다, 귀엣말을 하다.

abertura 여 구멍, 입, 사이, 틈. La *abertura* del jersey es demasiado pequeña para que me quepa la cabeza. 스웨터의 목이 너무 작아서 머리가 들어가지 않는다.

abierto, ta 형 ① 열린. ¿Hasta qué hora está la tienda *abierta*? 상점은 몇 시까지 열려 있읍니까. Ha dejado Vd. *abierta* la ventana. 선생께서는 창문을 열려진 채로 두었읍니다. Mi tía me recibió con los brazos *abiertos*. 숙모는 팔을 벌리고 나를 맞이하여 주셨다. ② 개방적인, 솔직한. Es una persona *abierta* y simpática. 그는 솔직 담백하고 마음이 너그러운 사람이다. ◇ **abiertamente** 부 널찍하게; 솔직하게.

abismo 명 ① 심연(深淵). El joven era feliz al borde de un *abismo*. 젊은이는 커다란 위험에 맞부딪치면서(심연의 가장자리에서) 행복했다. ② 간격, 거리. Entre lo que promete y lo que hace hay un *abismo*. 그가 약속하는 것과 실행하는 것과의 사이에는 큰 간격이 있다. ◇ **abismal** 형 심연의, 심원의. ◇ **abismar** 태 가라앉히다; 난처하게 만들다. ◇ **~se** 골똘히 생각하다; 놀라다; 감탄하다.

abjuración 여 (신앙·주의의) 포기.

abjurar 태 (신앙·주의를) 버리다.

ablación 여 (일부의) 제거, 거세.

ablandar 태 부드럽게 하다, 느슨하게 하다. Sus palabras *ablandaron* el rigor de la cólera paterna. 그의 말이 부친의 격렬한 노

여움을 가라앉혔다. 재 부드러워지다; 늦추어지다. El caramelo (*se*) *ablandó* con el calor. 더위 때문에 캬라멜이 부드러워졌다. ◇ **ablandamiento** 남 완화, 연화(軟化). ◇ **ablandativo, va** 형 부드럽게하는, 완화하는.

abnegación 여 자기희생. Entregó su juventud y su salud con la *abnegación* fácil de tal gente. 그는 그러한 사람들에게 흔히 있는 희생적인 기분으로 자기의 젊음과 건강을 바쳤다. ◇ **abnegado, da** 형 헌신적인. ◇ **abnegarse** 헌신하다 (sacrificarse); 봉사하다.

abobado, da 형 어리석은, 명청한, 바보같은, 미련한.

abofetear 타 손바닥을 치다; 뺨을 때리다(dar una bofetada).

abogacía 여 변호사직. El estudia *abogacía*. 그는 법률을 전공하고 있다.

abogado, da 명 변호사. El *abogado* tomó a su cargo la defensa de los intereses del señor López ante los tribunales de justicia. 그 변호사는 법정에서 로뻬스씨를 위해 변호를 떠맡았다. ◇ **abogar** 재 변호하다, 두둔하다; 대변하다.

abolir 타 폐지·철폐하다 (suprimir); 무효로 하다.

abolsado, da 형 주머니로 된, 주머니 모양의.

abolsarse 재 주머니와 같이 되다; 볼록해 지다.

abolladura 여 움푹 들어간 곳.

abollar 타 움푹 들어가게 하다. ◇ ~**se** 움푹 들어가다.

abollonar 타 두드러지게 아로 새기다, (금속을 눌러서) 두드러진 모양을 넣다.

abombar 타 볼록하게 하다. ◇ ~**se** (물이나 고기가) 썩다; 술이 곤드래가 되다; 명청하게 되다.

abominar 타 미워하다, 싫어하다(aborrecer). *abominar de*… 을 미워하다. ◇ **abominable** 형 증오할. ◇ **abominación** 여 증오.

abonado, da 형 믿을 수 있는; 납입이 끝난. 명 예약·신청·납입자; 구독자. *guia de abonados* 전화 번호부.

abonar 타 ① 불입하다; 예약하다. *Hemos abonado* en su cuenta corriente la suma de la comisión. 우리들은 수수료를 귀점의 당좌 계정에 불입하였다. ② 보증하다. Yo *abono* la veracidad de la anterior declaración. 나는 앞번 신고의 진실성을 보증한다. ◇ ~**se** [+a:…을] 예약·구독하다. *Me he abonado* al boletín de la Academia. 나는 아카데미아 공보의 구독 예약을 하였다.

abonaré 남 약속어음(pagaré).

abono 남 ① 불입; 예약. Ya he pagado dos *abonos* de butaca en la ópera. 나는 오페라의 정면 좌석을 2인분 예약하여 두었다. ② 비료(fertilizante). Existen *abonos* orgánicos y químicos. 유기비료와 화학비료가 있다.

abordar 타 (어려운 일에) 부딪치다. *Abordó* el tema valientemente. 그는 그 주제에 용감하게 부딪쳤다. ◇ **abordajo** 남 접근, 진공.

aborigen 형 토착의. 명 원주민.

aborrecer [30 crecer] 타 ① 싫어하다. *Aborrezco* esta vida que me cansa. 나는 이렇듯 피로한 생활은 싫다. ② 증오하다 (odiar). El *aborrecía* de muerte a su vecino. 그는 그의 이웃을 죽도록 미워했었다. ◇ **aborrecible** 웹 얄미운. ◇ **aborrecimiento** 엡 증오, 혐오, 얄미움.

abortar 웹 유산시키다. 웹 유산하다. ◇ **abortivo, va** 웹 유산·조산의. 웹 낙태용 약재. ◇ **aborto** 엡 유산, 조산아.

abotonar 웹 웹 단추를 잠그다. *Abotónese* su chaleco. 조끼 단추를 잠그세요.

abovedar 웹 아치를 만들다; 아치형으로 만들다.

abozalar 웹 입마개(bozal)를 물리다.

abra 웹 (작은) 만; 골짜기.

abrarasador, ra 웹 타는, 타는듯한, 뜨거운.

abrasamiento 웹 연소.

abrasar 웹 태우다, 전부 소비해 버리다. ◇ **~ se** 타다; 애를 태우다; 번민하다.

abrasión 웹 (피부의) 벗겨진 상처; 파도에 의한 침식작용.

abrasivo 웹 연마분.

abrazadera 웹 강철로 만든 테; 자물쇠 걸쇠, 돌쩌귀.

abrazar [9] alzar] 웹 ① 껴안다, 품다. Espero que vengas y me proporciones el gusto de *abrazarte*.【서간문】부디 오셔서 당신을 껴안는 기쁨을 나에게 주십시오. ② 포함하다. Este título *abraza* el contenido de la obra. 이 표제는 그 작품의 내용을 포함하고 있다. ◇ **~se** [+a에] 껴안다; 달라붙다. ◇ **abrazamiento** 웹 포옹.

abrazo 웹 포옹. Déle un *abrazo* en mi nombre. 나에게 잘 말씀해 주십시오(나의 이름으로 그에게 관용을 베푸십시오).

abrebotellas 웹【단·복수 동형】병따개, 오프너.

abrecartas 웹【단·복수 동형】편지 뜯는 칼.

abrecoches 웹【단·복수 동형】호텔 현관의 종업원.

ábrego 웹 남서풍.

abrelatas 웹【단·복수 동형】깡통따개, 오프너.

abreostras 웹 굴 따는 칼.

abrevadero 웹 (가축들이) 물 먹는 곳.

abrevar 웹 (가축에게) 물을 마시게 하다, 물에 적시다, (논에) 물을 대다.

abreviar [11 cambiar] 웹 줄이다; 요약·단축하다. Así podremos *abreviar* los trámites. 이렇게 하면 우리들은 수속을 간단히 할 수 있을 것이다. ◇ **abreviatura** 웹 약자, 약호.

abrigada 웹 ①【의복】오바, 외투(sobretodo). Póngase el *abrigo*. 외투를 입으세요. ② 보호, 비호; 피난처. Buscamos *abrigo* en una caverna. 우리들은 동굴 속에 피난처를 발견했다.

abrigar(se) [8 pagar] 웹 웹 따스하게 하다, (추위로부터 몸을) 지키다. Esta manta *abriga* mucho. 이 담요는 매우 따뜻하다. *Abríguese* bien antes de salir. 외출하기 전에 (외투 따위로) 따뜻하게 하고 가십시오. ◇ **abrigado, da** 웹 몸을 감싼.

abril 웹 ① 4월. *Abril* lluvioso, hace mayo florido y hermoso. 비가 많은 4월이 꽃피는 5월을 아름다운 것으로 만든다. ② 청춘

(juventud). ◇ **abrileño, ña** 형 4월의·다운.

abrir [과거분사 abierto] 타 ① 열다 [⊕ cerrar]. ¿Tengo que *abrir* esta maleta? 이 여행가방을 열어야 합니까? *Abra* la ventana. 창문을 여십시오. El niño *abrió* mucho los ojos. 어린이는 눈을 크게 떴다. ② 개시·개설하다. ¿Quiere *abrirme* cuenta? 구좌를 개설해 주시겠읍니까? ◇ **—se** 열다; 개시하다. Las puertas *se abren* a las diez. 문은 10시에 연다. *abrirse paso entre* 밀어젖히고 나아가다. Era difícil *abrirnos* paso entre esa multitud de gente. 우리들이 저 인파를 헤치고 나아가기는 어려웠다.

abrochar 타 (사람의) 단추·호크·바클을 채우다. *Abróchale* el abrigo al niño. 어린이 외투의 단추를 채워 주십시오. Tengo dificultad en *abrocharme* el cinturón. 벨트(의 바클)를 죄는 것이 어려고 있다. ◇ **abrochador** 남 단추걸이.

abrogar [8] 타 폐기하다. ◇ **abrogación** 여 폐기(법령의).

abrumar 타 압도하다; 괴롭히다. En aquellos tiempos él estaba *abrumado* por los acreedores. 그 무렵 그는 빚장이에게 괴롭힘을 당하고 있었다. ◇ **abrumador, ra** 짜증이 나게 하는(듯한), 압도적인. El me habló de una manera *abrumadora*. 그는 나에게 짜증나게 하는 말씨로 말했다.

absceso 남 [의학] 종기, 종양.

absolución 여 사면; 석방. *absolución* libre 무죄 석방. *absolución* general 대사면.

absoluto, ta 형 ① 절대적인. Tengo la certeza *absoluta* de que es así. 그렇다고 할 절대적인 확신이 있다. ② 전세의, 전횡한. Era un rey *absoluto*. 그는 절대군주였다. *en absoluto* 전혀, 조금도. ¿Le molesto?–No, *en absoluto* 방해가 될까요. —아니오, 천만에. ◇ **absolutamente** 부 절대로, 전혀. Es *absolutamente* imposible realizarlo sin tener las informaciones. 예비지식이 없이는 그것을 실시하는 것은 절대로 불가능하다.

absolutismo 남 전제주의 정치. ◇ **absolutista** 형 전제주의의. 남 전제주의자.

absolver [25 volver] 타 용서하다, 사면하다(perdonar); 석방하다.

absorber 타 마시다; 흡수·섭취하다. La arena *absorbió* el agua al instante. 모래는 순식간에 물을 빨아 들였다. Las plantas *absorben* el alimento de la tierra. 식물은 대지의 양분을 섭취한다. ◇ **absorbente** 형 흡수성의. 남 흡수제; 탈지면. *absorbente* higiénico 위생솜. ◇ **absorción** 여 흡수, 섭취.

abstenerse [58 tener] 재 [+de:…을]멈추다, 삼가다. Tienes que *abstenerte* del tabaco. 너는 담배를 끊어야 한다. *Me abstuve* de preguntárselo. 나는 그에게 그것을 묻는 것을 그만 두었다. ◇ **abstención** 여 금욕(abstinencia). ◇ **abstinencia** 여 금욕.

abstracto, ta 형 추상적인. La filosofía es una ciencia *abstracta*. 철학은 추상적 과학이다. *en abstracto* 추상적으로. ◇ **abstracción** 여 추상, 추출; 전념. ◇ **abstractamente** 부 추상적으로. ◇ **abstractivo, va** 형 추상적.

abstraerse [71 traer]재 [+de: …를] 버리다, 잊어버리다. Procuré *abstraerme* de lo que me rodeaba. 나는 주위의 일을 무시하려고 노력했다.

absurdo, da 형 불합리한, 터무니없는. Es absurdo ir allí de noche. 밤에 그곳에 가다니 주책없는 일이다. Es un cuento *absurdo*. 그것은 터무니없는 이야기이다. 남 불합리한, 터무니없는 일. No digas *absurdos*. 터무니없는 말을 하지 마라. ◇ **absurdamente** 부 불합리하게, 어리석게. ◇ **absurdidad** 여 부조리, 불합리.

abuelo, la 명 할아버지, 할머니. Mis *abuelos* viven todavía. 내 조부모는 아직 건재하다. 복남 조부모, 조상, 선조.

abultado, da 형 부풀어 오른, 큰. Me mostró un libro bastante *abultado*. 그는 나에게 꽤 부피가 큰 책을 보여 주었다. ◇ **abultamiento** 남 부피가 큼; 부풀어 오름.

abundamiento 남 풍부.

abundancia 여 풍부; 유복. El cielo ha regado la tierra con *abundancia*. 하늘은 땅 위에 풍족하게 비를 내렸다. *en abundancia* 흠뻑; 유복하게. En zonas montañosas nieva *en abundancia*. 산악 지방에서는 눈이 흠뻑 내린다. De la abundancia del corazón habla la boca. 【속담】취중진담. ◇ **abundancial** 형 많이 있는, 풍부한.

abundante 형 [+en·de: …가] 풍부한. Es un país *abundante* en recursos naturales. 천연자원이 풍부한 나라다.

abundar 자 많이 있다; [+en:…이] 풍부하다. En estos contornos *abundan* las cigüeñas. 이 부근에는 황새가 많다. Este país *abunda* en recursos naturales. 이 나라는 천연자원이 풍부하다.

aburrir 타 지치게 하다. José *aburre* a todo el mundo. 호세는 모든 사람을 지치게 한다. La película me *aburría*. 그 영화는 지루했다. ◇~**se** 지치다, 지루하다. Me *aburrí* en la conferencia. 나는 그 강연에서 지루하였다. ◇ **aburrido, da** 형 지루한[반 divertido]; 참을 수 없는. Es un libro muy *aburrido*. 그건 아주 지루한 책이다. ◇ **aburrimiento** 남 권태, 지루함.

abusar 자 [+de:…을] 악용·남용하다. No *abuses* de mi paciencia. 나의 인내심을 악용하지 마라. El *abusa* de su bondad. 그는 당신의 친절을 이용한다. ◇ **abusión** 여 남용; 불합리(한 일). ◇ **abuso** 남 남용, 월권, 부당(행위). Es un *abuso* cobrar 200 pesetas por aquello. 그 일로 200페세타나 받는다는 것은 부당하다. ◇ **abusón, na** 형 직권·권능을 남용하는. 남 직권 남용자.

abyección 여 굴욕, 비겁.

abyecto, ta 형 비열한, 비천한.

A.C. Año de Cristo(서기).

a/c a cuenta; a cargo.

acá [시간적, 공간적] 이쪽으로. Ha venido Vd. demasiado hacia *acá*. 당신은 너무 이쪽으로 왔소. Ven *acá*. 이리 오너라. De ayer *acá* hace un tremendo frío. 어제부터 너무 춥다. *por acá* 이쪽, 이 근방. Tenga Vd. la amabilidad de pasar *por acá*.

이쪽으로 오십시오.
acabar 옌 ①끝나다, 다하다. Los exámenes *acabarán* pasado mañana. 시험은 모레 끝날 것이다. ② [+con·en·por:…로] 끝나다, 최후가 …로 되다. La península *acaba en* punta. 반도는 끝이 뾰쪽해져 있다(뾰쪽한 끝으로 되어 있다). ③ [+de +*inf*.] 방금 …하였다. El tren *acaba de* llegar. 열차는 방금 도착하였다. José *acaba de* salir hace sólo un momento. 호세는 불과 조금 전에 출발하였을 따름이다. 団 끝내다; 마무리하다. Acabe Vd. su trabajo pronto. 빨리 일을 끝내십시오. Este mueble está muy bien *acabado*. 이 가구는 아주 훌륭하게 마무리되어 있다. ◇~**se** 끝나다; 다해지다. *Se acabó*. 만사가 끝났다. *Se me acabó* el dinero. 나는 돈이 없어졌다. ◇ **acabado, da** 혱 완성한, 완료한; 끝장난; 낡은, 못쓰게된, 부서진 (destruido); 소모한. producto *acabado* 완제품. 囝 완성.
acabalar 囘 완전하게 하다(completar).
acaballerado, da 혱 신사같은, 신사다운.
acabamiento 囝 끝, 종말; 죽음; 완성; 완료.
acacia 옌【식물】아카시아.
academia 옌 학사원, 한림원, 학회; (사립의 각종)학교, 학원. La Real *Academia* de la Lengua 스페인 왕립 국어 한림원. *academia* de dibujo 미술학원. ◇ **académico, ca** 혱 학사원·한림원의; 대학·학교의 囝 학사원 회원, 학회 회원.
acaecer [31] *conocer*] 邳 (사건·일이) 일어나다(suceder).
acaecimiento 囝 《돌발》사건.
acalambrarse 邳 호박같이 되다; 쥐나 경련(calambre)이 일어나다; 바보되다.
acalenturarse 邳 열을 내다, 발열하다.
acalorado, da 혱 격렬한, 흥분한, 열띤.
acaloramiento 囝 열, 격렬; 흥분.
acalorar 囘 열을 가하다. 태우다; 격려하다. *acalorarse en con·por* …타다; 흥분·열중하다; 열을 띠어 이야기하다.
acaloro 囝 = *acaloramiento*.
acallar 囘 조용하게 하다, 침묵시키다.
acampar 囘 야영시키다. 邳囘 야영하다. ◇ **acampamento** 囝 야영, 진영.
acaparar 囘 매점·독점하다. ◇ **acaparamiento** 囝 매점, 독(과)점.
acaponado, da 혱 거세된, 허약한.
acaracolado, da 혱 달팽이 모양의.
acaramelado, da 혱 캬라멜의 성질을 지닌, 부드러운, 행동과 말에 익숙한.
acaramelar 囘 캬라멜로 변하다. ◇~**se** 사랑스런 마음을 나타내다; 캬라멜의 성질을 지니다.
acareamiento 囝 대질(對質); 조합.
acarear 囘 대질시키다.
acariciador, ra 혱 애무하는.
acariciar [① *cambiar*] 囘 ①쓰다듬다; 귀여워하다(mimar).

José *acarició* al niño en la cabeza. 호세는 그 아이의 머리를 쓰다듬었다. ② (생각을) 가지다. *Acariciaba* la idea de marcharse a América. 그는 미국으로 건너갈 생각을 가지고 있었다.

acarrear 囲 ① 날아오다・가다. Hicieron este monte *acarreando* mucha tierra. 사람들이 흙을 많이 날라와서 이 산을 만들었다. ② 가져오다. Aquella imprudencia nos *acarreó* muchos disgustos. 그 부주의가 우리들에게 많은 불쾌감을 가져 왔다. ◇**acarreo** 囲 운송; 운임.

acaso 囲 아마(tal vez, quizás). *Acaso* preferiría usted ir en persona. 아마 당신은 손수 가시는 것이 좋을 것이다. *Acaso* venga mañana. 아마 그는 내일 올 것이다. ¿*Acaso* estabas tú allí? 아마 너는 그곳에 있었니? *por si acaso* 만일을 위하여; …할지도 모르겠어라. *Por si acaso* lo necesitas, lleva suficiente dinero. 혹시 필요할지도 모르니까, 충분히 돈을 가지고 가거라. Llevemos paraguas *por si acaso* llueve. 혹시 비가 올지 모르니 우산을 가지고 갑시다.

acatamiento 囲 존경, 경의, 경례.
acatar 国 존경하다(respetar), 경의를 표하다; 주의해서 보다.
acatarrar 国 감기에 걸리게 하다. ◇**-se** 감기에 걸리다. Estoy *acatarrado*. 나는 감기에 걸려 있다.
acates 囲 충실한 사람.
acato 囲 존경(acatamiento).
acatólico, ca 图 반카톨릭의.
acaudalado, da 图 풍부한, 부유한(adinerado). 囲 갑부, 부자.
acaudalar 国 재물을 쌓다; 학식을 쌓다, 덕망을 높이다.
acaudillar 国 지휘하다, (…의) 수령이 되다; 좌우하다. ◇**-se** 자기들의 수령으로 삼다.
acceder 困 [+a: …를] 승낙하다, (…에) 동의하다. Lamentamos no poder *acceder a* su solicitud de descuento. 할인청구는 미안하지만 승낙할 수 없읍니다. José *accedió a* venir con nosotros. 호세는 우리들과 함께 갈 것에 동의했다.
accesibilidad 囡 친하기 쉬움, 가까이하기 쉬움; 온순.
accesible 图 가까이하기 쉬운, 친하게 하는; 손닿는; 손에 넣기 쉬운, 입수하기 쉬운.
accesión 囡 승락; 동의; 부속(물); 가입, 가맹; 성교.
acceso 囲 접근, 들어감; 교제, 등교, 통행; 발작, 격발.
accesorio, ria 图 부속의, 부차적인. 囲 부속품, 도구.
accidentado, da 图 기절한; 기복이 많은; 다난한.
accidente 囲 ① 사고. El *accidente* ocurrió aquí mismo. 사고는 바로 여기에서 일어났다. Fue un *accidente*. 그것은 사고였다. La hora de llegada, salvo *accidente*, es las ocho de la noche. 도착시각은 사고가 없으면 밤8시이다. ② 【문법】 (명사・형용사・동사의) 어미변화. ◇**accidental** 우연의; 임시의. Fui a Madrid en un viaje *accidental*. 나는 임시 여행으로 마드리드에 갔다. ◇**accidentar** 国 사고를 일으키다. ◇**accidentarse** (발작이) 일어나다, 사고를 입다.

acción 閃 ① 활동; 행위, 행동. Sus *acciones* contradicen sus palabras. 그의 행동은 말과 모순된다. ② 작용. La *acciones* del ácido sobre este metal es considerable. 이 금속에 대한 산(酸)의 작용은 상당한 것이다. ③【상업】주, 주식. ¿Tiene usted *acciones* de la Compañía? 그 회사의 주를 가지고 있읍니까?. *acciones* ferroviarias 철도주. ◇ **accionar** 回 행동하다; 몸짓・연기를 하다; [+en : …에] 작용하다. 囮 움직이게 하다, (…에) 작동하다. Esta pieza *acciona* el treno. 이 부품이 브레이크를 움직이고 있다.

accionista 囶 주주. asamblea(junta・reunión) general de *accionistas* 주주총회. lista(registro) de *accionistas* 주주명부.

acecinar 囮 (고기 따위를) 소금에 절여서 말리다, 소금에 절이다.

acechanza 閃 = acecho.

acechar 囮 노리다, 정탐하다, 매복하다, 숨어서 기다리다.

acecho 囶 탐정, 매복.

acedar 囮 마음을 태우다; 불쾌하게 하다. ◇~se 음식이 상하다.

acedia 閃 신맛, 쓴맛; 불쾌;【물고기】넙치.

acedo, da 圈 신맛의; 쓴; 불쾌한.

acéfalo, la 圈 머리가 없는; 우두머리가 없는.

aceite 囶 기름. Los *aceites* vegetales se extraen de frutos y semillas. 식물성 기름은 과실이나, 씨앗에서 짜낸다. Úntelo con *aceite*. 그것에 기름을 발라라. *aceite* de olivo 올리브 기름. ◇ **aceitar** 囮 기름칠을 하다, 기름을 바르다. ◇ **aceitazo** 囶 폐유. ◇ **aceitera** 閃 기름통. ◇ **aceitería** 閃 기름집. ◇ **aceitero, ra** 圈 기름의; 제유(製油)의. 囶 기름 상인. ◇ **aceitón** 囶 폐유(aceitazo). ◇ **aceituna**【과실】올리브(열매, 기름).

acelerar 囮 빨리하다, 가속(加速)하다. Hacemos todo lo preciso para *acelerar* el despacho. 처리를 빨리하기 위해 우리들은 필요한 모든 일을 한다. ◇ **aceleración** 閃 급속, 축진;【물리】가속도. ◇ **acelerado, da** 圈 빠르게 한, 가속한. movimiento *acelerado* 가속운동. ◇ **acelerador** 囶 가속장치. ◇ **aceleradamente** 圆 서둘러서, 급속하게. ◇ **aceleratriz** 圈 가속의. fuerza *aceleratriz* 가속도운동.

acémila 閃 짐싣는 말, 짐싣는 짐승.

acemita 閃 밀기울로 만든 빵.

acemite 囶 밀기울, 겨.

acendrar 囮 닦다, 정화하다; 세련하다; 깨끗하게 하다.

acento 囶 ①【문법】액센트. Pon el *acento* sobre esta vocal. 이 모음 문자에 액센트를 붙여라. ② 어조; 방언, 사투리. Me ha hablado con *acento* entusiasta. 그녀는 열광적인 어조로 나에게 말했다. José tiene *acento* andaluz. 호세에게는 안달루시아 사투리가 있다. El habla con *acento* español. 그는 스페인 어투로 말한다. ③ 강조. El pone especial *acento* en la importancia del asunto. 그는 그 일의 중요성을 특히 강조하고 있다.

acentuar [14 actuar] 囮 (말에) 액센트를 붙이다; 강조・역설

하다. *Acentúe* usted bien al hablar. 말할 때에는 액센트를 확실히 붙이십시오. ◇ **acentuación** 여 액센트를 붙임; 강조.
acepilladura 여 대패질; 솔질; 대패밥.
acepillar 타 【속어】대패질하다; 솔질하다.
aceptar 타 받아들이다, 승낙·수락·인수하다. *Aceptamos* las condiciones que nos han propuesto. 제가는 조건을 받아 들입니다. ¿*Aceptan* ustedes cheques de viajeros? 여행자수표를 받아 줍니까? En este banco serán *aceptados* los cheques de viajeros. 이 은행은 여행자 수표를 인수해 줄것이다.

aceptación 여 받아들임, 수락; 환영. Estamos dispuestos a la *aceptación* de aquellas condiciones. 제가는 그 조건을 받아드릴 용의가 있습니다.
aceptabilidad 여 수용성, 받아드릴 수 있음, 허락·용납·인수할 수 있음.
aceptable 형 승낙할만한, 받아들일만한, 인수할 수 있는.
acequia 여 하수도, 도랑. 파 개천(arroyo).
acera 여 보도, 인도. El muchacho se sentó en la *acera*. 그 소년은 보도에 앉았다.
acerado, da 형 강철같은, 강철의; 철로 만든.
acerar 타 강철로 하다; 강철과 같이 견고히 하다; 도금하다; 생기를 주다; 노력하다.
acerbo, ba 형 신랄한, 가혹한, 잔인한; 쓰라린, 아픈, 쓴말을 주는; 엄격한; 불운한.
acerca 부 [+de]…에 대하여·관하여. *Acerca del* asunto hay mucho que decir. 그 전에 대해 말할 것이 많이 있다. Le escribimos *acerca de* su viaje. 우리는 그에게 귀하의 여행에 대해서 썼다. ¿Qué opina usted *acerca de* eso? 그것에 대해서 어떻게 생각하십니까?
acercar 타 [sacar] 가까이 하다. For favor, *acérqueme* una silla. 의자를 이쪽으로 가까이 당겨주십시오. Esto nos *acerca* a la solución. 이것은 우리들을 해결점에 접근시킨다. ◇ **—se**[+a : …에] 가까와지다. José *se acercó a* la puerta. 호세는 문에 접근하였다. ¡*Acérquese!* 더 가까이 오세요. El invierno *se acerca*. 겨울이 다가온다.
acercamiento 남 접근, 친선.
acería 여 제강소, 제철소.
acero 남 강철.
acertar [19 pensar] 타 잘 맞추다, (…에)적중하다. Es difícil *acertar* quien va a ganar. 누가 이길 것인가를 적중하기는 어렵다. Gana el que *acierte* el número. 번호를 알아 맞춘 사람이 이긴다. 자 [+con+ : en:…에] 잘 들어맞다, 부딪치다. No *acerté con* la casa. 나는 그 집을 찾아낼 수가 없었다. José *acertó* en el centro del blanco. 호세는 과녁의 한가운데를 맞추었다. ② [+a+부정형]능란하게·우연히 …하게 되었다. Yo *acertaba* a pasar por la casa cuando salía ella. 그녀가 나갔을 때 나는 우연히 집에 들리게 되었다. *Acertó a* pasar por allí un guardia. 우연히 경관이 그곳을 지나갔다. ◇ **acertado, da**

적중한, 정확한. Su observación fue muy *acertaba*. 그의 관찰은 매우 적중했다. ◇ **acertadamente** 🎵 정확히, 어김없이. ◇ **acertamiento** 🎵 적중, 정확함. ◇ **acertijo** 🎵 수수께끼.

acetanilida 🎵 해열제.
acetato 🎵 【화학】 초산염.
acético, ca 🎵 초산의. ácido *acético* 초산.
acetileno 🎵 【화학】 아세칠렌.
acetona 🎵 【화학】 아세톤.
acetre 🎵 두레박; (세례식에 쓰는) 성수병.
aciago, ga 🎵 불길한, 불행한(funesto). día *aciago* 흉일.
acial 🎵 (소·말의) 콧두레.
acíbar 🎵 고통; 슬픔; 불안; 고민; 불쾌(amargura).
ácido, da 🎵 산(酸)의, 신, 시큰한. 🎵 【화학】 산.
acierto 🎵 적중, 적확. Es un *acierto* el traje que te has comprado. 네가 산 옷은 값으로 치면 잘 산 것이다(알맞게 산 것이다).
aclamar 🎵 ① 갈채·환호하다. Los espectadores *aclamaron* al torero con bravos. 관객은 투우사에게 (갈쳤다)라고 환호했다. ② [+por : …라 하여] (환호하여) 추대하다. Le *aclamaron por su rey*. 사람들은 그를 자기들의 왕으로 추대하였다. ◇ **aclamación** 🎵 환호, 손뼉, 갈채. Fue elegido presidente por *aclamación*. 그는 만장일치로 (환호받으면서) 의장으로 선출되었다.
aclarar 🎵 ① 밝게하다; 맑게하다, 엷게하다. ¿*Aclarará* hoy el tiempo? 오늘 날씨가 개일까? Va *aclarando*. 날씨가 맑아진다. ¿Quiere *aclarar* el tono de las paredes? 벽의 색조를 밝게 하여 줄 수 없을까? ② 해명·설명하다. Hay que *aclarar* este asunto. 이 문제를 확실히 해야 한다. 🎵 밝아지다. Si (se) *aclara* el tiempo saldremos a dar un paseo. 하늘이 밝아지면 우리들은 산책하러 나간다. ◇ **aclaración** 🎵 해명, 설명. ◇ **aclaratorio, ria** 🎵 해명·설명의.
aclimatar 🎵 풍토에 적응하다, 순화하다; 길들이다. ◇ **aclimatable** 🎵 풍토에 적응할 수 있는. ◇ **aclimatación** 🎵 풍토에 익힘; 순화, 순응.
acné 🎵 여드름.
acocear 🎵 차버리다; 밟아버리다; 모욕주다, 괄시하다(maltratar).
acocil 🎵 강새우.
acocharse 🎵 오물어들다, 움츠리다.
acochinar 🎵 (저항불능의 사람을)죽이다, 무참히 죽이다.
acodar 🎵 팔꿈치를 고이다.
acodiciar 🎵 탐내다. ◇ **-se** [+a·de : …를] 가지고 싶어하다.
acodillar 🎵 팔꿈치 형태로 구부리다.
acoger [③ coger] 🎵 맞이하다(수용; 환영) Le *acogieron* cordialmente. 그들은 그를 충심으로 맞이했다. El asilo *acoge* a los ancianos. 수용소는 노인을 맞아 들인다. Me *acogieron* como a una persona de la familia.나를 가족의 한 사람처럼 맞이하였다. ◇ **-se** [+a : …에] 도망가다,   의지하다. Los franceses *se acogieron a* las naves. 프랑스인들은 배 속으로 도망

해 들어갔다. El *se acogió a* la protección del gobernador. 그는 총독의 보호에 의지했다. ◇ **acogida** 떼 수용; 환영. Tuve una calurosa *acogida*. 나는 융숭한 대접을 받았다. ◇ **acogimiento** 뗌 맞아들임; 수용(소); 환영(acogida).

acojinar, acolchonar 団 방석에(솜·털·스폰지 등을) 넣다.

acolehar 団 솜·양털을 넣어서 꿰매다 (acojinar).
acólito 뗌 시승(교회에서 목사를 돕는); 조수, 수종원, 신참자 (novicio).
acollar 団 (식물에) 흙을 북돋아주다.
acollarar 団 목걸이를 하다; 말에 목걸이를 걸다.
acometedor, ra 휑 습격하는. 뗑 습격자.
acometer 団 습격하다. *acometer a* …할 결심을 하다, 감히 … 하다.
acometida 예 습격, 공격.
acometimiento 뗌 습격.
acometividad 예 공격성, 습격성.
acomodar 団 ①놓다; 안정시키다. José *acomodó* su equipaje en la red. 호세는 짐을 그물 시렁에 얹었다. ②취직시키다. José la *acomodó* de secretaria en la oficina de su amigo. 호세는 그녀를 친구 사무소의 비서로 알선하였다. 재 꼭 들어맞다(조화, 적합). Te enviaré una señorita que te *acomode* para secretaria. 자네의 비서로 알맞는 아가씨를 보내겠네. Haga usted lo que le *acomode*. 좋으실대로 하세요. ◇ ~se ①안정하다. *Acomódese*, que tenemos tiempo. 시간이 넉넉하므로 푹 쉬십시오. ②[+a·con:…에]따르다, 순응하다. Ella sabe *acomodarse* a las circunstancias. 그녀는 환경에 순응할 줄을 알고 있다. ◇ **acomodable** 휑 적응할 수 있는. ◇ **acomodación** 예 적응; 조절; 화해; 설비; 편의. ◇ **acomodadizo, za** 휑 융통성있는, 타협적인. ◇ **acomodado, da** 휑 유복한, 편안한; 비교적 값싼. Gozaba de una vida *acomodada*. 그는 편안한 생활을 즐기고 있었다. ◇ **acomodador, ra** 뗑 (극장 따위의)안내원.
acompañar 団 ①(…에)따르다(동반, 동행; 동봉; 반주). No puedo persuadirla que nos *acompañe*. 나는 우리와 함께 가자고 그녀를 설득할 수 없다. Le *acompañaré* hasta la esquina. 나는 모퉁이까지 당신을 따라 가겠습니다. Si usted me permite la *compañaré* a su casa. 만일 개의치 않으신다면 댁까지 당신을 데려다 드리겠습니다. Tengo que *acompañar* a mi mujer a casa del médico. 나는 의사의 집까지 아내를 동반해 주어야 한다. Los vientos rugían *acompañados* de furiosa lluvia. 바람은 무서운 비를 동반하고, 포효하고 있었다. *Acompañamos* a esta carta una lista de precios. 이 편지에 가격표를 동봉합니다. ② [+con : …을]…에 곁들이다. Los españoles acostumbran *acompañar* la comida con abundante pan. 스페인사람은 식사에 많은 빵을 곁들이는 습관이 있다. ◇ ~se [+con·de : 악기로] 반주하다. Cantaba *acompañándose* con la guitarra. 그는 기타를 치면서 노래했다. ◇ **acompañado, da** 휑 동반한; 드나듬이 잦은 (concurrido). *acompañado de* …에 동반해서, 동봉해서, 덧붙

여. 图 동반자; 고문역, 보좌인. ◇ **acompañador, ra** 图 동반자, 동행자. ◇ **acompañanta** 여 동반한 여자; 보모. ◇ **acompañamiento** 回 동반, 동행; 수행하는 사람들; 반주(단). ◇ **acompañante** 图 동반자, 수행자(acompañador).

acompasado, da 图 사이가 고른; (곡이) 느리고 단조로운; 박맞는.

acompasar 町 콤파스로 재다; 박자를 맞추어하다; 천천히 이야기하다.

acondicionado, da 图 조건에 맞은; 조절한. *acondicionado* bien-mal(성질·상태·조건이) 양호한·불량한.

acondicionador 回 조절기; 장치. *acondicionador* 실내온도조절장치(에어컨디션).

acondicionamiento 回 조절, 조정. *acondicionamiento* de aire 공기조절.

acondicionar 町 조정하다, 조건을 갖추다; 처리하다. ◇~se (어떤) 상태·품질로 되다.

acongojar 町 서글프게 하다, 슬픔을 주다. ◇~se 슬픔에 젖다.

aconsejar 町 조언·충고·권고하다. Te *aconsejo* que hoy no salgas a la calle. 오늘은 외출하지 말도록 너에게 충고한다. ◇ **aconsejable** 图 권고·조언·충고할 수 있는.

acontecer [30 crecer; 3인칭만 활용] 凰 (사건이) 일어나다; 있다. *Aconteció* lo que suponía yo. 내가 상상하고 있던 일이 일어났다. *Aconteció* que en aquel momento se pusieron a ladrar los perros. 그때 마침 개들이 짖기 시작하였다. ◇ **acontecimiento** 回 사건, 행사. Su muerte ha constituido un *acontecimiento* histórico. 그의 죽음은 하나의 역사적인 사건이었다.

acopado, da 图 잔 모양의; 잔모양으로 만든.

acopiamiento 回 =**acopio**.

acopiar 町 축적하다; (긁어) 모으다; (상인이) 독점으로 사들이다.

acopio 回 축적; 저축; 【상업】 독점으로 사들임.

acoplador 回 【기계】 연결기, 연결부.

acoplamiento 回 접합, 연결; 연결장치.

acoplar 町 짝지우다, 하나가 되게하다; (차량을) 연결하다; 화해시키다, 교미시키다. ◇~se 한짝이 되다; 화해하다; 친밀해지다.

acorazar [9 alzar] 町 장갑하다. ◇~se 갑옷을 입다. ◇ **acorazado, da** 图 장갑의. 回 장갑함, 전함. ◇ **acorazamiento** 回 장갑.

acordar [24 contar] 町 정하다, 결의·결정하다. Tenemos que *acordar* la hora de salida. 우리는 출발시간을 결정해야 한다. Los dos hermanos *acordaron* visitar a su tío. 두 형제는 삼촌을 방문하기로 의견이 일치되었다. ◇~se ① [+de: …를] 생각해 내다; 기억하고 있다. No *me acuerdo* de su nombre. 나는 그의 이름을 기억하지 못한다. ¿Se *acuerda* usted de lo que decía José? 호세가 말한 것을 생각해 냈나요? ② 결정되다, 일치하다. Se *acordó* enviarle un telegrama. 그에게 전보를 보내기로

결정되었다.

acordonado, da 형 새끼형의, 새끼모양의.
acordonar 타 끈으로 잡아매다; 새끼를 치다; 새끼를 감다.
acornear 타 (뿔·창으로) 찌르다.
acorralar 타 울안에 넣다, 가두어; 포위하다; 말로 다지다;겁내게 하다. ◇ ~**se** 울안에 들어가다; 잠복하다.

acortar 타 짧게 하다, 단축하다. ◇ ~**se** 오므라들다. ◇ **acortamiento** 남 단축.
acostar 24 contar] 타 눕히다, 잠재우다. Es hora de *acostar* a los niños. 아이들을 재울 시간이다. ◇ ~**se** 눕다; 자다. Lola estaba *acostada* en el sofá. 롤라는 소파에 누워 있었다. Casi nunca *me acuesto* antes de las once. 나는 11시 이전에 자는 일은 거의 없다. ◇ **acostado, da** 형 잠자고.
acostumbrar 타 [+a : …에] 길들이다, 습관들게 하다. Estoy *acostumbrado a* acostarme tarde. 나는 늦게 잠자리에 드는 버릇이 있다. Allí me *acostumbraron a* su bebida.저기서 나는 그 음료에 길들여졌다. Los padres *acostumbraron a* sus niños *a* lavarse las manos antes de comer. 부모는 식사전에 손을 씻을 일을 아이들에게 버릇들였다. 자재 [+a : …에] 길들다, (…의) 습관이 있다. José *acostumbra a* ir al cine dos veces por semana. 호세는 1주일에 영화를 두번 보러가는 습관이 있다. José está *acostumbrado a* levantarse temprano. 호세는 일찍 일어나는 습관이 있다(일어나는데 버릇들어 있다). ◇ **acostumbrado, da** 형 익숙한.
acrecentar [19 pensar] 타 불리하다, 증대·증진시키다. Esta gestión *ha acrecentado* su influencia. 이 공작이 그의 세력을 증대시켰다.
acreditar 타 ① 보증하다; 신임하다. Su firma *ha acreditado* este documento. 그의 서명이 이 서류(의 효력)의 보증으로 되었다. ② (…에게) 신용대부를 하다. ◇ ~**se**[+de : …로서] 신용·평판을 얻다; 자격을 얻다. Se *acreditó de* cobarde. 그는 비겁한 사람이라는 평판을 받았다. ◇ **acreditado, da** 형 신용·명성이 있는.
acreedor, ra 남 채권자.
acreencia 여 【상업】 채권, 자산, 신용(crédito).
acriminación 여 고발, 고소.
acriminar 타 고발·고소하다; 죄를 지우다(acusar).
acrimonia 여 피륵; 신랄; 가렬, 호됨; 신맛.
acrimonioso, sa 형 가열한, 혹독한, 매서운; 빈정대는.
acriollarse 재 아메리카 태생같이 되다.
acrisolar 타 정련하다, 정화하다; 청신하게 하다; 순수히 하다.
acrobacia 여 곡예. *acrobacia* aérea 공중곡예. ◇ **acróbata** 남 곡예사.
acta 여 기록; 증서. *acta* de matrimonio 결혼증서.
acromatizar 타 색을 없애다, 무색으로 만들다.
acromatopsia 여 색맹(daltonismo).
act. actual.

actínico, ca 형 【화학】 (방사)선의.

actinio 남 【금속】 악치니움.

actinismo 남 화학선 작용.

actinoterapia 여 방사선·광선 요법.

actitud 여 태도; 자세. Ellos lo recibieron en *actitud* hostil. 그들은 그를 적의가 있는 태도로 맞이했다.

actividad 여 ① 활동, 작용. Se nota la *actividad* de un ácido en esta forma. 이런 식으로 산(酸)의 작용이 인정된다. ② 활기, 활발. En la oficina hay mucha *actividad* esta mañana. 오늘 아침 사무실에는 매우 활기가 있다. ③ 기민, 민활. José tiene una *actividad* admirable. 호세에게는 경탄할만한 기민함이 있다. ④ 복 활동, 활약; 사업, 업무. Además de ser profesor tiene otras muchas *actividades*. 그는 교사인 외에 많은 활약을 하고 있다. *en actividad* 활동 중이어·인. Este monte es un volcán *en actividad*. 이 산은 활화산이다.

activo, va 형 ①능동적인, 활발한, 활동적인. Es un estudiante muy *activo*. 그는 대단히 활동적인 학생이다. ②현직·현역의.

acto 남 ① 행위, 몸짓, 짓. Se conoce a un hombre por sus *actos*. 사람은 그의 행위에 의해 알려진다. Tus ideas fueron buenas, pero tus *actos* malos. 너의 생각은 좋았지만, 행위는 나빴다. ② 행사, 의식. El *acto* tuvo lugar el día once. 의식은 11일에 거행 되었다. *Actos de los Apóstoles* 【성서】사도행전. *en el acto* 즉석에서, 즉각. José se levantó *en el acto*. 호세는 즉각 일어섰다. *salón de actos* 강당, 의식장.

actor 남 ① 배우. primer *actor* 주연배우. ②【법】원고.

actriz 여 (*actrices*) 여배우. primera *actriz* 주연 여배우.

actuación 여 움직임, 활동; 연기, 몸짓. No me parece decente su *actuación* como representante del comité. 위원회 대표로서의 그의 행동은 당당(품위있는)하다고는 생각되지 않는다.

actual 형 지금의, 현재의. No sabemos si podremos mantener las *actuales* condiciones mucho tiempo. 현재의 조건을 오래 유지할 수 있을지 여부를 우리들도 모르겠다. ◇ **actualidad** 여 현재; 현실, 실황(現狀). En la *actualidad* ya no queda más que un árbol. 현재는 이제 한 그루의 나무 밖에 남지 않았다. ◇ **actualista** 형 현실주의의. 남 현실주의자. ◇ **actualizar** [9] alzar] 타 현실화하다, 현재의 것으로 하다. ◇ **actualmente** 부 지금, 현재. *Actualmente* está en Londres. 그는 현재 런던에 있다.

actuar [14] 타 움직이게 하다, 일하게 하다. Hay que *actuar* el mecanismo sin choque. 충격없이 장치를 움직여야 한다. 자 ① 일하다, 행동하다. José *actúa* de mediador. 호세는 조정자로서 행동하고 있다. Carmen no *actúa* en esta función. 까르멘은 이 극에는 출연하지 않고 있다. ② 작용하다, (약이) 듣다. Esta medicina *actúa* calmante. 이 약은 진통제로서 작용한다.

actuario 남 재판소 서기; 보험기사.

acuarela 여 수채화.

acuarelista 남 수채화가.

acuario 図 물고기[수초]를 기르는 연못, 수족관.
acuartelamiento 図 주둔, 병영; 병영 지구.
acuartelar 囲 군대를 병사에 넣다. ◇ ~se 주둔하다.
acuático, ca 圏 물의; 물 속의; 수상의; 물에서 사는. vía acuática 수로. planta acuática 해초.
acuatizar 圓 [alzar] 函 (수상기 따위가) 물에 앉다. ◇ **acuatizaje** 図 【항공】 착수(장).

acucia 囡 열심; 초심; 원망, 갈망; 신속, 민첩.
acuciamiento 図 열망; 급속, 신속.
acuciar 囲 신속히 하다; 격려하다; 서두르다; 열망하다.
acuciosidad 囡 열망, 초심(acucia).
acucioso, sa 圏 열심인, 욕심을 곧.
acuchillado, da 圏 칼로 베어진, 깊이 상처를 입은.
acuchillar 囲 칼질을 하다, 칼로 쑤시다.
acudir 困 ① 달려가다, (급히) 가다·오다. José no acudió a la cita aquel día. 호세는 그날 약속한 장소에 가지 않았다. Un policía acudió en nuestra ayuda. 경관이 우리들을 도와주려고 바로 와 주었다. ② 구원을 청하다. No sé a quien acudir. 누구에게 구원을 청하러 가야 좋을지 나는 모르겠다. ③ [+a·con: 수단에]호소하다, (…을)이용하다. Hay que solucionarlo todo antes de acudir a las armas. 무기에 의지하기 이전에 일체를 해결하여야 한다.
acueducto 図 수로, 수도(교); 수도 파이프.
acuerdo 図 의견의 일치; 결의, 협정. Llegaron a un acuerdo. 그들은 의견의 일치를 보기에 이르렀다. El acuerdo se pone en vigor el día 12 de abril. 협정은 4월 12일에 발효된다. de acuerdo 찬성의, 동의하다. Estoy de acuerdo con usted. 나는 당신에게 찬성한다. ¿Entonces, nos citamos a las tres en la parada del autobús? —De acuerdo. 그럼, 버스 정류소에서 3시에 만나기로 할까? —찬성이다. de acuerdo con …에 따라서, …대로. Hemos arreglado el envío de acuerdo con sus instrucciones. 지시에 따라서 우리들은 발송 준비를 하였다.
acumular 囲 쌓아올리다; 축적하다. El río ha acumulado una gran cantidad de arena en este lado. 이 강물은 많은 양의 모래를 이쪽에 쌓아 올렸다. Su hermano acumuló una considerable fortuna en Colombia. 그의 형은 상당한 재물을 콜롬비아에서 축적하였다. ◇ ~se 쌓이다. Está acumulándose la nieve. 눈이 자꾸만 쌓이고 있다. ◇ **acumulación** 囡 퇴적, 축적, 축전. ◇ **acumulador** 囲 축전기.
acunar 囲 요람에 넣고 흔들다; (소 따위가 새끼를) 키우다.
acuñación 囡 화폐의 주조.
acuñar 囲 (화폐를) 주조하다.
acuosidad 囡 수분과다.
acuoso, sa 圏 물의, 물이나 물같은 맛이 충분한.
acupunción/acupuntura 囡 침술. aplicar la acupuntura 침을 주다.
acure/acurito 図 기니아픽, 모르못.

acurrucarse 재 (추워서·바람으로) 움츠리다.

acusación 예 비난; 고발. Lo que ha dicho es una *acusación* contra su hermano. 그가 말한 것은 형에 대한 비난이다. *bajo la acusación de* …의 용의(容疑)에 의하여. La policía interrogó a los dos *bajo la acusación de* haber violado la Ley de Tráfico de Carreteras. 경찰은 도로교통법에 위반한 용의로 두 사람을 심문하였다.

acusar 타 ①[+de:…라고] 나무라다, 비난하다. *Acusaron* a José *de* haber hablado mal del señor Gómez. 호세는 고메스씨의 험담을 말했다고 비난당했다. ②[+de:…의 죄로] 고발·고소하다. Se le *acusó de* una evasión del pago de impuestos por un total de 10 millones de wones. 그는 총액 1,000만원의 탈세로 고발되었다. ③ 보이다, 나타내다. Su cara *acusa* cansancio. 그의 얼굴에는 피로의 빛이 보인다. ④ 알리다, 통지하다. *Acusamos* recibo de su carta de 21 de este mes. 이달 21일자 편지를 받았음을 알립니다. ◇ **acusado, da** 형 비난·용의를 받는. 명 피고, 용의자. ◇ **acusador, ra** 형 고발적인; 책하는(듯 한). ◇ **acuse** 명 알림, 통지. Les confirmamos nuestro *acuse* del recibo de su Pedido Núm. S−90. 귀사의 주문서 S-90호에 대한 폐사의 영수 통지를 확인합니다.

achacar 〖 sacar〗 타 (죄·책임을) 지우다. Me han *achacado* la responsabilidad del accidente. 나에게 그 사고의 책임을 지웠다.

achaflanar 타 비스듬한 면을 만들다.

achantarse 재 숨다, 잠복하다; 쇄류하다; 위축하다.

achaparrado, da 형 땅딸막한.

achaque 명 잔병, 월경; 임신; 구실; 동기.

achatamiento 명 납작함, 편편함.

achatar 타 납작하게 하다, 평퍼짐하게 하다.

achicamiento/achicadura 예 배수; 절감, 단축, 감축; 물을 퍼냄.

achicar 타 (배 등에서) 물을 퍼내다; 겁장이가 되다.

achicharrar 타 너무 데우다; 고기를 너무 튀기다.

achura 예 심장, 가슴; 광석의 중심부.

achurar 타 장물을 꺼내다.

achurruscar 타 압박하다, 누르다. ◇~**se** 움츠리다(encogerse).

adagio 명 격언, 속담; 〖음악〗 아다지오.

adalid 명 수령, 지도자, 추장.

adamado, da 형 귀부인다운; 연약한, 가냘픈; 얌전한.

adamantino, na 형 금강석같이 견고한; 반석의, 철석같은.

adamascado, da 형 무늬놓은 비단의, 능직의; 장미색의.

adamismo 명 〖종교〗 (나체로 제사를 지내는) 아담교.

adamita 형명 나체주의의(자); 아담교의 아담교도; 인간(아담의 후예).

adaptar 타 ①[+a:…에] (꼭) 맞추다, 붙이다, 적합하게 하다. Me parece imposible *adaptar* este grifo *a* la cañería. 나는 이 주둥이를 수도관에 붙이는 것은 불가능하다고 생각한다. ②개작·각색·편곡하다. Ese músico *adapta* para orquesta cualquier obra musical. 저 음악가는 어떤 음악작품이라도 오케스트라용으로 편곡한다. ◇ **-se** 적합·순응하다. Los elefantes no *se adaptan* al clima frío. 코끼리는 추운 기후에는 순응하지 않는다. ◇ **adaptación** 여 적합, 적응, 순응;개작, 번안, 각색, 편곡.

adecuar ⑬ 타 적합하게 하다. ◇ **adecuado, da** 형 적합한. El le solicita la *adecuada* cooperación al respecto. 그것에 관하여 그는 당신에게 적절한 협력을 구하고 있다.

adefesio 남 사치, 방종; 사치한 의상; 우스꽝스러운 사람.

adehala 여 사례금, 회사금, 임시 수당.

adehesar 타 초원·목장으로 만들다, 황야로 만들다.

adelantado, da 형 ① 진보한. Fenicia fue tal vez la nación más *adelantada* del mundo. 페니키아는 아마 세계에서 가장 진보된 국가였을 것이다. ② 사전의, 전도의 (前途)의. ¿Pagaré algo *adelantado?* 사전에 내가 얼마쯤 지불하면 될까요. *por adelantado* 선금으로, 선불로. En este hotel hay que pagar *por adelantado*. 이 호텔은 선금으로 지불해야 한다.

adelantar 타 ① (앞으로) 나아가게 하다·내놓다. *Adelanté* mi silla hacia la abuela. 나는 의자를 할머니 쪽으로 당겼다. ② 빠르게 하다. En vista de las noticias *adelantaron* su viaje. 그 뉴스를 보고 그들은 여행을 서둘렀다. ③ 앞지르다. Ese coche, que iba a ochenta kilómetros por hora, nos *adelantó*. 그 차는 시속 80킬로미터로 달려 우리들을 앞질러 갔다. ④ 선금으로 지불하다. José me ha pedido que le *adelante* 200 pesetas. 호세는 나에게 200뻬세따 선불하여 달라고 말했다. 자재 ① 빨라지다(↔ atrasarse), 앞서가다. Mi reloj (*se*) *adelanta* media hora al día. 내 시계는 하루에 30분 빠르다. El calor se *ha adelantado* este año. 금년은 더위가 빨랐다. ② 진보·향상하다. El niño (*se*) *ha adelantado* mucho en matemáticas. 그 소년은 수학이 대단히 진보했다. ③ (앞으로) 나아가다·나가다. Me *adelanté* unos pasos más. 나는 벌써 두어걸음 나아갔다. ④ 앞지르다. Yo quería invitarla, pero él *se me adelantó*. 내가 그녀를 초대하고 싶었으나 그가 앞질렀다. ◇ **adelanto** 남 ① 전진; 진보; 향상. Los *adelantos* científicos son sorprendentes en ese país. 그 나라의 과학적 진보는 경이적이다. ② 선불. Le pagué mil pesetas de *adelanto*. 나는 그에게 선불금으로 1,000뻬세따를 지불하였다.

adelante 부 ① 앞으로·에, 먼저. Siga usted *adelante*. 먼저 가십시오. No podemos ir *adelante*. 우리들은 이제 앞으로는 나아갈 수 없다. ② (감탄사적) 들어오세요; 앞으로 가. ¿Se puede? — ¡*Adelante!* 실례합니다(들어가도 좋습니까.) — 예(들어오세요) ! El policía le gritó con energía — ¡*Adelante, adelante!* 경관이 그에게 큰 소리로 외쳤다. — 앞으로 앞으로! *en adelante* 금후. De ahora *en adelante* nunca pediré su ayuda. 이제부터 앞으로는 나는 결코 그의 협조를 바라지 않는다.

adelgazar ⑨ alzar 타 가늘게·얇게 하다. 자재 살이 빠지다, 홀쭉해지다, 여위다. Usted (*se*) *ha adelgazado* un poco. 당신은 좀 여위었군요.

ademán 圄 몸매, 태도. Hizo *ademán* de sacar algo del bolsillo. 그는 호주머니에서 무엇인가를 꺼내는 시늉을 했다. Lo dijo con un *ademán* amenazador. 그는 협박적인 태도로 그 말을 했다.

además 凰 그 밖에, 그 외에, 더우기. José me ha dado dinero y, *además*, me ha ayudado. 호세는 돈을 나에게 주고, 그 외에 도와 주었다. *además de* …의 밖에, …한 외에. *Además de* esto, tengo dos mil pesetas. 이 밖에 나는 2,000페세따를 가지고 있다.

ademe 圄 [광산] 갱목, 지주.

adenitis 에 [의학] 임파염.

adenoideo, a 圄 물다, 쏠다, 깨물다;(모기가) 물다.

adentrarse 재 가운데로 들어가다, 가운데로 통과하다, 중간으로 통하다.

adentro 凰 가운데로・에, 깊은 곳으로・에. Vamos *adentro*. 자 안으로 들어가자. La espina está tan *adentro* que es difícil sacarla fuera. 가시가 아주 깊어(깊은 곳에 있어)서 꺼내기가 어렵다. 圄 내심, 속마음. Le dije para mis *adentros*. 나는 나의 속마음을 그에게 말해 주었다.

adepto, ta 圄 가맹・입회한(자);일파・학파의 (사람);신앙자, 추종자.

aderezar 国 조미・조리하다;조합・조제하다;수선하다;준비하다. ◇ ~se 화장하다.

aderezo 圄 장식;조제;조미;장신구류;마구일체.

adestrar 国 = adiestrar.

adeudar 国 빚지다;(세금이) 부과되다.

adherir [47] herir]国 발라 붙이다, 접착하다. Para mayor rapidez en sus envíos, *adhieran* los sellos en la parte superior derecha. 당신의 우편물(발송물)을 신속하게 하기 위해, 우표는 오른편 위에 붙여 주세요. 재 ① 달라붙다. ②[+a : …에] 찬동・가담하다. Por cálculo él *se había adherido* al partido liberal. 그는 타산적으로 자유당에 가담하고 있었다. ◇ **adherencia** 에 부착;접착;고집;유착. ◇ **adherente** 圄 달라붙은;이전의. 圄 이 전, 찬동자. 圄 부속물. Me devolvieron todos los *adherentes*. 나는 부속품을 전부 되돌려 받았다. ◇ **adhesivo, va** 圄 접착・접착하는. una cinta *adhesiva* 접착 테이프. 圄 접착제.

adhesión 에 부착, 접착;지지, 가맹. El Presidente cuenta con la *adhesión* de usted a la causa liberal. 대통령은 귀하가 자유당을 지지한다고 생각하고 있다.

adición 에 부가, 덧셈. ◇ **adicional** 圄 부가・추가의;부가적인. ◇ **adicionar** 国 부가・추가하다, 더하다.

adiestramiento 圄 훈련, 수련. ◇ **adiestrar** 国 훈련하다;교육하다(enseñar).

adinerado, da 圄 부유한(rico).

adiós 囮 안녕 ! ¡Buenas noches, *adiós*! 주무세요, 안녕 ! 圄 이별. No me atrevo a decirles *adiós* a los míos. 나는 가족들에게

adiposidad 여 지방과다증, 지방질.
adiposis 여 비대; 지방과다.
adiposo, sa 형 지방이 많은, 지방성의, 기름기가 풍부한.
aditamento 남 부가(물), 첨가, 추가, 첨부.
aditivo, va 형 부가(적)의, 첨가의, 추가의. 남 가솔린에의 부가제.
adivinar 타 ① 알아맞추다; 추찰하다. *Adivine* lo que me ha ocurrido hoy. 오늘 나에게 무슨 일이 있었는지 맞추어 보세요. ② 점치다. Aquella gitana sabe *adivinar* la suerte. 그 집시여자는 운명을 점칠 수가 있다. ◇ **adivinación** 여 추찰; 점(占). ◇ **adivinanza** 여 수수께끼; 점. Vamos a jugar a las *adivinanzas*. 수수께끼 놀이를 하자. ◇ **adivino, na** 명 점장이.
adjetivo 남 [문법] 형용사.
adjudicar [7 sacar] 타 재정(裁定)하다; 주다. Después de un largo pleito le *han adjudicado* la finca. 오랜 소송 끝에 그 농장은 그의 것이라고 재정되었다. Le *han adjudicado* el premio sin merecerlo. 그는 상을 받을 값어치도 없는데 상이 수여 되었다. ◇ **adjudicatario, ria** 명 취득자; 결정서 결재자.
adjuntar 타 동봉하다(acompañar). *Adjuntamos* una muestra. 폐사는 견본을 동봉합니다. ◇ **adjunción** 여 합병; 첨부, 동봉; 【문법】액어법(한 동사나 또는 동사가 종류가 다른 두개의 명사를 억지로 수식함). ◇ **adjunto, ta** 형 동봉의·한. 남 동봉물.
administración 여 관리, 경영; 행정. Los españoles organizaron la *administración* del territorio. 스페인사람들은 그 지역의 관리 행정(기구)을 조직하였다. ¿Qué es lo que ha decidido el consejo de *administración*? 이사회가 결정한 것은 무엇인가.
administrador, ra 명 관리·경영자; 지배인, 매니저. Quisiera hablar con el *administrador*. 매니저와 이야기하고 싶은데요.
administrar 타 관리·경영하다; 통치하다. El tutor *administrará* los bienes de sus hijos. 후견인이 그 아들들의 재산관리를 할 것이다. ¿Quién *administra* aquella tienda? 그 점포는 누가 경영하고 있는가.
administrativo, va 형 관리·경영의; 행정의. Tienes que acudir a la autoridad *administrativa*. 자네는 행정 당국에 의뢰하러 가야한다.
admirable 형 훌륭한; 칭찬할만한. El hombre ejecutó *admirables* dibujos en las cuevas donde habitaba. 사람은 살고 있던 동굴속에 훌륭한 그림을 그렸다. ◇ **admirablemente** 부 훌륭하게, 보기좋게, 장하게, 칭찬할만하게.
admirar 타 ① 감탄·감심시키다. Me *admira* su honestidad. 그의 정직함에는 감탄한다. Con sus descubrimientos *admiró* al mundo. 그는 그 발견으로 세계를 감탄시켰다. ② 칭찬하다, 감심하다. La obra es *admirada* de todos. 그 작품은 모든 사람에 의해 칭찬받고 있다. ③ 바라보다. *Admiraban* el paisaje ameno. 그들은 화창한 풍경을 바라보고 있었다. ◇ ~**se** [+de : …에] 감탄·감심하다. Los enemigos *se admiraron* de la resis-

tencia de los españoles. 적(敵)도 스페인사람의 저항에 감탄하였다. ◇ **admiración** 여 감탄, 칭찬, 감심; 훌륭한 일·물건. Ella quedó llena de *admiración*. 그녀는 완전히 감복했다. ◇ **admirador, ra** 명 감탄·찬미하는 사람. José es uno de los ferventes *admiradores* de la actriz. 호세는 그 여배우의 열렬한 팬의 한 사람이다.

admisible 형 용인되는. No es *admisible* el que ponga tal excusa. 그가 그러한 변명을 하는 것은 용인되지 않는다. ◇ **admisión** 여 받아들임, 수용, 용인; (입학)허가. examen de *admisión* 입학시험.

admitir 타 ① 받아들이다. No me *admitieron* en el salón con el traje que llevaba. 그 때의 복장으로는 나는 홀에 들어가는 것을 허락받지 못했다. No se *admiten* propinas. 팁 사절(팁이 용납되지 않는다). ② 허락하다, 인정하다. El asunto no *admite* demora. 이 건은 유예를 허락치 않는다. Le *admitieron* por su jefe. 그들은 저 사람을 자기들의 영도자로 인정했다. ③ (가입·입학·입회를) 허가하다. Le *han admitido* en la universidad. 그는 대학에 입학이 허가되었다.

admonición 여 훈계, 충고, 경고, 조언.

admonitor, ra 명 (수도원 등의) 감독교계승, 훈계자, 설교자.

adobadura 여 소금에 절인 고기.

adobar 타 수선하다, 조리하다; 처리하다.

adocenado, da 형 통례의, 보통의; 평범한; 편협한; 일반민중의.

adocenar 타 타스(docena)로 계산하여 팔다; 멸시하다, 경멸하다.

adoctrinar 타 가르치다, 교수하다; 지시하다, 명하다.

adolecer 자 병에 걸리다.

adolescente 형 청년기의. 명 청년, 미성년자. Se alzaba la estatua de un *adolescente* en el centro del parque. 공원의 중앙에 청년상이 세워져 있었다. ◇ **adolescencia** 여 청년기; 사춘기.

adonde 부 [관계부사] ①…하는 곳으로. El tío vive en un lugar *adonde* no llegan periódicos. 그의 숙부는 신문이 닿지 않는 곳에 살고 있다. No tengo ningún sitio *adonde* ir. 나는 갈 곳이 없다. ② [대명사적]…하는 곳. Tú no puedes ir *adonde* yo voy. 너는 내가 가는 곳에는 갈 수 없다.

adónde 부 [의문부사] 어디로. ¿*Adónde* vas de veraneo? 너는 어디로 피서를 가느냐?

adondequiera 부 (…하는 것은) 어디든지; 어디라도 (dondequiera).

adonis 남 미소년.

adonizarse 재 미소년티를 내다.

adoptar 타 ① 채용·채택하다; (태도·방책 따위를) 취하다. El consejo *ha adoptado* un nuevo plan. 중역회는 새로운 계획을 채택했다. Los indios *adoptaron* el traje occidente. 인디오들은 양복을 채택하였다. ② 양자로 하다; (국적을) 취득하다. La señora quiere *adoptarte* por hijo. 부인은 너를 양자로 들이고 싶은 것이다. ◇ **adopción** 여 채용·채택; 양자 결연. ◇ **adoptable** 형 채용·채택이 가능한. ◇ **adoptivo, va** 형 양자 관계의.

hijo adoptivo 양자. *padre adoptivo* 양부. *patria adoptiva* 귀화국.

adoquinado 阳 포장(도로). ◇ **adoquín** 阳 포석. ◇ **adoquinar** 他 (adoquín 으로) 포장하다.

adorar 他 ① 예배, 숭배하다. El hombre primitivo *adoraba* a los ídolos. 원시인은 우상을 숭배했다. ② 열애하다. Los rudos marineros *adoran* a la niña. 바다의 난폭자들은 그 소녀를 지극히 사랑하고 있다. ◇ **adoración** 阴 예배, 숭배; 열애.

adormecer [30 conocer] 他 잠들게 하다; 가라앉히다. ◇~se 잠들려 하다. ◇ **adormecimiento** 阳 졸음.

adornar 他 [+de・con : …으로] 장식하다, 꾸미다. La madre *adornó* a su hija *con* una rosa. 어머니는 딸을 장미꽃으로 장식해 주었다. *Adornaron* el altar *con* flores. 제단에 꽃을 장식하였다. ◇~se 몸을 꾸미다, 사치하다. Las niñas *se adornaban* con flores y cintas. 소녀들은 꽃과 리본으로 몸을 꾸미고 있었다.

adorno 阳 장식・의복 장식(품). Las virtudes son *adorno* del alma. 덕은 영혼의 장식이다. Ella está en la oficina de *adorno*. 그녀는 사무실의 장식품이다. La flor es el *adorno* de la tierra. 꽃은 지상의 장식물이다.

adquirir [23] 他 ① 입수하다(취득, 구입). He *adquirido* un coche de segunda mano. 나는 중고차를 손에 넣었다. ② 달성하다. No quiero perder la fama *adquirida* hasta hoy. 나는 오늘날까지 달성한 명성을 잃고 싶지 않다.

adquisición 阴 ① 입수, 취득, 구입(물). Estas son mis últimas *adquisiciones*. 이것이 내가 새로 손에 넣은 물건이다. ② 횡재. Esta secretaria es una verdadera *adquisición*. 이 비서는 정말 횡재이다. ◇ **adquisitivo, va** 形 구매(購買)의. poder *adquisitivo* 구매력.

adrede 副 일부러, 고의로(de propósito). Lo hizo *adrede*. 그는 고의로 그것을 했다.

aduana 阴 세관. Usted debe pagar derechos de *aduana* por estas cosas. 당신은 이 물건들에 관세를 지불해야 한다. ◇ **aduanero, ra** 形 세관의, 관세의. tarifa *aduanera* 관세율표. 阳 세관공무원.

aducir [70] 他 논거로 하다. *Adujo* como disculpa que estaba borracho. 그는 변명 재료로 취해 있었다고 말했다.

adular 他 아부・아첨하다(halagar). ◇ **adulación** 阴 아첨, 아부. ◇ **adulador, ra** 形 아부・아첨하는. 阳 아부・아첨하는 사람. ◇ **adulón, na** 形 아첨하는 사람.

adulterio 阳 불의, 간통(죄); 위조 (falsificación). ◇ **adulterar** 他 간통하다. ◇ **adulterador, ra** 形 간통자.

adulto, ta 形 성년의, 성숙한. No puedes cortar más que plantas *adultas*. 성목(成木)만 잘라야 한다. 阳 성인. José estudia en la escuela para *adultos*. 호세는 성인학교에서 공부하고 있다. ◇ **adultez** 阴 성년, 성년기 (virilidad).

adusto, ta 形 ① 혹열의; 황량한. El Sahara es una región *adusta*.

사하라는 혹열지대이다. ② 딱딱한. El viejo es de mirada *adusta*. 그 노인은 무서운(딱딱한) 눈초리를 가진 사람이다.
adverbio 남 【문법】부사. ◇ **adverbial** 형 부사의.
adversario 남 적수, 상대, 적(enemigo).
adversidad 여 역경; 불운, 불행(infortunio).
advertencia 여 주의, 알림. Le agradezco su amable *advertencia*. 친절하게 주의해 주서서 감사합니다.
advertir [48] 타 ① (…을) 알아내다. He *advertido* una falta en tu carta. 너의 편지에 한가지 잘못이 있음을 알아냈다. ② 주의하다, 알리다. Te *advierto* que llegaré un poco tarde. 알려두지만 나는 약간 지각하겠어. *Adviértele* que se lleve el abrigo. 외투를 입고 가도록 그에게 주의시켜 주십시오. ◇ **advertido, da** 형 영리한, 빈틈없는. Era una mujer *advertida* y discreta. 그녀는 영리하고 빈틈없는 여자였다.
aéreo, a 형 공기의; 공중의; 항공의. For favor envíenmelo por correo *aéreo*. 부디 항공편으로 그것을 나에게 보내 주십시오.
aerobio, bia 형 호기성 세균의.
aerobomba 여 투하폭탄.
aerobús 남 [*pl.* aerobuses] 정기 여객기.
aeródromo 남 공항, 비행장(aeropuerto).
aerofarodinámico, ca 형 여 기체·항공역학(의); 유선형의; 비행장.
aeréfano 형 투명의.
aerofaro 남 항공등대.
aeréfono 남 공중청음기; 무전기.
aeroforme 형 유선형의.
aerofotografía 여 공중사진.
aerofumigación 여 공중소독.
aerografía 여 기체학.
aerégrafo 남 (편지를 축사필름으로 한) 항공축사우편; 에어그라프.
aerograma 남 무선전신, 무전전보.
aerolínea 여 항공로; 항공회사.
aerolito 남 운석; 유성.
aerología 여 대기학, 고층기상학.
aeromancia 여 바람으로 점치는 법; 점술.
aeromecánico, ca 형 여 항공역학(의).
aeromedicina 여 항공의학.
aerémetro 남 공기의 농도를 재는 기구.
aeromodelo 남 【항공】시험용 비행기.
aeromotor 남 기압동력기.
aeromévil 남 대형항공기.
aeromoza 여 여자승무원(azafata).
aeronato, ta 형 항공기내에서 생기는.
aeronáutico, ca 형 여 항공(술)의. ◇ **aeronauta** 형 항공가, 비행사. ◇ **aeronáutica** 여 항공학·술.
aeronave 여 비행선.

aeroplano 岡 항공기.

aeropuerto 岡 공항. Los señores pasajeros deben estar en el *aeropuerto* por lo menos una hora antes de la salida. 승객 여러분은 적어도 출발하기 1시간 전에 공항에 와 주십시오.

aerostación 예 항공.

aerostático, ca 형 항공술의. 예 항공학.

aeróstato 岡 기구.

aerostero 岡 항공가; 항공병.

aerotaxi(metro) 岡 에어 택시(하늘의 택시라 부르는 작은 비행기).

aerotecnia 예 공기 이용술·이용학.

aeroterapia 예 【의학】 대기요법.

aerotransportado, da 형 공중수송의.

aerovía 岡 항공로.

af. a favor.

afabilidad 예 친절; 애교, 온정, 정다움, 상냥함.

afable 정다운, 사근사근한, 붙임성 있는, 상냥한.

afamado, da 형 정평있는, 호평의; 유명한.

afamar 타 유명하게 하다. ◇**–se** 명성을 얻다.

afán 岡 열심; 열망. A la madre la sostenía el *afán* de ver a su hijo. 아들을 만나고 싶어하는 열망이 모친을 지탱하고 있었다. ◇**afanoso, sa** 형 열심인; 힘드는. Eso será un trabajo muy *afanoso*. 그건 꽤 힘드는 일이겠지.

afanarse 재 [+por : …하려고] 힘껏 하다. En vano *se afanaban* mucho *por* alcanzar algún resultado. 그들은 어떤 결과라도 얻으려고 힘껏 노력하였으나 허사였다. No *se afane* tanto. 그렇게 열심히 하지 마세요.

afarolarse 재 【중남미】 기겁하다, 격분하다, 흥분하다; 얼굴이 상기하다.

afasia 예 【의학】 실어증.

afásico, ca 형 실어증의. 명 실어증환자.

afear 타 추악하게하다; 비난하다, 나무래다.

afección 예 정, 애정; 감명; 기호; 【의학】 질환. *afección cardiaca* 심장병.

afectable 【중남미】 감동하기 쉬운, 감명하기 쉬운.

afectar 타 ① 젠체하다,(…인)척하다. El maestro *afecta* seriedad delante de sus alumnos. 선생은 학생 앞에서 매우 점잖은 체한다. No me gusta su tono *afectado*. 나는 그의 젠체하는 어조가 맘에 들지 않는다. ② (마음을) 움직이게 하다, 느끼게 하다. Su desgracia nos *ha afectado* a todos. 그의 불행은 우리들 모두의 마음을 움직이게 했다. ③ (…에 나쁘게) 작용하다·영향을 끼치다; 상하게 하다. José está *afectado* de una grave dolencia. 호세는 심한 지병으로 괴로워하고 있다. 방해를 끼치다, 방해가 되다. Este medicamento puede *afectar* al estómago. 이 약은 위에 나쁠 때가 있다. ◇**afectación** 예 ① 젠체함. Lola me habló con cierta *afectación*. 롤라는 나에게 약간 젠체하는 말투로 말했다. ② 전염, 감염.

afectividad 예 정, 감정; 감수성.

afectivo, va 휑 애정의; 정서적인, 감수성이 예민한.

afecto 圄 애정, 친애. Le ruego que acepte este obsequio en prueba de mi invariable *afecto*. 나의 변함없는 애정의 증거로서 이 선물을 받으시기 바랍니다. ◇ **afectuosidad** 예 애정, 온정; 친절. ◇ **afectuoso, sa** 휑 애정이 있는, 자애로운.

afeitar 匣 (다른 사람의) 수염을 깎다, 면도하다. ¿Quiere que le *afeite*? – *Aféiteme* usted. 면도해 드릴까요. – 나의 수염을 깎아주세요. ◇ ~**se** (자기의) 수염을 깎다, 면도·화장하다. Ordinariamente *me afeito* con agua caliente. 나는 대개 더운 물로 면도한다. ◇ **afeitado** 예 면도하는 것. ◇ **afeitadora** 예 면도기, *afeitadora eléctrica* 전기 면도기. ◇ **afeitamiento** 圄 화장. ◇ **afeite** 圄 화장, 화장품.

afeminación 예 여성화, 유약함.

afeminado, da 휑 여자같은, 연약한.

afeminar 匣 여성화시키다. ◇~**se** 유약해지다; 여자다워지다.

aferrado, da 휑 고집센, 완고한; 고질의, 난치의; (성질 등이) 비꼬인.

aferrar 匣 포착하다, 붙잡다; 고집하다; 돛을 말다, 돛을 내리다.

afestonado, da 휑 꽃무늬의; 꽃무늬로 장식한.

Afganistán(el) 圄 아프카니스탄.

afgano, na 휑圄 아프카니스탄의 (사람).

afianzamiento 圄 보증; 고정, 고착; 확립, 안정.

afianzar 匣 보증하다; 고정·고착하다, 확립하다.

afición 예 애호, 취미. Tiene mucha *afición* a la música. 그는 음악을 매우 좋아한다. Lola hace vestidos para sus amigas por *afición*. 롤라는 친구를 위하여 (돈 모으는 것이 아니고) 즐겁게 옷을 만들어 주고 있다.

aficionarse 鞋 [+a·de:…에] 열중하다. José *se ha aficionado a* los deportes. 호세는 스포츠가 좋아서 못견디게 되었다. ◇ **aficionado, da** 휑 [+a:…에] 열중한, …좋아하는. 圄 [+a:…에] 애호가, 팬. ¿Es usted un *aficionado* a los deportes? 운동 좋아하십니까. ¿Soy un gran *aficionado* al béisbol. 나는 굉장한 야구팬이다.

afidávit 圄 【법률】선서; 진술서.

afijo, ja 휑 부속의. 圄 【문법】접사.

afiladera 예 숫돌.

afilador, ra 휑 (칼날·톱 따위를) 가는 사람; 면도칼의 날을 세우는 가죽혁대.

afiladura 예 갈기 (afilamiento).

afilalápices 圄 연필깎는 도구.

afilamiento 예 (얼굴·코·손가락이) 홀쭉함; 말라서 가늘게 됨.

afilar 匣 끝을 뾰족하게 하다, 날을 갈다.

afiliarse 鞋 가맹·입회·입당하다. ◇ **afiliación** 예 가맹, 입회, 입당. ◇ **afiliado, da** 휑 가맹·입회·입당한.

afinidad 예 근사(성); 인척 관계. La música tiene *afinidad* con la pintura. 음악과 그림에 근사한 점이 있다. José es pariente de Lola por *afinidad*. 호세는 롤라와 인척으로 되어 있다.

afilón 图 가죽혁대(면도날 가는); 강철.

afín 图 인접한; 유사한, (신척관계가) 아주 가까운.

afinación 예 세련, 단정, 완전; 정련; 미묘.

afinadamente 旱 세련되게; 단정히; 미묘하게.

afinado, da 图 완전한, 결점없는; 단정한.

afinador, ra 图 조율사, 조율기.

afinar 珀 완전히 하다; 가락을 고르다; 정련하다; 갈다, 뾰족하게 하다; 정선하다; 끝마치다.

afincado, da 图 열심인, 열렬한. 图 【아르헨띠나】 농장주, 지주.

afino 图 (금속의) 정련.

afirmar 珀 ① 긍정하다. Yo no lo *afirmo* ni lo niego. 나는 그것을 긍정도 부정도 하지 않는다. ② 확인하다. Puedo *afirmar* que mis padres te darán buena acogida. 내 부모님께서 너를 환영하리라고 나는 확언할 수 있다. ◇ **afirmación** 예 긍정, 승낙; 확언. Su *afirmación* es dudosa. 그의 확언은 의심스럽다. ◇ **afirmativo, va** 图 긍정·승낙의; 단언적인. En caso *afirmativo* te avisaré por teléfono. 승낙할 경우에는 너에게 전화로 알리겠다.

afligir [4] exigir] 타 슬프게 하다; 괴롭히다. Las quejas de la hija le *afligían* a José. 딸의 한탄은 호세에게는 괴로왔다. ◇~**se** [+de·con·por: …로·때문에] 탄식하다, 비탄에 젖다. La reina se *afligía con* el horror de la muerte. 여왕은 죽음의 공포로 탄식하고 슬퍼하였다. ◆ **aflicción** 예 슬픔, 탄식.

aflojar 珀 늦추다; 놓아주다. ¿Quieres *aflojar* este tornillo? 이 나사를 늦추어 주지 않겠나? 珀 느슨하다, 약해지다. El viento ha *aflojado*. 바람이 약해졌다. ◇~**se** 느슨하다; (몸에 붙인 것을) 늦추다. *Aflójate* el cinturón. 벨트를 늦추어라.

aflorado, da 图 꽃핀; 화려한.

afloramiento 图 【광물】노출광; 노출.

aflorar 珀 (광물이) 노출되어 있다.

afluencia 예 쇄도; 주입, 유입; 합류; 풍부; 능변.

afluente 图 흐르는 듯한, 청산유수같은, 유창한.

afluir 珀 흘러 들어오다; 보이다, 집합하다.

aflujo 图 충만. *aflujo de la sangre* 충혈.

afmo(s) afectísimo(s).

afollar 풀무로 불다; 풀무 모양으로 접다. ◇~**se** 오목 들어가다; 혹독하게 대우하다; 타락하다; 위반하다.

afondar 珀 투입하다; 가라앉히다. 珀 깊어지다. ◇~**se** 가라앉다.

afonía 【의학】실성증.

afónico, ca / afono, na 图 목소리가 안 나오는, 목소리를 조절할 수 없는; 실성증의.

aforador, ra 图 图 계량·검량하는 (사람); (세관의) 사정관, 징세관; 평가(감정)자.

aforar 珀 측정하다, 감정하다, 사정하다(valuar); (과세를 부과키 위하여 상품을) 평가하다. ◇~**se** (무대에서) 막을 펼치다.

aforesfación 예 조림, 식목.

aforismo 남 금언, 격언, 경귀; 처세법.
aforístico, ca 형 금언의, 격언의.
aforo 남 상품의 평가; 사정; 주류·용량의 계량; (극장 등의) 수용인원; 측정, 감정.
aforrar 타 보강하다, 선을 긋다; 나란히 세우다(서다); 활당하다, 마주서다.
aforro 남 (옷 따위에) 대는 형겊; 배의 가운데 갑판; 덮음; 칼집에 넣음.
afortiori 부 【라틴어】 더우이, 더군다나; 매우 유력한 이유에 의하여.
afortunado, da 형 행운의. ¡Qué *afortunado* es usted! 당신 굉장히 운이 좋군요. José es siempre *afortunado* en los negocios. 호세는 언제나 사업에서 운이 좋다. ◇ **afortunadamente** 부 운좋게, 다행히. *Afortunadamente* encontré un taxi. 운좋게 나는 택시를 발견했다.
afrancesar 타 재 프랑스풍으로 [말투로] 하다 [되다].
afrentar 타 모욕·능욕하다; 망신주다. ◇ **afrenta** 여 모욕; 치욕.
africano, na 형 아프리카(Africa)의. 명 아프리카 사람. ◇ **africanista** 명 아프리카 학자.
afrontar 타 (…와) 마주보다; (…에) 직면하다. No evitó el peligro, antes lo *afrontó* sereno. 그는 그 위험을 피하기는 커녕, 오히려 태연하게 그것에 맞섰다. 재 [+con:…과·에] 직면하다. Nuestra tropa (*se*) *afrontó* con los enemigos. 우군은 적군과 맞부딪쳤다.
afuera 부 밖으로·에; [감탄사적] 밖으로 나오너라. Me voy *afuera*. 나는 밖으로 나간다. ¡Muchachos, *afuera*! 얘들아, 나오너라. Salgamos *afuera*. 밖으로 나갑시다. 여 명 교외. La fábrica está en las *afueras* de la ciudad. 그 공장은 도시의 교외에 있다.
agachar 타 굽히다, 낮게 하다. *Agachen* la cabeza, que el techo es bajo. 천장이 낮으니 머리를 숙이세요. ◇ **~se** 응크리다, 몸을 굽히다. José *se agachó* para mirar a su hoja dormida. 딸의 잠든 얼굴을 보기 위해 호세는 몸을 굽혔다.
agamí 남 (새) (남미산의) 둘기러기.
ágape 남 연회; 향역손님; 축제일, 명일 크게 차린 식사, 잔치; 초기 그리스도 교도의 회식.
agar-agar 남 한천.
agarbanzado, da 형 담황색의.
agarbar 타 구부리다. ◇ **~se** 구부러지다.
agarbillat 타 (보리단을)묶다·만들다(agarbizonar).
agareno, na 형 회교의. 명 회교도.
agárico 남 【식물】 느타리 버섯.
agarrar 타 ① 붙잡다. *Agarra* esa cuerda y no la dejes escapar. 그 줄을 붙잡고 놓지 마라. ② (병에) 걸리다. Parece que he *agarrado* un resfriado. 나는 감기에 걸린듯하다. ◇ **~se** ① [+a:…을] 움켜잡다. Los náufragos *se agarraban* a un madero. 난

파한 자들은 멧목에 매달렸다. ② (병이) 달라 붙다. *Se le agarró* una calentura a Lola. 롤라는 열이 내리지 않는다.
◇ **agarradero** 명 손잡이, 자루.

agasajar 타 기쁘게 대하다, 환대하다(halagar). ◇ **agasajo** 명 환대; 선물 (regalo, obsequio).

ágata 여 [광물] 마노; 값진 보석.

agaucharse 재 [남미] 가우쵸(gaucho)풍으로 하다.

agencia 여 대리업·점, 중개·영업소. He reservado en este hotel un cuarto por medio de la *agencia* de turismo. 나는 관광대리점을 통하여 이 호텔에 방 하나를 예약했다. *agencia de colocaciones* 직업소개소. *agencia de publicidad* 광고대리점.

agenda 여 수첩; 메모장; 비망록.

agente 남 대리인(중개업자, 거간꾼); 지배인. Por ahora no deseamos nombrar *agente* en ésa. 폐사는 현재로는 귀지에 대리인을 임명할 생각은 없다. ② 경관(policía). Preguntaré al *agente* dónde está la Catedral. 대성당은 어디에 있는지 내가 경관에게 물어 보겠다.

agerasia 여 만년에 편안함.

agigantado, da 형 거대한, 방대한; 특수한, 일반석인 법칙을 벗어난.

ágil 형 재빠른; 민첩한; 경쾌한. Ese boxeador es *ágil* de movimientos. 저 권투선수는 동작이 재빠르다. ◇ **agilidad** 여 민첩, 재빠름; 경쾌. El equipo argentino superaba a los franceses en *agilidad*. 아르헨티나팀은 프랑스팀보다 민첩함에서 앞서고 있었다. ◇ **ágilmente** 부 민첩하게, 민첩하게, 경쾌하게.

agitar 타 ① 흔들다, 내두르다. El viento *agita* los árboles. 바람이 나무를 뒤흔들고 있다. *Agítelo* bien antes de usar. 사용하기 전에 잘 흔들어 주십시오. ② 선동하다. El político *agitó* a los trabajadores. 그 정치가는 노동자들을 선동했다. ◇ ~**se** 떠들어 대다; 동요되다. Cuando lo oyó, José *se agitó* mucho. 그 말을 듣고 호세는 마음이 매우 동요됐다. ◇ **agitación** 여 동요; 불안.

aglomerar 타 모으다. Hay que *aglomerar* datos al respecto. 그에 관한 자료를 모으지 않으면 안된다. En la calle se *aglomeraba* mucha gente. 거리에 많은 사람들이 쇄도했다. ◇ **aglomeración** 여 모임, 집중; 군중. Sentimos que la *aglomeración* de pedidos haya causado una demora. 주문이 쇄도하여 지체되어 죄송합니다.

aglutinación 여 교착; [언어] 복합어, 합성어, 교착법; [의학] 유합.

aglutinante 형 교착성의. lengua *aglutinante* 교착어. 명 반창고, 교착어.

aglutinar 타 달라붙(이)다, 교착시키다, (아교 따위로) 접합하다; 유합시키다.

agnado, da 형 내척의; 아버지측 자손의. 명 내척의 사람; 아버지측의 친척.

agnóstico, da 형 불가지론의, 불가지적인. 명 불가지론자.

agnostisismo 图 불가지, 불가지론(不可知論).

agobiar 呪 (고개를) 숙이다, 절하다; 굴복하다; 분쇄하다, 억누르다, 압박하다.

agobio 图 압박, 억압; 압박감; 비통; 굴신; 낙담; 찢기, 갈기; 굴복.

agolpamiento 图 군중; 돌진, 맥진, 쇄도.

agolparse 困 급히 가다·보내다; 모이다, 덤비다; 돌진·맥진·쇄도하다; 퇴직하다.

agonía 예 고민, 고통; 죽음[단말마]의 고통. ◇ **agonizar** [⑨ alzar] 呪 피곤하다, 번민·고민케 하다. 困 번민·고민하다, 피로워 하다; 고투하다.

ágora 예 (고대 회랍의) 광장; (그곳에서의) 집회, 모임.

agorafobia 예 광장공포증.

agorar [27] 呪 (드물게) 예언하다. Ya no quiere *agorar* lo futuro. 그는 이제 미래를 예언하려 하지 않는다.

agorero, ra 图 점장이, 예언자. 图 전조의; 물길한, 흉조의.

agorgojarse 困 (농작물이) 유충에 의해 파괴되다.

agostar 呪 시들게 하다, 말리다; 8월에 땅을 갈다; 여름에 그루만 남은 밭에서 가축을 방목하다.

agosteno, na 图 여름의; 여름에 시드는.

agostizo, za 图 팔월같은, 팔월의, 여름의, 팔월생의 (말); 아주 약한.

agosto 图 8월. *Agosto* madura, siempre vendimia. 사물에는 각기 시기가 있다(8월에는 보리가 익고, 9월에는 포도의 수확).

agotar (완전히) 없애다. *Agotaron* las energías en las guerras. 그들은 그 전쟁에 정력을 쏟아 버렸다. Los dos hermanos *agotaron* rápidamente su herencia. 두 형제는 곧바로 상속재산을 탕진하였다. ◇ **~se** 困 ① 다하다; 절품되다. *Se agotaron* las provisiones en poco tiempo. 잠깐동안에 양식이 떨어졌다. ② 쇠약하다. Con tanto trabajo José *se está agotando*. 그렇게 일하였으므로 호세는 체력이 약해져 있다. ◇ **agotamiento** 图 고갈, 품절, 절판; 쇠약; 궁핍.

agradable 图 즐거운, 기분좋은. El viaje era muy *agradable*. 여행은 매우 즐거웠다. Estamos en la época más *agradable* del año. 지금은 가장 기분이 좋은 계절이다. ◇ **agradablemente** 图 즐겁게, 기분좋게.

agradar 呪 기쁘게 하다, 즐겁게 하다. Me *agrada* ver a la gente alegre. 유쾌해 하는 사람을 보는 것은 즐겁다. Me satisface que le *agrade* ese vestido. 그 옷이 마음에 드시다니 나는 즐겁습니다. ◇ **~se** [+de : …를] 즐거워하다, 기뻐하다. ◇ **agrado** 图 즐거움. Con sumo *agrado* acepto la invitación. 초대를 기꺼이 수락합니다.

agradecer [30 crecer] 呪 감사하다. Le *agradezco* mucho su visita. 방문해 주셔서 감사합니다. No sé cómo *agradecerle*. 무어라 감사드려야 좋을지 모르겠습니다. ◇ **agradecido, da** 图 감사하고 있는. Quedamos muy *agradecidos* a su felicitación de Navidad. 크리스마스의 축사, 진정으로 고맙습니다. ◇ **agrade-**

cimiento 圀 감사. No encuentro palabras para expresarle mi *agradecimiento*. 나는 감사를 나타낼 말을 모르겠읍니다.

agrado 圀 친절, 쾌락, 즐거움: 은혜.

agrafia 여 (글을 쓸 수 없는) 실서증.

agramadera 여 베틀, 타면기.

agramaduras 여복 삼의 껍질.

agramar 타 (삼의 대를) 빨다, 삼을 빗다.

agramilar 타 (벽돌을) 짝다; 벽돌벽에 색칠하다; 벽돌을 맞추다.

agramiza 여 삼의 줄기(canamiza).

agrandar 타 확대·확장하다. José *ha agrandado* su tienda. 호세는 자기 가게를 확장했다. ◇ **agrandamiento** 圀 확대, 확장.

agrario, ria 혱 농지의. Se han renovado las leyes *agrarias*. 농지법이 개정되었다.

agravar 타 병을 악화시키다. ◇ ~**se** (병이) 악화되다.

agraz 圀 신 과일즙; 심술굳음, 불쾌.

agrazada 여 익지않은 포도즙에 설탕을 넣은 음료.

agrazón 圀 【식물】 들포도; 불쾌, 분노, 화내기; 익지않은 포도, 구즈베리 숲.

agredido, da 침략당한. 圀 피침략자. 圀 피침략국.

agredir 타 공격하다, 침략하다, 침해하다, 습격하다.

agregar 타 [圀 pagar] 타 (더) 보태다, 덧붙이다(añadir). La madre *agregó* huevos a la masa. 모친은 빵의 반죽에 달걀을 보태었다. Y *agregó* Lola:·Si no llueve mañana. 그리고 롤라는 〈내일 비가 안 오면 말이야〉라고 덧붙였다. ◇ **agregación** 여 첨가, 부가; 집합(체), 집회, 집성, 병합, 혼합. ◇ **agregado, da** 혱 (외교단의) 수행원, 보좌관. *agregado comercial* 대사관부 상무관. *agregado cultural* 대사관부 문화참사관.

agremán 圀 (비단으로 만든) 장식끈.

agremiar 타 조합(gremio)에 넣다. ◇ ~**se** 조합을 이루다.

agresor, ra 침략하는; 가해하는. 圀 공격·침해·침략자. ¿Quiénes serían los *agresores*? 침략자는 누구였을까? 圀 침략국, 침략자. ◇ **agresión** 여 침략, 침해, 공격.

agriar 타 시게하다. ◇ ~**se** 시어지다.

agrícola 圀 【남녀 동형】 혱 농업의. La industria *agrícola* se ha desarrollado mucho en este país. 이 나라에서는 농산업이 대단히 발달하였다.

agricultura 여 농업; 경작. La mayoría de los habitantes se dedicaban a la *agricultura*. 대부분의 주민은 농업에 종사하고 있었다. ◇ **agirculator, ra** 圀 농부.

agridulce 달고도 신, 시큼한.

agriera 【중남미】 가슴앓이, 위산과다증.

agrietarse 깨(치)다, 금이 가다; 균열이 생기다; (피부가) 거칠어지다.

agrimensor 圀 (토지의) 측량기사.

agrimensura 여 토지의 측량, 경작지의 측량.

agrio, gria 혱 ① (맛이) 신, 시큼한. Esta naranja está muy *agria*. 이 귤은 매우 시다. ② 무뚝뚝한. El jefe es un militar *agrio*. 장

agrisado, da 관은 무뚝뚝한 군인이다. 團團 감귤류.
agrisado, da 團 회색이 깃든.
agro, gra 圈 = agrio. 團 ① 농지. problema del *agro* 농지문제 ②(Galicia 지방의) 대경작지.
agronomía 예 농학.
agrupar 目 모으다; 그룹으로 나누다. *Agrupe* usted estos libros por tamaños. 이 책들을 크기에 따라 그룹으로 나누어 주십시오. ◇~se 모이다. Allí *se agrupan* unas diez casas. 저곳에 10 채쯤의 집이 무리지어 있다. Las islas están *agrupadas* al oeste de la península. 그 섬들은 반도의 서쪽에 모여 있다. ◇ **agrupación** 예 집합.
agua [단수에서는 정관사는 el을 사용] 예 ① 물. Déme un vaso de *agua* fresca. 시원한 물을 한 잔 주십시오. ② 비, 강우(량). En Málaga cayeron 300 milímetros de *agua*. 말라가에서는 300밀리미터의 비가 내렸다. ③團 (바다·강 따위의 움직임이 있는) 물; 수역; 해류. Las *aguas* de la vertiente sur afluyen al Mediterráneo. 남쪽 사면의 물은 지중해로 흘러 들어간다. Se ha prohibido pescar en las *aguas* del este. 동부 해역에서는 고기잡이가 금지되었다. *hacerse agua la boca* 군침·침이 나오다. *Se me hace agua la boca* viendo estas deliciosas frutas. 맛있어 보이는 이 과실을 보면 군침이 흐른다.
aguacate 團【식물】로렐 배.
aguacero 團 소나기.
aguadija 예 (종기나 다친 곳의) 진물.
aguado, da 圈 물의. 물에 젖은, 축축한; 관개된; 금주의(abstemio) (식사 등이) 검소한.
aguador, ra 圀 물장수, 물을 공급하는 사람, 물을 지키는 사람.
aguaducho 團 물이 나옴; 홍수; 물·음료수 파는 곳; 수로.
aguafiestas 圀 흥을 깨뜨리는 사람.
aguagoma 예 고무액.
aguaitar 目 숨어서 기다리다, 매복하다.
aguaje 團 조류, 조수; 음료수; 물마시는 곳; 늪.
aguamanil 團 세면기, 세면소; 물항아리.
aguamanos 團 손씻기 위한 물.
aguamar 團【동물】해파리.
aguamarina 예【광물】아구아마리나 (보석의 일종); 값진 보석.
aguanielar 目 …에 꿀물을 바르다; 꿀물에 담그다.
aguamiel 예 꿀물; 메세글린(벌꿀로 만든 술).
aguanieve(s) 團【새】까치.
aguanoso, sa 圈 물의, 물모양의; 물기가 많은, 질척질척한.
aguantar 目圈 ① 참다. Ya no podía *aguantar* las ganas de reír. 그는 웃고 싶은 것을 이제 참을 수가 없었다. Le pagan muy mal, pero *se aguanta*. 급료는 매우 나쁘지만, 그는 참고 있다. ② 지탱하다. *Aguanta* el cuadro mientras yo lo cuelgo. 내가 매다는 동안, 자네가 액자를 붙잡고 있어 주게. ◇ **aguantable** 圈 참을 수 있는. ◇ **aguante** 團 인내; 견고, 확고부동.
aguañón 團 수리공사 기사(maestro).

aguapié 圀 물에 착색한 술; 값싼 술; 흐르는 물(agua de pie).

aguar 囤 술·식초·다른 액체와 물을 섞다; 흥을 깨다; 【중남미】동물에 물을 걸이다.

aguará 圀 【동물】(아르헨띠나의) 큰 여우.

aguardada 圀 유예.

aguardadero 圀 (포수가 짐승을 기다리기 위해 만든) 장소.

aguardar 囤 (재) 기다리다(esperar). Estoy *aguardando* el autobús. 나는 버스를 기다리고 있다. *Aguardamos*(a) que venga José. 우리들은 호세가 오기를 기다리고 있다. ¡*Aguarda* un momento! 잠깐 기다려라. ¡*Aguárde*me! 저를 기다리세요.

aguardiente 圀 아구아르디엔떼 (소주의 일종).
El se emborrachó con *aguardiente*. 그는 아구아르디엔떼를 마시고 취했다. *aguardinte de caña* 럼주.

aguarrás 圀 송진기름.

aguasal 여 염수(salmuera).

aguatero, ra 圀 또는 여 물을 운반하는 차;【중남미】물장수.

aguaturma 여【식물】뚱딴지.

aguaviento 圀 바람에 불려 떨어지는 비.

aguazal 圀 빗물이 고인 땅.

aguazoso, sa 圀【중남미】물기 많은, 수분이 있는.

agudo, da 圀 ① 날카로운. Este cuchillo tiene la punta muy *aguda*. 이 칼은 끝이 매우 예리하다. Sentí de repente *agudos* dolores en el estómago. 나는 갑자기 위에 날카로운 아픔을 느꼈다. ② 예민한. Es un estudiante muy *agudo*. 그는 놀랍게도 머리가 좋은 학생이다. ◇ **agudeza** 여 날카로움; 예민. ◇ **agudizar**[◇ alzar] 囤 날카롭게 하다, 뾰족하게 하다.

agüero 圀 징조(선·악에 따라 buen, mal을 붙여씀), 예언, 서술; 예감.

aguerrido, da 圀 노련한, 익숙한.

aguerrir 囤 전쟁에 익숙하게 하다; 굳게(딱딱하게)하다, 경화하다; 단련하다; 격렬해지다, 난폭해지다.

aguijada/aguijadera 여 가축을 모는 끝이 뾰족하고 긴 막대기; 박차, 발톱;(산 따위의) 지팡.

aguijar 囤 찌르다, 몰아대다, 재촉하다; 용기를 (기운을) 돋구다; 장려하다, 조장하다, 자극하다, 선동하다.

aguijón 圀 (가축을 모는) 끝이 뾰족한 막대기; (독충 등의) 바늘, 침; 쏘기, 쏜 상처; (식물의) 가시.

aguijonada 여 바늘, 가시로 찌르는 것, 찔린 상처.

aguijonear 囤 따끔하게 찌르다; 따끔따끔 쑤시다; (귀가) 쫑긋 서다; 밀다; 찔러 넣다; 돌진하다; 자극하다, 격려하다, 선동하다.

águila 여 독수리. Mi abuelo era una verdadera *águila* en el oficio. 나의 할아버지는 직무에 있어서는 오로지 독수리처럼 날카로운 사람이었다. ◇ **aguileño, ña** 圀 독수리같은. Tiene una nariz *aguileña*. 그는 매부리코이다.

aguinaldo 圀 크리스마스나 새해의 선물.

aguja 여 바늘. ¿Tiene usted una *aguja* para remendar esta camisa? 이 와이셔츠를 꿰맬 바늘을 가지고 있읍니까. A mi reloj se le ha caído una *aguja*. 내 시계바늘이 떨어졌다.

agujero 圕 구멍. El niño cortó dos *agujeros* redondos en la tela. 그 아이는 헝겊에 둥근 구멍을 두개 뚫었다. ◇ **agujer(e)ar** 㕲 (…에) 구멍을 뚫다.

ah 캠 아아[감심·놀라움·고통·만족·기쁨 따위], ¡*Ah*, qué sorpresa! 아아, 놀랍다! ¡*Ah*, yo no sabía eso! 저런, 그걸 몰랐네!

ahá 캠 오!

ahí 囲 그곳에, 저곳에. *Ahí* tiene usted la ventanilla número 8. 저곳에 8번 창구가 있다. Estará por *ahí*. 그는 그 근처에 있을 거야.

ahijado, da 圕 양자, 양녀.

ahijar 㕲 양자로 삼다.

ahogar [용 pagar]㕲 ① 질식시키다. Dios aprieta, pero no *ahoga*. 하나님은 졸라 매기만, 목매여 죽이지는 않는다. ② 숨막히게 하다. Hace un calor que *ahoga*. 숨막히는 더위이다. ③ (불을) 끄다. Los bomberos *ahogaron* el incendio en unos veinte minutos. 소방사들은 그 화재를 약 20분만에 껐다. ◇ **-se** 질식하다; 숨쉬기가 피로와지다. Mucha gente *se ahogó* en la inundación. 많은 사람이 홍수로 익사하였다. Estoy *ahogado* de quehaceres. 나는 일이 많아서 숨이 막힐 듯하다. ◇ **ahogo** 질식, 익사; 피로운 지경. José lucha para salir de aquel *ahogo*. 호세는 그 피로움에서 빠져나가려고 버둥거린다.

ahora 囲 지금, 이제; 이번. Vámonos *ahora*. 지금 갑시다. *Ahora* me toca a mí. 이제 내 차례다. *Ahora* empieza la conferencia. 이제 강연이 시작된다. *ahora mismo* 지금 곧, 지금 당장. Voy *ahora mismo* 지금 곧 나는 간다. Venga usted *ahora mismo*. 지금 곧 오시오. *por ahora* 지금, 우선. Por *ahora* tengo suficiente dinero. 우선은 돈은 충분히 있다.

ahorcar [용 sacar]㕲 교살하다; 교수형에 처하다(colgar). ◇ **ahorcado, da** 圙 교수형에 처해진. 圕 교수형을 받은 사람.

ahorrar 㕲 ① 저축하다. José *ha ahorrado* ese dinero trabajando. 호세는 일해서 그 돈을 저축했다. ② 절약하다. Si le telefoneas, le *ahorras* el viaje y tiempo. 네가 그에게 전화를 하면 그의 교통비와 시간이 절약이 된다. ◇ **-se** 저축·절약하다; …없이 끝내다. Comprándolo de segunda mano *te ahorras* mitad de dinero. 중고품으로 그것을 사면 너는 돈의 절반을 절약할 수 있다. Así *te ahorras* preocupaciones. 그렇게 하면 너는 걱정하지 않아도 된다. ◇ **ahorrado, da** 圙 마음 편한, 마음내키는대로 하는. Es una persona muy *ahorrada*. 그는 마음이 매우 넓은 사람이다. ◇ **ahorro** 圕 저축, 절약, 저금. José se ha comprado un coche con sus *ahorros*. 호세는 저금으로 자동차를 샀다. *ahorro postal* 우편저금. *caja de ahorros* 저축 은행.

ahoyar 㕲 㪣 구멍을 파(게하)다.

ahuchar 㕲 저장하다; 축적하다; 몰아내다, 축출하다, 추방하다.

ahuecar 㕲 느슨하게 하다; 풀다, 부풀리다; 빼기다, 거만해지다; (통화를) 팽창시키다.

ahuesado, da 형 뼈와 같은; 흰; 딱딱한.
ahulado 남 【중남미】 방수포.
ahumadero 남 고기 굽는곳 (통돼지 따위).
ahumado, da 형 연기나는・냄새 나는; 매운; 연기빛의; 연기같은. *cuerzo ahumado* 연수정.
ahumar 타 그을다; 김나다; 훈제하다.
ahusarse 재 가늘고 길게되다; 끝이 가늘어지다, 뾰족해지다.
ahuyentador 남 허수아비; 헌 누더기를 입은 사람.
ahuyentar 타 쫓아내다. José *ahuyentó* a los perros. 호세는 개들을 쫓아 내다.
airar [15 주로 과거분사로 쓰임] 타 성・화나게 하다. ◇ **airado, da** 형 성낸. Lola salió *airada* de la habitación. 롤라는 성이 나서 방을 나갔다.
aire 남 ① 공기; 바람. Voy a salir a tomar el *aire*. 바람을 쐬러 나간다. Sopla un *aire* fresco. 서늘한 바람이 불고 있다. ② 외견, 모습; (옷의) 재봉, 바느질. Tiene un *aire* severo. 그는 무뚝뚝한 얼굴을 하고 있다. Me gusta el *aire* del traje qué llevas. 네가 입고 있는 옷의 바느질은 내 마음에 들었다. *darse aire de …* 체 하다. José *se da aires de* intelectual. 호세는 인텔리인체 하고 있다. *al aire libre* 바깥에서, 노천에서.
aireación 여 환기, 통풍.
airear 타 환기하다, 공기에 쐬다, 바람에 쐬다, 바람을 넣다; (의견을) 발표하다.
airón 남 강풍, 된바람; 깃털장식; (새의)관모; 【새】외가리.
airosidad 여 쾌활, 명랑, 우아, 득의만만.
airoso, sa 형 공기의; 바람이 잘 통하는.
aislación 여 분리, 격리, 고립, 절연. *aislación de sonido* 방음(장치).
aislacionismo 남 독립주의, 독립정책, 고립주의.
aislacionista 형남 독립주의의(자), 분리・격리・고립주의(자).
aislado, ra 형 격리된, 고립의, 절연의. 남 전연물, 절연체.
aislamiento 남 고립; 격리; 절연, 분리; 교통중단. *aislamiento económico* 폐쇄경제.
aislar [15 airar] 타 고립・분리시키다; 격리・절연하다. Hay que *aislar* al enfermo cuanto antes. 즉각 병자를 격리해야 한다. En este caso esfuerzos *aislados* no sirven para nada. 이 경우에는 분산적인 노력은 아무런 효과도 없다. ◇ **aislador** 남 절연물.
ajedrez 남 장기. Mi hermano y yo solíamos jugar al *ajedrez* hasta muy tarde. 형과 나는 늦도록 장기를 곧잘 두었다.
ajeno, na 형 ① 타인의, 남의 집의. Puedo arreglarlo sin ayuda *ajena*. 나는 다른 사람의 도움이 없이 그것을 고칠 수 있다. ② [+a・de:…에)무관계; 무관심한. Ese asunto me es completamente *ajeno*. 그 일은 나에게는 전혀 무관하다. María estaba leyendo *ajena* a todo lo que pasaba a su alrededor. 마리아는 자기 주위의 사건과는 전혀 무관심하게 책을 읽고 있었다. 남 타인. Guárdate de revelar el secreto de los *ajenos*. 너는 타

인의 비밀을 폭로하지 말도록 하여라.
ají 【식물】 고추(chile); 고추 양념.
ajiaceite 回 마늘과 기름을 섞어서 만든 양념.
ajilmoje/ajilimójili 回 고추와 마늘 양념.
ajimez 回 아취형의 창문.
ajipuerro 回 【식물】 야생부추.
ajo 回 【식물】 마늘.
ajobar 国 등에 메다.
ajobo 回 짐; 무거운짐, 부담, 수고; (배의) 적재량.
ajolote 回 【동물】 액소로틀(멕시코산 도룡뇽)의 유생.
ajonje 回 (새잡는) 끈끈이.
ajonjear 国 【남미】 애무하다; 지나치게 사랑하다.
ajonjera 예 【식물】 엉겅퀴의 일종.
ajonjolí 回 【식물】 깨, 참깨.
ajustar 国 ① 맞추다. El sastre le *ajustó* el traje al cuerpo. 재봉사는 옷을 그의 몸에 맞추었다. ② 결정하다. Han *ajustado* el casamiento para el día 15. 그들은 결혼날짜를 15일로 결정했다.
al [전치사 a와 정관사 el과의 결합형] ¿Conoces *al* señor García? 너는 가르시아를 알고 있느냐? [al+부정(否定)형]⋯하면, ⋯할 때. ⋯하자마자. *Al* salir de casa me tropecé con José. 집을 나갈 때 나는 호세를 만났다. *Al* no tener dinero se puso a trabajar. 그는 돈이 없어지면 일하기 시작하였다. Se rieron mucho *al* oír eso. 그 소리를 들었을 때 그들은 많이 웃었다.
ala 예 (비행기・새의) 날개. Trataré de volar con mis propias *alas*. 나는 어떻게 하던지 자신이 해보겠다(자기의 날개로 날다).
alabar 国 칭찬・칭송하다(elogiar). Todos *alababan* a José por su prudencia. 모두는 호세를 신중하다고 칭찬하고 있었다. ◇ ~**se** 자만하다; 서로 칭찬하다. Lola *se alaba* de elegante. 롤라는 날씬하다고 자만하고 있다. Los dos hermanos *se alaban* uno a otro. 두 형제는 서로 칭찬한다. ◇ **alabanza** 예 칭찬. Me lo dijo en *alabanza* de tu prudencia. 그는 너의 신중함을 칭찬하며 나에게 그렇게 말했다.
alacena 예 (벽쪽에 넣어 만든) 선반.
alacrán 回 【동물】 전갈.
alambre 回 철사. Los *alambres* sirven para dar aún más solidez. 철사는 더욱 견고하게 하는데 효과가 있다. ◇ **alambrada** 예 [집합적] 전선. ◇ **alambrado** 回 철사를 입힌 것; (장문의) 철망.
álamo 回 【식물】 포플러, 미류나무. ◇ **alameda** 예 미류나무 가로수; 가로수 길. Solíamos pasear por la *alameda* todas las tardes. 우리들은 매일 오후 그 가로수 길을 산책했던 것이다.
alano, na 형 回 아라노족의 (사람).
alar 国 끌다.
alarabe/alarbe 형 回 아라비아의 (사람). 버릇없는 사람.
alarde 回 열병; (화려한) 행렬, 시위행진; 진열, 전람; 표현, 표시

alardear 자 과시, 허식; 【군사】 점호, 점열; 병원명부; (죄수의) 점열.
alardear 자 자랑하다.
alardoso, sa 형 겉치레하는, 허세부리는, 겉만의; 자랑하는.
alargadera 여 길어진 막대기, 길어진 관; 【화학】 유도관.
alargamiento 남 연장, 연기; 신장.
alargar [8] **pagar**] 타 ① 뻗다. La vieja *alargó* el brazo y cogió aquel vaso. 노파는 팔을 뻗어서 그 컵을 잡았다. ② 연장시키다. Hemos decidido *alargar* nuestra estancia aquí. 우리들은 이 곳의 체재를 연장하기로 정했다.
alarma 여 경계; 불안, 공포. Todo el pueblo vivía en perpetua *alarma*. 온 국민은 언제나 공포 속에서 생활하고 있었다. campana de *alarma* 화재경보벨.
alarmar 타 경계시키다; 겁먹게 하다, 불안하게 하다. Me *alarma* ver a José preocupado. 나는 호세가 걱정스러운 듯이 하고 있는 것을 보면 불안해진다. Los ladrones huyeron *alarmados* por el estallido. 도둑놈들은 그 폭발소리에 깜짝 놀라 도망쳤다. ◇~**se** 놀라다. No *te alarmes* si oyes un estallido. 폭발소리를 듣더라도 놀라서는 안된다. ◇ **alarmador** 남 경보기. ◇ **alarmante** 형 위험한.
alba 여 새벽, 서광(曙光). Empezó a clarear el *alba*. 밤이 밝기 시작했다.
albañil 남 미장이, 석수장이.
albañilería 여 석공술; (건물의) 석조부.
albar 형 흰, 흰빛의; 창백한; 결백한; 백인의. conejo *albar* 흰토끼.
albarán 남 화물 인도표; 전세 계약서.
albarda 여 길마; 짐싣는 안장.
albardar 타 (말 따위에) 안장을 놓다; (소 등에) 길마를 씌우다.
albardero 남 안장만드는 사람.
albardilla 여 소형의 짐 안장; 밭고랑; (쟁기에 붙어있는) 흙.
albardín 남 【식물】 잡초.
albaricoque 남 살구.
albaricoquero 남 【식물】 살구나무.
albarillo 남 【식물】 흰 살구, 그들의 작은 살구.
albarizo, za 형 백색의; 창백한; 투명한, 무색의; 백인의. 남 행주.
albarrada 여 돌담, 담; 구내; 참호.
albarrana 여 【식물】 해총(파 뿌리).
albarraz 남 【의학】 나병.
albatros 남 【새】 신천옹(信天翁).
albayalde 남 납가루, 백연.
albazano, na 형 짙은 밤색 털의 (말).
albear 자 회게하다, 희어지다, 표백하다(blanquear); 【아르헨띠나】 일찍 일어나다.
albéitar 남 수의사(veterinario).
alberca 여 저장소, 저수지; 석유탱크.
albérchiga 여 복숭아의 일종.

albérchigo 남 = albérchiga.

alberchiguero 남 【식물】 복숭아 나무.

albergar 타 숙박시키다, 정박시키다. 재 ◇~se 숙박하다, 정박하다.

albergue 남 숙박소, 은신처, 하숙집; 고아원; (짐승들이 사는)굴.

alberguería 예 빈민수용소, 구호소; 여인숙, 주막(posada).

albero, ra 형 흰(albar). 남 흰빛의 흙(토양); 행주; 두건.

albica 예 백점토.

albín 남 【광물】 적철광.

albinismo 남 【의학】 피부색소 결핍증; 백화현상.

albino, na 형 피부색소가 선천적으로 결핍된 (사람).

albo, ba 형 【시】 눈같이 흰.

albogue 남 (풀잎으로 만들어 입에 물고 부는)피리, (목자 · 목동이 부는)피리.

albóndiga/albondiguilla 예 고기를 다져서 동그랗게 한 것.

albor 남 흰색, 백색채로; 동틀녘, 여명, 새벽; (시문에서) 순백 (blancura).

alborada 예 동틀녘, 새벽; 시작; 기상나팔(북); 여명;【군사】새벽싸움.

alborear 자 날이 밝다, 밝아지다;(일이) 차츰 명백해지다 (amanecer).

alborga 예 짚신의 일종.

albornoz 남 걸친 양털옷, (아라비아 사람들의) 두건 달린 겉옷.

alborotadizo, za 형 자주 떠들어 대는, 시끄러운, 소요의.

alborotado, da 형 충동적, 흥분하기 쉬운;(바람, 물결 따위가) 거센; 소란스러운, 떠들석한.

álbum 남 사진첩, 앨범.

alcachofa 예 【식물】 엉겅퀴. ◇ **alcachofal** 남 엉겅퀴밭.

alcalde 남 시 · 읍 · 면장. Don José fue elegido *alcalde*. 호세씨가 시장에 당선됐다. ◇ **alcaldesa** 예 여자 시 · 읍 · 면장; 시 · 읍 · 면장의 아내.

álcali 남 【화학】 알카리.

acalímetro 남 알카리미터, 알카리계.

alcalinidad 예 알카리도.

alcalino, na 형 알카리(성)의. reacción *alcalina* 알카리 반응.

alcalizar 타 알카리성으로 하다.

alcaloide 남 알카로이드, 식물염기.

alcaloideo, a 형 알카로이드(성)의.

alcana 예 = alhelena.

alcance 남 ① 닿는 거리 · 범위 · 능력, 지능. Eso está fuera de nuestro *alcance*. 그것은 우리들의 손이 닿지 않는 곳에 있다. ② 중요성. No sé qué *alcance* debo dar a sus palabras. 그의 말에 얼마만큼의 중요성을 주어야 할지 모르겠다.

alcancía 예 저금통; 헌금통.

alcanzar [9 alzar] 타 ① (에)닿다, 도달하다. No *alcancé* esa caja. 나는 그 상자에 손이 닿지 않았다. José apresuró el paso para *alcanzar*lo. 호세는 그를 따라 잡기 위해 걸음을 빨리 했다.

La nieve *alcanzó* dos metros de espesor. 눈은 2미터 깊이에 달했다. ② (손에) 건네다, 닿게 하다. *Alcánzame esa botella.* 그 병을 집어다오. ③ 대어 가다. No sé si *alcanzaré* el tren de las diez. 10시 열차에 대어 갈 수 있을지 어떨지 모른다. ④ 이해·양해하다. No *alcanzo* lo que dice José. 나는 호세가 말하는 것을 이해할 수 없다. ⑤ 획득하다. José *ha alcanzado* la recompensa que merece. 호세는 그에게 알맞은 보수를 받았다. 图 ① 닿다, 도달하다. El sonido *alcanza* a 5 kilómetros. 그 소리는 5킬로미터의 곳까지 도달한다. ② 충분하다, 족하다. Estos caramelos no *alcanzan* para todos los niños. 이 캐러멜은 어린이들 전부에게는 부족하다. ③ [+a+inf.…하기에] 이르다, …가능하다. No *alcanzo a* comprender el móvil. 나는 그 동기가 이해되지 않는다.

alcatifa 囡 (질이 좋은) 양탄자의 일종; 지붕.
alcatraz 囝 삼각주머니; 【새】 펠리컨.
alcayata 囝 긴 못, 큰 못; 갈고리.
alcazaba 囡 성각; 성각의 탑; 내성.
alcázar 囝 성(城), 왕궁. Se divisaba el famoso *Alcázar* de Toledo. 유명한 「톨레도」성이 보이고 있었다.
alcazuz 囝 【식물】 감초(orozuz); 감초 뿌리.
alce 囝 【동물】 (북유럽과 북아메리카산의) 큰 노루.
alción 囝 【새】 물총새.
alcista 囮 주식의 가격 등귀를 예상하고 투기하는 사람. 囮 【상업】 등귀할 기미가 있는.
alcoba 囡 침실(dormitorio). Juan se metió en la *alcoba*. 후안은 침실에 들어갔다.
alcohol 囝 알콜; 알콜 음료. José bebe mucho *alcohol.* 호세는 술을 아주 많이 마신다. ◇ **alcohólico, ca** 囮 알콜(음료)의. No me sientan bien las bebidas *alcohólicas*. 알콜 음료는 나에게 맞지 않는다. 囝 알콜 중독자.
alcoholado, da 囮 (개의) 눈의 가장자리가 검은 빛을 띤; 알콜화한. 囝 알콜제.
alcoholar 囲 …으로 부터 알콜을 짜내다.
alcoholero, ra 囮 알콜공업의.
alcoholímetro 囝 알콜계, 주정비중계, 주정계.
alcoholismo 囝 알콜중독.
alcoholizado, da 囮 알콜중독의. 囝 알콜중독자.
alcoholizar 囲 …에 알콜을 섞다; 주정을 빼다. ◇ **-se** 알콜중독으로 되다.
alcor 囝 언덕(colina), 작은 산; 경사(도); 경사면, 비탈.
Alcorán 囝 회교의 경전, 코란.
alcoranista 囝 회교의 교전학자, 모든 하메드법을 해설하는 자.
alcornoque 囝 【식물】 콜크나무; 【비유】 멍청이, 바보 (estúpido).
alcornoqueño, ña 囮 콜크나무의.
alcorza 囡 설탕 입힌 과자; (비유) 지나치게 멋을 부리는 사람.
alcorzar 囲 [과자에] 설탕을 입히다; 아름답게 하다, 장식하다.

alcotán 남 【새】 새매.

alcurnia 여 선조; 혈통; 가계(linaje).

alcura 여 (식탁에 놓는) 양념병; 기름병, 기름통.

alcuzcuz 남 밀가루와 벌꿀을 물에 버무려 만든 과자(무어인의 식품).

aldaba 여 (문의) 노커; 걸쇠, 빗장.

aldea 여 마을. Nací en una *aldea* pobre de la provincia de Málaga. 나는 말라가주의 어느 가난한 마을에서 태어났다. ◇ **aldeano, na** 형 시골의, 촌의. 명 시골사람, 촌사람.

Aldebarán 남 【천문】 목우좌.

aldehido 남 【화학】 알데히드.

aldehuela 여 한촌(寒村).

alderredor 부 = alrededor.

aleación 여 합금.

alear 자 날개치다; 펄럭거리다; 훨훨 날다; (병·피로로부터) 원기를 회복하다.

aleatorio, ria 형 우연의, 우발적인;【법】요행을 노리는, 사행적.

alebrarse/alebrastrarse/alebrestarse 재(무서워서) 웅크리다;(동물이) 땅에 엎드리다.

aleccionar 타 가르치다; 교수·훈련하다; (말·개 따위를)길들인다. 【원예】가꾸다.

alechugar 타 주름잡다; (상처 잎사귀 같은 모양으로) 접다, 구부리다.

aledaño, ña 형 부속의, 인접한, 이웃의. 남형 부속지, 인접지; 경계(confín), 한계(límite).

alegrar 타 기쁘게 하다, 즐겁게 하다. Tus noticias nos *han alegrado* mucho. 너의 소식은 우리들을 대단히 기쁘게 했다. ◇ ~**se** [+de・por・con : …을] 기뻐하다, 즐거워하다. *Me alegro mucho de verte*. 나는 너를 만날 수 있어서 매우 즐겁다. ~**se de que** + *subj*. …해서 기쁘다·즐겁다·좋다. *Me alegro (de) que no haya sido gran cosa*. 대수롭지 않은 일이어서 좋았다. *Me alegro de que esté usted mejor*. 당신이 더 좋아지셔서 기쁘다.

alegre 형 기쁜, 즐거운, 명랑한. Todo el mundo se siente *alegre* en este hermoso día de primavera. 이 화창한 봄날에는 어떤 사람이라도 즐겁다. Anita es una muchacha muy *alegre*. 「아니따」는 매우 명랑한 소녀이다. ◇ **alegremente** 부 즐겁게, 기쁜듯이.

alegría 여 기쁨, 즐거움. Tuve una gran *alegría* cuando me dieron la plaza. 그 지위가 주어졌을 때 나는 매우 기뻤다. Está llena de *alegría*. 그녀는 매우 행복하다.

alejar 타 [+de : …로부터] 멀리하다. Será mejor *alejar* lo más del fuego. 그것을 불에서 훨씬 멀리 하는 것이 좋겠다. José *se alejó* de su tierra.호세는 고향에서 떠났다. ◇ **alejamiento** 남 경원함; 소원(疎遠); 거리, 간격.

alemán, na 형 독일(Alemania)의. 명 독일사람. 남 독일어.

alentar [⑨ pensar] 타 원기를 넣어주다, 장려하다. Sólo me

alienta la esperanza. 희망만이 나에게 용기를 불어넣어 준다. Vamos a *alentar*la a que lo haga. 그 일을 하도록 그녀를 독려하자. 자 호흡하다. No lo consentiré mientras *aliente*. 내가 살아 있는 동안은 그것을 들어 줄 수 없다. ◇ **alentado, da** 형 건강한(sano).

alerta 부 ① 조심해서, 주의해서. Usted estará *alerta* para que nadie salga de la casa. 그 집에서 아무도 나가지 못하도록 조심해 주십시오. ② [감탄사적]경계하라. ¡Ojo alerta! 충분히 경계하고 있어라.

aletargar 타 무기력하게 하다, 혼수상태에 빠지게 하다. ◇ **~se** 나른해지다, 무감각해지다, 혼수상태에 빠지다; 동면하다.

aletazo 남 펄럭임; 날개침, 날개치는 소리; 지느러미를 휘저음.

alfabeto 남 알파벳(abecedario). ◇ **alfabético, ca** 형 알파벳의. ◇ **alfabéticamente** 알파벳으로.

alfajía 여 (문·창문·액자 따위의) 나무틀(alfargía)

alfajor 남 [중남미] 과자, 단것; 호도와 꿀로 만든 과자.

alfanje 남 신월도(新月刀); [물고기] 황새기.

alfaques 남 복 사주(砂洲)

alfaquí 남 마호멧트 법학자(faquí)

alfar 도자기 공장; 도자기 만드는 흙, 도토.

alfarería 여 도자기 판매소; 도자기 공장; 도자기 제조술.

alfarero 도자기 제조공, 도예가.

alfarje 남 부인실; 착유장, 착유기.

alfarjía 여 (사진틀이나 문틀 따위의) 나무틀, 또는 그것을 만드는 재목.

alfeñicarse 재 마르다, 여위다; [구어] 허약한 체 하다.

alfeñique 남 과자; 약초; 체질이 허약한 사람.

alferecía 여 [의학] 간질, 지랄병; 기수의 역할.

alférez 남 기수; 사관, 견습사관; 소위; (서양 장기의) 여왕. *alférez* alumno 재학중의 사관. *alférez* fragata 해군소위. *alférez* de navío 해군 중위.

alfil 남 [장기] 말의 일종.

alfiler 남 옷핀. José gasta un *alfiler* de corbata muy elegante. 호세는 아주 점잖은 넥타이핀을 찌르고 있다.

alfombra 여 융단, 카펫. El suelo está cubierto de una *alfombra* fantástica. 마루에는 훌륭한 융단이 깔려 있다.

alfombrado 형 융단・양탄자를 깐.

alfombrar 타 융단・양탄자를 깔다.

alfombrero, ra 형 융단(양탄자, 자리, 깔개)를 만드는 사람.

alfombrilla 여 [의학] 홍역; 소형 양탄자.

alfombrista 남 양탄자 판매업자・까는 사람・재봉하는 사람.

alfonsino, na 형 알폰소 왕(파)의.

alforfon 남 [식물] 메밀.

alforjas 여 복 안장에 다는 주머니; 배낭; 여행의 식량.

alfoz 남 특권이 부여된 자치도시; 관할구역을 형성하는 부속도시; 산협, 계곡, 좁은 길.

alga 여 [식물] 해초, 해태.

algaida 예 잡초가 우거진 곳; 사구, 사주(medano).

algalia 예 향료; [의학]도뇨관(導尿管). 囲 【동물】 사향 고양이 (gato de algalia).

algara 예 정발 기마대, 적진 공격 기병대; 양파나 달걀의 얇은 껍질.

algarabía 예 아라비아어; 알아들을 수 없는 말·글, 소란(ruido).

algarada 예 승마대(algara)의 침입; 폭동, 기습, 혼란; (옛날에 성벽을 공격할 때 쓴)파성추.

algavaro 囲 【곤충】 긴 촉각을 가진 검은 딱정벌레.

algazara 예 활성, 아우성, 군중의 외침.

álgebra 예 【수학】 대수; (옛날의) 정골술.

algebraico, ca/algébrico, ca 囲 대수학의, 대수식의.

algebrista 囲 대수학자; 정골의사.

algidez 예 오한; 냉담.

álgido 囲 오한이 나는, 추운, 얼음과 같은, 냉담한; 최고조의 (culminante), (병·기름·감정 따위가) 절정의.

algo 얼마만큼, 약간, 조금. Comprendo *algo*. 나는 약간 이해한다. Mi reloj anda *algo* atrasado. 내 시계는 약간 늦다. El enfermo está *algo* mejor. 환자는 약간 좋아졌다. 떼 무엇인가, 얼마쯤 [↔ nada]. ¿Quiere usted tomar *algo*? 무얼 좀 먹겠읍니까. Más vale *algo* que nada. 없는 것보다는 (무엇인가 있는 편이) 낫다. ¿Hay *algo* de particular? 무슨 특별한 일이 있는가. Tengo *algo* que decirle. 당신한테 말할 것이 있다. ¿Tiene usted *algo* que hacer esta tarde? 오늘 오후에 하실 일이 있읍니까. ¿Tiene usted *algo* que declarar? 신고하실 것이 있읍니까.

algodón 囲 솜; 무명, 면, 목화. Quiero una camisa de *algodón*. 나는 무명 와이샤쓰가 필요하다. Vaya frotando esa parte con este *algodón*. 그 부분을 이 솜으로 문질러주세요. *algodón* absorbente 탈지솜. ◇ **algodonal** 囲 목화밭, 목화. ◇ **algodonar** 태 솜으로 덮다, 솜으로 채우다. ◇ **algodonoso, sa** 囲 솜의(과 같은). nubes *algodonosas* 뭉게구름.

alguacil 囲 포졸, 경찰, 순경; 집달리.

alguien 떼 [사람에 관한 부정대명사] 누군가. *Alguien* llama a la puerta. 누군가가 문을 두드리고 있다. ¿Hay *alguien* que hable inglés? 영어를 아는 사람이 누구 있는가. ¿Aguarda usted a *alguien*? 누굴 기다리고 계십니까.

algún [alguno 가 남성 단수 명사의 앞에 놓일 때의 형태] 囲 어떤. ¿Tiene usted *algún* plan? 어떤 계획이라도 가지고 있나요. *Algún* día te lo contaré. 언젠가는 너에게 그 일을 이야기하겠다.

alguno, na 囲 [사람·물건·사건에 관한 부정(否定)형용사; 남성 단수 명사의 앞에서 algún으로 함]① 어떤; 어느 것인가의. ¿Hay *alguna* farmacia cerca de aquí? 이 근방에 약국이 있는가. La nieve alcanzó, en *algunas* partes, dos metros de espesor. 어떤 곳에서는 눈은 2미터 깊이에 달했다. ② [부정(否定) 표현 속에서 명사의 뒤에 붙여서] 아무런. No tengo interés *alguno* en eso. 나는 그 일에는 아무런 관심도 없다. 떼 [사람·

물건・사전에 관한 부정(否定) 대명사)어떤 것, 몇인가; 누구인가. *Algunos* contestaron que sí. 어떤 사람들은 그렇다고 대답했다. *Algunas* de ellas no quieren creerlo. 그 여자들 중의 몇 사람인가는 그것을 믿으려 하지 않는다. *alguno que otro* 몇 개인가의. En la ladera se veía *alguna que otra* cosa. 산 중턱에는 여기 저기 집이 몇 채 보였다.

alhaja 예 보석(joya).

aliarse [12 enviar] 재 동맹・연합・제휴하다. Alemania *se había aliado* con Italia. 독일은 이탈리아와 동맹하고 있었다. La ciudad de Sagunto estaba *aliada* con Roma. 사군토시는 로마와 동맹하고 있었다. ◇ **alianza** 예 동맹, 연합.

alicates 남복 펜찌, 장도리, 집게.

alienable 형 【법】 양도할 수 있는.

alienación 예 양도; 발광, 광란.

alienado, da 형명 발광한, 미친(사람).

alienar 타 양도하다; 발광시키다(enajenar).

alienista 공 정신병학자; 정신과의사. ◇ **alienismo** 예 정신병학.

aliento 남 ① 호흡; 숨. Llegó sin *aliento*. 그는 숨을 헐떡거리며 도착했다. ② 기력, 원기. José ya no tiene los *alientos* de su juventud. 호세는 이제 젊었을 때의 원기가 없다.

alimentar 타 ① 기르다. Este prado *alimenta* quinientas vacas. 이 목장은 500마리의 소를 기를 수 있다. La injusticia *alimenta* el descontento. 부정은 불만을 기른다. ② [+ de・con영양・양분・물・연료 따위를](에게) 주다, 공급하다. Este río *alimenta* de agua el nuevo embalse. 이 강이 새로운 댐에 물을 넣는다. 재 영양으로 되다. Esta comida *alimenta* poco. 이 음식물은 별로 영양으로 되지 않는다. ◇ **-se** [+ de・con: …을] 식료품으로 하다. Las golondrinas *se alimentan de* insectos nocivos. 제비는 해충을 먹이로 하고 있다.

alijar 타 미개지. 공 공동목초지, 농지. 타 (뱃짐이나 밀수품을) 양륙하다; 밀수입하다; 사포로 닦다; 목화에서 씨를 발라내다.

alijo 남 짐을 품, 경감; [집합적]밀수품.

alilaya 예 【중남미】 변명, 구실, 구차스러운 변명.

alimaña 예 (여우・뱀・살쾡이 같은) 유해동물.

alimento 남 음식물; 영양. El buen *alimento* es indispensable para la salud. 좋은 음식물은 건강에 없어서는 안된다. ◇ **alimentación** 예 영양(섭취); 급수, 급유, 급전(給電). ◇ **alimenticio, cia** 형 영양으로 되는. substancias *alimenticias* 영양물, 자양물.

alimonarse 재 (잎이) 병으로 누렇게 되다.

alindar 타 한계를 정하다, 경계를 정하다; 미화하다, 장식하다. 재 인접하다(lindar). ◇ **-se** 몸을 장식하다.

alinderar 타 【남미】 경계・한계를 정하다, …에 경계를 만들다.

alineación 예 정렬, 열.

alistar 타 명부에 기입하다; 병적에 편입하다, 입대하다. ◇ **-se** 입대하다; 준비되다. *Se estaba alistando* para salir. 그는 떠날 준비가 되어 있었다. *Se alistó* en el ejército. 그는 군에 입대했다.

aliviar [1] cambiar] 태 (아픔·괴로움을)가볍게 하다. Los calmantes *alivian* el dolor. 진통제는 아픔을 진정시킨다. ◇ **~se** (아픔·괴로움이)가벼워지다. El enfermo *se ha aliviado* con ese medicamento. 환자는 그 약으로 쾌유해 갔다. ¡Que *se alivie* pronto! 곧 회복되시길 바랍니다. ◇ **alivio** 남 경감, 안도의 숨을 쉼. Aquello le dio gran *alivio* a José. 그 일은 호세를 안심시켰다.

aljaba 여 화살통.
aljama 여 [집합적] 회교의 예배당, 회교 사원, 유태인의 집회·교회당.
aljamía 여 아라비아어로 쓰여진 스페인 문학·문장.
aljez 남 석회석; 석고.
aljibe 남 저수지; 【항해】송수선, 급수선; (배의) 물탱크; 석유 운송선.
aljofaina 여 세면기.
aljófar 남 모양이 흉한 진주, 작은 진주; 【시】물방울.
aljofifa 여 긴 자루가 달린 마루걸레.
aljonje/aljonjo남 (새 잡는) 끈끈이.
aljor 남 석회석, (골절때 쓰는)기프스, 석고(aljez).
alma 여 ① 넋, 영혼; 마음, 정신. José ha entregado su *alma* a Dios. 호세는 숨을 거두었다. Lo quería con toda mi *alma*. 나는 그를 온 마음으로 사랑했다. ② 사람, 인구. No va un(a) *alma* por la calle. 거리에는 사람 하나 얼씬거리지 않는다. Seúl tiene más de diez millones de *almas*. 서울의 인구는 1000 만 이상이다.
almacén 남 ① 창고. Los mandamos a ustedes muestras de las diferentes clases que tenemos en *almacén*. 재고의 각종 견본을 귀사에 보냅니다. ② 백화점; 【아르헨티나】가게, 상점. Hago las compras en algún gran *almacén*. 나는 어떤 백화점에서 물건을 산다. ◇ **almacenaje** 남 창고 사용료; 저장. ◇ **almacenar** 태 창고에 넣다, 저장·보관하다.
almacenero 남 창고지기, 창고계.
almacenista 남 창고 주인, 창고업자, 백화점의 점원; 【남미】식료품점 주인.
almáciga 여 【화학】유향(바니스의 원료가 되는 수지); 묘상, 묘목을 기르는 곳.
almácigo 남 【식물】유향나무(lentisco).
almádana/amáldena여 (석공들의) 돌깨는 망치.
almadía 여 (인도의) 카누, 뗏목, 통나무 배.
almadraba 여 【물고기】참다랭이, 참다랭이 어장·어기·어망.
almadreña 여 나막신(zueco).
almagrar …에 황토(자토)를 칠하다; 【속어】피를 흘리게 하다, 피로 물들이다.
almagre 남 【안료】자토, 그림에 사용되는 산화철.
almanaque 남 달력, 책력; 연감. Arranca ya la hoja del *almanaque*. 이제 달력 종이를 떼어내라.
almeja 여 【동물】바지락 조개.

almendra 예【식물】편도(扁桃). ◇ **almendro** 남 편도나무.
almidón 남 녹말, 전분. ◇ **almidonar** 타 (베에) 풀을 먹이다.
almirante 남 제독(提督). La escuadra combinada franco-española salió de Cádiz al mando del *almirante* francés. 스페인·프랑스 연합함대는 프랑스 제독의 지휘아래「까디스」를 출항했다.
almohada 예 베개. *consultar con almohada* 심사숙고하다. Lo voy a *consultar con* almohada. 그것을 충분히 생각해 보겠다.
almohaza 예 (쇠로 만든) 말빗. ◇**almohadón** 남 쿠션, 긴 베개.
almohazar 타 (소나 말을) 빗으로 빗다.
almoneda 예 경매, 대매출.
almoned(e)ar 타 경매에 붙여서 팔다.
almoraduj, -dux 남【식물】마요라나(mejorana : 조미료로 씀); 박하.
almorávides 형남녀 알모라비데족(의)(11세기 중엽 서부아프리카에 대제국을 건설, 1093~1148년까지 서반아를 통치한 민족).
almorejo 남【식물】기장, 조류.
almorranas 예复【의학】치질.
almorta 예【식물】식용 열매를 가진 콩과식물의 일종(cicércula).
almorzado, da 형 점심을 마친. 남 두손을 맞대어 그 위에 얹어놓을 수 있는 분량; [메시코]점심.
almorzar [⑨ alzar, 國 contar] 자 점심을 먹다. Generalmente *almuerzo* de las doce a la una. 나는 대개 12시부터 1시 사이에 점심을 먹는다. Vengo ya *almorzado*. 나는 벌써 점심을 먹고 왔다. 재귀 숙박하다. 타 점심에 먹다. *Almorcé* chuletas. 나는 점심에 카틀렛을 먹었다.
almuerzo 남 점심. Tomo el *almuerzo* en el comedor de la compañía. 나는 회사의 식당에서 점심을 먹는다.
alojamiento 남 숙소, 숙박. Avísenos lo antes posible si usted desea reservar *alojamiento*. 숙박 예약을 희망하신다면, 되도록 빨리 우리에게 알려 주십시오.
alojar 타 재우다, 숙박시키다. El amo no quiso *alojar* al viajero. 주인은 그 나그네를 재우려 하지 않았다. 재귀 숙박하다. El viajero *se alojó* en la venta. 나그네는 그 여관에서 숙박했다.
alquilar 타 임대하다, 임차하다. Acaba de *alquilar* un piso para instalar su oficina. 그는 사무소를 개설하기 위하여 한층을 전세 내었다. Se *alquila* [광고] 셋집(셋방) 있음. La casa está por *alquilar*. 집이 세놓아있다.
alomado, da 형 등이 굽은; 고양이 등처럼 굽은.
alón, na 형【중남미】큰 채양의; 채양이 넓은 (모자), (날개를 뽑은) 날개의 편.
alondra 예【새】종달새.
alongar 타 확대하다; 증보하다, 퍼지다; 부연하다; 멀리하다.
alópata 남 대중요법의 의사.
alopatía 예 대중요법.
alopático, ca 형 대중요법의.

alopecia 여 【의학】 탈모증.

aloque 혱 담홍색의.

alotropía 여 【화학】 동질이체, 동소(성).

alotrópico, ca 동소체・동질이체의.

alpaca 여 【동물】 알파카(의 털・모피)(낙타과에 속하는 짐승으로 안데스산맥에 서식; llama의 변종).

alpargata 여 / **alpargate** 남 대마로 만든 샌들; (부인・어린이용의) 샌들신, 얕은 신; 짚신.

apargatado, da 혱 샌달 모양의, 짚신의.

alpechín 남 【올리브의】 즙; 【중남미】 쓴즙.

alpechinera 여 올리브 찌꺼기; 침(타액).

alpende 남 (토목용의) 도구를 넣어 두는 광.

Alpes (los) 남 알프스(산).

alpestre 혱 알프스산맥의; 산이 많은; 높은 산의; (물결 따위가) 산더미같은; 야생의; (토지가) 황폐한. *planta alpestre* 고산식물.

alpinismo 남 등산, 알프스산의 등산.

alpinista 공 등산가, 산악회원.

alpino, na 혱 알프스산의; 높은 산의; 산악의, 등산의, *batallón alpino* 산악대대. 남 등산가, 산악부대원.

alpiste 남 【식물】 카나리아의 먹이, 카나리아 덩굴(한련의 일종); *dejar a uno alpiste* 실망(낙담)시키다, (기대를) 어기다.

alquequenje 남 【식물】꽈리.

alquería 여 (건물을 포함한)농장; 【영국】 농장 가옥(헛간을 포함한); 호농의 저택; 【미국】(소비자와 직결하는) 농민공제조합(의 지부).

alquermes 남 연지벌레; 연지, 양홍; 강심(장)제; 달콤한 술(흥분제).

alquibla 여 회교도의 배례 방향.

alquicel / **alquicer** 남 아라비아식의 외피; 책상보; 긴의자 덮개.

alquiler 남 임대・임차(료); 【빈번히】혱 집세. ¿Cuánto es el *alquiler*? 세는 얼마입니까? Todavía no he pagado los *alquileres* de este mes. 나는 아직 이 달의 집세를 내지 않았다. *coche de alquiler sin chófer* 렌트카, 임대 자동차.

alrededor 튀 [+de: ···의] 주위에; 약···, ···무렵. Tengo *alrededor* de veinte dólares. 나는 약 20달러를 가지고 있다. José miró *alrededor*. 호세는 주위를 보았다. Se sentaron *alrededor* de la mesa. 그들은 탁자 주위에 착석했다. *Alrededor* de las ocho volveré aquí. 나는 8시쯤 다시 오겠다. *un viaje alrededor del mundo* 세계일주여행. 남튀 주위; 교외. Me gustaron más los *alrededores* del templo. 그 절의 주위가 나는 마음에 더 들었다. Ella vive en los *alrededores* de Madrid. 그녀는 마드리드 교외에서 살고 있다.

altar 남 【종교】 제단. Sólo falta ponerlo en un *altar* [사람의 덕을 과장하는 표현] 그를 제단에 놓는 일이 남아 있을 뿐이다.

altavoz [남 altavoces] 남 확성기. Los *altavoces* anuncian la llegada del avión. 확성기가 비행기의 도착을 알리고 있다.

alterar 타 ① 바꾸다, 흐트러뜨리다; 변동하다. Su venida *alteró*

completamente el ritmo de mi vida. 그가 와서 나의 생활의 리듬을 완전히 흐트러뜨렸다. ② 변질·부패시키다. El calor *altera* los alimentos. 더위는 음식물을 변질시킨다. ③ (마음을) 동요시키다. La pregunta del juez le *alteró* visiblemente. 재판관의 질문은 그를 매우 동요시켰다. ◇~**se** 변하다; 변질되다; 동요되다. José no *se altera* por nada. 호세는 무슨 일에도 흔들리지 않는다. ◇ **alteración** 여 변화, 변경; 변질; 동요. Tenemos que hacer algunas *alteraciones* en nuestro proyecto. 우리들의 계획에 약간의 변경을 가해야 하겠다.

altercar [7] *sacar*] 자 말다툼하다; 논쟁하다. ◇ **altercado** 남 언쟁, 말다툼; 논쟁.

alternar 타 번갈아 하다. José *alterna* los dos únicos trajes que tiene. 호세는 가지고 있는 단 두 벌의 옷을 번갈아 입는다. 자 ① [+con: …과] 번갈아 있다·되다. Los días claros *alternaban con* los lluviosos. 맑은 날이 비오는 날과 번갈아 있었다. ② [+con: …과] 교제·교류하다. José no *alternaba con* semejante gente. 호세는 그런 사람들과 교제하지 않았다.

alternativo, va 형 양자택일의. cultivo *alternativo* 돌려짓기, 윤작(輪作). 여 교호, 교체, 윤번. Estas *alternativas* de calor y frío me hacen daño. 이렇게 더위와 추위가 번갈아 있어 내 몸에 나쁘다. ◇ **alternativamente** 부 양자택일로, 번갈아. José movió los brazos *alternativamente*. 호세는 두 팔을 번갈아 움직였다.

alterno, na 형 교호의, 하나씩 거른, 교체된. 【식물】 호생의.

alteza 여 숭고; 고상; 【pl. 高揚】; 고상; 전하. Su *alteza* el príncipe Alfonso 알폰소왕자 전하.

altibajo 남 고대의 비로도. 복 기복, 요철; 인생의 덧없는 변천.

altilocuencia 여 대웅변.

altilocuente/altílocuo, cua 형 웅변하는, 웅변의.

altillano 남 고원.

altillo 남 언덕; 평지보다 높은 곳.

altimetría 여 【측량】 측고법; 고도측량학.

altímetro 남 고도측량기; 고도계.

altiplanicie 여 고원, 대지.

altiplano 남 【중남미】 고원.

altísimo, ma 형 지극히 높은, 아주 높은. 남 [el A—] 신.

altisonancia 여 고조; 존대.

altisonante 형 고조의; 크게 울리는.

altísono, na 형 고조의; 장대한.

altitud 여 높이, 고도(altura).

alto, ta 형 높은; 키가 큰. No puedo alcanzarlo, está muy *alto*. 그것에 닿을 수 없습니다. 매우 높아요. José es *alto* para su edad. 호세는 나이에 비해 키가 크다. Hablé con un *alto* funcionario del Ministerio de Hacienda. 나는 재무부의 어느 고관과 이야기했다. Los precios son muy *altos* en este almacén. 이 가게는 아주 값이 비싸다. 부 큰 소리로. Haga el favor de hablar más *alto*. 더 큰 소리로 말씀해 주세요. No hables tan *alto*. 그렇게 큰 소리로 말해서는 안된다. *lo alto* 높은 곳, 꼭대기. Flataba una bandera en *lo alto* del edificio. 건물 꼭대기에 깃발이 날리고 있었다. *pasar por alto* 무시하다, 간과하다. No se debe *pasar por alto* la estipulación. 그 규정은 무시하지 못한다. *¡Alto!* 서라. *¡Alto ahí!* 거기 서라. *A altas horas de la noche* 밤 늦게.

altoparlante 남 확성기.

altozano 남 높은 지대; 작은 언덕; 교회의 노대.

altruismo 남 애타·이타주의, 평등주의.

altruista 형 남 이타적, 이타주의의 (사람).

altura 여 높이, 고도(高度). ¿Qué *altura* tiene ese monte? 그 산은 높이가 얼마쯤 됩니까? El avión estaba volando a una *altura* de seis mil metros. 비행기는 고도 6,000미터의 곳을 날고 있었다.

alucinar 타 현혹시키다; 착각에 빠뜨리다. ◇ **alucinación** 여 착각.

aludir 자 [+a: …의 일을] 말하다. 시사(示唆)하다. Lola *aludía* indudablemente *a* tu hermano. 롤라는 틀림없이 너의 동생에 관한 일을 말하고 있었다.

alumbrar 타 비치다, 조명하다. El sol *alumbra* la Tierra. 태양은 지구를 비친다. ◇ **alumbrado** 남 조명(장치). Hay muy poco *alumbrado* en esta parte de la carretera. 고속도로의 이 근처는 조명이 아주 적다.

aluminio 남 【화학】 알루미늄.

alumno, na 남 학생. Hay seis *alumnas* en el departamento de español. 서반아어학과에는 6명의 여학생이 있다.

alusión 여 시사(示唆), 빗대어 유우함. José le hacía *alusiones* ofensivas. 호세는 그에게 일부러 빗대어 야유했다. ◇ **alusivo, va** 형 암시적인, 빗대어 말하는.

aluvial 형 홍수의; 【지질】 충적의. *terreno aluvial* 충적지, 충적토.

aluvión 남 홍수, 범람; 【지질】 충적지.

alveario 남 (귀의) 외청도(外聽道).

álveo 남 개울 바닥.

alveolar 형 【해부】 치조의; 【동물】 기포의; 【음성】 혀끝을 치경붙여 발음하는. 남 치경음(齒莖音).

alvéolo 남 【벌집(모양)의】 작은 구멍; 기포, 치경, 치조, 치조돌기.

alverja 여 살갈퀴.

alvino, na 형 아랫배의.

alza 여 (금액·값의) 등귀·앙등; 구두를 힘히기 위하여 구두의 골에 둥글게 대는 가죽 조각; 【인쇄】 간 둘레깎기.

alzacuello 남 (법관이 입는 옷의) 린넨으로 맨 검은 칼라.

alzada 여 【법】 공소, 상고.

alzado, da 형 사기(행위)의, 부정의; 청부맡은; 높이 올린, 한층 높은; 사기파산을 하는; 【중남미】 오만한. 남 사기파산자. 남 청부액; 사기파산; (건축의) 정면도; (건축·기계의) 설계도; (뱃지

alzamiento 명 높이 울리기; 봉기, 반란; 사기파산; (경매에서) 입찰가격을 올려 부르기; 입찰가격; 등귀.

alzapaño 명 커텐을 잡아매기 위한 쇠갈고리.

alzaprima 명 지레의 힘(작용); (이용의) 수단, 세력; 쐐기; 다리; 선교, 합교, 콧마루.

alzaprimar 타 지렛대로 올리다; (나무로 만든) 지레로 움직이다; 선동하다.

alzar [9] 타 올리다, 높이다. *Alzó* los ojos al cielo para rezar. 그는 눈을 하늘로 향하고 기도를 하였다. Mi abuelo siempre *alzaba* la voz en favor de los débiles. 나의 조부는 약한 자를 위하여 언제나 소리를 크게 했다. ◇ **-se** 궐기하다. Los ciudadanos *se alzaron* en rebelión. 시민들은 반란을 일으켰다.

allá 부 저쪽으로. Vamos hacia *allá*. 저쪽으로 가자. *más allá de …* 의 저편에, …을 넘어서. La catedral está *más allá del* parque. 대성당은 공원 저편에 있다.

allanar 타 ① 고르다, 평평하게 하다. Esta máquina sirve para *allanar* la tierra. 이 기계는 토지를 평평하게 하는데 쓰인다. ② 극복하다. Tendremos que *allanar* todo lo que se encuentre a nuestro paso. 우리들의 앞길에 있는 장애는 모두 극복해야 할 것이다. ◇ **-se** ① 무너져 내리다. ② [+a : …에] 견디어 내다. *Me allano* a esas condiciones por no retrasar el asunto. 나는 일을 지연시키지 않도록 그 조건을 달게 받겠다.

allí 부 저곳에, 으로. *Allí* hay un guardia. 저곳에 경관이 있다. Hasta *allí* todo había ido bien. 그때까지는 무슨 일이나 잘되어 있었다.

ama 여 주부; 여주인. ¿Dónde está el *ama*? 안주인은 어디 있지？ *ama de llaves* 주부, 가정부.

amable 형 상냥한, 친절한. Usted es muy *amable*. 정말 고맙습니다. Allí la gente era sumamente *amable* con todos. 저곳에서는 사람들은 모두들에게 매우 친절하였다. ◇ **amabilidad** 여 상냥함, 친절. Le agradezco mucho su *amabilidad*. 친절을 베풀어주신데 감사드립니다. José habla con poca *amabilidad*. 호세의 말투는 너무 무뚝뚝하다. *tener la amabilidad de* …해 주시다. ¿Quiere usted *tener la amabilidad de* presentarme a él? 그분에게 나를 소개해 주시지 않으시겠읍니까. ◇ **amablemente** 부 친절하게, 상냥하게.

amado, da 형 사랑받은, 사랑하는. 명 애인. Ya es sabido que ella es la *amada* del director. 그녀가 사장의 애인임은 누구나 벌써 알고 있다.

amadrigar 타 환영하다; 잘 받아들이다; 굴을 파다; 잠복하다; 살같이 조사하다; 한거(閑居)하다.

amadrinar 타 ① = **apadrinar**. ② 둘을 합치다, 연결하다; [남미] (소·말 등이) 길들다; 대모(代母)역을 하다.

amaestrar 타 (주로 동물을) 조련시키다, 훈련하다; 길들이다. Aquel perro está bien *amaestrado*. 저 개는 아주 잘 길들여져 있다. ◇ **amaestramiento** 명 훈련; 연습; 길들이기; [원예] 가

꾸기.

amanecer [30 crecer] 困 동이 트다, 날이 밝아오다, 밤이 새다. En verano *amanece* más temprano que en invierno. 여름에는 겨울보다 빨리 밤이 샌다. 男 동틀녘, 여명, 새벽. **al almanecer** 새벽에, 밝을녘에.

amanecida 여 새벽, 여명.

amañarse 困 【멕시코】 의탁하다; 마음을 서로 의탁하다.

amagar 타 위협하다; …할 듯하다; …의 위험성이 있다; 절박하다; …을 가장하다; (구렐 등을) 만들어 내다; 허리를 구부리다; 소망을 말하다; 보여주다.

amago 男 거동; 위협; 징조, 징후.

amainar 타 약하게 하다; 조용히 하다; 늦추다; 힘을 빼다; (돛을) 내리다. 困 약해지다, 조용해지다.

amalgamar 타 아말감을 만들다, 수은과 화합하다; 합동·합병하다; 인종을 혼합하다.

ámalo, la 형 困 아발로 가문 (Godo 족의 유명한 가문중의 하나)의 (사람).

amamantar 타 젖을 먹이다(lactar); 기르다, 양육하다.

amancebamiento 男 축첩; 첩의 신분; 남녀간의 상습적인 치정관계, 정교(concubinato); 불의.

amancebarse 困 남녀가 상습적으로 치정적 관계를 맺다, 정교를 맺다, 몰래 정을 통하다.

amancillar 타 더럽히다, 오점을 찍다; 손해를 주다, 손상하다, 해치다; 명예를 훼손하다.

amanerado, da 형 …에; 매너리즘에 빠진, 틀에 박힌; 상냥한, 예의바른; (매너리즘이 있는) 화가나 작가의 작품이 너무 기교적인.

amaneramiento 男 매너리즘 (문체·예술·창작 등이) 너무 기교적인 것); 작가의 버릇; (언행·몸짓 등의)버릇.

amanerarse 困 매너리즘에 빠지다; 즐겨쓰다; 문체·예술·창작 등에 너무 기교를 부리다.

amansar 타 길들이다, 부드럽게 하다, 달래다; 가라앉히다; 고요하게 하다, 진정시키다; 위로하다; (말을) 훈련시키다, 길들이다. ◇ ~se 길들다, 부드럽게 되다.

amante 형 [+de: …를] 사랑하는, 좋아하는. Luis es un poeta *amante de* la paz. 루이스는 평화를 사랑하는 시인이다. 男 애인. José tiene una *amante*. 호세에게는 애인이 있다.

amañar 타 재치있게 실행하다, 솜씨있게 해치우다; 위조하다. ◇ ~se 숙달하다, 잘하다.

amaño 男 숙련, 노련; 교묘; 솜씨있게 일을 해치움. 男 연장, 기구, 도구; 묘안, 묘책. **a su amaño** 마음대로, 자유로이.

amapola 여 【식물】 양귀비(꽃).

amar 타 사랑하다, 좋아하다. Desde niño José *amaba* el mar. 호세는 어릴 때부터 바다가 좋았다.

amargo, ga 형 ① (맛이) 쓴. Estas uvas están todavía *amargas*. 이 포도들은 아직 쓰다. ② 괴로운. La verdad es a veces *amarga*. 진실은 때로는 괴로운 것이다. ◇ **amargamente** 부 고

통스러운듯이, 사무치게; 쓰디 쓰게. ◇ **amargar** [8] pagar] 탄 피롭히다. José *amarga* a todos los que le rodean. 호세는 주위의 모든 사람에게 괴로운 생각을 가지게 한다. ◇ **amargura** 예 피로움, 고통. La madre lloraba con mucha *amargura*. 모친은 매우 피로운듯이 울었다.

amarillo, lla 혱 ① 노란. La bandera española tiene una faja *amarilla* en medio. 서반아 국기는 한 가운데에 노란 띠가 들어 있다. ② 황색 인종의. Los coreanos pertenecen a la raza *amarilla*. 한국인은 황색 인종에 속한다. 냄 황색. ◇ **amarillento, ta** 혱 누르스름한. La pared era de un color *amarillento*. 벽은 누르스름한 빛을 내고 있다. ◇ **amarillez** 예 황색(의 정도). Me sorprendió la *amarillez* de su rostro. 나는 그의 안색이 황색인데 깜짝 놀랐다.

amarrar 탄 붙잡아매다.
amartillar 탄 망치로 두들기다.
amasar 탄 밀가루를 반죽하다; (몸을)마사지하다. ◇ **amasadera** 예 반죽통. ◇ **amasadura** 예 반죽하여 만든 것. ◇ **amasamiento, ta** 냄 반죽.
amasijo 냄 (밀)가루 반죽, 반죽 덩어리; 반죽하기.
amate 냄 (멕시코의) 무화과나무.
amateur 혱 아마츄어, 팬(aficionado).
amatista 예 [광물] 자색 수정.
amatividad 예 애욕.
amatorio, ria 혱 연애의; 색욕적인, 애욕적인(erótico). *poema amatorio* 연가.
amauta 냄 (고대 페루의) 현인, 박사.
amazacotado, da 혱 묵직한; 답답한; 싫증이 나는.
amazona 예 아마존(희랍전설에 나오는 용맹스런 여자); 여장부, 여걸(heroína); 부인의 승마복; 승마하는 여자.
amazónico, ca 혱 아마존과 같은; 용감한; 아마존강(el Amazónas)의.
ambages 냄복 돌려 말하기(rodeos). *sin ambages* 솔직담백하게.
ámbar 냄 호박(장식용 보석). *ambar negro* 흑옥.
ambarino, na 혱 호박빛의.
ambición 예 야심, 대망. Su *ambición* era llegar a ser una señorita elegante y bien vestida. 그녀의 야심은 좋은 옷을 입은 우아한 아가씨로 되는 것이었다. ◇ **ambicioso, sa** 혱 야심적인, 대망을 가진. Debes ser más *ambicioso*. 너는 좀더 야심적이어야 할 것이다. 냄 야심가.
ambientar 탄 분위기를 내다・그리다. ◇~**se** 친해지다, 버릇되다. Jose *se ha ambientado* en el suelo de la Argentina. 호세는 아르헨띠나의 토지에익숙해졌다.◇ **ambientación** 예 분위기의 묘사; 환경 만들기. Necesito *ambientación* para animarme a cantar. 나는 기운을 내어 노래부르기 위해서는 분위기가 필요하다.
ambiente 냄 분위기; 환경. Faltaba no sé que *ambiente* de familia alrededor de la mesa. 테이블 주위에는 무언지 모르지만 가

족적인 분위기가 결여되어 있었다.
ambigú 男 가벼운 야식; 그것을 위해 모인 모임.
ambigüedad 여 뜻이 두가지인 것; 다양; 애매, 모호.
ambiguo, gua 형 ① 뜻이 두가지인, 불명확한, 모호한, 애매한. ②〔문법〕남녀 양성의. *género ambiguo* 양성.
ámbito 男 경내, 구내; 범위. El *ámbito* de la catedral tiene 300 metros de largo y 270 metros de ancho. 대성당의 구내는 세로가 300미터, 가로가 270미터이다.
ambivalente 형 대립하는; 서로 허용하지 않는.
ambladura 여〔승마〕말이 같은 쪽의 두 발을 한 쪽씩 동시에 뛰어 옮기는 걸음.
amblar 자 (말 등이) 같은 쪽의 두 발을 한 쪽씩 동시에 뛰어 옮겨 걷다.
ambón 男 독경대.
ambos, bas 형 복 양쪽의, 쌍방의. Es inevitable el rompimiento entre *ambos* paises. 양국간의 결렬은 피할 수 없다. 대 양쪽 모두, 양자. Vinieron *ambos* ese día. 그날 그들은 두 사람 모두 왔었다.
ambulancia 여 구급차. El herido fue llevado en una *ambulancia* al hospital. 부상자는 구급차로 병원에 실려갔다. ◇ **ambulante** 형 걸어다니는, 팔러다니는, 이동(식)의. *vendedor ambulante* 행상인.
amén 간 (기도의 끝에 붙이는) 아멘. La Gracia del Señor nuestro Jesús sea con todos vosotros, *amén*. 우리들의 주 예수의 은혜가 당신들 모두와 함께 있기를, 아멘.
amenazar 〔alzar〕타 ① 위협하다, 협박하다. El director le *amenazó* con despedirle. 사장은 그를 해고하겠다고 위협하였다. ②(…할) 위험이 있다,…할 듯하다. El edificio *amenaza* ruina. 집은 무너질 듯하다. ◇ **amenaza** 여 위협, 협박. José me echó mil *amenazas*. 호세는 나에게 온갖 위협적인 말을 퍼부었다. ◇ **amenazador, ra** 형 협박적인.
ameno, na 형 기분이 좋은, 즐거운. Anoche tuve una conversación muy amena con Lola. 어젯밤 나는 롤라와 매우 즐겁게 이야기하였다. ◇ **amenidad** 여 기분좋음, 유쾌함. ◇ **amenizar** 〔alzar〕타 화장하게 하다. Su presencia *ameniza* las reuniones. 그가 있는 것이 회합을 화기애애하게 한다.
amenorrea 여 월경폐지, 월경불순.
amerengado, da 형 계란의 흰자위로 만든 과자 비슷한; 아주 단.
América 여 아메리카. *la América Central* 중미. *la América del Norte* 북미. *la América del Sur* 남미. *la América Latina* 라틴아메리카.
americanismo 男 아메리카 방언·사투리; 아메리카 숭배.
americanista 여 아메리카 연구가.
americanizar 타 아메리카화하다.
americano, na 형 아메리카(América)의. 男 아메리카 사람. 여 웃옷, 상의(saco).
ametralladora 여 기관총, 기관포.

ametrallar 타 기관총으로 쏘다, 연달아 발사하다.
amianto 남 석면.
amiba 여 / **amibo** 남 아메바.
amiboideo, a 형 아메바와 같은.
amiga 여 여자친구; 정부, 첩.
amigable 형 정다운, 우정있는. ◇ **amigabilidad** 여 우의, 정다움. ◇ **amigablemente** 부 의좋게.
amígdala 여 【해부】편도선.
amigdalitis 여 【의학】편도선염.
amigo, ga 형 친한, 사이좋은; [+de : …를]좋아하는. José es más *amigo de* divertirse que de estudiar. 호세는 공부하는 것 보다는 노는 편이 좋다. *país amigo* 우방. 남 친구. Somos *amigos* íntimos. 우리는 친한 친구이다. El vino a vernos con su *amiga*. 그는 여자친구와 우리를 만나러 왔다. Señores, aquí tienen ustedes un nuevo *amigo*, el señor Sotelo. 여러분, 이 분이 새로운 친구 소텔로씨입니다. ◇ **amigote** 남 [amigo의 증대사] 친구; 옛 정.
amiguero, ra 형 〖중남미〗 사람을 잘 따르는; 사이좋게 된.
amiláceo, a 형 전분질의, 전분을 함유한.
amilanar 타 멀게하다, 무섭게하다; 마비시키다; 기를 죽이다. ◇ **~se** 겁을 집어먹다, 기가 죽다.
amillarar 타 (세금 등을) 할당하다, 부과하다; (세금할당을 위해) 재산을 평가하다; 사정하다.
amín 남 (모로코의) 재무관.
amína 여 【화학】 아민.
aminoácido 남 【화학】 아미노산.
aminoración 여 축소, 감소. *aminoración productiva* 생산의 축소.
aminorar 타 축소하다, 적게하다.
amir 남 (아라비아인의) 군주; 통령.
amistad 여 ① 우정. No honrábamos con su *amistad*. 우리들은 그의 우정을 고맙게 받아들이고 있었다. ② 복 친구. Tengo algunas *amistades* en Madrid. 나는 마드리드에 몇 사람의 친구가 있다. ◇ **amistoso, sa** 형 친한, 우정있는. Estoy agradecido por tu *amistoso* consejo. 나는 너의 우정있는 충고에 감사하고 있다. ◇ **amistosamente** 부 친한듯이.
amito 남 아미또 (십자가 모양의 승려 예복의 일종; 카톨릭교의 사제가 미사때 alba밑에 걸치는 것).
amnesia 여 【의학】 건망증.
amnistía 여 (정치범 등에 내리는)은사・특사.
amnistiar 타 (…에) 은사・특사를 내리다.
amo 남 ① 주인, 소유주. Vengo a ver al *amo* de la casa. 나는 집 주인을 만나러 왔다. ② 보스, 두목, 왕초. No quiero que lo sepa el *amo*. 나는 그것을 두목에게 알리고 싶지 않다.
amoblar 타 …에 가구를 갖추다; 조각하다.
amodorrado, da 형 곤히 잠든; 무척 졸음이 오는.
amodorrarse 재 졸리다, 잠들어 버리다.
amohinar 타 약올리다; 화나게 하다. ◇ **~se** 악이 오르다.

amojonar 타 (…에) 경계표를 세우다.
amoladera 예 숫돌.
amolador, ra 형 귀찮은. 명 (…을) 가는 사람.
amolar 타 날카롭게 하다; (칼 등을) 갈다;(맷돌로) 갈다; 빻다; 분쇄하다.
amoldar 타 본뜨다, 틀에 부어 만들다; 맞추다; 접합시키다.
amomo 명 【식물】 아모모 (천국의 곡식이라고 부르는 씨를 생산하는 약용식물).
amonarse 재 취하다.
amondongado, da 형 뚱보의.
amonedar 타 (화폐로) 주조하다; 화폐로 만들다.
amonestación 예 훈계, 충고; 결혼의 공시.
amonestar 타 훈계하다; 경계하다, 경고하다, 조심하다. ◇~se 스스로 조심하다.
amoniacal 형 암모니아(성)의.
amoniaco, ca 형 암모니아의. 명 암모니아 가스; 암모니아수.
amónico, ca 형 = amoniacal.
amonio 명 【화학】 암모니아.
amontarse 재 산으로 쫓겨나다; 도망가다.
amontillado 명 백포도주의 일종.
amontonar 타 ① 쌓아 올리다. Los labradores *amontonan* el trigo. 농부는 밀을 쌓아 올린다. ② 긁어 모으다. ◇~se 쌓아 올려지다, 너절하게 모이다. La gente *se amontonaba* en las aceras para ver la procesión. 사람들은 행렬을 보기 위해서 보도에 모여 있었다. ◇ **amontonamiento** 명 쌓아 올림; 긁어 모음. Es horrible el *amontonamiento* de gente que se forma a la salida del metro. 지하철 출입구에 몰리는 사람의 혼잡은 대단한 것이다.
amor 명 ① 사랑, 애정(cariño). Debes hacerlo por *amor* a tu madre. 너는 어머니를 사랑한다면 그렇게 하여야 한다. ② 연애. ¿Cómo le declaraste a Lola tu *amor*? 너는 어떤 식으로 사랑을 롤라에게 고백하였느냐. ③ 애인, 연인. ④ 복 연애(관계). Tiene *amores* con una prima mía. 그는 내 사촌누이와 연애관계에 있다. *amor propio* 자존심. Tiene un *amor propio* excesivo. 그는 자존심이 너무 강하다.
amoral 형 부도덕한.
amoralidad 예 부도덕.
amoratarse 재 자색이 되다.
amorcillo 명 큐피트(Venus의 아들) 의 인형; 사랑의 표적으로 쓰이는 인형.
amordazar 타 (짐승에게)입마개를 채우다,자갈을 물리다; 언론의 자유를 빼앗다.
amorfía 예 정해진 형이 없는, 무결정; 허무주의; 무정부주의.
amorfo, fa 형 일정한 모양이 없는, 비결정질의; 무조직의.
amoricones 명복 연모하는 모습·모양.
amorío 명 연모, 연애사건.
amormío 명 【식물】 바다 수선.

amoroso, sa 휑 애정이 깊은. Es *amoroso* con [para · para con] sus hijos. 그는 자기 아이들에게 상냥하다.

amorrar 재 시무룩해지다: 뱃머리가 아래로 기울다: 숙고하다, 명상하다.

amortajador 남 시체처리하는 인부.

amortajar 타 (죽은 시체에) 옷을 입히다: 감추다: 쐬우다.

amortecer (활기·감수성·감정 등을) 죽이다, 억제하다; 약하게 하다. ◇~se 실신하다.

amortecimiento 남 실신, 기절.

amortiguador 남 완충장치.

amortiguar 타 적게하다: 완화하다: 약하게하다: (색을)부드럽게 하다.

amotinado, da 휑 남 폭동의, 반항적인(사람).

amotinar 반역하다, (반란 등을) 야기하다; (마음을) 어지럽히다. ~se 폭동을 일으키다.

amovible 휑 면직·해임할 수 있는, 이동할 수 있는; 제거할 수 있는.

amozarse 재 【중남미】 (조숙해서) 젊은 처녀가 되다, 그 또래가 되다.

A.M.P. Ave María purísima.

amparar 타 보호·원조하다. Es necesario *amparar* a los débiles y desamparados. 약한 자나 의지할 곳 없는 자를 보호할 필요가 있다. ② 보증·보장하다. Aquí tiene usted el crédito que *ampara* el pedido. 이것이 주문품의 지불을 보증하는 신용장이다. ◇ **amparo** 남 ① 보호, 원조. Los niños viven al *amparo* de un tío suyo. 그 아이들은 숙부의 보호아래 살고 있다. ② 보증, 보장.

ampliar [12 enviar] 타 넓게하다, 확대·확장하다. Hemos *ampliado* los negocios. 우리들은 사업을 확대했다. ◇ **ampliación** 예 ①확대, 확장. ② 【사진】 확대. Quiero una *ampliación* de esta foto. 이 사진의 확대가 필요하다.

amplio, plia 휑 넓은, 광범한. Necesitamos una vivienda más *amplia*. 우리들은 더욱 넓은 주택이 필요하다. Tiene un espíritu muy *amplio*. 그의 마음은 대단히 넓다. ◇ **ampliamente** 넓게, 광범하게. Discutimos *ampliamente* el proyecto. 우리들은 그 계획을 광범하게 토의했다.

amplitud 예 넓이, 폭. La casa tiene más *amplitud* de lo que yo suponía. 집은 내가 상상하고 있던 것보다 넓다.

ampolla 예 (손에 박힌) 못, 물집.

amputar 타 절단하다. ◇ **amputación** 예 절단(수술).

amueblar 타 가구를 들여 놓다: 비치하다.

amugronar 타 (포도)나무를 잘라서 심다.

amujerado, da 휑 여자같은; 연약한.

amulatado, da 휑 혹백 혼혈아의.

amuleto 남 (목에 거는) 호신패: 부적: 주문: (시계줄 등의) 조그만 장식물; 매력, 마력, 아름다움; (여자의) 용모.

analfabeto, ta 휑 문맹·무학(無學)의. El viejo era casi *anal*-

fabeto. 그 노인은 거의 글자를 읽을 수 없었다. 圐 문맹자, 무학자. ◇ **analfabetismo** 圐 문맹, 무학.

análisis 【단·복수 동형】圐 분석. Hemos hecho el *análisis* de la situación internacional. 우리들은 국제정세의 분석을 했다. ◇ **analítico, ca** 혱 분석적인.

analizar [긥] *alzar*]㉠ 분석하다. Hay que *analizar* bien el contenido del proyecto. 계획의 내용을 충분히 분석해야 한다.

análogo, ga 혱 유사한, 비슷한. Hay muchos ejemplos *análogos* a esto. 이에 유사한 많은 예가 있다. ◇ **análogamente** 뛷 같도록. ◇ **analogía** 예 【문법】 품사론. ② 유사(성), 서로 닮음. Lo dije juzgando por *analogía*. 유사성으로 판단하여 나는 그렇게 말했다.

ananás/ananá 예 파인애플.

anaranjado, da 혱 오렌지색의. ◇ 오렌지색.

anarquía 예 무정부(상태), 무질서. El país está en un estado de *anarquía*. 그 나라는 무정부상태에 있다. ◇ **anárquico, ca** 혱 무정부(상태)의, 무질서한. ◇ **anarquismo** 圐 무정부주의. ◇ **anarquista** 圐 무정부주의자.

anatomía 예 해부(학). ◇ **anatómico, ca** 혱 해부(학, 학적)의. 圐 해부학자.

anciano, na 혱 나이 많은. 圐 노인 [viejo 보다도 정중한 표현]. Antes se veneraba mucho a los *ancianos*. 옛날에는 노인이 매우 존경받았다. ◇ **ancianidad** 예 노령; 노후.

ancla 예 닻.

ancho, cha 혱 ① 넓은 [옌 *estrecho*]. El camino es bastante *ancho* para automóviles. 길은 자동차가 다니기에 충분히 넓다. ② (옷 따위가) 헐거운. Este sombrero me viene *ancho*. 이 모자는 나에게는 헐겁다. ③ (기분 따위가) 유유한. Me he quedado *ancho* después de acabar el trabajo. 나는 일을 마치고 한숨을 돌리고 있다. 圐 넓이, 폭. ¿Qué *ancho* tiene la tela? 이 옷감의 폭이 얼마나 되는가. *a sus anchas[anchos]* 마음대로, 유유자적하게, 마음 편히. Siempre está *a sus anchas*. 그는 언제나 마음내키는 대로 하고 있다. ◇ **anchamente** 뛷 널찍이; 유유하게. ◇ **anchura** 예 폭; 넓이. ¿Cuánta *anchura* tiene el río? Tiene unos cien metros (de *anchura*). 그 강은 폭이 얼마만큼 되는가. -대략 100미터(의 폭)이다. ◇ **anchuroso, sa** 혱 널찍한.

andado, da 혱 의복이 낡아빠진; 사람 통행이 많은; 밟아 다져진; (전화가) 통화중인;번화한; 참견 잘하는. 圐 [미속(美俗)] 걷는 방법.

andador, ra 혱 다리가 튼튼한, 걸음 잘 걷는. 圐 걸음 잘 걷는 사람; 궁중의 사자; 유아의 걸음마 줄.

andadura 예 보행, 걸음걸이; 느린 걸음 걸이.

andaluz, za [뙧 *andaluces, zas*] 혱 안달루시아 (Andalucía:남부 스페인 지방)의. Los olivos se cultivan mucho en la región *andaluza*. 올리브는 안달루시아 지방에서 많이 재배되고 있다. 圐 안달루시아의 사람. 예 안달루시아 사투리.

andaluzada 예 과장; 과장된 말[표현].

andamiada 예 **-miaje** 圕 (건축장의) 발판, 재료.

andamio 圕 (건축용 따위의) 발판, 관람대.

andana 예 열, 줄, 선. *llamarse andana* 공약을 위반하다, 약속을 파기하다.

andanada 예 제방, 둑;(투우장, 경기장 따위의) 특별 관람석; 비난하는 긴 열변(熱辯).

andante 圕 도보의. 圕【음악】안단테(보통속도로); 안단테곡.

andantesco, ca 圕 중세의 무예수행자다운, 기사의 지위같은, 기사다운, 의협심이 있는 사람의.

andantino 圕【음악】안단티노(안단테보다 조금 빠른 것); 안단티노 곡조.

andanza 예 발생, 사건; 일의 진행; 운수. *buena [mala] andanza* 행운 [불운].

andar [58] 자 ① 걷다, 가다. *andar a pie* 걸어가다. *Es demasiado lejos para ir andando.* (그곳은) 걸어가기에는 너무 멀다. ②(기계 따위가) 움직이다. *El tren echó a andar.* 열차가 움직이기 시작했다. *¿Anda bien su reloj?* 당신 시계는 시간이 맞읍니까. *El reloj anda bien.* 이 시계는 정확하게 움직인다. ③ (어떤 상태에) 있다. *Ahora ando mal de dinero.* 지금 나는 돈 융통이 나쁘다. *andar en mangas de camisa* 소매를 걷어부치고 걷다. *andar en cuerpo* 외투를 입지 않고 걷다. ◇ ~se ① 걷다, 걸어다니다. *Nos anduvimos por los montes.* 우리는 산을 걸어다녔다. ② 행동하다. *No se ande usted con cumplidos.* 너무 딱딱하게 하지 마세요. ◇ **andariego, ga** 圕 건각(健脚)의, 여기저기 돌아다니는. 圕 건각인 사람, 여기저기 돌아다니는 사람.

andén 圕 플랫포옴(plataforma). *¿De qué andén sale el tren para Madrid?* 마드리드행 열차는 몇 번 플랫포옴에서 떠나나요.

anécdota 예 일화, 삽화. *Esto no es más que una anécdota.* 이것은 하나의 삽화일 따름이다.

anemia 예 빈혈(증). ◇ **anémico, ca** 圕 빈혈의. 圕 빈혈증 환자.

anemómetro 圕 풍력계.

anemona, -ne 예【식물】아네모네, 아네모네꽃. *anemone de mar* 말미잘.

anemoscopio 圕 풍신기, 풍향기.

aneroide 圕 액체를 쓰지 않는. *barómetro aneroide* 무액기압계 (아네로이드 기압계).

anestesia 예 마취, 마비; 무감각. *anestesia local* 국부마취.

anestesiar 타 마취시키다, 마비시키다; 무감각하게 하다.

anestésico, ca 圕 圕 마취의(약); 지각을 마비시키는.

aneurisma 圕【의학】동맥팽창; 심장 비대증.

anexar 자 부기하다; 병합하다; 부속으로 하다.

anexidades 圕복 부속의 권리, 부대물, 첨가물.

anexionar 타 병합하다 (incorporar). ◇ **anexión** 예병합, 합병. ◇ **anexionismo** 圕병합주의. ◇ **anexista** 圕 병합주의의. 圕

anexo, xa 형 부가·부속의. 명 부가물, 부속물, 부첨서, 동봉물.

anfibio, bia 형 양생의(동물); 수륙 양용의 (비행기, 전차). 명 복 양서류, 양서동물.

anfibología 여 두가지 의미의 뜻; 두가지 뜻이 있는 것.

anfibológico, ca 형 문구가 모호한, 두가지 뜻이 있는.

anfión 남 아편.

anfisbena 여【전설】머리가 두개의 뱀;【동물】발없는 도마뱀; 남 미산의 큰 뱀.

anfiscio, cia 형 적도지대의 (같은 시각에 그림자가 두 개가 생기는 사람).

anfiteatro 남 원형 극장; 반원형 석; 계단 강당; 연기장. *anfiteatro anatómico* 해부학 교실.

anfitrión 남 (손님대접 잘하는) 접대역, 주인.

ángel 남 천사, 천사다운 (상냥한·훌륭한·고운) 사람. *El es un ángel.* 그는 천사(다운 사람)이다. ◇ **angelical** 형 천사의(와 같은). *Tenía un rostro angelical.* 그는 천사다운 얼굴을 하고 있었다.

angina 여【의학】[주로]편도선염, 후두염.

anglicanismo 남 영국 국교.

anglicanizar 타 영국풍으로 하다, 영국화하다.

anglicano, na 형 영국 국교의 (신자). *Iglesia anglicana* 영국 국교; 영국 교회.

anglicismo 남 영국식, 영국주의; 영국식 말투; 영국 계통 언어.

anglo, gla 형 Anglo 족의 (사람); 영국의 (사람).

angloamericano, na 형 영미의, 영국계 미국인(의).

anglófilo, la 형 친영파의(사람).

anglófobo, ba 형 영국을 혐오하는 사람; 배영 사상.

anglomanía 여 영국 절대숭배, 친영열, 영국 만능주의.

angloparlante 형 영어를 사용하는 (사람, 나라).

anglosajón, na 형 Anglo-Saxon 계통의·사람의. 남 Anglo-Saxon 말.

angora 형 앙고라 종(토끼, 산양, 고양이).

angostar 타 좁히다, 제한하다; 축소하다.

angosto, ta 형 좁은. *Caminábamos por un camino angosto.* 우리들은 좁은 길을 걸어갔다. ◇ **angostura** 여 좁음; 좁은 곳.

anguila 여【물고기】뱀장어. ◇ **anguilera** 여 뱀장어 양식장.

ángulo 남 ① 모서리, 각도. *Me di un golpe en un ángulo de la mesa.* 나는 책상 모서리에 부딪혔다. ② 모퉁이. *El niño estaba de pie en el ángulo de la habitación.* 어린이는 방 구석에 서 있었다. *ángulo recto* 직각(直角). ◇ **anguloso, sa** 형 울퉁불퉁한, 모난. *El hombre tenía unas facciones angulosas.* 그 사내는 모난 얼굴 모습을 하고 있었다.

angustia 여 불안, 고민, 번민, 괴로움. *Vivían en la angustia durante la guerra.* 그들은 전쟁 동안, 고민 속에서 살았다. ◇ **angustiado, da** 형 슬퍼하고 고민하는. ◇ **angustioso, sa** 형 괴로운. *Ella habló con voz angustiosa.* 그녀는 괴로운 듯한 소리

anhelar 재 [+ por: …을] 절실히 원하다, 동경하다. 타 갈망하다, 열망하다. ◇ **anhelo** 남 갈망, 열망.
anfibio, bia 형 양생의(동물); 수륙 양용의(비행기, 전차). 남 여 양서류, 양서동물.
anfibología 여 두가지 의미의 뜻; 두가지 뜻이 있는 것.
anfibológico, ca 형 문구가 모호한, 두가지 뜻이 있는.
anfión 남 아편
anfisbena 여 [전설] 대가리 두개의 뱀; 【동물】 발없는 도마뱀; 남미산의 큰 뱀.
anfiscio, cia 형 적도지대의 (같은 시각에 그림자가 두 개가 생기는 사람).
anfiteatro 남 원형 극장; 반원 형석; 계단 강당; 연기장. *anfiteatro flanatomico* 해부학 교실.
anfitrión 남 (손님대접 잘하는)접대역, 주인.
ángel 남 천사; 착한(상냥한·훌륭한·고운)사람. El es un *ángel*. 그는 천사(다운 사람)이다. ◇ **angelical** 형 천사의(와 같은). Tenía un rostro *angelical*. 그는 천사다운 얼굴을 하고 있었다.
angina 여 【의학】[주로 복수형으로 쓰임] 편도선염, 후두염.
anglicanismo 남 영국 국교.
anglicanizar 타 영국풍으로 하다, 영국화하다.
anglicano, na 형 영국 국교의(신자). *Iglesia anglicana* 영국 국교; 영국 교회.
anglicismo 남 영국식, 영국주의; 영국식 말투; 영국 계통어 언어.
anglo, gla 형 Angle 족의(사람); 영국의(사람).
angloamericano, na 형 영미의, 영국계 미국인(의).
anglófilo, la 형 친영파의(사람).
anglófobo, ba 형 영국을 혐오하는 사람; 배영 사상.
anglomanía 여 영국 절대숭배, 친영열, 영국 만능주의.
angloparlante 형 영어를 사용하는(사람, 나라).
anglosajón, na 형 Anglo-Saxon 계통의(사람의) 남 Anglo-Saxon 어(말).
angora 형 앙고라 종(토끼, 산양, 고양이).
angostar 재 좁히다, 제한하다; 축소하다.
angosto, ta 형 좁은. Caminábamos por un camino *angosto*. 우리들은 좁은 길을 걸어갔다. ◇ **angostura** 여 좁음; 좁은 곳.
anguila 여 【물고기】 뱀장어. ◇ **anguilera** 여 뱀장어 양식장.
ángulo 남 ① 모서리, 각도. Me di un golpe en un *ángulo* de la mesa. 나는 책상 모서리에 부딪혔다. ② 모퉁이. El niño estaba de pie en el *ángulo* de la habitación. 어린이는 방 모퉁이에 서 있었다. *ángulo recto* 직각(直角). ◇ **anguloso, sa** 형 울퉁불퉁한, 모난. El hombre tenía unas facciones *angulosas*. 그 사내는 모난 얼굴 모습을 하고 있었다.
angustia 여 불안, 고민, 번민, 빈민, 괴로움. Vivían en la *angustia* durante la guerra. 그들은 전쟁 동안, 괴로움 속에서 살았다. ◇ **angustiado, da** 형 슬퍼하고 고민하는. ◇ **angustioso, sa** 형 괴

로운. Ella habló con voz *angustiosa*. 그녀는 괴로운 듯한 소리로 말했다.

anhelar 재[+por: …을] 절실히 원하다, 동경하다. 타 갈망하다, 열망하다. ◇ **anhelo** 남 갈망, 열망.

anillo 남 고리, 바퀴; 반지. Le regaló un *anillo* de brillantes. 그는 그녀에게 다이아몬드반지를 선물했다.

ánima 여 영혼, 넋, 혼령 (alma).

animación 여 동성, 활기. Ha habido mucha *animación* en el mercado. 시장에는 활기가 있었다.

animal 남 ① 동물. La vaca es un *animal* doméstico. 소는 가축이다. ② 짐승(같은 사람), 얼간이. No seas *animal*. 터무니 없는 짓을 하지 마라[말하지 마라], 너는 얼간이로군. ◇ **animalito** 남 작은 동물.

animar 타 ① 용기를 불어넣다, 응원하다. Ha escrito la segunda obra, *animado* por el éxito de la primera. 그는 첫 작품의 성공에 용기를 얻어서, 다음 작품을 썼다. ② 흥청거리다, 활기를 불어넣다. Su llegada *animó* la fiesta. 그의 도착으로 파티는 흥청거리게 되었다. ③ [+a+inf/+a+que+subj] …하도록 권장하다. Le estoy *animando a* que venga con nosotros. 우리들과 함께 오도록 나는 그에게 권장하고 있다. ◇ **~se** 활기띠다; [+a+inf] 힘을 내어 …하다. Se *animó* a hablar. 그는 힘을 내어 이야기했다.

ánimo 남 ① 마음(의 상태). Sus palabras hicieron mucho efecto en mi *ánimo*. 그의 말에 나의 마음은 굉장한 감명을 받았다. ② 원기, 기력. Tiene muchos *ánimos* para su edad. 그는 나이에 비해 매우 건강하다. ③ [감탄사적] 원기를 내라. ◇ **animoso, sa** 형 힘・원기・기력이 있는. Es *animoso* para el trabajo. 그는 원기왕성하게 일한다.

anís 남 아니스의 열매.

aniversario 남 기념일, 기념제. Hoy es el quinto *aniversario* de mi casamiento. 오늘은 나의 다섯번째 결혼기념일이다.

anoche 부 어젯밤. *Anoche* salí de paseo después de cenar. 어젯밤 나는 저녁 식사 후 산책하러 나갔다. ¿ Se divirtieron ustedes *anoche*? 어젯밤에 즐겁게 보내셨습니까?

anochecer [30 crecer] 재 날이 저물다. En invierno *anochece* muy temprano. 겨울에는 매우 빨리 날이 저문다. *Anochecía* [Se hacía de noche] cuando llegamos a Madrid. 우리가 마드리드에 도착했을 때 날이 저물었다.

anónimo, ma 형 무기명의; 무명의. Recibió una carta *anónima*. 그는 무기명의 편지를 받았다. Esta obra es *anónima*. 이 작품은 작자가 불명이다. Le mandaron un cobarde *anónimo*. 비열한 익명의 투서가 그에게 보내졌다.

anormal 형 변칙의, 이상한. Este frío es *anormal* para estar a principios de la primavera. 이 추위는 초봄으로는 이상하다. ◇ **anormalidad** 여 변칙, 이상.

anotar 타 주를 달다, 써놓다. Voy a *anotar* sus señas. 그의 주소를 써놓겠다. ◇ **anotación** 여 주석,

anovelado, da 휑 소설적인.

anquilosarse 재 (관절이) 경직하게 되다; 딱딱하게 뭉치다; 융통성이 없게 되다.

anquilosis 예【의학】관절경직(관절이 움직이지 못하게 된 병).

anquirredondo, da 휑 엉덩이가 둥근, 엉덩이 살이 찐.

anquiseco, ca 휑 (말·사람의 엉덩이가) 마른, 파리한.

ansa 예 한자동맹(중세 북구 제도시의 상업적, 정치적 동맹).

ánsar 남【새】거위, 암거위.

ansarino 남 거위새끼.

anseático, ca 휑 한자동맹의.

ansia 예 ①고뇌. El tiempo es breve, las *ansias* crecen, las esperanzas menguan. 때는 짧고, 고뇌는 더하고, 희망은 줄어든다. ②절망. Tienen mucha *ansia* de libertad. 그들은 자유를 절망하고 있다. ◇ **ansiar** [12 enviar] 目 절망하다.

ansiedad 예 고민, 불안. La madre esperaba con *ansiedad* a que volviera su hija. 모친은 딸이 돌아오기를 초조하게 기다리고 있었다. ◇ **ansioso, sa** 휑 걱정하는; 절망하는. Está *ansioso* de verte. 그는 간절하게 당신을 만나고 싶어하고 있다.

ant. anterior; anticuado.

anta 예【동물】사슴 비슷한 동물; (사원 등의) 돌기둥.

antagónico, ca 휑 반대의, 대립하는; 반항하는, 적의있는.

antagonismo 남 반대성, 적대(행동), 적의, 반항심, 반감, 혐오.

antagonista 남 대항자, 반항자, 반대로 작용하는 물건, 적수, 경쟁자.

antaño 남 지난해, 전해; 옛날.

antártico, ca 휑 남쪽의, 남극의. *círculo polar antártico* 남극권. *La Antártica* 남극대륙. *el Antártico* 남극양.

ante 전 ①【공간적】…의 앞에. *Ante* mí se extendía un paisaje maravilloso. 내 앞에는 훌륭한 경치가 전개되고 있었다. No me atreví a decir nada *ante* ella. 나는 그녀의 면전에서는 아무 말도 할 수 없었다. ②…을 보고 *Ante* las dificultades de la empresa, tuvimos que renunciar a ella. 기업의 어려움을 보고, 우리들은 그것을 단념하지 않을 수 없었다. *ante todo* 우선, 제일로. *Ante todo* hay que avisárselo. 우선 그에게 그것을 알려야 한다.

antealtar 남 성단(altar)의 앞.

anteanoche 남 그저께 저녁에.

anteanteayer 남 3일전, 그그저께.

anteayer 남 그저께에(antier).

antebrazo 남 앞팔.

antecámara 예 문열의 방, 객실; 대합실, 휴게실.

antecedente 휑 앞선, 앞서가는. 남 ①전례(前例). No hay tal *antecedente*. 그런 전례는 없다. ②(복) (사람의) 전력(前歷), (사건의) 그때까지의 경위. Tiene malos *antecedentes*. 그는 전력이 나쁘다. Explícame los *antecedentes* del asunto. 이제까지의 사건 경위를 나에게 설명하라. ◇ **antecedencia** 예 지나온 행동 또는 전력; 선조(ascendencia); 이력, 경력.

anteceder 재 [+a : …에] 선행(先行)하다, 앞서있다. La causa *antecede* a1 efecto. 원인은 결과에 선행한다. ◇ **antecesor, ra** 명 전임자. 복 (주로 복) 선조(antepasados).

anteco, ca 명 적도 남북의 동일 자오선상, 같은 거리에 사는 사람.

antecocina 여 부엌 앞방.

antecoger 타 (어떤 사람이나 물건을) 앞으로 끄집어내다; (과실을) 익기전에 따다.

antecristo 남 그리스도의 적, 그리스도교의 반대자.

antedata 여 (문서에서) 사실보다 앞선 날짜; 사전의 날짜.

antedecir 타 예언하다(predecir), 예보하다, 예고하다, 전술하다.

antedicho, cha 형 전술한, 이미 말한, 기술한.

antediluviano, na 형 노아홍수전의; 태고의, 구식의.

antefirma 여 서명하기전의 서명인의 기술[설명]; 피대리인.

anteguerra 여 전쟁전(preguerra).

anteiglesia 여 교회앞의 정원 또는 현관; 지부교회.

antelación 여 앞서 감. Su secretario llegará con *antelación* para preparar la entrevista. 회견을 준비하기 위해서 그의 비서가 미리 도착할 것이다.

antemano (de) 부 앞서서, 미리. ¿Tengo que pagar *de antemano*? 선불해야 합니까.

antemeridiano, na 형 정오전의, 오전중의.

ante merídiem 남 【라틴어】 오전 [약자 : A.M.]

antemural 남 수호, 방호.

antena 여 【전기】 안테나.

antenallas 여복 못뽑이; 족집게.

antenoche 부 그저께 밤(anteanoche).

antenombre 남 인명이나 고유명사 앞에 붙이는 경칭(san, don, doña 등).

antenupcial 형 결혼전의.

anteojo 남 ① 외알박이 안경·망원경. ②복 안경(gafas); 쌍안경. Mi abuelo puede leer aun sin *anteojos*. 조부는 안경없이도 읽을 수 있다. *anteojo de larga vista* 망원경(telescopio). ◇ **anteojera** 여 안경점, 안경 제조인.

antepasado 남 [주로 복] 선조, 조상. Lo único que le quedó fue la casa de sus *antepasados*. 그에게 남은 것은 조상전래의 집뿐이었다.

anterior 형 [시간적] 앞의, 먼저의. Tengo un compromiso *anterior*. 나에게는 선약이 있다. Ya se lo había dicho en la carta *anterior* a ésta. 이미 이보다 먼저 편지에서 그 일을 말해 두었소. ◇ **anterioridad** 여 앞. *con anterioridad* 앞에. ◇ **anteriormente** 부 앞서, 먼저. *Anteriormente* había mandado a su familia al extranjero. 그는 먼저 가족을 외국에 보내 두었다.

antes 부 [시간적] 전에(는). Trabaja aquí desde medio año *antes*. 그는 반년 전부터 여기서 일하고 있다. Esta calle tenía otro nombre *antes*. 이 거리는 예전에는 다른 이름이었다. 형

[부정문의 뒤] 오히려. No la odio, *antes* la quiero. 나는 그녀가 싫기는 커녕 오히려 좋다. *antes bien* 차라리. *antes de* [시간적] …의 앞에. Vamos de paseo *antes de* la comida. 식전에 산책하러 가자. Agítese *antes de* usarse. 사용전에 잘 흔드십시오. *antes (de) que*+subj. …하기 전에, …하지 않을 동안에. Vamos a marcharnos *antes (de) que* venga. 그가 오기 전에 출발하자. *antes que* …보다 차라리. Tenía el pelo negro *antes que* castaño. 그녀는 밤색이라기보다 차라리 검정 머리를 하고 있었다. *cuanto antes* 한시라도 빨리, 되도록 빨리((lo más pronto posible). Venga usted *cuanto antes*. 되도록 빨리 와 주십시오. Hágalo *cuanto antes*. 가능한한 빨리 그것을 하십시오.

antiaéreo, a 〖형〗 대공의, 방공의, 고사의. 〖남〗 고사포.
antialcohólico, ca 〖형〗 알콜 성분을 없애는, 음주반대의.
antiartístico, ca 〖형〗 비예술적인.
antibiosis 〖【생물】〗 항생.
antibiótico, ca 〖형〗 항생의(물질).
anticancroso, a 〖형〗 종교에 반대하는, 반교권파의, 반종교의.
anticarro 〖남〗 대전차포(antitanque).
anticátodo 〖남〗 (진공관의) 대음극.
anticatólico, ca 〖형〗 반카톨릭적인.
anticiclón 〖남〗 〖【기상】〗 역선풍.
anticipar 〖타〗 ① 미리 하다. Le *anticipamos* las gracias por su pronta respuesta. 조속한 회답을 받고 싶어서 미리 감사드립니다. ② (기일 따위를) 빠르게 하다, 앞당기다. Hemos *anticipado* la fecha de la fiesta. 우리들은 파티의 기일을 앞당겼다. ③ 선불·가불받다. Me han *anticipado* el sueldo. 나는 급료를 가불받았다. ◇ ~se ① (예정보다) 빨라지다. *Se anticiparon* una hora. 그들은 1시간 빨리 도착했다. ② 앞지르다. Se me *anticipó*. 나는 그에게서 선수를 빼앗겼다. ◇ **anticipación** 〖여〗 미리함; 선불. *con anticipación* 미리, 앞서. ◇ **anticipo** 〖남〗 선불금. ¿Cuánto quiere usted que le pague de *anticipo*? 선금으로 얼마 지불하라는 것인가요.

anticuado, da 〖형〗 낡은, 쓸모없는. Esa costumbre ya se ha hecho *anticuada*. 그런 습관은 이미 없어졌다.
antier 〖부〗 그저께(anteayer).
antiestético, ca 〖형〗 비미학적인; 보기 좋지 않은.
antievangélico, ca 〖형〗 복음반대의.
antifascista 〖형〗 반파시스트주의의(자).
antifaz 〖남〗 안대, 눈가리개, 마스크.
antifebrina 〖여〗 〖【의학】〗 앤티페브린(해열제).
antiflogístico, ca 〖형〗 〖【의학】〗 염증에 저항하는〖형〗; 소염제.
antígeno 〖남〗 〖【세균】〗 항원 (항체를 생기게 하는 물질).
antigotoso, sa 〖형〗 〖【의학】〗 통풍을 막는. 〖남〗 통풍약.
antigramatical 〖형〗 비문법적인, 문법에 맞지 않는.
antigualla 〖여〗 고물, 골동품= 고대미술.
antigubernamental 〖형〗 반정부의, 야당의.
antigüedad 〖여〗 ① 오래됨, 고대. Esta ciudad fue la capital del

antiguo, gua 　　　　64　　　　**antiscio**

Perú en la *antigüedad*. 옛날에는 이 도시는 뻬루의 수도였다. ② 圈 골동품, 고대의 유물. Es un coleccionista de *antigüedades*. 그는 골동품수집가이다.

antiguo, gua 圈 낡은, 오래된, 옛부터의. Me parece que esta ciudad es muy *antigua*. 이 도시는 대단히 오래된 듯하다. Es mi *antiguo* amigo. 그는 나의 오랜 친구이다. 圈圈 옛날 사람. Los *antiguos* creían que el sol giraba en torno a la tierra. 옛날 사람들은 태양이 지구의 주위를 돌고 있다고 믿고 있었다. *de antiguo* 옛적부터. *en lo antiguo* 옛적에는. ◇ **antiguamente** 閘 옛날에는, 옛적에는. *Antiguamente* se veneraba mucho a los ancianos. 옛적에는 노인은 크게 존경받았다.

antihigiénico, ca 圈 비위생적인.
antihistamina 回【약학】 항히스타민제 (알레르기나 감기에 쓰는 화학약품).
antihumano, na 圈 인정이 없는, 무자비한.
antilogía 回 모순, 자기모순, 전후모순.
antílope 圐【동물】영양, 새끼양.
antilla 回 안띠아스 제도(Las Antillas)의 섬의 각각.
antillano, na 圈 안띠아스 제도의 (사람).
antimilitarismo 圐 반군국주의.
antimonio 圐【화학】 안티모(원소의 하나, 기호 Sb).
antinacional 圈 반국가적인, 반국가주의적인.圈 반국가주의자, 비국민.
antinatural 圈 부자연스러운.
antinomia 回 저촉; 【철학】 이율배반, 자가당착.
antinómico, ca 圈 모순된.
antiobrero, ra 圈 반노동자의.
antipalúdico, ca【의학】 항마리아열의(제).
antipapa 圐 대립교황(정통적인 로마교황에 대립하는).
antipara 回 (창문의) 차일; (다리의) 각반.
antiparlamentario, ria 圈 의회를 부인하는,반의회의.
antiparras 回圐【속어】안경.
antipatía 回 반감, 미워함. Me tiene *antipatía*. 그는 나에게 반감을 가지고 있다. ◇ **antipático, ca** 圈 매력없는, 시시한, 사교성없는. Me fue *antipático* desde el día en que le conocí. 내가 그를 알게 된 날부터 그는 나에게 감정이 좋지 않았다.
antipirina 回【의학】 안티피린(해열·진통제).
antipoda 圈 정반대의, 대척적. 回圐【지학】 대척지(지구상의 반대편땅); 【구어】 정반대의 사람 또는 물건.
antiprogresista 圈 반 진보적인. 圐 진보사상의 반대자.
antiprohibicionista 圐 금주 반대의 (자).
antiproyectil 圐 대로켓탄.
antirábico, ca 圈 공수병을 고치는. *suero antirábico* 광견병용 혈청.
antirrepublicano, na 圈 반 공화주의의 (자).
antirrevolucionario, ria 圈 반혁명의, 혁명에 반대하는 (사람).
antiscio 圈 적도의 양측에서 작은 자오선상에 사는 (사람).

antisemita 阳 반유태주의의 (자).

antisemitisma 阳 유태인 배척운동.

antiseptia 여 살균, 소독. ◇ **antiséptico, ca** 형 살균의, 소독의. 남 살균제, 소독약.

antisísmico, ca 형 [지질] 내진(성)의, 지진에 견디어 내는.

antisocial 형 반사회적인, 사교를 꺼리는.

antisocialista 형 반사회주의자의. 남 반사회주의자.

antisonoro, ra 형 방음(장치)의.

antisubmarino, na 형 대잠수함의.

antisudoral 형 땀을 막는.

antitanque 형 대전차용의. *cañón antitanque* 대전차포

antitérmico, ca 형 방열의, 해열의.

antítesis 여 [단·복수 동형] [수사] 대구, 대조 ; 반대(물).

antitético, ca 형 대조가 되는, 정반대의.

antitoxina 여 항독소.

antituberculoso, sa 형 결핵예방의, 대결핵의.

antivenéreo, a 형 성병치료의(약).

antojadizo, za 형 (마음이) 잘 변하는, 변덕스러운.

antojarse 재 하고자 하다, …하고 싶어지다. [반드시 간접목적대명사에는 nos·os·les를 써야함] *Se me antojó salir de paseo.* 나는 산책하러 가고 싶어졌다. ◇ **antojo** 남 변덕.

antología 여 문집, 선집 (florilegio).

antónimo, ma 형 남 반의어(의).

antonomasia 여 [수사] 환칭, 별칭. *por antonomasia* 환칭해서, 특히.

antorcha 여 횃불: 장대 꼭대기에 올리거나 달아 매어 불을 지피는 철제의 기름단지·불.

ant.ᵉ anterior.

antraceno 남 안뜨라쎈(방부제).

antracita 여 [광물] 무연탄.

antracosis 여 [의학] 진폐증.

ántrax 남 [의학] 탄저병에 걸린 가축의 피 에 생기는 옹저.

antro 남 [시] 동굴, 암굴 (caverna).

antropofagía 여 사람을 잡아먹는 풍습.

antropófago, ga 형 사람을 먹는.

anual 형 1년(간)의. *plazo anual* 1년 기한. *revista anual* 연간 잡지. ◇ **anualmente** 부 해마다, 매년 (todos los años, cada año).

anular 타 취소하다, 무효로 하다. *Sería mejor que anularse usted ese contrato.* 그 계약을 취소하는 편이 좋겠다.

anunciar [①① cambiar] 타 ① 알리다, 고하다. *¿Quiere usted decirme a quién anuncio?* 누구신지요 (미지의 방문객에 대한 거래하는 말). ② 예고하다. *Las golondrinas anuncian la llegada de la primavera.* 제비는 봄이 오는 것을 예고한다. ③ 광고하다. *He visto anunciado que aquí venden zapatos a 2,000 pesetas.* 여기서 2천 뻬세따로 구두를 판다고 광고한 것을 보았다. ◇ **anunciación** 여 [종교] 수태고지 (受胎告知). ◇ **anunciante** 형 광고하는. 남 광고주. ◇ **anuncio** 남 광고 ; 통지.

Ha puesto un *anuncio* solicitando un cocinero. 그는 요리인을 구하는 광고를 냈다.

anzuelo 남 낚시바늘(hamo).

añadir 타 덧붙이다, 첨가하다. *Añád*alo a mi cuento. 그것을 나의 계정에 보태 주십시오. ◇ **añadidura** 여 부가, 첨가. *por añadidura* 다시, 그 위에.

año 남 ① 해, 년. ¿En qué *año* ocurrió? 어느 해에 그것이 일어났읍니까. Hace dos *años* que vivo aquí. 나는 이곳에 산지 2년 된다. Volveré de España el *año* que viene. 그는 내년에 스페인으로부터 돌아올 것이다. ¡Feliz *Año* Nuevo! 새해 복많이 받으십시오! ② 나이(edad). ¿Cuántos años tiene él?— Tiene viente años. 그는 몇살입니까. —20살입니다.

apacible 형 온화한. Hace un tiempo muy *apacible*. 무척 온화한 일기이다. ◇ **apacibilidad** 여 온화함, 안온, 고요함.

apadrinar 타 (결투 따위에서) 입회자로 행동하다;(세례식에서) …의 대부가 되다, 후원하다.

apagadizo, za 형 연소하기 어려운, 비연소성의.

apagado, da 형 굴복하는, 유순한; 저조한; 활기·생기 없는, 무기력한, 시들은, 바랜.

apagador 남 소방수, 소화기; 소화전, 소화기; (피아노 줄의) 진동을 멈추게 하는 장치.

apagafuego 남 소화기.

apagaincendios 남 [단·복수 동형] 소화기.

apagar [B] pagar] 타 (불·등불 따위를)끄다 [반 encender]. *Apague* la luz. 불을 끄세요. *Apagué* la luz y me dormí. 나는 불을 끄고 잠을 잤다. Los bomberos *apagaron* el incendio. 소방수들이 불을 껐다. ◇ ~**se** (불이) 꺼지다. *Se apagaron* las luces. 불이 꺼졌다.

apagón, na 형 [중남미] 불을 끄는. 남 돌연한 소동, 정전, 동화관제.

apaisado, da 형 장방형의.

apalancar 타 지렛대(palanca)로 움직이다.

apalear 타 매질하다, 채찍질하다, (곤봉 따위로) 치다·때리다, (과일을) 장대로 쳐서 떨어뜨리다, (곡물을) 키질하다.

apaleo 남 키질함; 때림, 매질.

apanalado, da 형 벌집모양의, 벌집과 같은, 구멍이 많은.

apandar 타 움켜쥐다, 훔치다.

apandillar 타 동맹·도당·당파 따위를 형성하다; 도당에 가입하다. ◇ ~**se** 도당을 이루다.

apanojado, da 형 [식물] 원추화서의.

apantanar 타 범람케하다, 범람하다, 넘쳐흐르다; 수몰시키다.

apañado, da 형 솜씨있는, 숙련된; (모직물 같이) 매끄러운; [구어] 적절한, 적당한.

apañadura 여 움켜쥠, 붙잡음. 복 (이불이나 의복 따위의) 장식.

apañar 타 붙잡다, 움켜쥐다 ; 장식하다(ataviar); 깁다; 수선하다(remendar); 싸다, 덮다. ◇ ~**se** 숙련되다.

apaño 남 잡아쥠, 움켜쥠; 수선; 숙련; [속어] 애인, 정부.

aparador 명 찬장(armario); 진열장 (escaparate).

aparato 명 (한 벌의) 기구, 기계. Vende *aparatos* de radio. 그는 라디오를 팔고 있다.

aparatoso, sa 형 화려한, 사치한, 장려한, 호화로운(pomposo); 허세부리는(ostentoso).

aparcamiento 명 주차, 주차장.

aparcar 타 주차하다, (포차나 탄약을) 배치하다.

aparcería 여 (농장이나 목장따위의) 공동경영; 규약, 맹약; 조, 단. *cultivo en aparcería* 소작.

aparcero, ra 명 공동경영자, 소작인.

aparear 타 결혼시키다; 짝지우다; 비등하게 하다; 조합하다.

aparecer [동 crecer] 자 출현하다, 나타나다 [반 desaparecer]. El sol *aparece* por el horizonte. 태양이 지평선에 나타난다. ◇ ~**se** 보이다. La plaza de la Universidad se me *apareció* quieta y enorme. 대학의 광장이 나에게는 고요하고 크게 보였다. ◇ **aparecido** 명 유령, 요괴.

aparejado, da 형 준비가 된; 바야흐로 …하려 하는 ; …하기 쉬운 (apto); 적당한; 당연한.

aparejador, ra 형 준비하는 (사람). 명 (건축의) 감독자(배의) 의장인.

aparejar 타 준비하다(preparar); (말에) 마구를 달다; 안장을 얹다, (배를) 의장하다. ◇~**se** 준비를 갖추다.

aparejo 명 준비; 도구; 예습; 마구; 기중기; 범선구; 활차. 복 자재, 기재.

aparentar 타 꾸미다, 꾸며 보이다. Tú tienes que *aparentar* que no sabes nada de eso. 너는 그 일에 대해 전연 모른 체 해야 한다.

aparente 형 외관만의. Su pretexto fue sólo *aprente*. 그의 핑계는 다만 외관 뿐이었다. ◇ **aparentemente** 부 외관적으로, 겉보기에.

aparición 여 출현. Le sorprendió la *aparición* repentina de su amigo. 친구의 돌연한 출현은 그를 놀라게 했다.

apariencia 여 외관, 외모, 모습. No te dejes engañar por las *apariencias*. 겉모습에 속지마라.

apartar 타 ① 나누다, 메어내다. ② [+de] …로부터 떼어내다, 털어내다. *Aparta de ti* esas ideas. 그런 생각은 자신이 털어내어라. ◇~**se** [+de] …로부터 멀어지다. *Apártate del fuego*. 불에서 멀어져라. ◇ **apartado, da** 떤, 구석진. Vive en un pueblo *apartado*. 그는 벽촌에서 살고 있다. 명 우편사서함 (apartado de correos). ◇ **apartam(i)ento** 명 아파트 (casa de apartamentos). ¿Tiene ustedes *apartamentos* por alquilar? 세 놓을 아파트 있읍니까 ?

aparte 부 ① 따로. Ponga este paquete *aparte*. 이 짐은 별도로 해 주십시오. ② [형용사적] 별도의. Esa es una cuestión *aparte*. 그것은 딴 문제이다. ◇ *aparte de* …을 제외하고는 ; …의 밖에. *Aparte de* su belleza, no tiene otro atractivo. 그녀에게는 아름다움을 제외하고는 달리 매력이 없다.

apasionar 他 열중시키다. ◇~**se** [+con·por: …에] 열중하다. *Se apasiona por* su prima. 그는 사촌에게 열을 올리고 있다. ◇ **apasionado, da** 형 격렬한, 열중한. Es un hombre de temperamento *apasionado*. 그는 격렬한 기상의 사내이다. Está *apasionado* con la novela que está leyendo. 그는 지금 읽고 있는 소설에 무아지경이다. ◇ **apasionadamente** 부 열렬히, 열심히.

apátrida 형 조국이 없는, 무국적의, 조국을 무시하는 (사람). 무국적자.

apble(s) apreciable(s) 가치있는, 값비싼, 존경할, 훌륭한.

ap.⁰ apostólico 사도의, 사도시대의; 로마 교황의.

apda(s). apreciada(s) 가치있는, 값비싼.

apdo. post. apartado postal 우편함, 사서함.

apeadero 남 상륙, 착륙, 하차, (선·장소·길가의) 휴식소; 정거장.

apearse 재 (탈 것에서) 내리다(bajarse). Quiero *apearme* en la próxima parada. 나는 다음 정류소에서 내리고 싶다.

apechar 재 가슴을 누르다, (생각에다 대담하고 용기있게) 물건 (일)을 떠맡다, 보급을 맡다. 他【중남미】…에게 젖을 주다; (언덕을) 올라가다; 파리하게 하다.

apechugar 재 가슴을 누르다; [+con] 참다. 他【중남미】(남의 것을) 잡다, 붙잡다.

apedreado, da 형 내던지는; (질문, 욕설 따위를) 퍼붓는; (돌을) 던지는. cara *apedreada* (천연두로) 곰보가 된 얼굴.

apedrear 他 돌을 던지다; 돌던지는 형벌에 처하다; 우박이 오다.

apegarse [1] pagar] 재 [+ : a…에] 애착하다, 끌몰두하다. Esta *apegado a* la chica. 그는 그 아가씨에게 애정을 느끼고 있다. ◇ **apegadamente** 부 마음을 쏟아서. ◇ **apego** 남 애착, 집착. Le tengo *apego a* este vestido aunque está viejo. 이 옷은 낡았지만, 나는 애착을 느끼고 있다.

apelante 형남 공소하는 (사람).

apelar 他 ① 항소하다. El reo *apeló* contra la sentencia. 피고는 판결에 항소했다. ② [+a:수단 따위에] 호소하다, 의지하다. Para salvarse tuvo que *apelar a* sus piernas. 그는 구조받기 위해서는 자신의 발에 의지할 수 밖에 없었다. ◇ **apelación** 여 항소.

apellido 남 성. ¿Quiere usted escribir su nombre y *apellido*, y la dirección? 성명과 주소를 써 주십시오.

apenar 他 괴롭히다, 슬프게 하다. Me *apena* que usted piense mal de mí. 당신이 나를 나쁘게 생각하다니 슬프다. Estaban *apenados* por la enfermedad de su tía. 그들은 숙모의 병 때문에 마음 아파하고 있었다.

apenas 부 ① 거의(…없다). *Apenas* puede hablar. 그는 거의 말할 수 없다. No puede andar *apenas*. 그는 거의 걸을 수 없다. ② 겨우. Hace *apenas* dos meses que estoy aquí. 내가 이곳에 온지 겨우 2개월 됐다. 접 …하자 마자 (tan pronto como, así que, luego que). *Apenas* salió el sol, partimos. 해가 뜨자마자 우리

aperitivo 예 아뻬리티프, 식전 술, 식욕증진제술. El mejor *aperitivo* es el ejercicio. 가장 좋은 아뻬리티프는 운동이다.

apertura 예 개시, 개업, 시업, 개통, 개회; 개업식, 개통식, 개회식. ¿Qué día es la *apertura* de las clases? 시업(식)은 며칠입니까.

apetecer [30 crecer] 目 탐내다, 열망하다.

apetencia 예 식욕; 자연스런 욕구.

apetito 目 식욕, 의욕. El niño tiene buen *apetito*. 그 어린이는 식욕이 왕성하다. Hoy tengo poco *apetito*. 오늘 나는 식욕이 별로 없다. Buen *apetito*. 많이 드십시오. ◇ **apetitoso, sa** 톙 식욕·의욕을 자극하는. No es un negocio muy *apetitoso*. 그건 과히 의욕이 없는 일이다.

apiadar 目 불쌍히 여기다, 동정심을 일으키다.

apical 톙 혀끝의(자음; l, t 등).

ápice 目 (삼각형·산 따위의) 정점, 첨단; 꼭대기, 극점; 【건축】 뾰탑탑; (능력, 힘, 노력 따위의) 최고도, 최대한도, 높이, 해발; 올라감, 상승; 쓸모없는 것, 사소한 일; (매우) 적음, 미소; 【문법】 도표로 표시된 액센트, (논구·질문에서) 가장 복잡한 부분. estar en los *ápices* de una cosa. 사물에 대하여 완전한 지식을 가지다. no falta un *ápice* 머끝 만큼도 부족하지 않다.

apícola 톙 양봉에 속하는.

apicultor, ra 멩 양봉가.

apicultura 예 양봉.

apilar 目 쌓아올리다, 축적하다, 퇴적하다.

apiñar 目 붙히다, 연합하다, 결합시키다. 재 방해하다; (기름·먼지 때문에) 운전이 잘 안되다; 모이다, 덤비다; 밀려오다; 충만하다.

apio 目 【식물】 셀러리(미나리과).

apiolar 目 수갑을 채우다, 잡다, 체포하다; (의미를) 파악하다, 깨닫다; 【법률】 모살하다.

apiramidado, da 톙 피라밋형의.

apirexia 예 (간헐의) 열이 없는 사이, 열이 없는 때.

apisonador 目 땅을 다지는 기계, 로라 등.

apisonar 目 (흙 등을) 찧어 굳게하다, (탄약을) 장진기로 쑤셔 넣다; (성벽을 무너뜨리는) 망치로 치다.

apitonar 재 꽃봉오리를 맺다; 싹트다. 目 싹트게 하다, 피게 하다; 껍데기에서 끄집어내다; (닭처럼) 달걀껍질을 쪼아먹다. ◇ **~se** 서로 학대하다·속이다·욕하다.

apizarrado, da 톙 슬레이트식의; 충충한 쥐색의.

aplacar 目 (사람을) 달래다, (슬픔을) 진정시키다; 평정·진정하다; 완화하다. ◇ **~se** 침착·조용해지다.

aplacible 톙 유쾌한, 기분좋은, 상냥한, 귀여운.

aplanadera 예 땅고르는 기계; (자루가 긴) 큰 망치; 방망이.

aplanar 目 ① (지면 따위를) 고르다. Ante todo hay que *aplanar*

aplaudir 70 **apoderarse**

el terreno. 우선 지면을 골라야 한다. ② 낙담시키다. La noticia le *aplanó*. 그 소식은 그를 낙담시켰다.

aplaudir 태 ① (에게) 박수를 보내다, 갈채하다. Todo el mundo *aplaudía* al actor. 누구나 할 것 없이 그 배우에게 박수갈채를 보냈다. ② 칭찬하다. *Aplaudo* tu decisión. 나는 너의 결심을 칭찬한다. ◇ **aplauso** 남 ① 박수, 갈채. La multitud recibió las palabras del Presidente con un gran *aplauso*. 대중은 대통령의 말을 대단한 갈채로 맞이했다. ② 칭찬. Ese escritor no busca el *aplauso*, sino la verdad. 그 작가는 (남의) 칭찬이 아니고, (일의) 진실을 구한다.

aplazar [9] alzar] 태 연기하다. Hemos *aplazado* el viaje a causa de la lluvia. 비 때문에 우리들은 여행을 연기했다. ◇ **aplazamiento** 남 연기.

aplicación 여 ① 적용, 응용; 실시. La *aplicación* de esta ley será difícil. 이 법률의 적용은 어려울 것이다. ② 근면. Este alumno ha mostrado mucha *aplicación* en su trabajo. 이 학생은 공부하는 자세가 매우 근면하다.

aplicado, da 형 근면한(diligente). Lola, desde pequeña, fue una chica muy *aplicada*. 롤라는 어릴 때부터, 매우 근면한 어린이였다.

aplicar [7] sacar] 태 ① 붙이다; 들어맞추다. El médico *ha aplicado* las corrientes eléctricas al enfermo. 의사는 병자에게 전류를 대었다. ② 적용·응용하다. Esta ley ha sido votada, pero nunca *ha sido aplicada*. 이 법률은 표결되었지만, 도무지 적용된 일이 없다. ◇ **aplicable** 형 적용·응용·실시할 수 있는. Su invento es *aplicable* a la industria del papel. 그의 발명은 제지 공업에 응용할 수 있다.

apocado, da 형 무기력한, 소심한, 비겁한, (재능 따위가) 대단치 않는, 보통.

Apocalipsis 남【성경】묵시록, 계시록.

apocalíptico, ca 형 묵시록의, 묵시의.

apocamiento 남 수줍음, 부끄러움; 자신없음; 조심, 사양; 무기력, 소심, 비겁; 내리누르기; 억압; 침하.

apocar 타 적게·작게 줄이다; 굴욕을 주다, 창피를 주다; (꽤쇠같은 것으로) 바짝 죄다; 속박하다; 약정하다; 계약하다. ◇ **~se** 천하게 하다, 교기를 꺾다, 자기를 낮추다.

apocináceo, a 형 협죽도과(의)

apocopar 타【문법】어미를 탈락시키다, 마지막 말이나 단어의 끝 음절을 메다·없애다.

apócope 여【문법】어미의 생략.

apócrifo, fa 형 경서외의, 위경의, 출처가 의심스러운, 거짓의.

apodar 타 별명을 주다; (특히 종교 등을) 비웃다, 조롱하다.

apoderado, da 형 권능을 주는, (…할 권력을 위임하는, 인정된, 검정의, 공인된. 남 대리(권), 위임장,【법률】대리인; 사무변호사. construir *apoderado* 대리를 지명하다.

apoderarse 재 [+de : …를] 붙잡다, 빼앗다; 점령하다. El general *se ha apoderado del* poder por la fuerza. 장군은 폭력으로 권

력을 획득했다. ◇ **apoderado, da** 휑 대리인, 대행자; 지배인; 매니저. El *apoderado* de la finca ha despedido a tres labradores. 농장의 지배인은 농부 3인을 해고했다.

apodo 閐 별명(mote).

ápodo, da 휑【동물】다리가 없는; 배지느러미가 없는.

apódosis 여 귀결(문).

apogeo 閐【천문】원지점(달·유성이 지구에서 가장 멀어지는 점); 최고점;【비유】(명성·권력·위임 등) 가장 높은 등급.

apolilladura 여 나방, (의류의) 좀벌레 구멍.

apolillar 태 (의류를) 쏠다; 물어끊다; 좀먹다;(해충·해적 따위가) 해치다.

apolíneo, a 형 고대 아폴로신의.

apolítico, ca 형 정치에 무관심한.

Apolo 閐【신화】아폴로신(시·음악·학예의 신); (후에) 태양신.

apología 여 사죄, 사과; 방어, 수비; 천사, 송사; 칭찬, 찬양.

apologista 공 (예수교의) 변증가, 변호자.

apologizar 태 변명·옹호하다(defender).

apólogo 閐 우화, 교훈, 도덕적인 이야기(fábula).

apoltronarse 재 (게으름·비겁함이) 자라다.

aponeurosis 여【해부】피부·근육 기타 조직, 혹은 기관 사이에 있는 막.

apoplejía 여【의학】졸도, 뇌일혈. *apoplejía fulminante* 급성 뇌일혈.

apopléctico, ca 형 졸도·뇌일혈의 (환자).

aporcar 태 높이 쌓아올리다; (식물에) 흙을 북돋우다;(여우 따위를) 굴에 몰아넣다.

aporisma 閐 혈반, 피하일혈.

aporrear 태 두들기다, 때리다, 곤봉으로 때리다, 때려 부수다; 경치게 하다. *aporrearle a uno los oídos* 따귀를 때리다;【비유】매우 열심히 공부하다. *aporrearse en la jaula* 싫은 일을 꾸준히 하다.

aporreo 閐 (곤봉·주먹으로) 때리는 행위; 고된 일, 고역, 수고, 때림.

aportar 태 제출·제공·기여하다. En su discurso *aportó* varias razones. 그는 연설에서 여러가지 이유를 가지고 나왔다. ◇ **aportación** 여 (재산의) 지참, 지참한 자산; 기여. Su nuevo libro constituye una gran *aportación* a la ciencia médica. 그의 새로운 저서는 의학에 기여하는 바가 크다.

aporte 閐 출자; 재산, 가지고 온 재산.

aportillar 태 (성벽·벽을) 돌파·파괴하다; 분석하다; 부수어 열다. 재 굴러 떨어지다, 파멸·멸망하다(하기 시작하다); (여자가) 타락하다.

aposentar 태 투숙시키다, 머무르게 하다. ◇~se 투숙하다, 하숙 기숙하다(alojarse).

aposento 閐 방. No está aquí; está en su *aposento*. 그는 이곳에 없다. 자기 방에 있다.

aposición 예 【문법】 동위격, 동격(보어). *en aposición* 동격으로.

apósito 남 【의학】 약의 외용 (곁에 바르는 약).

apost. apóstol.

aposta/apostadamente 튀 고의로, 일부러.

apostadero 남 해군기지; 선박세조장; 부둣가.

apostar [24 contar] 타 (내기를) 걸다. *Apostó conmigo la cena a que viene ella.* 그는 나에게 저녁식사를 걸고, 그녀가 온다고 말했다. ◇~**se** (내기에) 걸다. *Me he apostado con él cien pesetas a que no viene ella.* 나는 그와 100뻬쎄따를 걸고 그녀는 오지 않는다고 주장했다.

apóstata 양 배교자, 배신자, (동무들을) 져버린 자; (고국을) 영구히 버릴 것을 맹세한 사람.

apostatar 자 신앙을 버리다; 배교하다; 맹세코 절연하다; 손을 떼다. *apostatar de la fe* 종교를 저버리다.

apostilla 예 주석, 주해, (…을) 써 넣음.

apostillar 주를 달다, 주해를 써 넣다; 여드름이 나다.

apóstol 남 ① 【종교】 사도. *San Pedro, cabeza de los apóstoles, fue martirizado en Roma.* 사도들의 장(長)인 성 뻬드로는 로마에서 박해를 받았다. ② (주의 따위의) 주창자. *Antes era un monárquico; ahora se ha hecho un apóstol del comunismo.* 그는 전에는 군주파였으나, 지금은 공산주의의 주창자로 되어 있다. ◇ **apostólico, ca** 형 사도의(와 같은). *Viene realizando un trabajo verdaderamente apostólico entre los pobres.* 그는 가난한 사람들 사이에서 정말로 사도와 같은 일을 해왔다.

apostrofar 자 어포스프러피 부호를 붙이다.

apóstrofo 남 【문법】 생략부호; 【수사】 돈호법 : [비유] 욕, 모욕.

apostura 예 친절, 정다움; 【고어】 문빌이 좋음, 양반집 태생; 아담하고 깨끗함, 정연·재치있음 : 유패한·기분좋은 행동, 태도.

apotegma 남 금언, 격언.

apotema 예 【수학】 각추의 삼각형의 높이.

apoteósico, ca 형 찬양·열광적인.

apoteosis 예 신으로 모시는 것, 신성하게 봄; 숭배; 높이기, 올리기, 고양.

apoteótico, ca 형 = **apoteósico**.

apoyar 타 ① [+en : …에] 대어 걸다. *No apoyes la escalera en la pared, que la ensucia.* 사다리를 대어 걸지마라, 벽을 더럽히니까. ② 지지·지원·후원하다. *No hay quien le apoye en las elecciones.* 선거에서 그를 지지하는 자는 없다. ◇~**se** ① 지탱되다. *El puente se apoya sólo en dos grandes columnas.* 다리는 단 2개의 큰 기둥으로 지탱되어 있다. ② 기대다; 근거로 하다. *La jóven, apoyada en la ventana, contemplaba el mar.* 아가씨는 창에 기대어 바다를 바라보고 있었다. *¿En qué se apoya usted para decir eso?* 당신은 무엇을 근거로 그렇게 말합니까. ◇ **apoyo** 지지, 지원; 근거. *No olvides que cuentas con mi apoyo más sincero.* 너는 가장 성실한 나의 지원을 받고

apreciable 형 ① 알아차릴 수 있는. No es *apreciable* a simple vista. 그것은 잠깐 보아서는 알 수 없다. ② 귀중한. Le agradecemos el *apreciable* regalo. 귀중한 선물에 감사합니다.

apreciación 여 평가; 존중, 존경. No debes quejarte; la *apreciación* de que goza tu nuevo libro es justa. 너는 불평해서는 안 된다; 너의 이번 책이 받고 있는 평가는 정당하다.

apreciar [11 cambiar] 타 ① 평가하다, 감상하다. Aprecio más la pintura realista que la abstracta. 나는 추상화보다는 사실화를 높이 평가한다. ② 존중하다, 고맙게 생각하다. Aprecio siempre los consejos de mis amigos. 나는 언제나 친구의 충고를 고맙게 생각하고 있다. ◇ **aprecio** 남 평가, 존중, 존경. Los españoles tienen en gran *aprecio* la cultura coreana. 스페인사람은 한국문화를 높이 평가하고 있다.

apremiante 형 급한, 재촉하는; 성화같은. ◇ **apremiar** [11 cambiar] 타 독촉하다, 강요하다. ◇ **apremio** 남 재촉, 독촉; 핍박.

aprender 타 ① 배우다 [덜 enseñar]; 익히다; 외우다(습득). *Aprendo* piano con un buen maestro. 나는 훌륭한 선생님에게서 피아노를 배우고 있다. Después de tres años de estudio, no he *aprendido* nada. 나는 3년이나 공부했지만 아무 것도 배우지 못했다. *aprender de memoria* 외우다, 암기하다. *Apréndaselo de memoria.* 그것을 외우세요. ② [+a+inf. : …하기를] 익히다, 배우다. ¿Has *aprendido* ya a conducir? -No, aun estoy *aprendiendo*. 너는 자동차 운전을 익혔느냐? -아니오, 아직 연습 중이오. *Aprendo* a escribir a máquina. 나는 타자를 배운다.

aprendiz, za 남녀 도제(徒弟), 견습생. A los quince años ha entrado de *aprendiz* en una sastrería. 그는 15살 때에 양복점에 견습공으로 들어갔다. ◇ **aprendizaje** 남 훈련; 견습(기간). Durante el *aprendizaje* no ha ganado nada de dinero. 그는 견습하는 동안 돈을 한푼도 받지 못했다.

aprensivo, va 형 직각적, 지각적; 총명한; 병이나 아픔을 두려워하는; 부끄러운. 여 상상(력), 창작력, 공상.

apresar 타 (갈고리, 송곳 등으로) 붙잡다, 움켜잡다, 잡다, 쥐다, 포착하다.

aprestar 타 준비하다, 차리다, 정돈하다, 정렬시키다; 고무를 바르다. ◇~**se** 각오하다, 준비하다.

apresto 남 준비, 정돈; 복장, 옷입기.

apresurar 타 ① 빠르게 하다; 서두르다. *Apresuró* el paso al verme. 나를 보더니 그는 발걸음을 빨리했다. *Si me apresuras*, no acertaré a contestarte. 내가 재촉하면 나는 잘 대답할 수 없다. ◇~**se** ① 서두르다. Es un hombre que nunca *se apresura* por nada. 그는 아무 일에도 결코 당황하지 않는 사람이다. *Apresúrese* si no quiere perder el tren. 열차를 놓치지 않으려면 서두르세요. ② [+a·en+inf.] 서둘러서 …하다. Al entrar en el teatro *se apresuró* a cederme el

apresuradamente 〈부〉 서둘러서, 급히.

apresurado, da 〈형〉 잠시의, 짧은; 급한; 경솔한; 바삐 서두르는, 빠르게 행동하는.

apresuramiento 〈남〉 열심, 갈망; 황급함, 조급함; 신속, 재빠름; 가속, 촉진.

apretado, da 〈타〉 ① (여유없이) 막힌; 혼잡한. Hacia las seis el metro viene muy *apretado*. 6시경에는 지하철은 콩나물시루이다. ② 궁핍·곤궁한. Siento no poder ir, pero estoy muy *apretado* de tiempo. 갈 수 없어 미안합니다; 나는 아주 시간적으로 여유가 없읍니다. Está muy *apretado* de dinero. 그는 지독하게 돈에 궁해 있다. ③ 옹졸한, 비열한.

apretar [19 pensar] 〈타〉 ① 죄어매다. Estos zapatos me *aprietan* un poco. 이 구두는 나한테 약간 조인다. Me *apretó* fuertemente la mano. 그는 내 손을 단단히 쥐었다. ② 눌러대다, 마구 누르다. *Aprieta*, por favor, el botón del timbre. 부디 초인종의 단추를 눌러주시오. ③ (에) 채우다. *Aprieta* bien las maletas para que quepa todo el equipaje. 짐이 전부 들어가도록 여행가방을 충분히 채우십시오. ④ 책망하다. Por más que le *apretaron* para que estudiase, todo fue en vano. 공부하라고 아무리 그를 책망하여도 모두 허사였다. ◇ **apretón** 〈남〉 졸라맴, 쥐어짬.

aprieto 〈남〉 ① 죄어맴; (콩나물 시루 같은) 사람 모임. ② 궁핍, 곤궁. Se encuentran en un gran *aprieto* después de la muerte de su padre. 부친이 돌아가신 후 그는 대단히 곤궁하다.

aprisa 〈부〉 급히. *Aprisa*; sólo faltan cinco minutos para la salida del tren. 급히(가십시오); 발차까지 앞으로 5분밖에 없읍니다. Vaya lo más *aprisa* posible. 가능한한 빨리 가십시오.

aprobar [24 contar] 〈타〉 ① 시인·승인·인가하다. Has actuado con prudencia y yo *apruebo* tu conducta. 너는 현명하게 행동했다; 나는 너의 행동을 시인한다. ② (시험에) 합격하다. Esperaba *aprobar* todas las asignaturas, pero le han suspendido en tres. 그는 전과목에 합격할 것을 기대하고 있었으나, 3과목이 걸렸다. No me *aprobaron* en historia. 나는 역사에 실패했다. ◇ **aprobación** 〈여〉 시인, 승인, 인가. La mujer ha escogido los muebles sin la *aprobación* de su marido. 아내는 남편의 승낙없이 가구를 골랐다. ◇ **aprobado, da** 〈형〉 [+de : …의] 자격을 얻은. 〈남〉 합격(점). En el examen sólo me han dado un *aprobado*. 시험에서 나는 하나(의 과목)만 합격점을 받았다.

aprontar 〈타〉 급히 준비하다; 지체없이 교부하다.

apropiación 〈여〉 적합, 순응; 점유.

apropiado, da 〈형〉 적절한, 적당한, 적합한, 타당한, 충분한.

apropiar 〈타〉 적합·적응시키다; 채용하다; 흡사하게 하다; 적절하게 부치다, 맞게하다; 점유하다. ◇~**se** 꼭 들어 맞다; 적합하다.

apropincuarse 〈자〉 【희곡】 가까이 가다, 접근하다; (사람에게)

말을 꺼내다.

aprovechar 자 진보・향상하다. *Aprovechamos* bastante en la clase de español. 우리들은 스페인어 수업에서 상당히 (학력이) 진보하고 있다. 타 이용하다. Hay que *aprovechar* la ocasión. 우리는 기회를 이용해야 한다. *Aproveché* que estaba libre para salir a dar un paseo. 나는 한가한 것을 이용하여 산책을 나 갔다. El agua del embalse se *aprovecha* para regar. 저수지의 물은 관개에 이용된다. Esta cocinera sabe *aprovechar* los restos. 이 요리사는 남은 밥을 이용할 줄 안다. ¡Que *aproveche*! 많이 드세요. ◇ ~**se** [+de : …를] 이용・악용하다. *Te aprovechas de* mi debilidad. 너는 내가 마음이 약한 것을 악용하고 있다. **aprovechable** 형 도움이 되는, 이용할 수 있는; 편(리) 한; 【법률】 유효한. ◇ **aprovechado, da** 형 부지런한. ◇ **aprovechamiento** 남 이용; 효과. Estudia mucho, pero con poco *aprovechamiento*. 그는 많이 공부하고 있지만, 너무도 효과가 나타나지 않는다.
aprovisionamiento 남 보급, 공급; 조달(abastecimiento). ◇ **aprovisionar** 타 [+de : …을] 주다, 공급・보급하다. (abastecer).
aproximar 타 [+a : …에] 가까이하다. *Aproximó* una silla *a* la mesa y se puso a comer. 그는 의자를 식탁에 가까이하고 먹기 시작했다. ◇ ~**se** [+a : …에] 가까이가다, 다가가다. Aprisa, la hora de partir *se aproxima*. 서두르십시오; 출발시간이 다가왔소. ◇ **aproximación** 여 접근, 근사(近似). Refirió lo ocurrido con cierta *aproximación*. 그는 어느 정도 사실에 가깝게 사건을 이야기했다. ◇ **aproximado, da** 형 대략의. ◇ **aproximadamente** 부 대략. ¿Qué hora es? -Son las cinco *aproximadamente*. 몇 시입니까 —5시쯤입니다.
aptitud 여 적응성, 재능; 소질. Este alumno tiene buena *aptitud* para la música. 이 학생은 음악에 대한 좋은 소질이 있다. ◇ **apto, ta** 형 [+para : …에] 적당한, 소질이 있는. Están poniendo una película que no es *apta para* los menores. 미성년자에 적당치 못한 영화를 상영하고 있다.
apuesta 여 도박; 도박에 건 물건・돈. En el béisbol están prohibidas las *apuestas*. 야구에서는 내기하는 일은 금지되어 있다. Le gané la *apuesta*. 나는 그와 내기하여 이겼다.
apuntar 자 [+a : …를] 겨누다, 목적하다. *Apuntaba* con la escopeta a la ventana. 그는 총으로 창문을 겨누고 있었다. ② (싹 따위가) 움트기 시작하다. Han comenzado a *apuntar* los trigales. 벌써 밀밭의 싹이 트기 시작했다. 타 적다, 써놓다. *Apunte* la dirección para que no se le olvide. 보낼 곳은 잊지 않도록 적어 놓아 두십시오. ◇ **apuntador,ra** 남여 【연극】 프롬프터; 진행담당. ◇ **apunte** 남 각서, 스케치, 노트. Habla tan de prisa que no hay quien le tome *apuntes*. 그는 너무 빨리 말하므로 그가 말하는 것을 적을 사람이 없다.
apuñalar 타 단도로 찌르다 (dar de puñaladas).
apurar 타 ② 서두르게 하다; 마셔버리다. *Hemos apurado* nues-

apuro 76 **aquietar**

tras provisiones de carbón. 우리들은 석탄 저장한 것을 모두 써 버렸다. *Apuró* un vaso de cerveza. 그는 맥주 한 잔을 마셔버렸다. ② 서두르게 하다; 곤란하게 하다. Deja que lo haga a su gusto sin *apurar*le. 재촉하지 말고, 그가 좋을대로 하게 두시오. ◇~**se** ① 괴로와하다; 번민하다. No *se apure* usted que ya saldremos de aprietos. 이 어려움에서 벗어날테니 걱정마세요. *Se apura* porque no tiene noticias su hijo. 아들에게서 소식이 없어 그녀는 가슴을 태우고 있다. ② [중남미] 서두르다. *Apúrate*, niño. 애야, 서둘러라.

apuro 명곤궁. Me vi en un *apuro* cuando me preguntó si le había visto. 내가 너를 만났는지 여부를 그가 물어서, 나는 곤란했다.

aquel, lla [복 aquellos, aquellas; ⇨ ese] 형 [지시형용사] 저, 그. Tráeme *aquella* pluma que está sobre la mesa. 책상 위에 있는 저 펜을 가져오너라. *Aquellos* extranjeros parece que se encuentran perdidos. 저 외국인들은 길을 잃은 것 같다.

aquél, lla [복 aquéllos, aquéllas] 대 [지시대명사; 지시형용사와 구별이 불가능한 경우를 제외하고는, 액센트부호는 없어도 좋다] ① 저것, 저 사람. Vemos dos casas; ésa es la mía, *aquélla* es la de Julia. 집 두 채가 보이는데; 그쪽이 내 집이고, 저것이 훌리아의 것이다. ② [후자 éste에 대하여] 전자(前者). Teníamos un coche y una bicicleta; ésta estropeada y *aquél* sin gasolina. 우리들은 자동차와 자전거가 있었는데, 자전거는 부서져 있었고, 차(汽車)는 기름이 없었다.

aquello 대 [원칭(遠秤) 중성지시대명사] ① 저것, 저 일. Oye, ¿qué hay de *aquello*? 저, 저것은 어떻게 되어 있지. ② 저곳, ¡*Aquello* era tan seco, tan árido! 저곳은 아주 황량하고 삭막하였다!

aquí ① 여기(에·로). ¿Paramos *aquí*? 여기 정차합니까. ¿Vive usted *aquí*? 여기 사십니까. ¿Se puede telefonear desde *aquí*? 이곳에서 전화걸 수 있읍니까. ¿Qué demonios hace usted *aquí*? 도대체 여기서 무얼하십니까. ¿Cuánto hay de *aquí* a Zaragoza? 이곳에서 사라고사까지는 얼마나 멉니까. *Aquí está/Aquí tiene* [물건을 주면서] 여기 있읍니다. *Aquí tiene* lo que ha pedido. 당신이 부탁한 것 여기 있읍니다. Yo me quedo *aquí* y tú te vas. 나는 여기 남고 너는 가버린다. ② 지금. Presta atención; *aquí* viene lo mejor. 주의하세요; 지금 제일 좋은 것이 나옵니다. *de aquí en adelante* 금후. *De aquí en adelante* está prohibido fumar en clase. 금후 교실에서 담배를 피우는 것은 금지한다. *hasta aquí* 여기까지; 현재까지. *Hasta aquí* no nos ha faltado nada. 지금까지 우리들에게는 아무 것도 부족이 없었다. *por aquí* 이 근처에; 이곳을 통과해서. ¿No se encuentra *por aquí* mi paraguas? 이 근처에 내 우산이 없읍니까. Venga usted *por aquí*. 이 쪽으로 오세요.

aquiescencia 명 동의, 승인, (마지 못해서 하는) 승락.

aquiescente 형 승인의, 동의의, (마지 못해서 하는) 승락하는.

aquietar 타 조용하게 하다 (sosegar); 진정시키다; 가라앉히다.

aquilatar 타 시급하다, 평가하다 (apreciar), 순수하게 하다 (apurar), (금속을) 분석시험하다.

Aquiles 남 아낄레스(희랍 전설의 용사). *tendón de Aquiles* 【해부】아낄레스 건; (문제의) 미묘한 점. *argumento Aquiles* 제일 긴요한 논거, 요점.

aquilino, na 독수리의(같은); 독수리부리같이 굽은.

aquilón 남 북, 북풍.

-ar *suf.* 집합명사 어미 : tej*ar*. 소속형용사 : famili*ar*.

A.R. Alteza Real.

ara 여 제단, 성단 (altar), 성찬대; 【천문】성좌. 남 (열대 아메리카산의) 큰 앵무새. *en aras de* …때문에.

árabe 아라비아(Arabia)의. 남여 아라비아사람. 남 아라비아말. ◇ **arabesco,ca** 아라비아풍·식의.

Arabia 여 (관사를 붙여서 쓰기도 함) 아라비아. la *Arabia* saudita 사우디아라비아.

arábico, ca 형 = arábigo.

arábigo, ga 형 아라비아의. *numeración arábiga* 아라비아 숫자; 10진법. 남 아라비아어.

arabista 남 아라비아어나 문학을 전공하는 사람.

aracnido, da 형 남여복 【동물】거미무리(의).

aracnoides 여 [단·복수 동형] 【해부】거미망막.

arado 남 쟁기.

arador 남 쟁기군, 농부; 【벌레】개선충.

aragonés, sa 형 아라곤(Aragón: 스페인 동북지방, 옛날의 아라곤 왕국)의. 남 아라곤 사람.

araguato 남 아메리카산 원숭이의 일종.

arambel 남 넝마(조각) (trapo), 누더기.

arameo, a 형 아람(Sem의 아들)의 자손의, 아람(시리아, 메소포타미아) 지방의 (사람).

arancel 남 관세율, 관세표, 운임, 요금표. *arancel convencional* 협정세율.

arancelario, ria 형 관세(율)의.

arandela 여 가운데에 구멍이 있는 평판 촛물받이, 【기계】나사받이, 칼 콧등이. *arandela de resorte* 도구나 연장받이.

araña 여 【벌레】거미.

arañar 타 할퀴다; 손톱자국을 내다. El gato *arañó* al niño mientras jugaba con él. 사내 아이가 고양이와 놀고 있을 때, 고양이가 그 아이를 할퀴었다. ◇ **arañazo** 할큄 상처, 긁힌 상처.

arar 타 갈다, 경작하다, 면밀히 조사하다, 개간하다.

araucanista 남 Arauco(현재 Chile의 남부에 있는 주)를 연구하는 사람.

araucano, na 형 Arauco 사람(의). 남 Arauco 말.

araucaria 여 【식물】남양삼목, 남양삼.

aravico 남 고대 페루의 음영시인, 방랑시인.

arbitrario, ria 형 ① 제멋대로의, 분방힌. Usted tiene un concepto *arbitrario* de la justicia. 당신은 정의에 대해 멋대로 생각을 갖고 있다. ② 전횡한, 독단적인. El consejo se opuso a esta decisión *arbitraria* de la justicia. 시의회는 시장의 이 독단적인 결정에 반대했다. ◇ **arbitrariamente** 튄 제멋대로, 분방하게. ◇ **arbitrariedad** 예 전단(專斷), 전횡.

árbitro, ra 휑중재·재정(裁定)의. 명 심판자. En las elecciones, el pueblo es el *árbitro*. 선거에서는 국민이 심판자이다. *juez árbitro* 중재 재판관. ◇ **arbitrio** 멤 ① 임의성(任意性). Aquí no está sometido a nadie; todo depende de su *arbitrio*. 여기서는 누구의 지배도 받지 않는다; 만사가 자신의 의지대로이다. ② 전단;재정(裁定). *al arbitrio de* …이유로, 사정에 따라. Estamos *al arbitrio de* las circunstancias. 우리들은 환경에 따라서 어떻게든지 된다.

árbol 명 ① 수목, 나무. No sentamos al pie de un *árbol*. 우리들은 한 나무의 뿌리에 걸터앉았다. la raíz del *árbol* 나무뿌리. el tronco del *árbol* 나무 줄기. ② 굴대, 축(軸). ◇ **arboleda** 예 입목(立木), 숲. Mañana vamos de excursión a una *arboleda* que hay junto al río. 내일은 냇가에 있는 숲으로 소풍을 간다.

arbusto 명 관목;

arca 예 (튼튼한) 상자. Metió en el *arca* todos los objetos de valor. 그는 값진 물건을 모두 상자 속에 넣었다. *arca de Noé* 노아의 방주.

arcabucear 타 사격·총살하다.

arcabucero 명 총포대원, (화승총을 가진) 병사, 화승총제조판매인.

arcabuco 명 【중남미】 밀림.

arcabuz 명 불꽃총; 총포대원, 화승총(심지에 불을 당겨 폭발시키는).

arcada 예 아케이드; 아치교의 다리기둥 사이(ojo), 토기, 구토증. *tener arcadas* (뱃속이) 뉘엿거리다.

Arcadia 예 (la을 붙여쓰기도 함) 아르까디아(아름다운 경치속에 순박한 사람들이 살았다는 옛 그리스의 고장).

arcadico, ca 휑 순박한(사람).

arcaduz 명 수도관, (항아리 따위의) 물통(angilon), 바께스.

arcaico ,ca 휑 고풍(古風)의, 엣스러운. Habla de una manera tan *arcaica* que es difícil entenderle. 그는 너무 엣스러운 말투라서, 말 뜻을 알기 어렵다. ◇ **arcaísmo** 명 고어(古語). En este libro se encuentran muchos *arcaísmos*. 이 책에서는 고어 (古語)가 꽤 많이 발견된다.

arcaísta 명 고어 사용(집착)자.

arcaizar 자타 엣것으로 하다, 엣식을 모방하다.

arcángel 명 【종교】 대천사, 천사장.

arcano, na 휑 신비스러운, 비밀의; 비방약의. 명 비밀, 비경; 신비, 비전.

arce 명 【식물】 단풍나무.

arcediano 명 (구교의) 부사교, (신교의) 부감독, (불교의) 대승정.

arcedo 명 단풍숲.

arcilla 예 점토, 도토. *arcilla figulina* 도토. *arcilla caolín* 고릉토.

자토. *arcilla refractaria* 내화점토.

arcilloso, sa 형 점토질의.
arco 남 ①【기하】호, 궁형(弓形). ②【무기·악기】활. Antiguamente se representaba al Amor tirando el *arco*. 옛날 사랑의 신은 활을 쏘는 그림으로 그려져 있었다. ③【건축】아치. Está a punto de caerse un *arco* del puente. 교량의 아치 중의 하나가 금방 떨어질 것 같다. *arco iris* 무지개. *arco ojival* 아라비아 첨천정(尖天井)아치. *arco triunfal* 개선문.
arcón 남 [arca의 증대사] 큰 궤, 큰 상자.
arconte 남 (고대 아테네의) 집정관.
archi- 접두「큰, 숭고, 제일, 상위,」의 뜻.
archi 형【속어】훌륭한, 볼만한 (명사 뒤에). una comida~.
archidiócesis 여【종교】대사교구.
archiducado 남 archiduque의 작위; 대공작영지(재산).
archiduque 남 대공(전 오스트리아 황제의 칭호).
archiduquesa 여 대공비.
archileído, da 형 많이 읽히는.
archimillonario, ria 명 억만장자.
archinotable 형 눈에 잘 띄는.
archipámpano 남【희곡】훌륭한 사람.
archipiélago 남 다도해; 군도(群島).
archivo 남【집합적】(오래된) 기록; 기록 보관소. Para escribir ese libro hay que consultar los *archivos* de la ciudad. 그 책을 쓰기 위해서는 이 도시의 오래된 기록을 조사해야 한다. ◇ **archivador** 남 문서 보관함. ◇ **archivar** 타 (기록·문서 따위를)보관·보존하다.
arder 자 ①(물건·마음이) 타다. El bosque *ardía* despidiendo grandes llamaradas. 숲은 커다란 불꽃을 튀기면서 타고 있었다. ②(심히) 뜨겁다. Cuidado con el café, está *ardiendo*. 커피에 조심하게, 뜨거우니. ◇ **ardiente** 형 타오르는(듯한); 격렬한. El *ardiente* sol del mediodía caía a plomo sobre la ciudad. 타는듯한 한낮의 태양이 시가지를 수직으로 쬐이고 있었다.
ardilla 여【동물】다람쥐.
ardor 남 ①폭서, 찌는듯한 더위. ②정열, 열렬. Trabaja con mucho *ardor* en la terminación de su libro. 그는 자기 책의 완성에 정열을 쏟아 노력하고 있다. ③작열감(灼熱感). No puedo comer tomate; me causa *ardor* de estómago.나는 토마토를 못 먹는다 ;속쓰린 병이 있어서. ◇ **ardoroso,sa** 형 더운, 뜨거운. El *ardoroso* estío ha dañado la cosecha. 타는듯한 여름이 수확물을 해쳤다.
área 여 ①【기하】면;면적. ②방면, 지구, 지역. En esta *área* abundan los rincones típicos de la ciudad. 이 지구에는 낡은 시가지의 전형적인 모퉁이가 많이 있다.
arena 여 모래. Mezclaba la *arena*, el cemento y el agua. 그는 모래와 시멘트를 섞고 있었다. ◇ **arenal** 남 모래사장.
arenoso,sa 형 모래와 같은, 모래·자갈 투성이의. En este terreno *arenoso* sólo se crían plantas salvajes. 이 모래땅에서는 야

arenga 예 격려연설; 장광설; 변론, 답변, 선동적인 연설; (관중앞에서의) 연설.

arengar 재 격려연설을 하다; 장광설을 늘어놓다, 열변을 토하다; 연설하다.

arenilla 예 [arena의 축소사] 잉크 빨아들이는 가루; 초석가루; 【의학】방광결석.

arenisco, ca 형 모래의, 모래가 많은; 자갈의. 예 사암.

arenoso, sa 형 = arenisco.

arenque 예 【어류】청어.

areómetro 남 액체 비중계.

Areópago 남 아리오퍼거스(고대 그리스 Atenas 언덕 위에 있던 최고재판소).

arepa 예【중남미】번철로 구운 옥수수 과자.

Ares 남 【신화】① 그리스신화에서 전쟁의 신, Zeus 의 아들. ② 로마신화의 Marte. *ares y mares* 대담한 것, 지독한 것.

arete 남 [aro의 축소사] 귀걸이, 이어링(zarcillo).

argadijo/argadillo 남 물레, 실패, 얼레; 초조나 질려 시끄럽게 구는 침착지 못한 사람; 고리버들 가지로 짠 큰 광주리, 인형 따위의 내부의 틀.

argamandijo 남 [집합적] 작은 도구.

argamasa 예 모르타르, 진흙, 회반죽.

árgana 예 기중기, 돌이나 다른 무거운 물건을 들어올리는 기중기 비슷한 기계. 예 복 말 등에 실어서 운반하는 고리버들 가지도 만든 광주리; 마초, 여물 따위를 넣어 운반하는 큰 망.

arganeo 남 닻줄을 매는 닻의 구멍.

argelino, na 형명 알제리아 (Argelia)의 (사람).

argentino, na 형 ① 은(빛)의; 은과 같은. El mar del amanecer brillaba *argentino*. 새벽녘의 바다가 은빛으로 빛나고 있었다. Ese chico tiene una voz *argentina*. 그 사내 아이는 은방울과 같은 목소리를 가지고 있다. ② 아르헨티나공화국(la República Argentina)의. El gobierno ha comenzado a comprar carne *argentina*. 정부는 아르헨티나의 고기를 사기 시작했다. 명 아르헨티나사람.

argentoso, sa 형 은을 함유한.

argo 남【화학】알곤(argon).

argolla 예 큰 쇠고리; 조임쇠; (결혼)반지; (개·죄수에게 채우는) 목걸이; 고리못, 소정당; 일당일파; 【아르헨티나】 음문; 칼 (목과 손을 함께 채우는).

argüir [74 huir] 타 ① 명백히 하다; 증명하다. La viveza de los ojos *arguye* la del ingenio. 눈이 날카로움은 재주가 날카로움을 증명한다. ② 추단·단정하다; 미루어 짐작하다. De los medios *arguyó* la excelencia del fin. 수단으로 결과가 홀륭함을 짐작했다. 재 논쟁·토론·반론하다.

argumento 남 ① 논증(論證), 논의(論議). No me han convencido los *argumentos* que nos ha dado. 그가 우리들에게 한 논의는 나를 납득시키지 못하였다. ② (소설 따위의)줄거리; (영화의)시

나리오. Es una obra pobre de *argumento*, pero su estilo es fascinante. 그것은 줄거리가 빈약한 작품이지만 문체는 매력적이다. ◇ **argumentar** 턔 논증·논난한다. 재재 논의·반론하다. Ese señor se pasa el día *argumentando* con todo el mundo. 그 사람은 아무하고라도 토론하면서 날을 보내고 있다.

árido, da 휑 ①메마른. El verano en la meseta es largo y *árido*. 고원의 여름은 길고 메마르다. ②불모(不毛)의, 열매를 맺지 않는. El estudio de las matemáticas le resulta *árido*. 수학공부는 결국 그에게는 무미건조한 것으로 되어 있다. ◇ **aridez** 여 건조; 황량함, 불모. En la *aridez* de una tarde de agosto se perdió en las montañas. 8월의 어느 건조한 오후에 그는 산에서 길을 잃었다.

aristocracia 여 [집합적]귀족; 상류사회. ◇ **aristócrata** 귀족. Sus antepasados pertenecieron a la aristocracia, pero él es un *aristócrata* sin dinero. 그의 선조는 귀족사회에 속했지만, 그는 돈이 없는 한 귀족이다. ◇ **aristocrático, ca** 휑 귀족의, 귀족적인.Tu postura ante la vida es demasiado *aristocrática*. 너의 생활태도는 너무 귀족적이다.

aritmética 여 산수. ◇ **aritmético, ca** 휑산수의. 수학자.

arma 여 무기. Sin autorización está prohibido llevar *armas* consigo. 허가없이 무기를 휴대하는 일은 금지되어 있다. *arma blanca* 칼, 검. Le hirió con un *arma blanca*. 그는 그 사람을 칼로 부상시켰다. *pasar por las armas* 총살하다. ◇ **armamento** 남 무장, 장비.

armada 여 해군; 함대. Este país posee una *armada* bien disciplinada. 이 나라는 잘 훈련된 해군을 가지고 있다.

armadía 여 뗏목.

armadija 여 **armadijo** 남 사냥용의 덫, 올가미.

armadillo 남 【동물】(남미산의) 아르마딜로(네발달린 작은 포유동물로서 머리가 작고 주둥이가 뾰족하고 갑옷같은 바늘로 등이 덮여 있다).

armado, da 휑 ①무장한; fuerza armada 무력, 군대. ②장갑한, 보강한; cemento ~ 철근 콩크리트. ③금·은을 끼운(박은). ④조립된; 셋트로 된. ⑤ (종교적인 행렬 따위의) 갑옷을 입은 사람.

armadura 여 ①[집합적](건물의) 외각, 뼈대, 갑옷; 마구. ②【전기】발전자, 전동자. ③해골(바가지). *armadura* de la cama 침대의 뼈대.

armamento 남 전비(품); 무기, 무장; 장비.

armar 턔 ①무장하다. ②조립하다. Conviene *armar* la tienda antes que caiga la tarde. 날이 저물기 전에 천막을 조립하는게 좋다. ③(소동 따위를) 일으키다. Están *armando* un escándalo. 그들은 큰 소동을 피우기 시작했다. ◇**~se** 재 ①군비·무장을 하다. Las grandes potencias modernas siguen *armándose* a gran velocidad. 현대의 여러 강대국은 급속히 군비를 계속하고 있다. ② [+de : …을](무기로서) 가지다; (필요한 것을) 준비하다. *Armándose de* una escopeta salió de caza. 그는 엽총으로

armario 가지고 사냥에 나섰다. Si quieres hablar con él, *ármate de mucha paciencia.* 그와 이야기하고 싶으면, 충분히 참을 각오를 해라. ③ (소란 따위가) 일어나다. Al ocurrir el accidente *se armó* un escándalo terrible en el autobús. 사고가 일어났을 때 버스 안에서는 큰 소란이 벌어졌다.

armario 몡 찬장; 옷장(cómoda); 책장(estante). La chaqueta, cuélgala, por favor, en el *armario* que hay en mi cuarto. 저 리는 내 방에 있는 옷장에 걸어 놓아라. *armario de luna* 거울 붙 은 양복장.

armisticio 몡 휴전, 정전.

armonía 몡 조화; 화합. Los verdes y los azules en este cuadro está en perfecta *armonía*. 이 그림의 초록색과 푸른색은 완전히 조화를 이루고 있다. En la familia en la que reina una *armonía* maravillosa. (그 가족은) 화합이 잘 되어 있는 가족이다. *en armonía con* …와 조화·협조하여. ◇ **armónico, ca** 혱 가락이 잘 맞는; 조화한. El sonido *armónico* de la guitarra penetró en la tranquilidad de la noche. 가락이 잘 맞는 기타의 음색이 밤 의 고요에 스며들었다. 몡【악기】하모니카[armónica de boca]. ◇ **armonioso, sa** 혱 조화된.

aroma 몡 향기, 방향(芳香); 향료. La rosa despide un *aroma* agradable. 장미는 그윽한 향기를 풍겨낸다. ◇ **aromático, ca** 혱 향기로운. ◇ **aromatizar** [⑨ alzar] 타 (…에) 향기를 풍기 다, 향료를 넣다.

aromo 몡【식물】몰약나무 (향기있는 나무 기름; 향기, 약제용).

arpa 몡【음악】하아프, (옛 그리스의) 일종.

arpado, da 혱【해부·동물·식물】톱(니) 모양의, 톱니가 있는.

arpar 타 (혁겁 등을) 갈갈이 찢다, 손톱으로 할퀴다, 긁어파다, 덮벼들다.

arpegio 몡【음악】아르페지오(화음을 이루는 음을 급속히 연속적 으로 탄주함).

arpeíla 몡【새】(남미산의) 큰 독수리.

arpeo 몡 네갈고리 닻.

arpía 몡【신화】하아피, 그리스 신화에 나오는 여자 얼굴을 하 고 새의 날개와 손톱을 가진 욕심많은 괴물·귀신 마귀; 추하고 바가지 긁는 여자; 욕심꾸러기;【속어】순경.

arpillar 타 조마포(harpillera)로 치장하다.

arpillera 몡 조마포(harpillera), 삼베.

arpista 몡 몡 하아프 연주자.

arpón 몡 작살, (고래잡는데 쓰는) 날카로운 창; 꺽쇠, 돌쩌귀, 걸쇠.

arponado, da 혱 작살같은.

arpon(e)ar 타재 포경포(고래잡이 포)를 발사하다, 작살을 던 지다; 솜씨있게 작살을 다루다.

arponero 몡 포경포 발사자, 작살던지는 사람.

arqueada 몡【음악】일탄현, 바이올린의 활로 그음; 구토, *dar arqueadas* 구역질 날듯한 징조를 느끼다.

arqueaje 몡 배의 적재량.

arquear 탄 궁형으로 하다, 아치형으로 하다, (활처럼) 굽히다; 배의 용적을 측정하다.

arqueo 탐 만곡, 활모양으로 굽힘; 배의 용량(적재량), 금고의 돈과 서류의 검증.

arqueología 여 고고학. ◇ **arqueológico,ca** 형 고고학의, 고고학 적인; 낡은, 진부한. En las afueras de la ciudad están encontrando muchos objetos *arqueológicos*. 시의 교외에서는 고고학 적인 물건이 많이 발견된다. ◇ **arqueólogo,ga** 탐 고고학자.

arquetipo 탐 모범; 전형; 원형. Esa muchacha es el *arquetipo* de la mujer moderna. 그 소녀는 현대 여성의 전형이다.

arquitectura 여 건축(술・학). La *arquitectura* moderna es muy funcional. 현대 건축은 매우 기능적이다. ◇ **arquitecto** 탐 건축 가, 건축가. Mi padre, que es *arquitecto*, ha trazado los planos de nuestra nueva casa. 부친은 건축가여서, 우리 새집의 설계도를 만들었다.

arrabal 탐 교외. La nueva línea del metro llega hasta los *arrabales* de la ciudad. 지하철의 신설선은 시의 교외까지 간다.

arrabalero, ra 탐여 교외구의 주민, 평민. 형 조야한; 교외구의, 교외의.

arracada 여 귀고리, 장식이 있는 귀고리.

arracimarse 재 송이를 이루다, 군생하다, 숱하게 하다.

arracláan 탐 【식물】 오리나무속의 식물.

arraigado, da 형 부동산・재산의, 뿌리붙은, 정착한.

arraigar 탄 뿌리를 이루다, 뿌리를 붙이다, 정주하다, 토착하다; (법률에) 금족하다. ◇ ~**se** 정주하다, 뿌리를 잡다.

arraigo 탐 뿌리를 박음, 정착, 정주, 부동산, 재산; 금족.

arramblar 탄 (시내 또는 홍수후의) 모래・자갈이 쌓이다. ◇ ~**se** 토사로 매몰되다.

arrancaclavos 탐 못뽑는 기구, 장도리.

arrancar 자 **sacar** 탄 ① [+a・de : …부터] 잡아빼다・내다. Es necesario que estas patatas sean *arrancadas* antes que caiga la primera nevada. 이 감자는 첫눈이 내리기 전에 파낼 필요가 있다. Le pregunté con el fin de *arrancar* de ella el secreto. 나는 그녀에게서 비밀을 알아낼 목적으로 그녀에게 질문했다. ② 시동시키다, 달리기 시작하게 하다. Trató de *arrancar* el motor, pero no pudo. 그는 엔진을 걸려고 노력하였으나, 불가 능했다. 재 ① 달리기 시작하다, 움직이기 시작하다. El tren ha *arrancado* a las siete en punto. 열차가 7시 정각에 움직이기 시작했다. ② [+de : …에서] 나오다; 시작하다; 일어나다. Su enemistad *arranca* de aquella discusión. 그들의 적대감은 그 말다툼으로 시작된다.

arrancadero 탐 출발점, 스타트.

arrancado, da 형 가난한, 돈없는, 근절된.

arrancador, ra 형 파괴하는, 근절하는. 탐 근절자, 박멸자, 파괴 자. *arrancador* automático 자동시동기.

arranque 탐 ① 빼어냄. ② 돌진; 기동, 시동. El *arranque* del tren se retrasó media hora. 열차의 발차는 반시간 늦었다. ③ 발

arrasar 타 ① (지면 따위를) 평평하게 하다, 고르다. *Han arrasado* las colinas para edificarnos nuevos apartamentos. 새 아파트를 세우기 위해 언덕을 평평하게 골랐다. ② 괴멸 시키다. La inundación *ha arrasado* completamente la ciudad. 홍수가 그 시가지를 완전히 피괴시켰다. ◇~se 하늘이 맑아지다.

arrastrar 타 ① [+por: …의 위를] 끌어 당기다. El viejo andaba *arrastrando* los pies. 그 노인은 발을 질질 끌면서 걷고 있었다. *Arrastraban* los troncos *por* el suelo. 그들은 땅바닥 위를 통나무를 끌어가고 있었다. ② 끌어들이다, 질질 끌어들이다. Cuando intentaba asirse a las hierbas de la orilla, le *arrastró* la corriente. 그는 강언덕의 잡초를 들어잡으려 하고 있을 때, 냇물에 말려 들었다. 자재 기다, 기어 다니다. La serpiente es un animal que se mueve *arrastrándose*. 뱀은 기어 다니는 동물이다.

arre 감 이랴! (소·말 등을 몰때).

arrebatar 타 ① [+a: …부터] 쥐어 뜯다. 낚아채다. Enfadado, le *arrebató* la carta de las manos. 그는 성이 나서 그녀의 손에서 편지를 잡아 빼았다. ② (사람의 넋·마음을) 사로 잡다. Es un hombre que *arrebata* los corazones con su simpatía. 그는 사람성으로 사람의 마음을 사로잡는 사람이다. ◇

arrebato 남 격노, 분노, 흥분, 혼란. Perdónele, lo hizo en un *arrebato* de ira. 그를 용서해 주세요, 성난 김에 저런 일을 저질렀어요.

arreciar(se) 자재 강력하게 되다, 힘이 증가하다, 강해지다.

arrecife 남 암초, 돌로 포장된 길, (차도보다 높은) 인도; 방파제.

arrecirse 재 강한 추위로 인하여 감각을 잃다, 추위로 정신을 잃다. *arrecirse* de frío 추위로 뻣뻣해지다.

arrechucho 남 [속어] (병의) 발작, 충격, 갑작스런 불쾌감, 분노의 복받침.

arredrar 타 옮기다, 치우다, 더 멀리 떨어지게 하다, 물러서게 하다, 분리시키다, 위협하다, 무서워하게 하다, 놀래다. ◇~ se 무서워하다, 물러가다, 퇴거하다.

arregazar 타 다발짓다, (옷을) 단정하게 매다, (옷의) 자락끝을 접어 올리다.

arreglar 타 ① 고르게 하다(조성, 정리, 정돈). Está *arreglando* los papeles para casarse. 그는 결혼하기 위해 서류를 정리하고 있다. *Arregla* cuidadosamente la casa antes que lleguen los invitados. 손님들이 오기 전에 주의하여 집안을 정리해라. ② 수리·수선하다. ¿Cuánto pide usted para *arreglar* una radio? 라디오 수리하는데 얼마입니까. El mecánico ha venido a *arreglar* el coche que estaba averiado. 고장났던 차를 수리하러 기사가 왔다. ③ 청산하다. Espera un momento; voy a *arreglar* las cuentas. 잠깐 기다려 주세요; 계산을 끝내겠오. ◇~se ① 몸치장을 하다. Es una muchacha que *se arregla* muy bien. 그녀는 몸치장을 썩 잘하는 여자이다. ② 담판하다. *arreglárselas*

잘 연구·처리하다. ¿Cómo *me las arreglaré* para terminar a tiempo? 시간에 맞추어 끝내려면 나는 어떻게 해야 좋을까.

arreglo 閉 ① 조정; 수선. Este reloj ya ni tiene *arreglo*. 이 시계는 이제 수선할 수가 없다. ② 협정, 타결. Finalmente llegaron a un *arreglo*. 드디어 그들은 의견의 일치에 이르렀다. con *arreglo a* …에 따라서. He obrado *con arreglo a* sus instrucciones. 나는 그의 지시에 따라서 행동했다.

arrellanarse 再 편히 앉다, 자리를 편케하다, 안주하다, 자기의 직업에 만족하다.

arremangado, da 圈 위로 올린, 들어올린, 추키는, 접어올린, 맞아올린. *arremangado de nariz* 멸시하여, 콧대를 높여.

arremangar 他 소매·속치마를 위로 올리다·치키다. ◇ ~**se** (단호히) 결심하다.

arremango 閉 (옷의) 단·소매를 말아 올린 것.

arrematar 他【속어】끝내다, …을 다하다, 완결시키다.

arremedar 他【속어】모방하다, 모조하다, 흉내내다.

arremeter 他 (격력하게) 습격하다, 덤벼들다. 再 습격하다, 덤벼들다. El toro *arremetió* contra el torero. 소는 전력을 다하여 투우사에게 덤벼들었다.

arrendar [19pensar]他 (집·대지를) 임대·임차하다. ¿Quiere usted *arrendar* su casa? 당신은 집을 빌려 주십니까. ◇ **arrendamiento** 閉 임대차; 소작료. ◇ **arriendo** 閉 임대; 소작료 (arrendamiento).

arrepentirse [46sentir] 再【+de: …를】후회하다. *Se arrepiente de* haber tratado tan mal a su madre. 그는 모친을 그토록 학대했던 일을 후회하고 있다. ◇ **arrepentimiento** 閉 후회. Siente un profundo *arrepentimiento* por su mala idea. 그는 자기의 옳지 못했던 생활 태도에 대하여 깊은 후회를 느끼고 있다.

arrestar 他 체포하다 (detener). ◇ **arresto** 閉 체포, 구류; 감금.

arrezagar (옷을) 위로 걷어 올리다, 끝을 접어 올리다. *arrezagar* el brazo 팔을 걷어올리다.

arria 여 (소나 말의) 떼 (recua), 무리.

arrianismo 閉 (그리스도가 신임을 부정하는 고드족의) 아리우스파 (의 교리).

arriano, na 圈 아리우스파의 (사람).

arriar 他 (기·돛·천막 등을) 내리다, 걷(어 치우)다; 범람시키다, 넘쳐 흐르게 하다; 항복하다. ◇ ~**se** 범람하다, 홍수나 급속한 강우로 파괴되다.

arriata 여 =arriate.

arriate 閉 화단, 정원 가장자리; (포도나무 등의 식물을 위한) 시렁; 길, 보도, 인도.

arriba 위에·로, 윗층에 [⑩ abajo]. ¿Dónde viven sus padres? —En el piso de *arriba*. 부모님께서는 어느 곳에 살고 계십니까. —윗층입니다. Vamos *arriba*. 윗층으로 갑시다. No subas más *arriba*, que es peligroso 위험하니까 이 이상 오르지 마라. *de arriba abajo* 위에서 밑으로; 처음부터 끝까지. Ha rodado por la escalera *de arriba abajo*. 그는 계단 위에서 밑으

로 굴러 떨어졌다.
arribada 여 입항; 표착 : de *arribada* (forzado) 긴급 입항의.
arribano, na 형 【아르헨띠나·칠레】 남부지방의 (사람); 【뻬루】 높은 지대의 (사람).
arribar 자 도착·도달하다, (피난)입항하다, 표류하다; (병·경제적 궁지에서) 회복하다; 소망을 이루다, 바람이 불어가는 쪽으로 향하여 (따로) 떨어지다. 떨어지다; [a+*inf*.] …을 하기에 이르다, …을 하게 되다.
arribazón 여 계절따라 해안이나 항구로 물고기가 몰려듬, 물고기 떼.
arribeno, na 형 【아르헨띠나·칠레】 고지 출신의 (사람).
arribista 공 야심가.
arribo 남 도착(llegada).
arriendo 남 임대, 임대차, 임대료.
arriería 여 마부업, 노새나 다른 짐 싣는 짐승을 부리는 사람의 직업.
arriero 남 마부, 노새나 다른 짐싣는 짐승을 부리는 사람.
arriesgar [18 pagar] 타 위험에 직면시키다. *Ha arriesgado su vida por salvar al niño que se estaba ahogando.* 그는 물에 빠진 어린이를 건지려고 자기의 생명을 위험 앞에 내던졌다. ◇~se 위험을 무릅쓰다, 모험하다. El que teme *arriesgarse* nunca llegará muy lejos. 모험을 두려워하는 사람은 결코 큰 일은 할 수 없다. ◇ **arriesgado, da** 형 위험한(peligroso).
arrimar 타 당기다, 끌어당기다. *Esa silla está un poco rota; antes de sentarte arrímala a la pared.* 그 의자는 약간 부서졌다; 걸터앉기 전에 벽 쪽으로 치워놓아라. ◇~se 가까이 가다 (acercarse). *Arrímese* a la estufa. 난로에 바싹 다가 가세요. ◇ **arrimo** 접근; 지지(apoyo); 후원(amparo); 애착(apego); 옹호; 【쿠바】 소유권이 달라지는 울타리; 포기; 지팡이. 남 마구의 부속물.
arrimón, na 게으름뱅이, 건달, 놈팽이. *estar de arrimón* 서서 지키다.
arrinconar 타 구석에 놓다; 궁지에 빠뜨리다; 퇴거시키다; 젖혀놓다, 간직해두다, 거절하다, 각하하다, 거부하다. ◇~se 은둔하다, 세상을 피하여 숨다.
arriñonado, da 형 【의학】 신장형의.
arriscado, da 형 대담한, 배짱센, 뻔뻔스러운; 위태로운; 바위가 많은.
arriscar 타 모험하다, 위태롭게 하다. ◇~se 감히 …하다; 거만하다; 오만·자만하다, 격앙하다, (절벽을) 오르다; 【뻬루】 쭉빼입은 옷을 입다.
arritmia 여 리듬이 고르지 못한.
arrítmico, ca 형 리듬이 고르지 못한.
arrivismo 남 야심(arribismo).
arrivista 공 야심가.
arroba 여 아로바 (중량의 단위=25 libras=11.502㎏., 약 3관). *echar por arroba* 과장하다, 허풍떨다.

arrobamiento 图 황홀, 광희, 환희작약, 무아의 경지, 희열.

arrobar 国 (…의) 마음을 끌다, 마음을 흘리다, 반하게 하다, 매혹하다. ◇~se 본정신을 잃고 황홀경에 빠지다, 기뻐서 어쩔줄 모르다.

arrobo 图 = arrobamiento.

arroceria 에 논밭; 쌀농사.

arrocero, ra 圈 쌀의. 图 쌀재배자, 미곡상인. *molino arrocero* 정미기.

arrocinar 国 야수처럼 만들다, (누구를) 야비하게 만들다. ◇~se 어리석어지다, 우둔해지다; 맹목적으로 반해 있다.

arrodillar 国 무릎을 땅에 대고 꿇리다, 무릎꿇리다. 困 무릎 꿇다. ◇~se 무릎꿇다.

arrodrigar 国 (포도 등의 식물에) 버팀기둥을 세우다.

arrogancia 에 거만, 오만; 우쭐거림. ◇ **arrogante** 圈 거만한, 오만한, 우쭐대는.

arrodillar 国 무릎을 꿇게하다. ◇~se 무릎을 꿇다.

arrojar 国 ① 던지다; 버리다. Los niños se divierten *arrojando* piedras al lago. 어린이들은 못에 돌을 던지며 즐거워하고 있다. ② 내뿜다, 뿜어내다. La chimenea *arroja* una columna de negro humo. 굴뚝이 검은 연기를 뭉게뭉게 내뿜고 있다. ◇~se 뛰어들다; 뛰어들다, 뛰어 나가다. Los niños se *arrojaron* en los brazos de su padre. 아이들은 아버지의 팔에 뛰어들었다. ◇ **arrojado, da** 圈 대담한, 무모한. Su padre está muy preocupado, porque es un chico muy *arrojado*. 그가 지독한 장난꾸러기여서 그의 아버지는 대단히 걱정하고 있다. ◇ **arrojo** 图 대담, 담력이 있음; 무모함, 분별없음.

arrollar 国 감다, 감아들이다; 석권하다. *Arrolle* usted esa cuerda, por favor. 그 줄을 감아주십시오. *Arrolla* a todo el mundo con su elocuencia invencible. 그는 지는 일이 없는 변설로 모든 사람을 석권한다. ◇ **arrollador, ra** 圈 (물결 따위가) 거꾸로 서는, (바람이) 불어 제치는. La fuerza *arrolladora* de su palabra terminó por convencernos. 그의 말의 휘몰아치는듯한 힘에 끝내 우리들은 설득당했다.

arroyo 图 개울, 시내, 시냇물. El *arroyo* que corre cerca de nuestra aldea viene seco en verano. 우리 마을 근처에 흐르고 있는 시내는 여름에는 바짝 말라버린다.

arroz 图 [식물] 벼; 쌀; 쌀 요리. El *arroz* cocido con agua constituye del principal alimento de muchas naciones en el Extremo Oriente. 쌀밥은 극동에서 많은 국민의 주식으로 되어 있다. ◇ **arrozal** 图 논 (이름).

arrugar [8]pagar] 国 구김살을 만들다. ◇ **arruga** 에 주름, 구김살. ◇~se 구겨지다. ◇ **arrugado, da** 圈 구겨진, 주름잡은. ◇ **arrugamiento** 图 구겨진 것, 주름만드는 일.

arruinar 国 ① 황폐·파멸시키다. La guerra *ha arruinado* ha familia. 전쟁이 나의 집을 완전히 파괴했다. ② 파산시키다. Marcó a América con mucho dinero, pero ha vuelto *arruinado*.

그는 돈을 듬뿍 가지고 미국으로 갔으나 무일푼으로 돌아왔다.
◇ **arruinamiento** 图 황폐, 파산, 파괴, 파멸.

arsenal 图 병기 창고; 조선소.

arte 图 또는 예 ① 기술, 기능. Tiene el *arte* de la carpintería. 그는 목수의 기술이 있다. ② 예술. El *arte* de Picasso es difícil de entender para el gran público. 피카소의 예술은 대중에게는 이해되기 어렵다. ③ 기교, 솜씨, 인공; 술책, 책략. Con *arte* ha conseguido apartarla de la mala vida que llevaba. 그는 책략을 써서, 그녀를 방탕한 생활에서 발을 빼게 할 수가 있었다. *bellas artes* 미술.

artesa 예 반죽통, 구유; 길쭉하게 움푹 들어간 곳; 카누 (통나무배).

artesanado 图 직공.

artesanía 예 직공, 기술자; 기술; 기술자 기질; 직공계급.

artesano,na 图 기술자, 직공. El número de los *artesanos* ha bajado enormemente después del nacimiento de la gran industria. 대공업의 출현 후, 직공의 수가 많이 줄었다.

artesilla 예 (우물 앞에 놓인) 물통.

artesón 图 (부엌에 있는) 하수도; 격자 천정의 한 구획.

artesonado, da 图 격자천정(의).

ártico, ca 图 북극의. *círculo polar ártico* 북극권 [⇔antártico].

articular 目 이어 맞추다; 똑똑히 발음하다. 图 관절의. ◇ **articulación** 예 마디, 관절; 똑똑한 발음.

artículo 图 ① 항목, 개조(個條). Las Cortes han modificado el *artículo* quinto de la Ley de Prensa. 국회는 출판에 관한 법률 제5조를 개정했다. ② 기사, 문장. El periódico de hoy ha publicado un *artículo* muy interesante sobre la política agrícola. 오늘 신문은 농업정책에 관해 매우 재미있는 기사를 발표했다. ③ 품목. En esta tienda no se encuentran sino *artículos* de lujo. 이 가게에는 사치품 밖에 없다. 【문법】관사. *artículo determinado* [indeterminado] 정[부정]관사. *artículo de fondo* 사설(社說).

artificial 图 인공·인조의; 작위적인. Los rusos lanzaron el primer satélite *artificial*. 러시아인은 최초의 인공위성을 쏘아 올렸다. ◇ **artificialmente** 图 인공적으로, 작위적으로.

artificio 图 ① 기교. Lola emplea muchos *artificios* para disimular su edad. 롤라는 자기의 연령을 감추기 위해 갖가지 기교를 다하고 있다. ② 장치, 도구. Se ha colocado a la puerta un *artificio* para contar las personas que entran y salen del local. 그곳에 드나드는 사람을 세는 장치가 입구에 놓여 있다. ◇ **artificioso,sa** 图 기교적인, 작위적인.

artillería 예 포병대; [집합적] 대포. La *artillería* jugó un papel muy importante en el asalto de la ciudad. 포병대는 그 시가지 공격에 대단히 중요한 역할을 했다. ◇ **artillero** 图 포병; 포수.

artista 图 예술가; 예능인; 배우. Velázquez fue uno de los más grandes *artistas* que España ha producido. 벨라스께스는 스페

인이 낳은 가장 위대한 예술가 중의 한 사람이었다. ◇ **artístico,ca** 웹 예술의, 예술적인.
artolas 예복 두 사람용의 안장.
artralgia 예 【의학】관절통.
artritis 예 【의학】관절염.
artritismo 웹 【의학】관절부 질환.
artrópodo, da 웹웹 절족 동물(의).웹 【동물】절족류(곤충, 거미 등)
Arturo 웹 아르투로(남자이름);【천문】대각성, 목부좌의 제일 큰 별; 아서왕(6세기경 영국에 있어서 전설의 왕).
aruñar 타 긁다, 할퀴다, 문지르다; (구멍을) 긁어파다; 문질러 지우다, 말살하다; 갉어쓰다; 버리다, 그만두다; 긁어모으다.
arúspice 타 복점관(옛 로마인이 새의 거동 등에 의해 공사의 길흉을 판단했던 점관); 예언자, 점장이.
arveja 예 【식물】지중해 지방의 상록수의 일종.
arvense/arvícola 웹 모판을 만드는.
arz. arzbpo. arzobispo.
arzobispado 웹 대사교의 직; 대사교구.
arzobispo 웹대사교. ◇ **arzobispal** 웹대주교의(arquiepiscopal).
asa 웹 손잡이, 핸들.
asadura 예 창자.
asaetear 타 쏘다, 쏘아 죽이다; 귀찮게 하다.
asafétida 예 【식물】아위나무.
asalariado, da 웹 월급쟁이; 비굴한 사람; 피고용자; 돈만 주면 무엇이든지 하는 사람. 웹 봉급생활자의 계급.
asalariar 타 (…의) 월급을 정하다, 월급을 …로 하다; 고용하다.
asalmonado, da 웹 연어의 살 빛깔의; 담홍색의.
asaltar 타 덮치다, 습격하다. De pronto me *asaltó* la duda de si había cerrado la casa. 홀연히 나는 집의 문단속을 하여 두었는지 어쨌는지 하는 의심을 갖게 되었다. ◇ **asalto** 웹 습격, 급습.
asamblea 예 ① 집회; 회의. La *asamblea* general de nuestra sociedad se celebró ayer bajo la presidencia de una personalidad famosa. 우리 협회의 총회는 어제 한 명사(名士)의 사회로 개최되었다. ② 의회. La *Asamblea* de Diputados se abrirá mañana. 국회는 내일 개회한다.
asar 타 ① 덮히다, 굽다. Pon a *asar* la carne para el almuerzo. 점심에 먹을 고기를 굽기 시작하라. ② 괴롭히다. Al pobre le están *asando* a inyecciones. 괴롭게도 저 사람은 주사 공세를 당하고 있다. ◇ **asado** 웹 불고기 (carne asada). ◇ **asador** 웹 【요리】꼬챙이.
ascender [20perder]재 [+a 으로]오르다; 승진하다. El termómetro *ascendió* ayer a 40 grados. 온도계는 어제 40도로 올랐다. Los daños *ascienden a* un millón de wones. 손해는 100만원에 달했다. 타 승진시키다. ◇ **ascendencia** 예 선조 계통. Mi profesor de alemán es de *ascendencia* inglesa. 내 독일어선생은 선조가 영국인이다. ◇ **ascendiente** 웹 선조. 웹세력, 영향력. Es

una persona de mucho *ascendiente* en la población. 그는 그 읍 내의 대단한 유력자이다.

ascensión 여 상승; 승천; 등귀. *la Ascensión al pontificado* 그리스도의 승천; 승천제(부활제후 40일째); 【천문】직경.

ascensional 형 상승의; 상승적인; 위로향한. *fuerza ascensional* 상승력.

ascenso 남 승진; 상승; 진척; 장려, 조성; (주식회사의) 발기, 창립; 시세의 급등. *ascenso rápido* 비행기의 급상승.

ascensor 남 엘리베이터, 승강기(elevador). *Hoy no funciona el ascensor.* 오늘 승강기는 작동하지 않는다.

ascensorista 통 승강기 운전사; 엘리베이터 운전사.

asceta 통 고행자, 수행자, 금욕자, (고대 그리스도교의) 은둔자, 속세를 버린 사람.

asear 타 깨끗이 하다, 청결하게 하다. *En esta oficina cada uno debe asear su mesa de trabajo.* 이 사무소에서는 각자가 자기의 사무용상을 깨끗이 해야 한다. *Anda, aséate, que vamos a salir.* 자, 출발하겠으니 몸단장을 하시오. ◇ **~se** 몸단장하다.

asechanza 여 잠복, 함정, 올가미, 덫; 음모, 계략, 유혹; 술책.

asechar 타 숨어 기다리다, 복병을 배치해 두다.

asecho 남 = **asechanza**.

asedar 타 명주처럼 부드럽게 만들다.

asediador, ra 형 포위한 (사람, 군인); 공격군.

asediar 타 포위하다; 공격하다; 몰려들다; 여러가지 요구를 내걸다; 봉쇄하다, (출입구 따위를)막다.

asedio 남 포위, 봉쇄.

asegundar 타 재연하다, 앙콜하다, 되풀이하다.

asegurar 타 ① (꽉)죄다, 잇대다, 묶다. *Antes de irte a dormir, asegura la puerta; pueden entrar ladrones.* 잠자기 전에 확실히 문단속을 해라; 도둑이 들지도 모르니. ② 확언·보증하다, 예약·약속하다. *Le presto el libro si me asegura que me lo devolverá dentro de una semana.* 1주일 후에 돌려준다고 약속 한다면 이 책을 빌려 주겠다. *Le aseguro que estaré allí dentro de una hora.* 한 시간 내에 그곳에 도착할 것을 당신께 확언한다. ③ 안전하게 하다, 지키다. *No dejes de estudiar mucho para asegurar tu porvenir.* 너는 자신의 미래를 확보하기 위하여 끝까지 공부에 힘써라. ④ 보험에 들다. *El equipaje está asegurado.* 화물은 보험에 들어있다. *Aseguré la casa contra incendios.* 나는 집을 화재보험에 들었다. ◇ **~se** ① 고정·안정하다. *Al fin se ha asegurado el tiempo.* 마침내 날씨가 안정되었다. ② [+de ⋯를] 확인하다. *Asegúrate de que todo está en orden.* 이것 저것 모두 정돈되어 있는가를 확인해라. ◇ **asegurado,da** 형 안전한, 틀림없는. ◇ **aseguramiento** 남 확언, 보증; 확약.

asemejarse 재 [+a ⋯에] 비슷하다, 닮다. *La vida se asemeja a los ríos.* 인생은 냇물과 비슷하다.

asenderear 타 (⋯로) 길을 열다; 뒤로 쫓다.

asenso 남 동의; 신용; 찬성. *dar asenso a* ⋯을 신용하다.

asentada 여 자리에 앉기, 착석; 앉은 자세. *leer una novela una*

asentada 소설책 한 권을 단숨에 읽다.
asentaderas 여복 [속어] 엉덩이 [궁둥이].
asentado, da 형 앉은, 궁둥이를 붙인; 안정된; 영구적인; 온전한; 생각이 깊은.
asentador 면도칼 가는 가죽(suavizador); (식료품을 시장에서 사들이는) 청부인.
asentadura 여 [에꾸아도르] 소화불량.
asentamiento 남 ◇ asentarse 하는 것; 정착, 정주; 기장;, 신중.
asentar [19]pensar] 타 ①(자리에) 앉게 하다; (지위·위치에) 앉히다. Le *asentaron* en el trono por la fuerza. 그는 억지로 왕좌에 앉혀졌다. ② 정착·안주시키다. La lluvia *ha asentado* el polvo. 비가 먼지를 가라앉혔다. ③ 설치하다; 세우다. En Seúl han *asentado* una planta de energía nuclear. 서울에 핵에너지 공장이 설치되었다. ◇ ~se 앉다; 정착·정주하다. La mesa de tres pies *se asienta* mejor que la de cuatro. 세발 탁자가 네발 짜리보다 안정되다.
asentativo, va 형 [메루] 식후에 마시는.
asentimiento 남 동의, 승락(asenso).
asentir 자 동의·승락·승인하다.
asentista 남 계약자; 청부인; (큰 장사를 하는)어용상인; 납입청부인.
aseñorado, da 형 고관대작같은; 고관대작부인같은.
aseo 남 청결, 깨끗함; 아담하고 깨끗한 것, 정연, 조촐함, 화장. estuche de *aseo* 세면도구와 화장품을 넣는 상자.
asepsia [의학] 무균법; 무균상태.
aséptico, ca 형 무균의; 방부의; 청결한.
asequible 형 도달할 수 있는, 이를 수 있는, 얻을 수 있는; 달성할 수 있는, 소용이 되는; 친하기 쉬운; 가까워지기 쉬운.
aserción 여 단언, 확언; 주장; 시인, 긍정; [법률] 증언, 확인.
aserrar [11] cambiar] 타 톱으로 자르다·썰다. ◇ **aserradura** 여 톱밥; 세채소. 남 톱방, 대패밥.
asesinar 타(사람을) 죽이다, 살해하다, 암살하다. Durante la guerra fueron *asesinadas* muchas personas inocentes. 전쟁중에 죄없는 사람들이 많이 살해되었다. ◇ **asesinato** 남 암살, 살인. ◇ **asesino, na** 암살자, 살인범.
asfalto 남 아스팔트. ◇ **asfaltar** 타 아스팔트로 포장하다.
asfixiar [11] cambiar] 타 질식시키다. ◇~se 질식하다. ¿No te *asfixias* en ese cuarto con todas las ventanas cerradas? 방 안에서 창문을 모두 닫고 너는 질식하지 않니느냐. ◇ **asfixia** 여 질식, 가사(상태). El niño murió de *asfixia*. 어린이는 질식하여 죽었다. ◇ **asfixiante** 형 질식성의; 숨막힐듯한.
así 부 ① 그렇게, 이렇게. 그러길 바란다. Lo debe usted hacer *así*. 당신은 그것을 이렇게 해야 한다. Obrando *así* no conseguirás nada. 그렇게 행동하면 너는 아무 것도 달성하지 못할 것이다. ②[형용사적] 그러한, 이러한. 'La vida es *así*. 인생이란 이런 것이다. Con estudiantes *así* no se puede ir a ninguna parte. 그런 학생과 함께 해서는 (사람은)아무 곳에도

asiático, ca 92 **asilar**

갈 수 없다. ③ [접속사적] 그런고로; 설령. Iremos *así* llueva o no llueva. 설령 비가 오거나 오지 않거나 갑시다. *así,así* 그럭저럭, 아쉬운대로. ¿Te gusta esta sopa? *Así,así*. 이 수프는 마음에 드나. —아쉰대로. *así…как como* …도 또한,…도, …와 같이. Este traje es útil en invierno *como* en verano. 이 옷은 여름과 마찬가지로 겨울에도 소용이 된다. *así como*…와 마찬가지로. Estudió mucho en España *así como* en Francia. 그는 프랑스와 마찬가지로 스페인에서도 많이 공부했다. *así (es) que* 그런고로, 그 때문에. Estoy muy ocupado, *así es que* no puedo salir hoy. 나는 매우 바쁘다; 그래서 오늘은 외출할 수 없다. *así que*…하자 마자 (luego que, tan pronto como). *Así que* llegue le avisaré. 도착하자마자 알려드리겠읍니다. *Así que* hubo hablado se marchó. 이야기를 끝내자마자 그는 떠났다. *Así que* veas que viene, comunícamelo. 그가 오는 것이 보이면 바로 나에게 알려 다오. *y así* 그렇기 때문에. Tengo mucho que hacer, *y así* no me esperes hoy. 나는 할 일이 많다; 그러니 오늘은 나를 기다리지 말아다.

asiático,ca 혱 아시아(Asia)의. 몡 아시아 사람. *lujo asiático* 대단한 사치·호화스러움.

asibilar 타 [음성] 찰음화하다.

ascia 몡 식욕부진 (anorrexia)

asidero 몡 자루, 손잡이, 핸들; 구실; 기회; 수단.

asiduo, dua 혱 부지런한. Me molestan enormemente sus *asiduas* visitas. 그의 부지런한 방문에는 나도 쩔쩔 맨다. 몡 부지런한 사람. El es un *asiduo* de nuestra tertulia. 이 사람은 우리들의 모임의 상객(常客)이다. ◇ **asiduamente** 부 부지런하게. ◇

asiduidad 몡 장려.

asiento 몡 자리, 좌석. Ha puesto la maleta a su lado sobre el *asiento* del autobús. 그는 버스에서 자기 옆자리에 여행가방을 놓았다. Toma *asiento* aquí. 여기 자리잡으세요.

asignar 타 ① 대다, 할당하다. No me gusta el trabajo que me *han asignado*. 나는 배정된 일이 마음에 들지 않는다. A cada cosa se le *asigna* su nombre. 사물에는 각기 명칭이 주어져 있다. ② 지명·임명하다. Le *han asignado* a la secretaría. 그는 비서과 근무로 임명되었다. ◇ **asignación** 몡 급부금, 연금, 용돈; 임명, 지정. Luis sólo tenía como *asignación* los céntimos que le costaba el metro. 루이스는 지하철을 타기에 필요한 약간의 돈을 용돈으로 가지고 있을 뿐이었다.

asignatura 몡 학과목. Ha aprobado todas las *asignaturas* del curso. 그는 그 과정의 전과목에 합격했다.

asilo 몡 ① 보호. Le dieron *asilo* por aquella noche en el hospital. 그는 그 밤에 병원에서 보호를 받았다. ② (고아·노인 따위의) 수용소. Prefiere pedir limosna a entrar en un *asilo* de ancianos. 그는 양로원에 들어가기보다는 차라리 거지 노릇을 하겠다고 한다.

asilado, da 몡혱 피수용자, 수용아.

asilar 타 수용하다; 보호하다, 비호하다.

asimetría 여 불균형, 비대조(disimetría)
asimétrico, ca 형 좌우불균형한, 균형이 잡히지 않은, 어울리지 않는.
asimilable 형 동화될 수 있는, 동화시키는.
asimilar 타 동화하다; 소화하다, 수확하다. *Asimila fácilmente lo que estudia.* 그는 공부하고 있는 것을 쉽게 소화한다.
asimilación 여 동화(작용).
asimismo 부 (…도)또한, 마찬 가지로. *Yo he comprado el pan, y asimismo los dulces.* 나는 빵과 그리고 또 과자도 샀다.
asincronismo 남 비동시성, 이시성.
asindético, ca [문법] 무접속사의.
asíndeton 남 [문법] 글의 뜻을 강조하기 위하여 접속사를 생략하는 서술법.
asíntota 여 [수학]점근선.
asir [35]타잡잡다,붙들다.◇~se[+a·en·de…를]붙잡다. *El se asió a la rama del árbol.* 그는 나무 가지에 매달렸다.
asirio, ria 아시리아의(사람·언어).
asiriología 여 고대 아시리아의 연구.
asistencia 여 ① 참가, 출석. *Se celebró la sesión con mediana asistencia.* 개회는 절반의 출석자로 행해졌다. ② 간호, 진료;뒷바라지, 원조. *En este pueblo la asistencia médica es muy deficiente.* 이 마을에서는 의료가 지극히 불충분하다.
asistente 남 출석·참석자; 보좌역; 종복(從僕). *Hoy no se ha celebrado la reunión del club por falta de asistentes.* 오늘은 출석자의 부족으로 클럽의 회합은 열리지 않았다.
asistir 자 출석·참석하다. *No asistió a la fiesta, porque ayer cayó enfermo.* 그는 어제 병이 나서 파티에 출석하지 못한다. *¿Asistió usted a la reunión?* 회합에 참석 하셨습니까. 타 ① 돕다, 조력하다, 보좌하다. *Mi padre me asistirá en todo lo que necesite.* 부친은 내가 필요한 일은 모두 도와주실 것이다. ② 간호·진료하다. *Su mujer se dedica a asistir a los enfermos en el hospital.* 그의 처는 병원에서 환자의 간호에 전념하고 있다. *Un médico famoso asiste a mi mujer.* 한 유명한 의사가 내 아내를 진료하다.
asistolia 여 [의학] 심장장해(기능의 불완전), 심장의 수축 불완전.
asma 여 [의학] 천식.
asmático, ca 천식의(환자).
asna 여 [동물] 당나귀의 암컷; [건축] 서까래, 연목.
asnada 여 어리석은 행동; 무의미한 말(생각·짓)(necedad).
asno 남 ① [동물]당나귀. *Desde tiempos antiguos el asno ha sido un fiel compañero del hombre.* 오랜 옛날부터 노새는 사람의 충실한 친구였다. ② 바보(tonto), 비열한 사람. *No debes hablar con él; es un asno.* 너는 그와 이야기해서는 안된다; 비열한 놈이니까. ◇ **asnal** 형 나귀의; 어리석은(torpe, tonto).
asociación 여 연합, 협회, 조합. *No tengo relación alguna co-*

esa *asociación* de trabajadores. 나는 그 노동조합과 아무런 관계도 없다. *asociación de ideas* 연상(聯想). *asociación profesional* 동업자 조합.

asocio 남 《속어》 협동; 조합.

asolamiento 남 황폐, 피멸.

asomar 자 조금 보이다(들여다보다); 보이기 시작하다. Su cabeza *asomaba* por encima de la tapia. 그의 머리가 담 위에서 약간 보이고 있었다. 타 디밀다. *Asomó* la cabeza por la ventana. 그는 창문으로 머리를 내밀었다. ◇ **~se** [+a : …에] 디밀다; 나타나다. *Asómate* a la puerta a ver quién está gritando. 누가 고함치고 있는지 문틈으로 들여다보시오. ¡Prohibido *asomarse!* 내밀지 마세요.

asombrar 타 놀라게 하다, 감탄하게 하다. Este chico *asombra* a todos por su inteligencia. 이 아이는 지능으로 모두를 놀라게 하고 있다. ◇ **~se** [+de·con : …에] 놀라다; 감탄·감심하다. El profesor *se asombró* de que los estudiantes no supiesen una cosa tan fácil. 학생들이 그토록 쉬운 것들을 모르는 점에 선생은 놀랐다. ◇ **asombro** 남 놀라움; 감탄. Su *asombro* al verme fue extraordinario. 그가 나를 보았을 때의 놀라움은 대단한 것이었다. ◇ **asombroso, sa** 형 놀라운. Mi abuelo, aunque ya tiene setenta años, trabaja con una energía *asombrosa*. 나의 조부는 일흔살이나 되는데도 놀라운 정력으로 일하고 있다.

asomo 남 징조, 전조, 표시; 상상, 추측, 억측, 의혹. *ni por asomo* 결코, 조금도.

asonada 여 소요, 집단궐기, 반란, 폭동.

aspa 여 X자형의 물건, X형으로 조립한 목재; 풍차의 날개; (기계의) 회전부분, 얼레; 《중남미·멕시코》 뿔(cuernos).

aspado, da 형 (옷이 꽉 쎄어서) 양팔을 좌우로 움직일 수 없는; X형의.

aspecto 남 ① 모양, 외모, 외관. La casa tiene mucho *aspecto* pero poca comodidad. 그 집은 외관은 훌륭하지만, 별로 편리하지는 못하다. ② 모습, 얼굴 모습. Debes cuidarte más; tienes *aspecto* de estar enfermo. 너는 좀 더 몸에 주의하여라; 병이 있는 듯한 얼굴색이다. *tener buen* [*mal*] *aspecto* 풍채가 좋다[나쁘다]. Usted no *tiene mal aspecto*. 당신은 안색이 나쁘지 않다.

áspero, ra 형 ① 떫은; 시큼한. Estas ciruelas están muy *ásperas*. 이 살구는 대단히 시다. ② 꺼칠꺼칠한, 목센. Tengo las manos *ásperas* de tanto lavar. 나는 빨래를 너무 많이 해서 손이 꺼칠꺼칠해졌다. ③ 엄중한; 험한. Nuestro profesor es muy *áspero* con los alumnos. 우리 선생은 학생에게 매우 엄격하다. ◇ **aspereza** 여 떫음; 꺼칠꺼칠함; 엄중함.

aspirar 타 마시다. El ha salido a *aspirar* el aire fresco de la mañana. 그는 아침의 신선한 공기를 마시러 나갔다. 자 [+a : …을] 동경하다, 갈망·절망하다. Murió joven *aspirando a* la fama. 그는 명성을 갈망하면서 요절했다. ◇ **aspiración** 여 흡기(吸氣), 들이마심; 동경, 갈망, 절망. Le han hecho catedrático; ésa era su última *aspiración*. 그는 대학 교수에 임명되었다; 그야말로 그의 최후의 동경이었다. ◇ **aspirante** 형 ① 마시는, 빨아올리는. bomba *aspirante* 흡입 펌프. ② 동경·갈망·절망하는. 명 동경·갈망·절망하는 사람; 지원자.

aspirina 명 아스피린.

astro 명 ① 천체 (별·태양·달). La tierra es un *astro* del universo. 지구는 우주 중의 하나의 천체이다. ② (예능·스포츠 따위의) 스타. ◇ **astral** 형 별의, 천체의.

astronomía 명 **astronómico,ca** 형 천문학의; 천문학적인; 터무니없는. ◇ **astrónomo,ma** 명 천문학자. Los viajes espaciales constituyen una preciosa ayuda para los *astrónomos*. 우주여행은 천문학자에게 귀중한 도움이 되고 있다.

astucia 명 빈틈없음; 교활함. Su *astucia* espanta a todos. 그의 교활함은 모두를 놀라게 한다.

asturiano, na 형 아스뚜리아스(Asturias: 스페인 북부의 지방)의. 명 아스뚜리아의 사람.

astuto,ta 형 교활한, 빈틈없는. Si quieres triunfar en la vida debes ser un poco más *astuto*. 네가 인생에 성공하고 싶으면, 좀 더 빈틈이 없어야 한다.

asumir 타 인수하다. *Asumió* la dirección del negocio en momentos más difíciles. 그는 매우 어려울 때 일의 지휘를 하였다. ◇ **asunción** 명 ① 인수; 즉위식. ② [A-] 〖종교〗성모의 피승천(被昇天).

asunto 명 일, 사항(事項); 문제; 줄거리. Necesito más detalles sobre este *asunto*. 이 일에 대해 더 상세한 것이 나는 필요하다. Hoy un *asunto* inevitable me impide salir. 부득이한 일 때문에 나는 오늘 외출할 수 없다. Conozco a fondo el *asunto*. 나는 이 일에 정통하다. Es muy competente en *asuntos* de pesca. 그는 낚시질에 관해서는 매우 잘 알고 있다. ¿Cuál es el *asunto* de esa comedia? 그 코메디의 주제는 무엇이냐.

asustar 타 (깜짝) 놀라게 하다. Nos *asustó* el ruido de la explosión. 그 폭발소리에 우리는 깜짝 놀랐다. ◇ **~se**+de·con·por [···의] 놀라다. ¿*De qué te asustas*? 너는 무엇을 두려워하느냐. *Me asusté* de oír la noticia. 나는 그 소식을 듣고 놀랐다. Vino todo *asustado* y corriendo. 그는 깜짝 놀라서 달려왔다. ◇ **asustadizo,za** 형 비겁한. Es un niño muy *asustadizo*, no quiere quedarse solo en casa. 그는 잘 놀라는 어린이여서, 혼자 집에 있고 싶어하지 않는다.

atacar [7sacar] 타 습격하다, 공격하다. Esperaban en la esquina de la calle para *atacarle* por sorpresa. 그들은 그를 기습하려고 거리의 모퉁이에서 기다리고 있었다. Le *atacó* una fiebre muy alta. 그는 대단한 고열이 났다.

atajo 명 지름길. No hay *atajo* sin trabajo. 노력없는 지름길은 없다. *por el atajo* 지름길을 걸어서; 손쉬운 수단으로. Parece ser que han tomado *por el atajo*. 그들은 가로질러 간 듯하다. ◇ **atajar** 자 지름길을 가다. 타 (···를) 앞지르다. Por este camino le *atajaremos*. 이 길로 가서 그를 앞지르자.

ataque 🗎 ① 공격. El *ataque* a la ciudad comenzó por un violento bombardeo. 그 거리에 대한 공격은 격심한 폭격으로 시작되었다. ② (병의) 발작. En plena clase le dio un *ataque* de nervios. 수업이 한창일 때 그는 신경의 발작을 일으켰다.

atar 🗎 묶다, 잡아매다. *Ató* los dos paquetes con una cuerda. 그는 노끈으로 2개의 보따리를 묶었다. No olvides *atar* al perro a ese árbol. 개를 그 나무에 매어 두는 것을 잊지 마라. ② 속박하다. Los niños la tienen muy *atada*; no puede salir a ningún sitio. 어린이들이 그녀를 속박하고 있으므로, 그녀는 아무데도 갈 수 없다. ◇~**se** ① [+a: …에] 달라붙다, 매달리다. Mi hermana *se ató* a ese muchacho desde que era una niña. 내 여동생은 어릴 때부터 그 사내아이에게 달라붙어 있었다. ② (자기의 구두끈 따위를) 매다. *Atate* los cordones de los zapatos, los tienes sueltos. 구두끈을 매시오; 풀어졌소.

atardecer [30 crecer]㉑ 해가 지다.

atascar [7 sacar] 🗎 (틈에) 물건을 끼우다, 메워지게 하다. El barro *ha atascado* las cañerías. 진흙이 도관(導管)을 메우고 있다. ◇~**se** ① (관 따위가) 막히다; 움직이지 못하게 되다. El coche *se atascó* en el lodo. 차가 진흙 속에 빠져버렸다.

ataúd 🗎 관(棺). La lancha parecía un *ataúd* que se deslizaba a flor del agua. 그 작은 배는 수면을 미끄러져 가는 관(棺)과 같았다.

atemorizar [9 alzar] 🗎 겁을 주다; 벌벌 떨게 만들다.

atención ㉓ ① 주의(력). En clase casi ninguno presta *atención* a lo que dice el profesor. 수업 중에 거의 사람은 선생의 말에 주의를 기울이지 않는다. ② 경의; 대접, 뒷바라지. Le agradezco sus muchas *atenciones*. 나는 당신의 여러가지 배려에 감사합니다. Le estoy muy reconocido por sus *atenciones*. 귀하의 친절에 감사드립니다.

atender [20 perder]㉑ [+a: …에] 주의하다. No *atendió* a la conferencia. 그는 강연에는 귀를 기울이지 않고 있었다. 🗎 ① 대접하다, 돌보다. Debes *atender* con cortesía a los invitados. 너는 손님을 정중하게 대접해야 한다. ② 주의하다, 존중하다. *Atiende* más mis consejos. 내 충고를 더욱 존중하시오.

atentamente 🗎 정중하게.

ateneo 🗎 [학술적인] 협회, 학회. Desde hace muchos años es miembro del *ateneo* de Madrid. 그는 여러해 전부터 마드리드협회 회원이다.

atento, ta 🗎 주의깊은; 돈독한. Esta alumno está muy *atento* en clase. 이 학생은 수업 중에 매우 주의깊다. Su *atenta* carta me llenó de alegría. 당신의 간절한 편지에 나는 매우 즐거웠읍니다. ◇ **atentamente** 🗎 정중하게.

atenuar [14 actuar] 🗎 약하게 하다, 경감·완화하다. Refirió lo sucedido pero *atenuándolo* un poco. 그는 사건을 이야기했지만, 약간 가감하여 이야기했다. Esta pantalla sirve para *atenuar* la luz. 이 갓은 빛을 부드럽게 하는 역할을 한다. ◇ **atenuación** ㉓ 경감, 완화.

ateo, a 🗎 무신론의. 🗎 무신론자. Antes era un fervoroso cristiano pero ahora es un *ateo*. 그는 이전에는 열렬한 크리스찬이었으나, 지금은 무신론자이다. ◇ **ateísmo** 명 무신론. ◇ **ateísta** 명 무신론자.

aterrar [19pensar] 타 쓰러뜨리다; 질리게 하다. ◇ **~se** 질겁하다, 떨다.

aterrizar [9alzar] 재 착륙하다 [⑭despegar]. ◇ **aterrizaje** 남 착륙 [⑭despegue].

atestar [19pensar] 타 가득하게 하다, 채우다, 메우다. La gente *atestaba* la plaza. 사람들은 광장을 완전히 메우고 있었다. Hoy ha venido el tren *atestado* de gente. 오늘 열차는 사람으로 가득차 왔다.

atestiguar [10menguar] 타 증언·증명하다.

ático 남 윗층, 윗마루.

atinar 재 a·con·en-에] 틀림없이 부딪히다, 닿다. *Atiné* en seguida *con* la casa que buscaba. 나는 찾고 있던 집에 곧 도착했다. No *atinó* a explicarlo que deseaba. 그는 무엇이 필요한지 잘 설명할 수 없었다.

atizar [9alzar] 타 ①(불을) 후비다; 부채질하다. No te olvides de *atizar* el fuego para que no se apague. 꺼지지 않도록 불을 후비는 일을 잊지 마라. ②(뺨을) 치다. Le *aticé* un palo. 나는 그에게 몽둥이질을 하였다.

atlántico, ca 형 대서양의. el Océano *Atlántico* 대서양. Organización del Tratado *Atlántico* del Norte 북대서양조약기구.

atleta 명 경기자, 운동가; 체격이 좋은 사람. Nuestro profesor de gimnasia fue un *atleta* famoso en su juventud. 우리 체조 선생은 젊었을 때는 유명한 운동가였다. ◇ **atlético, ca** 형 경기·체육의; 완강한.

atmósfera 여 ①분위기. La sesión se desenvolvió en una *atmósfera* amistosa. 회의는 우호적인 분위기 속에서 전개하였다. ②대기, 기압. El cohete, al entrar en la *atmósfera*, se descompuso. 로케트는 대기권에 돌입했을 때 분해되었다. ◇ **atmosférico, ca** 형 대기의. El cambio brusco en la presión *atmosférica* ha causado esta lluvia. 기압의 급변이 이 비를 가져왔다.

átomo 남 [물리] 원자; 미립자. Todo cuerpo consta de *atomos*. 어떤 물체라도 원자로 구성되어 있다. ◇ **atómico, ca** 형 원자(력)의. *energía atómica* 원자력. *peso atómico* 원자량.

atónito, ta 형 대경실색한, 어이둥절한, 넋이 빠진.

atormentar 타 괴롭히다, 들볶다; 꾸짖다, 책망하다; 고문하다. ◇ **atormentado, da** 괴롭히는, 들볶는.

atornillar 타 나사로 조이다. ◇ **atornillador** 남 드라이버, 나사돌리개.

atracar [7sacar] 타 포식시키다; 들치기하다; 정박하다. ◇ **atraco** 남 들치기 (하는 일).

atracción 여 ①【물리】인력. El peso de los cuerpos se debe a la *atracción* de la tierra. 물체의 무게는 지구의 인력에 의한다. ②끌어당기는 것, 매력. Es muy extraña la *atracción* que

atractivo, va ejerce sobre los demás. 그가 다른 사람에게 미치는 매력은 이상할 정도이다. ③ 오락. Acaban de inaugurar en las afueras de la ciudad el parque de *atracciones*. 도시 교외에 유원지를 만들었을 따름이다. *atracción universal* 만유인력.

atractivo, va 매력적인, 매력이 있는. Lo *atractivo* de ese hombre es su simplicidad. 그 사람의 매력은 산뜻하게 하고 있는 점이다. 매력. Esa chica no es muy guapa, pero tiene mucho *atractivo*. 그 아가씨는 과히 예쁘지는 않지만, 대단한 매력이 있다.

atraer [71traer] 타 끌어당기다, 끌어들이다. El *sol atrae* a la Tierra. 태양은 지구를 끌어당긴다. Los veraneantes acuden a la playa del sur *atraídos* por el clima. 피서객은 그 기후에 끌려서 남쪽 해안으로 모여든다.

atrás ① [방향] 뒤로, 뒤에. Si das un paso *atrás*, te caes. 너는 한걸음 물러서면 떨어진다. Nos sentamos en las filas de *atrás*. 우리는 뒷줄에 자리잡았다. ② [시간] 전에. Por aquí lo encontramos días *atrás*. 이 근처에서 수일 전에 우리들은 그를 발견했다.

atrasar 타 지연시키다, 늦어지게 하다. Esto *atrasará* mucho mi viaje. 이것은 내 여행을 오랫동안 지연시킬 것이다. Este acontecimiento ha *atrasado* su ida a España hasta el año que viene. 이 사건이 그의 스페인행을 내년까지 늦추었다. 자재 늦어지다 [⇔ adelantarse]: 후퇴하다. Mi reloj *atrasa* cinco minutos al día. 내 시계는 하루에 5분 늦는다. *Se han atrasado* diez minutos y han perdido el tren. 그들은 10분 늦었으므로 열차를 놓쳤다.

atravesar [19pensar] 타 ① 건너다, 횡단하다(cruzar). *Atravesemos* la calle. 길을 건넙시다. El río Jan *atraviesa* la ciudad de Seúl. 한강은 서울을 가로지르고 있다. ② 관통하다. Le *atravesó* la oreja con una aguja. 그는 바늘로 그녀의 귀를 찔렀다. ◇-se ① (못 따위를 자신에게)찌르다. El niño *se ha atravesado* en pie con un clavo. 그 어린이는 못에 발이 찔렸다. ② (길 따위를) 막다. El coche quedó *atravesado* en el camino. 차는 길을 막았다. ◇ **atravesado, da** 형 근성이 나쁜; 사팔뜨기의; (개 따위가) 혼혈종의. No te fíes de él, es un hombre un poco *atravesado*. 그를 신용하지 마라; 약간 근성이 나쁜 사내다.

atrayente 형 끌어당기는, 매력있는. El montañismo es peligroso, pero muy *atrayente*. 등산은 위험하기는 하지만, 지극히 사람의 마음을 끌어 당긴다.

atreverse 재 ① [+a …를] 강행하다. Díselo si *te atreves a* eso. 네가 그것을 강행할 생각이 있으면 그에게 그렇게 말해라. ② [+con …을] 상대로 하다; (…에) 맞부딪치다. No *me atrevo con* el problema. 나는 그 문제와 맞부딪치기가 어렵다. ③ [+a+inf.] 굳이 …하다. No *nos atrevemos a* hacer nada sin el permiso de los padres. 우리들은 부모님의 허락없이는 아무 일도 할 엄두도 나지 않는다. ◇ **atrevido, da** 형 대담한; 무모한.

Yo no hubiera dado ese paso; es demasiado *atrevido*. 나라면 그런 방법은 쓰지 않았으리라; 너무나 무모하니까. ◇ **atrevimiento** 圄 용기, 대담; 무모, 무례. No pude decírselo; me faltaba *atrevimiento*. 나는 그에게 그 말을 할 수 없었다; (그토록은) 용기가 없었다.

atribuir [74huir]団 ① (성질·역할을) 부여하다. Le han *atribuido* un cargo muy importante en el Ministerio de Asuntos Extranjeros. 그는 외무부에서 대단히 중요한 임무를 부여받았다. ② [+a]…탓 때문이다 하다; (원인·작가를)…이라고 하다. No te preocupes por la fiebre; el médico la *atribuye* al resfriado. 열에 대해 걱정하지 마라, 열은 감기 때문이라고 의사는 말하고 있다. Se *atribuye* esa novela a Cervantes. 그 소설은 세르반테스의 작품이라고 되어 있다.

atributo 圄 ① 속성, 특질. La experiencia es *atributo* de la vejez. 경험은 노년의 특질이다. ② 상징, 표상. La balanza es el *atributo* de la justicia. 저울은 정의의 상징이다.

atrio [건물]圄 앞마당, 안뜰; 현관. Nos refugiamos de la lluvia en el *atrio* de la iglesia. 우리들은 교회 앞마당에서 노숙을 했다.

atropellar 団짓밟다; (바퀴로) 치다. Un coche ha *atropellado* a un niño a la entrada del pueblo. 거리의 입구에서 차가 남아를 치었다. Fue *atropellado* por un autobús. 그는 버스에 치었다. ◇ -se 허둥지둥하다, 당황하다. No tienes por qué *atropellarte* en el trabajo. 너는 그 일 때문에 당황할 필요는 없다. ◇ **atropello** 圄 치어 넘어뜨림; 허둥지둥, 당황; 위법행위. Es mejor preparar el equipaje despacio y sin *atropellos*. 짐은 서두르지 말고 천천히 준비하는게 좋다.

atroz [圖atroces] 혱잔학한; 심한, 기분나쁜, 무서운. Tengo un hambre *atroz*. 나는 배고파 죽겠다 (나는 대단히 배가 고프다). ◇ **atrocidad** 圄 영망진창, 포학, 잔학. Su libro está lleno de *atrocidades*. 그의 책은 굉장히 영망진창이다. ◇ **atrozmente** 튄 심하게; 잔학하게.

atún [물고기]圄 참치; 다랑어.

aturdir 団 어리둥절하게 하다, 아연하게 하다, 망연하게 하다. *Aturdió* a todos los participantes a la reunión con su manera de hablar tan rápida. 그는 지극히 빠른 말씨로 참석자 일동을 어리둥절하게 했다. ◇ -se 당황하다, 아연하다. Se *aturdió* mucho en el examen y, naturalmente, lo hizo muy mal. 시험에서 그는 당황했고, 당연히 성적이 매우 나빴다. Estoy *aturdido* con tantas cosas que hacer. 나는 이렇듯 많은 일 때문에 아연해져 있다.

audaz 혱 대담한. Este puente constituye una *audaz* obra de ingeniería. 이 다리는 대담한 공학작품이다. ◇ **audacia** 녀 대담. Conduce con *audacia* su coche de carreras. 그는 경주자동차를 대담하게 운전한다.

audición 녀 청취, 시청; 청력.

audiencia 녀 ① 알현; 인견. El jefe de Estado ha recibido en *audiencia* a los nuevos embajadores. 국가 원수는 신임 대사들

을 인견하였다. ②법정; 재판소. *Su pleito ha pasado a la audiencia provincial.* 그의 소송은 지방법원으로 이송됐다.

auditorio 圕 청중; (라디오의) 청취자. *Sus palabras fervientes conmovieron al auditorio.* 그의 열렬한 연설은 청중을 감동시켰다.

auge 圕 절정, 정점(頂点). *Esa estrella de cine está en el auge de su fama.* 그 영화 스타는 인기 절정에 있다.

augusto, ta 圀(왕족에 관하여) 황송한, 존귀한, 존엄한. *La augusta dama visitó la exposición.* 그 존귀한 귀부인은 전시회를 방문했다.

aula 囮 강의실, 교실. *El profesor ha dado una conferencia en el aula mayor.* 교수는 강당에서 강연을 했다.

aullar 囲 [16reunir] 困 ①(개·늑대 따위가 슬픈듯이) 짖다, 울다 (ladrar). *Por la noche se oyen aullar los lobos cerca de la hacienda.* 밤에는 농원 근처에서 늑대 우는 소리가 들린다. ② (바람 따위가) 윙윙 울다. *En las noches de tormenta el viento aulla en los olivares.* 폭풍이 부는 밤에는 바람이 올리브밭에서 윙윙거린다. ◇ **aullido/aúllo** 囮 짖는 소리; 비명. *¿No oyes los aullidos del perro?* 개의 울부짖는 소리가 안들리나.

aumentar 囲 불리다, 증가시키다. *Ha aumentado el sueldo a su secretaria.* 그는 비서의 급료를 올렸다. 困困 불어나다, 증가·증대하다. *El niño ha aumentado de peso.* 어린이는 체중이 불었다. ◇ **aumento** 圕 증가, 증대, 확대. *Se ha registrado un notable aumento de población en los últimos diez años.* 최근 10년 동안에 현저한 인구증가가 기록되었다. *aumento de precio* 가격인상. *aumento de salario* 봉급인상.

aun 甼 ① …조차도. *Aquí hace fresco aun en pleno verano.* 이곳은 한여름이라도 시원하다. *Aun los niños lo pueden hacer.* 어린이조차도 그것을 할 수 있다. ②[+현재분사] …하더라도, …인데도. *Aun siendo viejo trabaja mucho.* 그는 노인인데도 일을 잘한다. *aun así* 설령 그렇더라도. *Aun así no te perdonará* 그렇다 하더라도 그는 너를 용서하지 않을 것이다. *aun cuando* …하는 경우라도, 설령 …하여도. *Aun cuando no venga, tenemos que partir a las ocho.* 설령 그가 오지 않더라도 우리들은 8시에는 출발해야 한다.

aún 甼 또, 아직. *Aún hay nieve en las montañas.* 아직 산에 눈이 있다. *No tenga usted tanta prisa, aún es temprano.* 아직 빠르니까 그렇게 서두르지 마시오.

aunque 쪱 …이지만, 하긴 …하지만; 설령 …라도, 그렇지만. ① [사실에 관해서의 양보 : +직설법]. *Aunque llueve, saldré de casa.* 비가 오지만 나는 외출하겠다. *Son ricos aunque no lo parecen.* 그렇게 보이지는 않지만, 그들은 부자이다. ②[가정적인 양보 : +접속법]. *Aunque llueva, saldré de casa.* 설령 비가 올지라도 나는 외출하겠다. *Aunque no lo creas, esto es la pura verdad.* 설령 네가 믿지 않더라도 이것은 틀림없는 사실이다.

aurícula 囮【해부】귓바퀴.

auricular 명 (전화의) 수화기; (라디오의) 이어폰.

aurora 여 ① 새벽; 서광. Se han levantado muy temprano para contemplar la *aurora*. 그들은 새벽 빛을 보기 위해서 일찍 일어났다. ② 시작, 초기. Cayó gravemente enfermo en la *aurora* de su vida. 그는 인생의 초기에 중병으로 쓰러졌다.

ausente 형 ①부재·결석·결근하여; 불완전한. Está *ausente* de Madrid desde hace tres años. 그는 3년 전부터 마드리드에 없다. ◇ **ausencia** 여 ①결석. En todo el asunto hay *ausencia* de buen sentido. 사건 전체에 양식(良識)이 결여되어 있다. ② 부재, 결석. ¿Ha venido alguien en mi *ausencia?* 내가 없을 때 누군가 왔었느냐.

auspicio 명 [주로 圈] ①길조. El viaje comenzó con buenos *auspicios*. 여행은 길조로 시작되었다. ②후원, 원조. Esta institución funciona bajo los *auspicios* de su patronato. 이 시설은 어느 후원단체의 원조 아래 일을 하고 있다.

austero, ra 형 ①엄격한(severo). El tiene fama de ser un juez muy *austero*. 그는 대단히 엄격한 판사라는 평판을 얻고 있다. ②점잖은, 은은한, 검소한. El monasterio de El Escorial es un edificio muy *austero*. 「엘·에스꼬리알」수도원은 대단히 은은한 건물이다. ◇ **austeridad** 여 엄격함; 점잖음, 검소; 내핍. Aunque es el primer Ministro, vive con mucha *austeridad*. 그는 수상이지만, 무척 간소한 생활을 하고 있다.

auténtico, ca 형 진정한, 진짜의. Este cuadro de El Greco no es *auténtico*. 「엘·그레꼬」의 이 그림은 진짜는 아니다. Parece su criada, sin embargo, es su esposa *auténtica*. 그녀는 식모처럼 보이지만, 그러나 그의 진짜 아내이다. ◇ **autenticidad** 여 진정(眞正); 사건의 진위(眞僞). Sus pruebas carecen de *autenticidad*. 그의 증명은 진실성이 부족하다.

autito 명 [auto의 축소사] 장난감 자동차, 소형차.

auto 명 【속어】자동차(automóvil, coche). ¿Le parece (a usted) que demos un paseo en *auto?* 자동차로 드라이브하는 것이 어떻습니까.

autobús 명 [圈autobuses]명 버스(omnibús, colectivo). ¿Dónde para el *autobús?* 버스는 어디서 멈추나요. ¿Dónde está la parada del *autobús?* 버스 정류소는 어디 있읍니까.

automático, ca 형 자동적인. En la estación se han instalado máquinas *automáticas* para la venta de billetes. 역에 승차권 자동판매기가 설치되었다. freno *automático* 자동제어. pala *automática* 자동삽. ◇ **automáticamente** 부 자동적으로.

automóvil 명 자동차(auto, coche, carro). ¿Cuánto se tarda en *automóvil* de aquí a la estación? 자동차로 여기서 역까지 얼마쯤 걸립니까.

autónomo, ma 형 자치권이 있는. La mayoría de las antiguas colonias españolas eran ya *autónomas*. 스페인의 오랜 식민지의 대부분은 이미 자치권이 있었다. ◇ **autonomía** 여 자치(제·권). España concedió *autonomía* a sus colonias. 스페인은 그 식민지에 자치권을 주었다.

autoplastia 여 【의학】 성형수술. ◇ **autoplástico,ca** 형 성형수술의.

autopsia 여 시체해부. ◇ **autopsiar** 타 해부하다.

autor, ra 명 ① 작가, 저자(escritor). El *autor* del Quijote es Miguel de Cervantes. 동끼호떼의 작자는 미겔·데·세르반떼스이다. ② 범인. La policía ha arrestado al *autor* del robo. 경찰은 절도 범인을 붙잡았다.

autoridad 여 ① 권력; 권위. Este niño no reconoce la *autoridad* de sus padres. 이 어린이는 양친의 권위를 인정치 않는다. ② 당국(자); 관헌. Debe ser esta monja una elevada *autoridad* en su Orden. 이 여승은 그 교단에서 높은 지위에 있는 당국자에 틀림없다.

autoritario, ria 형 ① 권력에 의한; 전횡(專橫)한; 방자한. He dejado el trabajo, proque su jefe es una persona demasiado *autoritaria*. 그의 상사가 너무 방자한 사람이었기에, 그는 직업을 그만 두었다. ◇ **autoritarismo** 남 권력 남용, 전횡. El *autoritarismo* es una característica de los regímenes de fuerza. 전횡은 권력체제의 하나의 특징이다.

autorizar [⑨alzar] 타 ① 허가하다; 권능·권력을 주다. El gobernador no *ha autorizado* la manifestación. 지사는 그 데모를 허가하지 않았다. ② [+a+동사원형:…함을] 허락하다. El médico *ha autorizado a* volver de nuevo al trabajo. 의사는 그에게 일할 것을 허락했다. ◇ **autorización** 여 권능·권력의 부여; 권리; 허가(서). He pedido la *autorización* del alcalde para construir una casa de campo. 나는 별장을 짓기 위해 시장의 허가를 요구했다.

autorizado, da 형 권위가 있는; 정당한. Esta noticia proviene de fuente *autorizada*. 이 뉴스는 권위있는 소식통에서 나온 것이다.

auxiliar [⑪cambiar,⑫enviar] 타 돕다(asistir, ayudar). Su madre se dedica a *auxiliar* a los pobres de la ciudad. 그의 모친은 거리의 가난한 사람들을 돕는 일에 전념하고 있다. 형 보조의. Dado el gran número de clientes hemos tenido que emplear a personal *auxiliar*. 고객의 수가 많음을 고려하여 우리들은 보조 요원을 고용해야 했다.

auxilio 남 원조; 구조. Barcos de la marina han acudido en *auxilio* de los náufragos. 해군함이 난파자의 구조를 위해 급파됐다.

avance 남 전진, 진보. Continuos bombardeos del enemigo impiden el *avance* de nuestras tropas. 끊임없는 적의 폭격은 아군의 전진을 저지했다.

avanzar [⑨alzar] 나아가다(전진, 진보). Los expedicionarios quedaron estancados en la nieve sin poder *avanzar*. 탐험대원은 전진할 수 없어 눈 속에서 있었다. 타 진행시키다; 추진하다. ◇ **avanzado,da** 형 진보한; 늦어진. Esta nación posee una industria muy *avanzada*. 이 나라에는 대단히 진보한 산업이 있다. Escribió su obra cumbre en edad muy *avanzada*. 그는

그 정점을 이루는 작품을 만년이 되어서 썼다.

avaro, ra 형 탐욕스런;인색한. Es tan *avaro* que se priva hasta de las cosas más necesarias para la vida. 그는 생활필수품까지 아낄만큼 구두쇠이다. ◇ **avaricia** 여탐욕.

ave 여 새. El águila es la reina de las *aves*. 독수리는 새의 여왕이다. *aves de corral* 가금(家禽).

avemaría 여[관사 el·un은 붙임] 아베마리아의 기도. Los niños, antes de irse a la cama, rezan a la Virgen un *Avemaría*. 어린이들은 잠자기 전에 성모 아베마리아에게 기도를 한다. *en un avemaría* 순식간에.

avena 여[식물] 귀리. ◇**avenal** 남귀리밭.

avenida 여 ① 홍수. El caudal del río sigue aumentando y existe el peligro de una *avenida*. 강물이 계속 불어서 홍수의 염려가 있다. ② 쇄도, (홍수와 같은) 많은 사람. A la salida del teatro, la calle parece una *avenida* de personas. 극장의 출입구 앞거리는 사람의 홍수와 같다. ③ 거리, 가(街). La procesión pasará por esta *avenida*. 행렬은 이 거리를 지나 가기로 되어있다.

avenir [59]venir]타 협조·타협하게 하다. Es difícil *avenir* el trabajo y el estudio. 일과 학업을 양립시키기는 어렵다. ◇**~se** [+a·con:…에·와] 절충하다(협조, 타협). Tiene buen carácter y *se aviene* con todo el mundo. 그는 인품이 좋아서 누구하고도 협조한다. ◇ **avenido, da** 형[bien+]협조가 잘 되는, [mal+]사이가 나쁜. Está *mal avenido* con sus padres. 그는 부모와 사이가 좋지 않다.

aventajar [+a:…보다] ① 우선시키다. *Aventajé* sus deseos *a* mis intereses. 나는 자신의 이해보다도 그의 희망을 우선시켰다. ② 능가하다, (보다) 뛰어나다. Este chico *aventaja* a todos en valor. 이 젊은이는 용기에 있어서는 어느 누구보다 뛰어난다. ◇ **aventajado, da** 형우수한(excelente). Es el alumno más *aventajado* de su clase. 그는 학급에서 가장 우수한 학생이다.

aventar 타 …에 바람을 보내다.

aventura 여 사건, 모험. Ha tenido una vida llena de *aventuras*. 그는 모험에 가득찬 생애를 보냈다. ◇ **aventurero, ra** 형 모험적인;용감한. 남 모험가. En el primer viaje de Colón abundaban los *aventureros*. 콜론의 첫 항해에는 모험가가 많이 있었다.

aventurar 타 위험에 직면하게 하다, (내기에) 걸다. Ha *aventurado* todo su capital en esa empresa. 그는 전 자본을 그 기업에 걸었다. ◇**~se** ① [+a+동사원형]굳이 …하다. Nos *aventuramos a* salir, aunque el tiempo no era seguro. 날씨가 걱정되었으나 우리들은 굳이 출발했다. ② 모험을 하다. No *se aventure* usted. 모험을 하지 마세요.

avergonzar [[9]alzar, [7]agorar]타 창피를 주다. El niño, con su hablar imprudente, *avergonzó* a sus padres. 어린이가 버릇없는 말을 해서 양친에게 창피한 생각을 가지게 했다. ◇**~se** [+de·por:…를] 부끄러워하다. La niña *se avergüenza* de ir mal vestida al colegio. 소녀는 허술한 복장을 하고 학교에 가는 것을

창피해 한다. *Me avergüenzo por* haber hecho tal cosa. 나는 그런 일을 한 것이 창피하다.

avería 예 ① 손해. El cargamento no ha sufrido *avería* en la explosión. 폭발로 짐은 손해를 입지 않았다. ② 고장. El mecánico arregló la *avería* sin demora. 기사가 곧 고장을 수리했다. ◇ **averiarse** [12enviar] 재 손상하다. Con la lluvia *se averió* el cargamento. 비 때문에 짐이 손해를 입었다.

averiguar [10menguar] 타 조사하다, 탐구·수사하다. *Averigüe* a qué hora sale el tren. 열차가 몇 시에 출발하는지 알아 보세요. Hay que *averiguar* el sitio donde vive ese hombre. 그 사람이 살고 있는 곳을 조사해야 한다. ◇ **averiguación** 예 조사, 탐구.

aversión 예 증오, 반감(antipatía).

aviación 예 항공(술). Gracias a la aviación, París se encuentra a sólo unas horas de Madrid. 항공술 덕분에 파리는 마드리드에서 불과 두어시간 거리에 있다. ◇ **aviador, ra** 형 비행가.

avicultor, ra 형 양계가, 양금가, 새 치는 사람. ◇ **avicultura** 예 양계.

ávido, da 형 [+de: …에] 굶주린, 배고픈. Los estudiantes están muy *ávidos de* saber. 학생들은 지식에 매우 굶주리고 있다. ◇ **avidez** 예 굶주림, 격렬한 욕구. Su *avidez* al comer demuestra que no lo ha hecho en varios días. 먹을 때 그의 허덕허덕한 모습은 며칠이나 식사를 하지 못한 것을 보여준다.

avión 남 비행기(aeroplano). Después de diez horas de vuelo nuestro *avión* aterrizó en el aeropuerto. 10시간 비행후에 우리가 탄 비행기는 그 공항에 착륙했다. *en avión* 비행기로, 비행기를 타고. *por avión* 항공편으로.

avisar 타 ① 알리다. *Avíseme* con tiempo. 미리 저에게 알려 주세요. Ya le *avisaré*. 당신께 알려 드리겠읍니다. Me ha *avisado* por teléfono que no puede venir. 그는 오지 못한다고 전화로 나에게 알려 왔다. ② 주의·충고하다. Por última vez te *aviso*, que si no me pagas te llevaré a los tribunales. 마지막으로 주의하지만, 내가 지불하지 않으면 너는 재판소에 고소할테야. *avisar un taxi* (택시를) 예약하다, 빌리다, 부르다. ◇ **avisado, da** 형 주의깊은; 빈틈없는. Si quieres prosperar debes ser un hombre muy *avisado*. 만일 네가 번창하고 싶으면 빈틈없는 사람이 되어야 한다.

aviso 남 ① 알림, 통고. No hemos recibido todavía el *aviso* de que viene. 우리들은 그가 온다는 통지를 아직 받지 않았다. ② 주의, 경고; 조심. El castigo le servirá de *aviso* para que no vuelva a repetir su crimen. 그 징벌은 죄를 두번 다시 되풀이하지 않기 위한 경고로서 그에게 이바지할 것이다. *sobre aviso* (빈틈없이) 조심해서. Estaba *sobre aviso* por si volvía el amo. 그는 주인이 돌아올지도 모른다고 걱정했다.

ay 간 아아[비애, 놀라움, 동정, 위협 따위] *¡Ay,* que se cae el cuadro! 아아, 그림이 떨어진다! *¡Ay,* de vosotros si eso es mentira! 그것이 거짓말이라면, 불쌍하게도 너희들은!

ayer 閠 어제. Partió *ayer* por la tarde para Barcelona. 그는 어제 오후 바르셀로나를 향해 출발했다.

ayudar 団 ① 돕다, 보좌하다. Así que se ve apurado, acude a mí para que le *ayude*. 그는 곤란하면 바로, 도와달라고 나에게 왔다. ¿Permítame que le *ayude*? 도와 드릴까요. ② [+a+동사원형; …을] 돕다. ◇¿Quieres *ayudar*me a limpiar el jardín? 뜰 청소를 도와주지 않겠소. ◇ **ayuda** 예조력, 협조. Necesito tu *ayuda* para llevar a cabo esta obra. 이 일을 실현함에는 너의 협조를 나는 필요로 한다. ◇ **ayudante, ta** 圀조력하는 사람; 보좌원.

ayuntamiento 圀 시청(municipio); 시의회. Aquel edificio blanco es el *Ayuntamiento* de la ciudad. 저 백색 건물은 이 시의 시청이다.

azada 예 괭이, 곡괭이. ◇ **azadón** 圀 큰 (곡)괭이. ◇ **azadonar** 団 괭이로 파다.

azahar 圀 밀감·레몬의 꽃.

azalea 예 [식물] 진달래.

azar 圀 경위, 우연. No sabiendo qué nos convenía más, dejamos la decisión al *azar*. 우리들은 어떻게 하면 가장 좋을지 몰라 결정을 되어 가는대로 맡겼다. *al azar* 우연히. Nos encontramos en la calle *al azar*. 우연히 우리들은 거리에서 만났다. ◇ **azaroso, sa** 閻파란·부침이 많은. Después de llevar una vida *azarosa* murió en un accidente de tráfico. 그는 파란 많은 생애를 보낸 뒤, 교통사고로 죽었다.

azotar 団 매질하다, 두들기다, 때리다. El mar *azota* los peñascos. 파도가 바위를 때린다.

azote 圀 채찍, 회초리.

azotea 예 옥상, 슬라브 지붕. Desde la *azotea* de mi casa se puede contemplar toda la ciudad. 우리집 옥상에서는 전시가지가 보인다.

azteca 閻 아스떼까족(los aztecas; 메시코의 원주민족)의. 閻아스메까(의 사람). En México habitaban los *aztecas* a la llegada de Hernán Cortés. 「에르난·꼬뗴스」가 온 무렵 멕시코에는 아스메까족이 살고 있었다. 圀 아스메까말.

azúcar 圀 또는 예 설탕. Estoy acostumbrado a tomar el café sin *azúcar*. 나는 설탕을 넣지 않고 커피를 마시는 습관이 있다. *azúcar en polvo* 가루설탕. *azúcar en terrones* 각설탕. ◇ **azucarero, ra** 閻 설탕의. La economía de Cuba está basada en la industria *azucarera*. 쿠바의 경제는 설탕산업에 기반을 두고 있다. 예 설탕그릇(단지·사발).

azufre 圀 유황. ◇ **azufroso, sa** 閻 유황을 함유한.

azul 閻 푸른. El cielo es *azul*. 하늘은 푸르다. El sol brilla, no hay ni una nube y el cielo está todo *azul*. 해는 빛나고, 구름 한점 없이 하늘은 새파랗다. Ella tenía ojos *azules*. 그녀는 푸른 눈을 하고 있었다. 圀 푸른빛.

azulejo 圀 [건축](아라비아의) 타일. El cuarto de baño es todo de *azulejos* verdes. 욕실은 전부 초록빛 타일이 깔려 있다.

B

B/, b/. bulto(s); botella(s); bala(s).

Ba. bolsa.

baba 여 침, 타액. Límpiale la *baba* al niño. 아이의 침을 닦아 주어라. *caerse la baba* 침을 흘리다; 아주 즐거워하다, 감심하다. *¡Se les caerá la baba* a los padres! 부모님은 황홀해 하실 거야.

bacalao/bacallao 남 [물고기] 대구.

bachiller, ra 남 고등학교 졸업생. Ha dejado el colegio sin obtener el título de *bachiller*. 그는 고등학교 졸업자격을 얻지 않고 학교를 그만 두었다. ◇ **bachillerato** 남 고등학교 과정.

bagatela 여 잡동사니; 싸구려 물건.

bah 갑 엉터리없게 [불신·경멸 표시]. *¡Bah!* Ya basta de bromas. 엉터리! 농담은 그만해 두게!

bahía 여 만(灣), 물굽이. La *bahía* de Nápoles es una de las más bellas del mundo. 나폴리만은 세계에서 가장 아름다운 만의 하나이다.

bailar 자 ① 춤추다(danzar). Después de la cena, los invitados *bailaron* en el salón. 저녁식사후 초대객들은 살롱에서 춤추었다. ② 흔들리다. Si pisan fuerte arriba, *bailan* las lámparas. 위에서 심하게 발을 구르면, 샹들리에가 흔들린다.

bailarín, na (직업적인)무용가, 무희. Ahora está asistiendo a una academia de baile porque quiere ser un *bailarín*. 그는 무용가가 되고 싶어서 현재 무용학원에 다니고 있다.

baile 남 ① 춤, 무용(danzar). Ella es maestra de *baile*. 그녀는 무용선생이다. ② 무도회. Mi marido y yo nos conocimos en un *baile* de sociedad. 남편과 나는 사교 무도회에서 알게 되었다.

bajar 자 내려가다. La temperatura *baja* mucho al atardecer. 해질무렵에는 기온이 많이 내려간다. *Bajé* del coche. 나는 차에서 내렸다. 타 ① 내리다, 강하시키다. ¿Quiere usted *bajar* la maleta de la red? 그물 시렁에서 여행가방을 내려주시지 않겠읍니까. ② 내리다. Mientras *bajábamos* la montaña, iba despejándose el cielo. 우리들이 산을 내려오는 동안에 하늘이 맑아졌다. ③ 낮게 하다, 낮추다. *Bajó* la voz para que no se despertase el niño. 어린이가 깨어나지 않도록 그는 소리를 낮추었다. ◇~**se** 내리다; 쭈그리다. *Se bajó* para atarse el zapato. 그는 구두끈을 매기위해 쭈그렸다. 남 하락; 낙오.

bajo, ja 형 낮은; 키가 작은. Es un poco más *bajo* que yo. 그는 나보다 약간 키가 작다. Hablé en voz *baja* de modo que no me oyeran los otros. 다른 사람들에게 들리지 않도록 나는 작은 소리로 말했다. 남 ① (스커트 따위의) 옷단. Se me ha descosido el *bajo* de la falda. 내 스커트의 옷단이 헤어졌다. ② 지하층, 1층. La familia del portero vivía en el *bajo*. 수위의 가족은

1층에 살고 있었다. 图 밑에, 낮게; 작은 소리로. Hable usted *bajo*; el niño está dormido. 작은 소리로 말해 주세요; 애기가 자고 있읍니다. 圂 …의 밑에, …의 아래에(debajo de). El termómetro marcó cinco grados *bajo* cero. 온도계는 영하 5도를 가리켰다. Te lo digo *bajo* condición de que guardes un secreto absoluto. 네가 절대로 비밀을 지킨다는 조건으로 그것을 가르쳐 주겠다.

bala 예 탄환, 총알. Una *bala* perdida le hirió en la frente. 그는 이마를 유탄으로 부상당했다. ◇ **balazo** 圕 총소리; 탄환자국. Se oyeron tres *balazos*. 세 발의 총소리가 들렸다.

balance 圕 ① 동요; 균형. El barco ha recobrado su *balance* normal. 배의 동요가 다시 정상으로 돌아왔다. ② [상업] 청산; 대차 대조표. El *balance* de los negocios en este año da una falta de 200 millones de wones. 금년도의 결산 잔액은 2억원의 부족으로 되어 있다.

balancear 圕 요동시키다; 균형을 맞추다. La madre *balancea* al niño en la cuna. 모친은 요람속의 어린아기를 흔들어 준다. 재 흔들리다. No te *balancees* en la silla, que va a romperse. 부서질테니 의자를 흔들지 마라.

balanza 예 ① 저울. El empleado lo colocó en la *balanza*. 점원은 그것을 저울에 올려 놓았다. ② 균형, 밸런스. Las dos naciones tratan de mantener equilibrada su *balanza* de fuerza. 왕국은 힘의 균형을 유지하도록 노력하고 있다.

balcón 圕 발코니. Los niños, asomados al *balcón*, contemplaban la procesión. 어린이들은 발코니에서 바깥의 행렬을 바라보고 있었다. ◇ **balconaje** 발코니의 줄.

balde 圕 물통. Este *balde* se sale. 이 물통은 샌다. *de balde* 무료로(gratis). Trabajó *de balde*. 그는 무료로 일했다. Estas flores se ofrecen *de balde*. 이 꽃들은 무료로 증정한다. *en balde* 무익하게, 헛되이(en vano). Trate *en balde* de llamarle por teléfono. 그에게 전화하려 했지만 허사였다.

balompié 圕 축구, 풋볼(fútbol).

balón 圕 ① (축구 따위의) 공(pelota). Este *balón* es demasiado grande para niños tan pequeños. 이 공은 이렇게 어린애들에게는 너무 크다. ② 기구(氣球) El científico experimenta en el *balón* de ensayo. 과학자는 실험기구로 실험한다. ◇ **baloncesto** 圕 농구. ◇ **balonmano** 圕 송구, 핸드볼.

ballena 예 [동물] 고래. Los barcos balleneros dejan el puerto y se dirigen a la caza de la *ballena*. 포경선은 항구를 뒤로 하고 고래잡이를 떠난다. ◇ **ballenero, ra** 圈 포경의. 圕 고래잡이 어부. 圕 포경선.

ballet 圕 발레(단).

banana 예 [식물] 바나나(plátano). ◇ **bananal/bananar** 圕 바나나밭. ◇ **banano** 圕 바나나 나무(plátano).

banco 圕 ① 긴의자, 벤치. Han pintado de verde los *bancos* del parque. 공원의 긴의자를 초록색으로 칠했다. ② 은행, 금융기관. ¿Puedo cobrar mi cheque en este *banco*? 내 수표를 이 은행

에서 현금으로 주시겠읍니까. ③물고기떼. Los pescadores han encontrado un *banco* de bonitos. 어부들은 고등어떼를 발견했다.

banda 예 ①무늬. Ha comprado una seda de *bandas* azules y negras. 그녀는 파랑과 검정 무늬의 명주 옷감을 샀다. ②띠; 현장(縣章). Ella llevaba un vestido blanco con una *banda* azul. 그녀는 띠가 달린 흰 옷을 입고 있었다. Para enviar un periódico, se escribe la dirección sobre la *banda* de papel que lo rodea. 신문을 보내려면 종이로 띠를 두르고, 그위에 주소를 쓰는 것이다. ③(사람·새의) 무리. El café fue invadido, de pronto, por una *banda* de estudiantes, que se puso enseguida a cantar. 다방에 왁작하게 학생의 일단이 들어와서 그들은 바로 노래하기 시작했다. ④【음악】악단, 밴드. No me gusta esa *banda*. 나는 저 악단이 마음에 들지 않는다.

bandeja 예 쟁반; 큰 접시.

bandera 예 깃발. El descubridor agitó la *bandera* nacional. 탐험가는 국기를 흔들었다. *bandera blanca* [*de paz*] 백기, 휜기, 항복기.

banderilla 예 황소 찌르는 단창. ◇ **banderillero** 남 단창으로 찌르는 사람·투우사.

bandido 남 도둑(ladrón): Los *bandidos* van desapareciendo poco a poco de los países civilizados. 도둑은 문명국에서 점점 모습을 감추어 간다.

bando 남 당, 파벌(partido). Padre e hijo están afiliados a *bandos* distintos. 아버지와 아들은 서로 다른 당에 가입하고 있다.

banquero, ra 남 은행가, 금융업자. Su padre, un *banquero* famoso, está casi siempre en el extranjero. 그의 부친은 유명한 은행가여서 거의 언제나 외국에 있다.

banquete 남 연회. Nos han obsequiado con un gran *banquete*. 우리들은 큰 대접을 받았다.

bañar 타 ①(물 따위에) 담그다; 끼얹다. Se debe *bañar* a los niños pequeños todos los días. 젖먹이는 날마다 목욕시켜야 한다. Me gusta comer bizcochos *bañados* en leche. 나는 우유에 담근 카스텔라를 먹는 것이 좋다. Llegó *bañado* en sudor. 그는 땀투성이가 되어서 왔다. ②(강·바다가 언덕 따위를) 스치고 있다. El mar cantábrico *baña* las costas del norte de España. 깐따브리아해(의 물결)는 스페인 북부의 해안을 스치고 있다. ~**se** 목욕하다, 미역감다. Los niños fueron a *bañarse* en el río. 어린이들은 냇물에 헤엄치러 갔다. ◇ **bañador** 남 수영복(traje de baño, traje de playa).

baño 남 ①목욕; 해수욕. Le gusta tomar el *baño* muy caliente. 그는 뜨거운 물에 들어가는 것을 좋아한다. ②목욕탕, 욕실; 화장실. Pregunté a la criada dónde estaba el *baño*. 어디에 화장실이 있느냐고 나는 하녀에게 물었다. 복 ③광천, 온천장. En ese verano sus padres fueron a los famosos *baños* de Alhama. 그 여름에 그의 양친은 유명한 알라마의 광천에 갔었다. *baños de sol* 일광욕. *baño de ducha* 샤워. *traje de baño* 수영복(traje de

bar 명 술집, 경양식 식당. Vamos al *bar* a tomar algo. 무엇 좀 마시러 술집에 가자.

barajar 타 (트럼프 따위를) 섞다; 산산이 흩어지게 하다. *Barajarás* bien los naipes antes de repartirlos. 나누기 전에 트럼프를 잘 섞어야 해. ◇ **baraja** 여 한 벌의 트럼프; 트럼프 놀이. Había gente que estaba jugando a la *baraja*. 트럼프 놀이를 하고 있는 사람들이 있었다.

barato, ta 형 값이 싼 (반 caro). Lo *barato* sale caro. 싼 것이 비지며. La vida está allí *barata*. 그곳에서는 생활비가 싸다. 부 값싸게. En este almacén venden *barato*. 이 백화점에서는 물건을 싸게 팔고 있다. 명 헐값으로 팔기, 할인판매. Hoy hay un *barato* en esa tienda. 오늘 그가게에서는 할인판매가 있다. ◇ **baratija** 여 값싼 물건. ◇ **baratura** 여 염가, 싼 물건.

barba 여 【신체】 턱, 턱수염. José tiene una *barba* puntiaguda. 호세는 턱이 뾰족하다. No me recorte la *barba*. 턱수염을 깎지 마시오. ◇ **barbudo, da** 형 턱수염을 기른, 수염이 더부룩한.

bárbaro, ra 형 야만족의; 난폭한. No seas *bárbaro*. 난폭한 행동을 해서는 안된다. 명 야만족; 난폭한 사람. Los *bárbaros* acabaron por conquistar a Roma. 야만족은 드디어 로마를 정복했다. ¡Este *bárbaro* se baña en el río helado! 이 난폭한 놈은 찬 냇물에 들어가 있다! ◇ **bárbaramente** 부 난폭하게; 무섭게. Ayer lo pasamos *bárbaramente*. 어제는 무척 즐겁게 지냈다. ◇ **barbaridad** 여 난폭; 무서운 일. No diga usted *barbaridades*. 난폭한 말을 해서는 안되오. ¡Qué *barbaridad*! 지독하군!

barbero, ra 명 이발사(peluquero). El ejerce de *barbero* en aquel pueblo. 그는 저 읍에서 이발소를 경영하고 있다. ◇ **barbería** 여 이발소(peluquería, casa de barberos). José trabajó como aprendiz en una *barbería* durante cinco años. 호세는 견습생으로 5년동안 이발소에서 일했다.

barco 명 배 (buque). Preferiría ir en *barco*. 나는 차라리 배로 가고 싶다. ◇ **barca** 여 소형의 배.

barniz 명 【도료】 니스. José daba *barniz* a una caja. 호세는 상자에 니스를 칠하고 있었다.

barómetro 명 기압계.

barón 명 남작. El rey le otorgó el título de *barón* por sus méritos de guerra. 왕은 전공에 의해 그에게 남작의 칭호를 주었다. ◇ **baronesa** 여 남작부인, 여자 남작.

barra 여 막대; 방망이; 【도구】 지렛대. Necesitamos una *barra* de hierro. 우리들은 쇠몽이 필요하다.

barraca 여 판자집, 오두막. La familia vivía en una *barraca* de tablas en un lugar de las afueras. 그 가족은 교외의 어떤 곳에서 오두막에 살고 있었다.

barranca 여 / **barranco** 남 벼랑, 절벽. ◇ **barrancoso, sa** 형 가파른, 험준한.

barrer 타 쓸다; 털어내다. Tienes que *barrer* el suelo con más

cuidado. 너는 마루를 좀 더 주의해서 쓸어야 한다. Sus palabras *barrieron* mis últimas dudas. 그의 말은 나의 마지막 의혹을 일소했다.

barrera 예 ① 울타리. El sitio está cerrado con *barreras*. 그 장소는 울타리로 폐쇄해 놓았다. ② 장벽, 장애. La diferencia de religión es una *barrera* entre los dos para casarse. 종교가 달라 두 사람이 결혼하는데 장애가 되고 있다. ③ 투우의 특등석.

barriada 예 (도시의) 구; 소구(小區).

barricada 예 바리케이드; 방해물. Allí se construyó una fuerte *barricada* con sacos de tierra. 그곳에 흙을 채운 주머니로 강력한 바리케이드가 구축되었다.

barriga 예 배, 복부 (abdomen, vientre). *dolor de barriga* 복통 (dolor de estómago).

barril 남 통, 물항아리.

barrio 남 (시내의) 구; 지구. Quisiera ir con usted para conocer los *barrios* bajos de la ciudad. 시의 변두리를 보러 당신과 함께 가고 싶소.

barro 남 진흙; 도토(陶土). Las calles están llenas de *barro*. 거리는 진흙투성이다.

basar 타 (기초·근거를) 두다; 만들다. El rey hizo levantar un castillo *basándo*se sobre aquella roca. 왕은 그 바위 위에 토대를 만들고 성을 세우게 했다. ◇ ~se [+en : …에] 기초·근거를 만들다. La dicha más perfecta *se basa en* el hogar más perfecto. 가장 완전한 행복은 가장 완전한 가정에 기초를 두고 있다.

báscula 예 앉은뱅이 저울.

base 예 ① 기초, 근거. Este ensayo podrá servir de *base* para lograr un futuro éxito. 이 테스트는 장래의 성공을 얻는 기초로 될 것이다. ② 밑바닥, 토대. Una vasija de poca base se cae con facilidad. 밑바닥이 작은 그릇은 넘어지기 쉽다. ③ 기지(基地). El sumergible ha regresado a su *base*. 잠수함은 기지에 돌아왔다. *a base de* …을 기초·근거로 하여, …의 조건으로, …의 여하로. El negocio se podrá realizar *a base de* los precios. 거래는 가격 여하로 실행됨. ◇ **básico, ca** 형 기초·기본적인 (fundamental).

básquetbol 남 농구.

bastante 형 상당한; 충분한. Mañana hará *bastante* frío. 내일은 꽤 추울거야. Hoy tengo *bastantes* cosas que hacer. 오늘 나는 할 일이 상당히 있다. Esta temperatura no es *bastante* para fundir el vidrio. 이 온도는 유리를 녹이는데 충분하지 못하다. 부 상당히; 충분히. Ya habla español *bastante* bien. 벌써 그는 스페인어를 제법 말할 수 있다.

bastar 자 ① 충분하다. Este trozo de cuerda *basta* para atar el paquete. 소포를 묶는데 이 노끈으로 충분하다. *Basta de* conversación y vamos a trabajar. 말은 그만하고 일하자. ② [+con 만으로] 족하다, 충분하다. Me *basta con* un pedazo de pan. 나는 빵 한 조각으로 충분하다.

basto, ta 형 ① 거친. ② 조잡한; 정제되지 않은. El traje está hecho de material muy *basto*. 옷은 아주 조잡한 재료로 만들어져 있다. ◇ **basteza** 여 거칠음, 조잡.

bastón 남 지팡이; 막대기.

basura 여 쓰레기, 오물.

bata 여 가운; 실내복; 작업복. *bata de baño* 목욕복. *bata de dormir* 잠옷.

batalla 여 싸움; 시합. Los aviones franceses intervinieron en esa *batalla*. 프랑스군 비행기가 그 전투에 참가했다. ◇ **batallar** 자 싸우다; 논쟁하다. ◇ **batallón** 남 보병대대.

batería 여 ① 기구 한벌. Al fin hemos comprado una *batería* de cocina. 드디어 우리들은 부엌용품 한 벌을 샀다. ② 축전지. Se necesita poner una nueva *batería* al coche. 차에 새로운 축전지를 넣어야 한다. ③ 포병 진지·중대.

batir 타 ① 치다, 때리다; 타도·타파하다. Las olas *batían* las rocas. 물결이 바위를 때리고 있었다. El campeón coreano *batió* el récord mundial. 한국 선수가 세계기록을 깼다. ② 뒤섞다; (머리를) 빗다. ¿Quieres *batir* los huevos bien? 달걀을 잘 저어 주지 않겠나.

baúl 남 트렁크. En este *baúl* cage todo. 이 트렁크에는 무엇이든지 들어간다.

bautizar [⑨ alzar] 타【종교】(에게) 세례를 하다; 명명(命名)하다. ¿Cuándo *bautizáis* a la niña? 너희들은 언제 아기에게 이름을 지을 것인가. ◇ **bautismo** 남 세례(식). ◇ **bautizo** 남 세례; 명명(命名).

bazar 남 백화점 (almacén); 장, 시장.

bebé 남 갓난 아이.

beber 타 마시다 (tomar). La esposa *bebía* sólo agua. 아내는 물만 마시고 있었다. ¿Le gustaría *beber* algo? 무얼 좀 마시겠읍니까. 자 술을 마시다. Tío Jacinto *bebe* demasiado. 하신또 아저씨는 술을 과음한다. ¡*Bebamos* por su éxito! 그의 성공을 빌고 건배하자! ◇ **bebida** 여 마실 것. Los indios hacían de maíz comidas y *bebidas* muy sabrosas. 인디오들은 옥수수로 대단히 맛있는 음식물을 만들고 있었다.

becerro 남 (한 살이 못된) 송아지; 송아지 가죽. ◇ **becerra** 여 암송아지.

béisbol 남 야구.

bello, lla 형 아름다운, 어여쁜 (lindo, hermoso, bonito). ¡Qué *bello*! 굉장히 아름답군. Allí encontraremos un *bello* paisaje. 저곳에는 (가보면) 아름다운 경치가 있겠다. Mañana visitaré el Museo de *Bellas* Artes. 내일 나는 미술관을 방문할 예정이다. ◇ **belleza** 여 아름다움; 미인. Es una auténtica *belleza*. 그녀는 진짜 미인이다. *salón de belleza* 미장원 (peluquería).

bendecir [69 decir] 타【종교】축복하다. El padre *bendijo* a su hijo al despedirse de él. 부친은 아들과 이별할 때 아들을 축복했다. ◇ **bendición** 여 축복; 강복식(降福式). Que te alcance la *bendición* de Dios. 너에게 신의 축복의 손이 닿기를 빈다. *ser* *una bendición* 훌륭하다. Ahí tiene usted un cerezo cubierto de flores que *es una bendición*. 저곳에 꽃에 덮인 훌륭한 벗나무가 있다.

bendito, ta 형 축복받은, 고마운; 행복한 (feliz). ¡*Bendito* seas! 너에게 축복이 있으리라! ¡*Bendito* y alabado sea Dios! (기도의 첫머리의 말) 신이 숭상되고, 칭송되시기를!

beneficiar [11 cambiar] 타 (에) 은혜·이익을 주다; 이용·개발하다. La lluvia *ha beneficiado* muchos los campos. 비는 논밭을 흠뻑 적시어 주었다. La reforma *benefició* a la gente. 개혁은 사람들에 이익을 주었다.

beneficio 남 이익; 은혜. El cambio de clima le hizo mucho *beneficio*. 기후가 바뀐 것이 그에게 대단히 좋았다. Nuestro margen de *beneficio* es muy pequeño. 제사의 이익 마진은 극히 적다. ◇ **beneficiario, ria** 형 수익자 (보험·연금의) 수취인. ◇ **benéfico, ca** 자선의, 선의의.

benevolencia 여 친절, 인정이 많음. ◇ **benévolo, la** 형 친절한, 인정이 많은(benevolente).

benzo ①benzol. 벤졸.

berbiquí 남 [공구] 송곳.

berenjena 여 [식물] 가지. ◇ **berenjenal** 남 가지밭.

beriberi 남 [의학] 각기병.

berro 남 [식물] 겨자.

berruga 여 사마귀.

berza 여 양배추 (col). ◇ **berzal** 남 배추밭.

besar 타 입맞추다 (dar un beso). *Bésame* mucho. 키스를 많이 해다오. El padre la *besaba* en la frente. 부친은 그녀의 이마에 입맞추었다.

beso 남 입맞춤. *dar un beso* 입맞추다. José dio muchos *besos* a Lola. 호세는 롤라에게 여러번 입맞추다.

bestia 여 짐승; 가축. ◇ **bestial** 짐승같은.

besugo 남 [물고기] 도미.

betún 남 타르; 구두약.

biberón 남 젖병, 우유병.

biblia 여 성경. Santa *Biblia* 성경. ◇ **bíblico, ca** 형 성경의, 고마운. Sociedad *Bíblica* 성서 협회.

bibliografía 여 서지학(書誌學); 문헌 목록. ◇ **bibliográfico, ca** 형 서적의; 문헌 목록의. boletín *bibliográfico* 신간 도서 안내.

biblioteca 여 도서관, 도서실; 장서; 총서. Cuando no hay clase, voy a la *biblioteca* de la universidad. 수업이 없을 때는 나는 대학 도서관으로 간다. ◇ **bibliotecario, ria** 형 도서관원, 사서(司書).

bicarbonato 남 [화학] 중탄산 (염). soda de *bicarbonato* 중탄산소다.

bicicleta 여 자전거. Me gusta mucho montar en *bicicleta*. 나는 자전거를 타는 것을 대단히 좋아한다. ◇ **biciclista** 자건거를 타는 사람, 자전거 선수.

bicho 남 벌레; 짐승. José dice que no le gusta el campo por los

bien 图 ① 잘, 좋게. *Estoy bien de salud.* 나는 건강상태가 좋다. ② 능란하게; 바르게. *Usted pronuncia muy bien.* 당신은 발음이 매우 좋다. *Esta parte está bien traducida.* 이 부분은 정확하게 번역되어 있다. ③ 썩; 충분히; 상당히. *¿Durmió usted bien anoche?* 어제 밤은 잘 주무셨읍니까. *Lo tienes bien cerca.* 바로 가까이에 그것이 있다. 圐 ①착한, 좋은 일. *José no sabe distinguir el bien del mal.* 호세는 선악을 구별할 줄 모르는 사람이다. ② 행복. *La salud es el mayor bien en este mundo.* 건강은 이 세상에서 최대의 행복이다. ③ 圐 부(富), 재산. *bienes muebles* 동산. *bienes inmuebles* 부동산. *más bien* 차라리, 오히려. *José es más bien rico que pobre.* 호세는 가난하기보다는 오히려 부자인 편이다. *estar bien* 건강하다; 기분좋다. *José está muy bien con el jefe.* 호세는 과장과 사이가 좋다. *No vengas mañana. —Está bien.* 내일은 오지 말아다오. —알았다. *hacer bien en* …하는 편이 좋다. *Harás bien en ir.* 너는 가는 편이 좋을 것이다. *Hiciste bien en ir.* 너는 가기를 잘했다.

bienal 圈 2년(마다)의. *La feria bienal de muestras de esta ciudad se inaugurará el primero de octubre.* 이 도시의 2년마다의 견본시장은 10월 1일에 개막된다.

bienestar 圐 안락(한 생활); 복지. *Es difícil conseguir un bienestar completo.* 완전한 복지달성은 곤란하다.

bienvenido, da 圈 환영을 받은. *Sea bienvenida usted, señora.* 부인, 잘 오셨읍니다. ②(**[**중남미**]**boleto). *Bienvenido a Corea.* [환영받은 사람이 남자] 한국에 오신 것을 환영합니다. 圐 환영. *El ministro dio la bienvenida a la misión económica.* 장관은 그 경제 사절단에게 환영사를 말했다.

bigote 圐 콧수염. *¿Le recorto el bigote?* 콧수염을 깎을까요.

billar 圐 당구. ◇ **billarista** 圐 당구선수, 당구치는 사람.

billete 圐 ① 지폐. *¿Puede usted cambiarme este billete?* 이 지폐를 바꾸어 주시겠읍니까. ② 표(**[**중남미**]**boleto). *¿Dónde se sacan los billetes?* 표는 어디서 삽니까. *billete de andén* (역의) 입장권. *billete de abono* 정기승차·관람권. *billete de ida* 편도표. *billete de banco* 은행권. *billete de ida y vuelta* 왕복표.

billetera 예 지갑.

billetero 圐 표파는 사람.

biografía 예 전기(傳記). *El escribió una colección de biografías.* 그는 전기집(傳記集)을 썼다. ◇ **biografiar** 国 전기를 쓰다. ◇ **biográfico, ca** 圈 전기의, 전기체의. ◇ **biógrafo, fa** 圐 전기작가.

biología 예 생물학. *José, cuando joven, ponía mucho interés en biología.* 호세는 젊었을 때 생물학에 흥미가 있었다. ◇ **biológico, ca** 圈 생물학의. ◇ **biólogo, ga** 圐 생물학자.

biombo 圐 병풍; 칸막이.

bizcocho 圐 카스텔라.

blanco, ca 圈 ① 흰. *Era blanca como la nieve.* 그녀는 눈처럼 희

었다. ¿Cómo se llaman esas flores *blancas*? 그 흰꽃은 무슨 꽃인가요. ② 공백의. Por favor llene este espacio *blanco*. 이 빈 칸에 기입해 주시오. ③ 백색인종의. 圀 백인. Los *blancos* quisieron someter a los indios. 백인들은 인디오를 굴복시키려 하였다. 圀 ① 흰색, 백색, 흰 빛. ② 여백, 공백. ③ 표적, 과녁. José dio en el *blanco*. 호세는 표적에 명중시켰다. ◇ **blancura** 阅 흰 정도; 흰 것. ◇ **blanquear** 団 회게하다. *Blanquean* la fachada una vez al año. 1년에 한번 정면의 벽)은 회게 만들어 진다. 困 회게 보이다. *Blanquean* algunas manchas de nieve en la ladera. 산 중턱에 눈이 약간 희엄희엄 희게 보이고 있다.

blando, da 阍 ① 부드러운. La cama no está *blanda*. 침대가 포근 하지 못하다. ② 온화한. Hacía un tiempo *blando*. 온화한 날씨 였다. 圁 부드럽게; 온화하게. José le hablaba muy *blando*. 호세는 그녀에게 상냥하게 말하고 있었다.

blandamente 凰 부드럽게; 온화하게. ◇ **blandura** 阅 부드러움; 추위의 누그러짐.

blasón 圀 ① 문장(紋章)학. 圀 ② 가품, 가풍. José está orgulloso de sus *blasones*. 호세는 가풍을 자랑하고 있다.

blondo, da 阍 금발의(rubio).

bloque 圀 ① [건축] 블럭. Este edificio está hecho de *bloques* de cemento. 이 건물은 콘크리트블럭 건축이다. ② 집단. Se formó el *Bloque* Latino o sea la Unión Aduanera Latina para ese fin. 그 목적을 위해 라틴블럭 즉 라틴관세동맹이 결성되었다. *en bloque* 합쳐서; 전체로서. Ha vendido la finca *en bloque*. 그는 그 농장을 일괄하여 팔았다.

blusa 阅 블라우스.

bobo, ba 阍 바보같은, 멍청한, 어리석은(tonto, torpe, estúpido).

boca 阅 ① 입. En *boca* cerrada no entran moscas. 입은 재앙의 근원. José no abrió la *boca*. 호세는 입을 열지 않았다. ② 입 구, 출구. Ahí tiene la *boca* del metro. 저기 지하철 입구가 있다. *buena boca* 맛좋은 것. Este vino tiene *buena boca*. 이 포 도주는 맛이 좋다. *boca abajo* 몸을 굽혀서, (보이지않도록)구 부리고. El niño duerme *boca abajo*. 이 아기는 엎어져 자고 있다. *sin decir esta boca es mía* 말 한 마디 없이(sin decir nada).

bocacalle 阅 거리의 입구.

bocadillo 圀 샌드위치(sandwich).

bocado 囝 한 모금, 한 입. No he probado *bocado* desde ayer. 나는 어제부터 한 모금을 마시지 못했다.

boceto 圀 스케치, 구도(構圖). El pintor siempre hace un *boceto* antes de pintar su cuadro. 화가는 그림을 그리기 전에 반드시 스케치를 한다.

bocina 阅 나팔, 경적; 물피리.

boda 阅 결혼(식). La *boda* tendrá lugar el sábado próximo. 결 혼식은 이번 토요일에 거행된다.

bodega 阅 술창고, 술곳간; 지하창고. Trajeron dos botellas de la *bodega*. 그들은 술곳간에서 두 병을 가져왔다. ◇ **bodegaje**

bofetada 여 따귀를 때림; 모욕·창피를 줌. dar una *bofetada* 따귀를 때리다. ◇ **bofetear** 태 따귀를 때리다.

boina/boína 여 베레모.

bola 여 구슬, 공. Los niños se batían con *bolas* de nieve. 어린이들은 눈뭉치로 눈싸움을 하고 있었다.

bolero 남 볼레로(춤) (안달루시아 지방의).

boletín 남 ① 회보(會報), 소책자. El *boletín* de la Sociedad se publica dos veces al año. 협회의 회보는 1년에 2회 발행된다. *Boletín Oficial de Estado* 관보. ② (복권의) 표. ◇ **boleto** 남 【중남미】 표(billete). El *boleto* de ida y vuelta tiene un descuento de diez por ciento. 왕복표는 1할 할인이다.

boliviano, na 형 볼리비아(Bolivia)의. 남 볼리비아사람.

bolsa 여 ① 주머니; 가방. Necesito una *bolsa* de papel para guardarlo. 나는 그것을 넣는 종이주머니가 필요하다. ② [상업] 시세; 주식·증권시장. Ayer hubo importantes transacciones en la *bolsa*. 어제는 증권시장에서 큰 거래가 있었다.

bolsillo 남 호주머니. José lo metió en su *bolsillo*. 호세는 그것을 호주머니에 넣었다. *reloj de bolsillo* 회중시계.

bolso 남 핸드백; 자루, 부대. Lola llevaba un *bolso* muy elegante. 롤라는 대단히 우아한 핸드백을 가지고 있었다.

bomba 여 ① 펌프. Se saca el agua del pozo con una *bomba*. 물은 우물에서 펌프로 끌어 올려진다. ② 폭탄. Una *bomba* destruyó el puente completamente. 폭탄은 다리를 완전히 파괴했다. *bomba atómica* 원자폭탄. *bomba de incendios* 소방펌프. ◇ **bombero** 남 소방수.

bombardear 태 포격·폭격하다. Los aviones *bombardearon* el puerto. 비행기는 항구를 폭격했다. ◇ **bombardeo** 남 포격, 폭격.

bombilla 여 전구(電球).

bombón 남 과자, 캔디; 드롭프스, 캬라멜. ◇ **bombonera** 여 과자 그릇.

bondad 여 ① 선량. Todos alaban la *bondad* de ese muchacho. 그 소년의 선량함을 모두들 칭찬한다. ② [주로복] 친절. Le estoy muy agradecido por sus *bondades*. 당신의 친절에 나는 감사하고 있읍니다. *tener la bondad de* +동사원형 [경어] …하여 주십시오 (hacer el favor de+동사원형). *Tenga la bondad de servirse* 드십시오. *Tenga usted la bondad de aguardar un momento*. 조금 기다려 주시오. ◇ **bondadoso, sa** 형 친절한, 상냥한. José trató de consolarla con *bondadosas* palabras. 호세는 상냥한 말로 그녀를 위로하려 했다.

bonito, ta 형 아름다운 (lindo, hermoso); 사랑스런. ¡Qué paisaje tan *bonito*! 어쩌면 이렇게 경치가 좋을까! Aquella chica es tan *bonita* como dices. 저 여자는 네가 말하듯이 대단히 예쁘다. 【물고기】고등어.

bono 남 배급권, 인환권; 채권, 증권, 국채.

bordar 태 (…에) 자수를 하다, 수놓다. La vieja *bordaba* la tela

con oro. 노파는 그 천에 금으로 수놓고 있었다. ◇ **bordado** 圀 자수, 수놓기.

borde 圀 옷단, 가, 가장자리. El vaso estaba en el *borde* de la mesa. 컵은 책상 끝에 있었다. Ellos vivían al *borde* del río. 그들은 냇가에 살고 있었다.

bordo 圀 뱃전. *a bordo* 배에서, 배 안에서; 기내(機內)에서. Había una muchacha de unos diez años entre los que iban *a bordo*. 배를 타고 있던 사람들 중에 10살쯤 된 소녀가 있었다.

borla 圀 매듭, 매듭 장식. Del casco pendían dos *borlas*. 헬멧에 2개의 매듭 장식이 늘어져 있었다.

borracho, cha 圀 취해 있는, 술취한. Me encontré con un sujeto algo *borracho*. 나는 약간 술취한 어떤 남자를 만났다. 圀 술주정꾼; 술 좋아하는 사람. Un *borracho* caminaba torpemente por la calle. 어떤 술주정꾼이 비틀비틀 거리를 걷고 있었다. ◇ **borrachera** 圀 취함, 취기(醉氣). Aún no se le ha pasado la *borrachera*. 그는 아직 취기가 깨지 않았다.

borrar 圀 지우다, 지워버리다. El muchacho *borró* con una goma lo que había escrito en esa página. 소년은 그 페이지에 쓴 것을 지우개로 지웠다. El tiempo *ha borrado* todo. 시간이 모든 것을 지워버렸다. ◇ **borrador** 圀 흑판 지우개; 초고, 원고 (manuscrito).

borrico 圀 당나귀(asno, burro); 바보(tonto, torpe, bobo). ◇ **borrical** 圀 당나귀의·같은. ◇ **borriquito** 圀 당나귀 새끼; 작은 당나귀.

borrón 圀 잉크자국·얼룩; 초고(草稿); 뎃상; 흠.

bosque 圀 숲, 수풀. Los hombres salían a cortar madera en el *bosque*. 사내들은 숲속으로 나무를 베러 갔다. ◇ **boscoso, sa** 圀 숲이 많은.

bosquejo 圀 약도, 스케치; 복안. ¿Quiere usted trazar en este papel un *bosquejo* del barrio? 이 종이에 구역의 약도를 써 주지 않겠습니까. ◇ **bosquejar** 圀 소묘(素描)하다, 복안을 세우다.

bostezar 圉 alzar] 圀 하품하다. *Bostezó* de hastío. 그는 싫증이 나서 하품을 했다. ◇ **bostezo** 圀 하품.

bota 圀 ①술부대. En fiestas y reuniones los españoles beben con frecuencia el vino en *bota*. 파티나 회합에서 스페인사람은 흔히 술부대에 든 포도주를 마신다. ②천상화, 장화. Me he tenido que poner las *botas* para trabajar en el jardín. 뜰에서 일 할 때 나는 장화를 신어야 했다.

botánico, ca 圀 식물학의. Esta tarde iremos a visitar el jardín *botánico* de la ciudad. 오늘 오후 시내 식물원에 가자. 圀 식물학. En el futuro piensa dedicarse a la *botánica*. 그는 장래 식물학에 전념할 작정이다. ◇ **botanista** 圀 식물학자 (botánico).

botar 타 (배를) 진수시키다; 내쫓다(despedir); 던지다(arrojar).

bote 圀 보트, 작은 배; 깡통; 병; 콘테이너. *bote salvavidas* 구명 보트. *de bote en bote* 초만원의, 꽉 들어차서(completamente lleno).

botella 예 병. Sobre el aparador hay varias *botellas* de vino. 찬장 위에 몇 병쯤 술병이 있다. ◇ **botellazo** 団 병으로 때림.

botica 예 약국(farmacia). ◇ **botiquín** 団 휴대용 약품; 그 상자.

botón 団 ① (초목의) 싹; 꽃봉오리. Han comenzado a aparecer los primeros *botones* en las ramas de los árboles. 나무 가지에 새싹이 나오기 시작했다. ② (의복·기구의) 단추. He pedido a su mujer que le cosa el *botón* de la camisa. 그는 아내에게 샤쓰의 단추를 달아 달라고 부탁했다. ③ 圏 사환, 보이. Los *botones* de este hotel llevan un uniforme verde. 이 호텔의 보이들은 초록색 제복을 입고 있다.

boxeo 団 권투, 복싱. ◇ **boxeador** 団 권투선수. ◇ **boxear** 国 권투를 하다.

bóveda 예 둥근 지붕; 둥근 천장. Las *bóvedas* de la catedral son famosas por las pinturas que la adornan. 그 대성당의 둥근 천장은 그것을 장식하고 있는 그림 때문에 유명하다. *bóveda celeste* 하늘, 창공.

brasileño, ña 囲 브라질(el Brasil)의. 団 브라질사람.

bravo, va 囲 ① 용감·용맹한(valiente). Ese joven se casó con una mujer *brava*. 그 청년은 왈가닥과 결혼했다. ② 거칠거칠한. Se rompían las olas *bravas* rugiendo. 거친 물결은 포효하면서 부서지고 있었다. 団 용감·용맹한 사람. Este niño es un *bravo*. 이 아이는 용감한 어린이다. 圏 만세, 잘했다. ¡*Bravo*! gritaron los que veían la escena. 그 광경을 보고 있던 사람들은 "만세"하고 소리쳤다. ◇ **bravamente** 團 용감·용맹하게; 맹렬하게; 무섭게. *Bravamente* hemos comido. 우리들은 무섭게 먹었다. ◇ **bravura** 예 용맹, 맹렬한 기상.

brazarete 団 팔찌(pulsera).

brazo 団 ① (신체) 팔. Entró llevando el abrigo al *brazo*. 그는 외투를 팔에 걸고 들어왔다. ② 완력. *brazo derecho* 오른팔; 유력한 협력자. *del brazo con* (…와) 팔을 맞잡고, 팔을 끼고. Iban *del brazo*. 그들은 팔을 끼고 걷고 있었다.

breve 囲 짧은; 근소한; 간단한. Su visita ha sido muy *breve* porque tenía una cita urgente. 그는 급히 사람과 만날 약속이 있었으므로 그의 방문은 짧았다. Hazme un resumen *breve* de este libro. 이 책의 간단한 요약을 해다오. *en breve* 이윽고, 바로. Me ha anunciado que vendrá *en breve*. 그는 곧 오겠다고 알려 왔다. ◇ **brevedad** 예 단시간; 간결. La *brevedad* del tiempo nos impidió ver toda la exposición. 시간이 짧아서 우리들은 전람회를 전부 볼 수가 없었다. ◇ **brevemente** 團 간단하게. Explícame *brevemente* lo que ha pasado. 일어난 일을 간단히 설명해 다오.

brigada 예 (군대) 여단; 대(隊); 반(원).

brillante 囲 빛나는; 훌륭한(excelente). La cadena de tu reloj es demasiado *brillante*. 너의 시계줄은 너무 번쩍거린다. El Rector de la Universidad ha pronunciado un *brillante* discurso. 학장은 훌륭한 연설을 했다. 団 (브릴란트형으로 가공한) 다이아

몬드(diamante). José le regaló una pulsera de *brillantes*. 호세는 그녀에게 보석 팔찌를 증정했다. ◇ **brillantez** 예 빛남, 빛나는 정도. La ceremonia de boda ha resultado de una *brillantez* extraordinaria. 결혼식은 대단히 호화로웠다.

brillar 자 ① 빛나다. Las estrellas *brillaban* en la bóveda celeste de la noche. 별이 밤 하늘에 빛나고 있었다. ② (다른 것보다 뛰어나서) 빛나다, 광채를 내다. *Brilla* entre todos por su inteligencia. 그의 머리의 우수함은 전부 중에서 빛나고 있다. ◇ **brillo** 예 빛남, 윤택. El muchacho sacó mucho *brillo* a los zapatos. 소년은 구두를 매우 빛나게 했다.

brindar 타 바치다; 제공하다. La pequeña *brindó* un ramo de rosas al ilustre visitante. 그 여자가 유명한 방문자에게 장미 꽃다발을 바쳤다. Su invitación me ha *brindado* la oportunidad de visitar Madrid. 그의 초대가 마드리드를 방문할 기회를 제공해 주었다. 자 [+a·por : …를 위하여] 건배하다. *Brindemos por* los compañeros ausentes. 지금까지 출석하지 못하는 친구들을 위해 건배하자. ◇~**se** [+a+동사원형 : …하자고] 신청하다. Este muchacho *se brinda* a acompañarte. 이 소년이 너와 함께 가겠다고 말하고 있다. ◇ **brindis** 남 건배.

brío 남 의기, 기력. Este muchacho empieza a estudiar con muchos *bríos*, pero se cansa pronto. 이 어린이는 매우 긴장하여 공부를 시작하지만, 곧바로 싫증을 낸다. ◇ **brioso, sa** 형 용기 있는, 늠름한.

brisa 예 미풍, 산들바람. La *brisa* marina me acaricia las mejillas. 바다의 산들바람이 나의 뺨을 간지럽다.

británico, ca 형 브리타니아(Britania)의, 영국의.

brocha 예 솔, 붓. *brocha* para afeitar 면도용 솔.

broche 남 브로치; 호크.

broma 남 농담. Le han gastado una *broma* muy pesada. 그는 악랄한 농담을 들었다. No lo tomes en serio; estoy de *broma*. 그것을 진지하게 받아들여서는 안된다; 나는 농담(으로 말하고 있는 것)이다. *en broma* 농담으로. Te lo decía *en broma*. 너에게 그것을 농담으로 말했다. ◇ **bromear(se)** 자 (재) 농담을 하다. Está siempre *bromeando*. 그는 언제나 농담을 하고 있다. ◇ **bromista** 형 농담을 좋아하는. 남 농담 좋아하는 사람.

bronce 남 ① [금속] 청동. Esta estatua de Júpiter está hecha de *bronce*. 이 주피터신의 상은 청동으로 만들어져 있다. *medalla de bronce* 동메달. ② 동상(銅像). ◇ **bronceado, da** 청동빛의, 볕에 그을린.

brotar 자 ① 싹트다. A finales de abril comienzan a *brotar* las primeras hojas de los árboles. 4월말경에 나무들의 새 잎이 싹트기 시작한다. ② (물이) 솟아오르다. En las márgenes del río *brotan* innumerables fuentes. 강가에 무수한 샘이 솟아나고 있다. ◇ **brote** 남 발아(發芽), 싹; 조짐. Ya aparecían los primeros *brotes* de la revolución. 이미 혁명의 첫 조짐이 보이고 있었다.

brujo, ja 남 마법사, 마녀.

bruma 예【기상】안개. ◇ **brumoso, sa** 형 안개 낀·자욱한.

brusco, ca 형 ① 당돌한, 돌연한. Un cambio *brusco* en la temperatura me ha hecho coger un resfriado. 기온의 급변으로 나는 감기가 들었다. ② 거친; 혀·귀에 거슬리는; 기분나쁜. Debes cortar las relaciones con ese chico tan *brusco*. 저런 기분 나쁜 놈과는 관계를 끊어야 한다. ◇ **bruscamente** 부 돌연 갑자기.

brutal 형 ① 난폭한, 심한. Es *brutal* el modo que tiene de tratar a sus empleados. 그가 고용인을 다루는 방법은 난폭하다. ②【속어】지독한 (훌륭한, 아름다운). El coche pasó ante nosotros a velocidad *brutal*. 그 차는 우리를 앞을 무서운 속도로 달려갔다. ◇ **brutalidad** 여 난폭; 생각없음. Es una *brutalidad* bañarse en semejante río. 이런 냇물에서 헤엄치는 것은 도대체 난폭한 짓이다. ◇ **brutalmente** 부 난폭하게. José le arrancó la caja de los monos *brutalmente*. 호세는 그의 손에서 상자를 난폭하게 빼앗았다.

bruto, ta 형 ① 난폭한. No seas *bruto*. 난폭한 일을 해서는 안 된다. ② 총(總); 자연 그대로의. *peso bruto* 총중량, 거죽부대 채로의 무게. 명 짐승; 난폭한 놈. En este pueblo no hay escuela; por eso abundan los *brutos*. 이 마을에는 학교가 없어서, 난폭한 사람이 가득차 있다. *en bruto* 생긴 그대로의; 거죽 부대채로의. *diamante en bruto* 다이아몬드 원석. *Producto Nacional Bruto* 국민 총생산.

bruza 여 말이나 노새의 털을 손질하는 솔.

bruzar 타 (말이나 노새를) …로 씻기다.

Bs. As. Buenos Aires.

bto. bulto; bonito.

bu 명 [복 búes] 가공적 괴물 (아이들을 겁나게 하기 위한).

búa 여 [복 bubas] 취출물.

búbalo, la 명【동물】아프리카산의 영양.

bubas 여 의 【의학】한개 혹은 여러 임파선의 염증.

bubónico, ca 형 임파선에 염증을 일으키는. *peste bubónica* 선(腺) 페스트.

bucal 형 입의, 입에 관한. *cavidad bucal* 구강.

bucanero 명 스페인 식민지에서 약탈을 일삼는 해적단.

bucare 명 남미의 그늘을 지워주는 나무.

búcaro 명 도토 (도자기를 만드는).

bucear 자 잠수하다. 타 잠수부처럼 일하다; 비밀히 알아보다.

bucéfalo 명 무식하고 횡폭한 사람.

buceo 명 잠수.

bucle 명 구불구불한 파이프; 꼬불꼬불하게 말린 털.

bucólico, ca 형 목동의, 목가적인 (pastoril). 명 전원시인. 여 목가, 전원시;【속어】식당,【콜롬비아】공복, 빈배.

buche 명 (동물이나 사람의) 위대(胃袋)(estómago); 가슴, 위가 높은 (모자).

Buda 명 석가모니.

búdico, ca 형 불교의, 석가모니의.

budismo 명 불교. ◇ **budista** 명 불교도, 불교신자.

buen 형 bueno의 어미탈락형.
buenamente 男 기꺼이; 쉽사리; 나서서.
buenaventura 여 행운; (집시의) 점.
bueno, na [남성 단수명사의 앞에서 buen; 비교급 mejor] 형 ① 좋은; 바른. *Buenos días*.오전 인사. *Buenas tardes*.오후인사. *Buenas noches*.저녁・밤인사. Es un hombre de *buena* voluntad. 그는 선의의 사람이다. Es una *buena* idea. 그건 좋은 생각이다. ② 즐거운, 행복한. ¡*Buena* suerte! 행운이 깃드시기를! ¡*Buen* viaje! 즐거운 여행이 되기를! Pasamos un *buen* rato con ustedes. 우리는 당신들과 즐거운 한때를 지냈다. ③ [주로 명사 앞에서] 선량한. Es una *buena* persona. 그는 선량한 사람이다. ④ [주로 명사 뒤에서] 친절한. Era una mujer muy *buena* con sus vecinos. 그녀는 이웃에게 매우 친절한 사람이었다. 男 좋다. *Bueno*, nos veremos a las cinco. 좋아, 5시에 만나자. *por las buenas* 솔직하게, 대수롭지 않게. Me lo dio *por las buenas*. 그는 나에게 그것을 선뜻 내주었다.
buey 男 (거세한) 소. El *buey* suelto bien se lame. 자유는 즐거운 것이다.
bufalino, na 형 물소의, 들소의.
búfalo, la 명 물소, 들소.
bufanda 여 목도리, 머플러.
bufar 자 화가 나서 씩씩거리다.
buté 男 =butet.
bufet 男 경양식 식당; 가벼운 식사; 식기용 찬장.
bufete 男 사무용 책상; 변호사 사무소; 가벼운 식사.
bufido 男 성낸 음성.
bufo, fa 형 광대극의. 男 익살꾼, 광대.
bufón, na 명 익살스러운 사람, 광대.
bufonada 여 놀리기, 웃음거리; 익살, 농담; 광대의 행위; 해학.
buharda 여 지붕에 낸 창; 지붕밑 다락방(desván).
buho 男 올빼미.
buhonería 여 행상업; 노점.
buhonero, ra 명 행상인.
buitre 男 (남미산의) 까마귀(cuervo); 콘돌.
bujía 여 초(vela); 촛대; 촉광; (모터의) 점화전(栓), 플러그.
bula 여 교황의 교서; 교황의 인장; 특권; 특혜.
bulbo 男 【식물】덩어리 뿌리, 구근. *bulbo de lirio* 백합뿌리. *bulbo dentario* 잇 뿌리. *bulbo piloso* 털의 뿌리, 모근.
bulboso, sa 형 구근 모양의; 구근의.
bulevar 男 변화가; 가로수가 서있는 산책길.
búlgaro, ra 형 불가리아의. 명 불가리아인. 男 불가리아어.
bulo 男 유언비어.
bulto 男 ① 형체가 있는 것; 짐, 보따리.¿ Cabrán estos *bultos* en su coche? 이 짐들이 당신 차에 들어갈까. Los pañuelos hacen *bulto* en el bolsillo. 손수건이 호주머니를 불룩하게 하고 있다. Salió con un *bulto* de ropa en la mano. 그는 옷보따리를 들고 떠났다. ② 혹. Tenía un *bulto* en la cabeza. 그는 머리에 혹이

있었다. ③검은 그림자(막연하게 보이는 물건). Vi algunos *bultos* que se movían junto a la pared. 벽 옆에서 움직이고 있는 것이 두엇 보였다. *a bulto* 눈 어림으로. Calculé *a bulto* que había doscientas personas. 내 눈어림으로는 200명쯤 있었다. *escurrir* [*huir*] *el bulto* 잘도 도망치다.

bulla 여 소동, 소란. *meter bulla* 소란을 피우다. No *metan* tanta *bulla*. 그렇게 소란을 피우지들 마세요. ◇ **bullicio** 남 떠들썩함, 야단법석.
bullanga 여 소동, 폭동, 반란(motín).
bullanguero, ra 형 소동을 일으키는 명 불순분자(alborotador).
bullebulle 남 생기가 있고 불안한 그런 사람.
bullicio 남 떠들석함, 시끄러움; 야단법석.
bullicioso, sa 형 떠들석한, 시끄러운, 불은한.
bullir 자 움직이다; 끓다; 거품이 일다; (꿀벌에) 떼를 지어 분봉하다·웅성거리다. 타 움직이다(mover).
bullón 남 솥에 끓인 염료 ; 큰 책의 금속장식.
buñolería 여 buñuelo 점.
buñolero, ra 명 도나스 파는 사람.
buñuelo 남 튀김 과자.
buque 남 (큰) 배(barco). Desde mi casa se ven salir los *buques* del puerto. 우리 집에서 배가 항구를 떠나는 것이 잘 보인다. *buque de carga* 화물선. *buque gemelo* 자매선. *buque de guerra* 군함 *buque mercantil* 상선. *proveedor de buque* 선박용품 납입자. *buque de vela* 범선, *buque cisterna·tanque* 유조선. *buque madre* 모함. *buque portaaviones* 항공모함.s.*buque submarino* 잠수함. *buque madrina* 모함.
buqué 남 꽃다발.
burbuja 여 물거품, 거품(pompa, ampolla).
burbujear 자 거품이 일다; 부글거리다.
burdégano 남 숫말과 암나귀 사이에서 난 말.
burdel 형 음란한(lujurioso) 남 매춘굴, 도박굴.
burdeos 남 보르도(Burdeos)산의 붉은 포도주.
burdo, da 형 나쁜; 거칠은; 질이 낮은(tosco).
bureo 남 유희, 오락(entretenimiento).
bureta 여 뷰렛(화학 실험용 유리관).
burga 여 온천.
burgalés, sa 형 중산계급의, 부르조아의.
burgo 남 촌, 작은 마을.
burgomaestre 남 (북유럽의) 시장(alcalde).
burgués, sa 형 중산계급의; 부르조아의. Los barrios *burgueses* están situados al oeste de la ciudad. 중산계급 지구는 시의 서쪽에 위치하고 있다. 명 중산계급의 사람; 부르조아. ◇ **burguesía** 중산·유산계급, 부르조아 계급. La *burguesía* hacía casi completamente desaparecido de la sociedad. 부르조아계급은 사회에서 모습을 거의 감추고 있었다.
buriel 형 검붉은 색의; 붉고 검은.

buril 🏷 구리·금속등을 깎는데 쓰는 칼; 금·은 세공용의 칼, 조각칼.

burilar 🏷 조각칼로 새기다. *burilar en cobre* 구리·동판을 새기다.

burlarse 재 [+de: …을] 비웃다; 조롱·조소하다. ¿*Se burla usted de mí*? 당신이 나를 비웃는 겁니까. ¿*Queréis burlaros de mí*? 너희들은 나를 비웃으려 하는 거냐. ◇ **burla** 예 ① 조롱, 조소. Le hicimos *burla* de su sombrero. 우리는 그녀의 모자를 놀려댔다. Hacen *burla* hasta de lo más sagrado. 그들은 가장 신성한 것까지도 비웃는다. ② 모욕. Esta manera de hacernos esperar es una *burla*. 우리들을 기다리게 하는 이따위 방법은 마치 모욕이다. ◇ **burlón, na** 혱 냉소하는, 놀지꺼리 좋아하는. Se le escapó una risita *burlona*. (그의 입에서) 조용하는 듯한 냉소가 새어 나왔다.

burócrata 명 관료, 관리. ◇ **burocracia** 예 관료 사상·사회. ◇ **burocrático, ca** 혱 관료의·적인. ◇ **burocratismo** 명 관료주의·사상.

burro 🏷 ① 【동물】당나귀(asno, borrico). Los *burros* transportan la carga de aceitunas del campo a la ciudad. 노새가 올리브 짐을 시골에서 도시로 날라간다. ② 일꾼; 바보. Este criado es un *burro* de carga. 이 머슴은 참을성이 있는 일꾼이다.

buscar [7]sacar] 타 ① 찾다, 구하다. ¿*Qué busca usted*? 무엇을 찾고 있소. ¿*A quién busca usted*? 누구를 찾으십니까. *Estoy buscando* una colocación. 나는 일자리를 찾고 있다. Lleva dos meses *buscando* un empleo y no lo encuentra. 그는 일을 찾아서 두 달이 되지만, 아직 발견하지 못하고 있다. Voy a *buscar* libros. 나는 책을 구하려 하고 있다. ② 부르러 가다·오다, 마중나가다·오다. En breve vendrá a *buscar*me en su coche. 곧 그가 차로 나를 맞이하러 온다. Enviaron a *buscar* al médico. 그들은 의사를 부르러 보냈다. ◇ **busca** 예 수색, 탐구. La policía ha salido a la *busca* del asesino. 경찰은 살인범의 수색에 나섰다. *en busca de* …를 찾아서·구해서. Lleva más de una semana *en busca de* un empleo. 그는 일을 찾기에 벌써 1주일이 된다. ◇ **buscador, ra** 명 찾는 사람. ◇ **búsqueda** 예 수색 (busca), 조사.

busto 🏷 흉상(胸像). Ha colocado un *busto* sobre la chimenea del cuarto de estar. 그는 거실 난로 위에 흉상을 놓았다.

butaca 예 안락의자(sillón); (극장의) 오케스트라석(席). Siéntese usted en esta *butaca*. 이 안락의자에 앉으세요. He sacado tres *butacas* para sesión de la tarde. 나는 오후 상연의 오케스트라석(의 표)을 3장 샀다.

buzón 🏷 우체통, 포스트. *echar al buzón* 우체통에 넣다. *Eche* usted estas cartas *al buzón*. 이 편지를 우체통에 넣어 주세요. ◇ **buzonero** 🏷 우체부(cartero).

C

C. capítulo; compañía; cuenta; corriente.
c/caja; capítulo; cargo; contra; corriente; cuenta.
c., ca. compañía 회사.
C.A. Centro América 중앙 아메리카.
ca 國 설마!, 글쎄!; 그따위 일(은 없다)[불신·부인]. ¡*Ca*! No lo crea usted. 천만에! 그 따위 일을 믿어서는 안돼!
cabal 圈 완전·정확한. Aquí hay tres mil pesetas *cabales*. 여기 꼭 3,000페세타 있다. El juego de té no está *cabal*. 그 홍차세트는 짝짝이가 되어 버렸다. *en sus cabales* 정말로. Tú no estás *en tus cabales*. 너는 진짜로 본정신이 아니다. ◇ **cabalmente** 圄 틀림없이; 꼭. Son *cabalmente* las doce. 꼭 12시다.
cabalgar [8 pagar] 困 ① 말을 타다. ② (말·울타리 따위에) 걸터앉다. Las gafas *cabalgaban* sobre su nariz. 안경이 코위에 걸쳐 있었다. ◇ **cabalgata** 囡 승마대.
caballa 囡 [물고기] 고등어(escombro).
caballero 團 ① 신사. Atienda a ese *caballero*. 이 신사의 상대를 해주세요. ② 기사(騎士). En Castilla vivía un *caballero* cuyas hazañas han quedado grabadas para siempre en la Historia. 카스틸랴에 한 사람의 기사가 있었는데 그 무훈이 영원히 역사에 기록되다. ◇ **caballerito** 團 [축소사] 꼬마신사.
caballo 團 [동물] 말 [암컷 yegua]. ◇ **caballería** 囡 승마; 기병대; 기사(도).
cabaña 囡 오두막, 낡림집; 축사(畜舍).
cabaret 團 카바레.
cabecera 囡 베게(맡); 시초, 시작, 머리부분; 상석(上席). Sentarse a la *cabecera* 탁자 앞에 앉다.
cabello 團 머리털(pelo). Se cepilló el *cabello* cuidadosamente. 그녀는 머리털을 꼼꼼히 솔질했다. ◇ **cabellera** 囡 머리털; 가발
caber [64] 困 ① 들다. El libro no está en el estante. 책이 책장에 들어가지 못한다. Este piano no *cabe* por la puerta. 이 피아노는 문으로는 못들어~간다. ② 용량·여유가 있다. No *cabe* más en el baúl. 트렁크에는 더 여유가 없다(트렁크에 더 이상 못들어 간다). En el coche no *caben* más que cuatro personas. 그 차에는 4명 밖에 타지 못한다. ③ [+*inf*/+que] …할 수 있다, 가능하다. No ha venido todavía, pero *cabe que* venga más tarde. 그는 아직 오지 않았지만, 뒤에 올지도 모른다.
cabeza 囡 ① [신체] 머리. ¿Le lavo la *cabeza*? 머리 감아 드릴까요. *dolerle la cabeza* 머리가 아프다(tener dolor de cabeza). Me duele la *cabeza*. 나는 머리가 아프다. ② 선두(先頭). Los vagones de primera van a la *cabeza* del tren. 1등차는 열차의 선두에 있다. *de pies a cabeza* 머리 끝에서 발끝까지, 완전히. ③ 두뇌; 사고력. Tiene mala *cabeza*. 그는 무모하다. Todo esto

ha salido de mi *cabeza*. 이것은 모두 내가 생각했던 일(나의 두뇌에서 나온 일)이다. *de cabeza* 대뜸; 주저없이. Se tiró *de cabeza* al agua. 그는 대뜸 물에 뛰어 들었다.

cabina 여 캐빈; 조종실; 작은 방.

cable 남 밧줄; 돛줄; 철사줄, 케이블; 해저전선(cable submarino); 해저전신(cablegrama). ◇ **cablegrafiar** [11 cambiar] 타 (통신을) 해저전신을 치다. ◇ **cablegrama** 남 전보; 해저전선.

cabo 남 ① 끝(extremo), 말단; (도구의)자루. He gastado todo el hilo, ya no me queda más que un *cabo*. 나는 실을 모두 써버렸다; 이제 조금 밖에 남지 않았다. ② 갑(岬), 곶. *al cabo de* …의 끝에, …의 뒤에. Volvió *al cabo de* dos horas. 그는 2시간 뒤에 돌아왔다. *al fin y al cabo* 마침내, 결국. *de cabo a cabo/de cabo a rabo*. 처음부터 끝까지. *llevar a cabo* 완성·완료하다.

cabotaje 남 연안 항해; 연안 무역.

cabra 여 [동물] 염소. La *cabra* siempre tira al monte. [속담] 세 살 버릇 여든까지 간다.

cacahuate/cacahuete 남 [식물] 땅콩, 낙화생(maní).

cacao 남 [식물] 코코아(나무). ◇ **cacaotal** 남 코코아밭.

cacería 여 수렵(대).

cacerola 여 식탁에 올리는 뚜껑있는 남비.

cacharro 남 ① (값싼) 도자기; (도자기의) 조각. Tráeme un *cacharro* para flores. 꽃을 꽂을 도기(의 그릇)를 가지고 오너라. ② 잡동사니. En esta casa hay demasiado *cacharros*. 이 집에는 잡동사니가 무척이나 많다. ◇ **cacharrería** 여 도자기 가게.

cachetada 여 뺨 때리기(bofetada).

cachimba 여 (담배)파이프.

cada [성·수에 변화 없음]형 ① 낱낱의, 각기의. *Cada* uno en su casa es rey. 각자는 자기의 집에서는 왕이다. ② …마다(에). *Cada* tres meses le dan una paga extraordinaria. 3개월마다 그에게 보너스가 지급된다. *Cada* día se pone más delgada. 그녀는 나날이 여윈다.

cadáver 남 시체. Han encontrado su *cadáver* flotando en el río. 강에 그의 시체가 떠 있는 것이 발견되었다. ◇ **cadavérico, ca** 형 시체의(와 같은), 창백한. Debes ir al médico; tienes un aspecto *cadavérico*. 너는 의사에게 가야 한다; 얼굴빛이 창백하다.

cadena 여 ① 쇠사슬; 체인. He comprado una *cadena* para atar a mi perro. 나는 개를 잡아 맬 쇠사슬을 샀다. ② 산맥. ③ 연쇄; 연계. reacción en *cadena* 연쇄반응.

cadera 여 엉덩이.

cadete 남 사관학교 생도; 사관후보생.

caer [72] 자 ① 떨어지다; 넘어지다. Los cuerpos *caen* con movimiento acelerado. 물체는 가속운동으로 낙하한다. En este valle muchos héroes *cayeron* por la patria. 이 계곡에서 다수의 용사가 조국을 위하여 쓰러졌다. ② 내려드리다. Los cortinajes *caen* en pliegues regulares. 커튼이 곧은 주름을 잡고 내려드

려져 있다. ③닮다. Este traje te *cae* muy bien. 그 옷은 너에게 잘 어울린다. ④(제비뽑기, 축제일 따위에) 해당하다, 상당하다. El día de mi cumpleaños *cae* este año en domingo. 금년에 내 생일은 일요일에 해당한다. ⑤[+en: …에]갑자기 떨어지다, 판명하다. Ya *caigo en* ello. 나는 겨우 그것을 알게 되었다. ⑥[+sobre: …을]습격하다. Ha *caído* una desgracia *sobre* la familia. 불행이 그 집안을 습격했다. ◇~se 떨어지다; 넘어지다; 탈락하다. Por poco *me caigo*. 나는 하마터면 쓰러질뻔 했다. *caer enfermo*/*caer en cama* 병으로 쓰러지다, 병에 걸리다. Su madre *cayó* gravemente *enferma*. 그의 모친은 중병에 걸렸다. *caer en la cuenta (de)* (…일을) 알 수 있다. Entonces *caí en la cuenta de* lo que usted me había dicho. 말씀하신 일이 그때 납득되었다. *dejar caer* 떨어뜨리다, 넘어뜨리다. Tenga cuidado; no *deje caer* los platos. 접시를 떨어뜨리지 않도록 조심하십시오. *dejarse caer* 무너지듯이 엎드리다, 앉다. La vieja al oírlo *se deja caer* en el sillón. 노파는 그걸 듣더니 안락의자에 쓰러진다.

café 閏 커피; 카페. Tomemos una cerveza en este *café*.이 커피에 맥주 좀 탑시다. Los amigos se reúnen todas las tardes en el *café* del barrio. 친구들은 매일 오후 읍내의 카페에 모인다. *café solo*·*negro* 블랙커피 una taza para *café* 커피잔. una taza de *café* 커피 한잔. *café con leche* 밀크커피. ◇ **cafetera** 閏 커피포트. ◇ **cafetería** 閏 카페테리아. ◇ **cafetero, ra** 阌 커피의. 閏 카페테리아·다방주인; 커피농장.

caído, da 阌 낙담한; 쇠약한; 떨어진. El joven venía *caído* de ánimo. 그 청년은 완전히 낙담하여 왔다. 閏 전사자. Hoy es el día de los *caídos*. 오늘은 전사자의 (기념)날이다. 閏 낙하; 전락; 붕괴. La *caída* de una manzana reveló a Newton las leyes de la gravedad universal. 사과가 떨어지는 것이 뉴톤에게 만유인력의 법칙을 열어주었다.

caigo caer의 직설법 현재 1인칭 단수.

caja 閏 ①상자. Los niños se han comido toda la *caja* de caramelos. 어린이들은 캬라멜을 상자 전부 먹었다. ②금고 (caja fuerte) 카운터, 경리과; 자금(資金). Tiene guardados todos sus valores en la *caja* 그녀는 증권을 모두 금고에 넣어둔다. *caja* de ahorros 저축은행. ◇ **cajero, ra** 閏 경리 담당자; 출납계원.

cajón 閏 ①(책상 등의) 서랍. No encuentro las tijeras en el *cajón* del escritorio. 책상 서랍에 가위가 안 보인다. ②(운전사·경관이 있는) 박스.

calabaza 閏 [식물] 호박. *dar calabazas* 낙제시키다; (여자가 사랑의 요구를)거부하다. ¿Te *dieron calabazas*? 시험에 합격 못했느냐. Le *dieron calabazas* en geometría. 그는 기하에서 낙제했다. Ella le *dio calabazas*. 그녀는 그에게 딱지를 놓았다.

calabozo 閏 감옥; 지하 감옥; 독방. ◇ **calabocero** 閏 간수, 옥리 (獄吏).

caladre 閏 [새] 종달새(alondra).

calagozo 🄟 【도구】 낫.

calamar 🄟 【동물】 오징어.

calambre 🄟 【의학】 경련, 쥐. *calambre* de estómago 위경련.

calamidad 예 재난, 재해(災害). El pobre ha pasado muchas *calamidades* en su vida. 불쌍하게도 그는 인생에서 많은 재난을 경험했다.

calar 타 ① 흠뻑 젖게 하다. La lluvia le *caló* todo el vestido. 비 때문에 그의 옷은 흠뻑 젖었다(비가 그의 옷을 흠뻑 젖게 했다.) ② 꿰뚫다; (…에) 구멍을 뚫다. El puñal le *caló* hasta el corazón. 단도가 그의 심장까지 꿰뚫었다. ◇ ~**se** ① 흠뻑 젖다. *Me he calado* hasta los huesos. 나는 흠뻑(뼈까지) 젖었다. ② (모자를) 쓰다. *Se calaba* el sombrero hasta las cejas. 그는 깊숙히 (눈썹까지) 모자를 쓰고 있었다.

calavera 🄟 【해부】 두개골. Cavando en el huerto han encontrado unas *calaveras*. 그들은 밭을 파다가 두개골을 몇 개 발견했다. 🄟 후레 자식. Su hijo es un *calavera*. 그의 아들은 후레 자식이다. ◇ **calaverada** 예 무분별, 무사려(無思慮).

calcetín 🄟 (남자용) 양말 [비교 : media].

calcular 타 ① 계산하다. Sus palabras eran muy *calculadas*. 그의 발언은 충분히 계산되어 있었다. ② 추정하다, 생각하다. *Calculo* que José vendrá el sábado. 호세는 토요일에 오리라고 나는 생각한다. ◇ **calculador, ra** 형 계산하는, 셈수 빠른. 명 계산자; 타산가. 🄟 계산척. 예 계산기. *calculadora* eletrónica 전자계산기.

cálculo 🄟 계산. Este chico es muy bueno en literatura, pero es nulo en *cálculo*. 이 어린이는 문학은 잘 하지만 계산은 무능하다. *cálculo mental* 암산.

caldera 예 (물을 끓이는) 솥; 보일러. Las *calderas* están colocadas en el sótano. 보일러는 지하실에 설치되어 있다. ◇ **calderón** 🄟 큰 솥.

calderilla 예 동전; 성수 그릇.

caldo 🄟 육수, 수프. *caldo* de gallina 닭 수프

calefacción 예 난방(설비). En los grandes edificios usan *calefacción* central. 큰 건물에서는 집중 난방이 행해지고 있다. ◇ **calefactor** 🄟 난방설비의 기술자, 보일러 담당자.

calendario 🄟 달력. He consultado el *calendario* porque ignoraba la fecha de Pascua de Resurección. 나는 부활제의 날짜를 몰랐으므로 달력을 보았다. *calendario lunar* 음력. *calendario solar* 양력.

calentar [19 pensar] 타 덥히다; 흥분시키다. Un solo radiador *calienta* todo el cuarto. 단 한개의 난방기가 방 전체를 덥힌다. ◇ ~**se** 더워지다, 뜨거워지다. *Nos calentamos* alrededor de la chimenea. 난로 주위에서 우리들은 불을 쬐었다. ◇ **calentador** 🄟 가열기, 히터.

calibre 🄟 (총・포의) 구경; (탄알의) 직경.

calidad 예 ① 품질. Esta tela es de mejor *calidad* que ésa. 이 천은 그것보다 품질이 더 좋다. ② 자격. El señor López figura

cálido, da 형 뜨거운; 열렬한. José encontró una *cálida* acogida. 호세는 열렬한 환영을 받았다.

caliente 형 뜨거운, 더운. Prefiero la leche fría a la *caliente*. 뜨거운 것보다는 찬 우유로 하겠읍니다. La sopa está todavía *caliente*. 그 국은 아직 뜨겁다. ② 분개한, 흥분한. Está muy *caliente* contigo por la faena que le has dado. 그에게 맡긴 일 때문에 너에 대하여 분개하고 있다. ◇ **calentura** 여 (병에 의한) 열 (fiebre); 체온 (temperatura).

calificar [7]sacar] 타 ① [+de: …라고] 형용하다. Todas aquellas ternuras, Luis las *ha calificado de* ridículas. 루이스는 그런 상냥한 몸짓을 모두 가소롭다고 형용했다. ② [+de: …의] 자격을 주다. La *han calificado de* representante. 그녀에게 대표자의 자격이 주어졌다. ◇ **calificación** 여 자격, 적격성; 성적. José ha obtenido la *calificación* de sobresaliente en los exámenes del inglés. 호세는 영어시험에서 우의 성적을 받았다. ◇ **calificativo, va** 형 【문법】 품질의. 남 품질형용사.

californianus 남 【새】 캘리포니아의 까마귀.

caligrafía 여 서도(書道), 서예; 달필; 습자. ◇ **caligráfico, ca** 형 서예의; 달필의. ◇ **calígrafo** 남 서예가, 능필가.

calma 여 ① 바람 없는 상태. ② 평정, 평온. El parque se quedó en *calma* al marcharse los niños. 어린이들이 가버리자 공원은 조용해졌다. El negocio está temporalmente en *calma*. 거래는 일시적으로 평온하다. ③ 유유자적. José solo trabaja con mucha *calma*. 호세만은 유유히 일을 하고 있다. ◇ **calmoso, sa** 형 고요한; 유유자적한.

calmar 타 조용하게 하다, 완화하다. La nevada *calmó* el frío. 눈은 추위를 덜어 주었다. 재제 조용해지다; 안정하다. Si no te *calmas*, no podemos seguir hablando. 네가 조용하지 않으면 우리들은 말을 계속할 수가 없다. ¡*Cálmese*! 진정 하십시오. ◇ **calmante** 형 진통의. 남 진통제.

calor 남 더위; 열. *hacer calor* 날씨가 덥다. Hoy *hace* más *calor* que ayer. 오늘은 어제보다도 더 덥다. *tener calor* 신체가 덥다. ¿No tienes *calor*? 너는 덥지 않느냐? ◇ **caluroso, sa** 형 더운; 열렬한. No se ha atrevido a rehusar una *calurosa* invitación. 그는 열렬한 초대를 거절할 수 없었다. Es un día *caluroso*. 무더운 날씨이다.

calumnia 여 중상, 모략. Todo lo que dice son *calumnias*. 그가 말하는 것은 모두 중상이다. ◇ **calumniar** [11] cambiar] 타 중상하다, 모략하다, 헐뜯다. ◇ **calumnioso, sa** 형 중상하는.

calvo, va 형 대머리의(pelón). 남 대머리. ◇ **calvicie** 여 대머리 (의 사람).

calzada 여 돌을 깐 보도.

calzar [9] alzar] 타 ① (사람·발에 신을) 신기다, (신을) 신다. ¿Qué número *calza* usted? 구두 치수는 얼마인가요. ② (차바퀴의) 굄돌을 괴다. Voy a *calzar* las ruedas para que no se mueva el coche. 차가 움직이지 않도록 차바퀴에 굄돌을 괴어 두겠다. ◇ **calzado** 图 신. ◇ **calzador** 图 구두 주걱; 연필통.

calzón 图 [주로 圈] (반)바지. ◇ **calzoncillos** 图圈 속바지; 팬츠.

callar 国 침묵하다, 말하지 않다. José *ha callado* lo más importante. 호세는 가장 중요한 일을 말하지 않았다. 困困 침묵하다. ¡*Cállate*! 조용히 해라! Al entrar él, *se callaron* todos. 그가 들어오자 모두들 입을 다물었다. En este caso vale más *callar*. 이 경우에는 침묵을 지키는 것이 더 좋다. ◇ **callado, da** 图 입이 무거운, 조용한, 고요한, 침묵을 지킨, 적막한. La niña era demasiado *callada*. 그 여아는 너무나도 입이 무거웠다.

calle 예 ① 시가지, 거리. ¿Cómo se llama esta *calle*? 이 거리 이름은 무엇입니까. Esta *calle* es de dirección única. 이 길은 일방 통로이다. Las ventanas de mi cuarto dan a la *calle*. 내 방 창문은 거리에 면하고 있다. ② 가두(街頭), 바깥. Al fracasar el negocio se quedó en la *calle*. 사업을 실패하여 그는 가두를 방황했다. ◇ **callejear** 困 거리를 거닐다. ◇ **callejero, ra** 图 외출하기 좋아하는; 읍내(에서)의. ◇ **callejón**/**callejuela** 예 좁은 골목. *callejón sin salida* 막다른 골목.

callo 图 티눈, 못. ◇ **callicida** 예 티눈고.

cama 예 【가구】 침대. Después de apagar la luz y la radio me metí en cama. 전등과 라디오를 끄고 나서 나는 침대에 들어갔다. *guardar cama*/*estar en cama* 병으로 누워 있다. *Guarda cama* desde hace tres semanas. 그는 3주일 전부터 아파서 누워 있다. *cama de matrimonio* 트윈 베드. *hacer la cama* 잠자리를 준비하다, 이부자리를 펴다.

cámara 예 ① 국회, 의회(議會). La *Cámara* abrirá la sesión mañana. 의회는 내일 개회한다. ② 사진기(cámara fotográfica). Ya está arreglada su *cámara* 당신의 카메라는 벌써 고쳐져 있다. *cámara de comercio e industria* 상공회의소.

camarada 图 한패, 동료, 동무, 친구(compañero). Le presento a mi *camarada* el Dr. Ramírez. 동료인 라미레스박사를 소개합니다.

camarero, ra 图 사환; 보이, 웨이트레스. ¡*Camarero*! La cuenta, por favor. 보이, 계산서를 가져오세요.

camarón 图 【동물】 새우.

camarote 图 선실, 객빈.

cambiar [⑴] 国 ① 바꾸다, 교환하다. Cada año el profesor *cambia* el libro de texto. 선생은 매년 교과서를 바꾼다. ② 맞바꾸다. *He cambiado* la pluma que tenía por ésta. 나는 가지고 있던 펜을 이것과 바꿨다. ③ 환전하다. ¿Se puede *cambiar* estos dólares en pesetas? 이 달러를 페세타로 바꿀 수 있읍니까. ④ (서로 시선·인사 따위를) 바꾸다. *Cambiamos* una mirada de inteligencia. 우리들은 서로 알고 있다는 듯한 시선을 교환했다. 困 바뀌다. Estos días *cambia* mucho el tiempo. 요즘은 일기가 쉽게 변한다. Estaba tan *cambiada* que apenas la reconocí. 그녀는 너무 변해 있으므로 그녀를 거의 몰라 보

있다. ② [+de: ···을] 바꾸다. *Ha cambiado de parecer.* 그는 의견을 바꾸었다. *Tenemos que cambiar de tren en Zaragoza.* 우리들은 사라고사에서 열차를 바꾸어 타야 한다. *Yo también voy a cambiar de casa.* 나도 이사하려고 한다. ◇ **~se** 재 변하다. ② [+de: 자기의 물건을] 바꾸다. *Lola se cambió de zapatos.* 롤라는 구두를 바꿔 신었다. ③ (상호간에) 맞바꾸다. *Nos cambiamos los libros.* 우리들은 책을 맞바꾸었다.

cambio 남 ① 변화, 변경. *Se produjo en su vida un cambio considerable.* 그의 생활에 상당한 변화가 생겼다. ② 환전, 환산; 거스름돈, 잔돈. *No tengo cambio de veinticinco pesetas.* 나는 거스름돈으로 쓰기 위한 25뻬세따 짜리 잔돈이 없다. *a cambio de* ···의 대신으로. *Me han ofrecido una habitación a cambio de la que ocupo.* 내가 쓰고 있는 방 대신에 나에게 방 하나를 제공했다. *en cambio* 반면에. *Lola le regaló a Juan una corbata y él le regaló, en cambio, a ella un pañuelo de seda.* 롤라는 그에게 넥타이를 선물했고 반면에 그는 롤라에게 명주 손수건을 선물했다.

caminar 재 걷다(andar). *Hemos caminado 10 kilómetros sin detenernos.* 우리들은 멈추지 않고 10킬로미터를 걸어 왔다. ◇ **caminata** 여 하이킹; 걷는 거리.

camino 남 길; 방법. *¿Dónde va por este camino?* 이 길은 어디로 갑니까. *Siguiendo este camino usted llegará a una iglesia.* 이 길을 계속 가면 당신은 한 교회에 도착하실 겁니다. *Indíqueme el camino.* 길을 좀 가르쳐 주십시오. *de camino* 도중에서·에; 겸사겸사. *Tu casa me viene de camino.* 네 집은 내가 다니는 길 옆에 있다. *en camino de* ···로 가는 도중·도상에. *En camino de casa pasé por la biblioteca.* 집으로 돌아가는 길에 나는 도서관에 들렀다.

camión 남 트럭, 화물자동차; 【멕시코】 버스. *¡Qué bárbaro! me ha rozado ese camión.* 굉장히 난폭한 놈이군! 저 트럭은 나를 스치고 갔다. ◇ **camionaje** 남 트럭 운수·운임. ◇ **camionero, ra/camionista** 남 트럭운전사. ◇ **camioneta** 여 소형트럭.

camisa 여 【의복】 와이셔츠. *¿Quiere usted pegarle un botón a esta camisa?* 이 와이셔츠에 단추를 달아주지 않겠읍니까. *en mangas de camisa* 와이셔츠 차림으로. *En la oficina trabajan en mangas de camisa.* 그 사무실에서는 와이셔츠 차림으로 일을 하고 있다. ◇ **camisería** 여 양품점. ◇ **camisero, ra** 양품점주인. ◇ **camiseta** 여 속샤쓰, 속옷. ◇ **camisón** 남 슈미즈.

campamento 남 캠프, 숙영, 야영. *El grupo estableció un campamento en ese valle.* 그 그룹은 계곡에 캠프를 설치했다.

campana 여 종. *No me gusta el sonido de esa campana.* 나는 종소리는 좋지 않다. ◇ **campanada** 여 종소리. *El reloj ha dado cinco campanadas.* 시계가 5번 쳤다. ◇ **campanario** 남 종루, 종각. ◇ **campanilla** 여 방울, 벨(timbre). *¿Tocó usted la campanilla?* 당신이 벨을 울렸읍니까. *Ha tocado la campanilla.* 그는 벨을 눌렀다. *de muchas campanillas* 세세가 당

당한. Parece ser una persona *de muchas campanillas*. 그는 권세가 당당한 사람 같다.

campaña 예 싸움; 캠페인, 운동. Esta *campaña* cuenta con un millón de adherentes. 이 캠페인에는 백만의 동지가 있다. Salió a la *campaña* electoral. 그는 선거전에 뛰어들었다.

campeón 남 챔피언, 우승자, 승리자; 투사. Nuestro equipo de fútbol se ha quedado *campeón* de la liga. 우리 축구팀은 리그전에서 우승했다. ◇ **campeonato** 남 선수권. Los dos se disputaron el *campeonato*. 두 사람은 선수권을 다투었다. *campeonato* mundial del boxeo 세계권투선수권.

campesino, na 형 들녘의; 시골의. La vida *campesina* ejerce un enorme atractivo sobre mí. 시골생활은 나에게 큰 매력으로 되어있다. 명 촌사람, 농부(labrador). Aunque tiene mucho dinero no se puede negar que es un *campesino*. 그는 많은 돈을 가지고는 있지만, 촌놈이라는 것을 부정할 수 없다.

campo 남 ① 들녘; 논밭. El granizo hizo mucho daño a los *campos*. 우박은 논밭에 많은 해를 끼쳤다. ② 시골; 지방 (región, comarca). La gente emigra del *campo* a la ciudad. 사람들은 시골에서 도회지로 이주한다. ③ 분야(分野). Es muy famoso en el *campo* de la medicina. 그는 의학 분야에서 대단히 유명하다. *campo santo* 무덤, 묘.

cana 예예 백발, 흰머리. El se peina *canas*. 그는 노경에 접어들었다.

canal 남 또는 여 수로(水路), 운하. Esta parte de la ciudad se parece, en algo, a Venecia con sus *canales*. 시내의 이 근방은 운하가 있는 베니스에 어딘가 닮아 있다. 남 ① 해협. ② [텔레비전] 채널.

canario, ria 형 카나리아 제도(諸島)의. 명 카나리아 제도의 사람. 남 [새] 카나리아.

canasta 예 광주리, 고리짝.

canasto 남 바구니.

cancelar 취소·해약·말소하다(abolir). ◇ **cancelación** 예 취소, 해약, 말소.

cáncer [의학] 암. *cáncer uterino* 자궁암.

canción 예 노래. Es la *canción* que está más de moda. 그것은 제일 많이 유행하고 있는 노래이다.

cancha 예 코트; 시합장.

candado 남 맹꽁이 자물쇠.

candela 예 양초. ◇ **candelero** 남 촛대; 칸데라.

candidato 남 (입)후보자, 지원자. *candidato* a la presidencia 대통령 후보자. ◇ **candidatura** 예 [집합적] 후보자; 입후보.

cándido, da 예 순진한. Con una persona tan *cándida* es difícil llevar un negocio. 저런 순진한 사람과 장사를 하는 것은 어렵다. ◇ **candidez** 예 순진함.

candoroso, sa 천진스런, 순진한, 순박한. ◇ **candor** 남 순박함, 천진함.

canela 예 계피(桂皮).

cangrejo 圖 【동물】 게.

canjear 配 교환하다.

canoa 예 카누.

cansar 配 피로하게 하다; 지루하게 하다. Me *cansa* subir y bajar las escaleras. 나는 계단의 오르내림 때문에 피로를 느낀다. ◇ ~**se**[+con·de: …에] 피로하다; 싫증나다.No *se cansó de* contar lo que había visto allí. 그는 그곳에서 본 일을 말하면서 싫증을 내지 않았다. ◇ **cansado, da** 園 피로한; 싫증난; 힘에 겨운. Estábamos *cansados* de tanto andar. 너무 걸어서 우리들은 피로해 있었다. ◇ **cansancio** 圖 피로(fatiga). Su *cansancio* se disipará pronto. 그의 피로는 곧 풀릴 것이다.

cantábrico, ca 園 깐따브리아(Cantabria; 스페인 북부 해안지방의 옛 이름)의. 圖 깐따브리아人.

cantar 配 노래하다; (새·벌레 따위가) 울다. 困 노래하다; 울다. Ya no *canta* este pájaro. 이 새는 이제는 노래하지 않는다. 圖 노래. ◇ **cantante** 圖 가수(cantor).

cantidad 예 양(量); 금액(金額). Esta roca contiene gran *cantidad* de oro y plata. 이 바위는 다량의 금과 은을 함유하고 있다. Les remitimos dicha *cantidad* en forma de cheque a su favor. 전기(前記) 금액은 당신을 영수인으로 하는 수표로 하여 송금하겠소.

cantina 예 술집, 주보; 술창고.

canto 圖 ① 노래; 노래소리. Se oye un *canto* lejano. 멀리서 노래가 들린다. ② (옆은) 가장자리, 횡단면, 단면. Ponga ese libro de *canto*. 그 책을 세워서 (가장자리로) 놓으시오. ③ 돌멩이.

cantor, ra 園 우는 소리가 아름다운. Tiene un pájaro muy *cantor*. 그는 지저귀는 새를 한마리 키우고 있다. 圖 가수.

caña 예 【식물】 갈대; (사탕)수수; 대; 막대기. En Cuba se cultiva mucha *caña* de azúcar. 쿠바에서는 많은 사탕수수가 재배되고 있다. Yo contemplaba a un pescador de *caña*. 나는 낚시꾼을 바라보고 있었다. *caña de pescar* 낚싯대. ◇ **cañaveral** 園 **cañal** 園**cañedo** 圖 갈대밭; 사탕수수밭.

cañacoro 圖 【식물】 칸나.

cañada 예 협곡, 산골짜기, 계곡.

cáñamo 圖 【식물】 삼, 대마.

cañería 예 수도관; 가스관. Tienen que arreglar la *cañería*, que está atascada. 수도를 고쳐야 하겠다; 막혔다.

caño 圖 관(管); 하수구; 우물.

cañón 圖 몸통, 파이프; 대포(大砲). He comprado una escopeta de dos *cañones*. 나는 2연발 총을 샀다. ◇ **cañonazo** 圖 포성, 포격.

caoba 예 【식물】 마호가니.

caos 圖 혼돈; 큰 혼란. Dios sacó el mundo del *caos*. 신은 혼돈 속에서 세계를 만들어 내었다.

capa 예 ① 【의복】 망토, 비웃. La *capa* clásica española aún se ve en esta región. 고전적인 스페인 망토는 아직 이 지방에서 볼 수 있다. ② 층, 두께. El estanque está cubierto de una

gruesa *capa* de hielo. 연못은 두꺼운 얼음층으로 덮여 있다.
capacidad 여 ① 용량. Este tanque tiene una *capacidad* de dos toneladas de agua. 이 탱크는 2톤의 물이 들어간다. ② 능력; 자격. Ese joven no tiene mucha *capacidad* para las matemáticas. 저 청년은 수학의 능력이 별로 없다.
capataz 남 감독, 십장.
capaz [複 capaces] 형 ① 용량이 있는. Construyeron un estadio *capaz* para 6,000 espectadores. 그들은 6,000명의 관객을 넣는 스타디움을 건설했다. ② [+de・para :…하는] 능력이 있는, …할 수 있는. ¿Crees que no soy *capaz* de rechazarlo? 너는 내가 그것을 거절할 수 없는 사람이라고 생각하느냐.
capilla 여 예배당. Los alumnos asisten todos los días a misa en la *capilla* del colegio. 학생들은 날마다 학교 예배당의 미사에 출석한다.
capital 형 기본적인; 주요한. La pereza es uno de los siete pecados *capitales*. 나태는 일곱가지 큰 죄 중의 하나이다. 남 자본(금);【商業】원금. Nuestra *capital* es una Sociedad Anónima con un *capital* realizado de diez millones de pesetas. 페사는 불입제 자본금 천만페세타의 주식회사이다. 여 수도, 도청・주청의 소재지. Buenos Aires es la *capital* de la Argentina. 부에노스・아이레스는 아르헨티나의 수도이다. ◇ **capitalismo** 남 자본주의. El *capitalismo* defiende la propiedad privada. 자본주의는 개인의 소유권을 지킨다. ◇ **capitalista** 형 자본의, 자본주의의. 남 자본가, 자본주의자.
capitán 남 ① 대장, 수령. Han cogido al *capitán* de los bandidos. 사람들은 도둑들의 수령을 체포했다. ② 대위. ③ 선장; 기장(機長). El nuevo *capitán* tomará el mando de este buque. 새로운 선장이 이 배의 지휘를 할 것이다.
capítulo 남 (문서의) 장(章). La obra está dividida en ocho *capítulos*. 그 작품은 8개의 장으로 나뉘어 있다.
capote 남 투우사의 망토.
capricho 남 기분파, 망나니, 변덕. Se han comprado un coche sin necesitarlo, por puro *capricho*. 그는 필요하지도 않은데, 전혀 기분만으로 차를 샀다. ◇ **caprichoso, sa** 형 기분에 좌우되는, 망나니 같은, 환상적인.
captar 타 얻다, 획득하다; 파악・포착하다. ◇ **captura** 여 포획, 포박.
cara 여 ①【身體】얼굴(rostro). Su *cara* no me es desconocida. 당신의 낯이 익다(내가 모르는 얼굴이 아니다). ② 얼굴빛, 낯빛. Tiene usted muy buena *cara*. 선생님은 안색이 무척 좋군요. Tenía *cara* de estar disgustado. 그는 성난 얼굴을 하고 있었다. ③ (사물의) 생김새. El cielo no presenta muy buena *cara*. 날씨가 과히 좋지 않다. ④ 표면. No podemos ver la *cara* de atrás de la luna. 우리들은 달의 뒷쪽(이면)을 볼 수가 없다. ⑤ 면전에서. 그에게 면전에서 맞대고, Se lo dije en la *cara*. 나는 맞대놓고 그에게 그렇게 말했다. *de cara* 정면으로. Nos daba el sol *de cara*. 태양이 정면으로 우리들을 내리쬐고 있

였다. poner buena [mala] cara 기쁜 [싫은]듯한 낯빛을 하다. *Puso buena cara cuando se lo dije.* 내가 그에게 그렇게 말했더니 그는 기쁜 듯한 얼굴을 했다. tener buena [mala] cara. 건강 [불편] 하다; (생이) 싱싱하다 [상하다].

caracolas 여 놀라움의 표시.

carácter 남 caracteres 복 ① 성질, 성격. *Este hombre tiene un carácter difícil; no se entiende con nadie.* 이 사람은 성격이 신경질이다; 아무하고도 융합이 되지 않는다. ② 개성(個性). *Este es un dibujo infantil, pero tiene mucho carácter.* 이것은 유치한 그림이지만, 꽤 개성이 있다. ③ [주로 복] 문자, 짜자.

característico, ca 특징적인. *Esta iglesia es un ejemplo característico del arte religioso del siglo X.* 이 교회는 10세기의 종교 예술의 특징적인 예이다. 명 특징, 특질. *La hospitalidad es una característica de los españoles.* 환대는 스페인 사람의 한 가지 특징이다. ◇ **caracterizar** [atzar] 타 특징지우다. *Lo que caracteriza a ese chico es su amor al estudio.* 그 어린이를 특징지우고 있는 것은 그의 호학심(好學心)이다.

caramba 감 제기랄, 저런, 이봐.

caramelo 남 [과자] 캬라멜.

caray 감 [놀라움의 표시] 어렵쇼, 아이구, 어머.

carbón 남 숯; 석탄. *Pon un poco más carbón en la estufa.* 난로에 석탄을 조금 더 넣어라. *papel de carbón* 카본 페이퍼. ◇ **carbonilla** 여 석탄가루, 검댕.

carcajada 여 홍소. *En medio de la conferencia saltó una enorme carcajada.* 강연이 한창인데 그는 홍소를 했다. *reírse a carcajadas* 깔깔거리고 웃다, 목소를 터뜨리다, 홍소하다.

cárcel 여 감옥, 형무소, 교도소. *Hay que meter a esos locos en la cárcel.* 그런 미치놈들은 감옥에 쳐넣어야 한다.

cardenal 남 ① [종교] 추기경. ② (얼굴·몸의) 사마귀. *Tiene un cardenal en la cara.* 그는 얼굴에 사마귀가 있다.

carecer [30 crecer] 자 [+de: …가] 결여(缺如)되다. *Carece totalmente del sentido de responsabilidad.* 그는 전혀 책임감이 없다. ◇ **carestía** 여 부족, 결핍, 결여.

careta 여 탈, 가면, 마스크(máscara).

carga 여 ① 짐싣기. *La carga del barco llevó mucho tiempo.* 배의 짐싣기는 시간이 많이 걸렸다. ② 짐. *Necesitamos dos camiones para llevar tanta carga.* 그만한 짐을 운반하려면 2대의 트럭이 필요합니다. ③ 부담. *Lleva sobre sí la carga de toda la familia.* 그는 전 가족의 무거운 짐을 짊어지고 있다. *buque de carga* 화물선. ◇ **cargamento** 남 배의 짐.

cargar [8 pagar] 타 ① (…에) 짐을 싣다. ② [+de · con: …을] (…에) 쌓다; 싣다. *Los labradores cargan el carro de paja.* 농부들은 수레에 짚을 싣는다. ③ (책임·죄 따위를) 지우다, 부과하다. *No cargues sobre el niño demasiada responsabilidad.* 그 어린이에게 너무 책임을 지우지 마라. 자 [+con] 짊어지다. *Yo voy a cargar con el saco.* 내가 그 부대를 짊어지겠지요. ◇~se ① 짊어지다. *Cárgate el saco a la espalda.* 부대를 짊어져라.

② 싫증나다. Me estoy *cargando* y no sé si podré contenerme. 나는 진절머리가 나서, 참을 수 있을지 모르겠다. ③ [+de:…로] 가득차다. Se le *cargaron* los ojos *de* carbón. 그녀는 눈을 눈물로 가득 채우고 있었다. Los árboles están *cargados de* fruta. 나무에는 열매가 주렁주렁 열려 있다. ◇ **cargado, da** 휑 ① 짐을 실은. El carro iba demasiado *cargado* de carbón. 수레는 석탄짐을 너무 싣고 있었다. ② 무거운. Hacía un tiempo muy *cargado*. 대단히 무더운 날씨였다. ③ 짙은, 농후한. No me gusta el café *cargado*. 나는 짙은 커피는 좋아하지 않는다.

cargo 閲 ① 임무, 직무. Ha desempeñado altos *cargos* en el Ministerio de Hacienda. 그는 재무부에서 여러가지 고위직을 역임해왔다. ② 뒷바라지, 관리(管理). Durante el día los niños están a *cargo* de su abuela. 낮동안 어린이들은 할머니의 보살핌을 받고 있다. ③ 화물선. Ha llegado al puerto un *cargo* de patatas. 감자를 실은 화물선이 항구에 닿았다. *hacerse cargo de* …을 인수하다, …을 맡다. Mi padre tendrá que *hacerse cargo de* la sucursal. 부친은 머지않아 지점장으로 되어야 한다. *cargo de conciencia* 양심의 가책. No le hace *cargo de conciencia* cometer ese atropello. 그는 저런 위법을 범하고도 양심의 가책을 느끼지 않는다.

caricia 阅 애무. Sentía las *caricias* de un suave viento en la cara. 나는 미풍이 스치는 것을 뺨에 느꼈다.

caridad 阅 ① 인정, 자선. Esa señora ha dedicado toda su vida a obras de *caridad*. 그 부인은 전생애를 자선사업에 바쳤다. ② 동냥. Ese mendigo anda pidiendo la *caridad* de puerta en puerta. 그 거지는 집집마다 동냥질을 하고 다닌다.

cariño 閲 애정, 애착. Tenía mucho *cariño* al reloj, que era un recuerdo de su padre. 부친의 유물이었기에 그는 그 시계에 대단히 애착을 느끼고 있었다. ◇ **cariñoso, sa** 휑 상냥한, 애정이 깊은. El muchacho era muy *cariñoso* con sus padres. 소년은 그의 부모님한테 무척 상냥했다. ◇ **cariñosamente** 凰 상냥하게, 애정깊게.

caritativo, va 휑 자선의; 자애로운. Ella es una mujer *caritativa* para los pobres. 그녀는 가난한 사람한테 자비로운 여인이다.

carnal 휑 ① 고기의; 육욕의. Su amor es puramente *carnal*. 그의 사랑은 순전히 육욕의 사랑이다. ② 피가 잇닿은. hermano *carnal* (양친이 같은)형, 동생. tío *carnal* 혈통이 잇닿은 숙부.

carnaval 闍 카니발, 사육제.

carne 阅 고기 [비교: pescado 생선]. *carne* asada 불고기 (asado). Prefiero la *carne* de vaca a la de cerdo. 나는 돼지고기보다도 쇠고기가 좋다. *ser uña y carne* 사이가 좋다. Esos dos muchachos *son uña y carne*. 그 두 소년은 대단히 사이가 좋다. ◇ **carnicería** 阅 푸주간, 정육점, 고깃간. ◇ **carnicero, ra** 阅 정육점 주인, 백정.

carné 閲 신분증명서.

carnet [carné 로도 씀; 閲 carnets 또는 carnés] 閲 신분증명서, 면허증. El policía le ha pedido que enseñe el *carnet* de

caro, ra 값비싼 [⇔ barato]. Este abrigo me ha resultado muy *caro*. 이 외투는 나에게는 너무나 비싸게 먹혔다. ¡Qué *caro* se vende usted! 당신은 젠체하고 (교제하기 어려운 상태에)있읍니다, 그려! 값비싸다. En esta tienda venden muy *caro*. 이 가게는 대단히 값이 비싸다 (비싸게 판다).

carpintero 男 목수. Todos sus hermanos son *carpinteros*, pero él ha preferido ser mecánico. 형제는 모두 목수였지만, 그는(그보다) 기계공이 되고 싶었다. ◇ **carpintería** 대장간; 목수 직업.

carrera 囡 ① 달려감, 경주. He venido en una *carrera* para llegar a. tiempo. 나는 시간에 대도록 달려 왔다. ② (직업의 자격을 주는) 학과 과정; (인생의) 경력, (장래 가져야할) 직업. Se está preparando para la *carrera* diplomática. 그는 외교관 직업을 목표로 준비하고 있다. *a la carrera* 지금으로. Voy a acabar esto *a la carrera* 나는 지금으로 이것을 끝내겠다.

carreta 囡 짐차, 달구지.

carrete 男 실패, 얼레, 코일.

carretel 男 감는 기계.

carretera 囡 큰 길, 한길(camino real); 자동차 도로. La *carretera* estaba atestada de coches. 큰 길은 차로 붐비고 있었다.

carretilla 囡 손수레; (구내의) 운반차.

carro 男 차(coche); 짐수레; 【중남미】 자동차, 전차. Los *carros* han desaparecido ya de las ciudades. 짐수레는 이제 도회지에서 사라졌다.

carruaje 男 수레, 마차; 차량.

carta 囡 ① 편지, 서장(書狀). Eche usted estas *cartas* al buzón. 이 편지들을 우체통에 넣어 주십시오. Estaba mal dirigida su atenta *carta* de fecha de once de diciembre. 12月 11일자 귀하의 편지의 주소가 틀려 있었다. ② (트럼프 따위의) 패, 쪽, 표; 차림표, 식단표, 메뉴(menú). Vamos a jugar a las *cartas*. 트럼프 합시다. La gente que estaba allí, jugaba a las *cartas*. 거기 있던 사람들은 트럼프를 하고 있었다. La *carta*, por favor. 차림표를 부탁합니다. ③ 지도, 해도(海圖). *a carta cabal* 완전하게. Es un hombre honrado *a carta cabal*. 그는 정말로 올바른 사람이다. *tomar cartas en* …에 개입하다. Al fin, la policía tuvo que *tomar cartas en* el asunto. 기어이 경찰은 그 사건에 손을 대어야 했다. *carta credencial* 신임장. *carta certificada* 등기편지. *carta de crédito* 신용장. *carta de fletamento* 용선증서. *carta urgente* 지급편지. ◇ **cartero** 男 우체부.

cartel 男 포스터. *en cartel* (연극 등의) 공연, 상연.

cartera 囡 지갑; 서류가방, 학생용 가방. Le han robado la *cartera* en el tren. 그는 기차속에서 지갑을 도둑맞았다. ◇ **carterista** 男 소매치기 (ratero).

cantilla 囡 첫걸음(책), 초보(독본), 입문서.

cartón 男 판지, 마분지.

casa 囡 ① 집 [특히 「그」라든가, 「누구의」라고 말할 필요가 없으면 관사나 소유형용사는 불필요]. Voy a *casa*. 나는 집에 간다. No estaba en *casa*. 그는 집에 없었다. Vivía con nosotros, pero ahora se ha ido a su *casa*. 그는 우리들과 함께 지내고 있었으나, 지금은 자기 집에 갔다. Vive en esa *casa* que hace esquina. 그는 모퉁이 집에서 살고 있다. Mándemelo a *casa*. 그걸 집으로 보내 주세요. Vamos a mudarnos de *casa* pronto. 우리는 곧 이사할 겁니다. ¿Cuándo pasa usted por mi *casa*? 언제 제 집에 들르시겠읍니까. Estaré en *casa* todo el día. 나는 종일 집에 있겠다. ②가(家), 가족(familia), Alfonso ⅩⅢ pertenecía a la *casa* de Borbón. 알폰소 13세는 보르봉가(家)에 속해 있었다. ③건물. ¿Ves aquella *casa* que hace esquina? 저 거리의 모서리에 있는 건물이 보이지요. ④상사(商社). Sírvanse enviarme el catálogo y lista de precios de su estimada *casa*. 귀사의 상품 목록과 가격표를 보내 주십시오. *casa* matriz 본점, 본부(本部).
casamiento 图 결혼. Los padres se oponen al *casamiento* de su hija con ese muchacho. 양친은 딸이 그 청년과 결혼하는 것에 반대하고 있다.
casar 囤 [+con : …와] 결혼시키다. Han casado a su hijo *con* la chica más rica del pueblo. 그는 아들을 동네에서 제일 부자인 소녀와 결혼시켰다. ◇**-se** [+con : …와]결혼하다. *Se casó con una chica española muy bonita.* 그는 대단히 어여쁜 스페인아가씨와 결혼했다. ◇ **casadero, ra** 圈 결혼 적령기의. Tiene una hija *casadera*. 그에게는 묘령의 딸이 하나 있다. ◇ **casado, da** 圈 결혼한. Está *casado* desde hace dos años. 그는 2년전부터 결혼해 있다. 图 기혼자.
cascanueces 图 【단·복수 동형】호두까개.
cáscara 图 껍질.
casco 图 ①【해부】두개골. Se rompió los *cascos* en el accidente. 그는 그 사고로 두개골이 깨졌다. ②헬멧. Los policías llevaban *cascos* de acero. 경관들은 강철제 헬멧을 쓰고 있었다. *calentarse [romperse] los cascos* 머리를 괴롭히다, 지혜를 짜내다. Por mucho que *te calientes los cascos*, no lo podrás resolver. 네가 아무리 지혜를 짜내도, 그것을 해결할 수는 없을 것이다.
caserío 图 부락; 농가. Nosotros solemos veranear en el *caserío* donde viven mis abuelos. 우리들은 조부모가 살고 있는 마을에서 곧잘 피서를 한다.
casero, ra 圈 집의; 집안일을 좋아하는, 가정적인; 손으로 만든, 수제품의. No hay nada como la comida *casera*. 집에서 만든 음식과 같은 것은 없다. Nunca he tomado unos dulces *caseros* tan deliciosos. 나는 이렇듯 맛있는 손으로 만든 과자를 먹어 본 일이 없다. *remedios caseros* 가정 상비약. 图 집주인. El *casero* nos ha pedido que paguemos el alquiler. 집주인이 우리들에게 집세를 달라고 요구했다.
casi 團 거의; 하마트면. Estaba *casi* inmóvil. 그는 거의 움직이지 않고 있었다. *Casi* he terminado. 거의 끝났습니다. La comida está *casi* lista. 식사가 거의 준비됐다. Al cruzar la calle *casi* le atropella un coche. 그는 길을 건느려다가, 하마트면 차에 치일

뺐다.
casilla 예 파수막; 우편 사서함.
casino 남 (동업자·동호자의) 회; 클럽. Todos los días pasa por el *casino* para charlar con los amigos. 날마다 그는 클럽에 들러서 친구들과 잡담을 한다.
caso 남 ① 경우. No debes perder ánimo en cualquier *caso*. 어떠한 경우에도 기운을 잃어서는 안된다. En *caso (de)* que haga mal tiempo mañana, atrasaremos el viaje. 내일 날씨가 나쁠 경우에는 여행을 연기하자. ② 사례(事例); 사건. Es mejor que expongas el *caso* a tu padre. 너는 이 사건을 부친에게 고백하는 것이 좋다. ③ 본론, 본제(本題). Bien, vamos al *caso*. 자, 본론으로 들어가자. *hacer caso de [a]*. …을 고려하다, 마음에 두다. No *hagas caso* de lo que te dicen. 사람들이 너에게 말하는 것을 염두에 두지 마라. No le *hagas caso*. 그를 상관마라. *en todo caso* 좌우지간, 하여간(de todos modos). Es probable que yo no pueda ir, pero *en todo caso* lo intentaré. 나는 못 갈지도 모르지만, 하여간 갈려고 시도는 해보겠다.
casta 여 (좋은) 혈통; 계급. Está orgullosa de su *casta*. 그녀는 자기의 혈통을 자만하고 있다.
castaño, ña 형 밤색의, 갈색의: Mi hermana menor tiene el pelo color *castaño*. 나의 여동생은 밤색 머리를 하고 있다. 남【식물】밤나무. 예 밤(그 열매).
castañuela 여【악기】캐스터네츠. Ella no sabe tocar las *castañuelas*. 그녀는 캐스터네츠를 칠줄 모른다. ◇ **castañetear** 예 캐스터네츠·손가락뼈을 (이가) 딱딱 소리내다. Tenía tanto miedo que le *castañeteaban* los dientes. 그는 너무 무서워서, 이가 딱딱 소리내고 있었다.
castellano, na 형 카스틸랴(Castilla: 스페인의 중부지방: 옛날의 왕국)의. El señor es un *castellano* puro. 그 사람은 순수한 카스틸랴 사람이다. 남 (멕시코, 중남미에 대하여) 스페인어. Se dice que el *castellano* es la lengua para hablar con Dios. 스페인어는 신과 이야기하기 위한 말이라고 한다.
castigar [⑧ pagar] 타 ① 징계하다, 나무라다, 꾸중하다, 벌하다. La *castigó* su padre por haber llegado tarde a casa. 부친은 (딸의) 귀가가 늦었으므로, 그녀를 벌주었다. El niño está *castigado* a no ir al cine. 소년은 영화 보러 못가는 벌을 받고 있다. ② 고통을 주다, 손상시키다. Las heladas han *castigado* mucho los frutales. 서리가 심하게 과실 나무를 손상시켰다. ◇ **castigo** 남 벌; 고통. El *castigo* no ha sido proporcionado a la falta. 그 벌은 과실(잘못)과 걸맞지 않다. *castigo ejemplar* 본보기 처벌.
castillo 남 성; 망루. En España se conservan muchos *castillos* construidos en la Edad Media. 스페인에는 중세에 세워진 성이 많이 보존되어 있다.
castizo, za 형 순수한, 순정(純正)한. Esta noche asistiremos a una función de bailes *castizos*. 오늘밤은 (이 지방의) 고유한 춤

casual 형 우연한. El encuentro *casual* con un amigo me ha hecho retrasar el viaje. 친구와 우연히 만났기 때문에 나는 여행을 연기해야 했다(우연한 상봉이 연기시켰다). ◇ **casualidad** 여. Me lo encontré de pura *casualidad*. 나는 우연히 그를 만났다. ¡Qué *casualidad*! 우연의 일치군요. *por casualidad* 우연히. Supe que estabas en Madrid *por pura casualidad*. 네가 마드리드에 있는 것을 나는 전혀 우연히 알았다. ◇ **casualmente** 부 마침, 우연히.

catalán, na 형 까딸루냐(Cataluña; 스페인 동북부 지방)의. 명 까딸루냐사람. 남 까딸루냐말. La mayoría de sus obras están escritas en *catalán*. 그의 대부분의 작품은 까딸루냐말로 쓰여 있다.

catálogo 남 목록, 카타로그. Sírvase enviarme el *catálogo* y lista de precios de su estimada casa. 귀사의 목록과 가격표를 보내 주십시오. ◇ **catalogar** [8] pagar] 타 목록에 싣다; (…의) 목록을 만들다. Tenemos *catalogados* los libros por orden alfabético de autores. 우리들은 저자 이름을 알파벳 순서로 도서목록을 만들어 놓았다.

catarata 여 ① 폭포. *Cataratas* de Iguazú 이구아수 폭포. ② 【의학】 백내장(白內障).

catarro 남 감기, 카타르. Tengo un *catarro* terrible. 나는 지독한 감기에 걸렸다.

catartus 남 【라틴어】 독수리의 일종(남·북미의).

catástrofe 여 큰 재난, 파국. El avión estalló en el aire y todos los pasajeros murieron en la *catástrofe*. 비행기는 공중분해되어 승객 전원이 이 큰 사고로 죽었다. ◇ **catastrófico, ca** 형 큰 재난의, 파국적인. Los resultados de las negociaciones han sido *catastróficos*. 교섭 결과는 파국적이었다.

catecismo 남 【종교】 공교요리(公敎要理); 교리 문답서. En las escuelas españolas se enseña el *catecismo*. 스페인의 학교에서는 공교 요리가 가르쳐진다.

cátedra 여 ① 교단. El profesor nunca se sienta en la *cátedra*. 그 선생은 결코 교단에 걸터 앉지 않는다. ② 강좌; 교수직. Un antiguo amigo mío ha ganado la *cátedra* de Historia de esa Universidad. 나의 오랜 친구가 그 대학의 역사교수가 되었다. *cátedra de San Pedro* 로마 교황의 자리. ◇ **catedrático, ca** 남여 교수·강좌의. 명 교수(profesor).

catedral 여 대성당, 중앙 사원. La *catedral* de Burgos, de estilo gótico, es una de las más famosas de toda Europa. 부르고스의 대성당은 고딕양식의 것으로, 전 유럽에서 가장 유명한 것 중의 하나이다. ◇ **catedralicio, cia** 형 대본당의.

categoría 여 ① 종류; 등급. El precio de los hoteles varía según su *categoría*. 호텔 숙박료는 호텔의 등급에 의해 여러가지이다. ② 높은 신분·계급. José tenía unos parientes de mucha *categoría*. 호세에게는 높은 신분의 친척이 있었다. ③ 범위. ◇ **categórico, ca** 형 단정적인. Yo le he respondido con un no *cate-*

górico. 나는 확실히 아니라고 (단정적인 부정을) 그에게 대답했다. ◇ **categóricamente** 튄 단호하게.

cátodo 囝 【전기】음극(陰極). ◇ **catódico, ca** 웹 음극의.

católico, ca 웹 카톨릭의. Las iglesias *católicas* están más adornadas que las protestantes. 카톨릭교회는 신교의 그것보다도 장식이 많다. 囝 카톨릭교도, 카톨릭신자. ◇ **catolicismo** 囝 천주교, 카톨릭.

catolicón 囝 만병 통치약.

catorce 웹 14의; 14번째의. 囝 14.

catre 囝 간이 침대, 보조 침대.

caucho 囝 고무, 고무나무. El *caucho* sintético ha tomado importancia considerable. 합성 고무는 상당한 중요성을 가져왔다. ◇ **cauchal** 囝 고무 재배원. ◇ **cauchar** 囶 고무를 채집하다. ◇ **cauchera** 뗘 고무나무. ◇ **cauchero, ra** 웹 고무액 채집자. ◇ **cauchotina** 뗘 고무액.

caudal 囝 ① 자산, 자금. El ha vuelto de América con todo un *caudal*. 그는 미국에서 상당한 재산을 가지고 돌아왔다. ② 수량 (水量). El río en verano sólo trae un pequeño *caudal*. 냇물은 여름에는 수량이 조금밖에 없다. ③ [추상적] 양, 정도. Con ese *caudal* de conocimientos no tienes suficiente. 그 정도의 지식으로는 너는 충분하지 않다. ◇ **caudaloso, sa** 웹 수량이 많은; 부유한. río *caudaloso* 수량이 많은 강. ◇ **caudalosamente** 튄 풍부·부유하게.

caudatrémula 뗘 【새】할미새.

caudillo 囝 총통, 통령(統領), 두목. Aníbal fue el *caudillo* más famoso. 하니발은 가장 유명한 통령이었다. ◇ **caudillaje** 囝 수령·두목의 직.

caudón 囝 【새】때까치.

caula 뗘 속임수, 간계.

caulescente 웹 【식물】줄기있는. ◇ **caulífero, ra** 웹 줄기에 꽃이 붙은. ◇ **cauliforme** 웹 줄기 모양의.

cauro 囝 북서풍(北西風).

causa 뗘 ① 원인; 이유. La *causa* de su vuelta a España ha sido la enfermedad de su madre. 그가 스페인에 돌아온 이유는 모친의 병이었다. ② (어떠한 이익을 지키는) 주장, 운동. El dio su vida por la *causa*. 그는 그 운동을 위하여 생명을 버렸다. *hacer causa común con* …와 공동전선을 펴다. *a* [*por*] *causa de* …때문에. No vino *a causa de* la lluvia. 그는 비 때문에 오지 못했다. Las cosechas han sufrido mucho daño *a causa de* la escarcha. 서리때문에 작물은 큰 피해를 받았다. ◇ **causador, ra** 웹 원인이 되는; 발로인. ◇ **causal** 웹 원인이 되는; 이유; 동기. ◇ **causalidad** 뗘 인과율; 원인.

causar 囶 생기게 하다, 가져오다; 느끼게 하다. El terremoto ha *causado* muchos estragos en la ciudad. 지진은 그 도시에 많은 피해를 가져왔다. El accidente fue *causado* por un descuido del conductor. 사고는 운전사의 부주의로 생겼다.

cautela 뗘 조심, 신중(precaución). ◇ **cauto, ta** 웹 신중한, 빈틈

cautivar 타 포로로 하다, 사로잡다;(주의를) 끌다. ◇ **cautivo, va** 형 붙잡힌, 포로가 된. 명 포로(prisionero).

cavar 타 (괭이 따위로) 파다, 파 내리다. Los labradores *cavan* la tierra para la siembra de las patatas. 농부는 감자를 심기 위하여 땅을 판다. *cavar su fosa* 자기의 무덤을 파다. ◇ **cava** 명 땅 일구기. ◇ **cavadiza** 형 파올은. ◇ **cavador** 명 땅파는 인부. ◇ **cavadura** 명 땅 일구기. ◇ **cavadillo** 명 도랑.

caverna 명 동굴. ◇ **cavernícola** 굴에 사는. ◇ **cavernoso, sa** 형 동굴의.

cavidad 명 구멍, 동공;【해부】 강(腔).

cavilar 타 골똘히 생각하다.

cayeron caer의 직설법 부정과거 3인칭 복수.

cayó caer의 직설법 부정과거 3인칭 단수.

caza 명 ① 사냥, 수렵. Mañana iremos de *caza* a los montes vecinos. 내일 가까운 산으로 사냥하러 가자. ② 사냥한 짐승. En estos montes hay mucha *caza*. 이 산에는 사냥할 짐승이 많다. *a caza de* …을 찾아서. Anda *a caza de* un empleo. 그는 직업을 찾고 있다.

cazar [9] alzar] 타 ① 사냥하다. Está prohibido *cazar* aves en estos montes. 이 산에서는 새를 잡는 일은 금지되어 있다. ② 추구하다. ③ (잘) 잡다; 붙잡다. Ha *cazado* un premio de la lotería. 그는 복권이 당첨되었다. ◇ **cazadero** 명 사냥터. ◇ **cazador, ra** 명 사냥꾼.

cazatorpedero 명 구축함.

cea 명 【해부】 좌골(座骨).

cebada 명 【식물】 보리. ◇ **cebadal** 명 보리밭. ◇ **cabadazo, za** 명 보리의. ◇ **cebadera** 명 보릿자루. ◇ **cebadero** 명 보리장사.

cebar 타 ① [+con: …을] (…에게) 먹이로 주다. En España *ceban* cerdos *con* maíz. 스페인에서는 돼지에게 강냉이를 먹이로 먹인다. ② (…에게) 연료를 보내다. Para echar el motor a andar tienes que *cebarlo* primero. 엔진을 움직이기 위해서는 우선 그것에 연료를 주어야 한다. ◇ **~se** 재 ① [+en: …에] 전념하다. Estaba *cebado en* la lectura. 그는 독서에 전념하고 있었다. ② 마음껏 하다. *Se cebó* en llanto. 그녀는 실컷 울었다. ③ 잔인성을 발휘하다. El asesino *se cebó* en su víctima. 살인자는 그 희생자를 실컷 희롱했다. ◇ **cebo** 명 먹이.

cebellina 명 【동물】 검은 담비.

cebolla 명 【식물】 양파. No eches mucha *cebolla* a la comida, que después se huele. 음식물에 양파를 너무 넣지마라, 냄새가 나니까. ◇ **cebollada** 명 양파요리. ◇ **cebollar** 명 양파밭. ◇ **cebollero, ra** 명 양파 장사. ◇ **cebolleta** 명 【식물】 파. ◇ **cebollino** 명 양파 묘상·종자.

cebra 명 【동물】 얼룩말. ◇ **cebrado, da** 형 얼룩털의.

cecina 명 건육(乾肉), 육포. ◇ **cecinar** 타 고기를 굽다·말리다.

cecografía 명 점자(点字). ◇ **cecógrafo** 명 점자판.

ceder 타 사양하다. Los niños deben *ceder* el asiento a los ancianos en el autobús. 어린이는 버스에서 노인에게 자리를 양보해야 한다. 재 ① [+a : …에게] 양보하다. El interés particular debe *ceder* al interés público. 개인적 이익은 공적 이익에 양보해야 한다. ② [+a · ante : …에게] 굴복하다. ③ (폭풍우 따위가) 멎다. La tormenta parece que *ha cedido*. 폭풍우는 멎은듯 하다. ◇ **cedente** 형 양도자.

cedro 남 【식물】 삼나무. ◇ **cédride** 남 삼의 열매. ◇ **cedrino, na** 형 삼의.

cédula 여 권(券), 찰(札); 증명서; 주민등록증. He perdido mi *cédula* de identidad. 나는 신분증명서를 잃었다. *cédula de vecindad* 거주 증명서. *cédula en blanco* 백지위임장. *cédula personal* 신분증명서. ◇ **cedulario** 남 칙허증 집록(勅許證集錄).

cefalalgia 여 【의학】 두통. ◇ **cefalálgico, ca** 형 두통의. ◇ **cefalea** 여 만성두통.

cefalitis 여 【의학】 뇌염.

céfalo 남 【물고기】 농어.

cefalópodo, da 형 【동물】 두족류의. 남복 두족류.

cegar [⑧ pagar, ⑲ pensar] 타 눈멀게 하다. El fuego le *cegó* los ojos en unos instantes. 불이 잠깐 동안, 그의 눈을 어둡게 했다. ◇~**se** 눈멀게 되다 (구멍 따위가) 메이다. *Se cegó* de ira y ya no escuchaba nada. 그는 분노에 눈이 어두워져서, 이미 아무 것도 들으려 하지 않았다. ◇ **ceguedad/ceguera** 여 장님; 실명(失明).

ceja 여 【신체】 눈썹. Ella levantó las *cejas* en señal de admiración. 그녀는 놀라서 눈썹을 치켜 올렸다.

celda 여 감방, 독방; 승방.

celebrar 타 ① 축하하다; 즐거하다. Le *celebro* mucho. 그 소리를 들으니 무척 기쁩니다. *Celebro* que el accidente no tuviera importancia. 사고가 대수롭지 않았으므로 나는 기쁘다. ② 칭찬하다. Los que asistieron a la fiesta *celebraron* su esplendor. 축제에 참가한 사람은 그 훌륭함을 칭찬했다. ③ 거행하다. El funeral *ha sido celebrado* en presencia de una enorme multitud. 그 장례식은 대군중 앞에서 거행되었다. ¿Cuándo *se celebra* la reunión? 회합은 언제 개최됩니까. ◇ **celebración** 여 거행; 축하.

célebre 형 유명한(famoso, renombrado). Las personas más *célebres* de nuestra época son, con frecuencia, las estrellas de cine. 우리시대의 가장 유명한 사람은 번번히 영화스타이다. ◇ **celebridad** 여 고명(한 사람). Su padre es una *celebridad* en el campo de la medicina. 그의 부친은 의학 분야에서는 유명한 사람이다.

celeste 형 ① 공중의, 하늘의. Las estrellas brillan en la bóveda *celeste* del cielo. 별은 하늘에서 빛난다. ② 하늘빛의. Se ha comprado un traje azul *celeste*. 그는 하늘빛 옷을 샀다. ◇ **celestial** 형 천국의, 천국과 같은. Los santos viven con Dios en la gloria *celestial*. 성자들은 천국의 영광 속에서 신과 함께 살고

celo 图 ① 열심, 열의. El cumplió mi encargo con mucho *celo*. 그는 비상한 열의를 가지고 나의 부탁을 들어 주었다. ② 图 질투, 시새움. Ella tiene *celos* de su marido. 그녀는 남편에게 질투하고 있다. ◇ **celoso, sa** 图 ① 열의가 있는. Es *celoso* en el cumplimiento de su deber. 그는 자기 의무 수행에 열의가 있다. ② 질투 많은, 질투심이 강한. Lola estaba *celosa* de su prima. 롤라는 사촌에게 질투하고 있었다.

célula 예 [의학] 세포; 강(腔); 작은 방.

cementerio 图 묘지(sepultura). El *cementerio* está en las afueras de la ciudad. 묘지는 시의 교외에 있다.

cemento 图 시멘트, 콘크리트. Del reino de la piedra se ha pasado a la dictadura del *cemento* armado. 돌의 왕국에서 철근 콘크리트의 독재로 넘어갔다.

cena 예 저녁식사(comida), 만찬. El cuadro representa la última *cena* de Nuestro Señor Jesucristo. 그 그림은 우리들의 주 예수 그리스도의 최후 만찬을 그리고 있다.

cenar 재 저녁밥을 먹다(tomar la cena). Los españoles *cenan* a eso de las diez de la noche. 스페인사람은 밤 10시 쯤에 저녁밥을 먹는다. 태 저녁식사에 먹다. *Cenamos* carne anoche. 어제 밤 우리들은 저녁식사에 고기를 먹었다.

ceniza 예 ① 재. Hoy el cielo tiene color de *ceniza*. 오늘은 하늘이 잿빛이다. ② 유골. Aquí reposan las *cenizas* de nuestros antepasados. 우리 선조의 유골은 여기 잠들고 있다. ◇ **cenicero** 图 재떨이.

censo 图 인구·국세·실태조사. El último *censo* muestra un aumento considerable de población. 최근의 국세조사는 인구의 현저한 증가를 나타내고 있다.

censura 예 ① 검열(부·국). La *censura* del correo es muy severa en tiempo de guerra. 우편물 검열은 전시에는 대단히 엄중하다. ② 비난. La película se expondrá a la *censura* pública. 그 영화는 일반의 비난에 직면할 것이다.

censurar 태 ① 검열하다. La película *ha sido censurada* porque contiene escenas poco recomendables. 그 영화는 과히 향기롭지 못한 장면이 있다고 해서 일부를 삭제했다(검열을 받았다). ② 비난하다, 나무라다. No *censuro* de ninguna manera lo que has dicho, sino el modo de decirlo. 나는 네가 말한 것을 결코 비난하고 있는 것이 아니고, 그 말투를 비난하고 있는 것이다. ◇ **censurable** 图 비난할만한. Lo que el niño ha hecho no es *censurable*, antes recomendable. 그 애가 한 일은 비난할 것 아니고, 차라리 칭찬해야 할 것이다.

centavo 图 센따보[중남미제국 단위 화폐의 100분의 1].

centenar 图 100씩 묶은 것(centena). Recibió *centenares* de felicidades por su cumpleaños. 그는 생일이어서 (몇 백이나 되는) 많은 축하선물을 받았다. ◇ **centenario, ria** 图 100(씩)의; 100살의. 图 100년(제).

centeno 图 라이 보리.

centésimo, ma 형 100번째의, 100등분의. 명 100분의 1.
centígrado, da 형 100등분의. 명 ① 100분의 1. ② 쎈띠모[코스타리카, 스페인, 파나마, 파라과이, 우르과이의 단위 화폐의 100분의 1].
central 형 중심·중앙의. Nuestro apartamento está en la parte más *central* de la ciudad. 우리들의 아파트는 시의 가장 중심부에 있다. 예 ① 중앙부, 중앙국. La *central* de esta entidad está en Madrid. 이 단체의 본부는 마드리드에 있다. ② 전화 교환국. ③ 발전소. Aquí cerca acaba de inagurar una gigantesca *central* eléctrica. 이번에 이 근처에 거대한 발전소가 생겼다.
céntrico, ca 형 중심의, 중앙부의. Mis padres viven en el barrio más *céntrico* de Madrid. 부모님은 마드리드의 가장 중심지구에 살고 있다.
centro 명 ① (공·원 따위의) 중심. La gravedad atrae los cuerpos hacia el *centro* de la tierra. 중력은 지구의 중심으로 물체를 끌어 당긴다. ② 중앙. Había una mesa en el *centro* del cuarto. 방의 중앙에 테이블이 있었다. ③ 중심지, 번화가. Tengo que ir al *centro* a hacer compras. 나는 물건을 사러 중심부로 가야 한다. ④ (중심적인) 기관, 시설, 협회, 클럽. En Madrid se encuentran innumerables *centros* docentes. 마드리드에는 수 많은 교육기관이 있다.
centroamericano, na 형 중앙아메리카(Centroamérica)의.
ceñir [43] 타 ① [+con·de : …를](…에)감아 붙이다. Le *ciñeron* la frente *con* flores. 사람들은 그의 머리에 화관을 씌웠다. ② 감다; 죄다. Un cordón me *ciñó* los brazos. 노끈이 나의 팔에 감겼다. ③ 두르다. Las muellas *ciñen* la ciudad. 성벽이 그 도시를 둘러싸고 있다. ◇ ~se ① (자기의 몸에 감아서) 붙이다. ② [+a : …에] 찰싹 맞추다. Tienes que *ceñirte a* un sueldo muy modesto. 너는 아주 사소한 급료에 맞추어서 (생활을) 절약해야 한다. ③ [+a+동사원형] …하기만 하다. *Cíñase a* contestar a lo que se le pregunta. 너는 묻는 말에 대답하기만 해라. ◇ **ceñido, da** 형 꼭 맞는; 군색한, 검소한, 조심스러운. Ese traje te está demasiado *ceñido*. 그 옷은 네게는 너무 조인다.
ceño 명 찡그린 얼굴, 우거지상. ◇ **ceñoso, sa / ceñado, da** 형 얼굴을 찡그린.
cepillo 명 ① 솔. *cepillo* de dientes 칫솔. ¿Dónde has dejado mi *cepillo* de cabeza? 내 머리솔을 어디다 두었느냐. ② 【연모】 대패. ◇ **cepillar** 타 ①(…에) 솔질하다. Tengo que *cepillar* el sombrero. 모자를 솔질을 해야 한다. ②(…에) 대패질을 하다 (acepillar). Estas tablas no están bien *cepilladas*. 이 판자들은 대패질이 잘 되어 있지 않다.
cera 여 납(蠟), 왁스. Se emplea la *cera* para hacer brillar los muebles. 가구를 윤내는데 왁스가 쓰인다. ◇ **cerilla** 여 성냥 (fósforo).
cerca 여 울타리(cerco). Los niños han entrado en el jardín saltando por encima de la *cerca*. 어린이들은 울타리를 뛰어 넘어서 뜰에 들어왔다. 부 [+de : …의] 가까이에. ¿Hay alguna far-

macia *cerca de* aquí? 이 근처에 약국이 있읍니까. Vive muy *cerca de* aquí. 그는 여기서 가까이에 살고 있다. Eran *cerca de* las dos de la noche cuando llegué a casa. 내가 집에 닿았을 때는 밤 2시 가까이였다. *de cerca* 옆에서. El visitante se aproxima al cuadro y lo mira *de cerca*. 참관자는 그림 가까이 가서 그것을 옆에서 본다.

cercanía 여 가까움. Teníamos el mar en la *cercanía* del campamento. 캠프의 가까이에 바다가 있었다. ② 복 부근, 근교(近郊).

cercano, na 형 [+a ; …에] 가까운 [반 lejano]. 가까운 곳의. Vive en una pensión *cercana a* mi casa. 그는 우리집 가까운 곳에 있는 하숙집에 살고 있다.

cercar [7] 타 (…에) 울타리를 만들다. El propietario *cercó* su finca con una alambrada. 지주가 그 농장에 철사 울타리를 만들었다. ◇ **cercado** 남 ① 울타리. ② 울타리를 한 장소 (목장·과수원 따위). Esto es un *cercado* y está prohibida la entrada. 여기는 울타리한 곳이라 들어가는 것은 금지되어 있다.

cerciorar 타 진실임을 보증하다. ◇ **-se** [+de ; …을] 확인하다.

cerco 남 ① 바퀴, 테, 윤곽. ② 울타리(cerca). Una vez puesto el *cerco*, no entran los animales. 일단 울타리를 만들면 동물들은 들어오지 않는다. ③ 포위.

cerdo 남 ① [동물] 돼지(puerco, chancho, cochino); 돼지고기 (carne de cerdo). Su padre está dedicado a la cría de *cerdos*. 그의 부친은 돼지 사육에 종사하고 있었다. ② 불결한 사람, 무례한 사람.

cereal 형 곡식의. 남 혹은 여 곡식, 곡물.

cerebro 남 [해부] 뇌(腦); 두뇌. El *cerebro*, alojado en el cráneo, es el centro del sistema nervioso. 뇌수는 두개골 속에 있어서, 신경계통의 중심이다. Tiene un *cerebro* privilegiado. 그는 훌륭한 두뇌의 소유자이다. *cerebro electrónico* 전자두뇌. ◇ **cerebral** 형 뇌의. *derrame cerebral* 뇌일혈.

ceremonia 여 의식, 제전. La *ceremonia* de apertura de la Esposición se celebró el día 15 de marzo. 박람회 개회식은 3월 15일에 거행되었다. ◇ **ceremonial** 형 의식의; 예의바른. 남 의례, 예법. Nada hay más complicado que el *ceremonial* de la corte. 궁중의 예법만큼 복잡한 것은 없다. ◇ **ceremonioso, sa** 형 장엄한; 의식·형식적인.

cereza 여 [식물] 버찌, 앵두. De postre tomamos *cerezas*. 디저트로 우리들은 버찌를 먹었다. ◇ **cerezal** 남 버찌밭.

cerezo 남 벚(나무) Los *cerezos* se pondrán en flor dentro de poco. 곧 벚꽃이 피겠다.

cerilla 여 성냥(fósforo).

cernir [23] 타 체질을 하다. Esta harina no la *han cernido* bien. 이 밀가루는 체질이 잘 되어 있지 않다. ◇ **-se** ① 허리를 흔들고 걷다. ② 공중에 뜨다, 춤추다; (안개 따위가) 끼다. Las cigüeñas *se ciernen* elegantemente en el aire. 황새가 공중에서

우아하게 춤춘다.

cero 남 영(零). Anoche descendió la temperatura a cinco grados bajo *cero*. 어제 밤은 기온이 영하 5도로 내려갔다.

cerradura 여 걸쇠, 자물쇠 [비교 : llave 열쇠]. Ha hecho poner una *cerradura* a la puerta. 그는 문에 자물쇠를 달게 했다.

cerrar [19 pensar] 타 닫다 [↔ abrir]; 문을 걸다. *Cierre* usted la ventana. 창문을 닫아 주세요. Haga el favor de *cerrar* el grifo. 수도꼭지를 닫아주세요. Una tapia *cierra* el jardín de su casa. 흙담이 그의 집뜰을 가로막고 있다. 재 (장·문이) 닫히다. Esta ventana no *cierra* bien. 이 창은 잘 닫아지지 않는다. El almacén *cierra* a las 6 de la tarde. 백화점은 오후 6시에 닫힌다. ◇ **~se** ① 닫히다. La puerta *se ha cerrado* de golpe. 문이 탕 닫혔다. ② 막히다. La herida *se ha cerrado* sola. 상처가 자연히 아물었다. ③ 끝나다, 마감되다. ◇ **cerrado, da** 형 닫힌. Las tiendas estarán *cerradas* mañana. 가게는 내일 닫친. Se trató el asunto a puerta *cerrada*.그 것은 내밀히 논의됐다. *Cerrado* por reformas 내부수리중.

cerro 남 언덕; (동물의) 목, 등.

cerrojo 남 (문·창 따위의) 빗장, 걸쇠.

certeza 여 확실성. Te garantizo la *certeza* de la noticia. 이 뉴스의 확실성은 내가 너에게 보증한다. *tener la certeza de* …을 잘 알고 있다, 확신한다. *Tengo la certeza* de que saldrá bien en el examen. 그는 반드시 시험에 합격한다.

certidumbre 여 확실성, 확신. No lo sé con *certidumbre*. 나는 그것을 확실히는 모른다.

certificar [7 sacar] 타 ① 보증·보장하다. Le *certifico* que no he sido yo el que ha cometido ese error. 그 잘못을 저지른 것이 나는 아니라는 것을 나는 너에게 보증한다. ② 등기우편으로 하다. Será mejor que *certifique*, la carta por si se pierde. 없어 지면 안되니까 편지를 등기우편으로 하는 편이 좋겠다. Quisiera *certificar* esta carta. 이 편지를 등기우편으로 보내고 싶은데요. ◇ **certificado** 남 증명서; 등기우편. *certificado* de buena salud 건강증명서.

cerveza 여 맥주. Acostumbra a beber un vaso de *cerveza* antes de las comidas. 그는 식전에 맥주를 한·잔 마시는 것이 습관화되어 있다. ◇ **cervecería** 여 맥주홀.

cesar 자 ① 끝나다, 멎다. Quédese aquí hasta que *cese* la lluvia. 비가 멈출 때까지 여기 계십시오. Vamos a salir porque *ha cesado* la lluvia. 비가 멎었으니 출발합시다. En esta oficina el trabajo *cesa* a las cuatro. 이 사무소에서는 일이 4시에 끝난다. ② [+en 일·직업을] 그만두다. *Había cesado* en el cargo que desempeñaba. 그는 하고 있던 직무를 벌써 그만 두고 있었다. ③ [+de+동사원형 : …하기를] 그만 두다. El niño *cesó de* llorar. 젖먹이는 울음을 멈추었다. 타 해고하다(despedir). Ayer *cesaron* a siete empleados. 어제 종업원 일곱명이 해고되었다. ◇ **cesante** 형 휴직·면직된. 남 휴직·면직된 사람.

césped/céspede 남 잔디.

cesto 图 (큼직한) 바구니. Ella marcha al mercado con un *cesto* de huevos en su brazo. 그녀는 달걀 바구니를 팔에 끼고 시장으로 간다. *cesto de los papeles* 휴지통 (papelera). ◇ **cesta** 예 (조그마한) 바구니. Compré una *cesta* de fruta. 나는 과실을 한 바구니 샀다.

cicatriz [图 cicatrices] 예 흉터; 오랜 상처. Mi abuelo tenía en el rostro una *cicatriz*. 나의 조부는 얼굴에 상처가 있었다. ◇ **cicatrazar** [9] alzar] 태 유착시키다. 재 유착하다.

ciclismo 图 싸이클링. ◇ **ciclista** 图 자전거 선수, 싸이클 선수.

ciclo 图 주기(週期); 【물리】주파. La naturaleza cambia siguiendo el *ciclo* de las estaciones. 자연은 계절의 주기에 따라서 변한다. ◇ **cíclico, ca** 图 주기적인.

ciclón 图 회오리 바람, 태풍(huracán); 폭풍우(tempestad).

ciego, ga 图 맹목의; 눈먼. Está *ciega* para los defectos de sus hijos. 그녀는 자기 아들들의 결점에는 눈이 멀다. 图 소경, 맹인. Ha ayudado a un *ciego* a cruzar la calle. 나는 소경이 길을 건너도록 도와주었다. *a ciegas* 맹목적으로; 덮어놓고. En este asunto andamos *a ciegas*. 우리들은 이 일을 맹목적으로 하고 있다. ◇ **ciegamente** 튀 맹목적으로, 덮어놓고, 무턱대고(a ciegas).

cielo 图 공중, 하늘; 천국(paraíso). De repente, se puso oscuro el *cielo*. 갑자기 하늘이 어두워졌다. El pequeño cree que su madre está en el *cielo*. 그 어린이는 모친이 천국에 있다고 믿고 있다.

cien [cientо가 명사나 mil, millones의 앞에 올 때의 형태] 图 100의; 100번째의. Esta casa se construyó hace unos *cien* años. 이 집은 약 100년 전에 세워졌다. 图 100. *cien por cien* 【속어】100 퍼센트(ciento por ciento).

ciénaga 图 수렁, 늪지.

ciencia 예 ① 지식(conocimiento, sabiduría). Ese hombre es un pozo de *ciencia*. 그 사람은 지식의 원천이다. ② 학문; 과학. El desarrollo de las matemáticas ha permitido a la *ciencia* hacer grandes progresos. 수학의 발달은 학문에 커다란 진보를 가져 왔다.

cieno 图 진흙.

científico, ca 图 학문·과학(적)의. Gracias a excelentes manuales, los conocimientos *científicos* están hoy día muy extendidos. 좋은 입문서 덕분에 오늘날에는 과학적 지식이 매우 보급 되어 있다. 图 과학자. Se ha concedido el Premio Nobel de Química a esos *científicos*. 노벨 화학상은 그 두사람의 과학 자에게 주어졌다. ◇ **científicamente** 튀 학문적·과학적으로.

ciento [명사나 mil, millones의 앞에서는 cien으로 됨] 图 100 의·100번째의. 图 100. ...*por ciento* ...퍼센트. El treinta *por ciento* de los ciudadanos no ha votado en las elecciones. 시민 30퍼센트는 선거에서 투표를 하지 않았다.

cierre 图 ① 닫음; 폐쇄; 폐회. La hora del *cierre* de los cafés es a las doce. 카페 폐점 시간은 12시이다. ② (서류·종이의) 매는

쇠 지퍼. Ella ha hecho cambiar el *cierre* de su bolso que estaba roto. 그녀는 망가졌던 핸드백 지퍼를 바꾸어 달게 했다.

cierto, ta 혱 ① 확실한. La noticia es *cierta*. 그 소식은 확실하다. Hay indicios *ciertos* de mejoría. 회복의 확실한 징조가 있다. Lo *cierto* es que él no está aquí. 확실한 일은 그가 이곳에 없다는 사실이다. ② [명사의 앞에 붙어서 부정(不定)형용사] 어떤, 어떤 종류의. Una *cierta* envidia le impulsaba a odiar a su prima. 어떤 종류의 선망(羨望)이 그를 충동해서 그의 사촌을 미워하게 했다. *de cierto* 확실히. ◇ **ciertamente** 부 확실히. *Ciertamente* lo que dice es falso. 확실히 그가 말하는 것은 거짓이다.

ciervo 남 【동물】 사슴.

cifra 여 ① 숫자(数字). En nuestra numeración empleamos diez *cifras*. 우리들은 계산할 때 10개의 숫자를 쓴다. ② 수량. La *cifra* de mis gastos se eleva a las diez mil pesetas. 나의 출비는 1만 뻬쎄다에 오른다. ③ 암호. *en cifra* 암호로; 요약해서.

cigarrera 여 담배갑. Le regalaron una *cigarrera*. 그들은 그에게 담배갑을 선물했다.

cigarrillo 남 궐련. Yo no fumo más que *cigarrillos*, jamás en pipa. 나는 궐련 밖에 피우지 않는다; 결코 파이프로는 피우지 않는다. *cigarrillo fuerte* 독한 담배. *cigarrillo rubio* 순한 담배.

cigarro 남 (제품의) 담배, 여송연. Si sales a la calle, cómprame un paquete de *cigarros*. 밖에 나가면 담배를 한 갑 사오너라. *cigarro de papel* 궐련. *cigarro puro* 엽궐련.

cigüeña 여 【새】 황새. Las *cigüeñas* han construido su nido en la torre de la iglesia. 황새가 교회의 탑 위에 집을 지었다.

cilindro 남 통, 원통, 기둥(汽筒).

cima 여 꼭대기, 정상(頂上). Han levantado un observatorio en la *cima* de la montaña. 그 산꼭대기에 전문대가 세워졌다.

cimiento 남 기초, 토대. La casa se ha venido abajo porque sus *cimientos* no eran muy sólidos. 집은 기초가 별로 확실치 않았으므로 넘어졌다.

cinco 수 5의; 5번째의. 남 5.

cincuenta 수 50의; 50번째의. 남 50.

cincuentavo, va 수 50분의 1의. 남 50분의 1.

cine [cinematógrafo의 약자] 남 영화; 영화관. ¿Qué te parece si vamos al *cine* esta tarde? 오늘 오후 영화관에 가면 어떻겠니. ◇ **cinematográfico, ca** 혱 영화의. ◇ **cinematógrafo** 남 영화.

cinta 여 리본; 테이프; 벨트. La pequeña tiene atado su pelo con una *cinta* azul. 그 소녀는 머리털을 파란 리본으로 매어 놓았다. *cinta de transporte* 벨트 콤베어. *cinta magnetofónica* 녹음 테이프.

cintura 여 【신체·의복】 몸통(둘레). Ella tiene la *cintura* muy fina. 그녀는 몸통 둘레가 가느다랗다. ◇ **cinturón** 남 【의복】 혁대, 띠; 밴드. Su prima lleva sobre su vestido un bonito *cinturón* negro. 그의 사촌 누이는 옷 위에 아름다운 검정 혁대를 띠고 있다.

ciprés 圏 【식물】 측백. El *ciprés* es considerado como árbol propio de cementerios. 측백은 묘지에는 꼭 있어야 할 나무로 생각된다.

circo 圏 서커스 (관람석).

circular 卪 ① 돌다, 흐르다, 순환하다. La sangre *circula* por todo el cuerpo. 피는 전신을 돌아다닌다. Los coches y la gente *circulan* mucho por esta calle. 이 거리는 차와 사람의 왕래가 심하다. ② 유포·유통하다. La noticia *circuló* rápidamente por todo el pueblo. 그 소식은 순식간에 마을에 퍼졌다. 예 회람장, 회람판. El comerciante escribió una *circular* a todos sus clientes. 그 상인은 모든 고객에게 회람장을 썼다. 혱 회람의. carta *circular* 회람장. ◇ **circulación** 예 순환; 교통; 유포. El deporte facilita la *circulación* de la sangre. 스포츠는 피의 순환을 촉진한다.

círculo 圏 ① 원; 원주; 순환. Pusieron las sillas formando un *círculo* alrededor de la estufa. 그들은 난로 둘레에 원을 만들듯이 의자를 놓았다. ② 회, 써클. No olvides que mañana tenemos reunión del *círculo*. 내일 써클의 회합이 있는 것을 잊지 마라. ③ 복 방면, …계. Los *círculos* oficiales han desmentido la noticia. 관변은 그 뉴스를 부인했다. *círculo vicioso* 악순환.

circunferencia 예 원주, 원.

circunstancia 예 상황, 사정, 환경. La policía está investigando las *circunstancias* del accidente. 경찰은 사건 진상을 조사하고 있다. ◇ **circunstancial** 혱 상황의; 상황에 따라서의. Nuestra amistad no deben ser *circunstancial*, sino duradera. 우리들의 우정은 상황에 따라서가 아니라, 영속하는 것이어야 한다.

ciruelo 圏 【식물】 매화나무. Los *ciruelos* están ahora en plena floración. 매화는 지금 활짝 피어 있다. ◇ **ciruela** 예 매화(의 열매).

cirujano, na 예 외과의(外科醫).

cirujía 예 【의학】 외과.

cisne 圏 【새】 백조.

cita 예 만날 약속; 데이트. Tengo una *cita* con ella, el martes próximo, a las diez, en el café de siempre. 나는 다음 화요일, 10시에 그녀와 언제나 만나는 다방에서 만날 약속이 있다.

citar 卪 ① (곳·때를 지정하여) 오도록 부르다, 불러내다. El médico me ha *citado* para las tres. 의사는 나에게 3시에 오도록 시간을 지정했다. ② 인용하다. Siempre *cita* palabras de Sócrates. 그는 언제나 스크라테스의 말을 인용한다. ◇ **~se** [+ con : …과] 만날 약속을 하다. Me he *citado* con ella para el domingo. 나는 일요일에 그녀와 만날 약속을 했다. ◇ **citado, da** 혱 상술한; 지정·약속된.

ciudad 예 시, 읍, 도시. En la actualidad, la gente emigra mucho del campo a la *ciudad*. 현재 사람들은 많이 시골로부터 도회지로 이주한다. ◇ **ciudadanía** 예 시민권; 애국심 (patriotismo). No tiene la *ciudadanía* española. 그는 스페인 시민권을 가지고 있지 않다. ◇ **ciudadano, na** 혱 시의, 시민의.

명 시민.

civil 형 시민의, 민간의. La guerra *civil* española estalló en el año 1936. 스페인의 내란(시민전쟁)은 1936년에 일어났다.

civilizar [9] alzar] 타 문명으로 인도하다; 교화하다. Los romanos *civilizaron* España y la hicieron una provincia romana. 로마사람은 스페인을 문명으로 인도하고, 로마의 한 주로 만들었다. ◇ **civilización** 여 문명, 문화(cultura).

claridad 여 ① 밝음. Enciende la luz; hay poca *claridad* para estudiar. 불을 켜라, 공부하기에 밝은 빛이 부족하다. ② 명백, 명료. Debes hablar despacio y con *claridad*. 너는 천천히, 그리고 분명하게 말해야 한다. Escriba usted la dirección con *claridad*. 주소를 분명히 쓰세요.

clarín 남 트럼펫, 볼, 나팔수 ◇ **clarinero** 남 나팔수.

clarinete 남 [음악]클라리넷; 클라리넷 연주자.

claro, ra 형 ① 밝은 [⊕ o(b)scuro]. ¿No hay una habitación más *clara*? 좀 더 밝은 방은 없읍니까. En verano las niñas llevan vestidos *claros*. 여름에는 아가씨들은 밝은 (빛)의 옷을 입는다. ② 개인, 맑은. Era un día muy *claro*. 잘 개인 날이었다. ③ 명백한. Es *claro* que no quiere ayudarnos. 그는 우리들을 도와줄 마음이 없음은 명백하다. La imagen no aparece *clara* en la pantalla. 영상이 스크린에 확실히 나오지 않는다. *Claro (que sí)* 물론이죠. *Claro que no* 물론 아니다. 부 명백히; 물론. Hable usted más *claro*. 좀더 확실히 말해 주시오. 남 (특히 비·눈의) 사이; (숲의) 빈 터. Llovió durante todo el día, pero aproveché un *claro* para salir. 종일 비가 내렸으나, 나는 비가 그친 사이를 타서 외출했다. Pasé la noche en *claro*. 나는 밤새도록 한 잠도 자지 않았다. ◇ **claramente** 부 명백하게, 확실히. Hablando *claramente*, no puedo estar de acuerdo con lo que usted dice. 확실히 말해서, 나는 당신의 말에 동감할 수 없다.

clase 여 ① 종류(género, especie). No me gusta esa *clase* de personas. 나는 그 따위 인간은 좋아하지 않는다. Ha vencido toda *clase* de dificultades 그는 모든 종류의 곤란을 극복했다. ② 등급; 계급. Antiguamente, la *clase* obrera no desempeñaba ningún papel político. 옛날의 노동자 계급은 어떠한 정치적 역할도 하지 못했다. ② 학급; 교실(sala de clase, salón de clase); 수업. Esta *clase* es demasiado pequeña. 이 교실은 너무 작다. Mañana no hay *clases*. 내일은 수업이 없다.

clásico, ca 형 고전의 [⊕ moderno]. Me gusta la música *clásica*. 나는 고전음악을 좋아한다. 남 고전작가. Cervantes es un *clásico* de la literatura española. 세르반테스는 스페인 문학의 고전작가이다.

clasificar [7] sacar] 타 분류·유별하다. Esta biblioteca tiene *clasificados* los libros por orden de autores. 이 도서관은 책을 저자의 순서로 분류해 놓았다. ◇ **~se** 자격을 얻다. Nuestro equipo *se ha clasificado* para la final. 우리 팀은 결승전에 나갈 자격을 얻었다. ◇ **clasificación** 여 분류.

claustro 남 ① (수도원 따위의)회랑. El *claustro* de este monasterio es de estilo gótico. 이 수도원의 회랑은 고딕양식이다. ② 수도원(의 생활). El escritor se retiró a la soledad del *claustro*. 그 작가는 고독한 수도원 생활(수도원 생활의 고독함)에 몸을 감추었다. ③ 교수단. Esta tarde se reúne el *claustro* de profesores. 오늘 오후 교수회가 소집된다.

cláusula 여 조항;【문법】절, 문(文); 정관.

clavar ① (못 따위를)박다; 찌르다. ② (…에) 못을 박다, 못질하다. Quiero *clavar* una tabla aquí. 이곳에 판자를 붙이고 싶다. ③ (시선·주의를) 쏟다(傾注)하다. *Clavaba* los ojos en ella. 그는 눈길을 가만히 그녀에게 던지고 있었다. ④ (비싸게 팔아서) 속이다. Como no entendía español, le *han clavado* en esa tienda. 그는 스페인어를 몰랐으므로, 그 가게에서 값을 속였다. ◇~se (뾰족한 것을) 찌르다. Me *he clavado* la aguja en el dedo. 나는 손가락에 바늘을 찔렀다.

clave 여 ① (암호의)해식(解式); 코드, 약호(略號), 암호. Esta carta parece estar en *clave*. 이 편지는 암호로 써 있는 듯하다. ② (수수께끼, 못 따위의 푸는) 열쇠, 실마리. En esto está la *clave* de su actitud. 여기에 그의 행동을 푸는 열쇠가 있다.

clavel 남【식물】카네이션. El *clavel* es una flor típica de Andalucía. 카네이션은 안달루시아의 전형적인 꽃이다.

clavo 남 못, 징. Falta un *clavo* para colgar el cuadro. 그림을 걸 못이 없다. *como un clavo* 반드시, 꼭.

clérigo 남 중, 성직자. Nuestro profesor de inglés es un *clérigo* protestante. 우리 영어선생은 신교의 목사이다.

clero 남 승직, 승려단; 성직자단.

cliente 고객, 단골(parroquiano). Ahora hay muchos *clientes* en la sala de espera del dentista. 지금 치과의사의 대기실에는 환자가 많이 있다. ◇ **clientela** 여【집합적】고객, 단골.

clima 남 기후, 풍토. Es hacia mediados de la primavera cuando el *clima* en Madrid es más agradable. 마드리드에서 일기가 가장 좋은 것은 봄의 중간쯤이다.

clínico, ca 형 임상(의학)의. Va todas las semanas al hospital para recibir un tratamiento *clínico*. 그는 치료를 받으러 매주 병원에 간다. 여 임상 의사; 여 임상 의학; 병원(hospital).

clítoris 남【해부】음핵(陰核).

cloaca 여 하수도.

club [복 clubs] 클럽. Hemos formado un *club* de fútbol en la universidad. 우리들은 대학에 축구 클럽을 만들었다.

coacción 여 강제. ◇ **coaccionar** 타 강요·강제하다. Le *han coaccionado* para que dimita de su cargo. 그는 직무를 사임하도록 강요 당하고 있다.

cobarde 형 비겁한(↔ bravo, valiente); 겁이 많은. Un hombre *cobarde* no se defiende aun cuando se le ataque. 비겁한 자는 남에게 공격당할 경우라도 몸을 지키지 못한다. 명 비겁자, 겁장이. Sólo se pelea con las personas más débiles que él; es un *cobarde*. 그는 자기보다 약한 사람하고 밖에 싸우지 않는다; 겁장이다. ◇ **cobardía** 여 겁, 비겁.

cobija 여 ⓝ 침대용 모포.

cobrar 타 (돈을) 받다 (recibir), 징수하다. Yo *cobro* quinientos mil wones de sueldo al mes. 나는 한 달에 50만원의 급료를 받고 있다. ¿Cuánto *cobra* usted? 요금은 얼마입니까. ◇ ~**se** 돌려받다, 본정신으로 돌아오다. Se *cobró* del susto. 그는 놀라움으로부터 본정신으로 돌아왔다. ◇ **cobrador, ra** 명 집금인; (전차·버스의) 차장.

cobre 명 {금속} 동, 구리. ◇ **cobrizo, za** 형 구리의; 구릿빛의.

cobro 명 영수(領收); (세금·빚의) 징수, 집금. Hoy es el día de *cobro*. 오늘은 월급날이다.

cocer [① vencer, ② volver] 타 삶다. Los hombres primitivos no sabían *cocer* los alimentos. 원시인은 음식물을 삶는 법을 몰랐었다. ◇ ~**se** 삶아지다. Las patatas *se* están *cociendo*. 감자가 삶아지고 있다. ② 획책되다. No sé lo que *se* está *cociendo* en esa reunión. 그 회합에서 무엇이 획책되고 있는지 나는 모른다.

cocina 여 ① 부엌, 주방. Ella está preparando la comida en la *cocina*. 그녀는 부엌에서 식사를 준비하고 있다. ② 요리(법). La *cocina* española es todavía poco conocida en Corea. 스페인요리는 한국에서는 아직 별로 알려져 있지 않다. ③ 화로, 조리대. ◇ **cocinero, ra** 명 요리인, 요리사. Mi mujer es muy buena *cocinera*. 나의 아내는 대단히 요리가 능숙하다. ◇ **cocinar** 타 요리·조리하다 (guisar, cocer).

coco 명 {식물} 야자, 야자나무, 코코야자.

cocodrilo 명 {동물} 악어.

coche 명 ① 자동차 (carro, automóvil); 마차. Por aquí circulan muchos *coches*. 이 근처는 차의 왕래가 빈번하다. Vamos en *coche*. 차 타고 가자. ② 차량. *coche cama* 침대차. *coche comedor* 식당차. ◇ **cochero** 명 (마차의) 마부.

codazo 명 팔꿈; 떠밂; 밀어 젖힘, 떠다 밂. Me dio un *codazo*. 그는 나를 {팔꿈치로} 떠밀었다.

codicia 여 욕심, 강욕; 열망. ◇ **codiciar** [① cambiar] 타 탐내다, 욕심을 내다. ◇ **codicioso, sa** 욕심이 많은; …욕이 강한. El es un hombre *codicioso* de honores. 그는 명예욕이 강한 사람이다.

código 명 법전(法典). Si no estudias el *código* de la circulación, te será difícil sacar el carné de conducir. 교통 법규를 공부하지 않으면 운전 면허증을 얻기는 어려울 것이다. *código civil* 민법. *código de comercio* 상법. *código penal* 형법.

codo 명 {신체} 팔꿈치. Se durmió con los *codos* apoyados en la mesa. 그는 책상에 팔꿈치를 짚고 잠들었다. *hablar (hasta) por los codos* 씨부렁거리다, 수다장이이다.

codorniz 여 {새} 메추라기.

coetáneo, a 형 [+de: …와] 같은 시대의. Cervantes y Shakespeare fueron *coetáneos*. 세르반데스와 셰익스피어는 같은 시대의 사람이다.

coger [③타] ① 잡다; 붙들다. *Coja* usted un lápiz y escriba. 연필을 잡고 써주시오. ② 붙잡다. El guardia le *ha cogido* del brazo. 경관은 그의 팔을 붙잡았다. ③ (과실을) 채취하다. Van a empezar a *coger* las naranjas. 귤의 수확이 드디어 시작된다. ④ 습격하다. Me *cogió* la lluvia en medio del campo. 나는 들녘 한 가운데서 비를 만났다. ⑤ (병에) 걸리다. *He cogido* un resfriado. 나는 감기에 걸렸다. ◇ **cogida** 예 ① (투우에서) 소가 뿔로 떠받음. ② 수확(cosecha).

cogote 남 【신체】목덜미.

cohecho 남 매수, 증회(贈賄); 오직(汚職). ◇ **cohechar** 타 매수하다(sobornar).

cohete 남 ① 불꽃. En la fiesta del pueblo se lanzarán muchos *cohetes*. 읍의 축제에는 불꽃이 많이 쏘아 올려질 것이다. ② 로케트(탄).

cohibir [18 prohibir] 타 구속·억제하다. Los vestidos apretados *cohiben* los movimientos de los niños. 꽉 조인 옷은 어린이의 운동을 어색하게 한다.

coincidir 자 [+con: …과] 일치·부합하다. Tus noticias no *coinciden* con las mías. 너의 뉴스는 내 것과 일치하지 않는다. ◇ **coincidencia** 예 일치, 합치. Los dos hemos nacido en el mismo día; es una curiosa *coincidencia*. 우리 두 사람은 같은 날에 낳았다; 희한한 일치이다.

coja coger 접속법 현재 1·3인칭 단수.

cojo coger의 직설법 현재 1인칭 단수.

cojo, ja 형 절름발이의. Iba *coja* del pie derecho. 그녀는 오른발이 절름거리고 있었다. 명 절름발이. ◇ **cojear** 자 절름거리다. *Cojea* un poco del pie derecho. 그는 오른 발을 약간 절름거리고 있다. ◇ **cojera** 예 절름발이.

cola 예 ① 꼬리; (길게 끄는 의복의) 옷단. El perro movía la *cola*. 개는 꼬리를 흔들고 있었다. Llevaba un vestido de *cola*. 그녀는 길게 옷단을 끄는 드레스를 입고 있었다. ② 풀. La *cola* no ha pegado bien. 그 풀은 잘 붙지 않았다. *hacer cola* 열을 짓다. Tuvimos que *hacer cola* durante un cuarto de hora antes de entrar en el teatro. 우리들은 극장에 들어가기 전에, 15분이나 열을 지어야 했다.

colaborar 자 ① 합작·공저(共著)하다. Le pedí que *colaborara* conmigo en una obra de crítica literaria. 문학평론 작품을 나와 공저하여 달라고 나는 그에게 부탁했다. ② 협력하다(cooperar). Centenares de médicos de todo el mundo *colaboran* en este estudio. 몇백명이나 전세계의 의사가 이 연구에 협력하고 있다. ◇ **colaboración** 예 합작, 공저, 협력(cooperación). ◇ **colaborador, ra** 명 합작자; 협력자.

colarse [24 contar] 자 스며 들다, 번지다.

colcha 예 침대시트, 침대커버·이불.

colchón 남 이불, 매트리스.

colección 예 ① 수집(물). El posee una estupenda *colección* de sellos. 그는 우표를 대단히 많이 수집해 가지고 있다. ② 총서. ◇ **coleccionar** 타 모으다. 수집하다. Desde pequeño *colecciona* monedas antiguas. 그는 어릴 때부터 고전을 모으고 있다. ◇

coleccionista 阳 수집가. *coleccionista* de sellos 우표수집가. ◇ **colecta** 阴 부과, 갹출금. ◇ **colectar** 他 징수하다, 모금하다. ◇ **colector, ra** 阳 수집가; 징수인; 세금 징수관리, 세리.

colectivo, va 形 집합의; 집단(적)의. Este pantano es una obra *colectiva* a la que han colaborado numerosas personas. 이 저수지는 많은 사람이 협력하여 만들어진 집단사업이다. ◇ **colectividad** 阴 집단, 대중.

colega 阳 동료(compañero), 동직자. Le presento a mi *colega* el señor Fernández. 동료인 페르난데스씨를 당신에게 소개합니다.

colegio 阳 (사립의) 국민·중학교. Es un placer enorme el encontrarse con antiguos amigos del *colegio*. 국민학교의 오랜 친구와 만나는 것은 대단히 즐거운 일이다. *colegio mayor* 기숙사. ◇ **colegial, la** 阳 학생(alumno, escolar, estudiante), 학동. Se ruborizó como una *colegiala*. 그는 여학생처럼 낯을 붉혔다.

colegir [39 elegir] 他 [+de·por] …로부터 추측·추정하다. *Por* su manera de hablar *colegí* que estaba mintiendo. 말투로 보아 그가 거짓말을 하고 있다고 나는 추정했다.

cólera 阴 노여움. Esas frías palabras le dieron mucha *cólera*. 그 차가운 말은 그를 심히 노엽게 했다. Al oírlo, montó en *cólera*. 그는 격노를 듣고 격노했다. 阳 【의학】 콜레라. ◇ **colérico, ca** 形 성낸, 성을 잘 내는.

colgar [8 pagar, 24 contar] 他 [+de: …에서/+en: …에] 매달다, 달아매다. ◇ descolgar) *Cuelgue* su abrigo en la percha. 옷걸이에 오바를 걸으세요. *Cuelgue* usted el sombrero en ese clavo. 모자를 그 못에 걸으십시오. *Cuelgue* el receptor. 전화를 끊으세요(수화기를 놓으세요). 自 매달리다. Grandes racimos de uvas *cuelgan* de la vid. 커다란 포도송이가 포도나무에 매달려 있다. ◇ **colgadura** 阴 [집합적] 커튼류.

cólico, ca 形 【해부】결장(結腸)의. 阳 산통, 복통.
coliflor 阴 【식물】 꽃양배추.
colilla 阴 담배꽁초.
colina 阴 언덕. Desde la cumbre de la *colina* se domina toda la ciudad. 언덕 꼭대기에서 전 시가지가 바라보인다.
colmar 他 (그릇을 알맹이로)가득 채우다. *Colma* el cesto de manzanas y llévaselo a los abuelos. 바구니에 사과를 가득 채우고, 조부모님에게 가지고 가거라. ◇ **colmo** 阳 ① 수북히 올림. Échame en el café dos cucharadas de azúcar con *colmo*. 커피에 설탕을 수북히 두 숟가락 넣어 주십시오. ② 꼭대기, 최고. Su cólera ha llegado al *colmo*. 그의 분노는 최고조에 달했다.
colmena 阴 벌집(corcho); 벌떼. ◇ **colmenar** 阳 양봉장. ◇ **colmenero, ra** 阳 양봉가.
colmillo 阳 송곳니, 어금니, 앞어금니.
colocar [7 sacar] 他 ① 놓다(poner), 배치하다. *Colóquelo* en su lugar. 그것을 제자리에 다시 놓으세요. *Coloque* usted las maletas en la red. 가방을 그물 시렁에 놓아 주십시오. ② 직무에 앉게 하다; 인연을 맺다. *Ha colocado* bien a las tres hijas.

그는 세 딸을 알맞게 시집보냈다. ◇ **~se** 위치·직무에 자리 잡다, 취직하다. *Se ha colocado* en un banco. 그는 은행에 취직했다. *Se ha colocado* en una casa de comercio. 그는 무역회사에 취직했다. Mi hermano mayor está muy bien *colocado*. 형은 매우 좋은 곳에 취직했다. ◇ **colocación** 여 배치, 배열; 지위, 직무, 직(職). Anda buscando una *colocación*. 그는 일자리를 구하고 있다. Ha obtenido una buena *colocación*. 그는 좋은 일자리를 얻었다.

colombiano, na 형 콜롬비아(Colombia)의. 명 콜롬비아사람.

colonia 여 식민지, 거류지, 거류민. En el año 1898 España perdió sus últimas *colonias*. 1898년에 스페인은 최후의 식민지를 잃었다. ◇ **colonial** 형 식민지의.

colonizar [9alzar] 타 식민·개척하다. Los romanos sabían *colonizar* genialmente los países sometidos a su dominio. 로마사람들은 그들의 지배에 복종하는 나라들을 식민지화 하는데 천재적이었다. ◇ **colonización** 여 식민, 개척.

color 남 ① 빛, 색(色). Es un *color* muy de moda. 그건 매우 스마트한 색이다. El *color* azul es el que me gusta más. 파란색은 내가 가장 좋아하는 색이다. ② 색소, 색채. Lo mejor de ese pintor es el *color*. 그 화가의 가장 좋은 점은 색채이다. ③ 특색(特色). ¿Qué *color* tiene ese periódico? 그 신문의 특색은 무엇인가. Ese periódico no tiene *color* político. 그 신문은 정치색이 없다. ◇ **colorado, da** 형 (특히 낯빛에 대하여) 붉은. Al verle, se puso *colorada*. 그를 보자 그녀는 얼굴이 붉어졌다.

colorear 타 착색하다. El sol, al hundirse en el horizonte, *colorea* las nubes. 태양이 지평선에 가라앉을 때, 구름을 붉게 물들인다. 자(과실이 익어서) 물들다.

colorete 남 입술 연지.

colosal 형 ① 거대한(enorme). El viaje a la luna constituye un paso *colosal* para la ciencia. 달 여행은 과학에 있어서 거대한 한 걸음을 내디딘 것이다. ② 훌륭한. En el banquete nos han dado una comida *colosal*. 연회에서는 대단한 음식이 나왔다.

columna 여 ① 기둥, 원주. Las *columnas* juegan un papel importante en la arquitectura griega. 기둥은 희랍 건축에서는 중요한 역할을 하고 있다. ② 종대, 부대. Las primeras *columnas* enemigas comenzaron a avanzar sobre la ciudad. 적의 제1진이 도시를 향해 전진을 개시했다. ③ (신문의) 난, 지면. La noticia viene en la tercera *columna* de la primera página del periódico. 그 뉴스는 신문의 제1페이지 제3란에 나와 있다.

columpio 남 그네, 시이소오. **columpiar** [11 cambiar] 타 (그네 탄 사람을) 밀어주다. ◇ **~se** 그네뛰다.

collar 남 ① 목걸이. Le ha comprado a la novia un *collar* de perlas. 그는 애인에게 진주 목걸이를 사주었다. ② 목걸이(개 등의). He puesto al perro un *collar*. 나는 개에게 목걸이를 달았다.

coma 여【문법】코머(,). El niño lee con cuidado, haciendo una leve pausa después de cada *coma*. 그 어린이는 각 코머의 뒤에

서 가볍게 쉬면서 주의깊게 읽는다. 웹 혼수(상태). El enfermo está en estado de *coma*. 병자는 혼수상태에 있다.

comadre 예 산파. ◇ **comadrón** 웹산부인과 의사. ◇ **comadrona** 예 조산원, 산파.

comandante 예 육군 소령; 부대장; 사령관, 지휘자, 지휘관, 선장, 함장. *comandante general* 총사령관.

comarca 예 지방(región), 지구. La epidemia se ha extendido por toda la *comarca*. 그 전염병은 전지방에 번져갔다.

combate 예 ①싸움(batalla), 전투. Con la noche cesó el *combate*. 밤과 더불어 전투가 멎었다. ②경기, 시합. Le rompieron la nariz en un *combate* de boxeo. 그는 권투경기에서 코(의 뼈)를 꺾였다. ◇ **combatiente** 웹 전투원, 전사; 경기하는 사람. ◇ **combatir** 태(…와)싸우다(batallar); 타도하다. La ciencia médica *combate* las enfermedades. 의학은 병과 싸우고 있다. 재 재 [+con・contra: …와]싸우다; 다투다. El pueblo *combatió* por defender su libertad.국민은 자유를 방위하기 위해 싸웠다.

combinar 태 [+con: …과] 배합・결합하다, 얽어매다. *Combinando* nuestros esfuerzos obtendremos un buen resultado. 우리들의 노력을 결집하면 좋은 결과가 얻어질 것이다. 재 (배색 따위가) 조화되다. Esos zapatos *combinan* bien con tu vestido. 그 구두는 네 옷에 잘 어울린다. ◇ **~se** ①화합하다. ②협정하다; 얽어 맞추다. Los empleados *se combinan* para repartirse las propinas. 종업원들은 팁을 분배하기 위해 협정하고 있다. ◇ **combinación** 예 배합, 결합; 화합, [의학]콤비네이션.

combustible 형 타기 쉬운. El alcohol es una sustancia *combustible*. 알콜은 가연성 물질이다. 웹 연료; 가연물. Nos quedamos sin *combustible* a la mitad del camino. 우리들은 길 복판에서 연료가 떨어져 버렸다. ◇ **combustión** 예 연소.

comedia 예 ①희극[웹 tragedia]. Mi padre sólo va al teatro cuando están representada una *comedia*. 부친은 희극이 상연되고 있을 때만 극장에 간다. ②연극. *comedia de carácter* [*costumbre*] 성격[풍속]극. ◇ **comediante** 웹 배우; 위선자.

comedor 웹 식당, 식당방. Ahora el *comedor* está lleno. 지금 식당은 만원이다.

comensal 웹 식솔, 같은 솥의 밥을 먹는 사람.

comentar 태 주석・해설하다, 소문내다. Muchos periódicos *comentan* el discurso del Primer Ministro. 많은 신문이 수상의 연설을 취급하고 있다. ◇ **comentario** 웹 주석, 해설. Es bastante difícil leer el Quijote sin un buen *comentario*. 좋은 주석 없이 돈끼호떼를 읽기는 대단히 어렵다.

comenzar [9] alzar, [19]pensar] 시작하다(empezar). Hemos *comenzado* la cosecha. 우리들은 추수를 시작했다. 재 ①시작되다. ¿A qué hora *comienza* la función? 공연은 몇 시에 시작합니까. El almuerzo *comenzó* a las doce y ha durado casi una hora. 점심은 12시에 시작되어 거의 1시간 계속되었다. ②[+a + 동사원형] …하기 시작하다(empezar + a 동사원형,

ponerse a +동사원형). *Comenzaba a* llover cuando salimos del teatro. 우리들이 극장을 나올때 비가 내리기 시작했다. ③ [+por+동사원형;…부터]시작하다, 시작되다. Vamos a *comenzar por* limpiar la casa. 집을 청소하는 일부터 시작하자.

comer 国 먹다(tomar). No vivimos para *comer*, sino que *comemos* para vivir. 우리들은 먹기위해 살고 있는 것이 아니고 살기 위해 먹는다. Tengo ganas de *comer*. 나는 식사하고 싶다. 国 먹다. No *ha comido* más que unas galletas. 그는 비스켓을 두세개 밖에 먹지 않았다. ◇ ~**se** 먹어버리다. El solo *se comió* un pollo. 그는 혼자서 통닭 한마리를 먹어 버렸다. *dar de comer* 먹을 것을 주다. *Da de comer* a tres empleados. 그는 세 사람의 종업원에게 밥을 먹이고 있다.

comercio 圏 ① 상업. Ha ganado mucho en el *comercio* de azúcar. 그는 설탕 장사로 크게 돈을 벌었다. ② 상점. En la esquina han abierto un *comercio* de telas. 그들은 모퉁이 집에 포목점을 열었다. ◇ **comercial** 圏 상업의. correspondencia *comercial* 상업 통신문. casa *comercial* 상사. ◇ **comerciante** 圏 상인. Los catalanes son conocidos como buenos *comerciantes*. 카탈루냐사람들은 유능한 상인들로 유명하다. ◇ **comerciar** [1] cambiar] 国 장사하다; 상업을 하다.

comestible 圏 먹을 수 있는. La carne de esta ave no es *comestible*. 이 새고기는 먹지 못한다. 圏圏 식료품. *tienda de comestibles* 식료품 가게.

cometer 国(죄·과실을) 범하다. Todos *cometemos* errores. 우리들은 다 잘못을 저지르는 것이다. ◇ **cometido** 圏 임무, 사명. Mi *cometido* es atar estos paquetes. 내 임무는 이 소포를 묶는 일이다. He cumplido con mi *cometido*. 나는 내 의무를 다 했다. Desempeñó su *cometido* muy bien. 그는 그의 사명을 충실히 수행했다.

comezón 阅 가려움; 근질근질함. *sentir comezón por decir una cosa*. 무슨 말을 하고 싶어 근질근질하다.

cómico, ca 圏 ① 희극의. Es un actor *cómico* de mucha fama. 그는 유명한 희극배우이다. ② 우스운. Todo tiene su lado *cómico*. 세상 일에는 모두 우스운 면이 있다. 圏 희극배우·작가. ¡Qué *cómicos* tan malos! 엉터리 배우로군!

comida 阅 ① 먹거리, 먹을 것, 음식. Los niños están preparando la *comida* para la excursión. 어린이들은 소풍갈 음식을 장만하고 있다. La *comida* es muy sabrosa. 음식이 대단히 맛있었다. ② 식사. El sólo hace dos *comidas* al día. 그는 하루에 두번 식사를 할 뿐이다. ③ 점심; 저녁밥.

comience comenzar의 접속법 현재 3인칭 단수.
comiencen comenzar의 접속법 현재 3인칭 복수.
comiences comenzar의 접속법 현재 2인칭 단수.
comienza comenzar의 직설법 현재 3인칭 단수.
comienzan comenzar의 직설법 현재 3인칭 복수.
comienzas comenzar의 직설법 현재 2인칭 단수.
comienzo[1] comenzar의 직설법 현재 1인칭 단수.

comienzo² 图 시작, 처음; 기점(起点). En cualquier trabajo lo más difícil es el *comienzo*. 어떠한 일이나 시작이 제일 어렵다. *a comienzos de* …의 시작·첫머리에, …의 초순에. Vendrá *a comienzos del* mes que viene. 그는 다음달 초순에 올 것이다.

comillas 예 冏 겹괄호 (( )).

comisario 冏 ① 경찰서장. El *comisario* de policía hizo que se investigara el asunto. 경찰서장은 사건을 조사시켰다. ②(집행)위원; 대리인. *comisario* político 판무관. ◇ **comisaría** 예 경찰서.

comisión 예 ① 임무. Regresó al país una vez realizada su *comisión*. 그는 일단 임무를 수행하자 귀국했다. ② 수수료. Gana de *comisión* el 5 por ciento sobre el precio. 그는 수수료로 정가의 5퍼센트를 받는다. ③위원회. Los miembros de la *comisión* han presentado su informe al gobierno. 위원회 위원들은 정부에 보고서를 제출했다. ◇ **comisionista** 冏 거간꾼.

comité 冏 위원회. Esta compañía está administrada por un *comité* de dirección con un ingeniero a la cabeza. 이 회사는 한 기사를 우두머리로 하는 관리위원회에 의하여 경영되고 있다. *comité ejecutivo* 집행위원회.

como 图 ① …와 같은·같게. Las grandes ciudades *como* Madrid y Barcelona tienen muy buenos hoteles. 마드리드나 바르셀로나와 같은 대도시에는 매우 좋은 호텔들이 있다. Haga usted *como* quiera. 좋을 대로 해주십시오. ② [+관사 없는 명사/+un+명사] …로서. Asistió al juicio *como* testigo. 그는 증인으로 재판에 출석했다. ¿Por qué no me miras de frente *como* un hombre? 어째서 당신은 사내답게 내 얼굴을 똑바로 볼 수 없읍니까. ③ …이므로, …고로. *Como* ya es tarde tengo que marcharme. 벌써 늦었으니 나는 가야 한다. ④ 거의(casi), 대개. Asistieron *como* cien personas a la fiesta. 거의 100명이 파티에 출석했다. ⑤ [+접속법] 만일 …이라면. *Como* no estudies un poco más, será difícil que pases el examen. 만일 네가 좀 더 공부하지 않으면 시험에 합격하기는 어려울 것이다. *como que* …이니까. *Como que* no lo vas a creer, no te lo cuento. 너는 그것을 믿지 않을 테니 나는 너에게 그 일을 말하지 않겠다. *como si*+접속법 마치 …하는 것처럼. No me saludó *como si* no me conociera. 그는 마치 나를 모르는 것처럼 나에게 인사를 하지 않았다. *hacer como que*+직설법. …인 것처럼 행동하다. *Hace como que* está cansado para no estudiar. 그는 공부하지(하고 싶지)않기 때문에 피로한 것처럼 행동한다.

cómo 图 ① [방법·모습·이유·성질의 의문부사] 어찌하여, 어떻게. No sé *cómo* puedes trabajar tanto. 어찌하여 네가 그토록 일할 수 있는지 나는 알수 없다. ¿*Cómo* has llegado tan tarde? 왜 이렇게 지각했느냐. ¿*Cómo* están sus padres? 부모님은 안녕하십니까. ② [수량] 얼마(cuánto). ¿A *cómo* te han costado esas naranjas? 그 귤은 얼마인가요. ③ [+동사원형] …할 방법·이유. No sé *cómo* agradecerle tantos favores. 대단한 호의에 무어라 감사의 말씀을 해야 할지 모르겠읍니다.

cómodo, da 휑 ① 안락한, 쾌적한; 편리한(⑭ incómodo). Siéntate aquí; estarás más *cómodo*. 여기 걸터앉으세요; 좀 더 편히 쉴 것입니다. 예【가구】옷장(armario). ◇ **cómodamente** 튀 편하게. Se pueden traducir *cómodamente* diez páginas en un día. 하루에 10페이지는 쉽사리 번역할 수 있다. ◇ **comodidad** 몌 안락; 편익; 이득; 설비. Sólo piensa en su propia *comodidad*. 그는 자기의 안락 밖에 생각하지 않는다. Esta casa tiene muchas *comodidades*. 이 집은 많은 (현대적) 시설을 갖추고 있다.

compacto, ta 휑 밀집한, 빽빽한.

compadecer [30 crecer] 탸 (사람·일을) 불쌍히 여기다. *Compadeció* los sufrimientos de los desgraciados. 그는 불행한 사람들의 피로움을 불쌍히 여겼다. ◇ **~se** [+de : …에게] 동정하다. *Se compadece de* todo el mundo. 그는 아무에게나 동정한다.

compadre 띔 대부(代父), 한 패, 친구.

compañero, ra 띔 친구, 동료; 동반자. Tengo una cita con mis *compañeros* de trabajo. 나는 일하는 동료들과 만날 약속이 있다. Es mi *compañero* de cuarto. 그는 내 방 동료이다.

compañía 몌 ①【추상적】동반자, 상대. Cuando se está solo se echa de menos la *compañía* de los amigos. 사람이 혼자 있을 때는 말 상대 친구라도 없는가 하고 적적하게 생각하는 것이다. ② 회사(firma)【약자 : Cía.】Trabaja en una *compañía* de seguros. 그는 보험회사에서 일하고 있다. **en compañía de** …와 함께, …를 데리고.

comparar 탸 [+con : …과] 비교하다. *Compare* usted esta copia con el original mío 이 사본을 원본과 대조해 주십시오. Tu jefe es muy buena persona *comparado* con el mío. 너의 과장은 우리 과장에 비하면 매우 좋은 사람이다. ◇ **comparable** 휑 비교되는. ◇ **comparación** 몌 비교(물). En *comparación* con Corea, España está poco poblada. 한국과 비교하여 스페인은 인구가 적다.

comparecer [30 crecer] 재 ① 출두하다. ② (때가 나쁘게·지각해서·뜻밖에) 나타나다. *Compareció* cuando ya habíamos terminado el trabajo. 우리들이 이미 일을 끝마쳤을 때 그는 나타났다.

compartir 탸 ① 나누다, 분배하다. Antes de su muerte, el padre *compartió* la fortuna entre sus hijos. 부친은 죽기 전에 재산을 아들들에게 나누어 주었다. ② 서로 나누다. El niño *compartió* su torta con un compañero. 그 어린이는 동무와 과자를 나누어 먹었다.

compás 띔 ①【문구】콤파스. ¿Me prestas tu *compás* para dibujar? 제도하는데 네 콤파스를 빌려주지 않겠나. ②(배·비행기의) 나침판. ③【음악】박자. El director de la orquesta marcó el *compás* con las manos. 그 오케스트러 지휘자는 손으로 박자를 맞추었다. **a compás** 박자를 맞추어서. Uno martilla y otro mueve la pieza *a compás*. 한 사람이 해머로 치고, 한 사

compasión 여 연민, 동정. No me rece *compasión* porque él no la ha sentido nunca. 그는 결코 동정을 느낀 일이 없으므로 동정을 받을 자격이 없다. ◇ **compasivo, va** 형 동정심 깊은. Su madre es una mujer muy *compasiva* con los pobres. 그의 모친은 가난한 사람들에게 매우 동정심 깊은 여인이다.

compatible 형 양립·공존할 수 있는.

compatriota 명 동국인, 동포. Cuando estaba en España, traté de hablar en español con mis *compatriotas*. 내가 스페인에 있을 때는 나의 동포와 스페인어로 말하도록 노력했다.

compensar 타 [+con: …으로] (…에게) 보상하다, 변상하다. Le *compensé* con quinientas pesetas por los cristales rotos. 나는 깨진 유리 대금으로 500뻬세따를 그에게 변상했다. La indemnización no le *compensa* del disgusto. 배상금은 그의 불유쾌한 생각의 보상으로 되지 않는다. ◇ **compensación** 여 변상, 보상.

competente 형 ① 유능한, 자격·실력이 있는. Buscamos un profesor *competente* en historia de América. 우리들은 미국 역사에 유능한 교수를 찾고 있다. ② 실력에 알맞는. Se llevó su *competente* premio en el concurso. 그는 콩쿨에서 그에게 알맞는 상을 받았다. ◇ **competencia** 여 ① 능력, 실력; 적격. ② 경쟁, 대항. La *competencia* entre los fabricantes beneficia al consumidor. 업자간의 경쟁은 소비자를 이롭게 한다. *a competencia* 서로 버티어서. *competencia de* …와 다투어서.

competir 36 pedir 자 겨루다, 다투다. José *competía* con Lola por el primer puesto de la clase. 호세는 롤라와 학급의 일등을 다투고 있었다. ◇ **competición** 여 경쟁; 경기. Hubo una *competición* muy reñida por la cátedra. 교수직을 거느고 격렬한 경쟁이 있었다. ◇ **competidor, ra** 명 경쟁자. El tendero ya tiene un *competidor* en el comercio. 그 가게에 경쟁 상대가 생겼다.

complacer [33 placer] 타 ① 기쁘게 하다. Nos *complace* que haya usted venido. 당신이 와주셔서 우리들은 기쁩니다. ◇ **~se** [+en: …을] 기뻐하다. Me *complazco en* comunicarle que usted ha salido bien en el examen. 네가 시험에 합격한 것을 알리게 된 것을 기쁘게 생각한다. ◇ **complaciente** 형 애교가 있는. La tía era muy *complaciente* con todos. 숙모는 누구한테나 상냥했다.

complejo, ja 형 복잡한. El problema de los transportes es muy *complejo*. 수송 문제는 대단히 복잡하다. 명 ① 종합시설. Ayer visitamos el *complejo* industrial de Escombreras. 어제 우리들은 에스콤브레라스의 산업 종합시설을 견학했다. ② 복잡 심리. Este niño tiene un *complejo* enorme de inferioridad. 이 어린이는 지독한 열등심리를 가지고 있다. ◇ **complejidad** 여 복잡함.

complementar 타 보족·충족하다. La nueva casa ha venido a *complementar* su felicidad. 이번 집은 그들의 행복을 충족하게 되었다. ◇ **complemento** 명 보충; 【문법】 보어.

completar 타 완전한 것으로 하다. Usted no ha rellenado todos los informes necesarios del expediente; *complét*elo, por favor. 당신은 서류의 필요한 보고를 아직 전부 충족하지 못했다; 부디 그것을 완전한 것으로 만들어 주십시오.

completo, ta 형 ① 완전한. La fiesta ha sido un *completo* fracaso. 모임은 완전한 실패였다. ② 만원의. Todos los hoteles están *completos*. 어느 호텔이나 모두 만원이다. *por completo* 완전히. ◇ **completamente** 부 완전히. Ya estoy *completamente* bien. 나는 아주 건강하다.

complicar [7 sacar] 타 복잡하게 하다. Temo que su venida *complique* el problema. 그가 오는 일이 문제를 복잡하게 하지 않을까 걱정이다. ◇~**se** 분규하다. *Se* le ha complicado el asunto. 그 사건은 그에게 귀찮게 되었다. ◇ **complicación** 여 복잡, 분규. Surgieron *complicaciones* que retrasaron el viaje. 복잡한 일이 생겨서 여행은 연기되었다. ◇ **complicado, da** 형 복잡한. Este problema es demasiado *complicado* para que podamos resolverlo rápidamente. 이 문제는 너무도 복잡해서 우리들은 빨리 해결할 수 없다.

cómplice 명 공범자. La policía no ha podido demostrar que él sea *cómplice* del robo. 경찰은 그가 도둑의 공범자임을 증명할 수 없었다. ◇ **complicidad** 여 공범(관계).

componente 형 ① 구성하는. 남 ① 구성요소. Esos dos elementos son los *componentes* del agua. 그 두가지 원소들은 물의 구성 요소이다. ② 구성원.

componer [60 poner; 과거분사 compuesto] 타 ① 조립하다, 구성하다. La pequeña *compone* un ramillete con diversas flores. 소녀는 여러가지 꽃으로 꽃다발을 만들어 낸다. ② 작시·작곡하다. Este gran músico *ha compuesto* muchas sinfonías. 이 대음악가는 많은 심포니를 작곡했다. ③ 장식하다, 몸치장시키다. Está *componiendo* la casa para la boda. 그는 결혼식을 위해 집을 장식하고 있다. ④ 수선하다. Quiero que me *compongan* este reloj. 이 시계를 고쳐 주세요. ◇~**se** ① [+de: …로] 구성되다. El comité *se compone* de cinco individuos. 위원회는 5인으로 구성된다. ② 옷치장하다, 화장하다. *Se* está *componiendo* para ir al baile. 그녀는 무도회에 가려고 화장하고 있는 중이다.

comportamiento 남 소행, 행실, 행장.

comportar 타 견디다, 참다(tolerar). ◇~**se** 행동하다, 거동하다, 처신하다, 처세하다(portarse).

composición 여 ① 조립, 구성. ② 저작, 작곡. La *composición* de su novela le ha llevado varios meses de trabajo. 그는 그 소설을 쓰는데 수개월의 노력을 요했다. ③ 작문. ◇ **compositor, ra** 명 식자공(植字工); 작곡가; 조마사(調馬師).

compostura 여 수선(reparo), 단장, 몸치장; 타협(ajuste); 협정; 신중(modestia); 조련.

compota 여 과일의 설탕 절임.

compra 여 매입, 구입 [⊕ venta]; 장보기. Te voy a enseñar la última *compra* de mujer. 나는 너에게 아내의 최근 장보기 물건

comprar 타 [+a·de: …에게서] 사다[⊕ vender]. *Voy a comprar unas flores a esta chica para ti.* 이 소녀에게서 꽃을 두세송이 네게 사주마. *comprar a crédito/comprar al fiado* 외상으로 사다. *comprar al contado* 현금으로 사다. *comprar de ocasión* 중고품으로 사다. ◇ **comprador, ra** 명 매입자, 바이어.

comprender 타 ① 이해·양해하다(entender). *No comprendo bien este párrafo de la carta.* 나는 편지의 이 단락을 잘 모르겠다. *Dice que nadie le comprende.* 그는 누구도 자기를 이해하지 못한다고 말하고 있다. ② 포함하다. *Esta historia comprende también la época contemporánea.* 이 역사는 현대도 포함하고 있다. ◇ **comprensible** 형 이해할 수 있는. ◇ **comprensión** 명 이해(력). *Ha mostrado una enorme comprensión con su hijo.* 그는 아들에 대해서 비상한 이해력을 표시했다. ◇ **comprensivo, va** 형 이해력 있는. *Nuestro profesor es una persona muy comprensiva.* 우리들의 교사는 대단히 이해력 있는 사람이다.

comprimir 타 압축·압착하다; 억제하다. ◇ **~se** 줄어 들다, 수축하다. ◇ **compresión** 명 압축, 압착. ◇ **compresor, ra** 형 압축·압착·압박하는. 명 압축기, 기계.

comprobar [24] contar] 타 ① 확증하다. *Esto comprueba lo que ya suponíamos.* 이 일은 진작부터 우리들이 상상하고 있었던 것을 확증하고 있다. ② 대조하다; 확인하다. *Compruebe las facturas con la lista de precios.* 송장(送狀)을 가격표와 대조해 주십시오. ◇ **comprobación** 명 확증; 확인. ◇ **comprobante** 명 증거품, 인수증.

comprometer 타 ① 위험에 내맡기다, 괴로운 지경에 빠뜨리다. *Si te precipitas, puedes comprometer el éxito de la empresa.* 조급히 굴면 성공을 위태롭게 할지도 모른다. ② (평판·신용을) 손상하다. *No tengo ninguna intención de comprometer su honor.* 나는 당신의 명예를 손상할 생각은 조금도 없오. ◇ **~se** ① [+a+동사원형: …하기] 약속하다. *Se ha comprometido a terminarme el traje para el lunes.* 그는 늦어도 월요일까지는 내 옷을 완성하겠다고 약속했다. ② (책임·의무를) 떠맡다; (사업 따위에) 손을 대다. *Me he comprometido en el asunto.* 나는 그 일에 손을 댔다.

compromiso 명 ① 괴로운 지경. *Me vi en un compromiso por no llevar el dinero.* 나는 돈을 가지고 있지 않았으므로 괴로운 지경에 빠졌다. ② 약속; 계약(서). *Ya me marcho, que tengo un compromiso.* 약속이 있어 이제 가겠습니다.

compuesto, ta 형 ① 복합의; 화합의. *El agua es un cuerpo compuesto de dos elementos.* 물은 두 가지 원소의 화합물이다. ② 옷치장한. *Iba tan compuesta que parecía una muñeca.* 그녀는 몹시 몸치장을 하고 있어서 인형과 같았다.

compulsión 명 강제. ◇ **compulsivo, va** 형 강제의, 강제력이 있는. ◇ **compulso, sa** 형 강제된. ◇ **compulsorio, ria** 형 강제적

인, 의무적인.

computador, ra 圀 전자 계산기, 컴퓨터. La *computadora* con frecuencia se llama cerebro electrónico. 컴퓨터는 종종 전자두뇌라고도 불린다. ◇ **computación** 여 계산. ◇ **computar** 타 셈하다, 계산하다.

común [圀 comunes]圀 ① 보통의, 흔해빠진. En esta comarca los claveles son flores muy *comunes*. 이 지방에서는 카네이션은 극히 일반적인 꽃이다. ② 공동의, 공유의. El interés *común* se opone con frecuencia a los intereses particulares. 공동의 이익은 빈번히 개인의 이익과 대립한다. 囝 ① 일반사람. El *común* de la gente necesita dormir por los menos seis horas al día. 일반적으로 사람은 하루에 적어도 6시간은 자야 한다. *en común* 공동으로. Tenía una oficina *en común*. 그들은 공동으로 사무소를 가지고 있다. *por lo común* 일반적으로. *Por lo común* cenamos a las diez. 일반적으로 우리들은 10시에 저녁밥을 먹는다. *sentido común* 상식. ◇ **comúnmente** 囝 보통으로, 일반적으로.

comunicación 여 ① 통신, 연락. Estaban en *comunicación* por carta y, a veces, por teléfono. 그들은 편지나 가끔 전화로 연락하고 있었다. Telefonista, nos ha cortado la *comunicación*. 교환수, 통화가 끊겼읍니다. ② 교통, 통로. Por causa de la nieve están cortadas las *comunicaciones* con el Norte por carretera. 눈 때문에 북부와 도로에 의한 교통은 끊어져 있다.

comunicar [⑦ sacar]타 알리다, 전하다. Ya le *he comunicado* mis intenciones. 나의 의도는 이미 그에게 전했다. 圂 [+con : …과] 통하다. El dormitorio de los niños *comunica con* el de los padres. 어린이들의 침실은 양친의 침실에 통해 있다. ◇ ~**se** ① 서로 통하다. Las dos habitaciones *se comunican* por una puerta. 그 2개의 방은 문에 의해 서로 통하고 있다. ② [+con : …과] 연락·상의하다. *Nos comunicamos* por señas. 우리들은 신호로 서로 연락했다.

comunidad 여 ① 공유; 공통(성). Entre ellos había una *comunidad* de intereses. 그들 사이에는 어떤 이해의 공통성이 있었다. ② 공동(생활)체, 수도원; 사회(sociedad). Aquí todos trabajamos para la *comunidad*. 여기에서 우리들은 모두 사회를 위하여 일하고 있다. *en comunidad* 공동으로, 단체로. Los religiosos viven *en comunidad*. 종교가들은 공동생활을 하고 있다.

comunismo 囝 공산주의 [⑮ anticomunismo]. El *comunismo* promete la comunidad de bienes. 공산주의는 재산의 공유를 약속한다. ◇ **comunista** 囝 공산주의의. 囝 공산주의자.

con 젼 ① [동반] …와 (함께). Los hijos trabajan *con* el padre. 그 아들들은 부친과 함께 일하고 있다. ② [도구·수단·방법] …을 가지고, …으로. Escriba usted *con* lápiz. 연필로 써 주십시오. En este asunto hay que actuar *con* prudencia. 이 문제에서는 신중하게 해야 한다. ③ [지도자] …의 아래에서. Está aprendiendo piano *con* un maestro profesional. 그는 전문적인

선생에게 피아노를 배우고 있다. ④ [대상·대비] …에 대하여; …에 비하여. Lola era muy amable *con* nosotros. 롤라는 우리들에게 매우 친절하였다. ⑤ [+동사원형] …함으로, …함에도 불구하고. *Con* ser su madre, no pudo aguantarle. 그녀는 그의 모친이긴 하지만, 그녀에 대해 참을 수 없었다.

concebir [36 pedir] 자 임신하다. 타 (생각·감정 따위를) 품다. *Concibió* una antipatía hacia ella. 그는 그녀에게 반감을 품었다. No puedo *concebir* que estalle otra guerra. 또 전쟁이 일어난다는 것은 나에게는 생각할 수 없다. ◇ ~**se** 생각되다. No puede *concebirse* que se haya hundido la compañía. 그 회사가 망했다고는 생각되지 않는다. ◇ **concebible** 형 생각되는; 상상되는.

conceder 타 ① 주다, 양보하다. *Ha concedido* a sus empleados un mes de vacaciones. 그는 종업원들에게 1개월의 휴가를 주었다. ② 동의하다, 인정하다. Me *concede* que no vaya a la oficina los sábados. 나는 토요일에 사무소에 가지 않아도 된다고 그가 나에게 동의하고 있다.

concentrar 타 집중하다; 집결시키다. Es preciso *concentrar* la atención en un solo punto. 단 한 점에 주의력을 집중할 필요가 있다. ◇ **concentración** 여 집중; 집결; 집회.

concéntrico, ca 형 동심(同心)의. círculos *concéntricos* 동심원.

concentuoso, sa 형 조화를 이룬.

concepción 여 ① 착상; 개념. Tu *concepción* de la política no deja de ser una opinión muy común. 정치에 관한 너의 생각은 언제나 극히 흔해빠진 의견에 불과하다. ② 임신; [종교] 성모수태. ◇ **conceptible** 형 이해·상상할 수 있는, 느껴지는.

cencepto 여 생각, 의견; 개념. En mi *concepto* no ha obrado bien. 내 생각으로는 그의 방법은 좋지 않았다.

concernir -[21] cernir] 자 관계되다 [3인칭만 변화되는 동사]. Eso no le *concierne* a usted. 그것은 당신에게 관계되지 않습니다. ◇ **concernencia** 여 관계(respecto, relación).

concesión 여 ① 양여; 양보. Prefiere vivir en el destierro a hacer *concesiones*. 그는 양보하느니보다 차라리 추방당해서 사는 편을 선택한다. ② 승인; 이권(利權). El gobierno ha otorgado a esa compañía la *concesión* de explotar las minas de cobre. 정부는 그 회사에 동광 개발의 이권을 주었다. sin *concesiones* 엄격하게.

conciencia 여 ① 양심. Puedes confiarte en él, que es un hombre de *conciencia*. 그는 양심적인 사람이니 너는 그를 신뢰해도 좋다. ② 자각, 의식. Tiene plena *conciencia* de lo que ha hecho. 그는 자기가 한 일을 완전히 자각하고 있다. a *conciencia* 양심적으로. Lo ha hecho a *conciencia*. 그는 그것을 양심적으로 행했다. en *conciencia* 양심에 따라서; 솔직히 말해서. ◇ **concienzudo, da** 형 진지한; 꼼꼼한.

concierto 여 ① 일치, 협조; 협정. Después de muchas reuniones hemos llegado a un *concierto* definitivo. 몇 번이나 회합을 한 뒤에 우리들은 최종적인 일치에 도달했다. de *concierto* 일치하

conciliar [1 cambiar] 타 ① 화해·타협시키다, 조정하다; 절충시키다. ◇ **conciliación** 여 화해, 타협; 협의. ◇ **conciliador, ra** 형 화해시키는. 명 조정자.

concisión 여 간결, 간명.

conciso, sa 형 간결한, 간단한.

concluir [74 huir] 타 ① 끝내다. *Concluye tu plato de sopa.* 너의 수프 접시를 비워라. ② (…라고) 결론하다. *Concluimos de todo esto que el acusado obró con plena conciencia.* 이것들을 종합하여 우리들은 피고가 완전한 의식으로 행동했다고 결론한다. 자 ① 끝나다(terminar). *¿A qué hora concluyó la sesión?* 몇 시에 회의는 끝났나. ② [+por+동사원형] 결국…하게 되다. *Concluirás por ceder.* 결국 너는 양보하게 될 것이다. ◇ **~se** ① 끝내버리다. *Se me han concluido las vacaciones.* 나의 휴가는 끝나버렸다. ② 결론이 나오다. *De aquí se concluye que debemos admitirle.* 이런 점에서 그를 받아들여야 한다는 결론이 나온다.

conclusión 여 ① 종결, 결말. ② 결론. *Después de hablar dos horas no hemos llegado a ninguna conclusión.* 우리들은 2시간이나 이야기한 끝에, 아무런 결론에도 이르지 못했다. *en conclusión* 요컨대.

concordar [24 contar] 타 화합시키다; 일치시키다, 조정하다. ◇ **~se** 합치하다, 일치되어 있다. *La copia concuerda con su original.* 사본은 원본과 일치되어 있다. ◇ **concordancia** 여 일치, 조화; 동의; 조정.

concretar 타 구체적으로 말하라. *Concreta tu idea.* 네 생각을 구체적으로 말해라. ◇ **~se**[+a: …만에] 한하다. *Se concretó a dar su opinión.* 그는 자기의 의견을 말하는 것만으로 한했다.

concreto, ta 형 ① 구체적인. *No tengo noticias concretas de lo que pasó.* 나는 그 사건의 구체적인 정보에 접하고 있지 않다. ② 실제의, 명확한. *Dime día y hora concretos para ir a verte.* 너를 만나러 가는데 명확한 날과 시간을 말해 다오. 남 【중남미】콘크리트. *en concreto* 구체적으로. *Dígame en concreto lo que quiere.* 네가 무엇을 바라고 있는지 구체적으로 나에게 말해라. ◇ **concretamente** 부 구체적으로, 정확하게.

concurrir 자 ① (1장소에 한 시기에) 모이다; 맞부딪치다. *Las tres carreteras concurren en Madrid.* 그 3개의 도로는 마드리드에서 만나게 된다. ② (경기대회·경쟁시험 따위에) 참가하다. *Todos los que concurrieron al baile recibieron un regalo.* 댄스콩쿠르에 참가한 사람은 모두 선물을 받았다. ◇ **concurrencia** 여 운집, 집합; 맞부딪침; 【상업】경쟁(상대).

concurso 남 ① 군중. ② 콩쿠르(경기·경연회). *En el concurso de belleza participaron muchas representantes de las provincias.* 미인 콩쿠르에는 각 주에서 많은 대표자가 참가했다. ③ 전형·경쟁시험. *Se ha anunciado un concurso para proveer* una plaza de médico del hospital. 병원 의사를 보충하기 위한 경쟁시험이 공표되었다. ④ 협력, 원조. Espero tu *concurso* para las obras del templo. 나는 교회당의 건축에 너의 협력을 기대하고 있다. ◇ **concursante** 圐 콩쿠르 참가자.

concha 예 조개껍질.

conde 閏 백작. ◇ **condado** 閏 백작의 지위·영토. ◇ **condal** 휑 백작의. ◇ **condesa** 예 백작부인, 여자백작.

condecir [69 decir]짜 적응하다, 조화하다.

condecorar 団 표창하다; (…에게)훈장을 주다. El general fue *condecorado* con una cruz. 장군은 십자훈장을 받았다. ◇ **condecoración** 예 표창; 훈장.

condenar 団 ① 유죄로 하다. ¿Crees que le *condenarán*? 너는 그가 유죄로 판결된다고 생각하나. ② [+a: …의] 형에 처하다. Le han *condenado* a diez años de cárcel. 그는 징역 10년형에 처해졌다. ③ 비난하다(criticar, censurar). Los periódicos *condenan* unánimemente la huelga. 신문은 모두 그 동맹파업을 비난하고 있다. ◇ **condena** 예 판결; 형량, 처형, 형벌. ◇ **condenado, da** 휑 손을 뗄 수 없는; 사악한. Estos *condenados* zapatos me van martirizando. 이 지독한 구두가 나를 심하게 괴롭힌다. 圐 무뢰한, 사악한 자.

condensar 団 농축·응축하다. El vapor de la atmósfera se *condensa* en forma de rocío. 대기 중의 수증기는 이슬 모양으로 굳어진다. ◇ **condensabilidad** 예 응축성. ◇ **condensable** 휑 응축·압축할 수 있는. ◇ **condensador** 閏 응축기; 냉각기; 축전기; (라디오의) 콘덴서. ◇ **condensativo, va** 휑 응축·응결성의.

condescender [20 perder]짜 [+a/+con/+en: …을] 응낙·승낙하다, 쾌락하다. *Condescendió a* sus ruegos. 그는 그의 간청을 응낙했다. ◇ **condescendia** 예 응낙, 승낙; 용서. ◇ **condescendiente** 휑 응낙하는, 관대한.

condición 예 ① 조건. Lo ha realizado bajo una *condición* muy difícil. 그는 매우 곤란한 조건 밑에서 그것을 실현했다. ② 본성 (本性). La sociabilidad es propia de la *condición* humana. 사교성은 인간 본래의 것이다. ③ (높은) 신분; 계층. Se casó con una mujer de distinta *condición*. 그는 신분이 다른 여성과 결혼했다. ④ 圐 성질; 상태. La tierra está en buenas *condiciones* para labrarla. 토지는 경작하기에 좋은 상태에 있다. *a condición de/con la condición de* …의 조건으로. Te lo diré *a condición de* que guardes secreto. 네가 비밀을 지킨다는 조건으로 그걸 말해 주겠다. ◇ **condicional** 휑 조건(부)의. ◇ **condicionalmente** 用 조건부로.

condimentar 団 조미(調味)하다, 양념하다(sazonar). ◇ **condimento** 閏 조미료, 양념.

condiscípulo, la 閏 급우, 동급생. Hoy me he encontrado por casualidad con un antiguo *condiscípulo*. 오늘 나는 우연히 옛날 동급생을 만났다.

condolerse [25 volver]재 동정하다(compadecerse). ◇ **con-

dolencia 여 동정; 애도(사).
condón 남 콘돔.
condonar 타 말소시키다, 사면하다. ◇ **condonación** 여 (채무의) 말소, 사면.
cóndor 남 [새] 콘돌.
conducir [70 aducir] 타 ① 인도하다; 안내하다(guiar). *Conduce a este señor a la estación.* 이 분을 역까지 안내해 드리시오. ② 조종·운전하다. *Entonces mi padre conducía un camión.* 그 무렵 부친은 트럭을 운전하고 있었다. *carnet de conducir* 운전면허증. ③ 지도·지휘하다. *El conduje el pueblo en la sublevación.* 그가 그 반란에서 민중을 지도했다. 자 ① 차를 운전하다. *¿Sabe usted conducir?* 당신은 차를 운전할 줄 아십니까. ② [+ a: …으로] 통하다. *¿A dónde conduce este camino?* 이 길은 어디로 통합니까. *Esta política conduce a la catástrofe.* 이 정책은 파국으로 통한다. ◇ **-se** 행동하다. *Te condujiste bien como una persona educada.* 너는 교육받은 사람으로서 훌륭하게 행동했다. ◇ **conducción** 여 조종, 운전.
conducta 여 행위, 행장. *Se arrepintió de su conducta.* 그는 자기의 행위를 후회했다.
conducto 남 관, 파이프; 도관(導管). *Por este conducto pasan los hilos de la luz.* 이 파이프에 전선이 통하고 있다. *por conducto de* …의 중개로, …을 통해. *Le envié un regalo por conducto de un amigo.* 나는 친구를 통해 그에게 선물을 보냈다.
conductor, ra 명 ① 조종자; 운전사. *En el autobús está prohibido hablar al conductor.* 버스에서 운전사에게 말을 거는 것은 금지되어 있다. ② 지도자(líder). *Era un buen conductor de multitudes.* 그는 대중의 좋은 지도자였다. ③ [물리] 도체(導體). *La madera es mala conductora de la electricidad.* 목재는 전기의 부도체이다.
conectar 타 연결하다, 접속하다. *Conecta la radio y escuchemos un poco de música.* 라디오 스위치를 넣어라; 음악을 좀 듣자.
conejo, ja 명 [동물] 토끼, 집토끼. *En España es muy apreciada la carne de conejo.* 스페인에서는 토끼고기가 높이 평가된다. *conejo albar* 흰토끼.
confección 여 (의복의) 바느질; 조제(調製); 조제(調劑). *La confección de tu traje no me parece muy buena.* 네 옷 바느질은 과히 좋다고는 생각되지 않는다. ◇ **confeccionador, ra** 명 조제자. ◇ **confeccionar** 타 (의료·식품 따위를) 만들다; 조제하다. *¿Para cuándo estará confeccionando mi traje?* 내 옷은 언제까지 다 됩니까.
confederación 여 동맹, 연합. *Estas ciudades formaron una confederación bajo el mando supremo del rey.* 이 여러 도시들은 그 왕의 최고 지휘 아래에 연합을 만들었다. *la Confederación Internacional del Trabajo* 국제 노동연맹. ◇ **confederado, da** 형 동맹한. 명 동맹국; 맹약(盟約)자. ◇ **confederarse** 재 동맹·연합하다. ◇ **confederativo, va** 형 동맹·연합의.
conferencia 여 ① 협의, 회의. *Sostuvieron muchas conferencias*

para tratar del asunto. 그 문제를 협의하기 위하여 그들은 많은 회의를 가졌다. ② 강연. El profesor López dio [dictó] una *conferencia* sobre economía. 로페스교수가 경제에 관해 강연을 했다. ③ (장거리 전화의) 통화. Quisiera poner una *conferencia* a Londres. 런던에 장거리 전화를 걸고 싶은데요. ◇ **conferenciante** 명 강연자. ◇ **conferenciar** [01 cambiar]자 협의하다, 토론하다. ◇ **conferencista** 명 강연자, 연사.

conferir [47 herir]자[+con : …과] 상의·협의하다. José lo *confirió* con su abogado. 호세는 자기 변호사와 그 일을 상의 했다. 타 ① 수여하다. La Facultad de Filosofía y Letras *confiere* el presente diploma al señor Carlos Romero. 문리과 대학은 이 졸업증명서를 까를로스·로메로씨에게 수여함. ② 부여하다. Las cortinas *confieren* dignidad al local. 커튼 따위는 방을 돋보이게 한다.

confesar [09 pensar]타 고백·자백하다 ; [종교] 고해하다. Después de ser interrogado, *confesó* el delito. 심문당한 뒤 그는 범죄를 자백했다. ◇ **confesión** 예 고백 ; 자백 ; 고해. ◇ **confesional** 형 신앙을 밝히는. ◇ **confesionario** 남 고해소. ◇ **confesor** 남 [종교] 청죄사제 (聽罪司祭). ◇ **confesorio** 남 고해실, 참회실.

confianza 예 ① 신뢰, 신용. ¿Por qué no tiene usted *confianza* en mí? 왜 나를 신뢰하지 않지요. ② 친밀. Fue una reunión de *confianza*. 그것은 친밀한 (들의) 회합이었다. ③ 내밀 (內密). Esto se lo digo en *confianza*. 이 일은 당신에게 내밀히 말씀드리는 것이오.

confiar [12 enviar]타 의뢰하다, 부탁하다. A José le *confiaron* la administración de sus propiedades. 그들의 재산관리가 호세 에게 부탁되었다. 자[+en : …을] 신뢰·신용하다. *Confíe* usted *en* mí. 나를 신뢰해 주십시오. *Confío* en que él hará lo mejor posible. 나는 그가 그것을 최선을 다해 해줄 것을 믿고 있다. ◇ ~**se** ① [+a·de·en : …을] 신뢰·신용하다. *Me confié en* sus habilidades. 나는 그의 수완을 믿었다. ② 자신을 갖다 ; 몸을 내맡기다. El *se confía* demasiado en sí. 그에게서는 너무 자신이 있다. ◇ **confiable** 형 신용할 수 있는. ◇ **confiado, da** 형 마음을 허락한.

confidencia 예 ① 내밀(內密). A ti te lo digo en *confidencia*. 너에게 이것을 내밀히 말하는 것이다. ② [주로 복] 남에게 터놓고 하는 이야기. Me ha hecho *confidencias* delicadas. 그는 나에게 대단히 미묘한 비밀 이야기를 했다. ◇ **confidencial** 형 내밀한. carta *confidencial* 친전서(親展書). ◇ **confidencialmente** 부 내밀히. Le seguro que su informe se tratará *confiencialmente*. 보고는 극비 취급으로 할 것을 보증합니다. ◇ **confidente** 형 심복(인 사람), 상의할 상대 ; 내명을 받은 사람.

confirmar 타 확인하다 ; 확실하게 하다. Vengo para *confirmar* mi vuelo reservado ya en Corea. 나는 한국에서 예약해 둔 비행기 (를 탈 것)를 확인하러 왔다. ◇ ~**se** 확실하게 되다, 확신을 굳히다. *Se han confirmado* los rumores. 소문은 확실하게 되었다.

◇ **confirmación** 예 확인.
confiscar [7] sacar]타 몰수·압수하다. La policía *confiscó* 300 billetes falsificados. 경찰은 300장의 위조지폐를 압수했다. ◇ **confiscable** 형 압수·몰수할 수 있는. ◇ **confiscación** 예 몰수, 압수. *confiscación* de bienes 재산 몰수.
confite 예 과자, 캔디. ◇ **confitería** 예 제과점, 카페테리아.
conflicto 예 ① 분쟁. El *conflicto* fue provocado por un incidente. 그 분쟁은 작은 우발사건에서 일어났다. ② 곤궁, 고경(苦境). La compañía se encontró en un *conflicto* porque no podía pagar la letra. 그 회사는 어음을 지급하지 못하여 곤경에 빠졌다.
conformar 타 ① [+con : …과] 일치·합치시키다. Es preciso que *conforme* su conducta *con* sus palabras. 당신은 당신의 행동을 말과 일치시키는 일이 필요하다. ② 만족·갈내시키다. Mi hermano quiso venir conmigo, pero le *conformé* con un caramelo. 동생이 나와 함께 가고 싶어했으나, 카라멜을 주고 참으라 했다. ③ [+con·a : …에] 순응시키다. Usted debe *conformar* sus gastos *a* sus ingresos. 당신은 수입에 지출을 맞추어야 한다. 재 ① [+con : …에] 동의·찬성하다. *Conformo con* usted en esta materia. 나는 이 점에서는 당신과 같은 의견이다. ② [+con·a : …와] 일치·합치하고 있다. ◇ ~**se** [+con : …과] 일치·합치하다. Esta traducción no (*se*) *conforma con* el original. 이 번역은 원문과 일치하지 않는다. ② [+con : …으로] 만족·갈내하다. *Me conformaría con* la mitad de lo que dan a José. 호세가 받은 반절로, 나라면 만족하겠는데. ③ [+con·a : …에] 순응하다, 따르다. *Me conformaré a* la voluntad de Dios. 나는 신의 뜻에 따르겠다.
conforme 형 ① 같은 의견·찬성의. Estoy *conforme* contigo. 나는 너에게 찬성이다. ② 일치·합치의. Es un plan *conforme* a la realidad. 그것은 현실에 맞는 계획이다. ③ 단념한, 만족한 (contento). Está *conforme* con su suerte. 그는 자기의 운명에 만족하고 있다. 전 [+a·con] (…하는)대로, (…에) 따라서. *Conforme a* tus deseos, te enviaré el libro. 네 희망대로 그 책을 보내주겠다. 접 ① …하는대로. Lo haré *conforme* me has dicho. 네가 나에게 말한대로 그 일을 하겠다. ② …함에 따라서. Todo te lo devuelvo *conforme* lo recibí. 나는 그것을 받는대로 너에게 모두 돌려주고 있다.
conformidad 예 ① 상사성(相似性). Es perfecta la *conformidad de* las dos hermanas. 저 두 자매는 대단히 비슷하다. ② 동의, 찬성. El jefe no quiso dar su *conformidad* para que empezaran la construcción. 장관은 건설을 시작하도록 동의를 해주려고 하지 않았다. ③ 인내, 인종(忍從). José lleva su enfermedad con mucha *conformidad*. 호세는 꾹 참고 병을 이겨내고 있다. *en [de] conformidad con* …대로, …에 따라서. *De conformidad con* sus instrucciones hemos embarcado los artículos de su estimada orden. 지시에 따라서 주문품을 선적하였습니다.
confortar 타 위안·위로하다. ◇ ~**se** 기운이 나다, 안정하다. ◇

confortable 형 쾌적한, 편안한. ◇ **conforto** 남 위안 (confortación, confortamiento).

confundir 타 ① [+con: …과] 혼동하다. Ellos *confundieron* su orden *con* la de otro cliente. 그들은 당신의 주문을 다른 고객의 주문과 뒤바꾸었다. ② 혼동시키다, 모호하게 하다. La niebla *confunde* los perfiles de las montañas. 안개가 산의 윤곽을 희미하게 하고 있다. ③ 당황·곤혹케하다. José me *confundió* con sus explicaciones. 호세는 설명에서 나를 당황케 했다. ◇ **-se** ① 혼동하다. ② 휩쓸리다. De pronto *se confundió* en la muchedumbre. 순식간에 그는 군중 속으로 휩쓸려 들어갔다. ③ 당혹하다.

confusión 여 ① 혼란. La noticia le causó una gran *confusión*. 그 소식은 커다란 혼란을 야기시켰다. ② 혼동, 뒤바뀜. Eso se debe a una *confusión* de su parte. 그 일은 그 쪽의 혼동에 의한 것이다. ③ 당혹.

confuso, sa 형 ① 혼란한. ② 막연한. Ella no tiene más que un recuerdo muy *confuso*. 그녀는 아주 막연한 추억 밖에 가지고 있지 않았다. ③ 당혹한; 창피한. Sus palabras la han dejado *confusa*. 그의 말은 그녀를 당황케 하였다.

congelar 타 ① 얼리다. carne *congelada* 냉동고기. ② (자산을) 동결하다. ◇ **-se** 얼다, 동결하다. ◇ **congelación** 여 동결, 응결. ◇ **congelador** 남 냉동기.

congeniar [⑪ cambiar]자 죽이 잘 맞다.

congestión 여【의학】체증, 충혈; 밀집, 집중. ◇ **congestionar** 타 충혈시키다. ◇ **-se** 충혈하다. ojos *congestionados* 충혈된 눈.

congratular 타 축하하다. ◇ **congratulación** 여 축하, 경하(慶賀).

congregar [⑧ pagar]타 모으다, 소집하다. El partido *congregó* allí a los aficionados de todo el país. 그 경기는 전국의 팬을 그곳에 모았다. ◇ **congregación** 여 ① 군중. ② 회의 (conferencia). La *congregación* durará una semana. 회의는 1주일 동안 계속할 것이다. ③【종교】종단, 수도회.

congreso 남 ① 회의, 대회. Hoy se celebra el *Congreso* Nacional de Medicina. 전국 의학회 대회는 오늘 개최된다. ② 국회; 국회의사당. *Congreso* de Diputados 국회. ◇ **congresista** 공 회의참석자; 국회의원.

conjetura 여 추측; 짐작. Se hacían muchas *conjeturas* sobre el incidente. 그 사건에 대해 여러가지 추측이 행해졌다. ◇ **conjeturable** 형 추측할 수 있는. ◇ **conjetural** 형 추측에 의한. ◇ **conjeturalmente** 부 추측해서. ◇ **conjeturar** 타 추측·짐작하다.

conjugar [⑧ pagar]타【문법】(동사를) 활용시키다. ◇ **conjugación** 여 (동사의) 활용·변화.

conjunción 여【문법】접속사. ◇ **conjuntivo, va** 형 접속의. modo conjuntivo 접속구.

conjuntiva 여【해부】결막(結膜). ◇ **conjuntival** 형 결막의. ◇ **conjuntivitis** 여【의학】결막염.

conjunto 图 전체, 총체; 전원. Más vale el *conjunto* que las partes. 부분보다 전체가 가치가 높다. *en conjunto* 전체로서, 일괄하여. *En conjunto* el libro es interesante. 그 책은 전체가 재미있다.

conjurar 国 (위험 따위를)피하다. Tratan de *conjurar* el peligro. 그 위험을 피하려 하는 노력이 경주되고 있다. 困困 ① 음모를 꾀하다, 결맹(結盟)하다. Los de la liga *se conjuraron* contra el gobierno. 동맹의 성원들은 정부 타도의 맹약을 했다. ◇ **conjura** 图 음모, 결사.

conmemorar 国 기념하다, (기념하여)축하하다(congratular). Hoy *conmemoramos* la fundación de este instituto. 오늘 우리들은 이 연구소 창립기념 축하를 한다. ◇ **conmemoración** 예 기념. ◇ **conmemorativo, va** 阌 기념의.

conmigo [전치사 con과 인칭대명사 mi와의 합체형]나와 함께; 나에 대하여. ¿Quieres venir *conmigo*? 나와 함께 가주겠나.

conmover [활용 volver]国 ① 감동시키다. Me *conmovió* una muerte tan heroica. 그런 영웅적인 죽음이 나를 감동시켰다. ② 떨게 하다. El temblor de tierra *conmovió* toda la ciudad. 지진이 전시내를 떨게 했다. ◇ **conmoción** 예 감동, 떠는 일, 진동; 동란, 내란. ◇ **conmovedor, ra** 阌 감동시키는(것 같은).

conmutar 国 바꾸다, 교환하다; (스위치를) 틀다, 넣다, (전류를) 전환시키다. ◇ **conmutación** 예 교환, 변환; 대체. ◇ **conmutador** 图 [전기] 전화 교환대; 전환 스위치, 배전판.

cono 图 [식물] 솔방울; [지질] 화산추(火山錐); 첨봉(尖峰); [수학] 원추(형).

conocer [활용] 国얄아보다, 알고 있다. ¿*Conoce* usted a María? -Sí, la *conozco*. 마리아를 알고 계십니까?-예, 그녀를 알고 있음니다. Entonces José *conoció* a su futura esposa. 그때 비로소 호세는 자기 미래의 아내를 알았다. ◇ **conocido, da** 阌 세상에 알려진, 유명한. 图 지인(知人), 친지. ¿Tiene usted muchos *conocidos* aquí? 당신은 이곳에 친지가 많습니까. ◇ **conocimiento** 图 ① 지식, 학문. ② 의식(意識)(conciencia). Todavía no ha recobrado el *conocimiento*. 그는 아직 의식을 회복하지 않았다. ③ [상업] 선하증권(船荷證券). Adjuntamos a esta carta una copia del *conocimiento* del embarque. 이 편지에 선하증권 사본 1통을 동봉합니다.

conque 접 그렇다면; 그러면. No entiendes nada de esto; *conque* cállate. 너는 그 일은 아무 것도 모르지; 그렇다면 잠자코 있거라.

conquistar 国 ① 정복하다. ② 쟁취하다. Los ciudadanos *conquistaron* fama inmortal prefiriendo morir a entregarse. 시민은 항복하기보다는 죽음을 택하여 불멸의 명성을 쟁취했다. ◇ **conquista** 예 정복; 획득물. ◇ **conquistador, ra** 阌 정복자.

consagrar 国 ① 바치다. *Consagró* su vida a la enseñanza de la juventud. 그는 생애를 청년교육에 바쳤다. ② [종교] 축별(祝別)·성별(聖別)하다. En la Misa el sacerdote *consagra* el pan y el vino. 미사에서 사제가 빵과 포도주를 축별한다. ◇**−se**

[+a : …에] 헌신하다. ◇ **consagración** 여 헌신; 축별, 성별.
consciente 형 ① [+de : …를] 의식·자각하고 있는. José, *consciente de* sus derechos, se atrevió a decírselo. 호세는 자기 권리를 자각하여, 감히 그에게 그 말을 했다. ②양심적인. ◇ **conscientemente** 부 의식하면서, 양심적으로.
consecuencia 여 결과. Nuestra madre nos enseñó a aceptar las *consecuencias* de nuestros actos. 모친은 우리들에게 자기들의 행위의 결과를 감수할 것을 가르쳐 주었다. *como por consecuencia* 결과적으로. *en consecuencia* 따라서, 그런고로.
conseguir [40 seguir]타 ① 획득하다(입수, 구입)(obtener). *He conseguido* un permiso especial. 나는 특별한 허가를 얻었다. ② [+동사원형] …할 수 있다. Al fin *consiguió* arrancar el clavo. 기어이 그는 못을 뺄 수가 있었다. ◇ **conseguido, da** 형 회심의.
consejo 남 ① 조언, 충고. Debes seguir fielmente los *consejos* del médico. 너는 의사의 조언에 충실히 따라야 한다. ②중역회, 이사회; 내각(內閣). El *Consejo* de Administración de la Compañía ha decidido conseguir el terreno en cuestión. 회사의 중역회는 문제된 토지를 사들이기로 결정했다. ◇ **consejero, ra** 명 충고자, 조언자; 보좌관, 고문; 이사(director). *consejero* de embajada 대사관 참사관.
consentir [46 sentir]자 ① [+en : …에]동의하다, (…을)승낙하다. La niña no *consiente* en que le cambien de vestido. 그 소녀는 옷을 바꿔 입기를 거절했다. ② [+con : …에] 허락하다, 용인하다. Yo no *consentiré* con sus caprichos. 나는 그의 변덕을 용인할 수 없다. 타 ① 허락하다, 동의하다. No *consiento* que se burlen de mi hermano. 동생이 웃음거리로 되는 것을 나는 보고 있을 수 없다. ② 귀여워 하다(mimar). Los abuelos *consienten* demasiado a sus nietos. 조부모는 손자들을 너무 귀여워한다. ◇ **consentido, da** 형 버릇없이 자란, 안하무인의. *niño consentido* 버릇없이 자란 아이. ◇ **consentimiento** 남 동의, 승낙; 허용, 용인.
conserje 남 수위; 급사; 접수(받는 사람). ◇ **conserjería** 여 수위, 급사, 수위실; 접수.
conservar 타 ① 보유하다, 보존하다. Con esta nevera *conserven* frescos sus alime..tos. 이 냉장고로 당신의 식품을 신선하게 보존하십시오. ②계속 남기다. Mi padre *conserva* la costumbre de ducharse con agua fría. 부친은 냉수로 샤워하는 습관을 계속하고 있다. ◇ **~se** (자기를 어떤 상태에) 유지하다, 보존하다, 남다(quedar). El *se conserva* muy joven. 그는 늘 매우 젊다. ◇ **conserva** 여 통조림(식품). No me gustan las frutas en *conserva*. 나는 통조림 과실은 좋아하지 않는다. ◇ **conservación** 여 보존, 유지; 보관, 수장(收藏). ◇ **conservador, ra** 형 물건을 잘 아끼는; 보수적·보수주의의. *partido conservador* 보수당. ◇ 물건을 아끼는 사람; 보수주의자.
considerable 형 상당한. Se produjo en su vida un cambio *considerable*. 그의 생활에 상당한 변화가 생겼다. ◇ **conside-**

rablemente 튀 제법, 상당히.

considerar 타 ① 고려하다. Bien *considerado*, el viaje me ha resultado bien a la salud. 잘 생각해 보니 여행은 나의 건강에 (결과가) 좋았다. ② 존경. 존중하다. Se le *considera* mucho en los medios intelectuales. 지식인 사이에서 그는 존경받고 있다. ③ (…라고) 생각하다, 판단하다. No le *considero* capaz de eso. 그런 일이 그에게 가능하다고 나는 생각지 않는다. *Considerábamos* fácil que allí nos viéramos. 저기서 만날 수 있는 것은 간단하다고 우리들은 생각하고 있었다. ◇ ~**se** (자기를 …라고) 생각하다. No *me considero* muy feliz. 나는 그다지 행복하다고는 생각지 않는다. ◇ **consideración** 예 ① 고려. Lo tomaré en *consideración*. 나는 그것을 고려에 넣겠다. ② 존경; 동정. Aquí le tratan con mucha *consideración*. 여기서는 모두 그를 무척 경의를 표하여 대우하고 있다. ③ 중대성 (importacia). La herida no ha sido de *consideración*. 부상은 대수롭지 않았다. *en* [*por*] *consideración a* …을 고려하여. No le despiden *por consideración* a su madre. …의 모친 일을 생각해서 사람들은 그를 쫓아내지 않고 있다. ◇ **considerado, da** 휑 신중한; 동정심 있는.

consigna 예 ① 지령. Entre los estudiantes circuló la *consigna* de no entrar en clase. 교실에 들어가지 말라는 지령이 학생 사이에 돌았다. ② 수하물 보관소. Dejaré esta maleta en la *consigna*. 나는 이 가방을 수하물 보관소에 두겠다.

consignar 타 ① (…에게로) 출하・발송하다. El paquete viene *consignado* a mi nombre. 소포는 내 이름 앞으로 왔다. ② 명기・명시하다. En su pedido, ustedes olvidaron *consignar* declaraciones consulares. 귀사는 주문서에 영사 신고서를 명시할 것을 잊고 있습니다. ◇ **consignación** 예 [상업] 발송; 위탁(판매). *a la consignación de* …의 앞으로. Hemos embarcado la mercadería *a la consignación de* ustedes. 귀사 앞으로 화물을 선적했습니다.

consigo [전치사 con과 재귀대명사 sí와의 합체형] 자기 자신과 함께, 손수. ¿Lo trajo *consigo*? 그것을 손수 가져오셨습니까. La madre llevaba siempre *consigo* el retrato de su hijo. 모친은 언제나 아들의 사진을 지니고 다녔다. Lléveselo *consigo*. 그것을 손수 가지고 가세요.

consiguiente 휑 [+a: …에] 기인(起因)한; 당연한. Recibí la noticia con la *consiguiente* alegría. 나는 그 뉴스를 (그것으로서의) 당연한 기쁨을 가지고 받았다. *por consiguiente* 따라서, 그런고로. José ha trabajado más que Andrés, *y por consiguiente* tiene derecho a reclamar más. 호세는 안드레스보다도 더 많이 일했다; 따라서 호세는 더 청구할 권리가 있다. ◇ **consiguientemente** 튀 따라서.

consistir 재 [+en: …에] 기초가 있다. (…으로) 이루어지다. Toda su fortuna *consiste* en la casa que habita. 그의 전 재산은 살고 있는 집이다. ◇ **consistencia** 예 견실. ◇ **consistente** 휑 ① [+en: …에] 기초한. Tenía un atractivo *consistente* en su naturalidad. 그녀에게는 자연스러움에 기초하는 어떤 매력이 있었다. ② 단단한; 견실한.

consolar [24 contar] 타 위로하다. Tu venida me *consuela* de no haber podido yo hacer el viaje. 네가 와 준 것은 내가 여행할 수 없었던 것에 대해 나에게 위안이 된다. ◇ **-se** 에 〈자기를〉위안하다. *Consuélese* de esa pérdida, pensando que pudo ser mayor. 그 손실이 더 컸을지도 모른다고 생각하고 스스로 위안하시오. ◇ **consolador, ra** 형 위안이 되는.

consomé 남 꼰소메, 묽은 수프.

consonante 형 【문법】닿소리의, 자음의. 에 닿소리(글자), 자음(자).

consorte 명 배우자. el rey *consorte* 부마, 여왕의 남편.

conspicuo, cua 형 저명한(ilustre).

conspirar 자 ① 음모를 꾸미다. Los nobles aragoneses *conspiraron* contra el rey. 아라곤 귀족들은 국왕에 반대해서 음모를 꾸몄다. ② [+a : …의 쪽으로] 작용하다. Todo *conspiró* al fracaso de la empresa. 모든 일은 그 사업이 실패하는 쪽으로 작용했다. ◇ **conspiración** 여 공모, 음모. ◇ **conspirado** 남 음모자, 모반자(conspirador). ◇ **conspirador, ra** 남 음모자, 모반자(conspirado).

constante 형 ① 불변의, 끊이지 않는. Le agradezco su valiosa y *constante* cooperación. 귀중하고 변함없는 협력에 나는 감사하고 있읍니다. ② 견실한, 착실한. Es una persona sumamente *constante*. 그는 극히 견실한 사람이다. ◇ **constancia** 여 ① 견실, 착실. Todo lo consigue por su *constancia*. 그는 견실해서 모든 것을 얻고 있다. ② 확실함, 증적(證跡). No hay *constancia* de lo que ha dicho. 그가 말한 것에 대해 증거는 없다. ◇ **constantemente** 부 부단히, 항상.

constar 자 ① 확실하다. Me *consta* que José estaba allí en aquella fecha. 호세가 그날 그곳에 있던 일은 나에게는 확실하다. ② 기록·명기하고 있다. Las mercancías *constan* en la inclusa documentación de embarque. 상품은 동봉한 선적 서류에 명기하여 있다. ③ [+de : …로] 성립하다. El mes de julio *consta* de treinta y un días. 7월은 31일이 있다.

constitución 여 ① 구조. La *constitución* de la sociedad era muy democrática. 그 사회구조는 대단히 민주적이었다. ② 체격. Es una mujer de *constitución* muy fuerte. 그녀는 건장한 체격의 여자이다. ③ 헌법. ◇ **constitucional** 형 구조상, 조직상의; 헌법의.

constituir [74 huir] 타 ① 만들어내다(조직, 구성). La calidad *constituye* la base de la reputación. 품질이 평판의 기초를 만들어 내고 있다. ② …로 되다. Este deporte *constituye* una diversión excelente para los jóvenes. 이 스포츠는 청년에게 있어서 훌륭한 오락으로 되어 있다. ③ …로 하다. El rey *constituyó* heredero a su sobrino. 왕은 자기의 조카를 계승자로 했다. ◇ **~se** ① 조직·제정되다. ② …로 되다. José *se constituyó* en tutor del huérfano. 호세는 그 고아의 후견인으로 되었다.

construir [74 huir] ① 건조·건설하다. Parece que los romanos *construyeran* sus obras con perspectiva de eternidad. 로마사람은 영원을 예견하고 그 건조물을 건설한 것 같다. ② 제작·제조하다. Se *construyen* camiones en esta fábrica. 이 공장에서 트럭이 제조된다. ◇ **construcción** 예 건축물, 건조물; 제작, 제조. ◇ **constructivo, va** 형 건설적인. Es deseable la crítica *constructiva*. 건설적인 비판이 바람직하다. ◇ **constructor, ra** 형 제작·제조하는; 건설하는. 명 제작·제조자; 건축가.

consuelo 명 위로, 위안. La nieta era su único *consuelo*. 손녀가 그의 유일한 위안이었다.

cónsul 명 영사. *cónsul general* 총영사. *cónsul honorario* 명예영사. *vice cónsul* 부영사. ◇ **cónsula** 예 영사 부인; 여자 영사. ◇ **consulado** 명 영사관. ◇ **consular** 형 영사의. certificado *consular* 영사 증명서. derechos *consulares* 영사 사증료. factura *consular* 영사 송장(送狀).

consultar 타 ① [+a·con: …에게·과] 상의하다. *Consultaré* al profesor sobre este asunto. 이 일에 대해 선생님께 상의하겠다. ② (…의) 진찰을 받다. Vaya usted a *consultar* al médico. 가서 그 의사한테 진찰을 받으세요. ¿Ha consultado usted a un médico? 의사한테 진찰을 받으셨습니까? Deseo *consultar* a un médico. 나는 의사의 진찰을 받으려고 생각하고 있다. ③ (참고로) 보다, (사전을) 찾다. *Consulte* usted el diccionario para saber el significado de esta palabra. 이 단어의 의미를 알기 위해 사전을 찾아보시시오. *consultar algo con la almohada* 숙고하다. ◇ **consulta** 예 상담; 진찰; 참고. El médico tiene la *consulta* de las nueve a las cinco. 그 의사는 9시부터 5시까지 진찰을 한다. ◇ **consultor, ra** 형 자문의, 상담에 응하는. 명 고문, 상담역. ◇ **consultorio** 명 상담소; 진료소.

consumir 타 ① 없애다; 소비하다. Ese motor *consume* mucha gasolina. 이 엔진은 휘발유를 많이 소비한다. ② (체력·기력 따위를) 소모시키다. Le *consumía* la inquietud. 불안해서 그는 기력을 소모하고 있었다. ◇ **~se** ① 다하다. *Se ha consumido* el petróleo. 석유가 모두 없어졌다. ② 수척하다. Tenía la cara muy *consumida*. 그는 얼굴이 무척 수척하다. ◇ **consumidor, ra** 형 소비하는; 소모시키는. 명 소비자. ◇ **consumo** 명 소비.

contabilidad 예 부기, 회계과, 회계부. *contabilidad* por partida doble 복식부기. *contabilidad* por partida simple 단식부기. ◇ **contabilista** 명 회계·부기 담당자. ◇ **contabilizar** [9 alzar] 타 (장부에) 기입·기장하다.

contacto 명 접촉; 연락. No tengo ningún *contacto* con José. 나는 호세와 아무런 접촉이 없다.

contagiar [11 cambiar] 타 감염시키다. José *contagió* el resfriado a Ramón. 호세가 감기를 라몬에게 감염시켰다. Me *he contagiado* con su risa. 그의 웃음에 나도 말려 들어갔다. 재 감염하다. ◇ **~se** 감염되다. ◇ **contagio** 명 감염, (가벼운) 전염병. Hay un *contagio* de resfriado. 감기가 유행하고 있다. ◇ **contagiosidad** 예 전염·감염성. ◇ **contagioso, sa** 형 전염성의.

enfermedad contagiosa 전염병.

contaminar 태 더럽히다; 감염시키다(contagiar). ◇ **contaminación** 예 오염; 감염.

contar [24] 태 ① 세다(계산, 계정, 산입). *Cuenta tus dedos.* 손가락의 수를 세어라. *Le cuento entre mis mejores amigos.* 나는 그를 가장 좋은 친구 속에 넣고 있다. ② 말하다, 이야기하다. *Me lo ha contado la madre.* 모친이 그 일을 나에게 말해 주었다. 재 ① 계산·고려하다. *Los niños no cuentan.* 어린이는 계산에 들지 않는다. *Lo que cuenta son las aptitudes y no los títulos.* 중요한 것은 (고려에 들어가는 것은) 능력이지 직함은 아니다. ② [+con : …을] 기대하다; (…을) 얻고 있다. *Puede usted contar conmigo.* 내게 기대 두시오(나를 기대할 수 있다). *a contar de [desde]* …부터 세어서. *Está a 5 kilómetros a contar desde ese cruce.* (그것은) 십자로에서 세어서 5킬로미터의 곳에 있다. ◇ **contado, da** 형 사소한. *al contado* 현금으로. *pago al contado* 현금지불. ◇ **contador, ra** 명 회계담당, 계리사. 타 계기(計器), 미터. ◇ **contante** 형 현금의. *en dinero contante* 현금으로.

contemplar 태 바라보다; 지켜보다. *Contemple usted el paisaje desde aquí.* 여기서 경치를 바라보십시오. *Me gusta mucho contemplar el mar.* 나는 바다를 바라보는 것이 무척 마음에 든다. ◇ **contemplación** 예 ① 조망(眺望); 숙시(熟視); 묵상. ② 명 고려(顧慮). *Tienes demasiadas contemplaciones con ella.* 너는 그녀에게 너무 신경을 쓴다. ◇ **contemplativo, va** 형 정관적인; 묵상적인.

contemporáneo, a 형 동시대의, 같은 시대의; 현대의. *Estamos estudiando la historia contemporánea de Europa.* 우리들은 유럽 현대사를 공부하고 있다. 명 동시대의 사람; 현대의 사람.

contener [58] tener] 태 ① (가운데) 넣어 있다; 포함하다. *El primer tomo contiene dos novelas.* 제 1권에는 소설이 2편 들어 있다. ② 억제하다, 참다(tolerar). *Contuve a duras penas la risa.* 나는 겨우 웃음을 참았다. **~se** 자제하다. *José se contuvo para no dar un grito.* 호세는 고함치고 싶은 것을 참았다. ◇ **contenido** 명 내용(물), 알맹이. *Me he enterado del contenido de su carta.* 편지의 내용을 알고 있습니다.

contentar 태 만족시키다, 즐겁게 하다. *No podemos contentar a todos.* 모두를 만족시킬 수는 없다. **~se** [+con : …으로] 만족하다, 참다. *Me contentaría con poco.* 나는 조금으로 만족합니다만.

contento, ta 형 [+con·de : …로] 만족한, 기뻐한. *José está contento de verla restablecida.* 호세는 그녀가 회복한 것을 보고 기뻐하고 있다. 명 만족, 즐거움. *Se le notaba el contento en la cara.* 그의 얼굴에는 만족한 빛이 보이고 있었다.

contestar 재 대답하다(responder, replicar); 회답을 하다, 응하다. *No contestan.* (전화를) 받지 않습니다. *Contestamos a su carta del 3 del mes actual.* 이달 3일자의 편지에 답장합니다. *Debe usted contestar su carta.* 그의 편지에 답장을 해야 하십

니다. 田(…라고) 대답하다. Lola me *contestó* que no iría. 롤라는 나에게 가지 않겠다고 대답했다. ◇ **contestación** 예 대답, 답장(respuesta). Yo esperaba con impaciencia su *contestación*. 나는 지루하며 그녀의 대답을 기다리고 있었다.

contigo [전치사 con과 인칭대명사 ti의 합체형]너와 함께. *Contigo*, pan y cebolla. 너와 함께라면 어떠한 괴로운 생활이라도 (빵과 양파로) 좋다.

contiguo, gua 휑 [+a: …에] 인접한. José compró un terreno *contiguo* a su casa. 호세는 자기 집에 인접한 토지를 샀다. ◇ **contigüidad** 예 인접.

continente 남 ① 대륙. El Nuevo Mundo se compone de dos *continentes*: América del Norte y América del Sur. 신세계는 북미와 남미의 두개의 대륙으로 이룩된다. ② 얼굴빛, 모습. Se comprende por su *continente* que pertenece a una familia noble. 그는 그 모습으로 보아 고귀한 집안에 속함을 알 수 있다.

continuar [14] actuar]目 계속하다(seguir). Después de breve descanso, *continuó* su camino. 그는 조금 쉰 후 길을 계속했다. 困 ① 계속하다. Si le *continúa* el dolor, vuelva por aquí. 아픔이 계속되면, 또 이리 오세요. ② [+현재분사]…하기를 계속하다(seguir+현재분사). El aumento de consumo *continuará* subiendo. 소비의 증가는 상승을 계속할 것이다. ◇ **continuación** 예 계속. La próxima vez te contaré la continuación. 그 다음은 다시 이야기해 주겠다. *a continuación* 다음의; 다음에, 잇대어.

continuo, nua 휑 ① 계속한, 끊이지 않는. Tengo un dolor *continuo* de estómago. 나는 줄곧 복통이 계속되고 있다. ② 튁 빈번한(frecuente). José me aburre con sus *continuas* quejas. 호세는 언제나 불평을 늘어놓아 나는 싫다. ◇ **continuamente** 튁 계속해서, 부단히, 잇대어. ◇ **continuidad** 예 연속, 계속.

contorno 남 ① 주위; 윤곽. ¿Cuánto mide el *contorno* de este árbol? 이 나무의 주위는 얼마나 되는가. ② 튁 부근; 주변. En estos *contornos* abundan las cigüeñas. 이 부근에는 황새가 많다. El vive en los *contornos* de una ciudad. 그는 도시의 주변[교외]에서 살고 있다.

contra 젠 ① …에 대하여. El automóvil se estrelló *contra* un poste telegráfico. 그 자동차는 전주에 충돌했다. ② …에 반대・대항해서. No podemos hacer nada *contra* la naturaleza. 자연에 반해 우리는 아무 짓도 못한다. ③ …에 향하여, 면하여. La habitación está *contra* el sur. 방은 남쪽에 면하고 있다. 예 반대, 난점(難点). Es un buen plan pero no deja de tener sus *contras*. 그것은 좋은 계획이지만 난점도 있다.

contrabando 남 밀수입, 밀매매; 밀수품. La policía se dedica a la persecución del *contrabando*. 경찰이 밀수색에 전념하고 있다. ◇ **contrabandear** 困 밀수를 하다. ◇ **contrabandista** 남 밀수입자.

contracción 예 ① 수축. Esto causa la *contracción* del músculo. 이것이 근육의 수축을 일으키고 있다. ② 결론, 체결.

contradecir [69 decir] 🔲 (…에)반론·반대하다. José se enfadó porque le *contradije*. 내가 반대했기 때문에 호세는 성을 냈다. ② (…와)모순하다. 困 困 모순되다. Sus actos nunca *se contradicen* con sus palabras. 그의 행동은 결코 그의 말과 모순되지 않는다. ◇ **contradicción** 🔲 ① 반론, 반대. ② 모순. Su teoría está llena de *contradicciones*. 그의 설은 모순 투성이다. ◇ **contradictorio, ria** 🔲 모순의.

contraer [71 traer] 🔲 ① 줄이다, 수축시키다. Huye con la cara *contraída* por el terror. (그는)공포로 얼굴을 경련시키고 도망한다. ② 결정하다, 맺다. Su hijo *contrajo* matrimonio con la hija de don José. 그의 아들은 호세의 딸과 결혼했다. ③ 약속하다, 빚을 얻다; (병에)걸리다. No *contraigas* deudas ni enfermedades. 빚을 얻거나 병을 얻지는 말아 안된다.

contrahacer [68 hacer] 🔲 모조·위조하다(falsificar); 흉내내다(imitar); (…인)척하다(fingir). ◇ **contrahacedor, ra** 모조·위조자. ◇ **contrahechura** 🔲 위조(품); 모조(품).

contrariar [12 enviar] 🔲 ① (…에)반대하다, 거역하다, 막다. Los vientos *contrarían* la marcha del barco. 바람이 배의 진행을 막고 있다. ② 괴롭히다. Aquello me *contraría* mucho. 그 일 때문에 나는 대단히 곤란을 느끼고 있다. ◇ **contrariado, da** 🔲 곤혹·당혹한.

contrariedad 🔲 ① 반대, 방해, 장애. Nos habríamos marchado si no hubiese surgido esa *contrariedad*. 그 장애가 생기지 않았더라면 우리들은 출발했을 것이다. ② 곤혹, 본의가 아님. Su conducta produjo una *contrariedad*. 그의 행동은 (모두를) 당혹시켰다.

contrario, ria 🔲 ① [+a : …에·와] 반대의. Se mueve en sentido *contrario* de las manecillas del reloj. 그것은 시계 바늘과 반대 방향으로 움직인다. ② 반대·대항하는. Yo soy *contrario* a tal reforma. 나는 그러한 개혁에는 반대다. ③ 상대; 적대면. Atacó al *contrario* con tal ímpetu, que lo derribó. 그는 상대에게 심한 타격을 주어서 넘어뜨렸다. *lo contrario* 반대(의 일·것). Dice *lo contrario* de lo que piensa. 그는 생각하고 있는 일과 반대의 말을 한다. *al contrario* …하기는 커녕, 천만에. Tal vez estoy molestándole—Al *contrario*. 당신에게 폐를 끼치고 있는건 아닐까요 —천만에요. *al contrario de* …의 반대로. Todo ha salido *al contrario de* como yo esperaba. 내가 기대하고 있던 것과 만사가 반대 결과로 되었다. *por el contrario* 반대로.

contraseña 🔲 암호; 대기 번호표, 부표(副標).

contraste 🔲 대조. El color rojo del templo resulta de un efecto sorprendente en *contraste* con el verde de los árboles. 이 사원의 붉은 빛이 나무들의 초록색과 대조하여 놀라운 효과를 올리고 있다. ◇ **contrastar** 困 [+con : …과] 대조하다. Lola parece fea porque *contrasta con* su hermana. 롤라는 여동생과 대조가 되니까 미인이 아니게 보이는 것이다.

contratiempo 🔲 불의의 사고; 불행; 재난.

contrato 囝 계약(서). Firmé ayer con el casero el *contrato* de alquiler. 나는 어제 집주인과 임대계약(서)에 서명했다. ◇ **contrata** 예 계약(서); 청부. ◇ **contratar** 団 계약하다; 도급하다. *Hemos contratado* el arriendo del piso en tres mil pesetas. 우리들은 집세 3,000뻬세따로 그 층을 빌릴 계약을 맺었다.

contribución 예 ① 기부(금). No esperábamos de él tanta *contribución*. 우리들은 그에게서 그토록 많은 기부를 기대하지 않았었다. ② 국세, 세금. ③ 공헌, 기여.

contribuir [74 huir]圁 ① 소용되다. El hierro *ha contribuido* más que nada a la civilización. 철은 무엇보다도 크게 문명에 공헌하여 왔다. ② [+a·para:…에／+con:…을 가지고]공헌·기여하다, 기부하다. José *contribuyó* con una pequeña cantidad *a* las obras de caridad. 호세는 그 자선사업에 소액의 돈을 내었다. 団 (세금을)바치다. *Contribuye* diez mil pesetas por impuesto de utilidades. 그는 소득세로 1만 뻬세따를 바친다. ◇ **contribuyente** 휑 기여·기부·납세하는. 囝 기여·기부하는 사람, 납세자; 국민.

contrincante 囝 경쟁자, 시험 상대.

control 囝 ① 조절, 제어. En la fábrica se lleva un *control* automático de todo. 그 공장에서는 모든 것에 자동제어가 행해지고 있다. ② 통제, 관리. José tiene a su cargo el *control* de las entradas y salidas en el almacén. 창고의 출납관리는 호세의 임무로 되어 있다. *torre de control* (공항 따위의) 관제탑. *control de natalidad* 산아제한. ◇ **controlar** 団 ① 조절·제어·조종하다. ② 통제·관리하다. El Estado *controla* toda la producción de tabaco. 국가는 담배의 전체 생산을 통제하고 있다.

contusión 예 타박상.

convalecencia 예 쾌차, 회복(기); 정양소, 요양소. ◇ **convaleciente** 휑 회복기의.

convencer [1 vencer]団 ① 납득시키다, 설득하다. He *convencido* a mi hijo para que se corte el pelo. 나는 아들에게 머리를 깎을 것을 납득시켰다. ② (…의)마음에 들다. No me ha *convencido* la película. 그 영화는 (나의) 마음에 들지 않았다. ◇ **convencido, da** 휑 납득하고 있는, 알고 있는. José está *convencido* de su propio defecto. 호세는 자기의 결점을 잘 알고 있다. ◇ **convencimiento** 囝 납득(convicción).

convención 예 ① 협정, 협약, 조약. *Convención Postal Universal* 만국 우편조약. ② (국민)회의. ③ 관례, 인습. ④ 의견의 일치 (acuerdo).

conveniente 휑 적당한, 형편이 좋은. Hagan lo que crean más *conveniente* para ustedes. 당신들에게 제일 적당하다고 생각하는 일을 해주십시오. ◇ **conveniencia** 예 ① 적당, 형편. Si buscas tu *conveniencia*, yo busco la mía. 네가 형편을 말한다면 나도 내 형편을 말하겠다. ② 습관(costumbre), 전통 (tradición). Hay que respetar las *conveniencias* sociales. 사회적 습관은 존중되어야 한다.

convenir [59 venir]団 협정하다. *Hemos convenido* reunirnos el próximo sábado. 우리들은 다음 토요일에 모이기로 협정했다. 짜 ① [+en: …을] 협정하다. No *han convenido* todavía *en* el precio de venta. 그들은 판매가격에 아직 의견이 맞지 않는다. ② [+a: …에] 적당·타당하다, 형편이 좋다. No me *conviene* el precio. 그 값은 내게는 적당하지 않다. ③ [+동사원형+que +접속법 …하는 것이] 적당하다, 형편이 좋다. *Conviene* que digas la verdad. 너는 사실대로 말하는 편이 좋다. ◇ **convenio** 뗌 협정(pacto).

convento 뗌 수도원, 승원. A sus quince años entró en el *convento*. 그녀는 15살 때 수도원에 들어갔다. ◇ **conventual** 웹 수도원의.

conversar 짜 [+en·sobre: …에 대하여] 협의하다. Vinieron a casa y *conversamos* un buen rato. 그들은 (나의) 집으로 와서 잠깐동안 이야기했다. ◇ **conversación** 뗘 회화, 회담(conferencia).

convertir [48 advertir] 耳 ① [+en: …으로] 바꾸다, (…로) 하다. ② 개종·전향시키다. El misionero *convirtió* muchos infieles. 그 전도사는 많은 무신자들을 믿게 했다. ◇~-se 퇴 [+en: …으로] 바뀌다, (…으로) 되다. La brisa *se ha convertido en* huracán. 산들바람이 폭풍으로 바뀌었다. ② 개종하다. El joven *se convirtió* al catolicismo. 그 젊은이는 카톨릭으로 개종했다.

convicción 뗘 확신. Tiene *convicciones* políticas muy firmes. 그는 확고한 정치적 신념을 가지고 있다.

convidar 耳[+a: …으로] 초대하다(invitar), 청하다. Me *han convidado* a pasar una semana en su finca. 나는 그의 별장에서 1주일을 지내도록 초대받았다. ◇ **convidado, da** 웹 초대손님(invitado).

convincente 웹 설득력·호소력 있는.

convivir 짜 ① 함께 지내다; 같은 시대에 살다. Los dos novelistas *convivieron* en la misma época. 이 두 소설가는 같은 시대에 살았다. ② 공존하다. Aquí *conviven* en feliz armonía la tradición y el progreso. 이곳에는 진보와 전통이 잘 조화되어 공존하고 있다. ◇ **convivencia** 뗘 동거, 공동생활; 공존(coexistencia). La cortesía ayuda a la *convivencia* humana. 예의는 사람의 공동생활을 돕는다.

convocar [7 sacar] 耳 ① 소집하다. El alcalde *convocó* a todos los ciudadanos en la plaza mayor. 시장은 전시민을 대광장에 소집했다. ② (경쟁시험·콩쿠르에의) 모집을 하다. *Se ha convocado* el concurso de bellezas. 미인대회 모집이 발표되었다. ◇ **convocatoria** 뗘 소집; 모집.

convoy 뗌 호위(escolta). ◇ **convoyar** 耳 호위하다(escoltar).

convulsar 耳 경련을 일으키게 하다; 소란을 일으키다. ◇ **convulsión** 뗘 경련; 소란. ◇ **convulsivo, va** 웹 경련(성)의.

cónyuge 뗌 남편, 아내; 배우자. Los nuevos *cónyuges* se retiraron a descansar. 신혼 부부는 쉬기 위해 물러났다. ◇ **conyugal** 웹 부부의.

coñac 뗌 코냑; 블랜디.

cooperar 재 [+con: …과/+a·en: …에] 협력하다. El vecindario *cooperó con* los bomberos *en* la extinción del incendio. 이웃 사람들이 화재의 소화에 소방사들과 협력했다. ◇ **cooperación** 여 협력, 원조. ◇ **cooperativa** 여 협동조합. En el pueblo hay una *cooperativa* agrícola. 마을에는 농업협동조합이 있다.

coordinar 타 조정하다; 정리·정돈하다; 분류하다. ◇ **coordinación** 여 정리, 정돈; 배열.

copa 여 ①숟잔, (발이 달린) 잔. Vamos a tomar unas *copas* juntos. 함께 술이라도 (몇잔) 마시러 가자. ②우승컵. ③나무 가지나 잎사귀의 숲. Había un nido en la *copa* de un pino. 소나무 숲속에 새의 집이 있었다. ◇ **copita** 여 작은 잔.

copiar [11 cambiar] 타 베끼다(모사, 전사, 모방); 본뜨다(모사; 모방). ¿Cuántas páginas quiere usted que yo *copie*? 몇 페이지를 복사할까요. 재 커닝을 하다. Entre los estudiantes hay algunos que *copian* en los exámenes. 학생 중에는 커닝을 하는 자가 있다. ◇ **copia** 여 사본. Para su gobierno les enviamos dos *copias* de nuestras facturas. 참고로 귀사에 폐사의 송장 사본을 2통 보냅니다.

copioso, sa 형 많은. Cayó una *copiosa* nevada en esta comarca. 이 지방에 대량의 강설이 내렸다.

copla 여 민요, 가요. Esta *copla* tiene sabor a Asturias. 이 민요는 아스뚜리아풍의 느낌이 있다.

coqueta 형 교태를 부리는, 요염한. Es la mujer más *coqueta* que he conocido. 그녀는 내가 아는 가장 성적 매력이 있는 여인이다. 요염한 여자. ◇ **coquetear** 자 미태를 보이다, 교태를 부리다, 아양을 떨다. *Coquetea* con todo el mundo. 그녀는 누구에게나 교태를 부린다. ◇ **coqueteo** 남/**coquetería** 여 아양, 교태, 요염·요사스러움.

coraje 남 ①기력, 용기. Es un hombre de *coraje*. 그는 용기있는 사람이다. ②성냄. Me dio *coraje* que me mintiera. 그가 나를 속이다니 화가 났다.

corazón 남 ①【해부】심장. ②마음(mente, espíritu). Se lo agradezco de todo mi *corazón*. 나는 당신에게 그것을 진심으로 감사하고 있읍니다. ③애정. Tú no tienes *corazón* para tu hermano. 너는 동생에게 애정을 가지고 있지 않군. ④용기, 기력.

corbata 여 넥타이. Terminó de arreglarse el nudo de la *corbata*. 그는 넥타이의 매듭을 꽉 죄었다. *corbata de lazo* 나비넥타이.

corcho 남 콜크(마개).

cordel 남 줄, 끈, 실. *cordel de pescar* 낚시줄.

cordero 남 새끼 양; 순한 남자.

cordial 형 ①진심의. Reciba usted mi más *cordial* felicitación en el día de su cumpleaños. 당신의 생일에 진심으로 축하를 보냅니다. ②성실한. Es un hombre sumamente *cordial*. 그는 대단히 성실한 사람입니다. ◇ **cordialmente** 부 진심으로, 마음으로부터; 성실하게. Te abraza *cordialmente* tu amigo. [편지의 끝말

음] 너의 친구가 진심으로 너를 포용한다. ◇ **cordialidad** 여진정, 성실; 친애.

cordillera 여 산맥(sierra), 산계(山系). La *Cordillera* de los Andes constituye para este país su principal sistema de montañas. 안데스산맥은 이 나라에서 주요한 산계로 되어 있다.

cordobés, sa 형 꼬르도바(Córdoba: 스페인 남부의 시·주)의. 명 꼬르도바사람.

cordón 명 ① 노끈, 줄. *cordones* de zapatos 구두끈. ② 경계선. El *cordón* de policías impidió la marcha de la manifestación. 경관의 경계선이 시위대의 행진을 저지했다. ◇ **cordoncillo** 명 채찍; (천의) 무늬.

cordura 여 사려, 분별. Conviene actuar con mucha *cordura*. 사려 깊게 행동함이 좋다.

coreano, na 형 한국(Corea)의. 명 한국사람. 명 한글.

coro 명 합창(단); 합창부. Este trozo se canta en *coro*. 이 부분은 합창으로 노래해진다. *a coro* 입을 모아서, 이구동성으로. Toda la familia pide *a coro* que te quedes unos días más. 가족들이 모두 입을 모아서 너에게 앞으로 며칠 더 체재했으면 좋겠다고 말하고 있다.

corona 여 관; 왕관; 왕위. Le pusieron una *corona* de laurel. 그에게 월계관이 씌워졌다.

coronar 타 ① (…에)관을 주다. Al cumplir la mayoría de edad le *coronaron* rey. 그는 성인이 되자 왕으로서 관을 수여받았다. ② 완성하다. Para poder *coronar* aquel edificio se han necesitado muchos millones. 저 건물을 완성하기 위해서는 몇 백만이라는 돈이 필요했다. ◇ **~se** 위를 장식하다; 대관(戴冠)하다. El monte está *coronado* de nieve. 그 산은 눈으로 덮여 있다. ◇ **coronación** 여 대관(식).

coronel 명 육군 대령. *teniente coronel* 중령.

corporal 형 육체의. El trabajo *corporal* no se puede comprar con el mental. 육체노동은 지적노동과는 비교할 수 없다.

corpulento, ta 형 몸집이 큰, 거대한, 비대한, 비만한. ◇ **corpulencia** 여 비대, 비만; 거대.

corral 명 뒷뜰, 울안. En el *corral* tienen la leña y la paja. 뒷뜰에 그들은 땔나무와 지푸라기를 놓고 있다.

correa 여 혁대, 벨트, 가죽끈. Las maletas van sujetas con fuertes *correas*. 트렁크는 단단한 가죽 벨트로 매어 놓았다.

corrección 여 ① 정정, 수정; 교정. ② 정확. Deseo redactar con *corrección*. 나는 정확하게 글을 지을 수 있게 되고 싶다. *casa de corrección* 교정원, 소년원.

correcto, ta 형 ① 정확한. Su pronunciación es muy *correcta*. 당신의 발음은 매우 정확하오. ② 예의바른(cortés). Estuvo con nosotros *correcto*, pero frío. 그는 우리들에게 정중했지만 차가왔다. ③ (얼굴모습 따위가) 단정한. Ese hombre tiene unas facciones muy *correctas*. 저 사람은 매우 단정한 얼굴을 하고 있다. ◇ **correctamente** 부 정확하게; 단정하게. Sabe redactar *correcta* y elegantemente. 그는 정확하고 화려한 문장을 쓸 수

있다.

corredor, ra 圆 ① (경주의) 주자(走者). Los *corredores* salieron del estadio a las siete. 주자들은 7시에 경기장에서 출발했다. ② 중개인, 브로커. 圖 복도, 통로. El comedor está al fondo del *corredor*. 식당은 복도 막바지에 있다.

corregir [39 elegir] 囲 ① 고치다, 정정·수정·교정하다. *Corríja*me usted los errores. 나의 잘못을 정정해 주시오. ② 교정·훈육하다. A los niños hay que *corregir*les. 어린이들은 교육해야 한다. ◇ ~**se** 행동을 고치다.

correo 圆 ① 우편, 우편물. ¿A qué hora sale el *correo*? 우편물은 몇 시에 떠납니까. Quiero mandar esta carta por *correo* aéreo. 나는 이 편지를 항공우편으로 보내련다. Voy a recoger el *correo* de hoy. 나는 오늘 우편물을 가지러 갔다 오겠다. ② [주로 圖] 우체국(casa de correos, oficina de correos). Si pasas por *correos*, haz el favor de echar esta carta. 네가 우체국에 들리면 이 편지를 넣고 오너라. ¿Hay una oficina de *correos* cerca? 근처에 우체국이 있읍니까. *apartado de correos* 우편 사서함.

correr 困 ① 달리다, 서두르다. No *corras* tanto por la calle. 거리에서 그렇게 달리지 마라. ② (물·때·소문이) 흐르다. El Ebro *corre* entre verdes arboledas. 에브로강은 푸른 나무 사이를 흘러가고 있다. ③ 뛰어 다니다, 돌아다니다. José *ha corrido* el mundo entero. 호세는 전세계를 돌아다녔다. ④ (동물을) 쫓다. Los muchachos *corrían* perros. 어린이들은 개를 쫓아 가고 있었다. ⑤ 움직이다, 미끄러뜨리다. *Corre* esa silla un poco hacia acá. 저 의자를 이쪽으로 약간 당겨주십시오. *Corre* la cortina, que me molesta la luz. 빛이 귀찮으니 커튼을 내려주오. ◇ ~**se** ① 미끄러지다. Si *te corres* un poco podré sentarme yo también. 네가 약간 옆으로 당기면 나도 앉을 수 있는데. ② (빛·잉크가) 스미다. ③ 창피를 당하다.

correspondencia 圆 ① 서신왕래, 통신 (comunicación). Mantengo *correspondencia* con varios mejicanos. 나는 몇몇 메시코 사람과 서신 왕래를 하고 있다. ② 우편물. Abre la *correspondencia*. 우편물 봉투를 열어라.

corresponder 困 ① [+a·con : …에] 해당하다, 응하다, 상응하다, 당하다. Las señas que me dieron *corresponden a* esta casa. 내가 받은 주소는 이 집에 해당한다. ② 갚다, 대답하다. José le regaló un pañuelo y ella le *correspondió* con una corbata. 호세는 그녀에게 손수건을 선물했고, 그녀는 넥타이로 이에 보답했다. ③ [+a : …의] 담당·책임이다. Creo que a usted le *corresponden* todos los gastos. 모든 비용은 당신 담당이라고 나는 생각하고 있소.

correspondiente 圈 ① 각기의. Cada uno pagó su *correspondiente* cuenta. 각자는 자기들의 계산을 지불했다. ② 상응·상당하는. Dame la llave *correspondiente* a esta cerradura. 이 자물쇠의 열쇠를 다오.

corresponsal 圆 (신문의) 통신원, 특파원; (상사의) 대리인, 출장원; 통신 상대. Nuestro *corresponsal* nos informa que ha estalla do una revolución. 본사의 통신원은 혁명이 돌발했다고 알려 온다. *corresponsal especial* 특파원. ◇ **corresponsalía** 囡 통신원의 일·사무소·직국.

corrido, da 囫 ① 부끄럽게 생각하는. La muchacha quedó *corrida*. 그 소녀는 부끄러워했다. ② 초과한. El paquete tiene un kilo *corrido*. 소포는 1킬로그램 초과하고 있다. 圀 ① 달림, 주행(走行). He dado una *corrida* para alcanzarlos. 나는 그들을 따라잡기 위해서 달렸다. ② 투우(*corrida de toros*).

corriente 囫 ① 흐르는. Hay agua corriente en esta habitación. 이 방에는 수도(흐르는 물)가 있다. ② 보통의, 흔해빠진. Tengo dos relojes, uno de lujo y otro *corriente*. 나는 시계 두 개를 가지고 있다; 하나는 호화로운 것이며, 또 하나는 보통 것이다. ③ 이, 현재의(presente). Recibimos su grata carta de 20 del (mes) *corriente*. 이달 20일자 편지를 받았습니다. 囡 ① 흐름. *corriente eléctrica* 전류(電流). ② 개울, 시내(arroyo, río). Allí cruzaron una *corriente*. 그들은 그곳에서 시내를 건넜다. ③ 해류(海流). ◇ **corrientemente** 甼 보통으로, 일반으로; 유창하게.

corroborar 囘 기운을 돋우다. ◇ **corroborante** 囫 기운을 돋게 해주는. 囡 강장제.

corromper 囘 ① 썩히다, 부패시키다. El calor *corrompe* la carne. 더위는 고기를 썩힌다. ② 타락시키다. ③ 매수하다. Trataron de *corromper* al funcionario. 그들은 그 공무원을 매수하려 했다.

corrupción 囡 부패; 타락. El sacerdote predicaba contra la *corrupción* de la juventud. 사제는 청년층의 타락에 대하여 설교를 했다.

cortabolsas 囝【단·복수 동형】소매치기.
cortalápices 囝【단·복수 동형】연필깎기.
cortaplumas 囝【단·복수 동형】주머니칼, 나이프.
cortar 囘 ① 끊다; 끊어내다. *Córteme* el pelo a tijera. 내 머리를 가위로 끊어주세요. *Cortó* un trozo de queso con la navaja. 그는 식칼로 치즈를 한 조각 잘랐다. Mi traje está muy bien *cortado*. 내 옷은 재단이 대단히 좋다. ②【물·공기를】끊다·달리다·날다. ③ 중단·차단하다. Hay que *cortar* esta tos. 이 기침을 멈추어야 한다. Está *cortada* la carretera. 길은 끊어져 있다. 困 ① 끊기다. Estas tijeras no *cortan* bien. 이 가위는 잘 들지 않는다. ②【몸을 끊는 듯이】차갑다. Hace un frío que *corta*. 살을 에이듯이 춥다.

cortaúñas 囝【단·복수 동형】손톱깎이.

corte 囝 ①【칼·가위 따위의】칼날; 끊기는 맛. El *corte* de este cuchillo está sumamente agudo. 이 칼의 칼날은 대단히 예리하다. ② 재단. José aprende *corte* y confección en una academia. 호세는 재단과 바느질을 어떤 양재 학원에서 배우고 있다. ③ 절단면, 벤 상처. Se ha hecho un *corte* en la mano con un cristal. 그는 유리로 손에 부상당했다. 囡 ① 궁정(宮廷); 왕도(王都). ②【남미】법원, 재판소. Ha apelado a la *Corte* de

Apelación. 그는 대법원에 상고했다. ③ 圐(스페인의) 국회 (asamblea nacional, asamblea de diputados).

cortejar 囲 봉공(奉供)하다; 비위를 맞추다, 알랑거리다.

cortés 圐 예의 바른. El jefe fue siempre muy *cortés* con su subordinados. 부장은 언제나 부하에게 매우 예의 바르다. ◇ **cortésmente** 圕 예의 바르게, 정중하게. ◇ **cortesía** 囡 ① 예의(바름). José demostró su *cortesía* dejando pasar a la señorita. 호세는 그 젊은 여성을 먼저 가게하여 예의 바름을 보였다. ② 의례. El presidente hizo una visita de *cortesía* a México. 대통령은 멕시코에 의례방문을 했다.

corteza 囡 (수목·과실·빵 따위의) 껍질. Prefiero la *corteza* del pan. 나는 차라리 빵 껍질이 좋다. *corteza terrestre* 지각(地殼).

cortina 囡 커튼, 막. Corre las *cortinas*. 커튼을 내려라. ◇ **cortinaje** 囲 [집합적] 커튼류.

corto, ta 圐 ① 짧은(⇔ largo). Este abrigo se le ha quedado *corto* al niño. 그 어린이에게는 이 외투는 짧아졌다. Las mangas son muy *cortas*. 소매가 매우 짧다. ② 근소한. Aquí la ración es *corta*. 여기서는 한 사람 몫(의 식량)이 근소하다. ③ 소심한, 비겁한. ◇ **cortedad** 囡 짧음; 근소; 소심, 비겁. El niño sabe mucho a pesar de la *cortedad* de su edad. 그 어린이는 어린데도 사물을 잘 알고 있다.

cortocircuito 囲 단회로(短回路).

corvus 囲 [라틴어] 까마귀(cuervo).

cosa 囡 일, 물건(artículo). No es gran *cosa*. 그건 대단한 일은 아니다. Cada *cosa* en su sitio. 각각 물건은 그 장소에 (놓아야 한다). No es *cosa* de risa. 그건 웃을 일이 아니다. Eso es *cosa* suya. 그것은 그의 일이다. Las *cosas* van de mal en peor. 일이 점점 나빠져 간다. *cosa de* 대개, 약··· Estábamos *cosa de* dos meses. 그것은 약 두달 전이었다.

cosecha 囡 수확(물·기). Este año ha habido una buena *cosecha* de aceitunas. 금년에는 올리브 수확이 좋았다. Juan le prometió que pagaría para la *cosecha*. 후안은 늦어도 수확기까지는 지불한다고 그에게 약속했다. ◇ **cosechar** 囲 ① 수확하다. En agosto *cosechan* el trigo en Castilla. 카스틸랴지방에서는 8월에 밀의 수확을 한다. ② 얻다. Con ese carácter sólo *cosechará* antipatías. 그런 성격으로는 그는 반감을 살 뿐이다.

coser 囲 (의복 따위를) 꿰매다, 바느질하다, (꿰매어) 붙이다. Lola pasó todo el día *cosiendo*. 롤라는 그날 종일 바느질하고 지냈다. *máquina de coser* 재봉틀.

cosicosa 囡 수수께끼(quisicosa).

cosmético, ca 圐 화장(용)의. 囲 화장품.

cosmopolita 圐 전세계적인, 코스모폴리탄의. Buenos Aires es una ciudad *cosmopolita*. 부에노스 아이레스는 전세계 사람이 모여 있는 도시이다. 囲 세계인, 세계주의자.

cosquillas 囡圐 간지러움; 간지럼. ◇ **cosquillar** 囲 간지럽게 하다. ◇ **cosquillear** 囲 간지럽게 하다. ◇ **cosquilleo** 囲 간지럼; 간지럼질. ◇ **cosquilloso, sa** 圐 간지러운.

costa 여 ① 해안. La familia vivía en un pueblo de la *costa*. 그 가족은 해안의 마을에 살고 있었다. ② 비용; 노력, 희생. *a costa de* …의 비용·노력·희생으로. Lo ha conseguido *a costa* de la salud. 그는 건강을 희생하여 그 일을 성취했다. *a toda costa* 싫거나 좋거나, 어떤 희생을 치르더라도.

costado 남 옆구리; 옆(lado). ◇ **costal** 형 갈비뼈의, 늑골의.

costar [24 contar] 자 ① 비용이 들다. ¿Cuánto *cuestan* estas tazas? 이 찻잔은 얼마입니까? Me *costó* mucho dinero este reloj. 이 시계는 나에게는 돈이 꽤 들었다. *costar un ojo de la cara* 비용이 굉장히 많이 들다. ② 노력·희생을 요하다. Esta empresa le *costó* a Roma dos siglos de esfuerzo. 이 사업은 로마에 2세기의 노력을 요했다.

costarricense 형 꼬스따리까(Costa Rica)의 (costarriqueño). 남 꼬스따리까사람.

costarriqueño, ña 형남 =costarricense.

coste 남 비용, 원가. Facturamos los gastos de envío a precio de *coste*. 송료는 원가에서 끊습니다.

costear (…의) 비용을 부담하다, 내다. Mi tío *costea* la instrucción a un huérfano. 내 삼촌은 고아의 학비를 대주고 계신다.

costilla 여 [해부] 늑골.

costo 남 비용, 원가(precio de costo). Debido al elevado *costo* de producción se espera una alza de precios. 생산비가 올라 가격 인상이 예상된다. ◇ **costoso, sa** 형 비용이 드는, 값비싼.

costumbre 여 습관. Tengo la *costumbre* de aprender de memoria los números de teléfono. 나는 전화번호를 암기하는 습관이 있다. *de costumbre* 여느 때(의), 예(例)의. La casa estaba más silenciosa que *de costumbre*. 집은 어느때보다도 조용했다. *como de costumbre* 여느때처럼, 평소와 같이.

costura 여 봉재; 흠퀘. ◇ **costurar** 타 바느질하다, 꿰매다 (coser). ◇ **costurero, ra** 명 재봉사; 바느질 일. 남 재봉대, 재봉실.

cotejar 타 대조하다. ◇ **cotejo** 남 대조; 비교.

cotidiano, na 형 나날의, 매일의(diario). Escribir es mi trabajo *cotidiano*. (글씨를) 쓰는 일이 내 나날의 일이다.

cotizar [9 alzar] 타 ① [상업] (…에) 시세·가격을 붙이다. Los precios que les *hemos cotizado* entrarán en vigor el primero del mes entrante. 귀사에 제시한 가격은 내월 1일에 효력을 발생합니다. ② (회비·구독료를) 지급하다. ◇ **cotización** 여 공장도 가격, 시세, 가격(표).

coyuntura 여 관절; 기회.

coz 여 [복] coces) 차는 일; 욕지거리.

cráneo 남 [해부] 두개골. Se ha caído del caballo y se ha roto el *cráneo*. 그는 말에서 떨어져 두개골이 깨졌다.

crear 타 ① 창조하다, 만들다. Dios *creó* el mundo en seis días. 신은 엿새동안에 세계를 창조했다. ② (제도 따위를) 창설·창시하다. Esta sociedad fue *creada* hace veinte años. 이 협회는 20

crecer 년 전에 창설되었다. ◇ **creación** 阴 창조(물); 창설; 창작(품). la *Creación* 천지 창조. ◇ **creador, ra** 阳 창조(적)의. 阳 창조·창시·창작자. el *Creador* 창조주.

crecer [30] 자 ① 성장하다; 크게·길게 되다. ¡Cómo *han crecido* los niños desde la última vez que los vi! 앞서 만났을 때보다 어린이들이 훨씬 컸구먼! ② 붙다, 증가하다. *Crece* la intensidad del viento. 바람의 세기가 늘어나고 있다. ◇ **creciente** 阳 증대해가는. 阴 물이 붙음. ◇ **crecimiento** 阳 성장; 증대. Este chico está muy atrasado en su *crecimiento*. 이 아이는 성장이 대단히 늦어진다.

credencial 阳 믿을 만한, 신용·신임할 수 있는. 阳阴 신임장 (carta credencial).

crédito 阳 ① 신용; 신망. No doy *crédito* a nada de lo que dice ese hombre. 나는 그 사람이 말하는 것은 일체 신용하지 않는다. ② 【상업】 신용대부; 신용장(信用狀)(carta de crédito). Tengo por cobrar un *crédito* de 10,000 pesetas. 나는 1만 페세따의 신용대부를 아직 받아들이지 않았다. *abrir el crédito* 신용장을 개설하다. *comprar a crédito* 외상으로 사다. *dar crédito* 신용하다(acreditar). *vender a crédito* 외상으로 팔다.

creencia 阴 ① 확신; 신념. Tenía la *creencia* de que allí había un tesoro escondido. 나는 그곳에 보물이 숨겨져 있다는 확신을 가지고 있었다. ② 신앙, 믿음.

creer [75 leer] 타 믿다; (…라)생각하다. Lo *creo*, ya que lo dices tú. 네가 그렇게 말하는 이상 나는 그것을 믿는다. *Creo* que vendrá mañana. 그가 내일 오리라고 나는 생각한다. *Creo* que es una buena idea. 그게 좋은 생각이라고 믿는다. 자 [+en : 을] 믿다. *Creo en* mi hijo porque nunca me miente. 결코 거짓말을 하지 않으니까, 나는 아들을 믿는다. ◇ **~se** ① 믿어지다; 확신하다. *Se cree* todo lo que le dicen. 그는 남이 말하는 것을 무엇이나 믿어버린다. ② 자기가 …라고 생각하다. ¿Qué *se habrá creído* este tipo? 이 자는 자기를 무어라고 생각했던 것일까. no *creas*/ no *crea* usted. 그런 일은 없다, 천만의 말씀. *Creo* que sí. 그렇게 생각한다. *Creo* que no. 나는 그렇게 생각하지 않는다. *Ya* lo *creo*. 물론이다. *Ver es creer* 백문이 불여일견.

crema 阴 (식물·화장품·구두의) 크림. Me gusta la *crema* de chocolate. 나는 초콜릿 크림을 좋아한다.

crepúsculo 阳 (아침·밤의) 여명, 으스름; 황혼. Continuamos andando a la luz del *crepúsculo*. 우리들은 으스프레한 불빛 속을 걸어갔다. ◇ **crepuscular** 阳 으스프레한, 황혼의.

criado, da 阳 머슴, 식모. En la actualidad es difícil encontrar una criada. 현재는 식모를 구하기는 어렵다.

criar [12 enviar] 타 키우다; 사육하다. Ella tiene bastante con *criar* a sus hijos. 그녀는 애기를 키우는 것으로 충분하다. ◇ **~se** 자라다; 생기다. Los niños *se crían* sanos en el campo. 어린이는 시골에서 건강하게 자란다.

criatura 阴 ① 창조물. Todas las cosas que existen son *criaturas*

cribar 타 체로 치다, 체질하다, 거르다. ◇ **cribo** 남 체; 키; 조리.

crimen 남 범죄; 중죄 사건. Cometió un *crimen* hace veinte años. 그는 20년 전에 어떤 죄를 범했다. ◇ **criminal** 형 죄 많은. 남 죄인.

criollo, lla 형 토착의; 자국의; 국산의. 남 (아메리카 태생의)트기.

crisantemo 남 【식물】 국화나무·꽃(crisantema).

crisis [단·복수 동형] 여 ① 위기; 공황. Iba a estallar una *crisis* política. 정치적인 위기가 일어날듯 했다. No me hables de comprar nada, porque estoy en *crisis*. 장보는 것에 대해 아무 것도 나에게 말하지 말아다오; 나는 (경제적으로) 곤란하다. *crisis ministerial* 정변(政變). *crisis monetaria* 금융공황.

cristal 남 ① 결정체; 수정. ② 유리(vidrio), 렌즈. Se me han roto los *cristales* de las gafas. 내 안경 렌즈가 깨져버렸다. ◇ **cristalera** 여 유리문. ◇ **cristalería** 여 유리공장·가게; 유리 그릇; 안경류. Su novio le ha regalado una *cristalería*. 그 애인은 그녀에게 유리컵 세트를 선물했다. ◇ **cristalino, na** 형 수정의 (같은). Sólo se oía el rumor suave y *cristalino* del agua. 다만 부드러운 수정과 같은 물소리가 들릴 따름이었다.

cristalizar [9] alzar] 타 결정(結晶)시키다. ◇ ~se 결정(結晶)하다. ◇ **cristalización** 여 결정(체·물).

cristiano, na 형 예수교의, 그리스도의. Muy cerca de mi casa hay una iglesia *cristiana*. 우리집 바로 가까이에 예수교 교회가 있다. 남 예수교도, 크리스도교도, 크리스천. En su familia todos son *cristianos*. 그의 가정에서는 모두가 예수교도이다. ◇ **cristiandad** 여 예수교 세계; [집합적] 예수교도. ◇ **cristianismo** 남 예수교.

Cristo 남 그리스도.

criterio 남 ① 기준. Lo juzga todo con su propio *criterio*. 그는 자기 자신의 기준으로 만사를 판단한다. ② 견해(opinión). Mi *criterio* es que no debemos movernos de aquí. 내 생각은 여기서 움직여서는 안된다는 것이다.

crítico, ca 형 아슬아슬한, 위태로운. Llegó en el *crítico* momento en que yo salía. 내가 외출하려는 바로 그 순간에 그가 도착했다. 남 비평가, 평론가. 여 ① 비평, 비판. He leído en la revista una excelente *crítica* de esta película. 나는 이 영화에 관한 훌륭한 비평을 잡지에서 읽었다. ② 비난. El es muy orgulloso y no puede soportar la *crítica*. 그는 매우 거만하여 (타인의) 비난에 견대지 못한다. ◇ **criticar** [7] sacar] 타 비판·비평·비난하다(censurar).

crónica 여 ① 연대기, 역사. ② 신문기사. El corresponsal nos envió una *crónica* del accidente. 통신원이 그 사고의 기사를 보내왔다. ◇ **cronista** 남 역사가; 시사해설자.

croqueta 예【요리】크로켓.

crudo, da 형 ① 날것(대로)의. El prefiere la carne un poco *cruda*. 그는 약간 설 구워진 고기를 좋아한다. ② 생경(生硬)한, 노골적인. Esta película es demasiado *cruda* para que la vean los niños. 이 영화는 어린이가 보기에는 너무 노골적이다.

crudeza 예 날것임; 생생함; 생경; 조잡. Describió lo ocurrido con toda *crudeza*. 그는 사건을 적나라하게 기술했다.

cruel 형 잔혹한, 잔인한; 심한. El león no es tan *cruel* como lo creen. 사자는 생각한 만큼 잔인하지는 않다. Durante su enfermedad ha soportado *crueles* sufrimientos. 앓고 있는 동안 그는 심한 고통을 견디었다. ◇ **crueldad** 예 잔혹, 잔인성; 혹심한 일.

crujir 자 삐걱거리다. Cuando sopla el viento *crujen* las ramas de los árboles. 바람이 불면 나무 가지가 삐걱거린다. ◇ **crujido** 남 삐걱거리는 소리, 찢기는 소리. ◇ **crujiente** 남 예 삐걱거리는.

cruz 예 [복 cruces] ① 십자형. Lo marcó con una *cruz*. (그는) 그것에 십자표를 했다. ② 십자가. Jesucristo murió en la *cruz*. 예수 그리스도는 십자가에 걸려 죽었다. *Cruz Roja* 적십자.

cruzar [9] alzar] 타 (...와) 교차하다. El puente del ferrocarril *cruza* la carretera. 철교는 도로와 교차하고 있다. ② (길·강 위를) 횡단하다 (atravesar); (다리 따위를) 건너다. Ten cuidado con los coches al *cruzar* la calle. 도로를 횡단할 때는 차에 조심해라. El río está *cruzado* por varios puentes. 그 강에는 여러 개의 다리가 걸려 있다. ◇ **~se** ① 엇어 맞추다; 교차되다. Las dos carreteras *se cruzan* cerca de aquí. 그 두개의 도로는 이근처에서 교차되고 있다. ② [+con: ...과] 엇갈리다. Me crucé con él en el corredor. 나는 복도에서 그와 엇갈렸다. Nuestras cartas *se han cruzado*. 우리들의 편지는 엇갈려버렸다. ◇ **cruce** 남 횡단; 교차(점). ◇ **crucero** 남 십자가로, 네거리; 순양함.

cuaderno 남 공책; 수첩, 장부.

cuadrar 타 네모나게 하다, 각막이하다. 자 맞다, 합치다; 마음에 들다. Esos muebles no *cuadran* con esta casa. 그 가구들은 이 집에는 어울리지 않는다. Venga usted esta tarde si le *cuadra*. 만일 좋으신다면 오늘 오후에 오십시오. ◇ **cuadra** 예 (도시의) 구획; 장소; 행랑방, 마구간. ◇ **cuadrado, da** 형 ① 정사각의. El patio del colegio tiene forma *cuadrada*. 학교 교정은 정사각형이다. ② 꼭 맞은. Este traje te viene *cuadrado*. 이 옷은 너에게 꼭 맞는다. ③ 제곱한, 평방의. Este cuarto tiene cuatro metros de largo por tres de ancho, y su superficie es de doce metros *cuadrados*. 이 방은 폭이 3미터에 길이가 4미터여서, 그 표면적은 12제곱 미터이다.

cuadrilla 예 투우사의 일단; 일당; 조(組), 대(隊).

cuadro 남 ① 네모, 장방형. Ha comprado una seda de *cuadros* para hacerse un vestido. 그녀는 옷을 만드는데 체크 무늬 명주 베를 샀다. ② 액자, 그림. En la pared estaba colgado un *cuadro*. 벽에는 한 개의 액자가 걸려 있었다. ③광경, 장면. Los campos inundados ofrecían un *cuadro* doloroso. 침수된 논밭은 비참한 광경을 나타내고 있었다.

cuajar 匝 ① 굳히다; 죄다. Se *ha cuajado* la leche. 밀크가 굳어졌다. Este año, la abundancia de sol *ha cuajado* bien la fruta. 금년에는 일조(日照)시간이 많았으므로 과실이 잘 익었다. ② [+de]…투성이로 만들다. El patio de la iglesia estaba *cuajado de* gente. 교회 뜰은 사람으로 꽉 차 있었다. 困 실현하다. Los proyectos *han cuajado* en realidad. 그 계획은 실현되었다.

cual 접 …와 같이, …처럼(como). Las llamas lamían el tronco *cual* lenguas de fuego. 불꽃이 불의 혓바닥처럼 나무 둥치를 핥고 있었다. 때 [el cual · la cual · los cuales · las cuales · lo cual의 형태로 관계 대명사; 커머 또는 전치사 다음에 씀]. Busco a la criada, *la cual* tiene la llave de mi cuarto. 나는 식모를 찾고 있다; 그녀가 내 방의 열쇠를 가지고 있어. Abrí la puerta, detrás *de la cual* estaba un perro. 나는 문을 여니까, 그 뒤에 개가 있었다. *por lo cual* 그런고로 (por eso). He estado todo el día trabajando, *por lo cual* estoy muy cansado. 나는 하루 종일 줄곧 일했다; 그리하여 대단히 피로하다. *cual si*+접속법 과거. 마치 …하듯이 · 처럼. No me saludó *cual si* no me conociera. 그는 마치 나를 알지 못하는 듯이 내게 인사를 하지 않았다. *cada cual* 각자(cada uno). *Cada cual* tiene sus problemas. 각자 나름대로 문제를 가지고 있다.

cuál [匣 cuáles]떼 [의문형용사] 어떤, 어떠한. Dime *cuál* color te gusta más. 너는 어떤 색을 좋아하는지를 내게 말하라. 떼 [의문대명사] 어떤 것, 어느 곳. ¿*Cuál* de los dos coches prefieres? 너는 두 대의 차 중에서, 어느 것이 좋은가. ¿*Cuál* es el número de su teléfono? 당신의 전화번호는 몇번입니까. *cuál más, cuál menos* 정도야 다르지만 모두 각자가. *Cuál más, cuál menos*, todos han prestado ayuda. 정도야 다르지만 모두 나름대로 원조를 제공했다.

cualidad 떼 특성; 성질. Su *cualidad* más sobresaliente es la simpatía. 그의 가장 뛰어난 성질은 동정심이다.

cualquiera [匣 cualesquiera ; 다만 복수형은 거의 쓰이지 않음] 떼 [명사 앞에 붙을 때는 cualquier, cualesquier로 함] ① 어떠한 …라도. *Cualquier* hombre tiene algunos defectos. 어떤 사람이라도 약간의 결점은 있다. Un trapo *cualquiera* me sirve. 어떠한 누더기라도 내게는 쓸모가 있다. [때의 명사에 붙어서] 언젠가는. *Cualquier* día aparecerá en tu casa. 어느 날엔가 그는 너의 집에 나타날 것이다. 떼 무엇이든지, 누구든지. Puedes llevarte *cualquiera* de los dos libros. 두 권의 책 중에서 어느 것이나 가져가도 좋다.

cuán [cuánto가 형용사·부사 앞에 붙을 때의 형태] 얼마나, 어떻게. ¡*Cuán* difícil es contentar a todos! 모든 사람을 만족시킨다는 일이 얼마나 어려운 일인가! ¡*Cuán* tarde llegan! 그들은 매우 늦었군!

cuando 접 ① [때] 할 때, 그때. *Cuando* vengas a esta ciudad,

avísamelo. 이곳에 올 때는 내게 알려주십시오. Yo leía un libro, *cuando* oí una voz hacia la puerta. 나는 책을 읽고 있었다; 그때에 문 쪽에서 소리가 들렸다. ② [이유]…라 한다면, …하는 이상. *Cuando* usted lo dice, verdad será. 당신이 그렇게 말하는 이상 정말이겠지요. 注 [설명적 관계절이며 관계부사로서] 그때에는. Una noche, *cuando* hacía mucho frío, él vino a este pueblo. 어느날 밤, 그때는 매우 추웠으나, 그가 이 마을에 들어왔다. *cuando más* [*mucho*] 많다고 하더라도. *Cuando más*, tardará cinco días. 최대한도로 그가 늦어지는 것은 5일이겠지. *cuando menos* 적어도. *Cuando menos*, le habrá costado medio millón. 적어도 50만은 들었겠지. *de cuando en cuando* 때때로 (de vez en cuando, a veces, algunas veces). *aun cuando* …한다 하더라도, …할 때라도. *Aun cuando* lo supiere, no te lo diría. 설령 그것을 알고 있다 하더라도, 너에게 말하지 않겠다.

cuándo 注 [때의 의문부사] 언제. ¿*Cuándo* han llegado? 그들은 도착했나. ¿*Cuándo* se marcha usted? 언제 떠나십니까. ¿Hasta *cuándo* tengo que esperar? 나는 언제까지 기다려야 하는가. ¿Para *cuándo* estará terminada la obra? 그 일은 언제까지 끝날 것인가.

cuantía 예 ① 분량; 다량. Se desconoce la *cuantía* de las pérdidas. 손해의 정도는 모른다. ② 중요성. Es un personaje de *cuantía*. 그는 중요 인물이다.

cuanto, ta [todo의 의미의 관계사] 注 [관계형용사] …하는 모두의. Vendió *cuantos* libros tenía [*todos* los libros que tenía]. 그는 가지고 있던 책을 모두 팔았다. 예 [관계대명사] …하는 모든 것・일. *Cuantos* [*Todos* los que] están aquí son mis amigos. 여기 있는 사람은 모두 나의 친구이다. Tiene todo *cuanto* desea [*todo lo que desea*]. 그는 가지고 싶은 물건은 모두 가지고 있다. 注 [관계부사] …하는 그만큼. Trabajo (tanto) *cuanto* puedo. 나는 되도록 일한다. Podía llorar *cuanto* quisiera. 그녀는 울고 싶은 만큼 울었다. (*en*) *cuanto a* …에 관해서. *En cuanto a* mí no se moleste usted. 나의 일이라면, 상관 마십시오. *cuanto antes* 되도록 빨리. Vuelva usted *cuanto antes*. 되도록 빨리 돌아와 주십시오. *en cuanto* …하자마자(tan pronto como, así que, luego que). Partió *en cuanto* amaneció. 날이 새자마자 그는 출발했다. *por cuanto* …하는 이상. No es cierto que estuviste allí, *por cuanto* no sabes lo que ocurrió. 무슨 일이 일어났는지 모르는 이상, 네가 그곳에 있었다는 것은 확실치는 않다. *unos cuantos*+「명사」얼마간의. Tengo *unos cuantos* libros. 나는 몇 권의 책을 가지고 있다. *cuanto más* …(*tanto*) *más* [*menos*] …하면 할수록. *Cuanto más* sabe, (*tanta*) *más* modestia muestra. 그는 지식을 가지면 가질수록, 더욱더 신중함을 나타낸다.

cuánto, ta [수량・정도・시간・거리・가격의 의문사] 몇 개의, 얼마만큼의. ¿*Cuánta* gasolina necesitas? 휘발유가 얼마나 필요한가요. ¿*Cuánto* tiempo se tarda en aeroplano? 비행기로 얼마나 걸립니까. ¿*Cuántos* años tiene ella? 그녀는 몇살이뇨

요. ¡*Cuánta* gente el la calle. 거리에 사람이 많다. 때 얼마만큼의 물건·일. ¿*Cuántos* vienen a comer? 몇 사람 먹으러 오는가. ¿A *cuántos* estamos? 오늘은 몇일입니까. 閏 얼마만큼. ¿*Cuánto* se tarda a pie de aquí a la estación? 여기서 역까지 걸어서 얼마쯤 걸리는가. ¿*Cuánto* es? / ¿*Cuánto* vale? / ¿*Cuánto* cuesta? 얼마입니까. ¿*Cuánto* hay de aquí a Busán? 여기서 부산까지는 얼마나 되느냐. ¿*Cuánto* es la cuenta? 계산은 얼마요. ¡*Cuánto* trabaja! 어쩌면 그는 그렇게 일하는지! ¡*cuánto* me alegro! 나는 얼마나 기쁜지 모르겠다. ¡*Cuánto* ha cambiado usted!

cuarenta 혱 40의; 40번째의. 閏 40.

cuartel 閏 병영(兵營). Durante el servicio militar los soldados viven en el *cuartel*. 병역 중에 군인은 병영에서 생활한다. *cuartel general* 총사령부.

cuartillas 예 閏 원고. Estoy escribiendo unas *cuartillas* para el periódico. 나는 신문을 위한 원고 두세장을 쓰고 있다.

cuarto, ta 혱 4의; 4등분의. Le daré la *cuarta* parte. 당신에게 4분의 1을 드리겠습니다. Ha perdido las tres *cuartas* partes de sus bienes. 그는 재산의 4분의 3을 잃었다. 閏 ① 4분의 1; (시간의)15분. Quiero comprar un *cuarto* de tomates. 나는 토마토를 4분의 1킬로그램 사고 싶다. Son las tres y *cuarto*. 3시 15분이다. ② 방, 실(室). Es mi compañero de *cuarto*. 그는 나와 한 방 사람이다. ¿Tienen ustedes un *cuarto* para dos personas? 2인용 방 있읍니까. Mi *cuarto* da a la calle. 내 방은 길에 면해 있다. *cuarto de baño* 욕실. *cuarto de estar* 거실. *cuarto de dormir* 침실(alcoba, dormitorio). ③ 금전, 푼돈. Pedro tiene muchos *cuartos*. 뻬드로는 푼돈을 많이 가지고 있다.

cuatro 혱 4의; 4번째의. 閏 4. 예 閏 4시. 閏 Son las *cuatro*. 네시입니다.

cuatrocientos 혱 400의; 400번째의. 閏 400.

cubano, na 혱 꾸바(Cuba)의. 閏 꾸바사람.

cubeta 예 물쟁이, 바케츠; 손잡이 달린 통; 수은조(水銀槽)(청우계의).

cubierto, ta [cubrir의 과거분사] 혱 [+de : …로] 덮인. La mesa estaba *cubierta* de plovo. 책상은 먼지로 덮여 있었다. 閏 ① 덮개; 지붕(tejado). El ganado duerme bajo *cubierto*. 가축은(노천이 아니고)지붕 밑에서 잔다. ② 식기 세트(수저, 포크, 칼 따위); (한 사람 몫의)요리. Los invitados no han quedado satisfechos con el *cubierto*. 초대객은 그 요리에 만족하지 않았다. 예 덮개; 표지; 갑판(甲板). Esa *cubierta* es demasiado pequeña para la cama. 그 덮개는 침대에는 너무 작다.

cubo 閏 물통; 바케츠.

cubrecama 예 침대커버(sobre cama).

cubrir [과거분사 cubierto] 태 ① 덮다, 씌우다. Las nubes *cubren* la luna. 구름이 달을 덮는다. ② (수지가) 맞다, 보장하다. Los ingresos deben *cubrir* los gastos. 수입이 지출을 보장해야 한다. ◇ ~se ① [de·con : …으로] 덮이다. ② 몸을 싸다. El

cucaracha 예 바퀴벌레; 진드기
cuco 閉 뻐꾸기, 두견새.
cuchara 예 숟가락. Aquí sobra una *cuchara*. 여기 숟가락이 한개 남아 있다. ◆ **cucharada** 예 한 숟가락의 분량. Echeme dos *cucharadas* de azúcar. 설탕을 두 숟가락 넣어 주십시오. **cucharilla** 예/**cucharita** 예 찻수저, 티스푼. ◇ **cucharón** 閉 큰 수저, 국자, 주걱.
cucharetear 재 숟가락·국자로 젓다.
cuchillada 예 자상(刺傷), 베기, 찌르기.
cuchillo 閉 ① (식탁용의) 칼, 나이프. Aquí falta un *cuchillo*. 여기 나이프가 하나 모자라다. ② 단검(短劍).
cuelgacapas 閉【단·복수 동형】옷걸이.
cuelgaplatos 閉【단·복수 동형】(장식용) 벽걸이 접시.
cuelmo 閉 횃불(tea).
cuello 閉 ①【신체】목. Deberás cubrir el *cuello* con un pañuelo. 너는 스카프로 목을 둘러야 할 것이다. ②【의복】옷깃, 칼라. Tienes manchado el *cuello* de la camisa. 너는 와이샤쓰의 깃을 더럽히고 있다.
cuenca 예 ①【해부】 안과(眼窠), 눈구멍. ② 분지, 유역. La ciudad de Zaragoza se asienta en la *cuenca* del Ebro. 사라고사 시는 에브로강 유역에 있다.
cuenta 예 ① 계산. Sabe escribir y hacer *cuentas*. 그는 글씨도 쓸 수 있고 계산도 할 수 있다. ② 계산(서). Tráigame usted la *cuenta*. 계산서를 가져 오세요. Apúntelo en mi *cuenta*. 그것을 내 계산에 달아 놓아 주시오. ③ 책임(responsabilidad). Ese asunto lo tomo por mi *cuenta*. 그 문제는 내 책임으로 인수한다. ④ 보고; 설명, 해명. Lo hizo él solo sin darme a mí *cuenta* de nada. 그는 나에게 아무 것도 보고하지 않고 혼자서 그 일을 했다. Si me piden *cuentas* de lo que he hecho, les contestaré. 그들이 내가 한 일에 대하여 설명을 요구하면, 나는 그들에게 대답하겠다. ⑤ 고려; 의식(意識). Ten en *cuenta* que el tiempo cambia en las montañas. 산에서는 일기가 급변하는 점을 고려해라. *caer en la cuenta* 알다. Ya caigo en la *cuenta*. 이제 (문제점을) 알았다. *darse cuenta de* …을 알다·인식하다. Me di *cuenta* de mi error. 나는 내 잘못을 알았다. *tomar en cuenta* 마음에 새기다, 걱정하다.
cuentacorrentista 閉 당좌 예금자.
cuentagotas 閉【단·복수 동형】점안기(點眼器); 돋보기.
cuento 閉 말, 이야기, 단편소설, 콩트. Compré un libro de *cuentos* populares. 나는 민화에 관한 책을 샀다. *no venir a cuento* 요점에서 빗나가다. Lo que dices *no viene a cuento*. 네가 말한 것은 요점에서 빗나가 있다. *cuento infantil* 동화. *sin cuento* 무수한. ◇ **cuentista** 閉 단편작가; 뒷 말하는 사람. No te fíes de él, es un *cuentista*. 그가 하는 짓을 신용하지 마라; 빚말을 잘한다.

cuerda 여 ① 줄, 끈, 새끼. ¿Tiene usted una *cuerda* para atar este paquete? 이 보따리를 묶을 끈이 있읍니까. ② (악기·활의) 줄, 현. Tengo que cambiar una *cuerda* a la guitarra. 나는 키타의 현을 한줄 바꾸어야 하겠다. *mozo de cuerda* 짐꾼, 포오터. Quiero un *mozo de cuerda*. 짐꾼이 한 사람 필요합니다. *dar cuerda al reloj* 시계의 태엽을 감다. ¿Le ha dado usted *cuerda* al reloj? 당신의 시계 태엽을 감았읍니까.

cuerdo, da 閺 ① 본정신의. El no está *cuerdo*. 그는 본정신이 아니다. ② 진지한, 사려깊은. Es un hombre muy *cuerdo*. 그는 극히 사려깊은 사람이다.

cuerno 閺 (동물의) 뿔. No me ponga sobre los *cuernos* de la luna. 일전짜리 비행기 태우지 마세요 (달의 뿔 위에 나는 놓지 마세요).

cuero 閺 (무두질한) 가죽 [〖비교〗: piel]. 피혁(皮革). La maleta es de *cuero*. 그 여행가방은 가죽(제)이다. *en cueros vivos* 발가벗은. Se quedó *en cueros* por la quiebra. 그는 파산으로 알몸이 되어버렸다.

cuerpo 閺 ① 몸, 신체. Ayer subimos a la montaña y hoy me duele todo el *cuerpo* 어제 우리들은 산에 올라갔는데, 오늘 나는 전신이 아프다. ② 시체(cadáver). ③ 물체; 본체. Los *cuerpos* se dilatan por el calor y se contraen por el frío. 물체는 열에 의해 팽창하고, 냉각에 의해 수축한다. ④ 단체; 부대; 전원(全員). *tomar cuerpo*. 실현하다, 구체화하다. El proyecto va *tomando cuerpo*. 계획은 (점점) 실현해 간다.

cuervo 閺 〖새〗 까마귀.

cuesta 여 언덕. Esta carretera tiene muchas *cuestas*. 이 길에는 많은 언덕이 있다. *cuesta abajo [arriba]*. 언덕을 아래[위]로. Fueron corriendo *cuesta abajo*. 그들은 언덕을 달려 내려 갔다. *a cuestas* 짊어지고. Llevaba la carga *a cuestas*. 그는 짐을 짊어지고 가고 있었다.

cuestión 여 문제. No supe resolver la *cuestión* que me plantearon. 나는 제기된 문제를 해결할 수 없었다. El ayuntamiento se preocupa de la *cuestión* de los transportes. 시당국은 수송 문제에 크게 노력하고 있다. *en cuestión de* …의 문제·사전에서는. *En cuestión de* gustos no hay nada escrito. 사람은 십인십색(十人十色)이다. ◇ **cuestionable** 閺 으심스러운. Su teoría es algo *cuestionable*. 그의 학설은 약간 문제가 있다(의심스럽다). ◇ **cuestionar** 国 문제로 삼다, 토론하다. ◇ **cuestionario** 閺 (시험)문제(집).

cueva 여 동굴.

cuidado 閺 ① 걱정. *estar con cuidado* 걱정하다. Ella *está con cuidado* porque no recibe carta de su hijo. 그녀는 아들에게서 편지를 받지 않아서 걱정하고 있다. ¡No tenga usted *cuidado*! 걱정마세요. Me tiene sin *cuidado*. 나는 걱정하지 않는다. ② 조심, 주의. ¡*Cuidado*! 주의(조심)하세요. Ten *cuidado* de que no se escapen. 그들이 도망치지 못하도록 주의하세요. ¡*Cuidado* con esa piedra! 그 돌에 조심하시오! ③ 뒷바라지; 손질; 책

임. Los niños están al *cuidado* de la abuela. 어린이들은 할머니의 보살핌을 받고 있다. El *cuidado* de la piel es muy importante. 피부 손질이 중요하다. ◇ **cuidadoso, sa** 웹 ① [+con·para con : …에] 주의·조심하는, 정중한. Es muy *cuidadoso de* su buen nombre. 그는 자기 명성을 매우 걱정한다. ◇ **cuidadosamente** 튀 조심해서, 소중하게.

cuidar 태 ① (…에)조심하다·배려하다. Miraba a lo alto *cuidando* que aquellas nubes se extendieran. 그는 그 구름이 퍼지는 것이 아닐까 걱정하면서 위쪽을 보고 있었다. ② 뒷바라지·간호·손질하다. Ha venido para *cuidar* al enfermo. (그는) 병자를 간호하러 왔다. Ella tiene la casa bien *cuidada*. 그녀는 집을 깨끗이 손질하고 있다. 재 ① [+de : …에] 주의하다, 배려하다. Lola *cuida* mucho *de* su arreglo personal. 롤라는 몸치장에 무척 마음을 쓴다. ② [+de : …의] 뒷바라지·간호·손질하다. ③ (명령 ; +con : …에) 주의·조심하다. *Cuida* con esa clase de amigos. 그 따위 친구에게는 주의해라. ④ [+de+que+「접속법」: …하도록]주의하다. *Cuidaré de que* todo *vaya* bien. 만사가 잘 되도록 주의하겠다. ◇ **~se** ① (자기의) 신체·건강에 주의하다. *Cuídate* bien y mucho. 건강에 주의해라. ② [+de : …를] 걱정하다. *Cuídate de* tus asuntos. 네 일이나 걱정해라. No *se cuida de* lo que dirán. 그는 사람들이 무어라 말하더라도 아랑곳하지 않는다.

culebra 예 [동물] 뱀(serpiente).

culpa 예 죄; 책임, 탓. ¿Quién tiene la *culpa*? 그것은 누구의 잘못입니까. Es *culpa* mía. 제 잘못입니다. Yo no tengo la *culpa*. 제 잘못이 아닙니다. Nadie tiene la *culpa* de lo ocurrido. 아무에게도 사건의 책임은 없다. Tendré toda la *culpa*. 내가 모든 책임을 지겠소. *echar la culpa a* …에게 책임을 지우다. Le *echaron* la *culpa* del fracaso. 사람들은 실패의 책임을 그에게 지웠다. ◇ **culpable** 형 죄가 있는. El jurado le declaró *culpable*. 배심원회는 그를 유죄라 선언했다. 명 죄인. ◇ **culpar** 태 나무라다, 죄를 전가하다.

cultivar 태 ① (밭을) 갈다(arar); 개척하다. Es difícil *cultivar* una tierra tan estéril. 이런 불모의 땅을 가는 것은 곤란하다. ② 재배하다. En Canadá se *cultiva* mucho el trigo. 카나다에서는 밀이 많이 재배된다. La caña de azúcar se *cultiva* en los países tropicales. 사탕수수는 열대국가에서 재배된다. ③ (지능·소질을) 늘리다 ; 양성·개발하다 ; (학문·예술을) 연구하다(estudiar). Desde niño *ha cultivado* las ciencias naturales. 그는 소년시대부터 자연과학을 연구해 왔다. ◇ **cultivado, da** 형 교양이 있는. ◇ **cultivo** 명 경작, 재배 ; 개발, 연구. Aquí se dedican al *cultivo* del arroz. 이곳에서는 사람들이 벼재배에 종사하고 있다.

culto, ta 형 교양이 있는. Es un hombre *culto*. 그는 교양있는 사람이다. Este profesor es la persona más *culta* que he conocido. 이 교수는 내가 알고 있는 사람 중에서 가장 교양있는 사람이다. 명 ① 신앙. En las religiones primitivas es frecuente el *culto* a

cultura 여 ① 문화. Es admirable el grado de *cultura* a que llegaron los griegos. 희랍사람이 도달했던 문화의 정도는 감탄할만 하다. ② 교양. Es un deportista de gran *cultura*. 그는 교양이 높은 스포츠맨이다. ◇ **cultural** 형 문화적인; 교양의.

cumbre 여 ① 산꼭대기, 봉우리(cima). Una terrible tormenta les impidió llegar a la *cumbre*. 격심한 폭풍은 그들이 산꼭대기에 닿는 것을 방해했다. ② 정상(cima). 정점(頂点), 절정. Murió sin alcanzar la *cumbre* de la fama. 그는 명성의 절정에 닿기 전에 죽었다.

cumpleaños 【단·복수동형】 남 탄생일, 생일. Hoy es mi *cumpleaños*. 오늘은 나의 생일이다.

cumplido, da 형 ① 완전한. Consiguió una victoria *cumplida* en la batalla. 그는 그 싸움에서 완승을 했다. ② 예의바른(cortés). Es un hombre muy *cumplido*. 그는 대단히 예의 바른 사람이다. 남 예의(cortesía), 예법. No me tratéis con tantos *cumplidos*. 나에게 그렇게 딱딱하게 대하지 말게.

cumplir 타 ① (의무·약속·명령 따위를) 다하다, 실행·이행하다. Siempre *cumplirá* su promesa. 그는 항상 약속을 지킬 것이다. ② 만... 살이 되다(tener...años cumplidos). Mañana voy a *cumplir* veinte (años). 내일 나는 만 20살이 된다. Al *cumplir* los veinte y un años será mayor de edad. 그는 만 21살이 되면 성인이 될 것이다. 자 남 [+con: …을] 다하다. *Cumple con* tus deberes. 네 의무를 다하라 ② 만기(期限)이 되다. Mañana *cumple* el plazo de presentación de instancias. 원서 제출 기한이 내일로 끝난다. El plazo se *ha cumplido*. 기한이 끝났다. ◇ **~se** ① 실현하다. Se *han cumplido* exactamente tus predicciones. 너의 예언이 그대로 실현됐다. ②...년이 되다. Hoy se *cumplen* cien años del nacimiento de Cervantes. 오늘로 세르반메스 탄생 100년이 된다. ◇ **cumplimiento** 남 ① 실행, 이행; 완수; 완성. Sus planes han visto un feliz *cumplimiento*. 그의 계획은 다행스럽게도 완성을 하였다. ② 예법. Conmigo no andes con *cumplimientos*. 나에게 너무 예법을 차리지 말고 대해주게.

cúmulo 남 쌓아올림; 많음. Para mi nuevo libro he reunido ya un *cúmulo* de datos. 나는 이번 책을 위해 이미 산 만큼이나 자료를 모았다.

cuna 여 ① 요람. El niño dormía en la *cuna*. 젖먹이는 요람 속에서 자고 있었다. ② 출생지, 발생지. La India es la *cuna* del budismo. 인도는 불교의 발상지이다.

cuña 여 쐐기.

cuñado, da 명 처남, 매부, 시숙; 형수, 계수, 동서, 시누이, 올케, 처형, 처제.

cuota 여 ① 분담금, 분납금. La *cuota* del viaje asciende a 200 pesetas. 여행 분담액은 200뻬쎄따에 이른다. ② 회비. *cuota* mensual de treinta pesetas. 월액 30뻬쎄따의 회비.

cúpula 여 둥근 지붕.

cura 여 치료(법). Esta enfermedad no tiene *cura*. 이 병은 손을 쓸 수가 (치료법이) 없다. 남 주임 사제. Los casó el *cura*. 사제가 그들을 결혼시켰다. En este pueblo hay iglesia, pero no hay *cura*. 이 마을에는 교회는 있지만 사제가 없다. *cura de urgencia* 응급치료.

curar 타 ① 치료하다. Estas pastillas *curan* la fiebre. 이 정제는 그 열병을 고친다. Le *curan* la herida dos veces al día. 그는 하루 두번 상처의 치료를 받는다. ② 가공하다. En este pueblo *curan* el pescado exponiéndolo al aire. 이 마을에서는 생선을 바람을 쐬어서 건어물로 만든다. ③ (가죽을) 다루다. 재(병·상처·병자가) 낫다, 치유되다. Debes tener esperanza de que *curarás*. 너는 낫는다는 희망을 가져야 한다. ◇ **curable** 형 치료할 수 있는. ◇ **curación** 여 치료; 완쾌; 【멕시코】 해장술.

curioso, sa 형 ① 알고 싶어 하는, 호기심이 강한. Desde pequeño estuvo dotado de un espíritu *curioso* e inquieto. 그는 어렸을 때부터 알려고 하여 들뜬 정신을 가지고 있었다. ② 기묘한. Es un fenómeno muy *curioso*. 그것은 매우 기묘한 현상이다. ◇ **curiosamente** 부 진기한 듯이; 기묘하게. Este reloj es *curiosamente* parecido al que ve perdí. 이 시계는 내가 잃은 시계와 기묘하게 닮아 있다. ◇ **curiosear** 호기심을 일으키다. ◇ **curiosidad** 여 ① 지식욕(知識慾). La *curiosidad* de ese escritor se extiende a todos los campos del saber. 그 작가의 지식욕은 모든 분야의 지식에 확대되어 있다. ② 호기심. Está muerto de *curiosidad* por conocer a mi novio. 그는 나의 애인을 알려고 호기심에 불타고 있다. ③ 골동품. En esta calle se venden muchas *curiosidades*. 이 거리에는 골동품을 많이 팔고 있다.

curso 남 ① 흐름, 진로. Seguimos el *curso* del río. 우리들은 냇물을 따라갔다. ② 과정, 경과. He estado enfermo dos veces en el *curso* de un mes. 나는 1개월 사이에 두 차례나 병에 걸렸다. ③ 학과; 학년(grado). José estudia segundo *curso* de filosofía y letras. 호세는 철학 문학과의 2년생이다. ◇ **cursillo** 남 단기 강좌; 강습회.

curtir 타 ① (피혁을) 다루다. Ya los primitivos pobladores *curtían* las pieles de los animales. 이미 원시인들은 동물의 가죽을 다루고 있었다. ② (해·해풍이 피부를) 태우다. Este año he *curtido* bien la piel en la playa. 금년에는 나는 바닷가에서 피부를 잘 태웠다. ◇ **curtidor** 남 무두질하는 사람. ◇ **curtidura** 여 무두질. ◇ **curtiduría** 여 피혁공장(tenería).

curva 여 곡선; 커브. Las *curvas* de su cuerpo son muy suaves. 그녀의 몸의 곡선은 매우 부드럽다. El accidente ocurrió en una *curva* de la carretera. 사고는 도로의 커브에서 일어났다. ◇ **curvar** 타 휘다, 구부리다. ◇ **curvo, va** 형 굽어진.

cúspide 여 정상(頂上)(cumbre); 정점(vértice).

custodia 여 보관, 관리; 경호. ◇ **custodiar** 타 보관·관리하다; 경호하다, 감시하다(guardar, vigilar).

cutis 남 또는 여 【단·복수 동형】 (얼굴의) 피부; 안면.

cuyo, ya 웹 [관계 소유형용사; 선행사인 명사·대명사를 받아서] 그리고 그것의, 그의·그녀의·당신의·그들의·그녀들의·당신들의. Compré flores a la chica, *cuyo* padre estaba enfermo. 나는 그 소녀에게서 꽃을 샀는데 그녀의 부친은 병중이었다. Ha tomado una decisión *cuyo* motivo no quiere hablarme. 그는 어떤 결심을 했는데 그 동기에 대해 그는 나에게 말하려 하지 않는다.

cuzco, ca 웹 곱사등이의; 주착스런.
cuzma 예 (토인이 입는) 조끼.
cuzo, za 예 강아지.
c/v correo vuelto; cuenta de venta.
c/vta cuenta de venta.
czar 예 러시아의 황제(zar), ◇**czariano, na** 웹 러시아 황제의 (zariano). ◇**czarina** 예 러시아의 황후(zarina).
czarevitz 예 러시아의 황태자(zarevitz).

CH

ch/cheque.

cha 남 〖복 chaes〗【중남미】【필리핀】차 (té).

chabacano, ca 형 천한, 상스러운; 닿지 않는, 구질구질한. 남 【식물】【멕시코】살구의 일종.

chacal 남 【동물】자칼.

chaco 남 군모의 일종(깃털).

chacota 여 신바람이 나서 지꺼림; 우롱. *hacer chacota de* …을 조롱하다, 놀려주다, 조롱하다. ◇ **chacotear** 자 약올리다, 놀려주다, 골려 주다. ◇ **chacoteo** 남 약올리기, 골려주기. ◇ **chacotero, ra** 형 익살스런. 남 익살꾼.

chacina 여 소금에 절인 고기.

chacra 여 농장, 농원, 밭.

chaflanar 타 경사를 이루다, 기울다, 사각을 만들다.

chaira 여 가죽자르는 칼; 식탁용칼; (칼을 가는) 쇠숫돌.

chajá 남 【새】섭금류의 새의 종류 (아르헨띠나 산의 다리가 긴 새).

chajuán 남 【콜롬비아】무더운 날씨, 찌는듯 더운 일기, 더워서 숨막히는 날씨.

chal 남 어깨걸이, 쇼울, 목도리. Lola se ha comprado un *chal* de lana preciosa. 롤라는 아름다운 털실 쇼울을 샀다.

chala 여 옥수수 껍질, 곡물의 껍데기.

chalado, da 형 우둔한, 바보의, 멍청한; 반한, 매혹된, 홀린.

chalán, na 명 소리치며 파는, 팔려 돌아다니는; 우마매매의, 말장사의. 형 소리치며 파는 사람, 도붓장수, 행상인; 소나 말장인. 남 말 길들이는 사람.

chalanear 타 솜씨있게 사고 팔다, 재빨리 매매하다; (말을) 매매하다; 【페루】말을 길들이다, 훈련시키다, 조마하다.

chalaneo 남 빠른 매매(행위); 소규모 행상하기, 소리치며 파는 소규모의 장사; 【페루】조마, 말을 길들임.

chalar 타 얼빠지게 만들다(alelar); 반하게 하다; 발광시키다. ◇ **~se** 매혹되다, 홀리다, (계집 따위에) 미치다, 얼빠지다.

chaleco 남 조끼.

chalé/**chalet** 남 별장, 산장; 오두막집; 농가(풍의 집).

chalupa 여 범선(帆船)의 일종.

chambón, na 형 서툰, 어설픈.

chambonada 여 큰 실수, 큰 실책.

champaña 남 샴페인. Al principio brindaremos con *champaña*. 우선 샴페인으로 건배하자.

champú 남 샴푸.

chancear 자 익살부리다.

chanclo 남〖복〗고무 덧신, 샌들.

chancho 圕 【남미】 돼지 (cerdo, puerco).

chantaje 圕 등치기, 공갈, 협박, 갈취. ◇ **chantajista** 圕 공갈자, 갈취자.

chanza 圕 농담, 익살.

chapa 囡 ① 엷은 판자; 합판. Esta caja está revestida con *chapas* de metal. 이 상자는 엷은 금속 판자로 겉을 바르고 있다. ② 금속판. Este automóvil está fabricado con *chapas* de acero muy resistentes. 이 자동차는 대단히 견고한 철판으로 만들어져 있다.

chapurr(e)ar 囮 (외국어를) 요령있게 말하다. No habla bien español, sólo lo *chapurrea*. 그는 서반아어는 서투른데 다만 요령있게 말할 뿐이다. 囸 요령있게 말하다, 뒤죽박죽하게 말하다.

chaqueta 囡 (양복의) 웃옷, 저고리. Esa *chaqueta* gris te va muy bien. 그 쥐색 웃옷은 너에게 잘 어울린다.

charada 囡 문자 놀이.

charco 閉 물웅덩이.

charlar 囸 지껄이다, 잡담하다. Nos hemos pasado dos horas *charlando*. 우리들은 잡담을 하면서 두시간을 지내버렸다. ◇ **charla** 囡 지껄임, 잡담; (문학의) 강연. En la oficina siempre estamos de *charla*. 우리들은 사무소에서 언제나 잡담을 한다. El profesor nos dará una *charla* sobre Lope de Vega. 교수는 우리들에게 「로뻬 데 베가」에 관하여 강연을 할 것이다.

charlatán, na 囲 말 많은. Pedro es la persona más *charlatana* que yo me he encontrado. 베드로는 내가 이제까지 만난 중에서 가장 말많은 사람이다. 閉 ① 말많은 사람. ② 야바위꾼. Este *charlatán* genial, instalado en la Plaza Mayor, vendía la manteca de la serpiente. 이 기발한 야바위꾼은 대광장에 가게를 내고, 뱀의 기름을 팔고 있었다.

chasco, ca 囲 곱슬곱슬한, 고수머리의. 閉 실망; 농담; 비꼼.

chasis 閉 【단·복수 동형】 (자동차·마차 따위의) 차대; (비행기의) 각부(脚部).

chato, ta 囲 ① 평평한. La torre de esa iglesia es *chata*. 그 교회의 탑(의 꼭대기)은 평평하다. ② 코가 낮은. Los indios tiene con frecuencia la nariz *chata*. 인디오는 대개 코가 낮다. 閉 (음주용의) 작은 컵. Vamos a tomar unos *chatos*. 술을 몇 잔 마시러 가자.

chelín 閉 【화폐】 실링.

cheque 閉 【상업】 수표. El *cheque* que nos anuncia en su carta no ha llegado aún a nuestro poder. 편지로 알려 주신 수표는 아직 이쪽에 도착하지 않았읍니다. *cheques* de viajero 여행자 수표.

chicle 閉 치클 고무(껌의 원료, 중남미산); 츄잉껌.

chico, ca 閉 소년, 소녀; 어린이(niño). Vi los *chicos* jugando en la calle. 나는 어린이들이 거리에서 놀고 있는 것을 보았다. Es un *chico* muy obediente. 그는 말을 매우 잘 듣는 아이다. Es una *chica* encantadora. 그녀는 매력적인 소녀이다. 囲 작은

(pequeño). Este sombrero es *chico* para ti. 이 모자는 너한테는 작다.

chicharón 남 기름에 튀긴 베이컨이나 비계.

chichón 남 혹(머리의).

chiflar 자 휘파람을 불다, 호루라기를 불다. 타 비웃다, 욕설을 퍼붓다. ◇ **chifla** 여 휘파람, 호루라기; 조소. ◇ **chifladera** 여 호루라기. ◇ **chiflado, da** 조소받은.

chileno, na 형 칠레(Chile)의 (chileño). 명 칠레 사람.

chileño, ña 형|명 =chileno.

chillar 자 ① 고함치다, 꽥꽥거리다. No *chilles* al niño, que se asusta. 어린이에게 고함치지 마시오; 놀랍니다. ② 삐걱거리다. El viento *chillaba* al atravesar la abertura de la puerta. 바람이 문틈을 지날 때 윙윙 소리내다. ◇ **chillido** 남 높은 소리; 삐걱거림, 날카로운 소리. ◇ **chillón, na** 형 꽥꽥거리는. Este niño tiene la voz muy *chillona*. 이 어린이는 매우 높은 소리를 내고 있다.

chimenea 여 ① 굴뚝. Papá fuma como una *chimenea*. 아빠는 지독하게 담배를 피우신다. ② 화로, 난로(estufa), 벽로. Está leyendo un libro junto a la *chimenea*. 그는 난로 옆에서 책을 읽고 있다.

chinche 여 빈대; 압핀, 압정(chincheta).

chincheta 여 =chinche.

chinela 여 슬리퍼.

chino, na 형 중국(la China)의. 명 중국사람. 남 중국말.

chiquero 남 돼지우리, 외양간. ◇ **chiquerear** 타 (가축을) 우리에 넣다.

chiquillo, lla [chico의 축소형] 작은. 명 어린이; 소년, 소녀. Estos *chiquillos* no me dejan trabajar. 이 어린이들이 나를 일하지 못하게 한다. ◇ **chiquillada** 여 어린애 같은 일, 유치한 일.

chiquito, ta 형 [chico의 축소형] 작고 귀여운. 명 작고 귀여운 어린애.

chisme 남 객담; 험담. ◇ **chismear** 타자 객담·험담을 하다.

chismoso, sa 형 남의 말을 하기 좋아하는. 명 고자질쟁이.

chispa 여 불꽃, 불똥. echar *chispas* por los ojos 잔뜩 화를 내다.

chist 감 조용히! 쉿!

chiste 남 ① 농담. Nos contó un *chiste* muy gracioso. 그는 우리들에게 매우 재미있는 농담을 했다. ② 조롱. No lo tomes en serio; sólo estaba haciendo *chiste*. 그것을 진지하게 듣지 마라; 다만 그는 조롱하고 있었을 따름이다. ◇ **chistar** 자 중얼거리다, 투덜거리다; 입을 열다. Ni siquiera *chistó*. 그는 입을 열지 않았다.

chivo 남 새끼 산양. barbas de *chivo* 염소 수염.

chocar [7 sacar] 자 ① [+ con: ···과] 부딪히다. Con el carácter que tiene, *choca* con todo el mundo. 그는 그 성격 때문에, 아무하고나 충돌한다. ② 기이하게 느껴지다. Me *choca* un poco esa expresión. 그 표현은 나에게는 약간 기이하게 느껴진다.

choclo 남 옥수수속.

chocolate 남 ① 초콜렛(차). A los niños les gusta el *chocolate*. 어린이는 초콜렛을 좋아한다. ② 코코아. Tomé una taza de *chocolate*. 나는 코코아를 한 잔 마셨다. ◇ **chocolatería** 여 초콜렛 상점; 코코아 홀. Te voy a esperar en la *chocolatería* de siempre. 나는 언제나 코코아홀에서 너를 기다리겠다.

chocolatero, ra 형 초콜렛 만드는 (사람).

chochear 자 노망들다 늙어빠지다; 사랑에 빠지다. ◇ **chochera/chochez** 여 망령, 노령. ◇ **chocho, cha** 형 늙은, 노쇠한, 사랑에 빠진.

chófer/chofer 남 자동차 운전사. El es muy rico; tiene coche con *chófer*. 그는 대단한 부자여서, (전속)운전사가 딸린 차를 가지고 있다.

chofeta 여 식탁용 풍로.

chola 여 【속어】 구타; 머리꼭지.

cholo, la 남여 개화한 (토인); 【칠레】 비겁한. 남 백인과 토인의 혼혈아.

cholla 여 【중남미】 머리꼭지; 냉정; 지혜.

chonta 여 【식물】 (중남미산의) 종려나무의 일종.

chontal 형남 chontal 족(중미의 포악한 종족)의; 포악한 사람.

chopo 남 【식물】 검은 버들(álamo negro).

choque 남 ① 충돌. El exceso de velocidad fue la causa del *choque*. 속도를 너무 낸 것이 충돌의 원인이었다. ② 충격. Aún no se ha recobrado del *choque* que recibió con la muerte de su hijo. 그녀는 아들의 죽음으로 받은 충격으로부터 아직 회복되지 않았다.

choquezuela 여 종지뼈(rótula).

choricería 여 소시지 공장.

choricero, ra 남여 소시지 만드는 사람·상인.

chorizo 남 소시지의 일종; 【남미】 벽토; 【꾸바】 혼혈아.

chorrear 자 흘러 나오다, 떨어지다; 줄줄 흐르다; 뚝뚝 떨어지다. 타 【꾸바】 나무라다; 【아르헨띠나】 훔치다.

chorreo 남 흘러나옴, 유출.

chorrera 여 물길; 물이 흘러가던 자국.

chorrillo 남 어둠침침함, 몽롱함.

chorro 남 분출. *avión a chorro* 제트기.

choza 여 오두막. Divisamos una *choza* a lo lejos. 우리들은 멀리 오두막이 한 채 있음을 발견했다.

chubasco 남 소나기 (chaparrón). *chubasco de nieve* 눈보라.

chuchería 여 자질구레한 장신구; 겉만 번지르한 물건; 하찮은 일.

chucho, cha 명 개 (perro). 남 【꾸바】 바늘; (전동의) 스위치; 【칠레】 감옥; 【에꾸아도르】【멕시코】 젖, 가슴; 【아르헨띠나】 위험.

chueco, ca 형 굽은.

chufa 여 조롱, 골려주기.

chufleta 남 농담; 익살; 신소리.

chulada 여 익살맞은 말 또는 행동, 야비한 언사.

chulear 타 웃기다, 농담하다, 비웃다, 욕하다, 모략하다.

chulería 여 웃기는 말이나 행동.
chuleta 여【요리】(소·양 등의) 얇게 저민 고기, 카틀레트.
chulo, la 재담 잘 하는, 익살부리는. 남여 익살꾼, 광대, 농담하는 사람.
chumacera 여 (배의) 옆에 쐬워놓은 헝겊.
chumbera 여【식물】무화과.
chumbo, ba 형 사보텐의.
chunga 여 농담, 익살, 희롱; 품질이 좋은 가죽.
chunguearse 재 비웃다, 농담으로 말하다.
chupado, da 형 파리한, 야윈, 쇠약한, 마른.
chupar 타 빨다, 흡수하다. ◇ **chupada** 여 마시는·빠는 일. ◇ **chupadero, ra** 형 빨기 좋은·쉬운. 남 빨기, 핥기. ◇ **chupador, ra** 형 빠는. 남 빠는 사람. ◇ **chupadura** 여 빠는 일; 빨아 마심.
chupatintas 남【단·복수 동형】하급사무원.
chupe 남 중미 요리의 이름(고기·어류·우유·설탕 등을 혼합해서 만든 것).
chupetear 타 조금씩 자주 빨다.
chupetón 남 한번에 많은 양을 흡수하는 행위.
chupino 형 불완전한, 미완성의.
chupón 남 쓸데없는 작은 가지; 젖꼭지; 기운대로 빨아 댐.
chupótero 남 기생(해서 살아감).
churrasco 남 석탄 위에다 끓인 고기의 조각.
churre 남 두껍고 더러운 유지.
churrete 남 오점, 얼룩.
churriento, ta 형 창의, 창날의; 가난뱅이, 일정한 주소없이 떠도는 사람.
churro 남 (양의) 거칠은 털.
churruscar 타 빵을 살짝 굽다.
churrusco 남 너무 많이 구운 빵.
churumbel 남 어린아이.
chusco, ca 형 익살맞은, 우스운, 즐거운, 유쾌한. 남【페루】신발. 여 매춘부.
chusma 여【중남미】군집; 목도, 천민; 토인의 노인·여자·어린 아이 무리.
chuzar 타 상처내다, 구멍을 뚫다.
chuzo 남 창, 긴창; 자상.

D

D. don.

D.ᵃ doña.

dactilógrafo, fa 타자수, 타이피스트(mecanógrafo). ◇ **dactilografía** 여 타이프라이팅. ◇ **dactilográfico, ca** 형 타이프라이터의.

dádiva 여 선물(regalo). ◇ **dadivar** 타 선물을 하다(regalar, obsequiar).

dadivoso, sa 형 인심이 좋은, 관대한(generoso). ◇ **dadivosidad** 여 선심.

dado 남 주사위.

daga 여 비수(匕首).

dalia 여 【식물】 다알리아.

daltonismo 남 【의학】 색맹. ◇ **daltoniano, na** 형 색맹의. 남 색맹.

dama 여 (귀)부인. Aquella entrada es para las *damas*. 저 출입문은 부인용이다. *dama de los pensamientos* [don Quijote 의 고사에서] 의중(意中)의 여인, 애인.

dandi 멋장이. ◇ **dandismo** 남 멋부리기; 멋장이들.

danza 여 춤(baile). Hay *danzas* regionales en la plaza mayor. 대광장에서 독특한 지방 무용이 있다. ◇ **danzar** [9] alzar] 자 춤추다(bailar). 타 춤추게 하다. ◇ **danzado** 남 춤, 춤추는 사람. ◇ **danzador, ra** 형 춤을 추는. 남 춤추는 사람. ◇ **danzante, ta** 무용가. ◇ **danzarín, na** 무용가.

danzón 남 단손(꾸바의 춤).

dañar 타 해치다, 상처를 주다. Sus palabras me *dañaron* mucho. 그의 말은 나를 매우 속상하게 했다.

dañinear 타 해치다, 상처를 주다(dañar).

daño 남 해, 손해, 손상. El granizo hace mucho *daño* a los campos. 우박은 논밭에 큰 손해를 준다. ¿Te has hecho *daño*? 너 다쳤니. ¿Le ha hecho *daño* la comida? 음식이 당신한테 맞지 않읍니까? El tabaco es muy *dañino* para la salud. 담배는 몸에 매우 해롭다. ◇ **dañoso, sa** 형 해로운. ◇ **dañosamente** 부 해롭게.

dar [52] 타 ① 주다. Te *doy* este reloj. 너에게 이 시계를 준다. Me lo ha *dado* mi tío. 숙부께서 나에게 그것을 주었다. *Dénos* algo de comer. 우리에게 먹을 것을 주십시오. *Déme* un poco de pan. 빵 좀 주세요. ¿En cuánto me lo *da* usted? 얼마에 그것을 파시겠읍니까 (얼마에 나에게 그것을 주시겠읍니까). ② 건네다. *Déme* esa revista. 그 잡지를 나에게 건네 주십시오. ③ 생기다, 여물게 하다, 낳다. Los olivos *dan* aceitunas. 올리브나무는 올리브열매를 열게 한다. ④ (시계·종 따위가 때를) 알리다. El reloj ha *dado* las tres. 시계가 세시를 쳤다. 자 ① (시

제가) 울다·치다. Acaban de *dar* las tres. 방금 3시를 쳤다. ② [+con : …과] 부딪히다; 발견되다. No *doy* con la palabra adecuada. 적당한 말이 발견되지 않는다. ◇~*se* (일이) 일어나다, 있다. *Se da* pocas veces un caso como éste. 이런 경우는 매우 드물다. *dar un paseo* 산책하다. *dar memorias/dar recuerdos* 안부를 전하다. *dar a conocer* 알리다. *dar a entender* 이해시키다. *dar palmadas* 손뼉을 치다. *dar de comer* 먹을 것을 주다. *dar prestado* 빌리다. *dar buenos días* 인사하다. *dar a la calle* 거리에 면하다. *dar a luz* 낳다. *dar la mano* 악수하다. *darse prisa* 서두르다. *Date prisa*. 서둘러라. *darse cuenta de…* …을 인식하다.

data 예 날짜(fecha); 【부기】 대변(貸邊). ◇ **datar** 태 날짜를 적어 넣다(fechar). 困 [+de : …부터] 비롯되다. Nuestra amistad *data del año antepasado*. 우리 우정은 재작년부터이다.

dátil 图【식물】대추야자.

dato 田 자료; 정보. Encontré nuevos *datos* sobre la vida del poeta. 나는 그 시인의 생애에 관한 새로운 자료를 발견했다.

de [de+정관사 el일때 del로 됨]전 ① [소유·귀속]…의, …가 …을 가진. ¿*De* quién es este libro? 이 책은 누구의 것입니까. La casa antes era *de* mi tío. 그 집은 전에는 나의 숙부의 것이었다. Es la niña *de* los ojos negros. 그녀는 검정눈을 가진 소녀이다. ②[재료] …의, …제의. Esta mesa no es *de* madera sino *de* plástico. 이 탁자는 목제가 아니고 플라스틱 제품이다. ③[기원·기점·출처·출신]…로 부터, …에서, …출신의. Vengo andando *de* mi casa. 나는 집에서 걸어왔다. Soy *de* Málaga, y tú, ¿*de* dónde eres? 나는 말라가출신인데, 너는 어디냐. ④[내용]…의. Quiero tomar una taza *de* café. 나는 커피를 한 잔 마시고 싶다. ⑤[화제]…에 관하여. Hablábamos *de* usted. 우리들은 당신 이야기를 하고 있었다. ⑥[동격]…라 하는, …의. Visité la ciudad *de* Caracas. 나는 까라까스시를 갔다. ⑦[부류·성질]…의. Mi abuelo era un hombre *de* hierro. 나의 조부는 무쇠와 같은 사람이었다. ⑧[부위·부분]…을, …의 속으로 부터. El cerdo come *de* todo. 돼지는 무엇이든지 먹는다. ⑨[원인·이유]…로·…로부터·때문에. Su hijo murió *de* hambre. 그의 아들은 굶어 죽었다. ⑩[작위자]…에 의하여, …로 부터. Mi tía era amada *de* todos. 내 숙모는 모든 사람들로 부터 사랑받고 있었다. ⑪[목적]…(을)위한·위하여, …해야 할. Ya es la hora *de* estudiar. 이제 공부할 시간이다. *un reloj de oro* 금시계. *un vaso de agua* 물 한 잔. *una copa de vino* 포도주 한잔. *una taza de café* 커피 한 잔. *tres pies de largo* 길이 3피이트. *máquina de coser* 재봉틀. *hora de comer* 식사시간. *de pie* 서서. *de puntillas* 발끝으로, 발소리를 죽이고. *de prisa* 급히. *de buena gana* 기꺼이. *de hoy en adelante* 금후. *de día* 낮에, 주간에. *de noche* 밤에, 야간에. *De nada*. 천만에요(gracias에 대한 답).

dé ① 주십시오. ② dar의 접속법 현재·1·3인칭 단수.

debajo 閉 [+de : …의] 밑에, 밑으로부터. Dame el libro que

está *debajo*. 그 밑에 있는 책을 집어 주게. El barco pasa por *debajo de*l puente. 배는 다리밑을 통과한다. *Debajo de* los papeles estaba la carta. 서류밑에 편지가 있었다.

debatir 핸 ① 토론하다. Hoy se *debatirá* el asunto en el congreso. 오늘 그 안건은 회의에서 토론될 것이다. ② 싸우다. Los dos países *debatieron* entre sí la posesión de la isla. 두 나라는 서로 그 섬의 영유를 다투었다. ◇ **debate** 명 토론, 논쟁.

deber 핸 ① (의무·부채·은의(恩誼)를) 지다. ¿Cuánto le *debo* a usted? 얼마 드리면 됩니까(나는 당신에게 얼마나 빚지고 있읍니까)? No me *debe* usted nada. 당신은 나에게 빚지지 않았읍니다. Le *debo* trescientas pesetas. 나는 당신에게 300뻬세따의 빚이 있다. ② (…의) 덕택이다. A José le *debo* la vida. 나는 호세 덕택으로 살고 있다. ③ [+동사원형] …해야 한다 (tener que+동사원형). *Debemos* obedecer las leyes. 우리들은 법률에 따라야 한다. *Debe* usted aprovechar esta ocasión. 당신은 그 기회를 이용해야 한다. 재 [+de+동사원형: …하게] 될 것이다, …임에 틀림없다. *Debe de* haber recibido mi carta ya. 그는 이미 내 편지를 받었음에 틀림없다. El avión *debe de* llegar alrededor de las nueve. 비행기는 9시 전후해서 도착할 것이다. 명 의무; 부채. Siempre cumple con su *deber*. 그는 항상 자기의 의무를 다한다. Cumple tus *deberes* de alumno. 너는 학생으로서의 의무를 다해라. 명 숙제.

debido, da 형 그럴싸한, 정당한. Le rogamos su *debida* atención. 우리 측은 귀사의 정당한 배려를 바라고 있읍니다. *debido a* …에 의하여, …때문에. *Debido a* la lluvia no pudo venir ayer. 비 때문에 그는 어제 올 수 없었다. No pude salir *debido a* un asunto inevitable. 부득이한 용무 때문에 나는 나갈 수 없었다. ◇ **debidamente** 부 그럴싸하게, 정당하게; 규정·예정대로.

débil 형 ① 약한(⇔ fuerte); 미약한. A esta hora es más *débil* la corriente eléctrica. 이 시간은 전류가 가장 약하다. ② 몸이 약한, 마음이 약한. José es muy *débil* con su esposa. 호세는 자기 아내에 대하여 소극적이다. ◇ **debilidad** 예 ① 약함; 결점 (defecto). La *debilidad* de este niño son las matemáticas. 이 어린이의 약점은 수학이다. ② 마음 약함. ◇ **debilitar** 핸 약하게 하다. ◇ **débilmente** 부 약하게.

débito 명 부채, 빚 (deuda).

debut 명 데뷰, 첫무대 (estreno).

década 예 10년간; 열 개, 한 組 [조]; 열 권 [편].

decadente 형 ① 쇠기·쇠퇴한. ② 쇠퇴기의; 퇴폐적인. Esta iglesia pertenece a la época del gótico *decadente*. 이 교회는 쇠퇴기 고딕식의 시대에 속한다. ◇ **decadencia** 예쇠기; 퇴폐.

decaer 자 caer] 재 [+de·en: …이] 쇠약해지다, 영락하다. Ha *decaído* mucho *en* belleza. 그녀는 아름다움이 매우 쇠퇴했다.

decano 명 (대학의) 학장.

decapitar 핸 목을 치다, 자르다. ◇ **decapitación** 예 참수 (斬首).

decena 예 10개조, 10년.

decente 형 ① 품위있는, 우아한. José lleva un traje *decente*. 호세는 품위있는 옷을 입고 있다. ② 고지식한; 신중한. Es una muchacha *decente* que se gana la vida con su trabajo. 그녀는 자신이 일해서 생계를 꾸리고 있는 고지식한 여자이다. ◇ **decencia** 여 ① 고귀, 신중. La *decencia* de una joven es siempre un tesoro. 소녀의 신중함은 언제나 보배이다. ◇ **decentemente** 부 품위있게; 고지식하게; 부끄럼없이.

decepción 여 실망, 환멸.

decidir 타 ① 결정하다(determinar). El juez *decidirá* quién tiene razón. 재판관은 어느 쪽 말이 옳은가 결정할 것이다. ② 결심하다. *Decidimos* no volver más. 우리들은 두 번 다시 오지 않기로 결심했다. ◇ ~**se** 재 ① 결정되다. Ayer *se decidió* la fecha de la Asamblea. 대회 날짜가 어제 결정되었다. ② [+a+동사원형: …할] 결심을 하다. Por fin *se decidió a* venir a verme. 드디어 그는 만나러 와 줄 결심을 했다. José estaba *decidido a* marcharse. 호세는 가버릴 결심을 하고 있었다. ◇ **decididamente** 부 단호히, 결정적으로. ◇ **decidido, da** 형 결심한, 결연한; 대담한. Entró con paso *decidido*. 그는 결연한 발걸음으로 들어왔다.

decímetro 남 데시미터 (10분의 1미터).

décimo, ma 형 열번째의; 10등분의. 남 10분의 1; 분할 판매 복권. ◇ **decimoctavo, va** 형 18번째의. ◇ **decimocuarto, ta** 형 14번째의. ◇ **decimonono, na** 형 19번째의. ◇ **decimonoveno, na** 형 19번째의. ◇ **decimoquinto, ta** 형 15번째의. ◇ **decimoséptimo, ma** 형 17번째의. ◇ **decimosexto, ta** 형 16번째의. ◇ **décimotercero, ra** 형 13번째의. ◇ **décimotercio, cia** 형 13번째의. ◇ **deciocheno, na** 형 18번째의.

decir [69: 과거분사 dicho] 타 ① 말하다, 고하다; 가르치다. Por ahora yo no *digo* nada. 지금으로서는 나는 아무 말도 하지 않겠다. *Dígame* usted dónde está el Correo. 우체국이 어디 있는지 가르쳐 주십시오. ② 써 있다. ¿Qué *dice* el periódico de hoy? 오늘 신문은 무엇이 씌어있는가? ③ 명령하다. Le *he dicho* que venga mañana. 그에게 내일 오라고 말해 두었다. 재 [+con: …에] 닮다. Ese sombrero no *dice* con tu traje. 그 모자는 네 옷과 조화를 이루지 않는다. ◇ ~**se** …라 말한다. *Se decía* que era una santa. 그녀는 성녀(聖女)와 같은 사람이라고 말했다. *a decir verdad* 사실을 말하면. *es decir* 즉. *querer decir* 의미하다 (significar). ¿Qué *quiere decir* esta palabra? 이 단어는 무슨 뜻인가.

decisión 여 ① 결정(determinación) ② 결심, 결의. No comprendo los motivos de su *decisión*. 그의 결심 동기를 나는 모르겠다. ◇ **decisivo, va** 형 결정적인, 확정적인. Fue un acontecimiento *decisivo* en mi vida. 그것은 내 생애의 결정적인 사건이었다.

declarar 타 ① 언명·선언·진술하다. *Declaró* que visitaría Francia dentro de poco. 그는 근일 프랑스를 방문한다고 언명했다. El padre le *ha declarado* su heredero. 부친은 그를 자기

의 상속인이라고 선언했다. ② 신고·계출하다. ¿Tiene usted algo que *declarar*? 신고하실 것이 있읍니까. Sírvase usted *declarar* en este formulario todo el dinero que lleva. 가지고 있는 돈을 모두 이 서식에 신고해주시오. ◇ ~**se** ① 의중을 밝히다. ¿*Se te ha declarado* tu novio? 너의 애인은 너에게 의중을 밝혔는가. ② (자기는 …이라고) 언명·선언·진술하다. *Se ha declarado* culpable de cinco robos. 그는 다섯번 도둑질했다고 말했다. ③ (재해 따위가) 발생하다. *Se declaró* un incendio en el bosque. 숲에 화재가 발생했다. ◇ **declaración** 예 ① 언명, 선언; 신고, 진술. ② 고백. ③ 계출, 신고(서).

declinar 재 ① 쇠퇴하다. Mi padre *ha declinado* en fuerzas físicas. 부친은 체력이 쇠퇴했다. ② (태양·해가) 기울다.

decorar 타 (건물·실내를) 장식하다. Este palacio lo *decoraron* los mejores decoradores de la época. 이 궁전은 그 시대의 가장 뛰어난 장식가들이 장식했다. ◇ **decoración** 예 (건물·실내의) 장식; 무대장치. ◇ **decorado** 남 장식; 무대장치. El *decorado* del primer acto era fantástico. 제 1막의 무대 장치는 훌륭했다.

decorativo, va 형 장식적인. *artes decorativas* 장식예술.

decoro 남 ① 품위, 품격; 면목. Por *decoro* no debías portarte así. 너는 품위로 보아 그런 행동을 해서는 안되었다. ② 절조, 근신. Su prima era una mujer sin *decoro*. 그의 사촌누이는 무절조한 여인이었다. ◇ **decoroso, sa** 형 품위·품격이 있는, 기품이 높은; 신중한.

decreto 남 법령, 정령(政令). El gobierno ha dado un *decreto* que prohibe la salida de noche. 정부는 야간 외출을 금하는 정령을 내었다.

decrecer [conocer와 같음]재 줄다, 감소하다. ◇ **decreciente** 형 점점 줄어드는, 작아지는. ◇ **decremento** 남 감소, 감퇴.

dedal 남 골무.

dedicar [7 sacar] 타 ① 바치다 (봉헌[奉獻], 헌정[獻呈]). El poeta *dedicó* un soneto a la condesa. 그 시인은 1편의 소네트를 백작부인에게 바쳤다. ② 채우다 (충당, 지정); (시간을) 소비하다. ¿Puede usted *dedicar*me un rato? 저에게 잠깐 시간을 내어주시겠읍니까. ◇ ~**se** [+a: …에] 종사·헌신하다. Desde hace años *se dedica a*l comercio exterior. 수년전부터 그는 외국 무역에 종사하고 있다. ◇ **dedicatoria** 예 바치는 말씀, 헌사(獻辭).

dedillo 남 작은 손가락. *saber al dedillo* 손가락 끝까지, 잘, 완전히. Me sé la lección *al dedillo*. 나는 학과를 완전히 안다.

dedo 남 손가락; 발가락. Me he clavado una espina en un *dedo*. 나는 손가락에 가시가 찔렸다. Los zapatos me aprietan los *dedos*. 신발은 발가락을 꽉 조인다. *dedo anular/dedo médico*. 약지, 넷째 손가락. *dedo auricular/dedo meñique* 새끼 손가락. *dedo cordial/dedo del corazón/dedo de en medio* 장지, 가운데 손가락. *dedo gordo/dedo pulgar* 엄지, 첫째 손가락. *dedo índice/dedo saludador* 검지, 둘째 손가락.

deducir [70 aducir] 타 ① (…라) 추정하다, 생각하다. *Deduzco de*

su carta que no es muy feliz. 나는 그의 편지로 보아 그가 행복하지 못하다고 생각한다. De su actitud *deduje* que se sentía culpable. 그의 태도로 보아 그는 자기가 죄가 있다고 느끼고 있다고 나는 추정했다. ② 에누리; 할인하다. *Deduciendo* los gastos de la ganancia, no queda gran cosa. 수입에서 비용을 공제하니 별로 남지 않는다. ◇ **deducción** 예 추정, 결론; 할인, 공제액.

defecto 예 결점, 결함; 단점. Conozco sus *defectos*. 나는 그의 결점을 알고 있다. El tiene un *defecto* físico. 그는 신체적 결함을 가지고 있다. Esta tela está rebajada de precio por tener *defectos*. 이 옷감은 흠이 있어서 값을 깎아 놓았다. ◇ **defectuoso, sa** 형 결점·결함이 있는.

defender [+de perder] 타 ① 지키다, 방어하다. La montaña *defiende* del viento norte este lugar. 산이 북풍으로부터 이 마을을 지키고 있다. ② 변호·옹호하다. La *defendió* el abogado con mucha elocuencia. 변호사는 그녀를 웅변으로 변호했다. ◇ **~se** [+de ···부터 /contra ···에 대하여] 몸을 지키다, 막다. Yo me *defenderé* contra aquella agresión. 나는 저 공격에 대하여 몸을 지키겠다.

defensa 예 ① 방어(물), 방위; 수비 (↔ ofensa, ofensiva) Por toda *defensa* tenía un palo. 그는 방어물로 원목 한개 밖에 가지고 있지 않았다. ② 변호; 변호단. La *defensa* que hizo el abogado fue magistral. 그 변호사의 변호는 훌륭했다. *defensa legítima* 정당 방위. ◇ **defensivo, va** 형 방어의, 수비의. *a la defensiva* 수비에, 수세에. Ahora el equipo *a la defensiva* pasa al ataque. 이번에는 수비팀이 공격으로 옮긴다. 예 수세. ◇ **defensor, ra** 형 방위·수비·변호하는. 명 보호자, 수비자, 변호자.

deferencia 예 겸허, 공손; 맹종. ◇ **deferente** 형 겸허한, 공손한.

deficiente 형 결함이 있는; 불완전한. Hemos encontrado algunos motores *deficientes*. 폐사는 결함이 있는 엔진을 몇개 발견했다. ◇ **deficiencia** 예 결점, 결함. Procuramos por todos los medios remediar estas *deficiencias*. 우리들은 모든 방법으로 이 결함들을 보충하도록 노력한다. ◇ **déficit** 명 【단·복수 동형】 결손, 손해, 부족(액), 적자.

definir 타 ① 명확히 하다. Es preciso que *definas* de una vez tu actitud. 너는 단호하게 태도를 명확히 할 필요가 있다. ② 정의(定義)하다; 한정하다. ◇ **definición** 예 정의; 결정, 한정. Las *definiciones* deben principalmente ser claras y breves. 정의는 무엇보다 간명해야 한다.

definitivo, va 형 결정적인, 최종적인. Le dieron un golpe *definitivo*. 그는 결정적인 일격을 받았다. *en definitiva* 최종적으로, 결국. No sé aún lo que hace *en definitiva*. 그가 최종적으로 무엇을 하는가 아직 모르겠다. ◇ **definitivamente** 부 결정적·최종적으로.

deformar 타 예 비뚤어지게 하다. (···의)모양을 무너뜨리다. La mojadura *ha deformado* el sombrero. (비에) 젖어서 모자의 모양

defraudar 団 ① 속이다(engañar); (…에게서) 사취하다. José le *defraudó* en mucho dinero. 호세는 그에게서 많은 돈을 사취했다. ② 실망시키다. Me *has defraudado* con tu conducta. 너의 행위에 나는 실망했다.

defunción 여 죽음, 사망(muerte, fallecimiento).

degenerar 재 ① (나쁘게) 변질하다. Los hijos *han degenerado* y no lo parecen de aquel padre. 아들들은 변질되어 그 부친의 아들이라고는 생각되지 않는다. ② 퇴화하다. ◇ **~se** 타락하다. *Se ha degenerado* por ir con malas compañías. 나쁜 친구들과 함께 있어서 그는 타락했다. ◇ **degeneración** 여 변질; 타락; 퇴화.

degollar [28 agorar] 団 목을 자르다. ◇ **degolladero** 남 도살장.

degradar 団 강등·좌천시키다. ◇ **degradación** 여 강등, 좌천. ◇ **degradante** 형 품위·체면을 손상시키는.

dejadez 여 권태, 태만, 나태(pereza). ◇ **dejado, da** 형 권태로운, 태만한, 나태한, 게으른(perezoso).

dejamiento 남 권태; 포기.

dejar 団 ① 놓아 두다(방치, 포기). José *dejó* su libro sobre la mesa. 호세는 책을 탁자위에 놓아두고 갔다. *Dejó* su familia y se fue a América. 그는 가족을 버리고 미국으로 가버렸다. ② 맡기다, 위임하다; 방임·의탁하다. Se lo *dejo* a su criterio. 나는 그 일을 당신의 판단에 맡기겠소. ③ 남기다(잔류). El ladrón *no ha dejado* huellas. 도둑은 발자취를 남기지 않았다. ④ [+형용사·부사] 로 하여 두다. *Dejamos* libre el paso a la gente. 우리들은 사람들에게 통로를 개방해 두었다. ⑤ [+동사원형] (방임적으로)… 시키다. El amo no le *dejó* descansar. 주인은 그를 쉬게 하지는 않았다. ⑥ [+현재분사] …하는 대로 버려두다. Los padres la *dejaron* durmiendo en la cama. 양친은 그녀를 침대에 재워 두었다. ⑦ [+과거분사] …하여 두다, …로 하다. Lola *dejó* abierta la ventana del cuarto. 롤라는 방의 창문을 열어 놓은 채로 두었다. 재 [+동사원형]…하는 일을 멈추다·중지하다·그만두다. Lola *dejó de* venir por aquí hace dos semanas. 롤라는 2주일 전부터 이곳에 오지 않게 되었다. ◇ **~se** ① 잊어버리다. Me he *dejado* la cartera en casa. 나는 집에 지갑을 잊어 버리고 왔다. ② 늑장부리다; 승부를 포기하다. ③ [+a : …에] 전념하다. *Se dejaba* a sus rezos. 그는 열심으로 기도를 하고 있었다. ④ [+de : …를] 멈추다. *Déjate de* tonterías. 터무니없는 짓은 그만 두어라. ⑤ [+동사원형＋por : …가]…하는대로 자기를 방치하다. Ella *se dejó llevar por* su hermano. 그녀는 오빠에게 연행되어 가는대로 방치했다. *dejar caer* 내려뜨리다. José *dejó caer* el libro que tenía. 호세는 가지고 있던 책을 떨어뜨렸다. *no dejar de*+동사원형) 반드시·꼭 …하다. 하지 않고는 내버려 두지 않는다. José *no deja de* venir a verla ni un solo día. 호세는 그녀를 만나러 오지 않는 날이 하루도 없다. *dejar frío* 당황하게 하다. ◇

dejo 명 방치, 포기; 종말; 뒷맛; 게으름.

del [전치사 de와 정관사 el과의 결합형]. Vaya usted a lo largo *del* río. 냇물을 따라서 가십시오. *del principio al fin* 처음부터 끝까지.

delante 부 [공간적; +de: …의] 앞에. Nos agrada *delante del* club. 그는 클럽 앞에서 우리를 기다리고 있다. Firmó el testamento *delante de* testigos. 그는 증인 앞에서 유언장에 서명했다. El autobús para *delante de* una zapatería. 버스는 어느 구두가게 앞에 멈춘다. ◇ **delantero, ra** 형 앞의. El animal tiene las patas traseras más cortas que las *delanteras*. 그 동물은 앞다리보다 뒷다리가 짧다. 명 (경기의) 전위, 포드. 예 (건물·의복의) 앞자락; 선두, 선행(先行), 앞줄[열]. El coche número veinte toma la *delantera*. 20번 차가 선두를 끓고 있다.

delegación 명 ① 대표부; 사절단(enviado), España mandó una *delegación* compuesta de políticos y científicos. 스페인은 정치가와 학자로 조직된 사절단을 파견했다. ② 출장기관(지정, 지국, 출장소). José trabaja en la *delegación* de Hacienda de la Provincia. 호세는 이 도의 재무부 지청에 근무하고 있다. ◇ **delegado, da** 명 대표부원, 대의원; 사절.

deleitar 타 즐겁게 하다. Me *deleita* la conversación con ella. 그 녀와의 회화는 나를 즐겁게 해 준다. ◇ **~se** [+con·en: …을] 즐거워하다. Me *deleitaba en* la contemplación de las flores del jardín. 나는 뜰의 꽃을 보고 즐거워하였다. ◇ **deleite** 명 즐거움, 쾌락. El *deleite* debilita el alma. 쾌락은 영혼을 약하게 한다.

deletrear 타 (낱말을) 철자하다, …의 철자를 말하다·쓰다; 판독·해석하다. ◇ **deletreo** 명 철자법, 정자(正字)법; 철자.

delgado, da 형 ① 수척한, 마른. Parece una muchacha sana, pero está muy *delgada*. 그녀는 건강한 소녀같으나, 매우 수척해 있다. ② 가는, 얇은. El libro es más bien *delgado*. 그 책은 오히려 얇은 편이다. ◇ **delgadez** 명 수척함, 홀쭉함; 얇음, 가늘음.

deliberar 자 [+sobre: …에 관하여] 심의하다. Los jueces *deliberaron sobre* la materia a puerta cerrada. 재판관들은 그 사건에 관하여 비밀 심의를 했다. 타 결정하다. ¿*Deliberó* quedarse en casa? 생각끝에 집에 있기로 하였습니까. ◇ **deliberación** 명 심의, 검토. ◇ **deliberadamente** 부 고의로.

delicado, da 형 ① 섬세한, 미묘한. José se encuentra en una situación muy *delicada*. 호세는 매우 미묘한 처지에 있다. ② 배려를 요하는. Recibió una operación sumamente *delicada*. 그는 지극히 신중을 요하는 수술을 받았다. ③ 허약한; 민감한. El niño parece *delicado* de salud. 그 어린이는 몸이 허약한 듯 하다. ◇ **delicadeza** 명 섬세, 미묘; 배려. Es una falta de *delicadeza*. 그것은 배려가 결여되어 있다.

delicia 명 쾌감, 쾌락, 즐거움. No hay *delicia* comparable a la de una charla animada. 이야기가 재미나는 잡담에 비교되는 즐거움은 없다. El charlatán hacía las *delicias* del público. 재담꾼

이 관중을 기쁘게 하고 있었다. ◇ **delicioso, sa** 휑 ① 상쾌한, 기분 좋은. Aquí el otoño es muy *delicioso*. 이곳의 가을은 대단히 기분이 좋다. ② 맛있는. ¿Qué le parece la paella?-Está muy *deliciosa*. 파엘랴는 어떻습니까-대단히 맛있읍니다. ③ 즐거운. ④ 매력적인(atractivo). Su hermana es una muchacha *deliciosa*. 그의 여동생은 매력적인 여자이다.

delinear 타 제도하다; 선을 긋다. ◇ **delineación** 여 제도; 선을 그림. ◇ **delineador, ra** 휑 선을 그리는. 명 제도가. ◇ **delineamiento** 남 제도, 작도. ◇ **delineante** 남 제도사, 설계사.

deliquio 남 기절, 혼수.

delinquir [6] 자 죄를 범하다. José le preguntó en qué *había delinquido*. 어떤 죄를 범했느냐고 호세는 그에게 물었다. ◇ **delincuente** 휑 (경)범죄자. ◇ **delincuencia** 여 범죄; 과실. ◇ **delinquimiento** 남 범죄; 범법; 위반.

delirio 남 【의학】섬망(譫忘); 헛소리; 망상. El *delirio* le duró toda la noche. 그는 헛소리하는 상태로 밤새 계속됐다. ◇ **delirar** 자 열로 정신을 잃다, 이성을 잃다, 헛소리하다.

delito 남 ① 범죄. Después de ser interrogado, el joven confesó el *delito*. 심문 당하고 나서 청년은 그 범죄를 자백했다.

demacrarse 재 여위다. ◇ **demacración** 여 여윔.

demagogia 여 선동; 악선전. ◇ **demagógico, ca** 휑 선동적인. *discurso demagógico* 선동적인 연설. ◇ **demagogo, ga** 명 선동가.

demanda 여 ① 수요; 주문. No nos es posible atender a su *demanda*. 우리들은 주문에 응하기가 불가능합니다. ② 청구, 신청, 요구. Vinieron en *demanda* de auxilio. 그들은 원조를 요청하러 왔다. ◇ **demandante** 명【법】① 원고(原告). ② 청구, 요구. ◇ **demandar** 타 청구・요구하다.

demarcación 여 경계 설정; 경계(선); 한계, 구획, 구분. *línea de demarcación* 경계선. ◇ **demarcar** 타 경계를 정하다; 한정하다; 구분하다.

demás 【단・복수 동형】[병렬적인 y의 다음에 올 때 이외에서는 항상 정관사를 수반함] 휑 나머지의, 그밖의. Fueron aprobados los *demás* alumnos. 그밖의 학생들은 합격했다. Asintieron José, Juan y *demás* compañeros. 호세도, 후안도 그밖의 친구들도 동의했다. 대 그 밖의 물건・사람들. Esperemos a los *demás*. 나머지 사람들을 기다립시다. Esta muchacha es diferente de las *demás*. 이 소녀는 다른 어린이들과 다르다. *por lo demás* 그것을 제외하고. Estoy cansado, pero, *por lo demás* me encuentro bien. 나는 지쳐 있으나, 그건 그렇다 하고, (몸의) 상태는 좋다.

demasiado, da 휑 과분한, 과다한. Allí había *demasiada* gente para caber en el cuarto. 그곳에는 방에 들어가기에는 너무나도 많은 사람이 있었다. 부 지나치게, 너무나도. José habla *demasiado* a prisa. 호세의 말씨는 너무나도 빠르다. Es *demasiado* temprano aún. 아직 너무 이르다. Este chaleco me aprieta *demasiado*. 이 조끼는 나에게 너무 조인다. *beber demasiado* 과

음하다. *comer demasiado* 과식하다.

demente 웹 정신이 이상해진. *Por si estaba demente, le llevaron al hospital.* 정신이 이상하나 않는가 하여 (사람들은) 그를 병원으로 데려갔다. 웹 미친사람(loco). ◇ **demencia** 예 광기, 정신 착란.

democracia 예 민주주의, 민주 정체. *Hay diversas opiniones sobre la democracia.* 민주주의에 관해 여러가지 의견이 있다. ◇ **demócrata** 웹 민주주의의, 민주당의. 웹 민주주의자, 민주당원. ◇ **democrático, ca** 웹 민주적인. ◇ **democráticamente** 뷔 민주주의적으로. ◇ **democratización** 예 민주주의화. ◇ **democratizar** [⑨ alzar] 国 민주화하다.

demoler [㉕ volver] 国 부수다, 파괴하다, 망가뜨리다. ◇ **demolición** 예 파괴, 파멸.

demonio 圄 악마; 정령. *Se representa generalmente al demonio con cola y cuernos.* 악마는 일반적으로 꼬리와 뿔이 난 모습으로 그려진다. *Se puso hecho un demonio.* 그는 매우 성이 났다. 「의문어」 *de monio(s)* [강조적 의문] 도대체, 전혀. *¿Qué demonios haces aquí?* 너는 여기서 도대체 무엇을 하고 있느냐. ◇ **demoniaco, ca** 웹 악마의.

demora 예 지연, 지체, 연체. *Estos asuntos no admiten demora.* 이러한 일들은 지연이 허락되지 않는다. ◇ **demorar** 困 우물쭈물하다. 国 지연·지체시키다. *No demores por más tiempo tu partida.* 너는 이제 출발을 늦추어서는 안된다.

demostrar [㉔ contar] 国 ① 보이다, 나타내다, 표시하다. *Les suplicamos nos demuestren su sinceridad.* 귀사가 성의를 표시하여 주시도록 부탁합니다. ② 증명하다. *Demostró con pruebas que había estado allí.* 그는 증거를 들어서, 그곳에 있던 일을 증명했다. ◇ **demostración** 예 ① 나타남, 표명; 증명. *Las lágrimas no siempre son demostración de dolor.* 눈물은 반드시 고통의 표시는 아니다. ② 전시, 피로(披露); 연기(演技). *Hoy hay una demostración atlética.* 오늘은 체조의 시범연기가 있다. ◇ **demostrativo, va** 웹【문법】지시의. 圄 지시어(指示語).

demovilizar [⑨ alzar] 国【군사】복원시키다; 제대시키다; 부대를 해산하다.

denegar [⑧ pagar, ⑲ pensar] 国 사절·거절·거부하다. ◇ **denegación** 예 거절, 거부, 사절.

denigrar 国 모욕하다, 헐뜯다, 중상하다. ◇ **denigrante** 웹 중상하는, 헐뜯는. 圄 명예 훼손자, 중상자. ◇ **denigrativo, va** 웹 명예훼손의.

denominar 国 (…라고) 이름짓다·부르다. ◇ **denominación** 예 명칭. *La denominación no corresponde exactamente a lo que es la cosa.* 명칭은 그 물건의 실체와 정확하게는 맞지 않는다.

denotar 国 나타내다. ◇ **denotación** 예 지시, 표시.

denso, sa 웹 빽빽한, 짙은. *Hay una niebla muy densa.* 짙은안개가 생기고 있다. ◇ **densidad** 예 농밀, 농도. *densidad de población* 인구밀도. ◇ **densamente** 뷔 빽빽하게, 짙게. ◇ **densi-**

ficar [7sacar] 짙게 하다, 빽빽하게 하다.

dental 형 이의; 잇소리의. 명 잇소리, 치음(齒音). ◇ **dentadura** 여 [집합적] 치아.

dentífrico 명 치약(가루, 크림). 형 치약의. *pasta dentífrica* 튜브치약. *polvo dentífrico* 가루치약.

dentista 명 치과의사. 형 치과의. ◇ **dentistería** 여 치과의학·의원. Voy al *dentista* porque me duelen las muelas. 나는 이가 아파서 치과의사에게 간다.

dentro 부 가운데, 속으로. Carlos está *dentro*. 까를로스는 안에 있다. Le espero *dentro*. 당신을 안에서 기다리겠읍니다. *dentro de* ① …의 속에·에서. Está prohibido fumar *dentro del* coche. 차내에서 흡연은 금지되어 있다. ②(경과)한 무렵. El avión llegará *dentro de* una hora. 1시간쯤 지나면 비행기는 도착할 것이다. *dentro de poco* 이윽고, 곧. Estará mejor *dentro de poco*. 그는 곧 (병이) 완쾌될 것이다.

denunciar [11cambiar] 타 ① 고발하다. José no se atrevió a *denunciar* a su amigo por el robo. 호세는 감히 자기의 친구를 도둑으로 고발할 수 없었다. ②고하다; (신문 따위가) 공표하다. El olor *denuncia* la presencia del gas. 냄새는 가스가 있는 것을 알리고 있다. ◇ **denuncia** 여 고발; 통고. *denuncia falsa* ◇ **denunciación** 여 고발; 발표, 통고. ◇ **denunciante** 형 고발하는, 알리는. 명 고발자, 밀고자.

departamento 남 ① 구분, 구획; 차칸. Este edificio tiene ocho *departamentos*. 이 건물에는 여덟칸이 있다. Hasta aquí he venido solo en el *departamento*. 여기까지 (열차의) 차칸에는 나 혼자였다. ②국, 부. Trabaja en el *Departamento* de Exportación. 그는 수출국에서 일하고 있다. ③학과(學科). En el *Departamento* de Español han entrado 30 alumnos. 스페인어학과에 30명의 학생이 입학했다. *casa de departamentos* 【남미】아파트.

dependencia 여 ① 의존·종속(관계). José vivía bajo la *dependencia* de un amigo suyo. 호세는 친구에게 고용되어 생활하고 있었다. ② 부속 건조물. ③ (사무소·관청의) 부, 과; 지점 (sucursal), 출장소. Trabaja en la misma oficina que yo, pero en distinta *dependencia*. 그는 나와 같은 사무실에서 일하고 있으나, 과가 다르다.

depender 자 ① [+de: …의] 의하다; …사정이다. Nuestro pedido *depende* del descuento que ustedes puedan concedernos. 폐사의 주문은 귀사의 (해주시는) 할인 나름입니다. ② [+de: …에] 의존·종속하다. José todavía *depende* de sus padres. 호세는 아직도 부모에게 의지하고 있다. Castilla *dependía* de León. 까스띨랴는 레온에 종속하고 있었다. ◇ **dependiente** 형 [+de: …에] 의존한, 종속한. No soy *dependiente* de nadie; vivo libre. 나는 아무에게도 종속하지 않는다; 자유로운 생활을 하고 있다. 명 종업원, 점원. Trabajaba de *dependiente* en un almacén. 그는 어느 백화점에서 점원으로 일하고 있었다.

depilar 타 털이 빠지다. ◇ **depilación** 여 탈모.

deplorar 턔 슬퍼하다, 한탄하다(lamentar). ◇ **deplorable** 휑 한탄스러운, 가엾은.

deporte 閔 운동, 스포츠. Mi *deporte* favorito es el tenis. 내가 좋아하는 스포츠는 테니스이다. ◇ **deportista** 閔 운동가, 스포츠맨. ◇ **deportivo, va** 휑 운동경기의, 스포츠의. *periódico deportivo* 스포츠 신문.

depositar 턔 ①놓다, 넣다. *Deposito plena confianza en su seriedad.* 나는 그의 얌전함에 전면적인 신뢰를 둔다. ②맡기다, 기탁하다. *José depositó el dinero en el banco.* 호세는 돈을 은행에 맡겼다. ◇ **depositador, ra** 휑 맡기는, 예금하는. 閔 기탁자, 예금자. ◇ **depositante** 맡기는, 예금하는. ◇ **depositaría** 여 예치소, 저장소; 금고. ◇ **depostario, ria** 휑 기탁의, 보관의. 閔 기탁자, 예금자.

depósito 閔 ①보관소, 저장소. *Tenemos un depósito de auga en la azotea.* 우리 집에는 옥상에 저수 탱크가 있다. ②기탁, 공탁(금). *Para tomar parte en la empresa es necesario el depósito de una fianza.* 그 사업에 참가하려면 보증금 공탁이 필요하다. ③저금, 예금. *Los depósitos de ahorro se retiran mediante aviso previo.* 예금은 예고하고 꺼낼 수 있다.

depresión 여 ①압축, 침하(沈下), 함몰. *La depresión de la tierra ocasiona cambios en la línea de costa.* 지반의 침하는 해안선의 변경을 가져온다. ②저조; 불황. *Debido a la depresión económica se han reducido notablemente la producción y empleo.* 경제 불황때문에 생산과 고용은 현저하게 감소했다. ③낮은 땅. ◇ **depresivo, va** 휑 억울성의; 우울한. *Para mí es depresivo tener que rogarle a ella.* 그녀에게 부탁해야 하다니 나는 우울하다. ◇ **depresor, ra** 내리누르는. 閔 억압자, 압제자.

deprimir 턔 압축하다, 낙담시키다, 맥이 빠지게 하다. ◇**~se** 낮아지다; 하락하다; 무기력해지다.

depurar 턔 ①정화하다. ②숙청하다. *Depuraron a cinco miembros del gabinete por tener ideas socialistas.* 사회주의 사상을 가지고 있다하여 5명의 각료가 숙청되었다. ◇ **depuración** 여 정화, 숙청. ◇ **depurativo, va** 휑 정화의.

derecho, cha 휑 ①똑바른; 정당한. *Ese es el camino derecho para conseguirlo.* 그것이야말로, 그것을 달성하는 정당한 길이다. ②오른쪽의 [↔ *izquierdo*]. *Al lado derecho se veía el palacio.* 오른쪽에 궁전이 보였다. 閔 ①권리. *Tenemos derecho a reclamar los daños sufridos.* 우리들은 입은 손해(의 보상)를 그들에게 청구할 권리가 있다. *derechos de autor* 판권, 저작권. *derecho* (*ley*) 법률. *Ese hijo estudia derecho en la universidad.* 그 아들은 대학에서 법률을 공부하고 있다. ③閔 세금, 요금. *Tuve que pagar derechos por una máquina de escribir.* 나는 타자기에 대하여 세금을 지불해야 했다. 예 오른쪽 [↔ *izquierda*]. *Regrese usted dos manzanas y doble a la derecha.* 두 구역 되돌아가서 오른쪽으로 구부러지세요. 튀 똑바로; 직접. *Siga usted todo derecho por esta calle.* 이 길을 곧장 똑바로 가

십시오.

derivar 타 빗나가게 하다, 인도하다. José *derivó* la conversación hacia otro asunto. 호세는 대화를 다른 일 쪽으로 돌렸다. 재 ① 빗나가다. Me parece que sus aficiones *derivan* hacia la música. 그의 취미는 음악 쪽으로 향하는 듯하다. ② [+de: …에서] 나가다, 나가고 있다 (파생: 분과, 분류). De ahí *deriva* su enemistad. 거기서 그의 저의가 나오고 있다. ◇ ~**se** [+de: …에서] 빗겨나가다: 파생하다, 분과·분류하다. De aquello *se derivaron* felices consecuencias. 그 일에서 행복한 결과가 나왔다. ◇ **derivación** 여 파생: 분파, 분류. Es una *derivación* del Fonseca. 이것은 폰세까강의 분류이다.

dermalgia 여 【의학】 피부 신경통.
dermatitis 여 【의학】 피부염.
dermatología 여 피부병학. ◇ **dermatológico, ca** 형 피부병학의. ◇ **dermatólogo** 남 피부과의사. ◇ **dermatosis** 여 피부병. ◇ **dermitis** 여 피부염.
derogar [8] pagar] 타 폐지·폐기하다. ◇ **derogación** 여 폐지, 폐기.
derramar 타 ① 뿌리다, 흐트러뜨리다. Este niño *ha derramado* sus caramelos por el suelo. 이 어린이가 캬라멜을 마루에 흐트려뜨렸다. ② 흘리다. *Derramó* tinta en los papeles. 그는 종이에 잉크를 흘렸다. ◇ **derramamiento** 남 엎지름, 엎질러짐. ◇ **derrame** 남 살포, 흘림; 사면(斜面); 【의학】(뇌)일혈. *derrame cerebral* 뇌일혈.
derredor 남 부근.
derretir [36pedir] 타 녹이다. El sol está *derritiendo* la nieve. 태양이 눈을 점점 녹이고 있다. ◇ ~**se** ① 녹다. ② 노심초사하다, 초조해하다. *Me derrito* por dentro con esta larga espera. 이렇듯 오래 기다리게 되어 나는 속마음이 녹초가 된다.
derribar 타 넘어뜨리다, 무너뜨리다. *Han derribado* aquel viejo edificio. 저 낡은 건물은 파괴되었다.
derrocar [7] sacar] 타 전락시키다, 쓰러뜨리다, 엎어 버리다 (derribar). ◇ **derrocamiento** 남 전락; 타도, 몰락.
derrochar 타 낭비·허비하다. ◇ **derrochador, ra** 형 낭비하는. 명 낭비자. ◇ **derroche** 남 낭비, 탕진.
derrota 여 ① 길, 항로, 진로. El barco seguía su *derrota*. 배는 진로를 계속하고 있었다. ② 패배. En toda su vida no se registró una sola *derrota*. 그는 전쟁애에서 단 한 번의 패배도 기록되지 않았다. ◇ **derrotar** 타 지게하다, 패주시키다; 망가뜨리다, 부수다. ◇ **derrote** 남 패배; 타파. ◇ **derrotero** 남 항로 (rumbo, ruta).
derrumbar 타 붕괴시키다. Se *han derrumbado* todas mis esperanzas. 나의 희망은 모두 무너져버렸다. ◇ **derrumbamiento** 남 붕괴; 사태. ◇ **derrumbe** 남 붕괴; 산사태.
desabotonar 타 (…의) 단추를 끄르다. ◇ ~**se** (자신의) 단추를 끄르다.
desabrido, da 형 (맛이) 싱거운(insípido).

desabrigado, da 버려진, 의지할 곳이 없는, 고독한. ◇ **desabrigar** [8 pagar] 타 (…의) 외투를 벗기다. ◇ ~**se** (자신의) 외투를 벗다.

desabrochar 타 (…의) 단추·호크를 끄르다. ◇ ~**se** (자신의) 단추를 끄르다.

desacierto 남 가늠이 틀림, 실수. ¡Cuántos *desaciertos* cometemos en un día? 우리들은 하루에 몇 번 실수를 하는 걸까!

desacreditar 타 (…의) 신용을 떨어뜨리게 하다; (수표를) 부도내다. Este producto *desacredita* a la casa que la fabrica. 이 제품은 그것을 제조한 회사의 신용을 떨어뜨리고 있다.

desacuerdo 남 불일치, 불화.

desafiar [12 enviar] 타 (…에)도전하다. Me *desafía* a una partida de ajedrez. 그는 체스 경기를 나에게 도전해 온다. ◇ **desafío** 남 도전. José me lo dijo en actitud de *desafío*. 호세는 도전적인 태도로 나에게 그렇게 말했다.

desafortunado, da 형 불행한, 불운한. ◇ **desafortunadamente** 부 불행하게.

desagradable 형 싫은, 유쾌하지 못한. Hace un tiempo *desagradable*. 불쾌한 날씨다. ◇ **desagradar**(**se**) 자 재 언짢아하다, 불쾌하다. ◇ **desagrado** 남 불쾌. No muestres ese *desagrado*. 그런 불쾌한 태도를 보이지 마라.

desagraviar [11 cambiar] 타 보상하다. El *desagravió* el daño que se le causó. 그는 입었던 손해를 보상했다. ◇ **desagravio** 남 보복, 앙갚음.

desaguar [10 menguar] 타 배수하다. 자 흘러들어가다. El Tajo *desagua* en el Atlántico. 따호강은 대서양으로 흘러 들어간다. ◇ **desagüe** 남 배수(구·관).

desalentar [19 pensar] 타 낙담시키다. ◇ ~**se** 낙담하다. José *se desalentó* por su fracaso. 호세는 자기의 실패로 힘을 잃었다. ◇ **desaliento** 남 낙담, 실망.

desalquilar 타 (집을) 비워주다.

desamparar 타 돌보지않다. ¿Quién puede *desamparar* a sus hijos? 어느 누가 자기 아들을 돌보지 않을 수가 있으리오. ◇ **desamparado, da** 형 의지할 곳이 없는.

desamueblar 타 가구를 치우다.

desaparecer [50 crecer] 자 [빈번히 se를 뒤따름] 꺼지다. (보이지) 않게 되다. El avión (*se*) *desapareció* entre las nubes. 비행기는 구름 속에 숨었다. ◇ **desaparecido, da** 형 행방불명의. 남 행방불명자. Han sido diez los muertos y nueve los *desaparecidos*. 사망자는 10명, 행방불명자는 9명이었다.

desaparición 여 소실; 멸망. No me explico la *desaparición* de aquel libro. 그 책이 없어진 일은 납득할 수 없다.

desapretar [19 pensar] 타 늦추다(aflojar).

desarmar 타 ① 무장해제하다. La policía *desarmó* a los bandidos. 경관들이 도둑들의 무기를 빼앗았다. ② 분해·해체하다. Hay que *desarmar* la máquina de escribir para limpiarla. 타자기를 청소하기 위해서 그것을 분해해야 하겠다. ◇ **desarme** 남

desarraigar [8] pagar] 卧 뿌리채 뽑다. ◇ **desarraigo** 閔 뿌리채 뽑음.

desarrollar 卧 ① 진전·발전시키다. Se tomaron medidas para *desarrollar* la industria nacional. 국내 산업을 발전시킬 방책이 취해졌다. ② 키우다, 발육시키다. El sol y la humedad *desarrollan* la semilla. 태양과 수분이 종자를 키운다. ◇~**se** 진전·발전하다; 발육하다. ◇ **desarrollo** 閔 ① 발전, 발달. ② 발육. El niño tiene demasiado *desarrollo* para su edad. 그 어린이는 나이에 비해 너무 발육되어 있다.

desasosiego 閔 불안, 초조.

desastre 閔 ① 재해, 재난. El terremoto fue un *desastre* enorme. 지진은 큰 재앙이었다. ② 실패, 참패. Ese casamiento ha sido un *desastre* para Lola. 그 결혼은 롤라에게는 큰 실패였다. ◇ **desastroso, sa** 勤 참담한, 비참한.

desatar ① 풀다; 놓아주다. *Desató* el paquete. 그는 그 보자기를 풀었다. ② (갑자기) 발생시키다. Sus últimas palabras *desataron* una tempestad de aplausos. 그의 마지막 말이 폭풍같은 박수를 불러 일으켰다.

desayuno 閔 아침밥. Me esperaba con el *desayuno* servido en el comedor. (그는) 식당에서 아침밥을 차려 놓고 나를 기다리고 있었다. ◇ **desayunar** 困 [빈번히 se를 뒤발림] 아침밥을 먹다 [tomar el desayuno]. Después de *desayunar*(*me*) salía pasear con mi perro. 아침밥을 먹은 뒤에 나는 개와 산책하러 나갔다.

desbordar [빈번히 se를 뒤발림] ① 넘치다. El río (*se*) *desbordó* e inundó los campos. 냇물이 넘쳐서 밭을 물바다로 만들었다. ② (감정이) 넘치다. *Se desbordó* la alegría de su corazón. 기쁨이 그의 마음에서 넘쳤다.

descalzo, za 勤 맨발의. No andes *descalzo*, ponte los zapatos. 맨발로 걸어서는 안된다; 구두를 신어라.

descansar 困 ① 쉬다. Debes *descansar* hoy. 너는 오늘은 쉬어야 한다. ② [+en·sobre: …에] 의지하다. En ella *descansa* parte del trabajo de la oficina. 사무소의 일의 일부는 그녀에게 의지한다. 卧 쉬게 하다. Debes *descansar* tus ojos. 너는 눈을 쉬게 해야 한다. ◇ **descanso** 閔 ① 휴식; 휴식시간. A las diez tenemos media hora de *descanso*. 우리들은 10시에 30분 휴식이 있다. ② (계단의) 중간의 평평한 넓은 곳.

descargar [8] pagar] 卧 ① (짐 따위를) 내리다(bajar). Los peones *descargaron* los secos del camión. 인부들은 트럭에서 포대를 내렸다. ② [+de: 책임·부담에서] 면제하다. Le *han descargado* de esas obligaciones. 그는 그러한 의무를 면제받았다. ③ 발사하다; (구타를) 먹이다; (분노를) 터뜨리다. José le *descargó* un palo. 호세는 그에게 몽둥이질을 했다. 困 (냇물이) 흘러들어가다; (비·폭풍우·우박 따위가) 세차게 몰아치다. La tormenta va a *descargar* de un momento a otro. 폭풍우가 금방 몰아칠 듯하다. ◇~**se** ① [+de 부담·책임] 면하다. José *se descargó* de la responsabilidad. 호세는 그 책임을

descender [20 perder] 자 ① [+de : …에서] 내려가(오)다(저하, 강하). La temperatura ha *descendido* desde hace tres días. 기온은 3일전부터 내리고 있다. Las cortinas *descienden* en pliegues regulares. 커튼은 규칙적인 주름을 만들며 내려지고 있다. ② 나와 있다, 나오다. José *desciende* de una familia hidalga. 호세는 귀족출신이다. ◇ **descendencia** 여 [집합적] 자손. Su *descendencia* llegó a ser ilustre. 그의 자손들은 유명해졌다. ◇ **descendiente** 명 자손(의 한사람).

descenso 남 ① 저하. En varios años hubo un *descenso* en la natalidad. 수년간에 출생률이 저하했다. ② 강하; 하강; 내리막 길. Es más peligroso que el ascenso. 내려가는 것은 오르는 것보다 위험하다.

descolgar [8 pagar, 24 contar] 타 (매단 것을) 내리다, 벗기다. Quiero que *descuelgues* este cuadro. 너에게 이 액자를 내려달라고 하고 싶다. ◇ **~se** ① (따라서) 내려오다. El rebaño *se descuelga* por la ladera de la montaña. 가축의 무리가 산기슭을 내려온다. ② (뜻밖에) 나타나다.

descolorido, da 형 색이 바랜; 창백해진(pálido). Están las cortinas *descoloridas*. 커튼은 빛이 바랬다.

descomponer [60 poner; 과거분사 descompuesto] 타 ① 부수다, 분해·해체하다. Usted en vez de arreglarlo lo *descompone*. 당신은 그것을 고치기는 커녕 부수고 있소. ② 썩히다. ◇ **~se** ① 부서지다, 분해·해체하다. ② 썩다. Se *descompondrá* pronto la carne. 그 고기는 곧 썩을 것이다. ◇ **descomposición** 여 ① 분해·파괴. ② 부패. Los cadáveres entran en *descomposición* en pocos días. 시체는 며칠 있으면 부패가 시작된다.

desconcertar [23 pensar] 자 (가락 따위를) 틀리게 하다; 당황하게 하다. Su pregunta *desconcertó* al maestro. 그의 질문은 선생을 당황하게 했다. ◇ **~se** 가락이 틀리다; 당황하다. Lola *se desconcertó* al ver a José. 롤라는 호세를 보자 당황했다.

desconfiar [31 enviar] 자 [+de : …에] 불신을 품다, (…을) 믿지 않다. *Desconfía* de que lleguemos a tiempo. 그는 우리들이 제시간에 도착하리라고 생각지 않는다. ◇ **desconfianza** 여 불신(不信).

desconocer [19 conocer] 타 ① 모르고 있다. Le dije que *desconocía* dónde te ocultas. 나는 네가 어느 곳에 숨어 있는지 모른다고 그에게 말했다. ② 잘못 보다. Te *desconozco* hoy con ese rasgo de energía. 그러한 기력이 있는 일면을 보고, 오늘은 너를 새로 보았다. ◇ **desconocido, da** 형 미지의; 무명의, 변도(便道)한. La obra premiada es de un joven *desconocido*. 수상 작품은 무명 청년의 작품이다. *soldado desconocido* 무명용사.

desconsolar [24 contar] 타 슬픔을 주다(afligir). ◇ **~se** 슬퍼하다. ◇ **desconsolado, da** 형 침통한, 슬픈듯한, 위로·위안할 길 없는. ◇ **desconsuelo** 남 비탄.

descontento, ta 형 불만스런, 불복한. Está *descontenta* con su

manera de resolver los problemas. 그녀는 그 문제의 해결방법에 불만이다. 圏 불만, 불복. Me mostró su *descontento* al descubierto. 그는 나에게 불만의 빛을 노골적으로 보였다.

describir [과거분사 descrito] 囮 ① (선·도형 따위를) 그리다. ② 묘사·서술하다. El autor *ha descrito* este pueblo con un estilo realista. 작가는 이 마을을 사실적인 문체로 묘사하고 있다. ◇ **descripción** 圏 묘사, 서술. ◇ **descriptor, ra** 圏 묘사하는, 圏 묘사하는 사람; 서술가.

descubierto, ta 圏 ① 개방적인. José salió a la calle con la cabeza *descubierta*. 호세는 모자도 쓰지 않고 밖에 나갔다. ② 뚜껑 없는, 지붕이 없는. *al descubierto* 개방적으로; 노천에서. Su vida estaba toda *al descubierto*. 그의 생활은 모두 개방적이다.

descubrir [과거분사 descubierto] 囮 ① (…의) 덮개·뚜껑을 벗기다. ② 폭로하다; 노골적으로 보이다. El chófer le *descubrió* a la policía. 운전사가 경찰에게 그의 일을 폭로했다. ③ 발견하다. Colón *descubrió* América en el año 1492. 콜론은 1492년에 아메리카를 발견하였다. Se han *descubierto* varias equivocaciones. 몇 개의 잘못이 발견되었다. ◇ **~se** 囼 탈모하다. ② 전망되다. Desde la colina *se descubre* una vasta llanura. 언덕에서 광대한 평야가 전망된다. ◇ **descubrimiento** 圏 발견.

descuento 圏 할인. Aquí me harán el 4 por ciento de *descuento* sobre el precio. 여기에서 정가의 4퍼센트 할인을 해 줄 것이다.

descuidar 囮 게으름 피우다. ¡*Descuidas* tus deberes, Pepe! 페페, 너는 숙제를 게으름 피우고 있구나! 囼 ① 안심하다. *Descuide* usted, que llegaré a tiempo. 걱정마십시요; 시간에 맞추어서 갑니다. ② [+de: …하는] 걱정이 없다. Traigo agua de la fuente para toda la semana y ya *descuido* de salir. 1주일 분의 물을 샘에서 길어 들였으니 나는 이제 출발할 것을 걱정하지 않아도 좋다. ◇ **~se** 囼 방심하다. *Me descuidé* y se quemó la comida. 내가 방심해서 음식물이 눌었다. ② 복장·건강을 생각지 않다. *Se ha descuidado* esta temporada y ha caído enfermo. 그는 이 계절에 몸에 주의하지 않아서 병에 걸렸다. ◇ **descuidado, da** 圏 ① 무절제한. ② 부주의한, 방심한; 한심한. Cogieron *descuidados* a los ladrones. 도둑들이 방심하고 있는 것을 (사람들은) 붙잡았다. ◇ **descuido** 圏 부주의, 방심; 무절제함. El ladrón aprovechó el *descuido* del policía para escaparse. 도둑은 경관의 방심을 틈타서 도망쳤다.

desde 囿 ① [공간적] …로부터. *Desde* mi casa hasta aquí hemos venido en coche. 우리들은 우리 집에서 여기까지 자동차로 왔다. ② [시간적] …로부터, 이래. *Desde* entonces no pienso más que en ti. 그때부터 나는 네 일밖에 생각하지 않는다. *desde luego* 그러므로; 곧, 즉시; 물론 [독립적으로 쓰임]. Esto es lo más conveniente. —*Desde luego*. 이것은 제일 편리하다. —물론이다. *desde que* …하고 나서. *Desde que* la conocí la quiero. 그녀를 알고 나서 나는 그녀가 좋다.

desdén 圏 경멸. Mostró *desdén* a José. 그는 호세에게 경멸의 눈치를 보였다. ◇ **desdeñoso, sa** 圏 경멸적인.

desdeñar 탄 얕보다(경멸, 경시). No debemos *desdeñar* a los pobres. 우리들은 가난한 사람들을 경멸해서는 안된다. ◇ **~se** [+de : …를] 경시하다, 경멸하여 …하지 않다. Don Federico *se desdeñaba* de comer con sus empleados. 페데리꼬씨는 자기의 고용인들과 함께 식사를 (하는일을 경멸해서) 하려 하지 않았다.

desdicha 탄 ① 불행, 재난; 가난(pobreza). Se me acumula una *desdicha* tras otra. 나에게는 불행한 일이 계속되어 쌓인다. ② 쓸모가 있는 사람·물건. Ese chico es una *desdicha*. 그 어린이는 대수롭지 않다. ◇ **desdichado, da** 셩 불행한, 불운한; [경멸적] 불쌍한. 명 불쌍한 사람; 불쌍한 놈.

desear 탄 ① 바라다, 원하다(querer). ¿Qué *desea* usted? — Deseo ver algunos libros de conversación española. 무엇을 원하십니까. —스페인어 회화책을 몇 권 보고 싶다. *desear que*+「접속법」…하기를 바라다. No *deseo* que vuelvan. 나는 그들이 돌아오기를 바라지 않는다. ② 바라다, 빌다. Le *deseamos* muchas felicidades en estas Pascuas y en el Año Nuevo. 이 성탄절과 새해에 당신에게 행복을 빕니다. ◇ **deseable** 셩 바람직한. Es *deseable* que no lo veas. 내가 그것을 보지 않는 편이 바람직하다.

desechar 탄 버리다(폐기, 배척). *Desecha* estos zapatos, que son viejos. 낡았으니 이 구두를 버리시오. Se *desechan* las naranjas que tienen algún deterioro. 흠집이 있는 귤은 버린다. ◇ **desecho** 명 쓰레기, 폐물.

desembarcar 7 sacar 탄 양륙(揚陸)하다. El arroz se *desembarca* en este puerto. 쌀은 이 항구에서 양륙된다. 자재 상륙·하선(下船)하다, (탈것에서) 내리다. José (se) *desembarcó* en San Pedro en un día de lluvia. 호세는 어느 비오는 날 산뻬드로에서 하선했다. ◇ **desembarco** 명 상륙, 하선; 양륙.

desempeñar 탄 ① (임무 따위를) 다하다(이행, 수행) (cumplir). José *ha desempeñado* magníficamente su cargo. 호세는 자기의 임무를 훌륭히 수행했다. ② (전당·저당을) 되찾다. Carlos *desempeñó* el reloj que había llevado al Monte de Piedad. 까를로스는 전당포에 잡혀 두었던 시계를 찾았다.

desengañar 탄 ① 깨닫게 하다; (진상을) 알리다. Creía que José estudiaba en la universidad, pero me *desengañó* Carlos. 나는 호세가 대학에서 공부하고 있다고 생각했다; 그러나 까를로스가 나에게 그렇지 않다는 것을 알려주었다. ② 실망시키다. Si tiene la esperanza de hacerse pianista, ¿para qué *desengañarla*? 그녀가 피아니스트로 될 것을 바란다면, 어떻게 실망시킬 일이 있겠는가. ◇ **~se** ① [+de : …를] 깨닫다. ¿*Te has desengañado* de que tenía razón yo? 내 말이 옳았다는 것을 너는 잘 알았겠지. ② [+de : …에] 실망하다(환멸). *Se ha desengañado* de las mujeres. 나는 여자라는 것에 실망했다. ◇ **desengaño** 명 ① 실망, 환멸. Me he llevado un gran *desengaño* con ese muchacho. 나는 그 소녀한테 크게 실망했다. ① 명 쓰라린 경험.

desenlace 남 (소설・희곡의) 결말. El cuento termina en un *desenlace* inesperado. 이야기는 예기하지 않은 결말로 끝난다.

desentenderse 재 [20 perder] 재 [+de : …에]관여하지 않다. *Me desentiendo* por completo *de* su negocio. 나는 그의 일에 전혀 관계가 없다. *hacerse el desentendido* 모르는 체하다, 시치미 떼다. Decimos esto por ti; no *te hagas la desentendida*, niña. 이것은 너를 생각해서 말하고 있다; 모른체 하지 마라.

desenvoltura 여 분방, 철면피, 뻔뻔스러움. ¿Dónde va esa chica con tal *desenvoltura*? 그 여자는 저렇게 뻔뻔스럽게 행동하니 어떻게 될까.

desenvolver [25 volver; 과거분사 desenvuelto] 타 ① 풀어 눕히다. José *desenvolvió* el paquete para ver lo que había dentro. 호세는 안에 든 것이 무엇인가 보려고 꾸러미를 풀었다. ② 전개・진전시키다. El conferenciante iba *desenvolviendo* su tema. 그 강연자는 자기의 주제를 전개하여 갔다. ◇~se ① 전개・진전・발전하다. La entrevista *se desenvolvió* amigablemente. 회견은 우호적으로 진행되었다. ② 유유하게 행동하다. Me *desenvuelvo* bien en mi nuevo negocio. 나는 이번 일에서는 자유자재로 수완을 발휘할 수 있다. ◇**desenvolvimiento** 남 전개, 진전, 발전. ◇**desenvuelto, ta** 형 자유자재의, 분방한; 철면피한, 낮두꺼운, 뻔뻔스러운.

deseo 남 소망, 소원, 욕망. Conforme a sus *deseos* les remitimos 100 cajas de juguetes. 귀사의 희망대로 완구 100상자를 보냅니다. Me vino el *deseo* de verla. 나는 그녀를 만나고 싶어졌다. ◇**deseoso, sa** 형 [+de : …를] 하고자 하는, 바라는. Siempre está *deseosa* de complacernos. 그녀는 언제나 우리들을 즐겁게 하려고 마음 먹고 있다.

desertar 타 버리고 도망하다; 포기하다 (상고 등을). ◇~se 탈영・탈당하다. ◇**deserción** 여 탈영; 탈주; 탈당; 탈락. ◇**desertor** 남 탈영병, 탈주자; 이탈자.

desesperar 타 절망・실망시키다, 싫증나게 하다. Me *desespera* verla todo el día mano sobre mano. 그녀가 손을 맞잡고 종일토록 우두커니 있는 것을 보니 나는 참을 수 없다. 자 [+de : …에] 절망・실망하다. El médico *desespera de* salvarla. 의사는 그를 구하는 일에 절망하고 있다. ◇~se [+de : …에] 절망・실망하다; 싫증나다. Me *desespero* de estar tanto tiempo aquí. 나는 이토록 오래 이곳에 있어서 지루하다. ◇**desesperación** 여 절망(감); 자포자기, 무모. Nadaba con *desesperación*. 나는 무모하게 헤엄쳤다. ◇**desesperado, da** 형 절망적인.

desfallecer [30 crecer] 자 힘이 빠지다, 낙담하다. Al entrar cayó *desfallecido* en el sillón. 그는 (방에) 들어가자, 안락의자에 털썩 넘어섰다. ◇**desfallecimiento** 남 쇠약해짐, 실신; 사망.

desfilar 자 줄을 서다; 줄지어 통과하다. La manifestación *desfiló* por la calle mayor. 시위대는 큰길을 통과했다. ◇**desfile** 남 행렬, 분열행진.

desgracia 여 불행. A José le cayeron encima muchas *desgracias*.

deshacer [68] hacer; 과거분사 deshecho] 타 ① 부수다, 깨다(파괴, 해체, 용해) (destruir, descomponer). Lo ha hecho mal y tendrá que *deshacer*lo. 결과가 나쁘다; 부수지 않으면 안되겠다. ② 엉망진창으로 만들다. Su llegada *deshizo* nuestros planes. 그의 도착이 우리들의 계획을 엉망진창으로 만들어 버렸다. ③ 풀다 (묶어진 것을). Mientras *deshaces* las maletas voy a afeitarme y tomar un baño. 당신이 가방을 푸는 동안 나는 면도하고 목욕하겠오. ◇ ~se ① 부서지다, 으깨어지다; 못쓰게 되다. La nube acabó por *deshacerse*. 구름은 끝내 사라져 버렸다. ② 분골쇄신하다. *Se deshacía* por darme gusto. 그는 애써서 나를 즐겁게 하려 했다. Estaba *deshecha* en llanto. 그녀는 눈물에 젖어 있었다.

deshonra 여 면목없음, 불명예; 창피. No haré tal cosa por nada del mundo, es una *deshonra*. 나는 그 따위 일을 어떤 일이 있어도 안 한다; 창피한 일이다. ◇ **deshonrar** 타 ① (…의) 면목·명예를 잃게 하다. Esto te *deshonra* a mis ojos. 나의 눈에는 이것은 네 명예를 손상시키는 일이다. ② 창피를 주다.

desierto, ta 형 ① 인기척 없는; 쓸쓸한. Toda la ciudad estaba *desierta*. 그 도시 전체에 인기척이 없었다. ② 적격자·입선자가 없는. El premio ha quedado *desierto*. 그 상에는 적격자가 없었다. 남 사막.

designar 타 ① 지정하다. *Designaron* Madrid para la reunión de la próxima asamblea. 다음 대회장으로 마드리드가 지정되었다. ② 지명·임명하다. Ha sido *designado* presidente de la comisión. 그는 위원회의 의장으로 지명되었다. ◇ **designación**: 여 지정, 지명, 임명; 배당.

desigual 형 ① 불평등한; 불균등한. El camino está tan *desigual* que no circulan bien los coches. 길이 평탄치 않고 울퉁불퉁하여 차의 통행이 늦어진다. ② 불순한. Hace un tiempo *desigual*. 일기가 불순하다. ◇ **desigualdad** 여 불평등, 불공평; 불균등.

desilusión 여 환멸, 겨냥이 틀림. Al desenvolver el paquete tuvo una *desilusión*. 소포를 열어보고 그는 기대가 어긋났다. ◇ **desilusionado, da** 형 실망시키는. ◇ **desilusionar** 타 실망시키다. ◇ ~se 환멸을 느끼다; 낙담하다.

desinfectar 타 소독하다. Tienes que *desinfectar* esa herida pronto. 너는 빨리 그 상처의 소독을 해야 한다.

desinterés 남 무사(無私), 욕심없음; 공평. José obró con mucho *desinterés*. 호세는 매우 공평무사하게 행동했다. ◇ **desinteresado, da** 형 이해를 초월한, 헌신적인.

desistir 자 [+de: …를] 단념하다. He *desistido* de convencerle. 나는 그의 설득을 단념했다.

desleal 형 불성실한; 불구의. Un amigo *desleal* es el mayor mal. 불성실한 친구는 최대의 재앙이다.

deslizar [9] alzar] 타 미끄러뜨리다. José me *deslizó* un billete en el bolsillo. 호세는 나의 호주머니에 지폐를 한장 집어 넣

였다. ◇ ~se ① 미끄러지다; (미끄러지듯) 움직이다·흐르다, 달리다. Las horas se deslizan lentamente. 때는 천천히 지나간다. ② 실패하다; 입을 잘못 놀리다; 도망치다. ◇ **desliz** 명 실패, 과실.

deslumbrar 타 (의)눈을 부시게 하다·현혹하게 하다. Me *deslumbraron* los faros del coche. 차의 라이트가 나의 눈을 부시게 했다.

desmayar 타 실신시키다. ◇ ~se ① 실신하다. Al oír la noticia se *desmayó* en mis brazos. 그 소식을 듣고 그는 실신하여 나의 팔에 넘어졌다. ② 낙담하다. No me *desmayo* por tan poca cosa. 그까짓 일로 나는 낙담하지 않는다. ◇ **desmayo** 명 실신; 무기력.

desmejorar 타 떨어뜨리다, 저하시키다, 해치다. 재 건강을 해치다. ◇ **desmejoramiento** 명 악화; 쇠약.

desmentir [46 sentir] 타 ① (…의) 거짓말을 폭로하다. *Desmiénteme* si puede. 가능하면 내가 말하는 것이 거짓말이라는 증거를 보여라. ② 부인하다(negar). El gobierno ha *desmentido* la noticia. 정부는 그 정보를 부인했다.

desmontar 타 해체·분해하다(descomponer). Te *desmontaré* el reloj para limpiarlo. 청소하기 위해 시계를 분해해 주겠다. 재 [빈번히 se를 뒤붙임] (탈것에서) 내리다. *Desmonta* del caballo y entra en casa. 그는 말에서 내려 집으로 들어간다.

desnaturalizar [9 alzar] 타 국적을 박탈하다; 변질시키다. ◇ **desnaturalización** 타 국적 상실; 변질.

desnivel 명 고저, 낙차(落差). Hay un pequeño *desnivel* entre el patio y la casa. 뜰과 건물 사이에 약간 낙차가 있다. *cruce a desnivel* 입체교차.

desnudar 타 발가 벗기다. La madre *desnudó* al niño de su vestido. 어머니가 어린애의 옷을 발가 벗겼다. ◇ ~se 발가벗다, 옷을 벗다. Los árboles se *desnudan* de hojas en el invierno. 겨울에 나무는 잎이 떨어져 벌거숭이가 된다. ◇ **desnudez** 여 나체, 벌거숭이. ◇ **desnudismo** 명 나체주의·운동. ◇ **desnudista** 명 나체주의자. ◇ **desnudo, da** 형 벌거벗은, 맨발의. 명 나체화.

desobedecer [30 crecer] 타 (…을) 배반하다, 따르지 않다. Muchos de los jóvenes, a veces, *desobedecen* a sus padres. 젊은이들 대부분은 때때로 부모가 말하는 것을 듣지 않는 일이 있다. ◇ **desobediencia** 여 불복종. ◇ **desobediente** 형 순탄하지 않은; 말을 잘 듣지 않는.

desocupar 타 비우다. Tienen que *desocupar* el piso en el término de quince días. 그들은 2주일 이내에 집을 비워 주어야 한다. ◇ **desocupado, da** 형 일이 없는, 한가한(libre), 공석의. Estoy *desocupado* estos días. 요즈음 나는 한가하다.

desolar [24 contar] 타 황폐시키다. ◇ **desolación** 여 황폐; 비탄.

desorden 남 ① 무질서, 난잡. Con *desorden* en la mesa no se puede trabajar. 책상위가 어지러워 일을 할 수 없다. ② 혼란, 소동. Las disputas se convirtieron en un *desorden* general. 논

desorientar 타 (방향·길을) 잘못 들게 하다; 당황하게 하다. Me *desorientó* un letrero mal puesto. 잘못 놓여진 표지(標識)가 나를 어리둥절하게 했다. ◇~**se** (방향·길을) 잘못 알다.

despacio 튀 천천히; 고요히. Por favor hable usted más *despacio*. 제발 더 천천히 말해 주세요. ◇**despacito** 튀 살짝, 천천히. Váyase *despacito*. 살짝 떠나십시오.

despachar 타 ① 처리하다; 집무하다. Tenemos que *despachar* asuntos pendientes. 우리는 미처리 사건을 처리해야 한다. ② 발송·출하·송신하다. La cuestión es que nos *despachen* completo todo el pedido. 문제는 주문한 물품을 전부 갖추어서 보내주시겠는가 하는 것입니다.

despacho 남 ① 처리. El director encargó a su secretario el *despacho* de los asuntos. 사장은 비서에게 그 사건 처리를 맡겼다. ② 발송, 출하, 송신. Hemos todo lo preciso para acelerar el *despacho*. 우리들은 출하를 서두르기 위해 필요한 모든 일을 한다. ③ 사무실(oficina); 서재(biblioteca). Dígale que pase a mi *despacho*. 그에게 내 사무실로 오라고 말해 주십시오. *despacho de billetes* 매표소.

despedir 타 ① 내다, 놓다(방출). La carne *despedía* mal olor. 그 고기는 악취를 풍기고 있었다. ② 쫓아내다(축출, 해고). *Despidieron* a José porque no trabajaba. 호세는 일하지 않았으므로 해고되었다. ③ 전송하다, 보내주다. Salió a *despedirme* a la estación. 그는 나를 전송하러 역까지 나왔다. ◇~ [+de: …에·와] 이별하다·작별하다·헤어지다. Ahora *me despido* porque ya es tarde. 이미 늦어졌으니 작별하겠읍니다. ◇**despedida** 여 이별, 전송, 환송. *reunión de despedida*. 송별회.

despegar [⑧ pagar] 타 (붙은 것·꿰맨 것을) 벗기다. El sello se *despega* fácilmente con agua caliente. 우표는 더운 물로 간단히 뗄 수 있다. 자 이륙하다[⇔aterrizar]. Esperamos a que *despegue* el avión. 비행기가 이륙하는 것을 우리들은 기다리고 있다.

despejar 타 ① [+de: …장애물을] (…에서) 치우다, 철거하다. La policía *despejó* la plaza *de* gente. 경찰이 광장에서 사람들을 쫓아냈다. ② 명확하게 하다. ◇~**se** 맑아지다. El tiempo *se está despejando*. 날씨는 점점 맑아진다.

desperdiciar [⑪ cambiar] 타 헛되이 하다, 낭비하다. No *desperdicies* esta ocasión de hacer un viaje estupendo. 멋있는 여행이 될 이 기회를 헛되이 하지마라. ◇**desperdicio** 남 쓰레기, 폐(기)물.

despertar [⑲ pensar] 타 눈뜨게하다, 깨우다. *Despiértenme* a las seis. 나를 6시에 깨워주세요. Este olor *despierta* en mí sensaciones de mi niñez. 이 냄새는 어린 시절의 느낌을 일깨워준다. 자 [빈번히 se를 뒤흔림]눈을 뜨다, 깨어나다. Esta mañana (*me*) *desperté* más temprano que de ordinario. 오늘 나는 여느 때보다 빨리 눈을 떴다. ◇**despertador** 남 자명종 (reloj despertador).

despierto, ta 형 ① 눈을 뜬. ② 영리한, 총명한, 똑똑한(listo, inteligente). Este niño es muy *despierto*. 이 어린이는 매우 영리하다.

despistado, da 형 방심상태의, 얼빠진, 건성의. Soy un *despistado*. 나는 멍하다.

desplazar [9] alzar]타 (지위·직무에서) 쫓아내다. Las nuevas generaciones *desplazan* a las viejas. 새로운 세대의 사람이 구세대를 쫓아낸다. ◇ ~**se** 출장가다. Me *desplazaré* hasta tu calle. 내가 너의 고을까지 출장가겠다. ◇ **desplazamiento** 남 출근; 출장.

desplegar [8] pagar, 19 pensar]타 ① (접은 것을) 펴다; 열다 (전개, 산개). La niña *desplegó* su pañuelo para envolver la piedra. 소녀는 돌을 싸기 위해 손수건을 폈다. ② (능력 따위를) 발휘하다. *Desplegó* mucha astucia en aquella ocasión. 그는 그 경우에 간교함을 크게 발휘했다. ◇ **despliegue** 남 전개; 발휘; 과시(誇示); 전시.

despoblado 남 폐허, 황폐한 곳.

despojar 타 [+de: …를](…로 부터) 빼앗다, 벗겨내다(박탈). Le *despojaron de* todo cuanto llevaba. 사람들은 그에게서 가지고 있던 물건을 모두 빼앗았다. ◇~**se** [+de: …를] 벗다; 버리다 (포기). *Se despojó de* su fortuna para consagrarse a Dios. 그는 신에게 헌신하기 위해 재산을 버렸다. ◇ **despojo** 남목 쓰레기, 찌꺼기; 탈취품.

desposarse 재 결혼하다. ◇ **desposado, da** 형 (결혼 직전의) 신랑, 신부. Los *desposados* partieron en viaje de luna de miel. 두 신혼 부부는 신혼여행에 출발했다.

despreciar [11] cambiar]타 경멸·경시하다. No *desprecies* a los pobres. 가난한 사람들을 경멸하지 마라. ◇ **despreciable** 형 경멸한, 불쾌한. ◇ **desprecio** 남 경멸.

desprender 타 분리시키다, 벗기다. El niño logró *desprender* los sellos del sobre sin romperlos. 소년은 찢지 않고 봉투에서 우표를 뗄 수가 있었다. ◇~**se** [+de: …를] 손떼다, 버리다. La reina *se desprendió de* sus joyas. 여왕은 보석을 내놓았다. ◇ **desprendido, da** 형 욕심없는.

despreocuparse 재 [+de: …를] 걱정하지 않다. ◇ **despreocupado, da** 형 [+de: …에] 무관심한. Era *despreocupada en* el vestir. 그녀는 옷에 무관심한 여자였다. ◇ **despreocupación** 여 허심; 구애되지않음, 무관심; 등한. Si soy feliz es por la *despreocupación* que tengo. 내가 행복하다면 그것은 내가 사물에 구애되지 않기 때문이다.

desproporción 여 불균형. Hay una gran *desproporción* de edad entre ambos esposos. 부부 사이에 연령의 큰 불균형이 있다. ◇ **desproporcionar** 타 불균형을 이루다.

despropósito 남 온당치 못한; 폭언. El orador sólo pronunció *despropósitos*. 연설자는 폭언을 내뱉았다.

desprovisto, ta 형 [+de: …가]없는, (…을) 가지지 않은. Ese

amigo es una persona *desprovista de* sentido común. 그 친구는 상식이 없는 사람이다.

después 튀 뒤에, 후에 [⊕ antes]. Años *después* se produjo en la capital una gran revolución. 수년 후에 수도에 큰 혁명이 발생했다. *después de* …후에. Saldremos a paseo *después de* comer. 식사를 한 후에 산책을 나가자.

destacar [[7] sacar] 타 ① 현저히 눈에 띄게 하다. El pintor *destaca* el edificio sobre el fondo amarillo de paisaje. 화가는 경치의 노란 배경에다 건물을 눈에 띄게 하고 있다. ② 분견·과견하다. 国 눈에 띄다, 똑똑히 보이다; 뛰어나다. Entre todos (se) *destaca* este cuadro de Goya. 모든 것중에서 고야의 이 그림이 뛰어난다. ◇ **destacado, da** 톙 현저한; 저명한; 뛰어난.

destapar 타 (…의) 뚜껑·마개를 빼다. *Destaparé* la caja para ver el regalo. 상자 뚜껑을 열고 선물을 보겠다. ◇ **-se** [+현재분사/+con: …으로] 정체가 나타나다. *Se destapó con* una propina de mil pesetas. 팁을 1,000페세타나 주었으므로 그의 정체가 드러났다.

desterrar [[19] pensar] 타 추방하다. Alfonso VI *desterró* al Cid. 알폰소 6세는 시드를 추방했다. ② 털어내다. El viento *ha desterrado* la niebla. 바람이 안개를 헤쳐버렸다.

destierro 뗭 ① 추방. El autor escribió esta novela en el *destierro*. 저자는 이 소설을 추방 중에 썼다. ② 먼곳. Ese tío vive en un *destierro* a donde es difícil ir a verle. 그 숙부는 만나러 갈 수도 없을 먼 곳에 살고 있다.

destinar 타 ① [+a: 목적·용도에] 충당하다, 쓰이게 하다. La tía *destinó* parte de sus ahorros a costear la educación de su sobrino. 숙모는 저축의 일부를 조카 교육비에 충당했다. ② 운명지우다. El príncipe estaba *destinado* a una muerte temprana. 왕자는 요절할 운명이 되어 있었다. ◇ **destinatario, ria** 뗭 받을 사람, 수취인.

destino 뗭 ① 운명, 경과 과정. Todo depende del *destino*. 모든 것은 운명대로 된다. ② 직무; 근무지, 임지(任地). Ayer se marchó a su *destino*. 어제 그는 임지로 출발했다. ③ 목적지. Faltan cinco estaciones para nuestro *destino*. 우리들의 목적지까지는 아직 역이 다섯개 남아 있다. *con destino a* …를 향하여. El vapor partirá hoy *con destino a* la Guaira. 배는 오늘 과이라로 향하여 출발한다.

destituir [[74] huir] 타 면직이 되다. No sé por qué le *han destituido*. 왜 그를 면직시켰는지 나는 모른다.

destreza 뗭 교묘함, 능숙. Hay que ver con qué *destreza* teje las palmas. 그가 얼마나 능숙하게 종려 잎을 엮는지 구경거리이다.

destrozar [[9] alzar] 타 토막내다. No comprendo cómo *has destrozado* así tu vestido. 네가 어째서 옷을 그렇게 토막토막 찢었는지 모르겠다. ◇ **destrozo** 뗭 촌단(寸斷); 손해.

destrucción 뗭 파괴; 황폐. Una sola bomba atómica puede causar la *destrucción* de una ciudad entera. 단 한개의 원자 폭탄으로 전도시를 파괴할 수가 있다. ◇ **destructividad** 뗭 파괴력,

파괴성. ◇ **destructivo, va** 파괴의, 파괴적인. ◇ **destructor, ra** 파괴하는. 명파괴자.

destruir [74huir] 타 ① 파괴하다[⑭ construir]. El incendio *destruyó* diez casas. 화재로 열 채의 집이 부서졌다. ② 파기하다. Tengan la bondad de *destruir* la lista anterior de precios. 앞의 가격표는 찢어 버리십시오.

desván 명 지붕밑방, 다락방. Guardamos en el *desván* las cosas en desuso. 우리들은 쓰지 않는 물건을 다락방에 넣는다.

desvanecer [30 crecer] 타 모호하게 하다; 끄다(소릴, 소멸). El viento *desvaneció* la bruma. 바람이 아지랑이를 헤쳐버렸다. ◇ ~**se** ① 몽롱해지다, 아물거리다. ② (불안·의심이) 사라지다, 맑아지다. Se *desvanecieron* mis sospechas. 나의 의심은 사라졌다. ③ 정신이 흐려지다. Al oír la mala noticia *me desvanecí*. 그 나쁜 소식을 듣고 나는 정신이 흐려졌다.

desvelar 타 잠못들게 하다, 밤을 새우다. Me *desvelan* los cuidados. 걱정거리로 나는 잠이 오지 않는다. ◇~**se** [+por : …를 위하여] 힘껏 일하다. *Se desvelan por* que no nos falte nada. 그들은 우리들에게 아무런 부자유가 없게 하려고 진력한다.

desvelo 명 ① 불면(不眠). No tomo café por la noche porque me produce *desvelo*. 잠이 오지 않으므로 나는 밤에 커피를 마시지 않는다. ② 진력.

desventaja 여 손해, 불리(한 입장). Esta casa es más grande, pero tiene la *desventaja* de que está más lejos. 이쪽 집이 크지만, 더 멀리 있다는 불리한 점도 있다.

desviar [12 enviar] 타 빗나가게 하다(일탈, 편향, 전향); 단념시키다. El viento *desvió* la flecha. 바람때문에 화살이 빗나갔다. ◇~**se** 빗나가다, 벗겨지다; 방향·진로를 바꾸다. *Te estás desviando* del tema. 너는 주제에서 빗나가고 있다. ◇ **desvío** 명 빗나감, 편향, 편차; 열길, 돌아다니는 길; 애정의 냉각.

detallar 타 상세히 설명·기술하다. Ustedes no *detallaron* los pesos exactos de cada caja. 귀하는 각 상자의 정확한 중량을 상세히 기술해 주지 않았읍니다. ◇ **detalle** 명 상세, 세목, 세부.

detención 여 ① 정지, 억지; 정체. Tenemos que llegar allí sin *detención*. 우리들은 우물쭈물하지 말고 그곳에 도착해야 한다. ② 유념; 유의. El médico me examinó con *detención*. 의사는 나를 천천히 진찰해 주었다. ③ 유치, 구류.

detener [58 tener] 타 ① 말리다, 만류하다, 억제하다. No quiero *detener*le. 만류하고 싶지 않습니다. ② 구류·유치하다. La policía *ha detenido* a esos cinco ladrones. 경찰은 그 다섯명의 도둑을 구금했다. ◇~**se** ① 멈추다(pararse). *Se detuvo* un coche delante de puerta. 문앞에서 차가 멈추었다. ② 시간이 걸리다, 유유자적하다. Mi mujer *se detiene* mucho en arreglarse. 내 아내는 아주 천천히 몸치장을 한다. ◇ **detenido, da** 형 우유부단한, 소심한. 명 피구유자. ◇ **detenidamente** 부 천천히, 신중하게.

deteriorar 타 손상시키다. Con la lluvia se *deterioran* los zapatos. 비 때문에 (젖어서) 구두가 상한다. ◇ **deterioro** 명 손상,

훼손.

determinar 印 ① 결정·결심하다(decidir). He determinado partir el día 10 de abril. 나는 4월 10일 출발하기로 결정했다. ② 결심시키다. Esas noticias me determinaron a marchar. 그 소식이 나를 출발하도록 결심시켰다. ◇~se ① 결정되다. Se determinarán las condiciones el mes que viene. 다음 달에는 조건이 결정될 것이다. ② [+a : …를] 결심하다. ¿Ya te has determinado a marchar? 너는 출발할 결심을 했느냐. ◇ **determinación** 여 결정, 결심(decisión). Hay que tomar una determinación. 모종의 결심을 해야 한다. ◇ **determinado, da** 형 ① 특정의. Quisiera que me asignasen un trabajo determinado. 어떤 특정한 일을 배정해 주셨으면 하는데요. ② 대담한, 과감한. ③【법】한정된. ◇ **determinante** 형 결정적인.

detestar 印 미워하다, (심히) 싫어하다. Mi tío detesta la hipocresía. 숙부는 위선을 대단히 싫어한다. ◇ **detestable** 형 번거로운, 싫은.

detrás 틘 배후에; 뒤에. El jardín está detrás. 뜰이 뒤에 있다. Se escribe el apellido, y detrás separado por una coma, el nombre. 성을 쓰고, 그 다음 커머로 끊고 이름을 쓴다. detrás de …의 뒤에. Detrás del mostrador está el administrador. 카운터 뒤에 매니져가 있다. por detrás 배후에·로 부터. La casa da por detrás al mar. 집은 뒤가 바다에 면해 있다.

deuda 여 ① 빚. Me cobraron un interés del 5% sobre el total de la deuda. 나는 채무전액에 대하여 5퍼센트의 이자를 주었다. ② 부채, 은의(恩誼). Estoy en deuda de una explicación con él. 나는 그에게 무엇인가를 설명할 의무가 있다. deuda pública 공채. ◇ **deudor, ra** 형 채무자.

devoción 여 신앙, 경건; 숭배. Siente devoción por todo lo artístico. 그는 모든 예술적인 것을 숭배한다.

devolver [29, 과거분사 devuelto]印 (예전으로) 되돌리다, 돌려지다. Vengo a devolver el dinero que recibí prestado el otro día. 빌린 돈을 돌려 드리려 왔습니다. Me ha devuelto el saludo afectuosamente. 그는 애정을 담아서 사례하여 주었다.

devorar 印 탐하다, (탐내어) 먹다·읽다·보다. No devores la comida; masca despacio. 음식을 허겁지겁 먹지 말고, 천천히 씹으세요.

devoto, ta 형 신앙심 깊은; 숭배한, 경건한. La abuela es muy devota de la Virgen. 할머니는 성모에게 매우 신앙심이 깊다. 형 신앙심 있는 사람; 숭배자.

di ① dar의 직설법 부정과거 1인칭 단수. ② 말해라.

día 남 ① 날. Un día me lo contó la abuela. 어느날 조모님께서 그것을 이야기해 주셨다. Unos días después volví a verlo. 나는 수일 후 다시 그를 만났다. José trabajó todo el día. 호세는 온종일 일했다. ② 낮, 낮동안. Ya empeaba a declinar el día. 호세는 밤에 일하고, 낮에는 쉬었다. Buenos días (오전 중의 인사) 안녕하십니까. todos los días 날마다(cada día). En esta época llueve todos los días. 이 시기에 날마다 비가 온다. al día *siguiente* 다음날. Yo la visité *al día siguiente*. 다음날 그녀를 방문했다. *otro día / algún día* 다른날, 언젠가. Volveré *otro día*. 언제가 또 오겠읍니다. *el otro día* 지난번, 일전에, 언제인가.

diabetis 예 〖의학〗 당뇨병.

diabetología 예 〖의학〗 당뇨병학.

diablo 남 악마; 빈틈없는 어린이. El *diablo* tentó a Jesucristo en el desierto. 악마는 예수 그리스도를 사막에서 유혹했다. ◇ **diabólico, ca** 형 악마적인, 간교한.

diáfano, na 형 투명한. Esta taza es *diáfana*. 이 찻잔은 투명하다. ◇ **diafanidad** 예 투명, 투명성, 투광도.

diagrama 남 그래프, 도표.

dialéctico, ca 형 변증법적인; 궤변의. 남 궤변가; 변증가.

dialecto 남 방언, 사투리. El leonés es un *dialecto* del castellano. 레온말은 카스틸랴말의 방언이다.

diálogo 남 대화, 회담. Hemos tenido un *diálogo* sobre la historia iberoamericana. 우리들은 중남미사에 관해 대화를 나누었다. ◇ **dialogar** [동 pagar] 자 회담하다.

diamante 남 다이아몬드. Para cortar el cristal se usa el *diamante*. 유리를 끊는데 다이아몬드가 쓰인다.

diámetro 남 〖기하〗 직경. El *diámetro* es igual a dos radios. 직경은 반경의 두배와 같다.

diario, ria 형 나날의, 매일의. Las amas de casa, compran aquí provisiones *diarias*. 주부들은 여기서 매일 식료품을 산다. 남 ① 신문(일간지). Tráeme un *diario*. 신문을 한장 가져오게. ② 일기, 일지(日誌). *a diario* 매일. Distribuimos *a diario* la leche a domicilio. 우리들은 우유를 날마다 댁으로 배달하고 있읍니다. ◇ **diarero** 남 신문팔이. ◇ **diarismo** 남 저널리즘 (periodismo). ◇ **diarista** 남 신문기자, 저널리스트(periodista).

dibujar 타 (선으로) 그리다; 소묘하다. El niño *dibuja* muy bien. 그 어린이는 그림을 매우 잘 그린다. ◇ **~se** 그려지다; (희미하게) 나타나다. Sobre el horizonte *se dibujó* un barco. 수평선에 배 한 척이 나타났다. ◇ **dibujante** 남 삽화·동화의 화가; 도안사. ◇ **dibujo** 남 ① 선화(線畵); 삽화. ② 모양, 도안. Esos cacharros tienen *dibujos* geométricos. 도기류·화병에는 기하학 무늬가 들어있다. *dibujos animados* 동화(動畵).

diccionario 남 사전. Consulté en el *diccionario* el significado de la palabra. 나는 그 말의 뜻을 사전에서 찾았다. ◇ **diccionarista** 남 사전 편집자(lexicógrafo).

diciembre 남 12월.

dictador 남 독재자; 집정관. ◇ **dictadura** 예 독재·집정 정치(시대). No duró mucho su *dictadura*. 그의 독재 정치는 길게 계속되지 않았다.

dictáfono 남 녹음기.

dictamen 남 의견(opinión), 생각. La comisión emitió su *dictamen*. 위원회는 그의 의견을 발표했다.

dictar 타 ① 구술하다. El ministro *dictó* una carta a su secretaria. 장관은 비서에게 편지를 한 통 구술했다. ② (양심·이성 따

위가) 명하다. Hice lo que me *dictó* el sentido común. 나는 상식이 명령하는 일을 했다. ③ (법령 따위를) 공포하다. ◇ **dictado** 囝 ① 구술; 받아쓰기. Tenía buena nota en *dictado*. 나는 받아쓰기가 좋은 성적이었다. ② (양심·이성 따위가) 명령함.

dicha 囝 행복(felicidad), 행운(buena suerte, ventura). Puedo brindarte *dichas* sin fin. 나는 무한한 행복을 너에게 바칠 수가 있다. ◇ **dichosamente** 閈 행복하게(felizmente). ◇ **dichoso, sa** 閺 행복한(feliz). *¡Dichosos* los ojos que le ven! [오랫만에 만나는 사람에 대한 환영] 당신을 보는 눈은 행복하구려!

dicho, cha [decir의 과거분사] 閺 (관사를 뒤따르는 일이 없음) 전기의, 전술의. Hemos dejado de fabricar *dicho* artículo. 우리들은 앞의 상품 제조를 그만 두었다. 囝 말한 말; 경구. Del *dicho* al hecho hay mucho trecho. 말하는 것과 행하는 것은 크게 다르다. *mejor dicho* 소위, 다시 말하면.

diecinueve 囵 19의; 19번째의. 囝 19.

dieciocho 囵 18의; 18번째의. 囝 18.

diecis is 囵 16의; 16번째의. 囝 16.

diecisiete 囵 17의; 17번째의. 囝 17.

diente 囝 【신체】이. José castañeteó los *dientes*. 호세는 이를 딱딱 소리내었다.

diesel 囝 디젤 기관(motor diesel).

diestro, tra 囵 오른쪽의(derecho). 囝 오른쪽(derecha).

dieta 囝 ① 식이요법; 규정식(規定食). El médico le puso una *dieta* severa para que adelgazara. 의사는 그녀에게 살빼기 위한 엄한 식이요법을 행했다. ② (일본·북부유럽 제국의) 의회(parlamento), 국회.

diez 囵 10의; 10번째의. 囝 10.

diferenciar [11] cambiar] 囜 구별·차별하다. No *diferencia* el verde y el rojo. 그는 초록과 빨강을 구별하지 못한다. 쥐 [빈번히 se를 뒤딸림] 다르다, 상위하다, 일치하지 않다. Las dos hermanas gemelas no *se diferencian* en nada. 두 쌍둥이 자매는 조금도 다른 곳이 없다.

diferente 囵 ① [+de : ···와] 다른, 틀린. Cada día es *diferente del* anterior. 어느날이나 그 전날과는 다르다.. ② 閈 여러가지의, 몇개인가의. La cuestión presenta *diferentes* aspectos. 그 문제는 여러가지 면을 보인다. ◇ **diferencia** 囝 ① 차이, 상위. ¿Qué *diferencia* hay entre los dos hermanos? 그 두 형제간에 어떤 차이가 있는가? ② (의견·성격의) 불일치; 불화, 싸움. Explíquenme sus *diferencias*. 당신들이 일치하지 못하는 점을 설명해 주십시오.

diferir [47 herir] 囜 연기하다. Conviene que *difiramos* la reunión por unos días. 우리들은 그 회의를 며칠 연기하는 편이 좋다. 쥐 [+de : ···와] 다르다. El estilo de su última obra *difiere mucho de* las anteriores. 그의 이번 작품의 문체는 이전의 여러 작품의 그것과 많이 다르다.

difícil 閺 곤란한, 어려운[⇔ fácil]. Este libro es *difícil* de enteder. 이 책은 이해하기가 어렵다. ◇ **difícilmente** 閈 겨우,

애써서, 어렵게(con dificultad). José *difícilmente* arrancó el clavo. 호세는 못을 겨우 뺐다.

dificultad 예 ① 어려움, 곤란, 고생. [@ facilidad]. De ahora en adelante ya no habrá *dificultad* de ninguna clase. 이제 앞으로는 어떤 곤란도 없을 것이다. ② 난점, 지장.

difteria 예【의학】디프테리아.

difundir 囲 넓히다(확산; 유포, 보급, 전파), 펴다. La radio *ha difundido* la enseñanza. 라디오는 교육을 보급시켰다. ◇~**se** 퍼지다. La nube fue *difundiéndose* hasta desaparecer. 구름이 퍼져가더니 이윽고 사라졌다.

difunto, ta 휑 죽은. 고인. Ese día rezamos por los *difuntos* de nuestra familia. 우리들은 그날 가족의 고인을 위해 기도한다.

difusión 예 확산; 보급; 산만. El señor López nos ayudó mucho en la *difusión* de nuestra marca en su país. 로뻬스씨는 그의 국내에서 폐사의 제품 보급에 크게 전력해 주었다.

difuso, sa 휑 ① 산만한, 요령부득인. Su proposición es muy vaga y *difusa*. 당신의 제안은 막연하고 요령부득이다. ② 널리 퍼진, 유포된.

difusora 예 방송국(estación de radio).

digerir [47] herir] 囲 소화하다. Hay comidas que no se *digieren* bien. 잘 소화되지 않는 식품이 있다. ◇ **digestión** 예 소화[@ indigestión]. ◇ **digestivo, va** 휑 소화촉진제.

digno, na 휑 ① 품위·품격이 있는; 훌륭한(excelente). Mis amigos son todos unas personas muy *dignas*. 내 친구들은 모두 훌륭한 사람들이다. ② [+de: …에] 걸맞는; 상당한. José recibirá el *digno* premio. 호세는 그에게 걸맞는 상을 받을 것이다. Yo procuraré ser *digno* de recibir ese honor. 나는 그 명예를 받을 가치가 있는 사람이 되도록 노력하겠다. ◇ **dignidad** 예 품위, 품격. ◇ **dignitario** 囲 고귀한 사람; (정부의)고관, 고위 성직자.

diga ① decir의 접속법 현재 1·3인칭 단수. ② 말씀하십시오;[전화에서 받는 측이] 여보세요.

digáis decir의 접속법 현재 2인칭 복수.

digamos decir의 접속법 현재 1인칭 복수.

digan decir의 접속법 현재 3인칭 복수.

digas decir의 접속법 현재 3인칭 단수.

digo decir의 직설법 현재 1인칭 단수.

dije decir의 직설법 부정과거 1인칭 단수.

dijeron decir의 직설법 부정과거 3인칭 복수.

dijimos decir의 직설법 부정과거 1인칭 복수.

dijiste decir의 직설법 부정과거 2인칭 단수.

dijisteis decir의 직설법 부정과거 2인칭 복수.

dijo decir의 직설법 부정과거 3인칭 단수.

dilatar 囲 ① 넓히다(확대); 팽창시키다. El calor *dilata* los cuerpos. 열은 물체를 팽창시킨다. ②【끌어】늘리다. La intervención de oradores con los que no se contaba *dilató* la sesión. 수에 들어있지 않았던 연설자의 참가는 회의를 연장시켰다. ◇~

diligente 형 ① 근면한, 부지런한(aplicado, trabajador). Fue siempre *diligente* en el trabajo. 그는 언제나 일에 근면했다. ② 기민한; 성급한. Muy *diligente* vienes a pedirme dinero. 너는 재빨리 돈을 받으러왔군. ◇ **diligencia** 여 ① 근면, 기민, 민활. Pon *diligencia* en lo que haces, y acabarás pronto. 하고 있는 일을 열심히 하여라; 그러면 빨리 끝낼 것이다. ② 절차, 처리; 업무. He pasado la mañana en diversas *diligencias* en el ministerio. 나는 관청에서 여러가지 절차를 밟으면서 오전을 지냈다. ③ 역마차.

dilema 남 ① 디렘마, 진퇴양난.

dimensión 여 크기; 【수학】차원. Apreciamos con la vista la forma y *dimensiones* de las cosas. 우리들은 시각으로 물체의 형상이나 크기를 안다. ② 규모. Grandes fueron las *dimensiones* de la catástrofe. 재해의 규모는 대단한 것이었다. ◇ **dimensional** 형 크기의, 용적의.

diminutivo, va 형 【문법】지소(指小)의, 축소의. 남 지소사, 축소사; 애칭어.

dimitir 자 사직·사임하다(resignar). *Ha dimitido* de presidente de la comisión. 그는 위원회의 위원장을 사임했다. ◇ **dimisión** 여 사직(resignación), 사임. *dimisión en pleno* 총사직.

dinamarqués, sa 형 덴마크(Dinamarca)의. 명 덴마크사람. 남 덴마크어.

dinámico, ca 형 역학(상)의; 정력적인, 활동적인. Un joven *dinámico* e inteligente triunfa siempre. 머리가 좋은 정력적인 청년이 언제나 이긴다. 여 역학. ◇ **dinamismo** 남(원)동력; 생동력, 활동력.

dinamo/dínamo 남또는여 발전기.

dinamita 여 다이너마이트.

dinastía 여 왕조, 왕가. ◇ **dinasta/dinastes** 남 군주. ◇ **dinástico, ca** 형 왕조의, 왕가의, 왕당파의.

dinero 남 돈, 금전. Para mí cien pesetas son mucho *dinero*. 나에게는 100 페세타도 큰 돈이다. *dinero suelto* 잔돈.

dios 남 [D-;기독교의] 신. A quien madruga, *Dios* le ayuda. 부지런한 사람을 돕는다(아침 일찍 일어나는 사람을 신은 돕는다). *a Dios gracias* 고맙게도. *Dios mediante* 지장이 없다면; 아마도. *por Dios* 부디; 저런저런[부탁·놀람]. ¡*Sabe Dios*! 대단히 의심스럽다. ¡*Vaya con Dios*! 안녕히 가십시요.

diploma 남 졸업·수료증서; 상장. Es licenciada; yo mismo he visto el *diploma* en su despacho. 그녀는 학사이다; 내 자신이 그녀의 사무실에서 졸업증서를 보았다.

diplomacia 여 ① 외교, 외교단·술. ② 외교사령, 흥정. Me habló con mucha *diplomacia*. 그는 나에게 매우 외교적인 말투를 하였다. ◇ **diplomático, ca** 형 외교(관)의; 외교적인. 남 외교관. Mi abuelo fue *diplomático* de profesión. 내 할아버지는 직업 외

교과이었다.

diptongo 圄 【문법】 이중모음.

diputado, da 圀 대표위원, 의원; 국회의원(parlamentario). Mi padre era entonces *diputado* provincial. 나의 부친은 당시 도의원이었다. ◇ **diputación** 㘩 도의회, 주의회.

dique 圄 ① 제방, 방파제. El puerto está bien protegido por *diques*. 항구는 방파제로 충분히 지켜져 있다. ② 도크. *dique seco* 건(乾) 도크.

dirá decir의 직설법 미래 3인칭 단수.

dirán decir의 직설법 미래 3인칭 복수.

dirás decir의 직설법 미래 2인칭 단수.

diré decir의 직설법 미래 1인칭 단수.

dirección 㘩 ① 방향. Fuertes vientos soplan en *dirección* de las montañas. 강풍이 산의 방향으로 분다. ② 주소(señas), 보낼 곳. Debemos su *dirección* e industria de Caracas. 귀사의 주소를 까라까스상공회의소에 의해 알았습니다. ③ 지휘; 관리, 감독. José se ocupó personalmente de la *dirección* de los trabajos. 호세는 직접 일의 감독에 나섰다. ④ 관리부, 감독국. Vaya usted a la *Dirección* General de Turismo. 관광(총)국으로 가세요.

directo, ta 圀 ① 직접의. Nos dedicamos a la importación *directa* de lana. 폐사는 양모의 직수입에 종사하고 있다. ② 똑바른; 직행의, 직통의. A Las Palmas usted llegaría en unas tres horas en vuelo *directo*. 직행 비행편으로 당신은 약 세시간이면 라스빨마스에 도착할 것이요. ◇ **directamente** 㘩 직접; 돌연; 똑바로. Ven *directamente* a casa. 집에 바로 오세요.

director, ra 圀 지휘자, 지배인, 교장, 사장, 소장, 원장. El *director* de esta orquesta es un compositor mundial. 이 오케스트러지휘자는 세계적인 작곡가이다. ◇ **directrices** 㘩 㘩 지도(원리), 지령.

diréis decir의 직설법 미래 2인칭 복수.

diremos decir의 직설법 미래 1인칭 복수.

diría decir의 가능법 1・3인칭 단수.

diríais decir의 가능법 2인칭 복수.

diríamos decir의 가능법 1인칭 복수.

dirían decir의 가능법 3인칭 복수.

dirías decir의 가능법 2인칭 단수.

dirigir 㘭 exigir 㘭 ① 향하게 하다. *Dirigió* la mirada hacia la escalera. 그는 시선을 계단쪽으로 돌렸다. ② 인도하다, 유도하다. El guardia me *ha dirigido* por aquí. 수위가 나에게 이곳으로 안내해 주었다. ③ [+a : …앞으로](서장을) 쓰다. Le rogamos que *dirija* a la nueva dirección toda su correspondencia para nosotros. 폐사로 보내는 통신물은 모두 새로운 주소로 내 주시도록 부탁합니다. Este paquete va mal *dirigido*. 이 소포에는 주소가 틀려 있다. ④ 지도・감독하다, 지휘・통솔하다. José *dirige* una compañía de comestible. 호세는 어느 식료품회사의 사장을 하고 있다(통솔하다). ◇ **~se** ① 향하다; …로 가다.

Desde allí *se dirigió* hacia Málaga. 그곳에서 그는 말라가로 향했다. ② 말을 걸다; 편지를 내다. *Me dirijo* a ustedes con el fin de informarles de la carta en cuestión. 문제의 편지에 대해 알려드릴 목적으로 편지를 귀사에 올립니다. ◇ **dirigente** 圐 지도자, 리더(líder).

discernir [21] cernir] 咃 판벌하다. No siempre sabemos *discernir* entre el bien y el mal. 우리들은 반드시 선과 악을 판별할 수만은 없다. ◇ **discernimiento** 圐 판단력; 식중.

disciplina 圐 ① 규율, 훈련. La *disciplina* es esencial en la comunidad. 규율은 공동생활에서는 필수적이다. ② 필수과목. Estudió todas las *disciplinas* académicas del curso. 그는 그 과정의 필수과목을 모두 이수했다. ◇ **disciplinado, da** 圀 규칙 바른; 훈련된.

discípulo, la 圐 ① 제자. Jesús llamó a los doce *discípulos* y comenzó a enviarlos de dos en dos. 예수는 12인의 제자를 불러, 두 사람씩 파견하기 시작했다. ② 학생(alumno, estudiante, escolar). Los *discípulos* estaban de charla rodeando a su maestro. 학생들은 선생을 둘러싸고 잡담을 하고 있었다.

disco 圐 ① 원형인 것. El sol asoma su *disco* majestuoso sobre los bosques. 태양은 그 장엄한 둥근 얼굴을 숲위에 기울거렸다. ② (경기용의) 원반; (축음기의) 레코드; (교통신호의) 시그날. El *disco* está en rojo. 신호는 빨간색으로 되어 있다. ③ (전화의) 다이알. Empiece usted por marcar el 2 en el *disco* del aparato. 처음에 전화기의 다이알 2를 돌려 주세요.

discordia 메 불화, 불일치. ◇ **discordar** [24] contar] 困 조화가 되지 않다. ◇ **discordante** 휑 의견이 맞지 않는, 고르지 못한.

discreto, ta 휑 ① 신중한, 빈틈없는. Me llamó la atención por lo *discreto*. 그는 신중한 점으로 나의 주의를 끌었다. ② 입이 무거운, 비밀을 지키는. Es una persona confidente y *discreta*. 그는 신뢰할 수 있고 비밀을 지키는 사람이다. ◇ **discreción** 메 신중, 빈틈없음; 비밀(secreto). *discreción absoluta* 극비.

disculpar 咃 ① 용서하다. Le ruego que me *disculpe* mi tardanza. 내가 늦은 것을 용서해 주십시오. ② [+con : …에 관하여] 변명하다. *Discúlpame* como puedas *con* el ama. 부인에게 비가 되도록 내 일을 변명해 다오. ◇ ~se ① [+por : …의 일을] 변명하다. *Se disculpó por* no haberme avisado. 그는 나에게 알리지 않았던 일을 변명했다. ② [+de : …를] 거부하다(negar). *Se disculpó de* asistir a la fiesta. 그는 행사에 대한 출석을 거부했다. ◇ **disculpa** 메 변명.

discurrir 困 ① 돌아다니다. ② (물・때가) 흐르다. Los días *discurren* como las aguas del río. 날이 냇물처럼 흐른다. ③ 깊이 생각하다. ¿En qué estás *discurriendo*? 너는 무슨 일을 생각하고 있느냐. 咃 고안하다. Estos chiquillos no *discurren* nada bueno. 이 어린이들은 좋은 일은 생각하지 않는다.

discurso 圐 ① 연설. El acto se inauguró con un *discurso* del director. 식은 교장의 연설로 시작되었다. ② 사고(력); 추리. ③ 때의 경과.

discusión 여 ① 토의, 토론. El otro día sostuve una *discusión* con José a propósito de este asunto. 나는 전번에 이 사건에 관해 호세와 토론했다.

discutir 타 토론·토의하다; 언쟁하다. No quiero *discutir* su precio con usted. 나는 당신과 그 값 때문에 언쟁하고 싶지 않소.
◇ **discutible** 형 논의할, 문제되는.

disección 여 해부; 박제.

disertar 타 논평하다. El conferenciante *disertó* acerca de la policía del gobierno. 강연자는 정부의 정책에 대해 논평했다.
◇ **disertación** 여 론; 논문; 논설, 평론.

disfavor 남 싫어함, 마음에 안듦; 냉대; 인기없음.

disfraz [복 disfraces] 남 ① 변장; 가장. Mañana hay baile de *disfraces*. 내일은 가장무도회가 있다. ② 위장. Usan cascos pintados de verde como *disfraz*. 그들은 위장하기 위하여 초록색으로 칠한 헬멧을 사용한다. ③ 숨김. Siempre me habla sin *disfraz*. 그는 언제나 솔직하게 말해 준다.

disfrazar 타 ① 변장시키다; 위장하다. *Disfrazó* su severidad con las amables palabras. 그는 상냥한 말로 엄격함을 감추었다. ◇ **~se** [+de : …로]변장하다; 위장하다. Se disfrazó de marinero para poder entrar allí. 그는 그곳에 들어갈 수 있도록 선원으로 변장했다.

disfrutar 타 [주로 재; +de : …를] 받아서·가지고 있다(향유); 즐거워하다. Gracias a Dios *disfrutamos* (*de*) buena salud. 고맙게도 우리들은 건강을 향유하고 있다. En México se *disfruta de* una eterna primavera. 멕시코에서는 사람들은 상춘(常春)을 즐기고 있다.

disgustar 타 불쾌하게 하다 [⇔ gustar]. Le *disgustó* mucho que no le saludaran. 모두들 그에게 인사하지 않으므로 그는 매우 불쾌했다. ◇ **~se** [+de·por : …로] 불쾌하여서, 마음에 들지 않다; 사이가 나빠지다. *Se disgusta* si no recurrimos a él para que nos ayude. 그는 우리들이 도와 달라고 부탁하러 가지 않으면 불쾌해 한다. ◇ **disgusto** 남 불쾌, 싫은 일. Me da muchos *disgustos*. 그는 번번이 나를 불쾌하게 만든다.

disimular 타 ① (위장해서) 감추다, 속이다(위장). Al verme *disimuló* su llanto. 나를 보자 그는 눈물을 감추었다. ② 묵인·허용하다 (permitir). La abuela *disimulaba* todas las faltas de él. 할머니는 그의 과실을 모두 묵인하고 있었다. ③ 모른체하다. Aunque sabía que se dirigía a mí, yo *disimulaba*. 그가 나에게 말을 걸고 있음은 알고 있었으나 나는 시치미를 떼고 있었다. *hacerse el disimulado* 시치미떼다. No *te hagas la disimulada*, niña. 애야, 시치미, 시치미떼지 마라. ◇ **disimulo** 남 위장, 아닌체함, 시치미뗌.

disipar 타 소산시키다; 낭비하다(malgastar). El sol *había disipado* la niebla. 태양으로 안개가 사라졌다. ◇ **~se** ① 사라져 버리다. El alcohol *se disipa* fácilmente. 알콜은 바로 휘발한다. ② (안개·의심이) 없어지다. *Se disipó* la sospecha. 그 의심은 없어졌다.

disminuir [74 huir] 타 감소시키다, 적게 하다. El automóvil *disminuyó* la velocidad. 자동차는 감속했다. 자 감소하다, 쇠퇴하다. En verano *disminuyen* las aguas de los ríos. 여름에는 냇물이 줄어든다. ◇ **disminución** 여 감소, 축소; 에누리, 할인 (descuento, rebaja).

disolución ① 용해. La *disolución* del azúcar en el agua es facilitada por el calor. 물에서 설탕의 용해는 열에 의해 용이하게 된다. ② 해산, 해소. La discordia fue causa de la *disolución* del matrimonio. 의견의 불일치는 결혼 해소의 원인이 되었다.

disolver [25 volver; 과거분사 disuelto] 타 ① 녹이다. La gasolina *disuelve* la grasa. 개솔린은 기름을 녹인다. ② 해산·해소하다. El presidente *ha disuelto* el congreso nacional. 대통령은 국회를 해산했다. ◇~**se** 녹다; 해산·해소하다. La asociación *se disolvió* hace poco. 그 회는 최근 해산했다.

disparar 타 발사하다; 던지다(tirar). José *disparó* su pistola. 호세는 권총을 발사했다. ◇~**se** 뛰어 나오다, 내달리다. El muchacho *se disparó* hacia su madre. 소년은 모친 쪽으로 내달렸다. ◇ **disparo** 남 발사, 총소리.

disparate 남 엉터리. No digas *disparates*, que se reirán de ti. 엉터리 같은 말을 하지 마라; 남에게 조롱당한다.

dispensar 타 ① 허용하다, 용서하다(perdonar). *Dispénseme* usted de haberle hecho esperar tanto tiempo. 오래 기다리시게 해서 미안합니다. ② 주다, 허여하다. Les agradezco la confianza que me *han dispensado*. 믿어 주셔서 (받은 신뢰를) 감사합니다.

dispersar 타 흐트러뜨리다, 분산·산개시키다. No debes *dispersar* los esfuerzos entre varias cosas. 너는 여러 가지 일에 노력을 분산시켜서는 안된다. ◇~**se** 흐트러지다(분산, 산개); 도망쳐 흐트러지다. Los soldados *se dispersaron* por la ladera. 병사들은 산기슭에 분산했다. ◇ **dispersión** 여 분산, 산개; 이산, 궤주(潰走).

disperso, sa 형 흐트러진, 분산한, 산개한. Los papeles están *dispersos* por el suelo. 종이가 마루에 흐트러져 있다.

disponer [60 poner; 과거분사 dispuesto] 타 ① 배치하다. José tiene arte para *disponer* los escaparates. 호세는 진열장 배치를 하는 재주가 있다. ② 준비하다(preparar). *Dispondré* comida para cinco personas. 나는 5인분의 식사를 준비하겠다. ③ 처리·처치하다. El alcalde *ha dispuesto* que se suspenda la fiesta. 시장은 파티를 중지하도록 조치했다. 자 [+de…: …를] 자유로 이용·처리하다. ¡*Disponga* de mi casa como si fuese suya! 편히 앉으세요(나의 집을 당신의 집처럼 자유로 이용하십시오)! ◇~**se** [+a·para+「동사원형」: …의] 준비를 하다, 셈으로 있다. *Disponte para* marchar en seguida. 곧 출발 준비를 하십시오.

disponible 형 자유로 이용·처리할 수 있는. Le mostraré lo que queda *disponible*. 가지고 있는 것을 보여 드리겠습니다.

disposición 여 ① 배치. No me gusta la *disposición* de los muebles. 가구의 배치가 마음에 들지 않는다. ② 용의, 준비; 심상, 기분. Ya estoy en *disposición* de salir. 나는 벌써 외출할 준비가 되어 있다. ③ 처리, 처치. A sus años no tiene aún la libre *disposición* de sus bienes. 그 나이로는 아직 자기의 재산을 자유로 처분할 수 없다. ④ 소질, 재능(talento). *a disposición de* …의 자유(처리)에 맡겨서. Tenía *a su disposición* dos caballos. 그는 자유로이 할 수 있는 말을 두 필 가지고 있었다.

dispuesto, ta [disponer의 과거분사]형 ① [+a·para : …의] 준비가 갖추어진. La comida está *dispuesta*. 식사는 준비되어 있다. ② [+a+「동사원형」: …할] 셈인, 용의가 있는. Estoy *dispuesto a* ayudarle en todo lo que pueda. 나는 되도록 그를 원조할 셈이다. ③ 소질·재능이 있는. Carlos es un muchacho muy *dispuesto* para las matemáticas. 까를로스는 수학에 재능이 많은 소년이다. ④ [bien +]기분이 좋은; [mal+]기분이 나쁜. Hoy está mal *dispuesta*. 오늘 그녀는 기분이 우울하다.

disputar 타(가지려고) 싸우다, 경쟁하다(competir). Los dos países *disputaban* aquella tierra. 양국은 그 땅을 손에 넣으려고 싸웠다. 재 [+por : …를 가지려고] 싸우다. ◇ ~se 서로 빼앗다. Madre e hija, muy airadas, *se disputaron* un paño, del que tiraban ambas. 모친과 딸은 흥분해서 옷감을 서로 빼앗고, 그것을 잡아당기고 있었다. ◇ **disputa** 여 싸움, 논의(論議). Esta niña es sin *disputa* la mejor de la clase. 이 소녀는 의심없이 학급에서 첫째이다.

distanciar [[1] cambiar] 타 막다, 멀리 띄우다. Desde que tuvimos aquella discusión estamos algo *distanciados*. 그 논쟁을 하고 나서 우리들은 약간 사이가 벌어졌다.

distante 형 사이가 벌어진; 먼(lejano). La estación está poco *distante* de la casa. 역은 집에서 별로 멀지 않다. ◇ **distancia** 여 거리(trayecto). ¿Qué *distancia* hay de aquí al aeropuerto? 여기서 공항까지 거리가 얼마쯤 되는가. La casa se veía a dos kilómetros de *distancia*. 집은 2킬로미터 거리에 있었다.

distar 재 [+de : …로 부터] 떨어져 있다. Madrid *dista de* El Escorial cincuenta y un kilómetros. 마드리드는 엘에스꼬리알 에서 51킬로미터 떨어져 있었다.

distinción 여 ① 식별, 구별; 차별. No encuentro *distinción* entre esta maleta y ésa. 이 가방과 그것의 구별을 못하겠다. ② 탁월, 기품. El vive pobremente, pero tiene no sé qué de *distinción*. 그는 가난하게 살지만, 어딘지 모르게 기품이 있다.

distinguir [[5] extinguir] 타 ① 판별하다, 식별하다. No puedo *distinguir* nada en la oscuridad. 어두워서 아무 것도 보이지 않는다. ② 차별(대우)하다. Ella te *distingue* claramente. 명백하게 그녀는 너를 특별대우하고 있다. ◇ ~se 식별·구별되다; 현저하다. *Se distinguía* entre todas por su belleza. 그녀는 여럿 중에서 미모가 출중했다. ◇ **distinguido, da** 형 뛰어난, 저명한. Su abuela era de una familia *distinguida* y noble. 그의 할머니는 저명한 귀족 가문의 출신이다.

distintivo, va 형 특정적인. La característica *distintiva* del hombre es la libertad. 사람의 특질은 자유이다. 명 목표; 기장(記章). En la gorra siempre llevo el *distintivo* del club. 나는 언제나 모자에 클럽의 기장을 붙이고 있다.

distinto, ta 형 ① [+a·de : …와] 다른(diferente), 별개의. México tiene un clima tan *distinto* al nuestro. 멕시코는 우리나라의 것과는 아주 다른 기후를 가지고 있다. ② 명백한. ③ 복 갖가지의. Hay *distintas* maneras para matar moscas. 파리를 잡는 데는 여러가지 방법이 있다.

distracción 여 ① 방심. En una *distracción* del policía, huyó del cuarto. 경관이 방심했을 때 그는 방에서 도망쳤다. ② 즐거움. En aquel entonces el cine era la mayor *distracción* de los jóvenes. 그 당시 영화는 젊은이들의 오락이었다.

distraer [71] traer] 타 (…의) 주의·기분을 딴 데로 돌리다; 즐겁게 해 주다. Mientras uno le *distraía*, otro le sacó la cartera del bolsillo. 한 사람이 그의 주의를 끌고 있는 동안에, 다른 사람이 그의 호주머니에서 지갑을 꺼냈다. ◇~**se** [+con·por : …때문에] 마음이 흐트러지다(방심). Este niño *se distrae* fácilmente con cualquier cosa. 그 어린이는 어떤 일에도 쉬 마음이 변한다. ② [+de·en : …으로] 심심풀이하다. Me voy al cine para *distraerme*. 나는 심심풀이 하러 영화보러 간다. ◇ **distraído, da** 형 방심한, 깜박 잊은; 재미있는.

distribuir [74] huir] 타 ① 분배, 배급; 배달. Mamá *distribuyó* caramelos entre los chicos. 어머니는 캬라멜을 어린이들에게 나누어 주었다. ② 배치·배분하다. *Distribuyeron* a la tropa por toda la ciudad. 전시내에 군대가 배치되었다. ③ 공급·판매하다. ◇ **distribución** 여 분배, 배급, 배달, 판매. ◇ **distribuidor, ra** 형 판매·제공하는. 명 판매자, 제공자. *distribuidor exclusivo* 특약 판매점

distrito 명 주; 관구, 지구. *distrito electoral* 선거구. *distrito federal* 연방구(聯邦區). *distrito postal* 우편 배달구역.

diversión 여 오락, 위안. El escuchar música es una de mis *diversiones* favoritas. 음악을 듣는 것은 내가 무척 좋아하는 오락 중의 하나이다.

diverso, sa 형 ① [+de : …와] 다른(diferente). Esta muchacha es *diversa* de las demás. 이 소녀는 다른 애와 다르다. ② 복 [명사의 앞] 갖가지의, Algunos empleados hablan *diversos* idiomas. 종업원 몇 사람은 수개 국어를 말할 수 있다. ◇ **diversidad** 여 변화; 잡다(雜多). Hay una gran *diversidad* de climas en aquel país. 저 나라는 기후변화가 심하다.

divertir [48] advertir] 타 ① 즐겁게 하다. Me *divirtió* ver reñir a dos viejas. 두 노파가 싸우는 것을 보면 재미있었다. ② (주의 따위를) 빗나가게 하다; (옆으로) 유도하다. El muchacho logró *divertir* la atención de la profesora. 소년은 선생의 주의를 딴 곳으로 돌리게 할 수 있었다. ◇~**se** [+de·con : …을] 향락하다. Por la noche *me divierto* escuchando discos. 나는 밤에 레코드를 듣고 즐긴다. ◇ **divertido, da** 형 즐거운, 재미있는;

우스운.

dividir 타 ① [+en : …으로]나누다, 분할하다(partir). Lola *dividió* el pan *en* cinco partes iguales. 롤라는 빵을 다섯으로 똑같이 나누었다. Quince *dividido* por tres son cinco. 15나누기 3은 5가 된다. ② 분열시키다. ◇~**se** 나누어지다. La sociedad azteca *se dividía* en nobleza, sacerdotes, comunes y esclavos. 아스메까의 사회는 귀족, 승려, 평민, 노예로 나뉘어져 있었다.

divino, na 형 ① 신의, 신과 같은; 존엄한. ② 훌륭한, 아름다운, 멋있는. ¡Qué muchacha tan *divina*! 얼마나 아름다운 소녀인가! ◇ **divinamente** 부 훌륭하게. El vestido te va *divinamente*. 그 옷은 너에게 썩 잘 어울린다. ◇ **divinidad** 여 신성(神性); (신화 따위의) 신; 아름다운 사람·물건. Le han regalado un collar, que es una *divinidad*. 그들은 그녀에게 목걸이를 선물했는데, 그것은 대단히 훌륭한 것이다.

divisa 여 ① (문장(紋章)의) 명(銘). La *divisa* de su escudo decía: vencer o morir. 그의 문장(紋章)에는 "승리냐 죽음"이라 써있었다. ② 목표, 기장. ③ 복 외화(外貨). Para eso hay que comprar *divisas*. 그러기 위해서는 외화를 사야 한다.

divisar 타 멀리 보다·인정하다. Desde allí *divisamos* todo el valle. 그 곳에서 우리들은 멀리 골짜기의 전경을 보았다.

división 여 ① 분할; 구분, 구획. Ya se ha hecho la *división* del capital. 이미 자본의 분할이 행해졌다. ② 분열, 불화. Había tal *división* de pareceres que terminaron por reñir. 견해가 그렇게 분열되었으므로 종말은 싸움으로 되었다. ③ 나눗셈[⊕ multiplicación].

divorciar [① cambiar] 타 이혼시키다, 이별하다. ◇~**se**[+de : …와] 이혼하다. El pianista *se divorció* de ella. 그 피아니스트는 그 여자와 이혼했다. ◇ **divorcio** 남 이혼; 분열.

divulgar [⑧ pagar] 타 ① 일반에게 알리다. Las noticias *han sido divulgadas* por la radio. 그 뉴스는 라디오로 일반에게 전해졌다. ② 보급시키다. Se *ha divulgado* mucho la televisión en color. 칼라 텔레비전이 많이 보급되었다. ③ (비밀을) 누설하다. No *divulgues* mis secretos. 내 비밀을 누설하지 마라. ◇ **divulgación** 여 일반화, 보급.

dna(s). docena(s).

doblar 타 ① 배로·이중으로 하다(duplicar). El tío *ha doblado* sus bienes en poco tiempo. 삼촌은 잠깐동안에 재산을 배로 늘렸다. José le *doblaba* la edad. 호세는 나이가 그의 배였다. ② 굽히다, 꺾다. *Doblé* el sobre y me lo metí en el bolsillo. 나는 봉투를 접어서 호주머니에 넣었다. ③ 굽다; 우회하다. 자 구부러지다. *Doble* usted a la izquierda en la segunda esquina. 두 번째 모퉁이에서 왼쪽으로 구부러지세요.

doble 형 ① 2배의, 이중의. Este puente es *doble* de largo que aquél. 이 다리는 길이가 저것의 2배이다. ② 2인용의. ¿Tienen ustedes habitaciones *dobles* con baño? 욕실딸린 2인용 방 있습니까. 남 2배, 이중.

doblez 남 접은 자리. Tiene que hacer el *doblez* bien derecho. 접

doce 형 12의; 12번째의. Jesucristo tenía *doce* discípulos. 예수그리스도에게는 열두명의 제자가 있었다. 명12.

docena 명 12(모아 놓은 묶음), 타. Hay que aumentar el precio en 10 pesetas la *docena*. 1타에 10페세타로 값을 올려야 한다. media *docena* 반타, 6개.

docente 형 교육의, 교육적인. Se necesitan más centros *docentes*. 더욱 많은 교육기관을 필요로 하고 있다.

dócil 형 소박한; 다루기 쉬운; 순종적인. Los niños coreanos son muy *dóciles*. 한국 어린이들은 매우 순박하다. ◇ **docilidad** 명 소박함; 순종, 온순, 유순함. ◇ **docilitar** 탄 순종·복종케 하다. ◇ **dócilmente** 부 고분고분히.

docto, ta 형 박식한, 박학한, 지식이 깊은. Su padre es una persona sumamente *docta*. 그의 부친은 극히 박식한 사람이다.

doctor, ra 명 ① 박사. Permítanme presentarles al Sr. *doctor* Rivadavia. 여러분께 리바다비아박사를 소개합니다. ② 의사(médico). ¡Señor *doctor*! Todavía me duele esta parte. [의사에게] 선생님! 아직 여기가 아픕니다. ◇ **doctorado** 명 박사 칭호; 박사 과정.

doctrina 명 설, 주장; 교의(敎義). Ese profesor ha pronunciado un discurso cargado de *doctrina*. 그 교수는 주장을 담은 연설을 했다.

documento 명 ① 문서; 서류(papeles, presente), 자료(dato), Haremos extender tres juegos de los *documentos* de embarque. 선적 서류를 3통 작성토록 하겠습니다. ② (신분 따위의) 증명·증거서류. Ya tengo todos mis *documentos* completos. 내 증명 서류는 모두 갖추어져 있다. ◇ **documental** 형 서류의, 자료의, 기록물의. *película documental* 기록 영화.

dogma 명 ① 교리, 신조; 정설; 독단. Arrio negaba varios de los *dogmas* más *fundamentales* del catolicismo. 아리오는 카톨릭의 가장 기본적인 몇개의 교리를 거부하고 있었다. ◇ **dogmático, ca** 형 교의의; 교조(주의)적인, 독단적인. 명 교조주의자; 독단적인 사람. ◇ **dogmatismo** 명 교조주의; 독단론.

dólar 명 달라[미국·캐나다 따위의 화폐 단위].

dolencia 명 지병(持病), 가벼운 아픔. No estoy enfermo, pero no dejo de tener alguna *dolencia* de vez en cuando. 나는 병이라고까지는 할 수 없으나 때때로 여기저기 아픈 곳이 생겨서 개운하지가 못하다.

doler [25 volver] 자 ① 아프다. Me *duele* la cabeza. 나는 머리가 아프다. ② 괴롭다, 슬프다. Me *dolía* decírselo. 그에게 그 말을 하는 것이 나는 괴로웠다. ◇ ~**se** 통 ① [+de: …를] 후회하다; 한탄하다(lamentar). No hace más que *dolerse* de sus desventuras. 그는 자기의 불운을 한탄하기만 하고 있다. ② [+de: …에] 동정하다. Me *duelo de* sus angustias y trabajos. 나는 그의 고민이나 노고에 동정한다. ◇ **doliente** 형 괴로운, 고민하고 있는; 병든. 명 병객, 환자(paciente, enfermo).

dolor 명 ① 아픔, 고통. Todavía tengo *dolor* de cabeza. 나는 아

직 머리가 아프다. ② 슬픔, 고민; 후회. ¿Quién no siente *dolor* por sus pasadas faltas? 누가 자기 과거의 잘못을 후회하지 않을까. ◇ **dolorido, da** 휑 아픔이 있는. ◇ **doloroso, sa** 휑 (감각적으로) 아픈.

doméstico, ca 휑 ① 가정(에서)의, 가사(家事)의. Nunca terminan las faenas *domésticas*. 집안 일은 한이 없다. ② 사람에게 사육된. El conejo *doméstico* es menos sabroso que el de monte. 집토끼는 산토끼보다 맛이 좋지 않다. ③ 국내(산·용)의. José se dedica a la compra de artículos de uso *doméstico*. 호세는 국내용 상품매입을 담당하고 있다. 阌 사용인. ◇ **domesticidad** 阌 사육 당함; 사회들. El gorrión no puede vivir en *domesticidad*. 참새는 사람에게 사육되어서는 살 수 없다.

domicilio 阌 주거, 주택; 주소(dirección, señas), 소재지. La correspondencia se reparte a *domicilio*. 통신물은 주택에 배달된다. ◇ **domiciliario, ria** 휑 거주지(에)의. vista *domiciliaria* 가정 방문. 阌 거주자(residente).

dominar 國 ① 지배·통치하다. Roma dominaba toda la parte meridional de Europa. 로마는 유럽남부 전지역을 지배하고 있었다. ② 억제·제압·제어하다. Por fin los bomberos consiguieron *dominar* el incendio. 드디어 소방사들은 화재를 제압할 수 있었다. ③ 내려다 보다. Desde aquí se *domina* toda la ciudad. 여기서 전시가지가 내려다 보인다. ④ 통달하다, 마스터하다. Usted *domina* el español por completo. 당신은 스페인어를 완전히 마스터하고 있다. 좌 세를 하다; 우세하다. En esta tela *domina* el color azul. 이 형겊은 파랑색이 우세하다. ◇~**se** 자제하다. Me *dominé* cuando me insultó Andrés. 안드레스가 나를 욕했을 때, 나는 자제했다. ◇ **dominación** 阌 지배, 통치. ◇ **dominante** 휑 지배, 통치. 阌 지배적인; 주조(主調)의; 압제적인.

domingo 阌 일요일. (*todos*) *los domingos* 일요일마다.

dominio 阌 ① 주권(soberanía); 소유권. ② 지배, 통치. Los indios vivían bajo el *dominio* de los españoles. 인디오들은 스페인사람의 지배아래 살고 있었다. ③ 영토(territorio), 영역. Se decía que en los *dominios* españoles nunca se ponía el sol. 스페인영토에서는 태양이 지는 일이 없다고 말해지고 있었다.

don 阌 ① 돈[남자의 개인 이름에 붙이는 경어; 액센트 없이]. A sí mismo se llamó *don* Quijote. 그는 스스로 동키호테라 불렀다. ② 선물(regalo); 재능(talento). José tiene un *don* especial para los negocios. 호세는 사업에 특별한 재능이 있다.

donar 嶜선사·기부하다(presentar) ◇ **donación** 阌 선물, 기증, 기증물, 기부금. ◇ **donador, ra** 휑 증여·기부·선물하는. 阌 증여자, 희사자, 기부자. 阌 선물·기증 기부받는 사람.

donativo 阌 선물; 기증, 기부. Hizo un *donativo* a la escuela. 그는 학교에 기부를 했다.

doncella 阌 ① 처녀(virgen, señorita). En los templos del Sol había *doncellas* de sangre noble. 태양의 사원에는 귀족 혈통의 처녀들이 있었다. ② 여사환, 시녀. Jugaban los niños bajo la vigilancia de la *doncella*. 어린이들은 시녀에게 보호되어 놀고 있었다.

donde 〖부〗 ① [장소의 관계부사] (…하는) 곳(의·에서·으로). En España hay varios lugares *donde* se practican los deportes del invierno. 스페인에는 겨울 스포츠가 행해지는 장소가 몇 곳 있다. Aquí es *donde* nos conocimos. 우리들이 알게 된 것은 이 곳이다. ② [장소의 부정(不定)대명사] …하는 곳. Subimos por *donde* nos señalaban. 우리들은 가르쳐 준 곳을 통하여 올라 갔다. ③ [+동사원형] …할 곳. No tengo *donde* dormir. 나는 잠잘 (자야 할) 곳이 없다. ④ [전치사격] …가 있는 곳에, …의 집에. Todos los miércoles voy a *donde* una profesora de piano. 수요일마다 나는 피아노선생의 집으로 간다.

dónde 〖부〗 [장소의 의문부사] 어디에·에서·로. ¿*Dónde* vive usted? 당신은 어느 곳에 살고 있는가요. ¿*Dónde* vamos? — Vamos *dónde* quieras. 어디로 갈까? — 너 좋은 곳으로 가자. No sé de *dónde* es usted. 당신이 어느 곳 출신인지 나는 모른다.

dondequiera 〖부〗 어디든지, 아무 곳이라도. Iré *dondequiera* que me mande. 당신이 보내는 곳은 어디든지 가겠습니다.

donjuán 〖남〗 색한(色漢), 탕아.

doña 〖여〗도냐 [여자의 개인 이름에 붙이는 경어]. *Doña* Josefa vino a saludarnos. 호세파여사가 인사하러 오셨습니다.

dorado, da 〖형〗 금빛의. En el templo todo el adorno interno es *dorado*. 사원 내부장식이 모두 금빛이다. ◇ **dorador, ra** 〖남〗 도금하는 사람. ◇ **dorar** 〖타〗 금도금하다.

dormir [50] 〖자〗 잠자다. ¿*Ha dormido* usted bien? 잘 주무셨읍니까. Por lo general *duermo* profundamente. 대개 나는 깊은 잠을 잔다. ◇ ~se ① 잠들다. Tengo la costumbre de leer en la cama antes de *dormirme*. 나는 잠들기 전에 침대에서 책을 읽는 버릇이 있다. ② (팔·다리가) 저리다. ◇ **dormilón, na** 〖형〗 잠꾸러기. ◇ **dormitorio** 〖남〗 침실(alcoba, cuarto de dormir); 침실용 가구 한 벌.

dormitir 〖자〗 꾸벅꾸벅 졸다.

dos 〖형〗 2의; 2번째의. Las niñas iban de *dos* en *dos* por el paseo. 소녀들은 두사람씩 산책길을 걸어가고 있었다. 〖예〗 2시. Son las *dos* y cuarto de la tarde. 오후 두시십오분이다.

doscientos, tas 〖형〗 200의; 200번째의. 〖명〗 200.

dosis 〖여〗 (약의) 용량; (어떤) 분량. Acabo de tomar la *dosis* acostumbrada de medicinas. 나는 약을 여느때 분량만큼 마셨을 뿐이다. Necesitas una buena *dosis* de paciencia. 너는 꽤 많은 인내력이 필요하다.

dotar 〖타〗 ① [+con: 지참금·기금을] (…에게) 주다·기부하다. El padre la *dotó con* cien mil pesetas. 부친은 그녀에게 10만 페세따를 지참금으로 주었다. ② [+de·con: …을] (…에) 설비하다. *Han dotado* la fábrica *de* todos los adelantos modernos. 공장에 모든 근대적인 설비를 들여 놓았다. ◇ **dotación** 〖여〗 기

부.
dote 여 또는 남 ① (수도원 입원이나 결혼 때의) 지참 재산. ② 남 장점(mérito), 미점(美点). Aquel sobrino es un muchacho de excelentes *dotes*. 저 조카는 뛰어난 장점이 있는 소년이다.
doy dar의 직설법 현재 1인칭 단수.
dragón 남 [동물] 용.
drama 남 극, 희극; 연극(representa teatral). A mí me gustan los *dramas* históricos. 나는 사극이 좋다. ◇ **dramático, ca** 형 극의; 극적인. Vivimos entonces unos momentos *dramáticos*. 우리들은 당시 극적인 시기에 살고 있었다. 남 극작가; 배우(actor, actriz). ◇ **dramatista** 남 극작가. ◇ **dramatización** 여 각색, 희곡화. ◇ **dramatizar** 타 각색하다, 극으로 꾸미다. El *dramatizó* una novela. 그는 소설을 희곡으로 각색했다. ◇ **dramaturgo** 남 극작가.
drástico, ca 형 대담한, 과감한.
droga 여 ① 약, 약품. ② 마취제. Las leyes castigan el tráfico de *drogas*. 법률은 마약거래를 처벌한다. ◇ **droguería** 여 약종상; 약국.
ducha 여 샤워; 샤워 설비. Es muy saludable una *ducha* fría por la mañana. 아침에 찬 물로 하는 샤워는 건강에 무척 좋다. ◇ **duchar** 타 (…에) 물을 끼얹다. ~**se** 샤워를 하다.
duda 여 의심, 의문. No me cabe la menor *duda*. 나는 조금도 의심하지 않습니다. ◇ **dudoso, sa** 형 의심스러운; 불확실한. Estoy *dudoso* del resultado. 나는 그 결과에 확신이 없다.
dudar 타 ① 의심하다. No *dudo* que esto sea de su agrado. 이것을 기뻐해 주시리라 나는 의심하지 않습니다. ② 주저하다 (vacilar, titubear). Estoy *dudando* si comprar este traje. 이 옷을 살까 말까 나는 주저하고 있다. 자 [+de;…를] 의심하다. Si *dudáis* de lo que digo, me callo. 내가 말하는 것을 의심한다면 나는 아무 말도 않겠다.
duelo 남 ① 비탄; 초상. Los *duelos* con pan son menos. 먹을 것이 있으면 슬픔도 가볍다. ② 결투. Mi abuelo murió en un *duelo*. 나의 할아버님께서는 결투로 사망하셨다.
duende 남 도깨비.
dueño, ña 명 ① 임자. ② 주인(amo, patrón), 주부(ama de casa). No está en casa el *dueño*, dijo la doncella. 주인이 안 계신다고 가정부가 말했다.
duerme dormir의 직설법 현재 3인칭 단수.
duermen dormir의 직설법 현재 3인칭 복수.
duermes dormir의 직설법 현재 2인칭 단수.
duermo dormir의 직설법 현재 1인칭 단수.
dulce 형 ① 단 (맛이) [반 amargo]. Esta manzana parece *dulce*. 이 사과는 달게 보인다. ② 상냥한. La niña tenía unos ojos muy negros y muy *dulces*. 소녀는 매우 검고 상냥한 눈을 가지고 있었다. 남 단것, 과자. Mucho me gustan los *dulces*. 나는 과자류가 무척 좋다. ◇ **dulcemente** 부 달게; 상냥하게. ◇ **dulzura** 여 단맛, 감미; 상냥함.

dúo 남 【음악】 2중주, 2중창.

duodécimo, ma 형 제 12의, 12번째의. 남 12분의 1.

duplicar [[7] sacar] 타 이중·이배로 하다; 두 통을 작성하다; 복사하다. ◇ **duplicación** 여 이중·이배, 복사. ◇ **duplicado, da** 형 이중·이배로 한, 복사한; 정부(政副) 두 통으로 한. 남 부본(副本). ◇ **duplicador, ra** 형 복사하는. 남 복사기.

duque 남 공작. ◇ **duquesa** 여 여자 공작; 공작부인.

duradero, ra 형 영속적인(permanente), 오래 가는. Las leyes deben ser *duraderas* para ser eficaces. 법률이 효과를 올리려면 영속하여야 한다.

durante 전 [전치사적]…의(계속되는)동안, …중. *Durante* el verano el calor es insoportable aquí. 여름동안 이기서는 더위를 견디기 어렵다.

durar 자 ① 계속되다(계속, 존속, 지속). ¿Cuánto tiempo *duran* las vacaciones? 휴가는 얼마동안 계속되는가. ② (오래)가다. Estos zapatos le *durarán* más de cuatro años. 이 구두는 4년이상 신을 수 있다. ◇ **duración** 여 계속·지속 기간; 영속, 내구성.

durazno 남 【식물】 복숭아(열매·나무).

dureza 여 ① 견고함. ② 고통스러움; 엄중함, 냉혹. En toda mi vida he visto tal *dureza* de corazón. 나는 출생이후, 저런 냉혹한 마음(의 소유자)을 본 일이 없다.

durmiendo dormir의 현재 분사.

durmiente 형 잠자는. 남 잠자는 사람. la Bella *Durmiente* del Bosque 잠자는 숲 속의 미녀. 남【남미】(철도의) 침목.

durmieron dormir의 부정과거 3인칭 복수.

durmió dormir의 부정과거 3인칭 단수.

duro, ra 형 ① 딱딱한(⊕ tierno]; 굳센, 완강한. A buena hambre no hay pan duro. 시장이 반찬이다. ¡Qué hombre más *duro*, no se cansa nunca de trabajar! 대단히 강한 사람이로군; 결코 일해서 피로하는 일이 없으니! ② 피로운. Con los años la vida le iba siendo cada vez más *dura*. 해를 거듭함에 따라 그의 생활은 점점 피로와졌다. ③ 엄중한; 냉혹한. La tía era muy *dura* con la niña. 숙모는 그 소녀에게 매우 냉혹했다. 남 두로화(5뻬쎄따 : cinco pesetas). Más vale una peseta que un *duro* falso. 위조된 1두로보다 1뻬쎄따가 가치가 있다. ◇ **duramente** 부 심하게; 냉혹하게. Lo han tratado *duramente*. 그들은 에게 냉혹하게 대했다.

d/v. días vista.

E

e [접속사 y가 i-, hi-로 시작되는 말 앞에 오는 때의 형태] 접와, 그리고. Continuaba su vida alegre *e* inútil. 그는 그다운 명랑하고 (그리고) 무익한 생활을 계속하고 있었다. Padre *e* hijo cenaron juntos. 부친과 아들은 함께 저녁밥을 먹었다.

E., E/este; efectos.

E.A Ejército del Aire 공군.

ebanista 남 가구상. ◇ **ebanistería** 여 [집합적] 가구류.

ébano 남 [식물] 흑단.

ebrio, ria 형 술취한(borracho).

ebullición 여 비등(沸騰). El punto de *ebullición* del agua es de 100 grados. 물의 비등점은 100도이다.

eclesiástico, ca 형 교회의, 승려의. 남 승려, 성직자. *Eclesiásticos* y laicos forman la iglesia católica. 성직자와 평신자가 카톨릭교회를 형성한다.

eco 남 ① 메아리. ② (멀리서 들리는)음향. Hasta nosotros llegaban los *ecos* del tambor. 북소리가 우리들에게까지 들려 왔다. ③ (세평 따위의) 반향. Sus palabras han tenido mucho *eco* en los círculos financieros. 그의 말에는 재계(財界)의 커다란 반향이 있었다.

economía 여 ① 경제. Para llevar bien la *economía* familiar hay que pensar un poco más. 가정 경제를 잘 해나가기 위해서는 좀더 생각해야 한다. ② 절약. Tenemos que vivir con mucha *economía*. 우리들은 최대한 절약하여 생활해야 한다. ③ 복 저금 (ahorro). Podré comprarme una cámara con mis *economías*. 나는 저금으로 카메라를 살 예정이다. *economía política* 경제학. ◇ **económico, ca** 형 ① 경제적, 경제의. Este país ha alcanzado un desarrollo *económico* muy alto. 이 나라는 고도의 경제 발전을 달성했다. ② 값싼(barato). Indíqueme un hotel *económico*. 값싼 호텔을 알려 주세요. ◇ **económicamente** 부 경제적으로. ◇ **economizar** [9]alzar] 타 저축하다; 절약하다.

ecuador 남 [빈번히 E-]적도. El *ecuador* pasa por el norte de Quito. 적도는 끼또의 북쪽을 통과한다. ◇ **ecuatoriano, na** 형 에꾸아도르(El Ecuador)의. 명 에꾸아도르 사람.

echar 타 ① 던지다(tirar); 버리다. *Eché* agua al fuego para apagarlo. 나는 물을 뿌려서 불을 껐다. ② 넣다. ¿*Echo* limón en el té? 차에 레몬을 넣을까요. No te olvides de *echar* la carta en el buzón. 편지를 우체통에 넣는 것을 잊지 말아라. ③ (연령, 가격 따위를) 추정하다. ¿Cuántos quilos le *echas* a ese chico? 그 어린이는 몇 킬로그램이라고 생각하나. ④ 해고하다(despedir). Le *echaron* de la fábrica por holgazán. 그는 게으르다는 이유로 공장에서 해고당했다. ⑤ (수염 따위를) 기르다. El niño está *echando* los dientes. 어린이는 이가 나기 시작했다. 재 통과

하다. Será mejor que *echemos* por el atajo. 우리들은 가까운 길을 가는 편이 좋겠다. ◇~**se** ① 몸을 던지다; 뛰어 덤비다, 뛰어들다. El perro *se echó* sobre el ladrón. 개는 도둑에게 뛰어 덤볐다. ② 넘어지다, 눕다. *Me eché* en la cama para descansar un rato. 잠깐 쉬기 위해 나는 침대에 벌렁 누웠다. **echar a** + 「동사원형」…하기 시작하다. El niño *echó a* correr. 어린이는 달리기 시작했다. **echarse a** +「동사원형」[주로 감상적인 행위] …하기 시작하다. Al oírlo, *se echó a* llorar. 그 소리를 듣자 그녀는 울기 시작했다. **echar a perder** 썩히다; 못쓰게 만들다. *Ha echado a perder* nuestro plan. 그는 우리의 계획을 허사로 만들었다. **echar de menos** (…가) 없음을 발견하다; 없음을 쓸쓸하게 생각하다. *Te echo* mucho *de menos*. 나는 네가 없어 매우 쓸쓸하게 생각한다. **echar la culpa** …의 탓으로 삼다. No puedes *echarme a* mí *la culpa*. 너는 내 탓으로는 할 수 없다.

edad 예 ① 연령, 나이. ¿Qué *edad* tiene usted? 연세가 어떻게 되십니까. Tenemos [Somos de] la misma *edad*. 우리는 동갑이다. Este niño es grande para su *edad*. 이 어린이는 나이에 비해 크다. ② 기(期), 시대(época). La infancia es la más feliz de las *edades*. 유년기가 가장 행복한 시기이다. *edad media* 중세기. *mayor* [*menor*] *de edad*. 성년 [미성년]의. Todavía es *menor de edad*. 그는 아직 미성년이다.

edición 예 출판(publicación); 판. Esta casa está especializada en *ediciones* de obras científicas. 이 회사는 학술서적 출판이 전문이다. *edición príncipe* 초판본.

edificar [7] *sacar* 타 세우다, 건축하다(construir). Aquí van a *edificar* un nuevo hospital. (사람들은) 여기에 새로운 병원을 세우려 하고 있다.

edificio 남 건물. Este *edificio* fue construido hace poco. 이 건물은 조금 전에 세워졌다.

editar 타 출판하다, 편집・발행하다(publicar). Recientemente *han editado* un diccionario de español muy útil. 최근 매우 쓸모있는 스페인어 사전이 출판되었다. ◇ **editor, ra** 형 출판의. *casa editora* 출판업자. 명 출판업자, 발행인, 편집자. ◇ **editorial** 형 출판의. 남 사설. 예 출판사.

educar [7] *sacar* 타 ① 교육하다; 훈련하다. Hay que *educar* al pueblo. 국민을 교육해야 한다. ② 예법을 가르치다. El padre le *educó* duramente. 부친은 그를 엄격하게 예법을 가르쳤다. ◇ **educación** 예 ① 교육. ② 예법, 예법교육. Es un hombre sin *educación*. 그는 무례한 사람이다. ◇ **educado, da** 형 ① (특히 학교에서의) 교육을 받은. ② [bien+] 예절 바른, [mal+] 무례한. Es un chico *bien educado*. 그는 예절 바른 어린이다. Es muy *mal educado*. 그는 매우 무례하다.

efectivo, va 형 ① 현실의, 실제의. No quiero promesas, sino cosas *efectivas*. 나는 약속이 아니고 실제의 일을 바라고 있다. ② 유효한, 유능한. Hay que tomar medidas efectivas para resolver este problema. 이 문제를 해결하기 위하여 유효한 수단을 취해야 한다. 남 현금. Quiero hacer *efectivo* este cheque. 나는

efecto 이 수표를 현금으로 바꾸고 싶다. Me pagaron en *efectivo*. 나는 현금으로 지불받았다. ◇ **efectivamente** 위 실제로.

efecto 남 ① 효력, 효과, 작용. La medicina no ha surtido *efecto*. 약은 효과가 없었다. ② 느낌, 인상(inspiración). Tus palabras le han hecho mal *efecto*. 네 말은 그녀에게 나쁜 감정을 주었다. ③ 복 재산(bienes, riquezas); 물건; 【상업】 어음, 채권, 증권. Cogió sus *efectos* personales y se marchó de casa. 그는 신변의 물건들을 꾸려서 집을 나갔다. *efectos a recibir*[*cobrar*] 받을 어음. *efectos a pagar* 지급 어음. *efectos públicos* 공채. *en efecto* 실제로. El estaba, *en efecto*, donde tú has dicho. 네가 말한 장소에 실제로 그는 있었다. *llevar a efecto* 실행에 옮기다. No pudo *llevar a efecto* sus planes. 그는 계획을 실행에 옮길 수가 없었다.

efectuar [= actuar] 타 하다, 행하다, 실행·실천하다. Por pago al contado *efectuamos* un descuento del 15 por ciento. 현금 지불에는 15퍼센트의 할인을 합니다. No se *efectuó* su viaje. 그 여행을 하지 않았다.

eficaz [복 eficaces] 형 유효한. Tomaron una medida *eficaz*. 그들은 유효한 수단을 취했다. ◇ **eficacia** 여 효력, 효과. Es admirable la *eficacia* de esta medicina. 이 약의 효력은 훌륭하다. ◇ **eficazmente** 위 유효하게. ◇ **eficiencia** 여 유효, 능률; 능력, 능률. ◇ **eficiente** 형 효력있는, 효과적인. ◇ **eficientemente** 위 효과적으로, 능률적으로.

egipcio, cia 형 에집트(Egipto)의. 명 에집트사람. 남 에집트말.

egoísmo 남 이기주의, 이기적인 행위. Solemos incurrir en el *egoísmo*. 우리들은 이기주의로 되기 쉽다. ◇ **egoísta** 형 이기주의의. 명 이기주의자.

eje 남 ① 축(軸)(선). La Tierra tarda 24 horas en dar una vuelta alrededor de su *eje*. 지구는 지축을 1회전하는데 24시간 걸린다. ② 차축. Se nos rompió el *eje* del automóvil en el camino. 도중에서 우리 차의 축이 부러졌다. ③ (문제 따위의) 중심. El *eje* de la conversación era la próxima crisis económica. 대화의 중심은 박두하는 경제 위기였다.

ejecución 여 ① 수행, 실행, 집행. Pedimos a ustedes perdón por la demora en la *ejecución* de su encargo. 주문하신 것을 이행하는데 늦어서 죄송합니다. ② 연주. Esta orquesta tiene una excelente *ejecución*. 이 관현악단은 훌륭한 연주를 한다. ③ 처형(處刑).

ejecutar 타 ① 수행·실행·집행하다. Yo quería *ejecutar* una buena obra, pero todo se ha quedado en deseo. 나는 좋은 일을 하려고 생각하고 있었으나, 모두 희망에 그쳤다. ② 연주하다. La banda *ejecutó* excelentemente el himno nacional. 그 악단은 국가를 훌륭하게 연주했다. ③ 처형하다. Antiguamente *ejecutaban* a los reos en la plaza pública. 옛날 죄인은 공개 광장에서 처형 당했다. ◇ **ejecutante** 명 연주자. ◇ **ejecutivo, va** 형 행정의; 실행의, 집행의. *poder ejecutivo* 행정부. *comité ejecutivo* 실행위원회. *junta ejecutiva* 집행부.

ejemplar 형 모범적인; 본보기의. Lleva una vida *ejemplar*. 그는 모범적인 생활을 하고 있다. 명 ① 모범; 사례, 표본. En el Museo de Ciencias hay *ejemplares* muy raros. 과학박물관에는 매우 진귀한 표본이 있다. ② (책·인쇄물의) 부, 권. Compré un *ejemplar* de este diccionario también. 나는 이 사전도 한 권 샀다.

ejemplo 명 모범, 예(例). Su conducta es un buen *ejemplo* para todos. 그의 행동은 모든 사람의 좋은 모범이다. En este diccionario hay muchos *ejemplos* de uso. 이 사전에는 많은 용례가 있다. *por ejemplo* 이를테면, 예를 들면.

ejercer [1 vencer] 타 ① (업무를) 행하다; 영위하다. Ha ejercido ese cargo por mucho tiempo. 그는 오랫동안 그 일을 해왔다. ② (영향 따위를) 미치다. La corriente del golfo *ejerce* su influencia en las costas. 만류(灣流)는 해안에 영향을 미친다. 자 영업하다. Es abogado, pero no *ejerce*. 그는 변호사이지만 개업하지 않았다. *Ejerce* de maestro en este pueblo. 그는 이 읍에서 선생을 하고 있다.

ejercicio 명 ① 영업, 업무(negocio). Se dedica al *ejercicio* de la medicina. 그는 의업(醫業)에 종사하고 있다. ② 운동, 체조 (gimnasia). Tienes que hacer *ejercicio* diariamente. 너는 매일 운동을 해야 한다. ③ 훈련; 연습(곡·문제). Los juegos de manos necesitan mucho *ejercicio*. 기술은 많은 수련이 필요하다.

ejercitación 여 수업, 훈련, 수련.

ejercitante 형 실습의; 임무수행자; 종교업무집행자.

ejercitar 타 연습·수업하다; 훈련하다; 연습·실습시키다 ◇ ~se [en] …을 실습하다, 연습하다.

ejército 명 군대(tropa, fuerzas); 육군.

el 관 ① [정관사의 남성단수형]. *El* libro está en la mesa. 그 책은 탁자 위에 있다. *El* hombre es mortal. 사람(이란 것)은 죽기 마련이다. ② [액센트가 있는 a-·ha-로 시작하는 여성 단수명사의 직전에 붙이는 정관사]. Algunos creen que *el* alma es inmortal. 영혼불멸이라고 믿고 있는 사람이 있다. ③ [대명사적] Fueron mi primo y *el* de Luis. 나의 사촌과 루이스의 사촌이 갔다.

él [복 ellos] 대 [3인칭 남성단수의 주격·전치격 대명사; 사람·일·물체를 의미하며, 주어로서 물체에는 일반적으로 쓰이지 않음] 그(사람), 그것. Vendrá *él* mismo. 그 자신이 올 것이다. Tiene un jardín magnífico; siempre hay muchas flores en *él*. 그는 훌륭한 정원을 가지고 있는데, 그 정원에는 언제나 많은 꽃이 있다.

elaborar 타 ① 만들다(정제, 조제, 작성). Las abejas *elaboran* la miel. 꿀벌은 꿀을 만든다. En esta fábrica *elaboran* chocolate. 이 공장에서는 초콜렛을 만들고 있다. ② (생각·문장 따위를) 다듬다. Ante todo elaboraremos un proyecto. 우선 계획을 다듬어야 한다. ◇ **elaboración** 여 정제, 조제.

elasticidad 여 탄성(弾性), 탄력; 신축성. ◇ **elástico, ca** 형 탄성

의, 탄력이 있는.. 예 메리야스 샤쓰.

elección 예 ① 선택. A las señoras se les hace difícil la *elección* de los vestidos, porque todos les gustan. 부인에게는 옷의 선택은 어려워진다; 모두가 마음에 들기 때문이다. ② 선거, 선출. Hoy se celebran las *elecciones*. 오늘 선거가 실시된다. Dentro de poco se celebrarán *elecciones* generales. 멀지 않아 총선거가 실시될 것이다. ◇ **eleccionario, ria** 형 선거의.

electivo, va 형 선거의, …에 의한;선택적인.◇ **electo, ta** 형 선임된. 형 선거인, 투표자.◇ **elector, ra** 형 선거인, 투표자. ◇ **electorado** 남 [집합적] 선거민, 선거인단, 유권자수. ◇ **electoral** 형 선거의. campaña electoral 선거전.

eléctrico, ca 형 전기의, 전력의. El cobre es un buen conductor de la corriente *eléctrica*. 동은 전류의 좋은 도체이다.◇ **electricidad** 예 전기; 전류. ◇ **electrificación** 예 전기화. ◇ **electricista** 공 전기 기사. ◇ **electrificar** 타 전화(電化)하다. En este país *se han electrificado* la mayoría de los ferrocarriles. 이 나라에서는 철도의 대부분이 전기화되었다.

electrón 남 전자(電子). ◇ **electrónico, ca** 형 전자의. *calculadora electrónica*. 전자 계산기. 예 전자공학.

electrizable 형 감전성의; 흥분·감격하기 쉬운.
electrización 예 발전; 감격.
eletrizar 타 전기를 통하다, 발전시키다; 감격시키다.
electro 남 【광물】 호박(ámbar); 금4 은 1의 합금.
electrocución 예 전기사형.
electrocutar 타 전기로 사형하다. ◇ ~se 감전사하다.
electrodinámico, ca 형 예 전기역학(의).
electrodo 남 전극; 전기용접막대.
electróforo 남 마찰발전기, 기전반.
electrógeno, na 형 발전의. 남 발전기.
electroimán 남 전자, 전자철(電磁鐵).
electrólisis 예 【전기】 전기분해.
electrólito 남 전기분해물, 전기분해액.
electrolizar 타 전기분해하다.
electromagnético, ca 형 전자기의.
electromagnetismo 남 전자기(학).
electromasaje 남 전기 맛사지.
electromecánico, ca 형 전기기계의.
electromotor, ra 형 전동의. 남 전동기.
electromotriz 형 예 전동력(의).
electrón 남 전자, 엘렉트론.
electrónico, na 형 전자의; 예 전자공학.
electroquímico, ca 형 예 전기화학(의).
electroscopio 남 검전기.
electrostático, ca 형 예 정전기학(의).
electrotécnica 예 전기기술.
electrotécnico, ca 형 예 전기기술의 (기사).
electroterapia 예 전기치료법.

electrotipia 예 전기제판(술).

electrotipo 남 전기판, 인쇄.

elefancia 예 【의학】상피병.

elefanta 예 【동물】암코끼리.

elefante 남 【동물】코끼리. El *elefante* es un animal grande. 코끼리는 큰 동물이다.

elegante 형 우아한, 기품이 있는. Llevaba un vestido muy *elegante*. 그녀는 대단히 우아한 옷을 입고 있었다. Este autor usa un estilo *elegante*. 이 작가는 기품이 있는 문체를 쓴다. ◇ **elegancia** 예 우미, 기품. ◇ **elegantizar** [9] alzar]타 우미하게 하다.

elegir [39] 타 ① 고르다, 골라잡다, 선택하다. Puedes *elegir* entre uno o quedar. 너는 갈것인지 남을 것인지 선택하는게 좋겠다. Este montón de melones está muy *elegido*. 이 참외 무더기는 잘 골라 놓았다. ② 선출하다. Han *elegido* alcalde a Pedro. 모두가 뻬드로를 시장으로 뽑았다.

elemento 남 원소, 요소. La honestidad es un *elemento* importante de la personalidad. 정직은 인격의 중요한 요소이다. *estar en su elemento* 득의 양양하다. Cuando habla español *está en su elemento*. 그는 스페인어를 말할 때 득의양양하다. ◇ **elemental** 형 ① 기본적인, 초보적인. Tiene un conocimiento *elemental* del español. 나는 스페인어 기초지식이 있다. ② 어느 누구에게도 알려져 있는. Es *elemental* no entregar el dinero sin el recibo. 영수증 없이 돈을 주어서는 안된다는 것은 어느 누구도 알고 있는 일이다.

elenco 남 목록, 표, 리스트.

elevado, da 형 ① 높은. En este país era muy *elevado* el número de analfabetos hasta hace algunos años. 이 나라에서는 수년전까지 문맹자의 수가 극히 높았었다. ② 숭고한. Estaba dotada de un espíritu *elevado*. 그는 숭고한 정신의 소유자였다.

elevar 타 올리다, 높이다. Han *elevado* la pared más de medio metro. 그들은 담을 반미터 이상 높였다. La máquina *eleva* los materiales para la construcción. 그 기계가 건축 재료를 들어올린다. ◇~**se** 높아지다; 오르다; 높이 올리다. El importe de esta factura *se eleva* a 4,000 dolares. 이 송장(送狀)의 총액은 4,000달라에 이르고 있다. ◇ **elevación** 예 ① 올림; 고양(高揚), 상승. La *elevación* de precios continúa a un ritmo acelerado. 물가 상승은 가속적으로 계속되고 있다. ② 고지.

elige elegir의 직설법 현재 3인칭 단수.
eligen elegir의 직설법 현재 3인칭 복수.
eliges elegir의 직설법 현재 2인칭 단수.
elija elegir의 접속법 현재 1·3인칭 단수.
elijáis elegir의 접속법 현재 2인칭 복수.
elijamos elegir의 접속법 현재 1인칭 복수.
elijan elegir의 접속법 현재 3인칭 복수.
elijas elegir의 접속법 현재 2인칭 단수.
elijo elegir의 직설법 현재 1인칭 단수.

eliminar 타 제외·배제하다. *Han eliminado* a los aspirantes de más de cuarenta años. 40세이상의 지원자는 제외되었다. ◇ **eliminación** 여 제외, 배제, 구제.

elocuente 형 웅변의, 능변인. Con su *elocuente* discurso logró muchos partidarios. 그는 웅변연설로 많은 찬성자를 얻었다. ◇ **elocuencia** 여 웅변(술). Recurrió a toda su *elocuencia* para hacerme comprar el coche. 그는 나에게 그 차를 사게 하기 위해 온갖 말을 다했다.

elogio 남 칭찬; 찬사. Cuando los *elogios* no son merecidos valen poco. 찬사가 정당하지 못할 때는 별로 가치가 없다. ◇ **elogiar** [티] enviar] 타 격찬하다. Todos *elogiarán* su buena conducta. 모두들 당신의 선행을 칭송할 것이다. ◇ **elogiable** 형 칭찬할 수 있는, 찬양할 만한. ◇ **elogiador, ra** 형 칭찬하는. 명 칭찬·찬양하는 사람. ◇ **elogioso, sa** 형 칭찬의, 찬양의.

elucidar 타 해명·설명하다. ◇ **elucidación** 여 해명, 설명. ◇ **elucidario** 남 설명서, 해명서.

ella [E] ellas; 何el] 대 [3인칭 여성단수 주격·전치사격 대명사] 그녀; 그것. *Ella* lleva hoy un sombrero rojo. 오늘 그녀는 빨간 모자를 쓰고 있다. Esta tarde iré de compras con *ella*. 오늘 오후 나는 그녀와 장보러 간다.

ellas 대 [3인칭 여성복수 주격·전치사격 대명사]그녀들; 그것들. Siempre pienso en *ellas*. 나는 언제나 그녀들의 일을 생각하고 있다.

ello 대 [중성 주격·전치사격 대명사]그것, 저것, 그 일. Quería salir e inventó un pretexto para *ello*. 그는 외출하고 싶었으므로, 그것을 위한 구실을 만들어냈다.

ellos 대 [3인칭 남성복수 주격·전치사격 대명사]그들; 그것들. Al verme, *ellos* echaron a correr. 그들은 나를 보더니 달리기 시작했다. Ninguno de *ellos* tiene dinero. 그들중 아무도 돈을 가지고 있지 않다. ¡A *ellos*! 덤벼라!(공격개시의 구령).

emanar 자 ①발생하다. Todas estas calamidades *emanan* de aquel error. 이 재난들은 모두 저 잘못 때문에 생겼다. ②발산·방사하다. Este olor *emana* de aquel pescado podrido. 이 냄새는 그 썩은 생선에서 발산하고 있다. ◇ **emanación** 여 발생, 발산(물); 냄새.

emancipar 타 해방하다. Los patriotas *emanciparon* su patria de la esclavitud. 애국자들은 노예상태에서 조국을 해방했다. ◇ ~**se** (자주)독립하다. La mujer nunca *se* podrá *emancipar* de su sexo. 여성은 결코 그 성(性)에서 자주독립하지는 못하리라. ◇ **emancipación** 여 해방. *la emancipación de las mujeres* 여성 해방. ◇ **emancipador, ra** 형 해방하는.

embajada 여 대사관. Tengo que ir a la *embajada* a renovar mi pasaporte. 나는 여권을 갱신하기 위해 대사관으로 가야 한다. *Embajada de España en Corea* 한국주재 스페인 대사관.

embajador, ra 명 대사(大使). El *embajador* representa al jefe de un Estado ante un país extranjero. 대사는 외국에서 일국의 국가원수를 대리한다.

embalar 탄 포장하다, 짐을 꾸리다. ◇ **embalaje** 남 포장, 꾸러미.

embalse 남 저수지, 댐. Es un río muy caudaloso y tiene cuatro *embalses*. 그것은 매우 수량이 많은 강이어서 4개소에 댐이 있다.

embarcar [7] sacar] 탄 (배·열차 따위에) 싣다. Los peones *han embarcado* varias toneladas de carbón. 인부가 몇 톤이나 되는 석탄을 (배에) 실었다. 재귀 승선·승차하다. (Me) *embarqué* en este puerto para Méjico. 나는 이 항구에서 배를 타고 멕시코로 향했다. ◇ **embarcadero** 남 잔교, 선창, 부두; 승선장; 적하장(積荷場). ◇ **embarcación** 여 배(barco, buque), 선박. ◇ **embarco** 남 짐의 적재; 탑재(搭載). ◇ **embarque** 남 (인원의) 승선, 탑승(搭乘).

embargo 남 압류, 차압. Como no pague la deuda para ese día, someterán a *embargo* todos mis bienes. 만일 내가 그날까지 빚을 갚지 않으면 그들은 나의 전재산을 압류할 것이다. **sin embargo** 그렇기는 하지만, 그러나(pero, mas). Tengo mucho trabajo; *sin embargo*, te dedicaré un rato. 나는 일이 많이 있다; 그러나 너를 위해서 잠깐 시간을 내겠다.

embestir [43 pedir] 자 타 덮치다, 공격하다, 습격하다. ◇ **embestida** 여 강습, 습격(ataque).

emborrachar 타 취하게 하다. *Han emborrachado* al muchacho con cerveza. 그들은 그 애에게 맥주를 먹여서 취하게 했다. ◇ **~se** [+con·de~] 재 취하다. *Me emborraché con* el humo del tabaco. 나는 담배 연기로 머리가 어지러워졌다.

emboscar [7 sacar] 타 은폐하다, 매복시키다. ◇ **~se** 숨다, 매복하다. ◇ **emboscada** 여 매복, 복병. ◇ **emboscadura** 여 매복(장소).

embotellar 타 ① 병에 담다. En esta bodega se *embotella* el vino automáticamente. 이 양조 공장에서는 포도주를 자동적으로 병에 넣는다. ② 담아 넣다. Ese estudiante no estudia sino *embotella*. 그 학생은 연구하지 않고 (머리에) 담아 넣을 뿐이다. ◇ **embotellamiento** 남 담아 넣음; 정체, 막힘. Era tan enorme el *embotellamiento* en la calle que no llegué a tiempo. 거리의 교통이 너무 심하게 막혀서 나는 제 시간에 도착하지 못했다.

embriaguez 여 ① 취함. Llegó a casa en un estado de completa *embriaguez*. 그는 곤드레 만드레 상태로 집에 도착했다. ② 도취; 무아지경. En la *embriaguez* de su alegría se arrojó al cuello de su madre. 그는 기쁨에 도취하여 모친의 목에 매달렸다. ◇ **embriagar** [8 pagar] 타 취하게 하다; 도취하게 하다. Pasó esos días *embriagado* de amor. 그는 그러한 나날을 사랑에 빠져서 지냈다.

embrollar 타 (일을) 시끄럽게 만들다, 말썽을 부리다. ◇ **~se** 얽히다. ◇ **embrollo** 남 분규; 말썽거리.

embrutecer [30 crecer] 타 거칠게 하다. Las drogas y la bebida la *han embrutecido*. 마약이나 술이 그의 마음을 거칠게 했다.

embustear 자 거짓말을 하다. ◇ **embuste** 남 속임수, 거짓말. ◇

ra 획 둘러 붙이는. 몡 허풍선이.
embustería 여 속임수, 거짓말; 사기, 야바위. ◇ **embustero,**
embutido 남 끼워 맞추기, 상감(象嵌).
emergencia 여 우발·돌발사태; 긴급(사태).
emigrar 자 ① 이민하다, 옮겨 살다; 돈벌이하러 나가다. La familia, dejando sus campos *emigró* a la ciudad. 그 가족은 자기의 논밭을 버리고 도시로 나갔다. ②(철새가) 날아오다; (물고기가) 돌아다니다. Las cigüeñas *emigran* a África en invierno. 황새는 겨울에 아프리카로 건너 간다. ◇ **emigrante** 혱 이주하는, 건너 가는. 몡 이주자. ◇ **emigración** 여 이민; [집합적] 이주자.
eminente 혱 ① 높은. Ocupa un puesto *eminente* en su compañía. 그는 회사에서 높은 지위를 차지하고 있다. ② 현저한, 뛰어난. Un político *eminente* pronunciará el discurso de apertura. 저명한 외교관이 개회 연설을 하기로 되어 있다. ◇ **eminencia** 여 고지; 명사, 탁월한 사람; 예하 [추기경의 경칭].
emisión 여 ① 방송(difusión). La *emisión* de las diez está dedicada a los deportes. 10시 방송은 스포츠에 배당되어 있다. ②(화폐·채권 따위의) 발행. ◇ **emisora** 여 방송국(difusora, estación difusora).
emitir 타 ① 방송하다(difundir). Esta estación *emite* muy buenos programas de música. 이 (방송)국은 매우 좋은 음악 프로그램을 방송한다. ②(의견 따위를) 발표하다, 말하다. Al final de la representación se pidió a algunos críticos que *emitieran* su opinión. 상연 끝에 몇 사람의 비평가는 의견을 말하도록 부탁 받았다. ③(화폐·채권 따위의) 발행하다 ④ 내놓다, 방출하다. El sol *emite* luz y calor. 태양은 빛과 열을 발산한다.
emoción 여 감동, 감격; 정서. Sin poder contener la *emoción* empezó a llorar. 그는 감격을 누를 수 없어서 울기 시작했다. ◇ **emocionante** 혱 감동·감격시키는. ◇ **emocionar** 타 감동시키다. Me *emocionaron* sus pruebas de amistad. 그의 우정의 증명은 나를 감동시켰다. ~**se** 감동하다. Me *emocioné* viendo cómo defendía el hermano mayor al pequeño. 형이 어린 동생을 두둔하는 모습을 보고 나는 감동했다.
empacar [7] *sacar*] 타 포장하다, 싸다. ◇ **empacamiento** 남 포장. ◇ **empacadora** 여 포장기.
empapar 타 ①(물 따위에) 잠기다, 스며들게 하다. *Empapé* el agua del suelo con un trapo. 나는 마루의 물을 걸레에 스미게 했다. ② 흠뻑 적시다. Una lluvia repentina *ha empapado* la ropa que estaba tendida. 소나기가 널어 놓았던 옷가지를 흠뻑 적셨다. ◇ ~**se** ①(물 따위에) 잠기다; 스며들다. ②[+de·en :…으로] 물에 빠진 생쥐가 되다. *Me he empapado* hasta los huesos. 나는 완전히 (빡까지) 물에 빠진 생쥐가 되었다.
empatar 타 (경기·선거에서) 동점으로 만들다. 자 동점으로 되다. No se ha aprobado la ley, al *empatar* en votos afirmati-

vos y negativos. 그 법안은 찬부의 표가 동수로 되어 승인되지 않았다. ◇ **empate** 图 동점(同点). En la final de fútbol se logró el *empate* a los 25 minutos. 축구 결승전에서 25분 때에 동점으로 되었다.

empeñar 囘 ① 저당・전당에 넣다. *Ha empeñado* todas sus joyas. 그녀는 자기의 보석을 모두 저당잡혔다. ② (싸움・토론 을) 시작하다. *Empeñaron* la batalla de madrugada. 그들은 새 벽녘에 전투를 개시했다. ◇ **~se** ① 빚투성이로 되다. *Se ha empeñado* para comprar la finca. 그는 토지를 사기 위해 빚투성 이가 되었다. ② [+en: …에] 필사적이다. No te *empeñes* en eso, que es inútil. 그런 일에 골몰하지 마라; 허사니까. ③ [+ por・con: …을 위하여] 전력하다. Siempre *se empeña* por mí. 그는 언제나 나를 위하여 전력해준다. ◇ **empeño** 图 ① 전당, 저당. En esta calle hay varias casas de *empeños*. 이 거리에는 전당포가 몇 집쯤 있다. ② 끈기, 열심; 절망(絶望). Tengo mucho *empeño* en visitaros en vuestra nueva casa. 나는 새 집 으로 너희들을 방문하고 싶어 못견디다.

empeorar 囘 나쁘게 하다. 困 나빠지다. *Empeoraba* cada día más el enfermo. 환자는 나날이 (병 증세가) 악화했다.

emperador 图 황제. Carlos I de España fue coronado *emperador* de Alemania en 1519. 스페인의 까를로스1세는 1519년에 독일 의 황제로 되었다.

emperatriz 囝 여황제; 황후.

empezar [⑨ alzar, ⑲ pensar] 囘 시작하다(comenzar). *Empezamos* la comida con una ensalada. 우리들은 샐러드로 식사를 시 작했다. 困 시작하다. ¿Cuándo *empiezan* las vacaciones de verano? 여름방학은 언제 시작되는가. *empezar* a+「동사원형」 …하기 시작하다 (comenzar a+동사원형). *Empezó* a llover. 비 가 내리기 시작했다. *empezar* por+「동사원형」 …로 부터 시작 하다・시작되다. Nuestra amistad *empezó* por reñir. 우리들의 우정은 싸움에서 시작되었다.

empiece ① empezar의 접속법 현재 1・3인칭 단수. ② 시작하시 시오.

empiecen empezar의 접속법 현재 3인칭 복수.

empieces empezar의 접속법 현재 2인칭 단수.

empieza ① empezar의 직설법 현재 3인칭 단수. ② 시작해라.

empiezan empezar의 직설법 현재 3인칭 복수.

empiezas empezar의 직설법 현재 2인칭 단수.

empiezo empezar의 직설법 현재 1인칭 단수.

emplear 囘 ① 쓰다. Para ese traje *he empleado* tres metros de tela. 그 웃을 만드는데 나는 3미터의 옷감을 썼다. ② 고용하 다. Le *hemos empleado* en nuestra fábrica. 우리들은 그를 우 리 공장에 고용했다. ③ 소비하다 (consumir). *Emplearon* todo su capital en esa empresa. 그들은 전 자본을 그 기업에 소비 했다. ◇ **empleado, da** 图 고용인, 근로자, 사무원. Es un simple *empleado* de este banco. 그는 이 은행의 한낱 은행원 이다.

empleo 남 ① 사용(uso). El *empleo* de este producto es peligroso. 이 제품의 사용은 위험하다. ② 근무처, 직(職)(puesto). Anda buscando *empleo*. 그는 일자리를 찾아 다니고 있다.

emprender 타 기획하다; 착수하다, 시작하다. Al amanecer *emprendimos* la marcha hacia la montaña. 날이 새자 우리들은 산을 향해 행진을 개시했다.

empresa 여 ① 기획; 사업(negocio). Le falta energía y fracasa en todas sus *empresas*. 그는 기력이 모자라므로 무엇을 계획하여도 실패한다. ② 기업; 회사(compañía). Trabaja en una *empresa* de ferrocarriles. 그는 철도회사에 근무하고 있다. ◇ **empresario, ria** 명 ① 사업가, 경영자. ② 흥행주. Muchos *empresarios* se disputaron a la actriz. 많은 흥행주가 그 여배우를 끌어 가려 했다.

emprésito 남 빚, 차관; 공채.

empujar 타 ① 누르다, 밀다. *Empuja* más la puerta. 문을 좀더 밀어라. ② 밀어 젖히다. No me *empuje*. 나를 밀지 마세요. La gente *empuja* a la entrada y salida del metro. 사람들은 지하철 입구에서 서로 밀어대고 있다. ◇ **empujón** 남 ① 밀어냄. Me han dado un *empujón*. 그들은 나를 밀었다. ② 전진. Hoy le he dado un buen *empujón* al proyecto. 어제 나는 그 계획을 일보 전진시켰다. **a empujones** 밀치락 달치락 하며.

en 전 ① [때·곳의 범위]…에서·에. Terminaré el trabajo *en* un mes. 나는 그 일을 1개월로 끝내게 되리다. Te espero *en* mi casa a las tres. 나는 3시에 집에서 너를 기다리고 있겠다. ② …의 속에·으로. Los alumnos entraron *en* la clase. 학생들은 교실로 들어 갔다. ③ [상태·형상]…에. Los Cerezos ahora están *en* plena flor. 벚꽃은 지금 활짝 피어 있다. ④ [방법·수단]…으로·에. Me escribe *en* español. 그는 나에게 스페인어로 편지한다. Lo dije *en* broma. 나는 그것을 농담으로 말했다. ⑤ [creer·leer·pensar+]…(의 일)을. Leía *en* el periódico. 나는 신문을 읽고 있었다. Desde que te vi, siempre *pienso en* ti. 나는 너를 만나고 나서는, 언제나 너를 생각하고 있다.

enamorar 타 (…에게)애정을 일게 하다, 설복시키다. Ha *enamorado* a la hija de su profesor. 그는 자기의 선생의 딸을 설복시켰다. ◇ **~se** [+de : …에게]연애하다, 반하다. José *se enamoró de* Lola. 호세는 롤라를 사랑했다. ◇ **enamorado, da** 형 연애를 하고 있는. Está perdidamente *enamorado* de una chica española. 그는 어느 스페인 처녀에게 흘딱 반해 버렸다. 명 연애하는 사람.

enano, na 형 자그마한, 왜소한. 명 난장이; 꼬마.

encabezar [9] *alzar* 타 명부에 기재하다; 맨 먼저 이름을 적다.

encadenar 타 쇠사슬로 매다; 연결하다.

encajar 타 끼우다, 꼭 맞추다. Pedí al carpintero que *encajase* la puerta. 나는 목수에게 문을 끼워 달라고 부탁했다. 자 [+en·con : …에]들어 맞다. El ejemplo *encajaba* perfectamente *con* el caso. 그 용례(用例)는 그 경우에 아주 꼭 들어 맞았다. ◇ **~se** 들어박히다; 끼어들다. *Se ha encajado* en nuestra reunión. 그는 우리회합에 끼어들어 왔다. ◇ **encaje** 📖 ① 끼워넣음 (목수의) 끊어맞춤. ② 레이스(편물). El pañuelo tenía alrededor un bonito *encaje*. 손수건에는 둘레에 아름다운 레이스 장식이 되어 있었다.

encaminar 🔟 향하게 하다. ~-*se* 향하다; 진로를 잡다. Después de visitar el museo *nos encaminamos* al Palacio Real. 우리들은 박물관을 찾은 뒤에 왕궁으로 향했다.

encanecer [31] crecer]🔟 백발이 성성해지다.

encantar 🔟 ① (…에게)마법을 걸다. En el bosque vivía una vieja que *encantaba* a las personas. 숲속에는 사람에게 마법을 거는 노파가 살고 있었다. ② 매혹·매료되다. Me *encanta* este paisaje. 이 경치는 나의 마음을 매료한다. ◇ **encantado, da** 🔲 ① 대단히 즐거운. Ella está *encantada* con su nuevo coche. 그녀는 새 차를 얻고 대단히 기뻐하고 있다. Mucho gusto. *Encantado.* 처음 뵙겠습니다. —저야말로. ② 황홀한. ◇ **encantador, ra** 🔲 매혹적인. ◇ **encantamiento** 📖 매혹, 매료; 환술(幻術). ◇ **encanto** 📖 매혹(하는 것), 매력. El *encanto* de esa muchacha está en su dulzura. 그 소녀의 매력은 상냥함에 있다.

encarecer [30] crecer]🔟 ① 값을 올리다. De nuevo *han encarecido* las patatas. (사람들은) 또 감자값을 올렸다. ② 칭찬·자랑하다. Me *encareció* tanto esa medicina, que la compré para mi madre. 그가 그 약을 나에게 너무 자랑하므로 나는 모친을 위해 그것을 샀다. ③ 강조하다. Me *encareció* la importancia de llegar puntualmente. 그는 시간을 엄수해서 도착하는 일의 중요성을 내게 강조했다.

encargar [8] pagar]🔟 ① 맡기다, 의뢰·위임하다. Mi padre me *ha encargado* que le dé a usted las gracias. 당신에게 사의를 표하라고 부친께서 부탁하셨습니다. ② 주문하다(mandar). *He encargado* una gabardina. 나는 레인코트를 한 벌 주문했다. ◇ ~-*se*[+de …] …을 떠맡다; No te preocupes; *me encargo de* tu hijo. 너는 걱정하지 마라, 내가 네 아들을 떠맡겠다. ◇ **encargado, da** 🔲 담당자, 대리인. *encargado de negocios* 대리공사. ◇ **encargo** 📖 ① 의뢰; 직무. Le dejé el *encargo* de vigilar la entrada. 나는 출입문을 지키는 일을 그에게 맡겼다. ② 주문(품). Este es un traje de *encargo*. 이것은 마춤옷이다.

encarnado, da 🔲 살빛의, 심홍색의. He comprado unas rosas *encarnadas*. 나는 새빨간 장미꽃을 샀다. Se puso *encarnada*. 그녀는 얼굴이 붉어졌다.

encender [20] perder]🔟 ① (…에)불·등불을 붙이다,(불을)켜다. No *enciendas* la luz, que entran los insectos. 불을 켜지마라, 벌레가 들어온다. ② (라디오·벨레비전 따위를) 틀다. *Enciende* la radio. 라디오를 틀어라. ◇ ~-*se* 붙이다; 타다. ◇ **encendedor** 📖 라이터. ◇ **encendido, da** 🔲 새빨간, (부끄러워서) 붉어진. Tenía las mejillas *encendidas* por el rubor. 그녀는 부끄러워 빰이 빨개져 있었다. ◇ **encendidamente** 🔲 격렬하게, 열렬하게.

encerrar [19] pensar] ① 가두어놓다; 감추어두다. *Encerraron* al

pobre chico en un cuarto oscuro. 그들은 불쌍하게도 그 어린이를 캄캄한 방에 가두었다. ②포장·간직하다. Esas palabras *encierran* un profundo significado. 그 말들은 깊은 의미를 내포하고 있다. ◇~**se** 숨어 살다, 은퇴하다.

encía 예【해부】잇몸.

enciclopedia 예 백과사전. Esta *enciclopedia* universal consta de treinta tomos. 이 세계백과사전은 30권으로 되어 있다. *enciclopedia andante* 박식한 사람.

encima 무 ①위에, 높은 곳에. Teníamos *encima* la Osa Mayor. 대웅좌가 우리들의 위에 있었다. ②【속어】손 안에. Tengo *encima* tres mil pesetas. 나는 손 안에 3,000뻬쎄따 가지고 있다. *encima de* …의 위에. Puso un florero *encima de* la mesa. 그녀는 꽃병을 책상 위에 놓았다. *por encima de* …의 위를·로부터. Una golondrina cruzó *por encima de* mi casa. 제비 한 마리가 우리집 위를 가로질러 갔다.

encina 예【식물】떡갈나무.

encoger [③ coger] 타 ①오그리다, 움츠리다. *Encogió* los hombros. 그는 어깨를 움츠렸다. ②【속어】위축시키다. La miseria le *encoge*. 가난이 그의 기분을 위축시키고 있다. ③줄다, 오그라지다. Esta tela no *encoge* al lavarla. 이 천은 빨아도 줄지 않는다. ◇~**se** 오그라지다; 위축하다. *Me encogí* con el frío. 나는 추워서 몸을 움츠렸다.

encomendar [⑲ pensar] 타 의뢰하다, 위탁하다. Le han *encomendado* la dirección de la expedición. 그는 탐험대의 지휘를 부탁받았다. ◇~**se** [+a·en : …에] 의뢰하다, 의지하다. *Se encomendó* a Dios y se lanzó a la pelea. 그는 신에게 의지하고 싸움에 뛰어나갔다.

encontrar [㉔ contar] 타 ①발견하다. No *encuentro* ese pueblo en el mapa. 나는 그 읍을 지도 속에서 발견하지 못한다. ②(…와) 만나다. La *encontré* a la salida del metro. 나는 지하철 출구에서 그녀와 만났다. ③판단하다. *Encuentro* esta comedia mal construida. 나는 그 코메디 구성이 서투르다고 생각한다. ◇~**se** ① (어떤 상태·장소에) 있다. *Me encontraba* muy solo. 나는 전혀 혼자였다. ② [+con : …와] 만나다. *Me encontré con* él en el ascensor. 나는 그와 승강기 속에서 만났다. ③부딪치다; 대립하다. Los dictámenes de ambos *se encuentran*. 쌍방의 의견은 서로 대립하고 있다. ◇ **encontrado, da** 형 마주 선; 대립된. En el tren nos sentamos en sitios *encontrados*. 우리는 열차에서 마주보는 자리에 앉았다.

encuadernar 타 제본·장정하다. El libro está *encuadernado* en tela. 이 책은 천으로 장정되어 있다. ◇ **encuadernación** 예 제본, 장정.

encubrir [과거분사 encubierto] 타 숨기다. *Encubrió* su libro para que yo no viera qué leía. 그는 무엇을 읽고 있는지 나에게 보이지 않도록 자기 책을 감추었다. Por una puerta *encubierta* se entra en el castillo. 남의 눈에 띄지 않는 문을 통해 성으로 들어 갈 수 있다.

encuentro 명 ① 만남, 해우;조우(遭遇). Salgo al *encuentro* de la hermana que viene del pueblo. 나는 읍에서 오는 여동생을 마중하러 간다. ② 충돌; 대립. El *encuentro* de los dos ejércitos fue duro. 양군(兩軍)의 충돌은 격렬했다. ③ 시합(partido). Mañana tendrá lugar nuestro *encuentro* de fútbol. 우리들의 축구 시합은 내일 개최된다.

encuesta 여 앙케이트, 조사. hacer una *encuesta* 조사하다.

encuestador, ra 명 앙케이트 조사자.

encuestar 타 앙케이트 조사를 하다. 자 앙케이트를 만들다.

enchufe 남 플러그, 소켓.

enderezar [9]alzar]타 ① 똑바로 일으키다. El abuelo *enderezó* el árbol que el vendaval había abatido. 폭풍으로 넘어진 나무를 할아버지께서 일으켰다. ② 바로 세우다. Tiene bastante trabajo con *enderezar* sus propios asuntos.그는 자기의 일을 재건하기에 꽤 고생하고 있다.

endurecer [30 crecer]타 ① 굳히다. El sol *ha endurecido* el barro. 태양이 진흙을 굳혔다. ② 단단하게 하다. Todos los días corre dos kilómetros para *endurecer* sus piernas. 매일 그는 다리를 단단하게 하기 위해 2킬로미터를 달린다. ◇ **endurecimiento** 남 경화; (硬化); 완고.

ENE. estenordeste 동북동(東北東).

enemigo, ga 형 [+de : …가] 아주 싫은; 원수의. La abuela era *enemiga de* las medicinas. 조모는 약이 아주 싫었다. *país enemigo* 적(대)국. 적(인 사람). José se declaró *enemigo* inmortal de semejante injusticia. 호세는 자기는 그러한 부정의 영원한 적이라고 선언했다. 남[집합체]적군, 적군. El *enemigo* nos atacará por la montaña. 적군은 산으로 부터 공격해 올 것이다. ◇ **enemistad** 여 적의(敵意); 증오. Yo no tengo *enemistades* con nadie. 나는 아무에게도 적대 감정을 갖지 않는다.

energía 여 ① 세력, 힘. No tiene *energías* ni para levantar una piedra. 그에게는 돌맹이 하나 들어올릴 힘도 없다. ② 정력, 기력; 활동력(actividad). La juventud es la fuente de su *energía*. 젊음이 그의 활동력의 원천이다. ③ 에너지. Esta máquina anda con *energía* eléctrica. 이 기계는 전력(電力)으로 움직인다. ◇ **enérgico, ca** 형 정력적인; 힘센.

enero 남 1월. Hoy es el primero de *enero*, día de Nuevo Año. 오늘은 1월 1일, 설날이다.

enfadar 타 화나게 하다, 성나게 하다(enojar). Su conducta *enfadó* a los asistentes a la reunión. 그의 행동은 참가자를 화나게 했다. ◇~**se** 화내다, 성내다(enojarse). Cuando *se enfada* se le pone roja la cara. 그는 성을 내면 얼굴이 빨개진다. Luisa está *enfadada* con su novio. 루이사는 자기 애인에게 성을 내고 있다. ◇ **enfado** 남 분노; 불쾌한 생각.

enfermo, ma 형 [+de] 아픈, 앓는, 병에‚걸린. No puede ir, porque está *enferma*. 아파서 그녀는 갈수 없다. Estoy *enfermo del* estómago. 나는 위병을 앓고 있다. 명 병자, 환자(paciente) El *enfermo* se mejorará cada día. 환자는 나날이 좋아질 것

이다. caer enfermo 병에 걸리다. Trabajó tanto que *cayó enferma*. 그녀는 너무 일했으므로 병에 걸렸다. ◇ **enfermar** 邳 병에 걸리다, 병들다, 앓다. ◇ **enfermedad** 예 병, 질환. Está en cama con una grave *enfermedad*. 그는 중병으로 누워 있다. ◇ **enfermero, ra** 멩 간호부, 간호인. ◇ **enfermizo, za** 㘯 병약한.

enfilar 印 한 줄로 늘어 세우다; 측면 공격을 하다.

enfocar [7]sacar]印 ① 비추다. Un hombre nos *enfocó* con su linterna. 어떤 사람이 우리들을 회중전등으로 비추었다. ②(…에) 초점을 맞추다; (문제를) 판별하다. *Enfoquemos* la cuestión desde el punto de vista práctico. 실제적인 관점에서 그 문제를 규명하자. ◇ **enfoque** 멩 조사(照射); 문제의 파악방법.

enfrentar 印 대결시키다, 대결시키다. La policía *enfrentó* al criminal y su víctima. 경찰은 범인과 피해자를 대결시켰다. ② 대항시키다. Aunque eran buenos amigos, la competencia los *ha enfrentado*. 그들은 친한 사이였으나, 경쟁심이 그들을 대항시켰다. ◇ ~**se**[+con: …에]직면하다; 대항하다. Al quinto día de marcha *se enfrentaron con* la mayor dificultad de la expedición. 행진 5일째에 그들은 탐험중 최대의 곤란에 직면했다.

enfrente 멩 ① [+de : …의]정면에. El estaba sentada *enfrente de* mí. 그는 내 정면에 걸터 앉아 있었다. Su casa y la mía están una *enfrente de* otra. 그의 집과 우리 집은 마주 보고 있다. ② 반대・대항해서. Tiene a todos los jueces *enfrente*. 그는 모든 재판관과 마주 대항하고 있다. *de enfrente* 정면의・에서. La familia vivía en la casa *de enfrente*. 그 가족은 맞바라보는 집에 살고 있었다.

enfriar [12]enviar]印 차게 하다, 식히다. No te olvides de *enfriar* bien la cerveza. 맥주를 차게 하는것을 잊지 마라. 邳再 ① 차게 되다. ②(정열 따위가) 식다; 냉담해지다. Los dos *se han enfriado* y no son ya tan amigos. 두 사람은 냉담해져서, 이제는 그다지 친한 사이는 아니다.

enganchar 印 걸리다; 꺽쇠를 걸어서 매어 두다. *Enganché* la puerta con un alambre. 나는 문에 철사를 걸어서 잠갔다. ◇ ~**se**[+en : …에]걸리다. *Se me enganchó* el vestido *en* un clavo de la silla. 내 옷이 의자의 못에 걸렸다.

engañar 印 속이다, 사기하다. Se le *engaña* fácilmente. 그는 잘 속는다. No te dejes *engañar* por las apariencias. 외모에 속지 마라. ◇ ~**se** 스스로를 속이다; 그르치다. *Te engañas* a ti mismo. 너는 자신을 속이고 있다. Nadie puede *engañarse* a sí mismo. 아무도 자신을 속일 수 없다. *Me engañé* creyendo que venías por la tarde. 나는 네가 오후에 오리라고 잘못 생각했다. ◇ **engaño** 멩 거짓, 속임수, 사기. ◇ **engañoso, sa** 㘯 거짓의; 틀리기 쉬운. No confíes en sus *engañosas* palabras. 그의 기만하는 말을 믿지 마라.

engendrar 印 ① 낳다, 생기게 하다. La pereza *engendra* todos los vicios. 나태가 모든 악덕을 낳는다. ② 발생시키다. En

engordar 자 esta agua sucia se *engendran* muchos insectos. 이 더러운 물에 많은 벌레가 발생한다. ◇ **engendro** 명 태아; (미완성의) 졸작품.

engordar 타 살찌게 하다. En España *engordan* los cerdos con maíz. 스페인에서는 강냉이로 돼지를 키운다. 재 살찌다. Desde que se casó, (se) ha *engordado* siete kilos. 그녀는 결혼하고 나서 7킬로그램 살쪘다.

engranaje 명 기어장치.

engrandecer [50 crecer] 타 ① 크게하다. Ha *engrandecido* el hospital. 그는 그 병원을 크게 했다. ② 위대하게 하다; 칭찬하다. Este hecho le *engrandeció* a los ojos de todos. 이 행동은 모든 사람의 눈에 그를 훌륭한 사람으로 비치게 했다. ◇ **engrandecimiento** 명 훌륭함.

engrasar 타 (…에) 기름을 바르다; 기름으로 더럽히다. *Engrasa* los frenos del coche. 그는 차의 브레이크에 기름을 넣는다.

engreír [38 reír] 타 우쭐대게 하다. ◇~se 우쭐거리다. ◇ **engreimiento** 명 우쭐거림.

enhorabuena 여 축의, 축사, 축하. Ha recibido muchas *horabuenas* por su triunfo en los exámenes. 그는 시험에 합격해서 많은 축하를 받았다. 감 축하합니다.

enjabonar 타 비누(jabón)로 빨다, 비누칠을 하다.

enjaular 타 새장(jaula)·우리에 넣다; 투옥하다.

enjuagar [8 pagar] 타 (입을) 물로 가시다·헹구다. ◇~se 양치질하다.

enjugar [8 pagar] 타 닦다(습기를), 말리다. ◇~se 닦다. El *enjugó* el sudor. 그는 땀을 닦았다.

enigma 명 수수께끼. La sonrisa de la Mona Lisa constituye, aun hoy, un verdadero *enigma*. 모나·리사의 미소는 오늘날까지도 완전한 수수께끼이다. ◇ **enigmático, ca** 형 수수께끼같은. Me lo dijo con un tono *enigmático*. 그는 나에게 수수께끼 같은 말투로 그렇게 말했다.

enlace 명 ① 연결. Existe un *enlace* lógico entre los dos asuntos. 그 두가지 사건에는 논리적인 연결이 있다. ② 연락; 접속. El *enlace* de trenes es excelente en esta estación. 이 역에서는 열차의 연락이 훌륭하다. Aquí está muy bien el *enlace* de trenes. 이곳은 열차의 연락이 대단히 좋다. ③ 결혼(casamiento, matrimonio, boda). Juan y Lola celebraron su *enlace* matrimonial en la catedral. 후안과 롤라는 대사원에서 결혼식을 올렸다. *un feliz enlace* 행복한 결혼.

enlazar [9 alzar] 타 ① 연결하다; 접속하다. *Enlazando* varias cuerdas se descolgó por la ventana. 그는 몇개의 밧줄을 연결해서, 창문에서 밧줄을 따라 내려왔다. ② 얽어 맞추다. Los mecánicos *enlazan* las distintas piezas de la máquina. 기사들은 기계의 여러가지 부품을 얽어 맞춘다. 자 (열차 따위가) 연락·접속하다. Este tren *enlaza* con el tren para Madrid en la estación próxima. 이 열차는 다음 역에서 마드리드행 열차와 연락하고 있다.

enmendar [19 pensar] 타 수정·정정·교정하다. A su edad es imposible que *enmiende* el defecto del alcohol. 그의 나이로는 술버릇이 나쁜 것을 고치기는 불가능하다. ◇ **~se** 마음·생각·행위를 고치다. Por más que su padre le corrige, el niño no *se enmienda* nada. 아무리 부친이 고치려 해도, 그 애는 도무지 마음을 고치지 않는다.

enmienda 여 정정, 수정; 교정. Ese niño no tiene *enmienda*. 그 어린이는 손을 델 수 없다(교정할 수도 없다).

enmudecer [30 crecer] 자 입을 다물다; 말문이 막히다. Juan *enmudeció* de espanto. 후안은 놀라서 어안이 벙벙했다. 타 기가 막히게 만들다; 말문이 막히게 하다.

enojar 타 화나게 하다, 성나게 하다(enfadar). Esas palabras *enojaron* mucho a su padre. 그 말은 그의 부친을 굉장히 성나게 했다. ◇ **~se** [+con·contra ⋯에] 성내다, 화내다 (enfadarse). Nuestro profesor siempre *se enoja con* nosotros porque no estudiamos. 우리의 선생은 공부하지 않는다고 언제나 우리들에게 성을 낸다.

enojo 남 성냄, 화냄. No mostró *enojo* por mi tardanza. 내가 지각을 했는데도 그는 성낸 눈치를 보이지 않았다. ◇ **enojoso, sa** 형 성나는; 성가신. Es un asunto *enojoso*, porque tendré que enfrentarme con mi mejor amigo. 내 가장 친한 친구와 맞서야 할테니 화나는 일이다.

enorme 형 거대한; 심한. Seúl es una *enorme* ciudad con más de diez millones de habitantes. 서울은 인구 천만 이상의 거대한 도시이다. ◇ **enormidad** 여 거대; 혹심. Este libro está lleno de *enormidades*. 이 책은 심한 잎 투성이다.

enredo 남 분규. No te metas en ese *enredo*. 그 분규에 휘말리지 마라. ◇ **enredoso, sa** 형 분규한, 뒤엉킨. ¡Qué asunto tan *enredoso*! 무슨 사건이 이다지도 뒤엉켜 있나! ◇ **enredar** 타 분규를 일으키다; 그물로 잡다, 그물을 치다. 재 떠들어 대다. ◇ **~se** 휘감기다. La cinta *se enredó* al pie. 테이프가 그의 발에 휘감겼다.

enriquecer [30 crecer] 타 넉넉하게 하다, 풍부하게 하다; 개선하다. ◇ **~se** 부자가 되다. ◇ **enriquecimiento** 남 번영, 번창; 부자가 되는 일.

enrollar 타 감다, 말다(arollar).

enronquecer [30 crecer] 타 목을 쉬게 하다. ◇ **~se** 목이 쉬다. ◇ **enronquecimiento** 남 목쉰 소리.

ensalada 여 【요리】 샐러드.

ensanchar 타 넓히다, 펴다. *Han ensanchado* el campo de juegos de la universidad. 대학운동장을 확장했다. ◇ **ensanche** 남 확장, 확대.

ensayar 타 ① 시도하다, 시험하다. Con sus alumnos, el maestro *ensayó* primero la severidad. 선생은 학생들에게 시험삼아 우선 엄격하게 해 보았다. ② (품질 따위를) 검사하다. En el laboratorio *ensayan* el oro. 그 연구소에서는 금을 검사하고 있다. ③ 연습하다. Vamos a *ensayar* la obra mañana. 내일 그 작품을 시

연해 봅시다.

ensayo 📖 ① 시도(試圖), 테스트(시연, 시운전). En la factoría están llevando a cabo el *ensayo* de una nueva máquina. 그 공장에서는 새 기계의 시운전을 실시 중이다. ② 수필. Está escribiendo un *ensayo* sobre la novela contemporánea. 그는 현대소설에 관하여 수필을 쓰고 있다. ◇ **ensayista** 📖 수필가, 평론가.

enseguida [en seguida 라고도 씀] 📖 즉시, 곧바로 (inmediatamente, en el acto). Volveré *enseguida*. 나는 곧 돌아 오겠다.

enseñar 📖 ① 가르치다[⊕ aprender]. El me *enseñó* las matemáticas. 나는 그에게 수학을 배웠다. ② 보이다(mostrar), 표시하다. No se lo *enseñe* a ella. 그녀에게 그것을 보여주지 마세요. Le *enseñé* mi colección de sellos. 나는 그에게 우표 콜렉션을 보였다. ② [+a+「동원형」: …하기를] 가르치다. ¿Quiere usted *enseñar*me *a* hablar español? 스페인어를 저에게 가르쳐 주시겠읍니까. Le *enseña* a nadar. 나는 그에게 헤엄치는 것을 가르치고 있다. ◇ **enseñanza** 📖 교육(educación). Su padre se dedica a la *enseñanza* primaria. 그의 부친은 초등교육에 종사하고 있다. *enseñanza* media [secundaria] 중등교육. *enseñanza superior* 고등교육.

ensombrecer [50 crecer] 📖 ① 어둡게 하다. La desgracia de su hijo *ensombreció* sus últimos días. 아들의 불행은 그의 만년을 어둡게 했다. ② 그늘지게 하다. La construcción de ese alto edificio ha *ensombrecido* mi casa. 그 높은 건물이 들어 선 뒤, 우리 집은 어두워졌다.

ensordecer [50 crecer] 📖 귀머거리로 만들다. ◇ ~se 귀머거리가 되다. ◇ **ensordecimiento** 📖 귀머거리(되는 일).

ensuciar [11 cambiar] 📖 더럽히다. El pájaro ha *ensuciado* la jaula. 작은 새가 새장을 더럽혔다. 재귀 [+de: …로] 더러워지다; (자기 몸을) 더럽히다. El niño *se ha ensuciado* de barro las manos. 어린이는 진흙으로 손을 더럽혔다.

ensueño 📖 꿈; 몽상. La noche pasada tuve un *ensueño* y me veía volando por el aire. 어젯밤 나는 하늘을 나는 꿈을 꾸었다.

entablar 📖 (교섭·싸움 따위를) 시작하다. Las dos naciones han *entablado* negociaciones para establecer relaciones diplomáticas. 양국은 외교관계를 수립하기 위한 접촉을 개시했다.

entender [20 perder] 📖 ① 이해·양해하다(comprender). ¿*Entiende* usted castellano? 스페인어를 이해하십니까. No pude *entender* lo que decían. 그들이 말한 것을 알아듣을 수 없었다. No *entiendo* nada de lo que me dices. 나는 네가 말하는 것을 전혀 모르겠다. ② (…라) 해석·판단하다. *Entiende* que sería mejor hacerlo. 그 일을 하는 편이 좋다고 나는 생각한다. 재귀 지식이 있다. *Entiendo* mucho de la historia de España. 그는 스페인 역사를 잘 알고 있다. ◇ ~se 서로 이해하다. Hablando *se entiende* la gente. 말하면 안다(사람들은 서로 이해할 수

있다). ② [+con : …과] 결말을 짓다. 回 생각, 판단. A mi *entender*, sería mejor aplazar el viaje. 내 생각으로는 여행을 연기하는 편이 좋겠다. ◇ **entendimiento** 回 ① 양해. No han podido llegar a un *entendimiento*. 그들은 양해하기가 불가능했다. ② 이해(력), 판단(력).

enterar 囲 [+de : …를] (…에게)가르치다, 알리다. Estamos *enterados* de sus planes. 우리는 그의 계획이 무엇인지 알고 있다. No quise *enterar* a tu padre de lo ocurrido. 나는 사건을 네 부친에게 알리고 싶지 않았다. ◇ ~**se** [+de : …을] 알다, 양지(諒知)하다. No *me enteré* del asunto hasta que me lo contaron. 나는 남이 말해 주기 까지는 그 일을 알지 못했다. Estaba *enterada* de lo ocurrido. 그녀는 사건을 알고 있었다. *Entérate* de cuándo sale el tren. 열차가 언제 떠나는지 알아 보세요.

enternecer [30crecer] 囲 연하게 하다, 부드럽게 하다; 감동시키다. ~**se** 부드러워지다, 눈물을 머금다, 감동하다. ◇ **enternecidamente** 囝 눈물겹게.

entero, ra 匣 ① 꽉 닮은; 완전한. El lo esperó dos semanas *enteras*. 그는 완전히 2주일 동안 그것을 기다렸다. ② 고결한, 공정한. No creo que Carlos sea un hombre tan *entero*. 까를로스가 그렇게 공정한 사람이라고는 생각하지 않는다. ◇ **enteramente** 囝 오로지, 몽땅. Se ha perdido *enteramente* la cosecha de trigo. 밀의 수확이 몽땅 허탕이었다. ◇ **entereza** 여 완전; 공정.

enterrar [19pensar] ① 묻다. El avaro *enterró* su fortuna bajo un árbol del jardín. 그 구두쇠는 뜰의 나무 밑에 재산을 묻었다. ② 매장하다. El ha sido *enterrado* en el cementerio de su pueblo natal. 그는 고향의 묘지에 매장되었다. ◇ **entierro** 回 매몰; 매장, 장례식.

entidad 여 ① 정체, 실체. Aun no se conoce exactamente la *entidad* del átomo. 원자의 실체는 아직 정확하게는 알지 못한다. ② 중요함. No es asunto de bastante *entidad* para convocar por él. (그것은) 그것때문에 회의를 소집할 만큼 중요한 사건은 아니다. ③ 기관, 단체, 조직; 회사. La Universidad es una *entidad* docente. 대학은 교육기관이다.

entonar 囲 ① 노래하다. La multitud *entonó* el himno nacional. 군중은 국가를 노래했다. ② 격려하다. Esta sopa te *entonará*. 이 수프는 너에게 기운을 넣어 줄 것이다. 囨 조화하다. El color de las cortinas no *entona* con el de la habitación. 커튼의 빛이 방의 빛과 조화하지 않는다. ◇ **entonación** 여 (어조의) 억양.

entonces 囝 그때, 당시; 그러면(pues). Era *entonces* un niño. 그 당시 그는 어린애였다. Le llamé y *entonces* volvió la cabeza. 내가 그를 불렀더니 그는 뒤돌아보았다. Esta tarde tengo que ir al médico. —*Entonces*, ¿no vendrás a la Universidad? 나는 오늘 오후 의사에게 가야한다. —그래, 너는 대학에는 안 오는 거지.

entornar 囲 반쯤 닫다. Ana *entornó* la puerta. 아나는 문을 반쯤

entrada 여 ① 들어감, 입장, 입회, 입학; 침입. Está prohibida la *entrada* a este parque después de las cuatro. 4시 이후에 이 공원에 들어가는 것은 금지되어 있다. *Se prohibe la entrada* 입장 금지. *Entrada libre* 입장 무료. ② 입구, 어귀. A la *entrada* de la calle hay un teléfono público. 그 거리의 어귀에 공중전화가 있다. ③ 처음, 시초. Con la *entrada* de la primavera florecen los cerezos. 봄의 시작과 더불어 벚꽃이 핀다. ④ 입장권, 입장료. ¿Cuánto cuesta la *entrada*? 입장료는 얼마입니까. Tengo dos *entradas* para el teatro, ¿me acompañas? 극장의 입장권이 두장 있는데, 함께 가겠나.

entrante 오는, 다음의(próximo, que viene, que entra). *semana entrante* 다음 주.

entraña 여 ① [해부] 내장. La herida era tan profunda que se le veían las *entrañas*. 그의 상처는 매우 깊어서 내장이 보이고 있었다. ② 내부; 깊은 곳, 바닥. Los mineros trabajan en las *entrañas* de la tierra. 광부는 땅바닥에서 일한다. ③ 심정. Es un hombre sin *entrañas*. 그는 인정이 없는 사람이다.

entrar 재 ① 들어가다, 들어오다. ¿Se puede *entrar*? 들어가도 괜찮습니까. Carlos ha entrado en el hospital. 까를로스는 입원했다. Las comidas no *entran* en el precio de la pensión. 식대는 하숙비에 들어 있지 않다. El zapato no me *entra*, es muy pequeño. 구두가 내 발에 들어가지 않는군요, 매우 작아요. ② 시작되다. Ya ha entrado la estación de lluvias. 벌써 우기(雨期)에 들어갔다.

entre 전 ① [둘 이상의 물건·사건의 사이]…의 사이에. Zaragoza está *entre* Madrid y Barcelona. 사라고사는 마드리드와 바르셀로나 사이에 있다. Mire *entre* los papeles. 서류 사이를 보세요. Caminamos por *entre* los árboles. 우리들은 나무 사이를 (지나서) 걸었다. ② [협력]…결려서. Le cogimos *entre* tres personas. 우리들은 세사람이 그를 붙잡았다.

entreacto 남 막간(극).

entregar [⑧pagar] 타 인도하다. ¿Quieres *entregar*le esta carta? 그에게 이 편지를 건네주겠나. ◇~se ① 몸을 맡기다. ② [+a :…에] 몰두·골몰하다, 종사하다. Pedro es un hombre que *se entrega a* los amigos. 뻬드로는 친구를 위하여 헌신적인 사람이다. Juan está *entregado a* la bebida. 후안은 술에 빠져 있다. ◇ **entrega** 여 ① 건네줌, 인도, 명도; 교부. El sábado se efectuó la ceremonia de *entrega* de títulos. 졸업증서 수여식이 토요일에 거행되었다. *entrega inmediata* 즉각 인도. ② 근면. Es admirable su *entrega* al trabajo. 그의 일에 대한 열의는 대단한 것이다. ◇ **entregador, ra** 형 건네주는, 인도·수교하는. 남 인도인(引渡人). ◇ **entregamiento** 남 인도(引渡).

entremeter 타 삽입하다, 끼우다. ◇~se 끼어들다, 간섭하다.

entrenar 타 연습·훈련·교육시키다. ◇ **entrenador, ra** 남 (운동의) 감독, 코치. ◇ **entrenamiento** 남 연습, 훈련, 교육.

entresuelo 남 웃방, 골방; (극장의) 특등석.

entretanto 禹 그 동안에; 한편에서. Entró a tomar un café y *entretanto* le robaron el coche. 그는 커피를 마시러 들어갔는데 그 동안에 차를 도둑 맞았다.

entretener [58] tener]團 ① 즐겁게 하다. Tiene habilidad para *entretener* a los niños. 그녀에게는 어린이를 즐겁게 하는 재능이 있다. ② (마음을) 혼란케 하다. Mientras uno le *entretenía* preguntándole la hora, el otro le robó la cartera. 한 사람이 시간을 물어서 그의 주의를 빗나가게 하고 있는 동안에, 다른 놈이 그의 지갑을 훔쳤다. ◇~**se**[+con・de: …로] 즐거워 하다; 소일하다. Los niños *se entretienen* con cualquier cosa. 어린이는 아무 것으로라도 소일한다. ◇ **entretenido, da** 휑 유쾌한, 즐거운. ◇ **entretenimiento** 圀 오락; 소견, 소일.

entrevista 圀 회견, 인터뷰, 회담. Los periodistas han tenido una *entrevista* con el profesor. 신문기자는 교수와 인터뷰를 하였다. ◇ **entrevistarse** 匭[+con: …과] 회견하다.

entristecer [30 crecer]團 슬프게 하다. ◇~**se**[+con・de・por …를] 슬퍼하다. *Se entristecío porque* nadie le prestaba oídos. 아무도 그가 말하는 것에 귀를 기울이지 않음을 그는 슬퍼했다.

entrochar 匭 (미끼로) 유혹・유인하다, 꾀어내다・들이다. ◇ **entruchón** 圀 미끼, 유인, 장차.

entrometer 匭 사이에 넣다, 끼우다. ◇~**se** 관여하다, 참견하다, 끼어들다.

enturbiar [11 cambiar]匭 흐리게 하다. ◇~**se** 흐리다. El agua del río *se enturbió* con la lluvia. 냇물이 비때문에 흐렸다.

entusiasmo 圀 열중, 감격, 열정. Habló con *entusiasmo* de sus proyectos. 그는 흥분해서 자기의 계획을 말했다. ◇ **entusiasmar** 匭 열광・감격시키다. Los toros le *entusiasmaron*. 투우는 그를 열광시켰다. ◇ **entusiasta** 휑 열심인; 열광적인.

enumerar 匭 세다, 열거하다. ¿Puedes *enumerar* todas las provincias de España? 너는 스페인의 주 이름을 전부 열거할 수 있느냐. ◇ **enumeración** 圀 열거; 계목.

envasar 匭 그릇에 담다.

envejecer [30 crecer]匭 늙게 하다; 낡게 하다. 函囵 늙다. *Ha envejecido* mucho en estos años. 그는 근년에 매우 늙었다.

envenenar 匭 ① (…에) 독을 넣다・붙이다. Los indios *envenenaban* las puntas de las flechas. 인디오들은 화살촉에 독을 바르고 있었다. ② 중독시키다. ③ 손상케 하다. Sus palabras imprudentes *envenenaron* las relaciones entre los dos amigos. 그의 부주의한 말은 두 친구의 관계를 나쁘게 했다.

enviar [12] 匭 보내다(mandar); 발송하다. ¿Puede usted *enviar* mi equipaje al hotel?'제 짐을 호텔에 보내주실 수 있읍니까. Hace un mes que le *envié* el equipaje. 나는 1개월 전에 짐을 네 앞으로 보냈다. ◇ **envío** 圀 보냄, 파견, 송부, 출하; 발송물. Hoy he recibido tu *envío*. 오늘 나는 네가 보낸 물건을 받았다.

envidia 圀 선망, 부러움. No tengas *envidia* de tus compañeros porque hayan logrado mejores notas. 친구들이 좋은 성적을 받았다고 해서 그들을 부러워 하지 마라. ◇ **envidiable** 휑 부러

운, 시새움하는. ◇ **envidiar** [11] cambiar] 🔁 부러워 하다, 시샘하다. Todos le *envidian* por la suerte que ha tenido. 그가 행복을 얻었으므로 모두들 그를 부러워하고 있다. ◇ **envidioso,sa** 🔣 부러워하는. 🔣 시샘·부러워하는 사람. El *envidioso* nunca está contento. 시샘하는 사람은 만족하는 일이 없다.

enviudar 🔁 과부·홀아비가 되다, 남편·아내를 잃다.

envoltorio 🔣 포장(지).

envolver [25 volver; 과거분사 envuelto] 🔁 ① [+con·en:…으로·에] 싸다, 말다. La niña *envolvió* sus juguetes *en* un periódico. 소녀는 장난감을 신문지에 쌌다. ② 감아들이다. Han *envuelto* también en el proceso al hijo del acusado. 피고의 아들도 소송에 휩쓸려 들었다. ③ 포위하다. ◇ **~se** 몸을 싸다; 휘감기다. Para dormir *se envolvió* en una manta. 그는 잠들기 위해서 담요를 몸에 둘렀다.

episodio 🔣 삽화(挿畵), 에피소드. Este no es más que un *episodio*. 이것은 하나의 에피소드일 뿐이다. ◇ **episódico, ca** 🔣 삽화의, 삽화적인.

epistolario 🔣 편지집, 서간집.

época 🔣 시대; 시기. En aquella *época* estaba yo ausente de Vigo. 그 무렵 나는 비고에 있지 않았다. El otoño es la *época* de los deportes al aire libre. 가을은 옥외운동의 시기이다.

epopeya 🔣 서사시; (서사시적인) 위업. La travesía del desierto fue una verdadera epopeya. 그 사막의 횡단은 정말로 위업이었다.

equilibrio 🔣 ① 균형, 걸맞음. Guardaba el *equilibrio* sobre una cuerda. 그는 밧줄 위에서 균형을 잡고 있었다. ② 평정. Ha resuelto el problema con su acostumbrado *equilibrio*. 그는 여느때처럼 평정하이 문제를 해결했다. ◇ **equilibrar** 🔁 균형있게 하다. 🔁 균형을 유지하다. Es un hombre *equilibrado*. 그는 신중한 사람이다.

equipaje 🔣 짐, (수)화물. Quiero facturar este *equipaje*. 이 짐을 수하물로 부치고 싶다. *coche de equipaje* 화차(貨車).

equipo 🔣 ① 용품(用品); 장비, 기구. Aquí se venden *equipos* de colegial. 여기서는 학용품을 팔고 있다. ② (경기의) 팀. Este *equipo* tiene buenos jugadores. 이 팀에는 좋은 선수가 있다.

equivaler [7] valer] 🔁 ① [+a:…와] 같다, 동등하다, 등가(等價)이다. Dos duros *equivalen a* diez pesetas. 2두로는 10페세타에 상당한다. ② [+a:…을] 의미하다. ◇ **equivalencia** 🔣 동등, 등가. ◇ **equivalente** 🔣 같은, 한가지의.

equivocar [7] sacar] 🔁 ① 틀리다. Hemos *equivocado* el camino. 우리들은 길을 잘못 들었다. ② (…에게) 잘못하게 하다. Si hablas mientras estoy calculando, me *equivocas*. 내가 계산하고 있는 동안에 네가 지껄이면 나에게 잘못을 저지르게 한다. ◇ **~se** [+de:…을] 그르치다. *Me equivoqué* de tren. 나는 열차를 잘못 탔다. Seguro que la tía está *equivocada en* el precio. 확실히 숙모가 값을 잘못 알고 있다. ◇ **equivocación** 🔣 잘못,

오류.

equívoco, ca 형 모호한; 수상한. Llevaba una vida *equívoca*.

era¹ 여 ①농사장(農事場). ②기원; 시대(época). ¡Ojalá venga una *era* de paz! 제발 평화로운 시대가 오기를 ! *era cristiana* 서력 기원.

era² ser의 직설법 불완료과거 1·3인칭 단수.

erais ser의 직설법 불완료과거 2인칭 복수.

éramos ser의 직설법 불완료과거 1인칭 복수.

eran ser의 직설법 불완료과거 3인칭 복수.

erario 남 국고(國庫).

eras· ser의 직설법 불완료 과거 2인칭 단수.

erección 여 건립; 창설, 설립, 발기. ◇ **erector, ra** 형 건립한. 명 건립자, 창립자, 창설자, 설립자.

eremita 남 은자(隱者) (ermitaño).

erguir [41] 타 세우다, 일으키다. Al oírse llamado, *irguió* la cabeza. 그는 부르는 소리를 듣고 머리를 들었다.

erigir [4 exigir] 타 ①세우다. Allí *erigieron* un templo. 그들은 그곳에 사원을 세웠다. ②[+en: …에] 추천하다. Le *erigieron* (*en*) caudillo. 사람들은 그를 수령으로 밀었다.

ermita 여 (수행자의) 암자. Hay una *ermita* en la ladera de aquel monte. 저 산의 중턱에 행자의 암자가 있다. ◇ **ermitaño, ña** 명 행자(行者), 은자(隱者).

errar [22] 타 그르치다. *He errado* el camino. 나는 길을 잘못 들었다. 재 ①그르치다. Perdóneme usted si en algo *he errado*. 내가 무슨 잘못이 있으면 용서하십시오. ②방랑하다 (vagabundear). Perdiendo el camino, *erré* tres días por el bosque. 나는 길을 잘못 들어, 3일이나 숲을 헤매었다. ◇ **errante** 형 방랑의, 유목의. ◇ **errata** 여 오서(誤書), 오식.

error 남 잘못; 과실. Si lo haces, cometerás un *error*. 만일 네가 그 일을 하면 잘못을 저지르는 결과가 된다. ◇ **erróneo, a** 형 그릇된.

erudito, ta 형 박학한, 박식한. Es *erudito* en antigüedades peruanas. 그는 페루의 고대 유물에 관하여 잘 알고 있다. 명 학식자; 자료 수집가. ◇ **erudición** 여 박학, 학식.

erupción 여 발진(發疹), 분출. ◇ **eruptivo, va** 형 발진성의, 분출한.

esbelto, ta 형 날씬한; 호리호리한. Lola es una muchacha *esbelta*. 롤라는 날씬한 (몸매의) 소녀이다. ◇ **esbeltez** 여 날씬함, 후리후리한 몸매.

escabeche 남 식초에 절임 ; 생선의 식초회.

escabroso, sa 형 험한, 사나운. ◇ **escabrosidad** 여 험난함, 거칠음.

escabuche 남 【연장】 호미.

escala 여 ①눈금, 척도; 축척. ¿A qué *escala* está este mapa? 이 지도의 축척은 몇분의 1입니까. ②규모. Negocia en harinas en gran *escala*. 그는 대규모로 밀장사를 하고 있다. ③기항(寄港)·처류(지). *hacer escala* 기항하다. El barco *hará escala* en

las Canarias. 배는 카나리아 군도에 기항할 것이다.
escalera 여 ① 계단. Vamos a subir las *escaleras*. 계단을 오르자. ② 사다리. Apoyé la *escalera* contra la pared. 나는 사다리를 벽에 기대 세웠다. ◇ **escalerilla** 여 (배 따위의) 트랩.
escalofrío 남 오한. Tengo *escalofríos*. 나는 한기가 있다. Tienes mala cara. ¿Qué te pasa? —Me dan *escalofríos*. 너는 얼굴빛이 좋지 않다; 무슨 일이냐. — 한기가 있다.
escamoteo 남 요술(juegos de escamoteo); 야바위. ◇ **escamotear** 타 요술을 부리다.
escampar 타 말끔하게 치우다; 방해물을 없애다. 자 비가 멎다. Si no *escampa* no iré. 비가 멎지 않으면 가지 않겠다. Espero que *escampe*. 비가 멈추기 바란다.
escándalo 남 ① 어이없음. ② 추문, 중상; 소란. Unos borrachos armaron un *escándalo* en la calle. 주정꾼들이 거리에서 소란을 피웠다. ◇ **escandaloso, sa** 형 어처구니없는; 시끄러운. Ese es un precio *escandaloso*. 그건 어처구니없는 값이다.
escapar 자 도망치다(huir). El pájaro *escapó* de la jaula. 새가 새장에서 도망쳤다. ◇ ~**se** ① [+de・a : …에서] 도망치다. ② 눈초리에서 벗어나다. No *se escapa* nada a su observación. 그의 관찰에서 벗어나는 것은 아무 것도 없다. ③ (액체・가스 따위가) 새다. El gas *se escapa* por aquí. 가스가 여기서 샌다. ◇ **escape** 남 도망; (액체・가스 따위가) 새어나옴. Hay un *escape* de gas ahí. 그곳에서 가스가 샌다. *tubo de escape* 배기관. *a escape* 서둘러서. Salió de casa *a escape*. 그는 급히 외출했다.
escaparate 남 유리 찬장; 진열창. En el *escaparate* estaban expuestos los últimos modelos. 진열창에는 최신형의 상품이 진열되어 있었다.
escarabajo 남【동물】풍뎅이.
escarabajuelo 남【동물】풍뎅이.
escarbadientes 남【단・복수 동형】이쑤시개.
escarbaorejas 남【단・복수 동형】귀후비개.
escarbar 타 긁다, 후비다.
escarcha 여 서리(helada blanca). ◇ **escarchar** 자 서리가 내리다.
escardar 타 제초(除草)하다. ◇ **escarda/escardura** 여 제초. ◇ **escardadera** 여 호미(escardilla). ◇ **escardillo** 남 제초기.
escarmentar [19 pensar] 타 혼내주다. Usted debe de *escarmentar* de eso. 당신은 그것에 대해 혼이 나야 한다. ◇ **escarmiento** 남 훈계, 벌.
escaso, sa 형 ① 근소한. El artista tenía quince años *escasos*. 그 예술가는 겨우 열다섯살이었다. ② 적은, 부족한. Este año ha sido *escaso* en lluvias. 금년은 비가 부족하였다. ◇ **escasez** 여 근소, 부족, 결핍; 궁핍. Esta ciudad tiene *escasez* de agua. 이 도시는 물이 부족하다.
escena 여 ① 무대; (극의) 장면. Su obra se ha puesto en *escena*. 그의 작품은 상연되었다. ② 광경. Hoy he presenciado una *escena* conmovedora. 오늘 나는 감동적인 광경을 목격했다.

escenario 남 무대; 주위의 상황.

escepticismo 남 의혹, 회의주의, 회의파. ◇ **escéptico, ca** 형 회의주의의, 회의적인. 남 회의주의자.

esclavo, va 남 노예. No seas *esclavo* del alcohol. 알콜의 노예로 되지마라. ◇ **esclavitud** 여 [집합적] 노예; 굴종, 속박.

escoba 여 빗자루. ◇ **escobadera** 여 청소부. ◇ **escobar** 타 쓸다, 비질하다.

escoger [③ coger] 타 고르다, 골라내다, 골라잡다. *Escogí* por esposa a la chica menor. 나는 막내딸을 아내로 골랐다. *Escoja* unas manzanas del cesto. 바구니에서 사과 몇 개 고르십시오.

escolar 형 학교의, 학사의. 남 (특히 국민학교의) 학생(alumno). Los *escolares* salieron de la clase a empujones. 학생들은 밀치락달치락하면서 교실을 나왔다.

escolopendra 여 [동물] 지네(ciempiés).

escolta 여 경호원, 호위대. ◇ **escoltar** 타 경호·호위·호송하다.

escombro 남 부스러기, 찌꺼기.

esconder 타 ① 숨기다. ¿Dónde *escondiste* mi libro? 너는 어디에 내 책을 숨겼느냐. ② 감추다. Esa sonrisa *esconde* mala intención. 그 미소는 악의를 감추고 있다. ◇ **-se** 숨다. *Se escondió* detrás de la puerta. 그는 문 뒤에 숨었다. ◇ **escondite** 남 ① 숨을 곳. ② 숨바꼭질. Los niños jugaban al *escondite*. 어린이들은 숨바꼭질을 하고 있었다.

escopeta 여 엽총, 사냥총. Con su *escopeta* salió de caza. 그는 엽총을 가지고 사냥을 나갔다.

escribano 남 공증인(notario). ◇ **escribanía** 여 공증사무소.

escribir [과거분사 escrito] 타 ① 쓰다. Acabo de *escribir* una carta a mi padre. 나의 부친에게 편지를 방금 썼다. ② 저술하다. Está *escribiendo* una novela. 그는 소설을 쓰고 있다. 자 ① 쓸 수 있다. Esta pluma no *escribe* bien. 이 펜은 잘 써지지 않는다. ② 글·편지를 쓰다. Tengo la costumbre de *escribir* a mis padres por lo menos una vez al mes. 나는 적어도 매달 한 번은 부모님한테 편지를 쓰기로 하고 있다. *escribir a máquina* 타자를 치다. ¿Sabe usted *escribir a máquina*? 당신은 타자를 칠 수 있읍니까? ◇ **escrito, ta** 형 쓰여진.남 쓴것, 문서. *por escrito* 문서로. Avíseme *por escrito*, por favor. 문서로 나에게 알려 주십시오.

escritor, ra 남 작가, 저술가(autor).

escritorio 남 ① 사무용 책상. Se murió con el codo apoyado en el *escritorio*. 그는 팔꿈치를 책상에 짚고 잠들었다. ② 사무실(oficina, despacho); 서재(despacho, biblioteca). Está encerrado en su *escritorio*. 그는 서재에 처박혀 있다.

escritura 여 ① [집합적·추상적] 문자. Las *escrituras* griega y latina derivan del fenicio. 희랍어와 라틴어 문자는 페니키아어에서 나왔다. ② 문서, 증서. Enséñeme usted la *escritura* de la compra de esta casa. 이 가옥의 구입증서를 보여 주십시오. *escritura fonética* 음표문자.

escrúpula 여 【의학】 나력.

escroto 남 【생리】음낭.

escrúpulo 남 ① 주저; 양심의 가책. Tenía muchos *escrúpulos* de conciencia de hacerlo. 그는 그 일을 하는데 양심의 가책을 많이 받았다. ② 세심, 배려. Prepara con *escrúpulo* las recetas. 그는 세심하게 처방을 작성한다. ◇ **escrupuloso, sa** 형 걱정 잘 하는; 용의 주도한.

escrutinio 남 정밀 검사; 개표(開票).

escuadra 여 함대.

escuchar 타 (가만히) 듣다·청취하다. *Escúcheme* usted. 제 말을 들으세요. El niño *escuchaba* la radio. 어린이는 라디오를 듣고 있었다. No quiere *escuchar* razones. 그는 이유를 듣고 싶어하지 않는다. 자 귀를 기울이다. Mientras el maestro hablaba, los alumnos *escuchaban*. 선생이 말하고 있는 동안, 학생들은 귀를 기울이고 있었다.

escudo 남 방패; 문장(紋章); 방어물(防禦物). La madre es el *escudo* natural de sus hijos. 모친은 자기 아이들의 자연의 방패이다.

escuela 여 ① 학교(colegio). Los niños españoles entran en la *escuela* a los seis años de edad. 스페인의 어린이는 6살에 학교에 들어간다. ② 유파(流派). La *escuela* romántica ha producido obras extraordinarias de arte. 낭만파는 훌륭한 예술 작품을 낳았다.

escultura 여 조각(彫刻). La *escultura* griega realizó obras de arte admirables. 그리스의 조각은 훌륭한 예술 작품을 실현했다. Voy a esperarte junto a la *escultura* que hay en la plaza. 나는 광장에 있는 상 옆에서 너를 기다리겠다. ◇ **escultor, ra** 명 조각가.

escupir 자 침을 뱉다. 타 뱉다, 토해 내다. ◇ **escupidura** 여 (가래) 침, 담.

escurrir 타 방울방울 떨어지게 하다; 말리다. 짜다. 자 재 뚝뚝 떨어지다; 미끄러지다.

ese, sa [복 esos, esas] 형【중칭 지시형용사】그, 그러한. ¿Cuánto es *esa* corbata? 그 넥타이는 얼마입니까. No conozco a *ese* hombre. 나는 그런 사람을 모른다.

ése, sa [복 ésos, ésas] 대【중칭 지시대명사; 중칭 지시형용사와 혼동되지 않는 한 액센트 기호를 붙이지 않아도 좋음】그것, 그 일. *Ése* es el hombre que vi ayer. 그 사람은 내가 어제 본 사람이다. *Esa* de enfrente es mi casa. 정면의 그것이 우리 집이다.

esencia 여 ① 본질, 정수(精髓). No has penetrado todavía en la *esencia* del asunto. 너는 아직 사물의 본질에까지 들어가 있지 않다. ② 향수(perfume). Ha regalado a su novia una *esencia*. 그는 애인에게 향수를 선물했다. ◇ **esencial** 형 ① 본질적인, 기본적인. La inteligencia es *esencial* en el hombre. 지성은 인생에서 본질적(인 것)이다. ② 긴요한, 중요한. Lo *esencial* en la vida es tener salud. 인생에서 중요한 것은 건강하다는 일이다. ◇ **esencialmente** 부 본질적으로, 진실로.

esfera 여 ① 공, 구체; 구면(球面). La tierra tiene la forma de

una *esfera*. 지구는 구형(球形)을 하고 있다. ② 지구(tierra). En la pared hay un mapa de la *esfera* terrestre. 벽에 세계지도가 있다. ③ 영역, 활동 범위. Pocos compiten con él en su *esfera* profesional. 그의 전문 분야에서 그에게 견줄 자는 적다. ◇ **esférico, ca** 혱 공의; 공모양의.

esforzar [⑨alzar, ㉔contar] 卧 억지로 하다. No te conviene *esforzar* la vista. 눈을 무리하게 쓰는 것은 좋지 않다. ◇ **~se** [+para·por : …하려고] 노력하다 (hacer un esfuerzo por). Me *esforcé* para no dormirme en clase. 나는 수업 중에 졸지 않으려고 노력했다.

esfuerzo 남 노력. Si no haces un *esfuerzo*, no conseguirás nada en la vida. 너는 노력하지 않으면 인생에서 아무 것도 얻은 것이 없을 것이다.

esgrima 여 펜싱, 검술. ◇ **esgrimador** 남 검술가. ◇ **esgrimir** 타 (칼 따위를) 쓰다. ◇ **esgrimista** 남 검술가, 펜싱선수.

eslabón 남 (쇠사슬의) 고리.

eslavo, va 혱 슬라브족(eslavos)의. 남 슬라브사람.

esmalte 남 칠보(七寶)(세공). ◇ **esmaltar** 타 (…에) 칠보를 박아 넣다.

esmeralda 여 에머럴드.

esmerar 타 광을 내다. ◇ **~se** 지성을 들이다. Se *esmera* en todo. 그는 모든 것에 지성을 들인다. ◇ **esmerado, da** 혱 지성의, 정성을 드린. ◇ **esmeradamente** 부 지성을 들여서.

esmeril 남 금강사(金剛砂)

eso 대 [중칭 중성지시대명사]그것, 그일. *Eso* es lo que quiero decir. 그것이야말로 내가 말하고 싶었던 것이다. ¡*Eso* es! 오로지, 그대로다. No es *eso*. 그런 일은 아니다. por *eso* 그러므로. Estoy ocupado, por *eso* no puedo salir. 나는 바쁘다; 그리하여 나갈 수 없다. y *eso* que 하기야, 그렇다고는 하나. Ha llegado tarde, y *eso que* no tenía nada que hacer. 그는 지각했다, 아무 것도 할 일은 없었는데.

espacio 남 ① 우주; 공간. Cuando contemplamos el cielo por la noche, tenemos la impresión de que el *espacio* es infinito. 밤에 하늘을 바라보고 있으면 우주는 무한하다는 인상을 받는다. ② [시간적·공간적] 사이; 스페이스. En el *espacio* de un año cambió de coche dos veces. 그는 1년 동안에 두번이나 차를 바꾸었다. Usted ocupa demasiado *espacio* en la mesa. 당신은 책상으로 장소를 너무 차지하고 있다. ◇ **espacial** 혱 우주의, 공간의. estación *espacial* 우주 정거장. ◇ **espacioso, sa** 혱 광활한.

espada 여 ① 칼, 검. En ese museo se conservan muchas *espadas* antiguas. 그 박물관에는 오래된 칼이 많이 보존되어 있다.

espalda 여 ① 등. ¿Siente usted dolor en la *espalda*? 등에 통증을 느끼십니까. Con el frío me duele la *espalda*. 추위 때문에 나는 등이 아프다. ② 뒤(편), 배면, 배후. El huerto está a *espaldas* de la casa. 야채밭은 집의 뒤편에 있다. de *espaldas* 위를 향하고. Se tendió de *espaldas* en el suelo. 그는 땅에 반듯하게 들어누웠다.

espantar 타 놀라게 하다; 쫓아내다. El relámpago *espantó* al caballo. 번개가 말을 놀라게 했다. Se *espanta* por muy poca cosa. 그는 사소한 일로 놀란다.

espanto 남 놀라움, 두려움; 공황. El niño vino con la cara llena de *espanto*. 그 아이는 놀란 얼굴을 하고 있다. ◇ **espantoso, sa** 형 무서운, 두려운. Hoy hace un calor *espantoso*. 오늘은 무섭게 덥다. ◇ **espantadizo, za** 형 놀라기 쉬운. Los ciervos son animales muy *espantadizos*. 사슴은 무척 잘 놀라는 동물이다.

español, la 형 스페인(España)의. 명 스페인사람. 남 스페인어 (castellano). Yo soy *español*. 나는 스페인 사람이다. Aquí se habla *español*. 이 곳에서는 스페인어가 사용된다.

esparadrapo 남 반창고.

esparcir [z zurcir] 타 ① 흐트러뜨리다; 끼얹다. El viento *ha esparcido* los papeles que estaban sobre la mesa. 바람이 책상 위에 있던 종이를 흐트러뜨렸다. ② (기분을) 유유하게 갖다. Será mejor que *esparzas* el ánimo haciendo un viaje. 너는 여행이라도 해서 기분을 유유히 가지는게 좋다. ◇ **~se** 기분을 전환하다(espaciarse). Ha salido para *esparcirse* por el parque. 그는 기분을 전환하기 위하여 공원으로 출발했다. ◇ **esparcido, da** 형 명랑한, 소탈한.

especial 형 특별한, 특수한. Hemos puesto un *especial* cuidado en la calidad. 우리들은 그 품질에는 특별한 주의를 했다. *en especial* 특히(especialmente). Me gustó mucho España, y *en especial* Granada. 나는 스페인이, 특히 그라나다가 대단히 맘에 들었다. ◇ **especializar** [9 alzar] 자재 [+en : …을] 전문으로 하다. Se especializa en la química orgánica. 그는 유기화학이 전문이다. ◇ **especialmente** 부 특히.

especialidad 여 ① 특수성, 특색. Esa es precisamente la *especialidad* de este producto. 그게 바로 이 제품의 특색이다. ② 특기, 전문.

especialista 형 전문의. 명 전문가. Si te duelen los ojos, vé al *especialista*. 너는 눈이 아프면 전문의사에게 가거라.

especie 여 ① 종류(clase, género). No me gusta esa *especie* de vida. 나는 그런 종류의 생활은 좋지 않다. ② 일, 물체. Ha difundido una *especie* falsa. 그는 거짓을 퍼뜨렸다. *en especie* (돈이 아니고) 물품으로. Pagué el arrendamiento de la tierra *en especie*. 나는 지대(地代)를 물품으로 지불했다.

específico, ca 형 ① 특수한, 독특한. El lenguaje es algo *específico* de la especie humana. 언어는 인류의 독특한 것이다. ② 특효가 있는. Aún no se ha encontrado una medicina *específica* de esa enfermedad. 아직 그 병의 특효약은 발견되지 않았다. 남 특효약.

espectáculo 남 ① 흥행(물); 구경거리. El circo es un *espectáculo* para los niños. 서커스는 어린이용 구경거리이다. ② 전망, 광경. La puesta del sol es un *espectáculo* siempre nuevo. 낙조(落照)는 언제 보아도 새로운 광경이다.

espectador, ra 명 관객. Los *espectadores* aclamaron la repre-

espectro 图 요괴, 도깨비; 【물리】스펙트럼, 분광(分光).

especulación 여 ①사색. Se dedica a la *especulación* filosófica. 그는 철학적 사색에 몰두하고 있다. ②투기. Se ha hecho rico con una *especulación* afortunada. 그는 운좋은 투기로 부자가 되었다.

espejo 图 ①거울. En cuanto se levanta se mira en el *espejo* [al *espejo*]. 그녀는 일어나자 바로 거울을 본다. ②모범; 좋은 예. Don Quijote es el *espejo* de la caballería andante. 동끼호떼는 편력 기사의 좋은 예이다.

espera 여 기다림. El niño está viendo la comida y ya no tiene *espera*. 어린이는 먹을 것을 보고 있다가, 더 기다릴 수 없었다. *en espera de* …을 기다리면서. Quedamos *en espera* de sus informes. 우리들은 당신의 보고를 기다리고 있소. *sala de espera* 대합실, 대기실. ¿Dónde está la *sala de espera*? 대합실은 어디에 있읍니까?

esperanza 여 ①기대, 희망. Ella tiene la *esperanza* de que vuelva su hijo algún día. 그녀는 아들이 언젠가는 돌아오리라는 희망을 가지고 있다.

esperar 자 ①기다리다. *Espéreme*. 저를 기다리세요. ②[+a+que+subj.: …하는 것을] 기다리다. Aquí espero a que usted vuelva. 여기서 나는 당신이 돌아오기를 기다리고 있다. 타 ①기다리다. Te voy a *esperar* en el café de siempre. 나는 여느때처럼 그 카페에서 너를 기다리고 있겠다. ②[+que+subj./+inf.: …하는 것을] 기대 • 희망하다. *Espero* que vuelvas. 나는 네가 돌아오기를 희망한다. *Espero* volver a verte. 나는 너를 또 만나기를 기대한다.

espeso, sa 阇 ①짙은, 농후한. La chimenea despide un humo *espeso*. 굴뚝이 짙은 연기를 내뿜는다. ②빽빽한, 무성한. Los niños se perdieron en un *espeso* bosque. 어린이들은 무성한 숲속에서 길을 잃었다. ◇ **espesor** 图 두께(grosor). La nieve alcanzó un metro de *espesor*. 눈은 1미터 두께로 쌓였다. ◇

espesura 여 농도, 짙음, 무성함.

espía 여 정찰. Está siempre al *espía* de lo que pasa. 그는 무슨 일이 있어나는가를 언제나 정찰하고 있다. 图 밀정, 스파이. La policía prendió a una *espía* tomando fotografías de instalaciones militares. 경찰은 간첩이 군사시설의 사진을 찍고 있는 것을 붙잡았다. ◇ **espiar** [12enviar]타 엿보다, 정탐하다.

espiga 여 ①(보리 따위의) 이삭; 이삭끝. Las *espigas* de trigo están ya doradas para la siega. 밀 이삭이 이미 베게 되도록 (금빛으로) 물들어 있다. ②판자나 목재를 이을 때 한쪽에 만드는 돌기 부분. ◇ **espigar** [8pagar]타 이삭을 줍다, 주워 모으다. ◇~**se** 재 이삭이 나오다.

espina 여 ①가시. No hay rosa sin *espinas*. 가시없는 장미는 없다. ②(물고기의) 뼈. Este pescado tiene muchas *espinas*. 이 물고기는 가시가 많다. ③걱정, 근심. Tengo clavada esa *espi*-

na en el corazón. 그 걱정이 나의 마음에 박혀 있다.

espinaca 예 시금치.

espíritu 남 ① 정신, 마음(mente, corazón). La quietud del *espíritu* es el colmo de la felicidad. 정신의 안정은 행복의 극치이다. ② 의식. Los obreros de esta compañía tienen un fuerte *espíritu* de clase. 이 회사 노동자들은 강한 계급의식을 가지고 있다. ③ 용기, 기백. Es un hombre de mucho *espíritu*. 그는 매우 기백이 있는 사람이다. ④ 영혼(alma), 정령, 악령. Los salvajes sacrifican animales para contentar al *espíritu* de los difuntos. 미개인은 죽은 사람의 영혼을 위안하기 위해 동물을 희생한다. ◇ **espiritual** 형 정신(적)의. ◇ **espiritualismo** 남 심령설. ◇ **espiritualista** 형 심령설의, 유심론의. 남 유심론자.

espléndido, da 형 훌륭한(excelente); 빛나는(brillante). Desde aquí se contempla un *espléndido* paisaje. 여기서 훌륭한 경치를 바라볼 수 있다. ◇ **esplendor** 남 광채.

espontáneo, a 형 ① 자발적인; 자연(발생)의. No pude conseguir de él una respuesta *espontánea*. 나는 그에게서 자발적인 대답을 얻지 못했다. ② 유유자적한. Quisiera educar a los niños de una manera *espontánea*. 나는 어린애들을 마음 편하게 키우고 싶다. ◇ **espontaneidad** 여 자발성; 우발; 유유자적.

esposo, sa 명 남편(marido); 아내(mujer, señora). Su *esposa* está enferma desde hace tiempo. 그의 아내는 훨씬 전부터 병이 들어 있다. 남복 부부. Los nuevos *esposos* saldrán de viaje a Francia. 신혼 부부는 프랑스로 여행을 떠날 것이다. 남복 수갑.

espuela 여 박차; 자극; 신호.

espuma 여 거품. Una blanca y espesa *espuma* resbalaba por el vaso. 희고 짙은 거품이 컵에서 넘쳐 흐르고 있었다. ◇ **espumoso, sa** 형 거품이 나는. Este jabón es poco *espumoso*. 이 비누는 별로 거품이 많이 나지 않는다.

esquela 여 (간단한) 편지; 통지서. *esquela mortuoria* 부고(訃告).

esqueleto 남 ① 해골. Ayer le vi, y parecía un *esqueleto*. 어제 나는 그를 만났는데 해골 같았었다. ② 골격; 뼈대. El *esqueleto* de esta casa es de cemento armado. 이 집의 뼈대는 철근 콘크리트로 되어 있다. ◇ **esquelético, ca** 형 해골의, 해골과 같은.

esquema 남 도해, 도표; 요약. Aquí tienes un *esquema* de la conferencia que pronunciaré mañana. 내일 내가 행하는 강연의 요약이 여기 있다. ◇ **esquemático, ca** 형 도해식의, 도표식의. ◇ **esquematizar** [9 alzar] 타 도해하다; 요약하다.

esquí [복 esquís] 남 스키; 스키용구. Hay unas pistas de *esquí* a poca distancia de aquí. 여기서 과히 멀지 않은 곳에 스키장이 있다. ◇ **esquiador, ra** 명 스키 선수. ◇ **esquiar** [12 enviar] 자 스키하다.

esquina 여 (밖에서 본) 모퉁이 [비교 : rincón]. Al doblar la *esquina* me encontré con ella. 나는 모퉁이를 돌다가 그녀와 만

났다. *hacer esquina* 모퉁이에 있다. Mi casa *hace esquina* a la calle. 우리 집은 거리의 모퉁이에 있다.

esquivar 탄 피하다, 비키다. Me di cuenta de lo que pretendía y *esquivé* su petición. 나는 그가 무엇을 겨냥하고 있는가를 알아차렸으므로, 그의 요구를 거절했다.

esta [este의 여성형] 형 이.

ésta [éste의 여성형] 대 이것, 이사람, 이자; 후자.

estable 형 안정한. Este es un edificio muy *estable* y no hay que tener miedo de los terremotos. 이것은 대단히 튼튼한 건물이므로 지진은 두려워할 필요는 없다. ◇ **estabilidad** 여 안정(성). Esta nación goza de *estabilidad* política. 이 국민은 정치적 안정을 누리고 있다.

establecer 탄 ① 설립·창설하다(fundar), 건설하다(construir). Los fenicios *establecieron* varias colonias. 페니키아 사람은 여러 개의 식민지를 건설했다. ② 제정·설정하다(decretar). Las leyes *establecen* que todo ciudadano sea libre. 법률은 모든 시민이 자유라고 정해 있다. ③ 개설하다(abrir). ④ 장착시키다. ⑤ 수립하다. Corea *estableció* relaciones diplomáticas con la Argentina. 한국은 아르헨티나와 외교관계를 수립했다. ◇~se 정주·정착하다. Ese comerciante *se ha establecido* en Madrid. 그 상인은 마드리드에 정착했다. Un nuevo médico acaba de *establecerse* en esta calle. 개업 의사가 이 거리에서 그의 사무실을 방금 개설했다. ◇ **establecimiento** 남 설립, 창설; 제정, 설정; 규정; 건물. Han abierto un nuevo *establecimiento* de bebidas cerca de la estación. 역 근처에 새로운 음료 상점이 문을 열었다.

estación 여 ① 계절; 시기. El invierno es la *estación* más fría del año. 겨울은 1년 중 가장 추운 계절이다. La primavera es la *estación* de las flores. 봄은 꽃의 계절이다. ② 역, 정거장. ¿Dónde está la *estación*? 정거장은 어디 있읍니까? Las *estaciones* rebosan de gente durante la hora punta. 러시아워에는 역은 사람들로 붐비고 있다. ③ (전화·전신·방송 따위의) 국. *estación* central 중앙국; 발전소. *estación* gasolinera. 개솔린 스탠드. *estación* de servicio 주유소(gasolinera). ◇ **estacionamiento** 남 체류, 정차, 주차(장). ◇ **estacionar** 탄 배치하다, 주차시키다. ◇~se 주차하다, 숙박하다. Se prohibe *estacionarse*. 주차 금지.

estadio 남 경기장(estádium). Más de diez mil personas llenaban el *estadio* de fútbol. 1만명 이상의 사람들이 축구 경기장을 메우고 있었다.

estadístico, ca 형 통계의. Se dedica a unos estudios *estadísticos* sobre la población. 그는 인구에 관한 통계 연구에 종사하고 있다. 여 통계(학). Según las últimas *estadísticas* la mortalidad ha disminuido rápidamente en estos cinco años. 최근의 통계에서는 사망률은 최근 5년간에 급속히 감소하였다.

estado 남 ① 상태. No está en *estado* de trabajar. 그는 일할 수 있는 상태는 아니다. ¿Cómo sigue el *estado* del enfermo? 환자의

상태는 어떻습니까. Está en buen *estado*. 좋은 상태입니다. ② 신분. Sus antepasados pertenecían al *estado* de los nobles. 그의 선조는 귀족 신분에 속해 있었다. ③ 나라, 국가(país, nación); 주(provincia). El *Estado* aprobó el proyecto. 나라는 그 계획을 인정했다. *estado de guerra* 계엄령. *estado mayor* (*general*) (총)참모본부. *Jefe de Estado* 국가 원수.

estadounidense 형 미국・아메리카합중국(los Estados Unidos de América)의. 명 미국사람, 아메리카합중국 사람.

estafa 예 사취, 사기. ◇ **estafador, ra** 명 사기꾼, 협잡꾼. ◇ **estafar** 타 사취・사기하다.

estáis 너희들은 있다(estar의 직설법 현재 2인칭 복수형).

estallar 자 ① 파열・폭발하다. Una bomba *estalló* cerca de él, dejándole sordo. 폭탄이 그의 가까이에서 폭발하여 그는 귀가 멍했다. ② 돌발하다. Cuando *estalle* la guerra, ¿qué será de nosotros? 전쟁이 일어나면, 우리들은 어떻게 될까. ◇ **estallido** 명 파열, 폭발; 폭음(explosión).

estampa 예 ① 판화; 삽화, 사진판. A los niños les gustan los libros con estampas. 어린이들은 삽화가 있는 책을 좋아한다. ② 모습. Este es un caballo de magnífica *estampa*. 이건 훌륭한 모습의 말이다. ◇ **estampilla** 예 【중남미】 우표(sello).

están estar의 직설법 현재 3인칭 복수형.

estancia 예 ① 거주(residencia). Ha fijado su *estancia* en Buenos Aires. 그는 주거를 부에노스・아이레스에 정했다. ② (호화로런) 방. El embajador condujo a sus huéspedes a una lujosa *estancia*. 대사는 손님을 호화스런 방으로 안내했다. ③ 체류, 재재. Durante mi *estancia* en Madrid visité a El Escorial. 나는 마드리드 체재중 엘에스꼬리알을 방문했다. ④【남미】농장 (rancho), 목장. En nuestra gira por Suramérica visitamos muchas *estancias*. 우리들은 남미 여행중 많은 농장을 방문했다.

estanco 명 에스땅꼬, 전매품 매점(우표, 담배, 성냥 따위를 파는). ◇ **estanquero, ra** 명 전매품 매점 상인.

estandarte 명 깃발; 군기(軍旗), 단기(團旗).

estanque 명 (저수・양어용)(연)못.

estante 명 선반, 책꽂이(armario). Ya no caben los libros en el *estante*. 이제 책장에 책이 들어가지 않는다. *estante para libros* 책꽂이.

estaño 명 【광물】 주석.

estar [57] 자 ① [+형용사・부사: …의 상태로] 되어 있다. El café ya *está* frío. 커피는 벌써 식어 있다. !Estoy cansado. 나는 피곤하다. ¿Cómo *está* usted? -*Estoy* bien, gracias. 안녕하십니까 - 잘 있읍니다. *Estamos* listos. 우리는 준비가 됐다. ② (어느 장소・시기에) 있다. El correo *está* cerca. 우체국은 근처에 있다. Aquí *estamos* en primavera. 이곳은 지금 봄이다. ③ [+ 현재분사=진행형] …하고 있다. *Estaba* comiendo. 나는 식사 중이었다. ◇ ~**se** [강조] (어느 상태에) 있다. ¡Estáte quieto! 조용히 해! *estar de* +「명사」…을 하고 있다, …중이다. Los padres *estaban de viaje*. 양친은 여행 중이

었다. *estar(se) de más* 남아 있다; 객적은 일·물건이다. Aquí *estoy de más.* 여기서는 나는 객적은 존재이다. *estar para* +동사원형. …하려 하고 있다, …하려는 참이다. *Está para* llover. 금방 비가 올 듯하다. *estar por* +동사원형. 아직 …하지 않고 있다. La cuenta *está por* cobrar. 계산은 아직 받아들이지 않았다.

estás *estar*의 직설법 현재 2인칭 단수.

estática 여 정력학(靜力學).

estatua 여 상, 조각상. A la entrada de la Universidad se levanta una *estatua* del fundador. 대학의 입구에는 창설자의 조각상이 서 있다.

estatura 여 키(talla), 신장. Tiene un metro setenta de *estatura*. 그는 키가 1미터 70이다.

estatuto 남 법규, 조례; 규약, 정관. Los *estatutos* de la compañía lo prohiben. 회사의 규약은 그것을 금하고 있다. ◇ **estatutario, ria** 형 법령·규약·회칙의; 법령·규약·정관에 의한.

este[1] 남 동쪽(oriente). La Iglesia está a unos quinientos metros al *este* de la estación. 교회는 역에서 동쪽으로 약 500미터의 곳에 있다.

este[2]**, ta** [복 estos, estas] 형 [지시형용사] 이. *Este* libro es muy interesante. 이 책은 대단히 재미있다. *Estos* días el tiempo está muy variable. 요즈음은 일기가 매우 변하기 쉽다.

éste, ta [복 éstos, éstas] 대 [지시대명사] 이것, 이자, 이 사람; 후자. ¿Quién es *éste*? ·Es mi primo. 이 사람은 누구입니까. 나의 사촌입니다. *Esta* es mi casa. 이것이 우리 집이다.

esté *estar*의 접속법 현재 1·3인칭 단수.

estenógrafo, fa 명 속기사(taquígrafo). ◇ **estenografía** 여 속기술(taquigrafía). ◇ **estenografiar** [⑫enviar] 타 속기하다.

estéril 형 ① 불모의, 익지않은. Los desiertos son *estériles* debido a la falta de agua. 사막은 물 부족 때문에 불모이다. La discusión de hoy ha sido *estéril*. 오늘의 토론은 실속이 없었다. ② 불임의. una mujer *estéril* 아이를 배지 못한 여자. ③ 수익·소득이 없는. trabajo *estéril* 수익 없는 일. ◇ **esterilidad** 여 불모, 불임; 무효, 무균(상태); 사상성 없음. ◇ **esterilización** 여 불모로 하는 일; 살균 소독. ◇ **esterilizar** [⑨alzar] 타 불모로 하다; 살균하다.

estético, ca 형 ① 미학의; 심미적인. Está estudiando a Goya desde un punto de vista puramente *estético*. 그는 순수하게 미학적 관점에서 고야를 연구하고 있다. 명 미학자. Es no sólo científico, sino también *estético*. 그는 과학자일 뿐만아니라, 또 미학자이기도 하다. 여 미학, 감성론(感性論); 미적 정서.

estibador, ra 명 압축하는, 양털 포장하는; 부두 노동자. ◇ **estibar** 타 (양털 따위를) 압축하다.

estiércol 남 똥, 퇴비.

estilar 타 …에 박다, 형식에 맞추다. ◇ ~**se** 유행하다.

estilo 남 ① 형, 형식. La catedral de Sevilla es de *estilo* gótico. 세빌랴의 대사원은 고딕식이다. ② 방법, 방식(manera, modo).

estilográfica 278 **estrangular**

Me gusta el *estilo* con que viste. 나는 그녀의 옷매무새가 좋다. ③ 문체. Es un escritor de *estilo* elegante. 그는 우아한 문체의 작가이다. ④【문법】화법. *estilo directo [indirecto]* 직접[간접]화법. *por el estilo (de)* (…와) 마찬가지인·로. Me he comprado un abrigo *por el estilo de*l que antes tenía. 나는 전에 가지고 있던 것과 같은 외투를 샀다.

estilográfica 여 만년필(pluma *estilográfica*, 【남미】pluma fuente).

estimar 타 ① 존경·존중하다. Le *estimo* como amigo, pero no como médico. 나는 그를 친구로서 존경하고 있지만 의사로서 존경하지 않는다. ② 고맙게 생각하다. *Estimo* mucho tu amistad. 나는 너의 우정을 대단히 고맙게 생각하고 있다. ③ 판단하다; 평가·사정하다. No *estimo* necesario que vayas tú. 나는 네가 갈 필요가 있다고 생각하지 않는다. Los peritos han *estimado* este cuadro en medio millón de pesetas. 전문가들은 이 그림을 50만 페세타로 평가했다. ◇ **estimable** 형 존경할 수 있는; 고마운. He recibido su *estimable* carta. 나는 귀하의 고마운 편지를 받았다. ◇ **estimación** 예 존경; 평가; 가치(valor). Esta obra ha merecido la *estimación* del público. 이 작품은 일반의 호평을 받았다. ◇ **estimado, da** 형 존경하는, 고마운. *Estimado señor* 근계(편지 서두의 말). Obra en mi poder su *estimada* carta. (주신) 편지는 내 수중에 들어와 있습니다.

estímulo 남 자극; 격려. Tus palabras de *estímulo* le han hecho cambiar. 너의 격려의 말이 그를 변하게 했다. ◇ **estimular** 타 ① 자극하다; 격려하다. Este es un específico para *estimular* el apetito. 이것은 식욕을 돋우는 특효약이다. ② [+a·para+동사원형; …하도록] 격려하다. Le *estimulé a* seguir el estudio. 나는 공부를 계속하도록 그를 격려했다.

estirar 타 잡아당기다, 잡아늘이다. 재 [+de: …를] 끌어당기다, 잡아늘이다. *Estira*, por favor, de la punta del cable. 밧줄의 끝을 잡아당겨 주십시오. ◇ **~se** 늘어나다, 기지개 켜다. Es una descortesía *estirarse* delante de los demás. 다른 사람앞에서 기지개를 켜는 것은 실례이다.

estirpe 예 가문, 가계, 혈통.

esto 대 [중성지시대명사] 이것, 이 일. ¿Qué es *esto*? – Es un libro. 이건 무엇입니까? –책입니다. *Esto* es verdad. 이 일은 정말이다. *en esto* 이 때에.

estocada 여 자상(刺傷).

estofado 남 스튜즙.

estómago 남【해부】위(胃). Tengo dolor de *estómago*. 나는 위가 아프다. ◇ **estomacal** 형 위의; 건위(健胃劑)의. 남 건위제.

estorbar 타 방해하다. La lluvia *estorbó* nuestros planes. 비가 우리들의 계획을 방해했다. 재 장애가 되다. Me voy porque parece que *estorbo*. 방해가 되는 것같아 가겠습니다. ◇ **estorbo** 남 장애물, 성가신 일. ◇ **estorboso, sa** 형 방해되는, 성가신.

estornudo 남 재채기. ◇ **estornudar** 재 재채기하다.

estoy *estar*의 직설법 현재 1인칭 단수.

estrangular 타 교살하다. ◇ **estrangulación** 예 교살.

estrategia 여 전술, 전략. ◇ **estratégico, ca** 형 전략상의. 명 전략자.

estrechar 타 ① 좁히다, 줄이다. Quiero que me *estreche* el vestido. 나는 옷을 줄여 주시길 부탁합니다. ② 죄어 매다(껴안다, 쥐다). Me *estrechó* la mano amistosamente. 그는 친한듯이 내 손을 쥐었다. ③ 긴밀히 하다. La desgracia *estrecha* a las familias. 불행이 가족을 긴밀하게 한다. ◇ **~se** (서로) 좁히다. *Estréchense* más, que todavía caben algunos. 아직 몇 사람쯤 더 어갈 수 있으니 좀더 좁혀주세요.

estrecho, cha 형 ① 좁은 [⑭ ancho], 가는. Vive en una calle *estrecha*. 그는 좁은 거리에서 살고 있다. ② 궁색한; 힘겨운. Ibamos, muy *estrechos* en el autobús. 우리들은 버스에서 콩나물이었다. ③ 친밀한, 친밀한. Les une una *estrecha* amistad. 그들은 친밀한 우정을 맺고 있다. 명 해협. ◇ **estrechamente** 부 딱딱하게; 긴밀히; 엄격히. ◇ **estrechez** 여 좁음, 여유가 없음; 긴밀; 궁색; 곤궁. Viven con mucha (en gran) *estrechez*. 그들은 생활이 극도로 궁색하다. ◇ **estrechura** 여 애로; 긴밀.

estrella 여 ① 별; 별표(asterisco). Las *estrellas* palpitaban en el cielo. 별이 하늘에서 깜박이고 있었다. ② 숙명, 운명. El pobre ha tenido siempre mala *estrella*. 그 불쌍한 사람은 언제나 불운만 당해 왔다. ③ (영화 따위의) 스타. ◇ **estrellar** 타 메어붙여서 깨다. 재 깨어져 흐트러지다. La ola se *estrelló* contra las rocas. 물결이 바위에 (부딪쳐서) 깨어져 흩어졌다.

estrellada 여 【식물】 들국화(amelo).

estremecer [30 crecer] 타 ① 흔들리게 하다. La explosión *estremeció* las casas. 폭발로 집들이 흔들렸다. ② 진동하게 하다. ◇ **~se** 흔들리다. Nos *estremecemos* al pensar en la posibilidad de una guerra. 우리들은 전쟁의 가능성을 생각하면 몸서리쳐진다. ◇ **estremecimiento** 명 진동; 몸서리.

estrenar 타 ① 처음으로 쓰다·입다. Hoy *estreno* este traje. 나는 오늘 처음으로 이 옷을 입었다. ② 초연(初演)·개봉하다. En esta temporada no *han estrenado* ninguna obra de importancia. 이번 시즌에는 그럴싸한 작품이 하나도 초연되지 않았다. ◇ **~se** 초연·개봉되다; 데뷰하다. *Se estrenó* con esta obra. 그는 이 작품으로 데뷰했다. ◇ **estreno** 명 초연, 개봉, 데뷰.

estreñir [43ceñir] 타 변비를 일으키다. ◇ **~se** 변비가 되다. ◇ **estreñimiento** 명 변비.

estribar 재 [+a: …에] 근거가 있다. La belleza de este cuadro *estriba en* sus colores. 이 그림의 아름다움은 색채에 있다. ◇ **estribo** 명 (탈것의) 계단, 스텝, 근거, 의지; 교각대(橋脚台); (산의) 지맥(支脈).

estricto, ta 형 엄격한, 엄밀한. Es muy *estricto* en el cumplimiento de su deber. 그는 의무의 이행이 극히 엄격하다. ◇ **estrictamente** 부 엄격하게; 엄밀한 의미로. Lo que te digo es *estrictamente* confidencial. 내가 네게 말하고 있는 것은 극히 내밀한 일이다. ◇ **estrictez** 여 엄격(severidad, rigor).

estropear 타 손상시키다, 손해보이다; 부수다, 망가뜨리다. Esa

estructura 여 구조, 구성; 기구. Actualmente está muy complicada la *estructura* de la sociedad. 현재는 사회 구조가 극히 복잡하게 되어 있다. ◇ **estructural** 영 구조(상)의; 기구적인.

estruendo 남 큰소리; 야단 법석, 혼란.

estrujar 타 짜(내)다; 착취하다.

estuche 남 작은 상자, 케이스. He perdido el *estuche* de las gafas. 나는 안경집을 잃었다.

estudiante 영 학생. He perdido el carné de *estudiante*. 나는 학생증을 잃었다. ◇ **estudianta** 여 〖속어〗 여자학생. ◇ **estudiantil** 형 학생의. Esta tarde se celebra una reunión *estudiantil*. 오늘 오후 학생집회가 있다.

estudiar 자 공부·연구하다. *Estudia* para (ser) médico. 그는 의사가 되기 위하여 공부하고 있다. 타 공부·연구하다. Está *estudiando* la lección de mañana. 그는 내일 학과를 공부하고 있는 중이다. Tenemos *estudiada* la cuestión. 우리들은 그 문제를 연구해 두었다. ◇ **estudiado, da** 형 멋부리는.

estudio 남 ① 공부, 연구. Desde pequeño le gustó mucho el *estudio*. 그는 어릴때부터 공부를 좋아했다. ② 뎃상, 습작; 연습곡. Para pintar un cuadro hace falta aprender el *estudio*. 그림을 그리려면 뎃상을 배울 필요가 있다. ③ 아트리에; 스타디오. ◇ **estudioso, sa** 형 연구가의. 명 연구가.

estufa 여 난로. Usamos *estufas* de petróleo. 우리들은 석유난로를 쓰고 있다.

estupendo, da 형 무서운; 대단한, 훌륭한 (excelente, maravilloso). Durante todo el viaje nos ha hecho un tiempo *estupendo*. 우리가 여행중 줄곧 좋은 날씨였다.

estúpido, da 형 터무니 없는; 얼빠진; 어리석은, 바보스런, 우둔한 (torpe, bobo, tonto). No he visto una película tan *estúpida* en mi vida. 나는 이제까지 이런 터무니없는 영화는 본 일이 없다. ◇ **estupidez** 여 우둔함, 어리석음 (tontería). Es una *estupidez* que se hayan enfadado por tan poca cosa. 그런 사소한 일로 그들이 성냈다는 것은 어리석은 일이다.

etapa 여 ① 행정(行程); 숙영지(宿營地). Estábamos muy fatigados cuando llegamos a la primera *etapa*. 초초의 숙영지에 닿았을 때, 우리들은 매우 지쳐 있었다. ② (발전의) 단계, 시기. Estamos en una *etapa* de desarrollo. 우리들은 발전의 한 단계에 있다.

etc. [etcétera의 생략형] 여 등(等), 따위; 기타. En nuestro viaje visitamos Madrid, Sevilla, Granda, *etc*. 우리들은 여행중 마드리드, 세빌랴, 그라나다 등을 방문했다.

etcétera 여 등(等), 따위; 기타.

éter 남 〖물리·화학〗 에테르.

eterno, na 형 ① 영원한 (permanente). El poeta le juró un amor *eterno*. 시인은 그녀에게 영원한 사랑을 맹세했다. ② 여전한,

여느때와 같은. Siguen con sus *eternas* disputas. 그들은 여전히 언쟁을 계속하고 있다. ③ 언제까지나 계속하는, 오래 쓸 수 있는. La conferencia se me hizo *eterna*. 그 강연은 나에게는 끝없는 것으로 생각되었다. ◇ **eternamente** 囲 영원히(para siempre). ◇ **eternidad** 囡 영원; 내세; (끝없이 생각되는) 장기간. Estuvimos esperando una *eternidad*. 실로 오랫동안 우리들은 기다리고 있었다. ◇ **eternizar** [9] alzar] 匣 영원한 것으로 하다.

ético, ca 函 윤리의, 도덕의. Debemos infundir emociones *éticas* a los niños. 어린이들에게 도덕적인 감정을 느끼게 해야 한다. 囡 윤리(학); 도덕.

etiqueta 囡 ① 예의. Su falta de *etiqueta* asombró a todos. 그의 무례함에 모두들 놀랐다. ② 라벨; 가격표. ¿Qué dice la *etiqueta* de la botella? 병의 라벨에는 무엇이라 쓰여 있는가.

étnico, ca 函 민족적인, 민족학적인. ◇ **etnia** 囡 인종, 종족(raza, tribu). ◇ **etnografía** 囡 인종학, 민족학. ◇ **etnógrafo, fa** 囲 인종학자. ◇ **etnólogo, ga** 囲 인종학자.

europeo, a 函 유럽(Europa)의. 囲 유럽사람.

evacuar [14 actuar] 匣 배설하다; 없애다; 비우다; 철수·철병하다. ◇ **evacuación** 囡 배설; 배기(排氣); 철수, 철병.

evadir 匣 (…에서) 도피하다; 피하다. *Evadió* darme una respuesta. 그는 나에게 대답하기를 피했다. ◇ ~**se** [+de: …에서] 도피·도망하다. ◇ **evaluar** [14 actuar] 匣 평가하다, 존중하다 (estimar, respetar). ◇ **evaluación** 囡 평가(valuación). ◇ **evalúo** 囲 평가, 어림짐작.

evangelio 囲 [성서] 복음(서). Aún no he leído el *Evangelio* de San Mateo. 나는 아직 마태복음서를 읽지 않았다. ◇ **evangélico, ca** 函 복음(서)의; 신교도의.

evaporar 匣 증발시키다. ◇ ~**se** 증발·소산하다. *Se evaporó* aquella gran riqueza. 그토록 많은 재산이 어느덧 없어졌다. ◇ **evaporación** 囡 증발.

evasión 囡 도피, 도망; 도망할 길. ◇ **evasiva** 囡 핑계, 발뺌박이.

evento 囲 사건, 우연한 일, 돌발사건(suceso). *evento inesperado* 의외의 사건. *a todo evento* 어떻게 해서라도(a toda costa, en todo caso). ◇ **eventual** 函 우연한, 돌발의, 우발의.

evidente 函 명백한. Es la verdad *evidente*. 그것은 명백한 사실이다. ◇ **evidencia** 囡 명백; 증거(물). ◇ **evidentemente** 囲 명백히.

evitar 匣 피하다; (…에서) 도망치다. He notado que *evita* mi presencia. 그가 나와 얼굴 대하기를 피하고 있음을 나는 알아차렸다. ◇ **evitable** 函 피할 수 있는. ◇ **evitación** 囡 회피, 기피.

evocar [7 sacar] 匣 (죽은 사람의 영혼이나 이름을) 부르다; 일깨우다. ◇ **evocación** 囡 초혼(招魂).

evolución 囡 진전, 진화; 전개(展開). Darwin fue el fundador de la teoría de la *evolución*. 다윈은 진화론의 시조였다. ◇ **evoluciona~** 匝 진전·진화하다; 전개하다.

exacto, ta 函 정확한, 정밀한. La cinta tiene cuatro metros

exactos. 그 허리띠는 꼭 4미터이다. 閉 꼭, 그와같이. ◇ e**xactamente** 閉 정확히. ◇ **exactitud** 여 정확, 정밀.

exagerar 囧 과장하다. Los periódicos *exageran* lo ocurrido. 신문은 사건을 과장한다. ◇ **exageración** 여 과장. Nunca es *exageración* el decir que él es un genio. 그는 천재라고 말해도, 결코 과장은 아니다. ◇ **exagerado, da** 혱 과장된, 과대한.

exaltar 囧 ① 찬양·칭찬하다. *Exaltó* a su antecesor en el cargo. 그는 전임자를 찬양했다. ② 고양(高揚)·흥분시키다. El discurso del Presidente *exaltó* al auditorio. 대통령의 연설은 청중을 흥분시켰다. ◇ **exaltación** 여 고양, 흥분; 승화. ◇ **exaltado, da** 혱 상기한, 열광적인.

examen 閉 ① 시험. Ha salido bien en el *examen* de ingreso. 그는 입학시험에 합격했다. Tenemos que sufrir el *examen* de español. 우리들은 스페인어 시험을 치러야 한다. ② 조사, 검사, 심사; 진찰. Hicieron el *examen* del terreno. 그들은 토지의 조사를 했다.

examinar 囧 조사하다(시험; 조사, 검사, 심사; 진찰). *Examinaré* detenidamente tu proposición. 나는 너의 제안을 상세히 조사해 보겠다. El médico *examinó* al enfermo. 의사는 병자를 진찰했다. ◇~**se** [+de : …의] 시험을 치르다. Tengo que *examinarme* de castellano. 나는 스페인어 시험을 치러야 한다. ◇ **examinando, da** 閉 수험생.

exasperar 囧 화나게 하다(irritar). ◇~**se** (질병 따위가) 심해지다; 분격하다. ◇ **exasperación** 여 분격, 격앙; 악화. ◇ **exasperante** 혱 화나는, 약이 오르는.

excavar 囧 발굴하다. ◇ **excavación** 여 발굴; (땅을) 일구기·파기. ◇ **excavador, ra** 閉 발굴자. ◇ **excavadora** 여 굴착기.

exceder 囧 ① [+a : …보다/+en : …의 점에서] 낫다, 능가하다. Ella *excede* a todas en belleza. 그녀는 아름다움에서 모두를 능가한다. ② [+a : …보다/+en : …만큼] 초과하고 있다. Esta cantidad *excede* a ésa en cinco pesetas. 이 금액은 그것보다 5페쎄타 초과하고 있다. ◇~**se** 도를 넘기다. *Te has excedido* en la propina. 너는 팁을 너무 많이 주었다. ◇ **excedente** 혱 잉여의; 초과한, 과도한. 閉 여분, 잉여(금); 초과(액). *excedente* de la importaciones sobre las exportaciones 수입초과.

excelente 혱 뛰어난, 훌륭한. Hemos tomado una comida *excelente*. 우리들은 훌륭한 식사를 했다. ◇ **excelencia** 여 우수, 훌륭함. *por excelencia* 특히, 뛰어나게. El español es, *por excelencia*, apasionado. 스페인사람은 특히 정열적이다. *Su Excelencia* 각하(閣下).

excelso, sa 혱 지극히 높으신. 閉 [el E-] 신(神)(Dios).

excepción 여 예외, 제외(除外). No hay regla sin *excepción*. 예외 없는 규칙은 없다. *a [con] excepción de* …을 제외하고. ◇ **excepcional** 혱 예외적인. Esta es una película *excepcional*. 이건 월등히 훌륭한 영화이다.

excepto 閉 [전치사적] …외에는, …를 제외하고(salvo, menos).

Llegaron todos *excepto* él. 그를 제외하고는 모두 왔다. Te lo consiento todo, *excepto* que fumes. 나는 네가 하는 일에 모두 동의하지만 담배피우는 것만은 예외이다. ◇ **exceptuar** [14 acutuar]他 제외하다.

excesivo, va 形 과도한, 과대한, 법외의, 부당한. Ha caído enfermo por el trabajo *excesivo*. 그는 과로로 병이 났다. ◇ **excesivamente** 副 너무도.

exceso 男 ① 과도. El *exceso* de ejercicio puede perjudicarte. 과도한 운동은 너(의 건강)를 해칠지도 모른다. ② (분량·금액·요금의) 여분, 초과. Si hay más de dos metros, corta el *exceso*. 2미터 이상 있으면, 나머지는 끊어주십시오. **en [por] exceso** 너무나도, 과도히; 부당히. Ha estudiado *en exceso*. 그는 너무나 공부를 많이 했다.

excitar 他 ① 자극하다, 장려하다, 독촉하다. El ejercicio *excita* la circulación de la sangre. 운동은 혈액 순환을 촉진한다. ② 선동하다. El estado anárquico *excitó* a los militares a la rebelión. 무정부 상태가 군인들을 선동으로 몰아냈다. ◇ **~se** 흥분하다. Tiene el corazón débil y no debe *excitarse* por nada. 그는 심장이 약해져 있으므로 무슨 일에도 흥분해서는 안 된다. ◇ **excitable** 形 흥분하기 쉬운, 감수성이 예민한. ◇ **excitación** 女 흥분, 자극. ◇ **excitante** 形 자극성의; 도발적인. ◇ **excitantivo, va** 形 자극성의. 副 자극게.

exclamar 自 (감정을 넣어서) 부르짖다(gritar). ¡No me dejes!, *exclamó* con los ojos llenos de lágrimas. "나를 버리지 말아요!"라고 그녀는 눈에 눈물을 글썽이면서 부르짖었다. ◇ **exclamación** 女 고함; 【문법】 감탄부호.

exclusivo, va 形 ① 배타적인, 독점적인. Estas dos opiniones son *exclusivas* la una de la otra. 이 두 가지 의견은 서로 용납되지 않는다. ② 그만큼의, 유일한. Ha venido con el *exclusivo* objeto de fastidiarnos. 그는 우리들에게 듣기 싫은 말을 하기 위한 목적만으로 왔다. 女 독점권. Tenemos la *exclusiva* de la venta de automóviles para España. 폐사는 스페인에 대한 자동차 판매의 독점권을 가지고 있다. ◇ **excluir** [74 huir]他 배척·제외하다; 쫓아내다. ◇ **exclusión** 女 배척, 제외, 제명. ◇ **exclusivamente** 副 오직, 다만; 독점적으로; 완전히. He venido *exclusivamente* por verte. 나는 오직 너를 만나려고 온 것이다. ◇ **exclusive** 副 제외하여.

excursión 女 소풍, 원족, 하이킹. Mañana saldremos de *excursión* a alguna playa. 내일은 어디 바닷가에 소풍가자. ◇ **excursionista** 男 하이커, 소풍객.

excusar 他 ① 변명하다. Ella anda *excusando* siempre las travesuras de su hijo. 그녀는 언제나 아들의 장난을 변명하고 돌아다닌다. ② 보류하다, 피하다. Como vendrás pronto, *excuso* escribirte largo. 네가 곧 올테니 나는 긴 편지를 쓰는 것을 보류한다. ③ [+de : …를] 면제하다. Te *excuso* hoy de la limpieza. 오늘은 청소를 면제해 준다. ◇ **~se** ① [+con : …에 / +de·por : …을] 변명을 하다. Se *excusó* por no haberse despedido de nosotros. 그는 우리들을 전송하지 않은 일을 변명했다. ② 허락받다, 면제받다. *Se excusa* decir que la salud es lo todo. 건강이 제일임은 물론이다. ◇ **excusa** 여 구실, 변명. ◇ **excusado, da** 형 객적은, 불필요한. *Excusado* es decir que no hay nada tan precioso como el tiempo. 시간처럼 중요한 것이 없음은 말할 필요도 없다.

exento, ta 형[+de: …를] 모면한, (…가)없는. Este viaje no está *exento de* peligros. 이 여행은 위험이 없지도 않다. ◇ **excención** 여 면제. ◇ **excentar** 타 면제하다. ◇ **~se** 면하다.

exhalar 타 ① 토하다, 발산하다. Los desechos de esa fábrica *exhalan* un olor terrible. 그 공장의 폐기물은 심한 냄새를 풍긴다. ② (한숨·불평 따위를) 토하다. ◇ **exhalación** 여 발산, 증발; 유성; 번쩍임.

exhausto, ta 형 바닥난, 고갈된.

exhibir 타 보이다; 공시·전람·공개하다; 출품·진열하다. En esa exposición *exhiben* cuadros españoles. 그 전람회에는 스페인의 그림이 전시되어 있다. ◇ **exhibición** 여 전람·전시(회).

exhortar 타 권하다, 권고하다.

exigir [4] 타 ① 요구·요청·강요하다. No *exijo* a los ajenos lo que yo no puedo hacer. 나는 내가 할 수 없는 일을 남에게 요구하지 않는다. ② 필요로 한다. La situación *exige* una decisión inmediata. 정세는 즉결을 필요로 한다. ◇ **exigencia** 여 요구, 요청. Dijo que no venía con *exigencias*. 그는 요청되어 온 것은 아니라고 말했다. ◇ **exigente** 형 요구가 많은; 억지로. Ella es muy *exigente* en la limpieza. 그녀는 청소를 대단히 성가시게 생각한다.

exiguo, gua 형 아주 작은, 근소한. ◇ **exigüidad** 여 사소한 일; 근소.

exiliar [12] *enviar*] 타 추방하다. ◇ **~se** 망명하다. ◇ **exilio** 남 추방, 망명.

eximir 타[+de: …에서] 면제하다, 용서하다. Le *eximieron* de trabajo. 그는 일에서 면제됐다.

existir 자 ① 존재하다. En este lugar *existió* una ciudad. 이 장소에 도시가 있었다. ② 살아있다. Mientras *existan* sus padres, no le faltará nada. 부모가 살아 있는 동안은, 그는 아무 것도 부족함이 없을 것이다. ◇ **existencia** 여 ① 존재, 실재, 실존; 생활, 생존. Lleva una *existencia* miserable. 그는 참혹한 생활을 하고 있다. ② 【상업】 재고, 현물. Tenemos una gran *existencia* de estos géneros. 이 물건의 재고는 많이 있다. *en existencia* 재고로; 현물로. Tenemos estos géneros *en existencia*. 이 물건은 재고가 있다. ◇ **existente** 형 존재하는, 현존의.

éxito 남 ① 성공; 좋은 결과. *tener éxito en*…에 성공하다, …에 합격하다. *Tuvo éxito en* el examen de ingreso. 그는 입학 시험에 합격했다. Le felicitio por el *éxito* obtenido. 당신의 성공을 축하 합니다. ② 결과. Ha tenido buen [mal] *éxito* en el negocio. 그는 사업에 성공[실패]했다.

exótico, ca 형 이국의, 이국적인, 외래의. Tiene facciones *exóti-*

expansión 여 ① 팽창; 발전. Las nuevas leyes favorecerán la *expansión* de la economía. 이 새 법률은 경제 발전을 조성할 것이다. ② 소풍. Los jóvenes necesitan algún rato de *expansión*. 젊은이에게는 한때의 소풍이 필요하다. ③ 진정의 토로.

expedición 여 ① 발송, 출하. La primera *expedición* de maquinaria saldrá mañana. 기계류의 첫 출하는 내일이다. ② 파견 (대), 원정(대), 탐험(대). Se ha enviado una *expedición* a la isla. 그 섬에 탐험대가 파견되었다. ◇ **expedicionario, ria** 형 파견의, 원정의, 탐험의. 명 파견·원정·탐험대원. ◇ **expedidor, ra** 명 발송자, 하주(荷主). agente *expedidor* 화물 취급자·취급점.

expediente 명 ① 편법, 방책. Es hombre de *expediente*. 그는 기략이 풍부한 사람이다. Esto no es más que un *expediente* temporal. 이는 일시적인 방편일 따름이다. ② (한 건의) 사무처리; 일건 서류. Le han pedido en la Compañía su *expediente* académico. 그는 회사에서 성적증명서를 요구받았다.

expedir [36 pedir] 타 ① 발송하다; 파견하다. Hoy te *he expedido* un paquete por correo certificado. 오늘 나는 너에게 등기우편으로 소포를 보냈다. ② (서류·어음 을) 발행하다. En el Ayuntamiento me *expidieron* el certificado de identificación. 시청에서 신분증명서를 발행해 주었다.

expeler 타 추방하다; 토하다.

expendedor, ra 형 소비하는. 명 소비자; 매점원, 판매자.

expensas 여 복 비용, 경비. *a expensas de*…의 비용으로.

experiencia 여 경험, 체험. No tengo *experiencia* en este trabajo. 나는 이 일에 경험이 없다. *por experiencia* 경험으로. Sé *por experiencia* lo que es eso. 나는 그것이 무엇인지 경험으로 알고 있다.

experimentar 타 ① 실험하다, 시도하다. Están *experimentando* la nueva droga en ratones. 그 신약을 쥐에게 시험중이다. ② 경험하다. En esa ocasión *experimenté* lo que vale el tener amigos. 나는 친구를 가지는 것이 얼마나 고마운 일인가를 그 기회에 경험했다. ③ 느끼다. *Experimentó* una gran alegría al saberlo. 그것을 알고 그는 커다란 기쁨을 느꼈다. ◇ **experimentado, da** 형 경험이 있는, 노련한. ◇ **experimento** 명 경험; 실험.

experto, ta 형 노련한, 정통한. 명 전문가(perito).

expirar 자 ① 숨을 거두다, 죽다(morir, fallecer, dejar de existir). Sufrió un ataque de corazón y *expiró* a las pocas horas. 그는 심장의 발작을 일으켜서 수시간 뒤에 죽었다. ② (기한 따위가) 끊기다, 다하다. El plazo de la suscripción *expira* hoy. 신청기한은 오늘로 마감된다. ◇ **expiración** 여 임종; 만기(滿期).

explanar 타 ① 천명·해석·설명하다(declarar). ② 땅을 고르다(allanar). ◇ **explanación** 여 설명, 해설; 땅 고르기.

explicar [7 sacar] 타 ① 설명·해설하다(declarar). Me *ha expli-*

cado cómo lo llevó a cabo. 그는 어떻게 해서 그것을 실현했는지 내게 설명했다. ② 석명(釋明)하다. *Explicó* su intervención en el asunto. 그는 그 사건에 개입한 일을 석명했다. ◇~**se** 납득이 가다. No *me explico* por qué no viene a verme. 왜 그가 나를 만나러 오지 않는지 나는 납득이 가지 않는다. ◇ **explicable** 형 설명이 가능한. ◇ **explicación** 여 설명, 해명; 석명. Dame *explicaciones* por tu conducta de ayer. 어제의 네 행동에 대해 내게 설명해라. ◇ **explícito, ta** 형 조리있는, 명석한 분명한.

explorar 타 살피다; 탐험·정찰·조사하다. ◇ **explorable** 형 조사·연구·탐험·답사할 수 있는. ◇ **exploración** 여 탐험, 조사, 답사. ◇ **explorador, ra** 탐험가; 정찰병; 보이·걸 스카우트.

explosión 여 폭발, 파열. El incendio ha sido provocado por la *explosión* de una cañería de gas. 화재는 가스관의 파열에 의해 일어났다. ◇ **explosivo, va** 형 폭발성의; 여 폭약.

explotar 타 ① 개발·개척하다, 채굴하다. *Explotan* una enorme finca. 그들은 광대한 토지를 개척하고 있다. ② 착취하다; 이용하다. *Explota* a sus empleados. 그는 종업원을 착취하고 있다. 자 폭발·파열하다. Las bombas *explotaron* cerca de mí. 폭탄이 내 근처에서 파열했다.

exponer [동 poner; 과거분사 expuesto] 타 ① 표명하다; 해설·설명하다. Les *expuse* mis ideas, pero no me hicieron ni caso. 나는 그들에게 내 생각을 말했지만, 도무지 채택되지 않았다. ② 전시·진열·출품하다. Estos libros estaban *expuestos* en el escaparate. 이 책들은 진열장에 전시되어 있었다. ③ [+a: …해·바람·위험 따위에] 그대로 내맡기다. No debes *exponer* esto al sol. 이것을 햇볕에 쬐어서는 안된다. ~**se** [+a: …의 위험에] 몸을 드러내놓다. Haciendo eso~*te expones* a perder todos tus bienes. 그런 일을 하면 너는 전 재산을 잃는 위험을 무릎쓰게 된다. ◇ **exponente** 형 설명하는. 공 설명자; 출품자; 전람회 참가자.

exportar 타 수출하다 [⊕ importar]. España *exporta* naranjas a toda Europa. 스페인은 오렌지를 전유럽에 수출하고 있다. ◇ **exportación** 여 수출(품). ◇ **exportador, ra** 형 수출업의. 공 수출업자.

exposición 여 ① 표명; 설명, 해설. Ha estado poco claro en la *exposición* del problema. 그는 문제의 설명이 별로 명확하지 못했다. ② 출품, 진열. *sala de exposición* 진열실. ③ 전시회, 전람회, 박람회. Ayer visitamos una *exposición* de cuadros españoles. 어제 우리는 스페인회화전을 보러 갔었다. ◇ **expositor, ra** 형 설명하는. 공 설명자; (박람회 따위의) 출품자.

exprés 남 급행열차(expreso).

expresar 타 나타내다, 표명·표현하다. El pequeño *expresa* su alegría con gritos. 젖먹이는 기쁨을 고함소리로 나타낸다. ◇~**se** (자기의) 생각·감정을 나타내다. No sabe *expresarse* bien, pero es muy afectuoso. 그는 자기의 기분을 말로 잘 나타낼 수 없지만, 마음은 지극히 상냥하다. ◇ **expresión** 여 표현; 표명;

말, 화술. Esta es una *expresión* muy corriente. 이것은 아주 잘 쓰이는 표현이다.

expresivo, va 혱 ① 표정이 풍부한; 감춘 듯이 있음직한. El niño tiene un rostro muy *expresivo*. 그 어린이는 표정이 풍부한 얼굴을 하고 있다. ② 진정이 담긴. Sus palabras de despedida fueron muy *expresivas*. 그의 작별의 말은 진정이 담겨 있었다. ◇ **expresividad** 여 표현성, 표도드; 표현이 풍부함.

expreso, sa 혱 ① 명백한; 명기한. Debes tener una voluntad *expresa*. 너는 명백한 의지를 가져야 한다. ② 급행의. Si no nos damos prisa, perderemos el tren *expreso* de las ocho. 우리들은 서두르지 않으면 8시 급행을 놓칠 것이다. 남 급행열차. ◇ **expresamente** 뷔 일부러, 고의로.

exprimir 타 짜다, 짜내다. ◇ **exprimidera** 여 압착기.

expuesto, ta 혱 ① 노골적인. El sol tostó su *expuesta* piel. 태양이 그녀의 들어낸 피부를 태웠다. ② 위태로운(peligroso). Es *expuesto* viajar a solas por aquí. 이 근처를 혼자서 여행하는 것은 위태롭다.

expulsar 타 ① 쫓아내다, 추방하다. Le han expulsado porque no pagaba el alquiler. 그는 집세를 내지 않아서 쫓겨났다. ② 구제·배제하다. Los pulmones aspiran el aire y después lo *expulsan*. 폐는 공기를 들이 마시고, 이어서 그것을 뱉어낸다. ◇ **expulsión** 여 추방; 배제, 구제. ◇ **expulsivo, va** 혱 몰아내는. 남 구충제.

exquisito, ta 혱 ① 맛좋은. En esta región se produce un licor *exquisito*. 이 지방에서는 맛있는 술이 생산된다. ② 절묘한. En el aniversario de su boda recibió un *exquisito* regalo. 그는 결혼 기념일에 훌륭한 선물을 받았다. ◇ **exquisitez** 여 맛 좋음; 절묘.

éxtasis 남 열중; 무아경, 황홀경.

extender [20perder] 타 ① 펴다; 늘이다; (받줄을) 매다. La niña *extendió* un pañuelo sobre la hierba para sentarse. 소녀는 풀 위에 손수건을 펴고 앉았다. ② 넓히다; 확장하다. *Extiende* su acción beneficiosa a toda la nación. 그는 그 자선행위를 전국민에게 전개한다. ③ (문서를) 발행하다. El Ayuntamiento *extiende* el certificado de residente. 시청이 주민등록증을 발행한다. ◇ **~se** ① 몸을 펴다, 늘다. *Se extendió* al sol en la playa. 그는 해변에서 햇볕에 들어누었다. ② 넓어지다; 퍼지다. La llanura *se extiende* hasta el horizonte. 평야는 지평선까지 펴져 있다.

extensión 여 ① 넓어짐; 확장, 신장, 연장. ② 면적(area), 범위. Su casa tiene un jardín de 10 metros cuadrados de *extensión*. 그의 집에는 넓이 10평방미터의 정원이 있다.

extenso, sa 혱 광대한, 광범위한(extensivo). Brasil es un país muy *extenso*. 브라질은 대단히 넓는 나라이다. *por extenso* 추근추근하게; 상세히. En su discurso, habló *por extenso* del problema de la vivienda. 그는 연설 속에서 주택문제에 대하여 중언부언 말했다.

extenuar [14 actuar]타 여위게 하다; 지치게 하다. ◇ **~se** 기운이 빠지다. ◇ **extenuación** 여 여윔, 쇠약.

exterior 형 외부의, 밖의; 외국의. *comercio exterior* 대외무역. *relaciones exteriores* 대외관계. 명 외면, 외모, 외국(extranjero). 명 【영화】야외 촬영.

externo, na 형 ① 바깥(으로부터)의, 외면만의. Han pintado de verde la parte *externa* de la casa. 집의 바깥 부분은 초록색으로 칠해졌다. ②(약의) 외용의. ③통학의, 외래의. Es alumno *externo*. 그는 (기숙생이 아니고) 통학생이다.

extinguir [5] 타 끄다(apagar). Los bomberos *extinguieron* rápidamente el fuego. 소방사는 순식간에 불을 껐다. ◇ **~se** 꺼지다, 소멸하다, 사멸하다. Su vida *se extinguía* por momentos. 그의 생명은 시시각각으로 사라져갔다. ◇ **extintor** 소화기(消火器).

extirpar 타 뿌리째 뽑다; 완전히 없애다. No se pueden *extirpar* las malas hierbas. 잡초는 전멸시킬 수 없다.

extra 【남녀 동형】형 ①극상의. Aquí tiene usted camisas *extras*. 여기 극상품 와이셔츠가 있읍니다. ②특별의, 임시의; 여분의; 가외의. He tenido muchos gastos *extras*. 나는 임시비를 많이 썼다. 명 임시 수입, 특별 수당. Este mes he tenido 2,000 pesetas de *extra*. 이달은 임시 수입이 2,000₩이 있었다. 명【영화】엑스트라. Trabajó en esta película de *extra*. 이 영화에서 그녀는 엑스트라를 맡았다.

extractar 타 요약하다, 발췌하다; 추출(抽出)하다. ◇ **extracto** 명 요약, 발췌; 추출(물).

extraer [7] traer]타 ① 뽑아내다, 꺼내다, 끄집어 내다(sacar). Me *extrajeron* una muela. 나는 어금니를 한 개 뽑혔다. ②(증류로) 빼내다. *Extraen* aguardiente del vino. (사람들은) 포도주에서 브랜디를 만든다.

extranjero, ra 형 외국의. No es tan fácil dominar una lengua *extranjera*. 외국어를 마스터하기란 그다지 쉽지 않다. 명 외국인. Vive un *extranjero* cerca de mi casa. 우리집 근처에 외국인이 살고 있다. 명 외국(país extranjero), 국외. Mis padres están en el *extranjero*. 내 부모님은 외국에 있다.

extrañar 타 ①이상하게 생각하다, 기이하게 느끼다. *Extraño* que no estén aquí. 그들이 여기없는 것은 이상하다. ②(…에게) 기이하게 느끼게 하다. No me *extraña* que diga eso. 그가 그런 말을 한다해도 이상스럽지 않다. ◇ **~se** [+de : …를] 기이하게·이상하게 생각하다. *Me extraño de* que no lo creas. 네가 그것을 믿지 않는 것을 나는 이상하게 생각한다.

extraño, ña 형 ①다른 곳의, 외국의. Me siento como si estuviera en una tierra *extraña*. 나는 마치 다른 곳에 있는 듯한 느낌이다. ② [+a : …에] 무관한, 친숙하지 않은. ③이상한, 기묘한; 괴상한. Oí un ruido *extraño*. 나는 괴상한 소리를 들었다. 명 타국 사람, 외국인(extranjero). 외국자. No digas eso a *extraños*. 국외자에게 그것을 말하지 마라. ◇ **extrañeza** 예 이(한 느낌); 가탈. Me miró con *extrañeza*. 그는 이상한 듯

나를 보았다.

extraoficial 형 직권·직무외의; 비공식적인.

extraordinario, ria 형 ① 희한한, 이례적인. Tiene una memoria *extraordinaria*. 그는 기억력이 대단하다. ② 특별의, 임시의. Acabo de cobrar una paga *extraordinaria*. 나는 임시 수당을 방금 받았다. 명 이례적인 일; 특별호. ◇ **extraordinariamente** 부 특히. 비상히.

extrauterino, na 형 자궁외의. *embarazo extrauterino* 자궁외 임신.

extravagante 형 의외의, 상식밖의. No he visto una persona tan *extravagante* en mi vida. 나는 이제까지 한 번도 그러한 몰상식한 사람을 만난 일이 없다. ◇ **extravagancia** 여 뜻밖의 일, 상식 밖의 일.

extraviar [12 enviar] 타 잃다, 분실하다. He *extraviado* las gafas. 나는 안경을 잃었다. ◇ **~se** ① 분실하다. Se me ha *extraviado* el recibo. 나는 영수증을 잃었다. ② 길을 잃다 (perderse). Me he *extraviado*. 나는 길을 잃었다. Se *extraviaron* en el bosque. 그들은 숲에서 길을 잃었다. Esta niña estaba *extraviada* en el parque. 이 소녀는 공원에서 길을 잃었다. ◇ **extraviado, da** 형 길을 잘못 든; 정도에서 벗어난. ◇ **extravío** 남 길을 잘못 듦; 분실; 망설임; 탈선 행위.

extremar 타 극도로 하다. ◇ **~se** [+en : …을] 극단으로 하다, 철저히 하다. Se *extremó en* la limpieza de la casa. 그녀는 집의 청소를 철저히 했다. ◇ **extremado, da** 형 극단적인. No me gustan las cosas *extremadas*. 나는 극단적인 일이 싫다. ◇ **extremidad** 여 극단; 끝, 종말; 극점.

extremo, ma 형 ① 끝의; 종말의. Corea se encuentra en el *extremo* Oriente. 한국은 극동에 있다. Fuimos hasta la punta *extrema* del pueblo. 우리들은 교외까지 갔다. ② 극단적인, 과격한. Nos vemos en una necesidad *extrema*. 우리는 지극히 곤궁한 처지에 처해 있다. 남 끝, 선단; 극단. Su casa se halla en el *extremo* de la calle. 그의 집은 거리의 끝에 있다. *con [en·por] extremo* 극단적으로, 심하게. Me gusta *en extremo* el tango argentino. 나는 아르헨티나 탱고가 대단히 좋다. *de extremo a extremo* 끝에서 끝까지. Hemos recorrido la ciudad *de extremo a extremo* 우리들은 시내를 끝에서 끝까지 돌아다녔다. ◇ **extremismo** 남 과격주의, 극단론. ◇ **extremista** 형 과격주의의, 극단론의. 명 과격주의자, 극단론자. ◇ **extremoso, sa** 형 극단적인, 표정이 풍부한.

exuberancia 여 풍부; 충만, 무성; 번성. ◇ **exuberante** 형 풍부한, 과다한; 무성한, 번성한.

exudar 타 스며 나오다. El árbol *exuda* goma. 그 나무는 고무가 스며 나온다.

exulceración 여 〖의학〗 궤양, 곪음, 화농(化膿). ◇ **exulcerarse** 재 궤양이 되다; 곪다, 화농하다.

exultación 여 미칠듯한 기쁨, 광장한 기쁨. ◇ **exultar** 재 미칠 듯이 기뻐하다.

F

f., f/ fardo(s); fecha; franco.
F. Fulano.
fa. fábrica 공장.
fab. fabricante 제조원, 메이커.
F.A.B., f. a. b. franco a bordo 본선인도 가격.
faba 예【방언】=haba; judía.
fab.ª fábrica.
fabada 예 소금에 절인 돼지고기 요리.
fábrica 예 ① 공장(taller). Trabaja en la *fábrica* de tabacos. 그는 연초공장에서 일하고 있다. ②시멘트·석조(石造) 공사. Levantó un muro de *fábrica* en el jardín. 그는 뜰에 블럭담을 세웠다. ③제조 (fabricación). *marca de fábrica* 상표.
fabricar [7 sacar] 타 ①제조·제작하다. Aquí *se fabrican* los vidros del país. 여기서는 유리를 제조하고 있다. ②(시멘트·돌로) 구축하다. ③날조하다. ◇ **fabricación** 예 제조; 제품 (manufactura). Esto es de *fabricación* coreana. 이것은 한국제이다. ◇ **fabricante** 형 제조의. ◇ **fabricante** 공통 제조원, 메이커; 공장주.
fábrico 형【콜롬비아】= **fábrica**.
fabril 형 제조의. *industria fabril* 제조 공업.
fábula 예 우화, 만든 이야기. ¿Has leído las *fábulas* de Samaniego? 너는 사마니에고의 우화집을 읽은 일이 있느냐.
fabulador, ra 형 우화 작가. ◇ **fabulario** 남 우화집. ◇ **fabulista** 공통 우화 작가. ◇ **fabuloso, sa** 형 ①전설적인. Es un héroe *fabuloso*. 그는 전설상의 영웅이다. ②터무니 없는, 법외(法外)의. Nos pidieron por la casa un precio *fabuloso*. 우리에게 그 집에 턱없는 값을 요구했다.
facción 예 ①〔주로 복〕 얼굴빛, 얼굴 모습. Tiene *facciones* bellas y correctas. 그녀는 아름답고 다듬어진 얼굴을 하고 있다. ②도당, (폭도)의 무리. El autobús fue atacado por una *facción* de bandidos. 버스는 도둑의 한 무리에게 습격당했다.
fácil 형 ①쉬운〔반 difícil〕, 용이한; 손쉬운. Este trabajo parece *fácil*, pero es difícil. 이 일은 쉬운 듯하면서도 어렵다. Este libro *es fácil* de comprender. 이 책은 이해하기 쉽다. ②있을 수 있는. Es *fácil* que venga mañana. 그가 내일 올지도 모르겠다. ◇ **facilidad** 예 ①용이; 안이. Lo conseguí con *facilidad*. 나는 그것을 손쉽게 입수했다. ②(용이하게 무엇을 하는) 재능. Tiene mucha *facilidad* para aprender los idiomas. 그에게는 말을 쉽게 익히는 재능이 있다. ③〔주로 복〕편리, 편의. Nos han ofrecido toda clase de *facilidades* para la exploración. 우리들은 탐험을 위해 모든 편의의 제공을 받았다. ◇ **fácilmente** 부 쉽사리(con facilidad); 아주 가볍게. A mí no me engaña tan *fácilmente*. 당신은 그렇게 쉽사리 나를 속일 수 없다. No puedo

expresarme *fácilmente*. 나는 쉽게 표현할 수가 없다.
facilitar 타 ① 용이하게・편리하게 하다. Este libro te *facilitará* el estudio. 이 책은 너의 연구를 용이하게 해 줄 것이다. ② 융통・제공하다. El gobierno nos *facilitó* datos para la investigación. 정부는 우리들에게 조사용 자료를 제공해 주었다. ◇ **facilitación** 여 융통, 제공; 용이・편리하게 함.
factor 남 ① 요인(要因). El exceso de fabricación es uno de los *factores* de la crisis económica. 생산 과잉이 경제위기의 요인 중의 하나이다. ②【수학】인수(因數).
factura 여【상업】송장, 인보이스. Les enviamos *factura* por importe de mil novecientos ochenta y siete dólares. 폐사는 1, 987 달러 금액의 송장을 보냅니다. *factura comercial* 상업 송장. *factura consular* 영사 송장. ◇ **facturar** 타 ① (…의) 송장을 작성하다. Acabamos de *facturar* géneros por valor de diez mil pesetas. 폐사는 1만 페세타의 물품 송장을 작성하였읍니다. ② (수하물을) 보내다. Quiero *facturar* este baúl. 나는 이 트렁크를 수하물로 보내고 싶다.
faculta 【베네수엘라】산파, 조산원.
facultad 여 ① 능력, 기능; 자격, 권한. Mi abuelo va perdiendo la *facultad* de oír. 할아버지는 점점 청력을 잃어가고 있다. ② (대학의) 학부(學部), 대학. Estudia en la *Facultad* de Medicina. 그는 의과대학에서 배우고 있다. ◇ **facultar** 타 (…에게) 자격・권한을 부여하다.
facha 여 얼굴 생김새, 용모; 얼굴(cara, rostro).
fachada 여 ① (건물의) 정면(frente). La *fachada* del edificio es muy impresionante. 그 건물의 정면은 매우 인상적이다. ② 외관, 외견. Aquí todo es *fachada*. 이곳은 모든 것이 외견 뿐이다. ③ (책의) 첫 페이지.
faena 여 (trabajo), 노동(labor); 황소와 싸우는 일. Siempre me veo ocupado en las *faenas* diarias. 나는 언제나 일상의 일에 쫓기고 있다.
faisán, na 명【새】꿩. ◇ **faisanería** 여 꿩의 우리. ◇ **faisanero, ra** 명 꿩 기르는 사람.
faja 여 ① 띠, 벨트. Le puso la *faja* al niño. 그는 어린애에게 벨트를 최어 주었다. ② 띠 모양의 지대; 붕합띠. ◇ **fajar** 타 띠를 두르다, 띠로 감다.
fajo 남 다발, 묶음.
falda 여 ① 치마, 스커트; 옷단; 슬하. Lleva la *falda* muy corta. 그는 스커트를 대단히 짧게 하고 있다. ② 산기슭(ladera), 산록. Caminamos por la *falda* del monte. 우리들은 산기슭을 걸었다.
falsear 타 속이다(engañar); 위조하다. ◇ **falsificación** 여 위조(물・죄). ◇ **falsificador, ra** 명 위조자. ◇ **falsificar** [⑦ sacar] 타 위조하다.
falso, sa 형 ① 거짓의, 거짓말의. Al fin y al cabo, el rumor ha sido *falso*. 결국 소문은 거짓말이었다. ② 가짜의. Hay piedras preciosas *falsas* que parecen auténticas. 진짜처럼 보이는 모조

보석이 있다. ◇ **falsedad** 여 허위; 가짜.

falta 여 ① 결여, 결핍, 부족. La falta de recursos le hizo renunciar a su proyecto. 자금 부족으로 그는 계획을 단념했다. ② 과실, 잘못, 오류. Tenemos que disculpar sus faltas. 우리들은 그의 잘못을 용서해 주어야 한다. ③ 결석, 결근. Ya he tenido dos *faltas* esta semana. 그는 이번 주일에 두번이나 쉬었다. *a falta de* …이 없으므로. Me quedaré con esto *a falta de* cosa mejor. 더욱 좋은 것이 없으니‧‧나는 이것으로 하겠다. *echar en falta* 없는 것을 알게 되다. *hacer falta* 모자라다; 필요하다. No *hace falta*. 필요없다. Aquí *hacen falta* dos sillas. 여기 의자가 두개 모자란다. Para eso *hace falta* mucho dinero. 그러기 위해서는 돈이 많이 필요하다. *sin falta* 틀림없이, 반드시, 꼭(sin duda).

faltar 재 ① [주어가 뒤에 옴] 모자라다, 부족하다. Aquí *faltan* dos chucharas. 여기 수저가 두개 모자란다. Me *falta* tiempo para hacerlo. 나는 그 일을 할 틈이 없다. ② 필요하다; 남아 있다. Sólo nos *falta* convencer al abuelo. 다음에 우리들에게 필요한 일은 할아버지를 설득하는 일 뿐이다. Aún *faltan* cinco minutos para las diez. 10시까지는 앞으로 5분 남았다. ③ (의무가) 결여되다, 어기다. *Faltaste* a tu palabra. 너는 약속을 어겼다. ④ 결석‧결근하다. Hoy *ha faltado* a clase. 그는 오늘 결석했다. *faltar poco para*+「동사원형」하마터면 ‧‧할 뻔하다. Le *faltó poco para* ahogarse. 그는 하마터면 익사할 뻔 했다. ¡No *faltaba más*! 천만의 말씀!; 물론! Le agradezco mucho su atención. -¡*No faltaba más*! 호의에 감사합니다. —천만의 말씀! ¿Quiere usted acompañarme? —¡*No faltaba más*! 함께 가주시겠읍니까. —물론이지요!

falto, ta 형 [+de: …가] 모자라는; (…을) 필요로 하는. Los viejos están *faltos* de cariño. 노인들은 애정을 필요로 하고 있다.

falla 여 흠, 오점, 결점.

fallar 타 선고하다, 판정하다. 재 실수하다, 실패하다. ◇ **fallo** 담 판결, 결정.

fallecer [30 crecer] 재 죽다, 서거하다(morir, dejar de existir) *Fallecieron* cinco personas en el accidente de tráfico. 그 교통사고로 5명이 죽었다. ◇ **fallecimiento** 담 사망, 서거(muerte).

fama 여 평판, 명성(reputación), 소문. Ese médico goza de muy buena *fama*. 그 의사는 평판이 매우 좋다. *ser fama que* …라는 소문이다. *Es fama que* ella va a casarse dentro de poco. 그녀는 곧 결혼하리라는 소문이다.

familia 여 가족, 가정(hogar). Tiene mucha *familia*. 그는 가족이 많다. Es un muchacho de *familia* modesta. 그는 검소한 가정의 소년이다.

familiar 형 ① 가족의, 친족의; 가정적인. Se han reunido en consejo *familiar*. 그들은 친족회의에 모였다. ② 친한, 버릇된. Oí una voz *familiar*. 나는 들어버릇한 소리를 들었다. Tuvo con todos un trato *familiar*. 그는 아무하고나 친하게 지냈다. ③ 일

상의, 통속의. Usa un estilo *familiar*. 그는 통속적인 문체를 쓴다. 똉 가족, 친족(인 사람). Invitamos a comer a un *familiar* de mi mujer. 우리들은 내 아내의 가족을 한사람 식사에 초대했다. ◇ **familiaridad** 똉 친근함, 허물없음. ◇ **familiarizar** [9 alzar] 国 태하게 하다; 익숙하게 하다. 国 [+con: …에] 친해지다; 버릇들다. Pronto *me familiaricé con* las costumbres de este país. 나는 곧 이 나라의 풍습에 익숙하게 되었다.

famoso, sa 휑 유명한, 명성이 있는(célebre, renombrado). Jerez es *famoso* por sus vinos. 헤레스는 포도주로 유명하다. Es *famoso* como poeta. 그는 시인으로 명성이 자자하다.

fanático, ca 휑 광신적인; 열중하는. 똉 광신자; 열광자, …광. Mi padre es *fanático* por fútbol. 내 아버님은 축구광이시다. ◇ **fanatismo** 똉 광신.

fanfarrón, na 휑 뻐기는, 허세부리는. 똉 뻐기는 사람, 허세부리는 사람. ◇ **fanfarronada** 똉 허세, 과장. ◇ **fanfarronear** 困 허세를 부리다.

fango 똉 진흙. ◇ **fangoso, sa** 휑 진흙투성이의.

fantasía 똉 ① 공상, 환상. Esos planes son pura *fantasía*. 그 계획은 완전한 환상이다. ② 변덕. Vive a su *fantasía*. 그는 멋대로 살고 있다.

fantasma 념 또는 똉 유령. En mi cuarto apareció como un *fantasma*. 내 방에 그는 유령처럼 갑자기 나타났다. ◇ **fantasmal** 휑 유령의, 유령같은.

fantástico, ca 휑 ① 공상의, 가공의. No puedo creer esas ideas *fantásticas*. 나는 그와 같은 공상적인 생각은 믿을 수 없다. ② 환상적인. Desde la cima se domina una vista *fantástica* de la ciudad. 정상에서 도시의 꿈과 같은 전망이 바라보인다.

fantoche 념 꼭두각시 인형; 허세부리는 사람.

fardo 념 (포장한) 짐, 섬. Iba cargado con un *fardo* al hombro. 그는 거다란 짐을 어깨에 메고 있었다.

faringe 똉 【해부】 인두(咽頭). ◇ **faríngeo, gea** 휑 인두의. ◇ **faringitis** 똉 【의학】 인두염.

farmacéutico, ca 휑 약제의, 약학의. 똉 약제사. El *farmacéutico* me ha recomendado esta medicina. 약제사는 나에게 이 약을 권했다.

farmacia 똉 ① 약학; 조제법. ② 조제실, 약국(botica). ¿Hay una *farmacia* cerca de aquí? 이 근처에 약국이 있읍니까.

fármaco 념 약제.

farmacodinamia 똉 약리학.

farmacognosia 똉 생약학.

farmacognosis 똉 생약학.

farmacología 똉 약리학.

farmacológico, ca 휑 약리학의.

farmacopea 똉 =recetario.

faro 념 ① 등대; 헤드라이트. El *faro* guía a las embarcaciones. 등대가 배를 인도한다. ② 표지(標識)(비치는 물체, 인도하는 사람). Usted es el *faro* de mi vida. 당신은 내 인생의 지표

이다.
farol 圖 ① 칸델라, 초롱, 가로등; (열차의) 앞등. A la luz del *farol* de la calle leí la carta de María. 가로등의 불빛에 나는 마리아에게서 온 편지를 읽었다. ◇ **farolero, ra** 圈 허세부리는, 빼기는. 圈 허세부리는 사람, 빼기는 사람. 圈 대답하지.
farsa 예 연극(희극). Todas esas demostraciones de cariño son una *farsa*. 그러한 친절한 듯한 행동은 모두 (진실이 아니고) 연극이다. ◇ **farsante** 圈 광대.
fascinar 国 매혹하다; 매혹시키다. Los juguetes de los escaparates *fascinan* a los niños. 진열장의 장난감이 어린이들을 매혹시킨다. ◇ **fascinante** 圈 매혹적인.
fase 예 국면, 부면(部面). El gobierno evitará radicales cambios en cualquiera de las *fases* de la vida nacional. 정부는 국민생활의 어떠한 면에서도 급격한 변화는 피할 것이다.
fastidiar [①cambiar] 国 귀찮게·성가시게 하다; 지루하게 하다. No me *fastidies* con esas bromas. 그렇게 떠들어서 성가시게 하지 말아다오. ◇ **fastidio** 圈 싫증, 불쾌.
fatal 圈 ① 숙명적인. Llegó el día *fatal* para él. 그에게 죽음의 날이 닥쳐왔다. ② 불행한, 불운한. ③ 치명적인. Le dieron un golpe *fatal*. 그는 치명적인 타격을 받았다. ◇ **fatalidad** 예 숙명, 인과; 불운, 재앙. Yo no creo en la *fatalidad*. 나는 운명을 믿지 않는다. ◇ **fatalmente** 團 숙명적으로; 치명적으로.
fatiga 예 ① 피로(cansancio). Volvió a casa rendido de *fatiga*. 그는 피로로 지쳐 집에 돌아왔다. ② [주로 圈] 피로움. Ha pasado muchas *fatigas* para criar a sus hijos. 그녀는 어린이들을 기르는데 대단히 고생했다. ◇ **fatigoso, sa** 圈 피로하게; 고생스러운.
fatigar [⑧ pagar] 国 피로하게 하다; 숨차게 하다. Me *fatiga* subir la escalera. 나는 계단을 오르기에 숨이 차다. ◇ **-se** 피로하다; 숨차다. Ten cuidado de no *fatigarte* demasiado con ese trabajo. 그 일 때문에 너무 지치지 않도록 조심해라.
fatuo, tua 圈 등신같은; 우둔한(tonto, torpe, estúpido).
fauna 예 동물의 예.
fausto, ta 圈 행복한(feliz).
favor 圈 ① 호의; 원조(ayuda). Quisiera pedirle a usted un *favor*. 한 가지 부탁하고 싶습니다만. ¿Pago ahora? -Si me hace el *favor*. 지금 지불할까요. —그렇게 해주시면 (내게 호의를 보이신다면). ② 후원, 보살핌. Goza del *favor* del jefe de la sección. 그는 과장의 후원을 받고 있다. *a favor de* ① …의 덕택으로, …의 도움을 빌어서. Se hizo rico *a favor de* la crisis económica. 그는 경제위기 덕택으로 돈을 벌었다. ② …을 (이익을) 위하여, …앞으로. Hizo testamento *a favor de* su sobrino. 그는 조카를 위해 유언을 작성했다. *en favor de* …을 (이익을) 위하여, …의 편에 서서. Siempre alzaba la voz *en favor de* los débiles. 그는 언제나 약자편에서 소리를 크게 하고 있었다. *por favor* 부디(부탁). Cierre usted la ventana, *por favor*. (부디) 창문을 닫아 주시오. *hacer el favor de*+「동사원

형」(tener la bondad de+「동사원형」) …하여 주시다. ¿*Me hace usted favor de* abrir la puerta? 문을 좀 열어 주시겠읍니까. ¿*Me hace usted el favor de* acompañarme? 함께 와[가] 주시겠읍니까. *Hágame el favor de* ir con él. 그와 함께 가 주십시오. *Haga el favor de* pasarme la sal. 소금을 건네 주십시오. *Haga usted el favor de* decirme qué hora es. 몇 시인가 말씀해 주십시오. *Haga el favor de* indicarme el camino. 길을 좀 가르쳐 주십시오. *Haga el favor de* repetir lo que dijo. 말씀하신 것을 반복해 주십시오.

favorable 형 ① 좋은; 유리한. Las proposiciones que les hacemos son *favorables* para usted. 우리들이 하고 있는 제안은 당신들에게 유리하다. ② 호의적인. Deseamos que ustedes puedan darnos una respuesta *favorable*. 호의적인 회답을 들을 수 있도록 바라고 있읍니다. ◇ **favorablemente** 부 유리하게; 호의적으로.

favorecer [36 crecer]타 ① 도와주다, 구조하다; 조장하다. Me *ha favorecido* mucho en mis apuros. 그는 내가 곤란했을 때 많이 도와 주었다. ② (…에게)이익을 얻게 하다, 유리하게 하다. El ser mujer la *ha favorecido* en ese caso. 그 경우 그녀는 여자였다는 것 때문에 이득을 보았다.

favorito, ta 형 (특히) 좋은, 마음에 드는. Mi deporte *favorito* es el tenis. 내가 좋아하는 스포츠는 테니스이다. 명 마음에 드는 사람.

faz 여 얼굴(cara, rostro); 표면(superficie).

fe 여 ① 신앙; 신념. Murió por la *fe*. 그는 신앙때문에 죽었다. ② 신용, 신뢰. No tengo *fe* en sus palabras. 나는 그의 말을 신용하지 않는다. ③ 보증; 증명서. Doy *fé* de que lo que dice ese hombre es verdad. 나는 그 사람이 말하는 것은 진실이라는 것을 보증한다. *a fe que* …확실히. *de buena fe* 성실하게. *de mala fe* 악의를 가지고. En ese asunto ha obrado *de mala fe* desde el principio. 그는 그 일에 처음부터 악의를 가지고 행동했다.

fealdad 여 추함, 미움, 비열(卑劣). Su simpatía hace olvidar su *fealdad*. 그녀의 친절은 얼굴의 미움을 잊게 한다.

feb.° febrero.

febrero 남 2월.

fecundo, da 형 ① 다산(多産)의; 다작(多作)인. Es un escritor *fecundo*. 그는 다작 작가이다. ② 비옥한(fértil). Esta tierra es muy *fecunda*. 이 토지는 매우 기름지다. ◇ **fecundidad** 여 번식력; 풍부; 다산; 다작. ◇ **fecundizar** [9 alzar]타 기름지게 하다; 풍부하게 하다.

fecha 여 날짜, 연월일(data). *fecha* de nacimiento 생년월일. Está en nuestro poder su carta de [con] *fecha* de 10 del corriente. 이 달 10일자 편지를 받았읍니다. ¿Qué *fecha* es hoy?/¿Cuál es la *fecha* de hoy?/¿En qué *fecha* estamos? 오늘은 며칠입니까. *a estas fechas* 지금, 요즈음. *en esa fecha* 그 무렵. *hasta la fecha* 오늘・현재까지. ◇ **fechar** (…에) 날짜를 넣다. La carta está *fechada* el seis del corriente. 편지에는 이

fechoría 예 악행; 못된 짓.
federación 예 연맹. Europa no formará de momento una *federación*. 유럽은 지금으로서는 연맹을 만들지 않을 것이다.
felicidad 예 ① 행복(dicha); 행운(suerte). ¡(Muchas) *Felicidades*! 축하합니다. No hay mayor *felicidad* que la salud. 건강보다 더 한 행복은 없다. Le desea muchas *felicidades* en el Año Nuevo. 새해를 맞이하여 행복을 빕니다. ② 무사. Salió de aquella prueba con toda *felicidad*. 그는 무사히 그 시련을 벗어났다.
felicitar 타 빌다, (…에게) 축복・기쁨을 말하다, 축하하다(congratular). Le *felicito* a usted. 축하합니다. Le *felicito* por el nacimiento de su hijo. 자제의 탄생을 축하합니다. ◇ **felicitación** 축하(congratulación); 축사(祝辭). 예 축복, He recibido muchas *felicitaciones*. 나는 많은 축복을 받았다.
feliz [복 felices]형 ① 행복한(dichoso). No puedo olvidar aquellos *felices* días. 나는 그 무렵의 행복한 나날이 잊혀지지 않는다. ¡*Feliz* cumpleaños! 생일을 축하합니다. ¡*Feliz* Navidad! 즐거운 성탄절이 되시기를 빕니다. ¡*Feliz* Año Nuevo! 새해 복 많이 받으십시오. Fue el día más *feliz* de mi vida. 그건 내 생애에서 가장 행복한 날이었다. ② 적절한(conveniente). Es una idea *feliz*. 그건 좋은 생각이다. ◇ **felizmente** 부 행복하게; 잘, 마침; 다행스럽게.
femenino, na 형 ① 여자의; 여성의(↔ masculino); 암컷의. Oí una voz *femenina* detrás de mí. 나는 뒤에서 여성의 소리를 들었다. ②【문법】여성(형)의. ◇ **feminidad** 여 여자다움; 여성(임).
fémur 남【해부】대퇴골.
fenicio, cia 형 페니키아(Fenicia)의. 명 페니키아사람.
fénix 남 또는 예 불사조.
fenómeno 남 ① 현상, 징후. La lluvia es un *fenómeno* natural. 비는 자연현상이다. ② 회한한 사람・물건. Lope de Vega es un *fenómeno* de las letras españolas. 로페・데・베가는 스페인 문학계의 귀재이다. ◇ **fenomenal** 형 자연현상의; 무서운. Es una mujer *fenomenal*. 그녀는 놀라운 미인이다.
feo, a 형 ① 못생긴, 추악한(↔ bonito, lindo, bello, hermoso). Es *fea*, pero tiene buen tipo. 그녀는 얼굴은 밉지만, 맵시는 좋다. ② 비겁한(cobarde). Sería una acción *fea* aprovecharse de sus confidencias. 그의 신뢰를 이용하는 것은 추악한 행위일 것이다. ③ 모양이 나쁜・수상한. El tiempo iba poniéndose *feo*. 일기가 점점 이상해졌다.
feria 예 ① 장; 시장(mercado); 견본 시장(feria de muestras). La Feria del Libro se celebra anualmente. 도서 견본시가 매년 개최된다. ② 박람회, 전람회. ③ 거래(trato).
fermentar 자 발효시키다. ◇ **fermentación** 예 발효. ◇ **fermento** 남 효모(酵母); 효소.
feroz [복 feroces]형 ① 사나운, 흉포한, 잔인한, 영명한. El lobo es un animal *feroz*. 늑대는 영명한 동물이다. ② 격렬한.

Nos sorprendió una *feroz* tempestad. 우리들은 격렬한 폭풍우를 만났다. ◇ **ferocidad** 여 흉포성; 난폭, 폭언. ◇ **ferozmente** 甲 사납게, 잔인하게, 흉포하게; 격렬하게.

férreo, a 혱 ① 철(鐵)의. El huracán ha estropeado vías *férreas* y carreteras en varios puntos. 태풍은 곳곳에서 철도나 도로에 피해를 주었다. ② 강철같은, 강건한. Tiene una voluntad *férrea*. 그는 강철같은 의지를 가지고 있다.

ferretería 여 제철소, 제철공장. ◇ **ferretero, ra** 영 철공소 주인; 철물 상인.

ferrocarril 낭 철도. *ferrocarril aéreo* 고가 철도. *guía de ferrocarriles* 철도 안내서, 시각표.

ferrovía 여 철도. ◇ **ferroviario, ria** 혱 철도의. *tráfico ferroviario* 철도 운수. 명 철도 종업원.

ferruginoso, sa 혱 철분을 함유한.

fértil 혱 ① 비옥한. Esta tienrra es muy *fértil*. 이 토지는 대단히 비옥하다. ② [+de·en:…이] 풍부한(bastante). Este país es *fértil* en minerales. 이 나라는 광물이 풍부하다. ◇ **fertilidad** 여 비옥; (창의력 따위가) 풍부함.

fertilizar [9] alzar] 탄 비옥하게 하다; 풍부하게 하다. Tenemos que *fertilizar* el campo. 밭에 비료를 주어야 한다. ◇ **fertilizante** 혱 비옥하게 하는. 낭 비료(abono). *fertilizante fosfatado* 인산비료. *fertilizante nitrogenado* 질소비료. *fertilizante químico* 화학비료.

ferviente 혱 열렬한(fervoroso). Es un *ferviente* admirador del nuevo presidente. 그는 새 대통령의 열렬한 찬미자이다.

fervor 낭 열심, 열렬. Está rezando con mucho *fervor*. 그는 대단히 열심히 빌고 있다. ◇ **fervoroso, sa** 혱 열심한, 열렬한. Es un *fervoroso* creyente. 그는 열렬한 신앙가이다.

festejar 탄 ① 대접하다(환대). Nos *festejaron* mucho durante nuestra estancia allí. 우리들은 그 곳에서 체재중 대단한 대접을 받았다. ② (여자를) 설복하다. *Festeja* a Lola desde hace tiempo. 그는 꽤 오래 전부터 롤라를 설복하고 있다. ◇ **festejo** 낭 환대; 설복.

festival 낭 축제, 대음악제, 대음악회, 회. ◇ **festividad** 여 축전, 제전, 축제. ◇ **festivo, va** 혱 축제의; 명랑한. *día festivo* 축제일.

fiar [12 enviar] 탄 ① 보증하다. *Fío* que cumplirá su palabra. 그가 약속을 지킬 것을 나는 보증한다. ② 맡기다; 위임하다. *Fiamos* la resolución al alzar. 우리들은 해결을 운에 맡겼다. ③ 털어놓다. Le *fié* mi secreto. 나는 그에게 내 비밀을 털어놓았다. 자 [+en:…을] 믿다. Debes *fiar en* ti mismo. 너는 자신을 가져야 한다. ~**se** [+de:…을] 신뢰·신용하다. No *me fío de* sus palabras. 나는 그의 말을 믿지 않는다. ◇ **fianza** 여 보증, 담보; 보증금, 보석금. Le han puesto libre bajo *fianza*. 그는 보석금을 내고 석방되었다.

fibra 여 섬유. Las telas se diferencian por el tejido y por la *fibra*. 옷감은 직조법과 섬유에 의해 차이가 생긴다.

ficción 여 픽션, 허구(虛構), 만든 이야기. Todo lo que dice es una *ficción* de su fantasía. 그가 말하는 것은 모두 그의 공상의 산물이다. ◇ **ficticio, cia** 휑 허구의, 허위의; 가정(적)의. No te dejes engañar por una amabilidad *ficticia*. 허위적인 친절에 속지 마라.

ficha 여 ① (마작·도미노의) 패말. ② (공중전화·지하철·가스 미터의 요금 대신의) 토큰이나 표. ③ (자료 정리·출근 기록 용) 카드. Ordena estas *fichas* en el fichero. 이 카드를 카드 상자 에 정리해 주게. ◇ **fichar** 타 카드에 기입하다. La policía le tenía *fichado* por ser comunista. 경찰은 그를 공산주의자라하여 기록하고 있었다. 재 출근카드를 누르다. *Fiché* al llegar a las ocho y cuarto. 나는 8시 15분에 와서 카드를 눌렀다. ◇ **fichero** 남 카드 상자.

fidelidad 여 ① 충실, 성실(sinceridad). Hay que respetar la *fidelidad* conyugal. 부부의 절조는 지켜야 한다. ② 정확, 정밀 (도). Este aparato es de alta *fidelidad*. 이 기계는 정밀도가 높다.

fideo 남 면, 국수.

fiebre 여 ① 열, 열병. Mi abuela está resfriada y tiene un poco de *fiebre*. 할머니는 감기로 열이 약간 있다. ② …열. Es extraordinaria su *fiebre* de negocios. 그의 사업열은 보통이 아니다.

fiel 휑 ① 충실한. El perro es *fiel* a su amo. 개는 주인에게 충실 하다. ② 정확한. Tiene una memoria *fiel*. 그는 기억력이 정확 하다. 남 신자(信者). La iglesia estaba llena de *fieles*. 교회는 신자로 가득했었다. 남 (저울의) 지침. El *fiel* marca ocho kilos. 바늘은 8킬로그람을 가리키고 있다. ◇ **fielmente** 문 충실하게.

fiera 여 맹수; 야수. El cariño ablanda aun a la *fiera* salvaje. 애정 은 야수조차도 유순하게 만든다.

fierro 남 철(hierro).

fiesta 여 ① 제사, 제전; 축제일. El lunes próximo es día de *fiesta*. 다음 월요일은 축제일이다. *fiesta nacional* 국경일. ② 회 합(축하회, 향연, 무도회, 음악회). Ayer hubo una *fiesta* con motivo del cumpleaños de su hija. 어제는 그의 딸의 생일이어 서 파티가 있었다. ③ 공휴일.

figura 여 ① 외형, 형태. Aquella piedra tiene *figura* de vaca. 저 돌은 소 모양을 하고 있다. ② 용자(容姿). No es muy guapa de cara, pero tiene buena *figura*. 그녀는 얼굴은 별로 곱지 못하 지만 맵시가 좋다. ③ 상, 초상. Pintó un cuadro con siete *figuras*. 그는 7명의 초상이 있는 그림을 그렸다. ④ 인물; 인기인 (人氣人). Es hoy la primera *figura* científica del país. 그는 오 늘날 이 나라 과학계의 제일인자이다. ⑤ 그림, 모양; 도형; 도 해. Los hombres primitivos pintaron en las rocas *figuras* de hombres y animales. 원시인은 바위에 사람과 동물의 그림을 그 렸다.

figurar 타 ① (그림에) 그리다. El dibujo *figuraba* un niño pescando. 그 그림은 낚시질을 하는 어린이를 그리고 있었다. ② (형체에) 나타내다·보이다; 분장하다. 재 (명단·사전 따위에)

들어가다. No *figuraba* en la lista de invitados. 그는 초대객 명부에 들어있지 않았다. ◇ ~**se** 상상하다, 생각되다. *Se me figura* que no es tan obstinado como aparenta. 그는 겉보기보다 완고하지는 않다고 내게는 생각된다. ◇ **figurado, da** 휑 뜻을 바꾼, 비유적인.

fijar 탄 ① 멈추다; 고착·고정·정착하다, 첨부하다(pegar). *Fijó los ojos en un punto.* 그는 한 점을 응시했다. *Se prohíbe fijar anuncios en la pared.* 벽에 광고를 붙이는 것을 금한다. ② (때·곳·값 따위를) 결정하다. *Hemos fijado el día del viaje.* 우리들은 여행 날짜를 정했다. ◇ ~**se** ① 고정하다; 결정되다. *El dolor se ha fijado en el brazo derecho.* 통증이 오른 팔에 고정됐다. ② [+en : …에] 시선을 쏟다, …을 보다, 정신을 쏟다. *Se fijaba en la luz.* 그는 그 빛에 시선을 쏟고 있었다. *No te has fijado en que llevo un vestido nuevo.* 너는 내가 새 옷을 입고 있는데 유의해 주지 않았다.

fijo, ja 휑 ① 정착한, 고정한. *La escalera estaba fija en la pared.* 사다리는 벽에 단단하게 움직이지 않도록 고정해 있었다. ② 정해진. *Aquí se vende todo a precio fijo.* 여기에서는 모두 정가로 팔고 있다. *de fijo* 꼭. *De fijo(que) voy.* 나는 꼭 갑니다. ◇ **fijamente** 튄 단단히, 굳게. ◇ **fijeza** 阴 꼼짝하지 않음, 고정, 고착. *Me miró con fijeza* como para leer en mi interior. 그는 내 마음 속을 읽어 내려는 듯이 나를 응시했다.

fila 阴 ① 열; 횡대(橫隊). *Se sienta siempre en primera fila.* 그는 언제나 맨 앞줄에 자리를 잡는다. ② 图 군대; 전열(戰列). *en fila* 열을 지어서. *Pedro fue llamado a las filas.* 페드로는 군에 입대되었다.

filete 閔 (소·돼지의 연한) 등심살(solomillo).

filiación 阴 부자(父子) 관계; 인상서(人相書). ◇ **filial** 阌 자식의. *amor filial* 효성. *casa filial* 자회사(子會社).

film/filme 閔 필름, 영화. ◇ **filmar** 탄 촬영하다.

filo 阋 칼날. *No cojas le cuchillo por el filo.* 칼날을 쥐지 마라. *dar (un) filo.* 날을 갈다(afilar).

filología 阴 언어학; 문헌학. *filología comparada* 비교 언어학(lingüística). ◇ **filológicamente** 튄 언어학적으로. ◇ **filológico, ca** 휑 언어학의, 문헌학의. ◇ **filólogo, ga** 閔 언어학자.

filosofía 阴 철학. ◇ **filosófico, ca** 휑 철학(적)의. *Entablaron una discusión filosófica sin utilidad.* 그들은 무익한 철학적 논쟁을 시작했다. ◇ **filósofo, fa** 閔 철학자; 현인(賢人).

filtrar 탄 여과하다(colar). ◇ **filtro** 阋 여과기·장치.

fin 閔 ① 끝, 마지막, 결말. *Las vacaciones se están acercando a su fin.* 휴가는 종말에 가까워지고 있다. ② 목적. *El fin de mi visita es darles gracias por sus atenciones.* 나의 방문 목적은 그들에게 폐를 끼친 사례를 말하는 일이다. *a fin de* …의 목적으로, …하도록. *Tenemos que darnos prisa a fin de llegar a tiempo.* 우리들은 제시간에 도착하도록 서둘러야 한다. *al fin* 드디어, 최후에. *Al fin nos quedamos solos.* 마침내 우리들 만이 남았다. *al fin de* …의 끝에. *Vendrá al fin de mes.* 그는 월말에

오라. *a fines de* …의 하순에. *al fin y al cabo* 결국. *en [por] fin* 드디어, 마침내; 결국. *En fin, que no puedo aceptarlo.* 결국 나는 그것을 인수할 수 없다는 이야기이다.

final 형 마지막의, 최종의; 결승의. *¿Cuándo empiezan los exámenes finales?* 최종 시험은 언제 시작하오? 남 종말, 결말; 끝. *No me gusta el final de la película.* 그 영화의 결말이 나는 마음에 들지 않는다. 여 결승전, 결승시합. *Nuestro equipo perdió la final.* 우리 팀은 결승전에서 패했다. *punto final* 종지부 ◇ **finalmente** 부 마지막으로, 드디어.

finalidad 여 목적; 용도. *No sé cuál es la finalidad de este trabajo.* 이 일의 목적이 어떤 것인지 나는 모른다.

finalizar [9alzar] 타 마지막으로, 최종의; 결승의. *Tengo que finalizar esta obra para el mes que viene.* 나는 다음달까지는 이 일을 끝내야 한다. 자 끝나다, 다하다. *Finalizaba el verano.* 여름이 끝나려 하고 있었다.

financiero, ra 형 재정의, 경제의. *El gobierno actual cuenta con el apoyo de los círculos financieros.* 현 정부는 재계(財界)의 지지를 받고 있다. 남 재정가, 재무관; 금융업자.

finca 여 ①부동산, 대지; 별장(villa, casa de campo, quinta). *Tiene una finca extensa junto al mar.* 그는 바다 옆에 넓은 별장을 가지고 있다. ②【중남미】농장, 농원(農園). *Ayer visitamos una finca cafetera.* 어제 우리들은 커피농장을 시찰했다.

fingir [4exigir] 타 ①위장하다, 그럴싸하게 보이다. *Como no quería salir, fingió una enfermedad.* 그는 나가기 싫어 했기 때문에 병을 위장했다. ② 【+동사원형】 …하는 시늉을 하다. *El niño fingió estar estudiando.* 어린이는 공부하는 시늉을 했다. ◇ -**se** 시늉을 하다. *Supongo que se fingía enferma.* 그녀가 환자 시늉을 하고 있었다고 나는 생각한다. ◇ **fingido, da** 형 거짓의. *Esa voz no es la suya, es fingida.* 그 소리는 그의 소리는 아니다; 가짜이다.

finlandés, sa 형 핀란드(Finlandia)의. 명 핀란드사람. 남 핀란드말.

fino, na 형 ①상등의, 질이 우수한. *Esta es una tela muy fina.* 이건 질이 매우 좋은 옷감이다. ②가는; 세밀한; 얇은. *No me gustan las plumas finas.* 나는 가는 펜은 좋아하지 않는다. ③섬세한, 미묘한, 정교한. *Tiene el oído muy fino.* 그는 대단히 날카로운 귀(청각)를 가지고 있다. ④훌륭한, 가느다란. *Tiene las facciones muy finas.* 그녀는 매우 훌륭한 얼굴이다. ⑤상냥한 마음씨의. *Es una persona muy fina.* 그는 지극히 마음씨가 상냥한 사람이다. ◇ **finura** 여 상등; 정교; 상냥한 마음씨.

firma 여 ①서명, 조인. *El documento es nulo si no lleva la firma del cónsul.* 영사 서명이 없으면 서류는 무효이다. *Escriba usted la firma aquí, por favor.* 여기 서명해 주십시오. ②상사, 회사(compañía). *Trabaja con una firma norteamericana.* 그는 북미의 회사에서 근무하고 있다. *Hemos entablado negocios con la firma Gómez.* 페사는 고메스와 거래를 시작했다. ◇ **firmar** 타 (…에) 서명·조인하다. *Haga usted el favor de*

firmar este recibo. 이 영수증에 서명해 주십시오.
firme 형 ① 튼튼한, 견고한. Esta silla es muy *firme*. 이 의자는 대단히 튼튼하다. ② 확고한; 결실한. Se mantenía *firme* en su decisión. 그는 결심을 굳게 지켜가고 있었다. 閂 굳세게; 확고하게, 견실하게. Le pegaron *firme*. 그는 강타 당했다. *de firme* 확고하게; 착실하게, 격렬하게. ◇ **firmemente** 閂 확고하게, 확실히; 착실히. Lo creo *firmemente*. 나는 그것을 확신하고 있다. ◇ **firmeza** 여 견고; 확고; 확실; 착실. Sostén con *firmeza* tu palabra. 약속을 굳게 지키십시오.
fiscal 형 ① 국고의. 남 회계관; 검찰관.
físico, ca 형 ① 물리적인; 형태가 있는; 물질적인. Eso no es más que un fenómeno *físico*. 그것은 물리적 현상에 불과하다. ② 신체의, 육체적인. Tiene un defecto *físico*. 그에게는 신체상의 결함이 있다. 여 물리학. 남 (사람의) 모습. 남 물리학.
fisiología 여 생리학; 생리. ◇ **fisiológico, ca** 형 생리(학)적인. ◇ **fisiólogo, ga** 남 생리학자.
fisonomía 여 ① 인상(人相), 얼굴 모습. Tiene una *fisonomía* expresiva. 그는 표정이 풍부한 얼굴을 하고 있다. ② 외관 (aspecto). Me gusta la *fisonomía* de la ciudad. 나는 그 도시의 외관이 좋다. ◇ **fisonómico, ca** 형 인상의, 얼굴 모습의; 외관상의. ◇ **fisonomista** 남 관상가; 사람 기억을 잘 (잘못) 하는 사람. Yo soy muy mal *fisonomista*. 나는 사람을 잘 기억하지 못한다.
flaco, ca 형 ① 마른, 여윈, 수척한 [↔ gordo]. Cada día está más *flaco*. 그는 나날이 수척해진다. ② (육체적·정신적으로) 약한, 박약한. Estoy *flaco* de piernas. 나는 다리가 약해져 있다. 남 약점, 결점, 버릇. ¿Cuál crees que es mi *flaco*? 내 약점이 어디라고 생각하나. ◇ **flaqueza** 여 깡마름; 쇠약(debilidad); 가냘픔; 약점.
flagrante 형 현행의. *delito flagrante* 현행범.
flamear 타 불꽃을 내뿜다.
flamenco, ca 형 ① 플란데르(Flandes: 네델란드·벨기에 지방의 옛이름)의. ② 플라멩코(집시적 경향·안두루시아 풍)의. 남 플란데르 사람. 남 [새] 홍학.
flaquear 자 쇠약해지다; (기운이) 빠지다. ◇ **flaqueza** 여 여윔; 쇠약.
flauta 여 피리. Sonó la *flauta* por casualidad. 소경 문고리 잡듯 잘 해냈다 (우연히 피리가 울었다). 남 피리연주가. ◇ **flautista** 남 피리연주가.
flecha 여 화살(saeta). El tiempo corre como una *flecha*. 세월은 유수와 같다. Los esquiadores bajan deslizándose como una *flecha*. 스키선수는 화살처럼 미끄러져 내린다. ◇ **flechazo** 남 활을 쏨; 첫눈에 반함, 사뭇 치솟는 사랑.
fletar 타 용선하다. ◇ **fletador** 남 용선주; 하주(荷主). ◇ **fletamento** 남 플라멩코; 용선. ◇ **flete** 남 용선료; 선하; 운임.
flexible 형 ① 정숙한, 유연한. El alambre de cobre es *flexible*. 동선(銅線)은 신축성이 있다. ② 융통성 있는; 유순한(manso). *Es*

flirtear 困 시시덕거리다, 아양을 떨다. ◇ **flirteo** 圄 교태, 아양을 떪.

flojo, ja 圈 ① 느슨한, 늘어진. La cuerda está *floja*. 노끈이 늘어졌다. ② 약한; 묽은. Prefiero un vino *flojo*. 나는 약한 포도주가 좋다. ③ 게으름뱅이의. Es muy *flojo* para el trabajo. 그는 일을 열렁뚱땅한다.

flor 圄 ① 꽃. ¿Cómo se llama esta *flor*? 이 꽃은 이름이 무엇입니까. En el jardín se cultivaban *flores* y legumbres. 뜰에는 꽃과 야채가 재배되어 있었다. ② 꽃 핌, 개화(開花). Los cerezos están en *flor*. 벚나무는 지금 꽃이 피고 있다. ③ 정화, 정수(精粹). *a flor de* …의 표면에. Tiene siempre la sonrisa *a flor de los labios*. 그녀는 언제나 입가에 미소를 머금고 있다.

florecer [30 crecer]困 ① 꽃이 피다, 개화하다. Los ciruelos *florecerán* dentro de poco. 머지 않아 매화꽃이 필 것이다. ② 꽃처럼 피다, 번영하다. La cultura musulmana *floreció* mucho en España. 회교문화는 스페인에서 크게 번창했다. ◇ ~-se 곰팡이가 피다. El pan *se florece* muy pronto si se lo pone en sitio húmedo. 빵은 습한 곳에 두면 곧 곰팡이가 핀다.

florero, ra 圄 꽃장이. 圄 꽃병; 꽃그림.

florido, da 圈 ① 꽃이 핀. El jardín estaba *florido*. 뜰은 꽃이 피어 있었다. ② 화려한, 꽃다운. No me gusta mucho el estilo *florido*. 나는 화려한 문체는 좋아하지 않는다.

florín 圄 플로린 (옛 은화의 이름).

florista 圄 꽃팔이. Una *florista* vendía claveles en la calle. 꽃파는 소녀가 거리에서 카네이션을 팔고 있었다.

flota 圄 선대(船隊); 함대; 항공대. La *flota* ha sufrido mucho daño a causa de la tempestad. 선단은 폭풍 때문에 큰 손해를 입었다.

flotar 困 ① 뜨다, 표류하다. Las nubes blancas *flotaban* en el cielo. 하늘에 흰구름이 떠 있었다. ② 펄럭이다. Se vio una bandera *flotando* en el aire. 공중에 깃발이 펄럭이고 있는 것이 보였다. ◇ **flotante** 圈 하늘거리는; 부동하는. *población flotante* 부동인구.

fluir [74 huir] 困 흐르다, 흘러 나오다.

foca 圄 【동물】 물개, 바다표범.

foco 圄 ① 초점, 집중점, 중심. Esto es un *foco* de corrupción. 이곳은 부패의 온상이다. ② (높은 촉광의) 전등. El fotógrafo coloca *focos* muy potentes. 사진사는 강력한 전등을 놓는다.

fogón 圄 부뚜막, 아궁이

fogonazo 圄 섬광(閃光).

fogoso, sa 圈 괄괄한; 격렬한.

folio 圄 (서적의) 장수, 페이지, 쪽.

folclore/folklore 圄 민속, 구비(口碑); 민속학. ◇ **folclórico, ca /folklórico, ca** 圈 민속학적인, 민간 전승의. ◇ **folclorista/ folklorista** 圄 민속학자.

folleto 団 팜플렛, 소책자. Tenemos en preparación un *folleto* de propaganda en español. 우리들은 스페인어로 선전 팜플렛을 준비중이다. ◇ **folletín** 団 소책자.

fomentar 団 조장·장려하다; 도발·선동하다. El gobierno está *fomentando* el turismo. 정부는 관광사업을 장려하고 있다. ◇ **fomento** 団 조장, 장려, 도발, 선동.

fonda 여 숙박업소, 여관; 바, 주점; 음식점.

fondo 団 ① 밑, 밑바닥; 깊이(profundidad). Queda azúcar en el *fondo* de la taza. 찻잔 밑에 설탕이 남아 있다. ② 밑바닥, 소지; 본질. Parece un hombre de carácter duro, pero en el *fondo* es un infeliz. 그는 강한 성격의 사람인 듯하지만, 근본은 불행한 사람이다. ③ (그림·경치 따위의) 배경; (무대의) 정면. El edificio se destacaba sobre el *fondo* amarillo. 건물은 노란 배경 위에 선명하게 떠오르고 있었다. ④ 자산, 자력; 재원, 기금. Nos faltan *fondos* para realizar el plan. 우리들에게는 그 계획을 실현하기 위한 재원이 부족하다. *a fondo* 근본적으로. Es necesario inquirir el asunto *a fondo*. 사건을 철저히 규명할 필요가 있다. ◇ **fondear** 団 (배 안을) 조사하다; (수심을) 측량하다. 재 닻을 내리다, 정박하다.

fonético, ca 휑 음성의, 발음의. *escritura fonética* 음표문자. 예 음성; 음성학.

fonógrafo 団 축음기; 녹음기.

forastero, ra 휑 타관의, 다른 곳의; 타국의; 친숙미가 없는. El parque estaba lleno de gentes *forasteras*. 공원은 타관 사람들로 가득했었다. 団 타처 사람; 외국인(extranjero).

forjar 団 ① 단조(鍛造)하다; 두들겨 내다. Aquí *forjan* el hierro en barras. 여기서는 철을 녹여 철봉으로 만들고 있다. ② (거짓말 따위를) 날조하다. ~**se** (자신이) 만들어내다. Siempre *se forja* ilusiones. 그는 언제나 공상을 그리고 있다.

forma 여 ① 형태, 형상; 외형. No me gusta la *forma* de este reloj. 나는 이 시계의 모양이 마음에 들지 않는다. ② 형식, 방식. Importa más el fondo que la *forma*. 형식보다도 내용이 중요하다. ③ 방법, 방식. No hay *forma* de convencerle. 그를 납득시킬 방법이 없다. ④ 몸 모습. Tiene muy buenas *formas*. 그녀는 맵시가 매우 좋다. ⑤ 몸 예식, 예법(etiqueta). Hay que enseñarle *formas*. 그에게 예법을 가르치지 않으면 안된다. *de [en] forma que* + 접속법 [*para que* + 접속법] …하도록. Habla *en forma que* lo entiendan. 네가 말하는 것을 이해하도록 말해라. *de [en] esta forma* 이 방법으로, 이리하여. *estar en forma* 정식이다; 순조롭다. El pasaporte *estaba en forma*. 그 여권은 정식이었다.

formal 휑 ① 형식의, 형식적인, 정식의. Para eso son necesarias garantías *formales* y no simples promesas. 그러기 위해서는 단순한 약속이 아니라 정식 보증이 필요하다. ② 정연한, 진지한, 고지식한. Es un hombre muy *formal*. 그는 대단히 고지식한 사람이다. ◇ **formalidad** 여 형식 바름; 고지식함, 딱딱함. Habla sin *formalidad*. 형식에 구애받지 말고 말해라. ◇ **formalizar**

formar. [9] alzar] 타 형식을 갖추다; 수속을 밟다.

formar 타 ① 형성하다, 만들다. Con nieve *hemos formado* una estatua. 우리들은 눈으로 상을 만들었다. ② 구성·조직하다. *Han formado* entre varios amigos una compañía. 그들은 몇사람의 친구들로 회사를 조직했다. ③ 육성·훈련하다. Esta escuela *ha formado* muchos hombres útiles. 이 학교는 많은 유용한 인물을 육성해 왔다. ◇ **formación** 여 ① 형성; 구성, 조직. Inmediatamente puso manos a la *formación* de su gabinete. 그는 즉시 조각에 착수했다. ② 예의범절; 훈련. Ha recibido una buena *formación* en el colegio. 그는 학교에서 좋은 교육을 받았다. ③ 대열; 대형.

formidable 형 무서운; 훌륭한. Hubo un ruido *formidable*. 무서운 소리가 일어났다. Tiene un coche *formidable*. 그는 훌륭한 차를 가지고 있다.

fórmula 여 ① 형식; 서식(書式). Me saludó por pura *fórmula*. 그는 나에게 아주 형식적인 인사를 했다. ② 방식; 처방, 제조법. Sé una *fórmula* de hacer un buen bizcocho. 나는 맛좋은 카스텔라 만드는 법을 알고 있다. ③【수학·화학】식, 공식; 화학식. ◇ **formulario, ria** 형 서식의; 형식적인; 공식주의적인. 남 서식 용지. ¿Quiere usted llenar este *formulario* y firmar aquí? 이 용지에 (필요 사항을) 써 넣고, 여기 서명해 주시지 않겠읍니까.

formular 타 ① 문서로 하다; (문서를) 작성하다. Le voy a *formular* una receta. 처방전을 만들어 드릴지요. ② (생각을) 정리하다; (불평 따위를) 표명하다. *Formuló* sus ideas en una memoria. 그는 그 생각을 하나의 논문으로 엮었다.

forro 남 ① 뒷 도배, 쇠우기, 대기(안감을); 안감. Ponga *forro* a esta caja. 이 상자에 뒷 도배를 해주시오. ② 겉도배, 커버. ◇ **forrar** 타 (…에) 뒤·겉 도배하다. El libro está *forrado* de piel. 그 책은 가죽 표지 장정이다.

fortaleza 여 ① 견고; 강건; 견인. Tiene un hijo de poca *fortaleza*. 그에게는 별로 건강하지 못한 아들이 하나 있다. ② 요새. ◇ **fortalecer** [30 crecer] 타 강하게 하다; 강건하게 하다.

fortificar [7 sacar] 타 강하게 만들다, 강화하다. ◇ **fortificación** 여 축성; 방비; 보루; 진지.

fortitud 여 강함, 불굴의 정신, 강한 참을성, 인내.

fortuna 여 ① 운명; 행운(suerte). Tuve la *fortuna* de encontrar un taxi. 나는 운좋게 택시를 발견했다. ② 재산(bienes). Ha perdido toda la *fortuna* en especulaciones. 그는 투기로 전재산을 잃었다. *por fortuna* 운좋게; 다행히. *Por fortuna*, le encontré en la calle. 우연히 나는 거리에서 그를 만났다.

forzar [9 alzar, 24 contar] 타 ① 무리하다, 강행하다. ② (문 따위를) 억지로 열다. *Han forzado* la puerta. 그들은 문을 억지로 열었다. ③ [+a+*inf.*]+a·para+que+*subj.*] 억지로 …시키다, 강제하다. Le *forzaron* a salir./Le *forzaron* a que saliera. 모두는 그를 억지로 출발시켰다. ◇ **forzado, da** 형 무리한, 강제적인; 부득이한. Nos sería *forzado* hacerlo. 우리들은 싫더라

도 그것을 해야 하겠지.

forzoso, sa 혱 부득이한, 불가피한. ◇ **forzosamente** 튀 무리하게; 아무래도. *Forzosamente* has de estar aquí mañana. 아무래도 너는 내일 여기 와 있어야 한다.

forzudo, da 혱 완강한, 강력한.

fosa 예【해부】 구멍; 포구덩이.

fósforo 남 성냥(cerilla). ¿Tiene usted *fósforos*? 성냥을 갖고 있읍니까.

foto [fotografía의 생략형] 예 사진. Te envío una *foto* en la que apareces. 네가 찍힌 사진 한장 보내주겠다. Las *fotos* salieron bien. 사진이 잘 나왔다.

fotografía 예 사진. Ha hecho[sacado・tomado] una *fotografía* del puerto. 그는 항구의 사진을 찍었다. ◇ **fotografiar** 타 촬영하다. Me *fotografiaron* ayer y salí muy bien. 나는 어제 사진을 찍어 달라했는데, 아주 잘 찍혀 있었다. ◇ **fotografo, fa** 명 사진사.

frac [복 fraques] 남 연미복, 예복.

fracasar 자 실패하다 (반 tener éxito). *Ha fracasado* en sus negocios. 그는 사업에 실패했다. La empresa resultó *fracasada*. 그 사업은 실패로 돌아갔다. ◇ **fracaso** 남 실패 [반 éxito]. La función fue un *fracaso*. 공연은 실패였다. Tuvo un *fracaso amoroso*. 그는 실연을 했다.

fracción 예 파편, 단편;【수학】분수.

fractura 예 골절; 분쇄.

francia 예 향기. ◇ **fragante** 혱 향기로운.

frágil 혱 ① 취약한; 덧 없는. El vidrio es *frágil*. 유리는 깨지기 쉽다. ② (체질・의지 따위가) 약한. Ella tiene una salud *frágil*. 그녀는 허약한 체질이다. Tengo una memoria *frágil*. 나는 기억력이 약하다. ◇ **fragilidad** 예 취약함; 덧없음; 의지의 박약.

fragmento 남 단편(斷片). Sólo he leído algunos *fragmentos* de la obra. 나는 그 작품의 단편을 몇개 읽었을 따름이다.

fraguar [반 menguar] 타 꾸며내다; 위조하다. ◇ **fragua** 예 용철로; 제철소.

fraile 남 수도사. José se opone a que su hijo sea *fraile*. 호세는 아들이 수도사가 되는 일에 반대하고 있다. ◇ **frailesco, ca** 혱 수도사의, 승려다운.

frambuesa 예【식물】나무 딸기.

francés, sa 혱 프랑스(Francia)의. 명 프랑스사람. 남 프랑스말.

franco, ca 혱 솔직한, 담백한, 소탈한. Sea usted más *franco* conmigo. 나에게는 더욱 솔직하게 대해 주십시오. 남 프랑스・벨기에・스위스의 화폐단위]. ◇ **francamente** 튀 솔직히, 정직히. *Francamente*, esa idea es un poco tonta. 솔직히 말해서, 그 생각은 약간 바보스럽다.

franela 예 플란넬.

franqueo 남 우편요금. ¿Cuánto es el *franqueo* de esta carta? 이 편지의 요금은 얼마인가요. ◇ **franquear** 타 ① (…의) 우편요

franqueza 306 **frente**

금을 지불하다. ¿Has *franqueado* las cartas? 편지에 우표를 붙였느냐. ② (…에) 통로를 열다. ③ 돌파하다. No me atreví a *franquear* la puerta. 나는 굳이 문을 열고 들어갈 생각이 없었다.

franqueza 여 솔직; 담백. Viene con *franqueza* a comer cuando se le ocurre. 그는 마음이 내키면 소탈하게 먹으러 온다.

franquicia 여 (우세권·관세의) 면세, 무세(無稅).

frasco 남 병, 플라스크.

frase 여 구(句), 어구(語句). Con pocas *frases* dice mucho. 그는 근소한 말로 많은 것(내용)을 말한다. *frase hecha* 성구(成句), 관용구(慣用句)(expresión idiomática, modismo).

fraternal 형 형제의; 우애적인. Somos amigos y nos unen lazos *fraternales*. 우리들은 친구인데, 우애적인 유대가 우리들을 맺어주고 있다. ◇ **fraternidad** 여 형제 관계; 형제애. No cree en la *fraternidad* humana. 그는 인류의 형제애를 믿지 않는다.

fray 남 【경칭】 …사(師) [승려의 개인이름 앞에 붙임].

frazada 여 담요, 모포.

frecuentar 타 (…으로) 종종 가다·오다; 때때로 …하다. *Frecuentamos* ese café. 우리들은 가끔 그 카페에 간다. ◇ **frecuentación** 여 거듭함.

frecuente 형 잦은, 빈번한, 흔한. Es una cosa *frecuente* que choquen los trenes. 열차가 충돌하는 일은 흔히 있는 일이다. ◇ **frecuencia** 여 ① 빈번; 빈도, 도수(度數). Se veían con *frecuencia*. 그들은 서로 자주 보았다. Aquí se reunían con mucha *frecuencia*. 그들은 여기서 아주 빈번히 모였다. ② 진동수; 주파수. ◇ **frecuentemente** 부 빈번히, 종종(con frecuencia).

fregar [⑧ pagar, ⑲ pensar] 타 문지르다, 갈다; (접시·마루를) 닦다, 씻다. Después de comer *friego* los platos. 식후 내가 접시를 씻는다.

freír [㊳reír; 과거분사 freído/frito] 타 ① 기름으로 튀기다; 후라이를 만들다. No sabe ni *freír* un par de huevos. 그녀는 달걀 두개의 후라이를 만드는 조차도 모른다. ② 지루하게 만들다, 곤란하게 하다. Cuando me encuentra me *fríe* a preguntas. 그는 나를 만나면 나에게 질문공세를 편다.

frejol 남 【식물】 강남콩(judía, frijol).

frenar 타 ① 억제하다. Hay que *frenar* la subida de precios. 물가 상승을 억제해야 한다. ② (…에) 제동·브레이크를 걸다. *Frenó* el coche y pudo evitar el choque. 그는 차에 브레이크를 걸어서 충돌을 피할 수가 있었다.

frenesí 남 광란, 광포; 열광; 맹렬. Estaba en un *frenesí* de celos. 그는 질투로 미칠 지경이었다. ◇ **frenético, ca** 형 광란한, 흥분한; 열광적인; 맹렬한. Al oírlo, se puso *frenético*. 그는 그 말을 듣자, 대단히 흥분했다.

freno 남 ① 제동기; 브레이크. ② 구속, 제어. ③ (말의) 재갈.

frente 남 【신체】 이마, 전면(前面). Mi madre me besó en la *frente*. 어머님께서는 내 이마에 입을 맞추셨다. Al verme, bajó la *frente*. 그녀는 나를 보자 얼굴(이마)을 숙였다. 남 (작전의)

정면; (대의) 전방; 전선. Los soldados marcharon al *frente*. 병사들은 전선으로 향했다. *al frente de* …의 정면·선두에. Marchaba *al frente de* la manifestación. 그는 데모의 선두에 서서 걸어가고 있었다. *frente a frente* 맞대고. Debiste decírselo *frente a frente*. 너는 맞대고 그에게 그 말을 했어야 했다. *hacer frente a* …에 대항·직면하다. Tenemos que *hacer frente* a este problema. 우리들은 이 문제에 직면해야 한다.

fresa 여 [식물] 딸기. ◇ **fresal** 남 딸기밭.

fresco, ca 형 ① 서늘한, 시원한. Abrí la ventana para que entrara el aire *fresco*. 서늘한 바람이 들어오도록 나는 창문을 열었다. ② 신선한, 새로운. Así permanecen *frescas* las frutas. 그렇게 하면 과일은 언제나 신선하다. ③ 발랄한, 싱싱한. Tiene mejillas *frescas*. 그녀의 뺨은 혈색이 좋다. ④ 사분한, 뻔뻔스러운. ¡Qué *fresco*! Se ha llevado mi paraguas. 정말 뻔뻔스럽구나! 그는 내 우산을 가지고 가버렸다. 남 ① 시원함. Aquí hace bastante *fresco* aun en verano. 이곳은 여름에도 제법 시원하다. *tomar el fresco* 시원하러 가다. Vamos a *tomar el fresco* en el jardín. 뜰로 바람쐬러 나가자. ② 프레스코 화법(벽·천정에 그리는 그림). ◇ **frescura** 여 ① 시원함, 서늘함. Noté *frescura* al llegar a la playa. 나는 해안에 닿자 서늘함을 느꼈다. ② 차분함, 뻔뻔스러움. No puedo sufrir la *frescura* de aquel hombre. 나는 그 사람의 뻔뻔스러움에는 참을 수가 없다.

frialdad 여 ① 추위, 차가움. Los osos blancos parecen no sentir la *frialdad* del hielo. 흰곰은 얼음이 찬것을 느끼지 않는 모양이다. ② 냉담, 무기력. Nos recibieron con mucha *frialdad* a la llegada. 우리들이 도착했을 때 우리를 냉정하게 맞이했다.

fricción 여 마찰; 알력, 불화.

frijol 남 [식물] 강남콩 (judía, frejol).

frío, a 형 ① 추운, 차가운. El agua está *fría*. 물이 차갑다. La noche estaba *fría*. 밤은 추웠다. Hace un viento *frío* que corta. 살을 에이는 듯한 찬 바람이 불고 있다. ② 싸늘한, 냉담한. Es una mujer *fría*. 그녀는 싸늘한 여자이다. 남 추위, 싸늘함, 냉담. *coger* [*tomar*] *frío* 감기들다. *hacer frío* (날씨가) 춥다. Hace mucho *frío* esta mañana. 오늘 아침은 매우 춥다. *tener frío* (몸이) 춥다. *Tengo* un poco de *frío*. 나는 약간 춥다.

friolento, ta 형 추운; 추위를 잘 타는

friolero, ra 형 으스스한, 차가운; 추위를 잘 타는. 여 사소한 일·물건.

frito, ta [freír의 과거분사] 형 튀긴, 프라이된.

frívolo, la 형 경박한; 하찮은. Me arrepiento de mi conducta tan *frívola*. 나는 그러한 내 천박한 행위를 후회하고 있다. ◇ **frivolidad** 여 경박.

fronda 여 [주로 복] 숲. Paseaba por entre las *frondas* del bosque. 나는 숲속을 산책했다. ◇ **frondoso, sa** 형 가지·잎이 무성한.

frontera 여 국경, 경계. Los Pirineos constituyen una *frontera* natural entre España y Francia. 피레네산맥은 스페인과 프랑스

frotar 308 **fuerte**

의 자연의 국경으로 되어 있다. ◇ **fronterizo, za** 형 국경에 있는; 이웃의.

frotar 타 문지르다, 마찰하다. *Frota bien la ventana con un trapo.* 헝겊으로 창문을 잘 문지르십시오.

fructífero, ra 형 성공적인, 열매가 열리는

fructificar [7 sacar] 타 열매가 열다.

frugal 형 검소한, 소탈한. ◇ **frugalidad** 여 검약, 질소(質素)

fruncir [2 zurcir] 타 상을 찌푸리다.

fruta 여 과일. *Comí fruta hasta hartarme.* 나는 과실을 실컷 먹었다. ◇ **frutal** 형 과일의. *árbol frutal* 과수. 남 과수. **frutería** 여 과일가게. ◇ **frutero, ra** 명 과일장수; 과일재배자. ◇ **frutilla** 여 [식물] (칠레·아르헨띠나·뻬루) 딸기.

fruto 남 ① 열매. *El fruto del ciruelo, cuando está verde, es muy ácido.* 살구는 푸를 때는 대단히 시다. ② 성과, 결과. *Nuestro esfuerzo no dio fruto.* 우리들의 노력은 성과가 없었다. ③ 이익·수익(ganancia). *Ha sacado mucho fruto de los negocios.* 그는 사업에서 크게 이익을 올렸다.

fue ser·ir의 직설법현재 부정과거 3인칭 단수.

fuego 남 ① 불(숯불, 모닥불). *Encienda usted el fuego en la chimenea.* 화로에 불을 넣어 주십시오. *Paqué fuego a la estufa.* 나는 난로에 불을 붙였다. ② 화재(incendio). *Anoche hubo un fuego por aquí.* 어젯밤이 부근에서 화재가 있었다. ③ 사격, 포화. ④ 열렬; 정렬. *Los españoles siempre discuten con fuego.* 스페인 사람은 언제나 정열적으로 토론한다. *fuegos artificiales [de artificio]* 꽃불. *a fuego lento* 약한 불로; 반 죽음으로. *a fuego vivo* 강한 불로.

fuente 여 ① 우물, 샘(pozo); 분수. *Brotaba una fuente de aguas cristalinas.* 맑은 샘물이 솟아나고 있었다. ② 공동 수도·수도 마개; 성수반(聖水盤). *En la plaza hay una fuente, donde puedes beber.* 광장에 수도가 있으니 그곳에서 물을 마실 수 있다. ③ 큰 접시, 나눠먹이 접시. ④ 원천; (정보의) 출처. *Según una buena fuente, el pacto se pondrá en vigor mañana.* 확실한 소식통이 전하는 바에 의하면 협정은 내일 발효할 것이다.

fuera 부 밖에; 외에. *Tomaremos fuera el almuerzo.* 밖에서 점심을 먹자. *De fuera entra aire fresco.* 밖에서 시원한 바람이 들어온다. *¡Fuera!* 나가거라. *fuera de* …의 밖에, …외에, …이외·이상으로. *No me gusta comer fuera de mi hogar.* 나는 집 밖에서 식사하는 일은 좋아하지 않는다. *Eso está fuera de nuestros planes.* 그것은 우리들의 계획 밖이다.

fueron ser·ir의 직설법현재 부정과거 3인칭 복수.

fuerte 형 ① 강한, 강력한 [반 débil]. *Este boxeador es más fuerte que el otro.* 이 권투선수는 다른 선수보다 더 강하다. *A pesar de los años, es muy fuerte.* 그는 나이에 비해서 대단히 힘이 세다. *Es una tela muy fuerte.* 그것은 매우 질긴 옷감이다. *Tú eres fuerte en historia.* 너는 역사를 잘 안다(역사에 세다). ② (정도가) 강한, 격심한, 심한. *No me gusta el café fuerte.* 나는

강한 커피를 싫어한다. Soplaba un viento muy *fuerte*. 심한 바람이 불고 있었다. 囹 장점, 강함. Las matemáticas son su *fuerte*. 수학은 그의 장점이다. 匣 굳세게; 힘을 들여서. Le pagué muy *fuerte*. 나는 그를 심하게 때렸다. No hable tan *fuerte*. 그렇게 크게 말씀 마세요. ◇ **fuertemente** 匣 힘차게; 격렬하게, 심하게.

fuerza 囹 ① 힘; 군셈; 견고함. Ella tiene más *fuerza* que tú. 그녀는 너보다도 힘이 세다. Grité con toda la *fuerza* de mis pulmones. 나는 힘껏 소리를 내어서 부르짖었다. ② 권력; 효력. Cedieron a la *fuerza* de la ley. 그들은 법률의 힘에 굴복했다. Le hicieron entrar por *fuerza*. 사람들은 그를 억지로 [폭력으로] 끌어들였다. ③ 군, 병력; 주력(主力). Nuestras *fuerzas* ocuparon la ciudad. 아군은 그 도시를 점령했다. *a fuerza de* …의 힘으로, 덕택에. Lo conseguí a *fuerza* de paciencia. 나는 참았기 때문에 그것을 손에 넣었다. *a la fuerza* 무리하게. Tendremos que hacerlo *a la fuerza*. 우리들은 무리해서라도 그 일을 해야 할 것이다.

fugarse [8] pagar]㉸ 도망가다. El ladrón *se fugó* de la prisión. 그 도둑은 교도소에서 도망했다. ◇ **fuga** 囹 ① 도망. El enemigo se dio a la *fuga*. 적은 패주했다. ② 흘러 나감. Huele a gas; debe haber una *fuga*. 가스냄새가 난다; 새고 있음에 틀림없다.

fugaz [복 fugaces] 휑 꺼지기 쉬운; 덧 없는. La vida es *fugaz*. 인생은 덧없다. ◇ **fugacidad** 囹 꺼지기 쉬움; 덧없음.

fugitivo, va 휑 도망하는, 달아나 버리는. 囹 도망자, 피난자.

fui ① ser의 직설법현재 부정과거 1인칭 단수. ② ir의 직설법현재 부정과거 1인칭 단수.

fuimos ser·ir의 직설법현재 부정과거 1인칭 복수.

fuiste ser·ir의 직설법현재 부정과거 2인칭 단수.

fuisteis ser·ir의 직설법현재 부정과거 2인칭 복수.

fulano, na 囹 아무개, 모인(某人).

fulgor 囹 (발광체의) 빛, 번쩍임, 빛남. El sol lucía con todo *fulgor*. 태양이 쨍쨍 빛나고 있었다. ◇ **fulgente** 휑 반짝이는, 빛나는. ◇ **fulgir** [4] exigir] 囝 빛나다, 반짝이다.

fulgurar 囝 반짝거리다. ◇ **fulguración** 囹 섬광; 낙뢰; 전격. ◇ **fulgurante** 휑 눈이 부시도록 빛나는.

fumar 囝 담배피우다, 흡연하다. Está prohibido *fumar* dentro del vagón. 차내에서는 금연으로 되어 있다. ◇ **fumar**: 금연 (No *fumar*. No *fume*). 囲 (파이프·담배·아편 따위를) 빨다, 피우다. Siempre está *fumando* un puro. 그는 언제나 잎궐련을 피우고 있다. *fumarse una clase* (학교를) 무단 결석하다. ◇ **fumadero** 囹 흡연실. ◇ **fumador, ra** 囹 애연가(愛煙家). ◇ **fumante** 휑 담배를 피우는.

función 囹 ① 작용, 기능. Esto ayuda la *función* digestiva del estómago. 이것은 위의 소화 기능을 돕는다. ② 직무, 직능. La *función* de la policía es mantener el orden. 경찰의 임무는 질서를 유지하는 일이다. ③ 의식; 흥행. ¿A qué hora empieza la *función* de la noche? 밤 공연은 몇시에 시작하는가. ◇ **fun-**

cional 형 기능적인, 관능적인. ◇ **funcionalismo** 남 기능 본위; 실질주의.

funcionar 자 (기능적으로) 움직이다, 작동하다. Esta máquina no *funciona*. 이 기계는 움직이지 않는다. El grifo no *funciona*. 수도 꼭지가 움직이지 않는다. ◇ **funcionamiento** 남 (기계의) 운전; 영업. La nueva línea del metro se podrá en *funcionamiento* el próximo jueves. 새 지하철 선은 오는 목요일부터 영업할 예정이라 한다.

funcionario, ria 명 관리, 공무원(funcionario público). Se prohibe a los *funcionarios* que tomen parte en las campañas políticas. 공무원이 정치운동에 참가하는 일은 금지되어 있다.

funda 여 덮개, 베겟잇; (총의) 케이스.

fundamento 남 ① 토대, 기초. Esta casa tiene buen *fundamento*. 이 집은 토대가 견고하다. ② 근거, 이유. Sus proposiciones carecen de *fundamento* en la realidad. 그들의 제안은 현실에 근거가 없다. ◇ **fundamental** 형 기본의, 기초의; 중요한. Lo *fundamental* para ti es que no faltes a tu palabra. 너에게 가장 중요한 일은 약속을 어기지 않는 일이다.

fundar 타 ① 세우다, 건설·설립·창설하다. Los españoles *fundaron* la ciudad de Lima. 스페인사람이 리마를 건설했다. ② 기초로 삼다. *Fundó* su parecer en un hecho que todos conocían. 그는 모두가 알고 있는 사실에 자기 의견의 기초를 두었다. ◇ **fundación** 여 건설, 설립; 창립, 창설. ◇ **fundador, ra** 명 창립자.

fundir 타 ① (금속·고형물을) 용해시키다(liquidar), 녹이다. La nieve se *funde* con el sol. 눈이 태양에 녹는다. ② 주조하다. ③ 합체·합동시키다. Las dos compañías se *ha fundido* en una. 그 두 회사는 합병했다. ◇ **fundición** 여 (금속의) 용해; 주조; 주물 공장. ◇ **fundidor** 남 용해·주조·주물공(工).

fúnebre 형 ① 조문(吊問)의, 장례의. Pasaba un coche *fúnebre*. 장의차가 1대 지나갔다. ② 어쩐지 슬픈(funéreo), 음울한, 음침한, 음산한(triste). Deja esa cara tan *fúnebre*. 그런 음울한 얼굴을 하는 것은 그만 두어라. ◇ **fúnebremente** 부 음울·음산하게, 구슬프게.

funeral 남 [주로 복] 장례식(exequias). Los *funerales* se celebrarán en la catedral. 그 장례식은 대성당에서 행해진다. 형 장례식의(funerario). *carroza funeral* 장의차.

furgón 남 화물차.

furia 여 ① 분격, 격노, 분노(ira); (풍파가) 거칠게 날림. Vino hecho una *furia*. 그는 열화처럼 분노하여 왔다. ② (그리스 신화의) 복수의 여신. ③ 화급(prisa). *a toda furia* 부랴부랴. ◇ **furioso, sa** 형 광폭한, 무서운. Al saberlo, se puso *furiosa*. 그걸 알고서는 그녀는 격노했다.

furor 남 ① 분노, 성냄. Descargó su *furor* contra los chicos. 그는 그 분노를 어린이들에게 들쐬웠다. ② 맹렬(frenesí, violencia). El *furor* del viento arrancó varios árboles del jardín. 맹렬한 바람이 정원의 나무를 몇 그루나 뿌리채 뽑았다.

fusible 图 【전기】 퓨즈.
fusil 图 총, 소총. Los soldados marchaban con el *fusil* al hombro. 병사들은 총을 어깨에 메고 행진하고 있었다. ◇ **fusilaje** 图 사격, 총성. ◇ **fusilamiento** 图 총살. ◇ **fusilar** 団 총살하다. ◇ **fusilazo** 图 사격; 총소리, 총성. ◇ **fusilería** 여 소총대. ◇ **fusilero, ra** 휑 소총의. 图 소총병.
fusión 여 용해; 합병, 합동. La *fusión* de las dos empresas se realizará en breve. 그 두 회사의 합병은 곧 바로 실현될 것이다. ◇ **fusionar** 団 융합·합병·합동시키다. 재 융합·합병·합동하다. ◇ **fusionista** 휑 합병의. 图 합병론자, 합병주의자.
fútbol 图 축구(사커·럭비 따위), 풋볼. Soy muy aficionado al *fútbol*. 나는 굉장한 축구팬이다. *campo de fútbol* 축구장. ◇ **futbolista** 图 축구 선수. ◇ **futbolístico, ca** 휑 축구의.
futuro, ra 휑 미래의, 장래의(venidero). Aquí es donde conoció a su *futuro* esposo. 그녀가 미래의 남편을 처음 만난 것은 여기에서이다. 图 미래, 장래(porvenir) [⇔ pasado]. Dicen que es muy probable que haya un gran terremoto en el *futuro* próximo. 가까운 장래에 지진이 일어날 듯하다고 말한다. *en lo futuro* 장래에. 图 약혼자(novio, prometido). ◇ **futurario, ria** 휑 【법률】 미래의, 장래의. *renta futuraria* 장래 받을 연금. ◇ **futurible** 휑 장래 있을 수 있는. ◇ **futurismo** 图 미래파, 미래설. ◇ **futurista** 휑 미래파의. 图 미래파 예술가.
fuyenda 여 도주, 도망. *tomar la fuyenda* 도주하다. ◇ **fuyente** 휑 도주하는, 도망하는. 图 도주자, 도망자.
fvda. favorecida.

G

g. gramo(s).

g/. giro 환어음.

gabán 남 【의복】 외투, 오바(abrigo). En la calle eché de menos el *gabán*. 나는 거리에 나가서는 외투를 입고 왔더라면 좋았을 것을 하고 생각했다.

gabardina 여 【의복】 비옷. Llevaré la *gabardina* por si llueve. 비가 올지도 모르니 나는 비옷을 가지고 가겠다.

gabinete 남 ① 작은 방, 화장실; 표본실, 진열실. El jefe trabajó en su *gabinete* hasta las ocho. 장관은 8시까지 장관실에서 집무했다. ② 내각, 정부(gobierno), 각료(ministerio). El general estaba a punto de completar su *gabinete*. 장군은 조각을 거의 완료하고 있었다.

gaceta 여 특수 신문; 공보(公報); 관보. ◇ **gacetero, ra** 명 관보 기자. ◇ **gacetilla** 여 가십란.

gafas 여복 안경(anteojos). No veo bien con estas *gafas*. 이 안경으로는 잘 보이지 않는다.

gajo 남 나뭇가지; (포도·레몬의) 곁송이.

gala 여 ① 예복, 성장(盛裝). Se puso sus mejores *galas* para ir al baile. 그녀는 무도회에 가기 위하여 가장 좋은 성장을 했다. ② 아름다움; 인기인; 자만. Josefina era la *gala* del pueblo. 「호세피나」는 그 마을의 인기인이었다.

galán 남 ① 젊은이; (연극의) 주연 남자. Ya no eres un *galán*; los años no pasan en vano. 너는 이제 젊지는 않다; 나이는 속일 수 없다. ② (여자에게) 치근거리는 사내; 애인; 미남. Allí te espera tu *galán*. 저기서 네 애인이 기다리고 있었다.

galante 형 (여자에게) 친절한. No he visto una persona más *galante* que José. 호세만큼 여자에게 상냥한 사내는 본 일이 없다. ◇ **galantear** 타 (여자에게) 치근거리다, 구애하다 (cortejar). Supo que su novio *galanteaba* a otra. 그녀는 자기의 애인이 다른 여자에게 치근거리는 것을 알았다. ◇ **galantería** 여 친절, 상냥함, 대범, 관대.

galardonar 타 (…에) 상을 주다. Esta película *ha sido galardonada* con la medalla de oro. 이 영화는 금메달을 받은 것이다.

galería 여 ① 회랑(回廊). El comedor se abre a una *galería* que da al jardín. 식당 문을 열면 뜰에 면한 회랑으로 되어 있다. ② 화랑; 진열실; 미술관. Esos cuadros se exhiben en la *galería* municipal. 그 그림들은 시립 화랑에 전시되었다. ③ 갱도; 천장 관람석(paraíso).

galgo, ga 명 그레이하운드 (개 이름).

galicismo 남 프랑스적인 어법. Algunos escritores abusan del *galicismo*. 어떤 작가들은 갈리시스모를 남용하고 있다.

galón 남 장식 끈; 【용량의 단위】 갈론.

galopar 재 (말이) 전속력으로 달리다. ◇ **galope** 남 갤럽(말 위의 최대 속도의 구보). *a[de] galope* 전속력으로.

galvanizar 타 (…에) 전기를 통하다; 아연 도금을 하다. ◇ **galvanización** 여 전기치료, 아연도금.

gallardo, da 형 용감한, A la tarde volvía a pasar el *gallardo* jinete. 오후가 되면 또, 용감한 말탄 사람이 지나갔다. ◇ **gallardía** 여 늠름함.

gallego, ga 형 갈리시아(Galicia: 이베리아 반도 북서부의 지방)의, 갈리시아사람. 남 갈리시아 사투리.

galleta 여 마른 과자, 비스킷. No comas tantas *galletas*. 너는 그렇게 비스켓을 먹어서는 안된다.

gallina 여 암탉. Esta *gallina* ya no pone huevos. 이 암탉은 이제 알을 안 낳는다. 남 마음약한 사람. ◇ **gallinería** 여 닭장; 소심증. ◇ **gallinero, ra** 형 닭장수; 양계가. 남 (극장의)맨 윗층 관람석, 4등석.

gallo 남 수탉. Se oye el canto de algún *gallo*. 어딘가 수탉 우는 소리가 들린다.

gamo 남【동물】사슴.

gamuza 여【동물】샤무아(남유럽·서남 아시아산의 영양류).

gana 여 욕망, 의욕, …하고자 함. No tengo *ganas* de comer ahora. 나는 지금 먹고 싶지 않다. Si usted no tiene *gana*, comeremos más tarde. 당신이 생각이 없다면, 좀더 나중에 먹읍시다. *de buena gana* 기꺼이. *de mala gana* 마지 못해. Pagó los gastos *de mala gana*. 그는 비용을 마지 못해 지불했다. *dar la gana de+inf.* …하고 싶어지다. *no me da la gana de* hacerlo. 나는 그에게 그것을 말할 생각도 나지 않는다. *tener gana(s) de+inf.* …하고 싶다 (desear, querer). *Tengo muchas ganas de* viajar al extranjero. 나는 외국여행을 무척 하고 싶다.

ganado 남【집합적】목축, 가축(의 무리). Los ganados vacuno es una de las principales riquezas de este país. 소(의 가축)는 이 나라의 주요한 재산의 하나이다. ◇ **ganadería** 여 목축(업). Se dedicaba a la *ganadería*. 그는 목축업에 종사하고 있었다. ◇ **ganadero** 형 목축의. 남 목장주; 가축 장수.

ganancia 여 돈벌이, 이익(금) ↔ pérdida). Aquella venta no produjo la debida *ganancia*. 그 판매는 그에 상당한 이익이 생기지 않았다.

ganar 타 ①돈벌다, 일하다. José *gana* quinientas pesetas por día haciendo traducciones. 호세는 번역을 해서 하루에 500페세따 번다. ②취득·획득하다, 얻다(lograr, conseguir). El joven *ganó* la confianza del director. 젊은이는 지배인의 신용을 얻었다. ③ (승부·싸움에) 이기다. Los españoles *ganaron* la guerra contra los indios. 스페인군은 인디오와의 싸움에서 이겼다. ④ 「+en : …의 점에서」(…보다) 뛰어나다, 더 낫다. José me *gana en* dibujo. 호세는 그림에서는 나보다 뛰어나고 있다. ⑤ (…에) 닿다, 도달하다. *Gané* la otra orilla a nado. 나는 헤엄쳐서 저쪽 언덕에 도달했다. ◇ ~**se** (자기를 위하여) 일하다. *Se gana* la vida enseñando piano. 그녀는 피아노를 가르

쳐서 생활비를 벌고 있다. ◇ **ganador, ra** 명 승리자, 우승자.

gancho 명 ① (물건을 매다는) 쇠꼬리, 옷걸이. Cuelgue usted el sombrero en este *gancho*. 이 걸이에 모자를 걸어라. ② 갈고리, 갈고랑이 막대기. ◇ **ganchudo, da** 형 갈고리 모양의. Su abuelo tiene una nariz *ganchuda*. 그의 조부는 매부리코이다.

gandul 형 빈둥 빈둥 노는. 명 무직한, 깡패.

ganga 여 (싸게 산) 물건, 덜이, 바겐세일.

ganso, sa 명 【새】 거위. *hablar por boca de ganso* 앵무새처럼 지껄이다.

ganzúa 여 자물쇠 여는 기구; 도둑.

garage/garaje 남 차고(車庫).

garantía 여 ① 보증; 보증서, 보증금. Este reloj tiene cinco años de *garantía*. 이 시계는 5년간의 보증이 붙어 있다. ② 【상업】 담보. ¿Qué *garantías* nos ofrecen del pago? 지불에 대하여 어떤 담보를 폐사에 제공해 주시겠읍니까.

garantizar [9 alzar] 타 보증하다, (…에) 책임을 지다. No podemos *garantizar* la calidad de los géneros. 이쪽에서는 상품의 품질을 보증할 수는 없다.

gardenia 여 【식물】 치자나무.

garganta 여 ① 목구멍. Me llegaba el agua a la *garganta*. 물이 목구멍으로 들어왔다./Tengo dolor de *garganta*. 나는 목구멍이 아프다. ② 목(cuello). Un collar de perlas adornaba su *garganta*. 진주 목걸이가 그녀의 목을 장식하고 있었다.

gargantilla 여 목걸이(collar), 목걸이에 달린 구슬.

gárgara 여 복 양치질. ◇ **gargarear** 자 【멕시코】 양치질하다 (hacer gárgaras).

garra 여 (새·짐승의 발톱이 날카로운) 손, 발. Por fin logró escaparse de las *garras* de un amo tan cruel. 드디어 그는 그토록 지독한 주인의 손에서 도망칠 수가 있었다.

garrafa 여 주전자.

garrapata 여 【곤충】 진드기.

garrocha 여 장대.

garrote 남 작대기, 막대, 몽둥이.

garza 여 【새】 백로.

gas 남 ① (광열용의) 가스. Encienda usted el *gas*. 가스에 불을 붙여 주십시오. ② 기체. El vapor de agua es un *gas* muy ligero. 수증기는 매우 가벼운 기체이다. ◇ **gaseoso, sa** 형 가스상의, 기체의. 여 소다수, 음료수.

gasa 여 가제.

gasolina 여 가솔린, 휘발유. Vamos a aquel puesto de *gasolina* a que nos llenen el depósito. 탱크에 휘발유를 넣기 위하여 저 주유소로 가자. ◇ **gasolinera** 여 모터 보트; 주유소, 가솔린 스탠드.

gastar 타 ① 소비·소모·낭비하다. Mi mujer *gastaba* mucho dinero en medicinas. 아내는 약에 많은 돈을 소비하고 있었다. No *gastes* el tiempo en tonterías. 어리석은 일에 시간을 낭비하

gasto 지 마라. ② 쓰다; 몸에 붙이고 있다. José *gasta* unas corbatas muy claras. 호세는 매우 밝은 빛 넥타이를 하고 있다. ◇~**se** ① 닳아 없어지다, 마멸하다. Los zapatos *se gastan* por la suela. 구두는 밑창이 닳는다. ② 소모하다. Este gobierno está ya *gastado*. 현 정부는 이미 소모되어 있다.

gasto 🅜 ① 비용, 경비. Yo pagaré todos los *gastos*. 비용은 모두 내가 낸다. ② 소비. Hay que reducir el *gasto* de la electricidad. 전기의 소비를 절약해야 한다.

gatillo 🅜 (총의) 방아쇠; 제동기.

gato, ta 🅜 ① 【동물】고양이. El *gato* arañó la mano a la niña. 고양이는 그 여자의 손을 할퀴었다. ② 【기계】잭크. No hace falta un *gato* para levantar el coche. 자동차를 들어 올릴 잭크가 필요하다. *a gatas* 네 발로 기어.

gaucho 🅜 가우쵸. (아르헨티나의) 카우보이.

gaveta 🅔 서랍(cajón).

gavilán 🅜 【새】새매.

gavilla 🅔 (보리·밀 따위의) 다발; 갱, 망나니.

gaviota 🅔 【새】갈매기.

gelatina 🅔 젤라틴.

gema 🅔 보석; 싹(yema).

gemelo, la 🅕 쌍동이의. 🅜 ① 커프스 단추. ② 쌍안경. Con los *gemelos* de teatro se ve bien la función. 오페라 글라스가 있으면 연극이 잘 보인다.

gemir [36 pedir] 🅟 신음하다. La enferma se pasaba la noche *gimiendo*. 그 환자는 신음하면서 밤을 새우고 있었다. ◇ **gemido** 🅜 신음; 울음 소리.

generación 🅔 ① (가스·열 따위의) 발생; 발전. La *generación* de la energía eléctrica se efectúa por el dínamo. 전력의 발생은 발전기에 의하여 행해진다. ② 세대, 연대층(年代層). En esta casa viven tres *generaciones* de Ortega. 이 집에는 오르메가 3 대의 사람들이 살고 있다. ◇ **generacional** 🅕 (어떤) 연대층의.

general 🅕 ① 일반의, 전반의. Es una costumbre casi *general* en Andalucía. 그것은 안달루시아에서의 거의 일반적인 습관이다. ② 보통의. En aquella región, el mal tiempo es *general*. 저 지방에서는 나쁜 날씨가 보통이다. ③ 전체의, 총…. La asamblea *general* tuvo lugar el 8 de abril. 총회는 4월 8일에 개최되었다. 🅜 장군. *en general/por lo general* 일반으로, 대개. *Por lo general* duermo más de ocho horas. 나는 보통 8시간 이상 잡잔다. ◇ **generalidad** 🅔 일반; 대다수. Esa es la opinión de la *generalidad*. 그것이 일반의 의견이다. ◇ **generalizar** [⑨ alzar] 🅣 일반화하다. La radio *ha generalizado* la afición a la música. 라디오가 음악열을 일반에게 넓혔다. ◇ **generalmente** 🅟 일반적으로, 대개.

género 🅜 ① 종류(clase, especie). No sé qué *género* de vida llevabas. 네가 어떤 종류의 생활을 하고 있었는지 나는 모른다. ② 상품(mercancía). Ya no tratamos en esos *géneros* desde hace años. 벌써 몇년 전부터 폐사는 그 상품들을 취급하지 않

는다. ③ 옷감, 직물(tela). En esta tienda usan siempre muy buenos *géneros*. 이 가게에서는 언제나 좋은 옷감을 쓴다. ④ 【문법】성(性). Los *géneros* gramaticales son tres: masculino, femenino y neutro. 문법의 성에는 남성·여성·중성의 3종이 있다. ◇ **genérico, ca** 형 종류의, 공통·보통의; 일반의; 총괄적인. *nombre genérico* 보통명사.

neroso, sa 형 ① 관대한, 관용의; 고결한. La condesa era *generosa*, y olvidaba fácilmente los rencores. 백작부인은 마음씨가 너그러운 사람이어서, 원망 따위는 곧 잊었다. ② 선심 잘 쓰는(liberal, dadivoso); 친절한. Mi tío es muy *generoso* con los pobres. 나의 숙부는 가난한 사람들에게 대단히 친절하다. ◇ **generosidad** 여 관용; 고결; 선심이 좋음; 친절. Contamos con su *generosidad*. 우리들은 귀하의 친절한 마음에 의지하고 있읍니다.

genial 형 ① 타고난. ② 천재적인. Admiran las *geniales* creaciones de este pintor. 이 화가의 천재적인 창조력에 모두 감탄하고 있다. ③ 기발한, 재미있는. ④ 경이적인. Era un espíritu *genial*. 그는 놀라운 정신의 소유자다. ◇ **genialidad** 여 천성; 기발함. Cada uno tiene sus propias *genialidades*. 각자는 제각기 타고난 성질이 있다.

genio 남 ① 성질, 소질(素質). Josefa tiene un *genio* vivo. 호세파는 활발한 성질이다. ② 재능; 천재. Conozco bien su *genio* de la cocina. 그녀의 요리 재능을 나는 잘 알고 있다. ③ 정령(精靈), 악마. Allí se reunían los *genios* del aire. 공기의 정령들은 그곳에서 모였다.

gente 여 ① 사람들. Son buena *gente*. 그들은 좋은 사람들이다. Había mucha *gente* y mucha animación en la calle. 거리에는 많은 사람들이 대단히 흥성거렸다. ② 패거리, 한 패의 사람; 부하. El comandante huyó, abandonando a su *gente*. 지휘관은 부하를 버리고 도망쳤다.

gentil 형 ① 품위 있는, 우아한. Lola se portó muy *gentil*. 로라는 품위있게 행동했다. ② 상냥한, 친절한. ◇ **gentileza** 여 품위, 우아; 상냥함, 친절. Le agradezco infinitamente la *gentileza* de dedicarme su libro. (당신의) 저서에 헌사(獻辭)를 친절하게 써 주신데 대해 무한히 감사드립니다.

gentío 남 군중(muchedumbre).

genuino, na 형 진짜의, 진정의; 정당한.

geografía 여 지리(학); 지형, 지세(地勢). ◇ **geográfico, ca** 형 지리(상)의, 지리학적인. ◇ **geógrafo, fa** 명 지리학자. Los *geógrafos* de entonces se burlaban de Colón. 당시의 지리학자들은 콜롬부스를 비웃고 있었다.

geología 여 지질(학). ◇ **geológico, ca** 형 지질학적인. ◇ **geólogo, ga** 명 지질학자.

geometría 여 기하학. ◇ **geométrico, ca** 형 기하학적인. Sus líneas se extienden como dibujos *geométricos*. 그 선들은 기하학 모양처럼 뻗어 있다.

geranio 남 【식물】 제라늄.

gerente 명 (회사 따위의) 지배인, 전무; 이사; 지점장, 주임, 대리업자. A José le han nombrado *gerente* de su compañía. 호세는 그 회사의 전무에 임명되었다. ◇ **gerencia** 예 관리(직); 대리업, 대리점. La *gerencia* producía cada día menos. 대리점의 사업도 점점 수익이 줄었다.

gerigonza 예 횡설수설.

germen 명 ①【동물, 식물】배(胚); 싹. ②세균, 병원균. Las aguas sucias suelen transportar *gérmenes*. 더러운 물은 병원균을 나르는 일이 있다. ③ 근원. Ese fue el *germen* de la enemistad. 그것이 적의의 원인이었다. ◇ **germinación** 예 발아. ◇ **germinar** 자 발아하다, 싹이 트다.

gerundio 명 【문법】현재분사.

gestación 예 잉태; 배태. El proyecto está todavía en *gestación*. 그 계획은 아직 잉태의 단계이다.

gesticular 자 제스추어를 쓰다.

gestión 예 ① 절차, 처리. ② 공작, 운동. Le deseamos un gran éxito en sus *gestiones*. (당신의) 활동의 대성공을 우리들은 빌고 있읍니다. ◇ **gestionar** 타 ① (…의) 절차를 밟다. ② 공작 · 운동하다. El señor García está *gestionando* con el Jefe del Departamento el permiso de importación. 가르시아씨는 국장에게 수입허가를 (받으려고) 운동하고 있다.

gesto 명 ① 얼굴 모습, 표정. El director hizo un *gesto* despectivo. 지배인은 경멸하는 듯한 표정을 했다. ② 몸짓. Aquel señor está hablando con *gestos* exagerados. 저 사람은 과장된 몸짓을 하면서 말하고 있다.

gigante, ta 명 거인; 큰 사람, 큰 여자; 큰 인물, 대가. Ese amigo es un *gigante*; mide dos metros. 저 친구는 거인이다; 2미터나 된다. ◇ **gigantesco, ca** 형 거대한. Allí se alzaba un edificio *gigantesco*. 그 곳에 거대한 건물이 있었다.

gimnasia 예 체조; 체육. Hago un cuarto de hora de *gimnasia* siguiendo el programa de la radio. 나는 라디오의 프로그램에 따라서 15분간 체조를 한다. ◇ **gimnasio** 명 체육관; 체육학교. ◇ **gimnástico, ca** 형 체조의, 체육의. 예 체조; 체육.

gin 명 진.

ginsén/ginseng 명【식물】인삼.

girar 자 ① 돌다, 선회 · 회전하다. La tierra *gira* alrededor del sol. 지구는 태양의 주위를 돈다. ② 순회하다. ③ 굽다. En aquel punto, la vía del tren *gira* a la derecha. 그 지점에서 철도는 오른쪽으로 굽는다. ④ 수표를 발행하다; 송금하다. Pueden ustedes *girarnos* a nuestro cargo por el importe. 그 금액으로 저사 앞으로 어음을 끊어 주시면 좋겠읍니다. 타 (어음을) 발행하다; 송금하다. Te *giraré* por correo lo que te debo.너에게서 빌어 쓴 돈을 우편(환)으로 송금하겠다. ◇ **gira** 예 순회, 여행, 소풍. El primer ministro ha hecho una *gira* por varios países europeos. 수상은 유럽제국의 순방여행을 했다.

girasol 명【식물】해바라기(mirasol)

giro 명 ① 선회, 회전. El avión, dando un *giro* en el aire, de sapareció. 비행기는 공중에서 1회전 하면서 모습을 감추었다. ②전환; 국면(局面). Las relaciones de ambos países han tomado un nuevo *giro*. 양국 관계는 새 국면을 맞이했다. ③표현 방법, 말. Esta frase es un *giro* intraducible. 이 구절은 번역할 수 없는 표현이다. ④영업; 송금; 환, 어음(의 발행). Libraremos tres *giros* por separado. 이쪽에서는 3통의 환어음을 따로 끊읍니다.

gitano, na 圐 집시. En Granada viven muchos *gitanos*. 그라나다에는 집시가 많이 살고 있다. ◇ **gitanesco, ca** 圐 집시적인, 집시풍의.

glacial 圐 얼음의, 얼음같은, 빙하의.

glándula 예 [해부] 선(腺). Esas *glándulas* producen las lágrimas. 그 선이 눈물을 만들어 낸다. ◇ **glandular** 圐 선의, 선질(腺質)의.

globo 圕 ①공 구체(球體). Tenía el aspecto de un *globo* blanco. 그것은 흰 공같은 외관을 하고 있었다. ②기구, 풍선. José le compró un *globo* y lo explotó al instante. 호세가 그에게 풍선을 사 주었는데 그는 바로 그것을 터뜨렸다. ③(램프·전등의) 글로브. Del techo colgaba un *globo* sucio. 더러워진 전등의 글로브가 천장에 매달려 있었다. ◇ **global** 圐 전체의; 대개의; 총괄적인. El precio *global* del viaje ascenderá a 5,000 pesetas. 여비 총액은 5,000페세따에 달할 것이다. *en forma global* 총괄적으로. ◇ **globoso, sa** 圐 공 모양의.

gloria 예 ①광영, 광휘. Que santa *gloria* haya. 신의 영광이 있으라. ②영광, 명예, 자랑. Rubén Darío es una *gloria* de Hispanoamérica. 루벤다리오는 스페인계 아메리카의 자랑이다. ③즐거움, 기쁨. La lectura era su *gloria*. 독서는 그의 즐거움이었다. ◇ **glorioso, sa** 圐 영광스러운; 영광·명예 있는. Todos alaban sus hechos *gloriosos*. 모든 사람들은 그의 빛나는 행위를 칭찬하고 있다. ◇ **gloriosamente** 闬 빛나게; 훌륭하게.

glopsa 예 주석, 주해; 해석, 해설.

glotón, na 圐 포식하는, 잘 먹는. 圕 대식가.

gobernador, ra 圐 지사, 총독; (국립은행·공단 따위의) 총재. El *gobernador* visitó un pueblo de su provincia. 지사는 자기 도의 어느 읍을 방문했다.

gobernar [19 pensar]囲 ①통치·지배하다. A José le gobierna su mujer. 호세는 여편네 궁둥이에 깔려 있다. ②조종하다. Entre los dos *gobernaron* su nave espacial, haciendo funcionar los cohetes auxiliares. 그들은 두 사람이 보조 로케트를 작동시켜 우주선을 조종했다. ◇~se 자신을 처신하다. *Gobiérnate* por lo que veas hacer a otro. 다른 사람이 하고 있는 것을 보고, 너는 네 나름대로 처신해라. ◇ **gobernación** 예 ①통치, 지배. Fue una intervención en la *gobernación* interna. 그것은 내정에 대한 간섭이었다. ②내무부(ministerio de la gobernación). ③조종, 조타.

gobierno 圕 ①통치, 지배; 단속, 관리. Ella se encargó del *gobierno* de la casa. 그녀는 집안 관리를 떠맡았다. ②정부, 정

goce 청 ; 정체(政體). El gobierno actual cuenta con el apoyo de los círculos financieros. 현 정부는 재계의 지지를 얻고 있다. ③ 참고, 규준. Te lo digo para tu *gobierno*. 참고하기 위해서 나는 너에게 그 말을 하는 것이다.

goce 남 기쁨, 쾌락. No hay *goce* como la satisfacción del deber cumplido. 의무를 다했을 때의 만족감 만한 기쁨은 없다.

gol 남 고울, 결승점, 결승전, 득점(goal).

golf 남 골프. *campo de golf* 골프장. ◇ **golfista** 남 골프치는 사람, 골프 선수.

golfo 남 만(灣).

golondrina 여 【새】제비. Las *golondrinas* se alimentan con insectos dañosos. 제비는 해충을 먹이로 한다.

golosina 여 단것, 과자. Sólo come *golosinas*. 그는 단것만 먹고 있다.

golpe 남 ① 타격, 두들김, 닿음. *dar un golpe* 때리다. Dio un par de *golpes* en la puerta. 그는 문을 땅땅 두들겼다. Una pelota dio un *golpe* a una niña en la cabeza. 공이 소녀의 머리에 닿았다. ② (정신적인) 타격 ; 충격, 놀라움. José sufrió un *golpe* muy grande con la pérdida de su hermana. 호세는 여동생을 여의고 대단히 큰 타격을 받았다. Con esa corbata vas a dar el *golpe*. 그런 넥타이를 매고 그를 깜짝 놀라게 하는 것이로군. *gole de estado* 쿠데타. *a golpes* 두들겨서 ; 잇대어, 끊임없이. *de golpe* 갑자기, 돌연(de repente, repentinamente). El barco se hundió *de golpe*. 배는 돌연 침몰했다. *de un golpe* 단숨에. La vieja desapareció *de un golpe*. 노파는 단숨에 휠 몸을 숨겼다.

golpear 타 (몇 번이고) 두들기다, 때리다(dar un golpe). El granizo *golpea* los cristales. 우박이 유리를 두들기고 있다. 자 부딪치다. El barco *golpeó* contra unas rocas. 배가 바위에 부딪쳤다.

goma 여 ① 고무. Compré una pelota de *goma* para mi sobrino. 나는 조카에게 고무공을 한 개 사주었다. ② 고무 제품(고무풀 ; 고무줄 ; 고무 지우개). Toma la *goma* y borra esa línea. 지우개를 가지고 그 선을 지우십시오.

gordo, da 형 ① 굵은, 살찐, 비만한 [반 flaco]. No quiero estar tan *gordo*. 나는 그토록 살찌고 싶지 않다. ② 거대한. Mire aquel árbol tan *gordo*. 저 커다란 나무를 보아라. 남 (복권의) 일등 당첨. A José le ha tocado el *gordo*. 호세는 일등에 당첨됐다. ◇ **gordura** 여 비만 ; 지방(脂肪), 지육(脂肉).

gorila 남 【동물】고릴라.

gorra 여 모자(학생모 따위) [비교 : sombrero]. José se ponía la *gorra* inclinada hacia un lado. 호세는 모자를 한쪽으로 기울여서 쓰고 있었다. ◇ **gorro** 남 모자.

gorrión 남 【새】참새. Los *gorriones* pican el trigo esparcido. 참새가 흐트러진 밀알을 쪼아먹고 있다.

gota 여 (물) 방울. Sólo han caído cuatro *gotas*. 아주 조금(네 방울뿐) 내렸을 따름이다. *gota a gota* 한 방울씩, 조금씩. ◇ **gotear** 자 물방울이 떨어지다.

gótico, ca 형 ① 고트족(Los godos)의. ② 고딕(자체·양식)의. A principios del siglo XIII el arte románico comenzó a ceder paso al estilo *gótico*. 13세기의 초엽에 로마네스크 미술은 고딕 양식에 길을 사양하기 시작했다.

gozar 目 가지고 있다; 맛보고 즐거워하다. Aquí *gozamos* una temperatura deliciosa. 여기서는 기분 좋은 기온을 즐길 수 있다. 재[+de·con : …을] 가지고 있다, 향유하다; 즐거워하다; 기뻐하다. *gozar de* la vida 인생을 즐기다. Mi abuelo *goza de* buena salud. 나의 조부는 건강을 향유하고 있다.

gozo 멤 즐거움, 환희, 기쁨(alegría). Su corazón palpitaba de *gozo*. 그의 심장은 즐거워서 뛰고 있었다. ◇ **gozoso, sa** 형 [+con·de : …로서] 기쁜 듯한, (…을) 즐거워한. José está *gozoso con* la noticia. 그는 그 소식을 기뻐하고 있다.

grabar 目 새기다, 조각하다, 목각하다; 녹음하다, 취입하다. ◇ **grabación** 예 조각; 녹음; 취입. ◇ **grabado** 멤 조각. ◇ **grabador, ra** 예 조각가; 녹음자; 취입자. ◇ **grabadura** 예 동판·목판에 새기는 일.

gracia 예 ① 기품, 우아; 사랑스러움, 애교. Su cara tiene *gracia*, a pesar de que las facciones no son correctas. 그녀의 얼굴 모습은 단정 하지는 않지만 애교가 있다. ② 우스움, 재미있음, 희학, 농담. No me hace *gracia* eso de encerrarme en casa todo el día. 온종일 집에 들어박히다니, 그런 일은 재미도 없다. ③ 신의 은총, 은혜, 호의. José me hizo la *gracia* de concedérselo. 호세는 나에게 그것을 양보해 주었다. ④ 복 감사; [감탄사적] 고맙다. Le doy muchas *gracias* por sus atenciones. 보살핌을 입어 대단히 고맙습니다. *gracias a* …의 덕택으로. *Gracias a* ti, llegué a tiempo. 네 덕택으로 나는 제 시간에 도착할 수 있었다.

gracioso, sa 형 ① 애교 있는; 영리한. Me parece ella muy *graciosa*, risueña, incapaz de enfadarse. 그녀는 매우 애교가 있어서, 생글거리고 있으며, 성낼 줄 모르는 사람처럼 생각된다. ② 우스운, 재미있는. ¡Qué cosa tan *graciosa*! 어쩌나 우스운지! ◇ **graciosidad** 예 사랑스러움; 우스움, 재미있음.

grada 예 계단(peldaño), 발판.

grado 멤 ① (계단의) 단(段). La escalera tiene quince *grados*. 그 계단은 15단이다. ② 단계; 정도. No sé qué *grado* de amistad hay entre ellos. 그들 사이에 어느 정도의 우정이 있는지 모른다. ③ 위계; 학위. Obtuvo el *grado* de doctor en filosofía. 그는 철학박사의 학위를 받았다. ④ (각도·온도·강도 따위의) 도(度). La temperatura pasa en verano de los 40 *grados*. 여름에는 온도는 40도를 넘는다. ⑤ 기쁨, 의욕. Es de mi *grado* comunicárselo. 그것을 전해드리는 것은 나의 기쁨입니다. ⑥ 학급, 학년. *primer grado* 1학년. *de (buen) grado* 기꺼이, 자진해서. *de mal grado* 할 수 없이. *por grados* 점점, 점차로.

gradual 형 점차적인, 단계적인, 순차적인. ◇ **gradualmente** 目 점차, 점진하여.

graduar [14 actuar] 目 조절하다; 졍증·졍감시키다. Gradúe usted el calentador eléctrico. 전기 히터를 조절하십시오. ◇~

gráfico, ca 형 ① 문자의, 기호의. El lenguaje *gráfico* permanece siempre. 기술언어(記述言語)는 언제까지나 남는다. ② 도식의, 도표의; 사진·그림이 들어 있는. Me recomendó una revista *gráfica* para conocer sus costumbres. 그 풍속을 알기 위해 그는 한 권의 사진 잡지를 추천하여 주었다. 남 도표, 그래프, 표; 사진화보. El *gráfico* indica la mortalidad del ganado vacuno durante los últimos cinco años. 이 그래프는 최근 5년간의 소의 사망률을 표시한다.

gramático, ca 형 문법의. 여 문법학자. 예 문법; 문법서. Quisiera preguntarle unas dudas de *gramática*. 문법에 관해 모르는 곳을 몇 개 질문하고 싶은데요. ◇ **gramatical** 형 문법의, 문법적인. regla *gramatical* 문법 규칙.

gramo 남 그램.

gran 형 큰; 훌륭한; 위대한. *gran* hombre 위인. Ha tenido usted una *gran* idea. 당신은 훌륭한 착안을 하셨소. No es *gran cosa*. 대수롭지 않다.

granada 여 【식물】 석류(열매·나무); 유탄. *granada* de mano 수류탄. ◇ **granadal** 남 석류밭. ◇ **granadero** 남 수류탄병.

grande [단수 명사의 앞에서는 대개 gran으로 됨; ⇨ **gran**]형 ① 큰. ¿No ve usted una roca *grande* allí? 저 곳에 큰 바위가 안 보입니까. Tuve una pena muy *grande*. 나는 매우 큰 괴로움을 맛보았다. ② 훌륭한, 위대한, España ha producido *grandes* pintores. 스페인은 위대한 화가를 배출했다. ◇ **grandemente** 튀 크게; 지극히. ◇ **grandeza** 여 큼; 위대함, 위용. ◇ **grandiosidad** 여 웅대함, 장대함, 훌륭함. ◇ **grandioso, sa** 형 웅대한, 장대한, 훌륭한.

granizo 남 우박. El *granizo* ha estropeado la fruta. 우박이 과일을 전멸시켰다. ◇ **granizada** 여 우박; 진눈깨비. ◇ **granizar** [9] alzar]자 우박이 내리다.

granja 여 농장, 농원. ◇ **granjero, ra** 남여 농장지기.

granjear 타 벌다, 얻다. ◇ **granjeo** 남 돈벌이, 취득.

grano 남 ① 낟알; (낟알의) 종자·열매·콩. El niño tomó unos *granos* de trigo y los esparció en el suelo. 소년은 밀의 낟알을 몇 알 집어서 땅에 뿌렸다. ② 여드름. Tiene la cara llena de *granos*. 그는 여드름투성이의 얼굴을 하고 있다. ③ 복 곡물, 콩류. ◇ **granero** 남 곡창(지대).

grasa 예 ① 지방; 기름때(mugre). Esta carne tiene mucha *grasa*. 이 고기는 지방이 매우 많다. ② 윤활유. Usted debe untar de *grasa* el eje. 너는 축에 윤활유를 발라야 한다. ◇ **grasiento, ta** 형 기름기 있는, 진득 진득한.

gratificar [7] sacar]타 (…에게) 사례금을 주다. ◇ **gratificación** 예 사례금, 포상금. No espero *gratificación* alguna del jefe. 나는 소장에게서 포상금을 받을 생각은 추호도 없다.

gratis 툇 거저, 무료로(de balde); 노력하지 않고. La entrada será *gratis*. 입장은 무료일 것이다. Nadie hace nada *gratis*. 아무라도 거저는 아무 짓도 안한다.

gratitud 예 감사, 사의(謝意). No encuentro palabras para expresar mi profunda *gratitud*. 나는 깊은 감사를 나타낼 말을 찾지 못한다.

grato, ta 휑 ① 유쾌한, 즐거운. Era una escena *grata* de recordar. 그것은 생각하기도 즐거운 정경이었다. ② [통신문; 경어체] 당신의; 즐거운. Quedamos en espera de sus *gratas* noticias. 귀사의 회신을 기다리고 있겠읍니다. Nos es *grato* adjuntarle copias de la factura. 송장의 사본을 동봉합니다.

gratuito, ta 휑 무료의; 근거·이유가 없는. La entrada es *gratuita*. 입장은 무료이다. ◇ **gratuitamente** 툇 무료로; 근거·이유없이; 노력하지 않고. José no ha llegado *gratuitamente* al puesto que ocupa. 호세는 지금의 지위에 노력없이 도달한 건 아니다.

grave 휑 ① 무거운, 중력이 있는. ② 중대한, 심각한. El asunto no ha sido nada *grave*. 그 문제는 조금도 중대하지는 않았다. ③ 무거운, 장중한; 점잔빼는. Su porte *grave* imponía respeto. 그의 장중한 태도는 사람에게 존경심을 일으키게 했다.

gravedad 예 무게; 인력, 중력. ② 중대성; 위독. ③ 점잖음, 장중. Nos impresionó la *gravedad* de tono. 그의 말투의 장중함은 우리들에게 인상적이었다. ◇ **gravemente** 툇 심각하게; 점잖게, 장중하게. El viejo cayó *gravemente* enfermo. 노인은 중병에 걸렸다.

gremio 남 동업조합, 길드. ¿Todavía perteneces al *gremio* de los solteros? [농담] 너는 아직도 독신조합에 들어 있느냐. ◇ **gremial** 휑 동업조합의. 남 동업조합원.

griego, ga 휑 그리스(Grecia)의. 남 그리스 사람. 남 그리스말.

grieta 예 균열, 틈.

grifo 남 (수도 따위의) 마개, 주둥이. Goteaba el *grifo* del lavabo. 세면대 주둥이에서 찔끔찔끔 물이 떨어지고 있었다.

grillo 남 [곤충] 귀뚜라미. 남복 족쇄; 방해물.

gringo, ga 휑 (중남미에서 미국인이나 그밖의 사람들에게) 외국의. 남 외국 사람.

gripe 예 유행성 감기(influenza).

gris 휑 ① 회색의. Sus cabellos han comenzado a ponerse *grises*. 그의 머리는 회색으로 되기 시작했다. ② (기분적으로) 어두운; 어쩐지 슬픈. Era un día *gris*. 그것은 슬픈 하루였다. 남 회색, 쥐색. La abuela iba vestida de *gris*. 할머니는 쥐색 옷을 입고 있었다. ◇ **grisáceo, a** 휑 약간 회색의

gritar 재 고함치다, 외치다, 큰 소리를 지르다(dar un grito, exclamar); 부르짖다, Por más que *gritaba* nadie lo oía. 아무리 고함쳐도 아무에게도 그것이 들리지 않았다. ◇ **grito** 남 큰 소리, 고함. *a gritos* 큰 소리로. El abuelo era sordo y le hablaban *a gritos*. 할아버지는 귀머거리였으므로, 모두들 큰 소리로 말하고 있었다. *dar un grito* 외치다, 소리지르다, 고함치다.

grosero, ra 혱 ① 거친; 조제(粗製)의. Basta aplicar aquí un paño *grosero*. 이곳에는 거친 헝겊을 대면 그만이다. ② 조야한; 품위 낮은. Me sorprendí porque ella pronunció palabras *groseras*. 그녀가 품위 없는 말을 입에 올렸기 때문에 나는 놀랐다. ◇ **grosería** 여 조잡; 무례; 품위 낮음.

grotesco, ca 형 조잡한, 조야한; 악취미의; 피기한.

grúa 여 기중기.

grueso, sa 형 ① 두터운, 굵은. Los estanques se cubren de una *gruesa* capa de hielo. 연못은 두꺼운 얼음 층으로 덮여 있다. ② 큰; 부피가 큰. Nos trajeron unas manzanas *gruesas*. 그들은 큰 사과를 몇개 가져와 주었다. 남 두께. La tabla tiene tres centímetros de *grueso*. 그 판자는 두께가 3센티미터이다. *en grueso* 한 묶음으로, 대충 대충;【상업】도매로. Mi tío tiene la costumbre de comprarnos todo *en grueso*. 나의 숙부는 무엇이든지 도매 사는 버릇이다.

grulla 여【새】학(鶴).

gruñir [45 tañer]자 (개·돼지가) 낮게 소리 지르다; 불평을 말하다. *Gruñía* porque le pagaban mal. 돈 지급이 나쁘므로 그는 투덜거리고 있었다. ◇ **gruñido** 남 낮은 고함소리; 불평.

grupo 남 무리, 조(組), 단(團). Un *grupo* de siete turistas ha llegado esta mañana. 7인의 관광객 일행이 오늘 아침 도착했다.

gruta 여 동굴, 동혈.

guante 남 장갑. José se quitó los *guantes*. 호세는 장갑을 벗었다.

guapo, pa 형 잘 생긴. La madre debe haber sido muy *guapa* cuando era joven. 모친은 젊었을 때는 미인이었음에 틀림없다. 명 미남; 미녀.

guardapelo 남 로킷(사진·머리털·기념품 따위를 넣어 목걸이 등에 다는 작은 곽합(盒)).

guardar 타 ① 지키다, 막다(보호, 방위). ¡Que te *guarde* el Cielo! 하느님이 너를 지켜 주시기를! ② 감시하다, 경비하다. Entre los dos *guardaban* la entrada. 두 사람이 문을 지키고 있었다. ③ (법률·습관·비밀·침묵을) 지키다; (존경·원한을) 품다. De esto *guardó* silencio hasta su muerte. 이 일에 대하여 그는 죽을 때까지 침묵을 지켰다. Siempre le *he guardado* mucho respeto. 나는 줄곧 그에게 커다란 존경심을 품어 왔다. ④ (소중하게) 보관하다, 소장하다. *Guardaremos* su llave cuando usted salga. 당신이 외출할 때는 우리들이 열쇠를 맡겠읍니다. ◇ ~**se** ①【+de: …로부터】몸을 지키다; 피하다, 중지하다. *Guárdese* usted de tales cosas frívolas. 그런 경박한 일은 그만 두시오. ② 챙겨 넣다. *Se guardó* la cartera en el bolsillo interior. 그는 지갑을 안주머니에 넣어 두었다. *guarar cama* 병상에 눕다. Mi madre *guarda cama* desde hace una semana. 모친은 1주일 전부터 병으로 누워있다.

guardarropa 남 휴대품 보관소.

guardería 여 탁아소, 보육원; (농장의) 감시비용.

guardia 남 ① 경비, 감시; 당직. Le tocó hacer la *guardia*. 그가

당직 순번 차례이다. ②경찰; 경비대. 🔲 경관; 경비원; 수위. Fue a llamar a un *guardia*. 그는 경관을 부르러 갔다. ◇ **guardián** 🔲 감시인.

guarnición 예 ①장식, 옷단 장식. Pienso poner alguna *guarnición* a estas cortinas. 나는 이 커튼에 어떤 레이스 장식을 붙이려고 생각하고 있다. ②(보석의) 대(臺); (도검의) 자루와 몸 사이에 끼어 넣는 쇠붙이. Clavó su espada hasta la *guarnición*. 그는 칼을 자루까지 찔렀다. ③수비대. ◇ **guarnecer** [90 crecer] 🔲 대다, 장식하다, 꾸미다(adornar).

guatemalteco, ca 휑 구아떼말라(Guatemala)의. 🔲 구아떼말라 사람.

gubernamental 휑 정부의. Los decretos *gubernamentales* lo prohiben. 정부의 법령이 그것을 금하고 있다.

guerra 예 싸움, 전쟁; 다툼. Tras reñidas *guerras* lograron afianzar su independencia. 격렬한 싸움 뒤에 그들은 독립을 확립할 수 있었다. *Segunda Guerra Mundial* 제 2차 세계대전. ◇ **guerrero, ra** 🔲 전사(戰士); 군인. ◇ **guerrilla** 예 게릴라, 유격대; 부정규군. Los habitantes organizaron *guerrillas* contra los invasores. 주민은 침략군에 대항해서 유격대를 조직했다.

guía 예 ①입문, 안내; 도표. La estrella polar era la *guía* del navegante. 북극성은 항해자의 도표였다. ②안내서, 편람, 요 (要覽). Puede usted consultarlo en la *guía* de la ciudad. 그것은 그 시의 안내서를 보면 된다. 🔲 안내자; 지도자. El *guía* nos explicó la historia del castillo. 안내자가 그 성의 역사를 설명해 주었다. *guía de teléfonos* 전화번호부.

guiar [02 enviar] 🔲 ①인도·안내·유도하다. Un indio nos *guió* a través de la selva. 한 인디오가 밀림 속을 안내해 주었다. ② 지도하다. *Guíame* tú, que tienes experiencia. 너는 경험이 있으니 지도해 주게. ③조종하다, 운전하다(conducir). José *guió* el automóvil con maestría. 호세는 자동차를 능숙하게 운전한다. ◇~se [+de·por] …을 지침으로 하다, (…에) 따르다. *Me guiaré por* el ejemplo de mi antecesor. 나는 전임자를 본보기로 하겠다.

guijarro 🔲 자갈, 돌멩이.

guillotina 예 단두대.

guinda 예 앵두열매.

guiña 예 불운.

guiñar 🔲 🔲 눈을 깜박이다; 윙크하다, 눈짓하다. ◇ **guiño** 🔲 윙크, 눈짓. *hacer guiños* 윙크하다.

guiñol 🔲 인형극; 그 인형.

guión 🔲 ①선도자(善導者). Nadie quiere servir de *guión* en la procesión. 아무도 행렬의 선도자로 되기 싫어한다. ②(영화·방송의) 대본, 시나리오; 요지(要旨). Todavía no ha presentado el *guión* de su tesis. 그는 아직 논문의 요지를 제출하지 않았다. ③ [문법] 하이픈, 대시. ◇ **guionista** 🔲 시나리오 작가

guisante 图 【식물】완두. *guisante de olor* 스위트·피이.
guisar 囲 요리하다(cocinar, cocer). No sabe ni *guisar* patatas. 그 녀는 감자 요리 조차 만들 수 없다. ◇ **guiso** 图 끓인 요리, 요리.
guitarra 囡 【악기】기타. Cantó acompañándose con la *guitarra*. 그는 자신이 기타를 치면서 노래했다. ◇ **guitarrista** 图 기타 연주자.
gusano 图 【곤충】구더기, 송충. *gusano de seda* 누에.
gustar 囲 ① 맛보다. *He gustado* la sopa y estaba buena. 나는 수프의 맛을 보았는데 맛이 좋았다. ②(고생을) 하다, 경험하다. 재 ① 마음에 들다, 좋아하다. ¿Usted *gusta*? 마음에 들었소? ② [+여격보어 : …은)(…이) 마음에 들다, 좋아하다. Me *gusta* la música clásica. 나는 고전 음악이 좋다. No te *han gustado* estos sitios. 너는 이 근처가 마음에 들지 않았었지. ③ [+de+ …를]좋아하다, 맛보다. Lola *gusta de* conversar con la gente. 롤라는 사람과 이야기 하는 것이 좋았다.
gusto 图 ① 미각(味覺). La lengua es el órgano principal del *gusto*. 혀는 미각의 주요한 기관이다. ② 맛. Este pescado no tiene buen *gusto*. 이 생선은 맛이 좋지 않다. ③ 기호, 취미 Viste con muy buen *gusto*. 그는 매우 좋은 취미의 옷을 입고 있다. ④ 즐거움, 기쁨. *tener gusto en +inf*. …해서 즐겁다. Tengo mucho *gusto* en conocerle. 처음 뵙겠읍니다. (Mucho gusto, Tanto gusto). El *gusto* es mío. 저야말로 반갑습니다. (처음 뵙겠읍니다에 대한 대답). *con mucho gusto* 기꺼이. Le acompañaré *con mucho gusto*. 나는 기꺼이 동행하겠소. *tener el gusto de+inf*. 【경어】…합니다, 말씀 드립니다. *Tenemos el gusto de* contestar a su estimada carta de 19 del mes corriente. 이 달 19일자 귀사의 편지에 회답해 드립니다. *a gusto* 좋으실대로, 편안하게. La vieja vive *a gusto* en este hotel. 그 노파는 이 호텔에서 편안하게 지내고 있다.
gustoso, sa 囲 ① 맛좋은. ¡Qué frutas tan *gustosas*! 어쩌면 이 과일은 이렇게 맛이 좋은가! ② 즐거운, 진심에서의. Lo haré *gustoso*. 나는 기꺼이 그 일을 하겠다. ◇ **gustosamente** 悍 기꺼이(con mucho gusto).
gutural 囲 목구멍의; 후음(喉音)의. *letra gutural* 후음 문자. ◇ **guturalmente** 悍 목구멍소리로; 후음으로.
guzguear 囲 뒤지다(먹을 것을).
guzla 囡 현금(弦琴).
guzpatara 囡 나병(서인도 제도의).
guzpatarero 图 벽을 뚫고 들어가는 도둑.
guzpataro 图 【은어】구멍.
g/v., g.v. gran velocidad.

H

h. habitantes 방.

ha haber의 직설법 현재 3인칭 단수.

¡ah! 감 =¡ah!

haba 여 【식물】 잠두. En todas partes cuecen *habas*. 어금지금 하다(어디서나 잠두를 삶고 있다). ◇ **habar** 남 잠두밭.

habanero, ra 형 명 =habano.

habano, na 형 ① 아바나 (la Habana; 꾸바의 수도)의 (habanero). 남 아바나 살담.

haber [63] 타 ① [3인칭 단수에만 쓰이고] (…이) 있다. *Hay* veinte personas en la reunión. 회합에 20명이 와 있다. ② (…가) 행해지다, 개최되다. Mañana no *habrá* clase. 내일 수업이 없다. ③ (사건이) 일어나다. *Hubo* un incendio anoche. 어제밤 화재가 일어났다. ④ [he+장소의 부사 : …에](…이) 있다. *He* aquí mi tarjeta. 내 명함이 여기 있다. ⑤ [+de+inf. : …할] 예정이다. …하기로 되어 있다. Hoy *he* de ver a José. 오늘 나는 호세를 만나기로 되어 있다. ⑥ [+que+inf.:주어없이]…하지 않으면 안 된다, …할 필요가 있다. *Hay* que pagar en dólares. 달러로 지불해야 한다. ⑦ [no haber que+inf.]…해서는 안된다, …할 필요가 없다. No *había* que esperar tanto tiempo. 그토록 오래 기다릴 필요는 없었다. ⑧ [no haber más que+inf.]…하기만 하면 된다. No *hay* más que oírme. 내가 말하는 것을 듣기만 하면 된다. ⑨ [조동사로서 과거분사를 딸려서 완료형을 만든다] ¿*Ha* viajado usted en avión? 비행기로 여행한 일이 있읍니까?

habichuela 여 강남콩(frijol, frejol, judía).

hábil 형 [+en : …에] 교묘한, 능란한, 숙련된. José es muy *hábil en* el lanzamiento del lazo. 호세는 줄던지기가 매우 능숙하다. ◇ **habilidad** 여 교묘함, 능란, 능숙, 자격. Tiene *habilidad*, le faltan solamente ganas de trabajar. 그는 능력은 있지만, 다만 일할 의욕이 결여되어 있다. ◇ **hábilmente** 부 능숙하게, 능란하게, 교묘하게.

habitación 여 ① 방(cuarto, pieza). ¿Cuántas *habitaciones* tiene el apartamento? 아파트는 방이 몇 개입니까. ¿Tienen ustedes *habitaciones* libres? 빈 방 있읍니까. ② 주거(residencia). Hay muchos que no tienen más *habitación* que una pobre choza. 빈약한 오두막 밖에 살 곳이 없는 사람들이 많이 있다.

habitar 타 (…에) 살다 (거주, 서식)(morar, vivir). ¿Qué clase de seres *habitan* esa zona? 그 지역에는 어떤 생물이 서식하고 있는가. 자 살다(vivir); 지내다. En aquella casa *habitan* ahora unos forasteros. 저 집에는 지금은 몇 명의 외국인이 살고 있다. ◇ **habitable** 형 살 수 있는. Esta casa no es *habitable*, no tiene ventilación alguna. 이건 살 수 있는 집이 아니다; 전혀

통풍이 안 되니까. ◇ **habitante** 图 주민, 거주자(residente). Seúl tiene más de diez millones de *habitantes*. 서울에는 1000만 이상의 인구가 있다. ¿Cuántos *habitantes* tiene Seúl? 서울의 인구는 몇명입니가.

hábito 图 ① 습관, 버릇. La niña tiene el *hábito* de morderse las uñas. 그 여자는 손톱을 깨무는 습관이 있다. ② 승복(僧服). El *hábito* no hace al monje. 외형과 내실과는 서로 다르다(승복이 승려를 만들지 않는다).

habitual 톙 여느때와 같은, 습관적인, 상습적인. El concierto empezará la hora *habitual*. 음악회는 여느때와 같은 시간에 시작될 것이다.

habituar [⑭ actuar]囝 길들이다(acostumbrar). ◇ ~se 길들다, 익숙하다.

habla 예 ① 말(언어). Ha aumentado mucho el comercio entre Corea y los países de *habla* española. 한국과 스페인어 사용국 사이의 무역은 크게 증가했다. ② 언어능력, 말함. Ella ha perdido el *habla* a causa del susto. 그녀는 놀란 나머지 말을 할 수가 없었다. *al habla* 서로 말할 수 있는 상태로. José *habla*, dígame. (전화통에서) 여보세요, 나는 호세인데요; 무슨 일이세요.

hablar 囚 말하다, 입을 열다. ¿Con quién *habla*? / ¿Quién *habla*? ·Habla Fernández. 누구십니까. -페르난데스입니다. José me *ha hablado* mucho de usted. 호세가 당신에 관하여 잘 말해 주었다. 囮 말하다, 사용하다; 말할 수 있다. ¿*Habla* usted francés? ·No, no lo *hablo*. 당신은 프랑스어를 합니까. -아니요, 못합니다. ◇ ~se ① 서로 말하다. José y Carlos no *se hablan* desde que ocurrió aquel incidente. 저 사전이 일어난 뒤 호세와 까를로스는 서로 말을 하지 않는다. ② 【수동】 사용되다, 말해지다. ¿Qué lengua *se habla* en Corea? 한국에서는 무슨 말을 사용합니까. Aquí *se habla* español. 여기에서는 스페인어가 사용됩니다. ◇ **hablador, ra** 톙 수다스런, 말 많은; 입이 가벼운. 图 수다장이, 허풍장이; 말 많은 사람.

hacer [⑱ 과거분사 hecho]囮 ① 하다. ¿Qué hace usted? 당신은 무엇을 하고 있습니까. Me *hizo* una pregunta. 그는 나에게 질문을 했다. ② 만들다. Quisiera que me *hiciese* una camisa de esta tela. 이 옷감으로 샤쓰를 만들어 주었으면 하는데. ③ [+inf] …시키다, …하게 하다. Me *hicieron* reír mucho. 그들은 나를 많이 웃겼다. Siento mucho *haberle* hecho esperar. 기다리게 해서 죄송합니다. ④ [날씨에 관한 명사를 대격보어로 하여; 3인칭에만 활용] 날씨·기후가 …이다. ¿Qué tiempo *hace* hoy? 오늘의 날씨가 어떻습니까. *Hace* calor. 날씨가 덥다. *Hace* frío. 날씨가 춥다. *Hace* lluvia. 비가 내린다. *Hace* mucha nieve. 눈이 많이 내린다. *Hace* viento. 바람이 분다. *Hace* sol. 볕이 난다. *Hace* luna. 달이 떠 있다. *Hace* fresco. 날씨가 시원하다. Ayer *hacía* mucho frío. 어제는 매우 추웠다. ¿Cuánto tiempo *hace* que trabajas en esa tienda? 너는 그 가게에서 일하고 있는지 얼마나 되느냐. Su abuela murió *hace* tres años. 그

의 할머니는 3년전에 사망했다. ◇ ~se ① 만들어지다; 가능하다. ¿De qué se hace esto? 이것은 무엇으로 만들어지는가. ② [+명사·형용사: …이] 되다. El vino se ha hecho vinagre. 술이 초가 되었다. María se hizo rica. 마리아는 부자가 되었다.

hacia 전 ① [공간적·관념적] …의 쪽에·으로. Las naves se dirigían *hacia* el sur. 그 배는 남쪽으로 향하고 있었다. ② [시간적] …무렵·경(a eso de, alrededor de, cerca de). Volveré *hacia* el 3 de mayo. 나는 5월 3일경 돌아오겠다.

hacienda 여 ① 농장, 농지(農地). Vendió todas las *haciendas* que poseía en América. 그는 미국에 소유하고 있던 농지를 모두 팔았다. ② 부(富), 재산(riquezas). Era hombre de poco talento y mucha *hacienda*. 그는 재능은 별로 없지만 많은 재산을 가지고 있는 사람이었다.

hacha 여 ① 도끼. El viejo cortaba leña con el *hacha*. 노인은 도끼로 장작을 패고 있었다. ② 큰 초.

hachuela 여 작은 도끼, 손도끼.

hada 여 선녀, 요정.

hado 남 운명, 숙명. ◇ **hadar** 타 운명지우다; 예언하다(pronosticar).

halagar [[® pagar]] 타 (…에게) 아첨하다; 기쁘게 해주다. El perro *halaga* a su dueño moviendo la cola. 개는 꼬리를 쳐서 주인에게 애교를 부린다. ◇ **halago** 남 아첨, 알랑거림; 환심을 삼. ◇ **halagüeño, ña** 형 유쾌한, 즐거운; 희망을 가지게 하는 듯한. Las perspectivas no son *halagüeñas*. 전망은 어둡다(희망을 갖게 하지 않다).

halar 타 끌다, 예항(曳航)하다.

halcón 남 [새] 매. ◇ **halconería** 여 매사냥. ◇ **halconero** 남 매사냥군.

halconear 자 남자를 꾀고 다니다. ◇ **halconera** 여 남자를 꾀는 여자.

hallar 타 발견하다, 찾아내다(encontrar). Devuélvase la carta al remitente si no *hallan* al destinatario. 받을 사람이 발견되지 않으면 편지는 보낸 사람에게 되돌릴 것. ◇ ~se ① (…의 상태·장소에) 있다(encontrarse, verse, quedarse). Nos *hallamos* en igual situación que antes. 우리들은 전과 같은 상황에 있다. ② [+con: …과] 부딪히다, 만나다. El se *halló* con un obstáculo. 그는 장애에 부딪혔다.

hallazgo 남 (우연한) 발견; 찾은 물건; 습득물. El taxista informó de su *hallazgo* a la policía. 택시 운전사는 습득물을 경찰에 넘겼다.

hamaca 여 그물 그네; 공중에 달아 맨 잠자리.

hambre 여 굶주림, 공복; 욕망. Tengo mucha *hambre*. 나는 무척 배고프다. ◇ **hambriento, ta** 형 [+de: …에] 주린, 배고픈. La gente *hambrienta* de riquezas no descansa. 재산에 굶주린 사람에게는 휴식이 없다.

hangar 남 격납고.

haragán, na 형 게으른(perezoso, holgazán). 명 게으름뱅이.

harapo 명 넝마. ◇ **haraposo, ga** 누더기의, 누더기를 걸친.
harina 여 가루; (특히) 밀가루. Este pan está hecho de *harina* fina. 이 빵은 상품 밀가루로 만들어져 있다.
hartar 타 [+con·de: …로]포식시키다, 혐오케 하다. Me estás *hartando* con tanto insulto. 너는 그토록 욕설을 퍼부어서 나를 싫증나게 하고 있는 것이다. ◇ ~se ① [+con·de: …를]포식하다; 지루하다. Comí fruta hasta *hartarme*. 나는 지칠 정도로 많이 과일을 먹었다. ② [de+inf.] …해서 싫증나다. El padre no *se hartaba* de contar sus hazañas. 부친은 자기의 공로를 이야기하면서 지칠 줄을 몰랐다.
harto, ta 형 [+de: …를]포식한; 싫증난. Estoy *harto* de hacer todos los días lo mismo. 나는 매일 같은 일을 하는게 싫증이 났다. 부 상당히, 충분히. Venía *harto* fatigada de tanto andar. 그녀는 오래 걸어서, 상당히 지쳐서 왔다.
hasta 전 ① [시간적·공간적]…까지. ¡*Hasta* mañana! [작별 인사] 내일 만나 뵙겠읍니다. Algunas pinturas se han conservado *hasta* nuestros días. 그림 몇 장은 오늘까지 보존되어 있다. Le acompañaré *hasta* la estación. 역까지 당신을 따라가겠읍니다. ② [부사적]…조차도, …까지도. Pelearon *hasta* las mujeres. 여자들 조차도 싸웠다. El rogó y *hasta* lloro. 그는 부탁하면서 울기 조차 했다. *hasta que*+ind. …까지; 드디어 …하다. Le esperamos mucho, *hasta que* por fin volvió. 우리들은 그를 꽤 (오래) 기다렸다; 그랬더니 그는 마침내 돌아왔다. *hasta que*+subj. …하기 까지는(에). Le esperaré *hasta que vuelva*. 당신이 돌아오실 때까지 기다리겠읍니다.
hay 자 [단·복수 동형] 있다. ¿*Hay* vino? 술 있읍니까. No *hay* vino. 술 없읍니다. ¿*Hay* algo para mí? 내 앞으로 온 것 있읍니까. ¿Qué *hay*? 무슨 일입니까. ¡No *hay* de qué! 천만에요. *Hay* un hombre esperándole. 당신을 기다리는 사람이 있다.
haz 여 얼굴(cara, rostro).
hazaña 여 공적, 위업. Sus *hazañas* han quedado grabadas para siempre en la Historia. 그의 위업은 영원히 역사 속에 새겨졌다.
he 부 [+aqui·ahí·allí] 여기·거기·저기에 있다. *He* aquí mi tarjeta. 이게 제 명함입니다(여기 내 명함이 있다). *He* allí a Esteban. 저기 에스떼반이 있다.
hebilla 여 쇠붙이.
hebra 여 섬유; 실; 힘줄. En su pelo negro asomaban algunas *hebras* de plata. 그의 검은 머리 속에서 몇 가닥의 흰머리(은빛의 실)가 내다보고 있었다.
hectárea 여 헥타르(100 áreas).
hecho, cha [hacer의 과거분사] 형 ① 만들어진; *Hecho* en Corea. 한국에서 만들어진, 한국제. ② 완성한, 완료한; 성숙한. Carlos ya es un hombre *hecho*. 까를로스는 이미 성숙한 사내이다. ③ [+명사 …로]된. Echó a correr *hecho* una fiera. 그는 맹수와 같이 (되어서) 달리기 시작했다. 남 ① 일, 사건, 사실. José refirió los *hechos* con todo detalle. 호세는 사건을 상세히 말

했다. ② 행위, 행동; 업적. Es un *hecho* digno de él. 저것은 그에게 걸맞는 행동이다. ◇ **hechura** 예 제작; 제품; 재봉; 체격. No me gusta la *hechura* de este traje. 나는 이 옷 재봉이 마음에 들지 않는다.

helar [19 pensar] 타 얼게 하다. El frío me va *helando* el corazón. 추위가 내 심장을 얼릴 듯하다. 자 [주어 없이 3인칭 단수로 활용] 얼음이 얼다. El lago amaneció completamente *helado*. 연못은 아침이 되니까 꽁꽁 얼어 붙어 있었다. ◇ ~**se** 얼다; 얼어 죽다, 동사하다. ¡Esta mañana *se ha helado* la leche! 오늘 아침에는 우유가 얼었다! ◇ **helado, da** 형 ① 얼어붙는 듯한. ② (놀라움으로) 오싹해진. Cuando me lo dijeron, me quedé *helado*. 나는 그 말을 듣고 오싹해졌다. 명 빙과, 아이스크림. De postre voy a tomar un *helado*. 나는 디저트로 아이스크림을 먹겠다. 예 동결; 상해(霜害).

hélice 예 나사 모양, 나선(螺旋)(espiral); 프로펠러, 추진기; 【해부】 귓바퀴.

helicóptero 남 헬리콥터.

hembra 예 암컷; 여자(mujer) (⊕ varón). La yegua es la *hembra* del caballo. yegua 는 말의 암컷이다.

hemisferio 남 (지구·천체의) 반구. hemisferio austral · boreal 남·북반구. ◇ **hemisférico, ca** 형 반구의.

hemocianina 예 【화학】 혈청소.

hemofilia 예 【병리학】 혈우병.

hemoglobina 예 혈색소, 헤모글로빈.

hemoptísico, ca 형 객혈의 (환자).

hemoptisis 예 【의학】 객혈.

hemorragia 예 출혈.

hemorrágico, ca 형 출혈의; 출혈성의.

hemorrea 예 【병리학】 (우연성의) 출혈, 하혈.

hemorroida 예 【의학】 치질.

hemorroidal 형 치질의.

hemorroide 예 【의학】 치질.

hemos haber의 직설법 현재 1인칭 복수.

henchir [42] 타 [+de: …를] (…에) 채워 넣다, 부풀게 하다. La vieja *henchía* los colchones *de* lana. 노마는 양털을 이불에 넣고 있었다. ◇ ~**se** 부풀다; 젠체하다. José *se hinchó* de comer y beber. 호세는 먹고 마시고 하여 배가 불러졌다.

heno 남 건초, 마초.

heredar 자타 상속하다, 계승하다. Lola *heredó* de su madre el sentimiento de piedad. 롤라는 어머니로부터 자비심을 물려받았다. *Heredaron* los hijos a los padres. 아들들이 부모님의 뒤를 이었다.

heredero, ra 형 상속의. 명 상속인; 계승자. La tía nombró *heredera* a Lola en el testamento. 숙모는 유언장으로 롤라를 상속인으로 지명했다.

herencia 예 ① 상속(권); 상속 재산. La *herencia* no ascendía a mucho. 상속재산은 대단한 액으로는 되지 않았다. ② 유전. El mal genio le viene de *herencia*. 그의 나쁜 성질은 유전에서 왔다.

herir [47] 타 상처를 입히다, 찌르다; (광선 따위가) 비치다. José le *hirió* en la frente con una navaja. 호세는 칼로 그의 이마에 상처를 입혔다. ◇ **herido, da** 형 부상한; 부상자. 예 부상자; 피해. Póngase una venda en la *herida*. 상처에 붕대를 하시오.

hermana 예 누나, 누이동생, 수도녀(修道女). Las *hermanas* de la Caridad cuidaban a los heridos. 자비수도회 수도녀들이 부상자의 치료를 하고 있었다.

hermanastro, tra 명 이복형제·자매

hermano 명 형, 오빠, 동생, 수도사(修道士). Me toman por mi *hermano* a veces. 나는 때때로 동생으로 오인 받는다. *hermano de armas* 전우. *hermano político* 매형, 처남, 동서, 형부. *hermano uterino* 친형제. *lenguas hermanas* 자매어. ◇ **hermandad** 예 형제의 사이; 우애; 결사, 신도 단체; 맹약.

hermoso, sa 형 아름다운(bonito, bello, guapo). ¡Qué mujer tan *hermosa*! 저 여자는 어쩌면 저다지도 아름다울까! ◇ **hermosura** 예 아름다움(belleza); 미인. Aún conserva la *hermosura* de su juventud. 그녀는 청춘시대의 아름다움을 간직하고 있다.

héroe 명 영웅; (소설 따위의) 주인공. Don Pelayo es honrado como el primer *héroe* de la Reconquista. 「돈·뻴라요」는 국토회복전쟁의 최초 영웅으로서 존경받고 있다.

heroico, ca 형 영웅적인; 유서있는. Nació en la muy noble y *heroica* ciudad de Oviedo. 그는 고아한 유서있는 고을 오비에도에서 낳았다. ◇ **heroicidad** 예 용감함; 영웅적 행위. ◇ **heroísmo** 명 의협심; 영웅적 행위.

heroína 예 여걸; (소설 따위의) 여주인공; 【약물】 헤로인.

hervir [49] 자 끓다, 비등하다. Las calles *hervían* de gente. 거리는 사람들로 들끓고 있었다. ◇ **hervor** 명 들끓음, 비등; 열렬.

herradura 예 편자.

herramienta 예 도구; 도구류; 칼. El carpintero cuida mucho sus *herramientas*. 목수는 자기 연장을 대단히 아낀다.

herrero 명 대장장이.

hidalgo, ga 명 (hijosdalgo) 귀족출신의 사람, 시골귀족. En un lugar de la Mancha vivía un *hidalgo*. 라·만차 지방의 어느 마을에 한 사람의 시골귀족이 살고 있었다. 형 고결한, 기품이 있는.

hidrofobia 예 공수병(恐水病).

hidroplano 예 수상 비행기.

hiedra 예 【식물】 덩굴손.

hiel 예 쓸개즙; 쓸개, 담낭; 증오, 원한.

hielo 명 얼음; 냉혹. El lago está cubierto de una gruesa capa de *hielo*. 연못은 두꺼운 얼음으로 덮여 있다.

hiena 예 【동물】 하이에나.

hierba 예 풀; 잡초(mala hierba); 【중남미】 차의 일종(hierba mate). Ambos se sentaron sobre la *hierba*. 두 사람은 풀 위에

앉았다. *hierba santa* 박하(hierbabuena).
hierbabuena 여 [식물] 박하.
hierro 남 ① 철; 칼. El que a *hierro* mata a *hierro* muere. 칼로 사람을 죽이는 자는 칼로 죽는다. ② 무기(arma).
hígado 남 ① [해부] 간장. ② 團 용기, 근성.
higiene 여 위생. Dicen que la *higiene* de esta ciudad es perfecta. 이 시의 위생은 완전하다고 말해지고 있다. ◇ **higiénico, ca** 형 위생적인. ◇ **higienista** 남 위생학자, 위생기사. ◇ **higienizar** [⑨ alzar]타 위생적으로 하다.
higuera 여 [식물] 무화과나무. ◇ **higo** 남 무화과 (열매).
hijastro, ra 몡 의붓 자식.
hijo, ja 명 아들; 딸. El rey murió sin dejar *hijos* que le sucedieran. 왕은 계승할 아들을 남기지 않고 죽었다.
hilera 여 열, 줄.
hilo 남 ① 실; 선, 힘줄. Tejía un chal con *hilos* de lana. 그녀는 털실로 어깨걸이를 뜨고 있었다. ② 마포, 삼베. Me regalaron unos pañuelos de *hilo*. 나는 마포 손수건을 두어장 받았다. ◇ **hilado** 남 방적; 실, 원사(原糸); 방적사. ◇ **hilandería** 여 방적 (공장). ◇ **hilandero, ra** 명 방적공. ◇ **hilar** 타 (실로) 잣다.
hilvanar 타 가봉하다. **hilván** 남 가봉.
himno 남 찬가. Para celebrar la victoria compusieron un *himno* triunfal. 승리를 축하하여 승리의 찬가가 만들어졌다. *himno nacional* 국가(國歌).
hincapié 남 버팀, 우김, 고집. *hacer hincapié* 고집하다, 버티다.
hinchar 타 불리다; 물을 불리다. El niño *hinchó* el balón. 그 어린이는 공을 부풀게 했다. ◇~se 부풀다; (상처 따위가) 붓다. Se me *hinchó* esta parte. 나의 여기가 부어올랐다. ◇ **hincha** 여 악의, 적의(敵意). 명 (운동팀의) 응원자.
hipnotismo 남 최면(술).
hipo 남 딸꾹질.
hipocresía 여 위선. Lo que menos me gusta es su *hipocresía*. 내가 제일 맘에 안 드는 것은 그의 위선이다. ◇ **hipócrita** 형 위선적인. 명 위선자.
hipódromo 남 경마장.
hipoteca 여 저당, 담보; 저당권. ◇ **hipotecar** [⑦ sacar]타 저당에 넣다; 저당을 잡다, 저당권을 설정하다.
hipótesis 여 가정, 가설. Es una *hipótesis* demasiado atrevida. 그건 너무나 대담한 가정이다. ◇ **hipotético, ca** 형 가정의, 가설의.
hispánico, ca 형 이스빠니아(Hispania:이베리아 반도의 로마시대의 이름)의, 스페인의. ◇ **hispanidad** 여 이스빠니아계 문화·민족. El 12 de octubre se celebra el día de *Hispanidad*. 10월 12일에는 이스빠니아 문화의 날 축전이 있다. ◇ **hispanista** 명 스페인어 학자·문학자.
hispanoamericano, na 형 스페인계 아메리카의; 스페인과 아메리카 사이의. 명 스페인계 아메리카 사람.
historia 여 역사; 이야기. La *historia* se repite. 역사는 되풀이

hocico 몝 (동물의) 주둥이; 콧등; 얼굴.

hogar 몝 아궁이; 가정(familia). No me gusta comer fuera de mi *hogar*. 나는 가정 밖에서 식사하는 일은 좋아하지 않는다. ◇ **hoguera** 몝 모닥불.

hoja 몝 ① 잎. La *hoja* de este árbol no cae en invierno. 이 나무 잎은 겨울에도 떨어지지 않는다. ② 엷은 조각, 종이조각; 칼날. Déme usted tres *hojas* de papel. 종이를 석장 주세요. ◇ **hojear** 톤 (책의) 페이지를 넘기다.

hojalata 몝 양철.

hola 몝 야; 여어, 저런, 아이고(부름·놀람). *¡Hola!* ¿Conque te casas pronto? 저런! 그래 너는 곧 결혼하는 거냐.

holandés, sa 몝 네델란드(Holanda)의. 몝 네델란드사람. 몝 네델란드말.

holgar 톤 pagar, 톤 contar] 톤 쉬다; 게으름 피우다. ◇ **~se** 기뻐 하다, 좋아하다; 즐기다. *huelga decir* 말할 필요없이.

holgazán, na 몝 게으른(perezoso). Un joven *holgazán* no tiene porvenir. 게으른 젊은이에게는 미래가 없다. 몝 게으름뱅이.

hombre 몝 ① 사람; 인생(vida). El *hombre* es mortal. 사람은 죽기 마련이다. ② 어른(adulto); 남자(varón); 사내. Ha venido un *hombre* preguntando por usted. 당신의 일을 물으러 어떤 사람이 왔다. 몝 아이고머니나(놀라움). ¡Pero, *hombre*… Has venido sin avisarnos! 아이고, 너는 우리들에게 알리지도 않고 왔구나!

hombro 몝【신체】어깨. Al oírlo se encogió de *hombros*. 그 말을 듣고 그는 어깨를 움추렸다. *a hombro* 짊어지고.

homenaje 몝 충성의 맹세; 복종; 경의. Visité la casa en que vivió el gran poeta para rendirle *homenaje*. 나는 경의를 표하기 위하여 이 위대한 시인이 살고 있던 집을 찾았다.

homicida【남녀 동형】 살인의. Se ha encontrado la navaja *homicida*. 살인에 쓰인 칼이 발견되었다. 몝 살인자. ◇ **homicidio** 몝 살인.

hondo, da 몝 깊은(profundo); 심각한. La raíz está muy *honda*. 그 뿌리는 매우 깊다. *lo hondo* 밑바닥. En *lo hondo* del valle se ve una senda. 골짜기 밑바닥에 오솔길이 보인다. ◇ **hondonada** 몝 골짜기.

honesto, ta 몝 정직한; 정결한. Me recomendó a un sastre muy *honesto*. 그가 매우 정직한 재봉사를 추천해 주었다. ◇ **honestidad** 몝 정직; 정결.

honor 몝 ① 명예; 면목. Su visita ha sido un gran *honor* para nosotros. 당신이 와주신 것은 우리들에게 커다란 명예입시다. ② 톤 예우; 고위의 직. Se le hicieron *honores* de general. 그는 장군으로서 예우를 받았다. ◇ **honorable** 몝 명예가 있는. ◇ **honorario, ria** 몝 명예직의. Es el cónsul *honorario*. 그는 명예 영사이다. 몝 톤 사례금.

honra 예 체면, 면목; 명예, 자랑. Ella miraba por su *honra* y la de su hija. 그녀는 자기의 체면과 딸의 그것을 생각하고 있었다. Es una *honra* para mí pertenecer a tan ilustre sociedad. 이러한 저명한 회에 소속할 수 있는 일은 나에게 명예입니다.

honrar 타 ① 공경하다. ② [+con : …명예·영예를](…에게) 주다. Le han *honrado* con la medalla del mérito. 그는 공로장을 수여 받았다. ◇ ~se [+con·en·de : …를] 명예·영광·자랑으로 삼다. Me *honro en* tenerle a usted por amigo. 당신을 친구로 삼고 있음을 나는 영광으로 생각하고 있읍니다. ◇ **honrado, da** 형 정직·성실한. El *honrado* taxista recibió mil pesetas como recompensa. 정직한 택시 운전사는 사례금으로 1,000페세타를 받았다. Es un hombre *honrado*. 그는 정직한 사람이다. ◇ **honradez** 예 정직, 성실.

hora 예 시간; 시각. ¿Qué *hora* es? 몇시입니까. ¿Qué *hora* será? 몇시일까. ¿A qué *hora* empieza la función? 상연은 몇시에 시작합니까. ¿A qué *hora* sale el correo? 우편은 몇시에 떠납니까. Ya es *hora* de acostarse. 이제 내가 잘 시간이다. *hora punta* 러시아워. *a estas horas* 이 시각에서. *dar la hora* 시계가 때를 알리다. ◇ **horario** 남 시간표; 시침(時針).

horca 예 교수대. ◇ **horcar** [7] *sacar* 타 목졸라 죽이다 (ahorcar).

horizonte 남 ① 수평선; 지평선. Se ve un hilo de humo en el *horizonte*. 지평선에 한가닥 연기가 보인다. ② 시야, 시계(視界). Al llegar a ese punto de su investigación se le abrió un nuevo *horizonte*. 그의 연구가 그 접에서 도달하자 새로운 시야가 열렸다. ◇ **horizontal** 형 수평의, 가로의. 예 수평선.

horma 예 (구두나 모자 따위의)골.

hormiga 예【곤충】개미. El matrimonio trabajaba como *hormigas*. 부부는 개미처럼 일하고 있었다.

hormigón 남 콘크리트. Es un edificio de *hormigón*. 그것은 콘크리트 건물이다. ◇ **hormigonera** 예 콘크리트 믹서.

horno 남 솥, 화로; (빵을 굽는) 화덕. El pan está caliente porque acaban de sacarlo del *horno*. 빵은 솥에서 금방 내었으므로 따뜻하다. ◇ **hornillo** 남 풍로.

hortaliza 예 야채, 채소(legumbre, verdura). ◇ **hortecillo** 남 야채밭. ◇ **hortelano** 남 원예가. ◇ **hortícola** 형 원예의. ◇ **horticultor, ra** 남 원예가. ◇ **horticultura** 예 원예.

horrible 형 무서운; 기분 나쁜. Aquel día hacía un calor *horrible*. 그 날은 무서운 더위였다.

horror 남 공포; 증오; 심한 일. Me da *horror* pensar que me tengo que levantar tan temprano. 그토록 일찍 일어나야 한다고 생각만 해도 소름이 끼친다. ◇ **horroroso, sa** 형 무서운, 두려운.

hosco, ca 형 무뚝뚝한, 뚱한; 거무잡잡한.

hospedar 타 재우다. ◇ ~se 숙박하다. Quiero *hospedarme* en alguna pensión. 어디 여관에 숙박하고 싶다. ◇ **hospedaje** 남 숙박; 숙박료; 숙박소. Buscamos *hospedaje* para dos noches. 우

hospicio 📖 양로원, 양육원.

hospital 📖 병원. *A los heridos se les ha llevado a un hospital.* 부상자는 병원으로 실려 갔다. *buque hospital* 병원선(船). *hospital nacional* 국립 병원. ◇ **hospitalidad** 에 후의, 친절; 입원. ◇ **hospitalizar** [9] alzar]㉰ 병원에 입원시키다.

hostal 📖 여인숙, 여관(hostería). ◇ **hostelero, ra** 뎽 여인숙 주인. ◇ **hostería** 에 여인숙, 여관.

hostia 에 성체(聖體).

hostil 📖 적의가 있는. *Me hicieron un recibimiento hostil.* 그들은 나에게 적의가 있는 마중을 하였다. ◇ **hostilidad** 에 적의, 적대 행동, 교전. *Las hostilidades comenzaron con el bombardeo.* 교전은 폭격으로 시작되었다.

hotel 📖 호텔. *¿Dónde queda el hotel más próximo?* 가장 가까운 호텔은 어디에 있읍니까. *Me hospedé en el Hotel Embajador.* 나는 엠바하도르·호텔에 숙박했다. ◇ **hotelero, ra** 톙 호텔의, 호텔 경영자·관리자. ◇ **hotelillo** 작은 호텔, 여관.

hoy 튀 오늘; 금일. *¿Qué día es hoy?* 오늘은 무슨 요일인가. *¿Cuál es el programa de hoy?* 오늘 프로그램은 무엇입니까. *El médico me visitará hoy por la tarde.* 의사는 오늘 오후 왕진 해 줄거다. *de hoy en adelante* 앞으로는, 금후에는. *hoy día/hoy por hoy* 현재, 지금껏, 요즈음.

hoya 에 구멍; 무덤.

hoyo 📖 (hoya보다 작은) 구멍; 구덩이. *José hizo un hoyo para echar los desperdicios.* 호세는 쓰레기를 버릴 구덩이를 팠다.

hueco, ca 톙① 속이 빈. *El tronco de este árbol está hueco.* 이 나무줄기는 속이 비어 있다. ② 두툼한. ③ 젠체하는. *Iba más hueca que un pavo.* 그녀는 대단히 자랑스러운듯이 (칠면조 보다도 뽐내어) 걸어가고 있었다. 톰 음, 쉼짜기.

huelga 에 동맹파업. *Los obreros de aquella fábrica están en huelga.* 저 공장의 노동자들은 동맹파업을 하고 있다. ◇ **huelguear** 짜 파업하다. ◇ **huelguista** 톙 동맹파업자. ◇ **huelguístico, ca** 톙 (동맹)파업의.

huella 에 발자취, 흔적. *El ladrón no dejó huellas.* 도둑은 발자취를 남기지 않았다. *huellas digitales* 지문(指紋).

huérfano, na 톙 고아의, 부모가 없는. *Es huérfana de padre desde hace 5 años.* 그녀는 5년전부터 부친이 없다.

huerta 에 야채 밭, 과수원; (발렌시아 지방의) 농경지. *En la huerta hay peras, tomates y ciruelas.* 그 과수원에는 배, 토마토, 매실 따위가 있다.

huerto 📖 (huerta보다 작은) 채소밭, 과수밭. *Detrás de la casa había un huerto.* 집 뒤에 과수밭이 있었다.

hueso 📖 ① 뼈. *Estoy calado hasta los huesos.* 나는 흠뻑 젖었다 (뼈까지 젖었다). ② (과일의) 씨. *El hueso del melocotón es tan grande como una nuez.* 복숭아씨는 호두만큼 크다.

huésped, da 📖 숙박객; 하숙인. *Hoy tenemos un huésped en casa.* 오늘 우리 집에 숙박손님이 있다. *casa de huéspedes* 하숙집.

huevo 남 알. Esta gallina pone un *huevo* todos los días. 암탉은 매일 알을 낳는다. *huevo duro* 삶은 계란. *huevo frito* 튀긴 계란. *huevo pasado por agua* 반숙계란. *huevo revuelto* 저어서 구운 계란. ◇ **huevería** 여 계란집. ◇ **huevero, ra** 명 계란 장수.

huir [74] 자 [+de·a: …로 부터] 도망치다(escapar). El prisionero *huyó* de la cárcel. 죄수는 감옥에서 도망쳤다. ◇ **huido, da** 형 도망다니는. Anda *huido* desde que hizo quiebra. 그는 파산하고서 도망 다니고 있다. 예 도주.

hule 남 (생)고무.

humanidad 여 ① 인류. Fue un gran descubrimiento para toda la *humanidad*. 그것은 전(全) 인류를 위해 위대한 발견이었다. ② 인간성, 인도(人道). Tenemos que ayudarle aunque sólo sea por *humanidad*. 설령 인도만을 위해서라도 우리들은 그를 도와 주어야 한다. ③ 복 인문 과학.

humanitario, ria 형 인도적인, 박애적인. 명 인도주의자.

humano, na 형 ① 인간의; 인간적인, 친절한. No es *humano* tratarla así. 그녀에게 그러한 짓을 하는 것은 불친절하다. 남 인간 (ser humano). Cristo tenía por objeto salvar a los *humanos*. 그리스도는 인간의 구제를 목적으로 하고 있었다.

húmedo, da 형 젖은, 습기찬, 축축한[↔ seco]. La toalla está *húmeda*. 수건이 젖어 있다. ◇ **humedad** 여 습기 [↔ sequedad]. 여기는 대단히 습기가 있다. ◇ **humedecer** 타 crecer]틸 적시게 하다. ◇ ~se 적시다.

humilde 형 ① 겸허한, 겸손한. Fue muy *humilde* cuando trabajaba aquí. 그가 여기서 일하고 있을 때는 매우 겸허했었다. ② 천한; 신분이 낮은. El poeta era de una familia *humilde*. 그 시인은 신분이 낮은 집안의 출신이었다. ◇ **humildad** 여 겸허; 비천.

humillar 타 굴복시키다, 머리를 숙이게 하다; 창피한 생각을 가지게 하다. No me *humilla* trabajar de obrero. 노동자로 일하는 것을 나는 부끄럽다고 생각하지 않는다. ~se 굴복하다. *Se humillaron*, pero fue para pedirle dinero. 그들은 머리를 숙였는데, 그것은 그에게서 돈을 얻기 위함이었다. ◇ **humillación** 여 굴욕, 수치. ◇ **humillante** 형 굴욕적인.

humo 남 연기. De las ventanas salían llamaradas y mucho *humo*. 창문에서 불꽃과 심한 연기가 나오고 있었다. ◇ **humear** 자 연기를 내다, 그을리다.

humor 남 ① 기분. Siempre está de buen *humor*. 그는 언제나 밝은 기분이다. ② 마음가짐. Hoy no estoy de *humor* para hacer nada. 나는 오늘 무슨 일을 할 수 있는 기분이 아니다.

humorismo 남 해학, 유우머. El *humorismo* es una mezcla de la gracia y la ironía. 해학은 우스개소리와 풍자의 혼합이다. ◇ **humorista** 명 해학 작가. ◇ **humorístico, ca** 형 해학적임, 우스개, 유우머러스함. 형 우스운, 유우머가 풍부한.

hundir 타 가라앉히다, 침하시키다(sumergir). El camión *hundió* el piso. 트럭이 노면을 가라앉혔다. ~se 가라앉다, 침몰하다. El barco *se hundió* inmediatamente. 배는 즉시 침몰했다.

◇ **hundimiento** 圄 침몰, 함몰.
húngaro, ra 휑 헝가리(Hungría)의. 圀 헝가리 사람. 圄 헝가리 말.
huracán 圄 허리케인(멕시코 만의 폭풍); 태풍, 회오리 바람. El *huracán* arrasó varias ciudades. 그 허리케인은 몇몇 도시를 파멸시켰다.
huraño, na 휑 사교성이 없는, 부끄러워 하는; 소극적인.
hurtadillas (a) 圀 살그머니, 살짝, 몰래. Me miró *a hurtadillas*. 그는 나를 곁눈으로 바라 보았다. Lo hizo *a hurtadillas*. 그는 그것을 살그머니 했다.
hurtar 国 도둑질하다, 훔치다. El niño *hurtó* una manzana de la tienda. 그 어린이는 가게의 사과를 훔쳤다. ◇ **hurto** 圄 도둑, 훔침; 사취; 표절.
hurra 圀 만세 !, 와 !
hurraca 圀 【새】 까치(urraca).
husmear 国 냄새 맡고 다니다; (남의 뒤를) 캐고 다니다. ◇ **husma** 圀 냄새 맡고 다님. *andar a la husma* 남의 뒤를 캐고 다니다. No *ande a la husma*. 남의 뒤를 캐고 다니지 마시오.
husmeo 圄 =husma.
husmo 圄 썩은 냄새.
huso 圄 방추; 방추형(의 물건); (비행기의) 동체, 기체.
huyeron huir의 직설법 부정과거 3인칭 복수.
huyó huir의 직설법 부정과거 3인칭 단수.

I

ib. ibídem.
iba ir의 직설법 불완료과거 1·3인칭 단수.
ibais ir의 직설법 불완료과거 2인칭 복수.
íbamos ir의 직설법 불완료과거 1인칭 복수.
iban ir의 직설법 불완료과거 3인칭 복수.
ibas ir의 직설법 불완료과거 2인칭 단수.
ibérico, ca 형 이베리아 (Iberia)의. *La Península Ibérica ocupa el extremo sudoeste de Europa.* 이베리아 반도는 유럽의 서남단을 차지하고 있다. ◇ **iberoamericano, na** 형 이베리아계 아메리카(Iberoamérica)의.
ibero, ra =ibérico.
ibíd. ibídem.
ibídem 부 【라틴어】같은 서적·절·장에【약어 ib., ibíd】
ida 여 가기, 가는 일. *billete de ida* 편도표. *billete de ida y vuelta* 왕복표.
idea 여 ① 생각, 의견. *¿Qué idea tiene usted de ese joven?* 그 청년에 대해 어떤 의견을 가지고 있습니까. ② 관념. *Siempre se movía sostenido por la idea del honor.* 그는 언제나 면목이라는 관념에 지탱되어 움직이고 있었다. ③ 착상, 창의. *Esa idea no es mala.* 그 착상은 나쁘지는 않다. ④ 복 사상, 이념. *No impongas demasiado tus ideas políticas a los otros.* 너의 정치적 이념을 너무 남에게 강요하지 마라.
ideal 형 ① 관념적인; 공상상의. *Los filósofos hablan del mundo ideal.* 철학자는 관념상의 세계를 말한다. ② 이상의, 이상적. *Es una mujer ideal.* 그녀는 이상적인 여자이다. 남 이상. *Mi ideal es poder trabajar con buena salud.* 나의 이상은 건강하게, 일할 수 있는 일이다. ◇ **idealismo** 남 이상주의, 관념론; 이상. ◇ **idealista** 형 이상주의의, 관념론의. 남 이상주의자, 몽상가. ◇ **idealizar** [9] alzar] 타 관념적으로 하다; 이상화하다.
idear 타 생각하다, 고안하다. *Ha ideado un mecanismo para clasificar los huevos automáticamente.* 그는 알을 자동적으로 선별하는 장치를 고안했다.
ídem 부 【라틴어】동상(同上).
idéntico, ca 형 똑같은; 마찬가지의. *A simple vista el billete falso y el verdadero son idénticos.* 언뜻 보기에는 위조지폐와 진짜는 똑같은 듯하다. ◇ **identidad** 여 동일성; 동일물, 본인임; 신분증. *Tenemos una perfecta identidad de opiniones.* 우리들의 의견이 완전히 일치하고 있다. *carné de identidad* 신분증명서. ◇ **identificación** 여 본인임을 증명. *carta de identificación* 신분증명서. ◇ **identificar** [7] sacar] 타 동일하다고 간주하다; 본인이라고 인정하다. *La víctima no ha sido todavía identificada.* 희생자는 아직 신분이 밝혀지지 않았다.
idilio 남 전원시, 목가(牧歌).

idioma 명 언어(lengua). El *idioma* español se deriva del latín vulgar. 스페인어는 속 라틴어에서 나왔다.

idiota 형 저능의, 백치의. ◇ **idiotez** 명 백치, 바보.

ídolo 명 우상; 숭배의 대상. Es el *ídolo* de los aficionados a la música. 그는 음악 애호가들의 숭배의 대상이다. ◇ **idolatría** 명 우상 숭배; 맹목적 숭배, 심취. ◇ **idolología** 명 우상연구.

igla., Igla. iglesia, Iglesia.

iglesia 명 교회, 성당. Los habitantes del pueblo sienten gran cariño por la vieja *iglesia*. 고을의 주민들은 그 낡은 교회에 대단히 애정을 느끼고 있다.

ignominia 명 모욕, 치욕, 오명.

ignorar 타 모르다, 모르고 있다. Nadie *ignora* que esta empresa es muy peligrosa. 이 시도가 매우 위험하다는 것을 모르는 사람은 없다. ◇ **ignorancia** 명 무지, 무학. ◇ **ignorante** 형 [+ de : …를] 모르는. Yo era *ignorante* de lo que pasaba. 무슨 일이 일어나고 있느지 나는 몰랐다. 명 무지·무학한 사람.

igual 형 ①같은, 동등한; 마찬가지의. Mi opinión es *igual* a la tuya. 나의 의견은 너의 것과 같다. Su coche es *igual* que el de mi padre. 그의 자동차는 내 부친의 것과 같다. ②같은 모양의; 평평한. El camino es todo *igual*. 길은 아주 평탄하다. ③평등한, 차별 없는. Las personas somos todas *iguales*. 우리들 인간은 모두 평등하다. 명 ①동배, 동료(compañero). Sólo se trata con sus *iguales*. 그는 다만 동료와 교제하고 있을 따름이다. ② [관사없이] 같은 일·물건; 필적하는 것. *Igual* sucede en otras localidades. 다른 곳에서도 같은 일이 일어나고 있다. *al igual que* …와 같이. *dar igual que* 마찬가지이다. Me *da igual* que venga o no venga. 그가 오거나 말거나 나에게는 마찬가지이다. *por igual* 평등하게. *sin igual* 견줄것이 없는. ◇ **igualmente** 부 같은 모양으로; 평등하게; 역시(también). Buen fin de semana.—*Igualmente*. 주말을 즐겁게보내십시오.—당신도.

igualar 타 ①한가지로·같이 하다. ②(길 따위를) 고르다. Están *igualando* el camino. 현재 길을 닦고 있는 중이다. ③평등하게 다루다·생각하다. 재귀 [+ a·con : …에] 한가지로·같이 되다. Quiere *igualarse* con los más ricos que él. 그는 자기보다 돈이 많은 사람들과 어깨를 나란히 하고 싶어한다.

igualdad 명 ①같음, 동등; 평등. Libertad, *igualdad* y fraternidad son la esencia de la democracia. 자유·평등·우애는 민주주의의 기본이다. ②불변, 같은 모양; 평탄. La *igualdad* del suelo es conveniente para la construcción de un edificio. 토지가 평탄한 것은 집을 짓게 편리하다.

ilegal 형 불법의, 위법의. ◇ **ilegalidad** 명 불법, 위법. ◇ **ilegalmente** 부 불법으로. ◇ **ilegítimo, ma** 형 불법적인, 부정한. **ilegitimamente** 부 불법으로, 부정하게. ◇ **ilegitimidad** 명 불법, 비합법성; 서출(庶出); 사생(私生).

ilegible 형 읽기 어려운, 판독하기 어려운.

iluminar 타 ①비치다; (…에) 조명·전기 장식을 하다. La luna *iluminaba* el campo. 달이 들녘을 비치고 있었다. ②깨닫게

하다, 계발하다, 계몽하다. ◇ **iluminación** 여 조명. *broma de iluminación* 조명탄.

ilusión 여 ① 착각; 환영. ② 몽상, 기대(감). El trabaja con *ilusión* para el mañana. 그는 내일을 꿈꾸며 일하고 있다. No tengo mucha *ilusión* por él. 나는 그에게 별로 기대를 걸지 않는다. ◇ **ilusionarse** 재 (기대감으로) 가슴이 두근거리다. *Me ilusiono con la idea de verla*. 나는 그녀를 만날 수 있다고 생각하니 가슴이 두근거린다. ◇ **ilusionista** 여 요술장이.

ilustrar 타 ① 계발하다, 교화하다; (…에게) 지식을 넣어주다. ② 밝히다, 깨닫게 하다. Lo que me dices me *ilustra* acerca de sus intenciones. 네가 그 말을 해 주었으므로 그의 의도가 밝혀졌다. ③ (삽화를) 그리다; 삽화·사진·도해를 넣다. Estoy buscando fotografías para *ilustrar* un libro de cocina. 나는 요리책에 넣기 위한 사진을 찾고 있다. ~**se** 교양을 높이다. Procura *ilustrarse* viajando. 그는 여행을 통하여 교양을 높이기에 힘쓰고 있다. ◇ **ilustración** 여 학식, 교양, 삽화, 사진, 도해. ◇ **ilustrado, da** 형 ① 학식이 있는. Es un hombre muy *ilustrado*. 그는 매우 학식 있는 사람이다. ② 그림·사진·도해가 들어 있는.

ilustre 형 ① 뛰어난; 유명한(insigne). Es de una *ilustre* familia. 그는 명문 출신이다.

imagen 여 ① 모습, 형체; 그림자. Miró su *imagen* en el agua. 그녀는 물에 비친 자신의 그림자를 보았다. Eres la viva *imagen* de tu madre. 너는 어머니와 꼭 닮았다. ② 화상(畵像), 조상(彫像), 인형. Había una *imagen* de la Virgen en el altar. 제단에는 성모상이 있었다. ③ 심상(心像); 상징(símbolo). La caza es la *imagen* de la guerra. 사냥은 전쟁의 상징이다.

imaginar 타 ① 상상하다; 생각하다. *Imagina* que nos casamos. 그는 우리들이 결혼한다고 생각하고 있다. ② 생각해내다, 고안하다. *Imagine* usted un medio para que salgamos de aquí. 우리들이 여기서 나갈 방법을 생각해 보십시오. 재 상상하다. ~**se** 상상되다; 상상하다. No te puedes *imaginar* lo que me alegro. 내가 얼마나 기뻐하는 지는 상상할 수 없을 것이다. ◇ **imaginable** 형 상상·생각할 수 있는. ◇ **imaginación** 여 상상(력); 공상(력); 창조력; 망상. Todo eso no son más que *imaginaciones* suyas. 그것은 모두 그의 망상에 불과하다. ◇ **imaginario, ria** 형 상상의, 가상의.

imán 남 자석.

imbécil 형 천치의, 저능한. ◇ **imbecilidad** 여 천치, 바보.

imitar 타 흉내내다, 모방하다; 모조하다. *Imita* muy bien al profesor en los gestos. 그는 교사의 몸짓을 흉내를 잘한다. ◇ **imitación** 여 흉내, 모방, 모조품. No es piel, sino una *imitación*. 그것은 (진품의) 가죽이 아니고 모조품이다. ◇ **imitador, ra** 형 모방의.

impacientar 타 안타깝게 하다, 초조하게 하다. Me impacientan sus preguntas insistentes. 그는 짓궂은 질문에는 초조해 진다. ◇ ~**se** 안타까워 하다, 초조하다. Se *impacienta* por cualquier

impaciente 國 ① 성급한, 조급한. No seas *impaciente*. 조급히 굴지 마라. ② [+ con·de·por：…를] 안타까와 하는, (…으로) 초조해하는. Los niños están *impacientes por* ver los regalos. 어린이들은 선물을 보려고 안타까와 한다. ◇ **impaciencia** 여 안타까와 함, 초조함. Esperamos con *impaciencia* la llegada de la primavera. 우리들은 봄이 닥쳐옴을 안타까이 기다리고 있다.

impar 國 홀수의, 기수의. *número impar* 홀수.

imparcial 國 공명한, 공정한. ◇ **imparcialidad** 여 공평, 공정. ◇ **imparcialmente** 倶 공평하게, 공정하게.

impedir [36 pedir] 태 ① 방해하다, 막다. El ruido me *impide* el sueño. 소음이 나의 잠을 방해한다. ② [+ inf.：…함을] 방해하다. Me *impidieron* salir. 그들은 내가 출발하는 것을 방해했다. ◇ **impedimento** 남 장애. Resuelto el problema, ya no habrá ningún *impedimento* para nuestros negocios. 문제가 해결되고, 이미 우리들의 일에는 아무런 장애도 없을 것이다.

impenetrable 國 ① 뚫을 수 없는, 들어갈 수 없는. La fortaleza era muy sólida e *impenetrable*. 요새는 지극히 견고해서 들어갈 수 없었다. ② 살펴 알 수 없는; 헤아릴 수 없는. Es un hombre *impenetrable* para mí. 그는 나에게는 (마음속을) 알아볼 수 없는 사람이다. ◇ **impenetrabilidad** 여 불가통성; 불가입성(不可入性); 불가해(不可解).

imperativo, va 國 명령의, 명령적; 억압적인. No me gusta su actitud *imperativa*. 그의 억압적인 태도가 나는 마음에 들지 않는다. 남 명령. Lo que digo es un *imperativo*. 내가 말하는 것은 명령이다.

imperdinable 國 용서할 수 없는.

imperio 남 제국(帝國). Después de la caída de *imperio* romano, el latín vulgar fue dividiéndose en varios romances. 로마제국 멸망 후, 라틴어는 여러가지 로만스어로 나뉘어졌다. ◇ **imperial** 國 제국의; 황제의; 탁월한.

impermeable 國 방수(防水)의. 남 우비, 비옷, 레인코우트.

impersonal 國【문법】무인칭의 제3인칭 만의. *verbo impersonal* 무인칭 동사.

ímpetu 남 격렬, 맹렬. Se puso a trabajar con mucho *ímpetu*. 그는 맹렬하게 일하기 시작했다. ◇ **impetuoso, sa** 國 격렬한, 충동적인. La juventud es siempre *impetuosa* y apasionada. 청년은 언제나 충격적이며 정열적이다.

implacable 國 ① 만류할 수 없는; 집념이 강한. Sentí disiparse el odio *implacable* que tenía a mi vecino. 나는 이웃에 대하여 품었던 집념이 강한 증오가 사라지는 것을 느꼈다. ② 가차 없는. Tiene fama de ser un juez *implacable*. 그는 가차없는 재판관이라는 평판이다.

implicar [7 sacar] 태 ① 끌어들이다, 감아 들이다. No le *impliques* en ese asunto. 그를 그 사건에 끌어들이지 마라. ② (의미를) 담다. Ser buenos amigos *implica* ayudarse uno a otro. 좋은 친

impolítica 여 무례. ◇ **impolíticamente** 부 무례하게. ◇ **impolítico, ca** 형 무례한.

imponer 60 poner; 과거분사 impuesto) 타 ① 밀어 붙이다, 강제하다; 위압하다. Nos *impuso* silencio. 그는 우리들을 침묵시켰다. ② (의무를) 지우다; (세금을) 부과하다; (벌을) 과하다. Por ir a gran velocidad le *impusieron* una multa. 그는 속력을 너무 내어서 벌금을 물었다. ③ [+de·en:…을] (…에게) 가르치다. Hay que *imponer*le en las costumbres de nuestro país. 그에게 우리 나라의 습관을 가르쳐야 한다. ◇~se ① [+a:…를] 위압하다, 경복·외경시키다. Se impone a las demás por su talento. 그는 재능에 의해 남을 경복시킨다. ② (의무·책임을) 자신에게 과하다, 지다. No tienes que *imponer*le sacrificios innecesarios. 너는 쓸데없는 희생을 짊어질 필요가 없다. ③ [+de·en:지식을] 몸에 붙이다. (…을) 잘 알다. Me he *impuesto* en el contenido. 나는 내용을 잘 이해했다. ◇ **imponente** 형 위압적인, 위엄이 있는, 당당한. Ha pasado una mujer *imponente*. 대단한 미인이 지나갔다.

importante 형 ① 중요한. Se me ha olvidado una cosa *importante*. 나는 중요한 일을 잊었다. *Es importante que* + subj. …하는 것이 중요하다. Es importante que llegues con puntualidad. 네가 시간 맞추어 오는 일이 중요하다. ② 유력한. Es un hombre *importante* en el pueblo. 그는 읍의 유력자이다. ◇ **importancia** 여 중요; 중대함. Las modificaciones que nos piden tienen mucha *importancia*. 그들이 우리에게 요구하고 있는 개혁은 대단히 중요하다. *dar importancia a* …을 중요시하다. No des importancia a lo que te ha dicho. 그가 말한 것을 중요시하지마라.

importar 타 수입하다 [⊕ exportar]. Actualmente estamos *importando* grandes cantidades de azúcar de Cuba. 현재 폐사는 대량의 설탕을 꾸바에서 수입하고 있다. 자 ① [+금액] 총액이 …로 되다. La cuenta *importa* 3,000 pesetas en total. 계산은 전부 3,000 뻬쎄따이다. ② [3인칭에만 활용] 중요하다. *Importa* que guardes tu palabra. 약속을 지키는 일이 중요하다. ③ [3인칭에만 활용; que+subj.] 관계가 있다. No me *importa*. 나는 상관 없다 (나에게 관계가 없다). No te metes en lo que no te *importa*. 너에게 관계 없는 일에 끼어들지 마라. ◇ **importación** 여 수입; 수입품 [⊕ exportación]. ◇ **importador, ra** 형 수입업의. 명 수입업자.

importe 명 대금, 요금; 금액, 총액. El *importe* de esta factura asciende a 4,000 dólares. 이 송장의 총액은 4,000 달라에 이른다.

imposible 형 ① 불가능한; (실행이) 어려운. No será *imposible* aceptar su proposición. 당신의 신청을 받아 들이기는 우리에게는 불가능하겠다. ② 견딜수 없다. Estos niños están hoy *imposibles*. 이 어린이들은 오늘은 보아 줄 수가 없다. 명 불가능 (한 일). Lo que deseas es un *imposible*. 네가 바라고 있는 일은

불가능한 일이다. ◇ **imposibilidad** 여 불가능(성·한 일). Hay que convencerle de la *imposibilidad* de este plan. 이 계획의 불가능성을 그에게 납득시켜야 한다. ◇ **imposibilitar** 타 불가능하게 하다.

impotente 형 ①못난; 무능한, 무력한. Me declaro *impotente* para revolver este problema. 나는 이 문제를 해결할 만한 힘이 없음을 자백한다. ②성교 불능의. ◇ **impotencia** 여 ①무능; 무기력. ②불임(不姙), 성교 불능. Debió retirarse de la carrera por *impotencia* física. 그는 신체 불수 때문에 그 직업에서 물러날 수 밖에 없었다.

impracticable 형 실행 불가능한.

imprenta 여 인쇄(술); 인쇄소. La civilización se desarrolló rápidamente gracias al invento de la *imprenta*. 인쇄술의 발명 덕분에 문명은 급속히 진보되었다.

imprescindible 형 극히 필요한, 불가결한. He venido todos los muebles menos lo más *imprescindible*. 나는 필요 불가결한 것만 남기고 가구를 모두 팔아 버렸다.

impresión 여 ①인상; 효과. ¿Qué *impresión* tiene usted de la ciudad de Seúl? 서울에 대하여 어떤 인상을 가지셨습니까. Me hizo muy buena *impresión*. 그는 나에게 대단히 좋은 인상을 주었다. ②인쇄; 녹음. No ha salido bien la *impresión* de este libro. 이 책의 인쇄는 선명히 나오지 않았다.

impresionar 타 ①인상을 주다, 감동시키다. Le *impresionó* mucho esa opinión. 그 의견은 그를 심히 감동시켰다. ②녹음하다. Se ha contratado para *impresionar* discos. 그는 레코드에 취입할 계약을 했다. ◇ **~se** 감동하다. *Se impresionó* mucho con la noticia. 그녀는 그 소식에 심히 감동했다. ◇ **impresionante** 형 인상적인, 감동적인.

impreso [imprimir의 과거분사] 형 인쇄된. *impreso* en Corea 한국에서 인쇄되었음. 남 인쇄물; (인쇄해 있는) 서식. Llena el *impreso* que te envío en esta carta. 이 편지에 동봉해 있는 서식에 써넣어라. ◇ **impresor, ra** 남 인쇄업자, 인쇄공.

imprevisto, ta 형 예견할 수 없는. Circunstancias *imprevistas* nos han obligado a anular el pedido. 불의의 사정으로 주문을 취소해야 하게 되었습니다. 남복 임시비.

imprimir [과거분사 impreso] 타 ①인쇄하다. Ha escrito varios libros, pero ninguno ha salido *impreso*. 그는 몇 권의 책을 썼지만, 어느 것도 인쇄되지 않았다. ②(머리·마음에) 새겨넣다. Debes *imprimir* estas palabras en tu cabeza. 너는 이 말을 머리에 새겨 넣어야 한다.

improvisar 타 즉석에서 하다, 즉흥적으로 하다.

imprudente 형 경솔한; 무모한. Una palabra *imprudente* puede causar gran efecto. 부주의한 한 마디가 중대한 결과를 초래하는 일이 있다. ◇ **imprudencia** 여 경솔, 무분별. Es una *imprudencia* preguntarle a una señora la edad que tiene. 부인에게 나이를 묻는 것은 경솔한 일이다.

impuesto 남 세(금). Este año he pagado 10,000 pesetas de

impuestos. 금년에 나는 1만 뻬쎄따의 세금을 물었다.

impulso 圐 충동; 충격; 추진력. No pudo resistir a sus *impulsos*. 그는 자신의 충동에 저항할 수 없었다. El *impulso* que le mueve es la ambición. 그를 움직이고 있는 원동력은 야심이다. *a impulsos de*. ~에. A *impulsos de* mi compasión, le di todo lo que tenía. 나는 동정심에 못 이겨서, 가지고 있던 것을 모두 그에게 주었다. ◇ **impulsar** 囲 추진하다.

impuro, ra 圈 불순한; 때묻은; 음란한. El aire en esta ciudad está *impuro*. 이 도시의 공기는 더러워져 있다. ◇ **impureza** 圀 불순, 협잡물; 결점, 오손; 음란. Lo que ha hecho es una *impureza*. 그가 한 일은 불순하다.

inacabable 圈 끝이 없는, 무한한. La tarea me parecía *inacabable*. 그 일은 한이 없이 보여 생각되었다.

inagotable 圈 끝없는, 무진장한. El petróleo es una fuente *inagotable* de divisas. 석유는 무진장한 외화원(外貨源)이다.

inaugurar 囲 ① 개시ㆍ창설하다 (iniciar); 피로(披露)하다. Ayer inauguraron las clases en la Universidad. 어제 대학의 수업이 시작되었다. ② (개업ㆍ개통ㆍ개회ㆍ발회ㆍ제막ㆍ취임식 따위의) 식을 시작하다. El Embajador de España *inauguró* la Exposición de Arte Español. 스페인대사는 스페인 미술전의 개회를 선언했다. ◇ **inauguración** 圀 개시, 창설; 피로(연), 낙성(식), 개업ㆍ개통ㆍ개회ㆍ발회ㆍ제막ㆍ취임(식). ◇ **inaugural** 圈 개시의; 피로의, 개업ㆍ개통ㆍ개회ㆍ발회ㆍ제막ㆍ취임의. Dio un discurso *inaugural*. 그는 개회사를 했다.

inca 圐 잉카왕, 잉카 왕국의 사람. El imperio de los *incas* fue destruido por los conquistadores españoles. 잉카제국은 스페인의 정복자들에게 멸망되었다. ◇ **incaico, ca** 圈 잉카족의.

incapaz [圐 incapaces] 圈 ① [+ para: …에] 무능한. Es *incapaz para* nada. 그는 무슨 일을 할 능력도 없다. ② [+ de + inf.: …하는] 능력ㆍ자격이 없는. Es una mujer muy simpática, *incapaz de* enfadarse con nadie. 그녀는 매우 애교가 있어서, 누구에게도 성을 낼 수 없는 여자이다. ◇ **incapacidad** 圀 무능, 능력이 없음. ◇ **incapacitar** 囲 무능력ㆍ무자격으로 하다.

incendio 圐 불, 화재 (fuego). Anoche hubo [ocurrió] un gran *incendio* en este pueblo. 어젯밤 이 고을에서 큰 화재가 있었다. ◇ **incendiario, ria** 圈 가연성의, 방화(용)의. ◇ **incendiar** [1] cambiar] (…에) 방화하다, 태워버리다.

incertidumbre 圀 불확실; 불안. Ya no puedo vivir en esta *incertidumbre*. 나는 이런 불안한 마음에서는 이제 살 수 없다.

incesante 圈 끊임 사이 없는, 부단히. Me molesta el ruido *incesante* de los coches. 나는 자동차의 끊임없는 소리에 괴롭힘을 당하고 있다. ◇ **incesantemente** 團 부단히. Llovía *incesantemente*. 끊임없이 비가 오고 있다.

incidente 圐 ① 우발 사건, 작은 사건. Está de mal humor porque ha tenido un *incidente* con un compañero. 그는 동료와 조

그만 사건을 일으켰으므로 속이 언짢다. ② 삽화, 에피소드. El viaje está lleno de *incidentes*. 그 여행은 에피소드에 가득차 있다.

incierto, ta 형 확실치 못한; 불안정한. La noticia es *incierta*. 그 소식은 확실치 못하다.

incitar 타 ①[+a: …으로] 몰아내다(자극, 선동, 교사). *Incitó* a las masas a la rebelión. 그는 군중을 폭동으로 선동했다. ② [+a+*inf.*/+a+que+*subj.*] 꾀어서 …시키다. Le *incitaron a que* huyese. 사람들은 그를 꾀어서 도망시켰다.

inclinación 여 ① 경향; 성벽. Tienes *inclinación* a tomarlo todo a mal. 너는 무엇이든지 나쁘게 받아들이는 버릇이 있다. ② 경사(pendiente). ③ 기호, 애정. Desde niño sintió *inclinación* por la música. 그는 어릴 때부터 음악을 좋아했다. ④ 인사 (saludo). Los dos se despidieron con una *inclinación* respetuosa. 두 사람은 정중하게 인사하고 작별했다.

inclinar 타 ①[+a: …으로] 기울이다; 내리다; 굽히다. No acertando a contestar a la pregunta, *inclinó* la cabeza. 그는 질문에 대답할 수 없어서 머리를 갸웃거렸다. ②[+a+*inf.*: …하도록] 권고하다. Sus palabras me *inclinaron* a aceptar. 그의 말에 따라 마침내 인수할 생각이 들었다. 재 재 [+a: …으로]의 경향이 있다. Ella (*se*) *inclina* a creer fácilmente en todo lo que le dicen. 그녀는 남이 말하는 것을 무엇이나 바로 믿는 경향이 있다. ◇ ~ *se* 기울다, 경사하다. El camión *se inclina* del lado derecho. 트럭은 오른쪽으로 기울어 있다. ② 인사를 하다 (saludar). *Se inclinó* con mucho respeto. 그는 공손하게 인사했다.

incluir 74 huir]타 ① 포함하다, 포괄하다. He *incluido* tu nombre en la lista de los invitados. 나는 너의 이름을 초대객 명단에 넣어 두었다. ② 포함하다, 산입하다, 계상하다. ¿Está *incluido* todo en ese precio? 이 값에는 모든 것이 포함되었는가? ③ 동봉하다. He *incluido* en esta carta un cheque. 나는 이 편지에 수표를 동봉했다. ◇ **incluido, da** 형 포함된.

incluso, sa 형 포함된; 동봉한. Las mercancías constan en la *inclusa* documentación de embarque. 화물은 동봉한 선적 서류에 명확히 되어 있다. 남 동봉한 것. Mucho nos gustaría recibir su acuse de la carta presente y los *inclusos*. 이 편지와 동봉한 것의 영수 통지를 보내 주시면 다행이겠습니다. 부 ①[전치사적]…을 동봉해서, …을 포함해서. ② …조차, 마저. Estaba tranquila e *incluso* alegre. 그녀는 안심하고 있었으며 명랑하기조차 했다.

incógnito, ta 형 미지의; 이름을 숨기는, 익명의. 남 익명, 변명. *de incógnito* 이름·정체를 숨기고. Viajó *de incógnito*. 그는 정체를 숨기고 여행했다.

incombustible 형 불연성의. ◇ **incombustibilidad** 여 불연성.

incómodo, da 형 쾌적하지 않은, 거북한, 편안치 못한; 무뚝뚝한, 불유쾌한. Estaba *incómodo* en ese asiento. 나는 그런 자리에서는 기분이 언짢았다. ◇ **incomodidad** 여 불쾌; 불편. ◇ **incomodar** 타 곤란케 하다, 방해하다. Las gafas me *incomodan* para

incomparable 형 비길 바 없는, 무류(無類)의. El paisaje era de una belleza *incomparable*. 경치는 비길 바 없을 만큼 아름다웠다.

incompatible 형 성미가 맞지 않는, 양립할 수 없는; 겸직할 수 없는. ◇ **incompatibilidad** 여 상반성(相反性); 겸직 불능.

incompetente 형 무능력한, 부적격한, 무자격의. ◇ **incompetencia** 여 무능력, 부적격, 무자격.

incompleto, ta 형 불완전한. Esta contestación es *incompleta*. 이 대답은 불완전하다.

incomprensible 형 불가해(不可解)한. ◇ **incomprensibilidad** 여 불가해.

incomunicar [7] sacar] 타 격리하다; 고립시키다; 교통을 두절시키다. El terremoto *incomunicó* a todo el país. 지진은 전국의 교통을 두절시켰다. ◇ **incomunicación** 여 격리; 교통 두절.

inconsciente 형 무의식의, 무자각의. Yo andaba casi en estado *inconsciente*. 나는 거의 무의식 상태로 걸어가고 있었다. ◇ **inconsciencia** 여 무의식, 무자각. ◇ **inconscientemente** 부 무의식적으로.

inconveniente 형 부적당한. El plan me parece un poco *inconveniente*. 그 계획은 나에게는 약간 부적당하다고 생각된다. 남 부적당, 폐, 장애. No tengo ningún *inconveniente* en hacerlo. 나는 그렇게 하는데 대하여 조금도 지장이 없읍니다. ◇ **inconveniencia** 여 부적당, 괘씸함; 신중치 못함.

incorporar 타 [+a.con.en:…과·에] 합체 하다, 합쳐지다, 참가하다. ◇~se ① 상체를 일으키다. El enfermo *se incorporó* en la cama. 환자는 침대 위에서 상체를 일으켰다. ② 합체·참가하다. *Se incorporó* a la manifestación contra la guerra. 그는 전쟁반대 시위에 참가했다.

incredulidad 여 회의, 의심이 많음.

increíble 형 믿을 수 없는. Esto parecerá *increíble*, pero es verdad. 이건 믿을 수 없는 일이라고 생각되겠지만 진실이다.

inculto, ta 형 ① 갈지 않은, 황폐한. Los labradores abandonaron los pueblos dejando *incultos* los terrenos. 농부들은 토지를 황폐한 채로 놓아 두고 마을을 떠났다. ② 교양이 없는; 거친. Aquí hay muchas personas *incultas*. 이곳에는 교양이 없는 사람이 많다.

incurrir 자 ① [+en 죄·과오를] 범하다. *Incurrirás en* un error grave si lo haces. 네가 그 짓을 하면 중대한 잘못을 저지르는 것이 될 것이다. ②(증오·성냄·경멸 따위를) 받다, 당하다. *Ha incurrido* en el desprecio de sus compañeros. 그는 동료한테서 경멸을 당했다.

indagar [8] pagar] 타 조사·탐구하다. No trates de *indagar* mi vida pasada. 내 과거의 생활을 조사하는 짓은 그만 두어라. ◇ **indagación** 여 조사, 탐구.

indeciso, sa 형 주저하기 잘하는, 결단없는. Estoy *indeciso* acerca de si lo aceptaré o no. 나는 그것을 받을까 말까에 대하여 결

정하지 못하고 있다. ◇ **indecisión** 예 우유부단.
indefenso, sa 형 무방비한. Los enemigos atacaron la ciudad *indefensa*. 적은 그 무방비 도시를 공격했다. ◇ **indefensión** 예 무방비.
indefinible 형 정의·설명될 수 없는; 종잡을 수 없는. Me invadió entonces una *indefinible* sensación de miedo. 그때 나는 무어라 말할 수 없는 공포감을 느꼈다.
indefinido, da 형 ① 모호한; 부정(不定)의. ¡Qué locura prestárselo por tiempo *indefinido*! 기한을 정하지 않고 그것을 그에게 빌려 주다니 무슨 바보 짓이냐! ② 【문법】 부정의. *artículo indefinido* 부정관사. *pronombre indefinido* 부정 대명사. ◇ **indefinidamente** 부 무기한으로. Se aplazó *indefinidamente* la excursión por causa de la lluvia. 비 때문에 소풍은 무기 연기되었다.
indemnizar [9] alzar] 타 [+de,por : …에 대하여] (…에게) 배상하다; 보험금을 치르다. Pidió que le *indemnizaran por* los daños y perjuicios sufridos. 그는 입은 손해의 배상을 해 달라고 청구했다. ◇ **indemnización** 예 배상(금·물).
independiente 형 ① [+de : …로 부터] 떨어진; 독립한. Quiere vivir *independiente de* sus padres. 그는 양친에게서 독립하여 생활하려 하고 있다. Prefiero una habitación tranquila e *independiente*. 나는 조용하고 독립된 방이 좋다. ② 자주적인. Tiene un espíritu muy *independiente*. 그는 자주 정신이 왕성하다. ◇ **independencia** 예 독립; 자주. Lucharon por la *independencia* de su patria. 그들은 조국의 독립을 위하여 싸웠다. ◇ **independizar** [9] alzar] 타 독립시키다, 해방하다 (emancipar). ◇ ~se 독립하다, 자립하다.
indescriptible 형 형용할 수 없는.
indicar [7] sacar] 타 ① 지시·지적하다. Sírvanse *indicar*nos la fecha aproximada de su llegada. 도착하실 대략 날짜를 알려 주십시오. Sentimos el error que nos *indican* en su carta. 편지로 지적해 주신 잘못을 죄송하게 생각합니다. ② 가르치다. ¿Quiere usted *indicar*me el camino para la estación? 역으로 가는 길을 가르쳐 주시겠읍니까? ◇ **indicación** 예 지시, 교시; 징조, 징후. Vengo por *indicación* de nuestro maestro. 나는 선생의 지시로 왔다. Siguió las *indicaciones* del médico. 그는 의사의 지시를 따랐다. Eso era una buena *indicación*. 그것은 좋은 징조였다.
índice 남 ① 지시물, 지표; (계기·해시계의) 지침. La cifra de mortalidad infantil es un *índice* de la cultura de los pueblos. 유아의 사망수는 민족 문화의 지표이다. ② 목차, 색인. El *índice* de este libro está al principio. 이 책의 목차는 책머리에 있다. *dedo índice* 집게손가락.
indicio 남 징후; 증거; 의심. Presenta *indicios* de locura. 그는 미치광이의 징후를 보이고 있다. ¿Hay *indicios* suficientes para que lo asegures? 네가 그것을 단언하기에 족할 증거가 있느냐.

indiferente 형 ① 무관심한, 냉담한. Es muy *indiferente* al lujo. 그는 사치에 대하여 극히 무관심하다. Está *indiferente* con su novia. 그는 애인에 대하여 냉정해졌다. ② [여격 보어의 사람이 주어에 대하여] 관심이 없는, 애정을 느끼지 않는. A mí me es *indiferente* esa chica. 나는 그 소녀에게 관심이 없다. ③ 틀림없는. Es *indiferente* que venga o no. 그가 오거나 말거나 마찬가지이다. ◇ **indiferencia** 여 무관심, 냉담.

indigestión 여 소화불량. ◇ **indigesto, ta** 형 소화가 잘 되지 않는.

indígena 형 토착의 [반 extranjero, alienígena]. 명 원주민, 토착인.

indignar 타 성나게 하다. Esas palabras le *indignaron* mucho. 그 말은 그를 심히 노엽게 했다. ◇~**se** 성내다. No te *indignes* por una cosa tan frívola. 그 따위 사소한 일에 성내지 마라. Mamá está *indignada* con tu acción. 모친은 네 행동을 성내고 있다. ◇ **indignación** 여 분노.

indigno, na 형 [+de: …에] 걸맞지 않는, 값어치 없는. Esas palabras son *indignas* de una persona decente. 그런 말은 교양 있는 사람에게 걸맞지 않는다. ② 부끄러운, 창피한. Lo que has hecho es *indigno*. 네가 한 일은 창피한 일이다. ◇ **indignidad** 여 창피, 무가치.

indio, dia 형 ① 인도(la India)의. ② 아메리카 원주민(인디오)의. 명 ① 인도 사람. ② 아메리카 원주민, 인디오.

indirecto, ta 형 간접의. Esto es la causa *indirecta* de nuestro fracaso. 이것이 우리의 실패의 간접적인 원인이다. 여 비꼼, 시사(示唆). Deja esas *indirectas*. 그렇게 비꼬는 건 그만 두어라. ◇ **indirectamente** 부 간접적으로, 어렴풋이.

indiscreto, ta 형 신중치 않은. No le digas nada, que es muy *indiscreto*. 무척 입이 가벼우니까, 그에게는 아무 말 마라. ◇ **indiscreción** 여 신중치 않음; 실언, 실태.

indiscutible 형 말할 것도 없이, 명백한. El momento es de *indiscutible* oportunidad para hacerlo. 지금이 그 일을 하기에 절호의 기회이다.

indispensable 형 필요한, 불가결한. La sal es *indispensable* para nosotros. 소금은 우리들에게 없어서는 안 된다.

indisponer [poner; 과거분사 indispuesto] 타 불화하게 하다; (신체의) 상태가 나쁘게 하다. Su mala lengua nos ha *indispuesto*. 그의 욕설이 우리들의 사이를 서먹서먹하게 만들었다. ◇~**se** 불화하게 되다; (신체의) 상태가 나빠지다. A consecuencia del viaje *me indispuse*. 여행의 결과로 나는 몸의 상태가 나빠졌다. ◇ **indisposición** 여 불화; (신체의) 부조(不調).

individual 형 개체의; 개인(적)의. Cada uno quiere su habitación *individual*. 각자가 자기의 독방을 갖고 싶어한다. ◇ **individualidad** 여 개성; 개인, 개체. ◇ **individualista** 형 개인주의의. 명 개인주의자. ◇ **individualmente** 부 개인적으로, 개별적으로.

individuo 명 ① 개인, 개체; 일원(一員). Es un *individuo* del

Partido Demócrata. 그는 민주당의 당원이다. ② 사람; 놈. Me preguntó un *individuo* sospechoso el camino a la estación. 수상한 놈이 나에게 역까지 가는 길을 물었다.

índole 여 성질; 본질. Es de *índole* pacífica. 그녀는 성질이 온화하다.

inducir [70 aducir]타 도입하다; 빠뜨리다; 귀납하다. ◇ **inducción** 여 도입; 귀납(법).

indudable 형 의심할 바 없는. Esta obra tendrá un éxito *indudable*. 이 작품은 틀림없이 성공을 거두리라. ◇ **indudablemente** 부 의심할 여지 없이.

industria 여 산업, 공업; 실업계. El gobierno está esforzándose por desarrollar la *industria* nacional. 정부는 국내 산업의 개발에 노력하고 있다. ◇ **industrial** 형 생산의, 공업의; 실업계의. Barcelona es una ciudad *industrial*. 바르셀로나는 공업도시이다. 남 공업가, 실업가. Es un *industrial* importante de la ciudad. 그는 시의 중요한 실업가이다.

inédito, ta 형 미발표의, 미간행의. Se han descubierto unas poesías *inéditas* del poeta. 그 시인의 미발표 시가 몇편 발견되었다.

ineficaz 형 효력·효과가 없는. ◇ **ineficacia** 여 효력·효과가 없음.

inesperado, da 형 뜻밖의. Puede que él venga el día más *inesperado*. 전혀 뜻 밖의 날에 그가 올지도 모른다. ◇ **inesperadamente** 부 뜻밖에.

inevitable 형 불가피한, 필연적인; 부득이한. Ya es *inevitable* el rompimiento entre ambos países. 양국간의 단교는 이미 피할 수 없다.

infancia 여 ① 유년(기). La casa en que pasé los días de mi *infancia* subsiste todavía. 내가 유년시대를 지낸 집은 아직 남아있다. ② [집합적] 어린이. La *infancia* es el tesoro de la nación. 어린이는 나라의 보배이다. ◇ **infantil** 형 어린이의, 순진한, 사랑스러운. Las palabras *infantiles* del niño entretuvieron a todos. 그 어린이의 순진하고 사랑스러운 말은 모두를 즐겁게 했다.

infante 남 (스페인·포르투갈의) 왕자(príncipe). ◇ **infanta** 여 (스페인·포르투갈의) 공주(princesa), 왕녀.

infeliz [복 infelices] 형 불행한; 호인다운. La guerra ha hecho *infelices* a muchos niños. 전쟁은 많은 어린이들을 불행하게 했다.

inferior 형 ① [+a: …보다] 하위의, 하부의. Vivimos en el piso *inferior* al de esta familia. 우리들은 그 가족의 층보다 아래층에 살고 있다. ② 낮은, 하급의. Los géneros son *inferiores* a las muestras que nos enviaron el otro día. 이 물건은 일전에 보내주신 견본보다 못하다. 명 손아래·하위·하급인 사람. No debe maltratar a los *inferiores*. 손아랫사람을 거칠게 다루어서는 안된다. ◇ **inferioridad** 여 하위, 하급, 하등.

infernal 형 ① 지옥의, 지옥같은; 극악한. Tiene un carácter *in-*

fernal. 그는 지극히 질이 나쁘다. ②처참한. Hace un calor verdaderamente *infernal.* 이건 정말 지독한 더위다.

infiel 형 ① 신앙이 없는; 이단의. ② 불실한, 정숙치 못한. Un amigo *infiel* es el peor enemigo. 불실한 친구는 최악의 적이다. 명 신앙이 없는 사람, 이단자. Convirtió a muchos *infieles.* 그는 많은 이단자를 개종시켰다. ◇ **infidelidad** 여 불실, 부정; 무신앙.

infierno 남 ① 지옥 (⊕ paraíso). El *infierno* está empedrado de buenas intenciones. 【속담】 지옥은 선의의 돌밭(누구든지 선의만 있고 실행하지 않는 그러한 사람이 많이 지옥에 있다). ② (혼란·불화에 가득한) 지독한 곳.

infiltrar 타 침투시키다, 스며들게 하다. *Infiltraron* el anarquismo entre los jóvenes. 그들은 무정부주의를 청년사이에 침투시켰다. ◇~**se** 스며들다; 잠입하다. La humedad *se infiltra* por [en] la pared. 습기가 벽에 스며 든다. ◇ **infiltración** 여 침입, 침투, 잠입.

infinidad 여 무수함, 막대. Hay una *infinidad* de incomodidades en la vida. 인생에는 무수한 불쾌한 일이 있다.

infinitivo, va 형【문법】부정(不定)법의. *modo infinitivo* 부정(不定)법. 남(동사의) 부정형.

infinito, ta 형 무한한, 무수한. Tenía un amor *infinito* a su patria. 그는 조국에 무한한 애정을 지니고 있었다. 남 무한; 무한대. 부 한없이, 크게. Lo celebro *infinito.* 정말 축하합니다.

inflación 여 팽창;【경제】인플레,통화팽창(inflación monetaria). ◇ **inflacionismo** 남 통화팽창론·정책. ◇ **inflacionista** 형 통화 팽창론·정책의. 남 통화 팽창론자.

inflexible 형 불굴의,확고한. ◇ **inflexibilidad** 여 불굴성, 강직성.

influencia 여 ① 영향(력), 작용. Su padre no tiene ninguna *influencia* sobre él. 그의 부친은 그에게 대하여 아무런 영향력을 가지지 못한다. ② 세력. Es un hombre de *influencia* en la población. 그는 고을의 유력자이다.

influenza 여 유행성 감기(gripe), 인플루엔자, 독감.

influir 자 huir)자 자 [+en: …에게]영향을 미치다, 작용하다. El clima *influye en* el carácter de los pueblos. 기후는 주민의 성격에 영향을 준다. ② [+con·en: …에게] 세력을 가지다·미치다. *Influya* usted *con* el jefe para que nos permita salir. 우리들에게 외출을 허가해 주도록 대장에게 세력을 작용해 주시오.

informal 형 정규·정식이 아닌. ◇ **informalidad** 여 비공식.

informar 타 ① [+de·en·sobre: …을] (…에게) 알리다, 보고하다. Dentro de poco les *informaremos de*l nombre del buque y también *de* la fecha de su salida. 배의 이름과 그의 출발 날짜를 곧 알려드리겠습니다. ② 알리다. Lamentamos tener que *informar*les que nos es imposible enviarles muestras de nuestros productos. 유감스럽지만 폐사 제품의 견본을 보내지 못함을 알려드려야 하겠습니다. ◇~**se** 자 [+de: …을] 알다, 분별하다. Me he *informado de*l asunto leyendo el periódico. 나는 신문을 읽고 그 일을 알았다. ② [+de: …을] 조사하다, 문의

하다. Aquí vengo para *informar*me de lo sucedido. 나는 사건을 조사하기 위해 이 땅에 왔다. ◇ **información** 예 보고, 정보; 안내소(oficina de información, oficina de informes).

informe 閭 정보, 보고(서). Ha presentado un *informe* particular sobre este asunto. 그는 이 문제에 대해 상세한 보고서를 제출했다. *informe anual* 연보(年報). *informe mensual* 월보(月報). *informe presidencial* 대통령교서.

infortunado, da 閺 불행한, 불운한. ◇ **infortunadamente** 黑 불행히, 재수없이.

infundir 图 (감정·원기 따위를) 느끼게 하다, 일으키다. Su acción me *infunde* sospechas. 그의 행동은 나에게 의혹을 느끼게 한다.

ingeniero, ra 閺 공학자; 기술자, 기사. Los *ingenieros* están trazando las nuevas carreteras. 기사들은 새로운 도로를 구상하고 있다. 閭黑 공병대. *ingeniero agrónomo* 농업기사. *ingeniero civil* 토목기사. *ingeniero de minas* 광산기사. *ingeniero de montes* 산림기사. *ingeniero electricista* 전기기사. *ingeniero geógrafo* 측량기사. *ingeniero químico* 화학기사. ◇ **ingeniería** 예 공학. *ingeniería civil* 토목공학.

ingenio 閭 ① 재능, 능숙함; 기지(機智). Es un hombre de mucho *ingenio*. 그는 대단한 재사이다. ② 천재. Fue un *ingenio* del siglo XⅡ. 그는 12세기에 있어서의 천재였다. ◇ **ingenioso, sa** 閺 영리한; 날렵한.

ingenuo, una 閺 순진한, 천진한. ¡Todavía eres *ingenuo* como un colegial! 아직 너는 국민학생처럼 순진하다! ◇ **ingenuidad** 예 순진, 천진.

inglés, sa 閺 영국(Inglaterra)의. 閭 영국 사람. El señor es *inglés*. 그분은 영국인이다. 閭 영어. Aquí se habla *inglés*. 이곳에서는 영어가 통용된다. El habla muy mal el *inglés*. 그는 영어가 매우 서툴다. ◇ **ingleismo** 閭 영어식 발음(anglicismo).

ingrato, ta 閺 ① 은혜를 모르는. Es *ingrato* con sus amigos. 그는 친구에 대하여 배은 망덕이다. ② 보람이 없는, 감사 받지 않는. Esta es una tarea *ingrata*. 이 일은 보람 없는 일이다. ◇ **ingratitud** 예 망은(忘恩). ¿Qué *ingratitud* marcharse sin decirnos nada! 우리들에게 아무 말도 하지 않고 가버리다니 은혜를 모르는 자로군!

ingresar 困 ① (돈이) 들어오다. Con este trabajo me *ingresan* cien mil wones al mes. 이 일로 나는 한 달에 10만원 받는다. ② (단체·학교 따위에) 들어가다. Ha *ingresado* en la Escuela Superior de Comercio. 그는 상업고등학교에 입학했다. Mi mujer *ingresó* en un sanatorio. 아내는 어떤 요양소에 들어갔다. 图 입금하다. *Ingresa* cada mes su dinero en el banco. 그는 매월 은행에 저금하고 있다. ◇ **ingreso** 閭 ① 가입, 입회, 입학, 입원. Ha aprobado el examen de *ingreso* en la universidad. 그는 대학 입학시험에 합격했다. ②閭 입금, 수입. Hubo más gastos que *ingresos*. 수입보다 지출이 많았다.

iniciar [① cambiar] 图 ① 시작하다, (일을) 일으키다. Iniciaron

un debate. 그들은 우선 토론을 시작했다. ② [+en: …을] (…에게)가르치다, 전수하다. El me *inició* en las matemáticas. 그가 나에게 수학의 초보를 가르쳐 주었다. ◇ ~**se** 시작되다; [+en: …을] 자습하다. ◇ **inicial** 웹 처음의, 모두의. 예 머리글자. Escriba usted sólo las *iniciales* de su nombre. 이름의 머리글자만 적어 주십시오.

iniciativa 예 ① 선수; 주창(主唱), 발의(發議). Nuestra *iniciativa* no fue aprobada. 우리들의 발의는 인정되지 않았다. ② 독창, 창의. Es una persona de mucha *iniciativa*. 그는 독창력이 풍부한 사람이다. *tomar la iniciativa* 솔선해서 하다, 선수를 쓰다.

injuriar [①1 cambiar] 卧 욕설하다, 모욕하다; 손상시키다. Deja de *injuriarle*. 그를 욕설하는 것은 그만 두십시오. ◇ **injuria** 예 모욕, 잡소리; 손상. ◇ **injurioso,sa** 웹 모욕의. Le dirigieron unas palabras *injuriosas*. 사람들은 그에게 욕설을 퍼부었다.

injusto,ta 웹 부정한, 부당한. Consideramos *injusta* su reclamación. 우리는 당신들의 이의(異議)의 (신청)은 부당하다고 우리들은 생각합니다. ◇ **injusticia** 예 부정; 부정행위

inmediato,ta 웹 ① (곳·때가) 바로 가까운, 근처의. Su casa está *inmediata* a la mía. 그의 집은 내 집 바로 이웃이다. Están *inmediatas* las fiestas del pueblo. 마을의 축제가 바로 가까이 닥쳐 왔다. ② 당면의; 즉시의, 조속한. Me piden la contestación *inmediata*. 나는 조속한 회답을 요구 당했다. ◇ **inmediatamente** 用 즉각; 바로, 즉시(en seguida, en el acto). *Inmediatamente* voy a entrar en materia. 바로 본론에 들어 가겠다.

inmemorial 웹 기억에 없는; 먼 옛날의.

inmenso, sa 웹 끝없는, 광대한. Se extendía una *inmensa* llanura. 광대한 평원이 전개되고 있었다. ◇ **inmensamente** 用 매우, 끝없이. Te lo agradezco *inmensamente*. 나는 너에게 그 일을 매우 감사하고 있다. ◇ **inmensidad** 예 끝없음, 광대; 대양 (大洋).

inmigrar 囚 이민하다, 이주하다. ◇ **inmigración** 예 입국 이민. ◇ **inmigrante** 웹 입국 이민자.

inmoral 웹 부도덕한; 음란한. Es lamentable que recientemente haya muchas películas *inmorales*. 요즘은 음란한 영화가 많은 것은 딱한 노릇이다.

inmortal 웹 불멸의, 영원의. El alma es *inmortal*. 영혼은 불멸이다. ◇ **inmortalidad** 예 불멸(성). ◇ **inmortalizar** [⑨ alzar] 타 불멸·영원히 하다.

inmóvil 웹 ① 움직이지 않는, 고정된. Se quedó callado e *inmóvil*. 그는 잠자코 움직이지 않았다. ◇ **inmovilizar** [⑨ alzar] 타 움직이지 않게 하다, 고정시키다.

innato, ta 웹 타고난, 천성적인, 천성의.

innecesario, ria 웹 불필요한. Es *innecesario* decírselo. 그에게 그 말을 할 필요는 없다.

innegable 웹 부정·거부할 수 없는. Es *innegable* que tienes razón. 네가 옳다는 것은 부정할 수 없다.

innovar 턔 혁신하다, 새롭게 하다, 쇄신하다. Es difícil *innovar* las costumbres. 습관을 고치기는 어렵다. ◇ **innovación** 예 혁신, 쇄신. Se han hecho muchas *innovaciones* en la Universidad. 대학에서는 많은 개혁이 행해졌다.

innumerable 혱 무수한. Las estrellas se parecían a *innumerables* joyas. 별은 무수한 보석과 닮아 있었다. En la plaza había una multitud *innumerable* de estudiantes. 광장에는 무수한 학생이 있었다.

inocente 혱 ① 순결한; 순진한. Es tan *inocente* que cree todo lo que le dicen. 그는 지극히 단순해서 듣는 말은 무엇이든지 믿는다. ② 무죄의; 무해한. El juez le declaró *inocente* del supuesto delito. 재판관은 문제된 범죄에 대하여 그를 무죄라고 선고했다. 공 죄가 없는 사람; 호인. *hacerse el inocente* 시치미 떼다. No *te hagas la inocente*. (여자에게) 시치미떼지 마라. ◇ **inocencia** 예 순결; 순진; 무죄.

inofensivo, va 혱 무해한; 악의가 없는. No juzgaba prudente prohibir aquella reunión de *inofensivos* ciudadanos. 그 선량한 시민의 화합을 금지함은 현명하지 못하다고 그는 판단하고 있었다.

inolvidable 혱 잊을 수 없는; 잊어서는 안 되는. Desde aquel día, él fue una persona *inolvidable* para mí. 그날 이래 그는 나에게 잊을 수 없는 사람으로 되었다.

inquietar 턔 불안하게 하다, (인심·평정을) 어지럽히다. La noticia *inquietó* al pueblo. 그 소식은 민중을 불안하게 했다. ◇ ~**-se** [+con·de·por: …을] 걱정하다, 조바심하다. Nos *inquietamos por* no recibir noticias de ellos. 그들에게서 소식이 없어 우리들은 걱정하고 있다. ◇ **inquietante** 혱 조바심나게 하는, 온당치 않은.

inquieto, ta 혱 ① 불안한. Mamá está *inquieta* por tu enfermedad. 모친이 네 병을 걱정하고 있다. ② 안정되지 않은. Este es un niño *inquieto* y travieso. 이 어린이는 차분하지 못한 장난꾸러기이다. ◇ **inquietud** 예 불안, 걱정; 차분하지 못한; 소란.

inquisición 예 조사, 규명; 취조. ◇ **inquirir** [23 adquirir] 턔 조사하다, 규명하다; 캐다(indagar); 심문하다. ◇ **inquisitivo, va** 혱 조사·규명·심문하는.

inscribir [과거분사 inscri(p)to]턔 ① (글자를 돌·쇠 따위에) 새기다. *Inscribieron* su nombre en piedra. 그의 이름은 돌에 새겨졌다. ② (이름을) 기입하다(기명, 등기, 등록). Te *he escrito* en la lista de miembros. 나는 네 이름을 회원 명단에 기입해 두었다. ◇ ~**-se** 자기 이름을 등기·기재하다. ¿Quiere usted *inscribirse* en el registro de viajeros? 여행자 명부에 이름을 기입해 주시겠읍니까? ◇ **inscripción** 예 ① 비명, 비문(碑文). ② 기명, 등기, 등록. La *inscripción* para la matrícula no empieza hasta el día 20. 학적의 등록은 20일까지 시작되지 않는다.

insecto 예 벌레; 곤충. Las golondrinas se alimentan con *insectos* dañosos. 제비는 해충을 먹이로 한다. ◇ **insecticida** 예 살충제. ◇ **insectil** 혱 곤충의. ◇ **insectología** 예 곤충학

(entomología). ◇ **insectólogo, ga** 몡 곤충학자.

inseparable 휑 나눌 수 없는; 떨어질 수 없는. La alegría es *inseparable* del dolor. 즐거움이 있으면 괴로움도 있다(기쁨은 피로움에서 떨어질 수 없다).

insigne 휑 유명한, 명성이 높은(famoso, célebre). Es un poeta *insigne* de España. 그는 스페인의 유명한 시인이다. ◇ **insignia** 몡 기장(記章); 깃발.

insignificante 휑 의미가 없는, 하찮은. No te indignes con una cosa tan *insignificante*. 그런 하찮은 일에 성내지 마라. ◇ **insignificancia** 몡 그런 하찮은 일·것; 근소.

insinuar [14 actuar]톙 시사하다. Me *insinuó* que no tenía intención de comprarlo. 그는 그것을 살 생각이 없음을 나에게 암시했다. ◇ ~**se** 閑 [+con : …에게] 잘 아첨하다. *Se insinúa con* los poderosos. 그는 권력자에게 아첨한다. ◇ **insinuación** 몡 암시; 아첨. ◇ **insinuante** 휑 암시하는 듯한; 마음을 끄는 듯한.

insistir 閑 [+en : 의견·의지·희망을] 계속 가지다, 고집·역설·주장하다; 간원하다. *Insisto en* que él es el que lo hizo. 그 일을 한 사람은 그라고 나는 생각한다. Mi madre *insite en* que yo guarde cama dos días más. 내가 앞으로 이틀 더 자리에 누워있도록 모친은 굳이 말한다. ◇ **insistencia** 몡 집요함, 고집; 간원(懇願). Los niños me pidieron con *insistencia* que les llevara allí. 애들은 나에게 그 곳에 데리고 가도록 졸랐다. ◇ **insistente** 휑 집요한, 강요적인.

insoportable 휑 참을 수 없는. Durante el verano el calor es *insoportable* en Córdoba. 여름에는 꼬르도바의 더위는 참을 수 없다.

insospechado, da 휑 뜻밖의; 알지 못하고 있는. Nos hicimos amigos en una ocasión *insospechada*. 뜻밖의 기회에 우리들은 친구가 되었다.

inspección 몡 검사, 감사; 검사부, 감사부. Hicieron la *inspección* de equipajes en la frontera. 국경에서 짐의 검사가 행해졌다. ◇ **inspeccionar** 톙 검사하다, 감독하다. Vinieron a *inspeccionar* los trabajos. 그들은 일을 감독하러 왔다. ◇ **inspector, ra** 몡 장학관, 감독관, 장학관, 검찰관.

inspirar 톙① 숨쉬다. ②느끼게 하다, 생각하게 하다. Su modestia le *inspiró* mucha simpatía. 그의 신중함이 그녀에게 대단히 친밀함을 느끼게 했다. Yo le *inspiré* la idea de hacerlo. 그 일을 한다는 생각을 나는 그에게 착상케 했다. ◇~**se** [+en : …로부터]영감·암시·시사를 받다. *Se inspiró en* una frase de Cervantes para escribir el artículo. 그는 기사를 쓸 때 세르반떼스의 글귀에서 힌트를 얻었다. ◇ **inspiración** 몡① 숨을 들이마시는 일. ⟨*Inspiración profunda*⟩ decía el profesor de gimnasia. ⟨깊이 숨쉬고⟩라고 체조 선생이 말했다. ② 영감, 감흥; 영향. En un momento de *inspiración* escribió esta poesía. 그는 영감이 떠오른 순간에 시를 썼다.

instalar 톙① 앉히다; 설치하다, 가설하다. Quiero que *instalen* el teléfono aquí. 이곳에 전화를 가설해 주십시오. ②살게 하다.

Me han instalado en una habitación muy pequeña. 나는 매우 작은 방에 살게 되었다. ◇ **~se** 주거를 정하다; 가게를 차리다. Años después me instalé en Buenos Aires. 수년 후에 나는 부에노스·아이레스에 주거를 정했다. ◇ **instalación** 여 설치; 설비, 장치; 가설; 점포 개설.

instancia 여 간원, 간청; 출원; 원서. Ante la *instancia* de los alumnos resolvió encargarse de ese trabajo. 학생들의 간청으로 그는 그 일을 떠맡기로 결심했다.

instante 남 순간. Espéreme usted un *instante* que vuelvo enseguida. 곧 돌아올 것이니 잠깐 기다려 주시오. *en un instante* 홀연. *al instante* 즉시. Me contestó *al instante*. 그는 즉석에서 대답했다. ◇ **instantáneo, a** 형 즉석의; 즉흥의. No me gusta el café *instantáneo*. 나는 즉석 커피는 좋아하지 않는다. 여 스냅 사진.

instinto 남 본능; 직각력; 천분. El *instinto* de las abejas les hace ejecutar actos muy complicados. 꿀벌의 본능은 그들에게 지극히 복잡한 움직임을 시킨다. *por instinto* 본능적으로. ◇ **instintivo, va** 형 본능적인.

institución 여 제도, 시설, 기관. Aquello es una *institución* para recoger a los ancianos. 저것은 노인을 수용하는 시설이다. *institución pública* 공공 시설.

instituto 남 연구소; 학원; 중학교. Trabaja en el *Instituto* de América Latina. 그는 라틴 아메리카 연구소에서 일하고 있다.

instruir [74 huir]타 ① 교육하다, 훈련하다. ② [+de·en·sobre : …에게] (…에게) 가르치다; 알리다. Me *instruí* en el manejo de la máquina. 나는 그에게 기계 다루는 법을 가르쳤다. ③ 훈령하다, 지령하다. Si usted prefiere que depositemos este valor en un banco, sírvase *instruir*nos 이 증권을 은행에 맡기는 것이 좋다면 지시해 주십시오. ◇ **~se** [+de·en : …으로 부터] 배우다, 지식·보고·훈령을 받다. *Se instruye* mucho *en* la lectura de los libros. 사람은 책을 읽고 크게 배우는 바가 있다. ◇ **instrucción** 여 ① 교육, 훈련; 지식, 교훈. ② 복 지시, 훈령. Los géneros han sido fabricados con arreglo a sus *instrucciones*. 물건은 지시하신대로 만들어져 있읍니다. ◇ **instructivo, va** 형 교육적인, 교훈적인.

instrumento 남 ① 도구, 기구. El hombre no conocía entonces más *instrumento* que las piedras. 그 당시 사람은 돌 밖에는 도구를 몰랐다. ② 악기(instrumento músico). ¿Qué *instrumento* toca usted? 당신은 어떠한 악기를 다루십니까? ③ 수단, 방편. Yo no he sido sino un *instrumento* para sus negocios. 나는 그의 장사를 위한 방편에 지나지 않았다. ◇ **instrumental** 형 악기의, 악기에 의한. *música instrumental* 기악(器樂).

insultar 타 욕설하다, 모욕하다. Le *insultaron* delante de todo el mundo. 그는 여러 사람 앞에서 모욕을 당했다. ◇ **insulto** 남 욕설, 모욕.

intacto, ta 형 손대지 않는, 본래대로.

integral 형 완전한(entero); 온전한; 절대 필요한(esencial). ◇

integralmente 🅟 완전히, 빈틈없이.

integrar 🅣 ① 통합하다; 편입하다. Hay que *integrar* los esfuerzos dispersos en este punto. 산만한 노력을 이 점에 통합해야 한다. ② 구성하다. Estos países *integran* una federación. 이 나라들은 연맹을 만들고 있다. ◇ **integrante** 🅗 구성원, 요원.

íntegro, gra 🅗 ① 틀림없이 그대로의, 완전한. Tiene la costumbre de entregar el sueldo *íntegro* a su mujer. 그는 급료를 송두리째 아내에게 건네주기로 하고 있다. ② 공정한. Podemos confiar en él, es un hombre muy *íntegro*. 우리들은 그를 신뢰해도 좋다; 지극히 공정한 인물이니까. ◇ **integridad** 🅔 송두리째, 완전; 공정.

intelectual 🅗 지력의, 지적인; 지식이 있는. El desarrollo *intelectual* del niño es lento. 그 어린이의 지력의 발달은 늦다. 🅟 지식인, 유식한 사람. El nuevo gobierno tiene el apoyo de los *intelectuales*. 신정부는 지식인의 지지를 얻고 있다. ◇ **intelectualidad** 🅔 지력, 지성; 지식계급. ◇ **intelectualismo** 🅟 주지주의. ◇ **intelectualista** 🅗 주지주의의; 지식계급의. 🅟 주지주의자; 지식계급의 사람.

inteligente 🅗 현명한, 영리한, 똑똑한. Mi amigo es simpático e *inteligente*. 나의 친구는 느낌도 좋고 머리도 좋다. ◇ **inteligencia** 🅔 ① 지능, 예지. El hombre se distingue del animal por la *inteligencia*. 사람은 동물과 지능의 점에서 다르다. ② 양해, 합의. No hemos llegado a una *inteligencia* completa del asunto. 우리들은 그 것에 대해 완전한 합의에 달하지 못했다.

intención 🅔 의도, 의지. No tengo ninguna *intención* de comprometer su honor. 나는 당신의 명예를 위태롭게 할 생각은 조금도 없다. *de intención* 고의로. Ya sé que me lo dijo *de intención*. 그가 일부러 나에게 그 말을 한 것을 벌써 알고 있다. ◇ **intencionado, da** 🅗 모략이 있는. ◇ **intencional** 🅗 고의의.

intenso, sa 🅗 ① 강렬한, 격렬한; 심각한. El frío era *intenso*. 추위가 극심했다. Trabajaban bajo los *intensos* rayos del sol. 그들은 강렬한 햇볕을 쏘이면서 일하고 있었다. ② 【경제】 집약적인; [일반적으로] 철저한. ◇ **intensidad** 🅔 강함, 격렬함, 강도. ◇ **intensificar** 🅣 [7] *sacar*] 🅣 도수를 강하게 하다; 강렬하게・심각하게 하다. ◇ **intensivo, va** 🅗 집중적인, 집약적인; 뜻이 강한.

intentar 🅣 기도하다; 시도하다. *Intenté* abrir el cajón. 나는 서랍을 열려고 하였다. ◇ **intento** 🅟 의도; 시도. *de intento* 일부러.

intercalar 🅣 삽입하다. ◇ **intercalación** 🅔 삽입.

intercambio 🅟 교환(*cambio*); 통상, 무역(*intercambio comercial*).

interceder 🅙 중재하다(*mediar*). El *intercedió* ante José por el amigo. 그는 친구를 위해 호세에게 중재했다. ◇ **intercesión** 🅔 중재, 조정(*mediación*). ◇ **interceptar** 🅣 차단하다, 막다; 탈취하다, 횡령하다. ◇ **interceptación** 🅔 차단; 탈취, 횡령.

interés 🅟 [圏 *intereses*] 🅔 ① (이해)관계. Eso tiene mucho *interés* para mí. 그 일은 내게 크게 관계된다. ② 관심, 흥미. No demuestra el menor *interés*. 그는 최소 관심도 보이지 않는다.

tener interés en [*por*] …에 관심을 가지고 있다. *Tengo mucho interés en* [*por*] *la historia de América Latina.* 나는 라틴 아메리카 역사에 크게 관심을 가지고 있다. ③圈 이자. *El banco cobra los intereses.* 은행은 이자를 받아들인다.

interesar 圄 (…에) 관심·흥미를 가지게 하다. *Me interesa mucho el negocio.* 그 거래는 나의 관심을 크게 끈다. ◇~**se** [+en·por: …에] 관심·흥미를 갖다;마음을 끌리다. *El profesor se ha interesado por su salud.* 교수가 당신의 건강을 걱정하고 있었다. *Se interesó mucho en el negocio.* 그는 사업에 매우 관심을 가졌다. ◇ **interesado, da** 圈 [+en: …에] 관계한, 관여한; 관심·흥미를 가진. *Están interesados en vender la finca.* 그들은 그 대지를 파는데 관계가 있다. 圈 당사자, 이해관계자. ◇ **interesante** 圈 재미있는 (⇔ *aburrido*); 관심을 가질만한. *Me ha sido interesante la novela.* 그 소설은 내게는 재미있었다.

interino, na 圈 임시의; 대리의, 대신의. 圈 대리인. ◇ **interinidad** 囡 대리, 임시.

interior 圈 ① 가운데의, 안쪽의, 안방의. *Ha hecho usted un viaje por el mar interior?* 내해(內海)를 여행한 일이 있는가요. *Tengo algunas ropas interiores para lavar.* 세탁할 속옷이 약간 있다. ② 내심의. *Su vida interior era triste.* 그의 내면생활은 적적했다. 圈 국내의; 내부; 내심.

interjección 囡 〖문법〗 감탄사.

intermedio, dia 圈 중간의. *Quisiera una talla intermedia.* 나는 중간 치수가 필요합니다. 圈 중개; 중간 휴게; 막간. *por intermedio de* …을 통해서. ◇ **intermediar** 〖⑪ *cambiar*〗 困 사이에 넣다; 중재하다, 조정하다 (*interceder*). ◇ **intermediario, ria** 圈 중개자; 중개업자.

interminable 圈 끝이 없는. *Los estudiantes se cansaban de la interminable conferencia del profesor.* 학생은 교수의 기다란 강연에 지루해 하고 있었다.

intermitencia 囡 간단(間斷), 간헐(間歇). ◇ **intermitente** 圈 중간에 끊어지는; 간단의, 간헐의. ◇ **intermitir** 囮 중단하다, 중지하다.

internacional 圈 국가간의, 국제적인. *La situación internacional de estos días es muy compleja.* 오늘의 국제정세는 매우 복잡하다. ◇ **internacionalidad** 囡 국제성. ◇ **internacionalizar** 〖⑨ *alzar*〗 囮 국제화하다.

interno, na 圈 내부의. *Debemos procurar evitar discordias internas.* 우리들은 내부 분쟁을 피하도록 노력해야 한다. ◇ **internar** 囮 안으로 들어오게 하다. 困再 들어가다, (비밀스런 일 따위에) 관여하다; 깊이 파내리다. *Se internó en el monte.* 그는 산속에 깊이 들어갔다.

interponer 〖60 *poner*〗 囮 사이에 넣다·두다·끼우다; 간섭하다 (*intervenir*). ◇ **interposición** 囡 삽입; 게재; 간섭 (*intervención*).

interpretar 囮 ① 해석하다. *Me parece que has interpretado mal mis palabras.* 너는 내 말을 오해한 듯하다. ② 행하다, 연출

intervalo 圐 간격, 사이.

intervenir [59 venir] 困 ① 간섭하다, 끼어 들다. No quiero que *intervenga* nadie en este asunto. 이 문제로 아무에게도 간섭받고 싶지 않다. ② 참가하다, 참여하다. Quiere *intervenir* en este negocio. 그는 이 일에 참가하고자 한다. ◇ **intervención** 囵 간섭; 참가, 검사, (회계)검사.

interrogar [8 pagar] 困 묻다, 따져 묻다; 심문하다. La Policía *interrogó* a los dos acusándoles de haber violado la Ley de tráfico de Carreteras. 경찰은 도로교통법에 위반하였다고 하여 두 사람을 심문했다. ◇ **interrogación** 囵 심문; 의문; 질문(pregunta); [문법] 의문 부호(signos de interrogación: ¿?).

interrumpir 困 중단하다; 막다. Procura no *interrumpir* a otro cuando está hablando. 사람이 말할 때 막지 않도록 하여라. ◇ **interrupción** 囵 중단. ◇ **interruptor** 圐 스윗치.

intestino, na 圐 내부의; 집안의; 국내의. 圐 [해부] 장(腸).

intimidar 困 겁주다. ◇ **~se** 겁을 먹다. ◇ **intimidación** 囵 엄포.

íntimo, ma 圐 ① 내심의. Así lo juré en lo *íntimo* de mi corazón. 나는 마음 속에서 그렇게 맹세했다. ② 친밀한, 친절한(amable). Todos los que están aquí son mis *íntimos* amigos. 여기 있는 사람은 모두 나의 친우이다. ◇ **íntimamente** 圐 내심으로; 친밀하게. ◇ **intimar** 囼 알리다; 암시하다. 困 친해지다; 스며들다. ◇ **intimidad** 囵 ① 친밀. ② 圐 상호친목.

intoxicar [7 sacar] 囼 중독시키다(envenenar). ◇ **~se** 중독되다. ◇ **intoxicación** 囵 중독(envenenamiento).

intrigar [8 pagar] 困 음모를 꾸미다. ◇ **intriga** 囵 음모, 책략. ◇ **intrigante** 圐 음모자.

introducir [70 aducir] 囼 넣다; 인도하다; 끌어 들이다. La criada me *introdujo* en la sala de visitas. 하녀는 나를 응접실로 인도했다. *Introduje* la carta en el buzón. 나는 우체통에 편지를 넣었다. *Introdujo* esa nueva industria en el país. 그는 국내에 그 새로운 산업을 도입했다. ◇ **~se** 가운데 들어가다; 참가하다; 간섭하다. *Se han introducido* en la casa por el balcón. 그들은 발코니로 하여 집에 들어갔다. ◇ **introducción** 囵 삽입; 도입, 입문서, 안내, 소개; 서론; 서주, 전주곡; 서막.

intromisión 囵 침입; 간섭(intervención). ◇ **intrumisión** 囵 침입. ◇ **intruso, sa** 圐 침입하다. 圐 침입자.

intuición 囵 직각, 직관. Si conocemos a Dios, no es por razón, sino por *intuición*. 우리들이 신을 안다고 하면, 이성에 의해서가 아니고 직각에 의해서이다. ◇ **intuir** [74 huir] 囼 직관하다, 직각하다. ◇ **intuitivamente** 圐 직각·직관적으로. ◇ **intuitivo, va** 圐 직각적, 직관적인.

inundar 囼 침수시키다, 물에 잠기게 하다. La última tormenta

inútil 359 **investigar**

ha inundado más de 500 casas. 이번의 폭풍우는 500채 이상의 가옥을 침수시켰다. ◇ ~ **se** 홍수나다, 범람하다. ◇ **inundación** 예 홍수; 쇄도.

inútil 휑 무용, 무용한, 무익한, 쓸모없는 [↔ útil]. Este coche ya está *inútil*. 이 차는 이제 쓸모가 없다. Será *inútil* que se lo pidas. 네가 그에게 그 일을 부탁해도 소용없을 것이다. ◇ **inutilidad** 예 무용・무익(한 물건・일) ◇ **inútilmente** 튀 무익하게; 헛되이(en vano). Hicimos el viaje *inútilmente*. 우리는 헛되이 여행했다. ◇ **inutilizar** [⑨ alzar] 태 쓰지 못하게 만들다; 폐물로 만들다.

invadir 태 침입하다, 침략하다, 침해하다. Las tropas enemigas *invadieron* nuestro campamento. 적군이 우리 진지에 침입해 왔다. Le *invadió* un mal pensamiento. 나쁜 생각이 그의 마음을 좀먹었다. ◇ **invasión** 예 침입, 침략; 침해. ◇ **invasor, ra** 휑 침입하는, 침략하는. 명 침입자, 침략자.

inválido, da 휑 무효가 된(nulo), 무력한; 박약한. ◇ **invalidez** 예 무효; 병약. ◇ **invalidar** 태 무효로 하다(anular, infirmar).

invariable 휑 불변의; 일정한. ◇ **invariación** 예 불변. ◇ **invariablemente** 튀 변함없이.

invencible 휑 ①무적의, 패하는 일이 없는. Creía que sus ejércitos eran *invencibles*. 그는 자기의 군대는 무적이라고 믿고 있었다. ②극복할 수 없는. Se vio obligado a abandonar el plan ante un obstáculo *invencible*. 그는 극복할 수 없는 장애때문에 그 계획을 단념할 수 밖에 없었다.

invención 예 발명(품). La *invención* del teléfono se debe a Bell. 전화의 발명은 벨의 덕택이다.

inventar 태 ①발명하다. Galileo *inventó* el telescopio. 갈릴레오는 망원경을 발명했다. ②[빈번히 se를 뒤딸림] 창작하다; 날조하다. (*Me*) he *inventado* una canción para ti. 나는 너를 위해 노래를 만들었다. ◇ **inventor, ra** 휑 발명한, 창안자.

invento 명 발명(품). Este aparato es un *invento* mío. 이 기계는 나의 발명(품)이다.

invernáculo 명 온실.

invernar [⑲ pensar] 재 겨울을 지내다, 피한하다. Fueron a *invernar* a Busán. 그들은 겨울을 지내려고 부산에 갔다. ◇ **invernada** 예 겨울철. ◇ **invernadero** 명 피한지; 온실. ◇ **invernal** 휑 겨울의. ◇ **invernante** 명 피한객.

inverosímil 휑 진실답지 않은, 거짓말 같은. Esta historia parecerá *inverosímil*, pero es verdad. 이 이야기는 거짓말처럼 생각될 것이지만, 사실이다. ◇ **inverosimilitud** 예 진실답지 않은 것.

invertir [㊽ advertir] 태 ①역전하다, 거꾸로 하다, 전위하다. *Invierta* usted las tazas. 찻잔을 거꾸로 해주세요. ②투자하다. *Han invertido* mucho dinero en el negocio. 그는 그 일에 많은 돈을 투자했다. ③(시간을) 소비하다. ◇ **inversión** 예 역전, 전위; 투자. ◇ **inverso, sa** 휑 반대의.

investigar 태 연구하다, 조사하다. Hay que *investigar* quién lo

invierno 남 겨울. En *invierno* anochece muy temprano. 겨울은 대단히 빨리 해가 진다.

invisible 형 눈에 보이지 않는. El tren se hizo *invisible* detrás de la montaña. 열차는 산 쪽으로 보이지 않게 되었다.

invitar 타 ①부르다, 초대하다. Quisiera *invitarle* a una cena. 당신을 만찬에 초대하고 싶은데요. ②권하다, 재촉하다. Ayer la *invité* al cine. 어제 나는 그녀를 영화보러 가자고 권했다. ③[+a·para+*inf.* / +a+que+*subj.* …하도록] 부르다; 꾀다, 재촉하다. Vengo a *invitar* a ustedes *a que* vayamos juntos a la playa. 함께 바닷가로 가자고 당신들에게 권하러 왔소. ◇ **invitación** 여 초대; 권유. ◇ **invitado, da** 형 [+a : …로의] 초대 손님. Estamos *invitados* a una reunión mañana. 우리는 회합에 초대 받았다. Hoy tendremos *invitados*. 우리는 오늘 초대손님을 받을 것이다.

inyectar 타 주사하다. Ha ido al médico para que le *inyecten*. 그는 주사해 달라고 의사에게 갔다. ◇ **inyección** 여 주사; 주사액. El médico le puso una *inyección*. 의사는 그에게 주사 한 대를 놓았다. ◇ **inyectadora** 여 주사기. ◇ **inyector** 남 주사기;(보일러의) 급수기.

iodo 남 요도(yodo).

ion/ión 남 [물리] 이온. ◇ **ionización** 여 이온화; 전리(電離). ◇ **ionizar** [9] alzar] 이온화 하다, 전리시키다. ◇ **ionosfera** 여 전리층.

ir 55] 자 가다. ¿A dónde *va* usted? 어디 가십니까. *Voy* a la escuela. 나는 학교로 가는 길이오. ②[+ bien](걸)맞다, [+ mal] (걸) 맞지 않다. La situación *va* de mal en peor. 상황이 점점 나빠진다. Te *va* bien [*mal*] esa corbata. 그 넥타이는 네게 어울린다[어울리지 않는다]. ③[+ 현재분사] 점점 …으로 되다·하다, …하고 있다. El sol *va* apareciendo en el horizonte. 태양이 지평선에 점점 나타난다. ④[+a+*inf.*: …하러] 가다, …하려고 하다. Ayer *fuimos* a verla en su oficina. 어제 우리들은 그녀를 만나러 그녀의 사무소로 갔다. *Vamos a* comer. 먹으러 가자/자, 먹자. *Iba a* llover. 비가 오려 하고 있었다. ⑤[+por: …을를] 부르러·가지러 가다. *Voy por* mi sombrero. 나는 그 라자를 가지러 갔다 오겠다. ◇~**se** 가버리다, 떠나다. ¡*Vámonos*! 갑시다. ¡*Váyase*! 가세요. ¡Qué *se vaya*! 그가 가게 하세요. *Váyase* con la música a otra parte. 나를 귀찮게 말고 가세요. Siento que *se vayan* ustedes tan pronto. 당신들이 그렇게 빨리 가버리는 것은 섭섭하다. El buque *se fue* a pique. 배가 침몰했다. *ir de compras* [*paseo·excursión·pesca*] 장보기 [산책·소풍·낚시질]하러 가다. Ayer *fui de compras* después de cenar. 어제 나는 저녁식사 뒤에 장보러 갔다. *ir a pie* 걸어가다.

ir a caballo 말타고 가다. *ir en coche* 자동차로 가다. *ir de brazo* 팔을 끼고 걷다. *ir a medias* 똑같이 나누다.

ira 여 성냄, 분노. Ella descargó su *ira* contra los chicos. 그녀는 어린이들에게 (잘못도 없는데) 쏘아댔다 (분노를 터뜨렸다).

iracundo, da 형 성을 잘 내는. Estaba *iracunda* por lo que dije. 그녀는 내가 말한 것에 성을 냈다.

ironía 여 비꼼, 풍자; 【문법】반어(법). Me preguntó con *ironía* si quería dejar de estudiar. 그는 나에게 공부를 집어치우고 싶은 게 아니냐고 비꼬는 투로 물었다. ◇ **irónico, ca** 형 비꼬는, 풍자적인. No seas *irónica*. 비꼬지 마라.

irreflexión 여 경솔함; 반성하지 않음. ◇ **irreflexivo, va** 형 경솔한; 반성하지 않는.

irregular 형 ① 불규칙한. Hay muchos verbos *irregulares* en el español. 스페인어에는 불규칙동사가 많이 있다. ② 부정규(不正規)한; 단정치 못한. Llevaba una vida *irregular*. 그는 단정치 못한 생활을 보내고 있었다. ◇ **irregularidad** 여 불규칙, 변칙.

irreprochable 형 비난할 수 없는, 흠잡을 데 없는. Todo el mundo admira su *irreprochable* conducta. 누구나가 그의 흠잡을 데 없는 행동을 칭찬하고 있다.

irresistible 형 저항할 수 없는, 막을 수 없는. Me entró un deseo *irresistible* de comprarlo. 나는 아무래도 그것을 사고 싶은 욕망에 사로잡혔다.

irrespirable 형 호흡이 곤란한.

irresponsable 형 ① 책임이 없는. No se encontraba en el lugar, por eso es *irresponsable* del accidente. 그는 그곳에 있지 않았다 ; 따라서 사건에는 책임이 없다. ② 무책임한. Es muy *irresponsable* en su trabajo. 그는 일에 지극히 무책임하다. ◇ **irresponsabilidad** 여 무책임.

irrigar [8] pagar] 타 【의학】관장하다, 세척하다; 물을 대다 (regar). ◇ **irrigación** 여 관장(법); 관개(riego). ◇ **irrigador** 남 관장기, 세척기.

irritar 타 ① 성나게 하다. Su manera de hablar me *irrita* siempre. 나는 그의 말투에 언제나 성이 난다. ② 자극하다. Esta cocina me *irrita* la boca. 이 요리는 내 입을 짜릿하게 한다. ◇ ~se 격앙하다. ◇ **irritación** 여 격앙, 짜릿 짜릿한 느낌.

isla 여 섬. Me gustaría vivir en cualquier *isla* solitaria. 나는 어떤 고도에 살고 싶다. ◇ **isleta** 여 작은 섬.

islandés, sa 형 아이슬란드(Islandia)의. 명 아이슬란드사람. 남 아이슬란드말.

islándico, ca 형 아이슬란드의.

isleño, ña 형 섬의; 섬에 사는. 명 섬사람.

isleta 여 작은 섬; (자동차 도로 등의) 녹지대, 분리대.

islote 남 작은 섬; 바위섬.

isósceles 형 이등변의 (삼각형).

isoterma 여 동온선.

istmo 남 지협(地峽).

italiano, na 형 이탈리아(Italia)의. 명 이탈리아사람. 남 이탈리아

말.

ítem 囹 항목, 품목.

iterar 囲 반복하다, 되풀이하다(repetir). ◇ **iteración** 예 반복, 되풀이. ◇ **iterativo, va** 囹 반복의.

itinerante 囹 순회·이동하는. *embajador itinerante* 순회대사.

itinerario 囹 ① 노순(路順); 행정(行程). Tenemos que hacer el *itinerario* de nuestras vacaciones. 우리들은 휴가의 여정을 만들어야 한다. ②(철도의) 시각표. En esta guía se contienen todos los *itinerarios* de todas las líneas. 이 안내서에는 모든 노선의 모든 시각표가 실려 있다.

izar [⑨ alzar] 囲 게양하다, (높이) 올리다.

izq.ᵈᵃ, **izq.**ᵈᵃ izquierdo, izquierda.

izquierdo, da 囹 왼편의 [⊕ derecho]. Siento un dolor en el costado *izquierdo*. 나는 왼쪽 배에 아픔을 느낀다. 예 왼쪽, 왼손; 좌익, 좌파. Doble usted a la *izquierda* en el segundo cruce. 두째번 교차점에서 왼쪽으로 구부러지십시오. Ella estaba sentada a mi *izquierda*. 그녀는 내 왼쪽에 걸터앉아 있었다. ◇ **izquierdista** 囹 좌파의, 좌익의. 囹 좌파 사람, 좌익분자.

J

jabalí [복 jabalíes] 남 【동물】 멧돼지.

jabato, ta 형 새끼 멧돼지.

jebera 여 하베라 (안달루시아의 민요의 일종).

jabón 남 비누. Quiero una toalla y un *jabón* de olor. 나는 수건과 화장비누가 필요하다. ◇ **jabonar** 비누로 빨다. ◇ **jaboncillo** 남 (고형의) 화장·약용 비누. ◇ **jabonera** 여 비누곽·통. ◇ **jabonería** 여 비누 공장·가게. ◇ **jabonero, ra** 형 비누장수·직공.

jaca 여 【동물】 조랑말.

jacinto 남 【식물】 히아신스.

jactarse 재 [+de: …를] 일본말하다, 의시대다, 젠체하다. *Se jacta de* ser el más fuerte de todos. 그는 모두 중에서 제일 힘세다고 자만하고 있다. ◇ **jactancia** 여 자만, 자부, 으시댐. ◇ **jactancioso, sa** 매우 젠체하는.

jado 남 【광물】 비취, 경옥.

jamás 부 결코 …않다(nunca). No he dicho *jamás* tal cosa [*Jamás* he dicho tal ~sa]. 나는 결코 그런 말을 한 일이 없다.

jamón 남 【식품】 햄.

japonés, sa 형 일본(Japón)의. 남 일본사람. 남 일본말.

jarabe 남 당밀, 시럽; 멕시코의 춤(의 일종).

jardín 남 뜰, 정원; 공원. Hay muchas flores en el *jardín*. 뜰에는 꽃이 많이 있다. *jardín botánico* 식물원. *jardín de la infancia* 유치원. *jardín de recreo* 유원지. *jardín zoológico* 동물원. ◇ **jardinero, ra** 남 정원사, 정원지기; 조원(造園)가.

jarro 남 (손잡이가 하나인) 단지, 주전자; 자루 달린 맥주잔. Nos bebimos entre los tres un *jarro* de cerveza. 우리들 세 사람이 한 잔의 맥주를 마셨다. ◇ **jarrón** 꽃병, 큰 항아리.

jaula 여 새장; 우리. El pájaro se escapó de la *jaula*. 작은 새가 새장으로부터 날아가 버렸다.

jazmín 【식물】 쟈스민.

jazz 남 째즈.

jefe 남 우두머리, 대장. Quiero ver al *jefe* de la estación. 나는 역장을 만나고 싶다. *en jefe* 수석의. *jefe de familia* 가장(家長).

jerarquía 여 계급; 계급제도·조직; 상류계급. La *jerarquía* produce muchos problemas sociales. 계급제도는 많은 사회문제를 야기하고 있다. ◇ **jerárquico, ca** 계급의, 계급에 의한.

jerez 남 헤레스 (스페인산 백포도주).

jeringa 여 관장기; 주사기. ◇ **jeringar** [⑧ pagar] 관장하다, 주사 놓다. ◇ **jeringazo** 남 관장(액); 주사.

jersey 남 스웨터 (suéter). Ponte el *jersey*, que hace frío. 추우니까 스웨터를 입으시오.

jesuita 형 예수회 (Compañía de Jesús)의. 남 예수회의 수도사.

jesús 감 예수. 감 저런, 아이고 [놀라움·슬픔·안도 따위].
jesucristo 남 예수 그리스도.
jinete 남 기수(騎手). A la tarde volvía a pasar el gallardo *jinete*. 오후에는 또 그 사람이 늠름하게 말을 타고 지나갔다.
jira 여 원족, 소풍, 여행, 피크닉. *jira campestre* 피크닉. *jira de inspección* 시찰 여행.
jirafa 여 【동물】 기린.
jornada 여 ①(하루의) 행사, 일정 ; 여정. ¡Qué *jornada* tan larga! 꽤 긴 여정이다! ②(1일분의) 노동, 노동시간. Su *jornada* es de ocho horas. 당신의 노동은 8시간이다.
jornal 남 ①일급(日給). Mi *jornal* es de cinco pesos. 내 일급은 5 페소이다. ②(한 사람의) 노동시간. Para esta obra se necesitarán unos cien *jornales*. 이 사업에는 대략 100인분의 노동시간이 필요할 것이다. *a jornal* 날품으로. Trabajo *a jornal* en la fábrica. 나는 그 공장에서 날품으로 일하고 있다. ◇ **jornalero, ra** 남 날품팔이꾼.
joroba 여 곱추. ◇ **jorobado, da** 곱추의. 남 곱추(사람).
jota 여 호따(스페인의 민요·민속무용의 하나). Baila [Canta] muy bien las *jotas*. 그녀는 호따를 대단히 잘 춘다 [노래한다].
joven (복 **jóvenes**) 형 ① (반 *viejo*). Aunque *joven*, tiene mucha razón. 그는 젊지만 매우 이치에 맞고 있다. 명 청년, 젊은이. Los *jóvenes* son tesoros de la nación. 청년은 나라의 보배이다. ◇ **jovenzuelo, la** 형 [joven의 축소형 ; 경멸적] 젊은. 명 꼬마, 어린 소녀.
jovial 형 활달한, 쾌활한(alegre). ◇ **jovialidad** 여 활달함, 쾌활함. ◇ **jovialmente** 부 활달하게, 쾌활하게.
joya 여 ①보석 장식품, 보석류. Tiene varias *joyas* preciosas. 그녀는 값비싼 보석류를 여러가지 갖고 있다. ②보배. Mi mujer es una *joya*. 나의 아내는 보배이다. ◇ **joyería** 여 보석 장식 상점, 보석점. ◇ **joyero, ra** 남 보석장식품 직공 ; 보석상인. 남 장신구 상자, 보석상자.

jubilarse ①퇴직하다(retirarse). Cuando cumpla sesenta años me *jubilaré*. 나는 만 60세가 되면 퇴직한다. ② 기뻐하다(alegrarse). ◇ **jubilación** 여 퇴직 ; 연금. ◇ **jubilado, da** 명 (정년) 퇴직자.
júbilo 남 환희, 큰 기쁨. Al pasar el equipo triunfante, saltaron con *júbilo* los aficionados. 승리한 팀이 지나가니까 팬들이 크게 기뻐하여 뛰어올랐다. ◇ **jubiloso, sa** 크게 기뻐하는.
judía 여 【식물】 강남콩(frijol, frejol). Déme una libra de *judías*. 강남콩 1파운드 주세요.
judío, día 형 유다(Judea)의. 명 유다사람.
juego 남 ①장난 ; 놀이, 유희. Lo hago por *juego*. 나는 장난으로 그 짓을 하고 있는 것이다. ②경기, 시합, 게임. Este es un *juego* muy popular en España. 이것은 스페인에서 대단히 인기가 있는 게임이다. *Juegos Olímpicos* 올림픽 경기. ③ 얽어 맞춤 ; (기구·용품의) 한벌, 세트. Quiero regalarles un *juego* de café. 나는 커피세트를 그들에게 선물했다. *hacer juego (con)* (…

jueves 【단·복수 동형】 圐 목요일. *Jueves* Santo 성주간의 목요일.

juez [圈 jueces] 圐 재판관; 심판(자). Actuó de *juez* en la disputa. 그는 토론에서 심판역을 맡았다.

jugar [28] 因 ① 놀다, 장난하다. Los niños están *jugando* en el parque. 어린이들은 공원에서 놀고 있다. *jugar* al tenis [fútbol·béisbol·vólibol·básquetbol] 정구[축구·야구·배구·농구]를 하다. Vamos a *jugar* al tenis. 정구를 하고 놀자. ② 경기·시합·도박을 하다. Mañana *jugamos* con el equipo A. 우리는 내일 A팀과 시합을 한다. ③ [+con](…와) 맞다, (…와) 잘 맞다. Este mueble no *juega* bien *con* el decorado. 이 가구는 장식과 걸맞지 않다. 国 ① (유희·경기·승부 따위를) 하다. Vamos a *jugar* una partida de ajedrez. 장기 한 판 두자. ② (돈을 내기에) 걸다. *Ha jugado* todo su dinero. 그는 돈을 모두 걸었다. ◇ ~se 생명·재산을 걸다. Voy a *jugarme* la vida en este negocio. 나는 이 일에 목숨을 걸 작정이다. ◇ **jugador, ra** 囤 ① 경기자, 선수; 노름꾼. *jugador* profesional 직업선수.

jugo 圐 ① 국물, 액체; 과즙(zumo); 수액(樹液). Me gusta el *jugo* de tomate. 나는 토마토 주스를 좋아한다. ② 정(精), 정수(精髓). Al leer un libro, debemos procurar sacarle el *jugo*. 책을 읽을 경우, 제일 중요한 점을 꺼내도록 해야 한다. ◇ **jugoso, sa** 囤 ① 국물·물기가 많은; 이익이 많은; 자양이 있는.

juguete 圐 장난감. ¿Qué *juguete* quieres? 너는 어떤 장난감이 갖고 싶으냐. ◇ **juguetería** 囤 완구점. ◇ **juguetón, na** 囤 장난을 좋아하는. 囤 장난꾸러기.

juicio 圐 ① 이성, 본정신. No estaba en su *juicio*. 그는 본정신은 아니었다. ② 사려, 분별. Es un hombre de mucho [poco] *juicio*. 그는 사려깊은 [얕은] 사람이다. ③ 의견(opinión), 생각(pensamiento). Coincide tu *juicio* con el mío. 너의 의견은 내 의견과 일치하고 있다. ④ 재판; 심판, 판정. Se celebró el *juicio* y le condenaron a cinco años de cárcel. 재판이 열려 그는 5년의 징역에 처해졌다. ◇ **juicioso, sa** 囤 사려깊은, 현명한.

julio 圐 7월.

junio 圐 6월.

junta 囤 ① 집회, 회의(conferencia). Ayer tuvimos la *junta* general. 어제 총회를 개최했다. ② 위원회. La *junta* renunció en pleno. 위원회는 총사직했다.

juntar 国 모이게 하다(결집). *Junté* todo el dinero. 나는 가진 돈 전부를 모았다. *Junte* usted aquí a los muchachos. 어린이들을 여기 모아 주십시오. ◇ ~se 함께 있다, 모이다. No *te juntes* con ellos. 너는 그들과 함께 있지 마라.

junto, ta 囤 함께. Los dos van *juntos* siempre. 저 두 사람은 언제나 함께 있다. 囲 [+a: …에] 붙어서, 옆에; 동시에. Estaba sentada *junto a* la ventana. 그녀는 창가에 걸터 앉아 있었다.

Tocaban, cantaban y bailaban, todo *junto*. 그들은 악기를 연주하고, 노래하고, 춤추는 것을 모두 동시에 하고 있었다. ◇ **juntamente** 🔄 함께, 동시에.

jurado 🔄 ① (콩쿠르, 시험 따위의) 심사회; 협의회. El *jurado* premió al más apto. 심사회는 최우수자에게 상을 주었다. ②심사위원 *jurado mixto* 노사합동협의회.

juramento 🔄 ① 맹세, 선서. No quiso pronunciar ningún *juramento*. 그는 어떠한 선서도 말도 하려 하지 않았다. ②욕설, 저주. Se marchó oyendo detrás de sí los *juramentos* de la gente. 그는 사람들의 욕설을 등 뒤에 들으면서 사라졌다.

jurar 🔄 맹세하다, 선서하다. *Juro* que yo no soy el que lo hizo. 그 짓을 한 사람은 내가 아니라는 것을 맹세한다.

jurídico, ca 🔄 사법·법률(상)의. Pido que se haga exacta y *jurídica* averiguación de este asunto. 나는 이 문제에 대해서 정확한 법률적 조사가 행해지도록 요구한다.

justicia 🔄 ① 정의, 공정; 정당성. Siempre venimos pidiendo *justicia*. 우리들은 언제나 정의를 요구해 왔다. Sus palabras faltan a la *justicia* 그의 말은 정당성이 결여되어 있다. ② 재판. Al fin recurrieron a la *justicia*. 끝끝내 그들은 재판에 호소했다. ③ [추상적] 재판소; 경찰. Está escondido, huyendo de la *justicia*. 그는 경찰을 피해 숨어 있다. *de justicia* 당당하게. ◇ **justiciero, ra** 🔄 바른, 공정한, 엄격한; 엄벌주의의.

justificar [7] sacar] 🔄 ①정당화하다, 정당하다고 인정하다. Esa razón no es bastante para *justificar* el fracaso de la empresa. 그 이유는 기업의 실패를 정당화하는데 충분치는 않다. ② 이유 붙이다, 증명하다, 변명하다. Si es verdad que no lo hiciste, *justifícamelo*. 네가 그것을 하지 않았다는 것이 사실이라면, 내게 그 이유를 말해라. ◇ **justificación** 🔄 정당화; 증명, 해명. ◇ **justificado, da** 🔄 바른, 정당한; 공정한.

justo, ta 🔄 ① 바른, 공정한. Es *justo* lo que dices. 네가 말하는 것은 옳다. ②정확한; 확실한. La cuenta es *justa*. 그 계산은 정확하다. El tren llegó a la hora *justa*. 열차는 정확한 시간에 도착했다. ③ 정확하게; 바르게; 딱맞게. Vino *justo* cuando arrancaba el tren. 그는 열차가 떠나는 바로 그 때에 왔다. **justamente** 🔄 마침(그대로이다), 꼭맞게, 정확하게.

juvenil 🔄 청춘의, 젊음이 넘치는. Todavía tiene un aspecto *juvenil*. 그녀는 아직 젊음이 넘치는 얼굴을 하고 있다.

juventud 🔄 ① 청춘, 청춘시대. Esta es la casa donde pasé mi *juventud*. 이것이 내가 청춘시대를 지냈던 집이다. ②[집합적] 청년, 젊은이들. Excitó a la *juventud* a la campaña política. 그것은 청년을 정치운동에 몰아세웠다.

juzgar [8] pagar] ①생각하다, 판단하다. El *juzga* que tengo culpa. 내가 나쁘다고 그는 판단하고 있다. No le *juzgo* perezoso. 나는 그가 게으름뱅이라고는 생각하지 않는다. No creo que te equivocas. 네가 잘못했다고 생각하지 않는다. ② 재판하다, 재정하다. No me gusta *juzgar* los actos ajenos. 나는 타인의 행동을 이러쿵저러쿵하는 것은 싫다. ◇ **juzgado** 🔄 법정.

K

kabak 🔲 (러시아의) 주점.
kaiser 🔲 카이제르.
kaki 🔲 ①카키색, 카키복. ②【식물】감(caqui).
kan 🔲 칸 (몽고·중앙아시아의 통치자).
kanguro 🔲 【동물】캉가루(canguro).
kaolín 🔲 고령토.
kepis 🔲 군모(軍帽)(quepis).
kilo [kilogramo의 생략형] 🔲 킬로(그램).
kilogramo 🔲 킬로그램. Déme dos *kilogramos* de patatas. 감자를 2킬로그램 주십시오.
kilólitro 🔲 킬로리터.
kilómetro 🔲 킬로미터. *kilómetro cuadrado* 평방 킬로미터. ◇ **kilométrico, ca** 🔲 이정(里程)의; 기다란. 🔲 거리제의 승차권.
kilotex 🔲 【단·복수 동형】킬로빅스 (섬유량의 단위).
kilovatio 🔲 킬로와트.
kindergarten 🔲 유치원(jardín de la infancia).
kiosco 🔲 (정자처럼) 작은 건물; 매점, 신문 판매대, 구멍가게 (quiosco, puesto).
kodac/kodak 🔲 코닥, 소형 카메라.
kolma 🔲 【광산】우라늄광.
kremlín 🔲 [보통 el과 함께 대문자로 사용함] 크레믈린 궁전.
kümmel 🔲 퀴멜주(酒).
kv., k. w. kilovatio.

L

l letra 어음; ley 법; libro 책; litro 리터.

l. libra(s) esterlina(s) 영국의 파운드화(貨).

L/ letra; licenciado 학사.

la 관 [정관사의 여성 단수형]. *La* risa es *la* sal de *la* vida. 웃음은 인생의 소금이다. 때 [3인칭 여성 단수의 대격 대명사] 그것을, 그녀를; 당신을. Aquí hay una carta; entréga*la* a tu padre. 여기 편지가 있다; 그것을 너의 아버지께 드려라. *La* invité al cine. 나는 그녀를 극장에 가자고 권했다.

laberinto 남 미궁, 미로; 뒤얽힘.

labio 남 입술. Se mordió los *labios* conteniendo rabia. 그는 분노를 참으면서 입술을 깨물었다. *labio* leporino 언청이. *lápiz de labios* 립스틱.

labor 여 ① 일, 노동, 업무. Las *labores* del campo son penosas. 밭일은 힘이 들었다. ② 재봉, 수예(품). Las señoras se reúnen a hacer *labor*(es). 부인들이 수예를 하려고 모였다. ◇ **laborable** 형 일할 수 있는. *día laborable* 근무일. ◇ **laboral** 형 노동(자)의.

laborar 자 잔꾀를 부리다, 공작을 하다. Está *laborando* por su porvenir. 그는 자기 장래를 위해 공작을 하고 있다.

laboratorio 남 실험실, 시험소, 연구소. Trabaja en el *laboratorio* de física de la Universidad. 그는 대학의 물리학 실험실에서 일하고 있다.

laborioso, sa 형 ① 근면한(diligente, trabajador). El joven es muy *laborioso*. 그 청년은 매우 근면하다. ② 힘드는, 어려운. Hacer un libro es una trarea *laboriosa*. 책을 만드는 것은 힘드는 일이다. ◇ **laboriosidad** 여 근면(diligencia).

labrar 타 ① (…에) 세공을 하다. ② 밭갈다(arar); 경작하다(cultivar). Siente gozo en *labrar* el campo. 그는 밭가는 일에 기쁨을 느끼고 있다. ◇ **labrador, ra** 농부. ◇ **labranza** 여 경작, 농사; 논, 밭.

labriego, ga 명 농부(labrador). Los *labriegos* trabajaban bajo un sol ardiente. 농부들은 타는 듯한 태양 밑에서 일하고 있었다.

lacayo 남 졸병, 마부; 제복을 입은 하인.

lacerar 타 상처를 입히다. 자 애먹다; 고통스러워 하다.

lacio, cia 형 시든; 풀린; 쇠약해진.

ladera 여 사면, 산허리, 비탈, 기슭. Las vacas pacían en las verdes *laderas* de la colina. 소가 언덕의 초록색 기슭에서 풀을 먹고 있었다.

lado 남 ① 옆; 측면. Siéntese a mi *lado*. 제 옆에 앉으세요. La iglesia está al *lado* derecho de la calle. 교회는 거리의 오른쪽에 있다. Ponte a un *lado*. 옆으로 비켜라. ② [신체] 옆구리. Tengo un dolor en el *lado* izquierdo. 나는 왼쪽 옆구리가 아프다.

al lado de …의 쪽·옆에; …에 비교하면. Su casa está *al lado de* la mía. 그의 집은 내 집의 이웃에 있다. *al otro lado* 맞은편에, 건너편에. El Japón está *al otro lado* del mar. 일본은 바다 건너편에 있다.

ladrar 困 짖다. El perro viejo no *ladra* en vano. 늙은 개는 헛되이 짖지 않는다. ◇ **ladrido** 閉 짖는 소리. ◇ **ladrador, ra** 囲 짖는. Perro *ladrador*, poco mordedor. 말수가 없는 사람이 무서운 사람이다(짖는 개는 거의 물지 않는다.)

ladrillo 閉 벽돌, 타일. Mi casa es de *ladrillo*. 우리 집은 벽돌집이다.

ladrón, na 閉 도둑. La ocasión hace al *ladrón*. 기회가 도둑을 만든다.

lagarto 閉【동물】도마뱀. ◇ **lagartijo** 閉 새끼 도마뱀.

lago 閉 호수, 연못, 늪. Hay un *lago* bonito a poca distancia de mi casa. 우리 집에서 과히 멀지 않은 곳에 아름다운 호수가 있다.

lágrima 여 눈물. Tenía los ojos llenos de *lágrimas*. 그녀는 눈에 눈물을 잔뜩 머금고 있었다. *a lágrima viva* 눈물 흘리고 우는 모습. La madre lloró *a lágrima viva*. 모친은 심히 울었다.

laguna 여 작은 연못, 늪.

laico, ca 囲 속인의, 재가(在家)의. 閉 재가의 신자.

lamentar 囮 한탄하다, 서운해하다. *Lamentamos* no poder acceder a su solicitud de descuento. 할인의 요망에 응하지 못하는 것을 유감으로 생각합니다. Lo *lamento* mucho. 매우 섭섭합니다. *Lamento* mucho lo ocurrido. 사건이 일어나 매우 유감이다. *Lamento* que no puedas venir conmigo. 네가 함께 못 오는 것은 유감이다. ◇ **lamentable** 囲 한탄스러운. ◇ **lamentación** 여 탄식, 한탄, 슬픔의 소리. ◇ **lamento** 閉 탄식, 한탄.

lamer 囮 핥다, 빨다. No te *lamas* los dedos. 손가락을 빨지 마라.

lámina 여 ① 금속판. ②(책의) 삽화, 사진. Las *láminas* de este libro son todas bonitas. 이 책에 있는 사진은 모두 아름답다.

lámpara 여 ① 램프; 전등, 전기 스탠드. Encienda la *lámpara* de aceite. 석유 램프에 불을 켜라. ② 진공관. Voy a comprar unas *lámparas* de radio. 나는 라디오의 진공관을 사러 가는 길이다. ◇ **lamparilla** 여 작은 전구; (소형의) 석유풍로.

lana 여 ① 양털; (동물의) 털. Pasa un perro con unas *lanas* largas. 긴 털이 있는 개가 한 마리 걸어가고 있다. ② 모직물. El traje es de *lana*. 그 옷은 모직물이다.

lance 閉 ① 위기, 아슬아슬함. Nos ocurrió un *lance* peligroso. 우리들은 아슬아슬한 위태로운 처지에 세워졌다. ②(연극·소설의) 절정, 고비. La obra está llena de *lances* divertidos. 그 작품에는 재미있는 고비가 잔뜩 있다.

lancha 여 거룻배. La *lancha* se deslizó hacia la isla. 거룻배는 그 섬으로 미끄러지기 시작했다.

langosta 여【동물】새우;【곤충】메뚜기. Una nube de *langostas* arrasó toda la comarca. 메뚜기의 구름(떼)가 전 지역을 황폐

하게 만들었다.
lánguido, da 형 노곤한, 나른한. ◇ **languidez/languideza** 노곤함, 나른함.
lanza 여 창(槍).
lanzallamas 【단·복수 동형】 남 화염 방사기.
lanzar [알 alzar] 타 ① 던지다(arrojar, tirar); 놓다; 발사하다, 쏘아대다. Los niños *lanzaban* piedras al estanque. 어린이들이 연못에 돌을 던지고 있었다. ② (한숨·불평 따위를) 토하다; (고함 소리 따위를) 내지르다. La vieja *lanzó* un suspiro [grito]. 노파는 한숨을 쉬었다[고함소리를 내었다]. ◇ **-se** 뛰어 나가다·들다, 뛰어 덤비다; 돌진하다. El león *se lanza* sobre su presa con mucho cuidado. 사자는 대단히 조심스럽게 먹이에 뛰어 덤빈다. ◇ **lanzamiento** 남 던짐; 처올림; 쏘아 댐.
lapicera 여 연필꽂이.
lapicero 남 연필끼우개; 샤프 펜슬; 펜촉.
lápida 여 비, 비석, 비문.
lápiz 【복 lápices】 남 연필. Escriba usted con *lápiz*. 연필로 쓰십시오.
lapso 남 경과, 기간; 실수, 과실.
largo, ga 형 [시간적·공간적] 긴 (반 corto). Él tiene los brazos muy *largos*. 그는 팔이 매우 길다. No ha llovido por *largo* tiempo. 오랫동안 비가 오지 않는다. En verano el pelo *largo* estorba mucho. 여름에는 긴 머리는 매우 방해가 된다. 남 길이(longitud, largueza, largura). ¿Cuál es el *largo* del puente? 다리의 길이는 얼마쯤인가? Tiene cinco pies de *largo*. 길이가 5피트이다. **a lo largo de** …을 따라서. Camine usted *a lo largo del* río. 냇물을 따라서 가십시오. ¡*Largo* de aquí! 여기서 나가!
laringe 여 【해부】 후두(喉頭).
laríngeo, a 형 후두의.
laringitis 여 【의학】 후두염.
larva 여 구더기, 유충.

las 관 【정관사의 여성복수형】. A mi madre le gustan *las* flores. 내 모친은 꽃을 좋아한다. 대 【3인칭 복수의 대격 대명사】 그것들을, 저것들을; 그녀들을; 당신들을. ¿Has comprado *las* entradas para el teatro?—Sí, *las* he comprado. 극장 입장권을 샀는가. —예, (그것들을) 샀읍니다. *Las* invité a la cena. 그는 그녀들을 저녁 식사에 초대했다.
lástima 여 ① 애처로움, 슬픔. Me da *lástima* verlo. 그것은 보기만 해도 애처롭다. ② 미안, 유감. ¡Qué *lástima*! 유감입니다, 안됐군요. Es (una) *lástima* que no hayas venido más temprano. 네가 좀 더 빨리 오지 않았던 것은 유감이다. ◇ **lastimoso, sa** 형 애처로운, 슬픈. La familia se hallaba en un estado *lastimoso*. 그 가정은 애처로운 상태였다.
lastimar 타 상처내다, 아프게 하다. Estos zapatos me *lastiman*. 이 구두는 발을 상하게 한다. ◇ **-se** ① 부상하다. Me *lastimé* el pie al caerme. 나는 넘어질 때에 발을 다쳤다. ② [+de] …에

lata 여 ①【금속】함석; (통조림 따위의) 통. Se puede tapar el agujero con una *lata*. 그 구멍은 함석으로 때울 수 있다. ②성가신 일. ¡Qué *lata* tener que invitarle? 그를 초대해야 한다니 귀찮은 일이로군!

lateral 형 측면의, 옆의.

látex 남 【단·복수 동형】【식물】유액(乳液).

latigazo 남 채찍질, 질책.

látigo 남 채찍.

latín 남 라틴어.

latino, na 형 라틴민족의, 라틴 계통의; 라틴어의.

latir 자 두근거리다(palpitar). El corazón me *latía* fuertemente. 나는 심장이 심히 두근 두근하고 [맥박이 뛰고] 있었다. ◇ **latido** 남 고동, 맥박.

latitud 여 ①옆, 폭. ②위도 [⇔ longitud]. El barco está a 38 grados de *latitud* norte. 배는 북위 38도에 있다. ③풍토, (위도상으로 본) 지방. El hombre puede vivir bajo todas las *latitudes*. 사람은 어떠한 기운의 지방에서도 살 수가 있다.

latoso, sa 형 귀찮은, 번거로운. 골치 아픈.

laurel 남 ①【식물】월계수. ②명예, 승리. Ganó el *laurel* de la victoria. 그는 승리의 영광을 얻었다.

lava 여 【지질】용암.

lavamanos 남 【단·복수 동형】세수 대야.

lavaplatos 남 접시 씻는 곳.

lavar 타 씻다; 세탁하다. Quisiera que me *lavasen* estas ropas. 이 옷을 빨아 주었으면 하는데요. ◇ **~se** (자기의 몸·얼굴·손 따위를) 씻다. Me *lavo* la cara con agua caliente. 나는 더운물로 낯을 씻는다. *Lávate* 씻어라. ◇ **lavabo** 남 세면대, 변소. ◇ **lavado** 남 세면대; 세면소, 변소. ◇ **lavadora** 여 세탁기. *lavadora eléctrica* 전기 세탁기. ◇ **lavandero, ra** 남 세탁하는 사람. ◇ **lavandería** 여 세탁장.

lavarropas 남 【단·복수 동형】세탁기.

lavativa 여 세장약(洗腸劑).

laxante 형 부드럽게 하는; 하제(下劑)의. ◇ **laxación** 여 이완, 느슨해짐; 설사.

lazo 남 덫; 결합; 고삐. Estamos unidos por *lazos* de amistad. 우리들은 우정의 유대로 맺어져 있다.

le 대 ①[3인칭 단수 여격 대명사] 그·그녀·당신에게; 그·그녀·당신에게서. *Le* doy muchas gracias. 나는 당신에게 감사드립니다. Será mejor no decirle nada. 그[그녀]에게 아무 말도 않는 편이 좋겠다. *Le* robaron todo el dinero. 그는 돈을 몽땅 도둑맞았다. ②[남성의 경우 대격으로] 그를, 당신을. Quiero visitar*le* mañana. 내일 그 [당신]를 찾아보고 싶다.

leal 형 충실한, 성실한. El perro es *leal* a su amo. 개는 주인에게 충실하다. ◇ **lealtad** 여 충실; 성실.

lección 여 ①공부, 과업; 수업. Tengo *lección* de la literatura española por la tarde. 나는 오후에 스페인문학 수업이 있다. ②

lector, ra 372 **legítimo, ma**

(교과서 따위의) 과. Repasen ustedes la *lección* veintiuna. 제 21과를 복습하십시오. ③교훈. No puedo olvidarme de las *lecciones* de mi padre. 나는 부친의 교훈을 잊을 수 없다.

lector, ra 图 ① 독자. ¿Qué pensáis de esto, *lectores*? 독자 여러분, 이 일을 어떻게 생각하십니까. ②(대학에서 외국어의) 강사. Es *lector* de español. 그는 스페인어 강사이다.

lectura 예 독서, 읽기, 강독. La *lectura* eleva la cultura del hombre. 독서는 사람의 교양을 높인다.

leche 예 젖, 우유; 우유모양의 액체. La *leche* es muy buena para la salud. 우유는 건강에 대단히 좋다. *leche* de la madre 모유(母乳). *leche* concentrada [condensada] 연유. *leche* en polvo 분유. *vaca de leche* 젖소. ◇ **lechería** 예 우유 가게. ◇ **lechero, ra** 圈 젖의, 우유의. *vaca lechera* 젖소. 图 우유 파는 사람, 젖 짜는 사람. 우유·젖 담는 그릇. ◇ **lechar** 国 젖을 짜다.

lecho 图 ①침상, 잠자리, 침대(cama). Llevaron al enfermo al *lecho*. 사람들은 환자를 침대로 날라갔다. ②하상(河床). Hay muchas piedras en el *lecho* del río. 하상에는 많은 돌멩이가 있다.

lechón, na 图 (새끼)돼지; 더러운 인간.

lechuga 예 [식물] 상치.

lechuza 예 [새] 부엉이.

leer [75] 国 ① 읽다. *Leyó* la carta repetidas veces. 그녀는 그 편지를 몇 번이고 읽었다. No he *leído* todavía esa novela. 나는 그 소설을 아직 읽은 일이 없다. ②읽어내다, 추측하다. *Leí* en sus ojos lo que pensaba. 그가 무엇을 생각하는지 나는 그의 눈빛으로 알았다. 困 독서를 하다. Ayer pasé *leyendo* toda la tarde. 어제 나는 독서를 하면서 오후 내내를 지냈다.

legajo 图 다발, 묶음; 종이 묶음.

legal 图 법률(상)의, 법정의; 적법의, 합법의. Este es el precio *legal*. 이것은 법정가격이다. Su especialidad es la medicina *legal*. 그의 전문은 법의학이다. ◇ **legalidad** 예 적법, 합법성; 정당성. ◇ **legalización** 예 합법화, 적법화. ◇ **legalizar** [9] alzar] 国 공인하다, 인증하다.

legendario, ria 图 전설의, 이야기의. héroe *legendario* 전설상의 영웅.

legible 图 읽을 수 있는, 판독할 수 있는.

legión 예 ① 법률(상); 부대. Entró en la *legión* de voluntarios. 그는 의용군에 들어갔다. ②무수, 다수(의 사람·동물). En la playa había una *legión* de bañistas. 해변에는 무수한 해수욕객이 있었다.

legislación 예 입법; 법률, 법학. ◇ **legislador, ra** 예 입법자. 图 입법하는, 입법의. ◇ **legislar** 困 법률을 제정하다. ◇ **legislativo, va** 图 입법의. ◇ **legislatura** 예 입법부; 입법 의회.

legítimo, ma 图 ①올바른. Es *legítimo* que usted no acepte las condiciones. 그 조건을 당신이 받아들이지 않음은 정당하다. ②합법의; 정통의. El gobierno de esta nación no es *legítimo*. 이 나라 정부는 합법 정부는 아니다. ③진짜의, 진정한. Estas perlas son *legítimas*. 이 진주는 진짜이다. ◇ **legitimar** 태 합법적으로 만들다; 자격을 부여하다.

legua 예 [거리의 단위] 레구아(5,572.7미터).

legumbre 예 콩류; 야채(verduras). Se cultivaban flores y *legumbres* en el jardín. 뜰에는 꽃과 야채가 재배되어 있었다.

lejano, na 형 [시간적·공간적] 먼 (⊕ cercano). Se marchó a un país *lejano*. 그는 먼 나라로 가 버렸다. ◇ **lejanía** 예 먼 곳. Miraba a la *lejanía*. 그는 먼 곳을 보고 있었다.

lejos 부 [+de: …로 부터] 멀리; 동 멀어져서 (⊕ cerca). ¿Es muy *lejos* de aquí? 여기서 무척 멉니까?. Allá *lejos* se ve una casa. 저 먼 곳에 집 한채가 보인다. El río está bastante *lejos* de aquí. 강은 여기서 꽤 먼 곳에 있다. *a lo lejos* 멀리에. *A lo lejos* verás una torre. 멀리에 탑이 보이지요.

lema 남 표어, 모토. Mi *lema* es: Hombre precavido vale por dos. 신중한 사람은 두 사람 가치가 있다는 것이 나의 모토이다.

lencería 예 린넨류; 의료품 상점가. ◇ **lencero, ra** 명 린넨상인·업자.

lengua 예 ① 혀. ¡Ay, qué caliente! por poco me quemo la *lengua*. 아야, 뜨겁다! 하마터면 혀를 델뻔 했다. ② 언어, 국어(idioma). No es fácil aprender una *lengua* extranjera. 한 외국어를 배우는 일은 쉽지 않다. ¿Qué *lengua* se habla en Corea? 한국에서는 무슨 언어가 사용되고 있습니까?

lenguaje 남 말; 특수 언어. Tengo más interés en el *lenguaje* hablado que en el escrito. 나는 문장에서 쓰는 말보다도 회화에서 쓰는 말에 흥미가 있다. ② 말투, 용어. Tiene un *lenguaje* claro. 그는 분명한 말씨를 쓴다.

lente 예 렌즈. Las *lentes* de esta cámara son muy buenas. 이 카메라의 렌즈는 매우 좋다. 남복 코안경.

lenteja 예 【식물】 렌즈콩.

lento, ta 형 느슨한; 늦은. Es un hombre *lento* en el trabajo. 그는 일이 느린 사람이다. Es muy *lento* para comprender. 그는 이해가 극히 느리다. ◇ **lentamente** 부 천천히, 느리게. ◇ **lentitud** 예 완만함, 느슨함.

leña 예 ① 뗄감, 장작. Pega fuego a la *leña*. 장작에 불을 붙이세요. ② 벌. Me dieron *leña* por haber dicho una mentira. 나는 거짓말을 했으므로 벌을 받았다. ◇ **leñador, ra** 명 나무꾼.

leño 남 통나무, 막채.

león, na 명 【동물】 사자. Al *león* se le llama el rey de los animales. 사자는 백수의 왕이라 불린다. ◇ **leonado, da** 형 사자 털빛의, 황갈색의.

leonés, sa 형 레온(León: 스페인 북부의 주·시; 옛날의 레온 왕국)의. 명 레온 사람.

leopardo 남 【동물】 표범.

lepra 예 문둥병. ◇ **leprosería** 예 나병 요양소. ◇ **leproso, sa** 명 나병 환자. 형 나병의.

les 대 ① [3인칭 복수 여격 대명사] 그것들·그들·그녀들·당신들에게; 그것들·그들·그녀들·당신들로 부터. *Les* dije que

lesión 여 부상; 손해; (기능의) 장애. El martillo, al caer, ocasionó una *lesión* grave a un transeúnte. 망치가 떨어져서 통행인 한 사람에게 중상을 입혔다. ◇ **lesionar** 타 상처 입히다, (…에게) 손해를 주다.

letra 여 ① 문자. Tiene muy buena *letra*. 그는 글씨를 썩 잘 쓴다. ② 가사(歌詞). Me gusta la canción, pero no entiendo la *letra*. 나는 그 노래가 좋지만, 가사의 뜻을 모른다. ③ 복 학문; 문학(literatura). Aprendió de su madre las primeras *letras*. 그는 모친에게서 비로소 읽고 쓰기를 배웠다. *letra de cambio* 환어음. *a la letra* 글자 그대로. Tomó *a la letra* lo que le dije. 그는 내가 말한 것을 글자 그대로 해석했다.

letrero 남 광고지, 간판, 표시판. Mire, aquel *letrero* dice 〈dirección única〉. 보시오, 저 표시판에 〈일반 통행〉이라 써 있소. Léame el *letrero* de la botella. 병의 레벨을 나에게 읽어 주십시오.

letrina 여 변소.

leucemia 여 【의학】 백혈병.

levadura 여 효모, 이스트.

levantar 타 ① 일으키다, 올리다; 세우다. ¿Puede Ud. *levantar* ese peso? 당신은 그 무게를 들어올릴 수 있습니까. *Levantamos* la piedra entre todos. 우리들은 여럿이서 그 돌을 일으켰다. *Levantó* la cabeza y me miró. 그는 머리를 들고 나를 보았다. ②제거하다, 철거하다. *Levante* la mesa. 상을 치우세요. El médico *levantó* la venda que cubría la herida. 의사는 상처를 싸고 있던 붕대를 벗었다. ◇ ~**se** 일어나다, 오르다; 서다; 기상하다. Esta mañana *me he levantado* muy temprano. 오늘 아침 나는 매우 일찍 일어났다. ◇ **levantado, da** 높은; 높이 올린. ◇ **levantamiento** 남 올림; 기상, 제거; 폭동.

leve 형 ① 가벼운(ligero, liviano). Voy a llevar la carga, que es *leve*. 가벼우니까 내가 짐을 나르겠다. ② 경미한. Hace una brisa *leve*. 산들바람이 불고 있다.

levita 여 프록 코트.

léxico, ca 형 어휘의. ◇ **lexicografía** 여 사전학; 사전 편집법. ◇ **lexicógrafo** 남 사전 편집자. ◇ **lexicología** 여 사전학.

ley 여 ① 법, 법칙. No podemos hacer nada contra las *leyes* de la naturaleza. 우리들은 자연의 법칙에 거역해서는 아무 일도 할 수 없다. ② 법률, 규칙. Esta *ley* entrará en vigor el primero de marzo. 이 법률은 3월 1일에 발효한다.

leyenda 여 ① 전설, 이야기. Todas esas cosas pasaron en aquellos tiempos remotos de *leyenda*. 그런 일들은 모두 먼 전설시대에 일어났다. ② (화폐・메달 따위의) 글자, 각인; (삽화 따위의) 설명서.

leyendo leer의 현재 분사.

leyeron leer의 직설법 부정과거 3인칭 복수형.

leyó leer의 직설법 부정과거 3인칭 단수형.

lezna 여 송곳, 굵은 바늘.

liar [12 enviar] 타 묶다, 매다; 싸다, 꾸리다.

liberal 형 ① 대범한, 관대한. Es muy *liberal*. 그는 대범한 솜씨이다. ② 자유주의의, 자유당의. Era un padre muy *liberal*. 그는 매우 자유주의적인 부친이었다. 명 자유주의자, 자유당원. Los *liberales* se oponían a los conservadores. 자유주의자는 보수주의자에 대항하고 있었다. ◇ **liberación** 여 해방, 석방. ◇ **liberalidad** 여 관대한, 대범함. ◇ **liberalismo** 남 자유주의.

libertad 여 ① 자유. La Constitución asegura la *libertad* de pensamiento y palabra. 헌법은 사상과 언론의 자유를 보장하고 있다. ② 해방, 석방. Dejó en *libertad* a los presos. 그는 포로를 석방했다. ③ 무례; 난잡. Me tomo la *libertad* de dirigirme a usted para pedirle un favor. 한가지 소원이 있어서 무례하게도 편지를 올립니다. Se toma *libertades* con las empleadas. 그는 여점원에게 난잡한 짓을 한다. ◇ **libertador, ra** 명 해방자. ◇ **libertar** 타 해방시키다, 석방하다.

libertino, na 형 방종한, 방탕한. 명 방탕자. ◇ **libertinaje** 남 방종, 방탕.

libra 여 ① 파운드. Déme media *libra* de café. 커피 반 파운드 주세요. ②[영국의 화폐단위] 파운드.

libranza 여 환어음.

librar 타 ①[+de: …로 부터] 면제시키다, 구하다. Se esforzó por *librar* al pueblo *de* la pobreza. 그는 빈곤으로 부터 민중을 구하려고 노력했다. ② 면제하다, 해제하다. La *libraron* del impuesto. 그녀는 과세를 면제받았다. ③ 발행(교부)하다, 발송하다; (어음을) 발행하다. Hemos *librado* el giro a cargo de ustedes. 귀사 앞으로 어음을 발행했습니다. 자 휴업이다. Nosotros *libramos* el sábado. 우리들은 토요일은 휴일입니다. ~**se** [+de: …로부터] 도피하다;(…을) 떨쳐내다. El niño quería *librarse* de la mano de su madre. 어린이는 어머니의 손을 뿌리치려 하고 있었다.

libre 형 ① 자유로운. Estuvo en la carcel, pero ya está *libre*. 그는 감옥에 있었으나, 이제는 자유의 몸이다. Eres *libre* para escoger la carrera que quieras. 네가 좋아하는 직업을 선택함은 네 자유이다. ②(때·장소가) 비어 있는. Venga cuando esté *libre*. 한가하시면 오십시오. ¿Tienen ustedes una habitación *libre*? 빈 방이 있읍니까. ③[+de: …가] 없는. Ya está *libre* de preocupaciones. 그는 이제 걱정이 없게 되어 있다. ④ 난잡한. Es un hombre muy *libre* en su trato con las chicas. 그는 여자와의 교제가 아주 난잡하다. al aire *libre* 옥외에서, 옥외의. El otoño es la temporada de los deportes al aire *libre*. 가을은 옥외운동의 계절이다. 남 빈차, 공차.

librería 여 ① 서점. La *librería* estaba de gente. 서점은 사람으로 북적거리고 있었다. ② 책장; 책선반. ◇ **librero, ra** 서점 주인, 서적 상인; 책방의 점원.

libreta 여 수첩, 통장, 잡기장.

libro 남 ① 책, 서적; 저작(著作). Este *libro* es fácil de entender. 이 책은 알기 쉽다. ② 장부(帳簿). *libro de apuntes* 비망록, 메모장. *libro de caja* 출납부.

licencia 여 ① 허가(서). He obtenido *licencia* para vender licores. 나는 주류를 판매하는 허가를 받았다. ② (공무원 따위의) 휴가; (복무의) 면제. Es soldado y está aquí con *licencia*. 그는 병사이지만, 휴가로 여기있다. ③ 방종. No te tomes tantas *licencias*. 너무 방종하게 행동하지 마라. ◇ **licenciado, da** 남 학사. ◇ **licenciar** [11 cambiar] 타 (…에게) 허가·면허를 주다; 면제하다. ◇ **licenciatura** 여 학사학위.

licitación 여 입찰, 경매. ◇ **licitador, ra** 형 입찰하는, 경매하는. 남 입찰자, 경매자.

lícito, ta 형 정당한, 합법적인. No es *lícito* atacar al que no puede defenderse. 자위력이 없는 사람을 공격함은 정당하지 못하다.

licor 남 술, 주류(酒類). No debe abusarse de los *licores*. 술을 함부로 마시면 안된다. ◇ **licorería** 여 술집(bar, taberna).

líder 남 지도자(dirigente).

liderato 남 =liderazgo.

liderazgo 남 지도력, 통솔력, 리더십.

lidiar [11 cambiar] 자 싸우다, 다투다. ◇ **lidia** 여 싸움, 투기. *toro de lidia* 투우용 소.

liebre 여【동물】산토끼. Donde menos se piensa salta la *liebre*. 일은 예기치 않게 일어난다.

lienzo 남 ① 삼베, 흰 무명. Las sábanas son de *lienzo*. 시트는 흰 무명이다. Me encantan los *lienzos* de Goya. 고야의 그림은 나를 매혹시킨다.

ligar [8 pagar] 타 ① 맺다, 잇대다; 묶다. ② 결합시키다, 제휴시키다. Les *ligan* intereses comunes. 공동의 이해관계가 그들을 결합시키고 있다. ③ 속박하다. Este contrato nos *liga* para siempre. 이 계약은 우리들을 언제까지나 속박한다. ◇ **~se** 결합하다, 동맹하다. ◇ **liga** 여 양말 대님; 끈끈이; 연합, 동맹; 리그전. *La liga de fútbol empieza pronto.* 축구리그전이 곧 시작된다.

ligero, ra 형 ① 가벼운(liviano, leve). Para eso es preferible un metal *ligero*. 그것에 쓰이에는 경금속이 좋다. ② 경쾌한; 쾌속의. Era muy *ligero* el tren. 그 기차는 매우 빨랐다. ③ 경박한. Es un hombre muy *ligero*. 그는 대단히 경박한 사내이다. ④ (병·식품 따위가) 가벼운; (잠이) 얕은. Este niño tiene un sueño *ligero*. 이 어린이는 잠이 깊지 못하다. *a la ligera* 대강. Examinó los documentos *a la ligera*. 그는 서류를 대강 조사했다. ◇ **ligereza** 여 가벼움; 경쾌; 경박.

limbo 남 (의복·천의) 가장자리; 명부(冥府).

limeño, ña 형 리마(Lima, 페루의 수도)의. 명 리마 사람.

limitar 타 ① 제한·국한·한정하다. Quieren *limitar* el número de entradas. 입장객 수를 제한하려 하고 있다. ② (…에) 경계를 만들다. Tenemos que *limitar* nuestras tierras. 우리 토지에 경계를 만들어야 한다. 자 [+con: …과] 경계를 접하다. España

limón 377 **lindar**

limita con Francia por el norte. 스페인은 북부에서 프랑스와 국경을 접하고 있다. ~**-se** 【+a : …만으로】한정되다. *Me limité a cumplir lo ordenado.* 나는 명령받은 일을 이행하는 것으로 한정되었다. ◇ **limitación** 여 제한, 국한; 한계. ◇ **limitado, da** 형 제한된, 한정된; 근소한, 좁은; 지혜가 모자라는. **límite** 남 ① 경계. *Todavía está indeciso el límite entre ambos países.* 두 나라의 경계는 아직도 확정되지 않았다. ② 한계, 한도. *Todo tiene sus límites.* 무슨 일이나 한계가 있다.

limón 남 레몬. *¿Echa usted limón en el té?* 홍차에 레몬을 넣을까요. ◇ **limonado, da** 형 레몬빛의. 여 레몬수(水) (agua de limón). ◇ **limonero** 남 레몬 나무.

limosna 여 동냥(감), 적선, 보시(布施). *Una vieja pedía limosnas en la esquina.* 그 거리 모퉁이에서 노파가 동냥을 청하고 있었다.

limpiabotas 남 【단·복수 동형】구두닦이.

limpiar 타 ① 【+de : …을】(…에게서) 제거하다. *Hay que limpiar el campo de hierba.* 밭의 풀을 뽑아야 한다. ② 깨끗이 하다; 청소하다. *Vamos a limpiar las calles.* 거리를 깨끗이 합시다. *Quiero que me limpie en seco este traje.* 이 옷을 드라이 크리닝해 주시길 바랍니다. *Quiero que me limpien los zapatos.* 구두를 닦아 주시길 원합니다. *Limpie las ventanas.* 창을 닦아 주세요. *Las legumbres limpian la sangre.* 야채는 피를 깨끗이 한다. ◇ ~**-se** (자기의 것을) 닦다, (그릇을) 부수다; 털어내리다. *Me limpié el sudor de la frente [de sudor de la frente] con una toalla.* 나는 수건으로 이마의 땀을 닦았다. ◇ **limpiador, ra** 남 청소부. 여 청소기.

limpiauñas 남 【단·복수 동형】손톱 소제 기구.

limpieza 여 ① 깨끗함; 청결. *Me agrada ver la limpieza de la habitación.* 방이 깨끗이 되어 있는 것을 보기는 기분이 좋다. ② 청소. *Está haciendo la limpieza.* 그녀는 청소를 하고 있다. ③ 정직. *Siempre obra con limpieza en los negocios.* 그는 거래에서는 언제나 정직하게 행동한다.

limpio, pia 형 ① 깨끗한; 청결한 (⇔ sucio). *Tráigame una toalla limpia.* 깨끗한 수건을 가져오세요. *Tiene la casa muy limpia.* 그녀는 집을 매우 깨끗이 하고 있다. *juego limpio* 페어 플레이. ② 【+de : …가】없는. *Ya estoy limpio de sospecha.* 이제 나는 의심받지 않고 있다. ③ 깨끗이; 정직하게. *Vamos a jugar limpio.* 정정당당하게 싸우자.

linaje 남 ① 가계, 혈통. *Es de linaje noble.* 그는 귀족 출신이다. ② 출신, 성질. *Aquí se reúnen las personas de todo linaje.* 여기에는 여러 가계 출신의 사람이 모인다.

linaza 여 아마의 종자·씨앗. ◇ **linar** 남 아마밭.

lince 남 【동물】삵쾡이.

linchar 타 린치를 가하다. ◇ **linchamiento** 남 린치, 사형(私刑).

lindar 자 【+con : …과】경계를 접하고 있다. *España linda con Francia al norte.* 스페인은 북쪽으로 프랑스와 접경하고 있다.

◇ **linde** 예 경계(선). ◇ **lindero, ra** 형 인접한, 경계의. 예 경계(표).

lindo, da 형 아름다운(hermoso, bello, guapo, bonito), 사랑스러운. Es una chica muy *linda*. 그녀는 아주 아름다운 소녀이다.

línea 예 ① 선; 줄. Trace usted aquí una *línea* recta. 여기에 직선을 한 줄 그으십시오. ② [문장의] 줄. Tienes que leer lo que hay entre *líneas*. 줄 사이에 있는 것을 읽어 내야 한다. Ponme unas *líneas* al llegar. 그곳에 도착하면 (몇 줄의) 소식을 전해주게. ③ 열(fila). Los árboles se prolongaban en *línea* a lo largo del camino. 가로수가 열을 지어 도로를 따라 뻗고 있었다. ④ 노선, 항로, 공로; 편(便). Hay una *línea* de ferrocarril directa Madrid-Lisboa. 마드리드·리스본 사이에 철도의 직행편이 있다. ⑤ 전선(戰線)(frente). ◇ **lineal** 형 선(모양)의.

lingote 남 지금(地金).

lingüístico, ca 형 언어학적인, 언어상의. ◇ **lingüista** 남 언어학자. ◇ **lingüística** 예 언어학; 비교언어학(lingüística comparada).

linimiento 남 바르는 약.

lino 남 [식물] 아마(亞麻); 아마포(亞麻布), 린넬. Vestía de *lino*. 그는 리넬옷을 입고 있었다.

linóleo 남 리놀륨.

linotipia 예 라이노타이프, 주조 식자기. ◇ **linotipista** 남 라이노타이프 타자수.

linterna 예 등불, 초롱불, 칸델라.

liquidar 타 ① (기체·고체를) 액화하다. Ese gas se *liquida* fácilmente. 그 가스는 쉽게 액화한다. ② [상업] 청산하다. Ante todo tienes que *liquidar* tus deudas. 우선 너는 빚을 청산해야 한다. ③ 싸구려로 팔다; 폐업하다. *Liquidamos* nuestras existencias. 본상점은 재고 처분을 하고 있읍니다. ◇ **liquidación** 예 액화, 용해; 청산, 결제; (회사의) 정리, 환금처분.

líquido, da 형 액체의, 유동성의. No puedo tomar sino un alimento *líquido*. 나는 유동식 밖에 못 먹는다. 남 ① 액체, 유동체. Déle sólo *líquidos*. 그에게는 유동식만 주세요. ② [상업] 청산잔고. Después de pagar todo me queda un *líquido* de doscientos pesos. 전부를 지불하고 200뻬소의 잔고가 남았다.

lírico, ca 형 서정의, 서정적이다. Me gustan sus poesías *líricas*. 나는 그의 서정시가 좋다. 형 서정시인. 예 서정시.

lisiado, da 형 불구의. 남 불구자, 폐질자.

liso, sa 형 ① 매끄러운, 평편한. El suelo estaba *liso*. 마루가 번들번들하였다. ② (모양·장식이 없는) 민짜의. Quiero una tela *lisa*. 민짜의 피륙을 주십시오.

lisonja 예 아첨, 아부. ◇ **lisonjear** 타 아첨하다, 아부하다. ◇ **lisonjeador, ra**/**lisonjero, ra** 형 아첨꾼. · 형 아부하는, 아첨하는.

lista ① 예 ① (직물의) 무늬(모양). Llevaba un traje de *listas*. 그녀는 무늬있는 옷을 입고 있었다. ② 명단, 표. *pasar lista* 출석을 부르다. El maestro *pasó lista* a la clase. 선생은 학급의 출석

listado, da 형 줄무늬의.

listo, ta 형 ① 민첩한; 영리한(inteligente). Es una muchacha muy *lista*. 그녀는 대단히 영리한 소녀이다. ② 준비가 된. Todo está *listo*. 모두 준비되었다. Todos están *listos*. 모든 사람이 준비가 되었다. Todas están *listas*. 모든 여자들이 준비되었다. Todos estamos *listos*. 우리 모두 준비되었다. *estar listo para*+*inf*. …할 준비가 되어 있다. Ya *estoy listo para* salir. 나는 이미 출발할 준비가 되어 있다.

litera 여 (선실 따위의) 침대; (사람을 태우고 다니는) 가마.

literatura 여 문학, 문예; 문헌. Estudia la *literatura* española. 그는 스페인 문학을 연구하고 있다. ◇ **literario, ria** 형 문학(적·상)의. ◇ **literato, ta** 명 문학자.

litigio 남 소송(pleito), 분쟁, 싸움, 논쟁. ◇ **litigar** [⑥ pagar] 자 소송하다; 다투다. ◇ **litigación** 여 소송, 제소. ◇ **litigante**/**litigador** 명 제소하는, 명 제소자.

litografía 여 석판 인쇄(술). ◇ **litográfico, ca** 형 석판(인쇄)의. ◇ **litógrafo** 남 석판 인쇄공.

litoral 형 해변의, 해안의. 남 해변·해안(지방).

litro 명 (용량의 단위) 리터.

liviano, na 형 가벼운(ligero). (땐 pesado). *industria liviana* 경공업.

lívido, da 형 창백한(pálido). ◇ **lividez** 여 창백.

lo 관 [정관사의 중성형; 형용사를 명사화 함]. *Lo* barato es caro. 싼것이 비지떡이다 (값싼 물건은 비싸게 먹힌다). ¡Si fuese verdad *lo* que dices! 네가 말하는 것이 정말이었으면(좋겠는 데)! 대 ① [3인칭 남성·중성 대격 단수 대격 대명사]그것을, 그를, 당신을. Hazlo en seguida. 곧 그 일을 해라. ② [+ *estar·parecer·ser*] 그렇게 (되다·보이다). Este niño es muy listo; *lo* es por naturaleza. 이 어린이는 매우 영리하다; 태생이 그러한 것이다.

lobo 남 [동물] 늑대.

lóbrego, ga 형 어두운, 침침한, 음산한.

lóbulo 남 귓불.

local 형 장소의; 지방의; 지방적; 국부의, 국소의. Pronto podremos ver una fiesta rica en color *local*. 곧 지방색 풍부한 제전을 볼 수 있다. 남 장소, 대지; 소재지; 점포. Este *local* es muy grande. 이 장소는 매우 넓다. Trasladaremos nuestro *local* a un sitio más céntrico. 우리들은 점포를 좀 더 중심지로 이전한다.

localidad 여 ① 장소; 부락, 마을, 고을. ② (차내·극장의) 좌석(권). Déme dos *localidades*. 좌석권을 2장 주십시오.

localizar [④ alzar] 타 국한하다. ◇ **localización** 여 지방화, 국부화.

loco, ca 형 ① 미친, 미친듯한. Se ha vuelto *loco*. 그는 미쳐 버렸다. Están *locas* de alegría. 그녀들은 기뻐서 미칠듯 했다. ②

(시계·기후 따위가) 미친. ③ 훌륭한, 무서운. Hemos tenido una suerte *loca*. 우리들은 지독하게 운이 좋았다. 몡 미치광이; 미친듯한 사람. ¡A Callar, *locos*! 시끄럽다, 미친놈들! ◇ **locamente** 뛰 미친듯이, 열중해서; 훌륭하게. Juan está *locamente* enamorado de María. 후안은 마리아한테 홀딱 빠져 있다. ◇ **locura** 몐 미친 증세; 미친 짓. ¡Qué *locura* decir cosa! 그런 말을 하다니 미친 놈이로군! Eso es una *locura*. 그것은 미친 짓이다.

locomotora 몐 기관차. *locomotora* eléctrica 전기 기관차.

locuacidad 몐 수다스러움, 말많음. ◇ **locuaz** 톙 수다스런, 말많은 (hablador).

lodo 몡 진흙(fango, limo). El coche se quedó atascado en el *lodo*. 차는 진흙 속에 빠져서 움직이지 않게 되었다. ◇ **lodazal** 몡 진창.

lógico, ca 톙 ① 논리적인, 이론상의. Es muy *lógico* lo que dice. 그의 말은 매우 논리적이다. ② 당연한. Es *lógico* que un viejo trabaje menos que un joven. 노인이 젊은이 보다 일할 수 없는 것은 당연하다. 명 논리학자. 몐 논리(학). Tu *lógica* no me convence. 나는 너의 논리에는 납득할 수 없다.

lograr 통 얻다, 달성하다(conseguir). Al fin *logró* un gran éxito. 드디어 그는 대성공을 거두었다. Después de andar mucho, *logramos* salir del bosque. 줄곧 걸어다닌 끝에 우리들은 숲에서 빠져나올 수 있었다. ◇ **logrado, da** 톙 성공한, 잘된. ◇ **logro** 몡 획득, 달성; 이익.

loma 몐 언덕(colina, cerro).

lombriz 몐 지렁이.

lomo 몡 ① 〖신체〗 등. Cabalgaba a *lomo* de un burro. 그는 노새의 등에 올라타고 갔다. ② (책이의) 등심; (책의) 등.

lona 몐 돛네; 천막천.

longánimo, ma 톙 참을성 있는, 인내심이 강한(paciente). ◇ **longanimidad** 몐 참을성, 인내심.

longaniza 몐 작은 수대.

longitud 몐 ① 길이(largo). El puente tiene una *longitud* de unos ochenta metros. 다리는 길이가 약 80미터이다. ② 세로;경도(經度) 〖ⓓ latitud〗.

lonja 몐 가죽끈; 상품 거래소; 얇고 넓은 조각.

lord 몡 〖복 lores〗 경(卿)(영국의 귀족·고관의 칭호).

loro 몡 〖새〗 앵무새, 잉꼬새.

los 관 〖정관사의 남성 복수형〗. *Los* pájaros cantan alegres. 새가 기쁜듯이 지저귄다. 대 〖3인칭 남성 복수 대격대명사〗 그것들을, 그들을, 당신들을. Te prestaré esto libros con tal que me *los* devuelvas. 나에게 그것들을 돌려주기만 하면, 이 책들을 네게 빌려 주겠다. ¿Conoces a aquellos hombres? — No *los* conozco. 너는 저 사람들을 알고 있느냐 — 나는 그들을 모른다.

lote 몡 한 더미, 일회분.

lotería 몐 복권, 제비뽑기. El matrimonio es una *lotería*. 결혼은 제비뽑기 같은 것이다. Jugó a la *lotería* y le tocaron diez mil

pesetas. 그는 복권을 샀는데 1만세세타가 당첨되었다.
loza 여 자토(瓷土); 도기, 도자기.
lozanía 여 싱싱함, 무성함; 늠름함. ◇ **lozano, na** 형 싱싱한, 무성한; 늠름한.
lubricación 여 미끄러지게 함; 윤활, 급유, 주유. ◇ **lubricante** 형 윤활용의. ◇ **lubricar** [7] sacar] 타 기름을 바르다; 부드럽게 하다.
luciérnaga 여 반디벌레.
lucir [32] 자 ① 빛나다. Las estrellas *lucían* como joyas en el cielo. 별이 보석처럼 하늘에서 빛나고 있었다. ② (밝게) 빛나다. Esta lámpara luce muy poco. 이 전등은 별로 밝지 않다. ③ 광채를 내다. Es un trabajo pesado y que no *luce*. 그것은 힘이 들고 보람없는 일이다. ◇ **~se** 의기양양해지다. Le gusta *lucirse* en su nuevo coche. 그는 새 차를 타고 의기양양하게 자랑하는 것을 좋아한다.
lucrarse 재 이익을 올리다, 돈을 벌다(ganar dinero). ◇ **lucrativo, va** 형 이득이 많은, 유리한. ◇ **lucro** 남 이득, 이익.
luchar 재 ① [+con·contra : …와] 싸우다; 다투다(combatir) Tuvo que *luchar* con muchos obstáculos. 그는 많은 장애와 싸워야 했다. ② [+por+*inf*.:…하려고] 노력·고투하다. *Luchaba por* salir de aquel sitio. 그는 그 장소에서 나오려고 고투했다. ◇ **lucha** 여 ① 싸움; 분투. Debemos hacer frente a la *lucha* por la existencia [vida]. 우리들은 생존경쟁에 직면해야 한다. ② 【스포츠】 레슬링(*lucha libre*). ◇ **luchador, ra** 투사; 레슬링 선수.
luego 부 ① 곧바로. Si no nos arreglamos un poco, *luego* dicen los hombres que tal y cual. 우리들(여성)이 조금만 옷매무새를 등한히 하면, 곧바로 남자들은 이러쿵저러쿵 말한다. ② 그 뒤. Cenaremos y *luego* iremos al cine. 저녁밥을 먹고 그리고 영화 보러 가자. 접 그 때문에. Pienso, *luego* existo. 나는 생각한다, 고로 나는 존재한다. *desde luego* 물론. ¿Vienes tú también? —Desde luego. 너도 오겠느냐 —물론. *Hasta luego* [작별 인사].
lugar 남 ① 곳, 장소(sitio); 여지, 여유. Prefiero un *lugar* tranquilo. 나는 조용한 곳이 좋다. No hay *lugar* donde sentarnos. 우리들이 걸터 앉을 여유가 없다. *lugar interesante/lugar de interés* 명승지. ② 마을, 고을. Este es el *lugar* en que nació. 여기가 그가 낳은 마을이다. ③ 입장, 지위. Si estuvieras tú en mi *lugar*, ¿qué harías? 만일 네가 내 입장이라면, 어떻게 하겠느냐. *en lugar de* …의 대신으로(en vez de). He venido *en lugar de* mi padre. 나는 부친 대신 왔다. *dar lugar a* …할 여지·핑계·동기를 주다. Así *darás lugar a* que hablen mal de ti. 그런 일을 하면 그들에게 욕목을 핑계를 주게 된다. *tener lugar* (일이) 행해지다, 개최되다, 열리다. ¿Cuándo *tiene lugar* la fiesta? 파티는 언제인가요.
lugarteniente 남 부관, 심복.
luis 남 루이(프랑스의 금화).

lujo 圀 ① 사치. Puedes permitirte el *lujo* de despreciar ese empleo. 너는 그 취직자리를 싫다고 말할 수 있는 사치를 할 수 있다. ② 호화. La boda se celebró con mucho *lujo*. 결혼식은 성대히 행해졌다. ¿A dónde vas con esos *lujos*? 그러한 호사한 몸치장을 하고 어디 가는거냐. ◇ **lujoso, sa** 웹 사치한; 호화스러운.

lujuria 예 음란, 음탕.

lumbre 예 불(fuego); 빛. Nos sentamos junto a la *lumbre*. 우리들은 불 옆에 앉았다. Déme *lumbre*. (담배) 불을 좀 주세요.

luminoso, sa 휑 ① 빛나는, 비치는; 빛이 나는. ¡Cuántos anuncios *luminosos* hay! 광고등(빛이 나는 광고)이 꽤 많이 있군! ② (생각·설명 따위가) 정확한, 명료한. Es una idea *luminosa*. 그건 명안이로군. ◇ **luminosidad** 예 광휘, 광명; 광도(光度).

luna 예 ① 달. Hay *luna* esta noche. 오늘 밤은 달이 있다. ② 거울(의 면). Quiero un armario de *luna*. 거울 붙은 양복장이 필요하다. estar en la *luna* 공상에 잠기다. *luna artificial* 인공위성. *luna de miel* 밀월. *luna llena* 만월, 보름달. ◇ **lunar** 휑 달의. *calendario lunar* 음력. 圀 검은 점.

lunático, ca 휑 정신이상의; 괴팍스러운. 圀 정신이상자; 괴짜.

lunes 圀 [단·복수 동형] 월요일.

lustrar 태 닦다, 윤을 내다. ◇ **lustre** 圀 윤(기); 광택; 영광.

luto 圀 초상, 상중; 상장(喪章), 상복. Estoy de *luto*. 나는 상중이다. ¿Por quién llevas *luto*? 누구를 위하여 상장을 붙이고 있나요.

lux 圀 룩스.

luz [복 luces] 예 ① 빛; 등. A lo lejos vimos una *luz*. 우리들은 먼 곳에 빛을 보았다. Enciende [Apaga] la *luz*. 등불을 켜라 [꺼라]. *luz eléctrica* 전등. ② 밝은 곳, 광명(光明). La conspiración saldrá a (la) *luz* tarde o temprano. 음모는 조만간 밝은 곳으로 나온다. *dar a luz* 출판하다(publicar); 생산하다 (producir); 출산(出産)하다; …을 세상에 내놓다. *sacar a luz* 세상에 내놓다, 나타내다. *salir a luz* 태어나다(nacer); 태어나다.

Luzbel 圀 마왕, 악마(Lucifer, demonio, diablo).

LL

llaga 여 궤양.

llalla 여 작은 상처, 경미한 아픔.

llama 여 ① 불꽃, 화염(火炎). Las *llamas* se extendieron rápidamente por toda la casa. 불꽃은 삽시간에 온 집안에 퍼졌다. ② 격정, 정염(情炎). Sintió amorosa *llama* en su pecho. 그는 가슴 속에 격렬한 애정을 느꼈다. ③【동물】야마, 아메리카 낙타. La *llama* se utiliza como animal de carga. 야마는 하역(荷役)용의 동물로 이용되고 있다. ◇ **llamarada** 여 불꽃, 화재. ◇ **llamita** 여 llama의 축소사.

llamar 타 ① 부르다. *Llame* usted un taxi. 택시를 불러 주십시오. *Lláme*me por teléfono esta tarde. 오늘 오후 나에게 전화해 주세요. Más tarde le *llamo*. 나중에 그녀에게 전화하겠읍니다. ② (…라)이름붙이다; 부르다. En el colegio le *llamamos* jefe. 학교에서 우리들은 그를 두목이라고 부른다. ③ 초대하다. América *llamaba* a los aventureros. 미국은 모험가들을 부르고 있었다. 자 노크하다. *Llaman* a la puerta. 누군가가 문에서 노크하고 있다. ◇ **~se** …라 부르다, …라는 이름이다. ¿Cómo *se llama* usted? 성함이 어떻게 되십니까. *Me llamo* Pedro. 나는 뻬드로라 합니다. ¿Cómo *se llama* esta calle? 이 거리의 이름은 무엇입니까. *llamar la atención* 주의를 끌다. *llamó la atención* de todos. 그는 모두의 주목을 끌었다. ◇ **llamado, da** 형 …라는 (이름의); 이른바. 여 부름, 부르는 소리·방울. ◇ **llamamiento** 남 부름.

llano, na 형 ① 평평한. Avanzamos por un campo *llano*. 우리들은 평원을 지나갔다. ② 소탈한; 꾸밈없는. Tiene un carácter muy *llano*. 그는 매우 소탈한 성격이다. ③ 명쾌한, 알기 쉬운. Hable en lenguaje *llano*. 알기쉬운 말씨로 말해 주십시오. 남 평원(平原)(llanura). Tenemos que atravesar este *llano* antes de anochecer. 우리들은 날이 저물기 전에 이 평원을 횡단해야 한다.

llanto 남 낙루, 눈물; 울음. Al oír la noticia, rompió en *llanto*. 그녀는 그 소식을 듣고 울음을 터트렸다.

llanura 여 평원(llano). Ante nuestros ojos se extendía una gran *llanura*. 우리들의 눈 앞에는 대평원이 펼쳐져 있었다.

llave 여 ① 열쇠 ¿Dónde está la *llave* de mi cuarto? 제 방열쇠는 어디 있읍니까. Cierra la puerta con (la) *llave* cuando salgas. 외출할 때는 문에 자물쇠를 채우시오. ② (가스·수도의) 마개; (시계의),나사; (전기의) 스위치. Cierra la *llave* del agua [gas] 수도[가스]의 마개를 막으시오. ③ 나사돌리개, 드라이버, 스패너, 렌치. ④ (문제를 푸는) 열쇠, 입문서, 암시, 힌트. Las matemáticas son la *llave* para las otras ciencias. 수학은 다른 과학으로 들어가는 열쇠이다. ◇ **llavero, ra** 명 열쇠 당번·보관

인. 🔲 열쇠 꾸러미·다발.

llegar [⑧ pagar]재 ① 오다, 닿다, 도착하다 [⑩ salir]. ¿A qué hora *llega* el tren? 열차는 몇 시에 도착합니까. *Llegué* a casa a eso de las ocho. 나는 8시경에 집에 도착했다. *Llegó* tarde [a tiempo] a la calse. 그는 수업에 지각했다[대갔다]. ② 이르다, 미치다, 닿다, 도달하다. Esta chaqueta me *llega* a la orilla. 이 저고리는 내 무릎까지 닿는다. Los gastos *llegaron* a más de diez mil pesetas. 비용은 1만세쎄타 이상에 달했다. ◇ **~se** 가까워지다; 이르다. *Llégate* a la farmacia y cómprame un tubo de esta medicina. 약국에 가서 이 약을 한병 사 오너라. ◇ **llegada** 여 도착; 도래. ¿Cuándo será su *llegada*? 그의 도착은 언제가 될까. Esperamos con ansia la *llegada* de la primavera. 우리들은 봄의 도래(到來)를 기다린다 또 기다린다.

llegue ① llegar의 접속법 현재 1·3인칭 단수형. ② 도착하십시오.

llegué llegar의 부정과거 1인칭 단수형.

lleguéis llegar의 접속법 현재 2인칭 복수형. No *lleguéis* 도착하지 마라.

lleguemos ① llegar의 접속법 현재 1인칭 복수형. ② 도착합시다.

lleguen ① llegar의 접속법 현재 3인칭 복수형. ② 도착하십시오.

llegues llegar의 접속법 현재 2인칭 단수형. No *llegues* 도착하지 마라.

llenar 태① [+de·con : …을](…에) 가득 넣다; 채우다, 충족하다. *Llenó* la botella de vino. 그는 병에 포도주를 가득 넣었다. *Llene* la botella de vino. 병을 포도주로 채워 주세요. ② (빈곳을) 메우다. *Llene* usted este formulario. 이 서식에 기입해 주십시오(서식의 공란을 메우시오). ◇ **~se** [+de·con : …으로] 가득해지다. La plaza *se llenaba* de jóvenes. 광장은 젊은이들로 가득 차 있었다.

lleno, na 형 [+de : …로] 가득한; 가득 찬. El vaso está *lleno*. 잔은 가득 차 있다. La niña lloraba con los ojos *llenos* de lágrimas. 소녀는 눈을 눈물로 가득 채우고 울고 있었다.

llevadero, ra 형 참을 수 있는, 버틸 수 있는.

llevar 태① 가지고 가다, 나르다. ¿*Llevamos* paraguas? 우산 가지고 갈까요. Será mejor *llevar* paraguas por si llueve. 비가 올지도 모르니 우산을 가지고 가는 편이 좋겠다. ② 데려가다. Voy a *llevarte* al cine esta noche. 오늘밤 너를 극장에 데려가 주겠다. Taxi, *lléveme* a la estación. 택시, 역까지 데려다 주세요. ③ 몸에 붙이다. Hace una semana que *llevo* este traje. 나는 이 옷을 입은지 일주일 되었다. *Llevaba* una corbata muy bonita. 그는 아주 아름다운 빅타이를 매고 있었다. ④ (시간을) 보내다. ¿Cuánto tiempo *lleva* usted en Seúl [estudiando español]? - *Llevo* tres meses. 서울에 오신지 [스페인어를 배우신지] 얼마쯤 됩니까. -석달 됩니다. ◇ **~se** 가져가다. El viento *se llevó* mi sombrero. 나는 바람에 모자가 날렸다. Puedes *llevarte* cualquiera de estos libros. 이 책 중 아무 것이나 가져가도 좋다. *llevar a cabo* 실현하다. Es muy difícil

llorar 자 울다 [⊕ reír]. El día que naciste, todos se regocijaban, y tú solo *llorabas*. 네가 낳은 날, 모두들 크게 기뻐했지만, 너 혼자 울고 있었다. 타 울며 슬퍼하다. Todos *lloraron* la pérdida de tan buen amigo. 모두들 그토록 좋은 친구를 잃은 것을 슬퍼했다.

lloriquear 자 훌쩍훌쩍 울다.

llorrón, na 형 잘 우는, 명 울보. 잘 우는 사람.

llover [25 volver] 자 ① 비가 오다. Está *lloviendo*. 비가 오고 있다. Parece que va a *llover*. 비가 올 것 같다. *Llueve* a cántaros. 비가 억수같이 내린다. Aunque *llueva*, saldré de casa. 비가 올지라도 외출하겠다. Aunque *llueve*, saldré. 비가 오지만 외출하겠다. No *llueve* a gusto de todos. 【속담】 모두에게 좋도록 비는 오지 않는다. ②(재난 따위가) 쏟아지다. Han *llovido* desgracias en [sobre] esa familia. 불행이 연이어 그 가족에게 닥쳤다. *llover* sobre mojado 우는 아이한테 침주기이다. Eso ya es *llover* sobre mojado. 그것은 이제 우는 아이한테 침주기이다.

llovioso, sa 형 =lluvioso.

llovizna 자 이슬비·가랑비가 내리다. ◇ **llovizna** 여 이슬비, 가랑비, 보슬비.

lloviznoso, sa 형 많은 비의, 우기(雨期)의.

lluvia 여 비; 강우(降雨). Con esta *lluvia*, no vendrá. 이 비때문에 그는 오지 않을 것이다.

lluvioso, sa 형 비가 많은. Este año ha sido *lluvioso*. 금년에는 비가 많이 내렸다.

M

m. mañana; masculino; meridiano; metro; milla; minuto; muerto.
m/ mes; mi; moneda.
M. Madre; Majestad; Merced; Maestro; Mediano.
m/a mi aceptación.
M.ª María.
M.² metro cuadrado.
M.³ metro cúbico.
m/arg. moneda argentina.
m. atto. muy atento.
maca 예 (과일·직물 따위의) 홈; 얼룩; 사기, 허위, 기만.
macabista 예 매수부.
macana 예 곤봉(porra); 수꽃; 【콜롬비아】야자나무; 【아르헨띠나】큰 실수, 과실, 실책; 사소한·악의없는 거짓말, 농담.
macarse 재 (과일이) 썩다.
macear 타 (나무로 만든) 망치로 때리다; 두드리다; 못으로 박아 놓다. 재 똑 같은 요구를 자꾸하다.
maceta 예 화병, 화분; 망치.
machacar [7sacar] 타 빻다, 찧다, 까다. ◇ **machacador, ra** 빻는, 까는. 명 빻는·까는 사람[기계].
macho 남 수컷; 수꽃; (⊕hembra). Entre los pollos es difícil de discernir el *macho* de la hembra. 병아리는 수컷과 암컷을 식별하기가 어렵다.
machucar [7sacar] 타 짓부수다, 짓이기다
madama 예 부인, 아씨, 마님.
madeja 예 실패, 실꾸러미.
madera 예 나무, 재목. La mesa no está hecha de *madera* sino de un material químico. 그 책상은 나무가 아니고 화학 제품으로 되어있다.
maderero, ra 형 제재(製材)의, 목재업의. 명 목재상인.
madero 남 각재(角材).
madrastra 예 계모, 의붓어머니.
madre 예 어머니, 수녀. La *madre* llevaba de la mano a un niño. 모친은 소년의 손을 끌고 데리고 있었다. ◇ **madrina** 예 교모 (세례·혼례의 들러리). La *madrina* hizo al niño un buen regalo. 교모는 그 어린이에게 좋은 선물을 했다.
madreperla 예 진주조개
Madrid 남 【지명】 스페인의 수도
madrigado, da 형 교미하는; 경험이 있는; 경험이 많은. 예 재혼한 여자
madrigal 남 (사랑을 읊은) 짧은 시; 사모의 정
madriguera 예 (토끼 따위의) 굴, 소굴
madrileñoo, ña 형 마드리드(madril)의. 명 마드리드사람.

madrugar [8] pagar] 재 일찍 일어나다. A quien *madruga*, Dios le ayuda. 신은 부지런한 사람을 돕는다.

madrugada 예 새벽, 여명(alba). Aquel día nos marchamos muy de *madrugada*. 그날 우리는 꼭두새벽에 출발했다. ◇ **madrugador, ra** 일찍 일어나는 사람. ¡Ud. es muy *madrugador*! 당신은 굉장히 부지런하군요.

maduro, ra 형 성숙한; 장년의. Esta manzana todavía no está *madura*. 이 사과는 아직 익지 않았다. ◇ **madurar** 타 익히다. 재 익다. Cuando *madure* el proyecto ya te hablaré de él. 나의 계획이 무르익으면, 바로 그것을 이야기해 주겠다. ◇ **madurez** 예 성숙; 원숙; 장년기(壯年期).

maestro, tra 명 교사; 스승, 명인, 명수. Es *maestro* de español. 그는 스페인어 선생이다. El *maestro* ha premiado a Juan para estimularle. 선생은 격려하기 위해 후안을 칭찬했다. obra *maestra* 걸작. ◇ **maestría** 예 숙련, 교묘.

magallánico, ca 형 마가야네스(el estrecho de Magallanes; 남미 남쪽의 해협)의.

magia 예 마술; 마력. La *magia* de su voz nos tenía encantados. 그녀의 목소리의 마력은 우리들을 황홀케 했다. ◇ **mágico, ca** 형 마술적인; 불가사의한. Tiene una *mágica* memoria. 그는 불가사의한 기억력을 가지고 있다.

magisterio 남 ① 교직, 교직 과정. Mi hija estudia *magisterio*. 내 딸은 교직과정을 이수하고 있다. ② 교육계. ◇ **magistral** 형 교사의·와 같은; 교묘한, 선명한.

magistrado 남 (상급의) 재판관. Los *magistrados* entraron en la audiencia. 재판관들은 법정으로 들어왔다.

magnánimo, ma 형 도량이 넓은, 대범스런.

magnavoz 남 확성기.

magnesia 예 [화학] 마그네슘.

magnético, ca 형 자석·자기의. ◇ **magnetismo** 남 자기, 마력.

magnífico, ca 형 훌륭한, 대견한. ¡*Magnífico*, y muchas gracias por la invitación! 그건 대견한데; 초대 고맙네! Habrá que felicitarle por su *magnífica* labor. 그의 훌륭한 성취에 대해 그에게 축하해야겠다.

magnitud 예 ① 중요성. No he oído en mi vida un disparate de tal *magnitud*. 나는 출생 후 지금까지 그토록 터무니 없는 일은 들은 적이 없다. ② 진도(震度). ◇ **magno, na** 형 위대한. Es una obra *magna*. 그것은 훌륭한 작품이다. Alejandro *Magno* 알렉산더대왕.

magnolia 예 [식물] 목련.

mago 남 마니슷; 마술사; 동방박사. tres *Magos* 동방 3박사

maguey 남 [식물] 용설란.

mahometano, na 형 마호멧교의. 명 마호멧교도. ◇ **mahometismo** 남 마호멧교.

maicena 예 옥수수 가루.

maíz 남 [식물] 옥수수. Los azteca molían el *maíz* y de la harina hacían tortillas. 아스떼까족은 강냉이를 가루로 만들어

majadero, ra 서, 그 가루로 빈대떡을 만들었다. ◇ **maizal** 남 옥수수밭.

majadero, ra 형 어리석은; 엉뚱한. 남 절구공이, 방망이, 망치.

majadura 여 분쇄; 태형, 처벌.

majagranzas 남 어리석은 사람.

majal 남 고기가 살고 있는 장소.

majestad 여 ①위엄. ②〖경어〗폐하. Su *Majestad* el rey llegó esta mañana al aeropuerto. 국왕폐하는 오늘 아침 공항에 도착했다. ◇ **majestuosidad** 여 장엄. ◇ **majestuoso, sa** 형 장엄한, 당당한.

mal 남 [malo의 어미 탈락형]나쁜. Hace mal tiempo. 나쁜 일기이다. 남 ①악, 부정(不正). La conciencia discierne el buen del *mal*. 양심은 선악을 식별한다. ②나쁜 일, 해; 재앙. Me han hecho *mal* sus palabras. 그의 말은 나를 속상하게 했다. ③질병(enfermedad). Nadie sabe qué *mal* tiene. 그가 어떤 병인지 아무도 모른다. 부 ①나쁘게; 서투르게. No habla *mal* de nadie. 그는 누구도 나쁘게 말하지 않는다. ②부정하게, 잘못되어. Esta parte está *mal* traducida. 이 부분은 오역되어 있다. ③(병이)무거운. La enferma hoy está *mal*. 환자는 오늘은 좋지 않다. ◇ **malamente** 부 ①심히 나쁘게. Cayó *malamente* herido. 그는 중상을 입고 넘어졌다. ②(경제적으로)곤란해서. Estamos *malamente* de fondos. 우리는 자금이 없어서 곤란받고 있다.

malagradecido, da 형 배은망덕한.

malagueño, ña 형 말라가(Málaga)의. 남 말라가 사람.

malagueta 여 〖식물〗조미용 식물.

malandante 형 불행한, 때를 못만난.

malandanza 여 불행, 화, 재난.

malandrín, na 형 천한; 사악한; 불량한.

malaria 여 말라리아 열.

malatía 여 나병, 문둥병, 천형병.

malato, ta 형 문둥병환자.

malavenido, da 형 불화의, 불일치의, 적합하지 않은.

malaventura 여 불행, 재난, 화, 불운.

malaventurado, da 형 불행한, 불운한.

malaventuranza 여 불행, 불운, 비운.

malbaratar 타 헐값에 팔다.

malcriar [12enviar] 타 버릇없이 키우다. ◇ **malcriado, da** 형 버릇없는, 가정 교육이 없는.

maldad 여 못된·나쁜 짓; 악의(惡意).

maldecir [69decir] 타 저주하다. Juan *maldijo* su mala suerte. 후안은 자기의 불운을 저주했다. ◇ **maldiciente** 형 저주하는, 욕하는. 남 저주하는 사람; 험구가. ◇ **maldición** 여 저주; 험담, 욕.

maldito, ta 형 저주받은; 극악한. Estos *malditos* zapatos me hacen un daño horrible. 형편없는 이 구두는 나를 지독한 꼴을 당하게 한다.

malecón 남 방파제, 제방.

malestar 남 불쾌; 불편, 불안.
maleta 여 여행 가방(bolso de viaje). Tienes que hacer la *maleta* a toda prisa. 너는 서둘러서 여행가방을 준비해야 한다. ◇ **maletero, ra** 가방 제조인·상인; (자동차의) 뒷 트렁크. ◇ **maletín** 남 소형 여행가방.
maleza 여 잡초(mala hierba); 덤불(maraña). ◇ **malezal** 남 잡초가 무성한 땅.
malgastar 타 (돈·때·노력 따위를) 헛되이 쓰다. José trabajaba mucho y no *malgastaba*. 호세는 일을 잘하고 낭비를 하지 않았다. ◇ **malgastador, ra** 형 낭비자.
malhablado, da 형 말 버릇이 나쁜, 입이 더러운.
malhechor, ra 형 악당, 불량배.
malhumorado, da 형 기분이 언짢은.
malicia 여 ①악의, 저의(底意). Aquellas palabras no parecían tener *malicia*. 저 말에는 악의는 없는 듯 하였다. ②명 나쁜 근성. Tengo mis *malicias* de que no dice la verdad. 그는 진실을 말하고 있지 않다고 나는 심술궂은 생각을 하고 있다. ◇ **malicioso, sa** 형 심술궂은, 저의가 있는. Me miró con una sonrisa *maliciosa*. 그는 심술궂은 듯한 웃음을 하고 나를 보았다.
malignar 타 악화케 하다, 악에 물들게 하다; 병독을 옮기다. 재 악화하다, 부패하다.
malignidad 여 사심, 악의; 유독성, 악성, 악질.
maligno, na 형 악랄한, 뱃속이 시커먼. ◇ **malignidad** 여 악랄함, 악의.
malo, la[남성단수명사의 앞에서 mal; 비교급 peor]형 ① 나쁜; 서툰. No es *mala* idea. 그것은 나쁜 생각은 아니다. Esta comida es *mala*, pero muy *mala*. 이 식사는 맛 없다, 좌우간 지독하게 맛 없다. ②병을 앓고 있는. Ella está *mala* hace tres meses. 그 녀는 석달째 앓고 있다.
malograr 타 잡으려다 놓치다. *Malogré* una ocasión. 나는 기회를 놓쳤다. ◇**~se** ①실패하다; 좌절하다. Se han malogrado nuestros esfuerzos. 우리들의 노력은 실패했다. ②요절하다. ◇ **malogro** 남 실패; 좌절; 요절.
malón 남 토인의 습격. *dar malón* 습격하다.
malonear 타 습격하다, 야습하다.
malparanza 여 모욕, 굴욕, 학대, 능욕, 냉대.
malparir 타 유산하다.
malquerencia 여 혐오; 악의, 원한, 질투심.
malquerer 타 미워하다, 원망하다, 악의를 품다.
malsano, na 형 건강하지 못한; 몸에 해로운; 건강을 해치는. Es un clima muy *malsano*. 이것은 매우 해로운 기후이다.
maltratar 타 학대하다. No hay que *maltratar* a los animales. 동물을 학대해서는 안된다.
malvado, da 형 사악한, 극악한. 남 망나니.
mamá [복 mamás](madre) 어머니. El viernes es el cumpleaños de mi *mamá*. 수요일은 내 어머니의 생신이다.
mamar 타 (젖을) 빨다; 힘들이지 않고 얻다. Juan (se) ha mama-

mamífero, ra 휑 포유 동물의. 📦 포유 동물. 📦(복) 포유류.
manantial 휑 샘의. 📦 샘(pozo, fuente); 근원, 원천.
manar 재 ① 솟아·뿜어 나오다. *Mana sangre de la herida.* 상처에서 피가 솟아 나온다. ② 많이 되다(abundar). *El campo mana en agua.* 들은 물바다가 되고 있다.
manceba 여 첩, 정부(情婦).
mancebo 남 젊은이, 독신자.
manco, ca 휑 한쪽 팔이 없는; 손·발이 없는. 📦 손·발이 없는 사람, 외팔이. *El Manco de Lepanto* 레빤또 해전의 외팔이, 세르반떼스.
mancha 여 때 묻은 곳, 오점; 반점. *El niño llevaba en el vestido una mancha de tinta.* 그 소년은 옷에 잉크얼룩을 묻히고 있었다. *mancha mongólica* 몽고반점. ◇ **manchar** 타 더럽히다. *Llevas los zapatos manchados de barro.* 너는 구두를 더럽히고 있구나.
mandado 남 심부름. ¿*Puede usted hacerme un mandado*? 저에게 심부름 시키겠읍니까? ◇ **mandadero, ra** 명 심부름꾼.
mandar 타 ① 보내다(enviar). ¿*Quiere Ud. mandar un telegrama (cable)*? 전보(케이블) 치시겠읍니까? ¿*Me ha mandado Ud. llamar*? 당신이 나를 부르러 보내셨나까. *Mande por una ambulancia.* 엠브란스를 부르러 보내세요. *Quiero mandar esta carta por correo aéreo.* 이 편지를 항공편으로 보내고 싶다. *Mándemelo a casa.* 제 집에 그것을 보내주세요. *Mande el paquete a estas señas.* 이 주소로 소포를 보내주세요. ② 명령하다. *El rey mandó edificar esta catedral a los arquitectos.* 국왕이 그 건축가들에게 이 대성당을 건축할 것을 명령했다. *Lo he hecho porque Ud. me lo ha mandado.* 당신이 그렇게 말했기 때문에 그것을 했읍니다. ③ 주문하다. *He mandado que nos traigan petróleo.* 나는 석유를 가져와 달라고 주문했다. 재 ① 지배하다, 자유스레 행동하다. ¿*Quién manda en tu casa*? 너의 집에서는 누가 제일 위엄을 부리느냐? ② [+*por*: …를 부르러, 가지러] 보내다. ¿*Quiere usted mandar por un médico*? 의사를 부르러 사람을 보내주지 않겠나요. ◇ **mandamiento** 남 명령; 계율(戒律).
mandarina 여 만다리나 (귤의 일종).
mandatario, ria 남 대리인, 위탁자, 위임 통치국.
mandato 남 명령; 위탁, 위임. *Ningún mandato del director se desobedecía.* 지배인의 어떤 명령도 반대되지 않았다.
mandíbula 여 턱.
mandilandín 남 기둥서방; 창녀의 노예.
mandilón 남 비겁한 사람.
mandinga 남 아프리카의 흑인 종족; 악마.
mandioca 여 [식물] 만디오까 (남미산으로 감자, 고구마, 밤의 맛이 남).
mando 남 ① 지배(권); 지휘. *El general asumió el mando de las tropas.* 장군은 부대 지휘를 하였다. ② 조종, 조작(操作). *Este*

mandolina 예【악기】만도린.

mandón, na 혱 거만스러운, 으시대는.

manecilla 예 시계 바늘(aguja).

manejar 탄 ① 취급하다; 조종하다. Ella *maneja* a su marido. 그녀는 남편을 조종하다. ② 운전·조종·조작하다 (conducir, guiar). José *maneja* el auto muy bien. 호세는 자동차 운전이 매우 능숙하다. ¿Sabe usted *manejar*? 운전하실 줄 아십니까. ③ 경영·관리하다. Mi abuelo *manejaba* una tienda en Málaga. 나의 조부께서는 말라가에서 상점을 경영하고 계셨다. ◇ **manejo** 탄 취급; 운전, 조작; 경영, 관리.

manera 예 ① 방법(modo). No estoy de acuerdo con su *manera* de resolver los problemas. 나는 문제를 해결하는 귀하의 방법에는 찬성하지 못하다. ② 복 예법. Se lo dijo a Lola con buenas *maneras*. 그는 롤라에게 매우 예법을 갖춰 그것을 말했다. *de ninguna manera* 결코 …않다. No se lo diré a nadie *de ninguna manera*. 나는 결코 아무에게도 그것을 말하지 않겠다. *de manera que*+*ind*. 그래서, 그 때문에(de modo que). *De manera que* no fui allá. 그래서 나는 거기에 가지 않았다. Me levanté tarde, *de manera que* no pude llegar a tiempo. 나는 늦게 일어났기 때문에 시간에 댈 수 없었다. *de manera que*+*subj*. …하도록. Salí de casa *de manera que* no me viera él. 그가 나를 만나지 못하도록 나는 집을 나섰다. *de todas maneras* 하여간에, 좌우간에, 어쨌든(de todos modos). *De todas maneras* estoy contento. 좌우간 저는 만족합니다.

manfla 예 창녀, 첩.

manflota 예 창녀집, 기생집.

manga 예 ①(의복의) 소매. Quiero que acorten un poco las *mangas* a esta camisa. 이 와이샤쓰의 소매를 약간 짧게 해 주시길 바랍니다. ② 호스, 수관(水管). Tráeme la *manga*; que quiero regar el jardín. 정원에 물을 뿌리려고 하니 호스를 가져오너라. *en mangas de camisa* 저고리를 벗고, 소매를 걷어 붙이고. Juan estaba trabajando *en mangas de camisa*. 후안은 소매를 걷어붙이고 일하고 있었다.

mango 탄 ① 손잡이, 축(軸). El *mango* de la sartén está suelto. 후라이팬의 손잡이가 빠져 있다. ② 【식물】 망고 (의 열매).

mangonear 자 방랑하다, 방확하다; 간섭하다.

mangoneo 탄 방랑, 방황, 간섭.

mangorrero, ra 혱 소용없는, 쓸모없는, 무익한.

maní 탄 낙화생(cacahuete).

manía 예 편집광(偏執狂); 열중(熱中); 기벽(奇癖). Tiene la *manía* de cerrar todas las ventanas en pleno verano. 그는 한 여름에 모든 창문을 닫는 기벽이 있다.

manicura 예 메니큐어.

manifestar [19 pensar] 탄 나타내다; 표명·언명하다. Lamentamosse *manifestarles* que no nos interesa su idea. 폐사는 귀사측

의 생각에 관심이 없다는 것을 표명하게 되어 유감입니다. ◇~
se ① 나타나다. Sus intenciones se *manifiestan* claramente. 그
의 의도는 분명히 나타났다. ②의견·태도를 명확히 하다. ③
데모를 하다. Los obreros *se manifestaron* pidiendo un aumento de salario. 노동자들은 임금 인상을 요구하면서 데모를 했다.
◇ **manifestación** 여 표시, 표명; 데모, 시위운동. ◇ **manifestante** 양 데모 참가자.

manifiesto, ta 형 분명한, 명확한(patente, claro). 남 성명(서);
【상업】선하목록(船荷目錄) (declaración del cargamento de un buque preparado para el administrador de aduanas). *poner de manifiesto* 명확히 하다, 밝히다, 공개하다. Con esas declaraciones el gobierno *puso de manifiesto* sus propósitos. 정부는 그 발표로 의도를 명확히 했다.

manileño, ña 형 마닐라(Manila)의. 남 마닐라 사람.

maniobra 여 ① 조작(操作); 조차(操車), 조선(操船). ② 공작(工作), 책략. Esto ha sido una *maniobra* para derribar al gobierno. 이것은 정부를 전복시키기 위한 공작이었다. ③작전, 연습. ◇ **maniobrar** 자 조작·공작·연습·작전하다.

manipodio 남 권모, 술책, 간계.

manipulación 여 취급, 조작, 처치; 술책, 조정.

manipulador 남 전신, 전송기.

manipulante 남 조작하는 사람.

manipular 타 조종하다, 조작하다, 처치하다; (상품을) 취급하다; 거래하다.

maniquí 남 마네킹, 인형(muñeca).

manjar 남 음식, 식량, 식품(cualquier comestible, alimento).

mano 여 ① 손. José le estrechó la *mano*. 호세는 그의 손을 잡았다. La madre llevaba de la *mano* a su niña. 모친은 딸애의 손을 끌었다. *mano derecha* 오른손. *mano izquierda* 왼손. *mano postiza* [*artificial*] 의수(義手). ②일손 (노동력·기술 따위의). Hay escasez de *mano* de obra. 일손이 부족하다. ③(결혼 대상의) 여자. *pedir la mano de*…를 아내로 청혼하다. Luis fue al padre de Margarita a *pedirle la mano* de su hija. 루이스는 마르가리타의 아버지에게 그의 딸을 아내로 청혼하러 갔다. *a mano* 쉽사리. Dame el libro si lo tienes *a mano*. 쉽사리 책을 입수하면 나에게 주라. *de segunda mano* 중고의. *darse* [*estrecharse*] *la mano* 악수하다. *mano sobre mano* 손을 모개고. *mano a mano* 협조하여; 대등하게. *a la mano derecha* [*izquierda*]오른[왼] 쪽에. Lo encontrará usted *a la mano derecha*. 오른쪽에 그것이 있다. *coser a mano* 손바느질하다. *escribir a mano* 손으로 쓰다.

mansión 여 큰 저택(palacio). La familia vive en una *mansión* en las afueras de la ciudad. 그 가족은 시의 교외에서 큰 저택에 살고 있다.

manso, sa 형 얌전한; 온화한. La corriente del río era *mansa*. 냇물은 잔잔했다.

manta 여 담요, 모포(毛布). No duermo bien con una sola

manta. 담요 한장 뿐이어서 나는 잘 잘 수 없다.
manteca 여 기름기, 지방; 버터. La criada untó *manteca* a la sartén. 식모는 후라이팬에 기름을 발랐다.
mantecado 남 아이스크림, 버터빵.
mantel 남 책상보, 식탁보.
mantener [58 tener] 타 ① 지탱하다; 유지·지속하다. José no pudo *mantener* su compromiso. 호세는 약속을 계속 지킬 수가 없었다. ② 부양하다(sustentar). El pobre muchacho *mantiene* a toda su familia. 그 소년은 불쌍하게도 자기의 전 가족을 부양하고 있다. ◇ **mantenimiento** 남 유지; 식품, 식량.
mantequera 여 버터 접시(mantequillera). ◇ **mantequero** 남 버터 제조·판매인.
mantequilla 여 (식탁용) 버터.
mantilla 여 어깨·머리를 덮는 베일·쇼울.
mantillo 남 옥토, 비옥한 땅, 경작하는 땅; 퇴비.
mantillón 형 불결한, 더러운.
mantisa 여 【수학】 가수(假數).
manto 남 (부인용) 망또, 가운, 제복.
mantón 남 쇼울, 어깨걸이. *mantón* de Manila 수 놓은 큰 쇼울.
manual 형 ① 손의; 손으로 만든. En aquel entonces se ocupaba de un trabajo *manual*. 그 무렵 그는 수공에 종사하고 있었다. ② 간단한. 남 입문서, 안내서, 편람. Quiero comprar algún *manual* de la cocina española. 나는 스페인 요리 입문서를 사고 싶다.
manufactura 여 제품; 공장(fábrica). ◇ **manufacturar** 타 제조하다, 제작하다(fabricar). ◇ **manufacturero, ra** 형 제조·생산·공업의
manuscrito 형 손으로 쓴. 남 원고; 사본(copia). Se perdieron todos los *manuscritos* del texto original. 원문의 사본은 모두 잃었다.
manutención 여 지지, 유지; 보호, 보존; 부양. ◇ **manutener** [58 tener] 타 부양하다(mantener).
manzana 여 ① 【과일】 사과. Esta *manzana* está picada. 이 사과는 상했다. ② 구획, 거리. Di una vuelta a la *manzana*. 나는 그 거리를 한 바퀴 돌았다. ◇ **manzanal/manzanar** 남 사과밭. ◇ **manzano** 남 사과나무.
maña 여 솜씨; 술책; 교활함; (나쁜) 버릇. ◇ **mañoso, sa** 형 솜씨 있는, 교묘한.
mañana 여 아침, 오전. Ha nevado esta *mañana*. 오늘 아침 눈이 왔다. ¿Vengo por la *mañana* o por la tarde? 나는 오전 중에 올까, 아니면 오후에 올까. 남 내일. Mañana será otro día. 내일은 내일의 바람이 분다. Pienso ir *mañana*. 내일 나는 갈 예정이다. *Hasta mañana*(작별인사) 내일 만나뵙겠습니다. *muy de mañana* 아침 일찍. *pasado mañana* 모레
mañanear 타 (습관이 되어서) 일찍 일어나다.
mañanita, ta 형 조조, 아침 일찍.
mañería 여 불모, 불임, 아이를 배지 않음; 교활, 간계.

mapa 囲 지도. Miren ustedes este *mapa*. 이 지도를 보시오. *mapa mudo* 백지도.

mapamundi 囲 세계 지도.

máquina 예 기계. ¿Sabes escribir a *máquina*? 너는 타이프 라이터를 칠 줄 아느냐. *máquina de coser* 재봉틀. *máquina de escribir* 타이프라이터. *máquina de foliar* 넘버링. *máquina de lavar* 세탁기. ◇ **maquinaria** 예 [집합적]기계; 기계구조. *La maquinaria del reloj está estropeada.* 시계의 기계가 망가졌다. ◇ **maquinilla** 예 소형기계. *maquinilla de afeitar* 안전 면도기. *maquinilla de cortar pelo* 이발기. ◇ **maquinista** 圀 기관사; 기술자; 엔진 운전수.

maquinación 예 권모, 간책, 책략.

maquinador 囲 간계·간책을 부리는 사람.

mar 囲 또는 예 바다. *La llanura se inclina de la montaña al mar.* 평야는 산에서 바다로 경사하고 있다. *alta mar* 먼 바다. *mar gruesa* 거친 바다. *la mar de* …다량의. *Tengo que hacer la mar de cosas.* 나는 해야 할 일이 잔뜩 있다.

mar. marzo.

maraca 예 마라까 (악기의 일종).

maraña 예 무성함; 얽힘; 분규.

maravilla 예 ① 놀라움; 불가사의. *Es una de las siete maravillas del mundo.* 그것은 세계 7대 불가사의 중의 하나이다. ② 훌륭함. *Voy a ver la ⟨colección de Velázquez⟩; es una maravilla.* 벨라즈께스⟨의 그림⟩을-보러 가거라, 훌륭해. ◇ **maravillar** 팀 놀라게 하다. *Me maravilla verte por aquí.* 너를 이 근처에서 만나다니 놀랍다. ◇ **maravilloso, sa** 휑 놀라운; 훌륭한. *El resultado fue maravilloso.* 결과는 훌륭했다.

marca 예 마크, 표지(標識); 상표, 품목. *Es una marca renombrada.* 그건 유명한 상표이다. *Creo que esta marca es la mejor.* 이 상표(의 물건)가 제일 좋다고 생각한다. *Le recomendamos este vino; es de marca.* 이 포도주를 권합니다; 유명품이오.

marcar [7] *sacar*]팀 ① (…에) 마크·표지(標識)를 붙이다. *He marcado con rojo los artículos que me interesan.* 그럴싸한 물건에 나는 빨강 마크를 붙였다. ② [스포츠] 득점하다, 기록하다. *El nadador ha marcado 45′24″8.* 그 수영선수는 45′24″8을 기록했다. ③ (계기의 바늘 따위가) 가리키다, 나타내다. *Mi reloj marca las tres.* 내 시계는 3시를 가리키고 있다. *El termómetro marca treinta grados a la sombra.* 한란계는 그늘에서 30도를 가리킨다. ④ (전화의 다이얼을) 돌리다. *Marque usted el número 28·8115.* 다이얼 28−8115번을 돌리세요. ◇ **marcado, da** 휑 현저한, 명백한.

marco 囲 ① 가장자리, 테; 액자. *El marco de la ventana está mal sujeto a la pared.* 창틀은 벽에 잘 붙어있지 않다. ② 마르크 (독일의 화폐 단위).

marchante, ta 圀 고객, 단골손님(cliente, parroquiano).

marchar 困 ① 행진하다. *Marchamos con los pies firmes.* 우리들은 보무도 당당하게 보무로 행진하였다. ② (기계가) 움직이다.

Mi reloj *marcha* adelantado. 내 시계는 빠르다. ③ (일이) 진척되다. Las cosas *marchan* viento en popa. 만사가 잘 되어 가고 있다. Los negocios *han marchado* perfectamente. 거래는 순조롭게 진행되었다. ◇ ~se 가 버리다, 떠나다. ¿ *Se marcha* usted ya? 벌써 떠나신 겁니까. Tengo que *marcharme* en seguida. 나는 곧 돌아가야 한다. ◇ **marcha** 여 ① 행진; 진행. El tren se pondrá en *marcha* pronto. 열차는 곧 떠난다. ② 행진곡. Se tocaba una *marcha* en el acto. 예식에서 행진곡이 연주되고 있었다.

marchitar 타 시들게 하다; 여위게 하다. ◇ ~se 시들다; 여위다. ◇ **marchitez** 여 시들음; 여윔. ◇ **marchito, ta** 형 시든; 여윈.

marea 여 조수(潮水).

marear 타 귀찮게 굴다, 괴롭히다; (배를) 움직이다. ◇ ~se 멀미하다. ◇ **mareado, da** 형 멀미하는. ◇ **mareo** 멀미; 현기증.

marfil 남 상아(象牙). Sigue en cerrado en su torre de *marfil*. 그는 상아탑 속에 들어박혀 있다. ◇ **marfileño, ña** 형 상아의·같은.

margarina 여 마아가린.

margarita 여 【식물】 들국화; 진주(perla).

margen 남 또는 여 (강·길의) 가, 가장자리. 남 ① 난외, 여백; 난외의 주해. Deja más *margen* a la izquierda. 왼쪽에 보다 많이 여백을 남겨라. ② 【상업】 차금(差金), 마진. Nuestro *margen* de beneficio es muy pequeño. 폐사의 이익 차금은 매우 적다. ◇ **marginal** 형 가의; 난외의. *nota marginal* 방주(傍註).

María 여 마리아 (여자이름). *santa María* 성모마리아.

mariano, na 형 성모마리아의, 마리아 예배의: *Islas Mariana* 마리아군도.

marica 여 【새】 까치. 남 나약한 자, 여자같은 사내.

Maricastaña 태고를 상징하는 인물. *en tiempo de Maricastaña* 아주 먼 옛날.

maridaje 남 부부생활, 화합, 조화.

maridar 타 결합시키다, 묶다. 자 결혼하다, 결혼생활하다.

marido 남 남편(esposo) (⇔ mujer, esposa). *Marido y mujer* tenían un hijo solo. 그 부부에게는 아들이 단 하나였다.

mariguana 여 마리후아나, 대마초(marihuana, marijuana).

marino, na 형 바다의. Se ha encontrado un extraño animal *marino* en la bahía. 그 물굽이에서 한 마리의 기묘한 바다 동물이 발견되었다. 남 해병, 수병; 선원. 여 해사(海事), 해운; 해군; 【집합적】 선박. (*Ministerio de*) *la Marina* 해군성(省). La *marina* coreana está dotada de los últimos adelantos. 한국 선박은 최신의 진보한 설비를 갖추고 있다. ◇ **marinero** 남 선원, 뱃사공, 수부(水夫).

mariposa 여 【곤충】 나비. Una leve *mariposa* volaba de flor en flor. 경쾌한 나비가 꽃에서 꽃으로 날아 다녔다.

mariscal 남 육군 원수. ◇ **mariscalía** 여 육군 원수의 직.

marisco 남 조개류. A ese precio no hay quien pueda comer *mariscos*. 그런 값에 조개 먹을 사람이 없겠다. Para comer *mariscos* se fueron a un bar junto al puerto. 그들은 조개 요리를 먹으러 항구 가까이의 요리점으로 갔다.

marital 형 남편의.

marítimo, ma 형 바다의; 바닷길의; 해상의; 선박의. Si usted lo manda por vía *marítima*, resultará muy barato. 당신이 배편으로 그것을 보내면 매우 싸게 먹힐 것입니다.

marmita 여 남비, 솥.

mármol 남 대리석. Todas estas columnas son de *mármol*. 이 원주들은 모두 대리석으로 되어 있다.

marqués 남 후작(侯爵). El *marqués* se mantuvo fiel al rey por toda su vida. 후작은 전생애를 왕에게 계속 충실했다. ◇ **marquesa** 여 후작부인, 여자 후작. ◇ **marquesado** 남 후작의 직위·영(領).

marro 남 실수, 실패, 잘못, 과오; 쇠고리던지기 유희의 일종

marrón 형 밤색의(castaño), 다갈색의. 남 밤색, 다갈색. Lo quiero de color *marrón*. 나는 다갈색으로 된 것이 필요하다.

marroquí 형 모로코의; 남 모로코 사람.

marsopa/marsopla 여 【동물】 물개.

mart. martes.

marta 여 【동물】 담비.

Marte 남 【천문】 화성.

martes [단·복 동형] 남 화요일.

martillo 남 【공구】 해머, 망치. Las espadas coreanas se forjan a golpes de *martillo*. 한국칼은 망치로 쳐서 만들어진다. ◇ **martillar** 타 망치로 치다. ◇ **martillazo** 남 망치질·치다.

mártir 남여 순교자; 수난자. Entre los que dieron su sangre por la fe merecen ser citados los 23 *mártires*. 신앙을 위해 그 피를 바친 자들 중에서 23인의 이름을 순교자로서 나타낼 수 있다. ◇ **martirial** 형 순교자의. ◇ **martirio** 남 순교; 수난. San Pedro sufrió *martirio* en Roma. 성베드로는 로마에서 순교했다. ◇ **martirizar** 타 박해하다; 학대하다.

marzo 남 3월. ◇ **marzal** 형 3월의.

mas 접 [문어적] 그러나(pero).

más [mucho의 비교급; 성·수의 변화 없음] 형 더욱 많은. El amor tiene *más* fuerza que la muerte. 사랑은 죽음보다 강하다. 대 ① 다른 일·것. ¿ Qué *más* dice el periódico? 신문에는 무슨 다른 것이 있습니까? ② [정관사+]대부수. Los *más* de los habitantes trabajaban en la mina. 주민의 대다수는 광산에서 일하고 있었다. 부 ① 더욱 많이, 더. Este edificio es dos veces *más* alto que aquél. 이 건물은 저것보다 2배 높다. Es lástima que usted no haya venido *más* temprano. 당신이 좀더 빨리 오지 않았던 것이 유감이다. ② [정관사·소유형용사를 덧붙여서 최상급] 가장. Lola es la *más* inteligente de nuestra clase. 롤라는 우리 학급에서 제일 머리가 좋다. ¿ Qué es lo que *más* a usted le molesta? 제일 싫은 것은 무엇이오? ③ [접속사적] 【수학】 플러스(y) (반) menos. Cuatro *más* tres son siete. 4 더하기 3은 7이다. *más de*+「수사」…이상. *Más de* cuarenta hombres murieron en el terremoto. 그 지진으로 40인 이상의 사람이 죽었다. *a lo más* 불과, 고작. Te costará cien pesetas *a lo más*. 그것은 너에게 불과 100페세따쯤 들겠지. *no más que* 다만 …밖에 없다. No tenía *más que* cien pesetas. 나는 100페세따밖에 가지고 있지 않았다. *por más que* 아무리 …하여도. *Por más que* gritaba, nadie lo oía. 아무리 고함을 질렀지만 아무도 들어주지 않았다.

masa 예 ① 덩어리; (빵 따위의) 반죽 덩어리. Los peones hacen una *masa* con agua y yeso. 인부들은 물과 석고로 벽을 바를 흙덩이를 만든다. ② 집단; 대중(大衆). *Masas de vacas* pastaban en extensos prados. 소의 큰 무리가 넓은 목장에서 풀을 뜯고 있었다. *en masa* 전체로서; 집단으로; 대량 방식으로 Aquí se fabrican los productos *en masa*. 여기서는 제품이 대량 방식으로 제조되고 있다. ◇ **masivo, va** 형 집단의; 대중의.
masacre 남 대학살. ◇ **masacrar** 타 대학살하다.
masada 예 농가; 별장(villa, quinta, casa de campo).
masaje 남 맛사지. dar un *masaje* 맛사지하다. ◇ **masajista** 공 안마사.
mascar [7] sacar] 타 씹다, 깨물다.
máscara 예 탈, 가면. ◇ **mascarada** 예 가장 행렬·무도회.
mascota 예 마스코트.
masculino, na 남자의; 수컷의. género *masculino* 남성.
mascullar 자 말을 더듬다, 우물거리다.
masera 예 (빵을) 반죽하는 통, (빵 찌는데 쓰는) 수건.
masilla 예 작은 덩어리.
maslo 남 (개 꼬리의) 끝, 나무뿌리.
masón 남 큰 덩어리; 숙련공; 조합원.
masonería 예 공제 비밀 결사.
masónico, ca 형 숙련공 조합의; 공제비밀 결사의.
masoquismo 남 피학대성 음란증.
mastelero 남 【선박】 중간돛대.
masticar [7] sacar] 타 (먹을 것을) 깨물다, 씹다(mascar). Tienes que *masticar* la comida más despacio. 너는 음식을 더 천천히 씹어야 한다.
mástil 남 돛대.
mata 예 관목; (다년생 목질의) 풀; 숲; 과수림; 입목(立木).
matachín 남 도살자, 광대.
matadura 예 짐승가축에 생긴 상처, 귀찮은 사람.
matálascallando 남 은밀히 목적을 달성하는 자.
matalobos 남 【식물】 약용·관상용 식물(독초).
matalón, na 남예 폐마, 늙은 말.
matamoros 남 장사, 역사, 힘자랑하는 자.
matamoscas 남 파리통, 파리채 (파리 잡기 위해 길게 늘어 놓은 근적끈적한 종이).
matamosquitos 남 모기잡는 선향.
matancero, ra 형 마땅사스의. 남 마땅사스사람.
mataperros 남예 악동, 부랑아.

matapolvo 몡 조금 오는 비.

matar 타 ①죽이다. El huracán *ha matado* a más de veinte personas. 태풍으로 20인 이상이 죽었다. ②(시간을) 소비하다. Yo *mataba* el tiempo viendo la televisión. 나는 텔레비젼을 보며 소일하였다. ◇~**se** ①자살하다 ②[+a·por·…때문에] 몸을 깎아내리다. Se está *matando* para ganar una miseria. 그는 아주 적은 돈을 벌기 위하여 몸을 깎아내리고 있다. ◇ **matadero** 몡 도살장. ◇ **matador, ra** 몡 살인자; 주역 투우사 ◇ **matanza** 몡 대학살; 도살.

mate 몡 마떼차(茶)(hierba del Paraguay); 마떼 찻잔; 마떼음료.

matemático, ca 몡 수학의. 몡 수학자. 예 톡 수학. ¿Aprobó usted en el examen de *matemáticas*? 당신은 수학 시험에 합격했읍니까.

materia 예 ①물질; 재료. *materia prima* [primera] 원료. Han suspendido la fabricación por falta de *materias primas*. 원료의 부족으로 제조가 정지되었다. ②사항, 제재(題材); 학과(學科). Es especialista en la *materia*. 그는 그 일로서는 전문가이다.

material 몡 물질의; 구체적인. El alma no es *material*, el cuerpo sí. 영혼은 물질적인 것은 아니지만 육체는 그러하다. 몡 재료; 성분, 용구(用具). Todo el *material* empleado es de primera calidad. 사용된 재료는 모두 제일 좋은 품질이다. ◇ **materialidad** 예 실질; 외형. ◇ **materialismo** 몡 유물론, 물질주의. ◇ **materialista** 몡 유물론자, 물질주의자, 실리주의자. ◇ **materializar** [⑨ alzar] 타 물질화하다; 실현시키다.

materno, na 몡 어머니의, 어머니쪽의. *amor materno* 모성애. La mujer española pierde su nombre *materno* al casarse. 스페인 여성은 결혼하면 어머니쪽의 성을 잃는다. ◇ **maternal** 몡 어머니의·다운. *cariño maternal* 모성애. ◇ **maternidad** 예 어머니임, 모성; 출산 수당; 산원(産院). *casa de maternidad* 조산원.

matiz [복 matices] 몡 색조, 색깔, 무늬. Percibí en sus palabras cierto *matiz* irónico. 나는 그의 말 속에 어떤 야유하는 빛깔을 느꼈다.

matón 몡 잘 싸우는 사람.

matorral 몡 덤불, 풀숲; 표(billete, boleto).

matrícula 몡 등록; 학적, 선적, 차적(車籍); (자동차의) 번호판. La *matrícula* del curso me costó 1,000 pesetas. 그 과정의 수강료로서 1,000에세타 들었다. ◇ **matricular** 타 (배·차를) 등록하다. 재 입학의 절차를 밟다. ¿En qué escuela *te has matriculado*? 어떤 학교에 등록했읍니까.

matrimonio 몡 ①결혼(casamiento, boda). Su primo contrajo *matrimonio* con una amiga mía. 그의 사촌 형님은 내 친구와 결혼했다. ②부부(esposos, señores). La familia está formada por el *matrimonio* y tres hijas. 그 가족은 부부와 3인의 딸로 구성되어 있다. ◇ **matrimonial** 몡 결혼의; 부부의.

matute 몡 밀수품, 밀수입.

matutear 타 밀수하다.

matutero, ra 혱 밀수업자.
matutinal 혱 아침의.
maula 여 값싸고 번쩍이는 물건, 쓸모없는 물건.
maullar [7 rehusar]재 (고양이가) 야옹하고 울다.
mausoleo 남 영묘; 사직(mauseolo).
máximo, ma 혱 최대·최고의. El precio *máximo* es de diez dólares. 최고 가격은 10달러이다. La temperatura *máxima* es de cuarenta grados. 최고 기온은 40도이다. 남 최대의; 최고액. Tendrá como máximo viente años. 그는 겨우 20세일 것이다. 여 금언, 모토(lema). Mi *máxima* es no meterme en vidas ajenas. 나의 금언은 타인의 생활에 간섭하지 않는 일이다.
mayo 남 5월. El primero de *mayo* es la fiestas del trabajo. 5월 1일은 노동(자)의 제전이다.
mayonesa 여 마요네즈(mahonesa).
mayor 혱 ① [grande의 비교급] 더욱 큰; 더욱 연상의; 더욱 위의. Su casa es *mayor* que la mía. 그의 집은 나의 집보다 크다. ② [정관사+] 가장 큰; 가장 연장의. Josefina es la *mayor* de todos. 호세피나는 모두들 중에서 가장 연상이다. ③ 성년의. 남 ①어른, 성인. Carlos es ya *mayor* de edad. 까를로스는 이미 어른이다. ② 수장, 장(長). *al por mayor* 대강; 도매로. Solamente se venden *al por mayor*. 그것들은 도매로만 팔리고 있다. ◇ **mayoría** 여 대부분, 대다수(mayor parte, gran parte). La *mayoría* de ellos piensan mal de mí. 그들 대부분은 나를 나쁘게 생각하고 있다.
mayordomo 남 집사; 【메루】 사환.
mayoridad 여 성년(mayoría).
mayorista 남 도매(상인).
mayoritario 혱 다수당·다수파의 (사람).
mayúsculo, la 혱 매우 큰; 【문법】 대문자의. 예 대문자 [⟷ minúscula].
mazapán 남 설탕·달걀·밀가루·호두와 아몬드(almendra)를 짓이겨서 만든 과자.
mazmorra 여 지하토굴.
mazo 남 한묶음; 추근추근한 사람, 성가시게 부탁하는 사람.
mazorca 여 (옥수수의) 열매, 카마오의 열매, (옥수수 종류의) 열매.
mazorral 혱 조잡한.
mazurca 여 마주르까(폴랜드 계통의 쾌활한 춤과 그 무용곡).
m/c. mi cuenta; mi cargo; moneda corriente.
mcos. marcos.
m/cta. mi cuenta.
me 대 [1인칭 단수의 대격·여격 대명사] ① 나를. *Me* esperaban. 그들은 나를 기다리고 있었다. Me levanto ordinariamente a las siete. 나는 보통 7시에 일어난다. Vino a ver*me*. 그는 나를 만나러 왔다. ② 나에게. *Me* lo dio. 그는 나에게 그것을 주었다. Dáme*lo*. 나에게 그것을 주라. *Me* gusta la música. 나는 음악이 좋다. ③ 나로부터. *Me* han robado el reloj. 나는 시계

를 도둑 맞았다.

mecánico, ca 형 기계의; 기계적인. En esta fábrica la operación de embotellar es *mecánica*. 이 공장에서는 병조림 작업은 기계에 의한다. 명 기계공; 기관사(機關士). Trabaja de *mecánico* en aquella fábrica. 그는 그 공장에서 기계공으로 일하고 있다. 여 기계(학), 역학; 기계장치. Su hijo estudia *mecánica* en la universidad. 그의 아들은 대학에서 기계학을 배우고 있다. ◇ **mecanismo** 남 기구, 장치. El *mecanismo* de arranque es muy sencillo. 시동 기구는 극히 간단하다.

mecanógrafo, fa 명 타이피스트. Se necesita una *mecanógrafa*. 타이피스트 구함. ◇ **mecanografía** 여 타자(술).

mecedora 여 흔들이자.

mechar 타 …에 돼지 기름을 바르다.

medalla 여 메달, 상패. Su producto fue premiado con la *medalla* de oro en la exposición. 그들의 제품은 박람회에서 금메달을 받았다. ◇ **medallón** 남 [장신구] 로케트; 대패(大牌).

media 여 ①【의복】스타킹 [비교: calcetín]. Me da pena pensar que tengo que zurcir las *medias*. 스타킹을 기워야 한다고 생각하기만 해도 피롭다. ②【수학】평균, 중항(中項). *a medias* 절반쯤에, 엉거주춤하게. Iremos *a medias* en el negocio. 장사에서는 무엇이든지 반반으로 하세.

mediano, na 형 중간품의; 평범한. Hágame un corte *mediano*. 중간품의 커트로 해 주세요. ◇ **medianamente** 부 중간쯤으로, 평범하게. ◇ **medianía** 여 중류 계급; 중간 인물. No pasa de ser una *medianía*. 그는 가도 아니고 불가도 아닌 인물이다.

medianoche 여 자정, 밤12시, 한밤중. Casi nunca me acuesto antes de la *medianoche*. 나는 거의 언제나 밤 12시 전에는 자지 않는다.

mediante 부 [전치사격]…에 의하여, …을 통하여, Tuve éxito *mediante* sus consejos. 당신의 충고에 의해서 나는 성공했다. *Dios mediante* 아마도. Iré *Dios mediante*. 아마도 나는 갈 수 있겠지.

mediar [①cambiar]자 ① 사이에 있다. Entre su casa y la mía *median* otras dos. 그의 집과 우리 집과의 사이에 2채의 집이 있다. ② 사이에 서다(중간, 중재). Quiso *mediar* en la discusión. 그는 토론을 조종하려 했다. ◇ **mediación** 여 중개, 중재.

mediatinta 여 중간색.

mediatizar 타 행동의 자유를 구속하다.

madiato, ta 형 간접의, 가운데부터.

medicación 여 치료; 의약.

medical 형 의학의, 의사의, 약용의.

medicamento 남 약, 약제.

medicina 여 ① 의학(醫學). Su hijo estudia *medicina* en Alemania. 그의 아들은 독일에서 의학을 공부하고 있다. ②약(藥). Estoy tomando *medicinas* porque me duele el estómago. 나는 위가 아파서 약을 먹고 있다. ◇ **medicamento** 남 약품. **medicinal** 약용의.

médico, ca 웹 의사(doctor). El *médico* recibe consultas desde las nueve. 그 의사는 9시부터 진찰을 한다.

medida 왜 ① 계량(計量), 측량. La *medida* se hace al final del trabajo. 계량은 일이 끝난 뒤에 행해진다. ② 치수. ¿Quiere usted tomarme la *medida*? 내 치수를 재어 주시잖읍니까. ③ 계기(자, 말, 저울). Usamos la cinta métrica como *medida*. 우리들은 계기로서는 미터 줄자를 쓰고 있다. ④ 처치, 대책. El gobierno ha tomado *medidas* de precaución. 정부는 예방조치를 취했다. *a medida de* …(의 양)에 응하여, …의 비율로. Te pagarán *a medida de* tu trabajo. 너는 일의 양에 응하여 돈을 받을 수 있다. *a medida que* …함에 따라서 Prosperaba la agricultura *a medida que* se aseguraba la paz. 평화가 확립됨에 따라서 농업이 번영했다.

medio, dia 웹 ① 절반의. El solo bebió *media* botella de vino. 그는 혼자서 포도주병을 절반 마셨다. ② 중위(中位)의, 중간쯤의·중등·중간. Podemos vernos a *media* tarde. 우리들은 오후의 중간쯤에 만난다. ③ 평균의. El español *medio* de hoy lo piensa así. 오늘의 평균적 스페인 사람은 그것을 이렇게 생각하고 있다. 휨 ① 절반; 중앙. El auto se paró en *medio* de la carretera. 자동차는 길 한가운데에 멈추었다. ② 중개; 매체. Los médicos conocen las enfermedades *por medio* de los síntomas. 의사는 징후를 통하여 병을 안다. ③ 수단, 방법. El mejor *medio* de conseguir una cosa es empezar a hacerla. 한가지 일을 달성하는 가장 좋은 방법은 그것을 하기 시작하는 일이다. ④ 자산, 자금. Es una buena persona pero como comerciante carece de *medios*. 그는 좋은 사람이지만 상인으로서는 자금이 부족하다. 閈 반쯤. Lola me oía *medio* dormida. 롤라는 반쯤 졸면서 내 이야기를 듣고 있었다.

mediocre 웹 중위(中位)의; 평범한. Me parece *mediocre* ese joven. 저 청년은 평범하다고 나는 생각한다. ◇ **mediocridad** 왜 중위; 범용(汎庸).

mediodía 뷝 ① 정오. Falta poco para el *mediodía*. 정오까지는 조금 밖에 (시간이) 없다. Llegué a casa a *mediodía*. 정오께 나는 집에 돌아갔다. ② 남쪽, 남부.

medioeval 웹 중세기의(Edad Media), 중세기풍의(medieval).

medir [56 pedir]타 ① 재다; …만큼의 길이·크기가 있다. El hombre *media* cerca de dos metros de estatura. 그 사람은 키가 2미터 가까이 된다. ② 이것 저것 생각하다. Habló *midiendo* las palabras. 그는 말을 골라가면서 했다. ◇ **~se** 절도(節度)를 지키다. Ese hombre no sabe *medirse*. 저 사람은 절도를 지킬 수가 없다.

meditar 타 묵상·숙고하다. El negociante *meditaba* la manera de aumentar sus beneficios. 상인은 이익을 늘리는 방법을 깊이 생각하고 있었다. 재 묵상·숙고하다. ◇ **meditación** 왜 묵상(록), 내성(內省), 숙고.

mejicano, na 웹 멕시코(México)의 (mexicano).뷝 멕시코사람.

médula 왜 【해부】골수, 수질(髓質), 연수, 숨골; 【식물】고갱이.

mejilla 여 (얼굴의) 뺨, 볼. ¡Qué *mejillas* tan coloradas tiene esta niña! 이 어린이의 뺨은 붉기도 하군 !

mejor 형 ① [bueno의 비교급]더욱 좋은. Será *mejor* ir en tren que en avión. 비행기보다 열차로 가는 편이 좋겠지. ② [정관사+]가장 좋은. Fue el *mejor* momento de su vida. 그것은 그의 생애에서 가장 좋은 때였다. 부 ① [bien의 비교급] 더욱 좋게, 더욱 능란하게. Yo lo sé *mejor* que tú. 나는 그것을 너보다 잘 알고 있다. ② 차라리. *Mejor* quiero esperar allí que llegar tarde. 나는 늦은 것보다는 차라리 그곳에서 기다리겠다. *a lo mejor* 혹시, 어쩌면. A lo *mejor* me regalan algo. 어쩌면 나에게 어떤 것을 줄는지도 모른다.

mejorar 타 좋게하다(개량,개선). Está *mejorando* el sistema poco a poco. 그들은 방법을 조금씩 개량하고 있다. 재귀 회복・호전되다. El tiempo va *mejorándose*. 일기는 회복되어 간다. Mi hija *se ha mejorado* notablemente. 내 딸은 알아보게 좋아졌다. ◇ **mejora** 여 개량, 개선.

melancolía 여 걱정, 우수(憂愁). A la muerte de su hijo la invadió una *melancolía*. 아들의 죽음으로 그녀는 깊은 우수에 잠겼다. ◇ **melancólico, ca** 형 어쩐지 슬픈, 어쩐지 적적한.

melaza 여 당밀.

melocotón 여 [과실] 복숭아. ◇ **melocotonar** 남 복숭아밭. ◇ **melocotonero** 남 [식물] 복숭아나무.

melodía 여 [음악] 멜로디, 선율; 가곡, 가락, 곡조.

melón 남 [과실] 멜론, 참외.

mellizo, za 형 쌍둥이(gemelo).

memorándum 남 【단·복수 동형】비망록, (외교)각서; 수첩.

memoria 여 ① 기억(력); 추억, 기념. Lola tiene buena *memoria*. 롤라는 기억력이 좋다. ② 보고서, 공식문서의)각서; 연구논문. Me mandaron la *memoria* escolar del año pasado. 나에게 작년도 학교의 연차 보고를 보내왔다. ③ 복(전언의 인사)잘 부탁합니다. Déle usted muchas *memorias* a su hermana. 누님에게 잘 전해 주시오. ④ 복 회고록. Me impresionaron mucho las *memorias* del escritor. 나는 그 작가의 회고록에 크게 감동을 받았다. *aprender de memoria* 암기하다. Ella *aprende* muy bien *de memoria* los números de teléfonos. 그녀는 전화번호를 대단히 능숙하게 암기한다. ◇ **memorable** 형 기억할만한.

memorial 남 수첩, 비망록; 진정서; 청원서.

memorista 명 【남·여동형】대서업자.

memorión 남 기억력이 좋은 사람; 훌륭한 기억력.

memorioso, sa 형 기억이 좋은 (사람).

memorista 형 암기 주의의 (사람).

memorístico, ca 형 [여] 기억술(의), 암기주의의.

mena 여 【광물】철광; 지중해산의 식용고기.

ménade 여 술의 신, Baco의 무희, 광란하는 여자.

menaje 남 가재도구; (학교의) 교과용구, 집기.

mención 여 기재; 언급. Haga *mención* de mi nombre y le atenderán. 내 이름을 내 놓으시오; 그러면 보살펴 줄 것이오. ◇

mencionar 団 말하다; 기재하다; (…에) 언급하다. En una de las interrogaciones, él *mencionó* un incendio que hubo en la ciudad. 심문중에 그는 시내에서 일어난 화재에 관하여 언급했다.

mendacidad 여 허위, 거짓말하는 버릇.

mendas 형 거짓말 하는 (사람).

mendelismo 남 멘델의 유전법칙.

mendicante 형 거지(의), 탁발수도회의 (수도자).

mendigo, ga 명 거지. El *mendigo* extendió una mano en actitud suplicante. 이 거지는 불쌍한 태도로 한 손을 내밀었다. ◇ **mendicidad** 여 거지, 거지근성. ◇ **mendigar** 자 동냥하다. 타 조르다.

menester 남 ① 필요. Es *menester* que José le diga la verdad. 필요한 것은 호세가 그에게 진실을 말하는 일이다. ② 복 일, 근무; (일의) 도구. Sería mejor que se ocupara de otros *menesteres* más útiles. 좀 더 유익한 일을 하는 편이 좋을 것이다. ◇ **menesteroso, sa** 형 곤궁한. 명 생활 곤궁자.

menguar [10] 자 쇠퇴하다; 줄다. El caudal del río *ha menguado* desde hace diez días. 강물은 10일 전부터 줄어들었다. ◇ **menguado, da** 형 비겁한; 어리석은; 인색한. ◇ **menguante** 형 줄어드는; (달의) 하현의. 남 감수(減水); 썰물, 쇠퇴.

meninge 여 【해부】 뇌막. ◇ **meníngeo, a** 형 뇌막의. ◇ **meningitis** 여 【단·복수 동형】 【의학】 뇌막염.

menor 형 ① [pequeño의 비교급] 더욱 작은; 더욱 연소한; 미성년의. Mi hijo es *menor* que el tuyo. 내 아들은 네 아들보다 연하이다. ② [정관사·소유형용사를 보태어] 가장 작은. La cosa no tiene la *menor* duda. 그 일에는 조금의 의심도 없다. 명 미성년자. Está prohibida la entrada para los *menores*. 미성년자는 입장금지이다. *al por menor* 산매(散賣)로, 소매로. Esta tienda no vende *al por menor*. 이 가게는 산매를 하지 않는다.

menos 형 [poco의 열등비교급; 정관사·소유형용사를 첨가해서 최상급] 더욱 적은, 뒤진. Hoy hace *menos* calor que ayer. 오늘은 어제보다 덜 덥다. 부 ① [poco의 비교급] 더욱 적게, 뒤지게; …만큼 …하지 않다. Hoy llueve *menos*. 오늘은 비가 (전보다) 적다. Elena es menos tonta que Carmen. 엘레나는 까르멘만큼 어리석지는 않다. ② [정관사·소유형용사를 첨가해서 최상급] 가장 적게. Esta chica es la que *menos* aplicada de la clase. 이 소녀가 학급에서 제일 공부에 열심이 없다. José era el que *menos* hablaba. 호세가 제일 말이 없었다. ③ [접속사적] …이외, …의 외에는. Tengo todo lo que necesito *menos* dinero. 나는 돈이외에 필요한 것은 무엇이나 가지고 있다. 남 【수학】 마이너스 기호. *lo menos* 가장 적은 일. Es *lo menos* que se puede pedir. 그것이 요청할 수 있는 최소한의 것이다. *al menos/a lo menos/por lo menos* 적어도, 만족하지는 않지만. Dame *por lo menos* tus señas. 최소한 주소쯤은 가르쳐다오. *a menos que* …하는게 아니면. No vendré esta tarde *a menos que* tú me necesites. 네가 나를 필요로 하지 않는다면 나는 오후에는

오지 않겠다. *echar de menos* …가 없는 것을 알아차리다; …가 없는 것을 적적하게·불만족하게 생각하다. *Echo de menos el café*. 커피가 없어서 불만족이다. *Eché de menos el abrigo*. 오바를 입고 왔더라면 하고 나는 생각했다. *no poder menos de* +inf. …하지 않을 수 없다. *José no pudo menos de marcharse*. 호세는 가는 것 말고는 수가 없었다.

menoscabo 图 훼손, 흠; 감소.

menosprecio 图 무시, 경시, 깔봄, 업신여김. ◇ **menospreciar** 団 깔보다, 경멸하다, 업신여기다(despreciar).

mensaje 图 메시지, 전언(傳言); 교서(教書). *A las diez se emitirá por radio un mensaje del Presidente*. 10시에 대통령의 메시지가 라디오로 방송된다. ◇ **mensajero, ra** 图 심부름꾼; 사절, 사신, 사자.

mensual 圈 다달의; 월간의. ◇ **mensualidad** 囡 월급; 월 납부액. ◇ **mensualmente** 圄 다달이, 매월.

mental 圈 마음의, 정신의; 내심의; 지적인. *Prefiero el trabajo mental*. 나는 지적인 일이 좋다. ◇ **mentalidad** 囡 정신 상태; 지성. ◇ **mentalmente** 圄 마음 속에서; 정신적으로. *Se lo decía mentalmente*. 그는 마음 속에서 그것을 자신에게 들려 주었다.

mente 囡 사고(력); 두뇌. *No está en mi mente hacerle ningún daño*. 나의 머리에는 그에게 해를 끼칠 생각은 조금도 없다.

mentira 囡 거짓말, 거짓(⇔ verdad). *No digo que sea mentira*. 나는 그것이 거짓말이라고는 말하지 않는다. ◇ **mentir** [46 sentir]囝 거짓말 하다(decir la mentira). *¡Tú me mientes!* 거짓말 마라! *Las esperanzas mienten*. 희망은 언제나는 되지 않는 것. ◇ **mentiroso, sa** 圈 거짓이 많은. 图 거짓말쟁이.

mentón 图 턱(barbilla), 턱아래의 점.

mentor 图 좋은 지도자, 스승.

menú 图 메뉴.

menudear 囲 자주 발생하다, 되풀이하다. (눈·돌 따위가) 쉬지 않고 떨어지다, 자세히 말하다, 소매하다, 글을 쓰다.

menudencia 囡 세심, 면밀주도, 상세. 腹 자디 잔 물건.

menudeo 图 빈번, 빈발, 소매.

menudillo 图 동물의 발목. 腹 새의 내장.

menudo, da 圈 ① 가는, 작은. *Caía una lluvia muy menuda*. 아주 가는 비가 오고 있었다. ② 하찮은, 천한. *Ella se preocupa por las cuestiones menudas*. 그녀는 대수롭지 않은 문제에 구애받는다. ③ 잔돈의. *Déme la vuelta en moneda menuda*. 거스름돈은 잔돈으로 주시오. 图腹잔돈; 장물(贓物). *a menudo* 빈번히. *Siento molestarle tan a menudo*. 이렇게 몇 차례나 폐를 끼쳐서 미안 합니다.

meñique 圈 아주 작은(pequeñito). 图 새끼 손가락(dedo meñique, dedo auricular).

mercader, ra 图 [고어; 현대어는 comerciante]상인(商人). *El rey se apoyó en los mercaderes*. 왕은 상인들에게 의지했다. ◇ **mercadería** 囡 상품(mercancía), 화물.

mercado 图 ① 장, 시장(plaza); 마아켓. *En centro de viviendas*

está provisto de un *mercado* interno. 저 주택단지는 내부에 시장을 갖추고 있다. ②시장, 판로(販路). Flandes fue desde antiguo un buen *mercado* para el comercio español. 플란데르 지방은 스페인 상업에서 옛날부터 좋은 시장이었다. *mercado negro* 암시장(estraperlo).

mercancía 예 상품, 화물. Vendemos todas nuestras *mercancías* al contado. 폐사의 상품은 모두 현금으로 판매하고 있소. ◇

mercante 형 상업의. *barco mercante* 상선(商船). 남 상인. ◇

mercantil 형 상업의. Fenicia era una nación puramente *mercantil*. 페니키아는 순수한 상업국이었다.

merced 예 은혜; 선물; 의지(意志). Las gentes agradecían las *mercedes* de la duquesa. 사람들은 공작부인의 은혜에 감사하고 있었다. *merced a* …의 덕택으로. Lo hemos conseguido *merced a* su ayuda. 우리들은 그의 도움 덕택으로 그것을 손에 넣었다.

mercenario 형 고용된; 천부한. *soldado mercenario* 용병. 남 용병.

mercería 예 잡화상, 일용품상.

merecer [30 crecer]타 (…을)받을) 가치가 있다, (…할) 값어치가 있다. No creo que estos dos jóvenes *merezcan* nuestra confianza. 이들 두 청년은 우리들의 신뢰를 받을 값어치가 있다고는 생각되지 않는다. ◇ **merecido** 남 벌, 응보.

merendar [19 pensar]자 간식을 들다. ¿ Es la hora de *merendar*? 간식을 먹을 시간입니까. 타 간식으로 먹다. ◇ **merienda** 예 간식, 가벼운 식사.

meridional 형 남쪽의. Málaga goza de un clima *meridional*. 말라가는 남쪽의 (따뜻한) 기후에 혜택받고 있다.

mérito 남 ①공적, 공로(상). Su *mérito* está en entregarse de lleno a su profesión. 그의 공적은 그가 전면적으로 자기의 직업에 전력을 기울인 데 있다. ②효용, 가치. Este trabajo tiene mucho *mérito*. 이 일에는 큰 효용이 있다. ③장점, 미점. Nos hemos enterado bien de los *méritos* de sus productos. 귀사 제품의 장점은 잘 알았습니다.

merluza 예 [물고기] 대구류.

mermelada 예 잼 (marmelada).

mero, ra 형 단순한, 근소한. Por el *mero* hecho de venir a verme, ya merece mi agradecimiento. 나를 만나러 와 주는 단순한 그 행위만으로도 그는 나의 감사를 받을 값어치가 있다. ◇ **meramente** 부 단지.

mes 남 달. ¿ Cuál es el *mes* más frío? 제일 추운 달은 언제입니까. Aquí llevo dos *meses*. 나는 여기 와서부터 두 달이 된다. ¿ Qué día del *mes* tenemos?/¿ En qué día del *mes* estamos? 오늘은 며칠입니까. a principios del *mes* que viene 다음 달 상순에.

mesa 예 ①책상; (작업; 유희용의) 대(臺). Dejé el reloj sobre la mesa. 나는 책상 위에 시계를 놓았다. ②식탁, 요리, 식품. Lola estaba sentada a la *mesa*. 롤라는 식탁에 앉아 있었다.

Tiene *mesa* y cama en casa de sus padres. 그는 부모의 집에 (있으면) 먹을 것도 잘 곳도 있다. *poner la mesa* 식사 준비를 하다. Ya está *puesta la mesa*. 벌써 식사 준비가 되어 있다.

meseta 여 고원, 대지(臺地). La *meseta* ocupa una extensión aproximada a la mitad de España. 고원은 스페인의 절반에 가까운 면적을 차지하고 있다.

mesianismo 남 구세주교, 구세주 출현의 신앙.

mesias 남 (유태인의) 구세주, 메시아, 그리스도, 구세자.

mesmerismo 남 최면술(최면).

mesnada 여 (왕, 제후의) 호위대, 무리, 같은편.

mesnadero, ra 형 남 호위대의(기사).

mesocracia 여 중류계급(burguesía), 중류계급 우대정치.

mesón 남 여관, 하숙집; (상점의) 카운터(mostrador).

mesonero, ra 형 하숙집의. 남 하숙주인.

mesta 여 (옛날의) 목장주 조합. 남 개천의 합류.

mester 남[고어] 기술. *mester de clerecía* (옛날의) 유식자 문학. *mester de juglaría* 서민문학, 서민시.

mestizo, za 형 혼혈의, 트기의. 남 혼혈아(persona nacida de padres de raza distinta; persona nacida de blanco e india o de indio y blanca).

mesura 여 신중(seriedad); 정중(cortesía). ◇ **mesurado, da** 형 신중한. ◇ **mesurar** 타 신중하게 생각하다.

meta 여 목적(objeto, propósito); 고을(gol). Alcanzó la *meta*. 그는 결승점에 도달했다.

metal 남 금속(金屬). El descubrimiento de los *metales* produjo una nueva revolución en la vida. 금속의 발견은 생활 속에 새로운 혁명을 가져왔다. ◇ **metálico, ca** 형 금속의; 정화(正貨)의.

meteorología 여 기상(학). ◇ **meteorológico, ca** 형 기상(학)의. ◇ **meteologista** 남 기상학자. ◇ **meteoroscopio** 남 기상관측기.

meter 타 넣다. *Metieron* al joven en la cárcel. 청년은 감옥에 처넣어졌다. Mi tío *metió* las monedas en mi bolsillo. 숙부는 내 호주머니에 돈을 넣었다. *meter la pata* 곤경에 빠지다. Juan siempre *mete la pata*. 후안은 항상 곤경에 빠진다. ◇~*se* 들어가다. Después de apagar la luz *me metí* en cama. 불을 끄고나는 침대로 들어갔다. ◇ **metido, da** 형 ① 빽빽한, 꽉찬. ② [+con : …에] 열중한. José está muy *metido* con Lola. 호세는 롤라에게 열중하고 있다.

método 남 방식, 방법. Nuestro *método* es oir, hablar y escribir. 우리의 방법은 듣고, 말하고, 쓰는 일이다. ◇ **metódico, ca** 형 순서대로의; 조직적인, 정연한.

metralla 여 연발탄, 산탄(散彈).

metro 남 ① [길이의 단위] 미터. José tiene un *metro* sesenta de estatura. 호세는 키가 1미터 60이다. ② (도시의) 지하·고가 고속철도. Creo que lo mejor es tomar el *metro*. 제일 좋은 일은 지하철을 타는 일이라고 생각한다.

metrópoli 여 수도(首都), 대도회; (식민지에 대하여) 본국. España fue la *metrópoli* para los países de habla española. 스페인어 사용국에게는 스페인은 본국이었다. ◇ **metropolitano, na** 형 수도의, 대도회의. 남 지하철(metro, subte).

Mex. México(Méjico).

mexicano, na 형 = mejicano.

mezcla 여 혼합; (담배·커피 따위의) 배합품. Usaba una excelente *mezcla* inglesa. 그는 영국계의 우수한 배합법을 사용하고 있었다.

mezclar 타 혼합하다, 섞다. No debes *mezclar* el vino con el agua. 너는 포도주에 물을 타서는 안된다. ◇ **~se** 섞이다, 휩쓸이다. El agua no *se mezcla* con el aceite. 물은 기름과 섞이지 않는다. ◇ **mezclado, da** 형 혼합한, 섞인.

mezquino, na 형 가난한(pobre, necesitado); 불행한(infeliz, desdichado).

mi [복 mis] 형 [1인칭 단수의 소유격 대명사; 명사의 앞에 붙는 형태] 나의. ¿Dónde he dejado *mis* libros? 나는 내 책을 어디에다 두었던가.

mí 대 [1인칭 단수의 전치사격 대명사] 나. A *mí* no me gusta la música moderna. 나는 근대음악은 마음에 들지 않는다.

miaja 여 부스러기, 쪼가리(migaja).

miasma 남 독기, [마라리아의] 병독.

miau 남 [복 miaues] 고양이 우는 소리.

mica 여 [광물] 운모(돌비늘); [동물] 꼬리가 긴 암원숭이.

mecado 남 황제, 임금.

micción 여 오줌누기, 방뇨. *micción en camino* 노상방뇨.

mico, ca 남 [동물] 꼬리가 긴 원숭이; 음란한 자; 못생긴 자. *dar·hacer mico* 만날 약속을 어기다.

micología 여 세균 분류학.

micra 여 미크론(100만분의 1미터).

microbio 남 세균, 미생물; 병균. ◇ **microbiología** 여 세균학, 미생물학. ◇ **microbiológico, ca** 형 세균학의. ◇ **microbiólogo, ga** 형 세균학자, 미생물학자.

microcosmo 남 소우주, 소사회, (대우주의 축소로서의) 인간, 축도.

microfilm(e) 남 마이크로 필름.

micrófono 남 미음 확대기, 마이크로폰.

microfoto(grafía) 여 현미경사진.

micrografía 여 현미경제도.

microgramo 남 미크로그램(100만분의 1그램).

micronesio, sia 형 미크로네시아제도의 (사람)(las islas de Micronesia).

micronómetro 남 초시계.

microonda 여 [전기] 마이크로 웨이브.

microscopio 남 현미경. El biólogo examinó al *microscopio* una gota de agua. 그 생물학자는 한 방울의 물을 현미경으로 조사했다. ◇ **microscópico, ca** 형 마이크로 현미경의; 현미경적인,

아주 작은.

microsismo 圐 【지질】 미진. ◇ **microsismógrafo** 圐 미진계.

miedo 圐 두려움, 걱정. Tengo *miedo* de perderlo. 그것을 잃는 것이 나의 걱정이다. Temblaba de *miedo* aquella noche. 나는 그 밤에 무서워서 떨고 있었다. ◇ **miedoso, sa** 휑 비겁한. 圐 비겁자. El *miedoso* asusta de su sombra. 비겁한 자는 제 그림자에 놀란다.

miel 예 꿀; 감미로운 것·일. ¿Adónde viajarán ustedes en la luna de *miel*? 당신들은 밀월여행으로는 어디로 갑니까.

miembro 圐 ① 팔, 다리. El forastero llegó con los *miembros* encogidos de frío. 타관 사람은 추위 때문에 손발이 꽁꽁 얼어 왔다. ② 구성원. Informó a la policía un *miembro* del grupo. 패거리의 한 사람이 경찰에 알렸다.

mientras 閚 [접속사적] ① …하는 동안에. Lo recordaré *mientras* viva. 나는 살아 있는 동안은 그것을 생각해 내리다. ② 한편으로는. Carlos juega *mientras* José trabaja. 까를로스는 놀고, 한편 호세는 일하고 있다. *mientras que* …하는 동안에; 한편으로는. *mientras tanto* 그럭저럭하는 동안에, 한편으로는.

miérc. miércoles.

miércoles 圐 수요일.

miga 예 부스러기, 쪼가리

migración 예 이주, 이민, 이동(emigración). *migración laboral* 노동 이민.

mil 閚 mil/miles圐 1,000의; 1,000번째의. Le doy a usted *mil* gracias. 정말로 고맙습니다. 圐 1,000. Se reunieron varios *miles* de personas. 몇 천명이나 되는 사람들이 모였다.

milagro 圐 기적, 불가사의. ¡Qué *milagro* verlo a usted aquí! 여기서 만나뵙다니 정말 이상한 일입니다그려! ◇ **milagroso, sa** 휑 기적적인, 불가사의한; 있을 수 있는.

milésimo, ma 圐 1,000번째의. 圐 1,000분의 1.

milicia 예 군; 군사; 군대. De los años de la *milicia* guardo recuerdos inolvidables. 군대 시대에는 나의 잊을 수 없는 추억이 있다. ◇ **miliciano, na** 휑 군대의, 병사의. 圐 민병(民兵).

miligramo 圐 [무게의 단위] 밀리그램.

milímetro 圐 [길이의 단위] 밀리미터.

militar 휑 군대의, 군인의. Los altos puestos civiles y *militares* estaban reservados para los hijos de la nobleza. 문관이나 군인의 높은 지위는 귀족의 자제를 위한 것이라고 정해져 있었다. 圐 군인. Se me acercó un *militar*. 군인 한 사람이 나에게 다가 왔다.

◇ **militarismo** 圙 군국주의. ◇ **militarista** 휑 군국주의의. 圐 군국주의자. ◇ **militarmente** 閚 군대식으로; 군법에 따라. **militarización** 예 군국·군대·군사화. ◇ **militarizar** [⑨ alzar] 군국·군대·군사화하다.

milla 예 [거리의 단위] 마일; 해리(海里). El tren alcanzó una velocidad de cien *millas* por hora. 열차는 시속 100마일에 달했다.

millar 남 ① 1,000. He contado hasta un *millar*. 나는 1,000까지 세었다. ② 복 수천; 많음.

millón 남 100만. Buenos Aires tiene más de ocho *millones* de habitantes. 부에노스·아이레스에는 800만 이상의 인구가 있다. ◇ **millonario, ria** 명 백만장자, 대부호.

mimar 타 귀여워하다. La abuela *mima* a sus nietos. 할머니는 손자를 너무 귀여워 한다. ◇ **mimoso, sa** 형 버릇없는.

mimbre 남【식물】버들.

mimbrear(se) 자 (재) 꾸부리다; 연약하다.

mimbreño, ña 형 유연한, 버들가지 모양의.

mimbrera 여【식물】비단 버드나무.

mimbreral 남 버드나무숲, 버드나무 가로수.

mimeógrafo 남 등사기, 복사기.

mimetismo 남 (동식물의) 의태성(性);【심리】모방성.

mimetizar 타 의장하다.

mímico, ca 형 흉내내는, 모방·모조의, 가짜의. *lenguaje mímico* 여 무언극, 흉내내기.

mimo 남 귀여워하기, 어리광부리게 하기, (희랍, 로마극의) 몸짓으로 표현하는 광적인 언사; 도사.

mimoso, sa 형 달콤한. 여【식물】미모사.

mina 여 ① 광산, 탄광, 광맥(鑛脈). Los mineros entraron en la *mina*. 광부들은 탄갱에 들어갔다. ② 보물산. El negocio era para él una *mina* de oro. 그 장사는 그에게는 보물산이었다. ③ (연필의) 심. La *mina* de este lápiz es demasiado dura. 이 연필심은 너무 딱딱하다. ④【병기】기뢰, 수뢰, 지뢰. El avance era peligroso por las *minas* que el enemigo había colocado a la entrada del estrecho. 적이 해협의 입구에 부설한 기뢰때문에 전진은 위험했다. ◇ **minería** 여 광업(계). *escuela de minería* 광업학교. ◇ **minero, ra** 형 광산(업)의. 명 광산업자, 광산 소유자, 광부.

mineral 형 광물의. 남 광물, 광석.

miniatura 여 모형, 축소형, 축도; 세밀화(법).

mínimo, ma 형 최소의; 최저의, 가는. La cantidad *mínima* es de cincuenta docenas. 최소한의 수량은 50다스이다. La diferencia de temperatura entre la máxima y la *mínima* suele ser de quince grados. 최고와 최저의 사이에 온도차는 15도 이다. 남 최소한, 최저. Necesitas cuatro metros de tela como *mínimo*. 최소한 4미터의 옷감이 필요하다. *lo más mínimo* 조금 도 …(않다).

minimum 남 최소한, 최저.

minino, na 명【동물】고양이.

ministerio 남 ① 정부(gobierno), 내각(內閣)(gabinete). Ocurrió un cambio en el *ministerio*. 내각 속에 경질이 있었다. ② 부 (部), 성(省). Mañana tengo que presentarme en Ministerio de Asuntos Exteriores. 내일 나는 외무부에 출두해야 한다. *Ministerio de Educación Nacional* 문교부. *Ministerio de Defensa* 국방부. *Ministerio de Energía y Recursos* 동력자원부. *Ministerio de*

Estado 내무부. *Ministerio de Hacienda* 재무부. *Ministerio de Justicia* 법무부. ◇ **ministerial** 혱 내각의; 부의; 장관의; 행정상의.

ministro 몡 ① 장관. *El ministro de Asuntos Exteriores y el Secretario de Estados Unidos han comenzado las negociaciones.* 외무부장관과 미국의 국무장관과의 교섭이 시작되었다. ② 공사(公便). *El ministro de Costa Rica sostuvo una conversación con el jefe del Estado.* 꼬스따·리까의 공사는 국가원수와 ك답했다. *primer ministro* 수상. ③ 사제, 목사, 승려. ④ 특사(enviado), 사자(使者).

minoración 몡 감소, 감축(aminoración). ◇ **minorar** 태 줄이다 (disminuir). ◇ **minorativo, va** 혱 감소의.

minoría 몡 소수(파); 소수민족; 미성년 [⑭ mayoría]. *La proposición tiene cinco votos de minoría.* 그 제안은 다섯 표라는 소수이다.

minoridad 몡 미성년(menor edad).

minucioso, sa 혱 세밀한; 면밀한; 세심한. *Se efectuó una inspección minuciosa en la oficina.* 사무소에서 면밀한 검사가 행해졌다. ◇ **minuciosidad** 몡 면밀, 상세; 세밀.

minúsculo, la 혱 극히 작은. 몡 [문법] 소문자 [⑭ mayúsculo].

minuto 몡 [시간·각도의 단위] 분(分). *El tren tardó cinco minutos en llegar.* 열차는 5분 늦게 도착했다. 혱 아주 작은. (muy pequeño). ◇ **minutero** 몡 (시계의) 분침 (分針).

mío, a 혱 ① [1인칭 단수의 소유격 대명사로 형용사형] 나의. *Este libro no es mío.* 이 책은 나의 것이 아니다. *El gusto es mío.* 제가 오히려 반갑습니다. ② [정관사를 붙여서] 내 것. *El mío es de color marrón.* 나의 것은 밤색이다.

miope 혱 근시안의. 몡 근시안의 사람. ◇ **miopía** 몡 근시(안).

miosota 몡 [식물] 물망초.

mira 몡 조준, 조척; 주시; 목표, 목적; 의도; 조준점. *a la mira* (감시)하고. *estar a la mira* 주시하고 있다. *con miras a* …을 목적으로. *tener miras sobre* …에 희망을 걸다.

mirada 몡 시선, 눈매; 봄 (눈으로). *La vieja me dirigió una mirada triste.* 노파는 나에게 슬픈 듯한 시선을 보냈다.

mirar 태 ① 바라보다. *Miraba las estrellas.* 그는 별을 보고 있었다. *En la aduana no me miraron esta maleta.* 세관에서 나의 이 여행가방은 검사하지 않았다. *Lola me miró con fijeza.* 롤라는 나를 찬찬히 쳐다 보았다. ② 고려하다. *Mira lo que vas a hacer.* 네가 하려 하는 일을 잘 생각해 보아라. 재 ① [+a · hacia : …의 쪽을] 보다. *Miraba a lo lejos.* 그는 먼 곳을 보고 있었다. ② [+a : …의 일을] 생각하다. *Sólo mira su interés.* 그는 자기의 이해만을 생각하고 있다. ③ [+a : …에] 향하여·면하여 있다. *Quisiera un cuarto que mire al mar.* 바다에 면한 방이 좋겠는데. ◇ **-se** 얼굴을 마주 보다; 반성하다; (거울을) 보다. *Mírese usted al espejo.* 거울을 보십시오.

mirasol 몡 [식물] 해바라기(girasol).

misa 몡 [종교] 미사, 예배식. *Todos los domingos Lola va a*

iglesia para oír *misa*. 일요일마다 로라는 미사를 들으러 교회로 간다. *misa del gallo* 강탄제의 심야 미사. *misa solemne* 장엄미사.

miserable 형 ① 불쌍한, 비참한(pobre, infeliz). El viejo llevaba una vida *miserable*. 노인은 불쌍한 생활을 하고 있었다. ② 천한, 비열한(vil). Un *miserable* asesino lo mató con una pistola. 비열한 암살자가 그를 권총으로 죽였다. ③ 인색한, 근소한 (avariento). Por unas *miserables* pesetas, lo mató. 사소한 돈 때문에 그는 상대를 죽였다. 명 비열한 사람. Aquel hombre es un *miserable*. 저 자는 비열한 놈이다. ◇ **miserablemente** 부 불쌍하게, 비참하게; 천하게, 비열하게; 인색하게.

miseración 여 연민, 동정(misericordia).

miseria 여 비참(infortunio), 빈궁(pobreza extremada); 사소한 것(cosa pequeña); 인색(avaricia). Fui allí y la encontré en la *miseria*. 나는 그곳에 가서 빈궁속에 있는 그녀를 발견했다.

misericordia 여 자비(심); 동정(심) (virtud que inclina a ser compasivo y perdonar). ◇ **misericordioso, sa** 형 인정 많은.

misión 여 ① 사명, 임무. La *misión* del rey era la de extender su territorio. 그 왕의 사명은 영토의 확장이었다. ② 파견(단), 사절단. Ayer llegó a España una *misión* económica de Corea. 어제 스페인에 한국으로부터의 경제 사절단이 도착했다. ③ 포교·전도(단). En Paraguay las *misiones* conquistaron gran prestigio. 빠라과이에서 전도단은 크나큰 명성을 얻었다. ◇ **misionario, ria** 형 사절(단원). ◇ **misionero, ra** 형 선교사.

mismo, ma 형 ① [+que: …와] 같은, 마찬가지의. Aquí tiene usted una taza del *mismo* color que aquélla. 여기에 저 찻잔과 같은 색의 것이 있다. ② [센 뜻] 그 같은; 바로 그. Tengo una cita con ella esta *misma* noche. 바로 오늘 밤, 나는 그녀와 만나기로 되어있다. ③ [뜻이 강한 말로서 대명사·부사의 뒤에 첨가해서] 그. Lola se avergüenza de sí *misma*. 롤라는 자기 자신을 부끄러워 하고 있다. Te esperaré aquí *mismo*. 여기 바로 이곳에서 나를 기다리고 있겠다. Voy ahora *mismo*. 지금 곧 나는 간다. 대 [관사+] 동일한 사람·물건. Esta señorita es la *misma* que vino ayer. 이 아가씨가 어제 왔던 그 사람이다. *lo mismo que* …와 마찬가지로; 그리고 또. Mallorca fue conquistada *lo mismo que* Menorca. 마요르까는 메노르까와 마찬가지로 정복되었다. A José le gusta la música; *lo mismo que* a mí. 호세는 음악을 좋아한다; 그리고 나도 또한 좋아한다. *lo mismo* 같은 일. ¿Vengo por la mañana o por la tarde? —*Lo mismo* me da. 나는 오전 중에 올까요, 아니면 오후에 올까요. —나에게는 아무래도 좋은 일이오.

misógamo, ma 형 결혼을 싫어하는 (사람).
misógino 형 남 여자를 싫어 하는 (남자).
misoneísta 형 새로운 것을 싫어하는 (사람).
mistela 여 일종의 달콤한 혼합주(mixtela).
misterio 남 ① 신비(의 수수께끼). Es un *misterio* de dónde sacó

ese hombre tanto dinero. 저 사내가 어디서 그런 큰 돈을 얻었는가는 신비적인 수수께끼이다. ②[종교] 비적(秘蹟). ◇ **misterioso, sa** 웹 신비적인; 수상한. ◇ **misticismo** 엄 신비주의, 신학; 비밀. ◇ **místico, ca** 웹 신비(一的); 신학(·신학)의.

mitad 여 절반; 한가운데. Se quemaron la *mitad* de las casas. 집들의 절반이 탔다. Mi madre partió el melón por la *mitad*. 모친은 멜론을 한가운데서 나누었다.

mitigar [图 pagar]타 완화하다(aplacar, moderar). ◇ **mitigación** 여 완화.

mitin [图 mitines] 엄 모임, 토론회, 미팅(reunión pública de carácter político). Se reúne un *mitin* después de la cena en el comedor. 저녁 식사후에 식당에서 모임이 있다.

mito 엄 신화; 미신; 이야기. Esa finca, de la que él nos hablaba, era un *mito* inventado por él mismo. 그가 우리들에게 이야기한 저 별장은 그 자신이 만들어 낸 허구였다. ◇ **mitografía** 여 신화학. ◇ **mitógrafo, fa** 엄 신화학자. ◇ **mitología** 여 [집합적] 신화; 신화학.

mixto, ta 웹 혼합의; 혼혈의. Nuestro hijo va a una escuela *mixta*. 우리 아들은 남녀 공학 학교에 다니고 있다. 엄 혼합물; 잡종; 화객혼성열차(貨客混成列車)(tren que transporta viajeros y mercancías). En esta estación no paran más que los *mixtos*. 이 역에는 화객혼성열차 밖에 정거하지 않는다.

mixtura 여 혼합, 혼성; 혼합물; 혼합약.

mixturar 타 혼합하다 (mezclar).

MNR. Movimiento Nacional Revolucionario 국가 혁명운동(당).

mobilirio 여 이동의; 동산의(mueble). 엄 가구(moblaje).

moblaje 엄 가구(mueble).

mocedad 여 젊음이, 청년; 젊은이들. Nuestra abuela dice que ella era la adoración de la *mocedad* de su pueblo. 우리 할머니 말씀에 의하면 그녀는 마을 젊은이들의 동경의 대상이었다. ◇ **moceril** 웹 젊은(joven, juvenil).

moción 여 활동, 움직임; 동의(動議).

mochila 여 배낭(bolsa o saco que se lleva a la espalda).

moda 여 유행(流行). Este es en sombrero de última *moda*. 이것은 최신유행 모자이다. *a la moda* 유행에 따라서, 현대식으로. Ella quiere vestirse *a la moda*. 그녀는 유행하는 의상을 입고 싶어 한다. *estar de moda* 유행하고 있다. Este tipo *está de moda*. 이 형이 유행하고 있다. *pasar de moda* 유행에 뒤떨어지게 되다. ¿ Está *pasado de moda* este estilo? 이 스타일은 유행에 뒤떨어진 것인가요?

modalidad 여 형식, 양식, 방법.

modelo 엄 ① 모범, 범례(範例). El profesor puso el *modelo* para que lo copiáramos. 선생은 우리들로 벼껴쓰도록 본보기 글을 써 주었다. ② 형, 원형(原型). Este *modelo* me gusta más. 나는 이 형이 제일 마음에 들었다 엄 ① 모델, 마네킹(maniquí). ¿ Quieres servirme de *modelo*? 너는 내 모델이 되어 주지 않겠

는가. ② [형용사적] 모범의. *escuela modelo* 모델·스쿨

moderación 여 적당; 절제; 완화; 조절. ◇ **moderado, da** 형 적당한, 알맞은. *precio moderado* 적정 가격. ◇ **moderar** 타 적당히 하다; 조절하다; 완화하다; 절제하다. ◇**~se** 자제하다.

moderno, na 형 조용한; 근대적이. (⇔ *antiguo*). Allá se ve un edificio de arquitectura *moderna*. 저쪽에 근대적인 건축물이 보인다. *a lo moderno* 근대적인·으로. *Ella va vestida muy a lo moderno*. 그녀는 매우 현대적인 복장을 하고 있다. ◇**modernamente** 부 근대적으로 ◇ **modernidad** 여 근대성, 근대정신. ◇ **modernismo** 남 근대풍·주의. ◇ **modernista** 형 근대적인, 근대풍의 공 근대주의자 ◇ **modernización** 여 근대화. ◇**modernizar** [7] *alzar*] 타 근대화하다.

modesto, ta 형 ① 조촐한, 정숙한. Le ruego a usted que acepte este *modesto* obsequio. 그 조촐한 선물을 받아 주시기를 바랍니다. ② 조심스러운, 겸손한. No sea usted demasiado *modesto*. 겸손하실 건 없습니다. ◇ **modestia** 여 정숙함; 겸손; 수줍음.

módico, ca 형 근소한, 검소한; 값싼. Este negocio no tiene más que un *módico* margen de ganancia. 이 장사는 근소한 이익밖에 없다.

modificar 타 (부분적으로) 변경·수정하다; 【문법】수식하다. La situación actual nos obliga a *modificar* nuestras condiciones. 현 정세는 폐사의 조건 수정을 불가피하게 한다. ◇ **modificación** 여 (부분적인) 변경, 수정; 수식. Hay una *modificación* en el horario de los trenes. 열차 시각표에 변경이 있다.

modismo 남 숙어, 관용구 (expresión idiomática, idiotismo).

modista 여 양재사.

modo 남 ① 방법; 양상. Hay muchos *modos* de responder. 회답 방법은 많이 있다. No me gusta tu *modo* de hablar. 너의 말투가 나는 마음에 들지 않는다 ② 【문법】구(句). 숙어. *a(l) modo de* …풍의, …와 같이. *a mi (tu) modo* 내 [네] 식으로. *de modo que+ind*. 그리하여, 그런고로, 그러므로. El asunto ya está ajustado, *de modo que* puedes estar tranquilo. 이 사건은 이미 조정되었다; 그러니까 너는 안심해도 좋다. *de modo que+subj*. …하도록. Espero que el asunto esté ajustado *de modo que* tú puedas estar tranquilo. 네가 안심할 수 있도록 그 사건이 조정 될 것을 바라고 있다. *de ningún modo* 결코. No puedo *de ningún modo* admitirlo. 나는 결코 그것을 용인할 수 없다. *de otro modo* 그렇지 않으면. *De otro modo* no alcanzaría ese tren. 그렇지 않으면 그 열차에 대가지 못하리라.

modorra 여 심한 졸리움; 수마, 깊은 잠.

modulación 여 【음악】전조(轉調), 음의 억양; 무전, 변조; 조정.

modular 재 (음을) 조정·조정하다, 변조하다, 음성을 변화시키다·조정하다

módulo 남 표준직경, 표준단위; 유수조절기; 【물리】제수; 율.

mofa 여 우롱, 야유 (befa, escarnio, burla). ◇ **mofar** 자 재 야유하다, 우롱하다, 골려 주다, 놀려 주다

mofeta 여 (갱내의) 악취가스; 【동물】(남미산의) 스컹크.
moflete 남 토실토실 살찐 볼, 통통한 얼굴.
mofletudo, da 형 볼의 토실토실한, 통통한.
mogol, la 형 몽고(족)의. 남 몽고사람. 여 몽고말.
mojar 타 (물)을 축이다; 습하게 하다. Hay que *mojar* los cristales antes de limpiarlos. 유리는 닦기 전에 축일 필요가 있다. ◇~se 젖다. José *se mojó* con la lluvia. 호세는 비 때문에 (몸이) 젖었다.
moldear 타 틀을 뜨다; 본을 뜨다; 조판하다. 주형에 넣다. ◇
molde 남 형(型); 주형; 【인쇄】 지형(紙型), 판.
mole 형 부드러운(muelle). 여 큰 덩어리; 비대. 남 고추가 든 고기 요리.
molécula 여 【물리】 분자, 미분자.
molecular 형 분자의. *peso molecular* 분자량.
moledera 여 번거로움, 귀찮음, 귀찮은 일.
molendero, ra 명 분말・쵸코렛 제조업자
moler [28 volver] 타 ① 가루로 만들다 (reducir a partes menudas o a polvo). Antiguamente la harina se *molía* en el molino. 옛날에는 가루는 가루방앗간에서 만들고 있었다. ② (녹초가 되도록) 지치게 하다(fastidiar); 곤란하게 하다. Ese hombre *me muele* con sus impertinencias. 저 자는 능글 맞아서 나를 곤란케 한다.
molestar 타 (…에게) 폐를 끼치다; 괴롭히다. Siento mucho *haberle molestado*. 폐를 끼쳐서 죄송합니다. No es mi intención *molestarlo*. 폐를 끼치는 것은 나의 의사는 아닙니다. ◇~se ① [+con : …에] 피로와하다. ② [+en+*inf.*] 일부러 …하다; [+por : …를 위하여] 애쓰다. Por mí no *se moleste* usted *en* venir. 나 때문에 일부러 오시지 마시오. ◇**molestia** 여 폐; 번거로움. Debo pedirle perdón por las *molestias* que le he causado. 끼쳐드린 폐에 대하여 사과해야 하겠읍니다. ◇
molesto, ta 형 성가신, 폐스러운; 번거로운(que causa molestia, que siente molestia). Visitas tan largas son *molestas*. 그렇게 긴 방문은 폐가 된다.
molibdeno 남 모리베덴(금속원소).
molicie 여 유연(blandura); 유약.
molienda 여 사탕수수나 올리브씨를 갈아서 깨는것, 또는 그 장소; 고생되는 일, 노고
molificar 타 부드럽게하다, 완화하다, 유연하게 하다.
molinete 풍차 (실내 환기용); 선풍기의 프로펠러; (장난감의) 바람개비, 검술・무용의 빙빙 돌(리)기 : hacer *molinete* 빙빙 돌리다.
molino 남 절구통; 가루방앗간; 물레방아, 풍차. Y ¿no le dije que no eran gigantes sino *molinos* de viento? 그리고 거인이 아니고 풍차라고 내가 말하지 않았던가. ◇**molinería** 여 제분업. 명 가루 만드는 사람; 제분 공장주.
molote 남 **molotera** 여 폭동, 소요, 소동, 선동.
molusco 형 남 복 연체동물(의), 조개종류.

mollar 형 부드러운; 이익이 많은; 고기가 많은; 사람에게 속히기 쉬운.

molle 남【식물】모이우나무(남미산, 진정제를 채취함).

molledo 남 빵의 부드러운 부분; 팔의 근육부분.

molleja 여 (새의) 모래 주머니; (체내의) 일반적인 샘(침샘 등).

mollejón 남 숫돌; 살이 많이 찐 마음 좋은 사람.

mollera 여 머리의 정수리, 두뇌, 재능; 완고함.

mollete 남 부푼든 빵; 팔의 근육부분.

momento 남 ① 순간, 잠깐. Espere usted un *momento*. 잠깐 기다려 주시오. ② 지금, 목하(目下). El *momento* es de indiscutible oportunidad para comprar. 지금이 사기에 말할 여지가 없는 좋은 기회이다. *al momento* 즉시(en seguida). Voy *al momento*. 나는 곧 간다. *de un momento para otro* 순간적으로. Yo, *de un momento para otro*, no me acuerdo dónde está. 나는 순간적으로 어디에 있는지 기억하지 못한다. *por el momento* 우선, 현재로는. *Por el momento* no necesito ese libro. 현재로는 나는 그 책을 필요로 하지 않는다. ◇ **momentáneo, a** 형 순간적인, 삽시간의(que sólo dura un instante).

momia 여 미이라. ◇ **momificación** 여 미이라화(化). ◇ **momificar** [7] sacar) 타 미이라화하다.

monarca 남 군주, 왕. El *monarca* intentó extender su reino. 그 군주는 자기의 영토를 확대하기를 꾀했다. ◇ **monarquía** 여 군주제, 군주국. ◇ **monárquico, ca** 형 군주(제국)의. 남 군주제주의자.

monasterio 남 수도원, 승원(僧院)(convento). En los *monasterios* se guardaba el tesoro literario español. 수도원 안에 스페인 문학상의 보배가 보존되어 있었다. ◇ **monasterial** 형 수도원의, 수도원같은.

mondadientes 남【단·복수 동형】이쑤시개.

mondaoídos 남【단·복수 동형】귀이개.

mondaorejas 남【단·복수 동형】귀이개(mondaoídos).

mondar 타 껍질을 벗기다; 청소하다, 손질하다. ◇ **mondadura** 여 껍질 벗기기; 청소, 손질.

moneda 여 화폐, 돈. El niño perdió las *monedas* en el camino. 소년은 길에서 그 돈을 잃었다. *moneda contante y sonante* 경화(硬貨), 현금(現金). *moneda corriente* 통화(通貨). *moneda menuda*[*suelta*] 잔돈, 낱돈, 푼돈. *papel moneda* 지폐. ◇ **monedero** 남 현금 우송용의. sobre *monedero* 현금 우송봉투. 남 지갑. ◇ **monetario, ria** 형 화폐·통화의; 금융·재정의. sistema *monetario* 통화제도. crisis *monetaria*. 통화위기. mercado *monetario* 금융시장.

monígoto 남 속물, 명신자; 남루하게 만든 인형; 긴옷을 입은 학생(신학교의 학생), 무식한 사람.

monillo 남 부인용의 가슴옷, 쿨셀, 부인복의 허리.

monís 남 작고 아담한 것; (사과, 오렌지 등을) 얇게 잘라서 버터에 튀기것. 남 돈.

monismo 남【철학】일원론.

monitor 圀 권고자, 훈계자, 학급반장, (라디오) 방송감사기.
monitorio, ria 圀 권고의, 경고의. 圀 【종교】 경고(서).
monje 圀 수도사, 수도승. El rey Ramiro, que había sido *monje*, salió del convento para suceder a su hermano. 수도사였던 라미오 왕은 형(의 왕위)을 계승하기 위하여 수도원을 나왔다. ◇ **monja** 圀 수도녀, 수도 여승. ◇ **monjil** 圀 수도녀와 같은; 수녀의 옷.
mono, na 圀 【동물】 원숭이. Los *monos* se parecen mucho al hombre. 원숭이는 사람을 매우 닮았다. 圀 사랑스런, 아름다운 (bonito, lindo, gracioso). ¡Qué niño más *mona* tienen ustedes! 정말 귀여운 딸을 가지셨읍니다 그려!
monogamia 圀 일부일처제 [⑨ poligamia]. ◇ **monogámico, ca** 圀 일부 일처의(monógano).
monólogo 圀 독백; 혼잣말.
monopolio 圀 전매(권), 독점(권) ◇ **monopolizar** [⑨ alzar] 圀 독점하다; 전매·독점권을 얻다.
monótono, na 圀 단조로운. ◇ **monótonamente** 圀 단조롭게. ◇ **monotonía** 圀 단조로움, 천편일률.
monstruo 圀 괴물; 거대한 사람·물건; 추악한 사람·물건. El joven conde libró a la princesa del *monstruo*. 젊은 백작은 괴물에게서 공주를 구해 내었다. ◇ **monstruosidad** 圀 거대(한 것); 피기·추악(한 것). ◇ **monstruoso, sa** 圀 괴물과 같은; 기형의; 거대한, 지독한, 무서운
montaña 圀 산(monte), 산악, 산지(山地). Veraneamos en la *montaña*. 우리들은 산에서 피서를 한다. ◇ **montañoso, sa** 圀 산의; 산이 많은. ◇ **montañismo** 圀 등산.
montar 졔 ① [+en·a:…를] 타다; 오르다. Lola sabe muy bien *montar en* bicicleta. 롤라는 대단히 능숙하게 자전거를 탈 수가 있다. ② 총계가 …로 되다. Las pérdidas *montaron* a más de veinte mil pesetas. 손실은 총계가 2만 뻬세타 이상으로 되었다. 圀 ① (…를) 타다; 태우다. José *montaba* a caballo. 호세는 말을 타고 있었다. Mi tío me *montó* encima de la tapia. 숙부가 나를 담 위에 올려 놓았다. ② 조립하다. Ya *han montado* la maquinaria en la fábrica. 그 공장에서는 벌써 기계류가 조립되었다. ◇ **~se** 타다, 말을 타고 돌아다니다. ◇ **montado, da** 圀 승마의, (말을) 탄. Lola iba *montada* en el caballo. 롤라는 말을 타고 갔다. 圀 기마병, 경관.
monte 圀 산(montaña); 숲(bosque). ¿Cuál es el *monte* más alto de Corea? 한국에서 제일 높은 산은 어떤 것인가요. *monte de piedad* 전당포. ◇ **montón** 圀 더미, 노적가리; 산처럼 많음 (número considerable). Tengo un *montón* de cartas por contestar. 나는 답장을 내어야 할 편지가 산처럼 쌓였다.
montera 圀 투우사 모자, 모자.
montería 圀 (큰 짐승의) 수렵; 수렵술.
montero 圀 사냥꾼, 몰이꾼.
montés 圀 산의, 산에서 자란, 야생적인.
montevideano, na 圀 몬떼비데오의(사람) (Montevideo, 우루구

montículo 男 작은 산, 동산.

montón 男 산적, 마구 쌓기; 산더미 같이 많음.

montonera 女 반란부대(guerrilla).

montuno, na 형 산의.

montuoso, sa 형 산의, 산이 많은.

monumento 男 ① 기념비, 기념물. Se alzaron *monumentos* para conmemorar a los grandes hombres. 위인들을 기념하기 위하여 기념비가 세워졌다. ② 유적, 역사적인 건조물. Estos *monumentos* son una muestra del esplendor arquitectónico de la época. 이 유적들은 그 시대의 빛나는 건축의 한 예이다. ◇ **monumental** 형 기념의; 위대한

monzón 男 (女) [기상] 계절풍.

morada 女 주거(casa, domicilio); 체재(滯在)(estancia en un lugar). El Olimpo es la *morada* de los dioses. 올림포스산은 신들의 주거이다. ◇ **morar** 자 살다, 거주하다(habitar, residir).

morado, da 형 짙은 자주빛의(color de violeta obscuro). Déme ese libro de la cubierta *morada*. 짙은 자주빛 표지의 책을 집어 주시오.

morador, ra 형 사는 사람, 거주자. Los invasores quemaron los pueblos y mataron a sus *moradores*. 침략자들은 고을들을 태우고, 그 주민을 죽였다.

moral 형 ① 도덕적인, 도의적인(perteneciente a la moral). Me parece que esta película tiene un gran sentido *moral*. 이 영화는 커다란 도덕적인 의미를 가지고 있다고 생각한다. ② 정신적·기본적인. Tenemos el deber *moral* de ayudarle. 우리들에게는 그를 구할 의무가 정신적으로 있다. 여 도덕, 윤리(倫理). La *moral* de la nación ha sufrido un gran cambio después de la guerra. 전후(戰後) 국민의 도덕은 큰 변화를 받았다. ◇ **moralidad** 女 도의심, 도덕감.

morbo 男 병, 질환. *morbo comical* 지랄병. *morbo gálico* 매독. *morbo regio* 황달(icteria).

morbosidad 女 병적 성질, 병적 상태; 환자수.

morboso, sa 형 병적인, 병을 유발하는, 병의.

morcillo, lla 형 (말의 털이) 검붉은.

morcón 男 큰소시지(morcilla ciego), 내장으로 만든 큰 소시지; 작고 뚱뚱한 사람.

mordacidad 女 신랄, 통렬.

mordaz 형 부패성음식의(corrosivo), 혀를 찌르는것 같은(picante), 신랄한.

mordente 男 매염제, 착색료, 금박접착제; 【인쇄】 금속부식제.

morder 타 (volver) 타 (이로) 물어뜯다(clavar los dientes en). Perro que ladra no *muerde*. 짖는 개는 사람을 물지 않는다. ◇ **mordedura** 女 물어뜯음. ◇ **mordiscar** [7] sacar] 타 질겅질겅 씹다, 깨물다(morder ligeramente y a menudo). ◇ **mordisco** 男 질겅 질겅 씹기, 물어 뜯음.

moreno, na 형 ① 거무스름한; 검정 머리의(negro, mulato). Era

morena y tenía unos ojos negros. 그녀는 머리가 검고, 검은 눈을 하고 있었다. ② 갈색 인종의. 圀 빛이 거무스름한 사람; 갈색 인종.

morera 여 뽕나무.
morfina 여 모르핀.
moribundo, da 匓 다 죽어가는, 임종의. 圀 다 죽어 가는 사람 (persona que está muriendo).
morigeración 여 온건, 신중.
morigerado, da 匓 조심성이 있는, 신중한; 온건한, 절제있는; 예의바른.
morigerar 曰 신중히 하다, 조심하다; 절제하다
morir [51: 과거분사 muerto]困 ① [+de: …로] 죽다. Mi abuelo *murió* de un derrame cerebral. 나의 조부는 뇌일혈로 사망했다. ② 없어지다, 다하다. *Murieron* las viejas costumbres. 낡은 풍습은 없어졌다. ◇~se 죽어버리다; 죽는 기분이다. *Me muero* por verte. 나는 너를 만나고 싶어서 죽겠다. *Me muero* de hambre. 나는 배가 고파서 못견디겠다. *Me muero* de frío. 추위 죽겠다.
morisco, ca 匓 (예수교에 개종한) 모로인의. En algunas partes de España todavía quedan costumbres *moriscas*. 스페인의 여러 곳에 지금도 모로인의 풍습이 남아있다. 圀 개종 모로인.
moro, ra 匓 모로의, 이슬람교도의. Los Reyes Católicos llevaron a cabo la conquista del reino *moro* de Granada. 카톨릭왕 부처는 그라나다 모로왕국의 정복을 완수했다. 圀 모로인, 이슬람 교도.
morral 圀 자루, 배낭.
mortaja 여 수의(壽衣).
mortal 匓 ① 죽을(운명의). Todos los hombres somos *mortales*. 우리들 인간은 모두 죽게 마련이다. ② 치명적인. La herida fue *mortal*. 상처는 치명적이었다. 圀 ① 사람. ② 인류, 생물. ◇ **mortalidad** 여 죽을 운명; 사망률・수. En este país es muy elevada la *mortalidad* de los niños. 이 나라에서는 유아의 사망률은 대단히 높다.
mortero 圀 맷돌, 절구통; 박격포.
mortífero, ra 匓 죽을, 살인의, 살인적인, 죽음을 유발하는; 죽음의. *ceniza mortífera* (죽음의) 재.
mortificación 여 고행, 금욕; 울분, 분함, 억울.
mortificar 曰 (고생으로) 몸을 피롭히다, (정욕을) 억제하다; 마음을 피롭히다, 분하게 생각하다; 굴욕을 느끼게 하다. ◇~se 고행・고생하다; 금욕하다; 활력을 잃다.
mortual 여 계승재산, 유산.
mortuorio, ria 匓 죽은 사람의, 장례의. 圀 장례. *casa mortuoria* 상가.
morueco 囝 (거세하지 않은) 숫양.
mosaico, ca 匓 모세의;모자이크의. 圀 모자이크, 상안 세공.
mosca 여 ① 【곤충】 파리. Más *moscas* se cogen con miel. 꿀로 파리가 많이 잡힌다. ② 성가신 사람.

moscatel 圏 사향포도(주).

mosquito 圏 【곤충】 모기(cénzalo).

mostacho 圏 콧수염(bigote).

mostaza 여 겨자.

mosto 圏 포도즙; 포도주(vino).

mostrar [24] contar]타 ① 보이다(enseñar). Señor, ¿hace el favor de *mostrar*me su carnet de conducir? 당신의 운전면허증을 보여 주시겠소. ② 보이다, 나타내다. Su pecho no *muestra* ningún síntoma. 당신의 가슴은 아무런 징후도 보이지 않는다. ◇~se 보이다, 나타나다; 행동하다. Los Romanos *se mostraban* generosos con aquellos vencidos. 로마인은 저 패배자에 대하여 관대하게 대했다. ◇ **mostrador** 圏 (가게의) 스탠드, 카운터. Pague usted su cuenta en el *mostrador*. 돈은 카운터에서 치르세요.

motivar 타 움직이게 하다, (일을) 꾸미다; (…의) 동기를 만들다. Su muerte *motivó* la persecución de los judíos. 그의 죽음이 유태인 박해의 동기로 되었다.

motivo 圏 ① 동기, 동인(動因), 이유. ¿Cuál es el *motivo* de estudiar español para usted? 당신의 스페인어를 배우는 동기는 무엇인가요. ② 주제, 추상(主想), 모티브. ¡Qué pasión tan intensa expresa el segundo *motivo* de esta obra! 이 작품의 제2모티브는 어쩌면 이렇듯 격렬한 정열을 나타내고 있을까!

motocicleta 여 오토바이. ◇ **motociclista** 圏 오토바이 선수.

motociclo 圏 모터싸이클.

motocine 圏 (자동차를 타고 들어가는) 야외 극장.

motocultivo 圏/**motocultura** 여 기계화 경작.

motódromo 圏 자동차·오토바이 경기장·연습소.

motogeneradora 여 발전기. *motogeneradora* de corriente alterna 교류발전기.

motogrúa 여 기중기차.

motón 圏 【선박】 활차(garrucha).

motonáutica 여 발동기에 의존하는 항해.

motonave 여 발동기선, 모터선.

motoneta 여 스쿠터.

motopropulsor, ra 형 모터로 움직이는.

motor 圏 ① 모터; 엔진, 기관. Este barco tiene dos enormes *motores* Diesel. 이 배는 거대한 디젤엔진 2기를 가지고 있다. ② 원동력, 추진력, 기동력. El amor es el *motor* de la vida 사랑은 생활의 원동력이다. ◇ **motora** 여 모터 보트. ◇ **motorista** 圏 기관사, 운전수.

motorismo 圏 (운동으로 하는) 자동차운전.

motorista [남녀동형]圏 기관사; (전차, 자동차의)운전수; 자동차여행가.

motorización 여 동력화, 기동화(mecanizacón); 자동차화.

motorizado, da 형 자동차의, 동력의, 운동을 일으키는, 운동신경의.

motorizar 타 동력·기동화하다(mecanizar); (…에) 모터·자동

mover [28 volver] 타 ① 움직이게 하다. No *muevas* la cabeza. 너는 머리를 흔들지 마라. Quiero *mover* este piano. 나는 이 피아노를 움직이고 싶다. ② [+a+inf.] …시키다(유발). Este suceso le *movió a* abandonar la ciudad. 이 사건이 그를 고을에서 나가도록 했다. ◇~se 움직이다; 동요하다. José no se ha *movido* de su asiento. 호세는 자기 자리에서 움직이지 않았다. ◇ **movido, da** 형 동요한, 차분하지 못한. Juanito es un niño muy *movido*. 후아니또는 매우 차분하지 못한 어린이다. ◇ **móvil** 형 움직일 수 있는; 불안정한; 변하기 쉬운. 명 동기, 원동력. ◇ **movilidad** 여 가동·가변성; 불안정. ◇ **movimiento** 남 움직임, 작용, 운동, 활동; 변동, 동요. Este *movimiento* cuenta con un millón de simpatizantes. 이 운동은 100만명의 공명자를 가지고 있다. Hay mucho *movimiento* por la calle. 그 거리는 대단히 번화하였다. *movimiento* de liberación femenina 여성 해방운동.

movilizar [9 alzar] 타 ① 동원하다. ◇ **movilización** 여 동원. *movilización* general 총동원.

mozo, za 명 ① 젊은이, 딸; 독신·미혼자. Andrés es aún *mozo*. 안드레스는 아직 독신이다. ② 사환; 보이, 웨이트레스. ¡*Mozo*! Tráigame una taza de café. 웨이터, 커피를 한 잔 가져오세요.

muchacho, cha 명 소년, 소녀; 사환(mozo). Este es un buen libro para los *muchachos*. 이것은 소년소녀에게 매우 좋은 책이다.

muchedumbre 여 군중; 많음. Una gran *muchedumbre* esperaba la llegada del Presidente. 대 군중이 대통령의 도착을 기다리고 있었다.

mucho, cha 형 많은, 다량의. José tiene *muchos* libros. 호세는 많은 책을 가지고 있다. Tengo *mucha* hambre. 나는 매우 배가 고프다. 부 매우, 대단히, 훨씬, 잘. Lola tarda *mucho* en arreglarse. 롤라는 몸치장에 대단히 시간이 걸린다. José es *mucho* más inteligente. 호세가 훨씬 머리가 좋다. José abrió *mucho* los ojos. 호세는 크게 눈을 떴다. 대 (관사없이) 많은 사람·물건. *Muchos* de los que estaban allí no quisieron marcharse. 거기 있던 자들 대부분은 가고 싶어하지 않았다.

mudable 형 변하기 쉬운, 불안정한 (variable).

mudar 타 ① 바꾸다(변화). Los años le *han mudado* el carácter. 세월이 그의 성격을 바꾸었다. ② 바꾸다; 옷을 바꿔 입히다. Al niño le *mudan* de ropa varias veces al día. 그 어린이는 하루에 몇번이나 옷이 바꿔 입혀진다. ③ 이전시키다. Me han *mudado* de oficina. 나는 근무처가 바뀌었다. 재 ① [+de가/+en: …으로] 바뀌다. El muchacho ha *mudado* de parecer. 그 어린이는 의견을 바꾸었다. *Mudó* la alegría *en* tristeza. 기쁨이 슬픔으로 바뀌었다. ② [+de: …를] 바꾸다; 이전하다. José ha *mudado* de casa últimamente. 호세는 최근 집을 옮겼다. ◇~se ① 바뀌다, 변화하다; 이전하다. *Nos mudamos* de casa esta semana. 우리들은 이번 주에 이사한다. ②바꿔 입다. *Me mudé de traje ayer.* 나는 어제 옷을 바꿔 입었다. ◇ **mudanza** 예 변화, 변신, 전화(轉化); 이전. *Estamos de mudanza.* 우리들은 이사하고 있는 중이다.

mudo, da 혱 어리의; 무언의; 소리 없는. *Ella se quedó muda.* 그녀는 잠자코만 있었다. 옝 벙어리. *Los mudos se hacen entender con gestos.* 벙어리는 몸짓으로 남에게 자기를 이해시킨다.

mueble 옝 가구(moblaje). *Algunos muebles están hechos de un material químico.* 몇개의 가구는 화학제품으로 되어 있다. ◇ **mueblaje** 옝 [집합적] 가구. ◇ **mueblería** 옝 가구점·공장. ◇ **mueblista** 옝 가구 제조·판매자.

mueca 옝 ①찡그린 얼굴. *José hizo una mueca de disgusto.* 호세는 불쾌해서 얼굴을 찡그렸다. ②장난스런 얼굴. *Gaspar hacía muecas a espaldas del maestro.* 가스빠르는 선생의 뒤에서 장난스런 얼굴을 하는 것이다.

muela 옝 어금니, 이 (구치(臼齒). *Tengo dolor de muelas./Me duelen las muelas.* 나는 이 (어금니)가 아프다.

muelle 옝 ①용수철, 태엽, 스프링. *Se rompieron los muelles del sillón.* 안락의자의 용수철이 망가졌다. ②부두, 잔교. *El barco se acerca al muelle.* 배는 잔교에 가까이 간다. 혱 부드러운; 상냥한.

muere *morir*의 직설법 현재 3인칭 단수.

mueren *morir*의 직설법 현재 3인칭 복수.

mueres *morir*의 직설법 현재 2인칭 단수.

muero *morir*의 직설법 현재 1인칭 단수.

muerte 옝 죽음. *Don Alvaro fue condenado a muerte.* 돈·알바로는 사형선고를 받았다. *dar muerte a* …을 죽이다. *Le dieron muerte mientras dormía.* 그는 자고 있는 동안에 살해되었다.

muerto, ta 혱 죽은. *La consigna era letra muerta*: *sólo ella era la ley.* 규칙 따위는 사문(死文)이었다; 그녀만이 법률이었다. 옝 시체; 죽은 사람. *Han sido diez los muertos.* 죽은 사람은 10명이다.

muestra 옝 간판, 견본. *¿Quiere enseñarme muestras de varios tamaños?* 여러가지 크기의 견본을 보여 주시지 않겠읍니까. ◇ **muestrario** 옝 [집합적] 견본, 견본장(帳).

muga 예 (토지의) 경계, 경계석; 산란; (물고기 따위의) 알덩어리.

mugido 옝 소의 우는 소리.

mugir 쟤 소가 울다, 황소같이 큰 소리로 울다, (폭풍 등이) 거칠어지다.

mugre 예 (기름)때.

mugriento, ta 혱 불결한, 기름투성이의, 더러워진, 때묻은.

mugrón 옝 새싹(vástago); (포도나무의) 어린가지.

mujer 예 ①여자. *Las mujeres tardan mucho en arreglarse.* 여성은 몸단장을 하는데 매우 시간이 걸린다. ②아내(esposa). *Si llego tarde, mi mujer me regañará.* 내가 늦게 귀가하면 아내는

muleta 여 (투우사가 사용하는) 망도.
mulo, la 명 노새(말과 나귀의 잡종).
multa 여 벌금. Como la carta no llegó suficientemente franqueada, yo tuve que pagar la *multa*. 편지가 요금 부족으로 도착했으므로 나는 벌금을 물어야 했다. ◇ **multar** 타 벌금을 과하다.
multicolor 형 여러가지 색깔의.
multicopista 남 등사기, 공판 인쇄기.
multiforme 형 다형(多形)의; 다양(성)의.
mutimillonario, ria 형명 천만장자(의).
multípara 형 한번에 많은 아이를 낳는.
múltiple 형 여러 겹의; 복식의; 다양한. Hay *múltiples* maneras de expresar agradecimiento. 감사를 나타내기 위한 다양한 방법이 있다.
multiplicar [7] sacar) 타 불리다; 몇 겹·몇 배로 만들다. El padre *había multiplicado* su riqueza. 부친은 그 재산을 여러 곱으로 불려 놓았다. 재 곱셈을 하다. Este niño no sabe *multiplicar*. 이 어린이는 곱셈을 못한다. 재 번식하다, 무성하다; 증가하다. Con este calor *se han multiplicado* las moscas. 이 더위로 파리가 번식했다. ◇ **multiplicación** 여 증가; 번식; 배가; 【수학】 곱셈.
multitud 여 다수(muchedumbre); 대중(大衆). Es muy difícil abrirnos paso entre esta *multitud* de gente. 이 많은 사람들 사이를 (우리들이) 헤치고 나가기는 매우 어렵다.
mullir [44]回 부풀게 하다. La criada *mulló* la lana de colchón. 식모가 요의 양털을 부풀게 했다.
mundo 남 ① 세계(世界). Mi padre ha dado la vuelta al *mundo*. 부친은 세계를 일주하고 왔다. ② 세상, 속세. Su hermana abandonó el *mundo* e ingresó en un convento. 그의 누이동생은 속세를 버리고 수도원에 들어갔다. *todo el mundo* 모두 (todos), 전세계. *Todo el mundo* habla bien de usted. 누구나 막론하고 당신을 좋게 말하고 있읍니다. *el otro mundo* 저 세상. ◇ **mundano, na** 형 세속의, 세속적인. **mundial** 형 세계(적)의. *La Segunda Guerra Mundial* 제2차세계대전.
munición 여 탄약(彈藥). Se les acabaron las *municiones*. 그들의 탄약은 모두 없어져 버렸다. 복 군수품·물자.
municipio 남 (자치체로서의) 시·읍·면; 시의회; 시청 (ayuntamiento). El *municipio* ha de pagar la indemnización. 시는 배상금을 지급하기로 되어 있다. ◇ **municipal** 형 시·읍·면의. Su padre le mandó al hospital *municipal*. 그의 부친은 그를 시립병원으로 보냈다. 남 (시·읍·면의) 순경.
muñeca 여 ① (여자의) 인형. Lola jugaba con sus *muñecas*. 롤라는 인형을 가지고 놀고 있었다. ② 손목. La vieja llevaba un reloj de oro en la *muñeca*. 노파는 손목에 금시계를 차고 있었다.
muñidor 남 획책가. *muñidor electoral* 선거운동원.
muñir 타 소집하다, 획책하다, 운동하다.

muñon 남 (팔·다리의) 근육, 잘라낸 부분(tocón) ;【기구】굴대 꼭지, 축두 ; 암돌쩌귀 ; 축받이.

muralista 형 벽화가(의).

muralla 여 성벽. Las *murallas* de Avila impresionan el turista por su aspecto augusto. 아빌라의 성벽은 그 위엄있는 외관 때문에 관광객에게 감명을 준다.

murar 타 벽(담)으로 둘러싸다, 성벽을 두르다, 벽으로 막다.

murciélago 【동물】박쥐.

murga 여 올리브의 즙(alpechín).

muriático, ca 형 【화학】염화의. *ácido muriático* 염산.

múrice 남 붉은 조개.

múrido 남 쥐과의. 남 쥐과의 동물.

murieron morir의 직설법 부정과거 3인칭 복수.

murió morir의 직설법 부정 과거 3인칭 단수.

muriendo morir의 현재 분사.

murmullo 남 속삭임 ; (시내·여울의)물소리 ; (비·바람의) 살랑거리는 소리.

murmurar 타 속삭이다. Lola le *murmuró* al oído unas palabras. 롤라는 그의 귀에다 두세마디 속삭였다. 재 ① 투덜거리다, 뒷공론·불평을 말하다. La vieja *murmuraba* entre dientes. 노파는 입속으로 투덜거리고 있었다. ② 살랑거리다, 두런거리다. El arroyo *murmuraba* entre los árboles. 숲속에서 시냇물이 졸졸 소리를 내며 흐르고 있었다. ◇ **murmuración** 여 수군거림 ; 불평 불만 ; 험담.

muro 남 벽 ; 돌담, (두꺼운) 담, 성벽(muralla). El castillo estaba defendido por altos *muros*. 그 성은 높은 돌담으로 지켜지고 있었다. ◇ **mural** 형 벽의 ; 벽걸이의. *pintura mural* 벽화. *mapa mural* 벽걸이 지도.

músculo 남 【해부】근육. Las contracciones de los *músculos* producen movimientos del cuerpo. 근육의 수축은 신체의 운동을 일으킨다. ◇ **muscular** 형 근육의.

museo 남 박물관 ; 미술관. La ciudad toda es un rico *museo*. 시 전체가 풍부한 박물관(과 같은 것)이다. *museo nacional* 국립 박물관.

músico, ca 형 음악의. 남 음악가. 여 음악. La hija tiene talento para la *música*. 그 소녀는 음악에 재능이 있다. *música armónica* 주악. *música de cámara* 실내악. *música instrumental* 기악. ◇ **musical** 형 음악(적)의.

muslo 남 【해부】사타구니.

mustela 여 【동물】족제비.

musulmán, na 형 이슬람교(마호멧교)의. 명 이슬람교도(mahometano, muslime).

mutilar 타 (손·발 따위를) 자르다 ; 불구로 만들다.

mutuo, tua 형 상호의(mutual). José y su sobrino se tienen un afecto *mutuo*. 호세와 그 조카는 서로 애정을 가지고 있다. ◇ **mutuamente** 부 서로, 상호간에.

muu 남 소의 울음소리, 여 음매.

muy 튀 무척, 대단히, 매우. Estoy *muy* bien. 나는 매우 건강하다. Tengo visitas *muy* de tarde en tarde. 나에게는 아주 드물게 방문객이 있다.

m/v. meses vista.

mzo., Mzo. marzo.

N

n. nacido; noche; nota; nuestro.
n/ nuestro.
N. Norte.
n/a nuestra aceptación.
N.A. Norte América (América del Norte).
naba 여 【식물】 무. ◇ **nabal/nabar** 남 무밭. ◇ **nabo** 남 【식물】 무, 순무.
nácar 남 자개; 진주모(眞珠母).
nacer [29]재 ① 낳다. Cervantes *nació* en Alcalá de Henares. 세르반떼스는 알깔라·데·에나레스에서 태어났다. ② (식물이) 나다, 싹을 내다; (물·샘이) 솟다. ◇ **nacido, da** 魉 태어난. 남 인간. *bien*[*mal*] nacido 기질이 좋은[나쁜]. ◇ **nacimiento** 남 탄생; 태생. Era ciego de *nacimiento*. 그는 태어날 때부터 장님이었다. *fecha de nacimiento* 생년월일. ② 크리스마스 장식.
nación 여 나라; 국가(país); 국민(pueblo), 민족(raza). Fenicia fue tal vez la *nación* más adelantada. 페니키아는 아마도 가장 진보한 국가였다. ◇ **nacional** 魉 나라의, 국유의. Este auto es de fabricación *nacional*. 이 자동차는 국산이다. ◇ **nacionalidad** 여 국적. Berta tiene *nacionalidad* colombiana. 베르따는 콜롬비아 국적을 갖고 있다. ◇ **nacionalismo** 남 국가・국수(國粹)・민족주의. ◇ **nacionalista** 남 민족주의자; 국민당원.
nacionalización 여 국민화, 국유(화), 국영, 소화.
nacionalizar 타 국가적(전국적)으로 하다, 국유(국영)으로 하다, 자기 나라・풍속에 맞게 하다; 소화시키다.
nacionalsindicalismo 남 국민노동조합주의 (Falange 당의 주장).
nada 떼 [물건·일에 대한 부정(否定)의 부정(不定)대명사] 어떤 일・물건(조금도…아닌); 사소한 일・물건. No tenga *nada* de frío. 나는 조금도 춥지 않다. Esto no sirve para *nada*. 이것은 아무 소용도 되지 않는다. 튀 조금도. No ha llovido *nada* durante estas tres semanas. 이 3주일은 조금도 비가 오지 않았다. 여 무(無). Dios creó al mundo de la *nada*. 신은 무에서 세계를 창조했다. *de nada* 천만에; 아무것도 아니다. *por nada* 사소한 일로.
nadar 자 ① 헤엄치다. ¿Sabe usted *nadar*? 당신은 헤엄칠 수 있읍니까. ② (물에) 뜨다. El aceite *nada* en el agua. 기름은 물에 뜬다. ◇ **nadadera** 여 고무 튜브 (수영 연습용). ◇ **nadadero** 남 수영장. ◇ **nadador, ra** 魉 수영을 잘하는. 남 수영선수. José es un buen *nadador*. 호세는 수영을 잘 한다.
nadie 떼 [사람에 관한 부정의 부정(不定) 대명사] 누구(도…아니다). *Nadie* ha dudado de ello. 아무도 그것을 의심하지 않았다. No lo sabía *nadie*. 아무도 그것을 알지 못했다. Este niño como más que *nadie*. 이 어린이는 누구보다도 많이 먹

는다.
naipe 남 트럼프, 카드. José juega muy bien a los *naipes*. 호세는 카드에 매우 능숙하다.
naja 여 코브라(cobra).
nalga 여 [주로 복] 궁둥이.
nalgada 여 돼지의 엉덩이 살, 엉덩방아; 엉덩이를 때리기.
nalgatorio 남 엉덩이, 궁둥이.
nalgudo, da 형 엉덩이가 큰.
nana 여 【속어】할머니(abuelo); 자장가.
napea 여 【신화】숲의 요정.
naranja 여 【과실】 밀감, 오렌지. Trágame un zumo de *naranja*. 오렌지 쥬스를 가져와 주시오. ◇ **naranjal** 남 밀감밭. ◇ **naranjo** 남 밀감나무.
narcótico, ca 형 마취성의. 남 마약 마취제.
nariz [복 **narices**] 여 ① [빈번히 복] 【해부】 코. José se sonó las *narices*. 호세는 코를 풀었다. ② 콧구멍; 후각(olfato). *nariz aguileña* 매부리코. *nariz chata* 납작코.
narración 여 말, 이야기. No me gustan las *narraciones* largas. 나는 긴 이야기는 싫다. ◇ **narrar** 타 말하다, 이야기하다. ◇ **narrativo, va** 형 서술의, 설화(체)의. 여 이야기, 소설.
nasal 형 코의. *sonido nasal* 콧소리. ◇ **nasalidad** 여 비음성.
natación 여 수영, 헤엄.
natal 형 출생의, 탄생의. 남 탄생일.
natalicio, cia 형 탄생일의
natalidad 여 출생율, 출생건수.
natatorio, ria 형 수영의. 남 수영장.
natilla 여 커스터드.
nativo, va 형 [+de: …에서] 태어난. ¿Cuántos profesores *nativos* de España hay en la sección de español? 스페인어 학과에는 스페인 태생의 선생은 몇명 있나요. 명(어떤 토지에서) 태어난 사람. Son curiosas las costumbres de los *nativos* de esta isla. 이 섬 태생 사람들의 풍속은 매우 진기하다.
natural 형 ① 자연의; 본래의. Desde el tren se admira bien la belleza *natural* de esta región. 열차에서 이 지방의 자연의 아름다움이 잘 바라보인다. ② 당연한. Es *natural* que José lo haya dicho. 호세가 그 말을 한 것도 당연하다. ③ 타고난. La modestia es *natural* en él. 겸허한 것은 그의 천성이다. 명(어떤 땅에서) 태어난 사람. Los *naturales* de Madrid se llaman madrileños. 마드리드 태생의 사람은「마드릴레뇨」라 불리운다. 남 성질. Tiene un *natural* bondadoso. 그는 친절한 성질이다. ◇ **naturalidad** 여 자연스러움; 당연함. ◇ **naturalmente** 부 자연히; 당연히, 물론; 천성이. Tú *naturalmente*, sabes más que yo. 너는 당연히 나 이상으로 알고 있다. Ella es *naturalmente* amable. 그녀는 천성이 친절하다.
naturaleza 여 ① 자연(계). No podemos nada contra las leyes de la *naturaleza*. 우리들은 자연의 법칙에 어긋나서는 아무 것도 할 수 없다. Es obstinado por *naturaleza*. 그는 천성이 고집장

naufragio 남 난파, 조난, 난선. En el *naufragio* pereció toda la tripulación del barco. 그 난파로 배의 선원이 전원 사망했다. ◇ **naufragar** [6 pagar] 재 난파하다; 실패하다. El barco *naufragó* cerca del cabo. 배는 갑(岬) 가까이서 난파했다. ◇ **náufrago, ga** 형 난파된 명 조난자, 파선자, 난선자. Los *náufragos* se agarraban a unas maderas. 조난자들은 나무에 달라붙어 있었다.

náusea 여 구역질.

náutica 여 항해술, 항해학. ◇ **náutico, ca** 형 항해(용)의.

navaja 여 (접는 식의) 작은 칼, 면도칼. ¿Usa usted *navaja* para afeitarse? 당신은 수염을 깎는데 면도칼을 쓰고 있습니까.

nave 여 ① 배(barco, buque). En el puerto de Barcelona hay *naves* de diversos países del mundo. 바르셀로나 항구에는 세계 여러 나라의 배가 있다. ② (기둥 열 사이의) 대청. La fábrica tiene tres grandes *naves*. 공장에는 3곳의 큰 작업장이 있다. *nave espacial* 우주선. ◇ **naval** 형 배의; 바다의; 해군의. La flota coreana partió de la base *naval*. 한국의 함대는 해군기지를 출항했다.

navegación 여 항해; 항공. Después de tres meses de *navegación* Colón descubrió América. 3개월 항해뒤에 콜롬부스는 아메리카를 발견했다. *compañía de navegación* 선박회사.

navegar [6 pagar] 재 ① 항해하다. El capitán ha *navegado* por los siete mares. 선장은 일곱 바다를 항해하고 있다. ② 비행하다. El avión *navegaba* plácidamente rumbo a Buenos Aires. 비행기는 부에노스·아이레스를 향하여 차분하게 비행하고 있었다. ◇ **navegante** 형 항해하는, 항공하는. 명 항해자; 항공사.

navidad 여 [N-] [종교] 성탄절, 크리스마스. En el día de *Navidad* se conmemora el nacimiento de Jesucristo. 크리스마스날은 예수·그리스도의 강탄을 기념하여 축하를 한다. Iré a pasar las *Navidades* a mi casa. 나는 크리스마스 무렵은 집에 돌아와서 지낸다. ¡Feliz *Navidad*! 크리스마스를 축하합니다. ◇ **navideño, ña** 형 강탄제의, 성탄절용의.

navío 남 배, 군함. Los *navíos* de transporte pasaron el canal. 수송선이 그 해협을 통과했다. *navio de guerra* 군함. *navio de transporte* 수송선. *navio mercante, mercantil* 상선(商船).

nazi 형 (독일의) 국가사회주의의, 나치스당의 (당원).

nazista 형 [남·녀동형] 나치스(당)의. 명 나치 당원.

N.B. Nota Bene (주의 하시오).

neblina 여 안개, 이슬랑이. Hay todavía una *neblina* densa. 아직 짙은 안개가 끼어 있다.

necesario, ria 형 필요한; 필연적인. No es *necesario* que vayas en seguida. 곧바로 네가 갈 필요는 없다. Haré todo lo *necesario* para tener éxito. 나는 성공하기 위하여 필요한 일을 모두 하겠다. ◇ **necesidad** 여 ① 필요; 필연. Me veo en la *necesidad* de operarme. 나는 수술을 받지 않을 수 없다. ② 곤궁. La familia vivía en la más extrema *necesidad*. 그 가족은 극단적인 곤009 속에서 생활하고 있었다 ③ 圏 필요품, 필수품. *artículos de primera necesidad* 생활 필수품. ④ [주로] 대소변. *necesidad mayor* 대변. *necesidad menor* 소변. ⑤ 위험(peligro, riesgo).

necesitar 타 ① 필요로 하다. Por lo menos *necesito* una semana. 적어도 나는 1주일은 필요하다. Si me *necesita*, mi teléfono es 735-6734. 만일 일이 있으면 내 전화번호는 735-6734번이다. ② [+*inf*. …가] 필요가 있다. *Necesito* comprar un diccionario. 나는 사전을 한 권 살 필요가 있다. ◇ **necesitado, da** 圏 곤궁한. Es una familia muy *necesitada*. 그 가정은 매우 곤궁하다. 图 생활 곤궁자.

necio, cia 圏 어리석은, 철없는(tonto; ignorante; imprudente; terco). 图 어리석은 사람, 철없는 사람. *Qué necio eres!* 정말 너는 어리석은 놈이로군!

necrófago, ga 圏 시체를 먹는. 图 시체를 먹는 사람 (벌레·동물 따위).

necrología 図 부고, 사망 기사. ◇ **necrológico, ca** 圏 사망 기사 (광고)의.

necrópolis 図 (고대 도시·유사이전 유적의) 큰묘지, 매장지.

necropsia/necroscopia 図 시체해부; 검시.

néctar 图 신주(神酒), 감로, 미주.

nefasto, ta 圏 아주 싫은, 불길한(funesto, ominoso).

negar [⑲ pensar] 타 ① 거절하다. *Niego* que él tenga autoridad sobre mí. 그가 내게 대하여 젠체하는 것을 거절한다. ② 부정하다, 부인하다. Los ateos *niegan* la existencia de Dios. 무신론자는 신의 존재를 부정한다. ◇ ~ **se** [+a: …를] 부하다. …[+a+*inf*. …하려 하지] 않다. La Unión Laboral *se niega a* suprimir la huelga. 노동조합은 동맹파업을 그만두는 것을 거부하고 있다. La Madre *se niega a* dejar salir de noche a su hija. 모친은 딸에게 밤의 외출을 허락하려 하지 않는다.

negativo, va 圏 ① 부정의, 부정적인 [® afirmativo]; 거부의; 소극적인. Construya usted una oración *negativa* con esta palabra. 이 단어를 써서 부정문을 만들어라. ② [수학] 부(負)의. 图 [사진] 원판; 음화(陰畫). ③ 거부, 부인; 거절. Espero que no me causarás la desilusión de una *negativa*. 네가 거절한다는 환멸을 나에게 느끼게 하지 않기를 나는 기대하고 있다. ◇ **negativamente** 튀 부정적으로; 소극적으로. Todos los alumnos respondieron *negativamente*. 학생들은 모두 싫다고 대답했다.

negligencia 図 태만, 부주의. ◇ **negligente** 圏 태만한, 부주의한.

negociar [① cambiar] 자 [+con·en: …을] 취급하다, 거래를 하다. Aquel tío *negociaba* en cereales. 저 숙부는 곡물을 취급하고 있었다. 타 교섭하다. En París se está *negociando* la paz. 파리에서 평화 교섭이 행해지고 있다. ◇ **negociante** 图 상인 (comerciante). ◇ **negociación** 図 거래, 매매(negocio); 교섭,

절충. *negociaciones diplomáticas* 국교(國交).
negocio 남 ① 일; 교섭(negociación). Debido a un *negocio* urgente no puedo salir. 급한 일 때문에 나는 외출할 수 없다. ② 거래, 장사. Hemos entablado *negocios* con la firma Gómez. 폐사는 고메스 상회와 거래를 시작했다. ③ 이익(ganancia), 이문(utilidad).
negrear 자 검어지다, 검게 보이다.
negrería 여 흑인노예.
negrero, ra 형 흑인노예 매매의. *barco negrero* 노예선.
negrilla, 여 작은 흑인 여자.
negro, gra 형 ① 검은. Me quiere convencer que lo blanco es *negro*. 그는 흰 것을 검정이라고 나를 수긍시키려 하고 있다. ② 어두운, 슬픈. En aquel tiempo José veía muy *negro* su porvenir. 그 무렵 호세는 자기의 장래를 어두운 것이라고 비관하고 있었다. 남 흑인. 여 검정빛. ◇ **negrura** 여 검정, 검음, 암흑.
negroide 형 흑인종(적)인.
negror 남/**negrura** 여 검음, 암흑, 어두움.
negruzco, ca 형 거무스름한.
neis 남 【광물】 편마암.
nelumbio 남 【식물】 연의 일종.
nemoroso, sa 형 삼림의, 숲이 울창한.
nene, na 남 아기. Ana acaba de dar a luz una *nena*. 아나는 여자 아기를 금방 낳았다.
neocelandés, sa 형 뉴질랜드(Nueva Zelandia)의. 남 뉴질랜드사람.
nervio 남 신경; 【해부】 건(腱). Aquel doctor es especialista en *nervios*. 저 의사는 신경 전문가이다. ◇ **nerviosidad** 여 초조, 흥분. ◇ **nervioso, sa** 형 신경의; 신경질의; 초조한, 흥분한. El café muy cargado me pone *nervioso* y me desvela. 너무 진한 커피는 나를 흥분시켜서 잠을 못들게 한다.
nerviosidad 여 신경과민; 애태우기, 흥분. 형 신경질인, 신경과민의, 흥분하기 쉬운; 침착성없는; 마음 약한, 겁많은.
nerviosidad 여 신경작용, 강인, 강력.
nervudo, da 형 신경과민의; 억센, 강인한.
nesciencia 여 무지(ignorancia).
neto, ta 형 순수한; 정량(正量)의. *peso neto* 정미 중량.
neumático, ca 형 공기의. 남 타이어. *neumático de repuesto* 예비 타이어.
neumonía 여 【의학】 폐렴(pulmonía). ◇ **neumónico, ca** 형 폐의, 폐렴의. 남 폐렴환자.
neuralgia 여 신경통. ◇ **neurálgico, ca** 형 신경통의. 남 신경통환자.
neurastenia 여 신경쇠약. ◇ **neurasténico, ca** 형 신경 쇠약의. 남 신경쇠약 환자.
neuritis 여 【의학】 신경염.
neurología 여 신경학.
neurólogo 남 신경과 의사.

neurópata 형 신경병의. 명 신경병자.
neuropatía 여【의학】신경병.
neuróptero, ra 형 맥시류의. 명(복) 맥시류.
neuroris 여【의학】신경증.
neurosis 여 노이로제. ◇ **neurótico,ca** 형 노이로제의. 명 노이로제 환자.
neutral 형 중립의. *estado neutral* 중립국. ◇ **neutralidad** 여 중립. ◇ **neutralización** 여 중립화. ◇ **neutralizar** [9 *alzar*]타 중립화하다.
neutro, tra 형【문법】중성의.
neutrón 남【물리】중성자.
nevar [19 *pensar*]자 눈이 내리다. *Aquí nieva mucha en invierno.* 이곳은 겨울에 눈이 많이 내린다. ◇ **nevera** 여 얼음 저장실, 냉장고.
nevasca 여 강설(nevada), 눈보라(ventisca).
nevatilla 여【새】할미새(aguzanieves).
nevería 여 빙수파는 집.
nevero, ra 남여 빙수파는 사람. 남 눈골짜기, 만년설. 여 냉장고, 얼음창고.
nevisca 여 소설(小雪), 잔눈.
neviscar 자 잔눈이 나리다.
nevoso, sa 형 눈이 많은, 눈오는, 눈의.
newtonianismo 남 뉴톤 학설.
newtoniano, na 형 뉴톤 학파의. 명 뉴톤 학파 사람.
ni 접 …도(없이)(y no). *Yo no tengo padre ni madre, ni tengo hermanos.* 내게는 아버지도 어머니도 없고, 형제도 없다. *No sé hablar ni francés ni inglés.* 나는 프랑스어도 영어도 말할 수 없다. …조차·마저. *José no tiene tiempo ni para comer.* 호세는 먹기 위한 시간조차 없다. *ni siquiera* …조차·마저. *José no tiene ni siquiera tiempo para comer.* 호세는 먹을 시간 마저 없다. *Ni siquiera se despidió de mí.* 그는 내게 작별을 고하기조차 하지 않았다.
nicaragüense/nicaragüeño, ña 형 니카라구아(Nicaragua)의. 명 니카라구아 사람.
nicotina 여【화학】니코틴. ◇ **nicótico, ca**형 니코틴 중독의. ◇ **nicotinismo/nicotismo**남 니코틴 중독.
nicromo 남 니크롬(합금).
nictálope 형 밤눈이 밝은, 낮보다 밤에 잘보는.
nictalopía 여 밤눈이 밝음, 낮보다 밤에 잘 봄.
nicho 남 벽감, 구멍.
nidada 여 보금자리, (알·새끼 따위의)한배(에 깐)새끼.
nidal 남 보금자리; 기초, 기원, 근원, 동기.
nidificar 자 새둥지를 틀다.
nido 남 둥지, 새집; 주거. *Las cigüeñas hacen su nido en las torres y árboles de gran altura.* 황새는 매우 높은 탑이나 나무에 집을 만든다.
niebla 여 안개. *Hay una niebla muy densa.* 대단히 짙은 안개가

끼어 있다. *niebla artificial* 연막(煙幕).

nieto, ta 몡 손자, 손녀. Los *nietos* siempre juegan con la abuela. 손자들은 언제나 할머니와 논다.

nieve 여 눈, 강설(降雪). Mire usted cómo cae la *nieve*. 눈이 저렇게 많이 오는 것을 보세요. Ahora hay más de tres metros de *nieve* acumulada. 지금 3미터 이상의 눈이 쌓이고 있다.

nilón 남 나일론(제품)(nylón).

ninguno, na 몡 [남성 단수명사의 앞에서 ningún] 어떠한(…도 없다), 아무런(…도 없다); 하나의(…도 없다). No hay *ningún* problema. 아무 문제도 없다. No veo *ninguna* casa encima de la colina. 언덕 위에는 한 채의 집도 보이지 않는다. 떼 어느 하나, 무엇 하나, 누구 한 사람, 하나도. No tengo ninguno. 나는 하나도 가지고 있지 않다. *Ninguno* de los dos me satisface. 그 2개 중의 어느 것도[두 사람 중의 누구도] 나를 만족시키지 않는다.

niñada 여 유년, 철없음.
niñear 탄 어린아이 같이 행동하다.
niñera 여 아이 보는 여자.
niñería 여 어린애 같은 행동, 사소한 일.
niño, ña 몡 애기; 어린이. No quiero que me traten como a un *niño*. 나를 애기처럼 다루지 말아 주게. La *niña se quedó dormida*. 소녀는 잠이 들었다. ◇ **niñez** 여 어릴 때, 유년시대. José pensaba en los viejos días de su *niñez*. 호세는 자기의 옛날 유년시대의 나날의 일을 생각하고 있었다.

níquel 남 니켈; 니켈화(貨).
nivel 남 ① 수준, 레벨. Respecto a la cultura, los visigodos estaban en un *nivel* más bajo que el mismo pueblo que dominaban. 문화면에서는 서고도족은 그들이 지배하고 있던 민족보다 낮은 수준에 있었다. ② 수면, 해면(海面). Estamos a unos mil metros sobre el *nivel* del mar. 여기는 해발 약 1,000미터이다. ③ 높이, 수위(水位). El *nivel* del río ha aumentado con las últimas lluvias. 강물의 수위는 최근의 비로 불었다. *paso a nivel* 철도 건널목.

no 및 ① [sí에 대한 부정어; 부정하는 어구의 앞에 붙임] …하지 않다. *No* lo sé. 나는 그것을 모른다. José *no* siempre dice la verdad. 호세는 꼭 진실을 말한다고 믿을 수 없다. Yo iré pero *no* por eso. 나는 가기는 하지만, 그 때문은 아니다. *No* todos irán. 전부는 가지 않겠지. ② [감탄사적] 아니, 아니. *No*, señor; yo no iré. 아니오, 나는 가지 않겠소.

N.° número.
n/o nuestra orden.
No. Noroeste 북서(풍).
noble 몡 ① 기품있는, 고결한. Los caballeros españoles tienen fama de ser *nobles*. 스페인신사는 고결하다는 명성이 있다. ② 귀족의. Lola tiene sangre *noble*. 롤라는 귀족의 피를 받고 있다. 남 귀족. Los *nobles* votaron por la monarquía. 귀족들은 군주제에 찬성 투표를 했다. ◇ **nobleza** 여 고결함, 기품; [집합

noción 囡 생각, 개념, 관념; 기초지식. Antes de ir allá quisiera tener algunas *nociones* de francés. 그곳에 가기 전에 나는 어느 정도의 프랑스어 기초 지식을 가지고 싶다.

nocivo, va 囿 해로운, 독이 있는(dañoso). ◇ **nocividad** 囡 유독성.

nocturno, na 囿 밤의;야간의. Voy a tomar el tren *nocturno*. 나는 야간 열차를 탈 작정이다. 囝【음악】야상곡. Tocó un *nocturno* de Chopin. 그는 쇼팡의 야상곡을 켰다.

noche 囡 밤. ¿Estará usted libre esta *noche*? 오늘밤 틈이 있읍니까. *noche y día* 밤이나 낮이나. *Noche Buena* 크리스마스 이브. *noche vieja* 섣달 그믐 밤. *de noche* 밤에 [⑩ *de día*]. *De noche* solamente estoy bien en la cama. 나는 밤에만 침대에서 잘 있는 것이다. Cierre usted la puerta con llave cuando salga *de noche*. 야간에 외출할 때는 문에 자물쇠를 채우시오. *media noche* 한밤중. *Buenas noches* 안녕히 주무세요.

nochebuena 囡 크리스마스 이브. Esta noche es *nochebuena*. 오늘밤은 크리스마스 이브이다.

nogal 囝 囡【식물】호두(나무). El *nogal* es muy apreciado. 호두 나무는 대단히 귀애받는다.

nogueral 囝 호도나무밭.

nómada, de 囿 유목의, 유랑의. 囝 유목민, 유랑인.

nombradía 囡 명성, 평판.

nombrado, da 囿 유명한(famoso).

nombrar 囲 ① 지명·임명하다; 추천하다. Han nombrado al doctor Alvarez rector de la universidad. 알바레스 박사는 학장에 임명되었다. ② (…의) 이름을 말하다. He oído *nombrar* mucho a aquel científico. 나는 그 과학자의 이름을 사람들이 부르는 것을 빈번히 듣는다. ◇ **nombramiento** 囝 지명, 임명.

nombre 囝 ① 이름. Ponga en el sobre su *nombre*, apellido y su dirección, por favor. 부디 당신의 이름과 성과 주소를 봉투에 써 주시오. Este territorio tomó el mismo *nombre* del río que lo baña. 이 지방은 이곳을 흐르고 있는 강과 같은 이름을 붙였다. ②【문법】명사(名詞). Madrid, Corea, Cervantes son *nombres* propios. 마드리드, 한국, 세르반떼스는 고유명사이다. *nombre de pila* 세례명. *en nombre de* …의 이름으로, …의 대리로서. Salúdele *en mi nombre*. 그에게 안부 전해 주시오.

nomenclador/ nomenclátor 囝 지명표; 인명표; 술어집.

nomenclatura 囡 술어집, 술어사전, 명명법; 명칭, 명표, 명부.

nomeolvides 囡【단·복수 동형】물망초.

nómina 囡 명부, 목록; 임금 지불 원장.

nominador, ra 囿 지명의, 임명의, 인사의.

nominal 囿 이름의, 명의상의, 공칭의, 명목분의;【문법】명사의. *lista nominal* 명부. *soberano nominal, valor nominal* 액면가격. *sueldo nominal* 명목임금.

nominativo, va 囿 기명의;【문법】주격의. *título nominativo* 기명

채권, 등록채권. 📖【문법】주격; 📖 초보, 기초.
non 톙 기수의. 몡 기수. 몡 거부, 부정. *de non* 쓸모없는, 무용의. *de nones* 일없이, 게으른. *decir nones* 거절하다.
nonagenario, ria 톙 90대의. 몡 90대의 사람.
nonagésimo, ma 톙 90번째의. 몡 90분의 1.
nono, na 톙 9번째의(noveno).
nopal 몡【식물】선인장의 일종.
nopalito 몡【멕시코】(식용의) 부드러운 선인장의 잎.
naquear 타 넉아웃시키다.
norcoreano, na 톙 북한의. 몡 북한인.
nordeste 몡 북동, 북동풍. 톙 북동의, 북동풍의.
nórdico, ca 톙 북구의. 몡 북구인. 몡 북구어.
noria 몡 양수기.
norma 몡 규범; 표준; 규정(량);【문구】자. Para José la honradez es la *norma* de la vida. 호세에게 있어서 정직은 생활의 규범이다. Siempre ha sido nuestra *norma* conceder descuentos a nuestros clientes habituales. 폐사의 고객에게는 할인을 해 드리는 것이 우리들의 규칙이었읍니다. ◇ **normal** 톙 정상인; 표준의; 규정의. ◇ **normalidad** 몡 정상적 상태. ◇ **normalización** 몡 정상화. ◇ **normalizar** [동 alzar] 몡 정상화하다.
normando, da 톙 노르만 민족의 (사람).
normativo 톙 규범적인.
noroeste 몡 서북, 서북풍. 톙 서북풍의.
nortada 몡 북풍, 삭풍.
norte 몡 북쪽; 북풍. El lago queda a unos 50 kilómetros al *norte* de la ciudad. 호수는 시의 북쪽 약 50킬로미터의 곳에 있다. La ventana daba al *norte*. 창문은 북쪽에 면하고 있었다.
norteamericano, na 톙 북아메리카의(Norte América, América del Norte). 몡 북아메리카 사람.
nos 떼 [1인칭 복수의 대격·여격 대명사] 우리들을·에게, 우리 회사를·에게. Les rogamos que *nos* disculpen por el inevitable retraso en la entrega. 상품의 인도에 부득이한 지연이 있었던 점에 대하여 (폐사를) 용서하여 주시도록 부탁 드립니다. José prometió que *nos* escribiría desde París. 호세는 파리에서 우리에게 편지하기로 약속했다.
nosotros, tras 떼 [1인칭 복수의 주격·전치사격 대명사] 우리들; 이편. *Nosotros*, los estudiantes, esperábamos en el salón de actos. 우리들 학생은 강당에서 기다리고 있었다.
nostalgia 몡 향수; 회향병. ◇ **nostálgico, ca** 톙 향수에 젖은. 몡 향수병자.
nota 몡 ① 표. Pon aquí una *nota*, basta con una cruz. 여기 표를 하시오; 십자표가 좋겠군. ② 주의서(注意書), 주(注). El autor se refiere a esto en sus *notas*. 저자는 주에서 이 점을 언급하고 있다. ③ 평점(點點), 점수. ¿ Qué *nota* hay que sacar para aprobar? 합격에는 몇 점이 필요한가? ④ 노트, 써놓음. Sírvanse tomar *nota* de nuestra dirección nueva. 폐사의 새로운 번지를 써 놓아 주세요. ⑤ 전표, 각서, 서식(書式). Les

remitimos el cheque Núm. 63,549 por $1,200. valor de la *Nota de Débito* Núm. E-827. 차변 전표는 E-827의 가격 1,200달러의 수표 63,549를 귀사로 보냅니다.

notar 타 ① (…을) 알게 되다. La *noto* fatigada. 당신은 피로하신 듯합니다. He notado frescura al llegar a la playa. 나는 해안에 도착하여 서늘함을 느꼈다. ② 써넣다. José *notó* la visita de Lola en un libro de apuntes. 호세는 롤라의 방문을 비망록에 써 넣었다. ◇ **notabilidad** 여 저명성, 명사. ◇ **notable** 주목할; 저명한, 현저한. Las más *notables* de esas pinturas son las de Altamira. 그 그림들 중에서 가장 주목할 것은 알따미라의 것 이다. ◇ **notablemente** 부 눈에 띄게, 현저하게.

notario 남 공증인 (escribano); 서기(書記).

noticia 여 ① 알림, 뉴스, 정보(情報). La *noticia* circuló por todo el pueblo. 그 뉴스는 읍전체에 퍼졌다. ② 소식. Todavía no tengo *noticia* de Julio. 나는 아직 훌리오의 소식을 모른다.

notificar [7] (sacar) 타 통지하다, 통고하다; 최고(告)하다. ◇ **notificación** 여 통지, 통고, 최고(催告).

notorio, ria 주지의, 유명한, 명백한. Es *notorio* que ese hombre nos ha engañado. 그 자가 우리를 속였음은 명백하다. ◇ **notoriedad** 여 주지, 유명, 명백.

novato, ta 갓 시작한, 신참의. 남 초심자, 신참자.

novecientos, tas 형 900의; 900번째의. 남 900.

novedad 여 ① 새로운 것・일. Lo que dice no es ninguna *novedad*. 그가 말하는 것은 별로 새로운 것은 아니다. ② 이상한 것; 이상(異狀). ¡Hombre, esto es una *novedad*! 이런, 이건 이상한 데! ③ 복 신제품(新製品). Por favor, muéstreme otras *novedades*. 다른 신제품을 보여 주시오. *sin novedad* 무사히, 이상없 이. Las mercancías han llegado *sin novedad*. 상품은 무사히 도 착했다.

novela 여 소설(ficción). Me interesan mucho las *novelas* hispanoamericanas. 나는 스페인계 아메리카의 소설에 대단히 흥미를 가진다. ◇ **novelesco, ca** 소설의(같은). ◇ **novelista** 남 소 설가(autor de novelas).

noveno, na 형 9번째의; 9등분한. 남 9분의 1.

noventa 형 90의; 90번째의. 남 90.

noviazgo 남 약혼(시절); 약혼기.

novicio, cia 남 신출내기; 견습승(僧).

noviembre 남 11월.

novillo, lla 여 송아지 (toro o buey joven; vaca joven).

novio, via 약혼자 (futuro, prometido); 신랑, 신부; 애인, 연인 (戀人). Seguramente tiene *novia*. 그에게는 아마 애인이 있을 게다.

nubada/nubarrada 여 소나기; 다수.

nubarrón 남 큰 빛줄기, 큰 구름, 검은 구름.

nube 여 ① 구름. No hay ni una sola *nube* en el cielo. 하늘에는 구름한 점도 없다. El cielo está cubierto de *nubes*. 하늘은 구 름으로 덮여 있다. ② 많음, 다량(多量). El coche corrió

nuboso, sa levantando una gran *nube* de polvo. 차는 자욱하게 먼지를 피우며 달렸다. ◇ **nublado, da** 형 구름낀. El cielo está *nublado*. 하늘은 흐려 있다. 명 비구름. ◇ **nublar** 타 흐리게 하다, 그늘지게 하다. ◇ ~**se** (하늘이) 잔뜩 흐리다.

nuboso, sa 형 날씨가 흐린, 구름이 많이 낀.

nuca 여 【해부】 목덜미, 뒷덜미. Ella tiene la *nuca* muy bella. 그녀는 목덜미가 대단히 아름답다.

núcleo 명 ① (과실의) 씨. ②(문제의) 핵심. El *núcleo* de la cuestión es éste. 문제의 핵심은 이것이다. ③【물리】핵. *núcleo atómico* 원자핵. ◇ **nuclear** 형 (원자)핵의. Se efectuó un experimento *nuclear* en la isla. 그 섬에서 핵실험이 행해졌다. *bomba nuclear* 핵폭탄. *energía nuclear* 원자력 에너지. *reacción nuclear* 원자핵 반응.

nudo 명 매듭, 마디, (뼈의) 관절; 해리, 노트. a veinte *nudos* por hora 시속 20노트 속력으로.

nuera 여 며느리(esposa del hijo).

nuestro, tra 대 ① [1인칭 복수의 소유격 대명사] 우리들의. *Nuestro profesor es muy riguroso en clase*. 우리 선생은 수업에서 매우 엄격하다. ②【정관사+】우리의 것.

nueve 형 9의; 9번째의. 명 9.

nuevo, va 형 ① 새로운; 색다른. José es *nuevo* en la oficina. 호세는 사무소에서 새 얼굴이다. ¿Qué hay de *nuevo*? 무슨 색다른 일이 있나. ②이번의, 별다른. Mis tíos ya viven en la *nueva casa*. 숙부님의 내외는 벌써 새로 이사한 집에 살고 있다. 여 뉴스, 정보, 소식; 처음 듣는 말. José acogió esa *nueva* con gran alegría. 호세는 그 소식을 듣고 대단히 기뻐했다. ¿Qué *nuevas* nos trae usted? 당신은 어떤 뉴스를 들려주시겠소. *de nuevo* 또, 다시, 또 한번. Iré *de nuevo* a ver esa película. 나는 또 한번 그 영화를 보러 가겠다. *Nuevo Mundo* 신세계 (아메리카). ◇ **nuevamente** 부 새로이; 다시(otra vez, de nuevo). Tomás ha venido *nuevamente* a pedirme dinero. 또마스는 내게 돈을 (빌려) 달라고 또 다시 왔다.

nuez 여 【과실】호두; (야자 따위의) 견과(堅果);【해부】목젖(nuez de Adán).

nulidad 여 무효; 결함(falta de mérito); 쓸모없는 사람(persona inútil). ◇ **nulo, la** 형 무효의; 쓸모 없는.

numeración 여 헤아리기, 계산, 계산법.

numerador, ra 명 (분수의) 분자, 숫자쓰는 기구, 기수기.

numeradora 여 기수기, 넘버링.

número 명 ① 수; 숫자. Un gran *número* de estudiantes tomó parte en el concurso. 대단히 많은 수의 학생이 그 콩쿠르에 참가했다. ② 번호, 훗수(號數). ¿Cuál es el *número* de su teléfono? 댁의 전화는 몇번입니까. El expreso sale de la vía *número* 7. 그 급행열차는 7번 선에서 떠난다. Este es el último *número* de la revista. 이것이 그 잡지의 최신호이다. 그는 정원수 내의, 정식의. Es académico *de número*. 그는 학회의 정회원이다. ◇ **numeral** 형 수의. *adjetivo numeral* 수형용사.

letra numeral. 숫자. ◇ **numerosidad** 예 다수. ◇ **numeroso, sa** 형 수많은, 막대한. *Mi familia es bastante numerosa.* 내 가족은 꽤 많다.

nunca 튄 ① 결코(…않다)(jamás). *En adelante nunca pediré tu ayuda.* 이제부터는 결코 당신의 도움을 바라지 않겠소. ② 한번도(…없다). ¿ *Usted nunca ha llegado tarde a la oficina?* 당신은 한번도 회사에 지각한 일이 없읍니까.

nupcial 형 결혼의, 혼례의. *ceremonia nupcial.* 결혼식. ◇ **nupcialidad** 예 결혼률·건수. ◇ **nupcias** 예복 결혼, 혼례(boda).

nutra/nutria 예【동물】수달.

nutritivo, va 형 영양이 있는, 영양이 되는. *La sopa española es muy nutritiva.* 스페인의 스프는 매우 영양이 있다. ◇ **nutrición** 예 영양. ◇ **nutricional** 형 영양의. ◇ **nutrido, da** 형 [+de : …의] 풍부한. *Su tesis está muy nutrida de citas.* 그의 논문은 인용이 매우 풍부하다. ◇ **nutrir** 타 기르다; (…에게) 영양·힘을 주다. 재 [+de·con·en : …으로] 영양을 취하다. *Todo ser vivo se nutre de sustancias orgánicas y minerales.* 모든 생물은 유기질이나 광물질로 영양을 취한다.

nutriz 예 유모(nodriza).

N.Y. Nueva York 뉴욕.

nylón 남 나이론(제품)(nilón).

ñ

ñadi 남【칠레】수령.

ñandú 남【새】레아, 아메리카 타조.

ñaño, ña 남 친우, 형제, 자매. 예 아이보는 여자.

ñapa 예 경품(adehala); 덤.

ñapango, ga 형【꼴롬비아】혼혈의. 혼혈아.

ñapindá 남 (아르헨티나산의) 미모사의 일종.

ñata 예【칠레】죽음, 사망(muerte). 복 코, 콧구멍(las narices, ventana de nariz).

ñato, ta 코가 납작한.

ñoñez 예 바보(tonto). ◇ **ñoño, ña** 형 어리석은. 남 어리석은 사람. ◇ **ñoñería** 예 바보 짓; 어리석은 짓(tontería).

ñoro 남 시계풀의 꽃.

ñu 남 (남아프리카산의) 영양(羚羊).

ñudo 남 마디, 결절(nudo).

O

o [o·ho-로 시작되는 말 앞에서u로 됨;⇨ u] 접 ① …인가, 또는, 혹은. Vendrá José *o* su hermano. 호세나 그의 동생이 오겠지. ② 그렇지 않으면. Arréglate pronto *o* me marcho sin tí. 바로 준비를 해라; 그렇지 않으면 너를 놓아두고 간다. ③ 결국, 즉. En ese momento entra en el salón el protagonista *o* personaje principal de la obra. 그때 주인공, 즉 그 작품의 주요 인물이 대청마루에 들어온다. *o sea*. Allá se ve en el fondo la Dietoa *o sea* el Congreso Coreano. 저 막다른 곳에 회회, 즉 한국의 의회(의 건물)가 보인다.

o. orden 주문; 지시(서).

O. oeste 서(풍).

oasis 명 [단·복수 동형] 오아시스.

obedecer [30 crecer]자 ① [+a : …에게] 복종하다 [반 desobedecer]. *Obedezca* a sus jefes. 손윗 사람들의 말에 복종하시오. Hay que *obedecer* a las leyes. 법률에 따라야 한다. ② [+a : …에서] 나오다, (…에) 의하다. Mi visita *obedece* al deseo de saludarle. 나의 방문은 당신께 인사드리기 위해서입니다. ◇ **obediencia** 여 복종; 순종. ◇ **obediente** 형 순종한, 순진한.

obelisco 명 오벨리스크식 기둥.

obertura 여 [음악] 서곡, 전주곡.

obeso, sa 형 비곗살이 낀; 살이 몹시 찐. ◇ **obesidad** 여 비대, 비만.

obispo 명 [종교] 사교(司敎), 주교(主敎). Se llama catedral la iglesia en que reside el *obispo*. 주교가 있는 교회를 대성당이라 한다. ◇ **obispado** 명 주교의 자리; 주교 교구. ◇ **obispal** 형 주교의.

objeción 여 이론(異論), 반대. Le han hecho varias *objeciones* a su tesis. 그의 논문은 여러 가지 이론이 제기되었다.

objetivo, va 형 목적의, 대상의; 객관적인. La verdad ha de ser *objetiva*. 진실은 객관적이어야 한다. 명 ① 목적. Mi *objetivo* es investigar la situación económica. 나의 목적은 경제사정을 조사하는 일이다. ② 대물렌즈.

objeto 명 ① 물건, 물품(artículo, cosa). Desearía ver algunos *objetos* que sirvan de recuerdo. 선물 될만한 물건을 무엇 좀 보고 싶은데요. ② 목적, 목표. Debemos hacer un mayor esfuerzo para llevar a cabo nuestro *objeto*. 우리들은 목적을 달성하기 위하여, 더욱 많은 노력을 해야 한다. ③ 대상, 객체(客體). Tú eres el *objeto* de sus críticas. 너는 그의 비판의 대상으로 되어 있다. *con el objeto de* …의 목적으로.

oblación 여 봉헌, 공양물, 봉납물.

oblata 여 봉납금; 영성체.

oblea 여 (봉함편지를 부치기 위한)밀가루풀.

oblicuar 타 경사지게 하다. 자 경사지다, 경사지게 가다.

oblicuo, cua 형 기운, 경사진. ◇ **oblicuidad** 여 경사(傾斜).

obligación 여 ① 의무, 책임; 은의(恩義). José cumple con sus *obligaciones* muy puntualmente. 호세는 자기 의무를 틀림없이 완수한다. ② 상 채권, 사채(社債). He comprado diez *obligaciones* de la compañía de energía eléctrica. 나는 전력회사의 사채를 10장 샀다.

obligar 타 ① 강제하다. Su opinión no me *obliga* nada. 그의 의견은 나에게 아무 것도 강제하지 않는다. ② [+a+inf./+a+que +subj.] 불가피하게·무리하게 …시키다. A José le *obligaron* a firmarlo. 호세는 강제로 거기에 서명당했다. *Obligale a que firme.* 그를 무리해서라도 끝이놓으시오. ◇ ~se [+a+inf. : …할] 의무를 지다, 떠맡다. Yo me *obligo* a indemnizarle si le causo algún perjuicio. 내가 그에게 어떠한 손해를 입히면 나는 그에게 배상할 의무를 진다. ◇ **obligado ,da** 형 ① 불가피한; 은의가 있는. Era una visita *obligada*. 그것은 의리상의 방문이었다. ② [+a] …해야 하는. El se vio *obligado* a realizar el viaje. 그는 그 여행을 해야 했다. ◇ **obligatorio ,ria** 형 의무의, 의무적인, 필수의. ¿Cuáles son las asignaturas *obligatorias*? 필수과목은 무엇인가요.

obliterar 타 막다, 통하지 못하게 하다. 가로막다.

oblongo, ga 형 장방형의, 타원형의.

oboe 남 [악기] 오보에; 오보에 연주자.

óblo [남] 근소(금액, 물건); 옛 그리시아의 은화.

obra 여 ① 일; 세공, 공사(工事). La *obra* se llevará a cabo a principios de septiembre. 공사는 9월초 쯤에 완성하리라. ② 작품, 노작(勞作). En la exposición se exhiben algunas *obras* maestras del arte español moderno. 전람회에서 근대 스페인 예술의 걸작이 몇점 전시되어 있다. ③ 실행, 실지(實地). *poner por [en] obra* 실행에 옮기다.

obrar 타 만들다, 건조하다. Están *obrando* un hospital en aquel sitio. 저 장소에 병원이 세워지고 있다. 자 ① 일하다; 작용하다, (약이) 듣다. La medicina empieza a *obrar*. 약이 듣기 시작하였다. ② 행동하다. José *obró* con prudencia. 호세는 신중하게 행동했다. ③ (편지 따위가) 오다. Su carta del día 12 *obra* en mi poder. 12일자 편지를 받았습니다.

obrero, ra 명 노동자; 직공. Los *obreros* se han declarado en huelga. 노동자들은 동맹파업에 들어갔음을 선언했다.

obscenidad 여 음탕, 음란(한 행동), 음담, 정숙치 못함, 야비.

obsceno, na 형 음탕한, 외설한(lascivo).

obscurantismo 남 민중의 우둔화, 민중의 우둔화주의, 비교화주의.

obscurecer 타 어둡게하다, 음울하게 하다(되다), 애매하게 하다, 은폐하다. 자 어두어지다; 그림에서 그림자를 나타내다 ◇ ~se 흐리다(nublarse), 숨다, 보이지 않게 되다(desaparecer).

o(b)scuro, ra 형 어두운, 어두운 빛의. Era ya *obscuro* cuando

llegó José. 호세가 도착했을 때는 이미 어두웠다. El azul marino es un color *obscuro*. 감색은 어두운 빛이다. ◇ **o(b)scuramente** 📖 어둡게, 모호하게. ◇ **o(b)scuridad** 어둠 [⑪ claridad]. José se escapó sirviéndose de la *obscuridad*. 호세는 어둠을 틈타서 도망쳤다.

obsequiar 📖 ① 대접하다, 환대하다. Me *obsequiaron* con un gran banquete. 그들은 큰 연회를 베풀고 나를 환대해 주었다. ② [+con : ···을] (···에게) 보내다, 기증하다. Mi tío me *obsequió* con este traje. 숙부가 나에게 이 옷을 보내 주셨다. ◇ **obsequio** 📖 대접, 환대; 기증, 선물. Hicimos a José un *obsequio*. 우리는 호세에게 선물했다.

obsequiosidad 📖 아첨, 순종, 친절, 추종.

obsequioso, sa 📖 친절한, 간절한, 추종하는, 아첨하는; 【멕시코】 선사하기를 좋아하는.

observar 📖 ① 보다, 지켜보다. José estuvo *observando* lo que pasaba en la plaza. 호세는 광장에서 일어난 일을 지켜보고 있었다. ② 관찰·관측하다. He *observado* que aquí casi todas las casas no son de cemento sino de piedra. 나는 여기서는 거의 모든 집이 콘크리트가 아니고 돌로 되어 있음을 알았다. ③ 지키다, 준수하다. Los compromisos han sido rigurosamente *observados*. 약속은 엄격하게 지켜져 왔다. ④ 의견을 말하다. Lola *observó* después de José. 롤라는 호세 다음에 의견을 말했다. ◇ **observación** 📖 관찰; 의견; 주의 사항. Haré todo lo posible para llevar sus *observaciones* a la práctica. 나는 당신의 의견을 실행에 옮기기 위하여 최선을 다하겠소. ◇ **observador, ra** 📖 관찰자; 방관자; 옵서버. ◇ **observancia** 📖 준수, 방법. ◇ **observatorio** 📖 천문대, 관상대.

obsesión 📖 강박관념; 집념. ◇ **obsesionar** 📖 (마력적인 것이 ···에) 지피다, 들리다. ◇ **obseso, sa** 📖 강박관념에 사로잡힌, 신이 들린, 마(魔)가 낀.

obstáculo 📖 장애, 고장(故障). Estos *obstáculos* originaron a menudo sangrientas luchas. 이 장애들이 번번이 피비린내나는 투쟁의 원인으로 되었다. Entonces tuve que luchar con muchos *obstáculos*. 당시 나는 많은 장애와 싸워야 했다.

obstante (no) 📖 그럼에도 불구하고. *No obstante*, esto no quiere decir que Lola tenga compasión contigo. 그럼에도 불구하고, 이것을 롤라가 네게 동정하고 있음을 의미하지 않는다.

obstinarse 📖 집념이 강하게 하다; [+en : ···을] 고집하다. ¿Te *obstinas* en seguir esa decisión imprudente? 너는 그 경솔한 결심을 아직도 계속할 것을 고집하겠느냐. ◇ **obstinación** 📖 고집불통, 집요. ◇ **obstinado, da** 📖 고집한, 집요한. Es *obstinado* por naturaleza. 그는 천성이 완고하다.

obstrucción 📖 방해, 장애, 의사방해; 차단, 폐쇄, 변비.

obstruccionismo 📖 의사방해.

obstruccionista 📖 의사방해의. 📖 의사 방해자.

obstruir 📖 방해하다, 간섭하다(estorbar). ◇ **~se** 방해되다.

obtener [58 tener] 📖 얻다, 획득하다; 달성하다(conseguir). He

obtenido sobresaliente. 나는 우(의 성적)를 얻었다. Esta película *obtendrá* gran éxito. 이 영화는 대성공을 거두리라. ◇ **obtención** 예 획득; 달성; 보유(保有).

ocasión 예 기회(oportunidad). Aprovechando la *ocasión* les visitaremos. 그 기회를 이용하여 우리들은 귀사를 방문하겠소. Si tengo *ocasión*, lo haré. 만일 좋은 기회가 있으면 나는 그 일을 하겠다. ◇ **ocasional** 형 원인으로 된; 우연한; 임시의. ◇ **ocasionar** 타 (…의) 원인으로 되다, 야기하다, 움직이게 하다, 유발하다. Tenga la bondad de excusarme la molestia que le he *ocasionado*. 내가 당신께 끼친 폐를 용서해 주십시오.

ocaso 남 ① 일몰, 낙일; 서쪽. ② 말기(末期). El imperio marchaba a su *ocaso*. 제국은 몰락을 향하여 나아가고 있었다.

occidente 남 ① 서쪽 ↔ oriente. Teníamos el mar a *occidente*. 서녘에 바다가 있었다. ② [O-] 서양. Estas cosas nunca se ven en el *Occidente*. 이러한 물건은 서양에서는 결코 볼 수 없다. ◇ **occidental** 형 서쪽의; 서양의. ¿Qué comida *occidental* te gusta más? 서양요리에서 너는 무슨 요리를 제일 좋아하나.

océano 남 대양, 대해(大海). El *Océano* Atlántico fue el mar de la aventura de España. 대서양은 스페인의 모험의 바다였다. ◇ **oceánico, ca** 형 대양의; 해양적인.

oceanografía 예 해양학, 대해양. del Océano Atlántico. 대서양.

oceanógrafo, fa [남·녀동형] 예 해양학자.

ocioso, sa 형 ① 나태한, 성가신. Ese rey fue *ocioso* y débil de carácter. 그 왕은 느리고 성격이 약했다. ② 한가한; 아무 일도 하지 않는. Las maquinas están *ociosas*. 기계는 쉬는 중이다. ◇ **ocio** 남 게으름; 위안거리. 복 휴가. ◇ **ociosidad** 예 한가함; 무일함; 여가; 사보타지.

octavo, va 형 8번째의; 8등분의. 남 8분의 1.

octubre 남 10월.

oculista 예 안과 의사(oftalmólogo).

ocultar 타 [+a·de: …로부터 감추다. Cuando entré, *ocultó* la carta debajo de un libro. 내가 들어갔을 때, 그녀는 그 편지를 책 밑에 감추었다. Lola *oculta* su edad con afeites. 롤라는 화장으로 자기의 연령을 숨기고 있다. ~**-se** 숨다. José *se ocultó* en la sombra. 호세는 그늘에 숨었다. ◇ **oculto, ta** 형 숨은, 보이지 않는. Fuerzas *ocultas* mueven los hilos de la política. 눈에 보이지 않는 힘이 정략의 실을 움직이고 있다.

ocupar 타 (자리를) 차지하다; 점령하다. La cuenca del Duero *ocupa* toda la parte Norte de la Meseta. 두에로강 유역은 대고 원 북부 전체를 차지하고 있다. Esta mesa *ocupa* mucho sitio. 이 테이블은 자리를 많이 차지한다. ~**-se** [+de·en·con: …]에 종사하다, (…을) 걱정하다. José *se ocupó* personalmente *de* la dirección de los trabajos. 호세는 자신이 일의 지휘를 맡았다. ◇ **ocupación** 예 점령; 용무, 일. Mis *ocupaciones* no me permiten ir a verte. 나는 일 때문에 너를 만나러 가지 못한다. ◇ **ocupado, da** 형 ① [+en: …하기] 바쁜 [↔ libre]. Estoy sumamente *ocupado*. 나는 대단히 바쁘다. ② (장소 따위가)

유된. Ese sitio está *ocupado*. 그 장소는 점유되어 있다.

ocurrir 재 ① (일이) 일어나다(suceder). El accidente *ocurrió* a unos quince kilómetros de Madrid. 사고는 마드리드에서 약 15 킬로미터 근처에서 일어났다. ② [+que]우연히 …하게 되다. *Ocurre que* nos encontramos allí. 저곳에서 우리들은 만나게 된다. ◇~**se** ① (생각이) 떠오르다, 생각나다. Se le *ocurrieron* ideas graciosas. 그에게 유쾌한 생각이 떠올랐다. ② 언뜻 생각나다. Se me *ocurrió* que podíamos ir al cine. 우리들은 영화를 보러가도 좋겠다고 언뜻 생각났다. ◇ **ocurrencia** 여 사건; 생각남, 기지(機知). Ese viejo tiene muchas *ocurrencias*. 저 노인은 무턱대고 생각해 낸다. ◇ **ocurrido, da** 형 일어난; 생각해 낸. Sentimos mucho lo *ocurrido*. 이번 일을 미안하게 생각합니다.

ochenta 형 80의; 80번째의. 명 80.

ocho 형 8의; 8번째의. 명 8.

ochocientos, tas 형 800의; 800번째의. 명 800.

O.D.E.C.A Organización de los Estados Centroamericanos. 중미 국가 기구.

odiar [① cambiar] 타 미워하다; 싫어하다. Lola *odia* a su vecina. 롤라는 이웃 사람을 미워하고 있다. *Odio* semejante injusticia. 나는 그러한 부정이 대단히 싫다. ◇ **odio** 남 미움, 증오. No me explico el *odio* que tiene a su propia hermana. 나는 그 자신의 누이동생에 대한 그의 증오를 납득할 수 없다. ◇ **odioso, ~a** 형 미운.

odontología 여 치과의학.

odontólogo, ga 남여 치과의사.

odorante/odorífero, ra 형 향기로운, 냄새나는.

odre 남 (술을 넣는) 가죽부대, 술주정뱅이.

O.E.A. Organización de los Estados Americanos 미주기구(美州機構).

oeste 남 서쪽(occidente) (⊕ este).

ofender 타 ① 성내게 하다, (…의) 기분을 상하게 하다; 괴롭히다. Perdona si te *he ofendido*. 너를 성내게 했다면 용서해 다오. ② 모욕하다. Me *han ofendido* llamádome cobarde. 나는 비겁하다고 모욕당했다. ◇~**se** [+con·de·por: …에] 성내다. José *se ofendió* con aquellos insultos. 호세는 그 모욕에 성을 내었다. ◇ **ofendido, da** 여 모욕을 당한; 모욕을 당한 사람. ◇ **ofensa** 여 모욕, 무례, 공격(⊕ defensa); 분노. No perdono tu *ofensa*. 나는 네 무례함을 용서할 수 없다. ◇ **ofensivo, va** 형 모욕적인, 무례한; 공격의. España pactó una alianza *ofensiva* y defensiva con Francia. 스페인은 프랑스와 공수동맹을 맺었다. 여 공세. ◇ **ofensor, ra** 형 모욕하는, 공격하는. 명 무례한 자, 모욕하는 사람; 공격자.

oferta 여 ① 신청, 제공(提供). Tengo una *oferta* que hacerte. 나는 네게 신청(을 할 일)이 있다. ② 매출(賣出), 오퍼. No nos ha interesado su *oferta*. 귀사의 오퍼에는 폐사는 관심이 없읍니다.

oficial 형 공식·정식의, 공공(公共)의. Ellos fueron a París en misión *oficial*. 그는 공식 사명으로 파리에 갔다. 명 사관(士官) (위관). El *oficial* se hizo famoso durante la guerra. 그 사관은 전시 중에 유명해졌다. ◇ **oficialmente** 튀 공식·정식으로. El Primer Ministro marchó, esta vez *oficialmente*, a Grecia. 수상은 이번에는 공식으로 회랍에 갔다.

oficiala 여 여직공, 여공, 여사무원, 여사관

oficialía 여 사무직원의 신분·직위.

oficialidad 여 장교단, 공적성질, 정식

oficiante 명 [종교] 제식 사제자.

oficiar 타 (제식을) 집행하다; 문서로 통고하다. 자 [+de] ···의 역할을 하다(actuar).

oficina 여 ① 사무소(despacho), 작업장. Procure usted venir puntualmente a la *oficina*. 당신은 시간대로(사무소에) 출근하도록 노력하시오. ② 관청; 청(廳), 국(局). La *Oficina* de Construcción ordenó la suspensión total de la construcción de la carretera. 건설국은 그 도로 건설의 전면중지를 명했다. ◇ **oficinista** 명 사무원.

oficio 명 ① 직(職); 일, 임무, 직무(職務). José desempeña su *oficio* con asiduidad. 호세는 근면하게 직무를 수행한다. ② (공)문서. Recibí un *oficio* en el que decían que me presentase. 나는 출두하라는 공문서를 받았다. ③ [종교] 제식(祭式), 근행(勤行). *de oficio* 정식의·으로; 사무적인·으로. Se lo comunicará *de oficio*. 그건 사무적으로 통고되리라. ◇ **oficioso, sa** 형 부지런한; 수다스러운; 비공식의.

ofrecer [30 crecer] 타 ① 바치다, 제공하다. En la fiesta me *ofrecieron* un ramo de flores. 파티에서 나는 꽃다발을 받았다. Podemos *ofrecer* esta calidad. 저희는 이 품질을 제공할 수 있소. ② 신청하다. Me han *ofrecido* llevarme a Francia. 그들은 나를 프랑스로 데려다 주겠다고 말해 주었다. ③ 보여주다, 바치다. La fuente iluminada *ofrece* un cuadro fantástico. 조명을 한 분수는 아름다운 광경을 보인다. ◇ **~se** ① 몸을 바치다, 제공 받다. ¿ Qué *se le ofrece*? 무슨 일이오. ② [+a : ···하려고] 신청하다. El joven *se ofreció* a servir de guía. 그 청년은 가이드를 하겠다고 신청했다. ◇ **ofrecimiento** 명 제공; 신청; 매출.

oftalmía 명 [의학] 안질, 안염. ◇ **oftalmología** 여 안과학.

oftalmoscopio 명 검안경.

ofuscar 타 눈·이성을 어둡게 하다(deslumbrar), 현혹시키다 (turbar).

ogro 명 (북구 전설의) 사람 잡아 먹는 귀신.

oh 감 아이고, 아아 (놀라움·슬픔·기쁨). ¡*Oh*, qué pena! 아아, 정말 안됐군!

oído 명 ① [해부] 귀. Me zumban los *oídos*. 나는 이명증(耳鳴症)이 있다. ② 청각(聽覺). *al oído* 귀밑에. *de oído* 들은 풍월로.

oír [73] 듣다; 들리다. *Oí* una voz de mujer a mi espalda. 나는 배후에서 여인의 소리를 들었다. ¿ No la *oye* usted cantar? 그녀가 노래하는 것이 안 들립니까.

ojal 圄 구멍; 단추구멍. ¿Quieres ensancharme un poco los *ojales* de esta camisa? 이 샤쓰의 단추 구멍을 약간 넓혀주지 않겠나.

ojalá 재 [강한 희망;+접속법] 부디 …하시도록. ¡*Ojalá* venga pronto! 그가 빨리 와 주도록! ¡*Ojalá* que no llueva! 비가 오지 않도록!

ojalador, ra 阁 단추구멍 파는(직공). 단추구멍 파는 재봉침.

ojeada 呶 잠깐보기, 훔쳐보기, 일별.

ojear 囲 홀끔홀끔 보다, (짐승을) 몰이하다, 쫓아버리다(ahuyentar).

ojeo 囹 (수렵의) 짐승몰이. *irse a ojeo* …을 찾아서 구하러 다니다.

ojeriza 呶 원망; 원한. *tener ojeriza a* 원한·원망을 품다.

ojeroso, sa 圈 아래 눈까풀이 푸르뎅뎅한.

ojete 囹 끈을 꿰는 구멍, 단추구멍.

ojialegre 圈 눈이 빛나는(사람).

ojinegro, gra 圈 검은 눈의.

ojituerto, ta 圈 사팔뜨기의, 막 쏘아보는

ojival 圈 고딕식의, 끝이 둥근 아치의.

ojizarco, ca 圈 눈이 파란.

ojo 囹 ① [신체] 눈. Lola tenía los *ojos* llenos de lágrimas. 롤라는 눈에 눈물이 고여 있었다. ② 시력. ③ 구멍, 틈. Mi madre ya no puede pasar el hilo por el *ojo* de la aguja. 나의 어머니는 벌써 바늘 귀에 실을 꿸 수 없다.

ola 呶 물결; 파도; 잡답. Las olas estrellaron el barco contra una roca. 물결이 배를 바위에 매어붙였다.

oleáceo, a 圈圈 감람나무과에 속한, (목서과의) 식물.

oleada 呶 큰 파도, 인파, 인기, 군중. *oleada de ventas·compras* 파는·사는 인파.

oleaginoso, sa 圈 기름기의; 기름이 밴; 기름같은(aceitoso).

oleaje 囹 파도, 물결.

oleícola 圈 올리브 재배의.

oleína 呶 [화학] 오레인산, 유산.

oleo 囹 올리브기름; 기름(aceite). 圈 말기의 성유. *al oleo* 기름으로.

oler [불]囲 (향내를) 맡다; 냄새를 맡다. La policía *ha olido* lo que estaban tramando. 경찰은 그들이 획책하고 있는 냄새를 맡았다. 因 ① 향기 나다. La rosa *huele* bien. 장미꽃은 좋은 향내가 난다. Esto *huele* muy mal. 여기는 정말 구리다. ② [+a: …의] 냄새가 나다, …티가 나다. Esta esencia *huele* a rosa. 이 향수는 장미 향기가 난다. Ese individuo *olía* a policía. 그 사내에게선 어쩐지 경관티가 났다.

olfato 囹 후각. ◇ **olfatear** 囲 냄새를 맡다.

oliente 圈 냄새나는; [bien, mal+]냄새가 좋은·나쁜.

oliera 囹 [종교] 성유단.

oligarca 囹 (소수정치의) 집행자.

oligarquía 呶 (전횡적인) 소수정부, 소수정치, (전횡적인)

oligárquico, ca 형 소수정치의.
oligoceno, na 형 남 (지질)점신기(의), 점신통(의).
olimpiada 여 (고대 그리스의) 올림픽 경기, (현대의) 올림픽 대회.
olímpico, ca 형 올림프스산의; 올림프스신의; 올림픽경기의; 존대한(alterno). *juegos olímpicos* 올림픽경기.
olimpo (el) 남 [신화] 올림프스산; 신, 신의 궁거; 천공.
oliscar 타 냄새맡다, 돌아다니며 냄새 맡다.
oliva 여 올리브의 열매; 올배미; 평화(paz). *aceite de oliva* 오리브 기름.
olivar 남 올리브밭, 올리브숲, 감람나무.
olivarero, ra 형 올리브산업의.
olivo 남 【식물】올리브(나무). *El olivo se cultiva en los climas templados.* 올리브는 따뜻한 기후에서 재배된다.
olor 남 냄새. *El olor de las rosas es muy agradable.* 장미 냄새는 매우 상쾌하다. ◇ **oloroso, sa** 형 향내가 좋은.
olvidar 타 잊다. *Olvidé traerlo.* 나는 그걸 가져오는 걸 잊었다. ◇ **~se** 잊어지다; [+de: …를] 잊다. *Se me olvidó traerlo.* 나는 그것을 가져오는 것을 잊어 버렸다. *Me olvidé de traerlo.* 나는 그것을 가져오는 것을 잊었다. ◇ **olvidado, da** 형 잊은, 잊혀진. *José dejó olvidado el libro en su casa.* 호세는 집에 책을 잊고 왔다. ◇ **olvido** 남 잊음, 망각, 등한시함. *Le ruego que me excuse por mi olvido.* 나의 등한시함을 용서해 주시기 바랍니다.
olla 여 솥, 남비.
ollar 남 말의 콧구멍. 형 부드러운 일을 쉽게 할 수 있는.
ollería 여 도기공장, 도기점; [집합적으로] 도기류.
ollero, ra 남여 도기 만드는 사람; 도기점의 사람.
olluco 남 오유꼬 (페루산의 약용식물).
ombligo 남 【해부】 배꼽, 탯줄.
omitir 타 생략하다; 누락시키다, 빠뜨리다. ◇ **omisión** 여 생략; 누락, 탈락. ◇ **omiso, sa** 형 생략한, 누락한, 탈락한.
ómnibus 남 [단·복수 동형] 합승버스.
omnímodo, da 형 일체를 포함하는(것 같은), 전체의, 총합의. *omnímodamente* 천태만상으로.
omnionda 여 올웨이브: *receptor omnionda* 올웨이브 수신기.
omnipotencia 여 전권, 대권력, 전능, 신위.
omnipotente 여 전능의(todopoderoso), 전지전능한, 대권력이 있는, 전제적인.
omnisciencia 여 (신의 속성으로 존재하는)전지, 신과 통하는것.
omnívoro, ra 형 잡식의(동물).
O.M.S. Organización Mundial para la Salud. 세계 보건 기구.
once 형 11의; 11번째의. 남 11.
onda 여 물결, 파동, 물결모양; (머리의) 웨이브. *El viento formaba ondas pequeñas en el agua.* 바람이 물에 잔물결을 만들고 있었다. ◇ **ondular** 자 파도치다; 컬지다.
O.N.U. Organización de las Naciones Unidas 유엔 기구.

onza 여 [중량의 단위]온스 (약 7돈중); 【동물】표범의 일종.

opaco, ca 불투명한, 그을린; 어두운, 약간 슬픈. En física se llaman cuerpos *opacos* los que no permiten pasar a los rayos de la luz. 물리학에서는 광선을 통하지 않는 물체를 불투명체라 부른다. ◇ **opacidad** 여 불투명; 어쩐지 슬픔.

opción 여 선택(매매)권.

opera 여 가극, 오페라. ¿Has ido alguna vez a la *ópera*? 너는 언제 오페라를 보러 간 일이 있느냐.

operación 여 ① 수술(手術). La *operación* del estómago resultó satisfactoria. 위의 수술은 만족할 만한 결과였다. ②작용, 조작, 작업. Las *operaciones* se realizan automáticamente. 연합군은 작전을 수행했다.

operar 타 수술하다. Me *operaron* el estómago hace varios años. 나는 수년 전에 위의 수술을 받았다. 자 ① 일하다, 작용하다. La medicina empezó a *operar*. 약이 듣기 시작했다. ② 거래하다. Siempre *opera* con grandes sumas de dinero. 그는 언제나 큰 돈으로 거래를 한다. ◇ **-se** ① 나타나다. *Se ha operado un cambio en la madre enferma.* 병환중의 모친에 변화가 나타났다. ② 수술을 받다. Va a *operarse* del estómago. 그는 근일 중 위의 수술을 받는다.

operario, ria 명 직공, 공원.

operativo, va 형 작용하는, 효력있는.

operatorio, ria 형 외과 수술의, 작용하는, 실시하는.

opérculo 남 뚜껑.

opereta 여 소가극.

operista 명【남·여 동형】가극배우, 오페라가수.

operístico, ca 형 오페라의, 가극적인.

opinar 자 [+en·sobre : …에 대하여] 생각하다; 의견을 가지다·말하다. No quiso *opinar sobre* este asunto. 그는 이 일에 대하여 의견을 말하려 하지 않았다. 타 생각하다, (…에 대하여) 의견을 가지다. *Opino* que eres todavía demasiado joven. 너는 아직 너무 젊다고 나는 생각한다. ◇ **opinión** 여 생각, 의견, 평판, 세론(世論). Mi *opinión* es igual a la tuya. 나의 의견은 너와 같다. *opinión pública* 여론.

oponer [60 poner; 과거분사 opuesto] 타 반대로 내놓다, 대립시키다. Los españoles les *opusieron* tenaz resistencia. 스페인군은 그들에 대하여 완강한 대항을 했다. ◇ **-se** [+a : …에] 반대·대립하다. El padre *se oponía a* la boda de su hija con José. 부친은 딸과 호세의 결혼에 반대하고 있었다.

oportunismo 남 편의주의, 기회주의.

oportunista 형 편의주의의, 기회주의의. 명 편의주의자, 기회주의자.

oportuno, na 형 호기의; 적절한, 형편이 좋은. Has llegado en el momento más *oportuno*. 너는 가장 적절한 때에 도착했다. ◇ **oportunidad** 여 호기, 기회(ocasión). No pierda usted esta *oportunidad* para comprarlo. 그것을 살 (수 있는) 좋은 이 기회를 잃지 마라.

oposición 여 ① 반대; 대항, 대립. No puede presentar *oposición* alguna a los padres. 그는 양친에게 아무런 반대도 할 수 없다. ② 채용 시험. Hay anunciadas *oposiciones* a plazas del cuerpo de correos. 우체국원 직에 대한 채용시험이 고시되어 있다. ◇ **opositor, ra** 명 반대자; 경쟁자, 지원자; 수험생.

opresión 여 압박; 억압. Los habitantes sufrieron durante muchos años la *opresión* del tirano. 주민은 다년간 폭군의 압박에 피로와 했다. ◇ **opresivo, va** 형 압박의ㆍ적인.

oprimir 타 ① 압박하다. El tirano *oprimía* a los debiles. 폭군은 약한 사람들을 압박하고 있었다. ② 누르다; 죄어 매다. Me *oprime* el cuello de la camisa. 와이샤쓰의 깃이 내 목을 죄었다.

opresor, ra 형 압박하는 (자), 억압하는 (자).

oprobio 남 수치, 치욕, 오명, 불명예(ignominia).

oprobioso, sa 형 무례한, 수치스러운.

optar 타 고르다, 선택하다(escoger).

óptico, ca 형 광학(光學)의, 빛의; 눈의, 시력의. 명 안경; 광학 기계. 여 광학기계; 확대경. 여 광학(기계).

optimismo 남 낙관(주의). Veo el futuro con *optimismo*. 나는 장래를 낙관하고 있다. José tiene un *optimismo* admirable. 호세는 실로 훌륭한 낙관주의를 가지고 있다. ◇ **optimista** 형 낙천적인, 낙관주의의. 명 낙천가, 낙관주의자.

opuesto, ta 형 반대의, 적대하는. Eso es enteramente *opuesto* a la verdad. 그것은 사실과는 전혀 반대이다.

opugnar 타 강습ㆍ습격하다(combatir); …에 반론하다.

opulencia 여 풍요, 풍부(abundancia).

opulento, ta 형 풍요한, 풍부한.

opúsculo 남 소작품, 소저(小著).

oquedad 여 구멍.

ora 접 [ora…ora라고 사용하여] 혹은 …또 혹은.

oración 여 ① 연설(discurso). El director pronunció una *oración* fúnebre en nombre de la escuela. 교장은 학교를 대표해서 조사를 했다. ② 【문법】 문장, 글. Construya usted una *oración* empleando esta palabra. 이 단어를 넣어서 문장을 만들어라. ③ 【종교】 기도(rezo). Las monjas están en *oración*. 수녀들은 기도를 하고 있다.

orador, ra 여 연설자, 변사. El *orador* hablaba de prisa. 연설자는 빨리 말하고 있었다.

oral 형 입으로 하는, 구두ㆍ구술의. Tengo un examen *oral* y otro escrito. 나는 구술시험과 따로 필기시험을 치른다.

orangután 남 【동물】 오랑우탄.

orante 형 기도하는 자세의.

orar 자 연설하다, 변론하다; 기도를 올리다; [+por : …을] 기구하다.

orate 남여 미친사람. *casa de orates* 정신병원.

oratorio, ria 형 연설(법)의. 남 기도하는 곳; 종교 악극. 여 연설법, 웅변술(elocuencia); 【음악】 오라트리오.

orbe 남 둥근모양(redondez); 원(círculo), 천체, 지구(esfera); 세계(mundo).

orbicular 형 구상의, 환상의, 원형의(circular). 남 [해부] 괄약근 (항문 따위의 늘고 주는 근육).

órbita 여 (천체의) 궤도; 눈, 눈두덩; 범위(esfera).

orden 남 ① 순서. Los cuchillos y tenedores se colocan en *orden* a su utilización. 나이프와 포크는 사용하는 순서로 배치된다. ② 정돈. La habitación está en *orden*. 방은 정돈되어 있다. ③ 질서. Cuando se restableció el *orden*, el orador continuó su discurso. 질서가 회복되니까 강연자는 연설을 계속했다. ④ 계층, 등급, 부문, 종류. Las dos cosas están en el mismo *orden*. 둘 다 같은 등급이다. 여 ① 명령, 지시. El Cid luchó a las *ordenes* de Fernando I. 엘·시드는 페르난도 Ⅰ세의 명령을 받고 싸웠다. ② [중남미] 주문. ③ [종교] 수도회, 기사단. Este convento pertenece a la *orden* benedictina. 이 수도원은 베네딕트회에 소속되고 있다. *orden del día* 일정(日程). *a la orden* 지시식으로; 주문으로.

ordenamiento 남 정리; 명령, 지령, 포고; [집합적] 규정(ley, ordenanza).

ordenancista 형 명령을 잘 따르는(사람).

ordenando 남 [종교] 성직후보자, 수품후보자.

ordenanza 여 방법(método), 규칙, 명령, 법률, 훈령, 포고, 지휘, 군율. 남 급사, 군(軍)전령.

ordenar 타 ① 가지런히 하다, 정리·정돈하다. José empezó *ordenar* los papeles de la mesa. 호세는 책상의 서류를 정리하기 시작했다. ② 주문·의뢰하다. ◇ **ordenación** 여 정돈, 배치. ◇ **ordenado, da** 형 순서 바른; 질서있는; 버릇이 좋은.

ordeñar 타 젖을 짜다. ◇ **ordeñador, ra** 명 젖짜는 사람. ◇ **ordeño** 남 착유, 젖짜기.

ordinario, ria 형 보통·통상의; 중간의, 평범한. Se puede ir con traje *ordinario*. 평복으로 가도 좋다.

orear 타 (바람이) 쐬게 (서늘하게) 하다

oreja 여 ① [신체] 귀 [비교 : oído]. Aquel amigo tiene *orejas* de burro. 저 친구는 (노새와 같이) 큰 귀를 가지고 있다. ② 청각(聽覺).

orejero, ra 형 의심이 일어나 마음이 불안한(receloso). 여 (모자의) 커덮게.

orejón, na 형 귀가 큰; 조야한. 남 [썰어 말린] 사과나 다른 과일의 조각.

orejudo, da 형 귀가 큰.

oreo 남 미풍(brisa); 통풍, 환기.

orfandad 여 고아(상태). ◇ **orfanato** 남 고아원, 양육원.

organillo 남 손풍금.

organizar [⑨ alzar] 조직·편성하다, 창설하다. San Martín *organizó* un ejército para batir a los españoles. 산·마르뗀은 스페인군과 싸우기 위하여 군대를 조직했다. Este instituto se *organizó* hace quince años. 이 협회는 15년 전에 창설되었다.

◇ **organización** 예 조직, 구성; 기구, 체제. ◇ **organizador, ra** 형 조직자, 창설자.

órgano 남 ① 기관(器官); 기관(機關). El estómago es uno de los *órganos* de la digestión. 위는 소화기관의 하나이다. ② 기관지(機關紙). Este es el *órgano* del partido comunista. 이것은 공산당 기관지이다. ③【악기】오르간. ◇ **orgánico, ca** 형 유기(물·체)의, 유기적인; 조직적인. ◇ **organismo** 남 유기물·체; 조직체.

orgullo 남 자랑, 자만, 고만, 자존심. Su *orgullo* no le permite hacerlo. 그의 자존심이 그에게 그런 일을 시키지 않는다. ◇ **orgulloso, sa** 형 자랑스러운, 자만한. Con ser rica, Lola no es nada *orgullosa*. 부자이데도 롤라는 조금도 교만하지 않다.

orientalismo 남 동양학, 동양취미

orientalista 남 예 동양(어)학자.

orientalizar 타 동양화하다.

orientar 타 (…의) 방향을 정하다; 지향하다; 지도하다. Ese hombre no sabe *orientar* su negocio. 저 사내는 자기의 장사를 어느 방향으로 추진시킬 것인가를 모른다. ◇ **~se** ① 방향을 정하다. Aquí no puedo *orientarme*. 여기서는 나는 방향을 모르겠다. ② 방침을 세우다. Me parece que el nuevo director *se va orientando*. 새 지배인은 방침을 세울 수 있게 된 모양이다. ◇ **orientación** 예 방위의 결정; 동향; 방향을 정함, 지도(指導).

oriente 남 ① 동쪽(este). En el *oriente* del país se cultiva mucho arroz. 그 나라의 동부에서는 벼가 많이 재배되고 있다. ② [O-] 동양. ◇ **oriental** 형 동쪽의; 동양의; 근동의. Cataluña ocupa la parte *oriental* de la depresión del Ebro. 까딸루냐는 에브로 강 저지의 동부를 차지하고 있다. 명 동부의 사람; 동양인.

origen 남 ① 생김, 시작, 기원. Muchos de estos campamentos romanos fueron *origen* de ciudades. 이들 로마군의 숙영지는 도시의 기원으로 되었다. ② 태생, 집안; 출처, 원산지. Estas naranjas son de *origen* español. 이 귤은 원산이 스페인이다. ◇ **original** 형 원래의, 처음의; 독창적인; 진귀한, 기발한. Tomás es muy *original*. 도마스는 대단히 기발한 사람이다. 남 원형, 원문; 본인(本人). He leído a Calderón en el *original*. 나는 원문으로 깔데론 작품을 읽은 일이 있다. ◇ **originalidad** 예 독창성; 신기함; 보통이 아님. ◇ **originar** 타 …을 야기하다, (…의) 원인으로 되다. El descuido *originó* su fracaso. 방심이 그의 실패의 원인으로 되었다. ◇ **originario, ria** 형 [+ de : …가] 원산인; 출신의. La familia era *originaria* de España. 그 가족은 스페인 출신이었다.

orilla 예 가(borde, límite); 언덕; 보도(步道). Numancia era una ciudad antigua que se levantaba a *orillas* del Duero. 누만시아는 두에로강 언덕에 세워져 있던 고대 도시였다.

ornar 타 꾸미다, 장식하다(adornar).

ornamentación 예 장식(하기). ◇ **ornamental** 형 장식의. ◇ **ornamentar** 타 장식하다, 꾸미다(adornar, engalanar). ◇ **ornamento** 남 장식물, 꾸미기; 재능, 미점(美点).

oro 남 ① 【금속】금, 황금; 금빛. El tiempo es más precioso que el *oro*. 시간은 금보다 귀중하다. ②금화; 부(富).

orografía 여 산악지, 산악학; 지세.

orográfico, ca 형 산악지의; 지세적인.

orondo, da 형 팽창한, 몹시 우묵한(esponjado), 공허한, 자신만만한.

oropéndola 여 【새】북미산 꾀꼬리의 일종.

ororuz 남 감초의 뿌리(regaliz).

orquesta 여 【음악】오케스트라, 관현악(단). El director de esta *orquesta* es un compositor mundial. 이 관현악단의 지휘자는 세계적인 작곡가이다.

orquestación 여 관현악 편곡(법).

orquestal 형 관현악의.

orquestar 타 관현악으로 편곡하다.

orquídea 여 【식물】난초, 난초의 꽃.

orquitis 여 【의학】고환염.

ortega 여 【새】뇌조.

ortiga 여 【식물】기와풀; *ser como unas ortigas* 성미가 몹시 까다롭다.

orto 남 일출(해돋이).

ortodoncía 여 치열 교정(술) · 치아의 열을 교정.

ortodoxia 여 정교(신봉); 정통파, 희랍정교.

ortodoxo, xa 형 정교의; 그리스 정교의 (교도); 정통의, 정통파의 (사람).

ortodromia 여 【항공】대기권 항법, 최단거리 항로.

ortogonal 형 직각의, 단형의.

ortografía 여 정자법(正字法). ◇ **ortográfico, ca** 형 정자법의.

ortopedista 형【남·여동형】정형외과 의사.

orujo 남 (포도, 올리브의) 짜낸 껍질.

orza 여 항아리, 독; 【선박】뱃머리를 바람부는 쪽으로 돌리기.

ozar 자 뱃머리를 바람부는쪽으로 돌리다.

orzuelo 남 【의학】눈다래끼.

os 대 [2인칭 복수의 대격·여격 대명사]너희들을 · 에게 · 로부터. Aquí *os* esperaré. 나는 여기서 너희들을 기다리겠다. *Os* contaré una anécdota. 일화를 하나 너희들에게 이야기해 주겠다. Vestíos pronto. 빨리 옷을 입어라.

osado, da 형 대담한(audaz), 무모한(atrevido). ◇ **osadía** 여 대담(audacia), 무모(atrevimiento).

oscuro, ra ⇨ obscuro.

oso, sa 남 【동물】곰. Este *oso* está bien amaestrado. 이 곰은 매우 잘 길들여져 있다.

ostentar 타 보이다; 과시하다. El general retirado *ostentaba* con orgullo sus condecoraciones en las ceremonias. 퇴역장군은 의식에는 언제나 자랑스러운 듯이 훈장을 보이고 있었다. ◇ **ostentación** 여 과시, 자랑스레 보임. ◇ **ostentoso, sa** 형 자랑스러운, 상쾌한.

osteología 여 골상학.

osteomielitis 여 【단·복수 동형】【의학】 골수염.

osteópata 【남·녀 동형】 정골요법가.

ostial 형 (항구, 운하의) 입구의; (양식의) 진주.

ostiario 남 【종교】 수문(성직자의 최하급), 교회의 문지기.

ostra 여 【동물】 굴. *ostra perlera* 진주조개. ◇ **ostral** 남 굴양식장. ◇ **ostricultura** 여 굴양식.

ostro 남 자색 조개, 자색 염료(púrpura), 남쪽; 남풍.

osuno, na 형 곰의, 곰같은.

otalgia 여 【의학】 귀아픔.

OTAN. Organización para el Tratado del Atlántico Norte. 북대서양 조약기구.

otear 타 지키다(atalayar), 정밀히 조사하다(escudriñar).

otero 남 (평원에 따로 우뚝 서있는) 조그마한 산어덕.

otitis 여 【의학】 이염(耳炎). *otitis media* 중이염.

otología 여 이과의학(耳科醫學).

otomán 남 짜갑기의 일종.

otaria 여 【동물】 물개.

otomano, na 형 오토만 왕조의; 터키제국의. 명 터어키 사람.

otoño 남 가을. *Aquí el otoño es muy ameno.* 여기서는 가을은 매우 상쾌하다. ◇ **otoñal** 형 가을의, 가을다운.

otorgar 타 허락하다; 주다, 양도하다. *El padre otorgó el perdón a su hijo.* 부친은 아들에게 허락해 주었다. ◇ **otorgamiento** 남 허가, 허여, 양도. ◇ **otorgante** 형 허가하는; 허여·양도하는 명 허가하는 자; 허여·양도하는 자.

otro, tra 형 [부정(不定)형용사]① 딴, 다른, 별개의. *Cuidado de no chocar con otros coches.* 다른 차와 충돌하지 않도록 주의하여라. ② 아주 다른. *Hoy te encuentro otra con ese traje.* 그런 옷을 입으니 오늘 너는 전혀 딴 사람으로 보인다. 대 [부정(不定)대명사, 관사형이) 다른 사람·일, 별개의 것·일. *No me gusta esta pluma; enséñeme esa otra.* 이 펜은 마음에 들지 않습니다, 저 다른 한 개를 보여 주세요. *otro tanto* 같은 수의, 같은 양의. *otro día* 언젠가(algún día). *Como usted está ocupado, volveré otro día.* 당신이 바쁘니까, 또 언젠가 오지요. *el otro día* 일전에(un día). *Visité el museo el otro día.* 나는 일전에 그 박물관을 찾았다. *otra vez* 다시(de nuevo).

óvalo 남 타원형. ◇ **oval/ovalado, da** 형 타원형의. ◇ **ovalar** 타 타원형으로 하다.

ovario 남 【식물】 씨방; 【동물】 난소(卵巢). ◇ **ovárico, ca** 형 씨방의; 난소의. ◇ **ovariotomía** 여 난소 절개(수)술. ◇ **ovaritis** 여 【의학】 난소염.

oveja 여 【동물】 양, 면양. ◇ **ovejero, ra** 명 양치는 사람의. 형 양치기의. ◇ **ovejuela** 여 oveja의 축소사. ◇ **ovejuno, na** 형 양의, 같은.

oxálico, ca 형 【화학】 수산(蓚酸)의.

oxear 타 (닭 따위를) 쫓다.

oxidar 타 녹슬게 하다, 산화시키다. ◇ ~**se** 녹슬다, 산화하다.
◇ **oxidación** 여 산화. ◇ **oxidante** 형 산화시키는. 남 산화제.

◇ **óxido** 📖 【화학】 산화물.
oxígeno 📖 【화학】 산소. ◇ **oxigenación** 예 산화. ◇ **oxigenado, da** 형 산소를 함유한. ◇ **oxigenar** 동 산소와 혼합시키다, 산소처리를 하다. ◇ ~**se** 산소와 화합하다.
oyente 명 청취자, 청중; 청강생.
ozono 📖 【화학】 오존. ◇ **ozonómetro** 📖 오존계(計).

P

P. pagaré, página, pasivo, papel, para, por, pregunta.
pa. para.
P.A Prensa Asociada 연합 통신사; peso atómico; por ausencia, por autorización.
pabellón 남 ① (원추형의) 천막; (성단·침대 따위의) 천장, 덮개. ② 국기; 선적(船籍). El barco que se hundió era de *pabellón* griego. 침몰한 배는 그리스 국적이었다. ③ (본부가 아닌) 별동, 병동(病棟) 과 (박람회의) 전시관. El colegio consta de tres *pabellones* y en uno de éstos están el gimnasio y la capilla. 교사는 3동으로 되어 있고, 그 하나에 체육관과 예배당이 있다.
pábulo 남 양식; 영양(물); 식량, 활기, 기세. *dar pábulo* 연료를 가하다, 활기를 불어넣다, 발로 걸어가다.
pacato, ta 형 약한, 온량한.
pacer [29 nacer] 자 [본래는 3인칭만에 사용](소·말이) 풀을 먹다. Con quien *paces*, que no con quien naces. 가뭄보다는 교양이 중요하다.
paciente 형 ① 인내심이 있는. ¡Qué niño más *paciente*! 정말 끈기있는 어린이로군! ② [문법] 피동의. *sujeto paciente* 피동 주어. El médico visita los *pacientes* cada día. 의사는 날마다 환자를 회진한다. ◇ **pacientemente** 부 참을성 있게. ◇ **paciencia** 여 인내(심). La *paciencia* de los pueblos tiene su límite. 민중의 인내에는 한계가 있다. ◇ **pacienzudo, da** 형 끈기 있는.
pacífico, ca 형 온화한, 평온·평화한. Una situación tan *pacífica* no la tendremos jamás. 이러한 평온한 상태를 만나는 일은 다시는 없으리라. En un hombre *pacífico*, que no se mete con nadie. 그는 온화한 사람이어서 아무하고도 분쟁을 일으키지 않는다.
pacifismo 남 평화주의, 부전주의, 평화론.
pacifista 형 평화주의의 (사람), 평화론의 (사람).
pacto 남 협정; 계약(contrato). Hicimos el *pacto* de no estorbarnos el uno al otro. 우리들은 서로 방해하지 않을 협정을 맺었다. ◇ **pactar** 타 협정하다; 계약하다.
pachamanca 여 (남미의) 구운 고기요리; 들에서 베푸는 잔치.
pachón, na 형 털이 많은; 평화로운, 조용한. 명 우둔한 사람, 냉정한 사람; 포인트개의 일종.
pachorra 여 유유, 평정; 더딤.
pachorrudo, da 형 느린, 더딘, 활기 없는, 게으른; 점액질의; 우둔한, 냉정한.
pachucho, cha 형 활기없는, 맥빠진(flojo).
padecer [30 crecer] 타 ① (…에) 고민하다, 피로와 하다. Padecía

frecuentes dolores de muelas. 나는 번번히 치통 때문에 피로와 했다. ② (해 따위를) 받다. La ciudad *ha padecido* dos bombardeos. 그 시는 폭격을 두번 받았다. ③ (결함·질병을) 가지고 있다. *Padece* mucho durante la guerra. 우리는 전쟁중 대단히 피로herd있다. ②[+con·de:…를] 앓다. *Padece* del corazón. 그는 심장이 나쁘다. ◇ **padecimiento** 남 고민, 피로움; 질환(疾患). Tiene un *padecimiento* del corazón. 그에게는 심장의 질병이 있다.

padrastro 남 의붓 아버지 [⊕ madrastra].
padre 남 ① 아버지, 부친. El *padre* se sacrifica por los suyos. 부친은 자기의 가족때문에 몸을 희생한다. ② 신부(神父). El *padre* García dirá la misa de once. 가르시아 신부가 11시 미사를 올린다. ③ 복 양친; 선조. Ahora vive con sus *padres*. 그는 지금 양친 밑에서 살고 있다.
padrino 남 ① 교부(敎父); (세례·결혼·결투의)입회인. El *padrino* tenía en brazos al nene. 교부가 젖먹이를 안고 있었다. ② 후원자. Tiene un buen *padrino*, y conseguirá lo que desea. 그에게는 좋은 후원자가 있으므로 희망이 이루어질 것이다.
paella 여 빠에랴(쌀과 어패류를 함께 삶은 요리). La *paella* es un plato típico de la región valenciana. 빠에랴는 발렌시아 지방의 전형적인 요리이다.
pag. página.
paga 여 (주로 달로 정한) 봉급(sueldo, salario). No he cobrado la *paga* de este mes. 나는 아직 이달치 급료를 받지 않았다.
pagadero, ra 형 지불하는(que se ha de pagar). Le libramos el cheque por 2,000 pesetas, *pagadero* al portador. 귀하 앞으로 일금 2,000뻬따의 지참인불 어음을 발행했읍니다.
pagar [8] 타 ① 지불하다; (…의) 대금·요금·임금을 지불하다. *Pagué* 500 pesetas por [de] los libros. 나는 책 값으로 500뻬따 지불했다. Cada uno *pagó* su comida. 각자가 자기의 식사대를 지불했다. Mi tío me *paga* los estudios. 나의 숙부가 학비를 지불해 준다. ② 보상하다, 배상하다. *Pagó* sus culpas con su vida. 그는 목숨을 내놓아 자기의 속죄를 했다. ③ [+con : …으로서] (…에게) 보답하다, 회보하다. *Paga con* ingratitud el cariño que le tienen. 그는 친절을 원수로 갚는다. 재 ① 돈을 지불하다. ¿Tengo que *pagar* de ante mano? 선불해야 합니까. ② 보상을 받다, 죄·갚음을 받다. *Ha pagado* por otro. 그는 다른 사람 대신에 죄를 받았다.
pagaré 남 약속어음.
página 여 (책의) 페이지. Abre el libro por la *página* 5. (책의) 5 페이지를 열어라. Este libro tiene trescientas *páginas*. 이 책은 300페이지다.
pago 남 ① 지불(금). Hoy es el día de *pago*. 오늘은 지불하는 날이다. ② 보답, 회보; 보상, 벌. Algún día recibirás el *pago* que merecen esos disparates. 너는 그러한 엉터리짓의 앙갚음을 언젠가는 받아야 할 것이다.
pagoda 여 (불교 건축의) 탑; 불상, 대불.

paguro 명 【동물】게의 일종(ermitaño).
paila 여 넓적한 솥.
pailebote 명 수로안내선(水路案內船).
país 명 ① 나라(nación, estado). Nuestro *país* está rodeado del mar por tres partes. 우리나라는 3면이 바다에 둘러 싸여 있다. ② (부채의) 종이. ③ 지방(región, comarca).
paisaje 명 ① 풍경. ¡Qué *paisaje* tan bonito! 어쩌면 이다지도 아름다운 풍경일까! ② 풍경화. Pintó muchos y excelentes *paisajes*. 그는 많은 뛰어난 풍경화를 그렸다. ◇paisajista 명 풍경화가.
paisano, na 형 동향의. 명 동향사람, 동포; 토박이; 농민, 시골 사람(campesino).
paja 여 짚, 밀짚. El labrador llevaba un sombrero de *paja*. 농부는 밀짚모자를 쓰고 있었다.
pájaro 명 새 [비교: ave]. Llegando a primavera, cantan alegres los *pájaros*. 봄이 와서 새들은 즐거운 듯이 노래한다. ◇ **pajarillo** 명 작은 새.
pajarotada 여 헛소문; 유언(流言); 거짓 보고.
paje 명 어린애; 급사, (화장용) 경대; 근시.
pajizo, za 형 짚으로 만든, 짚으로 이엉을 한.
pajoso, sa 형 짚으로 만든.
pakistaní/pakistano, na 형 파키스탄(el Pakistán)의. 명 파키스탄 사람.
pala 여 삽.
palabra 여 ① 말, 언어, 단어(vocablo). No dijo ninguna *palabra*. 그는 한 마디도 말하지 않았다. ② 약속(promesa), 맹세. Debes cumplir (con) tu *palabra*. 너는 약속을 지켜야 한다. No falte usted a su *palabra*. 약속을 어기지 않도록 해 주시오.
palabrería 여 다변, 많은 말솜, 없이 지껄이기.
palabrero, ra 형 쓸데없는 말이 많은; 입에 발린.
palaciego, ga 형 왕궁의, 어전의. 명 궁신, 조신, 궁인(cortesano).
palacio 명 ① 왕궁(palacio real); 궁궐. Allí se ve el *Palacio Imperial*. 저곳에 왕궁이 보인다. ② 큰 건축물; 큰 저택, 회관 (edificio grande y suntuoso). Ayer visitamos el *Palacio del Congreso Nacional*. 어제 우리들은 국회의사당을 견학했다. *palacio para niños* 어린이 회관.
paladar 명 【해부】 입천장; 맛(sabor); 감각, 취미. ◇ **paladial** 형 구개(음)의(palatal).
paladear 타 맛보다. 재 (갓난아이가) 젖을 빨다, 입속에 넣고 충분히 맛보다. ◇ **~se** [+con]…을 맛보러 먹다.
paladín 명 용사, 열사; 옹호자.
paladino, na 형 공공연한, 명백한, 공중의, 통속적인, 속된. 명 용사의(paladín).
paladio 명 【화학】 파라치온 (희금속).
palafito 명 호상가옥, 수상가옥.
palafrenero 명 마부.

palanca 여 【물리】 지레; (어깨의) 멜대.
palangana 여 세면기, 대야(jofaina)
palco 남 칸막이 관람석.
pálido, da 형 ① 창백한. Ella se puso *pálida* al oírlo. 그녀는 그 말을 듣고 얼굴이 창백해졌다. ② 활기·정채가 없는. Llevaba un traje azul *pálido*. 그녀는 눈에 띄지 않는 파란 색 옷을 입고 있었다. ◇ **palidecer** 자 crecer재 창백해지다. ◇ **palidez** 여 창백함.
palillo 남 이쑤시개(mondadientes); [주로 복] 젓가락.
paliza 여 몽둥이 찜질.
palma 여 ① 【식물】 종려·야자(나무·잎). Nos sentamos al pie de una *palma*. 우리들은 종려의 뿌리에 걸터앉았다. ② 손바닥 (⊕ suela). El mar estaba como la *palma* de la mano. 바다는 물결도 없이 고요했다. ◇ **palmada** 여 손바닥으로 때리기.
palmeta 여 (때리는) 자, 손바닥 때리기. ◇ **palmetazo** 남 palmeta로 때리기.
palmo 남 (길이의 단위) 빨모(한뼘의 길이).
palo 남 ① 막대, 통나무, 원목. El huracán derribó los *palos* del teléfono. 태풍으로 전화선의 전주가 넘어졌다. ② 나무, 목재. La cuchara y el tenedor eran de *palo*. 스푼과 포크는 목재였다.
paloma 여 【새】 비둘기. La *paloma* simboliza la paz. 비둘기는 평화를 상징한다. ◇ **palomar** 남 비둘기집(lugar donde se anidan las palomas).
palpitar 자 ① 맥이 뛰다. Mi corazón *palpita* de gozo. 나는 기쁨으로 심장이 두근 거린다. ② 맥동하다, 활기있게 움직이다. Las estrellas *palpitaban* en el cielo. 별이 하늘에서 깜박이고 있었다.
paludina 여 【조개】 우렁.
paludismo 남 말라리아열(malaria).
pampa 여 대평원, 빰빠.
pampirolada 여 빵과 마늘로 만든 쏘스, 바보짓(necedad).
pamplemusa 여 【식물】 오렌지의 일종.
pamplina 여 【식물】 조팝나물, 좀개구리밥(alsine); 바보짓(necedad).
pamplinada 여 쓸데없는·바보 같은 짓.
pamporcino 남 【식물】 시클라멘.
pan 남 빵. En el desayuno se sirven *pan* con mantequilla y leche. 아침 식사에는 버터 바른 빵과 우유가 나온다. ◇ **panadería** 여 빵집. ◇ **panadero, ra** 명 빵장수, 빵집 주인.
panal 남 벌통, 벌집.
panameño, ña 형 파나마(Panamá)의. 명 파나마사람.
panamericanismo 남 범미주의, 범미운동.
panamericanista 명 (남·녀 동형) 범미주의자.
panamericano, na 형 범미의, 남북아메리카의, 범미주의의 (자).
pancarta 여 양의 가죽에 기록된 중요한 문서.
pancista 형 기회주의의 (사람), 이기적인 (사람).

páncreas 🔢 【단·복수 동형】【해부】위장의 소화액을 분비하는 곳, 췌장.
pancromático, ca 🔢 【사진】색을 가다듬는, 모든 색의.
pandearse 재타 (벽, 교량이) 뒤틀리다.
pandemia 여 전국적인 유행병.
pandemónium 🔢 지옥같은 도시; 대혼란.
pandeo 🔢 물체의 힘이 작용해서 생기는 형태의 변화.
pandera 여【악기】탬버린. ◇ **panderata** 여【악기】탬버린 (작은 것).
pandilla 여 도당, 갱.
panecillo 🔢 작은 빵(pan의 축소사).
panera 여 빵 바구니; 식료창고.
pánico, ca 형 공황의. 🔢 공황.
panorama 🔢 파노라마; 전경, 전망. Desde allí se ve un *panorama* maravilloso. 그 곳에서 훌륭한 경치가 바라보인다.
pantalón 【복 pantalones】🔢 【주로 복】【의복】바지. Los *pantalones* me están estrechos. 바지가 내게 조인다.
pantalonero, ra 🔢 바지 만드는 사람.
pantalla 여 ①(전등 따위의)갓. Me gusta la *pantalla* roja de esta lámpara. 나는 이 전등의 빨간 갓이 마음에 들었다. ② 영사막(스크린); 영화계(映畵界). Es una estrella de la *pantalla*. 그녀는 영화 스타이다.
pantanal 🔢 소택지.
pantanizar 타 진창을 만들다.
pantano 🔢 늪 (laguna); 연못, 저수지; 장애.
panteísmo 🔢 범신론.
panteísta 형 범신론의. 🔢 범신론자.
panteón 🔢 (고대 그리스·로마의) 만신전; 신들; 영묘; 묘지;【칠레】광장) 묘석.
pantera 여 팬더 표범.
pantomima 여 팬터마임, 무언극.
pantorrilla 여 종아리, 장딴지.
panza 여 배, 복부 (barriga, vientre).
pañal 🔢 기저귀.
paño 🔢 (두터운) 헝겊, 천(tela). Llevaba un vestido de *paño* negro. 그는 검정 옷을 입고 있었다. *paños menores* 속옷.
pañuelo 🔢 손수건. Agitaba el *pañuelo* hasta que se perdió de vista el tren. 그녀는 열차가 보이지 않게 될 때까지 손수건을 흔들고 있었다.
papa 🔢 ①【종교】법황, 교황 (pontífice). El *papa* bendijo a los fieles reunidos en la plaza. 교황은 광장에 모인 신자를 축복했다. ② 감자(patata). ③ 유언, 낭설, 풍문. ◇ **papal** 형 교황의. 🔢 감자밭.
papá【복 papás】🔢 ①아버지. ② 양친(padres).
papagayo, ya 🔢【새】잉꼬, 앵무새.
papalina 여 귀를 덮는 모자.
papamoscas 🔢 복 cas 【새】파리잡는 새; 바보, 얼간이, 저능아,

열등생(papanatas).
papanatas 图【단·복수 동형】바보, 얼간이, 저능아, 열등생.
páparo 图 호인, 촌사람, 둔한 사람, 얼빠진 사람.
paparrucha 图 거짓말, 가짜 정보, 사소한 거짓말, 악의없는 거짓말, 속임수.
papaveráceo, a 图 예 阅 아편과의 (식물).
papaya 예 파파야의 열매.
papayo 图【식물】파파야나무.
papel 图 ① 종이. No tires al suelo los *papeles* del caramelo. 캬라멜 종이를 땅에 버리지 마라. ② 문서, 서류(書類)(documento). Cuidado con esos *papeles*, que son importantes. 그 서류들에 주의해 주십시오, 중요하니까. ③ 역할, 임무(任務). Ha representado el *papel* principal en esta obra. 그는 이 작품에서 주역을 맡았다. *papel de cartas* 편지지. *papel moneda* 지폐. *papel volante* 전단(傳單). ◇ **papelería** 예 문방구점, 지물포. ◇ **papelero, ra** 图 제지의. *industria papelera* 제지공업. 图 문방구상, 종이 장수, 종이 제조인; 책상(escritorio); 서류 바구니 (cesto para paples inútiles).
papeleta 예 종이 조각; 표, 카드; 투표용지, 답안용지(cédula); 종이 포대. *papeleta de empeño* 전당포.
papelista 图【남·녀 동형】제지업자; 제지공 지물상인; 벽지만드는 직공. 图 지물을 보호하는 두꺼운 종이.
papelón, na 图 예 허영가(의), 허식가(의)
papelonear 圏 헛되이 뽐내고 다니다.
papila 예 젖꼭지; 작은 젖꼭지 모양의 돌기
papiro 图【식물】파피루스; (고대 에집트) 파피루스 종이.
papirotazo 图 손가락으로 튀기기; 가벼운 자극.
papismo 图 (신도교 등이 말하는) 천주교.
papista 图 천주교의. 图 천주교도.
papo 图 (동물 목덜미의) 고기 많은 부분; (새의) 밥주머니.
papúa 图 파푸아족의 (사람).
pápula 예【의학】구진 (피부병).
paq. paquete.
paquete 图 소포, 소하물; 갑(匣). Quiero mandar esto por *paquete* postal. 이것을 우편 소포로 보내고 싶다.
par 图 둘(씀); 한쌍(의 것). Se comió un *par* de naranjas. 그는 오렌지를 두 개 먹어버렸다. Lo he visto un *par* de veces. 나는 두번쯤 그를 만난 일이 있다. Quiero comprarme un *par* de zapatos. 나는 구두를 한 켤레 사고 싶다.
para 囝 ① [목적]…을 위하여. *¿Para* qué vas allí? 무엇 때문에 그곳에 가느냐. Estudia *para* médico. 그는 의사가 되기 위해 공부하고 있다. ② [상대·대상]…에, 앞으로. Compré una bicicleta *para* mi nieto. 나는 손자에게 자전거를 사 주었다. ③ [이익·효용·석부]…용을, …에 듣는. Aquí falta una cuchara *para* sopa. 여기에 수프용 순가락이 한 개 모자란다. La leche es buena *para* la salud. 우유는 건강에 좋다. ④ [방향·가는 곳]…을 향하여. Ayer partió *para* Méjico. 그는 어제 멕시코를

향해 출발했다. ⑤ [대비] …로서는, …에 비해. Es grande *para* su edad. 그는 연령에 비해 크다. ⑥[관계] …에게, 에 대하여. Eso es muy difícil *para* mí. 그것은 내게는 대단히 어렵다. ⑦ [기한] …까지(에). Déjalo *para* mañana. 내일까지 그것 덮어두어라. ¿*Para* cuándo tengo que terminarlo? 언제까지 그걸 끝내야 하나요. *para con* …에 대하여·대하는. Es amable *para con* todo el mundo. 그는 어느 누구에게도 친절하다. *para+inf.* …하기 위하여. Hay que trabajar *para* vivir. 살기 위해서는 일해야 한다. *para que+subj.* …하도록, 위하여. Abrí la ventana *para que* entrase el aire fresco. 서늘한 바람이 들어오도록 나는 창문을 열었다.

parabién 📖 축하, 축사(felicitación, congratulación).
parábola 📖 비유; 《수학》 포물선.
parabrisas 📖 【단·복수 동형】 낙하산. ◇ **paracaidista** 📖 낙하산 병(兵); 공병대원.
parada 📖 ① 정지; 종결. Vamos a hacer una *parada* en aquella choza. 저 오두막에서 잠간 쉬세. ② 정류소; 주차장(sitio donde se para). ¿Dónde está la *parada* del autobús? 버스 정류장은 어디 있읍니까. ③[중남미] 퍼레이드, 행렬(formación de tropas). La *parada* pasará por aquí a eso de las doce. 행렬은 12시께 이곳을 통과할 예정이오.
paradoja 📖 역설, 모순. Hay una *paradoja* en lo que dice. 그가 말하는 것에는 모순이 있다.
parafina 📖 파라핀.
parágrafo 📖 절, 단(párrafo).
paraguas 📖 【단·복수 동형】 우산. Lleva *paraguas*, que está amenazando (con) llover. 우산을 가고 오시오; 비가 올 듯 하니까. ◇ **paragüería** 📖 우산가게·공장. ◇ **paragüero, ra** 📖 우산제조인·장수.
paraguayo, ya 📖 빠라구아이(el Paraguay) 의. 📖 빠라구아이사람.
paraíso 📖 낙원, 극락, 천국 [⑭ infierno]. El verano pasado fuimos a Mallorca; aquello es un *paraíso*. 지난 여름 우리들은 마요르까섬에 갔다; 그 곳은 마치 천국이다.
paraje 📖 장소(sitio, lugar); 상태(estado).
paralelo, la 📖 평행·병행한. El coche corrió por el camino *paralelo* al ferrocarril. 차는 철도에 평행한 길을 달렸다. 📖 대조; 비교. Hay algún *paralelo* entre estas dos ideas. 이 두가지 생각에는 어딘가 비슷한 점이 있다. *en paralelo* 평행으로.
parálisis 📖 【단·복수 동형】《의학》마비. *parálisis infantil* 소아마비. ◇ **paralítico, ca** 📖 중풍을 앓는. 📖 중풍 환자.
paralizar [⑨ alzar] 📖 ① 마비시키다. Se me *paralizan* los brazos por el frío. 추우면 나는 팔이 저려서 쓰지 못하게 된다. ② 둔화시키다, 정체시키다. La tempestad *ha paralizado* el tráfico. 폭풍이 교통을 정체시켰다. ◇ **paralización** 📖 마비(상태).
paramento 📖 장식(adorno); 벽면, 보석의 조각한 면, 말 안장에 까는 담요나 가죽.

páramo 圀 황무지, 고원지대, 불모지.

parangón 圀 비교, 대비(對比).

parangonar 団 [+con] 비교하다, 대비하다. ◇~**se** [+con] …와 비견하다.

parar 鄧 ① 멎다, 멈추다. *Pare usted en frente de aquel banco.* 저 은행 문앞에서 멈추어 주세요. *Ya ha parado de llover.* 이제는 비가 그쳤다. ② 숙박·체재하다. ¿*En qué irá a parar todo esto?* 이 모든 일의 최후는 어찌 되지요. 団 멈추게 하다. *El huracán paró el tráfico en varias partes.* 태풍은 여기 저기서 교통을 두절시켰다.

pararrayos 圀團 피뢰침.

parásito, ta 囹 기생(寄生)의. 圀 기생충; 기식가(寄食家).

parasol 圀 양산(quitasol, sombrilla).

parcial 囹 ① 일부의, 부분적인. *Es nuestro deber llamar su atención a los gastos adicionales por expediciones parciales.* 분할 출하에 의한 추가 경비에 대해 주의를 환기시키는 것이 우리의 의무이다. ② 불공평한. *Eso es un juicio parcial.* 그것은 일방적인 판단이다. ③ 당파적인. *Guárdese de una acción parcial.* 당파적인 행동은 삼가해주시오. 圀 당원, 우리. *Tiene muchos parciales en este distrito.* 그는 이 지구에 많은 지지자를 가지고 있다. ◇**parcialidad** 囡 불공평; 친한 체함, 도당, 당파, 파벌. ◇**parcialmente** 團 부분적으로; 불공평하게.

parco, ca 囹 부족한, 검약한, 인색한; 짧은; 금주의(sobrio), 절제있는, 온건한, 진실한.

parche 圀 고약, 꿰매 붙이기 위한 헝겊조각, 뜯어진 데 붙일 판자조각, 헝겊.

pardal 囹 버릇없는; 촌사람 같은, 조야한, 야비한, 교활한 (사람); 우스운: 圀 표범, 참새, 홍방울새.

pardear 鄧 갈색으로 되다.

pardo, da 囹 황갈색의. *Tenía los ojos pardos.* 그녀는 황갈색 눈을 하고 있었다. 圀 황갈색(color pardo).

parecer [動 crecer]囹 [+부사·형용사·명사·*inf.* que: …와·로] 보이다, 생각되다. *Tú pareces española con este traje.* 너는 그 옷을 입으면 스페인 여성으로 보인다. ¿*Qué le parece esta idea?* 이 생각은 당신에게는 어떻게 생각되는가요. *Parece que va a llover.* 비가 올 듯 하다. 圀 ① 외견; 모습. *Es un joven de buen parecer.* 그는 외모가 뛰어난 청년이다. ② 의견(意見)(opinión). *Tenemos un mismo parecer en este asunto.* 이 문제로 우리들은 같은 의견을 가지고 있다. ◇~**se** [+a: …에] 닮다. *Te pareces mucho a tu madre.* 너는 모친과 꼭 닮아 있다. *Se parecen como dos gotas de agua.* 그들은 빼놓은 듯이 닮았다. *Las dos hermanas se parecen.* 두 자매가 닮았다. *a mi parecer* 나의 의견으로는. ◇**parecido, da** 囹 ① 닮아 있는. *Tengo un traje muy parecido al suyo.* 나는 당신 것과 아주 닮은 옷이 있다. *Los dos trabajos son muy parecidos.* 두 일이 매우 유사하다. ② 잘 생긴. *Su hijo es muy bien parecido.* 당신 아들은 매우 잘 생겼군요. 圀 유사(점)(semejanza).

pared 여 벽; 담. El sol daba de lleno en la *pared*. 해가 벽 가득히 비치고 있었다. Las *paredes* oyen./Las *paredes* tienen oídos [ojos]. 낮말은 새가 듣고 밤말은 쥐가 듣는다. Apóyalo contra la *pared*. 벽에 그것을 기대어 놓으세요.

parejo, ja 형 비슷한. Esos huevos son todo *parejos*. 그 새알들은 똑같은 듯하다. 여 한쌍 (두개 한벌, 2인조, 부부, 애인끼리); (한 쌍이 되는) 상대. Rondaba una *pareja* de la Guardia Civil. 두 경관이 순회하고 있었다. Por lo visto, ha encontrado la *pareja* ideal. 그녀는 이상적인 상대를 발견한 모양이다.

paréntesis 남 [단·복수 동형] 【인쇄】 괄호.

parentético, ca 형 괄호에 넣은.

parhelio 남 【기상】 환일.

perhilera 여 【건축】 동량, 대들보.

paria 남 [남·여 동형] 추방당한 사람, 무뢰한 사람, 부랑자, 천민, 파리아(남부인도의 최하급 백성). 여 종 태반, 태좌 (placenta).

parida 형 여 임신중의 (산부).

paridad 여 동등, 대등(igualdad); 유사(semejanza); 균형; 평가, 등가. *paridad monetaria* 등가.

pariente, ta 형 친척의. 남 친척(인 사람). Tengo que visitar a un *pariente*. 나는 친척을 방문해야 한다. ¿Tiene usted *parientes* en Seúl? 서울에 친척 있읍니까.

parir 타 (애기를) 낳다. Bendita sea la madre que te *parió*. (남의 미점을 칭찬해서) 낳아주신 모친에게 축복 있으리라. 자 출산·산란하다(dar a luz, salir a luz).

parisién/parisiense 형 파리(París)의. 남 파리 사람.

parlamento 남 의회(asamblea nacional, asamblea legistiva, congreso, cortes); 의사당. Se reunió el *Parlamento* para tratar varios asuntos. 여러가지 일을 토의하기 위하여 의회가 소집되었다. ◇ **parlamentario, ria** 형 의회의. 남 국회의원(congresista).

parlar 자타 지껄이다. ◇ **parlachín, na** 형 수다스러운. 남 수다장이. ◇ **parlante** 형 수다스런; 【영화】 발성의.

parlería 여 다변, 쓸데없는 소리, 뜬소문난 이야기.

parlero, ra 형 잔소리하는, 헛소문을 좋아하는(chismoso); 쾌활한; 표정적인(expresivo); 좋은 소리를 내는, 잘 재잘거리는.

parlotear 자 재잘대다, 잡담하다.

parloteo 남 한가한 이야기, 쓸데 없는 말, 재잘거리기, 찌껄이기.

paro 남 정지; 종업; 조업·운전 정지;실업. Los *paros* afectaron el trabajo normal de la gente. 그 운전 정지는 민중의 정상적 활동에 영향을 주었다.

parola 여 다변, 수다(verbosidad).

paronimia 여 어원·어형·음의 유사, 유사어(類似異語).

parónimo, ma 형 남 동원(同原)의 말, 유사어.

paronomasia 여 유행 이의(類似어 : roja와 reja); 재담; 말재롱(음이 비슷한 말을 써서 하는).

parótida 예 【의학】이하선; 이하선염(papera).
paroxismo 남 발작, 항진; (감정의)격발.
párpado 남 눈꺼풀. ◇ **parpadear** 자 눈을 깜박이다. ◇ **parpadeo** 남 (눈을) 깜박임.
parque 남 ① 공원, 유원지. Di un paseo por el *parque*. 나는 공원을 산책했다. *parque zoológico* 동물원. ② 서(署), 창(廠). *parque de bomberos* 소방서.
parra 여 포도 나무.
párrafo 남 문절, 단락(段落). Lea usted el primer *párrafo*. 최초의 문절을 읽으시오. *párrafo aparte* 단락을 고쳐서; 화제를 바꾸어서.
parrilla 여 【주로 複】석쇠, 쇠꼬치.
párroco 남 【종교】주임 사제. El *párroco* atiende a todo el mundo. 주임 사제는 전부를 돌보아 준다.

parroquia 여 ① 【종교】교구; 교구교회. Voy a misa a la *parroquia*. 나는 교구교회의 미사에 간다. ② 【상업】고객(cliente), 거래선. ◇ **parroquiano, na** 교구의. 남 신자(信者); 고객, 단골손님, 거래선.
parte 여 ① 부분. He terminado la mayor *parte* de la obra. 나는 일의 대부분을 끝냈다. ② 장소, 곳(lugar, sitio). Vamos de viaje a alguna *parte* durante las vacaciones. 휴가동안 어디든지 여행을 가자. ③ 할당, (한)몫(porción de un todo). Pagué mi *parte*. 나는 내 몫을 치루었다. Ya tienes tu *parte*. 너는 벌써 자기 몫을 받았다. ④ (배우 등의) 역할(papel de un actor). 남 알림, 통지, 통지서(comunicado, informe). Dame *parte* porque no quería (en) *parte* en cuanto llegues allá. 그곳에 도착하면 바로 알리시오. *(en) parte ...(en) parte* 일부는 ... 또 일부는. No fui a la reunión, *en parte* porque no tenía tiempo. 나는 회합에 안 갔다, 한편으로는 그럴 생각이 없었고, 또 한편으로는 틈도 없었으므로. *de parte de* ...의 편에서. Déle recuerdos *de mi parte* a su madre. 어머니께 내 안부말씀 전해 주시오. Vengo *de parte de* tu padre. 나는 네 아버지에게서 (부탁받고) 왔다. *en (por) todas partes* 사방에, 모든 곳에. Dios está *en todas partes*. 신은 모든 곳에 계신다. *en otra parte* 또 한편에서는, 동시에 또. *por mi parte* 나로서는. *Por mi parte* no hay ningún inconveniente. 나로서는 아무런 지장도 없다. *por otra parte* 한편으로는.
partenogénesis 여 【생물】단성[단위]생식, 처녀생식. *partenogénesis artificial* 인공수정.
partera 예 산파, 조산원(matrona).
participar 자 [+de·en: ...에] 참가·참여·관계하다(tomar parte en). No *participé en* el juego. 나는 게임에 참가하지 않았다. Todos los hermanos *participan de* la herencia. 모든 형제가 유산의 분배에 참여한다. 타 알리다, 통지·보고하다(comunicar, notificar). Le *participo* a usted que no puedo asistir a la fiesta. 나는 파티에 나갈 수 없다는 것을 알려 드립니다. ◇ **participación** 여 참가, 참여; 통지. ◇ **participante**

partícula 예 부스러기; 【문법】접사(接辭).

particular 쥉 ① 특수한(especial, extraordinario). ¿Qué hay de nuevo? ·Nada de *particular*. 무슨 색다른 일이 있나. —특히 별다른 일은 없다. Es un caso muy *particular*. 이건 매우 특수한 사례이다. ② 사적인, 일개인의(personal, individual). No te metas en mi vida *particular*. 나의 사생활에 끼어들지 말게. ③ 개개의, 특유의. Cada una tiene su tema *particular*. 각자가 자기의 테마를 가지고 있다. 图 사항, 문제점. No quiero decir nada sobre este *particular*. 이 문제에 대하여 나는 아무 말도 하고 싶지 않다. **en particular** 특히. ◇ **particularidad** 예 특수성, 특색; 상세, 사항. ◇ **particularizar** 〔9〕 alzar〕 특수화하다; 상설·열거하다. 짜 눈에 띄다; [+con:…과] 특히 친밀히 하다. ◇ **particularmente** 뷔 특히; 개인적으로; 상세하게.

partida 예 ① 출발. ¿Cuándo es su *partida*? 출발은 언제입니까. ②(출생·결혼·사망 따위의) 등록; (그) 증명서; (장부의) 기장(記帳). Para eso se necesita la *partida* de nacimiento. 그러기 위해서는 출생증명서가 필요하다. ③ 승부, 시합. Vamos a echar una *partida* de ajedrez. 장기 한판 두자.

partidario, ria 쥉 [+de:…에] 편드는, …파(派)의. De ninguna manera soy *partidario* de la guerra. 나는 결코 전쟁에 찬성하지 않는다. 图 편, 동류; 당원; 찬성자.

partido 图 ① 당파, 정당. Pertenece al *partido* de la reforma. 그는 혁신정당에 속한다. ②군(郡), 지구(地區). Una provincia se compone de varios *partidos*. 도는 몇 개의 군에 의하여 구성되어 있다. ③ (경기의) 팀; 시합. ¿Qué *partido* ganó en el juego de fútbol ayer? 어제 축구 경기에서 어느 팀이 이겼나. He presenciado un *partido* de baloncesto. 나는 농구를 관전했다.

partir 匣 ① [+en:…으로] 나누다, 빠개다. *Partí* la manzana *en* dos. 나는 사과를 둘로 빠갰다. ②분배·배분하다. *Partió* los dulces entre los niños. 그녀는 과자를 어린이들에게 나눠 주었다. 짜 나가다; [+a·para:…로 향하여] 출발하다. El tren ya *había partido* cuando llegué a la estación. 내가 역에 닿았을 때, 열차는 벌써 떠나 버렸다. Ayer *partieron* para Francia. 어제 그들은 프랑스로 향해 출발했다. ◇〜se 나누어지다, 빠개지다; 분렬하다. Al *partirse* el hielo cayeron al agua. 얼음이 깨어져서 그들은 물에 빠졌다.

parto 图 출산, 분만; 신생아.

parvo, va 쥉 작은(pequeño); 적은(poco).

párvulo, la 쥉 어린. 图 어린 아이. *escuela de párvulos* 유치원.

pasa 예 건포도(uva pasa).

pasado, da 쥉 ① 지나간, 과거의. Nunca vuelve el tiempo *pasado*. 지나간 때는 결코 되돌아오지 않는다. El domingo *pasado* fuimos al campo. 지난 일요일에 우리는 시골에 갔었다. ② 낡아진. Llevaba un traje muy *pasado*. 그는 낡아빠진 옷을 입고 있었다. 图 과거; 옛 일. Siguen manteniendo la tradición del

pasado. 그들은 옛날의 전통을 계속 지키고 있다. *pasado mañana.* 모레.

pasaje 圐 ① 통행, 통과; 통로. Este *pasaje* va a la plaza. 이 길을 가면 광장으로 나간다. ② 통행료. (배・항공기의) 요금. ¿Cuánto es el *pasaje*? 요금은 얼마입니까. ③ [집합적] 승객. Afortunadamente está bien todo el *pasaje*. 다행히 승객은 모두 무사하다. ④ (문장의) 절;【음악】악절. En este libro se encuentran unos *pasajes* monótonos. 이 책에는 지루한 대목이 몇 군데 있다.

pasajero, ra 圐 (특히 배・항공기의) 승객(viajero). Se le permiten cuarenta kilos a cada *pasajero*. 승객 한 사람에 대하여 40 킬로그램(의 짐)이 허용되어 있다.

pasaporte 圐 여권(旅券).

pasar 㫌 ① [+por: …에・로부터] 통과시키다. *Pasa* este hilo *por* el ojo de la aguja. 바늘귀에 이 실을 꿰어 주세요. ② 통과하다・시키다. El túnel *pasa* la montaña. 터널은 산을 통과하고 있다. La grasa *pasa* el papel. 기름은 종이를 통과한다. ③ 건네다, 옮기다. Le *pasamos* el negocio por poco dinero. 우리들은 그 일을 근소한 돈으로 그에게 넘겼다. ¿Quiere usted *pasarme* la sal, por favor? 소금을 집어 주시겠어요. Nos *pasamos* al salón. 우리들은 대청마루에 인도되었다. ④ 건너다(cruzar, atravesar). *Pasamos* el río a nado. 우리들은 냇물을 헤엄쳐 건넜다. ⑤ 지나다, 넘다. Ya *hemos pasado* su límite. 이미 우리는 그 한계를 넘었다. ⑥ (때를) 지내다. *Pasé* una semana en Madrid. 나는 마드리드에서 1주일을 지냈다. ⑦ 참고 견디다; (…때문에) 괴로워하다. Allí faltan víveres y la gente *pasa* hambre. 그곳에서는 식량이 부족해서 사람들은 굶주림에 괴로와하고 있다. 㨦 ① [+por: …를] 통과하다, 지나가다. Vamos a esperar a que alguien *pase por* aquí. 누군가가 여기를 지나 가는 것을 기다리자. ② [+a: …로] 들어가다, 옮기다. *Pasamos a* la sala de espera. 우리들은 대기실로 들어갔다. *Pasó de* Córdoba a Sevilla. 그는 꼬르도바에서 세빌랴로 옮겼다. ③ [+de: …를] 지나가다, 넘다. Aquí la temperatura en verano *de* los 40 grados. 여기는 여름에는 온도가 40도를 넘는다. ④ 경과하다. Ya *han pasado* tres años desde que se marchó. 그가 가버리고서 벌써 3년이 지났다. ⑤ 변천하다. Eso *pasará* pronto. 그런 것은 곧 지나가 버리리라. ⑥ (일이) 일어나다. ¿Qué le *pasa* a la niña? 그 아이는 무슨 일이오. ◇ ~se 통과하다; 지나가다, 끝나다, 다하다. Ya *se ha pasado* el invierno. 겨울은 벌써 지나갔다. *pasar a* +inf. …하러 가다, 다음에 …하다. *Pasamos a* almorzar. 그리고 나서 우리는 점심으로 들어갔다. *pasar el rato* 시간을 보내다. La cuestión es *pasar el rato*. 문제는 시간을 보내는 것이다. *pasar por* …를 들르다; …를 참고 견디다. *Pase* usted *por* mi casa mañana. 내일 우리 집에 들러 주시오. *pasar por (ser)* +adj. …로서 세상에 알려지고 있다. *Pasa por (ser)* honrado. 그는 정직한 사람으로 알려졌다.

pasatiempo 圐 오락, 심심풀이.

pascua 예 크리스머스, 주현절(1월 6일).
pase 남 (투우에서의) 손의 움직임, 기교.
pasear 타 산책시키다, 데리고 다니다. Saca el perro a *pasear*. 개를 밖에 내놓고 산보시키시오. 재재[+por·en: …을] 산책하다; (하·말·배 따위를) 타고 돌아다니다. Me gusta *pasearme por* las calles. 나는 거리를 산책하는 것을 좋아한다. ◇ **paseante** 형 산책하는. 명 산책하는 사람; 빈둥빈둥 노는 사람. ◇ **paseo** 남 산책, 타고 돌아다님; 산책길·거리. Ayer di un *paseo* por el parque. 어제 나는 공원을 산책했다. Después de comer salí de *paseo*. 식사 뒤에 나는 산책하러 나갔다.
paseíllo 남 (사람의 눈을 끌기 위한) 행렬.
pasillo 남 복도. El comedor está al final del *pasillo*. 식당은 복도 끝에 있다.
pasión 여 ① 인정, 감정; 정열, 열심. Tiene *pasión* por la música. 그는 음악에 정열을 품고 있다. ② 욕정, 정념(情念). Las *pasiones* son difíciles de dominar. 욕정은 누를 수 없다. ③ (예수의)수난(受難). la *Pasión de Jesucristo* 예수·그리스도의 수난. ◇ **pasional** 형 정열적인; 욕정의.
pasionaria 여 【식물】 시계풀.
pasionista 남 상주간 행렬 때의 성가 대원.
pasito 부 부드러움, 상냥함.
pasividad 여 수동성, 불활동; 소극성.
pasivo, va 형 ① 수동적인 [반 activo]. Desempeña un papel *pasivo*. 그는 수동적인 역할을 하고 있다. ② 소극적인. Permaneceré *pasivo* hasta que vengan. 그들이 올 때까지 나는 아무 일도 하지 않고 있겠다. ③【문법】수동의. *voz pasiva* 수동태.
paso 남 ① 통행, 통과; 통로. Me impidieron el *paso*. 그들은 나의 앞길을 막았다. El *paso* del tiempo es muy rápido. 시간의 흐름은 매우 빠르다. ② 한 걸음; 발걸음; 발소리. Apretando el *paso* le alcanzarás. 너는 발걸음을 빨리하면, 그를 따라 잡을 것이다. El templo está a unos *pasos* de aquí. 절은 여기에서 매우 가까이에 있다. *paso a paso* 점점, 점점. *paso por paso* 한걸음 한걸음, 확실하게. *a cada paso* 항상; 빈번히. *de paso* 겸사겸사; 지나는 길에. *De paso* le visité. 나는 지나는 길에 그를 찾았다. *dar un paso* 한 걸음 내 디디다.
pasta 여 ① 반죽 가루, 으깨인 것; 풀. ¿Tiene usted *pasta de dientes*? 치약을 가지고 있읍니까. ② [주로 복] (스프에 넣는) 국수. Me gusta la sopa de *pastas*. 나는 국수 스프를 좋아한다. ◇ **pastilla** 여 [pasta의 축소형] 정제; 고형물.
pastel 남 파이, 케잌.
pastelería 여 생과자점, 과자점.
pastelero, ra 명 【남·여 동형】생과자직공, 생과자 상인.
pastelillo 남 과일을 넣은 파이.
pastelista 남여 파스텔화가.
pasterización 여 소독, 살균, 저온살균법.
pasterizar 타 소독하다, 살균하다.
pastilla 여 정제(알로 된 것); 고형물(固形物), 알약. *pastilla para*

la tos 기침약.

pastizal 남 목초지.

pasto 남 목초; 사료, 식량(alimento): 목장. *a todo pasto* 십분, 충분히. *de pasto* 일상의, 애용의.

pastor, ra 명 목자(牧者), 목동. Es pastor de ovejas. 그는 양치는 목동이다. 남 성직자, 목사. Mi tío es *pastor* protestante. 나의 숙부는 신교의 목사이다. *el sumo pastor* 로마 법왕, 교황. ◇ **pastral/pastoril** 형 목자의; 전원의, 목가적인.

pata 여 ① (동물의) 발, 다리[비교:pierna]. El perro me echó las *patas* sobre los hombros. 개는 내 어깨에 발을 걸었다. ②(책상 따위의) 다리. La *pata* de la mesa está rota. 테이블 다리가 부서졌다. *patas arriba* 뒤집혀져서; 난잡하게. *meter la pata* (무심코 발을 들여 놓아) 곤경에 빠지다. Yo siempre *meto la pata*. 나는 항상 곤경에 빠진다. ◇ **patada** 여 짓밟음, 제자리 걸음; 발로 참.

patata 여 【식물】 감자(papa). La *patata* es originaria de Sudamérica. 감자는 남미 원산이다. *patata dulce* 고구마. ◇ **patatal/patatar** 남 감자밭.

patente 형 명백한; 밖에 나타난. Es *patente* que no tiene ganas de hacerlo. 그가 그 일을 할 생각이 없음은 명백하다. 여 특허 (권·장), 면허장, 증명서. Debes sacar una *patente* de este invento. 너는 이 발명 특허를 받아야 할 것이다. *patente de invención* 전매특허.

paterno, na 형 부친의; 부계의. El amor *paterno* es poco visible. 부친의 애정은 별로 눈에 띄지 않는다. Ella ha perdido su abuelo *paterno*. 그녀는 친정 할아버지를 여의었다. ◇ **paternal** 형 아버지의, 부성애(父性愛)의. ◇ **paternidad** 여 부권(父權); 부성애 (amor paterno).

patético, ca 형 감동적인; 불쌍한. Nadie hizo caso de su *patética* súplica. 그녀의 애원을 아무도 들어주지 않았다.

patín 남 작은 돌, 스케이트(도구). *patín de ruedas* 로울러 스케이트. ◇ **patinadero** 남 스케이트장. ◇ **patinador, ra** 명 스케이터. ◇ **patinar** 자 스케이트를 타다.

patio 남 가운데 뜰; 뜰. Mi habitación da al *patio*. 내 방은 뜰에 면하고 있다. *patio de butacas* 오케스트라석(관중석과 무대 사이의). *patio de carga* 화물취급소. *patio de estacionamiento* 주차장, 조차장(操車場).

pato 남 【새】 오리. *pagar el pato* 남의 허물을 뒤집어 쓰다.

patraña 여 거짓말, 허풍. ◇ **patrañero, ra** 형 허풍떠는. 명 허풍쟁이.

patria 여 조국(祖國). Pelearon por su *patria*. 그들은 조국을 위하여 싸웠다. *patria chica* 태어난 고향. Ayer visité mi *patria chica* después de mucho tiempo. 어제 나는 오랜만에 고향을 찾았다.

patrimonio 남 세습 재산; 자산; 전통, 유산. El honor es *patrimonio* del alma. 면목은 영혼 본래의 것이다. ◇ **patrimonial** 형 선조 전래의; 본래의.

patriota 명 애국자. Mi hermano es muy *patriota*. 내 형은 대단한 애국자이다. ◇ **patriótico, ca** 형 애국적인. ◇ **patriotismo** 명 애국심.

patrocinar 타 도와주다, 원조·후원하다. ◇ **patrocinio** 명 원조, 후원.

patrón, na 명 후원자; 주인(dueño, amo); 두목. Esto es un orden del *patrón*. 이것은 두목의 명령이다. La *patrona* de mi pensión es muy amable. 내 하숙집 여주인은 대단히 친절하다. 남 ① 수호의 성인. San Isidoro es el *patrón* de los labradores. 성 이시도로는 농부의 수호신이다. ② 원형; 형지(型紙). Este *patrón* ya no sirve. 이 형지는 이제 소용없다. ◇ **patronato** 명 경영자 조합; 후원·원호·조성회. ◇ **patrono, na** 명 후원자, 은인; 주인, 주인; 고용주. *patronos y obreros* 노사쌍방.

patrulla 여 순시대, 경계대; 순찰, 순시.

patrullar 자타 순시하다, 초계하다, 바라보다.

patrullero, ra 형 순시(용)의, 초계(용)의.

patudo, da 형 발이 큰.

patullar 자 발버둥치다; 짓밟다, 유린하다; 애를 써서 교섭하다.

pauji/paujil 남 【새】 (페루산의) 야생닭.

paúl 형 바울회(會)의 (승)(los paules, 17세기에 시작된 수도회).

paulatino, na 형 점차적인.

paulinia 여 【식물】 과라나나무(guaraná).

paulonia 여 【식물】 오동나무.

pauperismo 남 빈곤상태.

pausa 여 ① 중지, 휴지, 잠깐 쉼; 【연극】 사이참. Allí hizo una *pausa*. 거기서 그는 조금 쉬었다. ② 유장(悠長). La vieja contó con *pausa* lo que ocurrió. 노마는 일어난 일을 천천히 이야기했다. ◇ **pausado, da** 형 유유한.

pavimentar 타 포장하다(solar). ◇ **pavimentación** 여 포장.

pavo 남 【새】 칠면조. *pavo real* 공작.

pavor 남 공포, 놀라움. Me da *pavor* el oírlo. 그걸 듣고 나는 오싹한다. ◇ **pavoroso, sa** 형 무서운; 두려운. Tuve un sueño *pavoroso*. 나는 무서운 꿈을 꾸었다.

paz [복 paces]여 ① 평화, 평온. Todos buscamos la *paz* del alma. 우리들은 모두 영혼의 평화를 희구한다. ② 화해; 강화(조약). Se firmó la *paz*. 강화조약이 조인되었다. *en paz* 편안하게; 평온하게. Se murió en *paz*. 그는 편안하게 죽어갔다. *dejar en paz* 가만히 놓아두다. *Déjame en paz*. 나를 가만히 놓아 두게. *hacer las paces con* …와 화해하다. *Hizo las paces con su vecino*. 그는 이웃 사람과 화해했다.

peaje 남 (도로·교량을 지나가는) 통행료. *autopista de peaje* 고속도 유료도로.

peajero 남 통행료 징수인.

peatón 남 보행자, 인부; 우체부.

pebete 남 향, 선향; (불꽃의) 도화선.

pebetero 남 향로.

pebre 남 후추소스; 후추가루.

peca 여 죽은깨.
pecado 남 죄, 죄업. Ante todo debemos reconocer nuestro *pecado*. 우선 우리들의 죄업을 인정해야 한다. Es un *pecado* decírselo. [비유적] 그에게 그 말을 하는 것은 죄가 된다. *pecado capital* 최의 근원; 중죄(重罪). *pecado original* 원죄(原罪).
pecar [7] sacar)재 [종교] 죄를 범하다. A veces *pecamos* de ignorancia. 때때로 우리들은 모르고 죄를 범하는 일이 있다. ¿En qué he *pecado*? 내가 무슨 잘못을 저질렀나. ②유혹에 지다. Al ver dulces, no puedo menos de *pecar*. 나는 과자를 보면 바로 손이 나간다.
pécari 남 【동물】 멧돼지(báquira).
pecera 여 어항, 고기 넣는 통.
pecinal 남 진흙, 늪, 부토.
pecinoso, sa 형 진흙이 있는, 수렁이 깊은.
pecíolo 남 【식물】 잎꼭지(rabollo).
pécora 여 (양을 셀 때의) 머리수. *buena·mala pécora* 교활한 놈.
pecoso, sa 형 죽은깨(peca)투성이의.
pectina 여 【화학】 펙친.
pectoral 형 가슴의, 가슴 힘줄의, 폐병의(에 듣는). 남 가슴에 거는 십자가; 기침약; 가슴뼈.
pecuario, ria 형 목축의, 축산의.
peculado 남 공금 횡령.
peculiar 형 독특한, 특징적인. Me gusta su *peculiar* modo de hablar. 나는 그의 독특한 화술(話術)을 좋아한다. ◇ **peculiaridad** 여 특성, 특징; 버릇.
pecho 남 ①【신체】 가슴. Me duele esta parte del *pecho*. 나는 가슴의 이 부분이 아프다. ②유방. ③가슴 속. Le abrí el *pecho*. 나는 그에게 가슴 속을 털어 놓았다. ④용기(勇氣). Puso *pecho* al asunto. 그는 그 문제에 (용감히) 맞섰다. *dar el pecho* 젖을 주다. La madre *dio el pecho* al niño. 모친은 아이에게 젖을 주었다.
pedagogía 여 (아동) 교육학, 교수법. Estudio *pedagogía* en la universidad. 나는 대학에서 교육학을 공부하고 있다. ◇ **pedagógico, ca** 형 교육(학·적)의. ◇ **padagogo, ga** 남 교육학자.
pedal 남 (재봉틀 따위의) 밟는판, 페달.
pedalear 자 페달을 밟다, (재봉틀 따위의) 발판을 밟다.
pedante 형 학자인 체하는 (사람), 학식을 자랑하는 (사람), 공론가, 현학자.
pedantear 자 아는 척하다, 배움을 빛내다.
pedantería 여 아는 척하는 얼굴, 학자인체 하기, 현학.
pedantesco, ca 형 아는척하는, 학자인체하는.
pedazo 남 조각, 꼬투리. Eché al perro un *pedazo* de pan. 나는 빵 한 조각을 개에게 던져 주었다. ¿Quiere usted darme un *pedazo* de papel? 종이를 한장 주지 않겠읍니까. *a [en] pedazos* 산산이, 갈기갈기. *hacer pedazos* 산산조각으로 만들다. *hacerse pedazos* 산산조각나다, 갈기갈기 찢기다; 지쳐버리다. El vaso *se hizo pedazos* al caer al suelo. 컵이 마루에 떨어져 산산조각

이 났다.

pedido 남 청구; 주문(서·품). Extrañamos la anulación de su *pedido*. 주문의 취소를 우리들은 이상하게 생각합니다. Tenemos el gusto de incluirles un *pedido*. 주문서를 동봉하였읍니다. *a pedido* 청구·주문에 의하여.

pedir [36]타 ① 바라다, 의뢰하다; 청구·요구하다. Desearía *pedir*le a usted un favor. 한 가지 부탁이 있는데요. Le *pedí* que nos ayudase. 우리들을 도와달라고 나는 그에게 부탁했다. ② 주문하다. Vamos a *pedir* cerveza. 맥주를 주문하겠다.

pedo 남 방귀.

pedrada 여 투석, 돌의 충돌. *a pedradas* 돌을 던져서.

pedrea 여 투석, 투석전; 돌로 때려 죽이기; 우박이 내림.

pedregal 남 돌이 많은 land.

pedregoso, sa 형 돌로 가득찬, 돌이 많은.

pedrera 여 돌산, 채석장, 돌뜨는 곳(cantera).

pedrería 여 보석, 보석류.

pedrero 남 투석기; 석공; 투석병.

pedrisco 남 돌더미, 우박, 돌사태.

pedrusco 남 돌덩이.

peerse 재타 방귀뀌다(ventosear).

pega 여 첨부, 고착; 길; 점화; 구타(zurra); (시험의) 어려운 문제; 농담(chasco); 무두질; [새]까치.

pegadizo, za 형 차고 끈적 끈적하는, 아교질의, 붙는, 전염하기 쉬운(pegajoso); 허위의(postizo), 사람에게 착 달라붙는.

pegajoso, sa 형 전염하기 쉬운(contagioso); 유혹이 심한; 끈적 끈적 하는, 달라 붙는, 치근 치근한.

pegar [8] pagar[타 ① [+a·con·en: …에게·과] (찰싹) 달라 붙이다, 바르다, 쎄메다. *Pegue* usted este papel *en* la pared. 이 종이를 벽에 발라 주시오. *Pega* un botón *a* esta camisa. 이 와이샤쓰에 단추를 달아다오. ② (불을) 붙이다. *Pegaron* fuego a la casa. 그들은 집에 불을 붙였다. ③ 때리다; 두들기다; 타격을 가하다, 뺨치다, 몽둥이점질하다. El maestro nunca *ha pegado* a los niños. 그 교사는 결코 어린이를 때린 일이 없다. 재 ① [+con: …과] 달라붙다. El armario *pega* con la pared. 양복장은 벽에 딱 붙어 있다. ② 들어 붙다. ③ 썩 잘 맞다. La corbata *pega* con el traje. 넥타이가 양복에 썩 잘 맞는다. ④ (불이) 붙다. El fuego *ha pegado* a la cortina. 커튼에 불이 붙었다. ◇~se ① 들어 붙다; 달라붙다. Se ha pegado la venda a la herida. 붕대가 상처에 들어붙었다. ② 열중하다. ③ [+con: …과] 마주 때리다, 언쟁하다. *Me pegué* con ese hombre. 나는 그 자식과 싸웠다.

pegote 남 고약; 오랫동안 붙어있는 식객.

peguero 남 송진 채취인, 송진상인.

pegujalero 남 목축업자, 작은 목장주인.

peinado, da 남 빗질함, (화장)손질을 한; 머리털을 바싹 꼬부려 붙인. 형 빗질한 머리, 이발, 헤어스타일. 여 머리를 빗기.

peinar 타 (…의) 머리를 빗다, (빗으로) 빗다, 빗질하다. La

peine 팀 (머리를). Este *peine* me lo compró mi madre. 이 빗은 엄마가 사주었다. ◇ **peineta** 예 (스페인식의) 장식빗.

pejemuller 팀 【동물】 인어(pez mujer).

pejerrey 팀 【물고기】 고등어.

pejiguera 예 난관, 곤란 ; 당황, 어색함 ; 증오, 몸서리 남 ; 무익한 물건.

peladero 팀 (돼지나 새의) 껍질 벗기는 곳 ; 도박장.

peladilla 예 사탕을 친 아몬드과자 ; 조약돌.

pelado, da 쥉 무일푼의, 빈털털이의 ; 벗겨진, 알몸의. El es tan *pelado* como una rata. 그는 찢어지게 가난하다. ◇ **peladez** 예 빈궁, 가난(pobreza).

pelar 탄 ① (…의) 머리털을 베다. Quiero que me *pelen* (el cabello) corto. 나는 머리를 짧게 깎고 싶은데. ② (…의) 털·날개를 모두 뽑다. Cuesta mucho trabajo *pelar* los pollos. 병아리의 털을 뽑는 일은 힘이 든다. ③ (…의) 가죽을 벗기다. No puedo *pelar* la manzana bien. 나는 사과 껍질을 잘 벗길 수가 없다.

pelear 자 싸우다, 다투다. Hasta los treinta años *peleamos* contra los viejos. 우리들은 서른 살까지는 노인과 다툰다. ◇ ~**se** 싸움을 하다. *Se ha peleado* con su novia. 그는 애인과 싸움을 했다. ◇ **pelea** 예 전쟁, 싸움, 다툼.

película 예 ① 얇은 막, 얇은 가죽. Este papel tiene una *película* de pintura plástica. 이 종이에는 플라스틱 도료의 막이 칠해져 있다. ② (영화·사진의) 필림(cinta) ; 영화(cine). Esta *película* se estrena la semana que viene. 이 영화는 다음 주에 개봉된다. ◇ **peliculero, ra** 쥉 영화의. 팀 영화인, 배우(actor, actriz).

peligro 팀 위험(危險) (riesgo). Si no nos damos prisa, hay *peligro* de que lleguemos tarde. 서두르지 않으면, 우리들이 지각할 염려가 있다. Estamos expuestos al *peligro* de la guerra. 우리들은 전쟁의 위험에 직면해 있다. *con peligro de* …의 위험을 무릅쓰고. *correr peligro* 위험이 있다, 위험하게 되다. Este florero *corre peligro* aquí. 이 꽃병은 여기서는 위태롭다. ◇ **peligroso, sa** 쥉 위험한, 위태로운. Este deporte no es nada *peligroso*. 이 스포츠는 조금도 위험하지는 않다.

pelo 팀 【해부】 털, 머리털(cabello). No lleves el *pelo* tan largo. 머리를 그렇게 길게 해 두지 마라. *tomar el pelo a* …을 조롱하다, 놀리다. No me *tomes el pelo*. 나를 조롱하지 마라.

pelota 예 공, 볼(bola). Es peligroso lanzar en la calle una *pelota*. 공을 길에서 던지는 것은 위험하다.

pelotazo 팀 공으로 후려치는 것.

pelotear 탄 회계를 감사하다. 자 공을 던지다, 구기를 하다 ; [+ con] …을 이리 저리 던지다 ; 싸우다, 논쟁하다(reñir).

pelotera 여 (주로 여자들의) 싸움, 논쟁, 논의; 불만.
pelotero 남 공제조·판매인; 공 담당게; 갑충;【속어】여자들의 언쟁(pelotera).
pelotón 남 [pelota의 증대사] 군중;【군대】분대.
peltre 남 백납 (납과 주석의 합금).
peluca 여 가발, 가발을 한 사람; 혹독한 힐책·견책.
pelucón, na 형 긴 머리의. 여 옛날 금화.
peludo, da 남 【동물】(남미산의) 고슴도치.
peluquería 여 이발소, 미용원. ◇ **peluquero, ra** 명 이발사, 미용사.
pena 여 ① (형)벌(罰). Sufrió una *pena* severa por no haber cumplido su deber. 그는 임무를 다하지 않았으므로, 엄중한 벌을 받았다. ② 고통; 슬픔, 번민. Me da *pena* que no puedas venir. 네가 오지 못하는 것은 서운하다. ¡Qué *pena* tener que decírselo! 그에게 그 말을 해야 한다는 것은 괴로운 일이다! merecer [valer] la *pena* (de)+inf. …할 가치가 있다. No vale la *pena* de ver esa película. 그 영화는 볼 가치가 없다.
pender 자 [+de: …에] 매달리다. Los frutos *penden* de las ramas. 과실이 가지에 매달려 있다.
pendiente 형 ① [+de: …에] 매달린. En la habitación no había más que una lámpara *pendiente* del techo. 방에는 천장에 매달린 램프가 하나 있을 뿐이었다. ② 미결정·미결제의, 현안중인. Tenemos muchos asuntos *pendientes*. 우리들은 현안 중의 문제를 많이 가지고 있다. 남 귀걸이(zarcillo). Llevaba unos *pendientes* muy bonitos. 그녀는 매우 아름다운 귀걸이를 하고 있었다.
pendolista 명 [남·녀 동형] 필(기)자, 습자선생, 목적, 서도가; 작자.
pendón 남 기, (통행, 수영 따위의 금지)깃발, 회기, 군기, 단기; (새로 나온) 줄기·싹(vástago); 키가 크고 꼴사나운 여자의 별명.
pendonista 남 여 (행렬 따위의)기수.
pendular 형 추의, 흔들이의.
péndulo, la 형 내려 달린, 흔들 흔들하는;【물리】추, 흔들이, 진자.
pene 남 【해부】음경, 남자의 생식기.
penetrar 타 ① (…에) 깊이 들어가다; 침투하다. Oí un grito que *penetraba* los oídos. 나는 귀를 찌르는 듯한 부르짖음을 들었다. El aceite *penetra* las telas. 기름은 헝겊에 스며 든다. ② 간파하다, 이해하다. Nadie podrá *penetrar* este secreto. 아무도 이 비밀을 간파하지 못한다. 자 깊이 빠지다. El frío *penetra* hasta los huesos. 추위가 뼈에 사무친다. Su amabilidad *penetró* hondamente en mi corazón. 그의 친절은 내 마음속 깊이 사무쳤다. ◇ **penetración** 여 침투; 이해력. ◇ **penetrante** 형 날카로운, 예리한; 찌르는 듯한; 침투력이 강한.
península 여 반도(半島). La *Península* Ibérica se compone de España y Portugal. 이베리아 반도는 스페인과 포르투칼에 의

하여 구성되어 있다. *Península Coreana* 한반도. ◇ **peninsular** 휑 반도의. 阌 반도사람.

penitencia 예 ① 【종교】속죄, 고행; 벌. Ha cumplido la *penitencia* que le había sido impuesta por el confesor. 그는 참회 청문승(聽問僧)에 의하여 과해진 속죄를 끝마쳤다. En *penitencia*, por faltar a tu palabra, te quedarás en casa. 약속을 위반한 벌로, 너는 집에 남아 있거라. ② 괴로움, 고민. ¡Qué *penitencia* tener que limpiar las habitaciones todos los días! 날마다 방을 청소해야 한다니 귀찮은 일이로군!

penitenciaría 예【종교】내사원, 감화원; 감옥(cárcel).
penitenciario, ria 휑 회오의; 고해를 듣는 사람의. 阌 고해를 듣는 신부; 내사원장.
penitente 휑 회개의, 회오의; 고해의. 阌 고해자, 고행자.
penología 예 형벌학, 형무소 관리
penoso, sa 휑 괴로운; 불쌍한. El trabajo era muy *penoso*. 일은 대단히 고되었다. Nos encontramos en una situación *penosa*. 우리들은 괴로운 입장에 있다.
pensar [19] 邙 ① 생각하다. ¿Qué *piensa* usted de él? 당신은 그를 어떻게 생각합니까. *Pienso* que llegará pronto. 그는 곧 도착하리라고 생각한다. ② 의도하다. *Pienso* quedarme aquí una semana más. 나는 앞으로 1주일 더 있겠어요. 邘 ① [+en: …에 관하여] 생각하다. Siempre he pensado en ti. 나는 언제나 네 일을 생각해 왔다. ② [+en+inf.: …하려고] 생각하다. *Pienso* en salir por la tarde. 나는 오후에 외출하려고 생각하고 있다. ◇ **pensador, ra** 휑 사색적인, 사려깊은. 阌 사상가. ◇ **pensamiento** 阌 생각, 사고(력); 의도, 구상. ◇ **pensativo, va** 휑 생각에 잠긴.
pensión 예 ① 연금, 은급, 급비. La vieja vive de una *pensión*. 노파는 연금으로 살아간다. ② 하숙집(casa de huéspedes); 여관; 하숙비. Estoy buscando una *pensión* barata y buena. 나는 값싸고 좋은 하숙집(여관)을 찾고 있다. ¿Cuánto cuesta la *pensión* completa? 식사 포함 (전부의) 하숙비는 얼마인가요.
pensionado, da 휑 은급·급비를 받고있는 (수급자); 급비생. 阌 기숙사가 있는 학교.
pensionar 타 …에 은급·급비·연금·조성금을 주다.
pensionista 阌 예 은급생활자; 기숙생, 하숙생.
pentaedro 阌 5면체.
pentágono, na 휑 5각의. 阌 5각형.
pentagrama 阌 【음악】 오선지, 악보표.
pentasílabo, ba 휑 5음절의(싯귀).
penúltimo, ma 휑 끝에서 두번째의. Mira la página *penúltima*. 끝에서 2페이지를 보시오.
penumbra 예 땅거미. Un hombre se levantaba en la *enumbra*. 어스름 속에 한 사내가 서 있었다. ◇ **penumbroso, sa** 휑 땅거미 가 진.
peña 예 바위; 바위산. Vamos a subir hasta aquella *peña* que se ve cerca de la cima. 정상 가까이에 보이는 저 바위까지 올라가

자.

peón 圓 인부; 공사장 인부. Al llegar al camión, los *peones* lo descargaron en seguida. 트럭이 도착하자 인부들이 즉시 그것을 버렸다.

peor [malo, mal의 비교급]囹더욱 나쁜. No hay *peor* sordo que el que no quiere oir. 들으려고 하지 않는 사람보다 더 나쁜 귀머거리는 없다. 圓 보다 나쁘게. Trabaja *peor* que ella. 그는 그녀보다도 능률이 나쁘다. *lo peor* 가장 나쁜 일. *Lo peor* es no hacer nada. 제일 나쁜 일은 아무 것도 하지 않는 일이다.

pepino 圓【식물】외, 오이.

pepita 예 (수박 등의) 씨; 금괴, 은괴, 금·은 덩어리; 닭의 전염병.

pepitoria 예 내장, 간, 폐, 장 등으로 만든 요리; 잡동사니.

pepona 예 인형(장난감).

pepsina 예【생물·화학】펩신.

peptona 예【생물·화학】펩톤.

pequeño, ña 囹① 작은. Este sombrero es *pequeño* para mí. 이 모자는 내게는 작다. ② 근소한, 사소한. No hagas caso de tan *pequeña* cosa. 그런 사소한 일을 문제 삼지 마라. ③ 어린. Cuando yo era *pequeño*, vivía en el campo. 나는 어릴 때, 시골에 살고 있었다. 圓 어린이. ¿Cómo están los *pequeños*? 어린이들은 어찌하고 있는가. ◇ **pequeñez** 예 작은·사소한 일, 근소. ◇ **pequeñuelo, la** [pequeño의 축소형] 囹 조고만. 圓 어린이.

pera 예【과실】배. ◇ **peral** 圓 배(나무).

percal 圓 옥양목.

percance 圓 재난, 임시 수당; 불행, 불운.

percatarse 제태 [+de] …을 납득하다; 조심하다; 보초를 서서 지키다; 충분히 생각하다.

percebe 圓 식용 바다 조개; 바보.

percepciónpercibir 예 지각; 생각, 이해(idea); 접수, 수령, 관념.

perceptible 囹 지각할 수 있는; 징수할 수 있는.

perceptivo, va 囹 지각의.

perceptor, ra 囹 지각하는; 수령·징수하는 (자).

percibir 태① 느끼다, 지각하다; 이해하다. No *percibo* bien lo que dices. 네 말이 잘 들리지 않는다. ②(돈을) 받다. *Percibe* un sueldo de cien pesos al mes. 그는 매월 100페소의 급료를 받는다.

perder [20] 태① 없애다, 잃다. He *perdido* mi reloj. 나는 시계를 잃었다. *Perdió* a su padre cuando *pequeño*. 그는 어렸을때 부친을 여의었다. ②(승부에) 지다 (囹 ganar). *Perdió* el pleito. 그는 소송에 졌다. 제 손해보다; 지다. Jugó y *perdió*. 그는 내기를 하여 졌다. ◇ **~se** 圓 잃다, 보이지 않다. Se me *ha perdido* el recibo. 영수증이 없어졌다. ② 파멸·타락하다; 썩다. En verano la comida *se pierde* pronto. 이 해에는 음식이 곧 썩는다. ③ 길을 잃다(extraviarse). Me *he perdido*. 나는 길을 잃었다. Temo que los niños *se hayan perdido* en el bosque. 어린

애들이 숲속에서 길을 잃은게 아닌가 하고 나는 걱정하고 있다.
◇ **pérdida** 여 상실; 손실; 패배(敗北). ◇ **perdidamente** 튀 홀딱 빠져, 미쳐서; 헛되이(en vano).

perdidizo, za 형 고의로 잃어버린. hacer perdidizo 숨다. hacerse perdidizo 도박꾼들이 때때로 카드를 고의로 잃어버리다; 패배한 얼굴을 하다. hacerse el perdidizo 살그머니 도망가다.

perdido, da 형 잃은; 길을 잃은, 방황한, 난봉피는, 잘못 지도된, 잘못 안; 파멸한, 타락한, 행방불명의, 자포자기의; [+por]…에 정신을 빼앗기다, …에 몰두하다. 남 [인쇄] 예비인쇄.【남·여 동형】타락한 사람; 악당, 건달.

perdis 남【단·복수 동형】방탕자

perdiz 여【새】자고새.

perdón 남 용서, 사면(赦免). Perdón, señor; me había equivocado. 용서해 주세요; 내가 잘못했읍니다. Te pido perdón por no haberte escrito por tanto tiempo. 오랫동안 편지를 쓰지 않은 걸 용서하십시오. ◇ **perdonable** 형 용서하게 되는; 못 본체하여지는.

perdonar 타 ① 용서하다, 사면하다. Perdóneme usted por haberle molestado. 폐를 끼쳤읍니다; 용서하십시오. ② 제외하다; 눈감아주다. Nos lo contó sin perdonar detalle. 그는 우리들에게 자세히 · 빠짐없이 말해 주었다.

perdurar 자 오래 계속되다, 오래 견디다. Este recuerdo perdurará en nuestra memoria. 이 추억은 우리 기억에 오래 남을 것이다. ◇ **perdurable** 형 오래 계속하는.

perecer [30 crecer] 자 죽다, 마르다; 다하다. En ese accidente de explosión perecieron muchas personas. 그 폭발 사고로 많은 사람이 죽었다. ◇ **perecedero, ra** 형 오래 지속되지 않는, 언젠가는 죽는 · 다하는.

peregrino, na 형 ① 순력·순례의. ② 진귀한; 아름다운, 훌륭한. Este es un caso peregrino. 이것은 희한한 사례이다. 남 순력순례자. Muchos peregrinos van a Roma. 많은 순례자가 로마로 갔다. ◇ **peregrinación** 여 순력, 순례; 인생행로. ◇ **peregrinar** 자 순력·만유하다, (성지를) 순례하다.

perenne 형 ① 지속적인; 영구한(permanente). Todo el mundo desea una juventud perenne. 모든 사람은 영원한 젊음을 바란다. Quiero plantar árboles de hoja perenne. 나는 상록수를 심고 싶다. ②【식물】다년생의. planta perenne 다년생 식물. ◇ **perennidad** 여 지속성; 불멸성.

pereza 여 나태; 나른함. Todavía no tengo terminada la obra por pereza. 나는 게으름 피우고, 아직 일을 안 끝냈다. Me da mucha pereza escribir una carta. 나는 편지를 쓰는 것이 아주 싫다. ◇ **perezoso, sa** 형 나태한; 게으른(holgazán). 남 게으름뱅이. ◇ **perezosamente** 튀 지친듯이, 게을리.

perfección 여 ① 완전(성). Siempre buscamos la perfección en nuestro trabajo. 우리들은 언제나 일의 완전성을 찾는다. ② 완성, 완료. Debéis continuarlo hasta su completa perfección. 너희들은 그 일을 완전히 끝마칠 때까지 계속해야 한다. ③【종교】

완덕(完德). *camino de perfección* 완덕의 길. ◇ **perfeccionamiento** 남 완성, 완료. ◇ **perfeccionar** 타 완전한 것으로 만들다; 완성하다, 마무리하다. *Quiero perfeccionarme en la conversación española.* 나는 스페인어 회화를 마스터하고 싶다.

perfecto, ta 형 ①완전한, 완전무결한. *No existe la ocre perfecto.* 완전한 인간이란 존재하지 않는다. *No les gusta el hombre perfecto a las mujeres.* 여자들은 완전한 남자를 싫어한다. ②[문법] 완료의. *tiempo perfecto* 완료시제. ◇ **perfectamente** 완전히; 전혀; 과연.

pérfido, da 형 부실한, 불충실한(desleal), 부정(不貞)한. *Ella es una mujer pérfida.* 그녀는 부정한 여자이다. ◇ **perfidia** 여 부실, 불충, 부정(不貞).

perfil 남 ①옆 얼굴, 측면. *Tiene un perfil muy bonito.* 그녀는 얼굴이 매우 아름답다. ②윤곽(輪郭). *El perfil de las montañas fue apareciendo poco a poco sobre el horizonte.* 산들의 윤곽이 지평선에 조금씩 나타났다. *de perfil* 측면의·에·에서. *Le vi de perfil.* 나는 그를 옆에서 보았다.

perfilado, da 형 갸름한; 윤곽이 바른 (코, 얼굴 따위).

perfilar 타 …의 윤곽을 그리다; 반면상을 그리다; 경사지다, …쪽으로 구부러지다. ◇ **-se** 경사지다, …쪽으로 향하다; (겉치레의, 화려한) 화장을 한다.

perforación 여 구멍을 뚫기, (재봉틀 따위로 뚫는) 바늘구멍; 구멍.

perforar 타 (…에) 구멍을 뚫다. *Quiero que perforen esta tabla.* 이 판자에 구멍을 뚫어 다오. ◇ **perforador, ra** 남/여 구멍뚫는 기계, 구멍뚫는 펀치. 여 착암기, 송곳.

perfume 남 ①향내, 냄새. *¡Qué perfume tiene esta flor!* 이 꽃은 좋은 향내가 나는군! ②향, 향수. *Quisiera un buen perfume.* 좋은 향수가 필요하데. ◇ **perfumar** 타 향내 나게 하다. *Las flores perfuman el ambiente.* 꽃들이 근처 공기를 향기롭게 한다. 자 향내나다. ◇ **perfumería** 여 향수 제조소; 화장품 상점. ◇ **perfumista** 향수 제조인; 화장품 판매원.

pericial 형 감정인(鑑定人)의.

periclitar 자 위험속에 처해있다, 쇠약해지다, 기울다, 부패하다, 쇠퇴하다.

pericón, na 형 융통이 잘 되는, 모든 것에 잘 들어 맞는. 남 큰 부채, 아르헨띠나의 춤.

pericote 남 [동물] (남미산의) 큰쥐.

periecos 남 복 지구의 같은 위도의 반대편에 사는 사람.

periferia 여 주위, 주변, 외변; 교외.

periférico, ca 형 주의(주변, 외변)의.

perifollo 남 [식물] (생채 요리용의) 산인삼. 복 겉치레의 사치스러운 여자용 장신구.

perifonear 타 방송하다(radiar).

perifrasi(s) 여 [수사] 멀리 돌려 말하는 표현법, 우설법.

perifrástico, ca 멀리 돌려서 말하는, 우설의, 긴, (글·말이) 쓸데없이 긴.

perigeo 男 【천문】 근지점(달·행성이 지구에 가까워지는).

periódico, ca 形 정기(간행)의; 주기적이다. *revista periódica* 정기 간행 잡지. 男 신문; 정기 간행물. Lo he leído en el *periódico* de esta mañana. 나는 그 일을 오늘 아침 신문에서 읽었다. ◇ **periodismo** 男 저널리즘, 신문계. ◇ **periodista** 男 신문인; 신문기자. ◇ **periodístico, ca** 形 신문의, 신문노조의.

periodo/período 男 ① 시기, 기간, 시대. Estuve en el campo durante el *periodo* de vacaciones. 나는 휴가동안 시골에 있었다. ② 주기(週期). La Tierra da una vuelta alrededor de su eje en un *periodo* de 24 horas. 지구는 24시간의 주기로 지축을 1회전한다. ③ (1학과 1회분의) 수업시간, 시한(時限).

periostio 男 【해부】 골막.

peripatético, ca 形 아리스토텔레스학파의(사람); 걸어 돌아다니는; 소요학파의; 순회하는.

peripecia 女 (국면의) 급전; 사건; 인생의 기복, 위위변전.

periplo 男 연안 일주 항행, 일주 항행기.

peripuesto, ta 形 대단히 좋은, 훌륭한, 대단히 명랑한; 의복이 단정한, 멋진.

periquear 自 구혼·구혼하다; 황홀해지다.

periquete 男 순간, 찰나. *en un periquete* 곧, 바로.

periscopio 男 잠만경, 전망경.

peristáltico, ca 形 (내장의) 유동운동의, 꿈틀운동의.

peritación 女 감정(업); 특수한 기능.

peritaje 男 감정; 감정료; 수업.

perito, ta 形 숙련한. Se ha vuelto muy *perito* en materia de vinos. 그는 포도주에 관해서는 대단한 전문가로 되어 있다. 男 하급 기사, 전문가; 감정인. Es *perito* agrícola. 그는 농업 기사이다.

perjudicar [7] *sacar*] 他 (…에게) 폐를 끼치다, 손상하다, 해치다. No tengo ninguna intención de *perjudicarte*. 너에게 폐를 끼칠 생각은 조금도 없다. El tabaco *perjudica* mucho la salud. 담배는 매우 건강을 해롭게 한다.

perjuicio 男 해, 손해. El granizo ha causado graves *perjuicios* a las cosechas. 우박이 수확물에 큰 손해를 입혔다. ◇ **perjudicial** 形 유해한. El alcohol es *perjudicial* para la salud. 술은 건강에 해롭다.

perla 女 진주. Ella llevaba un collar de *perlas*. 그녀는 진주 목걸이를 하고 있었다.

permanecer [30 *crecer*] 自 ① 체재하다. ¿Cuánto tiempo *permanecerá* usted en esta ciudad? 이 도시에서 얼마동안 체재하시겠읍니까. ② 변하지 않다; (어떤 상태) 대로 있다. Me llamaron, pero yo *permanecí* inmóvil. 나는 부름을 받았지만, 움직이지 않고 가만히 있었다.

permanente 形 ① 영속적인, 내구성이 있는. Todos desean la paz *permanente*. 모두들 항구적 평화를 바라고 있다. ② 고정의; 상설·상치(常置)의. *comité permanente* 상설위원회. 女 파마. Quiero hacerme la *permanente*. 나는 파마를 했다. ◇ **per-**

manencia 여 영속성, 내구성; 불변; 상설; 상치; 체재.

permiso 남 ① 허락, 허가. Voy a pedirle *permiso* para salir. 나는 외출허가를 그에게 부탁해 보겠다. ② 면허장, 감찰. ¿Tiene usted *permiso* para llevar armas de fuego? 화기(火器) 소지 허가증을 가지고 있나요. con su *permiso* 실례해서. *Con su permiso* voy a telefonear. — Por favor. 잠깐 실례하고 전화를 걸고 오겠읍니다. — 예. ③ 여가.

permitir 타 ① 허락한다, 허가하다; 묵인한다. ¿Me *permite* usted hacerle [que le haga] una pregunta? 질문해도 좋을까요. ② 가능하게 하다. Aquellos restos nos *permiten* formarnos una idea de lo que fue. 그 잔해들은 그것이 무엇이었던가 우리들에게 짐작을 하게 한다. ◇ **~se** ① 허락받다. No *se permite* fumar aquí. 여기에서 흡연은 허락되어 있지 않다. ② [+inf.] 미안해 하면서 …하다. Me *permito* escribirle una carta. 실례이지만 편지를 드립니다.

permuta 여 교환; 전환; 경질.

permutabilidad 여 교환(가능성), 교대(성), 교체.

permutable 형 바꿔 넣을 수 있는; 【수학】 순열로 만들 수 있는

permutar 타 [+con·por] 대체하다, 교환하다; 【수학】 순열하다, 경질하다, 바꾸어넣다.

pernada 여 다리를 난폭하게 움직이기, 발로 차기, 발길질하기.

pernear 자 다리를 흔들다, 목적을 달성하기 위하여 사방으로 헤매다, 일이 잘 안되어서 초조하다.

pero 접 ① 그러나(mas, sin embargo). Ella es habladora, *pero* no es nada orgullosa. 그녀는 말이 많다, 그러나 전혀 거만한 점이 없다. El vive en una casa pequeña, *pero* cómoda. 그는 작지만 쾌적한 집에서 살고 있다. ② [글 머리에서 강조적으로] 그런데, 그러나. *Pero*, ¿qué frío hace! 그런데 왜 이리 춥지!

perpetuo, tua 형 ① 영구한; 무한한. Guardaba un *perpetuo* silencio. 그는 오랜 침묵을 지키고 있었다. ② 종신의. Cobra una renta *perpetua*. 그는 종신 연금을 받고 있다. ◇ **perpetuidad** 여 영구(성); 무한; 〈아세〉.

perplejo, ja 형 ① 어리둥절한. Ante ella se quedó *perplejo*. 그녀 앞에서 그는 어리둥절 했다. ◇ **perplejidad** 여 당혹; 곤란한 일.

perro, rra 명 【동물】 개. El *perro* es amigo del hombre. 개는 인간의 친구이다. hijo de *perro* 개새끼, 개자식. 여 화폐. *perra chica* 5센티모화(貨). *perra grande* 10센티모화. ◇ **perrito** 남 [perro의 축소형] 강아지.

persa 형 페르시아(Persia)의. 명 페르시아사람. 남 페르시아말.

perseguir 타 [seguir] 타 ① 추적·추구하다. Siempre *persigue* la fama. 그는 언제나 명성을 추구하고 있다. No *persigas* a la esa mujer. 그런 여자를 쫓아 다니지 마라. ② 박해하다; 괴롭히다, 곤란케 하다. Le *perseguían* los remordimientos. 후회가 그를 괴롭혔다. ◇ **persecución** 여 추적, 추구; 박해. Los judíos han sufrido *persecuciones* en todas partes. 유태인은 도처에서 박해를 받아 왔다.

persistir 자 ① [+en: …을] 고집하다, 완고하다. Persiste en la

persona 예 ① 사람. No hay ninguna *persona* que hable mal de él. 그에 대하여 나쁘게 말하는 사람은 아무도 없다. Aquí no caben más que nueve *personas*. 이곳에는 9명 밖에 못 들어간다. ② 신체, 풍채, 인격. ¿Qué clase de *persona* es él? 그는 어떠한 인품이가? ③ [문법]. *tercera persona* 제 3인칭; 제삼자; 중개자. Lo supe por una *tercera persona*. 나는 제 삼자를 통해서 그것을 알았다. *en persona/por su persona* 자신이. Será mejor que se los digas a él *en persona*. 네 자신이 그에게 그 말을 하는 게 좋겠다.

personaje 뎀 ① (작품 중의)인물, 출연자. ¿Quién es el *personaje* principal de la película? 그 영화의 주역은 누구냐. ② 명사(名士). La fortuna convierte a cualquier tonto en todo un *personaje*. 재산은 어떠한 바보라도 제법 명사로 만든다(바꾼다).

rsonal 휑 ① 사람의; 자신의; 개인적인(individual, particular). Ese es un asunto *personal*. 그것은 개인적인 문제이다. Estas ropas son de mi uso *personal*. 이 옷가지는 내 개인용이다. ② [문법] 인칭(적)의. *pronombre personal* 인칭대명사. ③ [집합적] 인원, 직원; 인사(人事). Todo el *personal* del laboratorio asistió a la ceremonia. 연구소의 전 직원이 식전에 참석했다. ◇ **personalidad** 예 인격; 개성; 명사(名士). ◇ **personalmente** 튀 자신이. Vino *personalmente* a verme. 그는 자신이 만나러 와 주었다.

perspectiva 예 ① 원경(遠景), 전망. Desde aquí se divisa una hermosa *perspectiva* de la playa. 여기에서 해안의 아름다운 경치가 보인다. ② 전망, 예견. Las *perspectivas* del nuevo negocio son muy prometedoras. 새 사업의 전망은 지극히 유망하다. *en perspectiva* 먼 곳에; 장래에. Tengo *en perspectiva* un buen trabajo. 나에게는 좋은 일이 있을 듯하다.

pértiga 예 긴 막대, 장대, 회초리; 키가 크고 홀쭉한 여자; (봉고도 의) 막대.

pertinacia 예 완고, 고집; 완강, 집요; 영속.

pertinaz 휑 굴하지 않는, 고집센, 집요한, 완고한(tenaz), 자기의 설을 고집하는, 오래 계속하는(duradero).

pertinencia 예 적절, 타당.

pertinente 휑 적절한(oportuno).

pertrechar 타 장비하다; [+de・con]…을 갖추어놓다; (용구를) 정비하다, 비치하다. ◇**-se** [+de・con] 필요한 물건을 준비하다.

pertrechos 뎀복 무기, 탄약; 용구, 도구.

pertenecer [30 crecer]자 ① [+a:…에] 속하다. Este terreno *pertenece* al Estado. 이 토지는 국유이다. *Pertenece* al partido republicano. 그는 공화당에 속해 있다. ② [+a:…의] 일·책임이다. A mí no me *pertenece* limpiar la habitación. 방을 청소

하는 것은 내 일이 아니다. ◇ **perteneciente** 형 [+a : …에] 속하는, 관한. ◇ **pertenencia** 여 소유·소속·부속(물).

perturbar 타 어지럽히다; 소란하게하다; 동요·혼란시키다. Le *perturbó* la noticia del accidente. 사건의 통지는 그를 동요케 했다. ◇~**se** 어지럽다; 당황하다; 동요하다. Es un hombre muy sereno y no *se perturba* por nada. 그는 극히 침착한 사람이어서 어떤 일이 있어도 당황하지 않는다. ◇ **perturbación** 여 혼란; 동요; 정신 착란. ◇ **perturbador, ra** 인심을 어지럽히는, 얻지러운. La conferencia fue interrumpida por unos *perturbadores*. 강연은 몇몇 방해자에 의하여 중단되었다.

peruano, na 형 페루(Perú)의. 명 페루사람.

pesadilla 여 악몽, 공포; 불안(不安). Tuvo una terrible *pesadilla* aquella noche. 그 밤에 그는 무서운 악몽을 꾸었다.

perversidad 여 사악, 심술궂음, 완고, 괴팍; 악의, 원한; (병의) 악성, 불치.

perversión 여 혼란, 착란, 퇴폐, 타락, 【심리】성도착.

perverso, sa 형 심술궂은, 고집센, 사악한, 타락한 (사람), 괴팍한, 근성이 비뚤어진, 해로운.

pervertido, da 형 성도착의 (자).

pervertir 타 혼란·착란하게 하다(perturbar); 악용하다, 곡해하다; 타락시키다(viciar); (서류를) 흐트러 드리다. ◇~**se** 착란·타락하다.

pesa 여 저울추, 평형추, 낚시질의 쇠도구; 무게; 책임.

pesado, da 형 ① 무거운 [↔ ligero]. La piedra es muy *pesada*. 그 돌은 매우 무겁다. Tengo la cabeza *pesada*. 나는 머리가 무겁다. ② 둔중하다. Es muy *pesado* en el trabajo. 그는 일이 매우 느리다. ③ (일기가) 무더운, 불쾌한. ¡Qué tiempo tan *pesado*! 무슨 일기가 이렇게 무덥운고! ④ 성가신. Los niños están hoy muy *pesados*. 어린이들이 오늘은 매우 성가시다. ⑤ 피로운. Es *pesado* levantarme tan temprano. 그렇게 일찍 일어나는 건 피롭다. ◇ **pesadamente** 부 무겁운듯이; 느릿느릿; 성가시게 ; 악랄하게. ◇ **pesadez** 여 무게, 중력, 느림보, 비만; 마음이 무거움, 성가심. Siento mucha *pesadez*. 나는 대단히 피로를 느낀다.

pesadumbre 여 슬픔; 피로움, 걱정. Me da *pesadumbre* que te marches a un lugar tan lejano. 네가 그렇듯 먼 곳으로 가버린다니 슬프다.

pésame 남 조문, 위문, 조사(弔辭). Le doy mi sincero *pésame* por el fallecimiento de su madre. 어머님의 서거를 진심으로 슬프게 생각합니다.

pesar 타 (무게를) 달다. ¿Quiere usted *pesar* esta carta? 이 편지의 무게를 달아 주시지 않겠소. 자 ① 무겁다, 무게가 …이다. ¡Cómo *pesa* esta piedra! 이 돌은 왜 이리 무겁지. Esta maleta *pesa* 15 kilos. 이 여행가방은 무게가 15킬로그램이다. ② 부담·무거운 짐으로 되다. Le *pesaba* la responsabilidad. 책임이 그에게는 무거운 짐으로 되어 있었다. ③ 감안하다. En esta decisión no *ha pesado* ninguna consideración personal. 이 결정

에는 개인적인 고려는 일체 감안하지 않았다. 圄 슬픔, 피로움; 후회. Esta noticia le causó gran *pesar*. 그 소식은 그녀에게 커다란 슬픔을 가져왔다. Tengo mucho *pesar* por haber faltado a mi palabra. 나는 약속을 지키지 않았던 일을 무척 후회하고 있다. *a pesar de* …에도 불구하고. *A pesar de* los años, es muy fuerte. 그는 연령에도 불구하고 매우 힘이 세다.

pescar [⑦ sacar] 囘 ① (물고기를) 잡다, 낚다. Hoy *he pescado* muchos peces. 오늘 나는 물고기를 많이 낚았다. ② 잘 붙들다. *Pescó* un buen destino. 그는 좋은 직업을 붙들었다. ◇ **pesca** 圄 낚시질, 고기잡이; 어업; 어획(물). *pueblo de pesca* 어촌(漁村). ◇ **pescado** 圄 (식품으로서의) 생선. ◇ **pescadería** 圄 생선가게. ◇ **pescador, ra** 圄 어부.

peseta 圄 페세타 [스페인의 화폐단위].

pesimismo 圄 비관(론); 염세(관). ◇ **pesimista** 圈 비관적인; 염세적인. No seas *pesimista*, todo tiene arreglo. 비관하지 마라; 모든 것이 마무리 되겠지. 圄 비관주의자; 염세가.

pésimo, ma [malo의 절대 최상급] 圈 더없이 나쁜, 극악한. Me dio a beber un vino *pésimo*. 그는 대단히 지독한 포도주를 내게 먹였다.

peso 圄 ① 무게, 중량. Esta carta tiene exceso de *peso*. 이 편지는 무게가 초과하고 있다. ② 우울함; 피로함. Siento *peso* en las piernas. 나는 다리가 무겁다. ③ 부담, 무거운 짐. Siente el *peso* de la responsabilidad. 그는 책임의 무거움을 느끼고 있다. ④ 저울. La *peso* está roto. 그 저울은 부서졌다. ⑤ 페소 [스페인계 제국의 화폐단위]. ¿ Lo quiere usted todo en *pesos*? 그것을 전부 페소로 희망하십니까? *peso bruto* 총량. *peso específico* 비중. *peso neto* 실지 중량.

pespunte 圄 꿰매기.

pespunt(e)ar 囘 꿰메다.

pesquería 圄 고기잡이, 낚시질; 어장.

pesquero, ra 圈 어업의, 고기잡이의; 어장의: *convención pesquera* 어업조약.

pesquis 圄 예민함(agudeza).

pesquisa 圄 조사, 수색. Inmediatamente la policía hizo *pesquisa* del asunto. 즉시 경찰은 사건의 조사를 하였다.

pestaña 圄 ① [신체] 눈썹. Se me ha metido una *pestaña* en el ojo. 나는 눈썹이 눈 속에 들어갔다. ② 가, 가장자리; 솜털. ◇ **pestañear** 囸 눈을 깜박이다. Miraba el cuadro sin *pestañear*. 그는 눈도 깜짝이지 않고 그 그림을 보고 있었다.

pestífero, ra 圈 페스트균을 가진; 해로운. ◇ **peste** 圄 흑사병, 페스트.

pétalo 圄 [식물] 꽃잎, 화판.

petardear 囘 폭파하다; 사취하다, 사기하다, 돈을 꾸어쓰고 갚지 않다(estafar). 囸 (옛날에 성문 깨뜨리는) 폭발화구로 성문을 때려 부수다; 폭음이 나다.

petardeo 圄 폭파; (연속적인) 폭음.

petardista 圈【남·여 동형】사기꾼, 횡령자, 협잡꾼.

petardo 图 폭죽; 지뢰; 총소리 나는 불꽃; 속이기, 사기, 실망. *pegar un petardo a* …을 속이다.

petate 图 잠잘때 까는 돗자리; 침구; 옷보따리; 수하물. *liar el petate* 이사하다; 죽다.

petición 예 소원, 신청·청원·탄원(서). Esperamos que nuestra *petición* sea atendida sin perder tiempo. 이쪽의 소원이 즉시 배려되도록 희망합니다.

petróleo 图 석유(石油). Usamos estufas de *petróleo*. 우리들은 석유 난로를 쓰고 있다. *petróleo bruto* 원유(原油). *petróleo crudo* 중유(重油). *petróleo sintético* 합성 섭유. *pozo de petróleo* 유정(油井). ◇ **petrolero, ra** 围 석유의, 세유의. *industria petrolera* 석유산업. 图 유조선, 석유운송선. 图 석유상인. 예 유전(油田).

pez [图 peces] 예 아스팔트; 역청(瀝青), 타르; 송진. Esto huele a *pez*. 이것은 타르 냄새가 난다. 图 물고기. Por la boca muere el *pez*.【속담】입은 재앙의 문.

piadoso, sa 围 인정 많은, 효도의; 신심 깊은, 경건한. Es una mujer *piadosa*. 그녀는 매우 인정 많은 여자이다. ◇ **piadosamente** 围 경건하게.

piano 图【악기】피아노. Ella toca el *piano* divinamente. 그녀는 피아노를 훌륭하게 친다. ◇ **pianista** 图 피아노 연주자, 피아니스트.

piara 예 (돼지·양·말·소 따위의) 무리.

piastra 예【화폐】피아스톨.

pica 예 (옛날의) 창; (투우용의) 단창; (석공의) 돌 다루는 뾰족한 망치(escoda).

picacho 图 꼭대기, 산봉우리.

picadero 图 (기병대의) 마술교관; 승마학교.

picadillo 图 잘게 썰어 다진 고기요리; 고기와 야채를 넣은 요리.

picado, da 围 뜨끔하게 찌르는; 울꺽 반한, 자극받은·된; 새겨진, 조금씩 구멍을 뚫는, 구멍투성이의, 벌레먹은, 물결치는 (바다 따위). 图 잘게 썰어 다진 고기요리(picadillo); 줄의 흠, 점을 찍어 그리는 그림; 점무늬;【항공】급강하. 예 찌르기, 찌른 상처(picadura); 주둥이로 쪼으기(picotazo).

picador 图 기마 투우사.

picar [7] *sacar*] 国 ① 찌르다; (벌레가) 쏘다. Me *picó* una abeja. 나는 벌에 쏘였다. ② (새가) 쪼다; 쥐어 뜯다. El pájaro me *pica* en un dedo. 그 새는 내 손가락을 쪼았다. ③ 자극하다. Sus palabras me *picaron* la curiosidad. 그의 말은 내 호기심을 자극했다. ④ (잘게) 썰다. El cocinero *pica* carne. 요리사가 고기를 썬다. 困 ① [+en : …에] 먹다. ② 자극하다; 근지럽다. Hay comida que *pican* mucho. (혀를) 찌르는 듯한 요리가 있다. Me *pica* la espalda. 나는 등이 가렵다. ◇ **~se** ① 썩기 시작하다, 상하다; (술이) 시어지다. El vino empieza a *picarse*. 포도주가 시어지기 시작했다. ② 성내다. Se *picó* con ella por una burla que hizo. 그는 그녀에게 조롱당하고 성을 냈다. ③ 구멍 투성이로 되다. ◇ **picante** 围 매운.

picaresco, ca 형 장난꾸러기의; 악당(pícaro)같은; 교활한.
pícaro, ra 형 장난꾸러기의; 교활한; 왜먹지 못한. 명 악당.
pico 명 ① (새의) 부리, 주둥이. ¡Qué *pico* tan agudo tiene esa ave! 저 새는 날카로운 부리가 있군! ② (병 따위의) 주둥이. ¡Cuidado con el *pico* del jarro! 주전자 주둥이에 주의! ③ 소량, 우수리, 자투리. Son las ocho y *pico*. 8시 조금 지났다. Tengo trescientas y *pico* pesetas. 나는 300페세따보다 조금 더 있다.
picolete 명 (자물쇠의) 고리쇠.
picotear 타 (새가 부리로) 쪼다; (말이) 머리를 흔들다; 지각없이 지껄이다, 서로 욕하다.
picotería 여 수다스러움, (말·문장의) 유창, 능변, 잡담, 뒷공론.
picotero, ra 형 논쟁하는 지껄이는, 객적은 말을 하는.
pictografía 여 그림문자.
pictórico, ca 형 회화(적)의.
picudo, da 형 부리가 있는, 뻬죽하게 나온; 논쟁하는, 지껄이는, 서툰 말로 재잘대는.
pichel 명 물주전자.
pichón 명 새끼 비둘기.
pie 명 ① [해부] 발. Me duele el *pie*. 나는 발이 아프다. ② 대, 토대. El *pie* de la lámpara está roto. 램프 받침이 부서졌다. ③ 발 밑, 뿌리, 산기슭. Nos sentamos al *pie* del árbol. 우리들은 나무 밑둥에 걸터 앉았다. *a pie* 걸어서. Vamos *a pie*. 걸어 가자. *de* [*en*] *pie* 서서. El tren estaba tan lleno que yo fui *de pie* por todo el camino. 열차가 붐벼서 나는 줄곧 서 있었다. Se puso *en pie*. 그는 일어섰다.
piedad 여 공경하는 마음; 효행, 자비(慈悲). Tiene mucha *piedad* de los desgraciados. 그녀는 불행한 사람들에 대한 자비심이 두텁다.
piedra 여 돌, 돌멩이. Su casa es de *piedra*. 그의 집은 석조이다.
piel 여 ① 껍질; 피부. Quítale la *piel* a la manzana. 사과 껍질을 벗겨 주시오. Tienen la *piel* rojiza. 그들은 불그레한 피부를 하고 있다. ② 모피(毛皮), 피혁, 가죽(cuero). Las mujeres desean un abrigo de *piel* [*pieles*]. 여성은 모피 외투를 좋아한다.
pierna 여 [해부] 무릎; 다리 [비교: pata]. Se rompió una *pierna* en el juego. 그는 경기 중에 다리를 꺾이었다. *dormir a pierna suelta* [*tendida*] 깊은 잠을 자다.
pieza 여 ① 부분, 부품(部品). Una *pieza* está torcida por el choque. 충돌로 부품이 한 개 굽었다. ② 방 (habitación, cuarto). Mi *pieza* mira al jardín. 내 방은 뜰에 면하고 있다. ③ 수확물. Hoy hemos cogido muchas *piezas*. 오늘 우리는 수확이 많았다. ④ 한 개·한 필·한 장·한 권 (따위). Quiero una *pieza* de esta tela. 나는 이 옷감이 한 필 필요하다. ⑤ 한 편 (의 작품·악곡·각본·시문). ¿Quiere usted tocarme una *pieza* de baile? 무도곡을 한 곡 켜 주지 않겠소. ¿Qué *piezas* se representan este mes? 이 달의 상연물은 무엇인가요. ⑥ 인물, 놈.

pífano 图 통소, 통소부는 사람.
pifia 예 큐로 당구공을 잘못 맞추기; 실책, 과실.
pigargo 图【새】꼬리가 둥근 매의 일종.
pigmento 图【생물】색소.
pigmeo, a 혱 작은, 소형의; 키가 아주 작은.
pignoración 예 (동산을) 담보로 잡히기, 담보.
pignorar 国 담보로 잡히다(empeñar).
pignoraticio, cia 혱 담보의, 저당의. *crédito pignoraticio* 저당대부.
pijama 图 잠옷.
pila 예 ① 쌓아 올림, 무더기. Había una *pila* de leña en el corral. 뒷뜰에는 장작 무더기가 있었다. Tengo una *pila* de cosas que hacer. 나는 산더미만큼 일이 있다. ② 물독, 수반; 조리대; 【종교】성수반, 세례. Siempre mantén limpia la *pila* de cocina. 언제나 조리대를 깨끗이 해 두시오. ¿Cuál es su nombre de *pila*? 당신의 세례명은 무엇입니까. ③ 전지(電池). Cambia las *pilas* a la radio. 라디오 전지를 갈아 넣으시오.
píldora 图 환약, 정제, 어려움, 고생, 불행, 재앙, 나쁜 소식.
pilón 图 분수반, 분수지, 분수탑; 짤 준비가 된 포도더미; 이정표; 획기적사건, 기둥(처럼 생긴 물건); 물기둥; 불길; (원추형의) 고형 사탕.
piloncillo 图 흑사탕.
pilongo, ga 혱 마른, 얇은, 빈약한, 불충분한.
píloro 图【해부】(위장의) 아랫부분.
piloso, sa 혱 털이 많은(peludo).
pilotaje 图 수로안내(료) (practicaje); 조종술; (기초공사 전체의) 둘레에 박는 말뚝.
pilotar 国 (배의) 수로 안내를 하다; 조종하다.
pilote 图 (기초공사에 다지는) 말뚝.
piloto, ta 图 수로 안내인; 조종사; 운전사; 항해사. Sólo confiamos en la experiencia de ese *piloto*. 우리들은 그 수로 안내인의 경험을 믿을 따름이었다.
pillar 国 잡다, 붙잡다; 약탈하다, 강탈하다.
pimienta 예 후추열매. *ser como una pimienta* 재치있고 날쎄다.
◇ **pimentero** 图 후추 그릇. ◇ **pimentón** 图 후추; 고추.
pimiento 图【식물】피망, 후추(나무).
pinchar 国 찌르다, 구멍을 뚫다. *Pinchaban* al chico con las reglas. 그들은 그 어린이를 자로 찌르고 있었다. ② 자극·격려하다. El padre le *pinchó* para que estudiase más. 부친은 더욱 공부하라고 그를 격려했다. ◇ **pinchazo** 图 찌름; 자상; 야유.
pincho 图 가시, 바늘; 꼬챙이. *alambre de pincho* 철조망.
pindonga 예 나다니는 여자, 놀러(돌아)다니는 여자.
pindonguear 困 (여자들이) 거리를 할 일 없이 돌아다니다.
pineal 혱 소나무모양의.
pinga 예 천명대, 어깨에 매는 목도.
pingajo 图 (옷에서 아래로 축 늘어진) 넝마·헌 누더기.
pingajoso, sa 혱 헤어진 옷을 입은, 누더기를 두른, 덥수룩한.

pingar 자 (방울방울) 떨어지다; 뛰다, 뛰어 오르다.
pingo 남 누더기, 넝마. 복 누더기 옷, 여자의 싸구려 옷.
pingorotudo, da 형 높은, 하늘을 찌를듯한.
ping pong 남 탁구, 핑퐁.
pingüe 형 지방질의, 기름을 바른, 기름투성이의, 비옥한, 풍부한.
pingüino 남 【새】펭귄(pájaro bobo).
pinito 남 [주로 복](어린아이·병을 앓고난 사람의) 첫걸음.
pino 남【식물】소나무. ◇ **pinar** 남 송림(松林).
pintar 타 ① (…에) 색칠하다; 칠하다. *Pintó* las paredes de blanco. 그는 벽을 회게 칠했다. ②(그림을) 그리다; 묘사하다. Estoy *pintando* un paisaje. 나는 풍경화를 그리고 있다. *Pinta* muy bien las vidas populares. 그는 서민 생활을 잘 묘사하고 있다. 자 (과실 따위가) 물들다. Ya *pintan* las uvas. 벌써 포도가 물들었다.
pintor, ra 남 ① 화가(畫家). España ha producido distinguidos *pintores*. 스페인은 훌륭한 화가를 낳아 왔다. ② 페인트공. Llamaremos al *pintor* para que pinte el piso. 페인트공을 불러 마루를 칠해 달라고 하자.
pintoresco, ca 형 그림같은, 색채적인. ¡Qué paisaje tan *pintoresco*! 그림같은 아름다운 경치이다!
pintura 여 ① 화법(畫法). Estudio *pintura* en una academia. 나는 어떤 학교에서 그림을 공부하고 있다. ② 회화(繪畫). Me ha gustado esta *pintura* al natural. 나는 이 사생화가 마음에 들었다. ③ 페인트, 도료(塗料). ¡Cuidado con la *pintura*! 페인트(칠)에 주의!
piña 여 파인애플.
piñal 남 파인애플 밭.
piñón 남 소나무의 열매, 잣;【기계】(큰 톱니바퀴를 따라 움직이는) 작은 톱니바퀴; (현미경의) 조정나사, (총의) 격철.
piñonate 남 소나무열매의 사탕으로 만든 과자; 소나무 열매의 당제.
piñonear 자 색정을 느끼다, 색정을 발산하다; 질서정연한 소리를 내다.
pío, a 형 신앙이 독실한, 경건한; 인정이 많은; 상냥한; 자선의. 남 삐악삐악(병아리 우는 소리).
piojento, ta 형 이 투성이의, 불결한, 야비한, 천한.
piojo 남【곤충】이.
piojoso, sa 형 이 투성이의; 천한, 불결한, 비참한; 쏘는, 날카로운.
piola 여 그물짜는 실, 실.
pipa 여 ① 파이프, 담뱃대. Mi abuelo fumaba en *pipa*. 조부는 파이프로 담배를 피우고 있었다. ② 통. Había muchas *pipas* de vino en la bodega. 술 곳간에는 포도주 통이 많이 있었다.
pipiar 자 꼬꾜요 울다, 짹짹 울다, 삐약삐약 울다.
pipiolo 남 초심자, 풋내기.
pipirigallo 남【식물】장두(콩과식물); 홍두초(esparceta).

pipiripao 남 화려한 연회.

pipiritaña 여 풀피리.

pipo 남 《새》 파리를 잡아먹는 작은 새; 구타.

pique 남 화, 불쾌, 원망, 분노; 지키려고 하려는 정신; 멋장이; 밑바닥; 《곤충》 벼룩의 일종, 발가락 사이에 기생하는 벌레. *a pique* 위험속에서, 바야흐로 …하려고 하여 : *echar a pique* 침몰・붕괴시키다 : *estar a pique de+inf.* 막 …하려 하고 있다・*irse a pique* 침몰하다.

piqué 남 〔복 *piqués*〕 삐께(면포).

piquera 여 벌들이 드나드는 벌집의 구멍; 상자로된 닭의 둥우리의 입구; (용광로의) 아가리, 아궁이의 입구(mechero).

pirenaico, ca 형 피레네산맥(los Pirineos)의.

piropo 남 《보석》 루비(rubí). ② (여자에 대한) 아첨. Le echó un *piropo*. 그는 그녀에게 아첨의 말을 했다.

pisar 타 ① 밟다; 짓밟다, 밟아 굳히다. *Pisó* la tierra de su pueblo después de mucho tiempo. 오랜만에 그는 고향 땅을 밟았다. ② 짓밟다. No se deja *pisar* por nadie. 그는 아무에게도 유린된 채로는 있지 않는다.

piso 남 ① (건물의) 층. Este edificio tiene 33 *pisos*. 이 건물은 33층이다. ② (아파트 내의 한 구획의) 주거. Su *piso* está enfrente del nuestro. 그의 주거는 우리 집의 맞은 편이다. ③ 마루; 지면, 노면(路面). El *piso* es de madera. 마루는 목재이다.

pistola 여 권총; 착암기.

pizarra 여 석판(石板), 슬레이트, 흑판. ◇ **pizarrón** 남 대형 흑판.

placa 여 ① (금속제의) 표찰; 번호표. En la puerta hay una *placa* con los nombres de los médicos. 문에 의사의 이름을 쓴 표찰이 있다. ② 철판, 엷은 판자.

placer 33 ① 〔주로 3인칭 단수형으로 쓰임〕 기쁘게 하다, 즐겁게 하다. Me *place* poder servirle. (당신의) 소용이 되어서 나는 기쁩니다. 남 기쁨, 즐거움; 쾌락. Tengo un verdadero *placer* en conocerle a usted. 당신과 알게 되어 대단히 즐겁습니다.

plácido, da 형 ① 즐거운. Pasamos una tarde *plácida*. 우리들은 즐거운 오후를 지냈다. ② 온화한. Tiene un carácter muy *plácido*. 그는 대단히 온화한 성격이다. ◇ **placidez** 여 즐거움, 온화.

plan 남 안(案), 계획. Debemos realizar este *plan* a toda costa. 우리들은 기어이 이 계획을 실천해야 한다. ¿ Tiene usted algún *plan* para esta tarde? 오후에 무슨 계획이라도 가지고 있나요.

plancha 여 ① 합판, 철판, 동판(銅板). En la entrada había una puerta recubierta de *planchas* de bronce. 입구에는 청동의 판자를 입힌 문짝이 있었다. ② 다리미. Quiero una *plancha* eléctrica. 나는 전기 다리미가 필요하다. ◇ **planchado** 남 다리미질. ◇ **planchar** 타 (…에) 다리미질하다.

planeta 남 〔여〕 혹성(惑星). Los *planetas* sólo brillan por la luz refleja del sol. 혹성은 태양의 반사광으로 빛나고 있음에 불과하다.

plano, na 휑 평평한. ¿No hay un terreno más *plano*? 좀 더 평평한 토지는 없는가. 圕 설계도; 지도(地圖). Este es el *plano* de la ciudad de Barcelona. 이것은 바르셀로나시의 지도이다.

planta 囡 ① 식물, 초목(草木). Esta *planta* florece en verano. 이 식물은 여름에 꽃이 핀다. ② 발(바닥). Me duelen las *plantas* de los pies. 나는 발바닥이 아프다. ③ (건물의) 마루, 층. El comedor está en la *planta* baja. 식당은 1층에 있다. ④ 직원 배치·명단; [집합적·추상적]직원. ⑤ 플랜트, 공장(시설). Las *plantas* dejaron de quemar petróleo a causa del denso humo. 짙은 연기때문에 공장은 석유를 태우는 걸 중지했다.

plantar 囤 ① 심다; 조림하다. Está *plantando* unos árboles en el jardín. 그는 뜰에 나무를 심고 있다. ② 세우다; 설치하다. *Plantamos* aquí la tienda de campaña. 우리들은 여기다 야영 천막을 치다. ◇─se 우뚝 서다, 진퇴 유난이다. Se plantó en el paso. 그는 거리에 우뚝 섰다.

plantear 囤 기획하다, 제기하다. Lo que *planteas* me parece difícil de realizar. 네가 기획하고 있는 일은 실현이 곤란한 듯이 생각된다. Se *ha planteado* un problema importante. 중요한 문제가 제기되었다.

plantel 圕 ① 못자리. La pereza es el *plantel* del vicio. 나태는 악의 온상이다. ② 보육원, 양성소. Este es el *plantel* de enfermeras. 이것은 간호원 양성소이다.

plantígrado, da 圕 발바닥으로 걷는 동물(의).

plantío, a 휑 (초목을) 심는 (곳); 재배장; 어린나무로 된 숲, 못자리; 식림.

plantón 圕 묘목; 말뚝; 보초, 수위; 뻣뻣이 서기기. de·en *plantón* 한자리에 오랫동안 꼼짝않고 서서. dar un *plantón* a ···에 기다리게하여 골탕을 먹이다.

plañidero, ra 휑 우는 얼굴의, 애절한. 囲 (재례식에 고용되어) 우는 여자.

plañir 冱 울다, 슬퍼하다, 한탄하다, 비탄하다, 애도하다.

plaqué 圕 도금한 금 또는 은의 얇은 조각.

plasma 囮 【생리】혈장, 림파장.

plasmar 囤 본뜨다, 틀에 부어 만들다, 진흙으로 모형을 만들다.

plaste 圕 아교·석회·백반을 풀어서 굳힌것; 아교, 백반물.

plasticidad 囡 조형성, 끈적끈적함; 적응성, 유연.

plástico, ca 휑 ① 조형·소조(塑造)의; 가소성(可塑性)의. El yeso es un material *plástico*. 석고는 가소성 물질이다. ② 플라스틱의. ③ 선명한. 圕 플라스틱. El *plástico* se utiliza en una multitud de objetos de uso doméstico. 플라스틱은 많은 가정용품에 쓰이고 있다. 囡 소조술; 조형미술.

plata 囡 ① 【금속】은. ② 은화; 【남미】돈. Pagó en *plata*. 그는 은화로 지불했다. No tengo *plata*. 나는 돈이 없다.

plato 圕 ① 접시(fuente). ¿Quién ha roto este *plato*? 누가 이 접시를 깼느냐. ② 요리. Se comió todo el *plato*. 그는 요리를 몽땅 먹어치웠다. lista de *platos* 식단표, 메뉴 (menú, carta).

platónico, ca 휑 ① 플라톤 철학의. ② 정신적인. La quiso con

amor *platónico*. 그는 그녀를 정신적인 애정으로 사랑했다. 圐 플라톤 철학자.

playa 여 해변, 해안. La *playa* está llena de gente. 해안은 사람들로 가득하다. En verano la *playa* está de bote en bote. 여름에는 해변이 초만원이다.

plaza 여 ① 네거리, 광장. ¿Por este camino se sale a la *plaza*? 이 길을 가면 광장이 나옵니까. ② 투우장. ¿Dónde está la *plaza* de toros? 투우장은 어디입니까. ③ 시장(mercado); 상업계. Voy de compras a la *plaza*. 나는 시장으로 물건 사러 가는 중이다. ④ 좌석; 놓는 곳. Este autobús tiene 48 *plazas*. 이 버스에는 좌석이 48석이다. ⑤ 직, 지위(puesto). Desea una *plaza* de secretaria. 그녀는 비서의 직을 희망하고 있다. ◇ **plazuela** 여 [plaza의 축소형] 소광장.

plazo 남 기한, 기간. El *plazo* se ha cumplido ya. 기한이 벌써 끝났다. Voy a darte el *plazo* de una semana para que te decidas. 네가 결심하는데 1주일의 기간을 주겠다.

plebeyo, ya 瀿 보통의; 평민의; 속된. Usa palabras *plebeyas* de intento. 그는 일부러 속된 말을 쓴다. 圐 평민(平民). Siempre tuvo interés por la vida de los *plebeyos*. 그는 항상 평민의 생활에 관심을 갖고 있었다.

plebiscitario, ria 瀿 국민투표의, 국민투표에 붙이는.

plebiscito 남 국민투표, 인민투표.

plegable 瀿 접을 수 있는(doblable).

plegadera 여 종이베는 칼; 접는 인쇄물, 접는 책 (철도, 시간표 등).

plegadizo, za 瀿 접어서 개는 식의; 휘기 쉬운, 가냘픈, 유순한.

plegador, ra 남여 종이접는 직공. 여 접어서 개는 기계; 瀿 접는.

plegadura 여 접어개기; 접음, (접은) 주름; 주름잡는, 접은 자국.

plegar 태 접다; 개다, 엮다, 꾸미다, (입·입술 따위를) 오므리다. ◇ **~se** 접히다, 굴하다.

plegaria 여 기도(oración); 간원.

pleistoceno, na 瀿 圐 최신세(의).

pleita 여 편물의 엮은 실, 편물의 주름잡는 실.

pleitear 자 소송하다.

pleitista 瀿【남·여 동형】엉터리·시시한 변호사, 뇌물먹는 판사. 瀿 소송을 좋아하는 (사람).

pleito 남 ① 소송(訴訟). Tienen un *pleito* sobre el terreno. 그들은 토지때문에 소송을 일으키고 있다. ② 분쟁, 불화(不和). Hubo un *pleito* entre los compañeros. 동료끼리 분쟁이 일어났다.

pleno, na 瀿 온전한, 완전한. Aquí hace fresco aun en *pleno* verano. 이곳은 한 여름이라도 서늘하다. El tren corre en *pleno* campo. 열차는 평원의 한 가운데를 달린다. en *pleno* 전체·전부가. *dimisión* en *pleno* 총사직. ◇ **plenitud** 여 완전, 충실.

pliego 남 ① 종이 한 장, 두 겹의 종이. ¿Quiere usted darme un *pliego* de papel? 종이를 한 장 주시겠읍니까. ② 서류, 쪽지. *pliego de condiciones* 명세서(明細書).

pliegue 남 주름; 치마주름. Lola lleva hoy una falda de *pliegues*. 롤라는 오늘 주름 치마를 입고 있다.

plomo 남 ① 【금속】 납. ② 추; 축연(測鉛). *plomo de pescar* 낚시 줄의 추. ③ 납봉함. Hay que poner el *plomo* a los paquetes. 소포에 납봉함을 해야 한다. ④ 【전기】 퓨즈.

pluma 여 ① 날개, 깃. *colchón de plumas* 새털 이불. ② 펜. Escriba usted con *pluma*. 펜으로 써주세요.

plural 형 【문법】 복수의. 남 복수(형) (⇔ singular). Ponga usted este nombre en *plural*. 이 명사를 복수형으로 하십시오.

pluralidad 여 복수성, 다수(multiud). *en pluralidad de votos* 절대 다수로.

pluralizar 타 복수(형)으로 하다.

plus 남 수당, 임시급료.

pluscuamperfecto 형 남 【문법】 대과거형(의).

plusmarca 여 【스포츠】 신기록.

plusmarquista 남 【남·여 동형】 신기록을 세운 사람.

plusvalía 여 물가의 등귀.

plutocracia 여 금권정치; 재벌.

plutocrata 남 【남·여 동형】 금권정치가.

plutocrático, ca 형 금권정치의; 재벌의.

plutón 남 【신화】 하계(下界)의 신; 【천문】 명왕성.

plutonio 남 【화학】 푸루토늄.

pluvial 형 비의. *agua pluvial* 빗물; *capa pluvial* 커다란 겉옷 (고위성직자의 예복).

pluvímetro 남 우량계.

población 여 ① 인구(人口). La *población* está concentrada en las grandes ciudades. 인구는 대도시에 집중하고 있다. ② 시, 읍, 면. Al caer el día, llegamos a una *población*. 저녁때 우리들은 어떤 마을에 닿았다.

poblar [24 contar] [+con·de: 사람·생물을] (…에) 넣다, 거주시키다, 심다. *Pobló* el lago de peces. 그는 연못에 물고기를 넣었다. *Pobló* el monte de pinos. 그는 산에 소나무를 심었다. 자 식민하다. *Poblaron* en buen paraje. 그들은 좋은 장소에 들어가 살았다. ◇ ~se 인구가 붇다; 번식하다; 무성하다. La ciudad *se pobló* rápidamente. 시는 갑자기 인구가 붙었다.

pobre 형 ① 가난한 [⇔ rico]. Aunque es *pobre*, es feliz. 그는 가난하지만 행복하다. ② 빈약한, 소홀한. Llevaba un vestido *pobre*. 그녀는 빈약한 옷을 입고 있었다. ③ [+de·en: …의] 가난한, 빈약한. Este país es *pobre* en recursos minerales. 이 나라는 광물 자원이 빈약하다. ④ 불쌍한. El *pobre* hombre vivía solo. 그 불쌍한 사내는 혼자 살고 있었다. 남 가난한 사람; 거지 (mendigo). Tenía compasión de los *pobres*. 그는 가난한 사람들에게 동정하고 있었다. ◇ **pobrecito, ta** [pobre의 축소형] 가난한, 불쌍한. 남 가난뱅이. ◇ **pobretón, na** 형 몹시 가난한. 남 몹시 가난한 사람. ◇ **pobreza** 여 빈곤 (⇔ riqueza); 가난함; 근소, 빈약.

poco, ca 형 ① 조금의, 근소한; 회한한. Había *poca* gente. 별로

사람이 없었다. Viene *pocas* veces. 그는 좀처럼 오지 않는다. Eramos *pocos*. 우리들은 적은 수였다. ② 얼마 만큼의. Sólo tenemos unos *pocos* minutos para prepararnos. 우리들은 준비를 하는데 몇 분 밖에 없다. 囘 조금, 근소; 사소한 것; 소수(의 사람). Quiero un *poco* de agua. 나는 물이 좀 마시고 싶다. *Pocos* lo saben. 그걸 아는 사람은 적다. 囘① 조금; [부정적]거의·별로 …않다. *Poco* después me di cuenta de eso. 조금 뒤에 나는 그걸 알았다. Lo bueno dura *poco*. 좋은 것은 별로 오래 가지 않는다. ② [긍정적; un+] 조금. Quisiera hablar con usted *un poco*. 당신과 좀 이야기하고 싶은데요. *poco más o menos* 거의, 대강. Son las cinco *poco más o menos*. 대강 5시쯤이다. *dentro de poco* 조금 뒤에. Volveré *dentro de poco*. 그는 곧 돌아오리라. *poco a poco* 조금씩, 천천히. El enfermo se mejorará *poco a poco*. 환자는 조금씩 회복될 것이다. ◇ **pocazo, za** 囘 [poco의 증대사] 근소한.

podenco, ca 囘 스빠니엘종(種)의 (개).

poder [66] 囘 ① [+*inf.* …하기가] 가능하다. ¿Podré verle esta tarde? 오늘 오후 만날 수 있을까요. Como estoy ocupado, no *puedo* salir hoy. 나는 바빠서 오늘은 외출할 수 없다. ② [허가] …하여도 된다. *Puedes* venir a cualquier hora. 너는 몇 시에 와도 좋다. ③ [가능성] …할지도 모른다; [no+] …할 리는 없다. *Puede* estar en casa. / *Puede* que esté en casa. 그는 집에 있을지도 모른다. *Puede* no estar en casa. 그는 집에 없을지도 모른다. No *puede* estar en casa. 그는 집에 있을리가 없다. 囘 힘, 능력; 권한, 권력; 대리(권). Eso no está en mi *poder*. 그것은 나의 권한 밖이다. Tiene mucho *poder* en este pueblo. 그는 이 읍에서는 대단한 권력을 가지고 있다. He conferido mi *poder* al señor Baeza. 나는 바에사씨에게 나의 대리권을 주었다. ② 강국(强國). 무력(武力), 군대(ejército, tropa). *poder aéreo* 공군. ③ 손 안, 수중. Los documentos están en *poder* del abogado. 서류는 변호사의 손에 건네져 있다. *puede ser* 아마 (그렇지도 몰라).

poderoso, sa 囘 강력·강대한; 세력이 있는. Es un hombre muy *poderoso* del pueblo. 그는 읍내의 유력자이다.

podrir 囘 =pudrir.

poema 囘 시(詩). *poema épica* [*lírico.*] 서사(서정)시. *poema en prosa* 산문시.

poesía 囘 시; 시문학; 시정(詩情). Estoy leyendo las *poesías* de Bécquer. 나는 뻬끄레르의 시를 읽고 있다.

poeta 囘 (囘) 시인. El *poeta* nace, pero no se hace. 【속담】 시인은 태어나는 것; 만들어지는 것은 아니다. ◇ **poético, ca** 囘 시의; 시적인. 囘 작시법; 시학. ◇ **poetisa** 囘 여류 시인.

poetizar 囘 시를 짓다, 시적(詩的)으로 하다.

póker 囘 포카.

polaco, ca 囘 폴란드의 (사람)(polonia). 囘 폴란드어. 囘 폴란드 무용.

polacra 囘 (지중해의) 범선.

polar 형 (남·북)극의; 극지방의; 자극의. *círculo polar* (남·북)의 극권; 북극성.

polaridad 여 극성, 자성 : *polaridad magnética* 자극성.

polarización 여 【물리】편광; 집중; 【전기】성극(작용); 분극.

polarizar 타 극성을 주다, (광선을) 한 쪽에 치우치게 하다. ◇~se (주의력이)집중하다.

polca 여 폴카 (폴랜드의 무용·가곡).

polea 여 활차; 연동기.

polémico, ca 형 논전·논쟁의. *El pueblo está en la zona polémica.* 그 읍은 문제의 지대에 있다. 여 논전, 논쟁. *Se entabló una polémica política.* 정치적인 논쟁이 시작되었다. ◇ **polemizar** [9] alzar] 자 논쟁하다.

policía 여 경찰. *La policía anda loca buscando al autor del robo.* 경찰은 절도범인을 필사적으로 찾고 있다. 남 경관. *Vamos a preguntar a aquel policía.* 저 경관에게 물어보자. ◇ **policíaco, ca** 형 경찰의, 탐정의. *novela policíaca* 탐정소설. *La novela policíaca es muy divertida.* 탐정소설은 매우 재미있다.

policlínica 여 진료소, 종합병원.

policromía 여 여러가지 색채.

polícromo, ma 형 여러가지 색채의, 여러가지 색채 인쇄의.

polichinela 남 어릿광대(pulchinela).

poliédrico, ca 형 다면체의.

poliedra 남 다면체.

polifonía 여 여러가지 음(성); 【음악】다음곡.

polífono, na 형 여러가지 음의, 다음의.

polígamo 남 【식물】애기풀, 영신초.

poligamia 여 일부다처(제).

polinización 여【식물】가루받이, 꽃가루에 의한 번식.

polinizar 타 …에 가루받이를 하다.

polinomio 남 【수학】다항식.

poliomielitis 여 【의학】소아마비.

polisíndeton 남 접속사의 반복사용.

polista (남·녀 동형) 폴로(polo)의 경기자.

politécnico, ca 형 여러 학예의; 여러 공예의.

politeísmo 남 다신교; 다신론.

politeísta 형 남 다신교·다신론의(자).

político, ca 형 정치(상)의. *Tienen poco interés por los asuntos políticos.* 그들은 정치적인 일에 별로 관심이 없다. 남 정치가(政治家). *Es uno de los políticos más distinguidos en la actualidad.* 그는 현시대에서 가장 뛰어난 정치가 중의 한 사람이다. 여 정치(학); 정책, 책략(策略). *El gobierno se vio obligado a cambiar su política exterior.* 정부는 외교정책의 전환이 불가피하게 되었다. ◇ **políticamente** 튀 정치적으로.

polo (남북의) 극; 전극(電極). *polo sur* 남극. *polo norte* 북극. ◇ **polar** 형 (북·남)극의. *Brillaba la estrella polar.* 북극성이 빛나고 있었다. 여 북극성(estrella polar).

polvo 남 ① 먼지. *Hay polvo sobre la mesa.* 책상 위에 먼지가

pólvora 여 화학, 폭약. La *pólvora* es un explosivo peligroso. 화약은 위험한 폭발물이다.

pollo 남 병아리. Hoy hemos comido arroz con *pollo*. 오늘 우리들은 치킨 라이스를 먹었다.

poncho 남 본쵸 (머리에 둘러쓰는 모포); (군인의) 외투.

poner [68] (과거분사 puesto) 타 ① 놓다. *Ponga* usted aquí ese equipaje. 그 짐을 여기 놓아 주세요. ② (상태로) 하다. Esta medicina me *ha puesto* bueno. 이 약이 나를 고쳐 주었다. ③ 입히다, 몸에 붙이다, 하게 하다. No tengo qué *ponerles* a los niños. 나는 애들에게 입힐 것이 없다. ◇ **-se** ① (위치에) 앉다(sentarse). *Nos pusimos* a la mesa. 우리들은 테이블에 앉았다. El sol *se pone* en el horizonte. 태양은 지평선에 진다. ② [+형용사] (상태로) 되다. El cielo *se puso* obscuro. 하늘은 어두어졌다. Ella *se pone* roja. 그녀는 얼굴이 붉어진다. *Me puse* triste. 나는 슬퍼졌다. ③ 몸에 붙이다 (입다, 신다, 쓰다, 끼다). *Se puso* el sombrero (la corbata・los zapatos). 그는 모자를 썼다 (넥타이를 맸다・구두를 신었다). ④ [+a+inf.: …하기] 시작하다. Al oir la noticia, *se puso* a llorar. 그녀는 그 소식을 듣고 울기 시작했다. *poner la mesa* 식탁 준비를 하다. *poner la radio* 라디오를 켜다. *ponerse de pie* 일어서다 (levantarse).

pontífice 남 [종교] (대) 주교; 교황 (Papa).

pontón 남 (주교용) 밑이 편편한 배; 평저선; 통나무 다리. *barco pontón* 기중선. *pontón flotante* 부류선.

ponzoña 여 독 (veneno); 유해물.

ponzoñoso, sa 형 유독한; 유해한.

popa 여 고물 (배의 뒷쪽), 최상갑판.

popular 형 ① 인민・서민의; 일반적인, 통속적의. Tengo interés en los cuentos *populares*. 나는 민화에 흥미가 있다. Le gustan las canciones *populares*. 그는 유행가를 좋아한다. ② 평판이 좋은, 인기가 있는. El fútbol es uno de los deportes más *populares*. 축구는 가장 인기가 있는 스포츠 중의 하나이다. ◇ **popularidad** 여 인기, 호평. Tiene mucha *popularidad* entre la juventud. 그는 젊은이들 사이에서 대단히 인기가 있다. ◇ **popularizar** [9] alzar] 일반화・통속화하다, 보급・유행시키다.

por 전 ① [동기・원인・이유] …에 의하여, …으로서, …인 고로, …때문에. ¿*Por* qué no viniste ayer? 왜 너는 어제 오지 않았느냐. Se enoja *por* poca cosa. 그는 사소한 일로 성을 낸다. ② [목적] …을 위하여, …을 가지러・사러・부르러. Daría cualquier cosa *por* verle. 나는 그를 만나기 위해서라면 무엇이라도 드리는 건데. Voy *por* vino. 나는 포도주를 가지러 간다. Mande usted *por* el médico. 의사를 부르러 (사람을) 보내 주시오. ③ [작위자] …에 의하여. La comida es preparada *por* el cocinero. 식사는 요리인에 의하여 만들어진다. ④ [수단・방법] …에 의하여, …로. Se hablaron *por* teléfono. 두 사람은 전

화로 대화했다. ⑤[근거지·통과점]…의 곳에서 ;…을 ;…로부터, …을 통하여. Le cogí *por* el brazo. 나는 그의 팔목을 붙잡았다. Salimos *por* la ventana. 우리들은 창문으로 빠져 나갔다. Pasaré *por* tu casa. 나는 네 집에 들리겠다. ⑥[공간적인 전개] …을·으로; …근처. Di un paseo *por* el parque. 나는 공원을 산책했다. No hay una pensión *por* aquí. 이 근처에 여관은 없다. ⑦[시간적인 전개]…동안; …무렵에. No ha llovido *por* largo tiempo. 오랫동안 비가 오지 않았다. Voy mañana *por* la mañana. 나는 내일 아침에 간다. Volveré *por* agosto. 그는 8월쯤 돌아올 것이다. ⑧[대체]…의 대신으로. Lo haré *por* él. 내가 그를 대신하여 그 일을 하겠다. ⑨[대상·대가]…로. Lo compraré *por* cien pesetas. 나는 그것을 100페세타를 주고 사겠다. ⑩[비율]…에 대하여, …쯤. ¿Cuánto me paga usted *por* hora? 한 시간에 얼마씩 주시겠소. ⑪[이익·감정의 대상]…을 위하여, …에 대하여, …하므로. Haré todo lo posible *por* ti. 너를 위하여 가능한 것을 하겠다. Tiene mucho interés *por* él. 그녀는 그에게 꽤 관심을 가지고 있다. ⑫[+*inf*.]…하려고, 아직 …하지 않고. Estoy *por* salir de paseo. 나는 산책을 나갈 작정이다. El cuarto está *por* limpiar. 방은 아직 청소되지 않았다. Aún quedan muchas cosas *por* hacer. 아직 하지 않은 일이 많이 남아 있다. ⑬…로서. Me tomaron *por* mi hermano. 나는 형으로 오인 당했다. En su pueblo pasa *por* rica. 그녀는 자기 마을에서는 부자로 통하고 있다. ⑭[+형용사·부사+*que*] 아무리 …라도. *Por* mucho *que* le hables, no podrás convencerle. 아무리 네가 그에게 말해도 그를 납득시킬 수 없을 것이다.

porción 여 ①부분, 분량(分量). Partió el pan en cinco *porciones*. 그녀는 빵을 다섯 조각으로 나누었다. ②상당한 수·양. Llegaron una *porción* de soldados. 상당한 수의 병사가 도착했다. ③배당량. Ya tienes tu *porción*. 너는 이미 네 배당량을 가지고 있다.

pormenor 남 상세, 세부(細部). Todavía no tenemos los *pormenores* del caso. 우리들은 사건의 세부(의 정보)는 아직 입수하지 않았다. ◇ **pormenorizar** [9] alzar] 타 상세히 말하다, 세밀하게 기입하다·쓰다.

pornografía 여 호색문학, 저저분하고 더러움; 음란, 음탕.
pornográfico, ca 형 호색의, 저저분하고 더러움; 음란·음탕한.
poro 남 모공, 털구멍; 잔·가는 구멍.
porosidad 여 구멍이 많음, 구멍이 있음, 구멍.
poroso, sa 형 구멍이 많은, 숨구멍이 있는.
poroto 남 강낭콩(judía).
porque 접 …고로, …이므로; 왜 냐하면(pues, que). No voy *porque* no quiero. 나는 가고 싶지 않으므로 가지 않는다. Tendrá éxito en el examen, *porque* ha estudiado mucho. 그는 시험에 합격할 것이다, 왜냐하면 많이 공부하였으니까.
porquería 여 더러운것·일 (suciedad); 비열, 비루, 폐물.
porquerizo, za 남 돼지지키는 사람.

porra 여 곤봉; 경찰봉, 자루가 긴 망치, 허세. 톱 어리석은 사람.

porrazo 남 강타, 일격, (물건이 떨어져서 발생하는) 타격.

porrería 여 완고, 고집, 어리석음, 우둔, 어리석은 짓, 어리석은 생각; 지루함.

porreta 여 (부추·마늘·양파의) 푸른 잎; (보리·밀의) 싹. *en porreta* 벌거벗고, 헐벗어서.

porrillo (a) 부 많이, 풍부하게.

porrón, na 형 무거운, 느린, 완만한, 기능이 둔한, 부진한, 활발치 못한.

porta 여 【선박】 현창, 현문, (군함의) 포문.

portaaviones 남 【단·복수 동형】 항공 모함.

portada 여 ① (건물의) 정면. *La portada de la iglesia era muy impresionante.* 교회의 정면이 매우 인상적이었다. ② (책의) 첫장. *En la portada va escrito el título, autor, etc.* 첫장에 책 이름이나 저자 이름 따위가 씌어 있다.

portaequipajes 남 【단·복수 동형】 화물 선반.

portal 남 (전면) 현관; (큰 공장 따위의) 정문. *Vamos a refugiarnos de la lluvia en algún portal.* 어느 집 현관에서 비를 피하자.

portarse 재 행동하다, 행하다. *Este niño se porta bien [mal].* 이 어린이는 버릇이 좋다 [나쁘다].

porte 남 ① 운반, 운송; 운임. *Les rogamos que los portes sean de su cuenta.* 운임은 귀사 부담으로 해 주시오. ② 풍채; 외관. *Tiene un porte elegante.* 그는 우아한 풍채를 하고 있다.

portero, ra 명 ① 문지기, 수위. *Pregunte usted al portero por mí.* 나를 (찾는다고) 말하고 수위에게 물어 주시오. ② (축구 따위의) 문지기. ◇ **portería** 여 ① 문지기방, 수위실. *A la entrada estaba la portería.* 입구에 수위실이 있었다. ② 골.

pórtico 남 입구, 현관; 복도.

portilla 여 【선박】 현창, 포문, 작은 문; 통로.

portillo 남 작은 문, 벽의 틈·구멍, 통로; 부서진 물건의 움푹 파진 곳; 쪽문; 목적을 위한 수단; 도시의 작은 성문.

portorriqueño, ña 명 뿌에르또·리꼬의 (사람).

portuario, ria 형 항구의, 항구도시의, 항만의.

portugués, sa 형 포르투갈(Portugal)의. 명 포르투갈사람. 남 포르투갈어.

porvenir 남 미래, 장래(futuro). *Es un joven con mucho porvenir.* 그는 크게 장래성이 있는 청년이다.

posar 타 (손·발을) 조용히 놓다. *El maestro posó su mano sobre mi cabeza.* 교사는 나의 머리에 손을 살짝 놓았다. 재 포즈로 취하다. *Pose usted para la foto.* 사진을 찍겠으니 포즈를 취해 주시오. ◇ ~**se** ① (새가) 앉다. *Los pájaros se posaban en las ramas.* 새가 가지에 앉아 있었다. ② 침전하다. ◇ **posada** 여 집, 주거; 여관. ◇ **pose** 남 포즈, 자세; 멋부림.

poseer [75 *leer*] 타 ① 가지고 있다, 소유하다. *Las abejas poseen una organización social.* 꿀벌은 사회조직을 가지고 있다. ② 알고 있다. *Posee bien el español.* 그는 스페인어를 잘 알고 있다.

◇ **poseído, da** [+de : …에] 홀린, 열중한. Está *poseído de temor.* 그는 공포에 사로잡혀 있다.
posesión 여 ① 소유(물); 취득(물). *Esto son todas mis posesiones.* 이것이 내 전 재산이다. ② 소유지; 영토(領土). *Tengo algunas posesiones en el campo.* 나는 시골에 얼마간 토지가 있다.
posible 형 가능한, 있을법한 [반 *imposible*]. *Eso no es posible.* 그런 일은 있을 수 없다. 남복 능력, 재력(財力). *Mis posibles no alcanzan a más.* 내 힘으로는 그 이상은 무리하다. *hacer (todo) lo posible* 전력을 다하다. *Haré todo lo posible para salvarles.* 그들을 구하기 위해서 나는 전력을 다하겠다. *ser posible que*+subj. …할지도 모른다. *Es posible que llegue mañana.* 그는 내일 도착할지도 모른다. ◇ **posibilidad** 여 가능(성); 전망.
posición 여 ① 위치. *No me gusta la posición del cuadro.* 나는 그 그림의 위치가 마음에 들지 않는다. ② 입장; 지위(puesto), 신분. *Es un hombre de alta posición.* 그는 신분이 높은 사람이다. ③ 자세(姿勢). *Se retrató en distintas posiciones.* 그는 여러가지 자세로 사진을 찍게 했다.
positivo, va 형 ① 확실한. *Este es un hecho positivo.* 이것은 확실한 사실이다. ② 실리적인, 실지(적)의. *Es una persona muy positiva.* 그는 극히 실리적인 사람이다. ③ 긍정적인, 적극적인. *Tiene una bondad positiva.* 그에게는 적극적인 (의미에서의) 좋은 점이 있다. ④ [사진] 양화(陽畫)의. ◇ **positivamente** 부 확실히; 실지로; 긍정적으로; 적극적으로. ◇ **positivismo** 남 실리주의, 실증주의. ◇ **positivista** 형 실리·실증주의의. 공 실리·실증주의자.
postal 형 우편의. *Déme cinco tarjetas postales.* 우편엽서를 5장 주세요. *Quiero enviar esto por paquete postal.* 이것을 우편소포로 보내고 싶소. 여 엽서. *Traigo una postal para ti.* 나는 너에게 온 엽서를 가지고 왔다.
posterior 형 후부의; 뒤의. *Me duele la parte posterior de la cabeza.* 나는 뒷머리가 아프다. *Salgan por la parte posterior.* 뒷문으로 나가 주십시오. ◇ **posterioridad** 여 후세(의 사람들). *Muchos trabajan para la posterioridad.* 많은 사람들은 후세를 위하여 일하고 있다.
postescolar 형 졸업후의.
postguerra 여 세계 대전후.
postigo 남 뒷문, 옆문, 부엌문, 비상구, 비밀문, 쪽문.
postilla 여 상처·부스럼의 딱지.
postillón 남 역마차의 마부.
postín 남 체하기, 허식, 자부심, 자만. *dar(se) postín* 체하다, 으시대다.
postizo, za 형 떼어낼 수 있는; 자연적이 아닌, 인조의, 의치·의안·의족의. 남 가발, 털구멍에 인위적으로 넣을 털. *dentadura postiza* 틀이(아래위 전부 해 넣은). *diente postizo* 의치. *pelo postizo* 가발. *pierna postiza* 의족.

postmeridiano, na 형명 오후(의).

postor, ra 명에 입찰자(licitador).

postpalatal 형명에 후구개음(의).

postración 명엎드려 절하기; 쇠약, 허탈, 정신상 고통으로난 병으로 건강이 쇠약함.

postrar 타 넘어드리다, 굴복시키다, …를 쇠약케 하다(abatir), 기세꺾다; ◇**-se** 엎드리다, 땅에 무릎을 꿇다, 극히 쇠약해지다.

postre 명 디저트. ¿Qué quiere usted de *postre*? 디저트는 무얼로 하시겠읍니까. *a la postre* 최후로.

postrero, ra 형 [남성 단수명사 앞에서 postrer] 최후의. Se ha publicado el *postrer* tomo. 마지막 권이 발행되었다.

postura 명 ① 자세(姿勢). Esta *postura* es buena para la salud. 이 자세는 건강에 좋다. ② 태도(actitud). ¿Cuál es su *postura* en este asunto? 이 문제에 대한 당신의 태도는 어떻습니까. ③ 경매 가격. Mi *postura* es de cien pesos. 나의 경매 가격은 100 페소이다.

potente 형 힘이 있는, 강한. Es un hombre *potente* en el pueblo. 그는 읍내의 유력자이다. ◇ **potencia** 명 힘, 능력; 국력; 강국. ◇ **potencial** 형 힘이 있는.

poterna 명 뒷문, 옆문; 빠짐길, 도망길; 비상문, 비밀문.

potestad 명 세력; 권력. *patria potestad* 친권.

potestativo, va 형 임의의.

potra 명 망아지, 어린 말; 【의학】 탈장, 헤르니아.

potrada 명 망아지의 무리.

potranca 명 (3살이하의) 어린 말.

potro 명 어린 말, 망아지; 고문대; 질요강; 한 개 혹은 여러 임파선의 염증.

payo 명 걸터앉는 돌, 벤취; 판결료, 심판료.

poza 명 웅덩이, 빙판을 만들기 위해서 모아 놓은 물웅덩이.

pozal 명 물통.

pozo 명 ① 우물. Usamos para beber el agua del *pozo*. 우리들은 음료수로 우물물을 쓰고 있다. ② 수직 갱. *pozo de petróleo* 유정(油井).

practicar [7 sacar]타 ① 하다, 행하다. Tengo la costumbre de *practicar* algo de ejercicio todos los días. 나는 매일 얼마쯤의 운동을 하기로 하고 있다. ② 실습하다. Estoy *practicando* la conversación española con un español. 나는 스페인사람에게서 스페인어 회화를 배우고 있다. ② 영업·개업하다. *Practica* la medicina en su pueblo. 그는 고향에서 의술을 개업하고 있다.

práctico, ca 형 ① 실지의, 실용적인. No aprecies las cosas sólo por su utilidad *práctica*. 실용성만으로 사물을 평가하지 마라. Este es un coche *práctico*. 이것은 실용차이다. ② 편리한; 소용되는, 쓸모있는. Es muy *prática* en cuidar enfermos. 그녀는 환자의 간호에 매우 소용이 된다. 명 ① 실행. Estas modificaciones no se pueden poner en *práctica*. 이 변경들은 실행에 옮길 수 없다. ② 실지, 실습. Estoy haciendo *prácticas* para conducir. 나는 (자동차) 운전 실습을 하고 있다. ◇ **prácticamente** 團 실지로, 실제적으로.

prado 團 목장; 운동장. Se veían las vacas tendidas en el verde *prado*. 초록색 목장에서 소들이 누워있는 것이 보인다. ◇ **pradera** 여 [집합적] 목장(지); 큰 목장.

pragmático, ca 團 실용주의의, 실제적인. 여 [고어] 법령, 칙령.

pragmatismo 團 [철학] 실용주의.

praseodimio 團 [화학] 푸라세오디미움.

pratense 團 목장의, 목장에 생기는.

praticultura 여 목장 재배법.

praviana 여 스페인 북부 아스토리아스의 민요.

preámbulo 團 서언, 전치 (prólogo).

prebélico, ca 團 전(쟁)전의.

prebenda 여 성직자의 봉급, 수입이 많고 편한 직업.

prebendado 團 봉급을 받는 성직자.

preboste 團 단장, 회장, 두령.

precario, ria 團 불안정한 (inseguro); 가정의 추정적인, 믿을 수 없는.

precaución 여 조심, 경계. Es lamentable que no hayas tomado las necesarias *precauciones*. 네가 필요한 조심을 하지 않은 것은 유감이다.

precavido, da 團 신중한, 조심성 있는, 선견지명이 있는. Hombre *precavido* vale por dos. 예방책을 강구하는 한 사람은 예방책을 강구하지 않는 두 사람의 가치가 있다.

preceder 匣 (…에) 앞서다. 因 [+a : …에] 앞서다, (…보다) 앞에 있다. Su nombre *precede* al mío en la lista. 명단에서 그의 이름은 내 이름보다 앞에 있다. ◇ **precedente** 團 [+a : …에] 앞선.

precepto 團 교훈, 훈계. Un ejemplo es más valioso que cien *preceptos*. 하나의 본보기는 백개의 설교보다 낫다.

preceptor, ra 團여 교사, 라틴어 교사.

preceptuar 匣 …의 규칙을 정하다, 훈령을 내리다, 규정하다, 명령하다, 훈계하다.

preces 여復 기도, 기원 (súplicas).

preciado, da 團 귀중한, 우수한 (precioso), 득의만만한 (jactancioso).

preciar 匣 (높이) 평가하다 (apreciar). ◇~**se** [+de] …으로 득의만만하게 되다.

precintar 匣 가죽끈으로 상자따위의 모퉁이를 붙잡아 매다; 봉지로 싸다, 혁대를 매다, 구멍을 막다.

precinto 團 봉지, 봉합지; 혁대, 막기, 붙잡아 매기.

precio 團 가치; 가격, 값. ¿Cuál es el *precio* de este libro? 이 책값은 얼마입니까. Los *precios* suben cada vez más. 물가는 더욱 더 올라간다.

precioso, sa 團 ① 귀중한. Excusado es decir que el tiempo es *precioso*. 시간이 귀중함은 말할 것도 없다. *piedra preciosa* 보석 (joya). ② 훌륭한; 사랑스러운. Ese lugar tiene una vista *pre-

ciosa. 이 장소는 조망이 훌륭하다. ¡Qué niño tan *precioso*! 얼마나 귀여운 아이인가! ◇ **preciosidad** 여 귀중; 소중한 것.

precipitar 타 떨어뜨리다; 내던지다, 메밀다. Parece que la *precipitaron* por la ventana. 그녀는 창에서 내던져진 듯하다. ◇~**se** 뛰어나가다·들다; 떨어지다, 추락하다. Se *precipitó* desde el tejado. 그는 지붕에서 굴러 떨어졌다.

precisar 타 확실히 정하다. Les agradeceremos que *precisen* más sus indicaciones sobre su pedido. 주문품의 지시를 좀 더 확실히 정해 주시면 다행이겠습니다. 재 필요하다. *Precisa* que tú mismo hables con él. 네 자신이 그와 이야기함이 필요하다.

preciso, sa 형 ① 필요한. Tu ayuda es *precisa* para nosotros. 너의 도움이 우리들에게는 필요하다. Es *preciso* que vayas mañana. 내일 네가 갈 필요가 있다. ② 정밀한; 정확·명확한. Este reloj es muy *preciso*. 이 시계는 극히 정확하다. Envíeme instrucciones más *precisas*. 좀 더 명확한 지시를 보내주시오. ◇ **precisamente** 분 정확히, 마침. Llegamos *precisamente* a las doce. 우리들은 꼭 12시에 도착했다. ◇ **precisión** 여 필요성; 정밀; 적확(的確).

preconizar 타 장려·칭찬하다(elogiar); 선언하다, 성명하다, 공포하다.

preconocer 타 예지하다, 살펴서 알다(prever).

precoz 형 조숙의; 조생의, 속성의.

precursor, ra 형 선구·전조의. 명 선구·선각자.

predecesor, ra 명 선인, 선배; 선조; 전임자.

predestinación 여 숙명, 전세의 약속.

predestinado, da 형 숙명을 지닌 (사람), 신에 의하여 운명이 예정된 (사람); 처를 남에게 점령당한 (남자).

predestinar 타 예정하다, 운명으로 되다.

predeterminar 타 예정하다.

predial 형 토지·부동산(predio)의.

prédica 여 (사교파위의)설교; 열변.

predicación 여 설교, 포교.

predicar 자 sacar재 설교를 하다; 선교·포교를 하다. El señor sacerdote está *predicando* ahora. 사제님은 지금 설교 중이다. 타 설교하다; 선교·포교하다. Le *prediqué* para que trabajara más. 나는 그에게 더욱 일하도록 설교해 주었다. ◇ **predicación** 여 설교, 포교. ◇ **predicado** 남 [문법](서)술부. ◇ **predicador, ra** 형 선교·포교하는. 명 선교사.

predilecto, ta 형 마음에 드는, 특히 좋아하는. Invitó a sus amigos *predilectos*. 그는 마음 맞는 친구들을 초대했다. ¿Cuál es tu deporte *predilecto*? 네가 특히 좋아하는 스포츠는 무엇이냐. ◇ **predilección** 여 편애, 애호.

predio 남 부동산(heredad), 토지, 농장.

predisponer 타 [과거분사 predispuesto] [+a]…에 소인을 만들다, 기울어지게 하다, (병에)걸리기 쉽게 만들다, 좋아하게 하다, 적응시키다. ◇~**se** [+a] …의 경향이 있다, …을 좋아하다, …을 하기 쉽다.

predisposición 여 소질, 경향, 소인.

predominante 형 지배적인, 주요한, 중요한; 탁월한.

predominar 타 지배하다(prevalecer). 자 [+en] …에 지배력을 갖다, 우위·우세를 견지하다; 매우 뛰어나다, 탁월하다 (sobresalir).

predominio 남 우월성, 지배력. El *predominio* de los enemigos era definitivo. 적군의 우세는 결정적이었다.

prefecto 남 (옛날 로마의 민·군정의) 장관; (프랑스의) 지사; 총독, 태수.

preferencia 여 ① 기호; 편애(偏愛). Goza de la *preferencia* de su amo. 그는 주인의 편애를 받고 있다. ② 우선권; 특혜. Las familias pobres tienen *preferencia* para ocupar los pisos. 가난한 가족들이 그 층에 사는 우선권이 있다. *con preferencia* 특히, 기꺼이. Trabaja con nosotros *con prefernecia*. 그는 기꺼이 우리들과 (함께) 일한다. *de preferencia* 우선적으로, 주로. ◇ **preferente** 형 바람직한, 나은; 우선적인.

preferir [47 herir] 타 [+a: …보다] 좋아하다, 차라리 …을 고르다; 우선시키다. Yo *prefiero* el vino a la cerveza. 나는 맥주보다 포도주가 좋다. ¿Qué *prefiere* usted, café o té? 커피와 차와, 어느 쪽으로 하시겠오? ◇ **preferible** 형 [+a: …보다] 바람직한. Es *preferible* que nos quedemos aquí. 우리들은 여기 남아 있는 편이 좋다.

pregón 남 등짐장수; 공시(公示); 예고, 발표. ¿Qué dice ese *pregón*? 저 등짐장수는 무어라 하고 있나. ◇ **pregonar** 타 등짐장수를 하다; 광고하고 다니다; 선전하다.

preguntar 타 묻다, 물어보다 (⑭ contestar, responder, replicar]. ¿Por qué me lo *pregunta* usted? 왜 당신은 나에게 그런 일을 묻는가요. 자 질문·심문을 하다. Me *preguntaron* si sabía algo de él. 나는 그에 관하여 무엇이 알고 있는지 어떤지 질문을 받았다. *preguntar por* …에 관하여 묻다. *Preguntaba por* José. 그가 호세는 있는가 하고 물어 보았다. ◇ **pregunta** 여 질문. Quisiera hacerle una *pregunta*. 당신에게 질문하고 싶은데요.

prejuicio 남 예단(豫斷), 편견, 선입견. Somos propensos a los *prejuicios*. 우리들은 편견을 가지기 쉽다.

prelado 남 고승, 역승(役僧); 수도원장.

preliminar 형 예비의, 전치의. 남 예비; 전문. 목 가조약; 예비 행위; 초보, 예비과목.

preludiar 타 (소리·악기를) 조정하다; 서곡을 연주하다; 준비하다; 시작하다. 자 전주곡·서막·전조로 되다.

preludio 남 전주곡; 서곡; 준비.

prematuro, ra 형 조숙한, 너무 빠른, 시기상조의.

premeditación 여 미리 생각하기, 계획하기; 【법률】 고의, 예비음모 (범죄의).

premeditar 타 미리 생각하다; 계획하다.

premiar 타 갚다, 보상·보답하다; 보수·상을 주다; [+con] …을 상으로 …에게 주다.

premio 남 ① 상, 상품. Le han dado un *premio* por haber salvado a un niño que estaba a punto de ahogarse. 그는 물에 빠진 어린이를 구조하고 상을 받았다. ② 상금(賞金). Ha sacado el *premio* gordo. 그는 (복권의) 일등에 당첨되었다. ③ 할증금. *a premio* 프레미엄을 붙여서. ◇ **premiar** 田 ① 칭찬하다. (…에) 보답하다. ¿Con qué *premiaremos* sus servicios? 진력하신 데 대하여, 어떠한 사례를 할까요. ② [+con: …상으로서] (…에게) 주다. El maestro le *ha premiado* a Juan *con* un diccionario. 선생은 후안에게 상품으로 사전을 주었다.

premioso, sa 形 딱딱하고 어려운 (문제)(rigido); 둔하고 무거운; 거북한.

premisa 여 징조, 낌새, 전제. *premisa mayor·menor* 대·소전제.

premonitorio, ria 形 미리 경고하는; 전조의.

premura 여 절박, 급박, 긴급, 급속, 신속, 조급, 성급.

prenatal 形 출생전의, 태아기의.

prenda 여 ① 물품, 물건; 옷. Cuántas más *prendas* tiene, más quiere. 그녀는 옷을 가지면 가질수록 더욱 더 욕심을 낸다. ② 담보물; 증거. Ha puesto su casa en *prenda*. 그는 자기의 집을 담보로 넣었다. ③ 图(타고난) 성질. Es un hombre de buenas *prendas*. 그는 성질이 좋은 사람이다. *en prenda de* …의 표·담보·증거로서.

prender 田 ① 붙잡다, 체포하다. La policía está esforzándose por *prender* al autor. 경찰은 범인을 체포하려고 필사적이다. ② 매달다, 누르다, 막다. Las ramas *prendieron* el vestido. 나뭇가지에 옷이 걸렸다. *Prenda* usted esto con un alfiler. 이것을 핀으로 찔러 주세요. ③ (불을) 붙이다. *Prende* la lumbre. 불을 붙이시오. 자 ① 매달리다. El vestido *prendió* en un gancho. 옷이 갈고리에 걸렸다. ② 불이 붙다. Las llamas *prendieron* en un montón de leña. 불꽃은 장작 더미에 옮겨 붙었다.

prensa 여 ① 프레스, 압착기(壓搾器). Meta usted esto en la *prensa*. 이것을 프레스에 걸어 주시오. ② 인쇄기; 인쇄. Su obra está en *prensa*. 그의 작품은 인쇄중이다. ③ 신문. Me he enterado del accidente por la *prensa*. 나는 그 사고를 신문으로 알았다. ◇ **prensar** 田 죄어매다, 압박·압연하다.

prensar 田 압착·압연하다; (헝겊·종이 등을) 윤내는 기계에 걸다.

prensista 图【남·녀 동형】인쇄공, 인쇄기 담당자.

prenunciar 田 예고·예보하다.

preñado, da 形 임신중의, 가득찬, 부풀은. 图 임신; 태아. 여 임산부.

preñar 田 임신하다, 포화시키다, 가득 채우다.

preñez 여 임신; 불안(상태).

preocupar 田 걱정시키다, 마음을 쓰이게 하다. La *preocupa* mucho que no le escribas hace mucho. 네가 그녀에게 오랫동안 편지를 쓰지 않아서 그녀는 매우 걱정하고 있다. ◇ **~se** [+por·de: …] *Preocúpate* tú *de* tus asuntos. 네 일에 마음을 써라. No *se preocupe* usted *por* tan poca cosa. 그런 사소한 일에 마음을 쓰지 마시오. ◇ **preocupación** 여 걱정, 마음

에 걸림. ¿Qué *preocupaciones* tiene usted? 무슨 걱정이 있읍니까?

preparar 他 ① [+a・para: …를 위하여／+contra: …에 대하여] 준비하다. Está *preparando* la comida. 그녀는 식사를 준비하고 있다. Tengo que *preparar* la lección para mañana. 나는 내일의 학과를 예습해야 한다. ②만들다; 조제・조합하다. ¿Quiere usted *prepararme* esta receta? 이 처방을 조제하여 주시지 않겠읍니까? ◇**~se** (자기의) 준비를 하다. *Preparémonos* a salir. 출발할 준비를 하자. ◇**preparación** 囡 준비; 조제, 조합. ◇**preparativo, va** 形 준비의, 예비적인. 男 준비.

preposición 囡 [문법] 전치사. ◇**preposicional** 形 전치사(적)의.

presa 囡 ① 잡음, 포획, 체포; 사냥한 짐승. El fuego hizo *presa* en la cortina. 불이 커튼에 붙었다. El león salta sobre su *presa* con mucho cuidado. 사자는 조심스럽게 먹이에게 뛰어 덤빈다. ②댐, 둑. Este es el plano de la nueva *presa*. 이것이 새로운 댐의 설계도이다.

presbicia 囡 원시, 노안.

présbita 形 원시안의(사람).

presbiterado 男 성직자의 직, 사제의 직.

presbiterianismo 男 [종교] 장로교의.

presbiteriano, na 形 장로교의 (회원).

presbiterio 男 사제, 목사(sacerdote).

presciencia 囡 예지, 선견.

prescindir 自 [+de: …을] 내버리다, 잊어버리다, 무시하다, …없이 끝내다. Pídele que no *prescinda* de mí. 나를 잊지 말도록 그에게 부탁해 주게. No podemos *prescindir* de la sal. 우리들은 소금없이는 살 수 없다.

presencia 囡 ① (어느 장소에) 있음(존재), 출석, 출현, 그 자리에 있음. Le rogamos que honre nuestra fiesta con su *presencia*. 우리들의 모임에 출석하시는 영광을 베풀어 주시기 바랍니다. ②입회, 면전(面前). Me insultaron en *presencia* de todos. 나는 여러 사람의 면전에서 모욕당했다. ③모습, 풍채. Tiene buena *presencia*. 그는 풍채가 좋다. ◇**presenciar** [① cambiar] 他 그곳에서 보다, 목격하다; (…에) 입회하다, 자리를 같이 하다. *Presenciamos* el accidente por casualidad. 우리들은 우연히 그 사고를 목격했다.

presentar 他 ① 보이다, 제시하다. La ciudad *presentaba* una vista deslumbradora. 그 도시는 눈부실 만큼의 경치를 보이고 있었다. Me *presentó* su colección de sellos. 그는 우표수집을 보여 주었다. *Presentaron* una queja al comité. 그들은 위원회에 불만을 제출했다. ③소개하다; [+de・por: …로서] 추천하다. Quisiera *presentar*le a mi amigo. 내 친구를 소개하고 싶은데. ④상연・상영하다. Este cine *presenta* siempre buenas películas. 이 영화관은 언제나 좋은 영화를 상영한다. ◇**~se** ①나타나다. Ese fenómeno *se presenta* en raras ocasiones. 그런 현상이 나타나는 일은 드물다. Ayer se presentó inesperadamente. 그가 어제 뜻밖에 나타났다. ② 얼굴을 내다; 출두하다. *Me presenté* a la policía por un asunto personal. 나는 개인적인 용건으로 경찰에 갔다. ③ (시험·콩쿨에) 참가하다; 응모하다. ◇ **presentación** 閻 ① 제출. ② 소개; 추천. *carta de presentación* 소개장. ③ 상연, 상영.

presente 圈 ① (그 곳·때에) 있는; 출석·열석하고 있는 [↔ ausente]. No estuve *presente* en la fiesta. 나는 파티에는 출석하지 않았었다. ② 지금의; 이, 당면한. Vendrá a fines del mes *presente*. 그는 이달 말 무렵에 오게 되어 있다. 【문법】현재형의. 閻 현재형. *hacer presente* 명백히 하다, 상기시키다. Hay que *hacerle presente* lo que dijo. 자신이 무슨 말을 하였는지를 그에게 생각해내게 해야 한다. *tener presente* 확실히 기억하고 있다. Le ruego que *tenga presente* todo eso. 그 일을 모두 잘 기억해 주기 바란다.

presentir [46 *sentir*] 目 예감하다; 예측하다. Yo *presentía* ese triste accidente. 나는 그 슬픈 사건을 예감하고 있었다. ◇ **presentimiento** 閻 예감.

presidente, ta 閻 주재자; 총재, 의장, 회장, 사장, 총장, 대통령. El Congreso de los Diputados ha elegido a su *presidente*. 국회는 의장을 선출했다. ◇ **presidencia** 閻 주재함; 사회; 주재자·총재 따위의 직·임기.

presidir 目 ① 주재·통할하다; 사회하다. El rector *preside* la reunión de profesores. 학장이 교수회 의장을 맡는다. ② 지배하다. La buena intención *preside* todos sus actos. 선의가 그의 모든 행위를 지배하고 있다.

presión 閻 압력(壓力). Haz *presión* de modo que quepa todo en la maleta. 여행가방에 전부 들어가도록 눌러라. Ha actuado así por *presión* del comité. 위원회의 압력에 의하여 그는 그러한 행동을 취했다.

preso, sa 圈 붙잡힌. Están *presos* en la cárcel. 그들은 감옥에 갇혀 있다. 閻 포로, 죄수; 체포·검속된 사람. Dos *presos* han escapado de la cárcel. 두 사람의 죄수가 탈옥했다.

préstamo 閻 차용금, 대여금. *casa de préstamos* 전당포. ¿No conoces alguna *casa de préstamos*? 어디 전당포를 모르는가.

prestar 目 ① 빌려주다. Te *prestaré* ese libro con tal que me lo devuelvas. 돌려 주기만 한다면 그 책을 빌려주겠다. ② 봉사·원조·협력하다; 제공하다. Les agradezco el *servicio* que me *han prestado*. 나는 그들이 해준 봉사에 대하여 감사하고 있다. ③ 주의하다, (침묵을) 지키다. Los niños no *prestaban* atención al maestro. 어린이들은 선생의 말에 주의를 하지 않았다. ◇ ~**se** [+a : …에게] 봉사하다; 시키는 대로 따르다. El se *prestó a* ayudarme. 그는 자진해서 나를 도와 주었다. Ella se *prestó a* todos los caprichos de su marido. 그녀는 남편의 모든 억지에 순종했다. ◇ **prestado, da** 圈 빌린, 빌려준. *dar prestado* 빌려주다. Te *daré prestado* la revista. 그 잡지를 빌려주겠다. *pedir prestado* 빌리다. Hoy te he enviado el libro que te *pedí prestado* el otro día. 나는 일전에 빌린 책을 오늘 너에게

보냈다.
prestigiar 타 (…에) 명성·권위를 더하다.
prestigio 남 명성; 권위. El triunfo y el *prestigio* le crearon muchos enemigos. 성공과 명성이 그에게 많은 적을 만들었다.
◇ **prestigioso, sa** 형 명성·권위가 있는
presumir 타 추측·억측하다. Yo *presumo* que acabará por aceptarlo. 그는 결국 그것을 받으리라고 나는 추측하고 있다. 재 [+de : …와·를] 자만하다. El *presume* de inteligente. 그는 수재라고 자만하고 있다. Quien quiere *presumir* tiene que sufrir. 자만은 고통을 모른다. ◇ **presunción** 여 추측, 억측; 자만.
presuntuoso, sa 형 자만심이 강한. Ella es una mujer muy *presuntuosa*. 그녀는 대단히 자만심이 강한 여인이다.
presupuesto 남 견적, 예산. Quizás no llegue el *presupuesto* a la importancia que se desea, pero es mucho mejor que nada. 예산이 희망하는 액에 달하지 못할 지도 모르지만, 없는 것보다는 훨씬 좋다. ◇ **presupuestario, ria** 형 예산의.
pretender 타 바라다, 구하다; 엿보다, 겨냥하다, 노리다. Había un puesto y lo *pretendían* cinco personas. 취직 자리가 하나 있었는데, 그것을 5명이 노리고 있었다. ② (…에) 구애·구혼하다. *Pretende* a mi prima. 그는 내 사촌 누이에게 구혼하고 있다. ③ [+inf. : …하려고] 시도하다, 노력하다. *Pretendí* convencerle, pero no pude. 나는 그를 설득하려고 힘썼으나 허사였다. ◇ **pretendiente** 남 지망·요구하는 사람; 노리는 사람; 구애·구혼자.
pretensión 여 희망, 소원; 구애(求愛). Tiene pocas *pretensiones* y se conformará con un sueldo modesto. 그는 많은 것을 바라지 않으니까 적은 급료로 승낙할 것이다.
pretérito, ta 형 과거의. 남 〖문법〗 과거(형).
pretexto 남 구실(口實). Buscan un *pretexto* para hacernos la guerra. 그들은 우리들에게 전쟁을 도발하기 위한 구실을 찾고 있다. *a pretexto de* …의 구실로. No fue *a pretexto de* estar ocupado. 그는 바쁘다는 구실로 가지 않았다. *tomar por pretexto* …을 핑계로 삼다. *Tomé por pretexto* la enfermedad para descansar. 나는 질병을 핑계로 하여 쉬었다. ◇ **pretextar** 타 핑계삼다.
prevalecer [30 crecer]재 [+sobre : …에] 이기다, (…보다) 우세하게 되다. La verdad *prevaleció sobre* la mentira. 진실은 허위를 이긴다. Por fin *prevaleció* nuestra propuesta. 드디어 우리들의 제안이 우세하게 되었다.
prevenir [59 venir]타 ①준비하다. Tenemos que *prevenir* lo necesario para el viaje. 여행에 필요한 것을 준비해야 한다. ② 예방·방지하다. Si hubiéramos tenido más cuidado, habríamos podido *prevenir* este accidente. 좀 더 주의했더라면, 이 사고는 막을 수 있었을 것이다. ③ 경고하다. Le *prevengo* a usted que no se atreva a hacer eso. 무리하게 그런 일을 하지 않도록 나는 당신에게 주의하여 둔다. 재 습격하다. *Previno* una tempestad furiosa. 격심한 폭풍이 습격해 왔다. ◇ **~se** ①

[+de・con: …을/+para: …를 위하여]준비하다. Tenemos que prevenirnos de víveres ante todo. 무엇보다도 먼저 식량을 준비해야 한다. Tengo que prevenirme para el viaje. 나는 여행(을 할 것)을 준비해야 한다. ② (+de・a・contra: …에 대하여)조심·경계하다. Prevéngase usted contra los accidentes de tráfico. 교통사고에 조심하여 주십시오. ◇ **prevención** 예 용의, 준비; 조심, 경계; 예방; 미리 앎. Ten mucha prevención contra él. 그에게 무척 조심하십시오. a prevención de …을 예견·경계해서. de prevención 예비의; 조심하기 위한. Llévate víveres de prevención. 예비 식량을 가지고 가세요.

prever [53 ver; 과거분사 previsto] 태 간파하다, 예견·예지(豫知)하다. Ya habíamos previsto el éxito de este negocio. 우리들은 이 일의 성공을 이미 예견하고 있었다.

previo, via 형 미리 앞서서 하는. Es un procedimiento censurable el girar en contra nuestra sin previo aviso. 예고없이 이쪽 앞으로 어음을 발행하는 일은 비난 받을 처사이다.

previsión 예 선견(지명), 예지(豫知); 예방책; 예보. Según la previsión del tiempo, hará buen tiempo mañana. 일기예보에 의하면, 내일은 맑으리라.

prima 예 보험금; 할증금; 계약·보증금. Nos pagan una buena prima por cada coche que vendemos. 차를 한 대 팔면 상당한 비율(할증금)을 받을 수 있다. prima de seguro 보험료

primario, ria 형 ①최초의, 기초의. Comer es una necesidad primaria. 먹는 일은 기본적이고 필요한 사항이다. ②초등의. enseñanza primaria 초등교육. escuela primaria 국민학교.

primavera 예 ① 봄. Ya estamos en primavera. 벌써 봄이다. ② 청춘(靑春). La pobre se murió antes de la primavera de la vida. 그 여인은 불쌍하게도 인생의 봄을 기다리지 않고 죽었다. ◇ **primaveral** 형 봄의(과 같은).

primero, ra 형 [남성 단수 명사 앞에서 primer] 제일의, 최초의, 제1등의. Hoy es el primer día de clase. 오늘은 최초의 수업일이다. Esta es la primera vez que voy allí. 내가 그곳에 가는 것은 이번이 처음이다. 예 일류임; (객차의)1등. Hemos tenido una comida de primera. 우리들은 일등 식사를 했다. 부 처음에, 우선; 차라리. Primero tengo que decirte esto. 우선, 너에게 이 말을 해야 하겠다. Primero me quedaré sin comer que pedirle prestado dinero. 그에게서 돈을 빌려야 한다면 차라리 먹지 않고 있겠다. ◇ **primeramente** 부 우선, 제일로.

primitivo, va 형 ①원시(적)의. Los hombres primitivos vivían en las cuevas. 원시인은 동굴에 살고 있었다. Ellos tienen aún costumbres primitivas. 그들은 아직 원시적인 습관을 가지고 있다. ②근본·본원의. color primitivo 원색(原色).

primo, ma 예 ① 사촌(四寸). Voy a presentarte a mi prima. 너는 내 사촌 누이를 소개하겠다. ② 호인. No me tomes por primo. 호인 대접을 하지 말게.

primordial 형 근본적인, 필요한. Para aprender idiomas extranjeros es primordial tener nociones de gramática. 외국어를 배우

princesa 여 왕녀, 공주(infanta); 왕비; 공작부인.

principal 형 주요의. Este es uno de los problemas *principales*. 이것은 주요한 문제중의 하나이다. ¿Quién hace el papel *principal*? 누가 주역을 맡는가. 명 장, 사장, 상점 주인, 주임(主任); 상층 관람석 (극장의). Quiero hablar directamente con el *principal*. 상점 주인과 직접 이야기하고 싶다. ◇ **principalmente** 부 주로; 우선.

príncipe 명 왕자(infante); 공작; 군주(君主).

principio 명 ① 처음, 기원; 기점, 원점. Volví a poner el disco desde el *principio*. 나는 레코드를 처음부터 새로 걸었다. La obra se llevará a cabo a *principios* de agosto. 사업은 8월 초순에는 실현되기로 되어 있다. ② 원칙, 방침, 주의(主義). Eso contradice nuestro *principio*. 그것은 우리 원칙에 위반한다. al [en un] *principio* 처음에. *Al principio* me parecía difícil. 처음 그것은 내게는 곤란할 것처럼 생각되었다. en *principio* 원칙적으로. *En principio* ustedes tienen razón. 원칙적으로는 당신들이 옳다.

pringar 타 굽고 있는 고기에 기름·버터를 넣다, (윤활유 따위의)기름으로 더럽히다; 고기를 삶아서 소독하다; 피를 나게 하다, 상처를 입히다; 노예에게 처벌로 타르 칠을 하다, 연좌·참여하다; 모독하다. 재 [+en]…에 손을 대다, 참가하다. ◇~se [+con·de]지방분으로 얼룩되다; 손을 대다; 횡령하다.

prior 형 전의, 선임의. 명 수도원장.

priora 명 여수도원장, 여자 수도원장 부원장.

prioridad 명 우선권; 선취권; 앞(먼저)임, …보다 중요함; 상석, 선행. valores de prioridad [상업] 우선주.

prisa 여 급함. a [de] *prisa* 급히. No comas tan *de prisa*. 그렇게 급히 먹지 마라. correr *prisa* 서두르다, 지급을 요하다. Este trabajo corre *prisa*. 이 일은 지금은 요한다. dar *prisa* 서두르게 하다. darse *prisa* 서두르다. Dése usted *prisa*. 서둘러 주시오. estar de *prisa*/tener *prisa* 서두르고 있다, 급하다. Estoy muy *prisa*/Tengo mucha *prisa*. 나는 대단히 급하다.

prisión 명 ① 체포, 감금(禁固). Le condenaron a *prisión*. 그는 금고형에 처해졌다. ② 교도소. Ahora está en *prisión*. 그는 지금 형을 복역하고 있다.

prisionero, ra 명 포로(捕虜). El *prisionero* aprovechó el fuego para huir. 포로는 화재를 이용하여 도망했다.

privado, da 형 ① [+de: …가] 없는. Es una persona *privada* de inteligencia. 그는 지성이 없는 사람이다. ② 사적인, 개인의. Este cuarto tiene baño *privado*. 이 방에는 개인용 욕실이 있다. No te metas en la vida *privada* de los otros. 타인의 사생활에 개입하지 마라. ③ 사유·사설·사립의.

privar 타 [+de: …를] (…에게서) 빼앗다; 박탈하다; 파면하다. Me *privaron* de la libertad de palabra. 나는 발언의 자유를 빼앗겼다. ◇~se ① [+de: …를] 사양하다. Quiero *privarme* de todo lo público. 나는 공사(公事)를 사양하고 싶다. ② [+de+

privilegio 圏 특권, 특전; 특허권. Estamos dispuestos a concederles el *privilegio* de importar nuestros productos. 우리 제품을 수입하는 특권을 귀사에게 양여하기로 하고 있읍니다.

proa 예 뱃머리, 기수. *castillo de proa* 앞갑판.

probable 휑 있음직한, 개연적인. Es *probable* que sepa algo del asunto. 그는 사건에 관해서 무엇인가 알고 있을 지도 모른다. ◇ **probabilidad** 예 있음직함, 예상, 확률, 공산; 개연성.

probar [24] contar]타 ① 시험하다, 시도하다. Pruebe usted una vez este producto. 한번 이 제품을 시험해 주십시오. ② 증명하다, 입증하다. Ha *probado* su inocencia. 그는 자기의 무죄를 입증했다. ③ 시식·시음하다. Prueba este vino, a ver si te gusta. 입에 맞을런지 어떨지, 이 포도주를 마셔보아 주세요.재 [+a+inf. …하려고] 시험하다, 시험삼아 …하다. El enfermo *probó* a levantarse, pero no pudo. 환자는 일어나려 했으나 안되었다. ◇ **probado, da** 휑 시험이 끝난; 확실한, 보증 붙은.

problema 圏 문제; 난점(難点). Hay muchos *problemas* difíciles ante nosotros. 우리들 앞에는 많은 난점이 있다. ◇ **problemático, ca** 휑 문제의, 의심스러운, 어림없는.

procedente 휑 ① [+de : …에서] 출발의. ¿A qué hora llegará el tren *procedente* de Madrid? 마드리드 출발 열차는 몇시에 도착할까. ② 근거·이유있는. Me parece que no es *procedente* lo que demandan. 그들이 요구하고 있는 일은 근거가 없는 듯 생각된다. ◇ **procedencia** 휑 기원, 출처; 태생; 출발지·점, 출발역, 출발 항구.

proceder 재 ① 행하다; 처치하다. Creo que su manera de *proceder* estuvo muy acertada. 그의 처치 방법은 지극히 적절했다고 생각한다. ② [+a : …행동에] 옮기다, (…에) 착수하다, (…을)시작하다. Les quedaremos muy agradecidos si *proceden* a su liquidación. 만일 청산에 착수해 주신다면 매우 다행이겠읍니다. ③ [+de : …에서] 나와 있다, 기원하다, 유래하다. El español *procede* del latín vulgar. 스페인어는 속라틴어에서 유래된다. ④ 근거가 있다. No *procede* su demanda. 그의 요구는 근거가 없다. 圏 행위, 행동. No puedo perdonar tal *proceder* suyo. 나는 그의 그런 행위를 묵과할 수가 없다; ◇ **procedimiento** 圏 행동, 하다, 처리, 방법.

procesión 예 행렬; 줄, 열(列). La gente iba en *procesión*. 사람들은 줄을 지어 갔다.

proceso 圏 ① 경과, 과정; 처치, 공정(工程). He seguido todo el *proceso* de la enfermedad. 나는 그 병(病)의 과정을 모두 밟았다. Este producto necesita un *proceso* de fabricación muy larga. 이 제품은 긴 공정을 요한다. ② 소송(訴訟). Sostengo un *proceso* contra él. 나는 그를 상대로 소송을 하고 있다.

proclamar 타 ① 포고 하다. En aquel año se *proclamó* la independencia de Norteamérica. 그 해에 북아메리카의 독립이 선언되었다. ② 공표(公表)하다, 명백히 하다. La proclamaron

proclisis 여 【문법】단음철어와 다음 말의 결합; 속독(예 : la|casa, en tren 따위).

proclive 혱 (주로 나쁜) 경향이 있는.

procomún 남 공익.

procomunista 혱 친 공산당의(자).

procónsul 남 (옛 로마의) 지방총독.

procreación 여 출산; 생식.

procrear 타 낳다, (만들어) 내다, 생식하다.

procura 여 대리권; 노력; 조달, 모금. *procura misional* 종교단체의 출납부.

procuración 여 노력; 대리, 대표, 검사의 권력·증서; 【종교】위임장; 출납부

procurar 타 ① (…에) 힘쓰다. *Procura* cumplir tu palabra. 약속을 지키도록 힘쓰시오. *Procure* que no le vea nadie. 아무에게도 보이지 않도록 힘쓰시오. ② 가져오다. Su carta me *procura* siempre un gran placer. 당신의 편지는 언제나 나에게 커다란 기쁨을 가져다 줍니다. ◇~**se** (자기를 위해) 조달하다, *Procúrate* lo necesario para la vida. 생활에 필요한 것은 자신이 조달하시오. ◇ **procurador** 남 대의원; (종단의) 경리계.

prodigio 남 경이(적인 물건·일·사람). Su paciencia es un *prodigio*. 그의 인내력은 놀라운 것이다. El es un *prodigio* de ingenio. 그는 놀라운 재능의 소유자이다. ◇ **prodigioso, sa** 혱 경이적인.

producir [70 aducir]타 ① 생기다, 낳다, 생산하다. Argentina *produce* mucho trigo. 아르헨띠나는 다량의 밀을 생산한다. ② 제작·제조하다. ¿Qué *produce* esta fábrica? 이 공장은 무엇을 만들고 있습니까. ③ (이해를) 가져오다; (득점을) 올리다. El descubrimiento de los metales *produjo* una nueva revolución en la vida humana. 금속의 발견은 인류 생활에 새로운 혁명을 가져왔다. ④ 느끼게 하다. Aquel suceso le *produjo* una gran amargura. 그 사건은 그에게 커다란 고뇌를 느끼게 하였다. ◇ **producción** 여 생산, 산출; (경기의) 득점.

producto 남(·여) (생)산물; 제품. No fabricamos sino *productos* de buena calidad. 우리 회사는 좋은 품질의 제품만 만든다. ② 성과, 경과; 수익(收益). El *producto* de su trabajo lo emplea todo en comer y beber. 그는 노동에서 얻는 수입은 모두 먹고 마시는데 소비해 버린다. ◇ **productivo, va** 혱 생산적인; 유리한.

profecía 여 예언(서).

profesar 타 ① 신조로 하다; 신앙하다. *Profesa* el cristianismo. 나는 예수교를 믿고 있다. ② (애정을) 느끼고 있다. Le *profeso* cariño. 나는 그에게 애정을 느끼고 있다.

profesión 여 직업(ocupación). ¿Qué *profesión* tiene su padre? 아버님은 무슨 직업을 가지고 계십니까. *de profesión* 직업적인,

본 직업은. *De profesión*, médico. 본직은 의사이다. ◇ **profesional** 형 직업(상)의; 본직·전문의. 명 전문가; 직업인. ◇ **profesionatismo** 명 전문가 기질.

profesor, ra 명 교수(catedrático); 선생 (maestro); 교관. Aquél es nuestro *profesor* de español. 저 분이 우리 스페인어 선생이시다. Aprendo piano con una *profesora*. 나는 선생에게서 피아노를 배우고 있다.

profeta 명 예언자. *el Profeta* 마호멧. *el Rey Profeta* 다비데.

profético, ca 형 예언(자)적인.

profetista 명 여자예언자.

profetizar 타 예언·예보하다; 억측하다.

profiláctico, ca 형 예방의. 명 예방제.

profilaxis 여 예방, 예방법.

prófugo, ga 형명 도망한 (사람); 도망 범인; 징병 기피자.

profundo, da 형 ① 깊은. El lago es muy *profundo* por esta parte. 호수는 이 근처가 매우 깊다. ② (의미·감정·잠·사처 따위가) 깊은; 심원한. No sé cómo expresar mi *profundo* agradecimiento por sus atenciones. 배려해 주신데 대하여 나의 깊은 감사를 어떻게 나타내어야 좋을 지 모르겠읍니다. Tuvo un sueño *profundo*. 그는 깊은 잠을 잤다. ◇ **profundamente** 부 깊게; 심하게; 마음속에서. ◇ **profundidad** 여 깊이; 깊은 곳. ◇ **profundizar** [⑨ alzar] 타 깊게 하다; 깊이 연구하다.

profusión 여 다량(copia); 낭비(prodigalidad).

profuso, sa 형 다량의; 낭비적의; 풍부한, 막대한.

progenie 여 혈육, 자손, 후예.

progenitor 명 (직계의) 선조, 선대, 조부.

progenitura 여 자손; 장자의 권리.

prognosis 여 [단·복수 동형] 예지; 천기예보.

programa 명 ① 순서; 프로그램, 상연·방송 종목. ¿ Tiene usted el *programa* del concierto de hoy? 오늘 음악회 프로그램을 가지고 있소. ② 예정(豫定). ¿ Cuál es su *programa* para esta tarde? 오늘 오후의 예정은 어떻게 되나요.

progresar 자 ① 진보·발전하다. La industria de este país *ha progresado* rápidamente en estos tiempos. 최근 이 나라의 산업은 급속하게 발전했다. ② 향상하다. Su español *progresa* mucho. 당신의 스페인어는 대단히 향상하였어요.

progreso 명 진보, 발전; 향상. Ha contribuido al *progreso* de la enseñanza nacional. 그는 국민 교육 발전에 공헌했다. El enfermo hace lentos *progresos*. 환자는 조금씩 좋아지고 있다. ◇ **progresivo, va** 형 전진하는; 진보적인; 누진·점진의. ◇ **progresivamente** 부 진보적으로; 점차로.

prohibir [⑱] 타 ① 금하다. El médico me *ha prohibido* el alcohol. 의사는 나에게 알콜을 금지하고 있다. ② [+*inf.* / +*que*+ *subj* : …할을] 금하다. Te prohibo que hagas eso. 나는 너에게 그것을 하는 것을 금한다. Aquí se prohibe fumar. 여기는 금연으로 되어 있다. ◇ **prohibición** 여 금지; 수입금지.

prójimo 명 타인, 이웃 사람. No podemos ser felices nosotros

solos sin la felicidad de nuestro *prójimo*. 이웃 사람의 행복없이 우리들 만이 행복할 수는 없다.

prolapso 图 (자궁·장자의) 탈출, 탈수.

prole 예 [집합적] 자손, 후예.

prolegómeno 图 서론, 서문.

proletariado 图 무산·노동계급. *proletariado intelectual* 지적노동계급.

proletarianismo 图 무산자 운동·정치.

proletario, ria 图圈 무산·운동계급의 (자); 평민의, 하층 계급의자(plebeyo).

proliferación 예 (세포의) 증식, 분포.

proliferar 困 증식하다(multiplicarse).

prolífico, ca 圈 생식력이 강한, 다산의; 다각의.

prolijidad 예 완만, 장황, 정확함, 정밀함.

prolijo, ja 圈 완만한; 장황한.

prologar 囮 …에 서문을 붙이다(序幕).

prólogo 图 서문, 서곡, 서막(序幕). Todavía no le leído sino el *prólogo* de ese libro. 나는 아직 그 책의 서문 밖에 읽지 않았다.

prolongar 囮 길게 하다, 연장시키다, 늘이다. Van a *prolongar* la carretera hasta la costa. 길을 해안까지 연장하기로 되어 있다. La sesión se *prolongó* indefinidamente. 개회는 한없이 길어 졌다. ◇ **prolongación** 예 연장; 신장(伸張). ◇ **prolongado, da** 圈 긴; 가늘고 긴.

promesa 예 약속; 희망, 예상. Siempre cumple sus *promesas*. 그는 항상 약속을 지킨다. No faltes a la *promesa*. 약속을 어기지 마라.

prometer 囮 ① 약속하다; 보증하다. Le *he prometido* un juguete. 나는 그에게 장난감을 (주겠다고) 약속했다. ② [+*inf.* : …하기를] 약속하다. *He prometido* ir mañana. 나는 내일 가겠다고 약속했다. 困 유망하다. Este joven *promete* mucho. 이 청년은 매우 유망하다. ◇ **prometido, da** 圈 약혼자(novio, futuro). Esta es mi *prometida*. 이 사람이 내 약혼자이다.

prominencia 예 돌출, 돌기, 융기.

prominente 圈 돌출한; 튀어 나온.

promiscuar 困 (정진일에) 육식을 하다; 마구 섞다.

promiscuidad 예 혼란, 뒤죽박죽, 난잡.

promiscuo, cua 圈 난잡한, 혼잡한, 복잡한; 뒤죽박죽한.

promisión 예 약속(promesa).

promisorio, ria 圈 서약·약속의.

promoción 예 조장, 진흥; 장려; 승진, 승격.

promontorio 图 갑(岬), 융기, 해안지역.

pronombre 图 [문법] 대명사.

pronto, ta 圈 ① 빠른, 급속한. Esperamos su *pronta* contestación. 조속한 회답을 기다리고 있겠소. ② 민속·기민한. Es *pronto* en las decisiones. 그는 일을 결행하는데 기민하다. ③ 준비가 된. Estoy *pronto* para empezarlo. 나는 그 일을 시작할 준비가 되어 있다. 图 충동(衝動). Tuvo un *pronto* y salió de casa. 그는 어떤 충동을 느끼고 집을 나갔다. 🈺 빨리, 민활하게; 바로. Venga *pronto* 빨리 오시오. Volveré *pronto*. 그는 곧 돌아오리라. *de pronto* 돌연; 대단히 서둘러서. *De pronto* echó a correr. 갑자기 그는 달리기 시작했다. *por de pronto/por lo pronto* 우선. *Por lo pronto* trabaje usted aquí. 우선 여기서 일하고 있으시오. *tan pronto (como)* …하자 마자(así que, luego que). *Tan pronto (como)* amanezca, partiremos. 날이 밝자 마자 바로 출발하자.

pronunciar [1] cambiar] 🈷 ① 발음하다. *Pronuncias* muy bien el español. 너는 스페인어 발음이 대단히 좋다. ② (연설을)하다. El primer ministro *pronunció* un discurso sobre la política del gobierno. 수상은 정부 정책에 대하여 연설했다. ◇ ~**se** 🈷 ① 반란을 일으키다. Los militares *se pronunciaron* en contra del gobierno. 군인들은 정부에 대하여 반란을 일으켰다. ② 확실히 나타나다. Se ha *pronunciado* un síntoma de cólera. 콜레라의 증세가 확실히 나타났다. ◇ **pronunciación** 🈹 발음. ◇ **pronunciado, da** 🈺 돌출한; 현저한.

propagar [6] pagar] 🈷 번식시키다; 넓히다; 선전하다. Las moscas *propagan* las epidemias. 파리는 전염병을 퍼뜨린다. ◇ ~**se** 번식하다; 널리 퍼지다. La noticia *se propagó* pronto por toda la idea. 그 뉴스는 바로 마을 안에 퍼졌다. ◇ **propaganda** 🈹 선전, 광고. ◇ **propagandista** 🈺 선전의. 🈹 선전자.

propiedad 🈹 ① 소유(권). Esta casa es de mi *propiedad*. 이 집은 나의 소유이다. ② 토지, 부동산. Mi tío tiene una *propiedad* en el campo. 숙부는 시골에 토지가 있다. ③ 특질. El azúcar tiene la *propiedad* de disolverse en el agua. 사탕은 물에 녹는 특질이 있다. ④ 적절, 적확(的確). Es indudable la *propiedad* de ese procedimiento. 그 처리의 적절함은 의심 없다. ◇ **propietario, ria** 🈺 [+de…를] 소유하는. 🈹 소유자, 주인; 지주(地主). ¿Quién es el *propietario* de esta casa? 이 집의 소유자는 누구인가요.

propina 🈹 팁. Di (una) *propina* al camarero. 나는 보이에게 팁을 주었다. *de propina* 팁으로.

propio, pia 🈺 ① 특유의; 고유 · 본래의. Tal proceder es *propio* de él. 그러한 행동은 그의 독특한 것이다. El frío es *propio* del invierno. 추위는 겨울 본래의 것이다. ② 자기 · 자신의. Cómpralo con tu *propio* dinero. 네 자신의 돈으로 그것을 사시오. ③ 그 같은, 당해(當該). El *propio* padre no lo sabe. 바로 그 부친도 그걸 모른다. ④ 적절한, 걸맞는. Este juguete no es *propio* para los niños. 이 장난감은 어린이들에게 걸맞지 않는다. ◇ **propiamente** 🈺 바로; 적절하게; 본래의 뜻으로.

proponer [60 poner; 과거분사 propuesto] 🈷 ① 신청하다, 제안하다. Aceptamos las condiciones que ustedes nos *han propuesto*. 이 쪽에 제안된 조건을 승낙합니다. Le *propuse* ir de viaje juntos. 나는 함께 여행가자고 그에게 제안했다. ② 추천하다. Voy a *proponer* para ese puesto. 너를 그 자리에 추천하겠다. ◇ ~**se** [+*inf.*: …하려고] 생각하다, 결심하다. Me pro-

proporción 여 ① 비율, 비례; 균형, 균제(均齊). El cuerpo humano tiene una *proporción* admirable. 인체는 훌륭하게 균형이 잡혀 있다. ②圖 크기. El incendio de la selva llegó a tomar *proporciones* gigantescas. 산불은 큰 화재로 되었다.

proporcionar 타 가져오다; 제공·공급·융통하다. En lo sucesivo podremos *proporcionar*les toda clase de géneros. 금후 우리 회사는 모든 종류의 물품을 제공할 수 있을 것이다. Hay que *proporcionar* agua urgentemente a la población. 긴급히 마을에 물을 공급해야 한다. ◇ **proporcionado, da** 형 균형이 잡힌.

proposición 여 신청, 제안; 추천. No es posible aceptar su *proposición* con esas condiciones. 그런 조건으로는 당신의 제안을 받아들이기는 불가능하다.

propósito 남 의지, 의도; 목적. Tiene el *propósito* de marcharse del pueblo. 그는 마을에서 나갈 속셈이다. No tengo *propósito* de ofenderle. 나는 당신을 모욕할 생각은 없다. *a propósito* 알맞게, 마침 : 그건 그렇고; 고의로, 그런데. ¡A *propósito*! ¿Cómo está tu hermana? 그건 그렇고 ! 여동생은 건강한가. No lo he hecho *a propósito*. 나는 일부러 그 것을 한 건 아니다. *a propósito de* …에 관하여, …라 한다면. Habla de sus hechos *a propósito de* cualquier cosa. 그는 걸핏하면 자기 공로 이야기를 한다. *de propósito* 고의로. Se lo dije a ella *de propósito*. 그는 그녀에게 일부러 말해 주었다.

propuesta 여 신청; 제안. Ha aceptado nuestra *propuesta*. 그는 우리들의 신청을 받아들였다.

propugnar 타 지키다(defender), 막다.

propulsar 타 배격하다(repulsar); 추진하다(impeler).

propulsión 여 배격; 추진; *propulsión por cohete*·*reacción* 로케트·젯트 추진.

propulsor, ra 형 추진하는 (자·물건). 남 추진기, 프로펠라.

prorrata 여 몫, 분담한 부분, 할당.

prorratear 타 분배, 배당; 평균; 보통.

prórroga / prorrogación 여 연기; 중지; 폐회.

prorrogar 타 연기하다; 중지하다(suspender) : *pago prorrogada* 연기불, 지불연기.

prorrumpir 자 [+en]…을 돌발적으로 시작하다. *prorrumpir en llorar*·*en llanto* 갑자기 울기 시작하다.

prosa 여 산문(체). Me gusta la *prosa* más que el verso. 나는 운문보다 산문이 좋다. *en prosa* 산문으로. El libro está escrito *en prosa*. 이 책은 산문으로 써 있다. ◇ **prosaico, ca** 형 산문(적)의; 평범한, 살풍경한, 지루한. Hacer sumas en la oficina es un trabajo *prosaico*. 사무소에서 계산하는 것은 지루한 일이다.

proseguir [40 seguir] 자 ① 계속하다. *Prosigue* el mal tiempo. 나쁜 일기는 아직 계속하고 있다. ② [+con·en : …을] 앞으로 계속하다, 계속하여 하다. 타 앞으로 하다, 계속해서 하다. *Proseguiré* el trabajo mañana. 나는 그 일을 내일 계속해서 하

proselitismo 남 개종 권유; 가맹 권유.
proselitista 형 권유 활동을 하는 (사람).
prosélito 남 (카톨릭교에) 개종자; 가맹자, 신입자; 찬성자.
prosificar 타 산문으로 되다·하다.
prosista 명【남·녀 동형】산문(작)가.
prosodia 여【문법】음운론; 발음.
prosódico, ca 형 음운의, 발음(상)의.
prosopopeya 여 의인법.
prospección 여【광물】시굴.
prospecto 남 취지서, 발기서; 강령.
prosperar 자 번성·번영하다, 번창하다. La industria *prospera* cada año en este país. 산업은 이 나라에서는 해마다 번영하고 있다. 타 번영하게 하다. ¡Dios *prospere* su empresa! 신께서 당신의 사업을 번영하게 하시도록! ◇ **prosperidad** 여 번영; 융성; 성공(éxito). Le deseo a usted felicidades en estas Pascuas y toda suerte de *prosperidad* en el Año Nuevo. 크리스마스의 행복과 새해의 모든 종류의 번영을 빕니다. ◇ **próspero, ra** 형 번영의; 융성의; 부유한. Le deseo a usted un feliz y *próspero* Año Nuevo. 근하신년(謹賀新年).
próstata 여【해부】전립선.
prostíbulo 남 매춘하는 집(burdel).
prostitución 여 매춘; 오직, 절개를 팖.
prostituir 타 매춘하게 하다, 몸을 팔게 하다, (직업·명예 따위를) 돈을 위해 팔다. ◇ ～se 몸을 팔다, 절개를 팔다.
prostituta 여 매춘부, 창녀(ramera).
prosudo, da 형 우울한; 위태로운; 중대한.
protagonista 자 주역, 주인공(primer actor·actriz). Ahí está Ana María, la *protagonista*. 저곳에 주역인 아나·마리아가 있다.
protección 여 보호; 후원(後援). Cada año busca la *protección* de alguien que pueda ayudarle. 사람은 각기 자기를 도와주는 누군가의 보호를 구하고 있다. ◇ **protector, ra** 형 보호의, 보호용의. Sociedad Protectora de Animales 동물보호협회.
proteger [3 coger] 타 보호하다; 후원하다. Los padres deben *proteger* a sus hijos. 양친은 어린이들을 보호해야 한다.
protestar 자 [+de·por·contra:…에 대하여] 항의하다. Los huéspedes *protestan* de la comida. 숙박객은 식사에 관하여 항의하고 있다. José *protestó* contra la calumnia. 호세는 중상에 항의했다. ◇ **protesta** 여 항의, 이의(신청); 거부;【상업】(어음의)거절증서. ◇ **protestante** 형 신교도, 프로테스탄트. ◇ **protestantismo** 남 신교, 프로테스탄티즘.
protoplasma 남【생물】원형질.
prototípico, ca 형 원형의, 전형적인.
prototipo 남 원형; 전형;【물리】원기(原器).
protóxido 남【화학】일산화물.
protozoario, ria 형 남 원생동물(의).
protuberancia 여 돌기, 융기, 혹.

protuberante 혱 돌출한, 혹이 달린.
protutor 남 준 후견인.
prov. provincia.
provecto, ta 혱 성숙한, 진보한; 학식있는.
provecho 남 이익; 쓸모 있음; 늘어남. ¿Qué *provecho* saca usted de esta asignatura? 당신은 이 학과에서 어떠한 이익이 얻어집니까. *de provecho* 유리한, 쓸모있는. Este libro es *de provecho para ti.* 이 책은 너에게 유익하다. ◇ **provechoso, sa** 혱 [+a·para: …에게] 유리한, 쓸모있는. El deporte es muy *provechoso para* la salud. 스포츠는 건강에 대단히 유익하다.
proveer [75] leer; 과거분사 proveído/provisto] 타 ① [+con·de: …를] (…에) 대비하다, 준비하다. Mi madre me *ha provisto de* ropa. 모친이 나에게 옷가지를 준비해 주었다. ② [+de: …를] (…에게) 공급·보급·지급하다. La compañía le *proveyó con* todo el carbón que necesitaba. 회사는 그가 필요로 하는 석탄 전부를 그에게 지급했다.
provenir [59 venir] 자 [+de: …에서] 일어나다, 유래하다. El español *proviene del* latín vulgar. 스페인어는 속라틴어에서 나왔다.
proverbio 남 속담, 격언. ◇ **proverbial** 혱 속담의(같은); 세상에 알려진.
providencia 여 ① 처치, 조치; 판결(判決). Gracias a su *providencia* logramos pasar el invierno con suficiente carbón. 그의 조치 덕분으로 우리들은 충분한 석탄을 저장해서 겨울을 지낼 수가 있었다. ② 섭리, 천명(天命). La divina *providencia* nos sacará de este apuro. 신의 섭리가 우리들을 이 곤궁에서 구해내 주리라. ◇ **providencial** 혱 하늘의, 도움의, 운이 좋은; 우연한; 임시의.
provincia 여 ① 주(州)(estado), 도(道) (estado, departamento). España cuenta actualmente con 50 *provincias.* 스페인은 현재 50주를 가지고 있다. ② 지방; 시골. Mi familia vive en la *provincia.* 나의 가족은 지방에 살고 있다. ◇ **provincial** 혱 주·도의; 지방의. ◇ **provinciano, na** 혱 지방의, 지방사랑.
provisión 여 (식량·탄약의) 준비, 저장; 준비금. Estamos faltos de *provisiones,* debido a las inundaciones. 홍수로 우리들은 식량의 저장이 부족하다. ◇ **provisional** 혱 임시의, 잠정적인.
provisto, ta 혱 [+de: …를] 갖춘, 가진. Este centro de viviendas está *provisto de* mercado público. 이 주택단지는 공설 시장을 갖추고 있다.
provocar [7 sacar] 타 ① (흥미를) 일으키다, 꼬이다. El río me *provoca* a nadar. 나는 냇물을 헤엄치고 싶어진다. ② 교사하다, (…에) 도전하다. Le *provoqué* al duelo. 나는 그에게 결투를 하자고 도전했다. ③ 유발하다. Ese incidente *provocó* la guerra. 그 작은 사건이 전쟁을 유발했다. ◇ **provocación** 여 교사, 도전; 분개; 분노. ◇ **provocativo, va** 혱 하고 싶어지는; 도발적인; 성나는.
próximo, ma 혱 ① [+a: …에] 가까운. Está *próxima* la pri-

mavera. 봄은 가깝다. ② [+a+inf.: …할] 따름인, 직전의. Los dos están *próximos a* casarse. 두 사람은 결혼하기 직전이다. ③ 다음의, 이번의. Nos bajamos en la *próxima* estación. 우리들은 다음 역에서 내린다. Volveré el *próximo* miércoles.
◇ **próximamente** 円 가까이, 멀지 않아; 대략, 거의. **proximidad** 여 ① 가까움, 가까운 일. ② 图 부근(附近).

proyectar 타 ① 던지다; 발사하다, 쏘아내다. El faro *proyectaba* la luz sobre el mar oscuro. 등대는 어두운 바다 위에 빛을 던져주고 있다. ② 투영하다; 상영·영사하다. *Proyectan* una película mejicana muy interesante. 대단히 재미있는 멕시코 영화가 상영되고 있다. ③ 계획하다; 설계하다. ¿Para qué día *proyecta* usted esa excursión? 당신은 그 여행을 며칠까지 할 계획인가요. ◇ **proyección** 여 발사; 투영; 상영, 영사. ◇ **proyecto** 계획; 설계; 견적. Tengo en *proyecto* un viaje magnífico. 나는 멋진 여행을 계획 중이다.

prudente 웰 신중한, 분별이 있는. ¡Qué *prudente* es su padre! 그의 부친은 어쩌면 그다지도 신중한지 ! ◇ **prudencia** 여 신중. La *prudencia* de su padre impidió un trágico rompimiento con sus amigos. 그의 부친의 신중함은 친구들과의 비극적인 결별을 막았다.

prueba 여 ① 시험, 실험, 테스트. ¿Cómo resultó la *prueba*? 시험한 결과는 어떻던가. ② 교정쇄, 가봉, 시식(용 견본). Me gustó la *prueba* del vino que me enviaron. 나는 보내온 포도주의 시음용 견본이 마음에 들었다. ③ 증명, 증거. Aquí están las *pruebas* de lo que te dije ayer. 어제 내가 너에게 말한 것의 증거가 여기 있다. *a pureba* 시험이 끝난; 시험적으로. Este reloj está hecho *a prueba* de golpes. 이 시계는 충격 방지로 되어 있다. *en prueba de* …의 증거로서. Acepte este modesto obsequio *en prueba de* mi afecto invariable. 나의 변하지 않는 애정의 증거로서, 이 조촐한 선물을 받아 주시오.

psicología 여 심리; 심리학. Conviene educar a cada uno según su propia *psicología*. 사람은 그 사람 고유의 심리에 따라 교육하는 것이 좋다. ◇ **psicológico, ca** 웰 심리학의; 심리적인. ◇ **psicólogo, ga** 图 심리학자.

púa 여 가시, 찌르기; 가늘고 끝이 뾰족한 물체; 접붙이는 나무가지; 아주 약은 사람, 민첩하고 교활한 사람; (만돌린 따위를 튀기는 손톱모양의) 채.

púbero 웰 사춘기의 (사람), 묘령의.

pubertad 여 사춘기, 묘령.

pubescencia 여 =pubertad.

pubis 【해부】 음부; 음모; 치골.

publicable 웰 공표·발표·발행할 수 있는.

publicar [7 sacar] 타 ① 일반에 널리 알리다, 발표·공표하다. El periódico de hoy *publica* la lista de la lotería. 오늘 신문은 복권의 당첨표를 발표하고 있다. ② 발행·출판하다. *José ha publicado* recientemente una novela. 호세는 최근 소설을 출판했다. ◇ **publicación** 여 공표, 공포; 발행, 출판; 출판물.

publicidad 여 ① 널리 알려짐, 공개, 공공연함. Se ha hecho mucha *publicidad* del descubrimiento. 그 발견은 널리 공개되었다. ② 선전, 광고. La *publicidad* en televisión es muy cara. 텔레비전 광고는 매우 비싸다.

público, ca 형 ① 널리 알려진, 공중·공공의. Las empresas de los ferrocarriles son de utilidad *pública*. 철도는 공공기업이다. ② 공개·공공연의, 주지의. Es un hecho *público* que no tengo por qué ocultar. 내가 숨길 필요가 없는 주지의 사실이다. 남 공중, 민중; 세상; 관객.

puches 복 【남·녀 동형】 오트밀; (야채·고기 따위를) 섞어 끓인 것.

pucho 남 담배의 끝, 찌꺼기, 소량, 소액, 근소, 작은 물방울.

pude poder의 직설법 부정과거 1인칭 단수형.

pudelar 타 (금속을) 정련하다.

pudendo, da 형 면목없는; 무례한, 음란한.

pudicicia 여 순결, 정절(honestidad); 겸손, 수줍음.

púdico, ca 형 정결한(honesto); 정숙한, 순박한, 청초한, 처녀다운, 수줍은. *mimosa pudica* 【식물】 미모사.

pudiente 형 세력있는, 부유한. 남 유력자(poderoso).

pudieron poder의 직설법 부정과거 3인칭 복수형.

pudimos poder의 직설법 부정과거 1인칭 복수형.

pudiste poder의 직설법 부정과거 2인칭 단수형.

pudisteis poder의 직설법 부정과거 2인칭 복수형.

pudo poder의 직설법 부정과거 3인칭 단수형.

pudor 남 절조, 근신. Aquella hermana vestía con mucho *pudor*. 그 수녀는 매우 얌전한 복장을 하고 있었다.

pudrir [과거분사 podrido] 타 썩히다; 지루하게 하다. ◇~se ① 썩다. En la caja *se pudrieron* las manzanas. 상자 속에서 사과가 썩었다. ② [+de: …로] 지루하다.

pueblo 남 ① 면, 읍, 시; 마을, 동네, 시골(campo). Mi abuelo vivía entonces en un pequeño *pueblo* del norte. 나의 조부는 당시 북부에 있는 조그마한 읍에 살고 있었다. ② 국민, 민중. El presidente se apoyó en el *pueblo*. 대통령은 국민에게 지지를 요구했다. ③ 민족. Los romanos denominaban bárbaros a los *pueblos* que no se habían sometido a su dominio. 로마사람은 자기들의 지배에 따르지 않았던 민족을 야만인이라 불렀다.

puente 남 다리, 교(橋); 갑판. Crucé el río por el *puente*. 나는 그 다리를 통하여 강물을 건넜다. *hacer puente* 두 휴일 사이에 낀 근무일을 연휴로 쉬다. Del jueves al domingo *hago puente*. 목요일부터 일요일까지 연휴로 쉰다.

puerco, ca 남 【동물】 돼지(cerdo, chancho).

pueril 형 어린애 같은; 어린이의. Es *pueril* pensarlo así. 그것을 그렇게 생각하는 것은 유치하다. ◇ **puerilidad** 여 어린이다움, 분별 없음.

puerta 여 대문, 문, 출입문, 현관; 문짝. La *puerta* está abierta de par en par. 문은 (양쪽 문짝이) 활짝 열려 있다. Alguien llama a la *puerta*./Llaman a la *puerta*. 누군가가 문을 두들기고

puerto 남 항구. ¿En qué *puertos* hace escala el barco? 그 배는 어느 항구에 기항하는가.

puertorriqueño, ña 형 뿌에르또・리꼬(Puerto Rico)의. 명 뿌에르또・리꼬 사람.

pues 접 ① 왜냐하면(porque, que), …하는 바에는. Me marcho, *pues* te molesta mi presencia. 나는 가겠다; 내가 있으면 네 방해가 되니까. ② …하므로, 그런고로, 그러면. *Pues* vamos en metro. 그렇다면 지하철로 가자. ③ 그리고, 그런데. *Pues*, ¿cómo sigue el enfermo? 그런데 환자는 (그 뒤) 어떤가. ④ [감탄사적] 응; 과연, 옳지. *Pues*, está algo mejor. 응, 약간 좋아졌어. *pues que* …할 바에는. Te lo diré, *pues que* lo sabrás tarde o temprano. 너는 나는 그 말을 해 주지; 조만간에 너는 알 수 있을 터이니.

puesto, ta 형 [bien+] 좋은 옷차림의, [mal+] 남루한 옷차림의. 명 ① 장소, 위치. España ocupa el primer *puesto* en el mundo en la producción de este mineral. 스페인은 이 광물 생산으로는 세계 제 1위를 차지하고 있다. ② 지위, 직(職). El presidente le pidió que aceptase el *puesto*. 대통령은 그 직무를 수락하도록 그에게 요청했다. ③ 매점(quiosco), 포장집, 노점, 스텐드. El coche paró en frente de un *puesto* de fruta. 차는 과일 매점 앞에서 정거했다. 예 (해・달의) 짐, 떨어짐. *la puesta del sol* 일몰, 낙일. *puesto que* …할 바에는. José no está enfermo, *puesto que* le he visto en el cine. 호세는 병은 아니다; 나는 그를 영화관에서 보았으니까.

pugnar 자 ① [+con・contra : …와] 싸우다, 다투다. El periodista *pugnó* en defensa de la justicia. 그 신문기자는 정의를 지켜서 싸워다. ② 노력・진력하다; [+por・para+inf.: …하려고] 허덕이다, 애쓰다. José *pugnaba* por no reírse. 호세는 웃지 않으려고 애썼다. ◇ **pugna** 여 싸움, 다툼.

puja 여 경매에서 비싼 값을 부르기; 경쟁가격, 고가입찰, 노력, 분투.

pujante 형 강력한, 효력・세력있는; 주권을 가진; 뛰어난, 힘찬.

pujanza 여 힘, 능력, 권력, 세력, 체력.

pujar 타 (경매에서) 비싼 값을 부르다; 언어 장애로 고민하다; 비틀거리다; 울 듯한 얼굴을 하다; 밀다.

pujo 명 열망(ansia); 갈망, 동경, 근심, 불안; 웃고・울고 싶음; 번번히 오줌을 누고자 함.

pulcritud 여 아름다움, 우아, 온아, 청결함.

pulcro, cra 형 아름다운, 우아한; 의복이 아주 잘 어울리는, 청결한, 말쑥한.

pulgada 여 인치(1/12피트).

pulgar 형 명 엄지손가락. por sus *pulgares* 자기 손으로, 독력으로.

pulgarada 여 손가락으로 튀기기; 한움큼, 인치.

pulgón 남 【곤충】 진디.

pulidez 여 아담하고 깨끗한 것, 정연, 청결; 광택, 윤.

pulido, da 刨 아담하고 깨끗한, 청초한, 말쑥한, 경결한.
pulidor, ra 刨 闽 닦는 (사람); 윤내는 기구.
pulimentar 他 빛·윤나게 하다, 밝게 빛나다; 끝내다.
pulimento 囤 광택, 윤, 윤택나는것, 인위적인 윤택; 완성.
pulir 他 닦다, 갈다, 윤을 내다, 빛나게 하다; 장식하다, 미화하다. ◇~**se** 닦아지다, 장식·치장하다, 미화하다; 의복이 세련되어 우아하다.
pulmón 囤【해부】폐·, 허파. *Respírate a pleno pulmón.* 심호흡을 하시오.
pulmonía 囡【의학】폐렴(neumonía).
pulmoniaco, ca 刨 囡 폐염의 (환자).
pulmotor 囤 인공호흡기.
pulpa 囡 과육(果肉); (목재의) 속; (제지의) 펄프; (사탕의) 짜고 난 껍질; 흐늘흐늘한 살.
pulpejo 囤 흐늘흐늘하는 살, 육질부. *pulpejo de la oreja* 귓불.
pulpería 囡 식료품점, 잡화상.
pulpero 囤 오징어 잡는 사람, 오징어 잡는 기구.
púlpito 囤 설교단; 선교사의 직업.
pulpo 囤【동물】오징어.
pulposo, sa 刨 과육이 많은, 육질의; 살이 많은.
pulque 囤【멕시코】용설란으로 만든 술.
pulsación 囡 맥박; (소리의) 진동;【음악】손가락으로 타기.
pulsador 囤 맥박을 재는 사람.
pulsar 他 (악기를) 연주하다, 탐색·답사하다; 노력하다; (사람의 맥을) 짚어보다; …을 자세히 음미하다; 가볍게 치다.
pulsear 囲 팔씨름을 하다.
pulsera 囡 팔목. *reloj de pulsera* 팔목시계.
pulso 囤 ①【신체】맥박, 손목(muñeca). *El médico me tomó el pulso y dijo que estaba algo agitado.* 의사는 내 맥을 짚고, 약간 빠르다고 말했다. ② 더듬음; 신중. *a pulso* 손으로; 자기의 노력으로. *El padre ha sacado adelante a su hijo a pulso.* 부친은 아들을 힘껏 후원했다.
pulular 囲 우글거리다, 모이다; 무성하다, 번식하다. *En la playa pululan los bañistas.* 해변에는 해수욕객이 우글 우글하고 있다. ◇ **pululación** 囡 번식.
punición 囡 벌 (castigo).
punta 囡 끝, 선단(先端), 칼의 끝; (소의) 뿔; 레이스 편물. *Me levanté sobre la punta de los pies.* 나는 발끝으로 섰다.
puntilla 囡 갓단을 꿰맨 레이스; 주걱. *de puntillas* 발돋음하여. *ponerse de puntillas* 발돋음하다.
punto 囤 ①점. *Dos líneas rectas se cruzan en un punto.* 2개의 직선은 1점에서 교차한다. ②지점, 장소. *El tifón ha estropeado vías de ferrocarriles en varios puntos.* 태풍은 철도를 여러 곳에서 엉망으로 만들었다. ③득점, 점수. *Me dieron 60 puntos en geografía.* 나는 지리에서 60점을 받았다. *a punto de* …할 때에; …할 상태에. *Estuve a punto de ahogarme.* 나는 익사할 찰나에 있었다. *al punto* 즉시. *El decidió marcharse al*

punto. 그는 즉시 출발하려고 결심했다. *dos puntos* 콜론(:). *en punto* 정각. Son las siete *en punto*. 정각 7시다. *punto por punto* 상세히. José le contó aquella historia *punto por punto*. 호세는 그에게 이 이야기를 자세히 말했다. *punto redondo* 마침표. *punto y coma* 세미콜론(;). ◇ **puntuación** 여 ①【문법】구두점, 구두법. ②득점, 점수.

puntual 형 꼼꼼한; 시간을 엄수하는. Sea usted más *puntual*. 당신은 좀 더 시간을 지켜 주시오. ◇ **puntualidad** 여 정확함; 고지식함. *con toda puntualidad* 어김없이. ◇ **puntualmente** 甲 꼼꼼하게.

puño 남 ①【신체】주먹. José le dio con el *puño* un fuerte golpe en la cabeza. 호세는 주먹으로 그의 머리를 세게 때렸다. ②【의복】소맷부리, 커프스. A usted se le ven mucho los *puños* de la camisa. 당신의 와이샤쓰 소맷부리가 많이 나와 있다(있는 것이 보인다). ◇ **puñado** 남 한줌(의 분량), 근소.

pupila 여 눈동자.

purgar [8] *pagar*] 타 깨끗이 하다, 청결하게 하다; 속죄하다. Carlos está *purgando* en la cárcel sus muchos delitos. 까를로스는 교도소에서 자신의 많은 죄를 속죄하고 있다.

purgatorio 남 연옥.

puro, ra 형 ①순수한. Esta estatua es de oro *puro*. 이 상(像)은 순금으로 되어 있다. ②청정한, 맑은(claro). El cielo estaba *puro* y sereno. 하늘은 맑게 개어 있었다. ③순정한, 순전한. Esta es la *pura* verdad. 이야말로 진실이다. ④순진·순결한. Es una persona sumamente *pura*. 그는 지극히 순진한 사람이다. 남 엽궐련. José solía fumar un *puro* después de la cena. 호세는 저녁식사 후에 엽궐련을 피우는 버릇이 있었다. ◇ **pureza** 여 깨끗함, 순수; 천진난만, 청순. ◇ **puridad** 여 순수, 청정; 비밀, 은밀. ◇ **purificar** [7] *sacar*] 타 깨끗이 하다, 정화하다; 정련·정제하다.

purpúreo, a 형 ①자주빛의. ②제왕의, 고관 대작의.

pus 남 고름.

puta 여 창녀, 매춘부(ramera).

puto 남 호색한(好色漢).

putrefacción 여 부패(podredumbre).

putrefacto, ta 형 부패한, 썩은(podrido).

putrido, da 형 썩은; 타락한; 쇠약해진, 고름이 든.

puya 여 (가축 따위를 모는) 막대기.

puyar 타 (막대기로) 찌르다, 몰다; 귀찮게 하다, 소란하게 하다. 자【베네수엘라】싹이 나오다.

puyazo 남 막대기에 찔린 상처.

pv. pequeña velocidad.

P.V.P. Precio de venta al público 소매 판매 가격.

pxmo., Pxo. próximo.

Pza. pieza.

Q

q. que, quien.

q.ᵉ que.

q.e.p.d./Q.E.P.D. que en paz descanse.

q.ⁿ quien.

que [성·수에 변화없음] 때 ① [사람·일·물건의 명사·대명사를 받는 관계대명사] …하는. El hombre *que* viste ayer trabaja conmigo. 어제 네가 만난 사람은 우리 집에서 일하고 있다. Este es el libro de *que* te hablé ayer. 내가 어제 너에게 말한 책은 이것이다. ② [선행사의 성·수에 일치한 정관사를 수반하는 일이 있음]. Traigo el libro, del *que* te hablé el otro día. 나는 그 책을 가져 왔다; 그것에 대하여 일전에 네게 말했지만. ③ [정관사를 수반하는 일반적인 대명사] …하는 사람·일·물건. El *que* no esté contento puede marcharse. 불만이 있는 사람은 돌아가도 좋다. No es verdad lo *que* dice. 그가 말하고 있는 일은 정말은 아니다. 圈 ①[글을 명사화함] …하는 일, …라고. ¿Cree usted *que* vendrán? 그들이 온다고 당신은 생각합니까. Hizo señal de *que* había visto tierra. 그는 육지를 발견했다는 신호를 했다. ②[이유] 왜냐하면. A mí no me comprenderás nunca, *que* eres un hombre. 내 일은 당신에게는 결코 이해할 수 없읍니다; 글쎄, 당신은 한낱 남성이니까요. ③[인계(引繼)·결과] 그리고; 그러면. Rogó tanto, *que* acabaron por perdonarle. 그는 굉장히 졸랐다. 그리하여 그들은 결국 그를 용서했다. ④[비교급과 함께] …보다도. José es *más* alto *que* Lola. 호세는 롤라보다도 키가 크다. ⑤[글 머리에서 가볍게 이유] …라고 하는 것이다. *Que* tienes tu un porvenir. 너에게는 아직 미래가 열려있다는 것이다. ⑥[+inf.] …해야 할, Aquí no hay nada *que* ver. 이 곳에는 아무런 볼만한 것이 없다. ⑦[간접 명령·부탁+접속법 현재]. …고 싶다. *Que* se quede aquí. 저 사람은 여기 남아주었으면 좋겠는데.

qué [사람·일·물건에 관한 의문어; 성·수에 변화없음] 團 무슨, 어떠한. ¿*Qué* preocupaciones tienes? 어떤 걱정거리가 네게는 있느냐. Dime *qué* gente es ésa. 그 사람들이 어떤 사람인지 나에게 말해라. 떼 무엇, 무슨 일. ¿*Qué* tiene usted? 당신은 무슨 일이오. Dígame usted a qué viene. 당신은 무엇 하러 왔는지 말해 주시오. 團 어떻게, 어찌나. Mira *qué* triste viene. 보시오; 그는 어찌나 적정한 듯한 얼굴을 하고 오는지! *qué*+inf. 어떻게 …할까. No sabía *qué* contestar. 나는 그에게 무엇이라 대답해야 할지 몰랐다. *qué* de+「명사」 어쩌면 이렇게 많은… ¡*Qué* de cosas me contó! 그는 얼마나 많은 이야기를 나에게 말해 주었는지!

quebrado, da 졩 ①(산·언덕이) 험한. Hemos viajado por terrenos muy *quebrados*. 나는 대단히 험한 토지를 여행하고 왔다.

②꾿불꾿불한. línea *quebrada* 접은 선. ③【대수】분수의. *número quebrado* 분수. ④파산한. 圀 파산자. 예 산협, 계곡. ◇ **quebradizo, za** 圀 취약한. *Cuidado con el vaso, que el cristal es quebradizo*. 컵을 조심하세요; 유리는 깨지기 쉬우니까.

quebradura 예 파괴, 절단, 분열; (갈라진) 틈; 찢(어지)기, 쪼개(지)기; 가느다란 틈, 구멍, 부수기, 파쇄, 좌절, 【의학】골절, 좌상.

quebraja 예 갈라진 금, 틈, 터진 곳.

quebrajoso, sa 圀 부서지기 쉬운, 깨지기 쉬운; 허약한, 약질의; 갈라진, 틈 투성이의.

quebrantadora 파쇄기, 쇄광기.

quebrantamiento 囝 파기; 탈옥; 법법 행위, 위반, 유린; 파산, 파쇄, 분열; 피로, 소모, 고갈; 강도(죄); (야간에 가택을) 불법침입; 신성모독.

quebrantar 囘 ① 깨다, 빠개다. 꺾다. *El terremoto quebrantó los cimientos*. 지진이 토대를 부쉈다. ② 짓밟다; (법을) 어기다. *No quebrantéis las leyes*. 너희들은 법을 어겨서는 안된다. ③ 약하게 하다, 부러뜨리다.

quebrar [囘 pensar] 囘 ① 빠개다, 꺾다, 부수다. *Has quebrado una pata de la silla*. 너는 의자 다리를 한 개 꺾었구나. ② 구부리다. 圀 파산하다. *La sociedad quebró cuando nadie lo esperaba*. 그 회사는 아무도 생각지 않은 때 파산했다. ◇ **~se** 빠개지다, 꺾이다. *El plato se quebró*. 접시가 깨졌다.

quedar 囝 남다. *Sólo me quedan unos centavos*. 내게는 2·3 센따보 남아 있을 따름이다. ② [+형용사·부사: 결과적으로 ···의 상태로] 되다. *La casa queda vacía*. 집은 빈 집이 되었다. ③ (어느 상태) 대로이다. *La carta queda sin terminar*. 편지는 끝맺지 못한 채로이다. ④ [+en: ···을] 결정하다. *Quedamos en vernos a las siete*. 우리들은 7시에 만나기로 정했다. ⑤ [+para: ···까지에] 거리·시간이 있다. *Quedan tres semanas para Navidad*. 크리스마스까지는 아직 3주일 있다. ◇ **~se** ① 남다, 뒤쳐지다. *Mi mujer se ha quedado en casa*. 내 아내는 집에 남았다. ② (어느 상태로) 완전히 되다. *Nos quedamos asombrados al oírlo*. 그 말을 듣고 우리들은 깜짝 놀랐다. ③ [+con: ···을] 자기의 것으로 만들다. *Quédese con la vuelta*. 거스름 돈은 넣어 두시오.

quehaceres 囝복 잡일; 볼일, 일, 업무, 사무. *Mis quehaceres no me dejan tiempo libre*. 잡일이 나에게 자유로운 시간을 가지지 못하게 한다.

quejarse 囝 [+de: ···에 대하여] 한탄하다, 불평을 말하다. *No me quejo de mi suerte*. 나는 자신의 운명에 대하여 불평을 말하지 않는다. ◇ **queja** 예 탄식, 불평, 호소. ◇ **quejumbroso, sa** 圀 투덜거리는, 불쌍한. *Me pidió que le ayudara con tono quejumbroso*. 그는 불쌍한 말투로 내게 도와달라고 부탁했다.

quemar 囘 불태우다, 불사르다. *He quemado los papeles inútiles*. 나는 휴지를 불태웠다. 囝 뜨겁다. *La sopa quemaba y* no pude tomarla. 스프가 너무 뜨거워서 먹을 수가 없었다. ◇~**se** ① 불타다; 연소하다. ② 데다. *Me quemé* la lengua. 나는 혀를 데었다. ③ 그을리다. En la playa *me he quemado* mucho al sol. 나는 해변에서 해에 많이 그을렸다. ◇ **quema** 예 불태움, 소각; 불사름. ◇ **quemadura** 예 화상.

quemazón 예 연소, 소각; 푹푹 찌는 더위, 큰 화재; 반대의견; 초조, 분노.

quepis 남 군모.

querella 예 싸움, 다툼; 불화; 소송.

querellarse 图 불평·원한을 말하다(quejarse); 소송을 제기하다.

querencia 예 미련, 애착(cariño); 성향(性向); (사람·동물의) 고향에 대한 본능; 맹수가 자주 나오는 곳.

querencioso, sa 图 애정깊은, 사랑이 넘치는, 친애하는.

querendón, na 图 애정을 과장하는 (사람).

querer [67] 目 ① 좋아하다, 사랑하다. *Queríamos* mucho a la abuela. 우리들은 할머니를 대단히 좋았다. ② 하고자 하다, 희망하다, 바라다, 원하다. El niño *quiere* una bicicleta. 그 어린이는 자전거를 한 대 갖고 싶어 한다. ③ (…할) 의지가 있다, 의도하다. ¿ *Quieres* pasarme la sal? 소금을 집어주지 않겠나. ④[+*inf.*] …하고 싶다; …하려고 하다. *Quisiera* ver a la señora. 부인을 뵙고 싶은데요. Parece que *quiere* despertarse el niño. 아기는 눈을 뜬 듯하다. ⑤[+*que*+*subj.*] …해 주었으면 한다. *Quiero que vengas* mañana. 나는 내일 네가 와 주었으면 좋겠다. *querer decir* 의미하다(significar). ¿ Qué *quiere* decir esta palabra? 이 단어는 무슨 뜻인가요? ◇ **querido, da** 图 친애하는; 사랑하는. ¡*querido* y recordado amigo! 친애하는, 그리고 그리운 친구여! 图 애인.

querúbico, ca 图 아기천사의 (같은).

querubín 남 [종교] 9천사 중의 둘째 천사(지혜의 천사); 토실토실한 귀여운 아기.

quesadilla 예 치즈과자.

quesería 예 치즈 공장; 치즈 상점.

quesero, ra 图 버터의(같은)(caseoso); 图 치즈 제조인·상인. 예 치즈 용기공장.

queso 남 치즈. Llevo de almuerzo pan y *queso*. 나는 도시락에 빵과 치즈를 가지고 간다.

quiebra 예 파산, 도산(倒產). La compañía se ha declarado en *quiebra*. 그 회사는 파산선고를 했다.

quien [图 quienes] 예 ①[주로 사람을 받는 관계대명사] 그 사람. Ha llegado el señor, de *quien* hablábamos. 우리들이 이야기하고 있던 그 사람이 왔다. ②[관사 없이 부정(不定)대명사] …하는 사람. No soy yo *quien* te lo reprocha. 너의 그 일을 비난하는 사람은 내가 아니다. ③[+*inf.*] …할 사람. Tiene un grupo de sobrinos a *quien*(*es*) ayudar. 그에게는 원조해 주어야 할 일단의 조카와 조카딸이 있다.

quién [图 quiénes] 예 ①[사람에 관한 의문대명사] 누구. ¿ *Quién* es usted? 당신은 누구시오. Dime con *quién* andas y te diré *quién* eres. 네가 누구하고 함께 있는지 말해라; 그러면 네가 누구인지 말해 주마. ② [+inf.] …해야 할 누군가. No sabía a *quién* dirigirme. 나는 누구에게 말해야 할지 몰랐다.

quieto, ta 쥉 (움직이지 않는) 조용한. Estaba *quieto* como una estatua. 그는 조상(彫像)처럼 조용히 하고 있었다. ◇ **quietud** 예 고요함, 안정됨. No hay *quietud* en esta casa ni un solo día. 이 집에는 단 하루도 안정된 날이 없다.

quijote 남 돈 · 끼호떼(같은 사람). No seas *quijote* y deja las cosas como están. 돈 · 끼호떼 같은 짓을 하지 마라; 사물은 있는 그대로 놓아두라.

quilate 남 금단위, 캐럿(보석의 중량 단위); 완전. oro de 22 *quilates* 22캐럿의 금.

quilogramo 남 킬로그램(kilogramo).

quilolitro 남 킬로리터(kilolitro).

quilométrico, ca 쥉 킬로미터의; 킬로수의.

quilómetro 남 킬로미터(kilómetro).

quimera 예 망상(忘想). Tiene *quimera* de que su mujer le oculta algo. 그는 아내가 무엇인가 숨기고 있다는 망상을 품고 있다. ◇ **quimérico, ca** 쥉 망상 · 가공의.

químico, ca 쥉 화학(적)의. análisis *químico* 화학분석. 남 화학자. En el laboratorio trabajan ilustres *químicos*. 그 실험실에는 유명한 화학자가 일하고 있다. 예 화학. *química* aplicada 응용화학.

quince 쥉 15의; 15번째의. El reloj será compuesto dentro de *quince* días. 그 시계는 2주간(15일) 내에 고쳐지겠지요. 남 15.

quincena 예 반달(15일간). Estaré de vacaciones una *quincena*. 나는 반달쯤 휴가이다. ◇ **quincenal** 쥉 반달마다의, 반달동안의.

quinceno, na 쥉 제 15의. 예 반개월; 반개월분의 급료; 반개월의 구류 · 처분.

quincuagenario, ria 쥉 50단위의.

quincuagésimo, ma 쥉 남 50번째의; 50등분의 (1).

quingentésimo, ma 쥉 남 500번째의, 500등분의 (1).

quiniela 예 ① (주로 축구경기의) 내기표. Llena esta *quiniela*. 이 표에 (예상 승리 팀의 이름을) 써 넣으시오. ② 복 (공인의) 도박(경마 · 경륜 따위); 배당금.

quinientos, tas 쥉 500의; 500번째의. 남 500.

quinina 예 키니네.

quinquenio 남 5년간. He firmado el contrato por un *quinquenio*. 나는 5년간의 계약에 서명했다. ◇ **quinquenal** 쥉 5년마다의, 5년간의. El gobierno ha emprendido un plan *quinquenal*. 정부는 5개년 계획에 착수했다.

quintal 남 [중량 단위] 낀딸. El *quintal* es la medida de peso, que equivale a 100 kilos. 낀딸은 무게의 단위로서 100 킬로그램에 해당된다.

quinto, ta 쥉 5번째의; 5등분의. 남 5분의 1. 예 별장(villa, casa de campo). La familia pasa el fin de semana en la *quinta*. 그

가족은 주말을 별장에서 지낸다. *quinta esencia* 본질, 정수(精髓). *quinta de salud* (사립의 새로운) 병원.

quiosco 圐 ① (역, 가두의) 매점(kiosco, puesto). *Compraré el plano de la ciudad en un quiosco.* 어디 매점에서 시가 지도를 사겠다. ② (공원 따위의) 음악당(音樂堂).

quise querer의 직설법 부정과거 1인칭 단수형.
quisiera querer의 접속법 과거 1·3인칭 단수형.
quisieron querer의 직설법 부정과거 3인칭 복수형.
quisimos querer의 직설법 부정과거 1인칭 복수형.
quisiste querer의 직설법 부정과거 2인칭 단수형.
quisisteis querer의 직설법 부정과거 2인칭 복수형.
quiso querer의 직설법 부정과거 3인칭 단수형.

quitar 囲 ① [+a·de: …에서] 들어내다, 제거하다. *Quita los libros de encima de la mesa.* 책상에서 책을 들어내시오. ② 빼앗다; 도둑질하다. *Me quitaron la gabardina.* 나는 레인코트를 도둑맞았다. *Ese pensamiento me quita la alegría.* 나는 그것을 생각하면 기쁘지 않다. ③ 방해하다; 금지하다. *Eso no quita para que yo te ayude.* 그 일은 내가 너를 원조하는데 방해로 되지 않는다. ◇~se ① (자기 몸에 붙인 것을) 떼어 내다, 벗다. *Quítese usted el sombrero.* 모자를 벗으세요. ② [+de: …를] 멈추다. *Se ha quitado del negocio.* 그는 그 일을 그만 두었다.

quitasol 圐 양산(parasol, sombrilla).

quizá(s) 톋 [빈번히 접속법 동사를 수반함] 아마도(talvez), 어쩌면. *Quizá no lo creas.* 아마도 너는 그렇게 생각하지 않겠지. *Quizás vaya mañana a verte.* 어쩌면 나는 내일 너를 만나러 가겠다.

R

r/. remesa 송금.

R. Reprobado, Respuesta, Reverendo, Reverencia

rábano 남 【식물】무. ◇ **rabanal** 남 무밭. ◇ **rabanero, ra** 형 무장수. ◇ **rabaniza** 여 무씨.

rabia 여 ① 광견병. ② 격노, 분격. Cerró la puerta con *rabia*. 그는 분격해서 문을 닫았다. ③ 증오. ¡Qué *rabia*! 아이 귀찮아. ◇ **rabiar** 자 [①① cambiar] 재 심히 괴로와하다, 성내다, 욕심내다. *Rabia* por casarse. 그녀는 심히 결혼하고 싶어 한다. ◇ **rabioso, sa** 형 광견병의; 격노한.

rabión 남 사나운 물살, 분류(奔流) (rápido).

rabo 남 (개 따위의) 꼬리. Se fue con el *rabo* entre las piernas. 그는 꼬리를 감추고 가버렸다.

racial 형 인종・민족의. Tenía un orgullo *racial*. 그에게는 민족적인 자랑이 있었다.

racimo 남 (과실・꽃의) 송이; 수렁수렁 열림. Me dieron un *racimo* de uvas. 그들은 나에게 포도를 한 송이 주었다.

ración 여 ① (배급・할당의) 한사람몫・한 회분의 식량. Cada soldado acudió por la *ración* a la hora de comer. 병사는 식사 때에 각각 (할당의) 식량을 받으러 갔다. ② (상점 따위의 물품의) 산더미. Déme dos *raciones* de naranjas. 밀감을 두 무더기 주세요.

racional 형 합리적・이성적인. El hombre es un animal *racional*. 인간은 이성이 있는 동물이다. ◇ **racionalidad** 여 이성, 합리성. ◇ **racionalización** 여 합리화. *racionalización industrial* 산업합리화. ◇ **racionalmente** 부 합리적으로.

radar 남 전파탐지기, 레이다. El *radar* cogió la presencia de barcos enemigos. 레이다는 적선(敵船)이 많은 것을 포착했다.

radiar [①① cambiar] 자 빛나다. 타 ① (빛・열을) 방사하다. El sol *radia* su luz y calor. 태양은 빛과 열을 방사한다. ② 방송하다. ◇ **radiador** 남 방열기; 냉각기. ◇ **radiante** 형 번쩍번쩍 빛나는. A todos admiró con su belleza *radiante*. 그녀는 그 눈부실 만큼의 아름다움으로 모두를 놀라게 했다.

radical 형 ① 【식물】 뿌리의; 【수학】 근의; 【문법】 어근의; 【화학】 기(基)의. ② 근본적・철저적인. Sus reformas *radicales* no agradaron a muchos. 그 철저한 변혁은 많은 사람을 기쁘게 하지 않았다. ③ 급진적인, 과격한. 남 급진적・과격적 사람. Los *radicales* aprobaron el nuevo sistema. 급진분자는 새로운 제도를 승인했다. 남 【수학】근, 루트; 【문법】어근; 【화학】기(基). ◇ **radialismo** 남 급진주의, 과격주의.

radio 남 ① 【기하】 반지름. ② (차량의) 살, 스포크. ③ 【화학】 라디움. ④ 라디오 수신기. 여 라디오 (방송・수신기). La noticia

ha sido divulgada por la *radio*. 그 뉴스는 라디오로 일반에게 알려졌다. *radio de acción* 행동 반경; 항속거리; 송신 범위. ◇ **radiodifundir** 탄 방송하다. ◇ **radiodifusión** 여 라디오 방송. ◇ **radiodifusora** 여 방송국. ◇ **radioescucha** 여 라디오 청취자(radioyente).
radiofónico, ca 형 라디오방송의.
radiofotografía 여 전송사진.
radiofrecuencia 여 무선주파수.
radiogoniómetro 남 무선방위계.
radiografía 여 렌트겐사진.
radiografiar 탄 렌트겐촬영을 하다; 전송하다.
radiograma 남 무선 전보.
radiogramófono 남 라디오 겸용 축음기.
radioisótopo 남 방사성 동위원소.
radiología 여 렌트겐과; 방사선학.
radiólogo 남 렌트겐과 의사·기사.
radioperiódico 남 라디오의 뉴스.
radiorreceptor 남 라디오·무선 수신기.
radioscopia 여 X광선 시험·진찰.
radiotelefonía 여 무선전화; 라디오.
radiotelefónico, ca 형 무선전화의.
radioteléfono 남 무선전화기.
radiotelefoto 남 전송사진.
radiotelegrafía 여 무선전신.
radiotelegráfico, ca 형 무선 전신의.
radioterapia 여 X광선 요법.
radiotransmisor 남 무전발신·송화기.
radioyente 명 [남·여 동형] 라디오 청취자.
radón 남 【화학】 라돈 (방사선 원소).
raedura 여 삭제(한 곳), 말소; 깎아 떨어뜨린 것, 껍질 벗기기; 대팻(톱)밥.
raíz [복 raíces] 여 ① 【식물】 뿌리. Este árbol tiene las *raíces* profundas. 이 나무는 뿌리가 깊다. ② 근원(根源). La pereza es *raíz* de otros muchos vicios. 나태는 다른 많은 악덕의 근원이다. ③ 【문법】 어근(語根). *de raíz* 뿌리부터; 근본적으로. Este árbol fue arrancado *de raíz*. 이 나무는 뿌리째 뽑혔다.
rama 여 ① (나무) 가지. Córtale las *ramas* bajas al árbol. 그 나무의 밑가지를 끊어 버리시오. ② 분가; 분파; 지선; 지점 (sucursal). Es de la misma familia, pero de distinta *rama*. 그는 같은 일족이지만 다른 가계이다.
ramada 여 정자나무(그늘); 오두막집.
ramado 남 나무가지 다발.
ramal 남 나무가지; 지선, 지류, 지선도로.
ramalazo 남 돌연한 불행·비극·고통; 채찍질; 채찍자국; (얼굴에 있는) 흉터.
rambla 여 (빗)물이 흐른 자취; 산속길; 모래 많은 땅.
ramblazo / ramblizo 남 홍수의 수로; 자갈 많은 강바닥.

rameado, da 형 나무가지 모양의.
ramera 여 매춘부(mujer pública), 갈보.
ramificación 여 가지를 가르는 법; 분기; 분맥; 분파.
ramificarse 타 가지를 가르다; 분파하다.
ramillete 남 꽃다발; 생화(生花). Cómpreme usted este *ramillete*. (나에게서) 이 꽃다발을 사 주세요.
ramo 남 ① 작은 가지. ② (꽃)다발, 송이. El jardinero me dio este *ramo* de rosas para usted. 정원사가 당신에게 드리라고 이 장미 꽃다발을 나에게 주었습니다. ③ 분야, 부문; 업종(業種). La química es un *ramo* de la ciencia. 화학은 과학의 한 분야이다.
rancio, cia 형 ① (먹을 것·마실 것이) 오래된. ② 낡아빠진. Este traje es muy *rancio*. 이 옷은 매우 낡아빠졌다.
rango 남 (높은) 계급, 신분. Era una persona de alto *rango*. 그는 신분이 높은 인물이었다.
rapaz¹ 남 [rapaces] 형 ① 도벽이 있는; 탐욕적인. ② 맹금류(猛禽類)의. El águila es ave *rapaz*. 독수리는 맹금이다.
rapaz², **za** 어린이. Esa *rapaza*, muy trabajadora, ya ayuda a sus padres en el campo. 그 소녀는 대단히 부지런해서, 벌써 밭에서 부모를 거들어 주고 있다.
rápido, da 형 빠른, 재빠른. Era necesaria una *rápida* decisión para eso. 그러기 위해서는 재빠른 결심이 필요하였다. 남 급행열차(tren rápido). Será mejor que tomemos el *rápido*. 우리들은 급행열차를 타는 편이 좋다. 부 빨리. No hable usted tan *rápido*. 그렇게 빨리 말하지 말아 주시오. ◇ **rápidamente** 부 빨리. ◇ **rapidez** 여 급속; 신속. Con *rapidez* sorprendente sacó el revólver y disparó. 그는 놀라운 속도로 권총을 빼어서 발사했다.
rapiña 여 강탈, 약탈(robo). ave de *rapiña* 맹금, 육식조류.
raposo, sa 형 여우(zorro).
raposuno, na 형 여우같은, 교활한; 능청맞은, 능글맞은.
rapsoda 남 음유시인.
rapsodia 여 광상곡; (고대 그리스의) 서사시.
raptar 타 날쌔게 채가다, 잡아채다; (어린이를) 유괴하다.
rapto 남 흥분, 충동(arrebato); 유괴; 황홀; 실신.
raptor, ra 명 유괴자, 유괴범.
raqueta 여 라켓.
raquianestesia 여 [의학] 척추마취.
raquídeo, a 형 척추의, 등뼈의.
raquis 남 【해부】 척추, 등골(espinazo).
raquítico, ca 형 구루병(saquitis)의 (환자); 빈약한, 허약한. 형 꼽추.
raro, ra 형 ① 드문, 진귀한. Las lluvias son *raras* en esta comarca. 이 지방에서 비가 오는 일은 드물다. ② 색다른, 기묘·기발한. Es un hombre *raro* y vive completamente solo. 그는 색다른 사람이어서 혼자서 살고 있다. ◇ **rareza** 여 드문일·물건; 색다름, 기행(奇行).

rasgar [8 pagar] 団 (천 따위를) 찢다. Me *he rasgado* los pantalones. 나는 바지가 찢어졌다. ◇ **rasgado, da** 刨 거리끼면; (눈이) 눈초리가 긴.

rasgo 団 ① (글씨·그림의) 선, 줄; 필적. Los *rasgos* de esta firma me parecen conocidos. 이 서명의 필적에는 기억이 있는 듯한 마음이 든다. ② (성격 따위의) 일면, 특색. Tuvo un *rasgo* de generosidad. 그에게는 관대한 일면이 있었다. ③ 용모(容貌). Por los *rasgos* de su cara. deduje que eran hermanos. 그 용모로 보아 그들이 형제라고 나는 추섭했다. *a grandes rasgos* 대강 대강. Te lo contaré *a grandes rasgos*. 그걸 대강 너에게 말해주지.

raso, sa 刨 평평한; 멀숙한. Hay que echar dos cucharadas bien *rasas* de azúcar. 설탕을 싹 깎아서 2순갈 넣어야 한다. ② (하늘이) 맑은. Cuando salimos de casa estaba *raso*, pero se nubló luego. 집을 나올 때는 맑았는데, 이윽고 흐려졌다. ③ 지표에 달락 말락한. El pájaro sale en vuelo *raso*. 그 새는 땅에 달락 말락하며 날아 간다. ④ (지위가) 평직원인. *al raso* 노천·문박에서. Pasaron la noche *al raso*. 그들은 밤을 노천에서 지냈다.

rastracuerosa 団 큰 부자; 사기꾼(estafador).

rastrear 団 자국내다, 혼적을 남기다; 더듬어 보다, 살펴보다 (averiguar), 갈퀴로 긁어 모으다; 긁어 버리다; 추격하다. 지면에서 얕게 공중에 뜨다.

rastrero, ra 刨 낮은, 비천한, 보잘것 없는; 기어다니는, 잠복성의; 비굴한; 천박한(vil).

rastrillada 団 갈퀴, 써레; 배돌들의 앞(뒤).

rastrillar 団 갈퀴질 하다; 명주실·삼등을 빗다, 긁다; 곤란하게 하다.

rastrillo 団 쇠갈퀴; 삼·명주실을 빗는 빗; 총의 격침.

rastro 団 발자국, 혼적(形跡). Después del huracán no quedó ni *rastro* de la casa. 태풍 뒤에 그 건물은 혼적도 없어졌다. ② 발자취; 여향(餘香). Los perros perdieron el *rastro* al llegar al río. 개들은 강까지 와서 발자취를 잃어버렸다. *el Rastro* (마드리드의) 고물시장. En *el Rastro* hay de todo y se vende de todo. 고물시장에는 무엇이든지 있고, 무엇이든지 팔고 있다.

rata 어 [동물] 쥐; 큰 쥐. 団 소매치기.

rato 団 (약간의) 시간, 순간. Pasamos un buen *rato* en compañía de él. 우리들은 그와 함께 즐거운 한 때를 보냈다. *a ratos* 때때로. *pasar el rato* 시간을 보내다. *mal rato* 싫은 시간·생각. No pases un *mal rato* por eso. 그 일 때문에 너는 싫은 생각을 해서는 안된다.

ratón 団 [동물] 생쥐. Nuestro gato apenas caza ya *ratones*. 우리집 고양이는 이제 거의 쥐를 잡지 않는다.

raya 어 ① 선, 줄; 무늬. La pelota cayó fuera de la *raya*. 공은 선 밖에 떨어졌다. Prefiero esa camisa de *rayas*. 나는 그 무늬 있는 와이셔츠가 좋다. ② 경계; 한계.

rayar 団 (…에) 선·줄을 긋다 ② 선을 그어서 지우다. 재 ① [+con : …과] 인접하다. ② [+en : …과] 닮아 있다. Eso

rayo 閉 ① 광선(光線). *Un rayo de luz penetró en la habitación.* 한 줄기 광선이 방 속에 들어왔다. ② 천둥, 번갯불. *Cayó un rayo e incendió la casa.* 벼락이 떨어져서 집을 태웠다.

raza 閉 ① 인종; 민족. *La humanidad se divide en cinco razas.* 인류는 5종의 인종으로 나눌 수 있다. ② 핏줄, 가계(家系). *No desmiente su raza.* 혈통은 속일 수 없다.

razón 閉 ① 이성: 본 정신. *Ha perdido la razón.* 그는 본 정신을 잃었다. ② 이유, 정당성. *tener razón* 옳다. *Tiene usted razón en quejarse.* 당신이 불평하는데는 당연하다. ③ (이유 따위의) 설명. *Dé usted algunas razones si quiere convencerme.* 나를 납득시키려면, 사정의 설명을 해주시오. ④ 비례, 비율. *Repartimos a razón de cinco por cabeza.* 우리들은 한 사람 앞에 5개의 비율로 분배한다. ⑤ 전언(傳言). *Le mandé razón para que viniera.* 나는 그에게 와 달라고 전언했다. *sin razón* 까닭없이, 함부로. *con razón* 당연히.

razonable 圈 당연한; 합리적인. *Encuentro razonable que se independice de sus padres.* 그가 양친 슬하에서 떠나는 것은 당연하다고 나는 생각한다. *Es un precio razonable.* (비싸지도 싸지도 않은) 적당한 값이다.

razonar 재 (이론적으로) 생각하다・이야기하다. *Este niño razona como una persona mayor.* 이 어린이는 어른 같은 생각을 한다. 타 이유붙여서 말하다. *No entendí el problema hasta que el profesor lo razonó punto por punto.* 나는 그 문제를 선생이 자초지종 이유 붙여서 설명해 줄 때까지 이해할 수 없었다. ◇ **razonamiento** 閉 ① 추리, ② 이유 붙임. *Con tales razonamientos me quiere convencer que lo blanco es negro.* 그런 이유를 늘어놓고 그는 흰 것을 검다고 억지를 쓰려 하고 있다.

reacción 閉 ① 반작용, 반응. ② 반동, 반발. *La medida provocó una reacción hostil en la población.* 그 조치는 읍내 사람들의 적의 있는 반발을 초래했다. *reacción en cadena* 연쇄반응. *motor a reacción* 제트 엔진. ◇ **reaccionar** 재 반응을 보이다; 반발하다. *Al oirlo reaccionó violentamente.* 그것을 듣고 그는 격렬하게 반발했다. ◇ **reaccionario, ria** 圈 반동적인. 閉 반동가, 보수적인 사람. *Los reaccionarios están siempre atrasados.* 반동가는 언제나 시대에 뒤지고 있다.

reactor 閉 원자로(原子爐); 제트・엔진・제트기.

real 圈 ① 실재・현실의. *Los monstruos no son animales reales.* 괴수는 실재의 동물은 아니다. ② 왕의, 왕실・왕립의. *palacio real* 왕궁. ◇ **realmente** 图 현실・실제로. *Lo dijo, pero, realmente no lo creía.* 그는 그렇게 말했지만, 사실은 그렇게 생각하지 않고 있었다.

realidad 閉 현실, 실제(實際). *La realidad del conflicto es muy distinta de lo que parece.* 분쟁의 현실은 외견과 대단히 틀린다. *en realidad* 실제로는. *Lo decía, pero no quería venir en*

realismo 🖻 ① 현실주의. ② 사실주의. El *realismo* español es tan antiguo como el idioma castellano. 스페인어의 사실주의는 스페인어와 비슷하게 오래되었다. ◇ **realista** 🖻 현실주의의; 사실주의의. El romanticismo ya llevaba dentro de sí la tendencia *realista*. 낭만주의는 이미 그 속에 사실적 경향을 가지고 있었다. 🖻 현실주의자; 사실주의자.

realizar [알 alzar] 🖻 ① 실현하다. Pudo *realizar* al fin la ilusión de su vida. 그는 일생의 꿈을 드디어 실현할 수 있었다. ② 실시 · 실행하다. *Realizaron* el plan con todos sus detalles. 그들은 그 계획을 세부에 걸쳐서 실시했다. ③ 값싸게 팔다(환금처분하다). Con éxito *han realizado* todas las existencias. 그들은 재고품을 아주 싸게 팔아서 성공했다. ◇ **~se** 현실로 되다. *Se han realizado* sus predicciones. 그의 예언이 현실로 되었다. ◇ **realización** 🖻 ① 실행, 실시; 출현. La *realización* de los planes durará por lo menos un año. 여러 계획의 실시는 적어도 1년은 계속하리라. ② 아주 싸게 팔기.

realzar [알 alzar] 🖻 싸고 돌다, (…에)광채를 덧붙이다. Le rogamos se sirva *realzar* el acto con su presencia. 귀하의 왕림으로 이 회에 한층 광채를 더해 주시기를 바라나이다.

reanimar 🖻 ① 활력을 불어 놓다. Una palabra de aliento fue bastante para *reanimar*le. 격려하는 한 마디가 그에게 활력을 불어 넣기에 충분했다. ② (…의) 숨을 되돌리게 하다.

reanudar 🖻 다시 시작하다. *Reanudamos* la marcha después de un breve descanso. 잠깐 쉰 뒤에 우리들은 다시 행진을 시작했다.

reaparecer 🖻 재현하다.
reaparición 🖻 재현(再現).
rearmar 🖻 재무장하다, 재장비하다; 증강하다.
rearme 🖻 재준비, 재장비, 재무장; 증강.
reaseguar 🖻 재보험하다.
reasegurо 🖻 【경제】 재 취임하다, 요약하다(resumir); 단축하다; 생략하다, 회수하다.
reasunción 🖻 회수.
reavivar 🖻 소생시키다, 부활시키다; 회복시키다; 색을 강하게 하다.

rebajar 🖻 ① 낮추다. En el nuevo proyecto *han rebajado* la torre. 이번의 설계에서는 탑의 높이를 낮추었다. ② 에누리하다 (descontar). ◇ **~se** 머리를 숙이다 (굴복). Al fin *se rebajó* a pedirle perdón. 그는 드디어 머리를 숙이고 상대에게 용서를 빌었다. ◇ **rebaja** 🖻 에누리, 할인(descuento). ¿Puede usted hacerme una *rebaja* en el precio? 값을 깎아 줄 수는 없는가요.

rebaño 🖻 (주로 가축의) 무리. El niño conducía un *rebaño* de cabras. 소년은 염소 떼를 데리고 있었다.

rebelde 🖻 ① 반항적인, 반역심이 있는. Tiene un carácter re-

rebelión 그는 반항적인 성격이다. ② 다루기 어려운, 억누를 수 없는. Le atormentaba la pasión *rebelde*. 억누를 수 없는 감정으로 그는 고민하고 있었다. ◇ **rebeldía** 여 반항심, 반심.

rebelión 여 반란, 반역. El director castigó la *rebelión* de los jóvenes desobedientes. 교장은 규칙을 지키지 않는 젊은이들의 반역을 처벌했다.

rebosar 자 ① 넘치다. El vino *rebosa* de la copa. 포도주가 잔에서 넘치고 있다. El embalse estaba *rebosando*. 댐은(물이) 넘치고 있었다. ② 가득차 있다. Le *rebosaba* la alegría. 그는 기쁨으로 가득차 있었다.

rebotar 자 부딪혀 튀다 ; 반발하다(rechazar); 쫓아버리다. ◇ ~**se** 변색·변질하다.

rebote 남 반발, 되울림 ; 도로 뛰어나옴.

rebozar 타 얼굴을 가리다, 어육에 밀가루를 묻히고 물에 갠 밀가루를 입혀서 기름에 띄워 튀기다.

rebozo 남 얼굴을 가리우는 베일 ; 부인용 숄. de *rebozo* 비밀리에, 남몰래. sin *rebozo* 솔직히.

rebrotar 자 싹이 나다, 발아하다(retoñar).

rebrote 남 새싹(retoño).

rebufar 자 반목해서 붙다, 계속해서 콧소리를 내다.

rebufo 남 콧소리 내기 ; 불기 ; 흥흥 냄새 맡기.

rebujina / rebujiña 여 소음, 시끄러움.

rebujo 남 목도리.

rebullicio 남 소란 ; 소요, 소동.

rebullir 자 꿈틀거리다 ; 움직이기 시작하다.

rebusca 여 면밀한 탐색 ; 이삭줍기.

rebuzar 자 나귀가 울다. ◇ **rebuzno** 남 나귀의 울음소리.

recado 남 ① (구두·문서의) 전언 ; 용무. Le envié *recado* de que viniera. 나는 그에게 와 달라고 전언을 했다. El chico ha ido a hacer un *recado*. 그 어린이는 일을 보러 갔다. ② 용구(用具). Tenemos que preparar aquí un *recado* de escribir. 여기 필기용구를 준비해야 한다. ◇ **recadero, ra** 명 심부름꾼.

recelar 타 위구·걱정하다. *Recelo* que no ha dicho todo lo que sabe. 그가 알고 있는 전부를 말하고 있지 않는 것이 아닌가 하고 나는 걱정하고 있다. 자 [+de : …를] 의심하다, 조심하다. *Recela de* su secretario. 당신의 비서에게는 조심하시오. ◇ **recelo** 남 위구, 걱정. Los *recelos* que tenían de su amigo se desvanecieron en seguida. 그들이 친구에 대하여 품고 있던 의심은 곧 풀렸다. ◇ **receloso, sa** 형 의심많은, 조심성 많은 ; 걱정스러운.

recepción 여 ① 영수함, 받아들임. El pago se efectúa a la *recepción* de la obra. 지불은 그 작품을 받을 때에 행해진다. ② 환영(회), 초대회. El gobernador ha dado una *recepción* muy lucida en su palacio. 지사는 화려한 리셉션을 자기의 공관에서 열었다.

receptáculo 남 그릇, 용기 ; 【식물】꽃받침.

receptividad 여 수용력 ; 감염성.

receptivo, va 劉 수용력 있는, 감염성의.

receptor, ra 劉 받아들이는 (사람); 수령인, 수령자 ; 재판소 서기; 세금장수; 공증인. 田 수화기, 수신기. *receptor de toda onda* 수신기. *receptor para todas las ondas* 올웨이브 수신기.

receptoría 예 세금징수 직무·사무소; 재판소 서기직.

recesión 예 【경제】 경기의 후퇴.

receso 田 이탈; 후퇴.

receta 예 (약 따위의) 처방(서). Esta medicina no me la dan si no es con una *receta* del médico. 이 약은 의사의 처방서가 없으면 팔지 않습니다. *receta de cocina* 요리의 재료 배합서. ◇ **recetar** 田 처방하다.

recibir 田 ① 받다. *Recibí* ayer su carta fechada el 21 del corriente. 이달 21일자 편지를 어제 받았읍니다. ② 받아들이다(수용, 용인). La propuesta fue mal *recibida*. 그 제안은 별로 인기가 좋지 않았다. ③ 출영·환영 : 인견·면회하다. Esta tarde he de ir a *recibir* a mi hermano que llegue. 형이 도착한다니 나는 형을 맞이하려 오늘 오후 출발해야 한다. Su hija será bien *recibida* por mis parientes. 당신의 따님은 내 친척들에게서 대단히 환영 받을 것이오. ◇ **recibimiento** 田 환영; 손님을 맞이함. Le dispensaron un *recibimiento* amistoso. 사람들은 그에게 우정있는 환영을 하였다.

recibo 田 ① 수취(受取). Al *recibo* de esta carta, contéstame cuanto antes. 이 편지를 받으면 되도록 빨리 회답을 보내게. ② 영수증. Me firmó un *recibo* por el importe de 2,000 pesetas. 그는 2,000 페세타의 영수증을 써 주었다. *acusar recibo* 영수의 통지를 하다. Nos es grato *acusar*le *recibo* de su carta de fecha 15 del mes corriente. 이달 15일자 편지를 받았음을 알려드립니다.

recién 副 ① [+과거분사] 방금 …한. Llevaba un traje *recién* comprado. 그는 방금 산 옷을 입고 있었다. Los *recién* casados han vuelto de su luna de miel. 신혼 부부는 밀월(여행)에서 돌아왔다. ② 【중남미】 최근에. *Recién* hemos llegado del campo. 우리들은 최근 시골에서 왔다.

reciente 劉 최근의. Según las noticias *recientes*, las víctimas fueron 14. 새로운 뉴스에 의하면 희생자는 14인이었다. ◇ **recientemente** 副 최근에.

recinto 田 대지, 구내. En el *recinto* no se entra si no es por invitación o con entrada. 구내에는 초대권이나 입장권이 없으면 입장할 수 없다.

recio, cia 劉 ① 튼튼한, 완강한. He comprado una tela *recia* para hacer colchones. (나는) 이불을 만들기 위해 짙은 천을 샀다. ② 강한, 굳센. Eran doce hombres *recios* y curtidos al sol y al viento. 그들은 태양이나 바닷바람으로 단련된 완강한 12인의 사내들이었다. 副 강하게, 격렬하게; 큰 소리로. Llama más *recio* a la puerta. 현관에서 좀 더 큰 소리로 부르라.

recíproco, ca 劉 상호간의. El amor *recíproco* es el verdadero amor. 상호간의 사랑이야 말로 진실한 사랑이다. *verbo recípro-*

reclamar

co 【문법】 상호동사.

reclamar 印 요구・청구하다. Usted ya no puede *reclamar* ese dinero. 당신은 이제 그 돈은 청구할 수 없다. ◇ **reclamación** 圀 요구, 주장. Sus *reclamaciones* serán debidamente atendidas. 그의 주장은 충분히 청취될 것이다.

reclinar 印 기대어 하다, 세우다. *Reclina* las sillas contra la pared. 의자를 벽에 기대어세워라. ◇ **~se** 기대다. Lola *se reclinó* en mi brazo. 롤라는 나의 팔에 기대었다.

recobrar 印 ① 되찾다. Terminada la guerra *recobró* su puesto anterior. 전쟁이 끝나고 그는 전(前) 지위를 되찾았다. ② (의식・건강・애정 따위를) 회복하다. Cuando *recobró* el sentido no sabía lo que le había pasado. 그가 의식을 회복했을 때, 자기 자신에게 무슨 일이 일어났는지 몰랐다. ◇ **~se** 의식・건강을 회복하다(restablecerse, ponerse bueno).

recoger [③ coger] 印 ① 줍다. *Recoja* usted los papeles que ha tirado. 당신이 버린 종이를 주우시오. ② (조금씩) 모우다. *Han recogido* mucho dinero para la Cruz Roja. 그들은 적십자사를 위하여 많은 돈을 모았다. ③ 주어 모으다; (농작물을) 수확하다. Entonces fue cuando *se recogía* la aceituna. 그 때는 올리브의 수확기였다. ④ 수용하다. La señora *recogió* a unos pobres huérfanos. 부인은 불쌍한 몇 사람의 고아를 떠맡았다. ◇ **~se** (휴식・수면・묵상・기념을 위하여) 들어 박히다. Antonio siempre *se recoge* antes de las doce. 안도니오는 언제나 12시 이전에 돌아간다. ◇ **recogida** 圀 수확. Vendremos a ayudarte en la *recogida* de la aceituna. 우리들은 올리브의 수확때에 너를 도우러 오겠다. ◇ **recogimiento** 囝 겸허, 얌전함. Los monjes asistían a la procesión con el máximo *recogimiento*. 승려들은 더없이 얌전한 모습으로 행렬에 참가하고 있었다.

recomendar [⑲ pensar] 印 ① 권고・추천・추장하다. Le *recomiendo* que lo haga usted deprisa. 그것을 서둘러서 하도록 권고합니다. ② 소개하다. ¿Puede usted *recomenda*rme un buen hotel? 좋은 호텔을 소개해 주시잖겠읍니까. ◇ **recomendable** 圈 추장・추천할 수 있는. No es *recomendable* andar de noche por este sitio. 이런 곳을 밤에 다니는 것은 권장할 수 없다. ◇ **recomendación** 圀 추천, 추장; 소개(장). carta de *recomendación* 소개장.

recompensar 印 (…에)보답하다, 보상하다. Por lo menos Dios te lo *recompensará*. 적어도 하느님이 너에게 그것을 보답해 줄 것이다. ◇ **recompensa** 圀 보상; 상; 보수. Aquí tienes tu *recompensa*; un magnífico televisor. 여긴 네 상품이 있다; 훌륭한 텔레비전이다.

reconcentrar 印 집중・집약하다. Lola *reconcentró* su cariño en su nieto. 롤라는 애정을 손자에게 집중했다. ◇ **~se** 기분을 집중하다. Cuando estudia *se reconcentra* de tal modo que no oye lo que le dicen. 그는 공부할 때는 사람의 말이 들리지 않을 만

큼 열중한다.

reconciliar [11] cambiar) 曰 화해시키다. ◇ ~se ① 화해하다. Tratad de *reconciliaros*, ¿por qué habéis de estar enfadados tanto tiempo? 너희들은 화해하도록 하여라; 왜 언제까지나 성을 내고 있어야 하느냐? ② 【종교】고해하다.

reconocer [31] conocer] 曰 ① 인식·식별하다. *Reconozco* el mérito de la obra, pero a mí no me gusta. 그 작품의 가치는 인정하지만 내 기호에는 맞지 않는다. Al verla por segunda vez no la *reconocí* apenas. 두번째 그녀를 만났을 때, 나는 거의 그녀를 알아볼 수 없었다. ② [+ como.por : …라] 생각하다(승인, 인정). *Reconocemos por* patria el mar. 우리들은 바다를 조국이라 생각하고 있다. ③ (상세하게) 검사·정찰·수사하다. El paciente fue *reconocido* cuidadosamente. 환자는 정밀하게 검사를 받았다. ◇ **reconocido, da** 혱 감사하는. Lola estaba muy *reconocida* a sus atenciones. 롤라는 배려에 매우 감사하고 있었다. ◇ **reconocimiento** 몡 감사, 사의; 정밀검사; 정찰; 승인.

reconquista 여 재 정복, 탈환; Reconquista 국토 회복 전쟁.

reconstituir [74] huir] 타 (조직 따위를) 다시하다, 재현하다. El juez *reconstituyó* la escena. 재판관은 그 장면을 재현하였다. ◇ **reconstituyente** 몡 강장제(強壯劑).

reconstruir [74] huir] 타 ① 재건하다. Este edificio *ha sido reconstruido* recientemente. 이 건물은 최근 재건되었다. ② 재현하다. Con un solo hueso *han reconstruido* un esqueleto. 그들은 단 한개의 뼈에서 전체 골격을 재현했다. ◇ **reconstrucción** 여 재건, 부흥; 재현.

recordar [24] contar] 타 ① 생각해 내다; 기억해 두다, 기억하다 (acordarse de). *Recuerda* que el sábado te esperamos a comer. 토요일에 너는 식사에 기다리고 있는 것을 잊지 마라. ② 생각나게 하다. Este paisaje le *recordará* los valles de su tierra. 이 풍경은 그에게 고향의 계곡을 생각케 하리라.

recorrer 타 ① (한 바퀴) 돌아다니다, 보고 돌아다니다. En dos meses *hemos recorrido* toda España. 우리들은 두 달동안에 스페인 전국을 돌아다녔다. ② 주파·답파하다. ③ (…을) 대강 보다. ◇ **recorrido** 몡 통과하는 노선·거리.

recortar 타 ① 끊어 내다, 버리다, 뽑다. Recorte dos centímetros de la tela. 이 천을 2센티미터 끊어 내시오. ② 잘게 썰다. ◇ **recorte** 몡 끊어 냄; 스크랩. Le envié un *recorte* del periódico. 나는 그에게 신문 스크랩을 보내 주었다.

recoser 타 바느질을 다시 한번 더하다; 아래옷을 고치다.

recostadero 몡 쉴 곳; 침실; 기대는 의자, 낮은 의자.

recostar 타 (다시)기대게 하다(reclinar). ◇ ~se [+en] 기대다, 눕다, 의뢰하다.

recova 여 달걀·오리알 등을 사서 모으는 상점.

recoveco 몡 (냇가·도로 등의) 굽음; 굽어진 각도, 곁치레; 술책 (rodeo).

recreación 여 즐김, 오락, 휴양, 휴식시간.

recrear 태 즐겁게 해주다. El jardín florido *recrea* el ánimo. 꽃이 핀 뜰은 사람의 마음을 즐겁게 해준다. ◇ ~**se** [+con·en : …을] 즐거워하다. En su soledad *se recreaba* con los recuerdos de su juventud. 그는 그 고독한 생활로 젊었을 때의 추억을 위안으로 삼고 있었다. ◇ **recreo** 명 즐거움, 오락; (학교의) 휴게시간.

rectángulo 형 직각의. 명 장방형. El tablero de la mesa es un *rectángulo*. 테이블 판자는 장방형이다. triángulo *rectángulo* 직각삼각형. ◇ **rectangular** 형 장방형의, 네모난.

rectificar [7 sacar] 태 ① 곧게하다; ② 정정하다; 교정(矯正)하다. *Rectificaron* la opinión que tenían de mí ante el resultado de los exámenes. 그들은 시험 결과를 보고 나에 대한 생각을 정정했다. ③ (기계를) 조정하다. ◇ **rectificación** 예 정정; 교정; 조정.

recto, ta 형 ① 똑바른. Toda la carretera es *recta*. 길은 줄곧 똑바르다. ② 옳은, 공정한. Le admiraban por ser muy *recto* en sus determinaciones. 그는 결정이 매우 공정하여, 모두 감복하고 있었다. todo *recto* 똑바로. Siga usted esta calle *todo recto*. 이 거리를 줄곧 똑바로 가시오. 명 【해부】 직장(直腸). 예 직선. ◇ **rectitud** 예 공정(公正).

rector, ra 명 ① (대학의) 학장. ② 주임사제. El *rector* de la iglesia dirá la misa de once. 교회의 주임사제가 11시 미사를 한다.

recuerdo 명 ① 추억, 기억. Guardo gratos *recuerdos* de mi amistad con él. 나는 그와 우정의 즐거운 추억을 가지고 있다. ② 기념품; 선물. Estos son *recuerdos* de nuestro viaje por España. 이것은 우리 스페인 여행의 기념품들이다. ③ 복 안부(를 전함). Dé *recuerdos* a los amigos de mi parte. 내가 그런다고 친구 여러분에게 안부 전해 주시오.

recuperar 태 되찾다, 회복하다(recobrar). ◇ ~**se** 제정신을 차리다, 건강이 회복되다(restablecerse, ponerse bueno). ◇ **recuperación** 예 회복.

recurrir 재 [+a : …수단 따위에] 호소하다, 의지하다. Tuve que *recurrir* a los zapatos que ya había desechado. 나는 이미 버려 두었던 구두라도 신지 않으면 안 되었다.

recurso 명 ① 수단, 방책. No tengo otro *recurso* que esperar. 나는 기다릴 수 밖에 없다. ② 복 자산, 자원(資源). Falto de *recursos*, no pudo hacer frente a sus necesidades. 그는 재산이 없어서 (나날의) 필수품도 마련할 수 없었다.

rechazar [9 alzar] 태 ① 뿌리치다, 튕겨 내다; 사절·격퇴하다; 거부·거절하다(rehusar). Lo *rechazó* cuando trató de abrazarla. 그녀는 그가 포옹하려 하니까 뿌리쳤다. ◇ **rechazo** 명 튕겨남. de *rechazo* 튕겨나서. La bala chocó en una piedra y le hirió de *rechazo*. 탄환은 돌에 닿아 튕겨 나서 그를 부상시켰다.

rechifla 예 (고집세게) 휘파람(불기); 바람이 휙 불기, 야유, 조롱.

rechiflar 타 끝까지 휘파람을 불다;(극장 따위에서)괴상한 소리를 내다, 조롱하다.

rechinar 자 삐걱거리다, 부딪치는 소리를 내다; 이를 부드득 갈다, (이가) 덜덜 떨리다, 악의적인 행동을 하다.

rechistar 자 중얼거리다.

rechoncho, cha 형 뚱뚱하고 키가 작은.

red 여 ① 그물. Los pescadores echaron al mar sus *redes*. 어부들이 바다에 그물을 던졌다. ② 머리그물, 헤어네트. ③ 망상조직(網狀組織); 정보망, 교통망. Se ha tendido una *red* de espionaje en todo el mundo. 전세계에 첩보망이 펴졌다. ④ 덫, 간책(奸策). Cayó en la *red* que le tendieron. 그는 처놓인 덫에 떨어졌다.

redactar 타 (문장을) 쓰다; (문서·기사를) 작성·편집하다. Esta carta está bien *redactada*. 이 편지는 잘 쇠어 있다. ◇ **redacción** 여 ① 작문, 글짓기. Este niño tiene una *redacción* muy buena. 이 소년은 글짓기가 매우 능란하다. ② 편집; 편집부. ◇ **radactor, ra** 명 편집자.

redentor, ra 명 해방, 구제자; 구세주, 속죄해 주는 사람; 되사는 사람, 전당물 찾는 사람.

redentorista 명【종교】구세주회의(회원).

redescuento 【상업】재할인.

redicho, cha 형 정확을 과장하여 발음하는(사람).

redimible 형 되살 수 있는, 전당잡힌 물건을 도로 찾을 수 있는; 상환할 수 있는; 속죄·속신할 수 있는.

redil 남 (가축 특히 양의) 우리.

redimir 타 되사다, (전당잡힌 물건을 노력하여) 도로 찾다, 생환·회수하다; 속신·속죄하다; 구원·구제하다; 해방시키다.

redingote 남 부인의 긴 코트, 두꺼운 천으로 만든 큰 외투, (특히) 승마 외투.

redistribuir 타 재분배·재구분하다.

rédito 남 이익, 수익; 이자(interés).

redituable./reditual 형 수익이 있는, 이익을 내는.

redituar 타 (이자가) 생기다(rentar), 산출하다.

redivivo, va 형 소생하는, 부활하는, 부흥·재흥하는.

redoblado, da 형 중대한, 배가된; 힘센, 용감한, 살찐; 빠른 걸음의.

redoblante 남 큰북, 큰북을 치는 사람.

redondo, da 형 ① 둥근, 공 모양의. La mesa tiene las esquinas *redondas*. 그 책상은 모서리가 둥글게 되어 있다. ② 어림수의. Te daré doscientas pesetas en números *redondos*. 개산으로 200 뻬세따를 네게 주겠다. ③ 단호한; 완전한. Le contestó con un no *redondo*. 나는 단호하게 아니라고 대답했다. *en redondo* 둥글게; 단호하게. *a la redonda* 주위에. En cinco quilómetros *a la redonda* no hay ningún poblado. 주위 5킬로미터 사이에는 마을 하나 없다.

reducir [70 aducir] 타 ① [+a: …의 형상으로] 만들다, …화하다. El incendio *redujo* el edificio *a* cenizas. 화재가 그 건물

reemplazo 됨 교대, 경질; 반환, 복위, 복직, 교체, 보충병. *de reemplazo* 대기중의 (장교).

reencarnación 여 환신, 재생; (영혼의) 재래(설), 환생.

reencarnarse 재 환신이 되다; 환생하다, 다시 낳다.

reenganchar 타 (군대의) 재복무시키다.

reenganche 남 (군대의) 재복무; 재복무 봉급.

reexaminar 타 재검사·재시험하다.

reexpedición 여 환송, 역송, 재파견.

reexpedir 타 환성·역송·재파견하다.

reexportación 여 재수출, 역수출.

reexportar 타 재수출·역수출하다.

refacción 여 가벼운 식사, 경식사; 수선(reparación); (음식에 한) 원기회복, 휴양.

refaccionar 타 응자하다, 자금을 조달하다; (건물을) 수복하다.

refajo 남 짧은 스커트.

refectorio 남 (사원·수도원의) 식당.

referencia 여 ① 참조기사·항목; 참고문헌. En el archivo no hay *referencia* alguna de haber contestado a esta carta. 기록에는 그 편지에 회답을 낸 사실의 사항은 실려 있지 않다. ② 소식, 정보. ③ 복 신용조회(처), 신원조사. Han pedido *referencias* de él al sitio donde trabajaba. 그들은 그에 관한 신용조사를 그가 일하고 있던 곳에 의뢰했다. *con referencia a* …에 관하여. *Con referencia* a la importancia del rubro, nos complace informarles lo siguiente. 위에 쓴 수출품에 관하여 다음 사항을 알립니다. *hacer referencia a* …에 대하여 말하다. Hizo *referencia* a un autor muy famoso. 그는 대단히 유명한 작가에 관하여 말했다. ◇ **referente** 형 [+ a: …에] 관한·하여. *Referente* a nuestro pedido No. 36 우리 측 주문 제 36호에 관하여.

referir [47 herir] 타 ① 말하다, 진술하다. Me *refirió* lo ocurrido con muchos detalles. 그는 사건을 상세히 말해 주었다. ② [+ a: …에] 관련시키다. Todo lo *refiere* a sus teorías 그는 무엇이나 자기의 주장으로 가져간다. ◇ ~**se** ① [+ a: …에 관하여] 말하다, 진술하다. ¿ A qué *se refiere* usted? 당신은 무슨 말을 하고 있는가요. ② [+ a: …에] 관계가 있다. En lo que *se refiere a* nuestras relaciones, nunca han sido más afectuosas

refinar 타 ① 정련·정제하다. En estos enormes complejos se *refina* el petróleo. 이 거대한 복합체에서 석유가 정제된다. ② 세련되게 하다; (문장 따위를) 닦다; 마무리하다. Era una persona de gustos *refinados*. 그는 세련된 취미의 사람이었다.

reflejar 타 ① 반사하다. Los espejos *reflejan* los rayos luminosos. 거울은 광선을 반사한다. ② 반영시키다, 나타내다. Sus palabras *reflejaban* desconfianza. 그의 말은 불신감을 나타내고 있었다. ◇ ~**se** 반영하다, 비쳐지다; 나타나다. Los árboles de la orilla *se reflejan* en el río. 언덕의 나무들이 냇물에 그림자를 비치고 있다. La alegría *se reflejaba* en el semblante. 기쁨이 얼굴에 나타나 있었다. ◇ **reflejo** 남 ① 반사광; 반영. ② 그림자, 영상(映像). Vi su *reflejo* en el vidrio de la ventana. 나는 창 유리에 비친 그녀의 그림자를 보았다. ③ 형 (반사적인) 가능. Conduce muy bien y tiene buenos *reflejos*. 그는 운전이 능숙하고, 가늠이 좋다.

reflexión 여 ① 반사. la *reflexión* de la luz 빛의 반사. ② 반성, 고찰; 충고. Me hizo unas *reflexiones* muy atinadas. 그는 매우 정확한 충고를 해 주었다. ◇ **reflexionar** 타 반성하다. *Reflexiónelo* bien. 그걸 잘 생각해 보시오. 자 반성·고찰하다. Tengo que *reflexionar* sobre eso. 그 점에 대하여 나는 잘 생각해야 하겠다. ◇ **reflexivo, va** 형 ① 사려깊은. Es una persona prudente y *reflexiva*. 그는 신중하고 사려깊은 사람이다. ② 【문법】(동사의) 재귀의.

reformar 타 ① 바꾸어 만들다; 개조하다. Tienen que *reformar* la casa en que viven. 그들은 지금 살고 있는 집을 개축해야 한다. ② 개정·개혁하다. Santa Teresa *reformó* a su orden. 성녀 테레사는 자기의 수도회를 개혁했다. ③ 교정하다. ◇ **reforma** 여 개조; 개정, 개혁; 교정. Se hace necesaria una *reforma* de las leyes. 법률 개정이 필요하게 되었다. ◇ **reformador, ra** 남 개혁자.

reforzar [9 alzar 24 contar] 타 보강·증강하다. Mamá le *reforzó* el pantalón en las rodilleras. 모친이 그의 바지 무릎에 헝겊을 대었다.

refrán 남 격언, 속담(proverbio). ◇ **refranero** 남 격언집.

refrescar [7 sacar] 타 ① 차게 하다. Hay que *refrescar* el agua. 그 물은 차게 해야 한다. ② (기억·인상을) 청신하게 하다. Si no te acuerdas te *refrescaré* la memoria. 네가 기억해 내지 못하면 기억해 내도록 해주겠다. 자 [3인칭 단수형만] 선선해지다. Por la tarde siempre *refresca*. 오후에는 언제나 선선해진다. ◇ ~**se** 차가워지다; 찬 바람을 쐬다. Vamos a *refrescarnos* a la sombra de los árboles. 나무 그늘에 가서 찬바람을 쐬자. ◇ **refresco** 남 ① 찬 음료. ② 다과(의 접대). Después de la misa nos ofrecieron un *refresco*. 미사 뒤에 우리들에게 과자와 마실 것이 나왔다.

refrigerar 타 냉각하다; 냉방하다. ◇ **refrigeración** 여 냉각, 냉

동; 냉방(장치). En este banco hay *refrigeración*. 이 은행은 냉방이 돼 있다. ◇ **refrigerador, ra** 형 또는 예 냉장고; 냉방기. Hemos comprado un *refrigerador* eléctrico [una *refrigeradora* eléctrica]. 우리들은 전기 냉장고를 샀다.

refugio 남 ① 피난처, 대피소. Durante los bombardeos todos corríamos al *refugio*. 폭격중 우리는 모두 피난처로 달려갔다. ② 보호, 비호. Le dieron *refugio* unos campesinos del pueblo. 마을 사람들이 그를 받아들여 도와주었다. ◇ **refugiarse** 재 cambiar) 피난·대피하다. *Se refugió* en casa de su hermano. 그는 형의 집에 몸을 의지했다.

refulgencia 예 (발광체의) 빛남, 빛, 광채.

refulgente 형 빛나는, 찬란한.

refulgir 자 빛나다, 번쩍이다.

refundición 예 개작 (작품), 다시 세기.

refundir 타 고쳐 쓰다; 개작하다; 개조하다; 재정리·재배열하다; 재건하다. 재 (공 따위가) 되튀다;

refutar 타 반론·논파하다(contra decir), 반증하다.

regalar 타 ① 선물하다. ¿Qué vas a *regalar*me por mi cumpleaños? 내 생일에는 선물로 무엇을 주겠는가 ② 위로하다, 위안하다(consolar). Las dos hermanas *regalaron* a la anciana. 두 여승이 늙은 여승을 위로했다. ◇ **~se** ① 몸을 보살피다, 안락하게 지내다. ② [+con: …을] 즐기다. *Se regala* de vez en cuando *con* un buen concierto. 그는 때때로 좋은 음악회에 가서 즐기고 있다. ◇ **regalado, da** 형 안락·편안한. ◇ **regalo** 남 ① 선물. En cuanto al *regalo* de tu padre es por ahora un verdadero misterio. 네 아버지의 선물에 대해서는 지금으로서는 정말로 비밀이다. ② 위안; 안락.

regañar 타 꾸짖다. La *regañaron* por llegar tarde. 모두들 그녀가 늦게 왔다고 꾸짖었다. 자 꽹꽹하게 성내다.

regar [⑧ pagar, ⑲ pensar] 타 ① (토지·식물에) 물을 주다, 뿌리다. Todos los días *riegan* las calles. (사람들은) 날마다 거리에 물을 뿌리고 있다. ② [+con·de: …를] (…에) 여기저기 뿌리다. *Regó* la carta *con* lágrimas. 그녀는 편지에 눈물을 떨어뜨렸다. ◇ **regadera** 예 살수기, 물뿌리개. ◇ **regadura** 예 관개 (灌漑)(riego).

regatear 타 ① 에누리하다. ② 아끼다. No *he regateado* esfuerzo para ponerles en paz. 그들을 화해시키기 위하여 나는 노력을 아끼지 않았다. ③ 값싸게·낮게 평가하다. No le *regateo* inteligencia. 나는 그의 지능을 낮게 평가하지는 않는다.

regenerar 타 재생·갱생시키다. El trabajo le *ha regenerado*. 일이 그를 갱생시켰다. ◇ **regeneración** 예 재생, 갱생.

régimen [복 regímenes] 남 ① 제도, 정체(政體). El *régimen* de aquel país era muy democrático. 그 나라의 제도는 아주 민주적이었다. ② 식사 제한, 식이요법. Si estás a *régimen*, que te preparen el plato que te venga. 식이요법을 하고 있으면, 네게 맞는 요리를 만들게 해라. ③ 【문법】 지배(支配) (조사[措辭]상의 말과 말의 관계).

regio, gia 휑 ① 국왕의. ② 호화로운(suntuoso). Han dado una fiesta *regia*. 그는 호화로운 연회를 열었다.

región 예 ① 지방(地方)(comarca, parte, provincia). Las *regiones* del Norte son más frías que las del Centro. 북부의 지방은 중부의 그것보다 춥다. ② (신체의) 국부(局部). *región* abdominal 복부(腹部). ◇ **regional** 휑 지방의; 국부적인. El traje *regional* ha desaparecido también. 지방의 독특한 의상도 없어졌다.

regir [39 elegir] 目 규제·지배하다. Los gobernantes *rigen* los destinos de la patria. 위정자가 조국의 운명을 지배한다. 困 (법률 따위가) 유효·현행 중이다. Todavía *rigen* las tarifas del año pasado. 작년의 세율은 아직 효력이 있다. ◇~**se** 처신하다. ¿Por qué método *se rige* usted? 당신은 어떠한 방법으로 행동합니까?

registrar 目 ① 검사하다. ¿Dónde *registrarán* el equipaje? 짐 검사는 어디서 합니까? ② 기록·기재·등록하다. En esa época se *registran* las temperaturas más bajas. 그 계절에 최저 기온이 기록된다. ◇~**se** (자기를) 등록하다. Es preciso registrarse en el consulado. 영사관에 등록하는 것이 필요하다. ◇ **registro** 图 ① 원부(原簿), 대장(臺帳). *registro de la propiedad* 토지대장. *registro de la propiedad intelectual*. 저작권 대장, ② 기록, 등록, 등기. *registro de sonido* 녹음(錄音).

regla 예 ① 법칙; 규칙. No hay *regla* sin excepción. 예외 없는 규칙은 없다. ② 자. Si lo trazas sin *regla* no saldrá torcido. 자를 쓰지 않고 선을 그으면 굽어져 버린다. *en regla* 정규의, 규칙대로. Tiene todos los papeles *en regla*. 그는 정규 서류를 모두 갖추고 있다. *por regla general* 일반적으로, 대개. ◇ **reglamento** 图 [집합적] 규칙, 법규(法規). Lo prohibe el *reglamento*. 규칙이 그것을 금하고 있다.

reglado, da 휑 절도있는, 온건한.

reglamentación 예 법규; 규칙의 제정, 법률 집행의 지시; 법령.

reglamentar 目 규정하다, 규칙을 정하다, 규칙대로 하다, 세칙을 정하다, (규칙으로) 단속하다, 포고하다, 법령으로 발포하다, 법의 집행을 지시하다.

reglamentario, ria 휑 규정·법규상의. edad *reglamentaria* 정년.

reglar 目 규정하다, (규칙으로) 단속하다; 조성·조절하다; 규칙에 맞게 하다; (종이에) 줄을 긋다. ◇~**se** 규칙에 맞게 하다; [+a : …에] 준거하다, 적절히·절도있게 되다 (moderarse).

regleta 예【인쇄】인테 (활자의 줄사이에 끼우는 납).

renglón 图 (미장이, 석공의) 수준기.

regocijo 图 큰 기쁨. Con motivo de la coronación se organizaron diversos *regocijos* públicos. 대관식 때문에 여러가지 축하행사가 행해졌다. ◇ **regocijarse** 困 [+con : …을] 기뻐하다, 즐거워하다. La gente *se regocijó con* sus chistes. 사람들은 그 농담을 (듣고) 재미있어 했다.

regresar 재 돌아가다·오다(volver). *Regresarán* el jueves a su casa. 그들은 목요일에 집으로 돌아간다. ◇ **regreso** 남 돌아감. A mi *regreso* se lo contaré todo. 내가 돌아 온 뒤에 자초지종을 말하겠소.

regular 형 ① 규칙 바른; 정상적인. Tenía el pulso *regular*. 그의 맥은 정상이었다. ② 보통의; 무난한. Disfrutaba de un salario *regular*. 그는 많지도 않은 급료를 받고 있었다. 부 좋지 않게. Mi madre está *regular* en esta temporada. 모친은 이 시기에는 건강 상태가 좋지 않다. 타 ① 고치다, 규제하다. Hay que *regular* el tráfico. 교통을 규제해야 한다. ② 조정·조절하다. Se ha construido una presa para *regular* la distribución del agua de riego. 용수(用水) 분배의 조절을 하기 위하여 댐이 만들어 졌다. *verbo regular* 【문법】 규칙동사. ◇ **regularidad** 여 규칙 바름, 정상.

rehabilitar 타 복권·복직·복귀시키다. Algunos políticos *han sido rehabilitados* después de la guerra. 정치가 중에는 전쟁후 원래의 지위에 복귀된 사람도 있다.

rehacer [68] hacer; 과거분사 rehecho] 타 새로 만들다. Hubo que *rehacer* los planos perdidos. 잃어버린 도면을 새로 만들어야 했다. ◇ **~se** 체력·기력을 회복하다; 재기하다. *Se rehizo* rápidamente después de la operación. 그는 수술 후 급속히 체력을 회복했다. ◇ **rehecho, cha** 형 (체격이) 키가 작고 뚱뚱한.

rehusar [17] 타 거부·거절하다(rechazar). Le *rehúsan* hasta el derecho a defenderse. 그는 자기 방위의 권리조차 거부당하고 있다.

reina 여 여왕; 왕비. Lola fue elegida *reina* de la fiesta. 롤라는 그 모임의 여왕으로 뽑혔다.

reinado 남 ① 치세(治世), 통치, 지배. Fue en el *reinabo* de Felipe Ⅱ. 그것은 펠리페 2세의 시대였다. ② 시대. Estaban en el *reinado* del terror. 그 무렵은 공포시대였다.

reinar 재 ① 군림·통치하다. Entonces *reinaba* Felipe Ⅱ. 당시 펠리페 2세가 통치하고 있었다. ② 무성하다, 가득 차다. Entre la población *reinaba* el descontento. 국민 속에 불만이 가득 차 있었다.

reincidencia 여 재범, 타락, (병의) 재발.

reincidente 형 재범의; 타락한, (병이) 재발하는.

reincidir 재 [+en] (죄·과실에) 다시 빠지다; (병이) 재발하다, 타락하다.

reincorporar 타 다시 참가시키다, 재차 합동·합체시키다. ◇ **~se** 다시 참가·합동하다, 다시 합체하다.

reingreso 남 재가입.

reino 남 ① 왕국; 분야(分野). *reino de los cielos* 신의 나라. ② 【박물】…계(界). *reino animal* 동물계. *reino vegetal* 식물계.

reír [38] 재 웃다. Al oírlo se echó a *reír*. 그는 그 말을 듣고는 갑자기 웃기 시작했다. Si le *ríen* las gracias se pondrá insoportable. 그의 장난을 당신들이 웃는다면 그는 손을 댈 수 없게 될 것이다. ◇ **~se** ① (소리를 내어) 웃다. Se perseguían unos a otros gritando y *riéndose*. 그들은 큰 소리를 내기도 하고 웃기도 하며 술래잡기를 하고 있었다. ② [+de: …를] 비웃다. Sus compañeros *se ríen de él*. 동료들은 그를 비웃고 있다.

reiterar 団 되풀이하다 (repetir). Le *reitero* mis sentimientos amistosos. (편지의 끝맺음) 나의 우정을 되풀이하여 말씀드립니다.

reja 예 창의 격자. Los dos novios se hablan por la *reja*. 두 애인이 창문 격자 너머로 이야기한다. ◇ **rejilla** 예 철망(들창 따위에 쓰이는, 고기를 굽는); (차의) 그물 선반.

rejo 圑 뾰족한 막대기·쇠못, 놀이에 쓰이는 못, 둥근 쇠; 핀 (aguijón); 【식물】작은·어린뿌리.

rejón 圑 단검; 끝이 예리한 짧으면서도 넓은 나이프, (투우사용의) 창.

rejonazo 圑 자상, 단검으로 찌르기.

rejoneo 圑 창으로 투우와 싸우기.

rejuvenecer 50 crecer] 젊어지게 하다. Ese vestido le *rejuvenece* mucho. 그 옷은 당신을 매우 젊어 보이게 한다.

relación 예 ① 관계, 관련. Eso no tiene ninguna *relación* con el asunto que estamos tratando. 그것은 지금 우리들이 화제로 하고 있는 일과 아무런 관계도 없다. ② 이야기; 보고(서). Toda aquella *relación* era interesante. 그 이야기는 정말로 재미있었다. ③ 표, 일람표. Se publicó una *relación* de aspirantes. 지원자 일람표가 발표되었다. ④ [주로 圑] 교우관계, 교제. Tenemos buenas *relaciones* con esa familia. 우리들은 그 가정과 친하게 교제하고 있다. *con relación a/en relación con* …에 관하여. No sé nada *con relación a* ese asunto. 그 문제에 대하여 나는 아무 것도 모른다. ◇ **relacionar** 団 관계·관련시키다. En su conferencia *relacionó* los dos hechos históricos. 그는 강연에서 두 가지의 역사적 사실을 관계시켜서 말했다. 団 [+con: …과] 관계가 있다, 교제하다. Aquella familia no *se relacionaba con* nadie. 저 가정은 아무하고도 교제하지 않았다.

relajar 団 (긴장·규율·힘을) 늦추다. La humedad *relaja* las cuerdas. 습기는 밧줄을 늦춘다. ◇~**se** 느슨하다, 지치다; 한숨쉬다.

relámpago 圑 번개. Esa idea pasó por mi cabeza como un *relámpago*. 그 생각이 번개처럼 내 머리를 스쳤다. ◇ **relampaguear** 丞 [3인칭 단수형만] 번개치다. Allá lejos *relampaguea*. 저 멀리서 번개가 치고 있다.

relatar 団 이야기하다, 말하다. *Ha relatado* una anécdota. 한가지 삽화를 그는 이야기했다. ◇ **relato** 圑 말; 이야기.

relativo, va 혱 ① [+a: …에] 관계가 있는. Se ha publicado el aviso *relativo al* nuevo horario de trenes. 열차의 새 시간표에 관한 예고가 발표되었다. ② 상대적·비교적인; 상당한. Disfrutaba de una felicidad *relativa*. 나는 좌우간 행복이라고 할 수 있는 것을 맛보고 있었다. ③【문법】관계의. *relativo* 관계어(관계대명사·형용사·부사 따위). oración de *relativo* 관계문. *muy relativo* 대단치 않은. Su talento *es muy relativo*. 그의 재능은 대

relieve 남 ① 양각(陽刻)(의 무늬·장식). ② (지표의) 기복(起伏). El *relieve* de España es muy variado. 스페인의 산이나 계곡의 기복은 대단히 변화가 많다. ③ 저명(著名). Era un artista de mucho *relieve*. 그는 대단히 저명한 예술가였다.

religión 여 종교, 신앙. Fíate del hombre religioso aunque profese una *religión* distinta de la tuya. 네 종교와 다른 종교의 취지라도 신앙심이 두터운 사람을 믿어라. ◇ **religioso, sa** 형 ① 종교의. ② 신앙이 두터운. La tía es una mujer muy *religiosa*. 숙모는 매우 신앙심이 두터운 여성이다. 명 종교인(승려, 여승). 수도사·녀. Los *religiosos* están ligados por los votos. 수도사는 서원(誓願)에 구속받고 있다.

reloj 남 시계. Se me ha parado el *reloj* y no sé qué hora es. 나는 시계가 멎어 있으므로 몇 시인지 모른다. ◇ **relojería** 여 시계점·공장. ◇ **relojero, ra** 명 시계직공·상인.

relucir 자 번쩍번쩍 빛나다. No es oro todo lo que *reluce*. 빛나는 것이 모두 금이라고는 할 수 없다.

relumbrar 자 번쩍번쩍 빛나다; 번쩍이다.

relumbro 남 빛의 강함.
◇ **relumbrante** 형 빛나는.

relumbrón 남 번쩍임, 빛남; 빛을 내는 물건. *de relumbrón* 겉치레로.

rellano 남 층층대 중간의 좁은 곳; 고원지대, 산중 평원.

rellenar 타 가득 채워넣다.

relleno, na 형 가득 채운. 남 채우는 물건. *de relleno* …로 채워진.

remanente 남 나머지(residuo).

remangado, da 형 소매를 걷은.

remangar 타 소매를 걷다 (arremangar). ◇ ～se 결의하다, 결단 내리다.

remanso 남 잔잔한 물결, 태만, 지체, 지각.

remar 자 배를 젓다, 삿대질하다; 악전고투하다.

remarcable 형 저명한; 주목을 끄는.

rematado, da 형 구할 도리가 없는, 어쩔 수 없는.

rematante 남【남·녀 통용】최고 입찰자인, 낙찰자.

rematar 타 ① (…에게) 최후의 일격을 가하다. *Remató* al caballo que había caído. 그는 넘어진 말의 숨통을 끊었다. ② 완성·완료시키다. Empieza muchas cosas pero no *remata* ninguna. 그는 여러 가지 일을 시작하지만 최후까지 해내지 못한다. 자 [+en: …으로] 끝내다. La broma *remató* en boda. 농담이 최후에 결혼으로 되었다.

remediar [①1 cambiar] 타 구제하다, 돕다; 보수하다. Llorando no *remedias* nada. 네가 울어도 아무런 도움도 되지 않는다. ◇
remedio 남 ① (구체적인) 방책, 방법. No hay más *remedio* que aceptarlo. 그것을 승낙할 수 밖에 방법이 없다. ② 요법; 약 (medicina). Todavía no hay un *remedio* eficaz contra la enfermedad. 그 병에 대한 유효한 약은 아직 없다.

remendar [19 pensar] 타 수선하다, (…을) 깁다. El llevaba un traje *remendado*. 그는 누덕누덕 기운 옷을 입고 있었다. ◇ **remiendo** 남 수선; 깁는 헝겊.

remesa 여 발송(하물). Su encargo no ha llegado en esta *remesa*. 그의 주문품은 이번 짐에는 들어 있지 않았다.

remilgado, da 형 지나치게 몸치장을 한; 뽐내는.

remilgo 남 애교; 꾸민 태도, 뽐냄.

reminiscencia 여 추억, 회상; 기억력.

reminiscente 형 추억의, 감회 깊은.

remirado, da 형 [+en : … 에] 신중한, 세심한.

remirar 타 교정하다; 수정하다. ◇ **~se** 신중히 보다.

remisible 형 용서할 수 있는; 무리가 되지 않는.

remisión 여 발송, 발신; 사면, 면제(perdón); 용서.

remiso, sa 형 활발치 못한, 겁이 많은; 머뭇거리는, 소심한(flojo).

remisorio, ria 형 면제의, 사면의.

remitir 타 ① 발송·발신하다. Le *remitimos* por correo aéreo el catálogo general de nuestra casa. 우리 회사의 종합목록을 항공편으로 보냅니다. ② (의견·판단을) 맡기다, 사양하다. *Remito* la desición a su buen criterio. 결정은 당신의 양식에 맡긴다. ③ [+a : …를 독자·상대 따위에] 참조시키다. El texto *remite a* la página siguiente. 본문은 다음 페이지에 있다. ◇ **~se** [+a : …에게] 의견·판단을 맡기다; (…를) 이용하다. A los hechos *me remito*. 내가 말하고자 하는 일은 사실에 판단을 맡긴다. ◇ **remite** 남 발신인의 주소 성명. Aquí ponga usted su *remite*. 여기에 발신인의 주소성명을 써 주시오. ◇ **remitente** 공통 발송·발신인. ◇ **remitido** 남 (신문의) 투서.

remolcar [7 sacar] 타 예항(曳航)·견인하다. Se le estropeó el motor y tuvieron que *remolcarlo*. (그의 차의) 엔진이 망가져서 끌고 가야 했다. ◇ **remolcador** 남 예항선. ◇ **remolque** 남 예항; 끄는 밧줄; 견인되는 차. *a remolque* 끌어서, 끌려서.

remontar 타 (강물을) 거슬러 오르다, 타고 지나가다. Hay peces que *remontan* el río. 강물을 거슬러 오르는 물고기가 있다. ◇ **~se** ① 하늘 높이 오르다·날다. ② [시간적] 거슬러 오르다. Mis recuerdos *se remontan* a los primeros años de mi infancia. 내 추억은 유년기의 초기까지 소급한다. ③ (금액이) 달하다.

remordimiento 남 후회. El *remordimiento* es el huevo fatal puesto por el placer. 후회는 쾌락이 낳는 숙명적인 알이다.

remoto, ta 형 ① [시간적·공간적] 아득한; 먼. En un país *remoto* vivían dos esposos jóvenes. 어느 먼 나라에 젊은 부부가 살고 있었다. ② 막연한. Tengo una *remota* idea de que una vez me hablaste de eso. 나는 그 일에 대하여 한 번 네가 이야기해 준 듯한 (막연한) 생각이 든다.

remover [25 volver] 타 ① 휘젓다. *Remueva* usted la sopa. 우프를 휘저으시오. ② 진동시키다. La explosión *removió* la casa. 폭발이 건물을 진동시켰다.

remunerar 타 보상하다, (…에게) 보수를 주다. Es un trabajo que

se *remunera* bien. 그것은 보수가 좋은 일이다. ◇ **remuneración** 여 보수. La *remuneración* es proporcionada al esfuerzo. 보수는 노력에 비례하고 있다.

renacer [29] nacer] 재 소생하다. En la primavera se siente uno *renacer*. 봄이 되면 사람은 소생함을 느낀다. ◇ **renacimiento** 남 [R·] 문예부흥(기).

rencor 남 원한. No tengo *rencor* contra nadie por nada. 나는 누구에게도 무슨 일에도 원한을 갖고 있지 않다. ◇ **rencoroso, sa** 형 원망스러운. Me echó una mirada *rencorosa*. 그는 원망스러운 시선을 나에게 던졌다.

rendir [36 pedir] 타 ① 항복·굴복시키다. Con sus amabilidades la *rendió*. 그는 친절한 체하여 그녀를 사로잡았다. ② (몹시) 지치게 하다. Ocho horas seguidas en ese trabajo *rinden* a cualquiera. 그런 일을 계속해서 8시간이나 하면 아무라도 녹초가 된다. ③ (경의·감사를) 바치다, (당연한 것을) 건네다, 주다. Le *rendiremos* el sueldo entero. 그에게 급료를 전부 건네주자. ④ (수익·능률을) 올리다. La tienda le *rinde* lo suficiente para vivir. 그 가게는 생활하기에 충분하리만큼 수익을 올리고 있다. *rendir cuentas* 변명하다; 책임을 지다. Ese capitán también tendrá que *rendir cuentas*. 그 선장도 책임을 져야 할 것이다. ◇ **-se** 재 ① [+a : …에게] 항복·굴복하다. El Alcázar no *se rindió* al enemigo. 성은 적군에게 항복하지 않았다. ② [+con·de : …로] 지쳐 빠지다. *Se rindió de* tanto trabajar. 그는 너무 일해서 지쳐 버렸다. ◇ **rendimiento** 남 (봉사적인) 순종함, 복종; 피로; 수익, 능률.

renegar [26 pagar, 19 pensar] 타 강하게 부정하다. Niega y *reniega* que él haya intervenido en eso. 그는 그 일에 가담하지 않았다고 몇 번이나 강하게 말했다. 재 [+de : …를] 거부하다; 저주하다. Para eso, *reniego* de su amistad. 그 때문에 나는 그와의 교제를 끊는다. ◇ **renegado, da** 형 배교자, 악덕자.

renglón 남 ① (문장의) 줄, 행. Fíjese usted en el tercer *renglón*. 3행째를 잘 보시오. ② 문장, 문서. Sírvase usted leer estos *renglones* que le mando. 보내드리는 이 문서들을 읽어 주세요.

renombre 남 명성(fama). Era un médico de mucho *renombre*. 그는 대단히 명성이 있는 의사였다. ◇ **renombrado, da** 형 유명한(famoso, célebre).

renovar [24 contar] 타 ① 새롭게 하다(바꾸다). Quiero *renovar* los cortinajes. 커튼류를 새로 바꾸고 싶다. ② 다시 시작하다. *Hemos renovado* la antigua amistad. 우리들은 다시 구정(舊情)을 새롭게 하고 있다. ③ 갱신하다. Hay que *renovar* el contrato cada dos años. 그 계약은 2년마다 갱신해야 한다.

renta 여 ① 수익, 소득. *renta nacional* 국민 소득. ② 이식(利息); 연금. *renta vitalicia* 종신 연금. ③ 임대료. ¿ Qué pagas de *rentas*? 너는 집세 [땅세]로 얼마 내고 있는가? ◇ **rentar** 재 수익·이식을 낳다. Estos valores *rentarán* bien en el futuro. 이 채권들은 장래 좋은 이식을 낳으리다. ② 임대료를 요하다. ¿Cuánto *renta* este cuarto? 이 방의 방세는 얼마인가. 남 (수

rentero, ra 圈 세금・소작료 등을 내는. 圐 납세자, 소작인.

rentista 圐〖남・여 동형〗재정가; 년금을 받는 사람, 이자놀이하는 사람; 공채 소유인.

rentístico, ca 재정의, 국고수입에 관한.

renuencia 여 부정, 부인; 반박, 반항; 모순, 당착.

renuente 순종치 않는, 완고한; 녹지 않는(indócil).

renuevo 嗯 새싹(tallo); 갱신, 쇄신.

renunciar [①cambiar] 风 ① [+a:…를] 단념・포기하다. Ha tenido que *renunciar a*l viaje por la enfermedad de su madre. 그는 모친의 병으로 여행을 단념했다. ② [+a:…에 / +en:…에게] 양보하다. *Renunció a* su parte de herencia en favor de su hermana. 그는 유산의 자기 몫을 여동생에게 양보했다. ③ [+a:…를] 사퇴・사임하다. *Renunció a* la invitación que le hicieron. 그는 초대받은 것을 사양했다. ◇ **renuncia** 여 사표, 사임장. Presentó la *renuncia* de su cargo. 그는 (직무의) 사표를 냈다.

reñir [43 ceñir] 떠 꾸짖다. No *riña* más al niño. 그 어린이를 그만 꾸짖어라. 风 [+con:…과] 싸우다. El marido y la mujer se pasan la vida *riñendo*. 그 부부는 싸움하면서 그날그날을 지내고 있다. ◇ **reñido, da** 혼 ① 사이가 나빠진; 반대의. Eso está *reñido* con mis ideas. 그것은 내 생각과 맞지 않는다. ② (싸움・경쟁 따위가) 격심한, 집요한.

reo 圐〖남・여 동형〗죄인, 죄수; 피고. Llevaban a la *reo* a la Audiencia. 그 여죄수는 재판소로 연행되었다.

reparar 떠 ① 수선하다. ② (죄・손해 따위를) 보상하다; (…의) 앙갚음 하다. Hace lo posible por *reparar* su falta. 그는 과실을 보상하려고 가능한 한의 일을 하고 있다. 风 [+en:…을] 주의・고려하다. *Reparé en* que no llevaba paraguas. 우산을 가지고 오지 않은 일에 나는 생각이 미쳤다. ◇ **reparación** 여 ① 수선. Después de la *reparación* que me hicieron en el coche, ha quedado como nuevo. 수선을 했더니 (그것은) 새 차처럼 되었다. ② 보상, 앙갚음. Soy el ofendido y pido la *reparación* de tal injusticia. 내가 피해자이다; 그러한 부정(不正)의 보상을 받아야 하겠다.

reparo 嗯 ① 이의(異議), 트집. Quería poner algún *reparo* a la carta que redacté. 그는 내가 쓴 편지에 어떤 트집을 잡으려 하였다. ② 〖빈번히〗고려, 겸양. No tenga usted *reparos* en decirme lo que piensa. 당신이 생각하고 있는 바를 말하는데 주저할 것은 없다.

repartir 떠 [+a·en:…에게] 분배・배분하다; 배치하다. *Repartió* caramelos *a* los niños que estaban allí. 그는 거기 있던 어린이들에게 카라멜을 나누어 주었다. ◇ **reparto** 圐 ① 분배; (우편・상품 따위의) 배달; (연극의) 배역. La distribuidora no ha hecho hoy el *reparto*. 배달하는 여자가 오늘은 배달하지 않았다.

repasar 风 다시・몇 번이나 지나가다. 떠 ① 다시・몇 번이나 통과시키다. *Repasa* la plancha por este pliegue. 이 주름에 몇 번이고 다리미질을 해 보게. ② 재검토·검산·교정·교열하다. *Repase* usted esa cuenta detenidamente. 그 계산을 다시 한번 찬찬히 검산해 주시오. ③ 복습하다 [⑲ preparar]. Estoy re*pasando* la lección de esta tarde. 나는 오늘 오후 배운 것을 복습하고 있는 중이다. ④ 꿰매어 고치다. La madre enseña a su hija a *repasar* la ropa. 모친은 자기 딸에게 속옷 깁는 법을 가르친다. ◇ **repaso** 圐 복습(문제), 꿰맴. *dar un repaso* 대강 복습하다; 대강 훑어보다. *Di un repaso* al periódico. 나는 신문을 대강 훑어 보았다.

repatriación 여 환국, 송환, 본국소환.
repatriado, da 閱 귀국자.
repatriar 囘 본국에 송환하다. 젭 귀국하다.
repecho 圐 급경사; 가파른 언덕.
repelar 머리를 휘두르다; (말을) 급히 달리게 하다. 앙등·흥분시키다.
repelente 閱 무례한; 혐오의.
repeler 囘 배격하다(rechazar), 쫓아버리다.
repelo 圐 털·것을 거꾸로 세움, 발톱을 세움; 다툼(riña), 싸움(repognancia).
repeloso, sa 閱 노기찬, 한을 품은(quisquilloso).
repente 圐 충동. Tuvo un *repente* de ira. 그는 갑자기 성내기 시작했다. *de repente* 급히, 돌연히(repentinamente). *De repente* se apagaron todas las luces. 돌연 등불이 모두 꺼졌다. ◇ **repentino, na** 閱 급한, 돌연한. Nos sorprendió su muerte *repentino*. 그의 급한 죽음이 우리들을 놀라게 했다. ◇ **repentinamente** 閏 돌연히.
repertorio 圐 상연·연주 종목. Buen *repertorio* tiene ese teatro para la próxima temporada. 그 극단은 이번 시즌에 내어 놓을 좋은 상연 종목을 갖추고 있다.
repetir [36 pedir] 囘 ① 되풀이 하다, 말하다. Te *repito* que no dejes de escribirme. 거듭 말하지만 편지내는 걸 잊지 마라. ② 흉내내다. Los niños *repiten* lo que ven hacer a los mayores. 어린이는 어른이 하는 것을 흉내낸다. ◇ **~se** 되풀이 되다. La historia *se repite*. 역사는 되풀이 한다. ② 거듭 자기가 … 이라고 말하다. Me *repito* de usted atto. y s.s.(편지의 맺음 말) 나는 당신의 정중하고 확실한 종(atento y seguro servidor) 이라고 말합니다. ◇ **repetición** 여 되풀이, 반복. El público entusiasmado pidió *repetición*. 열광한 청중은 재청을 요구했다. ◇ **repetidamente** 閏 되풀이 하여, 여러번.
repicar 囘 몇번이고 반복해서 찌르다; 종을 여러번 치다; 분쇄하다. ◇ **~se** [+de] 자만하다(preciarse).
repintar (그림 등에) 가필·수정하다, (벽을) 바르다.
repique 圐 종소리, 분화, 언쟁.
repiquete 圐 종소리, 찬스, 기회.
repiquetear 囘젭 종이나 악기를 열심히 치다. ◇ **~se** 말다툼하다; 우수수 떨어지다.

repiqueteo 图 종을 함부로 침; 싸움.

repisa 예 선반. *repisa de chimenea* 벽난로.

repleto, ta 圈 가득 찬, 충만한. Tiene la cartera *repleta* de billetes. 그는 지갑을 지폐로 가득 채우고 있다.

replicar [7] sacar] 匝 (…에게) 말대답하다(항변, 반론). Obedece y no me *repliques*. 너는 내 말을 듣고, 말대답하지 마라. 囵 말대답하다. ◇ **réplica** 예 말대답, 항변, 반론.

repoblar [24] contar] 囲 식림하다; 들어가 살게하다. Están *repoblando* de pinos la ladera de la montaña 그 산의 기슭에 소나무의 식림을 하고 있다.

reponer [60] poner; 과거분사 repuesto] 匝 ① 복원하다; 복직시키다. Después de tres meses, la *han repuesto* en el cargo. 3개월 후 그녀는 복직되었다. ② [+de : …를] (…에) 보충하다. *Repuso* de fondos su cuenta corriente. 그는 자기의 당좌예금에 돈을 (꺼내서) 맡겼다. Tienes que *reponer* la caldera de carbón. 너는 보일러에 석탄을 보충해야 한다. ③ 수복·수선하다. Se rompió el cristal y aún no lo *han repuesto*. 유리가 깨어졌으나, 아직 바꾸지 않았다. ④ 재상연·재상영하다. La semana que viene *repondrán* aquella película. 다음 주에 저 영화가 재상영된다. ⑤ [부정(不定) 과거인 때만] 대답하다. A esto *repuso* que él no conocía la orden. 이것에 대하여 그는 자기는 그 명령을 모른다고 대답했다. ◇ **~se** (건강·기력·재산이) 회복하다. Tardé en *reponerme* del susto. 나는 깜짝 놀라서 정신을 차리는 데 시간이 걸렸다.

reportaje 囲 보고기사; 기록영화, 통신.

reportamiento 囲 자제, 신중.

reportar 囲 억제하다(refrenar); 지참하다, 가져오다(llevar). ◇ **~se** 자제·억제하다, 근신하다.

reporte 囲 (신문의) 기사, 통신, 레포트.

reporteril 圈 신문기자의, 신문 기자의 티를 내는.

reporterismo 囲 신문기자직업, 수완.

reportero, ra 囲 신문기자, 통신원.

reposar 邳 ① (조용히) 쉬다; 잠자다. Vuelva más tarde; la enferma está *reposando* ahora. 뒤에 와 주시오; 환자는 지금 자고 있습니다. ② 매장 되어 있다. ◇ **reposado, da** 圈 한적한, 안정된; 유유한. El mar estaba *reposado*. 바다는 고요하게 되어 있었다. ◇ **reposo** 囲 휴식; 안정. Se tomó media hora de *reposo*. 그는 30분 안정하고 있었다. *reposo* absoluto 절대 안정.

reprender 囲 꾸짖다. El profesor *reprendió* a un alumno por su mala conducta. 선생은 어느 학생의 행동이 나빴으므로 꾸짖었다.

representar 匝 ① (작품이) 나타내다; 의미하다. Esa danza *representa* la desesperación. 그 댄스는 절망(의 경경)을 나타내고 있다. ② 상연하다; 역을 해내다. *Representa* bien el papel de ingenua. 그녀는 순진한 여인의 역을 잘 해내고 있다. ③ 대표·대행·대리하다. El Ministro de Asuntos Exteriores *representaba* al Gobierno en la ceremonia. 이 의식에 외무부장관이 정

부를 대표하여 출석했다. ◇ **~se** 상상·회상하다. *Me represento la escena como si la estuviera viendo.* 나는 마치 지금 보고 있는 듯이 그 정경을 마음에 그리고 있다. ◇ **representación** 여 ①상연. ②대표(단); 대리(권). *Una representación de labradores acudió al Ministro de Trabajo.* 노동자 대표들이 노동장관에게 (진정하러) 갔다. ◇ **representante** 명 대표자, 대리인; 배우.

reprimir 타 억제·억압하다. *Intentan reprimir el alza de precios.* (그들은) 물가의 상승을 억제하고 있다. ◇ **~se** [+de : …를] 자제하다. *No pude reprimirme de reir.* 나는 웃음을 참을 수 없었다.

reprochar 타 비난하다. *No soy yo el que se lo reprocha.* 당신의 그 일을 비난하고 있는 것은 내가 아니다. ◇ **~se** 후회하다. *Se reprocha a sí mismo su imprevisión.* 그는 자기의 선견이 없음을 후회하고 있다. ◇ **reproche** 남 비난. *Nunca le he dirigido reproche alguno.* 나는 비난하는 듯한 말을 결코 그에게 말한 일이 없다.

reproducir [70 aducir] 타 ①복사·모사·복제하다; 전재(轉載)하다. *Para reproducir bien los cuadros famosos hay que ser buenos artistas.* 명화를 능란하게 모사하려면 좋은 예술가가 아니면 안 된다. ②재생하다. *Esta llave es para reproducir el sonido registrado.* 이 키가 녹음을 재생한다. ③생식·번식시키다. ◇ **~se** ①다시 생기다·일어나다. *Al día siguiente se reprodujeron los desórdenes.* 다음날 또 혼란이 일어났다. ②번식하다. *Han traído algunos animales raros para que se reproduzcan en nuestros bosques.* 우리 나라 숲 속에서 번식시키기 위하여 진귀한 동물을 몇마리 가져 왔다. ◇ **reproducción** 여 복사, 모사, 복제; 재생, 재발; 생식, 번식.

reptil 형 파충류의. 남 파충류(동물). *La serpiente es un reptil.* 뱀은 파충류이다.

república 여 공화정체·국. *De esta civilización brotaron dieciocho repúblicas independientes de habla española.* 이 문명으로부터 스페인어의 18개 독립공화국이 싹텄다. ◇ **republicano, na** 형 공화정체·국의; 공화파·당의. *Entonces el general se alzó contra el Gobierno republicano.* 그때 장군은 공화정부에 반대하여 궐기했다. 명 공화파·당원.

repuesto 남 ①(병으로 부터의) 회복. ②저축. *Tenemos un buen repuesto de carbón.* 우리 집에는 석탄의 저축이 충분히 있다. ③ [주로 복] 예배; 부품. *No hay repuesto para esa marca de coches.* 그 형의 자동차 부품은 없다. *de repuesto* 예비의.

repugnar 타 ①혐오하다. *El repugna el engaño.* 그는 속임수를 무척 싫어한다. ②(…에) 반발하다. *Repugnaba todo lo que yo decía.* 그는 내 말에는 무조리 반발했다. 자 혐오감을 갖게 하다. *Me repugna tener que decírselo yo.* 나는 그에게 그 말을 해야 하는 일이 아주 싫다. ◇ **repugnancia** 여 혐오; 반발, 저항; 모순. ◇ **repugnante** 형 싫은, 아니꼬운.

repulsión 여 혐오; 반발. *Ese vicio causa repulsión.* 그러한 나쁜

버릇이 아니꼬운 느낌을 갖게 한다. ◇ **repulsivo, va** 國 반발의; 싫은. Era un espectáculo *repulsivo*. 그것은 눈을 돌릴 그런 풍경이었다.

reputar 囮 [+de·por : …과] 평판·평가하다. La *reputan* de entendida en estas cuestiones. 이러한 문제에는 그녀는 상세하다는 세평이다. ◇ **reputación** 囡 (좋은) 평판, 세평(世評), 명성(fama). Es muy celosa de su *reputación*. 그녀는 세평을 매우 걱정하는 여인이다. ◇ **reputado, da** 國 평판이 좋은.

requerir [47 herir] 囮 ① 필요로 하다. El enfermo *requiere* muchos cuidados. 그 환자에게는 여러 가지 배려가 필요하다. ② 요구하다; 의뢰하다. Le *he requerido* insistentemente para que me acompañara. 나는 함께 가 달라고 그에게 집요하게 졸랐다. ③ (여자를) 설복하다.

requetebién 副 솜씨좋게.

requiebro 囝 아첨, 아부(piropo).

requilorios 囝複 쓸모없는 의식.

requinto 囝 작은 클라리넷(연주자); 작은 기타.

requisa 囡 검열, 시찰, 감찰, 징발.

requisar 囮 징발하다.

requisición 囡 징발.

requisito 囝 필요조건·사항. Para hacer oposiciones es *requisito* indispensable ser español. 수험에는 스페인 사람이라는 것이 절대로 필요한 조건이다.

res 囡 사냥감; 네발 짐승(소·양·돼지·말 따위).

resaca 囡 해안에서 되물러 가는 파도.

resaltar 囧 ① 돌출하다. ② 특출하다. El rojo *resalta* mucho sobre esos grises. 그러한 쥐색 속에서 빨강이 선명하게 뛰어나 보인다. *hacer resaltar* 특히 눈에 띄게 하다.

resarcir [2 zurcir] 囮 ① 변상하다. ¿ Piensa *resarcirme* daños y perjuicios, si lo estropea? 당신이 그것을 부수면 손해 변상을 해줄 속셈인가요. ② [+de : …를] (…에게) 보상하다. Me *han resarcido de* los gastos del viaje. 그들은 내가 쓴 여비를 내어 주었다.

resbalar 囧 [+en·por·sobre …의 위를] 미끄러지다. *Resbalé por* el hielo. 나는 얼음 위를 미끄러졌다. ◇ **resbaladizo, za** 國 미끄러지기 쉬운.

rescatar 囮 ① 되돌려 받다, 되물리다; 도로 빼앗다. Se propuso *rescatar* la herencia de los padres. 그는 양친의 유산을 탈환하려고 생각했다. ② 되사다; 구출하다. Boni va hacia el pájaro prisionero; lo *rescata* de la liga. 보니는 잡힌 새에게 가서, 끈끈이로부터 그것을 놓아주는 것이다. ◇ **rescate** 囝 탈환; 되돌려 받음; 몸값.

rescindir 囮 계약을 취소하다, 해제하다; 취소하다.

rescisión 囡 계약 취소, 해약; 해제, 파기.

rescisorio, ria 國 해약의, 계약 해제의.

rescoldo 囝 타다 남은 것(borrajo).

rescontrar 囮 상쇄하다.

rescripto 타 왕의 조서, 칙서; 법왕의 답서, 조서.

resecar 타 바싹 말리다; 잘라버리다. ◇ ~se 말라 죽다.

resección 예【의학】절제수술.

reseña 예 인상 파기; 개요; 개평, 서평(書評). Escribe la *reseña* crítica de los libros aparecidos en la semana. 그는 그 주간에 나온 책의 서평을 쓰고 있다.

reserva 예 ① 제거; 보류. Hay que acoger esa noticia con *reserva*. 그 뉴스는 할인해서 듣지 않으면 된다. ② 저축, 예비; 준비·적립금. Estas son nuestras *reservas* de víveres para todo el año. 이것은 우리들의 1년분 식료품 저축이다. ③ 숨김, 신중. No tengo *reserva* alguna para con mi tía. 나는 숙모님에게는 아무 숨기는 일도 없다. *a reserva de* …을 보류조건으로 하여. Prometió venir, *a reserva de* que ocurriera algo imprevisto. 그는 어떤 뜻밖의 일이 일어나지 않는 한 오겠다고 약속했다.

reservar 타 ① 제거하여 놓다; 보류하다. *Reservamos* este dinero para el viaje. 이 돈은 여행을 위하여 떼어 놓자. ②(자리·방을) 지정·예약하다. La mesa está *reservada*. 이 테이블은 예약되어 있다. ③ 말하지 않고 두다. *Reservo* la mejor noticia para el final. 나는 제일 좋은 뉴스는 마지막까지 말하지 않고 있다. ◇ ~se ①(자기를 위하여) 떼어 놓다. *Se reservó* el mejor asiento. 그는 제일 좋은 자리를 자기 몫으로 떼어 놓았다. ② 말하지 않고 두다. *Se reserva* su juicio. 그는 자기 생각을 별로 말하고 싶어 하지 않는다. ◇ **reservado, da** 형 어울리지 않는, 신중한; 내밀한. Era una mujer muy *reservada*. 그녀는 소극적인 성격을 가진 여인이었다.

resfriarse [12 enviar] 재 감기들다. ◇ **resfriado** 남 감기. He cogido un fuerte *resfriado* esta mañana. 오늘 아침 나는 심한 감기에 걸리고 말았다.

resguardar 타 지키다, 보호하다. Este documento me *resguarda* en cualquier caso. 이 서류가 나를 어떤 경우라도 지켜 준다. ◇ ~se [+a : …를] 막다, (…로 부터) 몸을 지키다. *Nos resguardamos de* la lluvia en el portal de una casa. 우리들은 어떤 집의 현관에서 비를 피했다.

residencia 예 ① 거주, 주재(駐在); 주소(domicilio, señas, dirección). No sé dónde ha fiado su *residencia*. 그가 어느 곳에 주소를 정했는지 나는 모른다. ② 저택; 공동숙사. Estará dos días en la *residencia* de estudiantes extranjeros. 그는 이틀동안 외국인 학생숙사에 체재할 것이다. ◇ **residencial** 형 주택의; 임지(任地) 거주의. Han comprado una casa en el barrio *residencial*. 그들은 주택지구에 집 한 채를 샀다.

residir 재 ① 거주하다. ¿Dónde *reside* su familia actualmente? 그의 가족은 현재 어디에 살고 있나? ② [+en : …에] 있다, 존재하다. El encanto del lugar *reside en* el clima. 그 장소의 매력은 기후에 있다.

residuo 남 [주로 복] 나머지, 찌꺼기. Los *residuos* de la comida se los daremos al perro. 음식 찌꺼기는 개에게 주자.

resignar 타 [+en : …에게] (단념하고) 양보하다; 포기하다. El

gobernador *resignó* el mando de la provincia *en* el general. 지사는 주의 지배권을 장군의 손에 넘겼다. ◇ **~se** ① [+a·con : …을] 단념하다. No le queda más remedio que *resignarse con su suerte*. 그는 자기 운명을 체념할 수 밖에 없었다. ② [+a+부정(不定)형] 체념하고 …하다. *Se resignó a salir*. 그는 단념하고 출발했다. ◇ **resignación** 예 체념, 인종(忍從).

resistente 휑 ① 저항력이 있는. *Ese germen se ha hecho resistente al medicamento usual*. 그 세균은 보통 약에 대한 저항력이 생겼다. ② 튼튼한, 완강한. *La cuerda es muy resistente y no se rompe con facilidad*. 그 밧줄은 대단히 튼튼해서 쉽사리 끊기지 않는다. ◇ **resistencia** 예 ① 저항(력). ② 튼튼함, 내구력(耐久力). *Este modelo de coche es de mucha resistencia*. 이런 형의 차는 대단히 튼튼하다. *oponer resistencia* 저항하다.

resistir 困 ① [+a : …에] 저항·항거하다. *Supo resistir (a) la tentación*. 그는 그 유혹에 저항할 수가 있었다. ② [+de : …를] 참다, 견디어 내다. *No sé cómo puede resistir esos ruidos*. 그러한 소음에 그가 어떻게 견디어 내는지 나는 알 수 없다. *No podía resistir de hablar*. 그는 말하고 싶은 것을 참을 수 없었다. 困 내구력이 있다. *Este coche todavía resiste*. 이 차는 아직 쓸 수 있다. ◇ **~se** ① (명령 따위에) 저항하다. *Como se resistía le colocaron las esposas*. 그는 저항했기 때문에 수갑이 채워졌다. ② [+a+부정(不定)형] …하려고 하지 않다, …하기 불가능하다. *Me resisto a pasar sin saludarle*. 나는 그에게 인사하지 않고는 지나갈 수 없다. ③ [+여격보어+부정(不定)형] …함에 저항을 느끼다. *Se me resiste pasar sin saludarle*. 그에게 인사하지 않고 통과하는 일에 나는 저항을 느낀다.

resolución 예 ① 해결. *No es fácil la resolución del problema*. 문제의 해결은 용이하지 않다. ② 결정; 결심(decisión, determinación). *Comuníqueme su resolución lo antes posible*. 당신의 결심을 되도록 빨리 내게 전해 주시오. *con resolución* 결연히.

resolver [28 volver; 과거분사 resuelto] 타 ① 해결하다. *No hemos resuelto el problema*. 우리들은 아직 문제를 해결하지 않았다. ② 재결·결정하다(decidir, determinar). *El árbitro resolvió a su favor*. 심판원은 그에게 유리한 결정을 내렸다. ③ [+부정(不定)형 : …할] 결심을 하다. *Ha resuelto no volver más*. 그는 두번 다시 오지 않을 결심을 했다. ◇ **~se** ① (염증·부기가) 없어지다. ② [+en : …으로] 되다. *Todo se resolvió en una riña más*. 이것 저것이 모두 또 싸움이 되었다. ③ [+a+부정(不定)형 : …할] 결심을 하다. *No se resuelve a salir*. 그는 출발할 결심을 굳히지 못하고 있다.

resonar [24 contar] 困 울려 퍼지다, 반향하다. *Sus pasos resonaban en la galería*. 그의 발소리가 복도에 울리고 있었다. ◇ **resonancia** 예 울림, 반향; 공명(共鳴); 평판. *La boda tuvo gran resonancia*. 그 혼례는 대단한 평판이었다.

resoplido 남 콧김, 거친 숨소리.

resorte 남 ① 용수철, 태엽. *Se ha roto el resorte de la cerradura*.

자물쇠의 용수철이 부러졌다. ② (목적 달성을 위한) 수단. ¿De qué *resortes* te has valido para que te admitan en la asociación? 그 협회에 가입하기 위하여, 너는 어떤 수단을 썼느냐?

respecto 남 관계. *a este respecto* 이에 관하여. *al respecto* 그것에 관한·관하여. Le dije unas cosas *al respecto*. 그것에 관하여 두세 가지 일을 나는 그에게 말했다. *(con) respecto a* …에 관하여. No hay nada nuevo *(con) respecto a*l viaje. 여행에 관하여 별로 새로운 일은 아무 것도 없다. ◇ **respectivo, va** 형 각자의. Se dieron sus señas *respectivas*. 그들은 서로 각자의 주소를 알려주었다. ◇ **respectivamente** 부 각기. José y Juan tienen ocho y diez años *respectivamente*. 호세와 후안은 각기 8세와 10세이다.

respetar 타 ① 존경·존중하다(estimar). *Respetamos* a los ancianos. 우리들은 노인을 존경한다. ② 고려하다(considerar). Empleó un lenguaje grosero sin *respetar* siquiera a las señoras. 그는 부인들 앞인데도 불구하고 천한 말을 썼다. ◇ **respetable** 형 ① 존경할. muy *respetable* señor (편지의 서두) 존경하는 귀하에게. ② (수량이) 상당한. Observaba el toro a *respetable* distancia. 그는 소를 상당한 거리에서 관찰하고 있었다. 남 관객(espectador), 청중. Repitió una de las canciones para complacer al *respetable*. (가수는) 청중을 기쁘게 하기 위하여 노래 하나를 또 불렀다.

respeto 남 ① 존경; 존중. Se debe guardar *respeto* a los mayores en edad. 연장자에게는 존경심을 가져야 한다. ② 고려. Su tío le trató sin *respeto* a su conciencia del niño. 그의 숙부는 어린이 나름의 그의 양심을 생각지 않고 그를 다루었다. ③ [주로 복] 경의. Presente mis *respetos* a su señora madre. 내 경의를 어머님께 전해 주시오. *respeto a sí mismo* 자중(自重). Se portaba bien sin perder *respeto a sí mismo*. 그는 자중하는 마음을 잃지 않고 잘 행동했다. *de respeto* 예배의, 소중한. ◇ **respetuoso, sa** 형 존경심이 있는, 공손한. ◇ **respetuosamente** 부 삼가, 공손하게. *Respetuosamente* le saluda su atento y seguro servidor. (편지의 맺는 말) 삼가 귀하의 예절을 알고 성실하고 좋은 귀하께 절하여 드립니다.

réspice 남 말대답; 꾸짖음.

respigón 남 (손가락의) 거스러미.

respingar 자 싫어하면서 복종하다; 우마가 거북하거나 간지러서 몸을 턴다.

respingo 남 몸을 몹시 진동함, 혐오, 마음 내키지 않음.

respiradero 남 공기 구멍, 숨구멍; 공기통로; 휴식(descanso); 【속어】호흡기관; 기관지.

respirar 자 호흡하다; 휴식하다; 안도하다. *Respire* usted fuerte. 십호흡을 해라. Déjeme usted *respirar*. 나를 쉬게 해 주세요. ◇ **respiración** 여 ① 호흡. *respiración artificial* 인공호흡. ② 환기. Dormía en un cuarto sin *respiración*. 그는 환기가 나쁜 방에서 자고 있었다.

resplandecer [30 crecer] 자 비치다, 빛나다. Le *resplandecía* la

cara de felicidad. 그는 행복으로 얼굴이 빛나고 있었다. ◇
resplandor 남 광휘, 빛. Lo vimos al *resplandor* de un relámpago. 번갯불로 그것이 보였다.

responder 타 대답하다(contestar). Le *respondí* dos palabras. 나는 약간 그에게 말해주었다. Le *he respondido* que puede venir cuando quiera. 원할 때에 오는 것이 좋으리라고 나는 그에게 대답해 두었다. 자 ① [+a: …에게] 대답·말대꾸하다. ② 응하다; 보답하다. El profesor se esfuerza, pero los alumnos no *responden*. 교사는 노력하지만 학생은 (그에) 응하지 않는다. ③ [+de: …의] 책임을 지다. Yo *respondo* de lo que dice este muchacho. 이 소년이 말하는 일에 대해서는 내가 책임을 진다. ④ [+por: …을] 보증하다. Su jefe *responde* por él. 그의 일은 그의 부장이 보증하고 있다.

responsable 형 [+de: …에게] 책임이 있다; 책임감 있는. Yo no me hago *responsable* de lo que ocurra. 무슨 일이 일어나더라도 그는 그 책임을 지지 않는다. Tú eres el *responsable* de tus actos y no otro. 네가 내 행위의 책임자인 것이지 다른 아무도 아니다. ◇ **responsabilidad** 여 책임. José tiene la *responsabilidad* de toda la oficina. 호세는 사무소 전체에 책임이 있다.

respuesta 여 대답, 회답(contestación). No he recibido *respuesta* de él. 나는 그에게서 답장을 받지 않았다.

resquebradura 여 균열, 갈라진 틈.

resquebrajar 타 가늘게 갈라지다, 금이 가다.

resquebrarse 재 분열하다; 균열이 생기다.

resquemar 타 (뜨거운 음식·접시에서) 혀에 얼얼한 맛을 주다; 자극하다.

resquemo 남 혓바닥을 쏘는 맛; 식품의 악취; 불에 너무 구운 음식물에서 나는 좋지 않은 맛.

resquemor 남 불쾌, 노함.

resquicio 남 (좋은) 기회; 동기; 문틈.

resta 여【수학】 빼기, 감; 나머지(residuo).

restablecer 타 재건하다(reconstruir). Lucharon para *restablecer* la república. 그들은 공화국 재건을 위하여 싸웠다. ◇~**se** (병에서) 회복하다. El enfermo *se restablecerá* pronto. 환자는 곧 회복할 것이다. ◇ **restablecimiento** 남 재건, 회복, 쾌차.

restar 타 빼내다(뺄셈), 감하다. Si se *resta* 25 de 217, el resultado es 192. 217에서 25를 빼면 결과는 192이다. 자 남다(quedar). Nos *restan* todavía algunas esperanzas. 아직 우리들에게는 얼마쯤 희망이 남아 있다. ◇ **restante** 나머지의.

restaurante 남 요리점, 레스토랑, 음식점, 식당.

restaurar 타 수복하다; 복원하다; (왕위에) 복귀시키다. Están *restaurando* el Museo de Bellas Artes. 사람들은 미술관을 복원하고 있다. ◇ **restauración** 여 수복; 회복.

resto 남 ① 나머지; 다른 부분. Dedicó a esta labor el *resto* de su vida. 그는 여생을 이 노작에 바쳤다. ②복 나머지 물건; 잔해; 유해. La cocinera sabe aprovechar los *restos*. 요리사는 나머지

restricción 여 제한; 절감, 절약. En verano habrá *restricción* de agua. 여름에는 물의 절약이 행해진다.

resucitar 재 소생·부활하다. 타 소생·부활시키다. Este aire fresco me *resucita*. 이 서늘한 바람이 소생하는 기분을 가지게 한다.

resuelto, ta 형 ① 해결·결정하는. Ya es cosa *resuelta*. 이미 그 일은 끝난 것이다. ② 과감한. Es un hombre muy *resuelto*. 그는 실로 과감한 사내이다. ◇ **resueltamente** 부 결연·단호하게.

resultar 재 ① 결과로 되다. El experimento no *ha resultado* como esperábamos. 실험은 우리들이 기대한 대로의 결과로 되지 않았다. ② [+de: …에서 결과적으로] 생기다, 일어나다. Del encuentro *resultaron* dos muertos y tres heridos. 그 충돌로 2명의 사망자와 부상자 3명이 생겼다. ③ [+명사·형용사·부사] (결과적으로) …로 되다. El viaje *resultó* estupendo. 그 여행은 훌륭한 것으로 되었다. Me *ha resultado* el traje en dos mil pesetas. 이 옷은 결국 2,000 뻬세따 먹혔다. ④ (좋은) 효과를 올리다. Esa corbata no te *resulta* con ese traje. 그 넥타이는 너의 그 옷에는 맞지 않는다. ⑤ [+부정(不定)형 / +que] …라는 말이 된다. Ahora *resulta* que el culpable soy yo. 그렇다면 결국 나쁜 것은 나라는 얘기로 된다. ◇ **resultado** 남 효과, 결과; 성적. El *resultado* de la operación es satisfactorio. 수출 결과는 만족할 만한 것이다.

resumen 남 요약, 개요. *en resumen* 요약해서; 결국. *En resumen*, que no quiere venir. 결국 그에게는 올 의사가 없는 것이다.

resumir 타 요약하다. Esto se *resume* en cuatro palabras. 이것은 네 마디로 요약된다.

resurgir [4 exigir] 다시 나타나다(재현, 부활); 다시 일어 서다. Después de la larga enfermedad *resurgió* con más fuerza. 오랜 병환 뒤에 그는 더욱 힘차게 다시 일어섰다. ◇ **resurrección** 여 [R·] 예수의 부활; 부활제.

retador, ra 남 (결투의) 도전자.

retaguardia 여 (배구선수들의) 후위; 뒤를 수비하는 자.

retahila 여 일련, 계속됨.

retal 남 깎은 풀; 깎은 털; (신문잡지 등) 오려내기; 줄질.

retama 여 [식물] 금작화.

retar 타 도전하다(desafiar); [+de] 비난하다.

retardar 타 지체하다, 지각하다(diferir).

retardatario, ria 형 지각하는, 늦어지는. 남 지각, 체납, 체납자.

retardativo, va 형 지연·지체 시키는.

retardo 남 지체, 지연(demora).

retazar 타 갈갈이 찢다; 조그마한 덩어리로 갈라 놓다.

retazo 남 찢어진 조각, 파편; (포목의 한 조각(trozo).

retecontento, ta 형 아주 즐거운.

reteguapo, pa 형 매우 아름다운.

retejar 타 지붕을 수리하다, 기와·타일을 새로 깔다.

retejer 타 뜨게질을 바짝바짝 붙여 짜다; 굳게 뜨다 (털실로 짜다).

retemblar 자 진동하다; 계속적으로 진동하다(흔들리다).

retén 준비, 예비, 예비병(역).

retención 여 보류; 유치, 구류; 기억; (급료의) 지불 정리; 보유액; 보유량.

retener [58 tener] 타 ① (수중·기억에) 남겨 두다; 만류하다. ¿*Retienes* todavía los libros de la biblioteca? 너는 아직 도서관의 책을 되돌리지 않았는가? ② 유치·구류하다. Le *han retenido*

retirar 타 ① 취소하다; 물러서게 하다. *Retire* un poco esta silla para que se pueda pasar. 사람이 다닐 수 있도록 이 의자를 약간 물려라. ② (저금·놓아 둔 물건을) 꺼내다, 끌어올리다. *Retiré* dos mil pesetas de la cuenta corriente. 나는 당좌예금에서 2,000 뻬세따를 꺼냈다. ◇~**se** ① 물러서다. Me *retiré* de la puerta. 나는 문에서 물러섰다. ② 은퇴·퇴직하다. ◇ **retirado, da** 형 ① 물러선, 멀어진. Mi casa está un poco *retirada* de la carretera. 나의 집은 길거리에서 조금 들어가 있다. ② 은퇴·퇴직한. Mi familia vivía *retirada* en el campo. 내 가족은 시골에 물러가서 살고 있었다. 명 은퇴·퇴직한 자. 여 퇴각, 전진 (轉進).

retiro 명 ① 들어 박힘. Vivió unos meses de *retiro* en su pueblo natal. 그는 고향에서 두어달 들어 박혀 지냈다. ② 은퇴(생활), 은거(처). Pasó el verano en su finca y en aquel *retiro* escribió su último libro. 그는 그 여름을 자기의 농장에서 가서 지내고, 그 은거처에서 최후의 저술을 했다. ③ 퇴직·퇴역금. ¿Cuánto cobra de *retiro*? 그는 퇴역 연금으로 얼마 받고 있는가.

retocar [7 sacar] 타 ① (그림·화장을) 마무리하다. Sólo le falta *retocar* algunos detalles. 이미 그는 얼마쯤 세부의 마무리 붓을 대면 되게 되어 있을 따름이다. ② (사진을) 수정하다. La fotografía de bodas está demasiado *retocada*. 그 결혼 사진은 너무 수정되어 있다. ◇ **retoque** 명 마무리 가필(加筆), 수정.

retorcer [1 volver, 29 cocer] 타 ① 꼬다, 비틀다. *Retorció* el brazo a José. 그는 호세의 팔을 비틀었다. ② (실·철사 따위를) 꼬다. ◇ ~**se** ① 꼬이다, 얽히다. Cuidado con el cable del auricular para que no *se retuerza*. 수화기 줄이 얽히지 않도록 조심하시오. ② 몸을 비틀다; 얼굴을 찡그리다. ◇ **retorcido, da** 형 비틀어진.

retornar 자 (본래의 상태·장소에) 되돌아 가다, 돌아가다. Salen mañana y no *retornarán* hasta el sábado. 그들은 내일 출발해서 토요일까지 돌아오지 않으리라. 타 되돌리다, 돌려주다 ◇ **retorno** 명 돌아감, 돌아옴, 돌아가는 차. Esperamos su *retorno* para el mes que viene. 그가 내달 돌아오는 것을 우리들은 기다리고 있다. ② 답례, 보상.

retorsión 여 보복; 역습, 반론; 곡해.

retorta 여 증류기; 아마모의 일종.

retortero 명 선회; 빙빙돌기.

retortijón 명 비비꼬기; 창자가 뒤틀리는 듯이 배가 아픈 것.

retostado, da 형 흑갈색의.

retozar 자 (새끼양·아이들이) 뛰놀다; 뛰롱부리다.

retozo 남 희롱.

retozón, na 형 (희롱하며) 뛰노는.

retractación 여 이미 한 말을 취소함; 철회.

retractar 타 취소하다, 철회하다. ◇ **~se** [+de] 이미 한 말을 취소하다.

retráctil 형 마음대로 늘어났다 줄어들었다 할 수 있는.

retractilidad 여 퇴축성.

retracto 남 회수, 회복, 도로찾기.

retraducir 타 다시 번역하다, 개역하다.

retraer [71 traer] 타 끌어 내리다, 물리치다. ◇ **~se** 물러 나다, 줄다; 끌어 올리다, 들어 박히다(도피). *Se retrajo* a nuestra casa. 그는 우리 집에 피난해 왔다. ◇ **retraído, da** 형 내성적인, 표면에 나타나지 않는. *Estábamos de fiesta, pero él estuvo todo el rato retraído.* 우리는 흥청거렸으나 그는 그동안 서먹서먹한 태도였다.

retrasar 타 ① 늦추다. *Con eso, en vez de adelantar, retrasa la solución.* 그렇게 해서 그는 해결을 서두르기는 커녕 늦추고 있는 것이다. ② 연기하다. *Retrasaron la fecha de la reunión.* 그들은 집회 날짜를 연기했다. 자 늦다. *Mi reloj retrasa cinco minutos al día.* 내 시계는 하루에 5분 늦는다. ◇ **~se** 늦어지다. *Siento haberme retrasado tanto.* 이렇게 늦어져서 죄송합니다. ◇ **retrasado, da** 형 (시계·일·발달·지능·지불 따위가) 늦은. *Vamos retrasados en desarrollo industrial.* 우리나라는 공업의 발달이 늦어져 있다. ◇ **retraso** 남 ① 늦음; 지연. *El tren llegó con retraso de media hora.* 열차는 30분 연착이었다. *llevar retraso* 늦다, 지연되다(llegar tarde). ② [주로 복] 미불, 체납. *Tiene retrasos debido a los gastos de la enfermedad.* 그는 질병 비용 때문에 미지불금이 많이 있다. *retraso mental* 지혜가 늦음.

retratar 타 (…의) 초상을 그리다; (사람을) 사진을 찍다. *Nos retrataron a todos a la entrada de casa.* 우리들은 모두 현관에서 사진을 찍었다. ◇ **retratista** 공 초상화가, 사진사. ◇ **retrato** 남 초상화, 사진. *Lola es un vivo retrato de su abuela.* 롤라는 할머니와 꼭 닮았다.

retrazar 타 묘사하다.

retrechería 여 감언이설, 아첨; 죄를 벗기 위한 교활한 말(행동).

retrechero, ra 형 매혹적인; 아첨하는(astuto). 남 사실을 감추는 것.

retreparse 자 기울어지다, 쓰러지다.

retreta 여 퇴군·귀영·귀향의 나팔소리; 등불 행렬.

retrete 남 변소.

retribuir [74 huir] 타 갚다(recompensar). ◇ **retribución** 여 갚음, 보수(recompensa).

retroceder 자 후퇴하다. *Retrocedió unos pasos para reunirse con nosotros.* 그는 두세걸음 뒤로 물러나서 우리와 합류했다.

retroceso 남 후퇴; 하락; (총·폭탄의) 반동.

retrogradar 자 뒤로 물러서다; 역행하다.

retrógrado, da 형 역행적인; 뒤로 물러나는; 보수·반동적인(사람).

retrogresión 여 뒤로 물러남, 후퇴, 뒤로 달림.

retromarcha 여 (자동차의) 후퇴, 뒤로 달림.

retronar 자 천둥치다; 탕(쿵·딱) 소리가 나다.

retropulsión 여 제트엔진(추진장치).

reumatismo 남 [의학] 류머티스(reuma, reúma). ◇ **reumático, ca** 형 류머티스(성)의, 남 류머티스 환자.

reunir [16] 타 모으다;결집하다 El martes *reúno* a mis amigos. 화요일에 나는 친구들을 모은다. *Ha reunido* muchos sellos. 그는 우표를 많이 모으고 있다. ◇ **~se** 모이다(집합, 결집). *Nos reunimos* en su casa todos los sábados. 매주 토요일에 우리는 그의 집에 모인다. ◇ **reunión** 여 모임, 회합, 집회.

revelar 타 ① (비밀 따위를) 밝히다, 보이다, 나타내다. No quería *revelar* lo que sabía. 그는 알고 있는 것을 말하려 하지 않았다. Ese rasgo *revela* su egoísmo. 그 일면이 그의 이기주의를 나타내고 있다. ②【사진】현상하다. Traigo una película para que me la *revelen*. 나는 현상하려 달라고 필름을 가져 갔다. ◇ **revelación** 여 ① 나타남, 발휘; 발각; 자백. ② 제시, 신발견. Lo que me dices es una *revelación* para mí. 네가 말해 준 일은 내게는 하나의 신발견이다. ◇ **revelado** 남 현상.

reventar [19 pensar] 타 ① 파열시키다. Hinchó demasiado el globo y lo *reventó*. 그는 풍선을 너무 부풀려서 터뜨렸다. ② 지치게 하다. Me *revienta* tener que vestirme de etiqueta. 예복을 입어야 한다는 것이 나를 싫증나게 한다. 자 ① 파열하다. Esta tarde *reviento* de alegría. 오늘 밤 즐거워서 나는 가슴이 터질 듯하다. ② [+de. por : …이] 근질근질하다. *Reventaba* de ganas de decirlo todo. 나는 몽땅 말해버리고 싶은 기분으로 (몸이) 근질거렸다. ◇ **~se** ① 통겨지다; 파열하다. *Se reventaron* los cohetes. 불꽃이 통겨졌다. ② 녹초가 되다. *Se revienta* trabajando, total para nada. 녹초가 되도록 일했으나 결국 아무 것도 안 된다. ③ 죽다. ◇ **reventón** 남 파열; 실패; 난점; 최후의 안간힘.

reverencia 여 ① 숭배, 존경. ¡Con qué *reverencia* trata usted a aquel anciano? 당신은 저 노인을 대단히 존경하고 대접합니다 그려! ② 인사. Le hizo una *reverencia* profunda. 그는 그 사람에게 정중하게 인사를 했다. ◇ **reverenciar** [11 cambiar] 타 존경하다. 자 몸을 굽혀 인사하다.

revés 남 ① 안(쪽). Este es el *revés* de la tela. 이 쪽이 옷감의 안쪽이다. ② 불운, 역경. *al revés* ① 뒤집어서. Llevas puestas las medias *al revés*. 너는 양말을 뒤집어서 신고 있다. ② 반대로. Déle una vuelta al derecho y otra *al revés*. 그것을 오른쪽으로 1회전, 그리고 거꾸로 또 1회전 시키시오. ③ 뒤쪽으로. Todo le salía *al revés*. 만사가 그에게는 뒤쪽으로 나왔다. *del revés* 반대로. Llevas el sombrero *del revés*. 너는 모자를 쓰는

법이 꺼꾸로구나.
revestir [37 servir] 他 ① [+de·con : …을] (…의) 위에 입히다·바르다; 단장하다. *Revistió* su acto *de* una apariencia generosa. 그는 자기의 행위를 친절한 듯이 보였다. ②(힘 따위를) 내다, 보이다, 발휘하다. ① [+de·con : …을] 위에 입다. Los campos *se revisten de* verdor. 들은 초록빛(의 옷)을 입는다. ②(힘 따위를) 내다, 보이다; (권력·사명을) 띠다. *Se revistió* de energía y le habló. 그는 용기를 내어, 그 사람에게 말을 걸었다.
revisar 他 ① 다시 검사·점검하다; 교열(校閱)하다. Tengo que *revisar* el coche. 내 차의 점검을 해야 한다. ② 재심하다. ◇ **revisión** 여 검사, 점검; 재검사. Su coche necesita una *revisión* total. 그의 차는 총 점검이 필요하다. *revisión* de cuentas 회계 검사. ◇ **revisor** 남 표검사자, 검표원.
revista 여 ①조사, 총점검(總点檢). Han pasado *revista* a sus papeles. (사람들은) 그의 서류를 보았다. ②(신문·잡지의) 총평, 월평. *revista* de libros (이달·금주의) 신간 서평. ③잡지. Quiero suscribirme a esta *revista* semanal. 나는 이 주간지를 구독하고 싶다. *revista mensual* 월간지.
revivir 자 소생하다; 재발하다. 他 부활시키다. El recuerdo *revive* nuestro cariño. 추억이 우리들의 애정을 부활시켰다.
revocar [7 sacar] 他 ①취소하다, 철회하다. El ministro *revocó* la orden del pasado mes. 장관은 지난 달의 명령을 철회했다. ②(벽 따위를) 새로 바르다.
revolar 자 (새가) 다시 날아 오르다.
revolcar [7 sacar] 他 ①전도시키다. El niño se está *revolcando* en el suelo. 어린이는 땅바닥에서 굴러다닌다. ②(손아귀에 넣고) 낙제시키다. ◇ **revolcón** 남 전도, 전복; 낙제. *dar un revolcón* 전도시키다; 쳐대다.
revoleo 남 =**revuelo**.
revolotear 자 뛰어다니다. Un pájaro *revoloteaba* entre las ramas. 새 한 마리가 가지 사이를 날아 다니고 있었다.
revoltoso, sa 형 ①장난하는, ②불온한. ①장난꾼. ②반란자. Se debe castigar severamente a los *revoltosos*. 불온분자는 엄중히 처벌해야 한다.
revolución 여 ①회전;(천체의) 공전(公轉). La canción está grabada en un disco de 33 *revoluciones* por minuto. 그 노래는 30회전의 레코드에 녹음되어 있다. ②혁명, 대변혁. La *revolución* rusa tuvo lugar en 1917. 러시아혁명은 1917년에 일어났다. ◇ **revolucionar** 他 (…에) 대변혁·대소동을 일으키다. La televisión *ha revolucionado* la vida cotidiana de las mujeres. 텔레비전은 여성의 일상생활을 크게 바꾸었다. ◇ **revolucionario, ria** 형 혁명의; 혁명적인. 남 혁명가.
revolver [25 volver; 과거분사 revuelto] 他 ①휘젓다, 저어 합하다. *Revuélva* lo usted bien con la cuchara. 수저로 잘 저어주시오. ②혼란시키다; 소란케 하다. El anuncio de la subida del pan *revolvió* a la población. 빵값 인상의 발표가 고을 사람들을

크게 소리케 했다. ◇~se ① 몸부림치다. A causa del dolor *se revolvía* en la cama. 아픔 때문에 그는 침대에서 몸부림치고 있었다. ② 반항하다, 향하고 가다. *Se revuelve* contra mí porque no tiene otro con quien hacerlo. 그는 달리 덤벼들 상대가 없으므로 내게로 향해 온다.

revólver 閉 (연발식의) 권총. Guardaba su *revólver* debajo de la almohada. 그는 권총을 베개 밑에 숨기고 있었다.

revuelo 閉 ① 새가 날라다님. ② 소리, 소동. ¡Qué *revuelo* arman los del piso de arriba! 윗층 사람들은 어쩌면 저런 큰 소란을 피우는고!

revuelto, ta 휑 ① 혼란·혼잡한. Viven *revueltos* los animales y las personas. 동물과 사람이 뒤섞여서 생활하고 있다. ② 거칠어 질듯한. ③ 소연한; 불안한. La gente está muy *revuelta* por la subida del arroz. 사람들은 쌀값 인상으로 떠들고 있다. 閉 ① 빙글빙글 돌음. ② (길·냇물의) 굽이. En una *revuelta* del sendero se ocultaba un hombre. 길모퉁이에 한 사내가 숨어있었다. ③ 소란.

revulsión 閉 [의학] 유도치료(법), 유출(법).

rey 閉 (국)왕; 왕자(王者). El león es el *rey* de la selva. 사자는 밀림의 왕이다.

rezagar 団 뒤에 남겨두다; 연기하다, 뒤에 처지다, 뒤떨어지다.

rezago 閉 잔류자; 나머지, 잔존물; 발육이 늦은 가축.

rezar [9 alzar] 団 (기도를) 하다. *Rezaba* todos los días sus oraciones. 그는 날마다 기도를 하고 있다. 困 ① 빌다. Ese día *rezan* por todos los difuntos. 사람들은 그 날에 고인(故人) 모두를 위하여 기도한다. ② 써 있다. Así *reza* el libro que tengo entre manos. 수중에 있는 책에 그렇게 써 있다. ② [+con: …에] 관계가 있다. La orden no *reza* conmigo. 그 명령은 나와 관계가 없다.

rezo 閉 기도; 기도하는 사람.

rezón 閉 네 갈고리 닻.

rezongar 団 불평하다, 두덜대다, 으르렁거리다.

rezongo 閉 불평.

rezumar 団 스며나오게 하다, 배에내게하다. ◇~se 스며나오다, 분비하다, 여과하다, 삼투하다. (비밀 따위가) 누설되다.

R.F.A. Reales Fuerzas Aéreas.

ría 閉 강의 입구.

ribera 閉 하안(河岸)·해안 지대. En las *riberas* del Turia se extiende la fértil huerta. 뚜리아강의 하안지대에는 풍부한 경지가 퍼져 있다. ◇ **ribereño, ña** 휑 하안·해안지대의.

rico, ca 휑 ① 부자의, 부유한 [⇔ pobre]. Si yo fuera *rico* no trabajaría tanto. 내가 부자라면 이렇게 일하지 않을 텐데. ② 풍부한. Valencia es muy *rica* en naranjas. 발렌시아는 귤이 대단히 풍부하다. ③ 맛좋은. El pastel estaba muy *rica*. 그 과자는 대단히 맛 있게 만들어져 있었다.

ridículo, la 휑 ① 우스운, 익살맞은. Con ese traje *ridículo* que llevas, la gente se reirá de ti. 그런 기묘한 옷을 입고 있어서 모

두 너를 웃는다. ②인색한. Tiene un sueldo *ridículo*. 그는 가소로울 정도의 (적은) 급료를 받고 있다. ◇ **ridiculez** 예 우스운 짓·것; 대수롭지 않은 일. ◇ **ridiculizar** [9 alzar] 타 조롱하다. Se divierte *ridiculizando* a todo el mundo. 그는 여러 사람을 조롱하고 재미있어 한다.

riego 남 물 뿌리기; 관개(灌漑), 용수(用水). Por el canal corre el agua para el *riego*. 농업용수는 그 수로를 흐른다.

rienda 여 ① 고삐. Sujete usted bien las *riendas*. 단단히 고삐를 잡고 있으시오. ② 지배(支配). Ella lleva las *riendas* de la casa. 그녀가 그 집의 지배를 하고 있다. *a rienda suelta* 고삐를 놓고; 억제하지 않고. Se rió *a rienda suelta*. 그는 무조건 웃었다.

riesgo 남 위험(peligro). No hay ningún *riesgo* en probar. 해보는 일에는 아무런 위험이 없다. *a riesgo de* …의 위험을 무릅쓰고. Se lo dijo al padre *a riesgo de* que se enfadara. 그는 부친의 분노를 살 각오로 그 말을 했다.

rifle 남 라이플총, 소총.

rígido, da 형 ① 딱딱한. El acero es mucho más *rígido* que el cobre. 강철은 구리보다 훨씬 강하다. ② 엄격한, 엄중한. ◇ **rigidez** 예 경직; 엄격.

rigor 남 ① 엄중함, 엄격. Ya conocen el *rigor* de las leyes. 그들은 벌써 법률의 엄중함을 알았다. ② (추위·더위의) 엄중함. No pudieron soportar el *rigor* del frío. 그들은 냉혹한 추위에 견딜 수 없었다. ③ 엄밀, 정확. *de rigor* 정해진; 틀에 박힌. Me gastó la bromas *de rigor*. 그는 내게 틀에 박힌 농담을 했다. *en rigor* 엄밀하게 말하면.

riguroso, sa 형 ① 엄중·엄격한. Nos exigen una *rigurosa* observación de las reglas. 규칙을 엄중하게 지키도록 우리들은 요구당하고 있다. ② (추위·더위가) 심한. Este invierno ha sido muy *riguroso*. 이 겨울은 추위가 심했다.

rima 여 ① (시의) 운, 각운(脚韻). La *rima* no es esencial a la poesía. 운은 시에서 본질적인 것은 아니다. ② 복 서사시. Soy muy aficionado a las *rimas* de Bécquer. 나는 베께르의 서사시를 매우 좋아한다.

rincón 남 모퉁이; 구석(esquina). Ponga usted la silla en el *rincón*. 그 의자를 구석에 놓으시오.

rinconada 여 구석, 구석.

rinconera 여 구석의 찬장, 삼각형의 소반에 받친 선반; 벽 구석.

ringlera 여 열, 줄, 가지런함.

ringlero 남 (연습 문제를 쓰기 위한) 줄, 선.

ringorrango 남복 문체, 아름다운 말과 고운 문구.

rinoplastia 여 코 정형수술.

riña 여 싸움, 다툼. Tú fuiste testigo de aquella *riña*. 너는 그 싸움의 증인이었다.

riñón 남 [해부] 신장(腎臟).

río 남 강(江), 냇물, 흐름. El Tajo es el *río* más grande de España. 따호강은 스페인에서 제일 큰 강이다.

rioplatense 형 라・쁠라따강(el Río de la Plata) (지방)의. 라・쁠라따강 지방의 사람.

riqueza 여 ① 부(富)[⊕ pobreza]; 재산. Toda mi *riqueza* son estas dos manos. 내 전재산은 이 두개의 손이다. ② 풍부. ③ 호화, 사치(lujo). Dejó la *riqueza* en que vivía. 그는 사치스러운 생활을 하고 있었으나 그것을 버렸다.

risa 여 웃음. La *risa* es la sal de la vida. 웃음은 인생의 조미료이다. No es cosa de *risa*. 웃음거리가 아니다.

riscal 남 바위산; 바위가 많은 장소, 험준한 곳; 절벽, 벼랑.

risco 남 큰 바위, 바위산; 암자, 높이 솟은 바위, 낭떠러지.

riscoso, sa 형 바위가 많은, 험준한; 낭떠러지의.

risible 형 가소로운; 우스운.

risotada 여 폭소.

ríspido, da 형 거칠은, 난폭한; 옹이가 있는, 마디가 많은.

ristra 여 (양파나 후추의) 한 줄 묶음; 묶음, 다발; 한 줄.

risueño, ña 형 ① 미소짓는. Los hombres *risueños* de corazón. 웃는 얼굴이 아름다운 사람은 마음이 건전하다. ② 즐거운 듯한, 한적한. ③ 유망한(prometedor).

ritmo 남 ① 리듬, 운률; 주기성(週期性). ② 속도. La construcción se lleva a *ritmo* acelerado. 건설은 급속도로 행해지고 있다. ◇ **rítmico, ca** 형 리드미칼한, 율동적인. Sólo se oía el tictac *rítmico* del reloj. 시계의 율동적인 소리가 들릴 따름이었다.

rito 남 의식, 예식; 형식・습관대로의 일. La fiesta sin tanto *rito* hubiera resultado más agradable. 그 행사는 저렇게 형식에 치우치지 않았더라면, 좀더 즐거운 것으로 되었을 것인데. ◇ **ritual** 형 의식의; 의식 냄새 풍기는; 판박이의. 남 (종교상의) 예식, 판박이의 일. de *ritual* 의식・판박이의; 여느때와 같이. Me ofreció las pastas de *ritual*. 그는 여느때처럼 과자를 권해 주었다.

rival 남 경쟁 상대・자, 적수(competidor). José ha ganado la carrera venciendo a todos sus *rivales*. 호세는 모든 상대를 물리치고 경주에서 이겼다. ◇ **rivalidad** 여 경쟁(의식), 대항; 적의(敵意). ◇ **rivalizar** alzar] 자 겨루다, 경쟁하다. Las dos hermanas *rivalizan* en belleza. 두 자매는 아름다움을 다투고 있다.

rivera 여 개천; 흐름.

rizar [9 alzar] 타 (머리 따위를) 곱슬곱슬하게 하다, 커얼하다; (작게) 물결치게 하다. Tenía el pelo suavemente *rizado*. 그녀는 부드럽게 머리털을 곱슬곱슬하게 하고 있었다. ◇ **rizo** 남 곱슬머리, 컬링; 곡예 비행.

robar 타 [+a: …에서] 훔치다, 강탈하다; 유괴하다. Me *han robado* la cartera. 나는 지갑을 도둑맞았다. ◇ **robador, ra** 형 훔치는. 명 도둑, 훔치는 사람; 범인. ◇ **robo** 남 도둑질; 도난, 장물.

roble 남 【식물】 떡갈나무. El *roble* puede alcanzar de 20 a 40 metros de altura. 떡갈나무는 높이가 20에서 40미터까지도 될 때가 있다.

robusto, ta 형 ① 우람한, 건장한. Es de constitución *robusta*. 그는 건장한 체격이다. ② 굵고 큰. ◇ **robustez** 여 우람한, 건장함.

roca 여 바위, 암석(岩石). Nos sentamos sobre una *roca*. 우리들은 바위 위에 걸터앉았다. ◇ **rocoso, sa** 형 바위 투성이의. Tuvo que subir por la cuesta *rocosa*. 바위 투성이의 언덕을 지나서 그는 올라가야 했다.

roce 남 ① 마찰, 찰과. Con el *roce* se está agujereando el codo de la camisa. 와이샤쓰는 닳아서 팔꿈치에 구멍이 뚫어져 간다. ② 접촉, 교제. Con el *roce* se toma el cariño. 접촉하고 있으면 정이 솟는다. ③ (성격 따위의) 불집치. No se hablan debido a ciertos *roces* de carácter. 그들은 어쩐지 성격이 맞지 않아서 서로 말을 하지 않는다.

rocío 남 이슬. Tus lágrimas se me figuran gotas de *rocío* sobre una violeta. 네 눈물은 제비꽃 위의 이슬방울처럼 내게는 생각된다. ◇ **rociar** 자 enviar] 자 ① 이슬이 내리다. ② (…에) 안개를 내뿜다. Hay que *rociar* la ropa antes de plancharla. 다림질을 하기 전에 속옷 따위엔 안개를 내뿜어야 한다.

rodar 24 contar] 자 ① 구르다, 전락하다. La piedra *rodaba* cuesta abajo. 돌멩이가 언덕 아래로 굴러 내렸다. ② 걸어다니다, 쏘다니다. He *rodado* toda la tarde en su busca. 나는 낮부터 그를 찾아다니고 있었다. ③ (차가) 달리다. Este tren *rueda* a más de 200 km. por hora. 이 열차는 시속 200 킬로미터 이상으로 달린다. ④ 굴리다. Si no podemos con esta piedra, la llevaremos *rodando*. 이 돌이 우리들의 힘에 겨우니까, 굴려서 나르자 ② 운전하다, 타고 돌아다니다. ③ 촬영하다; 영사하다. Toda la película se *rodará* en España. 그 영화는 모두 스페인에서 촬영된다. ◇ **rodaje** 남 (영화의) 촬영; [집합적] 차바퀴, 회전부.

rodear 타 ① 둘러 싸다·감다. La casa está *rodeada* de árboles. 집은 나무들에 에워싸여 있다. ② 위에 놓다·두르다. Le *rodeé* el cuello con los brazos. 나는 그의 목에 두 팔을 감았다. ③ 멀리 돌아가다. Para ir al pueblo no hace falta que *rodees* tanto. 그 마을 가는데 그렇게 돌아갈 필요는 없다. ◇ **rodeo** 남 ① 돌아가는 길. ② 더듬거림. Déjese de *rodeos* y diga lo que quiere. 더듬거리지 말고 해 달라고 하고 싶은 말을 하시오. ③ (가축 떼를) 몰아 넣음.

rodilla 여 ① 무릎. ② 걸레. de *rodillas* 무릎 꿇고. Ponte de *rodillas* para rezar. 기도하기 위하여 무릎을 꿇으세요. ◇ **rodillera** 여 무릎보호, 무릎싸개.

roer 72 caer; 주로 3인칭으로] 타 ① (이로) 깨물다. Los ratones *roen* el queso. 쥐가 치즈를 갉아먹는다. ② 괴롭히다. Le *roe* la conciencia por lo que le ha dicho. 그는 당신에게 말한 일 때문에 양심의 가책을 받고 있다.

rogar 8 pagar], 24 contar] 타 ① 빌다. ② 부탁하다, 원하다. Nos *ruega* que le esperemos. 그는 우리들에게 기다리라고 부탁하고 있다.

rojo, ja 휑 ① 붉은. Llevaba una cinta *roja* en la cabeza. 그녀는 머리에 빨간 리본을 매고 있었다. ② 빨간 털의. 閨 빨강. El semáforo está en *rojo*. 신호는 빨강으로 되어 있다. ◇ **rojizo, za** 휑 불그스름한.

rollo 閨 ① 권(감은 물건). Déme un *rollo* de cordel para hacer paquetes. 소포를 만들 노끈을 한 뭉치 주시오. Revélenme cuanto antes estos dos *rollos* de fotografías. 되도록 빨리 이 두 필름을 현상해 주십시오. ② 통나무; 원주(円柱) (모양의 것); 롤빵.

romance 閨 ① 로망스어 (라틴어에서 나온 현대어; 특히 스페인어). ② 사실 노래, 기사 이야기. El *romance* es una composición poética muy cultivada en la Edad Media. 사실 노래는 중세에 매우 성행했던 시의 일종이다.

romancear 티 스페인어로 번역하다.

romancero, ra 閨 가공 소설 작가, 전기 소설가; 옛 스페인민요집.

romancista 예 로만스어 학자, 역사 작가.

romanear 티 대저울로 무게를 달다, 더 무겁다, 더 중요하다.

romanesco, ca 휑 로마의, 로마인의, 로마 기풍의; 소설의, 소설적인.

románico, ca 휑 로마네스크 양식의; 로만스어의.

romano, na 휑 ① 로마(Roma)의. ② 고대 로마(제국)의. La V representa cinco en cifra *romana*. V는 로마숫자에서 5를 나타낸다. 閨 로마사람.

romanticismo 閨 낭만주의. Uno de los rasgos capitales del *romanticismo* reside en su espíritu individualista. 낭만주의의 주요한 특징의 하나는 그 개인주의적 정신이다. ◇ **romántico, ca** 휑 낭만주의·파의; 로맨틱한, 공상적인.

romería 閨 순례; 제례(祭禮). ◇ **romeriego, ga** 휑 순례·축제를 좋아하는. ◇ **romero, ra** 휑 순례·참배자.

rompedero, ra 휑 부서지기 쉬운.

rompedor, ra 휑 파괴하는; 절단하는(자); 파괴자, 바위 깨뜨리는 기계.

rompehielos 閨 쇄빙선, 쇄빙기.

rompehuelgas 閨【단·복수 동형】스트라이크(파업)을 방해하는 자(者).

rompenueces 閨【단·복수 동형】 호두까는 기구.

rompeolas 閨【단·복수 동형】 방파제.

romper [과거분사 roto/rompido] 티 ① 깨다, 쪼깨다, 빠개다. Lola le *rompió* la camisa. 롤라가 그의 샤쯔를 찢었다. ② 부수다. ¿Quién *ha roto* estos juguetes? 이 장난감을 부순 건 누구냐. 재 ① (봉오리가) 벌어지다; (물건이) 부서지다; (밤이) 새다. Al *romper* el día se divisaba la isla. 밤이 밝기 시작하자 섬 그림자가 멀리 보였다. ② [+a+부정(不定)형] 갑자기 …하기 시작하다. Al oírlo, *rompió a* llorar. 그는 말을 듣고 그는 갑자기 울기 시작했다. ③ [+con : …과의 사이가] 격렬하다. Ha roto con su novio. 그녀는 애인과 사이가 벌어졌다. *romper en llanto* [*sollozos*] 갑자기 울기 시작하다. ◇ **rompimiento** 閨 깨

짐, 빠개짐, 파열; 절교(絶交).

ronco, ca 휑 (목·소리가) 쉰; (물결·바람이) 윙윙거리는. El está tan *ronco* que apenas puede hablar. 그는 목이 쉬어서 말도 거의 할 수 없다. ◇ **roncar** [7] sacar 재 코를 골다; (사슴이) 울다.

ronda 예 ① 야경, 야순; (여자를 겨냥하고) 노래하고 다님·그 패거리. ② 선회, 도로. ③ 선회(旋回). Las golondrinas volaban en sus *rondas*. 제비는 선회하면서 날고 있었다. ◇ **rondar** 재 ① 야경 하다, 밤에 거닐다. Las calles se veían llenas de gente que *rondaba* de una a otra parte. 거리는 여기 저기 돌아다니는 사람들로 가득했다. ② (목적이 있어서) 따라다니다. Los niños están *rondando* a mi alrededor esperando una golosina. 어린이들은 과자를 먹고 싶어서 내 둘레를 감돌고 있다.

ronzal 남 고삐; (배의 도르래의) 줄.

ropa 예 ① 옷(traje), 의류(품). La *ropa* sucia se lava en casa. 더러운 옷은 자기 집에서 세탁하는 법이다. ② 피륙. *ropa blanca* 흰 것 (시이트·수건·책상포 따위); 속옷. *ropa de cama* 시이트, 침대 카바, 베개, 담요 따위. *ropa interior* 속옷.

rosa 예 장미(꽃). No hay *rosa* sin espinas. 가시 없는 장미는 없다. 휑 장미빛(분홍색)의. Tiene una camisa *rosa* y otra azul. 그녀는 핑크색 샤쓰와 하늘빛의 것을 가지고 있다. *rosa de los vientos* 나침반, 바람장미(方位). ◇ **rosado, da** 휑 장미빛의. *Casa Rosada* 까사 로사다(부에노스 아이레스에 있는 대통령궁의 이름). ◇ **rosal** 남 장미(나무); 장미원(園). *rosal silvestre* 들장미(나무).

rosario 남 로사리오(기도; 성모에 바치는 기도); 염주.

roscón 남 큰 나사.

róseo, a 휑 장미꽃의, 장미색의.

roseta 예 작은 장미; 장미 모양의 매듭, 장미꽃 장식; 장미빛의 뺨; 장미빛의 구리관, 동전.

rosetón 남 큰 장미꽃 장식; 【건축】 장미꽃 모양의 창, 원화창, 바퀴모양의 창.

rosillo, lla 휑 밝은, 붉은 색의; 얼룩털의(말·소).

rosmaro 남 【동물】 바다소, 바다말(海馬).

rosqueado, da 휑 나선형의, 비비꼬인, 비틀린.

rostro 남 얼굴(cara). Lola lloraba con el *rostro* oculto entre las manos. 롤라는 두 손으로 얼굴을 감싸고 울고 있었다.

rotación 예 회전; (지구의) 자전(自轉). La tierra tarda 24 horas en su movimiento de *rotación* alrededor de su eje. 지구는 자전을 중심으로 하는 자전운동에 24시간 걸린다. ◇ **rotativa** 예 윤전기(輪轉機).

roto, ta 휑 부서진; 망가진; 남루한. La silla estaba *rota*. 의자는 부서져 있었다. La niña iba todo *rota* y sucia. 그 소녀는 아주 남루한 더러운 옷차림을 하고 있었다. 남 찢어진 자국. Tiene un *roto* en el pantalón. 그는 바지가 찢어져 있다.

rótulo 남 (상자·병의) 딱지(라벨); (건물의) 간판; 표제, 제명

rotundo, da (題名). Mire usted el *rótulo* de la caja y dígame qué dice. 상자의 딱지를 보고 무엇이라 씌어 있는지 말하시오.

rotundo, da 형 단호한. Me contestó con un *rotundo* no. 그는 나에게 단호하게 아니라고 대답했다.

rozar [4 alzar] 타 비비다(접촉, 마찰). El avión *rozó* ligeramente el suelo. 비행기는 땅 위를 가볍게 스쳤다. 재 묻지르다. ◇~**se** ① 문질러지다, 닳아지다. ② [+con : …과] 접촉·교제하다. No le gustaba *rozarse* con nadie. 그는 사람과 교제하는 것을 좋아하지 않았다. ◇ **rozamiento** 남 마찰 (roce); 티격태격, 불화(不和).

rubí [복 rubies] 남 [보석] 루비(홍옥).

rubio, bia 형 금발의 [↔ moreno]. La niña era de *rubios* cabellos y ojos azules. 그 소녀는 금발에 푸른 눈이었다. ◇**rubor** 남 홍안, 창피. Se le encendieron las mejillas de *rubor*. 그녀는 부끄러움에 볼을 붉혔다. ◇ **ruborizarse** [4 alzar] 재 낯을 붉히다, 부끄러워하다.

rúbrica 여 ① 인주로 찍은 도장, 수결, 서명. Pon la firma y la *rúbrica*. 서명날인 하시오. ② 표제. de *rúbrica* 전해 내려오는, 관례에 의한. ◇ **rubro** 남 [남미] 표제, (문서의) 머리글.

rudo, da 형 ① 거칠거칠한; 조야한. Vivía rodeado de *rudos* labradores. 그는 거칠거칠한 농부들에 에워싸여 살고 있었다. ② 피로운, 고통스러운. La fortuna le dio un *rudo* golpe. 운명은 그에게 피로운 타격을 주었다. ◇ **rudeza** 여 조야; 엄중함, 피로움.

rueda 여 ① 차륜, 바퀴. La *rueda* es uno de los primeros inventos del hombre. 수레바퀴는 인류가 발명한 최초의 것 중의 하나이다. ② 둥글게 자른 것. No tomé más que dos *ruedas* de pescado. 나는 (통으로 자른) 생선을 두 토막 밖에 먹지 않았다. ③ 둘러 앉음, 사람의 장막.

ruego 남 간원, 청원. Venía con el *ruego* de que le admitiesen a trabajar. 일자리를 달라는 부탁을 가지고 나는 왔다. a *ruego* de …의 부탁으로. Fui a verle a *ruego* suyo. 나는 그에게 부탁 받았으므로 그를 만나러 갔었다.

rugir [4 exigir] 자 (맹수·바람이) 포효하다; 신음하다. *Rugía* la tempestad. 폭풍이 포효하고 있었다. ◇ **rugido** 남 짖는 소리; 신음.

ruido 남 ① 소리, 소음(騷音). No hagas tanto *ruido*. 그렇게 소리를 내지 마라. ② 소란; 대단한 평판. El *ruido* de ese acontecimiento llegó hasta nosotros. 그 사건의 소문은 우리들에게까지 들려왔다. ◇ **ruidoso, sa** 형 시끄러운; 세상을 소란스럽게 하는. Era un proceso *ruidoso*. 그것은 세상을 떠들석하게 한 재판이었다.

ruin 형 ① 천한, 비열한. ◇ **ruindad** 여 천함, 비열함. No se permitirá cometer tales *ruindades*. 그는 그런 비열한 짓은 감히 하지 않을 것이다.

ruina 여 ① 붕괴, 괴멸. Esta parte del edificio amenaza *ruina*. 건물의 이 부분이 무너질 듯하다. ② 몰락. Su padre está hecho una *ruina*. 그의 부친은 아주 몰락해 버렸다. ③ 폐허, 황폐한 자취. Vagaba por las *ruinas* de su ciudad natal. 그는 태어난 고을의 폐허로 방황했다. ◇ **ruinoso, sa** 휑 넘어질·무너질 듯한; 파멸적인. Pasaron la noche en una casa *ruinosa*. 그들은 그 밤을 넘어질 듯한 어떤 집에서 지냈다.

rumano, na 휑 루마니아(Rumania)의. 똉 루마니아사람. 똉 루마니아어.

rumbo 똉 방향, 길, 진로(進路)(camino, ruta). Salimos temprano con *rumbo* a la montaña. 우리들은 아침 일찍 산을 향해 출발했다. 휑 아낌없는, 사치스러운, 화려한. Viaja con mucho *rumbo*. 그는 매우 화려한 방법으로 여행했다. ◇ **rumboso, sa** 휑 아낌없는, 화려한.

rumiar 타 ① 반추(反芻)하다, 되새김하다. Los bueyes *rumian* sus alimentos. 소는 먹은 것을 되새김한다. ② 숙고하다; 너무 생각하다. ◇ **rumia** 옉 반추, 되새김질. ◇ **rumiante** 똉 반추 동물.

rumor 똉 ① 소문, 풍문. Según *rumores* no confirmados cambiará el gobierno. 확인되지 않은 풍문에 의하면 정부가 바뀌는 듯하다. ② (막연한) 소리, 한들거림, 찰싹거림. Se oía *rumor* de voces en la habitación de al lado. 이웃 방에서 사람 소리가 들렸다. ◇ **rumorear** 타 소문내다. *Se rumorea* que va a haber cambios políticos. 정변이 있을 듯하다는 풍설이다.

rupia 옉 [인도·버어마·파키스탄 등의 화폐 단위] 루피.

ruptura 옉 파괴, 부조(不調).

rural 휑 러시아(Rusia)의. 똉 러시아사람. 똉 러시아어.

rústico, ca 휑 시골의; 촌스러운; 조야한. Sancho Panza no era más que un *rústico* aldeano. 산초·빤사는 시골뜨기 촌사람 밖에 (아무 것도) 아니었다. *a la rústica/en rústica* 종이 표지·가제본의.

ruta 옉 ① 길(camino), 노선(路線), 루트, 경로, 항(공)로. ② 진로(進路). Ha emprendido una *ruta* equivocada. 그는 (장래에 향한) 진로를 그르쳤다. *ruta aérea* 항공로(航空路).

rutina 옉 습관, 습관성. No lo hagas por *rutina*. (연구하지 않고) 익숙함으로 그렇게 해서는 안된다. ◇ **rutinario, ria** 휑 익숙함에 의한, 습관적·기계적인. ◇ **rutinariamente** 휑 습관적·상투적으로.

S

S. sobre, su, substantivo.
$ dólar(es), dóllar(es); duro(s); peso(s).
S.ᵃ Señora.
S. A. Sociedad Anónima. 주식회사, 익명회사; Su Alteza 전하.
s.a.a. su atento amigo.
sáb. sábado.
sábado 圐 토요일.
sábana 예 시트, 홑이불. Esta *sábana* está sucia; tráigame otra limpia. 이 홑이불은 더럽다; 다른 깨끗한 것을 가져 오세요.
sabana 예 평야, 초원, 평원(llanura).
sábana 예 침대에 까는 천.
sabandija 예 구역질 나게하는 곤충·파충(사람·동물); 말을 타고 방목하는 가축을 보호하는 사람.
sabañón 圐 (보통 圐)【의학】 동상.
sabationo, na 圐 토요일의(에 행하는) 토요일의 예배(학과);【칠레】 구타.
saber [69] 卧 ① 알고 있다. ¿*Sabes* que José parte hoy para América? No lo *sabía*. 호세가 오늘 미국으로 출발하는 것을 알고 있는가. ―그건 몰랐다. ② 할 줄 안다, 생각난다. No *sé* cómo agradecerle tantos favores. 그토록 호의를 베풀어 주신데 대하여 무어라 감사를 드려야 할지 모르겠읍니다. ③ [+ *inf.*] …할 수가 있다, …할 지식이 있다. Yo *sé* nadar, pero hoy no puedo hacerlo, me lo prohibe el médico. 나는 헤엄칠 수 있지만 오늘은 안 되겠다; 의사에게 금지 당해 있으니까. 困 ① 지식이 있다; 빈틈없다. ② [+ a : …관사 없는 명사] …인 듯하다, 기미가 있다. Ese movimiento *sabe a* revolución. 그 움직임에 혁명의 기미가 느껴진다. 圐 지식(conocimiento, sabiduría). El *saber* no ocupa lugar. 지식은 자리를 차지하지 않는다. *a saber* 즉, 결국. ¡ Qué *sé* yo ! 내가 알게 뭐야(나는 모른다) ! ¡ Quién *sabe* ? 알게 뭐야(아무도 모른다). ¡ Dios *sabe*! 하느님이 알고 있다(아무도 모른다) ! ◇ **sabiduría** 예 지식(conocimiento, saber); 현명, 신중.
sabido, da 圐 잘 알려진; 주지의; 바로 그. Hoy vue|ve con las *sabidas* disculpas. 그는 오늘도 또 바로 그 변명(같은 말)을 해 왔다. *Sabido* es que ésta es la obra maestra del autor. 이것이 작자의 걸작임은 주지의 사실이다.
sabio, bia 圐 ① 현명한. Le dieron un *sabio* consejo. 현명한 충고가 그에게 주어졌다. ② 지식이 있는, 박식한. María es una mujer *sabia* en su profesión. 마리아는 자기 직업에 (대한) 지식이 깊다. ③ (동물이) 재주를 부릴 수 있는. El viejo tenía un mono *sabio* en su puesto. 노인은 자기의 가게에 재주를 부릴 수

있는 원숭이 한 마리를 데리고 있었다. 圐 현인; 박식한 사람.
sable 圐 칼, 검, 군도(軍刀).
sabor 圐 맛, 풍미; 흥취. Es una substancia sin olor ni *sabor*. 그건 냄새도 맛도 없는 물질이다. ◇ **saborear** 囼 맛보다. *Saboreaba* el triunfo. 그는 승리를 맛보았다.
saboreo 圐 맛을 넣기, 양념하기; 맛보기.
sabotaje 圐 태업, 사보타지.
saboteador, ra 圐 태업자.
sabotear 国囼 사보타지하다, 태업하다.
sabroso, sa 閺 맛이 있는; 맛 좋은. La comida es muy *sabrosa*. 그 음식은 대단히 맛있다. ②내용·실질이 있는. Entre los amigos continuaba una conversación *sabrosa*. 친구들 사이에서 실속있는 회화가 계속되었다.
sacar [7] 囼 ① (밖에) 내놓다. *Sacó* la cabeza por la ventana. 그는 창으로 머리를 내놓았다. ②빼내다. Me *han sacado* una muela. 나는 어금니를 한 개 뺐다. ③ 집어 내다, 꺼내다, 빌어 내다, 데려 내다, 구해 내다. ¿De dónde *ha sacado* usted esa idea? 당신은 어디서 그런 일을 생각해 내셨는가요. Su mujer se queja de que no la *saca* nunca. 그의 아내는 그에게 아무데도 데려가 주지 않는다고 불평하고 있다. ④입수·획득하다. ¿Dónde puedo *sacar* los billetes? 어디서 표를 살 수 있는가 *Saqué* un premio en el sorteo. 제비 뽑기로 나는 상을 탔다. ⑤ (사진·사본을) 찍다. Déjeme *sacarle* una foto. 당신 사진을 찍게 해주세요. *sacar en claro* [*limpio*] 명백히 하다. Lo único que *he sacado en limpio* es que no tiene dinero. 내가 명백히 한 것은, 다만 그가 돈을 가지고 있지 않다는 점 뿐이다.
sacerdote 圐 성직자, 승려; 사제. El *sacerdote* celebra la misa. 사제가 미사를 행한다. ◇ **sacerdotisa** 圉 무녀, 신을 섬기는 여인.
saco 圐 ①(물건을 넣는) 부대. Nos han traído treinta *sacos* de patatas. 우리들은 감자 30 부대를 들여 놓았다. ②【중남미】 양복 저고리, 상의(上衣). Le sienta muy bien este *saco*. 이 저고리는 당신에게 썩 잘 어울린다. *saco de dormir* 침낭, 슬리이핑 백. *saco de mano* [*viaje*] 들고 다니는 주머니.
sacramental 閺 성체(聖體) 성사(聖事)에 관한. ◇ **sacramentar** 囼 (빵을) 성체로 만들다, 성례(聖禮)를 행하다. ◇ **sacramentario, ria** 圐 성체 부정론자. ◇ **sacramento** 圐 성체, 성사.
sacrificar [7] *sacar*) 囼 ①[+a: …때문에] 희생시키다. Pepa *sacrifica* sus hijos a su vanidad. 뻬빠는 자기의 허영 때문에 아이를 희생시키고 있다. ②(식료로서) 도살하다. ◇ ~**se** 団 [+a·para·por: …를 위하여] 희생이 되다. Ella *se sacrifica* por el enfermo. 그녀는 환자를 위하여 몸을 희생하고 있다. ②결과적으로 되다.
sacrificio 圐 희생, 공물; 헌신. El honor exige este *sacrificio*. 명예는 이러한 희생을 요구한다.
sacrilegio 圐 신성모독(죄) (교회, 사원 따위의) 성소침입·성

sacrílego, ga 國 신성을 모독하는, 죄받을, 불경한.
sacristán 届 【종교】 당지기, 절머슴, (교구의) 집사.
sacristía 예 (사원의) 성기실.
sacro, ra 國 신성한(sagrado).
sacrosanto, ta 國 (사람·장소·법률이) 신성불가침의, 매우 신성한, 신에게 봉헌한.
sacudido, da 國 가르치기 힘든, 순종하지 않는; 다루기 어려운, 처치 곤란한; 단호한.
sacudidura 예 (먼지를) 털기; 닦기, 깨끗이 하기.
sacudión 예 몹시 흔들(리)기, 격진.
sacudir 卧 ① (세차게) 흔들다, 털다. Salió a la terraza para *sacudir* la ropa. 그는 옷을 털으려 테라스에 나갔다. ② 떨쳐버리다. Ya tienes que *sacudir* la pereza. 이제게으름을 떨쳐버리지 않으면 안된다. ◇ ~se (주위의 물건을) 떨쳐버리다. Los caballos *se sacuden* las moscas con la cola. 말은 꼬리로 파리를 쫓아버린다. ◇ **sacudida** 届 진동, 떨림. ◇ **sacudidor** 届 먼지떨이채. ◇ **sacudimiento** 届 진동.
sagrado, da 國 신성한. La persona del padre debe ser *sagrada* para los hijos. 어버이의 인격은 아이들에게는 신성해야 한다. *la Sagrada Escritura* 성서(聖書).
sal¹ 예 ① 소금, 조미료. Alcánceme la *sal*. 소금을 집어 주세요. ② 맛; 사랑스러움. Tiene mucha *sal* esta niña. 이 소녀는 대단히 귀엽다. ◇ **salado, da** 國 소금기 있는, (맛이) 짠, 소금에 절인; 영리한; 귀여운.
sal² salir의 2인칭 단수 명령형.
sala 예 방; 대청. Vamos a la *sala* a escuchar un poco de música. 음악을 좀 들으러 대청으로 갑시다. *sala de descanso* 휴게실. *sala de espera* 대합실. *sala de fumar* 흡연실. *sala de lectura* 독서실, 열람실.
salario 届 급료(sueldo). Le pagan un pequeño *salario* por sus servicios. 그들은 그의 일에 적은 급료를 지불하고 있다.
salaz 國 호색의, 음탕한(lujurioso).
salazón 예 소금에 절이기(간 맞추기); 소금에 절인 고기·생선.
sacedo 届 수목이 자연적으로 우거진 습지대.
salcochar 卧 어육이나 채소 등을 물과 소금만 쳐서 익히다.
salchicha 예 가는 쏘세지; 【군대】 지뢰에 불붙이는 화약 따위를 넣는 가늘고 긴 자루.
salchichería 예 쏘세지 상점·공장.
salchichero, ra 쏘세지 제조인·상인.
salchichón 届 큰 쏘세지.
saldar 卧 ① 지불하다; 결산·청산하다; *saldar la cuenta de caja* 결산하다 ② 상품전부를 싸게 팔아 치우다.
saldo 届 ① 지불, 결산; 잔고, 장부끝. Queda todavía a mi favor un pequeño *saldo*. 내 구좌에는 아직 약간 잔고가 있다. ② 잔품; (처분할 상품의) 매출. La tienda anuncia un *saldo*. 그 상점은 염가 판매 (바겐 세일) 광고를 내고 있다.

salga ① salir의 접속법 현재 1·3인칭 단수형. ② 나가십시오.
salgáis salir의 접속법 현재 2인칭 복수형.
salgamos salir의 접속법 현재 1인칭 복수형.
salgan salir의 접속법 현재 3인칭 복수형.
salgas salir의 접속법 현재 2인칭 단수형.
salgo salir의 직설법 현재 1인칭 단수형.
salida 예 ① 나감 [⊕ entrada]; 출발 [⊕ llegada]. 발주(發走). Aquí podemos esperar hasta la *salida* del barco. 우리들은 여기서 배가 출발할 때까지 기다릴 수 있다. ② 출구 [⊕ entrada]; 도망갈 길. ¿Dónde está la *salida*? 출구는 어디가요. ③ 기지(機知), 연구. El niño tuvo una *salida* que nos dejó sorprendidos. 그 어린이의 기지는 우리들을 경탄케 했다.
saliente 형 나온, 돌출한; 뛰어난, 현저한; 떠오르는. *ángulo saliente* 돌출각(角).
salir [62] 자 ① 나가다; 출발하다 [⊕ llegar]. El sol *sale* por el este. 태양은 동쪽에서 뜬다. Mamá no *saldrá* de compras hoy. 오늘 모친은 장보러 가지 않으실거다. ② 쑥 나오다; 돌출하고 있다. ③ [+a; ⋯와] 닮다. Ella *salió* a su abuela. 그녀는 조모를 닮았다. ④ [+bien] 성공하다, [+mal] 실패하다. El *salió bien* en los exámenes. 그는 시험에 합격했다. ◇~se (내용물·그릇이) 새다, 넘쳐 흐르다. ¡Cuidado que *se sale* la leche! 우유가 넘치니까 조심하라.
saliva 예 침. ◇ **salivación** 예 침·군침을 흘림. ◇ **salivadera** 예 가래통(escupidera). ◇ **salival** 형 침의. *glándulas salivales* 타액선. ◇ **salivar** 자 침을 뱉다. ◇ **salivazo** 남 (뱉은) 침; 침뱉기. ◇ **salivoso, sa** 형 침을 많이 흘리는.
salón 남 대청마루, 살롱, 홀. En este *salón* caben más de cien personas. 이 홀에는 100명 이상은 들어갈 수 있다. *salón de actos* 강당. *salón de belleza* 미용원. *salón de clase* 교실.
salpimienta 예 소금과 후추의 혼합 조미료.
salpresar 타 (생선을) 눌러가며 소금에 절이다.
salpullido 남 【의학】 발진, 땀띠.
salsa 예 쏘스; 식욕을 돋구는 것; 장식품. *salsa de San Bernardo.* 공복. *salsa de mahonesa · mayonesa* 마요네즈(쏘스).
salsera 예 (배(船)모양의) 소스 그릇.
saltado, da 형 뛰어나온.
saltador, ra 형 (잘) 뛰는. 남 도약 선수, 도약자; 곡예사. 남 (줄넘기의) 새끼줄.
saltamontes 남 【단·복수 동형】【곤충】메뚜기(langosta).
saltaojos 남 【단·복수 동형】【식물】작약(peonía).
saltar 자 ① 날다, 뛰다. José tira la gorra y *salta* de alegría. 호세는 모자를 던지고 기뻐서 날뛴다. ② 뛰어 오르다·내리다; 뛰어 나가다·들다; 뛰어 넘다. ¿Puede usted *saltar* por encima de la tapia? 그 담을 뛰어 넘을 수 있읍니까. ③ (과편이) 흩어지다; 금가다. 타 뛰어 넘다. ◇~se 빠뜨리고 읽다·말하다. Al escribir a máquina *me he saltado* un renglón. 나는 타이프라이터를 쳤을 때 한 줄 빠뜨렸다.

salto 圊 ① 낢음, 도약. De un *salto* salvó el río. 그는 단번에 그 냇물을 뛰어 넘었다. ② 폭포(salto de agua). *salto mortal* 공중회전. *a saltos* 껑충껑충 뛰어서; 도중을 건너 뛰면서.

salud 囡 건강(상태). Disfruta de muy buena *salud*. 그는 대단히 좋은 건강을 지니고 있다. ¡A su *salud*! 당신의 건강을 빌고(건배)! ◇ **saludable** 圈 건강한; 건전한.

saludar 囲 (…에게) 인사하다, 경의를 표하다. *Saluda* de mi parte a tu madre. 네 어머님께 안부 전해라. ◇ **saludo** 囝 인사, 경의. Muchos *saludos* de mi parte al señor Guim. 부디 김씨에게 안부 전하세요.

salvador, ra 囝 구조·구제자. el *Salvador* 구세주 예수·그리스도.

salvadoreño, ña 圈 엘·살바도르(El Salvador)의. 囝 엘·살바도르 사람.

salvaje 圈 ① 야생의. En el parque había animales *salvajes*. 공원에는 야생 동물이 있었다. ② 야만·미개의. 囝 야만인, 미개인; 난폭자. Vivió una temporada entre los *salvajes* del Brasil. 그는 한때 브라질의 미개인 속에서 생활했다.

salvar 囲 ① 구조·구제하다. El médico ha perdido la esperanza de *salvarle*. 의사는 그를 살릴 희망을 잃었다. ② 극복하다, 타고 넘다. Ya *hemos salvado* la principal dificultad. 우리는 주된 곤란을 이미 극복했다. ③ (어떤 거리를) 지나가다, 통과하다. El tren *salvó* en doce horas la distancia entre las dos ciudades. 열차는 두 도시 사이를 12시간으로 달렸다. ④ 제외하다. Mis compañeros, *salvando* a los presentes, me han abandonado. 내 친구들은, 여기 있는 사람은 빼고, 모두 나를 버렸다. **~se** 구조받다, 도망치다; 도움받다. *Sálvese* quien pueda. 도망칠 수 있는 자는 도망해라. ◇ **salvación** 囡 구제; 【종교】 구령(救靈).

salvo, va 圈 무사한. 囲[전치사적] …을 제외하고(menos, excepto). Lo aprobaron todos, *salvo* los descontentos de siempre. 여느때의 불만분자를 제외하고, 모두 그것을 승인했다. *a salvo* 무사히, 안전하게; 상처를 입지 않은 채로. Su honradez ha quedado *a salvo*. 그의 이름에는 상처가 없었다. *salvo que*+*subj*. …하는 것이 아니라면. *Salvo que* llueva mucho, saldremos de compras. 큰 비가 아니면 장보러 가자.

san 圈 [santo의 to 탈락형, 남성 단수 고유명사 앞에서 쓰이나 To-와 Do-로 시작되는 단어 앞에서는 예외] San Juan, San Marino; Santa María, Santo Domingo, Santo Tomás.

sanatorio 囝 요양소. Le han mandado a reponerse a un *sanatorio*. 그는 건강을 회복하도록 요양소로 보내졌다.

sanción 囡 법령; (원수의) 비준, 재가, 인가(aprobación); 시인; 징벌, 제재수단·규약. *sanciones económicas* 경제적 제재.

sancionar 囲 법령화하다, (법령 따위를) 재가·인가·비준하다; 시인·찬성하다; 징계하다, 제재를 가하다.

sancionismo 囝 제재주의·정책, 제재 방법론.

sancochar 囲 반숙하다.

sancocho 囝 반숙한 요리.

sanctasanctórum 囝 【단·복수 동형】 지성소(至聖所)(유태신전

의 맨 앞쪽); 비밀중의 비밀, 극비.
sanctus 图 【단·복수 동형】【종교】 삼성창; 성령.
sanchopancesco, ca 图 산쵸·빤사적인(Don quijote의 하인으로 상식이 풍부한 속물의 표본); 사상이 없는; 속된.
sandalia 囡 샌들.
sandunga 囡 아름다움, 우아함; 아첨; 매혹; 유혹; 멕시코의 춤.
sandunguero, ra 图 우아한; 유혹하는, 매혹적인.
saneado, da 图 (저당·빚 따위의) 부담이 없는; 과세할 수 없는.
saneamiento 阳 보증, 보상, 배수; 위생설비.
sanear 囤 보증하다, 보상하다; 위생설비를 하다.
sangradera 囡 수로, 수문; 피뽑는 침; 피받는 접시; 【의학】 란셋트.
sangradura 囡 피뽑기; 팔의 안쪽; 방수로.
sangrar 囤 (병자·죄수의) 피를 뽑다; 수액을 채취하다(resinar); 배수하다; 방수하다. *sangrar una presa* 댐의 물을 방수하다. 因 출혈하다, 피를 흘리다.
sangraza 囡 썩은 피.
sangre 囡 피, 혈액. La *sangre* circula por las venas. 혈액은 혈관을 순환한다. *de sangre caliente* (동물이) 온혈의; 핏기가 많은. *de sangre fría* 냉혈의; 냉정한. ◇ **sangriento, ta** 图 피투성이의; 유혈의; 피에 빌린, 낙는.

sano, na 图 ① 건강한; 건강에 좋은. Estaba más *sana* de lo que creía. 생각했던 보다 그녀는 건강했다. ② 건전한. Creció en un ambiente familiar *sano*. 그는 건전한 가정환경에서 자랐다. *sano y salvo* 무사히·하게. Su marido regresó a casa *sano y salvo*. 그 남편은 무사히 집에 돌아왔다. ◇ **sanidad** 囡 건강; 위생, 보건.
santo, ta 图 [많은 남성 성인의 이름 앞에서 san으로 함] 신성한, 성…; 성스러운. San Francisco 성 프란시스꼬. Que *santa* gloria haya. 성스러운 영광 있으라 [阳 q.s.g.h.] 图 성인, 성자. Se ha erigido un momento a dos *santos* coreanos en Seúl. 서울에 두 성인의 기념비가 세워졌다. ◇ **santidad** 囡 [교황에 대한 존칭] 신성; 성하. Su *Santidad* el Papa Juan XXIII. 교황 요하네스 23세 성하. ◇ **santificar** 回 sacar) 囤 신성(한 것으로) 하게 하다.
santuario 阳 성당.
sarcoranfus 阳 【그리스어】 콘돌, 독수리.
sardina 囡 정어리. *sardina en conserva* 정어리 통조림. ◇ **sardinal** 阳 정어리 어망. ◇ **sardinero, ra** 图 정어리의, 정어리 잡이용의. 阳 정어리 장수·어부.
sargento 阳 하사관, 중사, 경사.
sargentona 囡 크고 난폭한 여자, 사내같은 여자.
sarmiento 阳 (포도 따위의) 덩굴, 열매가 자라는 가지.
sarna 囡 【의학】 옴.
sarnoso, sa 图 옴에 걸린(사람), 옴 오른, 옴투성이의. 阳 보잘것 없는 사람.
sarpullido 阳 【의학】 땀띠.

sarraceno, na 형 명 사라센 사람(의).

sarracina 여 난투.

sartén 여 프라이팬. La criada puso la *sartén* sobre la estufa. 식모는 프라이팬을 난로 위에 놓았다.

sastre 남 (남자 옷의) 재봉사, 재단사. ◇**sastrería** 여 재봉사직; 피복공장.

Satan/Satanás 남 마왕, 악마(Lucifer). ◇**satánico, ca** 형 악마의·같은. ◇**satanismo** 남 악마주의; 극악무도.

satandera 여 【동물】 족제비(comadreja).

satélite 남 위성. La luna es un *satélite* de la tierra. 달은 지구의 위성이다. *satélite artificial* 인공위성. *ciudades satélites* 위성도시.

satisfacer [68] hacer; 과거분사 satisfecho] 타 ① 만족시키다. La solución no *satisfizo* a nadie. 그 해결은 아무도 만족시키지 못했다. ② 보상하다; 지불하다. Tenía que *satisfacer* aquella deuda. 그는 그 빚을 갚아야 했다. ◇~**se** [+con de : ……] 만족하다. No *se satisfará* con esas explicaciones. 그런 설명으로는 그는 만족하지 않을 것이다. ◇**satisfacción** 여 만족, 기쁨. ◇**satisfactorio, ria** 형 만족한.

satisfecho, cha 형 만족한; 기뻐한. Deseo que todos queden *satisfechos* con esto. 이것으로 여러분이 만족해 주시기 바랍니다.

saturar 타 (마음에) 물들게 하다, 주입·동화시키다; 포화시키다; 가득채우다(colmar); [+de : ……을] ……에 물리게 하다, 싫증나게 하다. ◇~**se** 포화하다, 물들어지다.

saturnino, na 형 납의; 연독의; 우울한; 말없는(taciturno).

saturnismo 남 【의학】 납중독, 연독.

sazón 여 호기; 사기; (좋은) 맛. A la *sazón* estuve en España. 그때쯤 맞게 나는 스페인에 있었다. ◇**sazonar** 타 성숙시키다; (……에)맛을 붙이다. La cocinera *sazona* bien la comida. 그 여자 요리사는 음식 맛을 잘 낸다. 자재 성숙하다. Esa fruta (*se*) *sazona* en la primavera. 그 과일은 봄에 성숙한다.

se 대 ① [대격 보어의 lo·la·los·las 의 앞에 나올 때의 le·les 의 변형] *Se* lo diré. 내가 그에게 그 말을 해 주겠다. ② [재귀 대명사의 원형; me·te·se·nos·os·se 로 변화함] [대격보어의 se]자기를. José *se* levanta. 호세는 일어난다. Lola *se* miraba en el espejo. 롤라는 거울(속에 자기)을 보고 있었다. ③ [여격 보어의 se] 자기에게. *Se* lo decía para sí misma. 그녀는 자신에게 말했다. ④ [이해관계의 se] 자기 때문에, 스스로, 자신의. *Se* comió en seguida. 그는 곧 그것을(자기를 위하여) 먹어버렸다. *Quítate* los guantes. 너는 장갑을 (스스로) 벗어라. *Me* lavaré la cara. 나는 (자신의) 낯을 씻고 오겠다. ⑤ [자동사에 붙이는 se; 의미의 변화·강조] Mañana *nos* marchamos de la ciudad. 내일 우리는 이 도시에서 나간다. De oír *eso*, *se* reirían mucho de ti. 이 말을 들으면 너를 모두(함께) 웃을 것이다. ⑥ [상호의 se] 서로를·에게. José y Lola *se* aman, pero no *se* hablan nunca. 호세와 롤라는 서로 사랑하고 있으나, 결코 (상호간에) 말을 하

지 않는다. ⑦ [수동의 se; 주로 주어가 사물일 때] …되다. La historia *se* repite. 역사는 되풀이 된다. ⑧ [무인칭의 se; +3인칭 단수의 동사; 사람은, 사람들은] Allí *se* vive mal;pero *se* teme a Dios. 저편은 생활은 가난하지만, 신앙이 두텁다. *Se* me robó el reloj. 나는 시계를 도둑맞았다. ⑨ [가능의 se] …가,; 하다. *Se* oyeron unos gritos lejanos. 먼곳의 고함소리가 렸다. *Se* sube al monte por este sendero. 이 길을 과해서 에 오를 수가 있다. ⑩ [일반론의 se] 일·문제는…, …하는 것이다. Es fácil entenderlo cuando *se* es mujer. 여자라면 그것을 이해하기 쉽다. Amor con amor *se* paga. 사랑에는 사랑으로써 갚아야 할 것이다.

sé ① saber의 직설법 현재 1인칭 단수. ② ser의 2인칭 단수 긍정 명령형. *Sé* bueno. 착한 사람이 되어라.

secar [7 sacar] 탄 건조시키다, 말리다. Puso a *secar* la ropa cerca del fuego. 그는 옷을 말리기 위하여 불 가까이에 놓았다. El calor *ha secado* la hierba. 더위가 풀을 다 죽게 했다. ◇ **se** ① 건조하다; 말라 죽다; 수척해 지다. ② (자신의 얼굴·땀 위를) 씻다, 닦다. *Séquese* bien después del baño. 목욕뒤 몸을 잘 닦으시오. ◇ **secador** 명 탈수기; (머리털의) 드라이어. ◇ **secante** 형 건조제; 흡수지.

sección 몡 ① 절단; 단면(도). ② (관리상의) 과, 부; 학과; (신문의) 난(欄). ¿En qué *sección* trabaja usted? 당신은 어느 과에 근무하십니까. ◇ **seccionar** 탄 구분하다.

seco, ca 형 ① 건조한; 말라 죽은. La tierra estaba *seca* por la falta de lluvia. 비가 안 와서, 땅은 건조하여 있었다. ② 황량한. ③ 윤기·온기가 없는. Le contestó con un no *seco*. 그는 냉냉하게 아니라고 대답했다. ④ 단 맛이 없는. ◇ **secamente** 분 무미건조하게, 퉁명스럽게.

secretario, ria 몡 ① 비서; 사무관. Mi *secretaria* le contestará por escrito. 내 비서가 문서로 대답할 것이오. *Secretario General* 사무총장. ② (미국의) (국무) 장관. *Secretario de Estado* 국무장관. ◇ **secretaría** 몡 비서직; 비서실; 문서·서무과, 성(省). *Secretaría de Estado* 국무성.

secreto, ta 형 비밀의. No deben descubrirse cosas *secretas*. 비밀한 일을 폭로해서는 안 된다. 몡 비밀. No tiene ningún *secreto* para mí. 그는 나에게 아무 비밀도 없다. *en secreto* 비밀히, 살짝. Me dijo *en secreto* que pensaba marcharse. 그는 떠날 속셈이라고 나에게 살짝 말했다. ◇ **secretamente** 분 비밀히, 살짝, 살며시.

sector 몡 부채꼴; 지구, 방면(方面). Por este *sector* de la ciudad circulan pocos coches. 도시의 이 지구에는 차가 별로 다니지 않는다.

secuestrar 탄 유괴하다; 압류하다. Unos estudiantes armados han *secuestrado* al embajador. 몇 사람의 무장한 학생이 대사를 유괴했다. ◇ **secuestro** 몡 유괴; 인질, 볼모; 압류.

sed 몡 목마름; 갈망. Tengo mucha *sed*. 나는 무척 목이 마르다.

seda 몡 명주. Tiene la piel como la *seda*. 그녀는 명주 같은(미끈

sede 여 본부, 본청, 본점. *La sede de la organización está en Barcelona.* 그 협회의 본부는 바르셀로나에 있다.

sedente 형 앉아 있는.

sedeño, ña 형 명주의(같은); 매끈매끈한; 명주로 만든 (끈).

sedería 여 명주로 만든 상(품명); 명주파는 상점; 견직물상(商).

sedero, ra 형 명주의, 명주를 만드는. *industria sedera* 견직물업. 명 견직물 업자·제조인·상인.

sediciente 형 가상의, 가정의; 짐작의, 자칭의.

sedición 여 반란, 소란, 폭동(rebelión); 마음의 어지러움.

sedicioso, sa 형 반란을 일으키는, 궐기의, 폭도의. 명 반도, 폭도.

sediento, ta 형 (목)마른; 고갈된; 건조한; [+de : …을] 갈망하는.

sedimentar 타 침전시키다. ◇~se 침전하다.

sedimentario, ria 형 침전의.

sedimento 남 침전물(pose), 앙금, 찌기.

seducir [70 aducir] 타 매혹·유혹하다. *Seduce a todos con su simpatía.* 그는 타고난 붙임성 때문에 아무도 매료한다. ◇ **seducción** 여 매혹, 유혹. ◇ **seductivo, va** 형 매혹적인 (atractivo). ◇ **seductor** 남 유혹자.

seguida(en) 부 바로; 연달아서. *Vaya usted en seguida.* 곧바로 가 주시오.

seguir [40] 타 ① (…에) 따르다, 따라가다. *Seguiré sus amables consejos.* 나는 친절하신 충고에 따르겠소. ② 연달아 하다. *Ya es imposible seguir el viaje.* 그 여행을 계속하기는 이미 불가능하다. 자 ① 계속되다. *Aún sigue con sus preocupaciones.* 아직 의연히 그는 계속 걱정하고 있다. ② 계속하여 하다; 길을 계속하다. *Siga por la derecha.* 우측통행(우측을 계속 가시오). [+현재분사] …하기를 계속하다. *Siguió hablando más de dos horas.* 그는 2시간 이상 계속 씨부렁거렸다. ◇ **seguido, da** 형 연달은; 똑바른. *Vaya todo seguido.* 이대로 똑바로 가시오. *Iba delante su coche y seguido el mío.* 그의 차가 앞을 달리고, 이어서 내 것이었다. ◇ **seguidamente** 부 계속적으로; 연달아; 곧 바로.

según 전 ① [근거] …에 의하여·따라서; …대로. *Fue más horrible de lo que me imaginaba, según el informe que me dieron.* 내게 해온 통지에 의하면, 그것은 상상 이상으로 심했다. *La casa está hecha según los planos.* 집은 설계도대로 지어져 있다. ② [접속사적] …하도록; …하는 바에 의하여·의하면. *Según vayan llegando, hágalos usted entrar.* 그 사람들이 오는대로 들여 보내시오. *Según parece, piensa marcharse pronto.* 아마 그는 곧바로 떠날 속셈인 듯하다.

segundo, da 두번째의. *La familia vivía en el segundo piso de la casa.* 가족은 그 건물의 2층에 살고 있었다. 남 [시간의 단위] 초; 잠깐 동안. *No tardo ni un segundo.* 나는 1초도 꾸물거리지 않는다. *en segunda* (탈 것의) 2등으로; 【자동차】제 2속력으로.

Tuve que subir la cuesta *en segunda*. 나는 그 언덕을 제 2속력으로 올라가야 했다. ◇ **segundero** 男 초침.

seguridad 女 ① 안전(성). Este puente no ofrece *seguridad*. 이 다리는 위태롭다. ② 확실(성). Vendrá mañana con toda *seguridad*. 틀림없이 그는 내일 온다. ③ 확신, 안심. Puede usted tener la *seguridad* de que lo haré. 내가 이 일을 하겠으니, 당신은 안심해도 좋소.

seguro, ra 形 ① 안전한. Esto es un lugar *seguro* para esconder las joyas. 여기는 보석류를 숨기기에 안전한 장소이다. ② 확실한(cierto). Anda con paso *seguro*. 그는 확실한 걸음걸이로 걷고 있다. ③ 확신이 있는. ¿Está usted *seguro*? 당신은 자신이 있나요. Estamos *seguros* de que nos han engañado. 확실히 우리들은 속고 있다. 男 ① 안전장치·기. Puso la pistola en el *seguro*. 그는 권총의 안전장치를 채웠다. ② 보험. ¿Quiere usted hacerse un *seguro* de vida? 생명보험에 가입하지 않겠습니까. *de seguro* 확실하게. *en seguro* 안전하게. ◇ **seguramente** 副 확실히, 꼭.

seis 形 6의; 6번째의. 男 6.

seiscientos, tas 形 600의; 600번째의. 男 600.

selección 女 ① 선택, 선별; 정선. ② [집합적] 정선된 물건. Tenemos una *selección* de discos. 우리들은 정선한 레코드를 갖추고 있습니다. ③ 도태(淘汰). *selección natural* 자연도태. ◇ **seleccionar** 他 선택·선별하다; 정선하다.

selecto, ta 形 정선된. Anoche había una *selecta* concurrencia. 어제 밤은 품위 있는 사람들이 모여 있었다. ◇ **selectivo, va** 形 선택성의.

selva 女 정글, 밀림. Los niños se han perdido en la *selva*. 어린이들은 숲에서 길을 잃었다. ◇ **selvoso, sa** 形 밀림 지대의.

sello 男 ① 우표(estampilla); 인지(印紙)(timbre). Para mayor rapidez en sus envíos peguen estos *sellos* en la parte superior derecha. 우편물에는 더욱 빠르게 하기 위하여 우표를 오른쪽 상단에 붙여 주시오. ② 표, 상징(símbolo). La violeta es el *sello* de lo bello. 제비꽃은 화려한 것의 상징이다. ③ 봉인, 증인(證印); 증지. ◇ **sellar** 他 ① (…에) 봉인·증인을 하다. ② (…에) 봉함을 하다. Es necesario *sellar* este paquete con plomo. 이 소포는 납으로 해야 한다.

semana 女 주일(週日). ¿En qué día de la *semana* estamos hoy? 오늘은 무슨 요일인가. Solían pasar el fin de *semana* en el campo. (그들은) 주말은 언제나 시골로 가서 지내고 있었다. ◇ **semanal** 形 (간)의, 주일 마다의. *revista semanal* 주간지. ◇ **semanario** 男 주간지.

semblante 男 낯(빛); 외관. Hoy tiene usted muy buen *semblante*. 오늘 당신은 낯빛이 매우 좋습니다. ◇ **semblanza** 女 (간단한) 전기(傳記), 인물평.

sembrar [19 pensar] 他 (씨를) 뿌리다; 흩어뿌리다. Los padres *siembran* y los hijos recogerán el fruto. 부모들이 씨를 뿌리고 아이들이 그 혜택을 받는다. ◇ **sembrado** 男 밭.

semejante 휑 ① [+a : …와] 닮아 있는. Es muy *semejante a* ti en el carácter. 그는 성격이 너와 잘 닮아 있다. ② [부정(不定) 문 속에서 강조/명사 앞에서 경멸적] 그러한. No he visto en mi vida frescura *semejante*. 태어난 후 그러한 능글능글한 일을 본 적이 없다. 閃 동류의 사람, 동포(compatriota). Piense que son nuestros *semejantes*. 그들도 우리와 같은 사람임을 생각하시오. ◇ **semejanza** 예 유사(類似), 서로 닮음.

semestre 閃 반년; (전기·후기의) 학기; (수입·신문 따위의) 반년분. ◇ **semestral** 휑 반년의(마다의).

semicircular 휑 반원(形)의.

semicírculo 閃 반원(形).

semicircunferencia 예 반원 둘레, 반원주.

semiconductor, ra 휑 閃 [전기] 반도체(의).

semiconsonante 휑 반자음의 (글자).

semicorchea 예 [음악] 16분음표.

semidiós, sa 閃 반신반인(半神半人); 숭배 받는 인물(héroe).

semifinal 휑 준결승전의(준결자), 예 [보통 閃] 준결승전.

semifinalista 휑【남·여 동형】준결승 출전자.

semifluido, da 휑 반유동체.

semilunar 휑 반달 모양의.

semilunio 閃 반달.

semilla 예 (식물의) 씨; 근원(根源). *la semilla de la discordia* 불화의 씨. ◇ **semillero** 閃 못자리, 묘상(苗床). ◇ **semillita** 예 작은 씨·종자.

seminario 閃 ① 못자리; (악 따위의) 온상. ② (대학의) 세미나, 연습과·실. ③ 신학교(神學校).

seminarista【남·여 동형】신학도, 생도; (대학의) 연구(과)생.

semirrecto 휑 45도 (반직각)의.

semitono 閃 [음악] 반음, 반음정.

semivocal 휑 반모음의(문자).

semioviente 휑 혼자 움직이는; 목축류의. *bienes semoviente* 가축. 閃 목축류, 가축.

sempiterno, na 휑 영구의, 불멸의.

senado 閃 상원, 참의원.

senador 閃 상원·참의원의원.

senatorial 휑 상원·참의원(의원)의.

sencillo, lla 휑 ① 단일의; 간단·단순한. El trabajo no era tan *sencillo* como parecía. 그 일은 보기보다 간단하지는 않았다. ② 간소한. Me gustaron las costumbres *sencillas* de los campesinos. 시골 사람들의 간소한 일상생활이 나는 마음에 들었다. ◇ **sencillez** 단순; 간소; 순진(純眞). Vestía con mucha *sencillez*. 그는 매우 간소한 옷을 입고 있었다.

senda 예 오솔길; (뜰 따위의) 길. Me conduce por *sendas* de justicia. (신은) 나를 정의의 길로 인도하신다. ◇ **sendero** 閃 오솔길.

senegalés, sa 휑 세네갈 (el Senegal)의. 閃 세네갈사람.

seno 图 ①【신체】 가슴(pecho); 유방, 젖통. ② 호주머니, 품속. Lo llevaba siempre guardado en el *seno*. 그는 그것을 언제나 품안에 넣고 있었다. ③ 깊숙한 곳; 물굽이, 만(灣). ④ 자궁 (matriz)

sensación 여 ① 느낌, 기분. Algunas masas de hielo nos producen una *sensación* de frescura. 두어 개의 고드름이 우리에게 서늘한 느낌을 일으키게 한다. ② 감동, 좋은 평판. Es ésta la novela que ha causado sensación. 선풍적인 평판을 불러 일으킨 소설은 이것이다. ◇ **sensacional** 톙 감동적인; 훌륭한.

sensible 톙 ① 민감·예민한. Tenía el oído muy *sensible* a la música. 그는 음악에 매우 예민한 귀를 가지고 있었다. ② 느끼기 쉬운. Era una niña *sensible*. 그녀는 감수성이 예민한 아이였다. ◇ **sensibilidad** 여 민감, 감수성; 감도(感度).

sentar [19 pensar] 타 두다; 앉히다. Voy a *sentar*le en la última fila. 제일 뒷줄에 그를 앉히겠다. 재 (몸매·심정·자태 따위에) 맞다, 알맞다. No le *sentará* bien la ducha. 샤워는 당신의 몸에 좋지 않겠지요. Ese peinado le *sienta* admirablemente. 그 머리 모양은 네게 썩 잘 어울린다. ◇ **~se** 앉다. *Siéntese* usted aquí. 여기 앉아 주세요. Los invitados están *sentados* a la mesa. 손님들은 테이블에 앉아 있다.

sentencia 여 ① 격언, 금언. ② 판결; 재정(裁定). El tribunal dictó la *sentencia*. 재판소는 판결을 선고했다. ◇ **sentencioso, sa** 톙 격언다운; 엄숙한.

sentido, da 톙 감정이 담긴; 감수성이 예민한. La doy mi más *sentido* pésame. 깊은 애도의 뜻을 표합니다. 男 ① 감각, 의식 (意識). La herida le privó del *sentido*. 부상하여 그는 실신했다. No tiene ningún *sentido* del ritmo. 그에게는 전혀 리듬 감각이 없다. ② 의미(significación). No lo tome usted en ese *sentido*. 그것을 그런 의미로 받아들이지 마시오. ③ 방향 (dirección). Caminaba en *sentido* opuesto. 나는 반대 방향으로 걷고 있었다.

sentimiento 男 ① 감정. Era una person de buen sentimiento. 그는 마음이 상냥한 사람이었다. ② 슬픔(lástima). Le acompaño a usted en su *sentimiento*. 동정합니다. ◇ **sentimental** 톙 감정적·감상적인. La vieja era tan *sentimental* que guardaba todo lo que había sido de su marido. 그 노부인은 매우 감상적인 여인이어서, 남편의 물건은 무엇이나 간직해 두고 있었다.

sentir [46] 타 ① 느끼다, (…에) 생각이 미치다. Por aquí *siento* un agudo dolor. 나는 이 근처에 날카로운 아픔을 느낀다. ¿Se *siente* feliz ahora? 지금 당신은 행복한 기분입니까. ② 슬퍼하다; 서운해 하다. *Sentí* en el alma la pérdida de tan fiel amigo. 나는 그토록 충실한 친구의 죽음이 진심으로 슬펐다. 男 느낌 (sentido), 생각(pensamiento). En mi *sentir*, eso no es justo. 내 생각으로는 그건 옳지 못하다.

seña 여【주로 복】① 신호; 손짓, 눈짓. Los mudos hablan por señas. 벙어리는 손짓으로 말을 한다. ② 목표; 흔적. No dejaron ni *señas* del pastel. 그들은 과자를 깡그리 먹어 치웠다.

③ 주소(dirección). Me olvidé de poner las señas en el sobre. 나는 봉투에 주소를 쓰는 것을 잊었다. ¿Cuáles son sus señas? 주소는 어디입니까.

señal 예 ① 표, 징조, 표적. El color amarillo en la fruta es señal de madurez. 과실이 노랗게 된 것은 익은 징조이다. Ponga una señal en esa página. 그 책갈피에 표를 해 주시오. ② 신호. La nave hizo señal de que había visto tierra. 그 배는 육지를 발견했다는 신호를 했다. ③ 계약금. ¿Quiere usted que deje algún dinero en señal? 계약금으로서 얼마쯤 돈을 놓아 둘까요. señal de la cruz 십자표.

señalar 타 ① (…에) 표를 하다. Señale usted esta caja con la marca, "frágil." 이 상자에 "깨질 물건"의 표를 해 주시오. ② 가리키다; 지정하다. Las flores de los ciruelos señalan la proximidad de la primavera. 매화꽃은 봄이 가까움을 고한다. ◇ ~se 특출하다. Se ha señalado, especialmente, como ensayista. 그는 수필가로서 특출하였다. ◇ señalado, da 형 특출한; 뚜렷한. Se notó un señalado cambio de actitud. 사람들은 그의 태도가 현저히 변했음을 발견했다.

señor 남 ① [남성의 성에 붙이는 경칭; 부르는 때 이외에는 정관사를 붙임] …씨. Buenos días, señor López; tengo el gusto de presentarle a mi amigo, el señor Gracía. 안녕하십니까 로페스씨; 내 친구인 가르시아씨를 소개합니다. ② 신사(caballero). A la puerta un señor pregunta por usted. 현관에서 어떤 분이 당신 말을 묻고 있습니다. ③ 图 …씨 부부. Esta tarde vendrán a verme los señores López. 오늘 오후 로페스씨 부처가 나를 만나러 온다. nuestro Señor. 우리 주 예수·그리스도.

señora 예 ① [기혼여성의 성 따위에 붙이는 경칭] …여사. Muchos recuerdos a su señora madre. 어머님께 부디 안부 말씀을 전해 주세요. ②…부인, 아내(mujer, esposa). ¿Puedo hablar con la señora de García? 가르시아씨 부인과 이야기할 수 있을까요. ③ 여인, 부인(婦人). Cuando la conocí era una señora de edad. 저 사람은 내가 알게 되었을 때는 중년의 여인으로 되어 있었다. Nuestra Señora 성모(聖母).

señorita 예 ① 소녀, 아가씨. ¿Conoce usted a estas señoritas? 이 아가씨들을 아십니까. ② [미혼 여자의 성에 붙이는 경칭] …양. Mucho gusto en conocerla, señorita García. (소개 받은 상대에게) 가르시아양! 당신 되어서 즐겁습니다. ③ (하인으로부터) 마님(patrona, ama, señora).

señorito 남 남자 주인, 도련님.

separar 타 ① 나누다(partir). Hay que separar las manzanas sanas de las podridas. 성한 사과와 썩은 것을 구별해야 한다. ② 메다. Separe usted un poco la mesa de la pared. 벽에서 테이블을 약간 메어 주세요. ③ 구별하다. Hay que separar los dos aspectos de la cuestión. 문제의 양면을 구별하여 생각해야 한다. ◇ ~se 나뉘다; 이별하다; 떨어지다. Se marchó a su destino separándose de su familia. 그는 가족과 멀어져서 임지로 부임했다. por separado 따로; 별편으로. ◇ **separación** 예 분리;

격리; 이별; 구분.
separata 여 (잡지 따위의) 따로따로 인쇄한 부분; 별책(別册).
separatismo 남 분리주의; 분리파.
separatista 형 분리주의(파)의. 남여 분리주의자.
separativo, va 형 분리(용)의; 분리적인.
sepelio 남 매장(entierro).
sepia 여【동물】오징어; 세피아(오징어의 먹퉁에서 뽑는 갈색 그림 물감); 세피아 빛.
septembrino, na 형 9월의.
septenario, ria 형 7단위의; 7일간의.
septenio 남 7년(간).
septentrión 남 북쪽(norte); 북두칠성. ◇ **septentrional** 형 북쪽의. *país septentrional* 북국(北國).
se(p)tiembre 남 9월.
sé(p)timo, ma 형 7번째의; 7등분의. 남 7분의 1.
sepulcro 남 무덤, 묘. *Santo Sepulcro* 성묘(聖墓) (예수 그리스도를 묻은 무덤). ◇ **sepulcral** 형 무덤같은, 음울한.
sepultar 타 묻다; 매장하다; 감추다. *Las Aguas sepultaron el pueblo entero.* 그 고을은 완전히 수몰했다. ◇ **sepultura** 여 매장; 표령, 무덤, 묘. *Mi amigo, obrando así, estaba cavando su sepultura.* 내 친구는 그렇게 해서 스스로의 무덤을 파고 있었다.
ser [54] 자 ① [연결 동사; (대)명사·형용사(구)·부사(구)를 서술 보어로 함; 질적으로] …이다. *El hombre es mortal.* 사람은 죽는 것이다. *¿Qué es esto?* -*Es un lápiz.* 이것은 무엇인가요. —연필입니다. *Lola era bonita y simpática.* 롤라는 깨끗하여 붙임성 있는 어린이었다. ④ [주어 으로 하여야 하다로 하여] …로 되다. *Tú serás médico también.* 너도 의사로 되는 것이지. ③ [inf. 또는 que로 시작되는 어구를 주어로 할 때] …이다. *Es bueno aprender el español.* 스페인어를 학습하는 일은 좋은 일이다. ④ [주어 오는 글을 만듦] …이다. *¿Ya es tarde?* -*Es temprano todavía.* 벌써 늦었나. —아직 이릅니다. ⑤ [타동사의 과거분사와 섞여서 수동태의 글을 만듦] …당하다. *El que teme a muchos, es temido de muchos.* 많은 사람을 외경하는 사람이 많은 사람에게서 외경당한다. 남 물건, 실체, 본질; 놈, 사람; 존재(하는 것), 당위성. *En eso está todo el ser del negocio.* 그 사업의 본질은 오로지 거기에 있다. *ser de* ① [소속] …의 것이다. *¿De quién es esta casa?* 이 집은 누구집인가요. ② [출처] …에서 왔다(출신, 탄생). *¿De dónde son ustedes?* -*Somos de la Argentina.* 당신들은 어느곳 사람입니까. —우리는 아르헨티나 사람이오. ③ [재료] …제품이다. *¿Es de cuero esta maleta?* 이 여행가방은 가죽제품인가요. ④ [부위] …의. *¿De qué color es este lápiz?* -*Es azul.* 이 연필은 무슨 색인가요. —파랑입니다. *ser para* ① [목적·목적지] *Estas cartas son para usted.* 이 편지들은 당신(앞으로)의 것이오. ② [용도] *Esta tela es para camisas.* 이 천은 와이샤쓰용이다. *ser de+inf.* …해야+inf. …해도 좋다. *Es de creer que son inútiles.* 그것들은 쓸데 없는 일이라고 믿어도 좋다. *ser viviente* 생물. *seres humanos* 사람들, 인

간.
serenar 倒 온화하게 하다; 조용하게 하다. 困 고요해지다. La tarde ha serenado. (일기가) 오후에는 온화해졌다. ◇ ~se (기분이) 조용해지다, 가라앉다. ¡Serénese usted, por favor! 부디 마음을 가라앉혀 주세요!

sereno, na 혱 ① 맑게 개어서 온화한. La noche estaba muy serena. 그 밤은 대단히 온화했다. ② 안정된. Era un hombre sereno de ánimo. 그는 변덕이 없는 온화한 사람이었다. 몜 ① 밤공기, 밤이슬. El sereno le perjudica. 밤 공기는 그에게는 해롭다. ② 야경(꾼). Los serenos vigilan por la calle durante la noche. 야경꾼은 밤새껏 거리를 돌아보고 다닌다. ◇ **serenidad** 여 정온; 침착, 냉정.

serie 여 일련·일군(의 것); 시리즈. Ha publicado una serie de artículos sobre política internacional. 그는 국제 정치에 관하여 일련의 기사를 발표하였다.

serio, ria 혱 ① 성실한, 진지한. Cuando le vi, llevaba una cara muy seria. 그를 만났을 때, 그는 매우 성실한 얼굴을 하고 있었다. ② 중대한 (grave); 위독한. La situación iba poniéndose seria. 사태는 점점 중대하여지고 있었다. en serio 진지하게. Hablando en serio eso no está bien. 진지하게 말하지만, 그건 안되겠는데. ◇ **seriamente** 문 진지하게. ◇ **seriedad** 여 성실함, 엄숙; 중대.

sermón 몜 설교; 훈계. ◇ **sermonar** 困 설교·훈계하다. ◇ **sermonario, ria** 혱 설교의. 몜 설교집.

sermonear 困 설교하다 (sermonar). 꾸짖다, 훈계하다.

sermoneo 몜 잔소리, 힐책.

serodiagnóstico 몜【의학】혈청 진단법.

serología 여 혈청학.

serosidad 여 돌과 같음, 장액성(漿液性);【생리】혈장(血漿).

seroso, sa 혱 장액(성)의; 혈청의.

seroterapia 여 혈청요법 (suero terapia).

serpiente 여【파충류】구렁이; 악마. El demonio adoptó la figura de una serpiente para tentar a Eva. 악마는 뱀의 모습을 하고 이브를 유혹했다. ◇ **serpentear** 困 꿈틀거리다.

serpigo 몜【의학】피진(皮疹), 포행진(匍行疹).

serpol 몜【식물】야생 백리향(百里香).

serradizo, za 혱 톱질하기 쉬운; 제재용(製材用)의.

serraduras 여복 톱밥.

serrallo 몜 (회교국의) 후궁 (harén).

serranía 여 산마루, 산악지대.

serrano, na 혱 산의, 산악 지대의 (사람).

serrar 倒 톱질하다.

serrato 혱 몜【해부】작은 이(齒) 모양을 한; 톱(니) 모양의.

serrín 몜 톱밥 (serraduras).

serrucho 몜 손톱.

servible 혱 쓸만한, 유용한; 적응할 수 있는, 고칠 수 있는.

servicial 혱 추종적인; 부지런한, 일 잘하는; 고분고분한; 친절한;

servicio 📖 ① 봉사, 진력, 뒷바라지. Me prestó en aquella ocasión un *servicio* que nunca le agradeceré bastante. 그는 그때 감사의 말을 다할 수 없을만큼 나를 위하여 진력해 주었다. ② 소용됨, 유용. Aquí se guardan los coches que no están de *servicio*. 쓰지 않는 차는 여기 넣어 두고 있다. ③ 봉직, 근무; 병역(兵役). Lleva treinta años al *servicio* del Estado. 그는 국가 공무원으로서 30년 봉직하고 있다. ④ (교통기관의) 편, 운전, 영업. En breve, el nuevo ferrocarril entrará en *servicio*. 이윽고 새로운 철도가 영업을 시작한다. ⑤ (봉사적·공공적인) 업무, 사업; 시설, 기관. *servicio de correos* 우편 업무. *servicio de incendios* 소방서. ⑥ (종교적인) 식, 예배. ⑦ 식기 세트. *servicio de mesa* 식기류.
servidor, ra 📖 머슴, 봉사자; [비칭으로서] 나. *su seguro servidor* [약해서 S.S.S.; 편지의 맺음말로서 서명자의 비칭] ¿Quién es el último que ha entrado? - Un *servidor*. 최후에 들어온 사람은 누구냐. —나요.
servilleta 📖 (식사때 쓰는) 냅킨. ◇ **servilletero** 📖 냅킨 상자.
servir 37📖 재 ① 섬기다, 봉사·근무하다. Oiga usted. ¿En qué puedo *servirle*? 여보세요. 무슨 일이요. Tiene una hija *sirviendo* en casa de un médico. 그는 의사의 집에 근무하고 있는 딸이 한사람 있다. ② 심부름하다, 시중들다, 진력하다. *Sirva* usted primera a las señoras. (식사에서) 처음에 부인들께 시중 드십시오. ③ [+de : …으로서] 소용되다. José bien puede *servir de* intérprete. 호세는 통역으로서 충분히 유용하다. ④ [+para : …을 위하여] 소용되다. No lo tire usted, que puede *servir para* algo. 그걸 버리지 말아 주시오, 무슨 소용이 될지도 모르니까. 타 ① (직을) 근무하다. *Sirve* este mismo puesto desde hace veinte años. 그는 이 한가지 직을 20년 전부터 근무하고 있다. ② (요리 따위를) 시중들다. ¿Le *sirvo* a usted un poco de vino? 술을 좀 쳐 드릴까요. ③ (상품·주문을) 조달·제공하다. No podremos *servirle* su pedido. 주문하신 물품을 보내드릴 수가 없읍니다. ◇~**se** (자신이 식사·식품을) 갖추다, 붓다, 담다. *Sírvase* usted el azúcar. 자 (손수) 설탕을 넣으십시오. ② [+de : …를] 쓰다, 이용하다. El niño ha aprendido a *servirse del* tenedor y el cuchillo. 이 어린이는 포크와 나이프를 쓸 수 있게 되었다. ③ [경어 표현 : +*inf*.] …해 주시다. Se *sirvió* traérmelo él mismo. 그분은 손수 그것을 나에게 가지고 와 주셨다. *Sírvanse* ustedes cerrar las ventanas. 여러분들, 창문을 닫아주세요.
sesenta 형 60의; 60번째의. 명 60.
sesentavo, va 형 60등분의(1).
sesentón, na 형 60대의(노인).
sesera 📖 [해부] 두개(頭蓋), 뇌수(seso).
sesgadura 📖 비탈, 경사, 기울(계하)기.
sesgar 타 비스듬이 자르다.
sesgo, ga 형 경사의, 기울은, 비탈진; 엄(숙)한 (얼굴), 평온한,

sesil 혱 [식물] 착생(着生)의, 고착(固着)의.

sesión 여 ① (의회 따위의) 개회; 개정; 협의회. Acaba de celebrarse la segunda *sesión* de la comisión mixta. 합동위원회의 제2회 협의회가 열렸읍니다. ② (거래소의) 입회; 상영, 상연.

seso 남 ① [해부] 뇌(수); (식품으로서의 동물의) 골. ② 이성, 신중함. No tiene dos gramos de *seso*. 그는 이만큼의 이성도 없다.

setecientos, tas 혱 700의; 700번째의. 남 700.

setenta 혱 70의; 70번째의. 남 70.

setiembre ⇨ septiembre.

sétimo, ma 혱 séptimo.

severo, ra 혱 ① 엄격한; 딱딱한. Era un maestro *severo* con sus alumnos. 그는 학생들에게 엄격한 교사였다. ② 떫은; 답답한. Lola se presentó con un traje *severo* en el acto. 롤라는 답답한 옷을 입고 식장에 나타났다. ◇ **severamente** 튄 엄격하게. ◇ **severidad** 여 엄격함; 엄중함.

sevillano, na 혱 세빌랴(Sevilla: 스페인 남부의 시·주)의. 남 세빌랴 사람.

sexo 남 (남녀·암수의) 성(性). *el bello sexo* 여성. *el sexo débil* 여성. *el sexo fuerte* 남성. ◇ **sexual** 혱 성의, 성적인.

sexto, ta 혱 6번째의; 6등분의. 남 6분의 1.

si 접 ① [단순한 조건: +ind./가정의 조건: +subj] 만일 …한다면. *Si* vuelves en seguida te esperaré aquí. 네가 곧 돌아온다면 나는 여기서 기다리겠다. *Si* tuviera trabajo, trabajaría. 지금 만일 일이 있다면 나도 일하겠는데. ② [양보] …할 바에는; …한다 하더라도. *Si* ha salido Lola, volverá pronto. 롤라는 외출했으나 곧 돌아온다. ③ [대립] …하며는 또 한편. *Si* mi madre era muy buena, mi tío era muy malo y muy cruel. 모친이 대단한 선인이었다면 숙부는 대단한 악인이고 지극히 잔혹했다. ④ [간접 의문] …인지 어떤지. Me preguntaron *si* tenía equipaje. 짐을 가지고 있는지 어떤지를 나는 질문 받았다. No sabíamos *si* era soltero o casado. 그가 독신인지 기혼인지를 우리들은 몰랐다. ⑤ [+inf.] …해서 좋은지 어떤지. A veces no sé *si* alegrarme o lamentarlo. 그것을 기뻐해야 좋을지 슬퍼해야 좋을지 나는 알지 못하게 된다. ⑥ [글머리에서 놀람·놀라움] ¿ *Si* será verdad que ha heredado? 그가 상속받고 있었다는 것은 정말인가. ⑦ [소원·위구: +subj.] ¡ *Si* viniese pronto! 저 사람이 빨리 와 주었으면 좋겠는데! *si no* 그렇지 않으면. Ven pronto, *si no*, te expones a no encontrarnos. 곧 오너라; 그렇지 않으면 엇갈릴 염려가 있다.

sí 데 [주어 그 자체를 받는 3인칭의 전치사격 대명사; 빈번히 mismo를 덧붙여서 강조] 자기 자신, 그 자체. Al despertarse tenía ante *sí* a un viejo. 그는 눈을 뜨니 자기 앞에 한 노인이 있었다. 튄 [긍정] 예, 그렇소. [부정 의문에 대해] 아니. ¿ Vendrás esta tarde? -*Sí*, señor. 너는 오늘 오후에 오겠는가. -예, 오

sibarítico, ca 582 **siete**

겠소. ¿No estuviste aquí ayer? -Sí, estuve. 너는 어제 오지 않았느냐. —아니, 왔읍니다. *de sí* 그 자체; 원래; 태어나면서 부터. El asunto es ya bastante difícil *de sí* 그 문제는 이미 그 자체가 꽤 곤란한 것이다. *entre sí* 서로; 마음속에서. Los soldados hablaban bajo *entre sí*. 군인들은 서로 소곤소곤 이야기했다. *para sí* 자기를 위하여; 마음 속에서. Si lo dijo, lo diría *para sí*. 그는 그렇게 말했다 하더라도 혼자 말이었겠지. *volver en sí* 본정신으로 돌아오다. Cuando *volví en mí* ya no estaban. 내가 제 정신으로 돌아왔을 때 모두들 이미 없었다. *por sí o por no* 좌우간. Por *sí o por no*, vamos a coger el paraguas. 좌우간 우산을 가지고 가자. *sí que* 확실히. En esto *sí que* dices bien. 이 점에서는 확실히 네 말대로이다.

sibarítico, ca 형 음란한(sensual).
sibaritismo 남 쾌락주의, 사치, 음란.
siberiano, na 형 시베리아의(사람) (siberia)
sibil 남 동굴; 양식을 저장하는 구덩이.
sibila 여 무당(아폴로신을 받들던 무녀).
sic 부 원문대로.
sicalíptico, ca 형 호색문학의.
sicario 남 자객.
sicopatología 여 정신병리학.
sicrómetro 남 습도계, 검습기.
sideral/sidéreo, a 형 천체의, 별의, 항성의.
siderurgía 여 제철업.
siderúrgico, ca 형 제철업의.
sidra 여 사과주(酒).
siega 여 베는 것(수확), 수확기.
siembra 여 씨뿌리기; 변종기.
siempre 부 ① 언제나. No están *siempre* contentos los ricos. 부자는 언제나 만족하고 있는 것은 아니다. ② 역시. *Siempre* será mejor que te quedes en casa. 역시 너는 집에 남아 있는게 좋겠지. 【중남미】 꼭, 확실히. *Siempre* me iré mañana. 꼭 나는 내일 가겠소. *como siempre* 여느때 같이. *de siempre* 여느때의; 옛날부터(의). Somos amigos *de siempre*. 우리들은 옛날 부터 친구이다. *hasta siempre*(작별의 인사) 언제까지나(안녕히). *para siempre* 영원히. No me olvides *para siempre*. 나를 영원히 잊지 말아다오. *siempre que* …할 때는 언제나, …하기만 하면 꼭. *Siempre que* me ve, no deja de saludarme. 그는 나를 만나면 언제나 인사하는 일을 잊지 않는다.
sierra 여 ① (공구) 톱. No corta bien esta *sierra*. 이 톱은 잘 들지 않는다. ② 산맥, 산계(山系) (cordillera). En Madrid, cuando se habla de la *Sierra*, se entiende la de Guadarrama. 마드리드에서 산맥이라 하면 과다라마산맥이라고 이해된다.
siesta 여 한낮; 낮잠 (시간). ¿Va usted a dormir la *siesta*? 당신은 지금부터 낮잠 자십니까.
siete 형 7의; 7번째의. las *siete* maravillas del mundo 세계의 7대 불가사의. 남 7.

sietecueros 图 손가락에 난 부스럼, 발뒤축에 난 부스럼 (pana- dizo); 병신같은 사람.

sietemesino, na 圈 일곱달만에 낳은 (아이).

sífilis 예【의학】매독.

sifilítico, ca 圈 매독의. 图 매독환자.

sifón 图 사이폰.

siga¹ 추종; 수행; 연속 (seguimiento).

siga² seguir의 접속법 현재 1·3인칭 단수형. *Siga derecho.* 똑바로 가세요.

sigáis seguir의 접속법 현재 2인칭 복수형.

sigamos seguir의 접속법 현재 1인칭 복수형.

sigan seguir의 접속법 현재 3인칭 복수형.

sigas seguir의 접속법 현재 2인칭 단수형.

sigilo 图 비밀; 묵비; 봉인.

siglo 图 세기(世紀) (cien años). ¿ En qué *siglo* estamos? 지금 몇세기인가요. El novelista vivió en el *siglo* V. 그 소설가는 5세기에 살았다. *siglo de oro* 황금세기.

significar [7] sacar) 囲 의미하다(querer decir); 나타내다. No sé qúe *significa* esta palabra. 이 단어가 무슨 뜻인지 나는 모른다. 困 의미가 있다, 중요하다. Dos mil pesetas no *significan* nada para él. 2,000에세타는 그에게는 아무런 뜻도 없다. ◇ **~ se** 특출하다. José *se significó* como liberal entre nosotros. 호세는 우리들 사이에서 자유주의자로서 특출했다. ◇ **significación** 예 의미(sentido); 중요성(importancia). Es un acto formulario que no tiene *significación*. 그것은 아무런 의미도 없는 형식적인 의식이다. ◇ **significado, da** 圈 잘 알려진; 중요한. 图 의미, 말의 뜻. ¿ Cuál es el *significado* de esta palabra? 이 단어의 의미는 무엇인가요. ◇ **significativo, va** 圈 의미가 있는; 이유가 있는.

signo 图 ①표. Ponga usted aquí el *signo* de la cruz. 여기에 십자표를 하세요. ②기호, 부호;【문법】구두점. Ponga usted claros los *signos* de puntuación. 구두점을 확실히 찍으십시오.

sigo seguir의 직설법 현재 1인칭 단수형.

sigue seguir의 직설법 현재 3인칭 단수형.

siguen seguir의 직설법 현재 3인칭 복수형.

sigues seguir의 직설법 현재 2인칭 단수형.

siguiendo seguir의 현재분사.

siguiente 圈 다음의, 이하의. Las noticias *siguientes* fueron más agradables. 다음 뉴스는 훨씬 즐거운 것이었다.

sílaba 예【문법】음절.

silbar 困 휘파람·호루라기를 불다. 囲 야유하다. ◇ **silbato** 图 호루라기. ◇ **silbido** 图 휘파람·기적소리.

silencio 图 ①침묵, 묵비(默秘). El historiador guarda *silencio* sobre este punto. 그 역사가는 이 점에 대하여 침묵을 지키고 있다. ②고요함, 정적. Reinaba en la sala un *silencio* absoluto. 방 속에 완전히 정적이 가득차 있었다. ◇ **silenciosamente** 甼 조용히, 잠자코, 죽은듯이. ◇ **silencioso, sa** 圈 침묵한; 고요

한. Caminaba una multitud *silenciosa* guardando el ataúd. 관을 지키면서 고요한 일단의 사람들이 걷고 있었다.

silepsis 여 【문법】 의의적(意義的) 조응(성·수의 원칙을 위반하는). La mayor parte murieron. 대부분은 죽었다.

sílex 남 【단·복수 동형】【광물】 규석; 내열성의 유리.

sílfide 여 【신화】 공기의 요정.

silfo 남 【신화】 바람의 신.

silicato 남 【화학】 규산염.

sílice 남 【화학】 규산, 규토.

silíceo 형 규토의, 규질의.

silicio 남 【화학】 규소.

silueta 여 윤곽, 옆 얼굴; 그림자 그림. La chica tiene una *silueta* muy bonita. 그 소녀는 아주 아름다운 옆 얼굴을 하고 있다.

silvestre 형 야생의. Las flores *silvestres* poseen una belleza distinta de las cultivadas. 야생의 꽃에는 재배한 꽃과는 다른 아름다움이 있다.

silla 여 의자, 【마구】 안장. Acerque esa *silla* más a la mesa. 그 의자를 좀더 테이블에 당겨주시오.

sillón 남 안락의자. La abuela cayó desmayada en el *sillón*. 할머니는 실신하여 안락의자에 넘어졌다. *sillón de ruedas* 바퀴의자.

símbolo 남 상징; 기호, 부호. El olivo es el *símbolo* de la paz. 올리브는 평화의 상징이다. ◇ **simbólico, ca** 형 상징·기호의. Se abrazaron; pero, era un abrazo *simbólico*. 두 사람은 서로 껴안았다; 그러나 그것은 형식적인 포옹이었다. ◇ **simbolizar** [9] alzar] 타 상징하다. La balanza *simboliza* la justicia. 저울은 정의를 상징한다.

similar 형 닮은, 유사한. En un producto *similar*; no es auténtico. 이것은 유사품이다.

similitud 여 상사, 유사, 근사.

similor 남 모조금(아연·동의 합금).

simio, mia 명 【동물】 원숭이(mono). 남복 원숭이류.

simón 남 합승마차.

simonía 여 성직매매.

simoníaco, ca 형 성직매매의(자).

simpatía 여 호감, 친애; 공명(共鳴). José no tiene *simpatía* en la oficina. 호세는 그 사무소에 호감이 가지 않는다. ◇ **simpático, ca** 형 느낌이 좋은. La chica era amable y *simpática*. 그 소녀는 상냥하고 느낌이 좋았다. ◇ **simpatizante** 형 공명자, 동조자. ◇ **simpatizar** [9] alzar] 자 친근감을 가지다.

simple 형 ① 단일의. El oro y la plata son cuerpos *simples*. 금이나 은은 단체(單體)이다. ②간단·단순한. El trabajo parecía complicado, pero al realizarlo resultó muy *simple*. 그 작업은 복잡할 듯했으나 해보니 대단히 간단했다. ③간소·소박한. Ese día Lola llevaba un vestido *simple*. 그 날 롤라는 간소한 옷을 입고 있었다. ④호인다운, 바보스러운. La pobre era muy *simple* y se lo creía todo. 불쌍하게도 그 여인은 호인이어서 무엇이든지 믿어버렸다. ◇ **simplemente** 부 간단히; 단순히. ◇

simpleza 여 호인(스러운 일); 하찮은 일. ◇ **simplificar** 7 sacar) 타 간단·단순하게 하다. Este procedimiento *simplificará* los trámites. 이 방식은 절차를 간소화할 것이다.

simular 타 (…하는) 체하다, 위장하다. Pedía limosna *simulando* que estaba cojo. 그는 절름발이 흉내를 내며 동냥질하고 있었다.

sin 전 ① …없이, …가 없는. Estoy *sin* empleo. 나는 무직이다. ② …의 이외·위에 Me costó tres mil pesetas *sin* los portes. 나는 운임 외에 3,000 페세따의 비용이 들었다. ③ [+que+subj.] …하지 않고. Sal por aquí *sin que* nadie te vea. 너는 아무 눈에도 띄지 않게 여기서 나가거라. ④ [부정어와 짝지어서 긍정] Lo tomé *no sin* repugnancia. 나는 약간 나쁜 기분으로 그것을 먹었다. No veía *nada sin* examinar lo que era. 그는 무엇인지 보면 반드시 그것이 무엇인지를 조사했다. *sin embargo* 그렇지만, 그럼에도 불구하고.

sincero, ra 형 진지한, 성실한; 솔직한. Fue *sincero* y no sabía mentir. 그는 성실해서 거짓말을 하지 못했다. ◇ **sinceridad** 여 진지함. 성실; 솔직.

síncopa 여 음절의 생략, 중략어.

sincopar 타 중략하다, 줄이다(abreviar).

síncope 남 음절의 생략·중략의(sincopa).

sincrónico, ca 형 동시(성)의, 동시에 있는.

sincronismo 남 동시성; 【영화】 영상과 발성과의 일치.

sincronizar [+con] 동시에 하게하다; 동시에 하다; *sincronizar* las imágenes con los sonidos (영화의) 영상과 발성이 일치하게 하다.

sindéresis 여 분별력, 양식.

sindicación 여 신디케이트 조직.

sindicato 남 노동·기업조합. En esta compañía el *sindicato* apenas si tiene fuerza. 이 회사에서는 노동조합은 거의 힘이 없다. ◇ **sindical** 형 노동·기업조합의.

sindicalismo 남 노동조합운동, 조합주의.

sindicalista 남 노동조합주의의(자).

sindicar 타 신디케이트 조직을 하다; 기업·노동조합에 들어가다; 고발하다(acusar). ◇ **~se** 기업·노동조합에 가입하다·만들다.

síndico 남 파산관재인; (조합의) 이사.

sindiós 남 【단·복수 동형】 무신론의(자).

sinecura 여 한가한 직책, 한직.

sinfín 남 무한(infinidad).

sinfonía 여 【음악】 교향곡·악; (빛의) 조화.

singular 형 ① 단일의; 독특한. José tenía dotes *singulares* de diplomático. 호세에게는 외교관으로서 독특한 재능이 있었다. ② 진기한; 훌륭한. ¡Qué caso tan *singular*! 얼마나 진기한 사례인고! ③ 【문법】 단수의. 남 단수. Ponga usted este adjetivo en *singular*. 이 형용사를 단수형으로 만드시오. *en singular* 특히; 단수로. No me refiero a nadie *en singular*. 나는 특히 누구라

siniestro, tra 형 ① 왼쪽의 (izquierdo). Está al lado *siniestro* del altar. 그것은 성단의 왼쪽에 있다. ② 사악한. Se le suponía intenciones *siniestras*. 그에게는 사악한 외도가 있다고 생각되었다. ③ 불길·불행한. 명 ①천재, 재난. ②男 사실, 원한.

sino 접 [부정을 긍정으로 고침] …가 아니고, …의 밖에는 No es azul *sino* verde. 그건 파랑이 아니고 초록이다. Nadie *sino* José pudo hacerlo. 호세 밖에는 어느 누구도 그것이 불가능했다. *sino que* [글을 연결함] …하지 않고 …하다. No me molesta, *sino que* me agrada hacerlo. 그렇게 하는 일은 내게는 방해가 아니고, 즐겁다. *no sólo* … *sino* …뿐 아니라 …도. Va a venir *no sólo* él, *sino* toda su familia. 그 뿐만 아니라, 그 가족이 모두 오려 하고 있다.

sinodal 형 종교회의의.

sínodo 男 종교회의.

sinología 여 중국학.

sinólogo, ga 男 중국학자; 중국어 문제 학자.

sinonimia 여 동의, 유의(類義).

sinónimo, ma 형 동의의; 동의어.

sinopsis 여 [단·복수 동형] 요약, 개요, 일람표.

sinóptico, ca 형 요약의, 일람의.

sinrazón 여 불법; 부정, 불공평, 비행; 무법함.

sinsabor 男 무미, 무쾌; 괴로움.

sinsombrista 명 [남·녀 동형] 무모자의자.

sinsonte 男 【새】 (중미산의) 찌꼬리.

sintaxis 여 【문법】 문장론. ◇ **sintáctico, ca** 형 문장론의.

síntesis 여 [단·복수 동형] ①통합, 종합, 총괄. En su conferencia nos dio una *síntesis* de la novela contemporánea. 그는 강연에서 현대소설을 총괄적으로 이야기했다. ②합성(合成). La *síntesis* es la operación inversa al análisis. 합성은 분석과 반대의 조작이다. ◇ **sintético, ca** 형 합성의; 합성의. El caucho *sintético* ha tomado importancia considerable. 합성고무는 상당히 중요성을 가져왔다. ◇ **sintetizar** 타 [⑨ alzar] 종합·총괄하다; 합성하다.

síntoma 男 징조, 징후. Hay *síntomas* de mejoría en las relaciones internacionales. 국제관계에 호전의 징조가 있다.

sinvergüenza 여 뻔뻔스러움, 뻔뻔스런 사람.

siquiera 부 ①하다못해. Dime *siquiera* su nombre. 하다못해 그 사람의 이름이라도 가르쳐 주게. ② [부정어와 함께] …조차 없다. *Ni me* dio las gracias *siquiera*. 그는 고마운 인사조차도 하지 않았다. *No permite ni siquiera* que le hable. 그는 나에게 말하는 것조차 허락하지 않는다. ③【속어】[강조; tan+] 하다못해; [ni tan+] …조차 않다. *Ni tan siquiera* me dio las gracias. 그는 고맙다는 인사조차 안 했다.

sirena 여 ①물의 요정; 인어(人魚). La *sirena* atraía a los navegantes con la dulzura de su canto. 물의 요정은 상냥한 노래소

sirviente 圀 (주로 남자) 사환. ◇ **sirvienta** 에 식모. El ama tenía impulsos de coger por un brazo a la *sirvienta*. 여주인은 식모의 팔을 움켜잡고 싶은 충동을 느꼈다.

sistema 圀 ①조직, 제도; 방법, 방식. Después de la última guerra se implantó un *sistema* nuevo de educación. 지난번 전쟁 후, 새로운 교육제도가 도입되었다. ②계통, 체계. *sistema de montañas* 산계(山系). *sistema nervioso* 신경계통. ◇ **sistemático, ca** 휑 정연한; 계통・체계적인; 계획적인. ◇ **sistemáticamente** 튀 정연하게; 계통・체계적으로; 계획적으로; 판에 박은 듯이. Me despierto *sistemáticamente* a las seis. 나는 판에 박은 듯이 6시에 눈을 뜬다. ◇ **sistematizar** [9] alzar] 타 조직화하다; 체계를 세우다.

sitio 圀 ①장소(lugar); 위치. Es un *sitio* precioso para ver el desfile. 그곳은 행렬을 보기에 알맞은 장소이다. ②포위(전). ③여유, 여지. No hay *sitio* para andar. 걸을 여유가 없다.

situar [14 actuar] 타 ①위치하게 하다. *Situaron* unos vigilantes de trecho en trecho. 곳곳에 두어명의 감시인이 배치되었다. ② (자금 따위를) 배당하다. El padre *situó* una considerable cantidad para la dote de su hija. 부친은 상당한 돈을 딸의 지참금에 충당해 두었다. ◇ ~**se** 위치를 차지하다. Uno *se* situó al principio de la calle y otro al final. 한 사람은 거리의 처음에, 한 사람은 종점에 위치했다. ◇ **situación** 에 위치; 상태; (좋은) 환경. La *situación* favorable de la ciudad atrae a muchos turistas. 그 시의 유리한 위치가 많은 관광객을 끌어들인다.

so 전 [고어] …의 아래에・부터(bajo).

SO. sudoeste.

soasar 타 반(半)을 굽다; 반숙(半熟)하다; 너무 데우다; (뜨거운 열 따위로) 굽다, 태우다.

soba 에 마찰, 연마, 안마, 구축(zurra).

sobaco 圀 겨드랑이(axila).

sobado, da 휑 문질러진. 圀 일을 반복해서 열심히 함.

sobajar 타 북북 문지르다(빨다, 씻다).

sobaquera 에 (의류의) 겨드랑이 밑; 소매목, 소매깃.

sobaquina 에 겨드랑이의 액취.

soberano, na 휑 지상의; 지독한. Ella era de una belleza *soberana*. 그녀는 지독한 미인이었다. 圀 군주(君主)(monarca). Celebraron una boda digna de un *soberno* de la nación. 그 나라의 군주에게 걸맞은 혼례가 행해졌다. ◇ **soberanía** 에 주권, 절대 적 권력.

soberbio, bia 휑 ①오만한. Era un hombre *soberbio* con sus inferiores. 그는 부하에 대하여 오만한 사내였다. ②굉장한. Vivía en un *soberbio* palacio. 그는 굉장한 궁전에 살고 있었다.

sobra 에 ①과다. ② [빈번히 圀] 나머지・남은 것, 불용물. Estos platos están hechos con las *sobras*. 이 요리는 남은 것으

로 만들었다. *de sobra(s)* 너무 많을 정도의·로; 쓸데없는·게. Tengo motivos *de sobra(s)* para negarle el saludo. 내가 그에게 인사하지 않는데는 충분 이상의 이유가 있다. Yo aquí estoy *de sobra*. 나는 여기서는 쓸모없는 사람이다.

sobrar 재 ① [+de : …에서] 남다; 처지다; 쓸데 없다. Me *ha sobrado* medio metro de tela *de* la que compré para el vestido. 옷감으로 산 천이 반 미터 (나에게) 남았다. ② 무익·불필요 하다. Todo eso que has dicho *sobra*. 네가 한 말은 불필요 한 일이다. ◇ **sobrado, da** 형 충분 이상의, 돈·자산이 충분 한. Parece que no anda muy *sobrado*. 그는 돈이 너무 많이 있 는 것도 아닌 모양이다. ◇ **sobrante** 형 잔여·잉여의. 남 잔여, 잉여.

sobre 전 ① [위치] …의 위에·에서. Ponga usted el vaso *sobre* la mesa. 컵을 책상 위에 놓아 주세요. ② …위에·밖에. Me dio veinte duros *sobre* lo prometido. 그는 약속한 돈 외에 20두 로를 나에게 주었다. ③ [제재] …에 대하여·관하여. Discurramos un poco más *sobre* este asunto. 이 일에 대하여 좀 더 검토 해 보자. ④ [근접성] …의 옆에. El palacio estaba *sobre* el Duero. 궁전은 두에로강에 면하고 있었다. ⑤ 거의, 대략, …무 렵. Tendrá ya *sobre* cincuenta años. 그는 벌써 50살 쯤이겠지. ⑥ …을 중심·기준으로 하여. La Tierra gira *sobre* su eje. 지구 는 지축을 중심으로 하여 자전하고 있다. Les solicitamos un descuento de 10 por ciento *sobre* el importe de la factura. 송장 (送狀)가격의 10퍼센트의 에누리를 희망합니다. *sobre todo* 특 히. 남 봉투. *sobre monedero* 현금 봉투.

sobreabundante 형 퍽 많은, 남아도는; 풍부한.
sobreabundar 재 퍽 많다; 너무 많다.
sobreaguar(se) 재재 물위에 뜨다, 부유하다.
sobrealiento 남 무거움; 숨쉬기 어려움.
sobrealimentar 타 여분의 영양을 주다, 파급하다; 급유하다.
sobreasar 타 굽다; 다시 한번 태우다 (요리하다).
sobrecama 남 침대 이불(colcha).
sobrecarga 여 첨가한 짐; 무거운 짐; 부담 (정신적인).
sobrecargar 타 짐을 많이 싣다; 여분의 짐을 싣다.
sobrecielo 남 덮개, 천막(toldo).
sobrecoger 타 갑자기 잡다. ◇ ~**se** …에 몹시 놀래다, 붙잡히다.
sobrecubierta 여 이중 덮개; 책싸보; 이불.
sobredicho, cha 형 전술의, 상기의(上記).
sobredorar 타 (금속에) 금 또는 금박을 입히다, 도금하다; 변명 하다(disculpar).
sobreexcitación 여 이상한 흥분.
sobreexcitar 타 과도한 자극·흥분시키다.
sobreexponer 타 과도 노출을 하다.
sobrefaz 여 겉, 외면(superficie).
sobrefino, na 형 극상의.
sobreganar 타 …에 낙승(樂勝)하다.
sobregirar 타 (환어음·수표 등을) 초과 송금하다.

sobregiro 남 초과 송금.
sobrehaz 여 겉, 외면(sobrefaz).
sobrehilar 타 얽어 꿰매다.
sobrehombre 남 초인.
sobrehumano, na 형 초인적인.
sobrellevar 타 (무거운 짐, 부담을)덜어주다; 인내하다(aguantar).
sobremanera 부 예상외로, 이상(異常)·법외로.
sobremesa 여 테이블보, 테이블덮개; 식후. *de sobremesa* 탁상(식)의; 식후의.
sobremundano, na 형 초세속적인.
sobrenadar 자 (물에) 뜨다, 부표하다.
sobrenatural 형 초자연적인, 신통의; 이상의, 불가사의의.
sobreno, na 형 남아 넘치는, 퍽 많은.
sobrenombre 남 이명, 별명.
sobresalir [62 salir] 자 ① 돌출하다. *Tropecé en una piedra que sobresalía del suelo.* 지면에서 돌출한 돌에 나는 채었다. ② 탁월하다. *José sobresale entre todos por su inteligencia.* 호세는 모두들 중에서 영리한 점이 특히 탁월하다. ◇ **sobresaliente** 형 (시험 따위에서) 최우수의. 남 최우수점.
sobresaltar 타 엄습하다, 습격하다, 번민하게 하다. ◇~**se** [+ con・+ por] 양천하다(asustarse).
sobresalto 남 급습; 불의의 충격. *de sobresalto* 불의로.
sobresanar 자 (상처가) 표면만 아물다.
sobrescrito 남 (편지의) 이름, 주소, 겉봉, 수신인 이름.
sobresdrújulo, la 형 끝에서 4번째 이상에 악센트가 있는 말.
sobreseer 타 단념・중지・방기하다.
sobresello 남 이중 봉인; 낙인.
sobrestadía 여 정박 초과 일수・요금.
sobrestante 남 인부 감독(capataz).
sobresueldo 남 할증한 급료, 특별수당.
sobretodo 남 외투(abrigo, gabán).
sobrevenir 자 돌발하다; 불의에 일어나다.
sobrevidriera 여 이중 유리창, 철 이중창 (유리창・철망이 있는).
sobreviviente 형 살아남은 (사람). 남 생존자.
sobrevivir 자 생존하다, 살아남다; 잔존하다; …(보다) 오래 살다.
sobrevolar 타 …의 상공을 비행하다.
sobrino, na 남 조카, 생질. *Tenía muchos sobrinos y sobrinas a quienes atender.* 그에게는 돌보아 주어야 할 많은 생질이나 질녀가 있었다.
sobrio, bria 형 소극적인; 적게 먹는; (빛・성격 따위가) 소박한. *Era un hombre sobrio de palabras.* 그는 말 수가 적은 사람이었다. ◇ **sobriedad** 여 소식; 검소, 소박.
social 형 ① 사회의, 사회적의; 사교적인. *Tenía muy buen trato social.* 그는 사교성이 매우 좋았다. ② 회사・상사의. *Nuestra firma girará bajo la razón social de Yale y Torne S.A.* 우리 회

사는 알레·이·또르네 주식회사의 이름으로 영업하고 있읍니다.

socialismo 남 사회주의. ◇ **socialista** 형 사회주의의. 남 사회주의자.

sociedad 여 ① 사회; 상류 사회. La religión jugaba un papel muy importante en las *sociedades* primitivas. 종교는 원시 사회에서 대단히 중요한 역할을 다하고 있었다. ② 공동체, 군생(群生). Las abejas viven en *sociedad*. 꿀벌은 군생한다. ③ 회사 (compañía, firma); 협회, 단체. La nueva *Sociedad* se inaugurará en breve. 이 새로운 회사는 멀지 않아 발족한다. *sociedad anónima* 주식회사[略 S.A.].

socorrer 타 구조하다, 돕다(ayudar). Había que *socorrer* a los náufragos. 난파자를 구조해야 했다. ◇ **socorro** 남 구조, 구원. Le agradecí el *socorro* que me prestó. 그가 베풀어준 도움이 내게는 고마웠다.

sofá [복 sofás] 남 [가구]소파. Los dos se sentaron en el *sofá*. 두 사람은 소파에 걸터 앉았다.

sofocar [7 sacar] 타 ① 질식시키다, 숨가쁘게 하다. El calor me *sofocaba*. 더위로 나는 숨이 막힐듯 했다. ② (화재·소란 따위를) 제압하다. Los bomberos *sofocaron* en breve el incendio. 소방사들은 이윽고 곧 불을 껐다. ◇ ~ **se** ① 숨막히다. El niño *se sofoca* con tanta ropa. 어린이는 그렇게 옷을 입혀서 숨이 막힌다. ② 낯을 붉히다. Al oir la palabra, la niña *se sofocó*. 소녀는 그 말을 듣고 낯을 붉혔다. ③ 정색하다. No vale la pena de que te *sofoques*. 네가 정색할 만한 일은 아니다. ◇ **sofocante** 형 숨막힐(만한).

sol 남 ① 태양. El *sol* sale por el este y se pone por el oeste. 태양은 동쪽에서 떠서 서쪽으로 진다. ② 햇빛, 햇볕. Mañana volveré aquí si hace *sol*. 날씨가 좋으면 나는 내일 또 여기 오겠다. ③ [뻬루의 옛 화폐단위] 솔.

solado 남 포장, 포상.

solana 여 양지쪽; 일광욕실.

solanáceo, a 형 여 [식물] 가지과 식물(의).

solano 남 동풍.

solapa 여 (저고리의) 접은 옷깃; 용서; 변명. *de solapa* 비밀로, 조용히.

solapado, da 형 음험한; 기묘한, 교묘한; 파렴치한(taimado).

solapar 타 옷깃을 만들다; 비밀로 하다. 재 겹쳐 놓다, 겹쳐 걸다; 포개다.

solar 형 태양의. *luz solar* 태양의 빛. 타 포장하다. 남 부지, 공지, 공장; 명문.

solariego, ga 형 구가(舊家)의, 명문의; 옛의; 옛 부터의 (antiguo).

solas (a) 부 단독으로, 개인으로.

solaz 남 휴양, 위안; 안심. *a solaz* 즐겁게, 유쾌히.

solazar 타 위로하다, 즐겁게 하다.

solazo 남 맹렬한 태양.

soldado 圏 병사: 군인, 전사(戰士). Visitamos la sepultura del *soldado* desconocido. 우리들은 무명용사의 무덤을 찾았다.

soledad 여 ① 고독. Pasó los últimos años en la *soledad* de su retiro. 그는 은둔생활의 고독 속에서 최후의 여러 해를 보냈다. ② [빈번히 複] 쓸쓸한 곳. No sé cómo puede vivir en aquellas *soledades*. 그러한 쓸쓸한 곳에서 그가 어떻게 하여 생활할 수 있는가 내게는 알 수 없다.

solemne 圏 엄숙·장엄한. Hoy se celebra la misa *solemne* en la iglesia. 오늘 교회에서 장엄한 미사가 행해진다. ◇ **solemnidad** 여 엄숙, 장엄, 의식. La apertura de curso es una *solemnidad* académica. 시업식은 학원의 의식이다.

soler 자 volver) 자 [+inf.] (습관적으로) 잘 …하다. Solíamos *hacer* excursiones por la montaña. 우리는 흔히 산에 소풍하러 갔다.

solicitar 타 ① 구하다; 출원하다; 지망하다. *Solicita* un empleo en la oficina. 그는 그 사무소에 취직을 희망하고 있다. ② (출석·출연을 위하여) 초빙하다. Está tan *solicitada* que no para en casa. 그녀는 초빙받는 일이 많아서 집에 가만히 있을 틈이 없다. ③ (주의·관심을) 끌어당기다. En este pabellón hay muchas cosas que *solicitan* la atención del visitante. 이 진열관에는 참관자의 주의를 끄는 것이 많다. ◇ **solicitación** 여 출원, 지원, 초청, 수요, 유혹. ◇ **solicitado, da** 圏 수요가 많은. ◇ **solicitante** 圏 지원·청구하는. 공 지원자.

solícito, ta 圏 열심인; 친절한; 효도하는. Era un hijo *solícito* con sus padres. 그는 양친에게 효도하는 아들이었다. ◇ **solicitud** 여 열심, 친절, 배려, 원서, 청구(서). Llene usted el pliego de la *solicitud*. 원서 용지에 써 넣어 주십시오. A *solicitud* se enviará el folleto. 청구하시면 그 소책자를 보냅니다.

solidaridad 여 연대(감), 공동책임. Firmó la protesta por *solidaridad* con sus compañeros. 그는 동료와의 연대감에서 항의문에 서명했다.

sólido, da 圏 ① 고체·고형의. El hielo es un cuerpo *sólido*. 얼음은 고체이다. ② 견고·강고한. El terreno no es suficientemente *sólido* para construir en él. 그 지반은 그곳에 건축하기에 충분할 만큼 견고하지는 못하다. 공 고체. Los *sólidos* se dilatan menos que los líquidos. 고체는 액체보다 팽창이 적다. ◇ **sólidamente** 튀 확고하게. ◇ **solidez** 여 견고, 강고; 체적(體積).

solitario, ria 圏 ① 혼자만의, 고독한. El lobo es un animal *solitario*. 늑대는 고독한 동물이다. ② 쓸쓸한; 인기척이 없는. La calle estaba *solitaria* a esas horas. 거리는 그 시각에는 쓸쓸하였다. 공 (다이아몬드의) 한 알; (카드의) 혼자 놀음.

solo, la 圏 단 하나·한 사람의, 다만 그것뿐인. Una *sola* palabra tuya da la vida a Inés. 당신의 단 한 마디가 이베스를 살리는 것이다. La vieja vivía *sola* en esta casa. 노파는 이 집에 혼자서 이 집에 살고 있었다. 공 독창, 독주(곡), (카드의) 혼자 놀음. *a solas* 혼자만이. Déjale que lo resuelva él *a solas*. 그 해결은 그

혼자에게 맡겨 두시오. ◇ **solamente** 栗 다만, …뿐(sólo); 겨우. Comía patatas *solamente*. 그는 감자만 먹고 있었다.

sólo 栗 다만, …만. *Sólo* he venido a verle. 나는 당신을 만나러 왔을 따름이오. *con sólo [solo] que* …다만 …할 뿐으로. *Con sólo que* falte él, ya no podemos representar la función. 그가 빠진 것 만으로 우리는 벌써 연극 상연이 불가능하다. *no sólo [solo] …sino* …뿐만 아니라. Igual ocurre *no sólo* aquí, *sino* en todas las partes del mundo. 비슷한 일은, 여기뿐만 아니라 세계 어느 곳에도 있다. *sólo que* 그러나, 다만. Sí me alegró la noticia, *sólo que* estaba cansado. 나는 확실히 그 뉴스가 기쁘기는 기뻤지만, 다만 지쳐 있었다. *tan sólo* 다만, 오직. *Tan sólo* te pido que me dejes en paz. 다만 이제 나에게 나를 가만히 놓아 달라고 부탁하고 싶을 따름이다.

solomillo 男 (소의)등심살(filete).

soltar [24] contar 他 ① 놓다; 손떼다; 석방하다. *Soltaron* el pájaro de la jaula. 그들은 새를 새장에서 날려보냈다. ②(타격 따위를) 먹이다. ③ (웃음・울음소리・한숨 따위를) 내뱉다. Cuando yo le oyó *soltó* una carcajada. 그는 그 말을 듣고는 껄껄 웃었다. ◇~se 놓여나다; 날아가다; 풀리다, (노끈 따위가) 풀리다. *Se soltó* el globo. 풍선이 날아갔다. *Se me han soltado* los cordones de los zapatos. 나는 구두끈이 풀렸다.

soltero, ra 形 미혼・독신의 (⇔ casado). No sé si es *soltera* o casada. 그녀가 미혼인지 기혼인지 나는 모른다. 男 미혼・독신자. ◇ **solterón, na** 적령을 넘긴 미혼자, 노총각, 노처녀.

solución 女 ① 해결; 해답. No veo *solución* para el enredo en que te has metido. 나는 네가 빠져들어간 분규의 해결 방법을 모른다. ② 용해, 용액. ◇ **solucionar** 他 해결하다.

solventar 他 지불하다; 결제하다, 해결하다.

solvente 形 지불능력이 있는; 용제, 용매.

sollado 男 [선박] 최하 갑판.

sollamar 他 태우다, 굽다. ◇~se 태워지다.

sollozar 自 흐느껴 울다, 목메어 울다.

soma 女 소맥분(cabezuela).

somanta 女 구타(tunda).

somatén 男 (인민의) 비상경비대; 비상소집; 경보; 요동(bulla).

somático, ca 形 인체의, 육체상의.

somatología 女 인체론, 비교체격론, 인체생리해부학.

sombra 女 ① 그림자. Se veía en el suelo la *sombra* del avión. 땅 위에 비행기 그림자가 보였다. ② 그늘. Nos sentamos a descansar a la *sombra* de un árbol. 우리들은 나무 그늘에 앉아서 쉬었다. ③ [빈번히 複] 어두운 그림자, 어둠. Se oyó el sonido de un disparo en las *sombras* de la noche. 밤의 어둠 속에서 총소리가 들렸다. ◇ **sombrilla** 女 양산(parasol, quitasol).

sombrero 男 모자. Quítese usted el *sombrero* al entrar. 들어올 때는 모자를 벗으세요. ◇ **sombrerería** 女 모자점. ◇ **sombrerero, ra** 男 모자 직공・상인.

sombrío, a 형 어스레한; 음산한. Tenía un semblante muy *sombrío*. 그는 매우 음울한 얼굴을 하고 있었다.

someter 타 ① 따르게 하다; 굴복시키다. Es muy difícil *someter* a esos rebeldes. 그러한 반항자들을 굴복시키기는 매우 곤란하다. ② [+a : …에] 따르다; 맡기다. *Someteré* mi decisión *a* lo que me digan en la carta. 내 결정은 저 사람들이 편지로 말해오는 내용에 따라 하겠다. ③ [+a : …시험·심사에] 걸다; 제출하다. *Someta* usted el informe *al* comité. 보고서를 위원회에 제출하시오. 재 [+a : …에] 따르다; 굴복·항복하다. *Se sometió a* la opinión de la mayoría. 그는 대다수의 의견에 따랐다.

son 명 소리; 평, 명성(fama); 구실(pretexto), 동기(motivo); 방법(manera, modo).

sonar [24 contar] 자 ① 울다, 울리다. Me parece que *ha sonado* el timbre. 나는 초인종이 울린듯한 생각이 든다. ② 들은·본 기억이 있다. Ese nombre no me *suena*. 그 이름을 나는 들은 기억이 있다. ③ (…에), (풍문에) 오르다. *Suena* mucho su nombre para candidato. 그 이름은 후보자로서 훌륭한 풍문에 오른다. 타 울리다. *Soné* la campanilla. 나는 초인종을 울렸다. ◇ **-se** 코를 풀다; 소문이 나다. Por ahí *se suena* que se casa. 이 근처에서는 그가 결혼한다는 소문이 돌고 있다.

sonido 명 소리; (문자의) 음. El aire es el principal vehículo del *sonido*. 공기는 소리의 주된 전도체이다.

sonoro, ra 형 잘 울리는; 【문법】 유성의. *sonido sonoro* 유성음.

sonreír [38 reír] 자 미소하다. ◇ **sonriente** 형 애교있는.

sonrisa 여 미소. La anciana sonríe, siempre sonríe, con una *sonrisa* blanda y universal. 늙은 여인은 벙글벙글, 끊임없이 벙글벙글 상냥하고 너그러운 미소를 머금고 있다.

sonrosar 타 미소하다. El rubor *sonrosó* su cara. 창피하다는 생각으로 그는 얼굴을 붉혔다. ◇ **-se** 장미빛이 되다, 얼굴이 붉어지다, 상기되다(rosarse). ◇ **sonrosado, da** 형 장미빛이 된.

soñar [24 contar] 자 ① [+con : …의] 꿈을 꾸다. *He soñado contigo* esta noche. 나는 어제 밤 네 꿈을 꾸었다. ② 몽상하다. Siempre *soñaba* con hacer ese viaje. 언제나 그는 그러한 여행을 하려고 바라고 있었다. 타 꿈꾸다; (…을) 동경하다. ◇ **soñador, ra** 형 몽상적인. 명 몽상가.

sopa 여 국물, 스프. ¿Le sirvo un poco de *sopa*? 스프를 조금 드릴까요.

sopalancar 타 지렛대로 움직이다.

sopapear 타 손바닥으로 때리다; 학대하다.

sopapo 명 구타, 손바닥으로 때리기.

sopera 여 뚜껑이 있는 스프 그릇.

sopero 명 (스프용의) 접시.

sopesar 타 손으로 무게를 달다.

sopetón 명 손으로 때리기. *de sopetón* 돌연.

sopista 명 【남·여 동형】 군색하게 생활하는 사람, 구걸을 해서

문학을 연구하던 학생.

sopladero 📋 (지하의) 풍혈, 분공기.

soplado, da 📋 거만한, 건방진, 볼손한.

soplamocos 📋 【단·복수 동형】얼굴을 구타하는 것.

soplar 🔲 (바람이) 불다. *Soplaba* un viento suave. 산들바람이 불고 있었다. 🔲 ① 불다, 불어 날리다. *Sopla* el polvo de encima del libro. 책 위의 먼지를 불어 날려라. ② 고자질하다, 귀뜸하다. Le *sopla* al jefe cuanto ocurre en la oficina. 그는 사무소에서 일어난 일을 모두 부장에게 고자질한다. ③ 훔치다 (robar), 도둑질하다. Me *sopló* cinco duros. 나는 그에게 5두로를 도둑맞았다. ◇ **soplo** 📋 ① 부는 일. Esta tarde no hay ni un *soplo* de viento. 낮부터는 바람이 조금도 없다. ② 순식간. Se nos pasó la semana en un *soplo*. 1주일은 순식간에 지나갔다. ③ 고자질, 밀고.

soportar 🔲 ① 버티다, 받다. El dique *soportó* la presión del agua. 이 제방이 수압을 버티어 냈다. ② (…에) 견디다; (추위·가난을) 참다. Temen que a su edad no pueda *soportar* la operación. 그 나이로서 그가 수술에 견디지 못하는게 아닌가 하고 모두 걱정하고 있다. ◇ **soporte** 📋 버팀; 받침 나무;【기계】베어링.

sordo, da 📋 ① 귀머거리의; 귀먹은. ② 들으려 하지 않는. Permanecía *sorda* a mis ruegos. 그녀는 나의 부탁에 귀를 기울이지 않았다. ③ 울림이 없는; 둔한. Tenía un dolor *sordo* en el pecho. 나는 가슴에 둔통이 있었다. ④ 귀머거리. Aun los *sordos* han de oírme. 귀머거리라도 내 말은 들릴 것이다.

sorprender 🔲 ① [+con : …으로] 놀라게 하다. Me *ha sorprendido con* esa pregunta. 그는 그런 질문을 해서 나를 놀라게 했다. ② (뜻밖에) 습격하다, 발견하다. La madre le *sorprendió* robando. 그가 도둑질을 하는 것을 모친이 발견했다. ◇ ~**se** [+de · por : …에] 놀라다. No *se sorprenda* usted *por* eso. 그런 일에 놀라서는 안 된다. ◇ **sorprendente** 📋 놀라운.

sorpresa 📋 놀라움. Les pienso dar una *sorpresa* llegando sin avisar. 나는 알리지 않고 가서 저 사람들을 놀래주려고 생각한다. *de [por] sorpresa* 불의의 습격으로. Me han cogido *de sorpresa*. 나는 뜻밖의 습격으로 붙들렸다.

sortear 🔲 ① 제비뽑기로 정하다·맞추다. *Se sorteaban* los puestos de caza. 사냥터 위치는 제비뽑기로 정하고 있었다. ② 피하다, 얼렁뚱땅하다. Al fin *hemos sorteado* todas las dificultades. 마침내 우리는 모든 곤란을 이겨냈다. ◇ **sorteo** 📋 제비뽑기.

sosegar [⑧ pagar, ⑲ pensar] 🔲 진정하다, 안정시키다. 🔲 재 고요히지다, 평정해지다. Este chiquillo no *sosiega* un momento. 이 어린이는 잠깐동안도 가만히 있지를 않는다. Cuando usted *se sosiegue* hablaremos. 당신의 마음이 안정되었을 때 말하겠소. ◇ **sosiego** 📋 평온, 평정.

sospecha 📋 의심, 의혹; 용의(容疑). Se disipó mi *sospecha* no fundada. 나의 이유 없는 의심은 사라졌다. ◇ **sospechoso, sa**

sospechar 형 피상한; 의심스러운. 명 용의자. La policía detuvo a varios *sospechosos*. 경찰은 수명의 용의자를 체포했다.

sospechar 자 [+de : …를] 수상해 하다, 의심하다. Nadie *sospecha de* su honradez. 그의 정직함을 의심하는 자는 없다. 타 (…가 아닌가 하고) 생각하다, 의심하다. *Sospecho* que no están en muy buenas relaciones. 그들이 별로 좋은 관계가 아닌 것이 아닌가 하고 나는 생각하고 있었다.

sostén 명 버팀, 지주(支柱);【의복】브래지어. Lo lógico es como el *sostén* de todo lo bello. 논리적인 일이 모든 아름다운 것의 지주인 듯하다.

sostener [58 tener] 타 ① 버티다, 지지·지원하다. Yo *sostenía* la cuerda por un extremo. 내가 밧줄의 한쪽 끝을 가지고 있었다. ② 보유·견지·지속하다. El tren *sostuvo* la velocidad de cien por hora durante todo el trayecto. 열차는 주행중 줄곧 시속 100킬로미터를 지속했다. *Hemos sostenido* con el jefe una conversación de dos horas. 우리는 과장과 2시간 회담하고 왔다. ③ 기르다, 부양하다. El solo, con su trabajo *sostenía* a la familia numerosa. 그가 혼자 일해서 대가족을 부양하고 있었다. ◇~se 몸을 지탱하다; 넘어지지 않고·변하지 않고 있다. Estaba tan borracho que no podía *sostenerse*. 그는 술이 취해서 서 있을 수가 없었다.

sostenido, da 형 명【음악】올림기호(#).
sostenimiento 명 지지, 원호, 옹호; 유지, 경영; 부양 (mantenimiento).
sota 여 (카드의) 잭; 부끄러움 없는 여인.
sotana 여 (승려의) 법의.
sótano 남【건축】지하실.
sotavento 남【바다】바람이 불어가는 쪽.
sotechado 남 오막살이, 초옥; 누옥.
sotileza 여 낚시줄.
soto 남 작은 숲, 덤불(숲).
soviet 남 (소련의) 노농(勞農)평의회; 소비에트.
soviético, ca 형 소비에트(정부)의. *la Unión Soviética* 노동(勞動)사회주의 공화국 소비에트 동맹.
sovietizar 타 소비에트화하다; 공산화하다.
sovoz (a) 부 저음(低音)으로.
soy ser의 직설법 현재 1인칭 단수형.
Sr. señor.
Sra. señora.
su [복 sus] 대 3인칭의 소유격 대명사의 형용사형; 명사 앞에 붙는 형태; 성변화하지 않음) 그(들)의, 그(들)의, 그녀(들)의; 당신(들)의. Debemos mucho a *su* estudio. 우리는 그의 연구에서 은혜를 많이 입고 있다. Necesitamos *su* estudio. 우리는 그것의 연구를 필요로 한다. ¿Están en casa *sus* padres (de usted)? 당신의 양친께서는 댁에 계십니까.

suave 형 ① 부드러운, 매끈한. Soplaba una brisa *suave*. 산들산들 미풍이 불고 있었다. ② 상냥한, 온화한. Era una joven de carácter *suave*. (그녀는) 성격이 상냥한 소녀였다. ③입에 맞는. Este vino es muy *suave*. 이 포도주는 맛이 대단히 좋다. ◇ **suavemente** 튀 부드럽게; 상냥하게; 미끈하게. Lo acariciaba *suavemente*. 나는 그것을 살짝 쓰다듬었다. ◇ **suavidad** 여 부드러움, 매끄러움, 온화함. ◇ **suavizar** [9 alzar] 타 부드럽게·매끄럽게 하다; 상냥하게·온화하게 하다.

subdelegado, da 명 부대리인, 대리인 보좌, 부의원; 재위탁자(再委託者).
subdelegar 타 재(再) 위임·위탁하다.
subdirector, ra 명 차장(次長).
súbdito, ta 형 복종하는, 예속하는. 명 신하, 부하.
subdividir 타 다시 나누다, 잘게 나누다, 세분하다.
subdivisión 여 다시 나눔, 세분(細分), 세별(細別).
subentender 타 넌지시 암시하는 것을 알아 차리다.
subestación 여 분점, 분서(分署); 발전소 지소(支所).
subestima(ción) 여 과소 평가.
subestimar 타 과소 평가하다.
subestructura 여 기초 공사, 지형(地形) 공사, 토대, 기초.
subidero, ra …에 올라가는. 남 사닥다리, 승마대, 발판.
subinspector 남 부검사관; 감찰관.
subir 자 ①오르다 [반 bajar]. El niño *subió* a un árbol para verlo bien. 어린이는 그것을 잘 보려고 한 나무에 올라갔다. ②(온도·값·수 따위가) 오르다, 상승하다. Los precios *suben* cada día más. 물가가 나날이 높아간다. ③(말·수레를) 타다. Apenas *subimos* al tren, comenzó a andar. 우리가 열차를 타자마자 열차는 움직이기 시작했다. ④달하다, 닿다. ¿A cuánto *sube* la cuenta? 계산은 얼마가 됩니까. 타 ①오르다. La vieja *sube* la escalera despacio, volviéndose a la niña. 늙은 여인은 천천히 계단을 올라서, 소녀를 돌아보았다. ②올리다. El mozo le *subirá* la maleta a la habitación. 보이가 여행 가방을 방으로 올려갈 것입니다. ③(소리·가락·값을) 올리다, 높이다. Tendrá usted que *subir* un poco la voz; es muy sordo. 당신은 소리를 좀 크게 해야 한다; 그는 매우 귀가 머니까. ◇~**se** 오를 수 있다; 오르다. Al tejado *se sube* por este lado. 지붕에는 이쪽에서 오를 수 있다. *subirse a la cabeza* 머리에 오르다; 취하다; 자만하다. Se le ha *subido* a la cabeza su popularidad. 그는 인기가 있으므로 자만하고 있다. ◇ **subido, da** 형 (위치·값이) 높은; (색조가) 짙은, 강렬한. Llevaba una corbata de color *subido*. 그는 짙은 색깔의 넥타이를 매고 있었다. 남 상승, 둥귀(騰貴); 오르막 언덕.

súbito, ta 형 갑작스러운, 돌연한. Tuve que regresar precipitadamente por una *súbita* llamada de mi jefe. 나는 부장의 급한 호출로 급히 돌아가야 했다. *de súbito* 갑자기, 돌연히.

subjetivo, va 형 주관적·개인적인. Respeto su opinión, pero me parece que es demasiado *subjetiva*. 나는 그(의 의견)이 너무 주관적인 듯이 생각된다.

subjuntivo, va 형 【문법】접속법의. 남 접속법. Ponga usted este

sublevar 타 (…에) 반란을 일으키게 하다; 반발시키다. *Me subleva su hipocresía.* 그의 위선이 나는 비위가 상한다. ◇**~se** 반란을 일으키다. *El pueblo se sublevó contra el gobernador.* 민중은 총독에 대하여 궐기했다. ◇**sublevación** 여 반란.

sublime 숭고한. *Su sublime acto de heroísmo conmovió a todo el pueblo.* 그의 영웅적이고 숭고한 행동은 전국민을 감동시켰다. ◇**sublimidad** 여 숭고.

subrayar 타 (어구에) 밑줄을 긋다. *Remítanme los volúmenes cuyo número subrayo.* 내가 밑줄을 친 번호의 책을 보내 주십시오. ② 강조하다. *Pedro subrayaba la importancia de que se colaborase con él en el asunto.* 페드로는 그 건으로 자기에게 협력하는 일의 중요성을 강조했다.

su(b)scribir (과거분사 su(b)scrito) 타 (구입·출자·예약 따위에) 서명하게 하다, 응모시키다. *Lola le subscribió por cien pesetas al mes a [en] la asociación benéfica.* 롤라는 그에게 그 자선협회의 매월 100페세타의 출자를 신청해 줬다. ◇**~se** {+a · en: …을} 구독하다, (…에) 가입하다. *Quiero subscribirme a esta revista.* 나는 이 잡지를 구독하고 싶다. ◇**su(b)scripción** 여 신청·예약(금); 구독(료); 추렴금. ◇**su(b)scri(p)tor, ra** 명 (출자·추렴 따위의) 신청자; 구독자.

subsecretaría 여 차관(次官)의 직위·사무실.

subsecretario, ria 명 차관, 서기보(書記補).

subseguir(se) 자재 뒤따르다.

subsidiario, ria 형 종속의(적), 보조의; 추가의.

subsidio 남 조성금(助成金), 보조금, 수당(手當); 국가간의 군사적 원조 또는 중립에 대한 보수금; 보조(補助); 헌금(獻金); 임시세, 특별세.

subsiguiente 뒤에 계속하는.

subsistir 자 ① 존속하다. *Subsiste la casa en que pasé mi niñez.* 내가 소년시대를 보낸 집은 아직 남아 있다. ② 생존하다, 지내다. *Las plantas no pueden subsistir en aquel terreno.* 저런 땅에서는 식물은 생존할 수 없다. ◇**subsistencia** 여 ① 생존; 생활. ② 복 생활 물자.

su(b)stancia 여 ① 물질. *El caucho es una substancia blanda pero tenaz.* 고무는 부드러우나 강한 물질이다. ② 실질, 본질. *No dice más cosas sin substancia.* 그는 내용이 없는 말 밖에 하지 못한다. *en su(b)stancia* 실질적으로; 요컨대 ◇**su(b)stancial** 형 실질적인; 중대한. *Se verificó una reforma verdaderamente substancial.* 진실로 실질적인 개혁이 행해졌다.

su(b)stantivo, va 형 실질·실제의. *El gobierno ha colaborado al proyecto con una ayuda substantiva.* 정부는 실질적인 원조로 그 계획에 협력했다. 남【문법】(실체) 명사.

su(b)stituir (74 huir) 타 ① {+por · con: …과} 바꿔 놓다, 바꾸다. *Substituiremos el cuadro por ese otro.* 이 그림을 보고 그 다른 것으로 바꾸자. ② {자동사적; +a: …에} 대처되다. *Una fuente ha substituido a la estatua.* 조상(彫像) 대신에 분수가 생

졌다. ◇ **su(b)stitutivo** 園 대용품. Esto se utilizaba mucho como *substitutivo* del azúcar. 이것이 설탕의 대용품으로서 잘 쓰였다. ◇ **su(b)stituto, ta** 團 대리인; 대행자. No puedo marcharme hasta que venga mi *substituto*. 나는 대신할 사람이 올 때까지 돌아가지 못한다.

substracción 囡 제거, 제어, 몰아냄; 사기, 횡령; 삭감, 공제, 덜기; 【수학】감법(減法), 빼기.

substraendo 圕 【수학】감수(減數).

substraer 囮 빼다, 감하다, 덜다, 공제하다; 사기하다, 훔치다 (hurtar, restar). ◇~**se** (자기 자신이) 교묘히 피하다, 벗어나다, (의무·약속 등을) 회피하다.

substrato 圕 【철학】기본, 실체.

subte 圕 〖아르헨띠나〗지하철(metro).

subterráneo, a 圈 지하의. El ferrocarril *subterráneo* se llama comúnmente metro. 지하철은 보통 메트로라 불리운다. 圕 지하실, 지하호; 〖남미〗지하철.

subvención 囡 보조·조성금(組成金). Recibe una *subvención* mensual de quinientas pesetas. 그는 다달이 500폐세따의 조성금을 받고 있다. ◇ **subvencionar** 囮 (…에게) 보조·조성금을 내다.

subvenir 囮 [+a] 도우다, 보조하다(auxiliar); (비용을) 지불하다, 공급하다.

subversión 囡 전복, 파괴, 멸망; 문란.

subversivo, va 圈 파괴하는, 타도하는, 파괴적인.

subversor, ra 圈 질서·인심을 문란케 하는, 파괴적인. 圕 파괴자, 교란자.

subvertir 囮 (질서·인심을) 문란케 하다, 파괴하다(trastornar).

subyugación 囡 억압; 정복; 복종; 굴종.

subyugar 囮 굴복시키다, 억압·정복하다; 억제하다. ◇~**se** 굴종·복종하다.

succión 囡 빨기, 빨아드리기; 한번 빨기.

sucedáneo 圕 대용품. *sucedáneo del café* 커피 대용품.

suceder 邓 ①(일이) 생기다 (ocurrir). ¿Qué le *ha sucedido* a usted? 당신의 신상에 무슨 일이 있었는가. ②[+a : …의 뒤에] 따르다. A una pena *sucede* una alegría. 괴로운 일 뒤에 즐거운 일이 있다. ③계승하다. No tiene hijos que *sucedan*. 그에게는 뒤를 이을만한 아들이 없다. ◇ **sucedido** 圕 사건.

sucesivo, va 圈 뒤를 따르는. Ocurrió por tres veces lo mismo en días *sucesivos*. 그 뒤 수일 간에 같은 일이 세번 있었다. *en lo sucesivo* 그 뒤에. ◇ **sucesivamente** 囲 연달아. Fueron entrando *sucesivamente* en el salón. 그 사람들은 연달아 대청 마루에 들어갔다. *y así sucesivamente* 이하 같음.

suceso 圕 사건. Fue un *suceso* sin importancia. 그건 중요성이 없는 사건이었다. Lo primero que leo del periódico es la sección de *sucesos*. 내가 신문에서 최초로 읽는 것은 사회면이다.

sucesor, ra 圕 상속인; 후계자. El insigne científico murió sin *sucesores*. 그 저명한 과학자는 죽어서 후계자가 없었다.

sucinto, ta 형 간결화, 간단화. Me ha dado una contestación *sucinta*. 그는 나에게 간단한 답장을 보냈다. ◇ **sucintamente** 튀 간결하게; 간단히.

sucio, cia 형 ① 때묻은; 더러운 [⑭ limpio]. La ropa *sucia* se lava en casa. 체면을 지켜라 (때로는 속옷은 집에서 빨아야 한다). ② 비열한. Su acción es muy *sucia*. 그의 행동은 매우 비열하다. ◇ **suciedad** 여 더러움; 먼지, 오물; 더러운 일; 부끄러운 일. No sabe decir más que *suciedades*. 그는 부끄러운 일 밖에 말하지 못한다.

suculento, ta 형 양분이 풍부한, 맛이 좋은(sabroso)

sucursal 여 지점, 지부, 출장소. En Lima se ha inaugurado nuestra nueva *sucursal*. 이번에 리마에 우리 회사의 지점이 새로 개설되었다.

sudamericano, na 형 남아메리카(América del Sur/Sudamérica)의. 명 남아메리카 사람.

sudor 남 [생리] 땀. Sustentaba a la familia con el *sudor* de su frente. 그는 많이 노력해서 가족을 부양하였다. ◇ **sudar** 자 땀을 흘리다. 타 땀을 흘리게 하다. ◇ **sudoroso, sa** 형 땀 흘린. Límpiate la frente, que la tienes *sudorosa*. 얼굴이 땀 투성이니 닦으시오.

suegro, gra 명 장인, 장모.

suela 여 발바닥, 구두 밑창.

sueldo 남 급료(salario). El funcionario cobraba un *sueldo* de quinientas pesetas mensuales. 그 공무원은 월 500 페세따의 급료를 받고 있었다.

suelo 남 ① [건물] 마루, 방바닥. Recoja usted los papeles esparcidos por el *suelo*. 마루에 흐트러진 종이를 주우시오. ② 지면, 땅바닥. José le pidió perdón echándose al *suelo*. 호세는 땅바닥에 엎드려서 그에게 사과하였다. ③ 토지. Este *suelo* produce mucho. 이 토지는 생산고가 높다. *suelo natal* 태어난 고향.

suelto, ta 형 ① 놓여난, 풀려난. Estábamos alegres como pájaros *sueltos*. 놓여난 작은 새처럼 우리들은 재잘거렸다. ② 흐트러진. Estas tazas no se venden *sueltas*. 이 찻잔은 낱개로 팔지 않는다. ③ 유유자적한; 행실이 나쁜. Dibuja con mano *suelta*. 그는 유유한 손놀림으로 그리고 있다. 남 ① 잔돈(cambio). No llevo *suelto* para el autobús. 나는 버스를 탈 잔돈이 없다. ② (신문의 삽입적인) 기사. Leí la noticia de su discurso en un *suelto* del periódico. 나는 그의 연설 뉴스를 신문의 삽입기사에서 읽었다.

sueño 남 ① 수면; 졸림. ¿Tiene usted *sueño*? 당신은 졸립니까. ② 꿈; 몽상(夢想). La vida es *sueño* 인생은 꿈이다. Ni en *sueños* lo pienses. 너는 꿈에도 그런 일을 생각해서는 안 된다.

suerte 여 ① 운(명); 행운. Dejaremos a la *suerte* la fecha del viaje. 여행 날짜는 그때의 형편에로 하자. Por *suerte* o por desgracia ya está usted aquí. 행인지 불행인지 벌써 당신은 여기 와 있읍니다. ② (생활의) 상태. Se le nota que ha mejorado

de suerte. 그는 생활상태가 호전되고 있는듯이 보인다. ③ [단수·무관사로] 종류. Conoce a toda *suerte* de personas. 그는 모든 종류의 사람을 알고 있다. ④ 방법, 방식. Empezó a hablar de esta *suerte*. 그는 이런식으로 이야기하기 시작했다. *de suerte que* 그렇다면, …하도록. ¿*De suerte que* tú no lo sabes? 그렇다면 너는 그 일을 모르느냐?

suficiente 형 충분한. Tenía dinero *suficiente* para comprarlo. 그것을 가지고 살기에 충분한 돈을 나는 가지고 있었다.

sufijo 남 [문법] 접미사 [⇔ prefijo].

sufragar 타 후원하다, 원조하다(favorecer); 보조하다, 비용을 내다(costear). [+por] 투표하다.

sufragio 남 후원, 원조; 공양(供養); 투표, 선거제(voto).

sufragismo 남 부인 참정권·운동.

sufragista 남 [남·녀 동형] 부인 참정론자.

sufrible/sufridero, ra 형 견딜 수 있는; 참을 수 있는, 웬만한, 꽤 괜찮은(tolerable).

sufrir 자 [+de] (…로) 괴로워하다, 고민하다. ¿De qué dolencia *sufre* usted? 당신은 어디가 나쁘십니까. 타 ① (…로) 괴로워하다, 고민하다. *Sufre* frecuentes ataques de tos. 그는 빈번한 기침의 발작으로 고민하고 있다. ② (…를) 견디다. Hemos *sufrido* los males con mucha paciencia. 우리들은 잘도 참아서 재난을 견디어 왔다. ③ (괴로운 일·변화·수술·시험 따위를) 받다, 당하다; 경험하다. *Sufrió* muchas persecuciones por la causa. 그는 주의(主義) 때문에 많은 박해를 받았다. ◇ **sufrido, da** 형 참을성 많은; 견딜 수 있는. Lola era una mujer muy *sufrida*. 롤라는 대단히 참을성 많은 여인이었다. ◇ **sufrimiento** 남 괴로움, 고민; 인내.

sugerir [herir] 타 ① 생각나게 하다, 시사하다. Este paisaje *sugirió* al autor su obra maestra. 이곳 경치가 작가에게 걸작을 쓰게 했다. ② 슬쩍 비치다; 제안하다. Le *sugerí* que fuera a ver al jefe. 부장을 만나러 가면 어떨까 하고 나는 그에게 슬쩍 말했다. ◇ **sugerencia** 여 시사; 제안. No hizo caso de mis *sugerencias*. 그는 내 제안에 귀를 기울이지 않았다.

sugestión 여 암시; 시사(示唆). Eso es una buena *sugestión*. 그건 좋은 시사이다. ◇ **sugestionar** 타 (…에게) 암시를 주다; (…의) 마음을 잡다. Me quedé *sugestionada* con la escena. 나는 그 장면을 보고 마음을 붙잡히고 있었다.

suicidio 남 자살(自殺). ◇ **suicida** 남 자살자; [형용사적] 자살적인. Portarte así es una conducta *suicida*. 그러한 행위를 네가 하는 것은 자살행위이다. ◇ **suicidarse** 자 자살하다.

suizo, za 형 스위스(Suiza)의. 남 스위스사람.

sujetar 타 ① 복종시키다. ② (꽉) 누르다, 잡아매다. En vano los policías trataron de *sujetarle*. 경찰들은 그를 잡아 두려 했으나 헛되이 끝났다. *Sujete* usted estas tablas con clavos. 못으로 이 판자를 붙여 놓으시오. ◇ ~**se** 복종하다. Hay que *sujetarse* al reglamento. 법규에 따라야 한다.

sujeto, ta 형 ① (단단히) 눌려진, 잡아 매어진. No está bien

sulfato 冏 【화학】 황산염. *sulfato de amoniaco* 유안(硫安). *sulfato de cobre* 유산동(硫酸銅).

sujeto el cinturón. 허리띠가 잘 매어져 있지 않다. ② [+a: …따라] 변동할 수 있다. El programa está *sujeto* a modificaciones. 이 예정은 수정될지도 모른다. 冏 ① 인물, 놈. La policía detuvo a un *sujeto* sospechoso. 경찰은 수상한 인물을 체포했다. ② 【문법】 주어, 주부(主部).

sulfito 冏 【화학】 아황산염.

sulfurar 囘 유화(硫化)하다; 유황으로 표백하다; 성가시게 하다 (irritar). ◇ ~**se** 흥분하다.

sulfúreo, a 圈 유황의; 유황을 함유하고 있는.

sulfúrico, ca 圈 황산의.

sulfuro 冏 【화학】 유화물. *sulfuro de hierro* 유화철. *sulfuro de zinc* 경화아연(硬化亞鉛).

suma 冏 합계, 가산; 금액. El gasto ha subido a una *suma* considerable. 비용은 상당한 금액으로 되었다. *en suma*, que no me conviene. 결국 내게는 형편이 좋지 않다. ◇ **sumar** 囘 ① 보태다. ② 합계하다; 합계가 …로 되다. Todos sus ingresos *suman* cinco mil pesetas. 그의 전 수입은 합계가 5000페세타로 된다.

sumergir 囘 [4 *exigir*] 囘 가라 앉히다, (바다 따위에) 잠수시키다. Se *sumergió* en una profunda tristeza. 그는 깊은 슬픔에 잠겼다. ◇ **sumergible** 圈 잠수함(潛水艦).

suministrar 囘 공급·제공하다. El me *suministró* datos muy importantes. 그는 매우 중요한 자료를 제공해 주었다. ◇ **suministro** 冏 공급, 제공; 보급품.

sumo, ma 圈 더 없는. He tenido *sumo* gusto en conocerle. 나는 당신을 만나 더없이 즐거웠다. *a lo sumo* 많아야 고작. *A lo sumo* tendrá veinte años. 그는 고작 20세쯤이리라. ◇ **sumamente** 囘 더없이.

suntuosidad 冏 화려, 호화; 사치스러움. ◇ **suntuosamente** 囘 호화스럽게, 화려하게; 사치스럽게. ◇ **suntuoso, sa** 圈 화려한, 호화로운, 사치스런.

supeditación 冏 압박; 굴복; 복종; 굴종.

supeditar 囘 억압·억제하다, 압박하다, 폭압하다; 굴복시키다 (avasaliar). ◇ ~**se** 굴복·굴종하다.

superable 圈 극복·타파할 수 있는.

superabundancia 冏 과다; 풍부.

superabundante 圈 충분한, 퍽 많은, 남아도는.

superabundar 囲 퍽 많다, 너무 많다, 남아돌다 (rebosar).

superación 冏 극복, 능가.

superar 囘 ① [+a: …보다/+en: …의 점에서] 뛰어나다, 낫다. Este modelo *supera* al anterior *en* belleza de líneas. 이 형의 차는 예전 것보다 선의 아름다움이 뛰어난다. ② 극복하다. Han *superado* muchas dificultades. 그들은 많은 곤란을 극복했다.

superficie 冏 (표)면; 면적; 외면. La *superficie* de la tabla no es

superfluo, flua 형 나머지의, 소용없는. Quítese usted todo lo *superfluo*. 소용없는 것을 모두 빼시오. ◇ **superfluidad** 여 소용없는 일·것.

superior 형 ① [+a : …보다] 위의, 높은 (상위, 상금, 상등) (⇔inferior). La familia ocupa el piso *superior* al mío. 그 가족은 내 층보다 윗 층을 차지하고 있다. ② [+a : …보다/+en : …에서] 나은, 뛰어난 (우위, 우월). José es *superior* a su hermano *en* inteligencia. 호세는 형보다 머리가 뛰어나 있다. 명 ① 손위·상급의 사람. Parecía el *superior* por su manera de expresarse. 그 말투로 보아서 그가 윗자리인 듯했다. ② 수도회장·원장. *superior general* 수도회 총장. ◇ **superiora** 여 수도원 여승장. ◇ **superioridad** 여 우월, 우위; 상부부·간부(인 사람들). Tiene una *superioridad* manifiesta sobre los demás. (그것은) 다른 것과 비교해서 확실히 뛰어나 있다.

superlativo, va 형 최상급의. Es hermosa en grado *superlativo*. 그녀는 최상급의 미인이었다.

supermujer 여 초인적인 여자.

supernación 여 초국가.

supernumerario, ria 형 정원외의 (인원).

superpoblación 여 인구 과잉.

superponer 타 [과거분사 superpuesto] 무겁게 하다; 보다 중요시하다 (sobreponer).

superproducción 여 생산 과잉; 【영화】 초특작품.

supersensible 형 고감도(高感度)의.

supersónico, ca 형 초음속의; 초음파의.

superstición 여 미신(迷信). Lo siente como una remota *superstición* o algo así. 그는 그것을 옛날의 미신이나 그런 것처럼 느끼는 것이다. ◇ **supersticioso, sa** 형 미신적인.

suplemento 남 ① 보충; 이어댐. Ha puesto un *suplemento* a las patas de la mesa. 그는 테이블의 발을 이어대었다. ② (간행물의) 부록; 보유(補遺). ③ 보조권(급행권·침대권 따위). Tiene usted que comprar el *suplemento* para tomar este tren. 당신은 이 열차를 타려면 급행권을 사야 합니다.

suplicar 타 [⑦ sacar] 탄원·간청하다. Les *suplico* que le animen y le ayuden. 그 사람을 격려하여 도와 주기를 나는 당신들께 부탁합니다. ◇ **súplica** 여 탄원; 청원서. No cedió a sus *súplicas*. 그는 그 간원에 귀를 기울이지 않았다. *a súplica(s) de* …의 출원에 의하여. ◇ **suplicante** 형 탄원하는 (듯한).

suplicio 남 고문; 심한 고통. Le sometieron a horribles *suplicios*. 그는 심한 고문을 당했다.

suplir 타 ① 보충·보충하다. Yo *supliré* lo demás. 그 이외는 내가 보충하겠다. ② (…의) 대리를 한다. *Suple* en el despacho de su padre. 그는 가게에서 부친의 대리를 한다. ◇ **suplente** 형 보결·대행의. 명 보결·대행자.

suponer [60 poner; 과거분사 supuesto] 타 ① 가정·상정하다. *Supongamos que sea verdad, pero me atrevo a decírselo.* 그것이 진실이라고 가정하더라도 나는 그에게 그 말을 할 수 없다. ② (비용·수고·곤란 따위를) 예상(豫想)하다. *La enfermedad ha supuesto un gasto considerable.* 그 병은 상당한 비용이 소용된다고 그에게는 생각되었다. ③ 상상하다. *Usted podrá suponer lo que ocurrió.* 당신은 무슨 일이 일어났는지 상상할 수 있겠지요. ◇ ~**se** 상상하다. *Me supongo que ya estará aquí.* 나는 그가 이미 이곳에 와 있다고 상상한다. *ser de suponer* 당연하게 생각되다. *Se cayó al agua con el susto, que es de suponer.* 그는 놀라서 물 속에 떨어졌다; 그것은 당연히 생각되는 일이다. ◇ **suposición** 여 가정, 가설; 상정; 상상; 중요성. *Era una persona de suposición en la universidad.* 그는 대학교내에서 중요인물이었다.

supremo, ma 형 최고·지상의. *No adoro la belleza suprema en ella.* 그녀의 내부에 있는 최고의 아름다움을 나는 예찬하는 것은 아니다.

suprimir 타 ① 멈추다, 폐지하다. *Suprimieron los impuestos sobre las diversiones.* 유흥세가 폐지되었다. ② 말살·말소하다. *Suprima usted este pasaje de la carta.* 편지의 이 부분을 말소해 주시오.

supuesto, ta 형 가정·가상의. *El joven usaba un nombre supuesto.* 그 청년은 가명을 쓰고 있었다. 남 가정, 상정. *Se lo digo en el supuesto de que no puede venir.* 나는 당신이 못오시리라 생각해서 그렇게 말하는 것이오. *por supuesto* 물론. *Por supuesto tendrá usted el pasaporte en regla.* 물론 정식 여권을 가지고 있겠지요. *supuesto que* … 할 바에는. *Supuesto que él no quiere venir, iremos en su busca.* 그가 오려 하지 않는다면 우리들이 그를 맞이하러 가자.

sur 남 남쪽; 남풍; 남부. *Esta costumbre no se ve en el sur del país.* 이러한 습관은 이 나라의 남부에서는 볼 수 없다.

suramericano, na 형 남아메리카(Suramérica)의. 명 남아메리카 사람.

surco 남 도랑, 이랑, 줄. *Las ruedas dejan surcos en el camino.* 차 바퀴가 길 위에 줄을 남긴다. ◇ **surcar** [sacar] 타 (…에) 고랑을 파다, 도랑을 만들다; (물·공기를) 뚫고 나아가다·날다. *La nave surcaba las aguas.* 배는 물을 뚫고 나아가고 있었다.

surgir [4 exigir] 자 ① 출현하다. *Surgió cuando nadie le esperaba.* 아무도 기다리고 있지 않을 때 그가 모습을 나타냈다. ② 솟아나다, 떠오르다. *La idea surgió en mi cabeza al observarlo.* 그것을 관찰하면 내 머리에 이 생각이 떠올랐다. ③ (배가) 정박하다.

surtir [+de: 필요품·상품을] (…에게) 공급·제공하다. *Su tío le surte de carbón para todo el año.* 숙부가 1년분의 석탄을 그에게 준다. 자 (물을) 뿜어내다. ◇ ~**se** [+de: 필요품따위를] 준비하다. *surtir efecto* 효과를 올리다. *Surtirá buen efecto* este artículo. 이 조치가 충분한 효과를 발휘하리라. ◇ **surtido, da** 웹 (각종) 배합한. Quiero una caja de galletas *surtidas*. (나는) 여러 가지를 섞은 비스켓이 한 상자 필요하다. 밈 한 벌 갖춘 물품, 재고품. Tenemos un buen *surtido* de camisas de varios precios. 우리들에게는 여러 가지 가격의 와이샤쓰를 충분히 갖추어 놓고 있읍니다. ◇ **surtidor** 밈 분수(噴水); 주유소.

suscitar 팀 유발하다. Sus palabras *han suscitado* una violenta discusión. 그 발언이 격렬한 논의를 야기했다.

suscribir ⇨subscribir.

suspender 팀 ① 달다, 매달다. El cuadro estaba *suspendido* de un débil clavo. 액자는 약한 못으로 매달려 있었다. ② 중지·정지하다. Se ha *suspendido* el partido por la lluvia. 비 때문에 경기는 중지되었다. ③ 휴직·정직·낙제시키다. Le *suspendieron* en tres asignaturas. 그는 3과목이 낙제로 되었다.

suspenso, sa 웹 ① 매달린. ② 어리둥한. Ante esa pregunta se quedó *suspensa*. 그녀는 그러한 질문을 받고 얼떨떨하였다. 밈 낙제점. No tiene ningún *suspenso* en la carrera. 그는 전 과정에 낙제점이 없다. *en suspenso* 미결정·현안 중인. Esa ley está en *suspenso*. 그 법률은 아직 현안 중이다.

suspirar 짜 ① [+de : …을] 한숨을 쉬다. *Suspiró* profundamente. 그는 깊은 한숨을 쉬었다. ② [+por : …를] 열망하다. *Suspiraba por* un abrigo de pieles. 그녀는 털가죽 외투를 입고 싶어서 견딜 수 없었다. ◇ **suspiro** 밈 한숨. Los *suspiros* son aire, y van al aire. 한숨은 바람, 그러므로 바람에 날린다.

sustancia ⇨substancia.

sustantivo, va ⇨substantivo.

sustentar 팀 ① 지탱하다. Esas noticias iban *sustentando* la esperanza. 이러한 소식이 희망의 지주로 되어 갔다. ② 부양하다. Tenía que *sustentar* a su numerosa familia. 그는 많은 가족을 부양해야 했다. ◇~**se** [+con·de : …를] 식료로 하다; 지주로 삼다. Las cabras *se sustentan con* hierbas. 염소는 풀을 먹는다. Vivió *sustentándose con* estas esperanzas. 그는 이러한 희망을 받침대로 하여 살았다. ◇ **sustento** 밈 식료. Afanosamente trabajó para ganar el *sustento* diario. 그는 나날의 음식물을 벌기 위하여서 몸을 가루로 하여 일했다.

sustituir ⇨ substituir.

susto 밈 놀라움, 공포. El estallido me dio un *susto*. 파열음이 나를 깜짝 놀라게 했다.

sutil 웹 ① 매우 얇은·가는. Las mujeres se cubrían con un velo *sutil* y flotante. 여인들은 얇고 팔랑거리는 베일을 머리에 쓰고 있었다. ② 있는 듯 만듯한, 근소한. Soplaba un viento *sutil*. 있는 듯 만듯한 바람이 불고 있었다. ③ 섬세·미묘한. ◇ **sutileza** 밈 섬세; 미묘, 예민.

suyo, ya 때 ① [3인칭의 소유격 대명사의 형용사형; ser의 보어로서; 또 명사의 뒤에 붙는 형태] 그것(들)의, 그(들)의, 그녀(들)의; 당신(들)의. ¿Esta pluma *es suya*? 이 펜은 당신(들)의 것입니까. Vino a verme un amigo *suyo*. 그(들)의 친구의 한 사람이 나를 만나러 왔다. ② [정관사를 붙여서] 그것(들)의·그(들)의·그녀(들)의·당신(들)의 것. Esta es mi pluma, y ¿dónde está *la suya*? 이것은 내 펜입니다만 당신의 것은 어디 있읍니까. Me gustaría tener un anillo como *el suyo*. 당신의 그것과 같은 반지를 나도 갖고 싶다. *lo suyo* 그 사람다운 일·것. Ese trabajo es *lo suyo*. 그 일은 그에게 안성마춤이다. *los suyos* (…의) 동료·가족. Fue con todos *los suyos* a la playa. 그는 자기의 동료를 모두 데리고 해안으로 갔다. *de suyo* 원래; 자연히. El asunto es ya *de suyo* complicado. 그 일은 원래 복잡한 것이다. *salirse con la suya* 희망을 이루다. Al fin *se salió con la suya*. 그는 드디어 희망을 이루었다.

s/v. su valor.

svástica 예 卍(형).

T

t . talón, tarde.

T. toleada 톤.

tabaco 閉 담배, 엽궐련. *El abuso del tabaco no es recomendable.* 담배의 남용은 칭찬할 일은 아니다. ◇ **tabacal** 閉 연초밭. ◇ **tabacalero, ra** 圈 연초(업)의. 閉 담배 경작자·상인.

tabalear 囤 이리저리 흔들다. 凪 판대기를 손가락으로 두들기다. ◇ ~se 흔들리다.

tabanazo 閉 찰싹 때림.

tabanco 閉 식료품점.

tábano 閉 【곤충】 등에; 말파리.

tabaque 閉 (여자들이) 작은 바구니, 보통 압정보다 좀 큰 못.

tabaquería 閉 담배가게.

tabaquero, ra 圈 담배장수, 담배 제조인. 閉 코담배갑; 담배갑; 담배 파이프.

tabaquismo 閉 담배 중독; 니코친 중독(nicotismo).

tabardillo 閉 소모열; 일사병(insolación).

taberna 예 술집, 경양식당. *A mí no me gusta que el tío frecuente la taberna.* 나는 숙부가 술집 출입을 하는 것이 마음에 들지 않는다.

tabla 예 ① 판자, (판자가 주체인) 대(臺). *Tráeme la tabla de planchar.* 다리미 받침을 가져 오너라. ② 표, 리스트. *El niño se está aprendiendo la tabla de multiplicar.* 어린이는 구구표를 외우고 있는 중이다. ③ 무대. *Esta actriz pisó las tablas por primera vez a sus quince años.* 이 여배우는 15살때 첫 무대를 밟았다. ④ 閉 비김, 무승부. *El partido terminó en tablas.* 그 경기는 무승부로 끝났다.

tablada 예 목축 검사소.

tablado 閉 무대; 교수대; 표; 판매기. *sacar al tablado* 발표하다, 밝히다.

tablajería 예 『도박』; 도박하는 집의 수입; 고깃간(carnicería).

tablazo 閉 판대기로 때리기; (밭을) 구획으로 나누다; 강·바다의 얕은 지류.

tablear 囤 판자로 썰어 내다; (밭을) 나누다; 두꺼운 판자로 (땅에) 평평하게 깔다; 두들겨 반반하게 하다.

tablero 圈 판의, 판자의. *madero tablero* 판자낼 목재. 閉 판자, 판; 대(臺); 흑판; (장기 따위의) 판; 재단대; 조리대; (가게의) 카운터(mostrador); (원기둥 머리의) 관판(冠板); 도박장; 사형대. *tablero de distribución* 배전반.

tabú 閉 [圈 tabúes] 타부, 금지; 금기(禁忌); 금단(禁斷).

tabuco 閉 작은 부옥, 오막살이; 좁은 방.

tabulador 閉 도표 작성자, (타이프 라이터의) 도표 복사장치.

tabular 圈 판(板) 모양의; 판판한. 囤 표(tabla)로 하다.

tac 명 (심장·시계 등의) 소리.

taciturno, na 형 잠자코 있는.

táctico, ca 형 전략·전술(적)의. 명 전술가. 예 전술; 책략. La *táctica* de las señoras se redujo a abrumarle a invitaciones al Ministro. 부인들의 전술은 장관에게 초대 공세를 취하는 일이었다.

tacto 명 ① 촉각, 촉감. Esta tela es muy suave al *tacto*. 이 천은 감촉이 매우 부드럽다. ② 빈틈 없음. Tiene mucho *tacto* para tratar a sus amigos. 그는 친구와의 교제가 빈틈 없다.

tacha 명 상처, 결점; 비난, 트집. Siempre pone *tachas* a mi trabajo. 그는 언제나 내 일에 트집을 잡는다. ◇ **tachadura** 예 말소(抹消). ◇ **tachar** 태 ① (쓴 것을) 지우다. *Tache* usted esta palabra, que es inútil. 이 단어를 지우시오; 불필요하니까. ② [+de: …라고] 비난하다. A ellos les *han tachado* de reaccionarios. 그들은 반동가라고 비난 받았다.

tahalí 명 어깨에 두르는 칼띠; 유골대(遺骨袋).

taheño, ña 형 붉은 턱수염을 가진, 털이 붉은.

tahona 명 제분기; 빵 제조판매점.

tahonero, ra 명 빵집주인.

tahur, ra 명 노름군, 도박자; 사기도박군.

tailandés, sa 형 타이 (Tailandia)의(사람).

taimado, da 형 교활한, 간계한; 【칠레】 불쾌한.

taja 예 분할, 절단; 짐 싣는 안장틀.

tajadera 예 (소·돼지를 잡는) 반달 모양의 칼; 둥근 끝;(금속을 쪼는) 강철로 만든 정.

tajadero 명 고기 자르는 도마대(臺), 목판, 쟁반.

tal [질적으로 비교하는 의미의 부정(不定)어] 형 그와 같은, 그러한. No lo he visto ni oído *tal* cosa. 나는 그런 일을 본 일도 들은 일도 없다. ⑩ 그러한 일·물건; 사람. No volveré a hacer *tal*. 그런 일은 두번 다시 않겠읍니다. 튀 그런 식으로. *Tal* hablaba que parecía que lo había visto él mismo. 그런 식으로 이야기하므로 그 자신이 그것을 본 듯이 생각되었다. *tal como* …하는 대로. Lo dejaron todo *tal como* estaba. 그들은 모든 것을 실제대로 해 놓았다. *tal*…, *que*… 너무나 …이므로 …하다. *Tal* era su pobreza, *que* pedía limosnas. 그의 가난함은 동냥질을 할 정도였다. *tal vez* 아마(quizás), 어쩌면. *Tal vez* no lo supiera. 어쩌면 그는 그 일을 모르는 것일지다. *con tal de* +부정(不定)형 …하기만 하면. No importa este frío *con tal de ir* bien abrigado. 따뜻하게 입고 가면 이 추위는 아무 것도 아니다. *con tal (de) que*+접속법 …하기만 하면. Te lo prestaré *con tal de que* me lo devuelvas pronto. 곧 돌려준다면 네게 그것을 빌려 주겠다. ¿ *Qué tal*? 어떤 모양으로. ¿ *Qué tal* ha sido el viaje? 여행은 어떠하였나요. ¿ *Qué tal(estás)*? 어떻게 지내느냐.

taladrador, ra 명 구멍 뚫는 사람. 예 구멍 뚫는 기구; 송곳.

taladrar 태 …에 구멍을 뚫다, 꿰뚫다, 찌르다; 파고들다.

taladro 명 송곳; 구멍뚫는 기구; (뚫어놓은) 구멍; (종이에 구멍을 뚫어놓은) 절취선.

talán 남 종소리의 의성음.

talanquera 여 판자 울타리, 판자벽; 사립문; 안전.

talante 남 태도, 모습, 풍채, 방법, 안색; 의지, 포부; 성질, 종류.

talar 형 (옷이) 긴. 타 벌목하다; 불을 놓아 없애다, 파괴하다, 황폐시키다; 가지치기를 하다; 제거하다.

talco 남 【광물】 활석(滑石).

talega 여 가방, 자루; 돈가방.

talego 남 (긴) 자루, 걸망이 남자.

talento 남 재능. No tiene *talento* para los trabajos de mecánica. 그에게는 기계 일의 재능이 없다.

talio 남 【화학】 탈리움 (희귀 금속 원소).

talismán 남 부적; 마력 있는 보물; 매력; (목에 거는) 호신패; 가사의한 집.

Talmud 남 유태교의 경전·법률·설화집.

talón 남 뒤꿈치, 구두의 뒤꿈치 부분; 말의 뒷말굽; 수표; 대장에서 떼어내고 남은 쪽지; 본위화폐. el *talón* de oro·plata 금·은 본위화폐. a *talón* 도보로, 걸어서. apretar los *talones* 달리다.

talonario, ria 형 대장에서 떼어낸, 딸돈식의: libro *talonario* 수표 대장; 어음대장.

talonear 자 빨리 걷다; 뒤꿈치로 걷다.

talud 남 【건축】 경사, 사면(斜面); (탑·벽 등의) 경사도; 비탈.

talla 여 ① 키, 신장. Era un hombre de *talla* media. 그는 중키의 사내였다. ② 목조(木彫) (조각). Se ha dedicado a la *talla* en madera. 그는 목조에 전력을 기울였다.

talle 남 ① 【신체】 가슴둘레, 웨스트. Tiene un *talle* muy pequeño. 그녀는 매우 가슴 둘레가 가늘다. ② 자태, 체격. Esa muchacha tenía un lindo *talle*. 그 소녀는 자태가 아름다웠다.

taller 남 일터; 공장(fábrica); 아트리에. Trabaja de aprendiz en un *taller* de carpintería. 그는 목수 일터에서 견습생으로 일하고 있다.

tallo 남 (식물의) 줄기; (채소·머위의) 고동. El *tallo* sostiene las hojas, flores y frutos. 줄기가 잎·꽃·열매를 받친다. ◇ **talludo, da** 형 줄기가 긴; 키가 가늘고큰; 손을 메기가 어려운.

tamaño, ña 형 그렇게 큰, 대단히 큰. Es imposible creer tamaña mentira. 그런 지독한 거짓말은 믿을 수 없다. 남 크기, 치수. De qué *tamaño* es su cuello? 당신의 칼라 싸이즈는 몇이오. *tamaño* natural 실물 크기; 원 치수 크기.

también 부 역시, …도 또한(…하다). ¿*Tambiḕn* usted puede venir? 당신도 역시 와 주시겠오? Su hermana es alta *también*. 그의 여동생 역시 키가 크다.

tambor 남 【악기】 북, 드럼, 드럼통. Tocaba el *tambor*. 그는 북을 치고 있었다.

tampoco 부 …도 또한(…않다). No puede venir usted *tampoco*. 당신도 역시 못 오시는군요.

tan [tanto가 형용사·부사 앞에서 가지는 형태] 그렇게, 그만큼. Yo no soy *tan* descortés. 나는 그만큼 무례하지는 않다.

No le esperaba *tan* temprano. 나는 당신이 이렇게 빨리 오리라고는 기대하지 않았었다. *tan... como...* ···만큼 그렇게 ···하다. Lola es *tan* alta *como* su padre. 롤라는 부친만큼 키가 크다. *tan*+형용사·부사+*que*··· 너무 ···이므로 ···이다. Estaba *tan* cambiada *que* apenas la reconocí. 그녀는 너무 변해 있었으므로 나는 거의 그녀인줄 몰라보았다.

tanda 예 ① 【남미】 교체, 윤번, (윤번의) 조(組). Somos muchos; almorzaremos por *tandas*. 우리는 수가 많으니까 교대로 점심을 하겠다. ② 상연, 흥행; 시합. Iremos a ver la primera *tanda*. (그날의) 최초의 상연을 보러 가자.

tango 예 탱고(노래·춤). El *tango* se extendió por el mundo a principios del siglo actual. 탱고는 금세기 초에 세계에 퍼졌다.

tantear 태 ① 더듬다, 조사하다(investigar). *Tanteamos* el piso con el pie para ver si era fuerte. 마루가 튼튼한지 어떤지 보기 위하여 우리들은 발로 더듬어 보았다. ②【경기】(···의) 득점을 기록하다. 재 득점을 기록하다. ◇ **tanteo** 남 탐색; 득점수.

tanto, ta [수·양의 비교 부정(不定) 어] 형 ① [+*como*: ···와] 같은 정도의. Tengo *tantos* libros *como* tú. 너 만큼 나는 책을 가지고 있다. ② 그만큼의, 그렇게 많은. ¿Por qué se da usted *tanta* prisa? 왜 그렇게 서두르시오. 대 ① 그만큼 많이 (수·양·정도). Eramos *tantos* que nos faltó comida. 우리들은 사람 수가 많았으므로 먹을 것이 모자랐다. ② 얼마큼 [숫자 대신]. Ya son las *tantas*. 벌써 이런 시간이다. 부 [형용사·부사의 앞에서는 *tan* 으로 됨] 그렇게, 그만큼. ¿Por qué trabajas *tanto*? 왜 너는 그토록 일하느냐. 그토록 너는 가난한가. ¿Eres *tan* pobre? 명 ① 분량, 비율. Se mezclan tres *tantos* de cemento por cinco de arena. 시멘트 3에 모래 5의 비율로 섞는다. ② 득점, 점수. Ganaron por dos *tantos* a cero. 그들이 2대 0으로 이겼다. *algún tanto* 얼마큼, 약간. *en [entre] tanto* 그동안; 한편으로는. *Entre tanto* estaremos de charla. 그동안 잡담이라도 하고 있지. *por (lo) tanto* 그러므로. *tanto... cuanto...* 하는 만큼 그만큼. Te daré *tanto* trabajo *cuanto* quieras. 네가 하고 싶은 만큼 일을 얼마든지 주겠다. *tanto... que...* 너무 ···이므로 ···이다. Trabajamos *tanto* que apenas podemos dormir. 너무 일해서 우리는 거의 잠을 잘 수가 없다.

tañer [45] 타 (악기를) 울리다, 켜다(tocar). Se le oía *tañer* la guitarra por las tardes. 오후에는 그녀가 키타를 켜는 소리가 들렸다. ◇ **tañido** 남 소리; 종소리.

tapar 타 ① (···에) 뚜껑·덮개·마개를 하다. *Tape* usted el café para que no se enfríe. 커피가 식지 않도록 뚜껑을 덮으시오. ② 덮다, 막다. Una gran piedra *tapaba* la entrada de la cueva. 동굴 입구를 큰 바위가 막고 있었다. ③ 감추다. La madre *tapa* todas las travesuras de su hija. 모친이 딸의 나쁜 행실을 모두 숨기고 있다. ◇ -**se** 몸을 싸다; 얼굴을 덮다. *Tápese* usted bien, que hace frío afuera. 바깥은 추우니까 충분히 몸둥이를 싸고 나가거라. ◇ **tapa** 예 (기물의) 뚜껑; (책의) 표지.

tapia 여 【건물】 담, 흙담. Saltó por encima de la *tapia*. 그는 담을 뛰어 넘었다.

tapiz 남 무늬놓은 두꺼운 천.

tapizar 타 (벽에) 융단을 걸다, 도배하다.

tapón 남 마개. *tapón corona* 왕관.

taponar 타 (…에) 마개를 하다; (상처를) 틀어막다.

taponería 여 콜크공업, 콜크공장·점.

taponero, ra 형 콜크마개의(업자).

tapujarse 재 얼굴을 싸다.

tapujo 남 복면, 두건; 은닉, 은폐.

taquigrafía 여 속기술.

taquigrafiar 타 속기하다.

taquígrafo, fa 명 속기사.

taquilla 여 표파는 곳, 매표구. Usted puede sacar la entrada en esa *taquilla*. 입장권은 거기 표파는 곳에서 살 수 있습니다.

tardar 자 ① 늦어지다; 느리다. ¡Cuánto *tarda* este tren! 이 기차는 대단히 느리군! ② [+시간의 부사+en+부정(不定)형 : …하기에] 시간이 걸리다. José no *tardará* mucho en llegar. 호세가 오기에 그다지 시간이 걸리지 않을 것이다. ◇-se 시간이 걸리다. ¿Cuánto *se tarda* de aquí a la estación? 여기서 역까지 시간이 얼마쯤 걸리는가. *a más tardar* 늦어도. ◇ **tardanza** 여 늦음, 지체. Perdone mi *tardanza*. 늦어서 미안합니다.

tarde 여 오후, 저녁. ¡Buenas *tardes*! (점심 후의 인사) 안녕하십니까. Estaré en casa mañana por la *tarde*. 나는 내일 오후 집에 있겠다. 부 늦게 [⇔ temprano]. 늦어서. El suele llegar *tarde* a la oficina. 그는 번번히 사무소에 지각한다. Se hace *tarde* y no estamos listos. 시간은 늦어졌지만 우리들의 준비는 되어 있지 않다. *de tarde en tarde* 가끔 *más tarde o más temprano* 조만간. *Más tarde o más temprano* tendrá que llamarme. 언젠가는 그는 나를 부르게 되겠지.

tradío, a 형 (시기가) 늦은; 【식물】 늦사리의. El matrimonio tenía un hijo *tardío*. 부부에게는 만득의 아들이 하나 있었다.

tarea 여 일(trabajo). Me queda mucha *tarea* todavía. 아직 나는 일이 많이 남아 있다.

tarjeta 여 ① 엽서. ② 명함 (tarjeta de visita). Ese señor me ha dejado su *tarjeta* para usted. 그 사람이 당신 드리라고 명함을 놓고 갔습니다. *tarjeta postal* 우편엽서.

tasa 여 평가, 사정; 규정가격. ◇ **tasar** 타 평가·사정하다; 제한하다. Tendría que *tasar* la comida al enfermo. 환자에게는 식사를 제한해야 한다.

tasación 여 평가, 가격의 결정; 사정.

tasador, ra 명 평가하는 사람; 사정관.

tasajo 남 포육(脯肉); 고기 자르기.

tasca 여 도박집; 술집(taberna).

tasquil 남 깨진 돌조각.

tatarabuelo, la 명 고조부모.

tataranieto, ta 명 현손(rebisnieto).

tatuaje 명 먹실 넣음, 문신하기.
tatuar 타 …에 먹실을 넣다; 문신하다. ◇ **~se** (자기 몸에) 먹실을 넣다.
tau 명 휘장, 문장.
taumaturgia 여 기적을 이루는 힘, 신통력, 신비력.
taumaturgo, ga 명 기적을 행하는 사람.
taurino, na 형 소의; 투우의.
Tauro 명 【천문】 금우좌(金牛座), 웅우좌(雄牛座).
taurófilo, la 형 투우를 좋아하는 (사람); 투우광.
taurómaco, ca 형 투우의 (연구가).
tauromaquia 여 투우술.
tautología 여 동어, 유어반복; 중복어.
tautológico, ca 형 동어 반복의.
taxativo, va 형 제한의, 한정적인.
taxear 자【항공】활주하다.
taxi 명 택시. Usted tardará una hora en *taxi*. 택시로 1시간 걸리겠지요. ◇ **taxista** 공 택시 운전사. ◇ **taxímetro** 명 택시 미터기.
taza 여 (식기) 찻잔. Déme usted otra *taza* de té. 홍차를 또 한 잔 주시오.
te 대 [2인칭 단수의 대격·여격 대명사]. ① 너를. *Te* esperaban tus padres a la puerta. 네 양친이 너를 문에서 기다리고 있었다. ② 너에게; 너로 부터. ¿Qué *te* parece esto? 이것은 너에게 어떻게 생각되는가. ¿*Te* lo han robado? 너는 그것을 도둑 맞았는가.
té [튠 tés] 명 ①【식물·마실 것】차(茶). ¿Qué prefiere usted, café o *té*? 커피와 차와 어느 편이 좋습니까. ② 다과회. Por la tarde vamos a un *té*. 오후에 우리들은 다과회에 간다. *té negro* 홍차. *té verde* 녹차.
teatro 명 ① 극장. Anoche lo encontré a la salida del *Teatro Colón*. 나는 어제 밤 꼴론극장에서 나와서 그를 만났다. ② 연극 (drama). ◇ **teatral** 형 연극의; 연극적인. Nada me gustó ese tono *teatral*. 나는 그 연극을 꾸미는 식의 가락을 아주 싫어했다.
técnico, ca 형 기술의; 전문의. Se han creado cinco escuelas *técnicas*. 전문학교가 5개교 창설되었다. 명 기술자; 전문가. Se ha dejado en manos de los *técnicos*. 그 일은 전문가의 손에 맡겨졌다. 여 기술, 수법. Empleaba una *técnica* particular para desenvolver el argumento. 그는 이야기의 줄거리를 발전시키는 데 독특한 수법을 썼다.
techo 명 【건물】 천장; 지붕. La lámpara, colgada del *techo* empezó a bailar. 천장에 매단 전등이 흔들흔들하기 시작했다. ◇ **techumbre** 여 지붕.
teja 여 (지붕의) 기와. Causó su muerte una *teja* que le cayó en la cabeza. 머리에 떨어진 기와가 그를 죽였다. *a toca teja* 직전으로, 맞돈으로. ◇ **tejado** 명 기와 지붕.
tejer 타 짜다; 뜨개질하다. Penélope *tejía* un lienzo durante el día y lo deshacía por la noche. 페넬로뻬는 낮에는 천을 짜고,

밤에는 그것을 풀고 있었다. ◇ **tejido** 圕 직물; 뜨개질한 것; 직조법. Las telas se diferencian por el *tejido* y por la fibra. 천은 짜는 법과 섬유에 따라 차이가 생긴다.

tela 여 ① 헝겊, 직물, 천(paño). Esa *tela* se encoge al lavarla. 이 천은 세탁하면 줄어든다. ② 그물, *tela* metálica 철망.

telar 圕 베틀; 꾸밈새, 뼈대; (무대 천정의) 막을 오르내리는 기구.

telaraña 여 거미집; 쓸데 없는 것·물건.

telecomunicación 여 원거리 통신.

telecontrol 圕 원거리 무선조종.

teledifundir 타재 텔레비전 방송을·으로 하다.

teledifusión 여 텔레비전 방송.

teledifusora 여 텔레비전 방송국.

teledirigir 타 전파로 유도하다.

teleferaje 圕 고가선 운반(高架線運搬).

teleférico, ca 囲 고가선(의).

teléfono 圕 전화(기). Le llaman por *teléfono*. 당신에게 전화가 걸려 왔습니다. *teléfono* público 공중전화. ◇ **telefonear** 타 (…에게) 전화하다(llamar) 재 전화를 걸다. ¿Se puede *telefonear* aquí? 여기서 전화를 걸 수 있습니까. ◇ **telefónico, ca** 囲 전화의. ¿Dónde está la guía *telefónica*? 전화부는 어디 있나. ◇ **telefonista** 圕 전화 교환수.

telégrafo 圕 전신(電信). La oficina de *telégrafos* está a dos pasos de aquí. 전신국은 여기서 바로 가까이에 있다. ◇ **telegrafiar** [12 enviar]. 타 (전보를) 치다, 재전보를 치다. Te *telegrafiaré* en cuanto llegue. 내가 도착하면 바로 네게 전보를 치겠다. ◇ **telegrafista** 圕 전신 기사.

telegrama 圕 전보. Quiero mandarle un *telegrama* de pésame. 나는 그에게 조전(弔電)을 치고 싶다.

telescopio 圕 망원경.

televisión 여 텔레비전. La *televisión* será un medio eficaz de enseñanza. 텔레비전은 유효한 교육수단으로 되리라. ◇ **televidente** [12 enviar] 圕 텔레비전 시청자. ◇ **televisar** 타 텔레비전으로 방송하다. ◇ **televisor** 圕 텔레비전 수상기.

telón 圕【연극】막(幕). Al levantarse el *telón* se oyen dentro disparos y gritos. 막이 오르면 안쪽에서 총소리와 고함소리가 들린다.

tema 圕 주제, 제재(題材). Cambiemos de *tema*. 화제를 바꾸자.

temblar [19 pensar] 재 떨다. La pobre niña *temblaba* de frío. 가엾게도 소녀는 추위로 떨고 있었다. ◇ **temblor** 圕 떨림, 진동; 전률. Contemplaba el *temblor* de las estrellas. 나는 별이 떨고 있는 것을 바라보고 있었다. *temblor* de tierra 지진(地震).

temer 타 ① 두려워 하다, 외경(畏敬)하다. Allí se vive pobre pero se *teme* a Dios. 저 곳은 생활은 빈곤하지만 신을 외경하고 있다. ② 걱정·근심하다. *Temo* que lo haya perdido. 나는 그걸 잃지나 않았나 하고 걱정하고 있다. 재 [+por : …의 일을] 걱정하다. *Temía* siempre *por* su hijo. 나는 언제나 어린애 때문

에 걱정하고 있었다. ◇ **temor** 명 두려움; 걱정. La amenazaba el *temor* de que le hubiera ocurrido algo al hijo. 무슨 일이 아들의 신상에 일어난 것이나 아닌가 하는 걱정으로 그는 두려워하고 있었다.

temperamento 명 체질; 기질. Es de un *temperamento* delicado y se fatiga pronto. 그는 허약한 체질이어서 곧 지친다.

temperatura 여 ① 온도, 기온. Hacía un *temperatura* deliciosa. 기분좋은 기온이었다. ② 체온, 열.

tempestad 여 폭풍우, 태풍. Las *tempestades* son muy frecuentes en esta época. 이 시기에는 폭풍우가 빈번히 있다. ◇ **tempestuoso, sa** 형 폭풍우의; 일기가 나쁜.

templado, da 형 ① 절도(節度) 있는; 조절된. ② 온난한. Es una mañana de otoño, *templada* y alegre. 따스하고 기분이 좋은 가을 아침이다. ③ 침착·냉정한. Es un tipo muy *templado*. 그는 매우 침착한 인물이다.

templo 명 절, 신전, 성당. ¿Qué diferencia hay entre un *templo* budista y un *templo* cristiano? 불교 사원과 예수교 사원과는 어떻게 다른가?

temporada 여 시기, 계절. Ha empezado ya la *temporada* de ópera. 가극의 계절이 벌써 시작되었다. de *temporada* 일시적인·으로. No vive aquí, está sólo de *temporada*. 그는 이곳에 살고 있는 것은 아니다; 일시적으로 있을 따름이다.

temporal 형 한 시기의; 임시의. Tengo un trabajo *temporal*. 나는 임시의 일이 있다. ②【문법】때의, 때를 표시하는. conjunción *temporal* 때의 접속사. ③ 속세의, 세속적인. 명 폭풍우. El *temporal* duró varios días. 폭풍우는 수일간 계속했다.

temprano, na 형 (시기·시각이) 빠른 (↔ tardío). Las lluvias *tempranas* han hecho bastante daño a los frutales. 시기적으로 빠른 비가 과수에 상당한 손해를 주었다. 분 빨리 (↔ tarde). Salimos por la mañana *temprano*. 우리는 아침 일찍 출발한다. Es demasiado *temprano* para salir. 출발하기에는 아직 너무 이르다.

ten tener의 2인칭 단수 명령형.

tenaz [복 tenaces] 형 ① 끈기있는. Es muy *tenaz* en todo lo que emprende. 그는 무엇이나 시작한 일에 대하여 끈기 있는 사내이다. ② 집요한. Me molestó varios días un dolor *tenaz*. 집요한 아픔에 나는 수일간 괴로왔다. ◇ **tenacidad** 여 집요; 완강.

tenazas 여복 부젓가락, …집게; 못뽑이, 뻰찌: 핀셋트.

tenca 여【물고기】잉어.

tendal 명 (배 갑판 위의) 차일(遮日).

tendedero 명 옷 말리는 곳.

tendejón 명 작은 가게; 초라한 초가집.

tendencia 여 경향; 성벽(性癖). Mi hijo tiene una *tendencia* a la pereza. 내 아들은 게으름뱅이의 경향이 있다. ◇ **tendencioso, sa** 형 편향적인; 저의가 있는.

tender [20 perder] 타 ① 내뻗다; (밧줄 따위를) 치다. Al verme

tendero, ra 圐 (주로 식료품점의) 주인, 점원. La *tendera* es muy amable con todo el mundo. 가게의 여주인은 누구에게나 매우 상냥하다.

me *tendió* la mano. 그는 나를 보자 (악수하려고) 손을 내밀었다. ② 넙히다. Estaba *tendiendo* el mantel sobre la mesa. 그는 테이블에 테이블보를 펴고 있었다. 찌 [+a: …로 향하는] 경향이 있다. El calor *tiende* a disminuir. 더위는 점점 내리막 길이다. ◇**-se** (기다랗게) 뻗다; 넘어지다. *Se tendió* sobre la arena. 그는 모래 위에 (길게) 누웠다.

tendido 圐 (투우의) 2등석.

tendón 圐 [해부] 건(腱), 근.

tenedor 圐 ① [식기] 포크. Páseme *tenedores*, que aquí faltan. 포크를 집어 주시오, 여기는 모자라니까. ② (증권·어음의) 소지인. *tenedor de libros* 장부·회계 담당자.

tener [58] 태 ① 가지고 있다, (…가) 있다. ¿Qué *tienes* en la mano, Juan? 후안, 너는 손에 무엇을 가지고 있는가. *Tengo* un hermano. 나에게는 동생이 한사람 있다. ② (해·때를) 지내다. *Tuve* un mal día. 나는 나쁜 하루를 지냈다. ③ [+때의 명사] (때·햇수가) 지나고 있다. Su abuela *tendrá* sesenta años. 그의 할머니는 60세 쯤이리라. ④ [+dolor·miedo·calor·frío·sueño·hambre·sed·suerte 따위의 명사] (상태로) 되어 있다. ¿*Teníais* mucha hambre? 너희들은 대단히 배가 고팠었느냐. ⑤ [+과거분사] 벌써 …하고 있다. *Teníamos* estudiada la cuestión. 우리는 그 문제를 연구해 두었다. ⑥ [+por·como: …라] 생각하다. No me *tengáis* por ingrato. 나를은 모르는 놈이라고 생각하지 말아 다오. *tener a bien + inf.* …하여 주시다. Les agradezco el folleto que *han tenido* a bien enviarme tan pronto. 곧 바로 소책자를 보내주셔서 감사합니다. *tener que + inf.* …할 필요가 있다, …해야 한다. …하지 않으면 안된다. Mañana *tendré* que salir temprano. 나는 내일 아침 일찍 출발해야 할 것이다. *no tener más que + inf.* …하기만 하면 된다. No *tiene* más que mirarles en los ojos para convencerse de ello. 그것을 납득하려면 그들의 눈을 보기만 하면 된다. *tener que ver con* …와 관계가 있다. ¿Qué *tengo* que ver con eso? 그 일과 나는 무슨 관계가 있는가. *tener prisa* 서두르고 있다. ¿Por qué *tiene* usted tanta *prisa*? 왜 당신은 그다지 서두르고 있는가. *tener razón* (말, 생각이) 옳다. *Tiene* usted *razón*. 당신이 말하는 그대로입니다.

tenga ① tener의 접속법 현재 1·3인칭 단수형. ② 가지십시오. *No tenga*. 갖지 마십시오.

tengáis tener의 접속법 현재 2인칭 복수형.

tengamos tener의 접속법 현재 1인칭 복수형.

tengan ① tener의 접속법 현재 3인칭 복수형. ② 당신들 가지십시오.

tengas tener의 접속법 현재 2인칭 단수형.

tengo ① tener의 직설법 현재 1인칭 단수형. ② 나는 가지고 있다.

teniente 圐 육군 중위. *primer teniente* 육군 중위. *segundo*

tenis 團 【스포츠】 정구. Mi prima juega al *tenis* por la mañana. 내 사촌 누이는 오전에 정구를 친다. ◇ **tenista** 團 정구치는 사람, 정구 선수.

tenso, sa 團 긴장한. Las relaciones de las dos familias están muy *tensas*. 그 두 집의 관계는 긴장하고 있다. ◇ **tensión** 여 ① 긴장, 팽팽. Parece que ha disminuido la *tensión* internacional. 국제적 긴장은 늦추어진 듯하다. ②(가스·전기·혈액의) 압력. Usted tiene muy alta la *tensión*. 당신은 혈압이 매우 높다. **en tensión** 긴장한·해서.

tentar 〖19〗 pensar〗 目 ①(손으로) 더듬다; 조사하다. Tuve que bajar la escalera *tentando* la pared. 나는 벽을 더듬으면서 계단을 내려가야 했다. ② 시도하다, 기획하다. En vano *hemos tentado* todos los remedios. 우리는 모든 방책을 시도했으나 허사였다. ③ 유혹하다. No le *tientes* a fumar. 그에게 담배를 피우도록 유혹하지 마라. ◇ **tentación** 여 유혹(하는 물건); 욕망. No es fácil huir de las *tentaciones*. 그 유혹에서 빠져나가기는 용이하지 않다. ◇ **tentador, ra** 團 유혹하는; 욕망을 자아내는. 團 유혹자. ◇ **tentativa** 여 시도, 기획; 미수행위.

teñir 〖43〗 ceñir〗 目 [+de·en: …색으로] 물들이다. La chica tiene el cabello *teñido* de color zanahoria. 그 소녀는 당근색으로 머리털을 물들이고 있다.

teoría 여 이론(理論). La *teoría* a veces no es eficaz para llevar una cosa a cabo. 어떠한 일을 수행하는데 이론은 때로 효과가 없다. **en teoría** 이론상으로 ◇ **teórico, ca** 團 이론(적·상)의. Nos dieron una lección *teórico*–práctica. 우리들은 이론과 실천의 수련을 교육 받았다. *física teórica* 이론 물리학.

tercero, ra 團 [남성 단수명사 앞에서 tercer] ①3번째의. La familia ocupa el *tercer* piso de esta casa. 그 가족은 이 건물 3층을 사용하고 있었다. ②3등분의. Una *tercera* parte de la clase son alumnas. 학급의 3분의 1은 여학생이다. 團 ①3분의 1. ②제삼자; 조정자. Necesitamos un *tercero* para resolver el asunto. 그 문제를 해결하기 위해서는 제삼자를 필요로 한다.

terciado, da 團 가로 놓인; 엷은 갈색의 (사탕).

terciar 目 가로 놓다, 사형(斜形)으로 하다; 3등분하다. 再 공개·조정하다(mediar); [+en] 참가하다; 수를 채워넣다; 사이에 끼이다, (이야기에) 한축 끼다; 3일날이 오다. ◇ **–se** 기회가 오다, 좋게되다.

terciario, ria 團 제3의, 제3위의; 【지질】 제3기층(第三期層)의.

terco, ca 團 완고한. Era un muchacho tan *terco*, que nadie pudo convencerle. 그는 대단히 완고한 소년이어서, 아무도 그를 설득할 수 없었다.

tergiversar 目 변절하다; 핑계대다, 속이다.

terliz 團 이불잇; 이불잇감; 천막천; 튼튼한 목면직(木綿織).

termal 團 온천의.

termas 여 온천; (옛 로마의) 공중 목욕탕.

término, ca 형 열의, 온도의; 화력의.
terminal 형 말단·종점의; 기말의. 예 종점, 종착역, 터미날. Por casualidad nos encontramos en la oficina de la *terminal* del aeropuerto. 우리들은 우연히 공항 터미날의 사무실에서 만났다.
terminar 탄 끝내다[⊕ empezar, comenzar], 치우다. ¿Cuándo *terminará* usted esa tarea? 그 일은 언제 끝납니까. 자 ① 끝나다(acabar). La reunión *terminó* cerca de las diez. 집회는 10시 가까이에 끝났다. ② [+en] 최후·말단이 …로 되다. La torre *termina en* punta. 그 탑은 끝이 뾰족하다. ③ [+por+inf] 최후는 …하다. *Terminaré por* marcharse al extranjero. 그는 마침내는 외국으로 떠나게 될 것이다. ◇ **terminación** 예 끝, 말미(末尾). Fue desastrosa la *terminación* de la guerra perdida. 패전의 결말은 참혹했다. ②[문법] 어미(語尾).
término 예 ① 끝, 종점. Al fin llegamos al *término* del viaje. 우리들은 마침내 여행의 종점에 닿았다. ② 한계; 기간. Usted debe presentarse en el *término* de diez días. 당신은 10일 기한 안에 출석해야 한다. ③ 용어(用語). Este autor hace uso de *términos* escogidos. 이 작가는 용어를 골라서 쓰고 있다. Se expresó en estos *términos*. 그는 이러한 말로 자기 생각을 말했다. *en buenos términos* 알기쉽게 말하면, 우호관계로. Por ahora estamos *en buenos términos* con esa familia. 목하 우리들은 그 가족과 사이좋게 지내고 있다. *en último término* 결국. *en un término medio* 평균해서. *poner término* 결말을 내다. *Pongamos término* a esta discusión estéril. 이제 이런 무익한 토론은 그만 두자.
termómetro 예 온도계, 체온계. El *termómetro* marcó 5 grados bajo cero. 온도계는 영하 5도를 가리켰다.
ternero, ra 예 【동물】 송아지. 예 송아지고기. Me gustan las chuletas de *ternera*. 나는 송아지고기 카틀렛이 좋다.
ternura 예 ① 상냥함; 상냥한 말. Era necesario que la tratasen con *ternura*. 그녀를 상냥하게 대접할 필요가 있었다. ② 눈물겨움. El derramó lágrimas al ver la *ternura* de la escena. 그는 그 눈물겨운 정경을 보고 눈물을 흘렸다.
terraza 예 ①【건물】테라스, 평지붕, 노대(露臺) ②노상 찻집. Veíamos el ir y venir de la gente, mientras tomábamos el café en la *terraza*. 우리들은 거리의 찻집에서 커피를 마시면서 사람의 내왕을 보고 있었다.
terremoto 예 지진(地震). Chile está expuesto a frecuentes *terremotos*. 칠레는 빈번한 지진의 위험에 직면하고 있다.
terreno, na 형 지상·현세의. Los bienes *terrenos* son perecederos. 현세의 재산은 가까운 장래에 소멸한다. 예 ①토지, 지면(suelo). ②지반(地盤), 영역. Es un cualquiera fuera del *terreno* de la medicina. 그는 의학의 영역 이외에서는 아무것도 아닌 인물이다.
terrestre 형 ① 대지·지구의. Entonces los objetos *terrestres* proyectan su sombra a gran distancia. 그때 지상의 물체는 그림

자를 멀리까지 투영한다. ②육상의. En el transporte *terrestre* nunca disminuye la importancia del ferrocarril. 육상 운수에서 철도의 중요성은 조금도 감소하지 않는다.

terrible 형 무서운. La policía ha cogido al *terrible* criminal. 경찰은 무서운 범죄자를 체포했다. ②지독한. Hacía un calor *terrible*. 지독한 더위였다. ◇ **terriblemente** 부 무섭게.

territorio 명 영토; 지역. Se decía que nunca se ponía el sol en el *territorio* español. 스페인 영토에는 태양이 지지 않는다고 말해지고 있었다. ◇ **territorial** 형 영토의. *aguas territoriales* 영해.

terror 명 공포. Los dos viajeros quedan cautivos de un *terror* súbito ante el espectáculo. 두 나그네는 그 광경을 보고 갑자스런 공포에 사로잡혔다. ◇ **terrorismo** 명 공포정치; 테러행위. ◇ **terrorista** 명 테러리스트.

terso, sa 형 원활한. La mar estaba negra, *tersa* y muda. 해면은 검고, 매끄러워 고요하였다.

tertulia 여 (상객[常客]・동호자의) 모임, 클럽. El padre ha salido a su *tertulia* en el café. 부친은 다방에서 있는 모임에 갔다. ◇ **tertuliano, na** 명 상객(의 개개인).

tesis 여 (단・복수 동형) (학위) 논문. Para fines de este mes tenemos que presentar la *tesis*. 우리는 이번 월말까지 논문을 제출해야 한다.

tesoro 남 ①보물, 보배, 재보(財寶). Esta cocinera es un *tesoro* de nuestra casa. 이 요리사는 우리 집의 보배이다. ②국고(國庫). ◇ **tesorería** 여 출납금; 출납 담당, 재무국. ◇ **tesorero, ra** 명 출납계 경리 담당, 재무관.

testamento 남 유언(장); 【종교】 서약. *Antiguo* [*Viejo*] *Testamento* 구약성경. *Nuevo Testamento* 신약성경.

testarudo, da 형 고집불통의. José es un niño *testarudo* y no sabe obedecer. 호세는 고집장이 어린이여서 복종할 줄을 모른다.

testera 여 앞면, 정면; (차의) 앞 자리.

testículo 남 【해부】 불알.

testificación 여 입증, 증명.

testifical 형 증인의; 증거가 서는.

testificar 타 입증하다, 증거를 세우다, 증언하다, 증인을 내세우다, 확실하게 밝히다.

testificativo, va 형 증거가 있는; 명확한.

testigo 명 ①증인. La declaración de la *testigo* era falsa. 그 여자 증인의 증언은 위증이었다. ②목격자. La policía está esperando que aparezcan *testigos* del accidente. 경찰은 사고의 목격자가 나타나기를 기다리고 있다.

testimonio 남 증거; 증언. Le ofrece a usted el *testimonio* de afecto. (편지의 맺음말) (서명자는) 당신에게 친애의 증거를 바칩니다. *falso testimonio* 위증(僞證).

tetánco, ca 형 강직성의; 【의학】 파상풍의.

tétano(s) 남 【의학】 파상풍; (격렬한) 근육이 경직.

tetar 타 …에 젖을 주다(amamantar).
tetera 여 찻 주전자;【칠레】 젖먹이는 병.
tetilla 여 작은 젖통; (수컷의) 젖꼭지; (젖먹이는 병의) 젖꼭지.
tetina 여 (젖 먹이는 병의) 젖꼭지.
Tetia 여【신화】바다의 여신(Nereida).
tetraetro 여 4면체.
tetrágono 여 4각형, 4변형.
tetrasílabo, ba 형 4음절의 (낱말).
tétrico, ca 형 슬픈, 아주 침울한.
tetuda 형여 유방이 큰 (여자).
teúrgia 여 요술, 신통술.
textil 형 ① 직물의. Esta ciudad es otro centro de industrias *textiles*. 이 도시도 또한 직물산업의 한 중심지이다. ② 섬유의. El lino es planta *textil*. 아마는 섬유식물이다.
texto 남 ① 문서. Para investigar esa época no disponemos de *textos*. 그 시대를 연구하는 데 우리들에게 쓰일 문헌이 없다. ② 본문; 원문(原文). Argumenta citando *textos* del autor. 그 작자의 원문을 인용하면서 입론하고 있다. ③ 교과서 (libro de texto). ◇ **textual** 형 원문대로의; 정확한.
tez [복 teces] 여 (얼굴의) 피부. Era una niña de *tez* morena y de dientes muy blancos. 그녀는 거무스름한 얼굴에 매우 흰 이를 가진 소녀였다.
ti 대 [2인칭 단수의 전치사격 대명사] 너. Esta carta es para *ti*. 이 편지는 네 앞으로 온 것이다. Te estás engañando a *ti* mismo. 너는 자기 자신을 속이고 있다.
tía 여 ① 백·숙모, 이모, 고모. Esa *tía* será mi madrina de boda. 그 숙모가 내 결혼식의 입회인으로 되어 준다. ② 아주머니. La *tía* Juliana me lo ha dicho. 줄리아나 아주머니가 나에게 그걸 가르쳐 주셨다.
tialina 여 【화학】 프치아린, 타액소.
tiamina 여 비타민 B₁.
tiberio 남 시끄러움(ruido, confusión).
tibetano, na 형 명 티베트의(사람), 남 티베트어.
tibia 여 【해부】 남 경골; 피리(flauta).
tibiar 타 미지근하게 하다(entibiar).
tibieza 여 미적지근함, 미온; 열성이 없음, 우유부단.
tibio, bia 형 미적지근한, 미온한; 열성이 없는, 우유부단한.
tiempo 남 ① 때, 시간. ¿Cuánto *tiempo* hace que usted vive aquí? 여기 살고 계신지 얼마쯤 됩니까. ② 틈; 여유. Cuando tenga *tiempo* venga usted. 틈이 있으면 오십시오. ③ 시대 (época). Este puente fue construido en el *tiempo* de los romanos. 로마(사람들의) 시대에 이 다리는 구축되었다. ④ 시기. A su *tiempo* maduran las uvas 서두르지 마라. ⑤ 천후, 일기, 날씨. ¿Qué *tiempo* hace? 날씨가 어떻습니까. Ahora hace buen *tiempo*, pero no va a durar mucho. 지금은 좋은 날씨이지만, 오래 갈 것 같지 않다. *a tiempo* 시간에 대어서, 제시간에. Llegamos *a tiempo*. 우리는 제시간에 도착했다. *con tiempo* 여

유를 가지고. Avísemelo *con tiempo*. 여유를 가지고 그 일을 알려 주세요. *fuera de tiempo* 시기에 뒤져서. Perdone que le llame *fuera de tiempo*. 시간 외에 불러 내어 미안합니다.

tienda 예 ① 가게, 상점. A estas horas estarán cerradas las *tiendas*. 이 시간에는 가게들은 닫혀 있을 것이다. ② 천막, 막사(幕舍). *tienda de comestibles* 식료품점. *tienda de confecciones* 부인 소아복점. *tienda de modas* 부인복점. ◇ **tiendecita** 예 구멍가게.

tiene tener의 직설법 현재 3인칭 단수형.

tienen tener의 직설법 현재 3인칭 복수형.

tienes tener의 직설법 현재 2인칭 단수형.

tierno, na 형 ① 부드러운; 연한 (매우 duro). Esta carne de vaca está muy *tierna*. 이 쇠고기는 매우 연하다. ② 젊은; 어린. Perdió a su madre a la *tierna* edad de cinco años. 그는 (어린) 5세 때 어머니를 잃었다. ③ 상냥한; 눈물겨운. La niña cuidó con *tierno* afecto a su madre enferma. 소녀는 상냥한 애정을 담아서 모친의 간호를 했다. ◇ **tiernamente** 부 상냥하게.

tierra 예 ① [주로 T·] 지구. ② 육지. La *tierra* ocupa la cuarta parte de la superficie del globo. 육지는 지구 표면의 4분의 1을 차지하고 있다. ③ 토지, 지방. Aquí se venden productos de la *tierra*. 여기서는 이 지방의 산물을 팔고 있다. ④ 지면(地面). Desde lo más alto del árbol cayó a [en] *tierra*. 그는 그 나무의 꼭대기에서 땅바닥에 떨어졌다. ⑤ 땅; 논밭. Tiene muchas *tierras* en Andalucía. 그는 안달루시아에 많은 논밭이 있다. ⑥ 흙, 진흙. Ponga un poco más de *tierra* en el tiesto. 화분에 좀 더 흙을 넣으시오.

tieso, sa 형 ① 돌출한. El perro, con las orejas *tiesas*, estaba atento al menor ruido. 개는 귀를 쫑긋 세우고 희미한 소리에도 주의하고 있었다. ② 완강한; 완고한. Le encontré *tieso* a pesar de su edad. 나이에 걸맞지 않게 그는 완강했다. ③ 젠체하는; 냉랭한.

tiesto 남 화분.

tifoideo, a 형 티푸스(성)의 (tífico). ◇ **tifo** 남 티푸스(tifus). ◇ **tifoidea** 예 장티푸스(fiebre tifoidea). ◇ **tifus** 남 (발진) 티푸스.

tigre 남 【동물】범, 호랑이. ◇ **tigresa** 예 암 호랑이.

tijera 예 [주로 복] 가위. Alcánceme las *tijeras*. 가위를 집어 주세요. *silla de tijera* 접는 의자.

tilde 예 또는 남【문법】파형부호(~); 억양 부호.

timbre 남 ① 초인종(campanilla). Tocó por dos veces el *timbre*, y no pareció nadie. 그는 두 차례 초인종을 울렸으나 아무도 나타나지 않았다. ② (수입)인지. Hay que ponerle un *timbre* a este certificado. 이 증명서에 인지를 붙여야 한다.

tímido, da 형 소심한, 내성적인. La paloma es un ave muy *tímida*. 비둘기는 대단히 무서움을 타는 새이다. ◇ **timidez** 예 소심, 내성. De repente se sintió atrevida, dejando la *timidez* de siempre. 그녀는 어느 때의 소심함을 버리고 갑자기 대담한

timo 남 ① 사취. *dar un timo* 속여서 빼앗다, 사취하다. ② 뜬 소문. ③ 【물고기】송어의 일종(tímalo); 흉선.

timocracia 여 금권정치.

timocrático, ca 형 금권정치의.

timol 남 티몰(강력 방부제)..

timonear 자 키를 다루다, 타기를 조종하다.

timonel 남 타수, 키 잡는 사람.

timonera 여 【선박】조타실.

timonero 남 키 잡는 사람. 형 키의, 타기의.

tina 여 큰 토기; 큰 통; 튜브; 목욕통.

tinaco 남 작은 통, 나무통.

tinada 여 장작단; 소의 우리.

tinglado 남 판자마루; 출색, 수완.

tiniebla 여 [보통 복] 어둠, 암흑; 무지, 답답함. *el ángel de las tinieblas* 악마.

tino 남 ①만져서(어떤 것을)알아 맞추는데 능숙함; 명중시키는 재주; 신중, 이성, 수완. *a tino* 손으로 더듬어서. *a buen tino* 짐작으로. *sin tino* 절제없이, 쉬지않고.②큰 통; 물감들이는 통; 탱크.

tinta 여 잉크. *Este papel no es bueno; la tinta se corre al escribir*. 이 종이는 좋지 않다; (글씨를) 쓰면 잉크가 스민다. ◇ **tintero** 남 잉크병; 잉크 · 스탠드.

tinto, ta 형 (포도나 포도주)적색의. *vino tinto* 적포도주.남 적포도주

tintóreo, a 형 색을 내는, 염색용의. 여복 염료 채취용 식물.

tintorería 여 세탁소; 염색공장; 염직물.

tintorero, ra 명 염색하는 사람, 염색업자.

tintura 여 염색(tinte); 염료; 얼굴을 곱게하기 위해 바르는 색분, 연지, 얼굴 화장품(afeite); 잉크틀에 풀어놓은 물감; 수박 겉핥기식의 지식.

tiña 여 머리버짐; 벌집; 벌집을 해치는 작은 거미.

tiñoso, sa 머리 버짐이 난 (사람); 궁핍한 (사람).

tío 남 ① 백 · 숙부, 고모부. *Mis tíos de Vigo serán padrinos de nuestra boda*. 비고에 있는 내 숙부모님께서 우리들의 결혼식 입회인으로 되어준다. ② 아저씨, 놈. *¿Qué se habrá creído ese tío?* 저 놈은 어떻게 생각하고 있는 것일까.

típico, ca 형 ① 전형적인. ② (지방적인) 특색이 있는. *Hoy, por los campos, no se advierte un traje típico*. 오늘날 시골에서도 지방 특유의 의상은 볼 수 없다.

tipo 남 ① 전형(典型); 형, 타입. *La Compañía ha colocado en venta un nuevo tipo de coche*. 그 회사는 신형 차를 발매했다. ② 인물, 놈. *Supongo que hay muchos tipos misteriosos ahí*. 그곳에는 수상한 인물이 많이 있다고 나는 생각한다. ③ 활자 (活字). *Limpie usted los tipos de esta máquina de escribir*. 이 타이프라이터의 활자를 깨끗이 청소해 주시오. ④ 율, 비율. *tipo de interés* 이율. *tipo de cambio* 환 환산율.

tipocromía 남 【인쇄】착색인쇄.

tipografía 여 인쇄; 인쇄소(imprenta).

tipográfico, ca 형 인쇄의; 활자의.
tipógrafo 남 인쇄공.
tipotelégrafo 남 텔레타이프.
tiquet(e) 남 입장권, 표, 티켙.
tiquismiquis 남복 쓸데 없는 것; 할 일없는 걱정.
tira 여 가늘고 긴것, 끈. *tira de hierro* 철대. *tiras cómicas* (신문의) 만화란.
tirabotas 남 【단·복수 동형】장화신는데 쓰이는 쇠갈구리.
tirabuzón 남 콜크 마개 뽑이.
tirano, na 형 횡포한. 명 횡포한 사람; 폭군(暴君). Este niño es el *tirano* de la familia. 이 아이는 우리 집의 폭군이다. ◇ **tiránico, ca** 형 ① 폭군의(과 같은). ② 저항할 수 없는. Le cautivó su encanto *tiránico*. 그 저항할 수 없는 매력이 그들을 포로로 했다.
tirante 형 ① 잡아 당긴, 팽팽한. Ponga la red bien *tirante*. 그물을 충분히 쳐 놓아라. ② 긴장·긴박한. Las relaciones entre las dos potencias estaban *tirantes*. 두 강국의 관계가 긴장하고 있었다. 남 ① 줄다리기 줄; 들보. ② 【의복】 바지 멜빵. Ponle al niño los *tirantes* para que no se le caigan los pantalones. 바지가 내려가지 않도록 어린이에게 바지 멜빵을 메어주시오. ◇ **tirantez** 여 팽팽함; 긴장, 긴박.
tirar 타 ① 던지다. El niño *tiró* una piedra a la ventana. 소년은 창문에 돌을 던졌다. ② 떨어뜨리다, 넘어뜨리다. El viento ha *tirado* el árbol. 바람이 그 나무를 넘어뜨렸다. ③ 던져버리다. Estos tirantes ya no sirven; hay que *tirarlos*. 이 바지 멜빵은 이제 소용없이 되었다; 내버려야 하겠다. ④ 방출·발사하다. *Tiraban* cohetes a lo alto. 불꽃이 높이 쏘아 올려졌다. ⑤ 끌어 당기다; (선을) 긋다. Me *tira* siempre el pueblo. 나는 언제나 (마음이) 나라쪽으로 끌린다. ⑥ 인쇄·발행하다(publicar). Esta prensa *tira* medio millón de ejemplares. 이 신문은 50만부 발행하고 있다. 자 ① 지속하다; (식품 따위가) 변치않다. Este abrigo *tirará* todavía otro invierno. 이 외투는 또 한 겨울 입을 수 있으리라. ② [+a:…로 향하는] 경향이 있다. La cabra siempre *tira al* monte. 세살 버릇 여든까지 간다. ③ [+a:… 와] 닮아 있다. …물들어 있다. La hija más bien *tira a* su padre. 그 소녀는 오히려 부친을 닮아 있다. ④ [+de:…를] 끌어당기다, 끌다. El burro *tira del* carro. 노새가 짐수레를 끈다. ⑤ 사격하다. Me enseñó a *tirar* al banco con pistola. 그가 나에게 권총으로 과녁을 쏘는 법을 가르쳐 주었다. ◇ ~**se** ① 몸을 내던지다; 뛰어나가다·들다; 뛰어 덤비다. Vimos como *se tiraban* al agua. 우리들은 그들이 물로 뛰어드는 모습을 보았다. ② 넘어지다; 뻗다. *Se tiró* en la cama. 그는 침대에 몸을 길게 눕혔다. ◇ **tirador, ra** 명 사수(射手). Mi padre era buen *tirador*. 내 부친은 사격의 명수였다.
tiro 남 ① 던짐, 투척. ② 사격; 총소리; 사정(거리). Había sido campeón de *tiro* al blanco con pistola en su juventud. 그는 젊었을 때 권총 사격 선수였던 일도 있었다. *a tiro* (*de*) (…가) 닿는 곳

tirón 에; 가능한. Si se pone *a tiro*, le hablaré del asunto. 그가 말을 들을 기분이 되어 있다면 내가 이 일을 그에게 말하겠다.

tirón 남 세게 끌기, 끌기, 잡아당기기; 끌어들이기; 노력; 초보자, 연습자. *de un tirón* 당장, 즉시, 한번에.

tirotear 타 난사하다. ◇~se 싸우다, 충돌하다, 논쟁하다.

tiroteo 남 난사, 명사격, 작은 전투, 작은 논쟁.

tirria 여 악감정, 증오, 원한, 유한.

tísico, ca 형 페결핵의 (환자), 소모열의 (환자).

tisis 여 페결핵; 소모열.

tisú 남 금, 은 실로 만든 얇은 직물.

titán 남 【신화】 타이탄신.

títere 남 꼭두각시, 피뢰, 앞잡이; 집념; 복 곡예.

titilación 여 간지러움, 간지러움, 가벼운 쾌감; 반짝임.

titilar 자 반짝이다, 빛나다; 간지럽다.

titiritaina 여 피리소리, (피리소리 따위의) 시끄러운 소리.

titiritar 자 (공포, 추위로) 떨다.

titiritero, ra 남 곡예사, 인형 조종자.

titubear 자 주저하다; 말을 더듬다. El testigo contesta sin *titubear*. 증인은 더듬지도 않고 대답했다.

titular 타 (…에) 제명(題名)을 붙이다. Le recomiendo un libro *titulado* "Historia del Cristianismo." 나는 기독교 역사라고 이름하는 책을 권장합니다. 형 직함·자격을 가진; 전속·전임의. Ese señor es profesor *titular* de esta asignatura. 그 사람은 이 학과목의 전임교수이다.

título 남 ① 제명; 책; (신문의) 제목. ¿Cuál es el *título* del libro? 그 책의 이름은 무엇이냐. ② 직함, 자격. Tiene los *títulos* de abogado y doctor en Letras. 그는 변호사 자격과 문학박사의 직함을 가지고 있다. ③ 증권, 채권, 주권. *a título de* …로서, …의 자격·구실로. Va tarde a la oficina *a título de* que le pagan poco. 급료를 적게 준다는 이유로 그는 사무소에 늦게 나간다.

toalla 여 수건, 타올. Se limpió el sudor de la frente con una *toalla*. 그는 수건으로 이마의 땀을 닦았다.

tocador, ra 남 연주자. 여 변소; 화장대; 화장 상자.

tocante a 전 …에 관하여. No hemos hablado nada *tocante al* sueldo. 급료에 관하여 우리들은 아무 말도 하지 않는다.

tocar [7 sacar] 타 ① (…에) 닿다, 만지다. No *he tocado* con el pie. 나는 발로 그것을 건드렸다. ② (악기 따위를) 울리다; (음색을) 내다. Lola *tocaba* la guitarra en su cuarto. 롤라는 자기 방에서 키타를 뜯고 있었다. 자 ① [+a·con : …에] 닿다. A estas horas el Sol parece *tocar con* la Tierra en el horizonte. 이 시각에는 태양이 지평선에서 지구에 닿는 듯이 보인다. ② [+a : …고지·소집의 신호소리가] 울리다. Las campanas de la iglesia *tocan a* muerto. 교회의 종이 조종을 울리고 있다. ③ (순번이) 되다. A mí me *toca* limpiar nuestro cuarto. 우리 청소를 하는 순번이 내게 돌아왔다. ④ [+en : …에] 기항·착륙하다. Este barco no *tocará en* Veracruz. 이 배는 베라끄루스에는 들리지 않는다.

tocino 명 베이컨.

todavía 부 ① 아직. El está durmiendo *todavía*. 그는 아직 자고 있다. ② 더(한층). Lola es *todavía* más aplicada que su hermano. 롤라는 형보다 더 한층 근면하다. ③ 그리고도 또. He trabajado más que nadie y *todavía* me riñe. 나는 누구보다도 일을 잘 했다; 그런데도 오히려 그는 나를 꾸짖는다.

todo, da 형 [명사의 앞, 관사나 소유·지시 형용사가 있으면 다시 그 앞으로 나가는 부정(不定) 형용사] ① 모든, 전 …. *Todos* sus hermanos viven en Madrid. 그의 형제는 모두 마드리드에 살고 있다. ② [강조: 명사의 뒤] …은 모두, 전체로서. Los hombres *todos* están amenazados por el temor de la muerte. 사람은 모두 죽음의 공포에 떨고 있다. ③ [+부정관사+단수명사] 오로지 한개의. Su vida es *toda* una novela. 그의 일생은 단 한 편의 소설이다. ④ [+관사 없는 단수명사] 어느 것이나, 각자의. *Todo* día trae sus penas. 그날그날이 고민을 가져 온다. ⑤ [숙어적; +관사 없는 추상명사/+관사없는 복수명사] Se presentó con *toda* puntualidad. 그는 전혀 시각을 어기지 않고 모습을 보였다. ⑥ [+관사+장소의 명사] 그곳에 있는 사람 모두. *Toda* la casa asistía a la fiesta. 집안 사람 모두가 그 축제에 나갔다. ⑦ [명사에서 떨어져서의 부사적] 오로지. Vino *todo* manchado de barro. 그는 온몸 진흙 투성이로 돌아왔다. 부 전혀, 모두. El pobre se removió *todo* bruscamente. 그 불쌍한 놈은 전혀 갑자기 몸을 떨었다. 대 ① [단수형] 모두, 일체. Aquí hay de *todo* y se vende de *todo*. 여기에는 무엇이든지 있고 무엇이든지 팔고 있다. ② [복수형] 모든 것. Esta es la opinión de *todos*. 이것이 모두의 의견이다. ③ [lo와의 결합으로] 모든 일·것. El habla de *todo* y lo explica *todo* bien. 그는 무엇이든지 화제로 삼고, 모든 것을 능란하게 설명한다. **ante todo** 무엇보다도. *Ante todo* cuida tu salud. 무엇보다도 네 건강에 조심해라. **con todo** 그러나. *Con todo* prefiero no ir. 그러나 나는 차라리 가고 싶지 않다. **del todo** 모조리. **sobre todo** 특히 (especialmente). Me gusta el café; *sobre todo* si está caliente. 나는 커피를 좋아한다; 특히 커피가 뜨거우면.

toisón 명 훈장의 일종.

tojo 명 가시금작화.

tolanos 명복 종양, 종기.

toldadura 여 천막, 차일.

toldar 타 차일을 치다, 막을 치다.

toldilla 여 [선박] 후갑판 위의 선실, 갑판위의 차일.

tole 명 소요, 소란, 대소동, 배척의 외침, 반대, 소음, 광음. *tomar el tole* 도주하다

tolerancia 여 관용; 신교(信教)의 자유. La virtud más útil en la vida social es la *tolerancia*. 사회생활에서 가장 중요한 덕의(德義)는 관용이다.

tolerar 타 ① 허용·용인한다. No se pueden *tolerar* los escándalos en la vía pública. 공도(公道)에서의 소란은 허용되지 않는다. ② 견딜 수 있다. Mi estómago no *tolera* la leche. 내 위

tolmo 남 언덕, 바위산.
tolondro 남 타박, 타박상, 경솔한 자, 변덕스런 자.
tolú 남 페루산의 향료, 수지.
tolva 여 깔때기 모양의 그릇.
tolvanera 여 먼지.
toma 여 ① 포획고, 판매고, 획득・소득・취임(식), 착의(식);점령, 탈취, 섭취, (약 따위의)일회분. *toma de tierra* 〖항공〗 착륙. *toma de cuentas* 회계검사. *toma de posición* 취임(식).
tomador, ra 명 (어음, 수표의) 수취인, 소지인.
tomar 타 ① 잡다, 붙잡다. *Tome* usted el precio. 부디 대금을 받아 주시오. *Tomó* la mano de ella entre las suyas. 그는 그녀의 손을 자기의 두 손 속에 쥐었다. ② 먹다(comer), 마시다(beber). ¿A qué hora *toman* ustedes el desayuno? 아침식사는 몇 시에 하겠소. ③(일광・바람에) 쏘이다; 목욕하다. Voy a *tomar* el sol. 나는 햇볕을 쏘이려 한다. ④(탈 것을) 타다. Pueden ustedes *tomar* un taxi. 택시를 타면 좋다. ⑤(자리・장소・숙소를) 잡다. *Tome* usted asiento. 자리에 앉으시오. ⑥ (표 따위를) 사다; (세를) 빌다. *He* tomado dos entradas para esta tarde. 나는 오늘 오후의 표를 두 장 사두었다. ⑦ 채용・고용하다(emplear). *Hemos tomado* una muchacha nueva en la oficina. 우리들은 사무소에 새로 소녀를 한사람 채용했다. ⑧ 기록하다, 노트하다, 사진찍다. José quiere *tomar* nota de todo. 호세는 무엇이든지 기록하려 한다. ⑨ 수단을 쓰다, 태도를 짓다, 책임지다. El *tomó* la responsabilidad del trabajo. 그가 그 일의 책임을 졌다. ⑩(습관・버릇・취미 따위를) 몸에 붙이다, (어떤 감정을) 가지다. *Ha tomado* las costumbres de aquel país. 그는 저 나라의 습관을 몸에 지녔다. Me *tomaron* mucho cariño. 그 사람들은 나를 대단히 좋아하게 되었다. ⑪ [+동작의 명사: …을]하다. José *tomó* la decisión de hacerlo. 호세는 그렇게 할 결심을 했다. Están *tomando* todas las precauciones necesarias. 필요한 예방은 모두 취해지고 있다. ⑫ [+por: …로]오인하다. Parece que te *tomaba por* tu hermano. 그는 너를 네 형으로 오인한 듯하다. ⑬(길을) 더듬다; [자동사적; +a・hacia・por: …의 쪽으로] 길을 잡다. Había *tomado* una senda equivocada. 나는 틀리는 길을 걷고 있었다. Al llegar al cruce, tiene que *tomar* a la derecha. 십자로에 도착하면 당신은 오른쪽으로 가야 합니다. ◇**~se** (자기가・자신을 위하여) 취하다. *Me tomé* una copa de vino para animarme. 나는 기운을 내려고 포도주를 한 잔 마셨다. *tomarse la libertad de*+*inf.* 실례지만 …하다. *Me tomo la libertad de dirigir*me a usted por primera vez. 실례지만 처음으로 편지를 올립니다.
tomatal 남 토마토 밭.
tomate 남 〖식물〗 토마토(의 열매).
tomo 남 (책의) 권(卷). La novela está incluida en el *tomo* segundo de sus obras completas. 그 소설은 그의 전집의 제 2권

tonelada 여 [중량·용적의 단위] 톤. Nos bastan con dos *toneladas* de carbón para todo el invierno. 겨울동안 2톤의 석탄이 있으면 우리는 충분하다. ◇ **tonelaje** 남 [선박] (총)톤수.

tónico, ca 형 강장(強壯)의. 남 강장제(強壯劑).

tono 남 ① 가락. ② 말씨. Me hablaba en *tono* de súplica. 그는 나에게 간청하는 말씨로 말을 걸었다. ③ 색조. La discusión tomó un *tono* político. 토론은 정치색을 띠었다.

tonto, ta 형 ① 어리석은; 호인인. No seas *tonta*. 바보스런 짓을 하지 마라. ② 바보스런, 얼빠진. ◇ **tonteo** 남 어리석은 짓·행동. ◇ **tontería** 여 어리석은 일. ◇ **tontón, na** 형 어리석은.

topar 타 (…와) 부딪치다; 만나다. ◇ **~se** [+con : …과] 부딪치다; 만나다다. *Me topé con* él en la estación. 나는 역에서 그를 만났다.

tope 남 정상, 접촉점, 충돌, 방해, 장해물, (열차의) 완충기, 돛대 꼭대기. *hasta el tope* 가장자리 까지.

topetada 여 (뿔달린 동물 따위가) 받기, 떠밀기, 충돌, 박치기.

topet(e)ar 자타 부딪치다, 충돌하다, 치다.

topetón 남 충돌, 부딪침, 만남, (뿔 따위로) 받음, 받기.

tópico, ca 형 화제의, 문제의, 제목의, 원칙적, 총론적 사사문제의. 남 외용약, 화제.

topo 남 [동물] 두더지.

topografía 여 지형학, 지형, 지세.

topografiar 타 측량하다.

topográfico, ca 형 지형(학)적, 측량의.

topógrafo, fa 남여 지형학자.

toponimia 여 지명, 지명학, 지명연구, 지명고.

toque 남 ① 접촉함. No le di más que un *toque* con el lápiz. 나는 그것에 연필로 살짝 대었을 뿐이오. ② 종소리·나팔 신호소리. Se oye el *toque* de difuntos. 조문하는 종소리가 들렸다. ③ (그림붓의) 한 번 칠함; 약간의 손질. Unos cuantos *toques* más y estará terminado. 좀 더 손을 대면 그걸로 완성이겠소.

torbellino 남 선풍(旋風). El *torbellino* atravesó la llanura arrasándolo todo. 회오리바람이 닥치는 대로 쓸어 드리면서 평원을 횡단했다.

torcer [① vencer, ② perder] 자 [+a.hacia : …쪽으로] 굽다. Al llegar a la esquina, *tuerza* usted a la derecha. 모퉁이까지 가거든 오른쪽으로 굽어지세요. 타 ① 구부리다. El agua *tuerce* los rayos de luz. 물은 광선을 굴절시킨다. ② 비뚤어지게 하다; 비틀다, 뒤틀다. Al oírlo *torció* el gesto. 그 말을 듣더니 그는 얼굴을 찡그렸다. ◇ **~se** ① 굽다; 비틀리다. *Me torcí* un pie al bajar la escalera. 나는 계단을 내려 가다 한쪽 발을 삐었다. ③ (성격이) 비꼬이다; (일이) 꼬이다. ◇ **torcido, da** 형 굽은; 비꼬인; 뒤틀린.

torear 자타 투우하다. ◇ **toreador** 남 투우사. ◇ **toreo** 남 투우. ◇ **torería** 여 투우 기술·조합·단. ◇ **torero, ra** 형 투우의·풍의. 남 투우사; 투우 좋아하는 사람.

tormenta 예 폭풍우. El navío se refugió de la *tormenta* en la bahía. 배는 폭풍우를 피하여 만(灣) 속으로 피난했다. ◇ **tormentoso, sa** 행 폭풍우의; 일기가 사나워지는. El navío se aventuró en el mar *tormentoso*. 배는 폭풍의 바다에 위험을 무릅쓰고 출항했다.

tormento 남 ① 고문, 괴롭힘. ② 고민(의) 씨앗. Ese niño enfermo es su *tormento*. 그 병든 아들이 고민의 씨앗이다.

torna 예 반환, 상환, 복귀: 관개로, 도랑. *volver las tornas* 갚다, 반려하다, 역전하다.

tornaboda 예 신혼여행의 첫날, 결혼 이튿날.

tornada 예 돌아옴, 귀향, 복귀, 귀국.

tornadizo, za 행 신념을 굽힌, 변절한, 배반한. 명 변절자.

tornado 남 하리케인, 태풍.

tornaguía 예 수령증.

tornapunta 예 지주(支柱), 버팀기둥.

tornar 타 ① 돌려주다, 되돌리다. ② (어떤 성질·상태로) 바꾸다. El mal humor le *tornó* taciturno. 기분이 나빠서 그는 말을 하지 않게 되었다. 자 ① 돌아오다, 되돌아 오다. ② [+en: …으로] 바뀌다. La defensa *tornó* en acusación. 변호가 고발로 변했다. ③ [+a+inf.] 다시 …하다. *Tornó a* llover. 또 비가 오기 시작했다. ◇ ~se 바뀌다. En invierno las montañas *se tornan* blancas. 겨울에는 산들은 (눈으로) 희어진다.

tornasolado, da 행 변색의, 색깔이 변하는, 무지개 빛깔의.

tornasolar 타 (보는 방향에 따라) 색이 달라지게 하다, 무지개 빛깔로 하다.

tornátil 행 선회식의, 변화할 수 있는, 변하기 쉬운, 변덕스런.

tornatrás 남 혼혈아 튀기, 잡종.

tornavía 예 전차대, 회전대, (축음기의) 회전반.

tornavoz 남 장치, 반향, (악기의) 공명판.

torneante 남 경기에 출전한 선수.

tornear 타 회전시키다. 자 선회하다, 시합·경기에 출전하다.

torneo 남 기마전, 마상시합, 시합, 경기.

tornería 예 선반공장, 선반세공.

tornero, ra 명 선반공.

tornija 예 (바퀴의) 쐐기.

tornillero 남 탈주병.

tornillo 남 【공구】 수나사, 나사못. A ese muchacho le falta algún *tornillo*. 그 어린이는 어딘지 모자라는 곳이 있다.

toro 남 ① 【동물】 황소, 숫소 [비교: buey]. Había un animal de piedra que tenía forma de *toro*. 소의 형상을 가진 돌로 된 동물이 있었다. ② 투우. Todo extranjero que visita España quiere ir a los *toros*. 스페인을 찾는 외국인은 투우를 보러 가려 한다. *corrida de toros* 투우. ◇ **torero** 남 투우사 (toreador).

torpe 행 느슨한. 바보스러운 (tonto). Le parezco *torpe* a la maestra. 선생에게는 내가 바보로 보이는 것이다. A causa de la gordura está *torpe* de movimientos. 그는 살이 쪄 있으므로 동작이 느리다. ◇ **torpeza** 예 우둔(tontería); 바보, 실책.

torpedo 男 기뢰, 어뢰.

torre 여 【건물】 탑; 타락. Esta *torre* de acero mide 320 metros de alto. 이 철탑은 높이가 320 미터이다. *torre de marfil* 상아탑. *torre de mando* 사령탑.

torrente 男 ① 격류(激流). El pobre toro fue arrastrado por el *torrente*. 불쌍하게도 그 소는 격류에 말려 들어갔다. ②(밀어닥치는) 군중. ◇ **torrencial** 형 격류의(와 같은). Caía una lluvia *torrencial* 내리 퍼붓는 호우가 쏟아졌다.

torta 여 케잌. Esta *torta* está seca. 이 케잌은 말라 있다.

tortilla 여 옥수수 부침.

tortuga 여 【동물】 거북이.

tortura 여 꼬임; 고문. ◇ **torturar** 타 괴롭히다, 고문하다.

tos [复 toses] 여 기침. En la oscuridad se oyeron las *toses* secas. de alguien. 어둠 속에서 어떤 사람의 기침소리가 들렸다. ◇ **toser** 자 기침하다.

tosco, ca 형 ① 조잡한. Es un trabajo demasiado *tosco*. (그것은) 너무나도 조잡한 세공이다. ②교양이 없는. Era una persona de maneras *toscas*. 그는 품행이 나쁜 사람이었다. ◇ **tosquedad** 여 조잡.

tostar [24 contar] 타 태우다, 그을리다, 뙤다, 볶다. El pan está demasiado *tostado*. 이 빵은 너무 구어졌다. ◇ **~se** (해·바닷바람에 살갗이) 타다. ◇ **tostada** 여 【식품】 토스트 빵. Tráigame un café, *tostadas* y mantequilla. 커피와 토스트와 버터를 가져와 주시오. ◇ **tostador** 男 빵굽는 기계; 커피 볶는 기계.

total 형 전체·전부의; 전면적인. El bombardeo causó la destrucción *total* de la ciudad. 폭격이 도시의 전면적인 파괴를 가져왔다. 男 총계; 전부. ¿Cuál es el *total* de la suma? 집계한 총계는 얼마인가요. *total, que* …결국, 즉. Total, que nadie está contento. 결국 누구든 사람 만족하지 않는다. *en total* 결국; 전부. ◇ **totalidad** 여 전체, 전부.

totalitario, ria 형 전체주의의.

totalitarismo 男 전체주의.

totalizar 타 집계하다, 합계하다. ◇ **~se** [+en] 합계하여 …이 되다.

totem 男 토템.

toxemia 여 【의학】 독혈증.

toxicidad 여 독성, 유독성.

tóxico, ca 형 위독한. 男 독, 독물.

toxicología 여 독물학.

toxicólogo, ga 男 독물학자.

toxicomanía 여 독물, 독물 중독.

toxicómano, na 형 男 독물 기호의, 중독자.

toxina 여 독소.

tozal 男 구릉, 언덕, 꼭대기, 정상.

tozo, za 형 난장이의, 왜소한, 작은.

tozudo, da 형 고집센, 고지식한.

traba 여 결속, 연결, 묶음, 붙잡음, 움켜쥠, 방해, 장해.

trabacuenta 여 계산 착오, 과오, 실수, 잘못, 논쟁, 논박, 논전.

trabado, da 형 연결된, 접속된, **빽빽한**, 조밀한, 강한, 강인한, 튼튼한;【문법】자음으로 끝나는(음절).

trabajado, da 형 고심한, 애쓴, 실증난, 분주한, 바쁜, 할 일이 많은.

trabajar 자 ① 일하다; 근무하다. *Trabajaba* de sastre en un taller. 그는 재봉 직공으로서, 어느 공장에서 일하고 있었다. ② 공부・노력하다. Ese alumno es aplicado y *trabaja* mucho. 그 학생은 근면하여 공부를 많이 한다. 타 ①세공・가공하다. Todas son piezas a conciencia *trabajadas* por él. 모두가 그 사람이 양심적으로 만들어낸 물건이다. ② 갈다(arar), 경작하다 (cultivar). Ahora están *trabajando* la tierra. 지금 모두 밭일을 하고 있다. ◇ **trabajador, ra** 형 일 잘하는, 능력 있는, 부지런한(aplicado, diligente). Lola es la más *trabajadora* de todo el pueblo. 롤라는 마을 제일의 일꾼이다. 명 (육체적인) 노동자, 일꾼.

trabajo 남 ① 일. A nadie gusta que se le interrumpa en el *trabajo*. 아무라도 일하는 중에 중단 당하는 일은 싫어한다. ② 노동(labor). Van a cambiar la ley del *trabajo*. (그들은) 노동법을 개정하려 한다. Fueron arduas las luchas entre el captal y el *trabajo*. 노사 간의 투쟁은 격렬했다. ③ (等)작물. Este *trabajo* es muy útil para los que trabajan en las sociedades mercantiles. 이 저작(著作)은 상사에서 일하는 사람들에게 매우 유익하다. ④ 노고(勞苦). No hay atajo sin *trabajo*. 노고없는 지름길은 없다. *costar trabajo*+inf. …하기에 힘들다. Me *costó* mucho *trabajo* arreglar el asunto. 이 일을 처리하기에 나는 매우 힘이 들었다. ◇ **trabajoso, sa** 형 노고가 많은, 곤란한.

trabar 타 ① 연결시키다, 얽히게 하다. ② (우정을) 맺다; (회화・싸움 따위를) 시작하다. Los dos *trabaron* amistad en un viaje. 두 사람은 여행에서 친해졌다. ◇ **~se** ① 감기다, 엉키다. *Se la traba* la lengua cuando habla rápido. 그는 빨리 말하면 혀가 잘 돌아가지 않는다. ② 싸움하다. Los dos *se trabaron* en una discusión. 두 사람은 입씨름을 시작했다.

trácala 여 속임수, 기만, 사기, 술책, 거짓말.

tracalada 여 군중, 다수.

tracción 여 견인(력), 끌기, 끄는 힘.

tracista【남・녀 동형】형 제도가, 도안자, 고안자, 계획자, 모사.

tracoma 여【의학】도라홈, 과립성 결막염.

tracto 남 간격(trecho), 기간(lapso).

tractor 남 견인차, 트럭터. *tractor de oruga* 무한 궤도차.

tradición 여 전통; 전설(leyenda). Esta costumbre tiene una *tradición* muy remota. 이 풍습은 매우 오랜 전통을 가지고 있다. ◇ **tradicional** 형 전통적인; 전설의(과 같은). Todo el pueblo participa en la fiesta *tradicional*. 마을 사람들이 모두 그 전통적인 축제에 참가한다.

traducción 예 번역(물); 해석. Tengo varias *traducciones* coreanas del Quijote. 나는 돈·키호테의 우리말 번역을 몇권 가지고 있다.

traducir [70] aducir] 타 ①번역하다. ¿Quién *ha traducido* la novela al [en] español? 이 소설은 누가 스페인어로 번역했는가. Esta parte está mal *traducida*. 이 부분은 오역되어 있다. ② 표현하다(expresar). *Tradujo* sus sentimientos en unas frases conmovedoras. 그는 자기의 감정을 감동적인 말로 표현했다. ◇ **traductor, ra** 명 번역자·가.

traer [71] 타 ①가져 오다. Mozo, *tráigame* una cerveza. 보이, 맥주 한 병 가져오세요. ② 초래하다. La pereza *trae* estos vicios. 게으름이 이러한 나쁜 버릇의 원인으로 된다. ③입고 있다, 몸에 붙이고 있다. ④ (신문이 기사 따위를) 싣다. El periódico de hoy *trae* un artículo sobre los accidentes de tráfico. 오늘 신문에 교통사고에 관한 기사가 실려 있다. ⑤ [+형용사 …의 상태로] 하여 놓다. El asunto le *traía* muy inquieto. 그 일이 그를 대단히 불안하게 하고 있었다.

tráfico 명 ①교통(량). Han aumentado los accidentes de *tráfico* recientemente. 요즘은 교통사고가 증가했다. ② 거래(去來), 무역, 장사. En este puerto se hace un *tráfico* importante. 이 항구에서는 중요한 거래가 행해진다. *tráfico* marítimo 해운(海運). *jefe de tráfico* 운수과장. *abrir al tráfico* 개통시키다.

tragaderas 예복 식도(食道). *tener buenas tragaderas* 잘 속다.

tragadero 명 식도(faringe), 구멍.

tragaldabas 명 [단·복수 동형] 대식가.

tragaleguas 명 [단·복수 동형] 잘 걷는자, 건강인.

tragaluz 명 천창, 채광창.

tragantón, na 형 대식하는. 명 대식가. 예 성대히 차린 연회.

tragaperras 명 [단·복수 동형] 자동판매기.

tragar(se) [8 pagar] 타재 마시다, 들이마시다. Me obligaron a *tragar* la medicina. 나는 그 약을 억지로 먹이었다. ◇ **trago** 명 한 입(에 마시는 양). Vamos a echarnos un *trago*. 한 잔 (술을) 마시러 가자.

tragedia 예 비극(悲劇) [대 comedia]. Prefiero la *tragedia* más bien que la comedia. 나는 희극보다 오히려 비극이 좋다. ◇ **trágico, ca** 형 비극의; 비극적인. Fue un accidente *trágico*, que costó la vida a muchas personas. 그것은 많은 사람의 생명을 빼앗은 비참한 사고였다. 명 비극 작가.

traición 예 배반, 배신. Hizo *traición* a su amigo causándole la muerte. 그는 친구를 배신하여 죽음에 몰아 넣었다. *a traición* 배신해서, 기습적으로. Le hirieron *a traición* con las espadas que tenían ocultas. 그는 상대가 감추어 가지고 있던 칼로 기습 당했다. ◇ **traicionar** 타 배신하다; (의사에) 반대하다, (진실을) 폭로하다. Su gesto *traicionaba* sus intenciones. 그의 낯빛이 그의 진의를 은연에 나타내고 있었다.

traidor, ra 형 ①배신자의, 악인의. ②믿을 수 없는; (진실을) 숨길수 없는. Me miró con unos ojos *traidores*. 저의가 보이는 눈

초리로 그는 나를 보았다. 圏 배신자, 악인. ¿Dónde están los *traidores* que han vendido al fiel amigo? 충실한 동료를 (적에게) 팔아넘긴 배신자는 어디 있느냐.

traje 圕 옷(ropa), 복장. El *traje* revelaba su buena posición económica. 그의 복장이 경제상태의 양호함을 말하고 있었다. *traje de baño* [playa] 수영복. *traje de casa* 가정복. *traje de etiqueta* 예복 (frac). *traje de noche* 야회복.

trama 例 ①(천의) 가로 실. ②(주로 나쁜) 책략. Entre los dos me hicieron una *trama* odiosa. 그들은 둘이서 나에 대하여 가증한 책략을 꾸몄다. ③(작품의) 줄거리, 구조(構造). Es muy sencilla la *trama* de la novela. 그 소설의 줄거리는 매우 단순하다. ◇ **tramar** 囤 책략을 쓰다, 꾸미다. Estaban *tramando* una alegre sorpresa para su madre. 모친에게 즐거음을 (드리려고) 그들은 (일을) 꾸미고 있었다.

trámite 圕 수속, 절차. Son bastante molestos los *trámites* para sacar el pasaporte. 여권을 받는 절차는 꽤 번거롭다.

trampa 例 덫, 함정, 간계. Pusieron algunas *trampas* para los ratones. 그들은 쥐를 잡을 덫을 몇 개 만들었다. *llevarse la trampa* 모르는 동안에 없어지다; 몽땅 허사가 되다. Nuestra herencia *se ha llevado la trampa*. 우리들의 상속재산은 어느덧 없어져 있었다.

trance 圕 (아슬아슬한) 시기, 전기(傳記). Le deseo la resignación posible en tan duro *trance* como el que sufre. 당신이 피로와하는 이러한 괴로운 때에 가능한 한의 체념을 빕니다. *a todo trance* 단연.

tranquilizar [9] alzar] 囤 안정시키다; 안심시키다. La *tranquilizaron* las noticias recibidas. 받은 소식이 그녀를 안심시켰다. ◇~**se** 안정하다; 안심하다. *Tranquilícese* usted. 여보, 안심하시요.

tranquilo, la 圈 ①고요한; 평정한. Pasé un mes en un hotel *tranquilo*. 조용한 호텔에서 나는 한 달 동안 지냈다. ②안심한. Podré pasar *tranquilo* el verano sin las preocupaciones de otros años. 나는 지난 해와 같은 걱정없이 안심하고 여름을 보낼 수 있을 듯하다. ◇ **tranquilamente** 團 조용히; 평정하게; 태연히; 안심하고. ◇ **tranquilidad** 例 고요함; 평정; 안정; 안심. Tiene una *tranquilidad* envidiable en estas circunstancias. 이러한 상황 속에서 그는 부러울 정도의 태연한 태도이다.

transbordar 囤 새로 쌓다; 바꿔타게 하다. Había que *transbordar* cerca de trescientos heridos. 300명 가까운 부상자를 바꿔 타게 해야 했다. 재 바꿔 타다. Si no *transbordamos* a otro buque, pereceremos todos. 우리는 다른 배에 옮겨타지 않으면, 모두 죽어버릴 것이다. ◇ **transbordador** 圕 (케이블 식의) 반송교(搬送橋), 연락선, 페리보트. ◇ **transbordo** 圕 바꿔 쌓음; 옮겨 탐, 바꿔 탐.

transcribir [과거분사 transcrito] 囤 ①전사(轉寫)하다. Tengo *transcrita* la carta. 나는 그 편지의 사본을 떠 두었다. ②써 놓다, 기록하다. *Transcribió* en su diario sus impresiones de aquellos momentos. 그는 그 때의 인상을 일기에 써 두었다. ③ 【음악】편곡하다. ◇ **transcripción** 예 전사, 사본; 표기; 편곡(編曲).

transcurrir 자 (때가) 경과하다. *Transcurrió* mucho tiempo sin que le volviera a ver. 다시 그를 만날 일 없이 오랜 세월이 지났다. ◇ **transcurso** 남 때의 경과. En el *transcurso* de quince años se ha transformado en una vieja. 15년 동안에 그녀는 노파로 변해 있었다.

transeúnte 남 통행인(peón). Su vestido elegante llamaba la atención de los *transeúntes*. 그녀의 점잖은 옷은 통행인의 주의를 끌었다.

transferencia 예 이동, 이전, 양도, 운반, 매도, 교부, 전의.

transferible 형 옮길 수 있는, 양도할 수 있는, 이전할 수 있는.

transferir 타 옮기다, 움직이다, 이동시키다, 지체시키다, 양도시키다, 인도하다, 전용하다.

transfiguración 예 (현저한) 변형.

transfigurar 타 변형시키다, 변모시키다, 거룩하게 하다. ◇~**se** 변모하다, 변형하다.

transfijo, ja 형 관통하는, 꿰뚫는.

transfixión 예 관통, 못쓰게 하기, 관통창.

transflorar 타 에나멜칠하다, 에나멜로 장식하다; 투명하게 하다.

transformar 타 ① [+en: …으로] (형태·모습·용도 따위를) 바꾸다. Esta obra podrá *transformar* el pueblo *en* un centro de turismo. 이 공사가 마을을 관광 중심지로 바꿀지도 모른다. ② (성격·품행 따위를) 변하게 하다. La estancia en América le *ha transformado*. 미국 체재가 그의 (생활태도)를 전혀 변하게 했다. ◇ **transformación** 예 변형, 전환; 【생물】변태; 【전기】변압. ◇ **transformador** 남 변압기.

transformismo 남 생물 변이설.

transformista 형 생물 변이설의.

transfregar 타 북북 문지르다, 닦다.

tránsfuga 남 탈주자, 탈당자.

transfundir 타 (액체를) 따르다·붓다, 옮기다, 수혈하다, 전하다; (액체, 빛, 감화 등을) 스며들게 하다.

transfusión 예 주입, 이입, 수혈(법), 주사.

transfusor 남 (형) 수혈용의 (기구).

transgredir 타 (법, 규칙 등을) 범하다, 침해하다, 위반하다.

transgresión 예 위반, 반칙, 위법, 범죄.

transgresor, ra 형 위반하는. 남 [남·녀 동형] 위반자, 반칙자.

transición 예 ① 변천, 추이(推移). Hemos pasado sin *transición* del verano al invierno. (금년은) 여름에서 겨울로 경층 뛰었다. ② 과도(過度). Vivimos en una época de *transición*. 지금은 과도기이다.

transigir [④ exigir] 자 ① 참다. *Transigiré* en cuanto al precio, pero no en cuanto a la calidad. 가격 면에서는 참기라도 하겠지만 품질 면에서는 불가능하다. ② [+con: …과] 타협하다. No *transijo con* semejante injusticia. 나는 그따위 부정과 타협하지 않는다.

tránsito 男 ① 통행; 교통(량). Se prohibe el *tránsito*. 통행금지. ② 통과; 경유·중계(지). Estaba de *tránsito* en Barcelona. 나는 (그때) 바르셀로나에 들렀다. ◇ **transitorio, ria** 形 일시적인; 덧없는.

translimitar 他 (경계, 한계를) 넘다.

translúcido, da 形 반투명한.

transmarino, na 形 해외의, 바다를 횡단하는.

transmigración 女 (집단적인) 이주, 통과.

transmigrar 自 (집단적으로) 이주하다, 이민하다, 소생하다.

transmisible 形 전할 수 있는, 보낼수 있는, 전달할 수 있는.

transmisor, ra 形 송신의, 방송의. 男 송신기, 방송기.

transmitir 他 ① 전하다. El aire *transmite* el sonido. 공기는 소리를 전한다. ② 감염시키다. No nos *transmitas* tu pesimismo. 네 비관주의를 우리들에 전염시키지 말아 달라. ③ 방송하다 (difundir). Las noticias al respecto fueron *transmitidas* por la radio. 그것에 관한 뉴스는 라디오로 방송되었다. ◇ **transmisión** 女 전도, 전달; 감염; 방송(difusión).

transparente 形 투명한. Hay que poner los cristales *transparentes* en lugar de los opacos. 우유빛 유리 대신 투명 유리를 끼어야 한다. 男 (빛을 부드럽게 하기 위한) 커튼, 스텐드 유리; 발. *transparente de bambú* 대나무 발. ◇ **transparencia** 女 투명.

transportar 他 나르다(운반, 수송). Todos los materiales se *transportaron* en camiones. 재료는 모두 트럭으로 운반되었다. El cable *transporta* la electricidad. 전선이 전기를 보낸다. ◇ **~se** (기쁨·놀라움으로) 얼떨떨해지다. Reñida severamente por el padre se había *transportado*. 부친에게 호되게 꾸중듣고 그녀는 얼떨떨해졌다. ◇ **transporte** 男 ① 운송, 수송; 수송선. ② 황홀, 경천동지, 무아, 망아(忘我). Experimentó *transportes* de alegría. 그는 즐거움으로 무아지경이 되었다.

tranvía 男 (노면) 전차(의 노선·차량). Un camión chocó con el *tranvía*. 한 대의 트럭이 전차와 충돌했다.

trapalear 自 재잘거리다, 종알거리다.

trapalón, na 形 말 많은, 다변의, 거짓의, 속이는. 男 다변가.

trapatiesta 女 소요, 폭동, 선동.

trapaza 女 속임, 기만, 거짓, 사기.

trapear 他 눈이 내리다(nevar); 묘사하다.

trapecio 男【기하】부등변 사변형, 사다리꼴.

trapense 形 수도회(의), 수도사(의).

trapería 女 고물상, 고물전.

trapero, ra 名 넝마주이, 고물상인.

trapezoide 男【기하】부등변 사변형.

trapiche 男 (설탕을 만드는) 압착기, 가는 기계.

trapichear 自 소매로 팔다, 솜씨있게 해치우다.

trapicheo 男 속임, 술책, 깜찍한 장난.

trapillo 男 (저축해둔) 소액의 돈; 가난한 연인.

trapio 男 생생한 태도, 활발한 태도.

trapisodear 자 시끄럽다, 떠들다, 소란하다, 속이다, 기만하다.

trapisonda 여 소음, 시끄러움, 굉음, 혼란, 혼동, 거짓, 속임, 사기.

trapisondista 【남·녀 동형】 男 사기꾼, 속이는 자.

trapo 男 ① 걸레. Déme el *trapo* para limpiar el coche. 차를 닦게 걸레를 주시오. ②[복] [경멸적으로 여자의] 옷. Sólo piensa en *trapos*. 그녀는 옷만 생각하고 있다. ◇ **trapero, ra** 고물상, 넝마주이. El *trapero* no veía nada sin examinar al pasar lo que sea. 넝마주이는 지나는 길에 무엇을 보면 반드시 무엇인가 하고 조사했다.

tras 전 [+de] … 한 뒤에; …의 배후에·에서. *Tras* los años viene el juicio. 몇 해나 된 뒤에 판단력이 생긴다. Se ocultó *tras (de)* la puerta. 그는 문 뒤에 숨었다.

trascendental 형 중대한, 획기적인. Se ha introducido una reforma *trascendental* en el sistema de educación. 교육체계에 획기적인 개혁이 도입되었다. ◇ **trascendencia** 중대성; 탁월.

trascender [20 perder] 자 ①(강하게) 냄새나다. El rico olor del asado *trascendía* hasta aquí. 맛있는 불고기 냄새가 여기까지 났다. ② 알려지다. *Ha trascendido* su proyecto. 그의 계획이 외부에 새어났다. ③(결과적으로) 나타나다. Su sentimiento religioso *trasciende* a todos los actos de su vida. 그의 종교적인 감정이 그의 생애의 모든 행동에 나타나 있다.

trasero, ra 형 후부의. Se estropeó la parte *trasera* de mi coche en el accidente. 그 사고로 내 차의 후부가 손상을 입었다. 男 【신체】 엉덩이. 여 후부(後部). Tomemos asiento a la *trasera* del coche. 차량의 후부에 자리를 잡자.

trasladar 타 ① 옮기다, 이동하다. Había que *trasladar* la cama a la habitación contigua. 침대를 이웃방에 옮겨야 됐다. ② 이전·전임·전속시키다. La *trasladaron* a la secretaría. 그녀는 비서과로 전속되었다. ③ 베끼다, 나타내다; 번역하다 (traducir). Intentaré *trasladar* al papel mi pensamiento. 내 생각을 종이에 써 내도록 하겠다. ◇~**se** 전기·전임하다. ◇ **traslado** 이동; 이사, 전임, 사본, 등본, 통달(通達).

traslucirse 자 빛나다, (반)투명하다; 분명하다, 확실하다; 추측하다, 추단하다.

traslumbrar 타 눈부시게 하다. ◇~**se** 눈부시다; 재빠르게 지나가다; 사라지다, 소실되다, (빛·색 등이) 날다.

trasluz 男 투사·반사된 빛.

trasnochar 자 ① 밤 늦도록 깨어있다; 철야하다. Desde joven tenía costumbre de *trasnochar*. 젊을 때 부터 그는 밤 새우는 버릇이 있었다. ②(어디서) 밤을 지내다. Ese día tuvimos que *trasnochar* en casa del tío. 그날 우리는 숙부의 집에서 밤을 지내야 했다.

traspasar 타 ① 꿰뚫다, 찌르다, 쑤시다. Una bala le *traspasó* el corazón. 탄환이 그의 심장을 관통했다. ②(냇물·길·한도를)

trasplantar 옮겨 심다. Los jardineros *han trasplantado* estos cerezos. 정원사들이 이 벚나무를 옮겨 심었다. ◇ **trasplante** 남 이식.

trasto 남 ① 가구, 헌 연장. El cuarto está lleno de *trastos*. 그 방에는 헌 연장이 가득 있다. ② 도구류, 용품(用品). Se han comprado *trastos* de cocina. 그들은 부엌 용품을 사들였다.

trastornar 타 경악·혼란 시키다. Les *trastorna* la enfermedad del hijo. 아들의 병이 그들을 비통케 하고 있다. ◇ ~ **se** 미치다. ◇ **trastornado, da** 형 정신이 착란한. Tiene a su mujer *trastornada* en la clínica mental. 그는 정신 이상인 아내를 정신병원에 넣고 있다. ◇ **trastorno** 남 경악, 혼란; 몸의 실조; 정신착란.

tratado 남 ① 전문서, 논문. La editorial publica especialmente *tratados* de economía. 그 출판사는 특히 경제 전문서적을 출판하고 있다. ② 조약, 협정(pacto), 계약(contrato). Acaba de firmarse el *tratado* de paz entre las dos naciones. 양국 사이에 평화조약의 조인이 끝났다. ◇ **tratadista** 남 전문서의 저자.

tratamiento 남 ① 대우; 경칭. No se le da ningún *tratamiento*. 그는 아무런 경칭도 주어져 있지 않다. ② 치료, 처치; 처리.

tratar 타 ① 취급하다; 대우하다. No sabe *tratar* la pluma. 그는 펜을 쓰는 법을 모른다. Hasta entonces la *trataron* de loca. 그때까지 모두들 그녀를 미치광이 대접을 하였다. ② (…와) 교제하다. Le *trato* desde hace mucho tiempo. 훨씬 예전부터 나는 그와 교제하고 있다. ③ 치료하다(curar), 처치하다; 처리하다. Los médicos le tratan con un específico nuevo. 의사들은 그를 새로운 특효약을 써서 치료하고 있다. 재 ① [+con: …을] 취급하다. El ingeniero *trata* con máquinas. 기사가 기계를 움직인다. ② [+con: …와] 교제하다. No quiero *tratar* con esa gente. 나는 그러한 사람과 교제하고 싶지 않다. ③ [+de: …을 문제로 하여] 다루다, 화제로 하다. Este libro *trata* de las costumbres de los animales. 이 책은 동물의 습성을 다루고 있다. ④ [+en: …을] 장사하다. Mi tío trataba en antigüedades. 숙부는 골동품을 취급하고 있었다. ⑤ [+de+inf. …하려고] 힘쓰다. *Trate* usted *de* ser más puntual. 시간을 지키도록 더욱 힘쓰시오. ◇ ~ **se** ① 취급받다; 처치되다. ② (서로) 교제하다. 교제 관계에 있다. No *se tratan* desde hace mucho tiempo. 그들은 훨씬 예전부터 서로 교제하지 않는다. ③ [주어없는 3인칭 단수로; +de] 문제·화제는 …인 것이다. ¿ De qué *se trata*? 무슨 이야기입니까.

trato 남 ① 교제; 대우. El *trato* engendra cariño. 교제는 애정을 기른다. ② 교섭(negociación), 상담(相談). Hemos hecho unos *tratos* convenientes para los dos. 우리들은 쌍방에 형편이 좋은 상담을 하였다.

través 男 휨, 비뚤어짐(torcimiento), 기울기(inclinación); 역경(逆境), 불행, 비운(desgracia). Se ha enfrentado a toda clase de *traveses* en la vida. 그는 인생의 모든 역경에 대처해 왔다. *al través* 가로 질러서, 교차해서. Tire una línea en este sentido, y otra *al través*. 이 방향으로 선을 하나 긋고, 또 한 줄을 (그와) 교차해서 그으세요. *a*(*l*) *través de* …를 통하여; …의 사이를 통하여. Se fue *a través de*l bosque. 숲을 지나서 그는 가버렸다.

travesía 女 횡단(행), 비행); 횡단거리. Hay sólo cinco leguas de *travesía* desde la costa de África a la de España. 아프리카 해안에서 스페인의 해안까지 겨우 5레구아의 횡단거리밖에 없다.

travieso, sa 形 장난의. ¡ Mucho cuidado con esa chiquilla, que es muy *traviesa* ! 지독한 장난꾸러기니까 그 소녀를 무척 조심해라 ! ◇ **travesura** 女 장난. El niño no hace más que *travesuras*. 그 어린이는 장난밖에 하지 않는다.

trayecto 男 행정, 도정(道程); (철도의) 구간(區間), 거리 (distancia). Me lo contó en el *trayecto*. 그가 그 일을 여행 중에 말해 주었다. Estos trenes de largo *trayecto* siempre llevan el coche restaurante. 이런 장거리 열차들은 항상 식당칸을 달고 다닌다. ◇ **trayectoria** 女 궤도(軌道). Los científicos han seguido con atención la *trayectoria* del cohete. 과학자들은 주의깊게 로케트의 궤도를 쫓았다.

traza 女 ① (건조물의) 구도, 도면(圖面). He aquí la *traza* de El Escorial. 여기 엘·에스꼬리알 궁전의 도면이 있다. ② 모습, 모양. Tenía *trazas* de mendigo. 그는 거지 같은 모습이었다. ③ 재능(talento), 재치. No tiene mala *traza* para coser. 그녀에게 바느질의 재능이 없지는 않다.

trazar [9] *alzar*] 他 ① (선을) 긋다; 제도하다. Los arquitectos *trazaron* los planos para el nuevo edificio. 건축가들이 새로운 건물의 도면을 만들었다. ② 소묘하다. ◇ **trazado, da** 形 [bien +] 모습·모양이 좋은. [mal +] 모습·모양이 나쁜. Es un hombre *bien trazado*. 그는 자태가 좋은 사람이다. 男 구도, 도면, 완성도(完成圖). El *trazado* de la fachada es de una gran belleza. 건물 정면의 완성도는 굉장히 아름답다.

trébol 男 [식물] 클로버. El *trébol* de cuatro hojas se considera portador de buena suerte. 네 잎 클로버는 행운을 가져온다고 생각되고 있다.

trece 形 13의; 13번째의. 男 13.

trecho 男 [시간적·공간적] 간격; 구간. Del dicho al hecho hay gran *trecho*. 말하는 것과 행동하는 것과는 대단한 거리가 있다. *a trechos* 곳곳, 때때로. El vestido se ha descolorido *a trechos*. 이 옷은 곳곳이 빛이 바랬다.

tregua 女 ① 휴전(休戰). Están tratando de una *tregua* de la Navidad. (그들은) 크리스마스의 휴전에 관하여 회답하고 있다. ② 중단, 중간 휴게. Su enfermedad no le da *tregua*. 그의 병은 줄곧 계속되고 있다.

treinta 形 30의; 30번째의. 男 30.

tremendo, da 형 무서운(terrible). Era una escena *tremenda*. 그 것은 무서운 광경이었다.

trémulo, la 형 떠는, 흔들리는; 반짝이는, 너울거리는.

tren 남 열차(기차, 전차). El *tren* llegó con retraso de dos horas. 열차는 2시간 늦게 도착했다. Aún no sé si iré en *tren* o en barco. 열차로 갈 것인가 배로 갈 것인가 나는 아직 모르 겠다. *tren correo* (우편물도 나르는) 완행열차. *tren expreso* [*rápido*] 급행열차. *tren mixto* 화객 혼성열차. *a todo tren* 굉장 하게. Hicieron un viaje de novios *a todo tren*. 그들은 굉장한 신혼여행을 했다.

trenza 여 세 갈래로 땋음; 세 갈래 머리. Mi frente es pálida; mis *trenzas* de oro; puedo brindarte dichas sin fin. 내 이마는 희고, 세갈래 머리는 금빛이어서, 당신에게 무한한 행복을 바칠 수가 있읍니다.

trepar 자 [+a:…로/+por:…를] 기어 오르다. El niño *trepó* al árbol para alcanzarlo. 소년은 그것을 잡으려고 나무에 기어 올랐다. 타 (…에) 구멍을 뚫다. ◇ **trepado** 남 (우표 따위의 절취 선의) 구멍.

tres 형 3의; 3째의. 남 3. Como *tres* y dos son cinco. 3과 2가 5 로 되듯이 (명백하다).

trescientos, tas 형 300의; 300번째의. 남 300.

triángulo 남 삼각형; 【악기】 트라이앵글. ◇ **triangular** 형 삼각 형의.

tribu 여 종족, 부족(部族). Según el autor, el gitano era la lengua hablada por algunas *tribus* de la India. 이 저자에 의하 면, 집시어는 인도의 어느 부족이 썼던 말이다.

tribuna 여 ① 연단; 정계. Con un general aplauso el orador subió a la *tribuna*. 만장의 박수를 받고 연설자가 연단에 올 랐다. ② (야외 따위에 만든) 관람석. Las *tribunas* estaban llenas de espectadores para ver el desfile. 관람석은 행렬을 보 는 관객으로 가득 차 있었다.

tribunal 남 법정, 재판소. No tenemos más remedio que llevarle a los *tribunales*. 우리는 그를 재판소로 데려가는 외에 방법이 없다. *tribunal de cuentas* 회계 감사원. *Tribunal Supremo* 대법 원.

tribuno 남 [옛 로마의] 호민관.

tributo 남 공물(貢物); 당연한 대상(代償). Lo que haces es un *tributo* pagado a la amistad. 네가 하고 있는 일은 그의 친구라 는 점에 따라다니는 당연한 대상이다. ◇ **tributar** 타 (공물; 경 의·애정 따위를) 바치다.

trigo 남 【식물】 밀. No es lo mismo predicar que dar *trigo*. 말만 하지말고 실행해라. ◇ **trigal** 남 밀밭. La brisa agita los *trigales*. 미풍이 밀밭을 한들거리게 한다. ◇ **trigueño, ña** 형 밀빛 의.

trilla 여 타작, 탈곡.

trilladora 여 탈곡기.

trinchera 여 【군사】 참호(塹壕). El enemigo resistía tenazmente

en las *trincheras*. 적군은 참호에 의지하여 완강하게 저항했다.
triple 형 3배의, 삼중의. 튐 3배, 삼중. Tu casa es el *triple* de grande que la mía. 네 집은 크기가 내 집의 3배이다.
triptongo 튐 【문법】 삼중모음.
tripular 타 (배·항공기의 승무원을) 승무시키다; (…에) 승무하다. El 3 de agosto de 1492 salieron de puerto de Palos tres naves españolas, *tripuladas* por ciento veinte hombres. 1492년 8월 3일 120인이 탄 3척의 스페인의 배가 빨로스를 출항했다. ◇ **tripulación** 여 [집합적] 승무원. ◇ **tripulante** 남 승무원(각개). Todos los *tripulantes* se salvaron lanzándose en el mar. 승무원은 모두 바다에 뛰어들어서 구조됐다.
tris 남 순간, 즉시.
triste 형 ① 슬픈 (⇔ alegre); 쓸쓸한. Al oírlo me puse muy *triste*. 그 말을 듣고 나는 쓸쓸해졌다. ② [명사의 앞에서] 근소한; 하찮은. Tuve que conformarme con un *triste* pedazo de pan. 나는 그런 한 조각의 빵으로 만족할 수 밖에 없었다. ◇ **tristeza** 여 슬픔 (⇔ alegría); 쓸쓸함.
triunfar 자 [+de·en·sobre : …에게] 이기다; (…을) 극복하다. Ha *triunfado en* el campeonato. 그는 선수권(시합)에서 승리를 얻었다. ◇ **triunfal** 형 승리의, 승리에 도취한. José la recibió con una sonrisa *triunfal*. 호세는 승리에 도취한 미소로써 그녀를 맞이했다. arco *triunfal* 개선문. ◇ **triunfante** 형 승리의, 이긴. Hemos salido *triunfantes*. 우리가 승리자로 되었다. 명 승리자. ◇ **triunfo** 남 승리(victoria); 대성공;[카드의] 최강의 패. Al fin consiguió el *triunfo*. 그는 마침내 승리를 거두었다.
trivial 형 평범한, 하찮은. Es una novela *trivial*, que no merece leerse. 그것은 읽을 값어치도 없는 하찮은 소설이다. ◇ **trivialidad** 여 평범함, 하찮음; 일·물건.
trompar 자 주먹으로 치다.
trompaso 남 구타; [+con : …과] 충돌.
trompeta 여 【악기】 트럼펫; 나팔.
tromar [24 contar] 자 ① [주어로서 3인칭 단수형 만으로] 천둥이 치다. Allá lejos relampaguea y *truena*. 저 먼 곳에서 번개가 치고 천둥이 울린다. ② 울려 퍼지다; 격렬하게 비난하다. *Tronó* la voz del capitán. 대장의 소리가 울려퍼졌다.
tronco 남 ① (나무의) 줄기; 원목. Dormía como un *tronco*. 그는 깊이 자고 있었다. ② 동체(胴體). ③ 선조, 가계(家系). Su mujer procede de un viejo *tronco*. 그의 아내는 오랜 집안 출신이다.
tropa 여 군대(ejército). Tiene un tío que es de *tropa*. 그에게는 군대에 근무하는 숙부가 있다.
tropel 남 (사람 따위의) 붐빔. No sé por qué hay tanto *tropel* en la calle. 왜 거리에 이렇듯 사람이 붐비고 있는지 알 수 없다. Entraron en la casa en *tropel*. 그들은 밀치락달치락 집 속에 들어갔다.
tropezar [9 alzar, 19 pensar] 자 ① [+con·contra·en : …과] 부딪치다. Estaba completamente a oscuras y *tropecé con* un

trópico poste. 캄캄해서 나는 전주에 부딪쳤다. ② [+con: …과 우연히] 만나다. Esta tarde he tropezado con su hijo. 오늘 오후 나는 그의 아들을 만났다. ◇~se (서로) 만나다. ◇ **tropiezo** 男 실책; 충돌; 지장(支障). Cuidado con dar un *tropiezo* y caerse. 부딪쳐서 넘어지지 않도록 주의하라.

trópico 男 形 열대지방. ◇ **tropical** 形 열대지방의. Nunca he podido adoptarme al clima *tropical*. 나는 끝끝내 열대 기후에 순응할 수 없었다.

trotar 自 총총 걸음하다. Me he pasado toda la mañana *trotando*. 나는 오전중 총총 돌아다니며 지냈다. ◇ **trote** 男 총총걸음; 약간 바쁜 일. Tú no te metas en esos *trotes*. 너는 그런 바쁜 일에 관여하지 마라.

trozo 男 토막, 단편(斷片). El niño jugaba con *trozos* de madera. 어린이는 나무토막으로(을 가지고) 놀고 있었다.

trucha 女 【물고기】 준치.

trueno 男 【기상】 천둥. Hubo *truenos* y relámpagos durante la tormenta. 폭풍우 치는 동안 천둥이 울고 번개가 쳤다.

truncar [7] sacar] 他 끝·머리를 잘라 내다. ◇ **truncado, da** 形 끝을 자른, 싹둑 자른.

tu [複 tus] 代 [2인칭 단수의 소유격 형용사이며 관사형] 너의. Aquí tienes *tu* libro. 네 책이 여기 있다.

tú 代 [2인칭 단수의 주격 대명사; 성 변화하지 않음; 친한 사이에 쓰임] 너, 자네. María, *tú* irás conmigo. 마리아, 너는 나와 함께 가야 한다.

tuberculosis 女 【의학】 결핵; 폐결핵. ◇ **tuberculoso, sa** 形 결핵 (성)의, 폐결핵의. 男 폐결핵 환자.

tubo 男 관(통, 파이프). Ya no se emplea el *tubo* de plomo para eso. 그 일 때문에 이제 연관(鉛管)은 사용되지 않는다. *tubo de vacío* 진공관.

tuerto, ta 形 ① 뒤틀린, 굽은. Estos dos renglones que ha escrito están *tuertos*. 당신이 쓴 이 두 줄이 구부러졌다. ② 애꾸눈의. 男 애꾸눈이. En tierra de ciegos, el *tuerto* es rey. 소경의 나라에서는 외눈박이도 왕이다.

tuétano 男 【해부】 골수.

tufo 男 연기, 김; 악취.

tuición 女 방위, 보호, 수호.

tulipán 男 【식물】 튤립, 울금향.

tullir 他 신체를 불구로 만들다.

tumba 女 무덤, 묘(sepulcro). Donde habite el olvido, allí estará mi *tumba*. 망각이 살고 있는 곳, 그 곳에 나의 무덤은 있으리라.

tumbar 他 넘어뜨리다. El viento ha *tumbado* el poste. 바람이 이 전주를 넘어뜨렸다. ◇~se 넘어지다; 드러눕다. Estaba *tumbada* en la cama, fumando. 그녀는 침대에 드러누워서 담배를 피우고 있었다. ◇ **tumbo** 男 비틀거림. Un borracho andaba dando *tumbos*. 한 주정뱅이가 비틀걸음을 걷고 있었다.

túnel 男 터널.

turba 예 무리, 군중. En la oscuridad se movía una *turba* de mendigos. 어둠 속에서 거지 떼가 우글거리고 있었다.

turbar 国 ① 어지럽히다. Hasta entonces nada *turbaba* la paz del lugar. 그 때까지 마을의 평화를 어지럽히는 일은 아무 것도 없었다. ② 당혹시키다. Le *turbó* la repentina presencia de la madre. 모친의 돌연한 출현이 그를 당혹케 했다.

turbio, bia 웸 흐린, 탁한 [⊕ claro]. Contemplaba si el río venía *turbio* o claro. 나는 냇물이 흐려 있는가 맑은가를 바라보았다.

turismo 예 관광(여행·사업). España dispone de admirables condiciones naturales para el *turismo*. 스페인은 관광여행에는 훌륭한 자연 조건을 갖추고 있다. *agencia de turismo* 관광대리점. ◇ **turista** 웸 관광객. ◇ **turístico, ca** 웸 관광관계·사업의. Nuestro país es la segunda potencia asiática en materia *turística*. 우리나라는 관광 면에서는 아시아 제2의 강국이다.

turno 예 순번. Ahora me toca el *turno* a mí. 이번은 내 차례이다. *de turno* 당번으로. Yo estaba *de turno* aquella noche. 그 날 밤은 내가 당번이었다.

tutor, ra 웸 보호자, 후견인(後見人). Al quedarse huérfanos los hermanos, los cuidó y educó como *tutor* un tío suyo. 그 형제가 고아로 되자, 그들의 숙부가 보호자로서 그들의 뒷바라지를 하고 교육을 해주었다. ◇ **tutoría** 예 후견, 보호.

tuve tener의 부정과거 1인칭 단수형.
tuvieron tener의 부정과거 1인칭 복수형.
tuvimos tener의 부정과거 1인칭 복수형.
tuviste tener의 부정과거 2인칭 단수형.
tuvisteis tener의 부정과거 2인칭 복수형.
tuvo tener의 부정과거 3인칭 단수형.

tuyo, ya 떼 ① [2인칭 단수의 소유격대명사로 형용사형] 너의. Este libro es *tuyo*; yo no encuentro el mío. 이 책은 네 것이다; 내 것은 보이지 않는다. Me lo ha dicho una amiga *tuya*. 너의 한 여자 친구가 그것을 가르쳐 주었다. ② [관사를 맡려서] 네 것. Lo mío, mío, o lo *tuyo*, de entrambos. 내것은 내것, 네 것은 두 사람의 것. *los tuyos* 너의 동료·가족. Ahora tú tienes que preocuparte de los *tuyos*. 이제부터는 네가 네 가족의 일을 걱정해야 한다.

TV televisión.

U

u [접속사 o가 o·나 ho로 시작되는 말 앞에 올 때의 형태] 접 …인가, 또는. Dentro de siete *u* ocho días quedará compuesto el reloj. 시계는 7일이나 8일이면 수선이 끝날 것이다.

U. urbano; usted.

ubicación 여 위치; 정주; 배치, 설치.

ubicar 자 위치하다. 타 설치하다; 배치하다 (situar). ◇ **~se** 위치하다.

ubre 여 (소 따위의) 젖통, 유방(乳房).

Ud(s). usted(es).

uf 감 아이구.

ufano, na 형 의기양양한. Lola iba *ufana* con su traje nuevo. 롤라는 새로 만든 옷을 입고 뽐내고 있었다. ◇ **ufanamente** 부 의기양양해서, 우쭐해서. ◇ **ufanarse** 재 우쭐하다, 뽐내다. ◇ **ufanía** 여 우쭐거림, 으시댐.

U.I. unidad internacional.

último, ma 형 ① 최후의; 맨 끝의. Tomamos asiento en la última fila. 우리는 맨 뒷줄에 자리 잡았다. ② 최근·최신의. Lo ha publicado en el *último* número de esa revista. 그 잡지의 최근호에 그는 그것을 발표했다. Iba a la *última* moda. 그녀는 최신 유행 옷차림을 하고 있었다. *a últimos de* …의 끝무렵에. Vendrá *a últimos de* septiembre. 그는 9월 말경에 온다. *por último* 최후에. ◇ **últimamente** 부 최후로; 최근에.

ultranación 여 초국가.

ultranacionalismo 남 초국가주의.

ultrarrápido, da 형 초고속의.

ultrarrojo 형 적외선의.

ultrasonido 남 【물리】 초음파.

ultravirus 남 [단·복수 동형] 바이러스.

un, una¹ 형 [unos, unas] 관 ① [부정관사; un은 단음절이나, 글의 첫머리에 있을 때·글 속에서도 천천히 말할 때에는 액센트를 붙여서 강하게 발음함] 어느 …하나의. *Un* amigo mío me lo dijo. 어떤 내 친구가 그 말을 내게 해 주었다. ② 형 약간의, 약 …. Hace *unos* cinco días, recibí su amable carta. 닷새쯤 전에 친절하신 편지를 배수했읍니다. 형 [수형용사; 단수형인 때에는 부정관사와의 구별이 어려운 때가 있음; 남성 복수명사의 앞에서도 un의 형태를 가짐] 하나의. Estuve *una* semana en Roma. 나는 1주일동안 로마에 있었다. El mes de octubre tiene treinta y *un* días. 10월은 31일이다.

una² 대 [여자가 암암리에 자신의 일을 말할 때] 어느 여자. Este es el pago que le dan a *una*. 여자인 내가 받는 보답이 이것이다.

unánime 형 (모두들의) 기분·생각이 일치한, 만장일치의. La

familia estaba *unánime* en desear el traslado. 이사하고 싶은 마음은 가족들 모두가 마찬가지였다. ◇ **unánimemente** 凰 만장일치로. ◇ **unanimidad** 여 만장일치. *por unanimidad* 만장일치로(unánimemente).

UNESCO *f.* 유네스코 (la Organización de las Naciones Unidas para Educación, Ciencia y Cultura 유엔 교육과학문화기관).

ungimiento 냠 기름을 바름.

ungir 탄 기름을 바르다.

ungüento 냠 고약; 연고; 향유, 향.

unicameral 휑 (의회가) 일원제의.

unicelular 휑【생물】단세포의. *animal unicelular* 단세포·원생동물.

unico, ca 휑 유일한; 다만, 그것만의. *Ocupé el único asiento libre.* 단 하나 비어 있던 자리에 나는 앉았다. *Eran los únicos supervivientes de la catástrofe.* 그 재난에서 살아남은 것은 다만 그들 뿐이었다. ◇ **únicamente** 凰 단지, 오로지.

unidad 여 ① (전체를 구성하는) 단위. *Ese tren es de doce unidades.* 그 열차는 12량으로 되어 있다. *unidad internacional* 국제단위. ② 통일(성). *No hay unidad en el plan de urbanización.* 그 도시 계획에는 통일성이 없다.

unificar 탄 [17 sacar] 통일하다; 통일되다. *Se intenta unificar los sueldos de los funcionarios.* 공무원 급여의 일이 고려되고 있다. ◇ **unificación** 여 동일화, 통일. *Con la conquista de Granada el año 1492, la unificación española fue completamente.* 그라나다의 정복으로 1492년 스페인의 통일은 완성됐다.

uniforme 휑 마찬가지의, 일정한. *El coche recorrió la carretera con una velocidad uniforme.* 차는 고속도로를 일정한 속력으로 주파했다. 냠 제복. *uniforme militar* 군복. ◇ **uniformar** 탄 마찬가지로 하다, 일정하게 하다; (…에) 제복을 입히다. ◇ **uniformidad** 여 단조로움; 일률성, 획일성.

unión 여 ① 접합, 결합. *La unión de las tablas está tan bien hecha que no se nota.* 판자의 접합이 잘 되어 이음매를 모를 정도이다. ② 단결, 동맹, 조합; 연방(連邦). *La unión hace la fuerza.* 단결은 힘이다. ③ 결혼(unión conyugal). *El sacerdote bendijo la unión de los nuevos esposos.* 사제가 신혼부부의 결혼을 축복했다. ◇ **unionista** 여 연방주의자; 노동조합주의의. 냠 연방주의자; 노동조합주의자.

unipersonal 휑【문법】단인칭의. *verbo unipersonal* 단인칭동사 (주어 없는 3인칭 단수형으로 쓰임; llover·nevar·tronar·relampaguear 따위).

unir 탄 ① [+a·con: …에·과] 함께 하게 하다, 합치다. *Si hay harina en los dos sacos, únela y ponla aquí.* 밀가루가 두 포대로 되어 있으면, 그것을 합쳐서 여기 놓아라. ② 접합·결합 하다. *Había seis o siete mesas cojas y hechas de tablas mal unidas.* 다리가 절름발이이며 나쁜 판자 테이블이 여닐곱개가 있었다. ◇ **~se** ① 합쳐지다. *Me uno a vuestro grupo.* 나

universal 형 ① 우주의; 전세계의. ② 보편적인. El amor de padres a hijos es *universal*. 어버이의 자식에 대한 애정은 (시대·장소를 넘어서) 보편적이다. *atracción universal* 만유인력. *historia universal* 세계사. ◇ **universalidad** 여 보편성.

universidad 여 (종합)대학교. En la *universidad* existen las facultades de Derecho, Medicina, Farmacia, etc. 종합대학에는 법학부·의학부·약학부 따위의 학과가 있다. ◇ **universitario, ria** 형 대학의. Los problemas *universitarios* los soluciona el rector. 대학문제는 학장이 이를 해결한다. 명 대학생. *ciudad universitaria* 대학 지구.

universo 남 우주; 전세계. Nuestro sistema solar es una muy pequeña parte del *universo*. 우리들의 태양계는 우주의 극히 작은 일부이다.

uno, na³ 형 ① 하나, 한 사람; 어떤 물건·사람. *Uno* de ellos me lo dijo. 그들 중 한 사람이 내게 그것을 말했다. ② [내용의 남녀에 불구하고] 어떤 사람. No está *uno* siempre de buen humor. 나는 지금 마음이 언짢다. ③ [명] 얼마만큼의 물건, 몇 명인가의 사람. *Unos* decían una cosa, otros otra. 어떤 사람들은 이렇다고 말하고, 다른 사람들은 저렇다고 말했다. *cada uno* 각각, 각개. *Cada uno* a lo suyo. 각자 자기의 일만 하면 된다. *uno a uno/uno por uno* 차례로. Los he repasado *uno por uno*. 나는 차례차례 그것들을 다시 보았다. *uno(s) a otro(s)* 서로, 상호간에. Se miraban *unos a otros*. 그들은 서로 얼굴을 마주 보았다.

untar 타 ① [+con·de: …기름을 따위] (…에) 바르다; 더럽히다. ¿Has untado la rueda con grasa? 차 바퀴에 기름을 쳤나. ② 매수하다. Si no le *untas* bien no se resolverá tu asunto. 그에게 톡톡히 코 아래 진상을 바치지 않으면 네 문제는 해결되지 않는다. ◇ **-se** 재 [+con·de: …기름을 따위를 자기에게] 바르다; 더럽히다. *Te has untado* los dedos *de* tinta. 너는 손가락을 잉크 투성이로 하고 있다. ② 착복·횡령하다. Le han echado de la compañía por *untarse*. 그는 돈을 횡령했다는 이유로 회사를 쫓겨 났다.

uña 여 (손가락·기구의) 손톱; (소·말 따위의) 발굽. Esos dos hermanos han sido *uña* y carne. 그 두 형제는 떼어놓을 수 없는 사이였다. *largo de uñas* 도벽이 있는.

uranita 여 광 광물광.

urano 남 [화학] 우라늄.

urbanismo 남 도시화운동, 도시계획.

urbano, na 형 ① 도시의 (⇔ rural). Las reformas *urbanas* han adelantado notablemente. 시가지의 재편성이 현저하게 진전했다. ② 예의 바른(cortés). Era muy *urbano* en la mesa. 그는 식탁에서 대단히 예의가 발랐다. 남 교통순경; 민병(民兵) (milicia urbana). El *urbano* me indicó la dirección que debía tomar. 교통순경이 내가 가야 할 방향을 가르쳐 주었다. ◇ **urbanidad** 여 예의(바름). Practicaba las reglas de *urbanidad* cuidadosamente. 그는 세심하게 예절을 실천하고 있었다. ◇

urbanizar [9] alzar] 타 도시화하다. ◇ **urbanización** 여 도시화.

urdir 타 (나쁜 일을) 계획하다, 획책하다. Parece que se está *urdiendo* algo contra el gobierno. 반 정부의 무슨 일인지가 획책되고 있는 듯하다. ◇ **urdimbre** 여 (직물의) 날; (나쁜) 계책.

urgente 형 ① 긴급한. Era *urgente* lo que tenía que hacer. 그가 해야 할 일은 긴급을 요했다. ② 속달·지급전보의. ◇ **urgencia** 여 긴급; 속달편; 지급전보. Ponga usted el sello de *urgencia*. 속달 우표를 붙여 주세요. ◇ **urgentemente** 부 긴급히, 지급으로.

urgir [[4] exigir] 자 ① (긴급히) 필요하다. *Urge* que vengas a las diez. 나는 10시에 올 필요가 있다. Me *urge* terminar este trabajo. 나는 이 일을 빨리 끝내야 한다. ② 강제하다.

URSS/U.R.S.S. la Unión de Repúblicas Socialistas Soviéticas. 소비에트사회주의 연방공화국.

uruguayo, ya 형 우루과이(el Uruguay)의. 명 우루과이사람.

usar 타 ① 쓰다, 사용하다. ¿Me permite usted *usar* su teléfono? 전화를 좀 빌려 주시겠읍니까. ② 상용하다. *Usamos* esa pasta de dientes. 우리들은 언제나 그 치약을 쓰고 있다. ◇ ~**se** 유행하다. *Se usa* llevar la manga corta. 짧은 소매 (의 옷) 를 입는 것이 유행하고 있다. ◇ **usado, da** 형 오래 쓴, 익숙한; (신품에 대하여) 이미 사용한. Se ha comprado un coche *usado*. 그는 중고차를 한 대 샀다.

uso 남 ① 사용, 이용. Con el *uso* la pluma escribe bien. 펜은 사용하고 있으면 쓰기 좋게 된다. ② 용도, 효용(效用). Cada cosa tiene su *uso*. 물건에는 각기 용도가 있다. ③ 풍습; 유행(moda). Estaban vestidos cada cual al *uso* de su país. 모두가 각자가 자기 나라의 풍습에 따라서 의상을 입고 있었다. *hacer uso de* …을 사용·이용하다. En ello insistió *haciendo uso de* su derecho. 그는 자기의 권리를 행사하고 그것을 강하게 주장했다.

usted [약어 Ud., Vd. 복 Uds., Vds.] 대 [원래 명사이지만 관사없이 대명사 취급; 남녀 동형] 당신. *Usted* me dispensará. 실례합니다. Todos *ustedes* son muy amables. 여러분 모두가 대단히 친절하십니다.

usual 형 보통·상용·통상의. Entre los medios *usuales* de transporte, el metro es el más rápido. 통상의 소송기관으로는 지하철이 제일 빠르다.

usura 여 [상업] 고리(高利). ◇ **usurero, ra** 명 고리대금(업자). Tuve que recurrir a un *usurero* por necesidad. 필요에 몰려 나는 고리대금업자에게로 가야 했다.

usurpación 여 횡령, 권리의 침해; 횡령물.

usurpador, ra 형 횡령하는. 명 횡령자, (왕위의) 찬탈자.

usurpar 타 빼앗다, 횡령하다.

utensilio 남 도구, 집기; 용구.

útero 남 자궁(matriz).

útil 형 소용되는; 유용·유익한 [⊕ inútil]. Te dará un cosejo *útil* para ti. 그는 네게 유익한 충고를 해 줄 것이다. 남복 도구 (道具). ◇ **utilidad** 여 유용(성); 이익. Esto les será de mucha *utilidad*. 이 일은 당신들에게 매우 유익할 것입니다.

utilizar [9 alzar] 타 이용·활용하다. Viven en el segundo piso y no *utilizan* el ascensor. 그들은 2층에 살고 있다; 그래서 엘리베이터는 쓰지 않는다. ◇ **utilizable** 형 이용 가능한.

utopia /utopía 여 유토피아, 이상향(理想鄕). ◇ **utópico, ca** 형 공상적인. ◇ **utopismo** 남 공상가 심리, 몽상. ◇ **utopista** 명 몽상가.

UU. ustedes.

uva 여 【과실】 포도. La *uva* ya está muy madura. 포도는 벌써 썩 잘 익었다. *uva pasa* 건포도. ◇ **uvero, ra** 형 포도의. *importación [exportación] uvera* 포도수입[수출]. 남 포도 재배자·상인.

úvula 여 【해부】 목젖. ◇ **uvular** 형 목젖의, 연구개음의. ◇ **uvulitis** 여 목젖 염증.

V

V., V/ vale, valor, vapor, véase, verbo, viuda, vista.
V. usted, venerable, véase, vale, versículo.
va ir의 직설법 현재 3인칭 단수형.
V.ª Vigilia.
V.A. Vuestra Alteza 전하.
vaca 여 【동물】 소, 암소. *La muchacha asomaba la cara risueña por debajo de la ubre de una vaca.* 그 소녀는 소의 젖통이 밑에서 웃는 얼굴을 내밀었다. ◇ **vaquero, ra** 예 소를 치는. 남 목동; 가축상인. *traje de vaqueros* 카우보이 복장. ◇ **vaqueta** 여 소가죽.
vacación 여 [주로 복] 휴가. *Sólo tengo 21 días de vacaciones.* 나는 휴가가 겨우 21일이다.
vaciar [12 enviar] 타 ① (그릇·내용을) 비우다. *Vació el vaso de un trago.* 그는 단숨에 잔을 비웠다. *Vació el vino en el vaso.* 그는 포도주를 잔에 부었다. ② 거푸 집어 넣다.
vacilar 자 ① 흔들리다. *Tened cuidado con la pared, que vacila mucho y puede caerse.* 벽에 조심하시오; 무척 흔들리고 있어서 무너질지도 모르니까. ② 주저하다. *Vacilaba en aceptar el contrato.* 그 계약의 승낙을 그는 주저하고 있었다. ◇ **vacilación** 여 동요; 주저. ◇ **vacilante** 형 흔들이는; 불안정한.
vacío, a 형 ① (그릇이) 빈(↔ lleno). *Era una jaula vacía; la del pájaro la llevaba él.* 그것은 빈 새장이었다; 새가 들어 있는 것은 그가 가지고 있었다. ② 인기척이 없는. *La calle se queda vacía a estas horas.* 거리는 이 시각에는 인기척이 없어진다. 남 ① 공허; 진공(眞空). *Se nota un vacío a mi alrededor después de que te has marchado.* 네가 가 버린 뒤에 내 신변에는 어떤 공허가 느껴진다. ② 허공, 하늘(cielo). *El cohete se lanzó al vacío.* 로케트는 하늘로 향하여 발사되었다. *de vacío* (그릇이) 비어 있어서. *El camión había llevado géneros a Barcelona y volvía de vacío.* 트럭은 바르셀로나로 상품을 싣고 갔다가 빈 차로 (바람으로) 돌아왔다.
vacuidad 여 (마음의) 공허; 빈틈.
vacunación 여 종두; 왁진주사.
vado 남 여울; 방책.
vagabundo, da 형 방랑·유랑하는(vagamundo). *Los gitanos son una raza vagabunda.* 집시는 방랑민족이다. 남 방랑·유랑자. ◇ **vagabundaje/vagabundeo** 남 방랑, 유랑(vagamundería). *En la vida del trapero hay mucho de vagabundaje.* 넝마주이의 생활에는 방랑성이 많이 있다. ◇ **vagabundear** 자 방랑·유랑하다(vagamundear). ◇ **vagabundería** 여 유랑; 방랑(생활).
vagamundear 자 = **vagabundear**.
vagamundería 여 = **vagabundería**.

vagamundo, da 형 =vagabundo.

vagar [8] pagar] 자 ① [+por: …를] 떠돌아 다니다; 방랑하다. La dulce Ofelia *vagaba por* las orillas del río. 상냥한 오펠리아는 강 언덕을 방랑했다. ② 게으르게 살다.

vago, ga 형 막연한. No me hizo más que una promesa *vaga*. 그는 막연한 약속 밖에 해 주지 않았다. 형 게으름뱅이; 부랑자. No le gusta trabajar, es un *vago*. 그는 일하는 것이 싫다, 게으름뱅이이다. *en vago* 막연히. ◇ **vagamente** 부 막연히. Este niño recuerda *vagamente* a su abuelo. 이 어린이는 조부를 희미하게 기억하고 있다. ◇ **vaguedad** 여 모호함.

vagón 남 (열차의) 차량(車輛). En un *vagón* de primera se viaja bastante cómoda. 1등차로는 제법 즐겁게 여행할 수 있다. *vagón de carga* 화차(貨車). ◇ **vagoneta** 여 손밀이운반차.

vaguido, da 형 현기증이 나는, 아찔하게 하는. 남 현기증; 위험.

vaharada 여 증기; 김.

vaharina 여 증기, 김(vaho), 수증기(vapor).

vahear 자 발산하다; 증발하다.

vahido/vahído 남 현기증.

vaho 남 증기, 향기, 연기, 김; 악취나는 발산물.

vaina 여 (칼·검 따위의) 집.

vainazas 남 {단·복수 동형} 게으르고 둔한 사람.

vais ir의 직설법 현재 2인칭 복수형.

vaivén 남 동요, 변전(變轉). En un *vaivén* de la suerte se encontró en la miseria. 그는 운명의 변전으로 빈곤한 상태로 되었다.

valedero, ra 형 유효한(válido). El billete del tren es sólo *valedero* para tres días. 그 승차권은 3일간만 유효하다.

valenciano, na 형 발렌시아(Valencia; 스페인 동해안의 주와 시; 옛 왕국)의. 남 발렌시아사람.

valer [61] 자 ① 가치가 …이다; 소용되다. Más *valen* huevos de hoy que gallinas de mañana. 오늘의 달걀은 내일의 닭보다 가치가 있다. ② 가격이 …이다. Las manzanas *valen* a seis pesetas el quilo. 사과는 1킬로그램에 6뻬세따이다. ③ 능력이 있다. No todos *valen* para los estudios. 모두들 연구할 능력이 있다고는 할 수 없다. 타 (선악의 결과를) 가져오다. El llegar tarde le *valió* una gran reprimenda. 그는 늦게 왔으므로 심하게 꾸중 들었다. 남 가치; 능력. Es un hombre de mucho *valer*. 그는 매우 유능한 사람이다. 재귀 ~se [+de: …를] 이용하다. *Se valió* de unos amigos para sacar el carné de conducir. 그의 친구들을 이용해서 운전면허를 땄다.

valiente 형 ① 용감한 (bravo). Sólo un hombre *valiente* se atreve a eso. 그런 짓은 용감한 사람만이 감히 할 수 있다. ② 지독한, 심한. *Valiente* ciudad es Seúl. 서울은 지독한 도시이다. 남 용감한 사람. ◇ **valientemente** 부 용감히; 지독하게, 매우 훌륭하게.

valioso, sa 형 가치가 높은. Le agradecemos infinito las obras *valiosas* con que nos han obsequiado. 귀중한 작품들의 증정을 해 주셔서 깊이 감사드립니다.

valor 남 ① 가치. Este libro no tiene ya ningún *valor* para mí. 이 책은 나에게는 이미 아무런 가치도 없다. ② 가격, 값 (precio). ¿Qué *valor* tiene este anillo? 이 반지 값은 얼마쯤입니까. ③ 용기, 대담. Los soldados dieron prueba de gran *valor*. 병사들은 대단히 용기가 있음을 보였다. ④團【상업】유가증권 (주권·공사채 따위). Los *valores* están en alza. 주식은 오르고 있다.

valorizar [⑨] *alzar*] 탄 평가하다(valuar); 값을 어림하다. ◇ **valorización** 여 평가; 어림(valuación).

valuación 여 견적, 평가(valoración).

valuar 탄 평가하다, 값을 매기다.

valla 여 방책; 장애물.

valladar 남 울타리.

valle 남 골짜기, 분지(盆地). En medio del *valle* corre un arroyo. 골짜기의 한가운데를 시내가 흐르고 있다. *valle de lágrimas* 이 세상 (눈물의 계곡).

vamos *ir*의 직설법 현재 1인칭 복수형.

vampiresa 여 흡혈귀 같은 여자.

vampiro 남 흡혈귀; 착취자, 고리대금업자.

van *ir*의 직설법 현재 3인칭 복수형.

vanagloria 여 자만, 자부.

vanguardia 여 전위(前衛). La columna de *vanguardia* avanzó hasta el campo enemigo. 전위부대는 적의 진지까지 진출했다. ◇ **vanguardismo** 남 전위파.

vanidad 여 허영. Como tiene tanta *vanidad*, nadie quiere ser su amigo. 그는 허영심이 강하므로 아무도 상대가 되려 하지 않는다. ◇ **vanidoso, sa** 형 허영심이 강한. Era una mujer *vanidosa*. 그녀는 매우 허영심이 강한 여인이었다.

vano, na 형 헛된; 무익한. Ha hecho *vanos* esfuerzos por conseguir la plaza. 그는 그 지위를 겨루고, 헛된 노력을 했다. *en vano* 헛되이, 소용없이. Te empeñas *en vano* en convencerle. 너는 그를 설득하려 하여도 허사이다.

vapor 남 ① (수)증기; 김, 아지랑이. Aquellos *vapores* no me dejaban respirar. 그 증기가 나를 숨막히게 했다. ② 기선(汽船). *vapor de agua* 수증기.

variable 형 ① 변하기 쉬운. En otoño el tiempo es *variable*. 가을 은 일기가 변하기 쉽다. ② 변하기 쉬운 성격의. Tiene un carácter muy *variable*. 그는 매우 변하기 쉬운 성격이다. ③【문법】(품사·단어가) 변화가 있는.

variar [⑫ *enviar*] 자 변하다. Cuando se transforma el exterior, *ha variado* algo en el interior. 외형이 변하면 내부의 것 중 일부도 변하고 있다. He *variado* de gustos desde entonces. 그때부터 나는 기호가 변했다. 탄 바꾸다(cambiar). Había que *variar* los temas de conversación. 화제를 바꾸어야 했다. ◇ **variación** 여 변화. ◇ **variado, da** 형 변화가 있는; 각종의. El paisaje de este terreno es muy *variado*. 이 땅의 풍경은 매우 변화가 많다.

vario, ria ⓐ ① 【명사의 뒤】 변화가 많은; 다양한. Ha pasado una vida *varia* y azarosa. 그는 변화가 많고 파란 많은 생활을 보내 왔다. ② 囹 【주로 명사의 앞】 몇 개인가의. Le he escrito *varias* veces. 나는 그에게 몇 번이나 편지를 썼다. ◇ **variedad** 예 ① 변화; 다양성. Todo son rosas sí, pero hay gran *variedad* de colorido. 모두 장미꽃인것이 확실하다; 그러나 색은 매우 다양하다. ② 囹 【연예】 버라이어티.

varón 囹 남자 (⊕ hembra). El matrimonio tenía tres hijos, un *varón* y dos hembras. 부부에게는 세 아이가 있었다; 사내가 한 명에 계집애가 두 명. ◇ **varonil** ⓐ 사내의(다운). Tenía un carácter *varonil* que por nada se asustaba. 그는 어떤 일에도 놀라지 않는 사내다운 성격의 소유자였다.

vas ir의 직설법 현재 2인칭 단수형.

vasco, ca ⓐ 바스꼬(las Vascongadas)의. La lengua *vasca* se llama generalmente vascuense. 바스꼬의 언어는 일반적으로 바스꾸엔세라 불린다. 囹 바스꼬 사람(피레네 산지에 원주하는 종족). ◇ **vascuense** 囹 바스꼬어.

vaso 囹 컵. Se bebió dos *vasos* de vino. 그는 포도주를 컵으로 두잔 마셔버렸다. ◇ **vasija** 예 그릇, 용기(容器).

vasto, ta ⓐ 광대한. España tenía *vastos* dominios en el Nuevo Mundo. 스페인은 신대륙에 광대한 영토가 있었다. ◇ **vastedad** 예 광대함. Se maravilló de la *vastedad* de su proyecto. 그는 그 계획의 광대함에 놀랐다.

Vd. usted.

vecino, na ⓐ 이웃의. Ese amigo vive en el pueblo *vecino*. 그 친구는 이웃 마을에 살고 있다. 囹 ① 이웃 사람. Entonces entró doña Teresa, la *vecina* de al lado. 벽 사이의 이웃사람 도냐 · 떼레사가 들어 왔다. ② 주민, 거주자, 사는 사람(residente). Aquella casa tenía unos cincuenta *vecinos*. 그 건물에는 거주자가 50명쯤 있었다. ◇ **vecindad** 예 ① 근처. Viven en la *vecindad*. 그들은 근처에 살고 있다. ② 【집합적】 거주자. ◇ **vecindario** 囹 【집합적】 주민; 주민 명단. Todo el *vecindario* sintió mucho la muerte del sacerdote. 주민은 모두 사제의 죽음을 매우 슬퍼했다.

veda 예 금렵·금어(기). Han levantado la *veda* y me voy de caza. 수렵이 해금(解禁) 되었으므로 나는 사냥을 간다. ◇ **vedar** 예 금하다(prohibir). Está vedado pescar en esta parte del río. 강의 이곳에서는 낚시질은 금지되어 있다. ② 방해하다. La dignidad de su cargo le *veda* hablar. 그의 임무가 임무인 만큼 그는 말할 수 없다.

vega 예 (주로 강의 양쪽 언덕의 비옥한) 광야(曠野). Fuimos a la *vega*, a la sombra de los álamos, a descansar. 우리는 들판 미류나무 그늘로 쉬러 갔다.

vegetación 예 【집합적】 식물. Se extendía un terreno con mucha *vegetación*. 식물이 많이 있는 땅이 펼쳐져 있었다. ◇ **vegetal** ⓐ 식물(성)의. 囹 식물(planta). ◇ **vegetalismo** 囹 채식(주의) (vegetarianismo). ◇ **vegetariano, na** 囹 채식하는. ⓐ 채식가.

vehemente 형 격한, 열렬한. Le respondió con palabras *vehementes* y en un tono poco amable. 격한 말씨와 별로 친절하지 못한 말투로 그는 그 사람에게 대답했다. ◇ **vehemencia** 여 격렬함, 열렬.

vehículo 남 ① 탈 것, (운송하는) 차. En la ciudad se ve toda clase de *vehículos*. 도시에서는 모든 종류의 탈 것을 볼 수 있다. ② [물리] 도체(導體), 매체(媒體). El aire es el *vehículo* del sonido. 공기는 소리의 도체이다.

veinte 형 20의; 20번째의. 남 20. ◇ **veinticinco** 형 25의; 25번째의. 남 25. ◇ **veinticuatro** 형 24의; 24번째의. 남 24. ◇ **veintidós** 형 22의; 22번째의. 남 22. ◇ **veintinueve** 형 29의; 29번째의. 남 29. ◇ **veintiocho** 형 28의; 28번째의. 남 28. ◇ **veintiséis** 형 26의; 26번째의. 남 26. ◇ **veintisiete** 형 27의; 27번째의. 남 27. ◇ **veintitrés** 형 23의; 23번째의. 남 23. ◇ **veintiuno, na** [남성명사 앞에서는 veintiún 으로 됨] 21의; 21번째의. Hoy se han reunido *veintiún* trabajadores. 오늘은 21명의 노동자가 모였다. 남 21.

vejez 여 노령; 노년기. Mi abuela murió de pura *vejez*. 할머니께서는 오로지 노령 때문에 사망했다.

vela 여 ① 밤침, 철야; 밤일. Pasamos la noche en *vela*. 그 밤을 우리들은 자지 않고 지냈다. La *vela* duró hasta la madrugada. 야간작업은 새벽까지 계속되었다. ② (불을 켜는) 초. Ardían las *velas* tristemente. 촛불이 쓸쓸하게 켜져 있었다. ③ 돛. Las *velas* estaban henchidas por el viento. 돛은 바람을 받아서 부풀어 있었다.

velar 자 ① 철야하다, 자지않고 있다. Me ha tocado *velar* toda la noche. 철야하는 차례가 내게 돌아왔다. ② 야근하다. Muchos amigos *velarán* ante el altar. 많은 친구들이 제단 앞에서 철야를 하게 되겠지. ③ [+por.sobre; …를] 지켜 보다(감사, 감독). La madre encargó a su hijo mayor que *velara por* su hermano. 모친은 큰 아들에게 동생을 돌보아 주도록 부탁했다.

velero, ra 형 배의 속력이 빠른. 남 돛단배 (요트 따위). Un *velero* cruzó el puerto y salió a alta mar. 한 척의 범선이 항구 안을 가로질러서 먼 바다로 나갔다.

veleta 여 풍향계(風向計). La *veleta* de torre, cuando tiene figura humana o de animal, se llama giralda. 탑에 붙인 풍향계는 사람이나 동물의 모습을 하고 있을 때 히랄다라 불린다.

velo 남 ① 베일, 엷은 면사. Las mujeres allí presentes llevaban el *velo* en la cabeza. 거기 출석한 부인들은 머리에 베일을 쓰고 있었다. ② 숨겨 덮는 것.

veloz 형 빠른. Pasó un coche *veloz* como un relámpago. 차 한대가 번개처럼 지나쳤다. ◇ **velocidad** 여 속력, 속도. Le multaron por excesiva *velocidad*. 그는 속도 위반으로 벌금을 물었다. *velocidad limitada* 제한 속도.

vello 남 솜털, 섬모. Mi padre tiene mucho *vello* en el pecho. 나의 부친은 가슴 털이 많다. ◇ **velludo, da** 형 솜털이 난; 부드러운.

vena 여 ① 나뭇결; 돌결; 맥 (수맥·광맥 따위). ② 혈관; 정맥. La sangre circula por las *venas*. 혈액은 혈관을 순환한다. ③ 기분. Si le da la *vena* por estar amable, todo irá bien. 우호적으로 되려는 기분이 그에게 생기면 만사가 잘 되어 갈 것이다.

vencer ① 타 ① 타파하다, (…에게) 이기다. Nuestro equipo *venció* al contrario por dos tantos. 우리 팀은 2점 차로 상대편을 이겼다. ② 극복하다. Para eso hay que *vencer* toda dificultad. 그러기 위해서는 어떠한 곤란도 극복해야 한다. ③ 억제·제압하다. No creo que *venza* semejante pasión. 그가 그러한 감정을 누를 수 있으리라고 나는 생각하지 않는다. 짜 기한이 오다·끊기다. Mañana *vence* el plazo para la presentación de instancias. 원서 제출의 기한은 내일까지이다. *dejarse vencer* 지다. No *te dejes vencer* por nada y siempre. 너는 어떤 일에도 지지 말고 전진해라. ◇ **vencedor, ra** 명 승자. ◇ **vencido, da** 형 ① 패배한. Me doy por *vencido*. 나는 졌다고 자인한다. ② 기한이 된, 늦어진. Le devolvió el dinero con los intereses *vencidos*. 그는 그 사람에게 돈을 그 기한분의 이자와 함께 돌려주었다. 명 패배자. ◇ **vencimiento** 명 승리; 극복; 기한 만료, 만기. Mañana será el *vencimiento* de este giro. 이 환의 기한은 내일 끊긴다.

vendar 타 (…에) 붕대를 감다. Voy a que me *venden* esta muñeca. 나는 이 손목에 붕대를 감아 달라고 간다. ◇ **venda** 여 붕대. Se ha lastimado una muñeca y tiene puesta una *venda* muy apretada. 그는 손목을 다쳐서, 매우 단단하게 붕대를 감고 있다. ◇ **vendaje** 남 [집합적] 붕대.

vendaval 남 강풍(强風). Se levantó un imponente *vendaval* que arrancó hasta los árboles de raíz. 강력한 폭풍이 일어나서 나무 조차도 뿌리채 뽑았다.

vender 타 ① 팔다 (⇔ *comprar*). *Vendemos* atrículos a precio fijo. 우리는 물건을 정가대로 팔고 있다. ② 배신하다. Luis me *ha vendido*; nunca esperé tal cosa de él. 루이스는 나를 배반했다; 뜻밖이었다. ③ [+*por*: …를 위하여] 희생하다. La mujer honesta no vende su honra *por* nada del mundo. 올바른 여성은 세상의 어떤 것 때문에도 그 정조를 희생하는 일이 없다. *venderse caro* 젠체하다 ◇ **vendedor, ra** 명 판매원, 점원.

veneciano, na 형 베네치아(Venecia)의, 베니스의. 명 베네치아·베니스 사람.

veneno 남 독; 해독(害毒). Esa clase de literatura es un *veneno* para la juventud. 그런 종류의 문학은 젊은이에게 해독으로 된다. ◇ **venenoso, sa** 형 유독한; 유해한.

venerar 타 ① 존경·숭배하다. Yo *venero* mucho a mi abuelo. 나는 조부를 매우 존경하고 있다. ②[종교] 제사하다, 예배하다. La imagen de la virgen se *venera* en la ermita. 성모상이 그 집에 모셔 있다. ◇ **venerable** 형 존경·숭배할 만한; 고색 창연한. El soberbio y *venerable* edificio estaba lleno de recuerdos históricos y artísticos. 그 장엄하고 오랜 건물에는 역사적이며 예술적인 유물이 잔뜩 있었다. ◇ **veneración** 여 존경,

숭배.

venezolano, na 형 베네수엘라(Venezuela)의. 명 베네수엘라 사람.

venga ① venir의 접속법 현재 1・3인칭 단수형. ② 오십시오.

vengáis venir의 접속법 현재 2인칭 복수형.

vengamos venir의 접속법 현재 1인칭 복수형.

vengan venir의 접속법 현재 3인칭 복수형.

vengar [8] pagar] 타 (…의) 복수을 하다. *Vengó a su padre, matando al enemigo*. 그는 적을 죽여서 부친이 원수를 갚았다. *Luis vengó en él la ofensa recibida de su familia*. 루이스는 그의 가족에게 받은 모욕을 그에게 보복했다. ◇ ~se 복수하다. *No es justo que se vengue en el hijo de lo que le hizo el padre*. 부친이 한 일을 그 아들에게 보복하는 것은 옳은 일은 아니다. ◇ **venganza** 여 복수, 앙갚음. *Rompió el cristal del escaparate por venganza*. 그는 앙갚음으로 진열장의 유리를 깼다.

vengas venir의 접속법 현재 2인칭 단수형.

vengo venir의 직설법 현재 1인칭 단수형.

venir [59] 자 ① 오다. *¿ De dónde vengo y adónde voy?* 나는 어디서 와서, 어디로 가는가? *Ya viene el verano*. 벌써 여름이 왔다. ② 유래하다. *La inteligencia le viene de la rama de su madre*. 그의 머리가 좋은 것은 모친을 닮아서이다. ③ (머리에) 떠오르다. *No sé cómo me vino esa idea*. 어째서 그런 생각이 떠올랐는지 나는 모른다. ④ 적합하다. *¿ Me vendrán tus zapatos?* 네 구두가 내게 맞을까. ⑤ [+a+ *inf.*] …하러 오다; …하게 되다. *Vengo a verle a usted*. 나는 당신을 만나러 왔습니다. *¿ En qué vino a parar ese asunto?* 그 일은 어떻게 되었나. ⑥ [+de: …의] 출신・원산이다. *¿ De dónde viene usted?* 당신의 어디 출신인가요. ⑦ [+sobre: …를] 습격하다. *Ha venido sobre la ciudad la muchedumbre de forasteros*. 그 고을에 수많은 타관 사람이 밀어 닥쳤다. ◇ ~se 넘어지다, 무너지다. *Se vinieron al suelo nuestros planes*. 우리들의 계획은 무너져 버렸다. ◇ **venida** 내착(來着) [④ ida].

venta 여 ① 매각, 판매 [④ compra]. *Estos días han disminuido las ventas*. 요즈음 매출이 줄었다. ② (시골의 조그만) 주막. *en venta* 매출 중의;이어서, 팔려고 내놓은.

ventaja 여 ① 잇점; 이익. *Todo tiene sus ventajas y, al mismo tiempo, sus desventajas*. 무슨 일이든지 잇점도 있지만 동시에 불리한 점도 있다. ② 유리, 우세. *Yo te llevo ventaja por mi experiencia*. 내가 경험이 있으니까 너보다 유리하다. *llevar ventaja a* …보다 우수하다. *sacar* [*tomar*] *ventaja* 이용하다. ◇ **ventajoso, sa** 형 유리한. *Le ofrecieron un contrato ventajoso*. 그는 유리한 계약의 신청을 받았다.

ventana 여 창문. *Abra usted la ventana para que entre el aire*. 바람이 들어오도록 창문을 열어라. ◇ **ventanilla** 여 ① (차・열차 따위의) 창문. *Unos rayos rubios del sol penetran por la ventanilla del tren*. 금빛의 태양광선이 차창으로 들어온다. ② (사무소・표 파는 곳의) 창구. *Usted puede sacar ese billete* en la *ventanilla* de al lado. 그 표는 이웃 창구에서 살 수 있습니다.

ventar 재 바람이 불다.

ventear 재 바람이 불다. 타 냄새를 맡다. ◇ ~**se** (미분자의 팽창으로 인하여) 쪼개지다; 기포로 가득차다.

venteril 형 주막의.

ventilar 타 ① 송풍·환기하다. Abre el balcón para que se *ventile* el dormitorio. 침실의 환기를 위하여 발코니(의 창)을 열어라. ② 바람에 쐬이다. Conviene *ventilar* la ropa antes de guardarla. 속옷가지는 넣어두기 전에 바람을 쐬어야 한다. ③ 처리하다. Tengo que *ventilar* un asunto en el ministerio. 나는 이 일을 본부에서 처리해야 한다. ◇ **ventilación** 여 통풍, 환기; 통풍·환기 장치. Para la *ventilación* del desván abrieron dos ventanas pequeñas. 그들은 다락방 환기를 위하여 창문을 두개 내었다. ◇ **ventilador** 남 선풍기, 환기장치.

ventisquero 남 눈보라; 만년설; 눈더미.

ventolina 여 미풍.

ventosear(se) 재(재) 방귀를 뀌다.

ventura 여 (행)운, 행복. Les deseamos muchas *venturas* en el Año Nuevo. 새해에 뿐 많이 받으십시오. *a la ventura* 운에 맡기고. Navegaban a la *ventura*. 운에 맡기고 그들은 항해하고 있었다. *por ventura* 다행히; 아마, 설마. ¿Lo has visto *por ventura*? 설마 너는 그걸 본 건 아니겠지. *por la mala ventura* 불운·불행하게도. *Por su mala ventura*, se derribó el puente en aquel momento. 그는 불운하게도, 그 순간에 다리가 무너졌다. ◇ **venturoso, sa** 형 행운·행복한(feliz).

veo ver의 직설법 현재 1인칭 단수형.

ver [53; 과거분사 visto] 타 ① 보다, (…가) 보이다. No *veo* nada sin gafas. 나는 안경이 없으면 아무 것도 안 보인다. ¿*Ve* usted aquella luz? 저 빛이 보입니까? ② (…을) 만나다. He ido a *ver* a mi antiguo profesor. 나는 옛 선생님을 만나러 갔다. ③ 알다, 이해하다 (entender, comprender). Ya *veo* lo que pretendes. 네가 무엇을 바라고 있는지 나는 벌써 알았다. 재 ① (눈이) 보이다. El que no *ve* se ciego. 눈이 보이지 않는 사람은 소경이다. ② [+ *de* + *inf*. : … 하려고] 시도하다. *Veremos* de subir a este árbol. 이 나무에 오를 수 있는지 시험해 보자. ◇ ~**se** ① 보이다. *Se veía* una luz a lo lejos. 멀리서 빛이 한 가닥 보이고 있었다. *Se ve* que no sabe nada. 그가 아무것도 모르는 일은 명백하다. ② [어떤 장소·상태에] 있다. *Nos veíamos* pobres y perseguidos. 우리들은 가난하며 박해 당하고 있었다. ③ [+ *con* : …과] 만나다. *Me veo* con él a menudo. 그는 빈번히 그와 만나다. *a ver* 자, 어떨까; 두고 보자. *a ver, ¿puede contestarme?* 글쎄 당신은 대답할 수 있을까요. *a mi ver* 내 의견으로는. *tener que ver con* …와 관계가 있다. ¿*Qué tengo que ver con* eso? 나는 그 일과 무슨 관계가 있는가.

veranear 재 피서를 하다. Todos los años *veraneamos* en la montaña. 해마다 우리는 산으로 피서하러 간다. ◇ **veraneante**

피서객. ◇ **veraneo** 남 피서. No podemos pensar en ir de *veraneo*. 우리는 피서하러 가는 일 따위를 생각할 수 없다.

verano 남 여름. El *verano* es la estación más calurosa del año. 여름은 1년 중 가장 더운 계절이다. ◇ **veraniego, ga** 형 여름의.

veras (de) 부 정말로;진실로. Aquel día estaba enfermo *de veras*. 그날 정말로 나는 병이었다.

verbena 여 ①【식물】 빗나무. ②밤 축제, 전야제. La noche de San Juan celebramos la *verbena* en la plaza del pueblo. 성 요하네의 밤에 우리들은 거리의 광장에서 전야제를 가진다.

verbo 남 ①【문법】 동사. ② 언어. ◇ **verbal** 형 ①동사의. ② 말(로)의, 구두의. No le dieron más que una promesa *verbal*. 그 구두로서 약속을 받았을 따름이었다.

verdad 여 진실 [⊕ mentira]. Eso que dices no es *verdad*. 네가 말하는 것은 진실은 아니다. A decir *verdad*, a mí no me gusta esto. 바른대로 말하면 나는 이것이 좋지는 않다. ◇ **verdadero, ra** 형 진실한;성실한. No usaba el nombre *verdadero*. 그는 본명을 쓰지 않고 있었다. ◇ **verdaderamente** 부 정말로. Lola era *verdaderamente* guapa. 롤라는 정말로 미인이었다.

verde 형 ① 초록빛의. El color *verde* se puede obtener combinando el azul y el amarillo. 초록빛은 파랑과 노랑을 배합해서 만들 수 있다. ② 파란, 덜 익은. Estas naranjas están *verdes*, saben muy agrias. 이 귤은 덜 익었다;대단히 시다. ③ 날것의, 말라죽지 않은. Esta madera todavía está *verde*. 이 재목은 아직 생나무이다. 남 ① 초록빛, 녹색(綠色). El *verde* te cae muy bien. 초록빛은 네게 매우 어울린다. ② 푸른 풀. Nos sentamos en el *verde* para tomar un descanso. 우리는 푸른 풀 위에 앉아서 쉬었다. ◇ **verdor** 남 (짙은·싱싱한) 초록빛, 녹색. Los campos ya se visten de *vedor*. 들녘은 벌써 녹색의 옷을 입었다. ◇ **verdura** 여 무성하, 채소(legumbre). Para cenar tenemos un plato de *verdura* y otro de pescado. 저녁 식사에는 야채 요리와 생선(의 요리)을 우리는 먹는다.

vereda 여 오솔길;[남미] 보도(步道). Si sigues la *vereda* llegarás antes que por el camino. 이 오솔길로 가면 큰 길보다 빠르게 닿을 수 있다.

verdemar 남 바다빛, 엷은 초록색.
verderol 남【새】방울새(verderón).
verderón, na 형 짙은 녹색의. 남【새】방울새.
verdinegro, gra 형 암록색의.
verdugo 남 새싹(vástago).
vergüenza 여 ① 부끄러움(창피한 일·생각). Me da *vergüenza* pedírselo a José. 이것을 호세에게 부탁하는 것은 나는 창피하다. ② 염치. Si tienes *vergüenza*, debes devolverle ese dinero pronto. 네가 염치가 있다면 빨리 그 돈을 그에게 돌려주어야 한다. ◇ **vergonzoso, sa** 형 부끄러운, 부끄러워하는. Lola es tan *vergonzosa*, que apenas habla. 롤라는 대단히 부끄러움을 타서, 거의 말을 하지 않는다.

verificar [7] sacar] 타 ① 확인하다. Hay que *verificar* la cuenta una vez más. 그 계산을 또 한번 확인해 보아야 한다. ② 검사·실증하다. *Verificamos* el funcionamiento del motor. 우리들은 엔진의 작용을 보고 있다. ③ 행하다; 실현하다. Se *verificó* el acto de entrega de premios. 수상식이 거행되었다.

vermú/vermut [图; vermuts] 남 베르뭇(흰 포도주의 일종).

verrusa 여 혹; 사마귀; 귀찮은 일.

verrugo 남 수전노.

versar 자 주위를 돌다; [+sobre : …]을 문제로 하다. ◇ ~se 수련을 쌓다, 경험을 얻다.

versión 여 ① 번역(작품). Esta *versión* francesa del Quijote está bien hecha. 이《돈·끼호떼》의 프랑스어 번역은 잘 되어 있다. ② 해석, 견해 (opinión). Hay varias *versiones* de este hecho. 이 사실에는 여러가지 해석이 있다.

verso 남 시(의 한 줄); 운문(韻文). José le escribió muchas cartas, algunas en *verso*. 호세는 그녀에게 편지를 많이 썼다; 어떤 것은 시였다. ◇ **versificar** [7] sacar] 자 시를 쓰다. 타 운문으로 만들다.

verter [20 perder] 자 (물·냇물이) 부어지다. El Huerva *vierte* a Ebro. 우에르바강은 에브로강으로 들어간다. 타 ① (물 따위를) 흘리다. *Has vertido* vino sobre el mantel. 너는 테이블보 위에 술을 흘렸구나. ② [+de : …로 부터+en : …에] (그릇·내용을) 비우다, 옮기다. *Vertió* el agua en la vasija. 그는 물을 그릇에 비웠다. ③ [+a.en : …으로] 번역하다, 바꿔 쓰다. ◇ **~se** 흘리다. Con el vaivén del buque *se vierte* el agua de los vasos. 배의 동요로 컵의 물이 튀어나다. ◇ **vertiente** 여 (물이 흐르는) 사면(斜面); (지붕의) 한 쪽.

vértice 남 정점(頂点). ◇ **vertical** 형 수직한. Esta columna no es completamente *vertical*. 이 기둥은 완전한 수직은 아니다. ◇ **verticalmente** 부 수직으로.

vértigo 남 ① 현기증; 상기(上氣). No quiero subir a esa altura; siento *vértigo*. 나는 그런 높은 곳에 오르고 싶지 않다; 현기증이 난다. ② 번거로움. No me gusta el *vértigo* de las grandes ciudades. 나는 대도시의 번거로움이 마음에 들지 않는다. *de vértigo* 무서운, 지독한. La belleza de esa mujer es *de vértigo*. 그 여인의 아름다움은 대단하다. ◇ **vertiginoso, sa** 형 번거로운. Iba a una velocidad *vertiginosa*. 그것은 눈이 도는 듯한 속도로 달리고 있었다.

vesania 여 정신착란, 발광, 광란.

Vesta 여 【신화】 베스타.

vestíbulo 남 현관, 로비. Enciende la luz del *vestíbulo*. 현관의 전등을 켜시오.

vestido, da 형 [+de·en : …을] 입은. José iba *vestido* de etiqueta. 호세는 예복을 입고 있었다. 남 의복, 옷; 원피스.

vestir [36 pedir] 타 [+de : …를 …색의] 옷을 입고 있다. Mi madre, que era viuda, *vestía* siempre *de* negro. 모친은 미망인이었으므로, 항상 검정옷을 입고 있었다. Viene sonriente, *ves-*

tida de colores claros. 그녀는 밝은 빛의 옷을 입고 벙글거리면서 왔다. ② 바꾸어 입다. Ese color *viste* mucho. 그 빛은 대단히 옷이 돋보인다. 国 ① 입고 있다. Don José *viste* traje de torero. 돈·호세는 투우사의 옷을 입고 있다. ②(…에게) 옷을 입히다 (좋은 옷을 입히다, 옷을 주다); 웃치장하다. La madre *vistió* de gala a la niña. 모친은 소녀에게 때때옷을 입혔다. Las hojas nuevas *visten* ya los árboles. 어린 잎이 벌써 나무들을 단장하고 있다. ◇~*se* [+de∶…형·색의] 옷을 입다; 단장하다. El niño *se viste* ya solo. 그 어린이는 이제 혼자서 옷을 입는다.

veterano, na 囵 경험이 풍부한. José es *veterano* en el oficio. 호세는 그 일에서는 베테랑이다. 閚경험이 풍부한 사람, 베테랑.

vez [圈 veces] 図 때; 번. Una *vez* me lo contó. 어느 때 그가 그 말을 해 주었다. Algunas *veces* cenamos fuera. 우리는 때로는 외식을 하곤 한다. Entonces fue la primera *vez* que la vio. 그가 그녀를 본 것은 그 때가 처음이었다. *a veces* 때때로. El miente *a veces*. 그는 때때로 거짓말을 한다. *a la vez* 동시에 (al mismo tiempo); 단번에. Todos querían hablar *a la vez*. 모두들 동시에 말하려 했다. *cada vez* 『비교어』점점. Está *cada vez más guapa*. 그녀는 점점 아름다워지고 있다. *cada vez que* …할 때마다. *Cada vez que* viene me trae algún regalo. 그는 올 때마다 무엇인가 선물을 가져 준다. *de una vez* 한번에, 단숨에; 단연. Más vale darle el susto *de una vez*. (기왕 놀라게 하려면) 단숨에 그를 깜짝 놀라게 하는 것이 좋다. *de vez en cuando* 때때로. *en vez de* …의 대신으로(en lugar de). Vino Lola *en vez de* su hermana. 롤라가 언니 대신으로 왔다. *otra vez* 다시(de nuevo); 또 한번. Dígamelo *otra vez* 그 말을 또 한 번 해 주세요. *tal vez* 아마(quizás). *Tal vez* no lo supiera. 아마 그는 그것을 모를 것이다.

vía 閚 ① 길. La Gran Vía está siempre animada de gente. 큰 길은 언제나 사람들로 붐비고 있다. ② 노선, 선로. Está prohibido andar por la *vía* del tren. 철도의 선로를 통행하는 일은 금지되어 있다. ③ 경로, 경유. Salieron para París *vía* Hendaya. 엔다야 경유로 그들은 파리로 출발했다. *vía pública* 공로(公路). *vía aérea* 공로(空路); 항공편. *vía marítima* 해로(海路); 배편, 선편(船便). Se lo mandaremos por *vía marítima*. 그것을 배편으로 보내겠소. *Vía Láctea* 은하(銀河). La *Vía Láctea* también se llama camino de Santiago. 은하는 또 《산티아고의 길》이라고도 불리워진다.

viajar 国 ① [+por∶…를] 여행하다(hacer un viaje). Han *viajado* por toda Europa en coche. 그들은 유럽 전역을 차로 여행했다. ②팔러 다닌다. ◇ **viajante** 및 외교원, 세일즈맨. Dentro de poco nos visitará nuestro *viajante*. 곧 우리 회사의 외판원이 귀사를 찾아 갑니다.

viaje 閚 여행. Este amigo anda haciendo un *viaje* por estas tierras. 이 친구는 이 땅을 여행하고 있다. *de viaje* 여행해서. Los padres estaban *de viaje*. 양친은 여행중이었다. ¡*Buen viaje*!(여행 떠나는 사람에 대한 인사) 잘 다녀오세요; (화

나서) 마음대로 해! Si no me invitan …; ¡buen viaje! 나를 초대하지 않는다면… 맘대로 해! ◇ **viajero, ra** 명 여행자; 여객, 승객(pasajero). Se ruega a los viajeros que conserven sus billetes. 표를 잃지 않도록 승객 여러분께 부탁드립니다.

víbora 명 【파충류】독사. Secaba las víboras después de muertas y las vendía. 그는 독사를 죽여서 말려가지고 그걸 팔고 있었다.

vibrar 타 (작은 동작으로) 떨다; (화살·광선 따위를) 쏘다. 자 떨다, 진동하다. No vibró su corazón al oír el relato de tanta desgracia. 그런 불행한 이야기를 들어도 그의 마음은 떨리지 않았다. ◇ **vibración** 명 진동, 흔들림. ◇ **vibrante** 형 흔들리는.

vibrátil 형 진동하기 쉬운, 진동성의.

vibratorio, ria 형 진동의, 진동적인, 진동성의.

vicario, ria 형 대리의. 명 대리, 대행자. 부 대리자로; 대리로.
vicario general 부주교. vacario de Jesucristo 로마법왕.

vicealmirante 명 해군중장; 부제독.

vicecónsul 명 부영사.

viceconsulado 명 부영사의 직·사무소.

vicenal 형 20년의; 20년 마다의.

vicepresidente, ta 명 부대통령; 부총재; 부의장, 부회장, 부사장.

vicerrector, ra 명 (수도원·병원·대학의) 부원장, 부학장.

viceversa 부 [y+] 역(逆)도 또한 같다. Se hace bien lo que se hace con gusto y viceversa. 기꺼이 하는 일은 잘 된다; 그리고 마지못해 하는 일은 결과도 나쁘다.

vicio 명 악습, 나쁜 버릇. Tiene el vicio de no contestar pronto. 바로 대답을 하지 않는 나쁜 버릇이 그에게는 있다. de vicio 으레. Se queja de vicio. 불평을 말하는 것은 그의 버릇이다. ◇ **vicioso, sa** 형 못된 버릇이 있는; 결함이 있는; 버릇이 없는. círculo vicioso 악순환; 순환론법.

vicisitud 여 (주로 복) (인생의) 부침(浮沈), 사건. Después de muchas vicisitudes llegamos al término de nuestro viaje. 여러 가지 일에 부딪친 뒤에 우리는 여행의 종착점에 왔다.

víctima 여 희생(자), 조난자, 피해자. En el altar se sacrificaron las víctimas. 제단에 희생물이 바쳐졌다. El huracán ocasionó 500 víctimas. 태풍으로 500 명의 피해자가 생겼다.

victoria 여 승리(triunfo). En esa batalla consiguió una victoria decisiva nuestro ejército. 그 전투에서 아군이 결정적 승리를 거두었다. ◇ **victorioso, sa** 형 의기양양한, 승전의. Nuestro ejército volvió victorioso de la guerra. 아군은 전쟁에 이기고 돌아왔다.

vid 여 【식물】포도(나무). Una vid de troncos retorcidos daba sombra a la terraza. 구불구불한 줄기의 포도나무 한 그루가 테라스에 그늘을 만들고 있었다.

vida 여 ① 생명. Mi abuelo disfrutó de una larga vida. 조부는 장수하셨다. ② 생활. El llevaba una vida agitada. 그는 바쁜 생

활을 하고 있었다. Se gana la *vida* escribiendo. 그는 글을 써서 생활하고 있다. ③ 인생, 세상(mundo). La *vida* es sueño. 인생은 꿈이다. *en toda la [su] vida.* 결코 …않는다. ¿*En toda mi vida* he oído tal cosa? 나는 (출생 이후 지금까지) 그런 말은 들은 일이 없다!

vidrio 남 유리(cristal). Es frágil como el *vidrio*. 그것은 유리처럼 약하다. ◇ **vidriera** 여 유리창·문. *vidriera* de colores 채색 모양의 유리창.

viejo, ja 형 ① 오랜 [⊕ nuevo]; 옛날부터의. Estos zapatos están ya *viejos*, hay que tirarlos. 이 구두는 벌써 낡았다; 버려야 하겠다. Somos *viejos* amigos 우리는 오랜 친구이다. ② 늙은 [⊕ joven]. Estaba sentada al sol una mendiga *vieja*. 늙은 여자 거지가 일광욕을 하고 있었다. 남 노인(anciano) [⊕ joven]. El pobre *viejo* caminaba apoyándose en la pared. 가엾게도 그 노인은 벽에 의지하면서 걷고 있었다.

viento 남 【기상】 바람. Hoy hace mucho *viento*. 오늘은 바람이 매우 세다. Siempre soplaba un *viento* del Norte. 언제나 북풍이 불고 있었다.

vientre 남 【신체】 배(abdomen). Se dio un golpe en el *vientre*. 그는 배에 일격을 받았다.

viernes 남 【단·복수 동형】 금요일.

viga 여 【건물】 들보, 가로창. Los techos están asegurados con *vigas*. 천장은 들보로 단단히 지탱되고 있다.

vigente 형 효력이 있는; 현행의. La ley *vigente* lo prohibe. 현행의 법률은 그것을 금지하고 있다. ◇ **vigencia** 여 유효성, 효력. Al cabo de doscientos años esa concepción fundamental sigue teniendo *vigencia*. 200년 후에 그 기본적인 개념은 오히려 살아 있다.

vigilar 타 망보다. La vieja *vigilaba* a los niños. 그 노파가 어린이들을 망보고 있었다. 자 [+en·por·sobre : …를] 망보다, 감시·경비하다. Hay que *vigilar* constantemente *por* la salud pública. 공중위생에는 끊임없이 마음을 써야 한다. ◇ **vigilancia** 여 망보기, 감시. No descuido la vigilancia de mis asuntos. 나는 담당한 일의 감시를 게을리 하지 않는다. ◇ **vigilante** 형 망보기, 감시·경비원.

vigor 남 완강함, 굳셈. ¡Con qué *vigor* saltaba una y otra vez! 어쩌면 그토록 완강하게 한번 또 한번 뛰었던 것일까! *en vigor* 효력이 있는; 현행의·으로. La nueva ley no entra *en vigor* hasta el mes que viene. 새 법률은 내달까지 유효하게 되지 않는다. ◇ **vigorizar** [⊕ alzar] 타 강장하게 하다. El vino *vigoriza* el cuerpo. 포도주는 몸을 건강하게 한다. ◇ **vigoroso, sa** 형 완강한, 활기가 있는. Este chico es *vigoroso* y atrevido. 이 소년은 완강하고 대담하다.

vil 형 비열한. Es un hombre *vil*, capaz de engañar a su mejor amigo. 사람 좋은 친구조차도 속일 정도로 비열한 자이다. ◇ **vileza** 여 비열.

villa 여 ① 별장(quinta, quintana, casa de campo); 호텔. Se

villancico 658 **violar**

compró una *villa* en las afueras de la ciudad. 그는 시의 근교에 별장을 샀었다. ② 시가지. La *villa* de Bilbao fue teatro de batallas durante aquellas guerras civiles. 빌바오의 시가지는 내란 중 전투 무대였다.

villancico 남 크리스머스·캐롤. Se oyen cantar *villancicos*. 크리스머스·캐롤(을 노래하는 것)이 들린다.
villano, na 형 천하고 비열한. El, muy *villano*, no respeta nada. 그는 비열한 놈이어서, 아무 것도 존중하지 않는다. 명 비열한 사람; 촌사람. 여 **villanía** 비열함.
vinagre 남 식초. La ensalada se prepara con sal, aceite y *vinagre*. 샐러드는 소금·기름·식초로 만든다.
vinariego 남 포도 재배자, 포도원 경영자, 포도원 주인.
vinario, ria 형 포도주의, 술의.
vinatería 여 포도주 상점, 포도주 판매업.
vinatero, ra 형 술의, 포도주(양조)의. 명 포도주 상인.
vinaza 여 (찌꺼기에서 뽑아낸) 하급 포도주.
vinculación 여 관계, 우호, 연계(連繫); 세습 재산 설정.
vincular 타 세습으로 하다, (재산의) 상속인을 한정하다; 영속하다, 영구히하다 (perpetuar); 결부시키다 : [+en : …에] 매다 (atar), ◇~se 영속하다.
vínculo 남 연계, 유대(lazo); 【법률】 한정 상속 재산; 세습재산 설정.
vincha 여 부인의 머리에 쓰는 머플러.
vindicar 타 옹호·변호하다 (defender); 보복하다 (vengar), 회복하다 (reivindicar); 부득이 빼앗긴 것을 되찾다. ◇~se [+de : …의] 보복을 하다, (…을) 회복하다.
vindicativo, va 형 보복적인, 복수심이 강한 (vengativo) : 옹호의, 변호의.
vindicta 여 보복 (venganza); 제재.
vinería 여 주점, 포도주점.
vinícola 형 포도주 양조의. 남 포도원주인 (vinariego), 포도재배자.
vinicultor, ra 남 포도주, 양조가.
vinicultura 여 포도주 양조.
vinífero, ra 형 포도주를 생산하는.
vinificación 여 포도주화(化); 포도주의 발효; 주조법 (酒造法).
vínico, ca 형 비닐의.
vinilo 남 【화학】 비닐; 비닐수지 (樹脂).
vinillo 남 약한 술, 물을 탄 술.
vino[1] 남 술; 포도주. El solo se bebió una botella de *vino*. 그는 혼자서 포도주 한 병을 마셔버렸다.
vino[2] venir의 직설법 부정과거 3인칭 단수형.
vinolencia 여 과음; 대주가.
viña 여 포도밭·원(園). ◇ **viñadero** 남 포도원 지기. ◇ **viñador** 남 포도 재배자; 포도원. ◇ **viñal** 남 포도밭.
viola 여 【악기】 비올라. 남 비올라연주자.
violar 타 ① 범하다; 위반하다. Las leyes se han hecho para que se cumplan y no para que *se violen*. 법률은 사람이 지키도록 만

violentar 659 **virtud**

들어진 것이지, 범하기 위한 것은 아니다. ② (신성한 것을) 더럽히다; 욕되게 하다. *Violaban* el altar cuando les sorprendió el sacerdote. 그들이 제단을 어지럽히고 있었는데 그때 사제에게 발견되었다. ◇ *violación* 여 위반, 폭행; 【종교】모독. Por *violación* de las leyes de tráfico le echaron una multa. 교통법 위반으로 그는 벌금을 물었다.

violentar 타 ① 무리하게 하다, (…에게) 폭력을 쓰다. El ladrón *violentó* el cajón y se llevó mi cartera. 도둑놈은 서랍을 억지로 열고 내 지갑을 가져갔다. ② 강제하다. Si no tiene muchas ganas de comer, no le *violentes*. 그가 별로 먹고 싶어하지 않으면 굳이 먹이지 말라. ◇ **-se** 무리하게 하다, 견디다. Me *violenté* mucho hablándole así, pero tuve que hacerlo. 나는 억지로 참아가며 그렇게 그에게 이야기했지만, 말하지 않을 수 없었던 것이다.

violento, ta 형 격렬한, 난폭한. No pronuncie usted palábras tan *violentas*. 그런 난폭한 말은 쓰지 마라. ◇ **violencia** 여 맹렬; 난폭; 폭력. Siempre contesta con mucha *violencia*. 그는 언제나 매우 난폭하게 대답을 한다. La policía tuvo que emplear la *violencia* para dispersar a los grupos. 경찰은 군중을 해산시키기 위하여 폭력을 써야 했다.

violeta 여 【식물】제비꽃. La *violeta* es el símbolo de la modestia. 제비꽃은 겸허의 상징이다. 형 보라빛의. Un vestido de color *violeta* resulta discreto. 보라빛 옷은 신중한 느낌이 든다.

violín 남 【악기】바이얼린. Al fondo de la galería empieza a oírse el *violín* melancólico. 복도의 안쪽에서 쓸쓸한 바이얼린(의 소리가)이 들리기 시작한다. ◇ **violinista** 남 바이얼린연주자.

virgen [복 vírgenes] 형 ① 처녀의. ② 개간되지 않은. Se perdieron en las selvas *vírgenes* de la tierra firme. 그들은 대륙의 처녀림에 잘못 들어갔다. ③ 순결한; 순수한; 쓰지 않은. miel *virgen* 순수 벌꿀. 여 ① 처녀. ② [V-] 성모; 성모상. La *Virgen* se apareció a tres pequeños pastores de Fátima en 1917. 파띠마의 세 목동 앞에 1917년 성모가 모습을 보였다. ◇ **virginal** 형 처녀의(와 같은); 청순한. No había perdido la candidez *virginal*. 그녀는 처녀다운 순진함을 잃지 않았었다. ◇ **virginidad** 여 처녀성; 순결.

viril 형 ① 사내의; 사내다운. Fue una acción *viril* digna de un elogio general. 그것은 일반의 칭찬을 받을만한 사내다운 행위였다. ② 장년의. Iba a entrar en la edad *viril*. 그는 장년기에 들어가려 하고 있었다. ◇ **virilidad** 여 사내다움; 장년기.

virtud 여 ① (미)덕, 덕의(德義). ② 정절. Había una joven estimada por su *virtud*. 정결함이 평판이 된 젊은 여인이 있었다. ③ 효력; 가치. Esta planta se cree que tiene la *virtud* de curar las heridas. 이 풀은 칼에 베인 상처를 고치는 효력이 있다고 생각되고 있다. *en virtud de* …의하여, …때문에, …고로. ◇

virtuoso, sa 형 덕있는; 정결한; 효력이 있는. Las acciones *virtuosas* serán premiadas por Dios. 덕행은 신의 보답을 받으리

라. 圖 음악의 명수.

visar 他 (여권 따위에) 사증하다. Vengo a que me *visen* el pasaporte para México. 나는 멕시코행 여권에 사증을 받으러 왔다. ◇ **visa** 囡 사증, 비자. ◇ **visado** 圄 사증, 비자.

viscoso, sa 끈적끈적한, 더덕더덕한. La miel es una sustancia *viscosa*. 꿀은 끈적끈적한 물질이다.

visible 圄 ① (눈에) 보이는 [⊕ invisible]. Desde aquí es bien *visible* la chimenea. 여기서는 그 굴뚝이 잘 보인다. ② 명백한; 현저한. ③ 방문・참관할 수 있는. 그 사람 앞에 내놓을 수 있는. Llevaba un traje poco *visible*. 남 앞에 내놓음즉 싶지 않은 옷을 그는 입고 있었다. ◇ **visiblemente** 圄 눈에 띄게; 현저하게. El niño engorda *visiblemente*. 그 어린이는 눈에 띄어보기 살쪘다. ◇ **visibilidad** 囡 가시도(可視度), 시계(視界). Con la niebla era escasa la *visibilidad*. 안개 때문에 시야가 좁았다.

visión 囡 ① 시력(視力). Ha perdido la *visión* de un ojo. 그는 한쪽 눈의 시력을 잃었다. ② 견해. Cada uno tiene su propia *visión* de las cosas. 사람에게는 각기 자기 나름의 견해가 있다.

visita 囡 ① 방문. Tengo que hacer una *visita* de despedida a ese amigo. 나는 그 친구에게 작별의 인사를 해야 한다. ② 손님, 방문객. Esta tarde hemos tenido cuatro *visitas*. 오늘 오후 손님이 네 사람 있었다. ③ 순찰; 왕진(往診).

visitar 他 ① 방문하다; 문병하다. Tengo que *visitar* a la tía, que está en la cama. 나는 숙모를 문병하러 가야 한다; 앓고 있으니까. ② 왕진・회진하다. Ya le *ha visitado* el doctor y dice que no está grave. 의사가 이미 왕진해서 대단치는 않다고 말하고 있다. ③ 시찰・순찰하다. El inspector y los arquitectos han salido a *visitar* las obras. 검사관과 건축가들이 그 공사를 시찰하러 갔다. ④ 보러 가다(관광・참관); 참배하다. Por dos veces visitamos el Museo del Prado. 우리는 두차례 쁘라도 미술관을 견학했다. ◇ **visitador, ra** 囲 방문 좋아하는 사람; 시찰・순찰원. Por lo que habla la monja, es una *visitadora* que va de hospital en hospital. 그 여승의 말로 보아 그녀는 병원을 차례차례 돌아보는 순찰 여승이다. ◇ **visitante** 圄 방문객; 견학・참관자; 참배자.

víspera 囡 전일; 전야(제). Este ocurrió en la *víspera* de Navidad. 이런 일이 크리스마스 전일에 일어났다. *en vísperas de …*의 직전에. Se mostraba muy alegre; estaba *en vísperas de* su boda. 그녀는 대단히 들떠 있었다; 결혼을 가까이 두고 있었던 것이다.

vista¹ 囡 ① 시각, 시력. Tiene usted una *vista* envidiable. 당신은 부러운 시력을 가지고 있소. ② 보는 일; 만남. No pierda usted de *vista* a este niño. 이 어린이를 잃지 마시오. Solamente lo conozco de *vista*, no lo he tratado. 나는 그를 보아서 알고 있을 따름이오, 교제한 일은 없다. Hasta la *vista*. 안녕 (또 만날 때까지). ③ 외견(外見). Este pastel tiene buena *vista*. 이 과자는 보기가 좋다. ④ 조망, 경치. La casa tiene la hermosa *vista*. 그 집에는 아름다운 조망이 있다. *a la vista* 한 눈에; 명백히; 목전

visto, ta² 에. No hay *a la vista* ningún cambio. 당장 변화는 없다. *en vista de* …을 보고·생각하고. *En vista de*l mal tiempo suspendemos el viaje. 일기가 나쁜 것을 고려해선 우리는 여행을 중지했다. ◇ **vistazo** 남 흘긋 봄. No hice sino echar un *vistazo* al periódico. 나는 신문을 흘긋 보았을 따름이었다. ◇ **vistoso, sa** 형 화려한.

visto, ta² 형 [bien+] 좋게 생각된. [mal+] 나쁘게 생각된. No está *bien visto* que una señorita salga de casa sola. 계집애가 혼자서 나타나는 것은 좋게 생각되고 있지 않다. *por lo visto* 외견상으로, 어쩐지, 확실히, 분명히. *Por lo visto* no se acordó de que tenía que venir. 어쩌면 그는 와야 할 것을 잊은 듯하다.

visual 형 눈의, 시각의. En Castilla, mirar suele ser disparar la flecha *visual* al infinito. 까스띨랴에 보는 것은 번번이 허공에 시선의 화살을 던지는 일이다. 여 시선.

vital 형 ①생명의 (이 있는). ②사활의, 중대한. Para el partido, era un problema *vital* ganar las elecciones. 정당에 있어서 그 선거에 이기는 일은 사활문제였다. ◇ **vitalidad** 여 생명력; 활력, 활기. Ha perdido con los años aquella *vitalidad*, que le caracterizaba. 그는 해가 거듭함에 따라 그를 특징 지우고 있던 활력을 잃었다.

vitamina 여 비타민.
vitamínico, ca 형 비타민의. *complejo vitamínico* 종합비타민제.
vitaminizar 타 비타민을 가하다.
vitaminosis【단·복수 동형】비타민 결핍증.
vitando, da 형 피하지 않으면 아니 되는; 저주할만한, 징그러운, 끔찍스러운.
vitela 여 송아지가죽, 질이 좋은 송아지 피지.
vitícola 형 포도 재배의 (자).
viticultor, ra 형 포도재배가.
viticultura 여 포도재배(법).
vito 남 안다루샤이의 무용(곡).
vitola 여 총의 구경; 여송연의 표준형(싸이즈); 풍체, 용모(traza).
¡vítor! 남 만세 ! (환희, 격려의 소리).
vitorear 타 환호하다(aplaudir), 만세를 부르다.
vitral 남 (교회당의) 색 유리창.
vítreo, a 형 유리의; 유리질 모양의.
vitrina 여 진열장;【남미】진열창, 쇼윈도우. En la *vitrina* se exhibe la colección artística. 그 모아 둔 미술품은 진열장 속에 전시되어 있다.

vituperar 타 비난하다. Por más que le *vituperamos* su conducta, ella no se corrige. 우리들이 아무리 그녀의 행동을 비난해도 그녀는 고치지 않는다. ◇ **vituperio** 남 비난.

viudo, da 형 남편·아내를 잃은 사람; 홀아비, 과부. La *viuda* del escritor vive feliz con su hijo y la mujer de éste. 그 작가의 미망인은 아들과 그 처의 집에서 행복하게 지내고 있다. ◇ **viudez** 여 홀아비·홀어미 살림. ◇ **viudita** 여 젊은 과부, 청상과부.

viva 갑 만세.

vivacidad 여 활력, 활기, 예민.

vivar 남 양어장.

víveres 남복 식료품. No hay *víveres* en casa, ¿qué hacemos? 집에는 먹을 것이 없다, 어떻게 할까.

viveza 여 민활; 기지(機知); 날카로움. No podemos esperar que lo haga todo con *viveza* y prontitud. 그에게 만사를 기민하게 척척 해내도록 바랄 수는 없다.

vivienda 여 주택, 가옥. Por allí hay pobres *viviendas*. 저 근처에는 허술한 주택이 많다.

vivir 자 ① 살아 있다. No sé si *vive* o ha muerto. 나는 그가 살아 있는지 죽었는지 모른다. Mi abuelo *vivió* más de ochenta años. 내 조부는 80세 이상까지 살으셨다. ② 생활하다. Apenas gana lo justo para *vivir*. 그는 살아가는데 빠듯한 것도 벌지 못하고 있다. Auqí se *vive* bien. 여기서는 모두 좋은 생활을 하고 있다. ③ 살다, 살고 있다. La familia *vivía* en una casa magnífica. 그 가족은 훌륭한 집에서 살고 있었다. ◇ **vividor, ra** 형 생활력이 강한; 빈틈없는. ◇ **viviente** 형 살아있는. Sus parientes, pasados y *vivientes*, se alababan de su noble linaje. 그의 친척은 과거의 사람도 살아 있는 사람도 자기의 고귀한 혈통을 자랑하고 있었다.

vivo, va 형 ① 살아있는; 생생한. Mira, que estoy *vivo* todavía. 보라, 나는 아직 살아 있다. ② 기민한; 빈틈 없는. Es un niño tan *vivo*, que no parece que tenga tan pocos años. 그는 아주 빈틈없는 어린이어서, 그다지 어리다고는 생각되지 않는다. ③ 산뜻한; 강렬한. Su recuerdo está *vivo* entre nosotros. 그의 기억은 우리들 사이에서 아직 선명하다.

vocabulario 남 ① 어휘(語彙). Este escritor tiene un *vocabulario* muy rico. 이 작가는 어휘가 대단히 풍부하다. ② 용어집; 용어사전. *vocabulario médico*. 의학사전. ◇ **vocablo** 남 단어.

vocación 여 자질(資質), 적성(適性). Se necesita una verdadera *vocación*. para trabajar en ese hospital. 그 병원에서 일하려면 정말로 적성이 있어야 한다.

vocal 형 ① 소리의. ② 구두의; 성악의. 남 발언권자, (심사) 위원. Se le nombró *vocal* del tribunal de oposiciones. 그는 전형위원회의 심사원에 임명되었다. 여 【문법】 모음(자) [⇔ *consonante*]. En español hay cinco *vocales*: aeiou. 스페인어에는 아·에·이·오·우의 다섯 모음이 있다. *cuerdas vocales* 【해부】 성대(聲帶). *concierto vocal* 성악 콘서트.

vocálico, ca 형 모음의, 모음자의.

vocalismo 남 모음의 전체, 모음 체계.

vocalista 남 (살롱·카페의) 가수.

vocalizar 자 발음연습하다. 타 유성화하다.

vocativo 남 【문법】 호격, 부르는 말.

vocear 자 큰 소리로 외치다. 타 큰 소리로 말하다; 외치며 팔다 (pregonar), 큰소리로 부르다; 환호하다(apaudir); 큰소리로 발표하다; 자만하다(jartarse).

vocejón 명 큰 소리, 거칠은 소리.

vocería 여 소음, 큰 소리; 대변자의 직무, 변호사; 가수(cantor).

vocerío 명 큰 소리, 소음, 외침(gritería).

vocero 명 대변자, 대표자.

vociferación 여 노호, 고함, 성난 외침.

vociferar 자 큰 소리로 외치다, 말하다, 뽐내다. 타 자화자찬하다, 과장해서 발표하다.

vocinglería 여 외침, 절규; 다변, 요설, 말이 많음.

vol. volante; volumen; voluntad.

voladero, ra 형 나는, 날 수 있는; 변하기 쉬운; 홀연히 사라지는.

volador, ra 형 나르는, 회전하는, 경쾌한, 쾌주의.

voladura 여 폭파, 폭발; 비행, 나르기.

volante 명 ① 전표, 메모, 비라. El médico me dio un *volante* para el especialista. 의사가 전문의에게 가도록 메모를 써 주었다. ② (스커트의) 주름 장식. Salió la artista con una falda de volantes. 그 예술인은 주름 장식이 달린 스커트를 입고 나왔다. ③ (자동차의) 핸들, 핸들. Estuvo dos horas al *volante*. 그는 2시간 핸들을 잡았다.

volar [24] contar] 자 날다; 비행하다. El avión *volaba* a lo largo del río. 그 비행기는 강을 따라서 날고 있었다. 타 폭파하다. *Volaron* todos los puentes con bombas. 그들은 폭탄으로 다리를 모두 폭파했다. ◇~se 날아가 버리다. Se me han volado todos los papeles. 내 종이가 모두 날아가 버렸다.

volcán 명 화산(火山). En Chile los *volcanes* son numerosos y activos. 칠레에는 화산이 많이 활동하고 있다. *volcán apagado* [extinto] 사화산. *volcán vivo* 활화산. ◇ **volcánico, ca** 형 화산의.

volcar [[7] sacar, [24] contar] 자 전복·전도하다. El coche *volcó* al dar una curva. 자동차는 커브를 돌려다가 전복했다. 타 (그릇·내용을) 비우다. Los peones vuelcan sus cestos en el suelo. 인부들은 바구니 속의 물건을 땅 위에 비운다. ◇~se ① 엎어지다. Que no se *vuelque* el vaso. 컵이 넘어지지 않도록 (조심해라). ② 진력하다. El tío se *volcó* para conseguirme el empleo. 숙부가 진력해서 내 직업을 마련해 주었다.

volframio 명 【화학】 텅스텐.

volibol 명 배구.

volición 여 의지력, 의욕.

volquearse 재 전도하다(revolcarse).

volquetazo 명 전도, 전복.

volquete 명 덤프카.

volquetero, ra 명 덤프카 운전수.

vols. volúmenes.

volt 명=voltio.

voltaico, ca 형 유전기의. arco ~ 아크등, 전호(電弧). pila ~es 볼트 전기.

voltaje 명 전압(량), 볼트수.

voltámetro 명 전기분해기; 전해전량계.

voltariedad 여 경박, 부박.

voltario, ria 형 경박한(versátil); 변하기 쉬운.

voltear 자 회전·선회시키다; 전복하다; (성질·상태를) 변하게 하다(trastrocar); 무너뜨리다(derribar). 타 뒤집어 엎어지다; 선회·회전하다.

voltejear 타 선회시키다(volear).

volteo 남 전도; 선회, 회전.

voltereta 여 공중 회전, 가벼운 재너밍기; 이긴 표시로 트럼프를 젖혀 곁을 보내임.

voltmetro 남 【전기】 볼트계; 전압계.

voltio 남 【전기】 볼트(전압의 단위).

volubilidad 여 쉽게 회전함; 말이 술술 나옴; 경박, 변하기 쉬움.

voluble 형 쉽게 회전하는; 술술 잘 움직이는; 경박한(versátil).

volumen 남 ① 부피, 양; 음량(音量). El *volumen* de ventas ha sido extraordinario este año. 금년은 매출량이 대단했다. ② 체적, 용적. ③ (책의) 권, 책. He comprado una enciclopedia en tres *volúmenes*. 나는 3권짜리 백과사전을 샀다. ◇ **voluminoso, sa** 형 부피가 커진. ¿Qué hacemos con este paquete tan *voluminoso*? 이렇듯 부피가 큰 소포를 어떻게 할 것인가.

voluntad 여 의지. No tiene *voluntad* para dejar de fumar. 그에게는 흡연을 그만 둘 의지가 없다. *buena voluntad* 선의(善意). ◇ **voluntario, ria** 형 ① 임의의, 자발적인. Fue un acto *voluntario*, no obligado. 그것은 자발적인 행위이지 의무적인 것은 아니었다. ② 지원·유지(有志)의; 의용병의. *tropas voluntarias* 의용군. 남 유지; 의용병.

voluptuoso, sa 형 쾌락한, 관능적인. La flor despide un aroma *voluptuoso*. 그 꽃은 관능을 간질거리는 듯한 향기를 낸다. ◇ **voluptuosidad** 여 (관능적인) 쾌락, 열락. Bebía de ese vino con *voluptuosidad*. 그는 그 술을 맛 있는 듯이 마셨다.

volver [23; 과거분사 vuelto] 타 ① 되돌리다. *Vuelvo* el libro al estante. 나는 책을 책장에 되돌린다. ② 뒤집다. *Vuelve* el colchón poniéndolo de arriba abajo. 이불을 웃쪽을 밑으로 하여 뒤집으시오. ③ 향하게 하다. Al oír su nombre *volvió* la cabeza. 자기의 이름을 듣고서 그는 얼굴을 뒤로 돌렸다. ④ [+형용사 …로] 하다, 바꾸다. Esa idea me *vuelve* loco. 그렇게 생각하면 나는 미친다. He conseguido *volver*la a mi opinión. 그의 (의견)을 내 의견대로 변경시킬 수가 있었다. 자 ① 돌아오다, 돌아가다. Por fin *ha vuelto* a la casa de sus padres. 드디어 그는 양친의 집에 돌아왔다. ② 다시 오다·가다. No pienso *volver* a este hotel. 나는 두번 다시 이 호텔에 올 생각은 없다. ③ 향하다, 굽다. Este camino *volverá* más adelante a la izquierda. 이 길은 더 저쪽에서 왼쪽으로 굽어져 있다. ④ [+a+ *inf.*] 다시 …하다. No *volveré a* hacer tal cosa. 그런 일은 두번 다시 하지 않겠다. Estaba de vuelta; parece que *volvió de* a slair. 그는 돌아와 있었으나 또 나간 모양이다. ◇ ~**se** ① 돌아오다·가다. *Se ha vuelto* a casa muy orgullosa. 그녀는 매우 뽐내며 집에 돌아왔다. ② 예전으로 돌아가다. Déjalo, que el disco *se vuelve* él solo. 내버려 두시오; 레코드는 저절로 되돌아오니까. ③ 뒤집히다. *Se le ha vuelto* el paraguas con el viento. 그의 우산이 바람에 뒤집혔다. ④ 뒤돌아보다, 뒤쪽을 향하다. Al cruzar la calle *se volvió* hacia nosotros. 길을 건너려고 하면서 그는 우리 쪽을 뒤돌아 보았다. ⑤ [+형용사 …로] 되다. Don Quijote *se volvió* loco con esa lectura. 돈·끼호떼는 그따위 것을 읽고 미치광이로 되었다.

vomitar 	타 (피·연기 따위를) 토하다. Los camiones *vomitaron* fuego. 대포가 불을 토했다. ◇ **vómito** 	남 토함; 구토물. *vomito de sangre* 토혈(吐血).

vosotros, tras 	대 [2인칭 복수의 주격 대명사] 너희들, 자네들. *Vosotras* vendréis todas, ¿ verdad? 너희들은 모두들 오겠지.

votar 	표결하다. 	자 ① [por : …에 찬성] 투표하다. Entonces *voto por* la violencia. 그렇다면 나는 폭력에 찬성 투표하겠다. Por mi parte *votaré* en contra. 나는 반대투표하겠다. ② [종교] 서원(誓願). ③ (투)표; 투표권, 발언권. Había cinco *votos* a favor y uno en contra. 찬성이 5표, 반대가 1표 였다. *hacer votos por* …를 빌다. *Hago votos* por su felicidad. 나는 당신의 행복을 빕니다.

voy ir의 직설법 현재 1인칭 단수형.

voz [복 voces] 	여 ① (목)소리. Salieron de casa dando *voces*. 그들은 큰 소리를 지르면서 집에서 나왔다. ② 말. Es una *voz* anticuada. 그것은 옛말이다. ③ 소문. Corría la *voz* de que se había marchado la familia. 그 가족은 이사했다는 소문이 나돌았다. ④ [문법] 태(態). 〈Yo amo〉 *está en voz activa* y 〈Yo soy amado〉 *está en voz pasiva*. 〈나는 사랑한다〉는 능동태이고 〈나는 사랑받는다〉는 수동태로 되어 있다. *a voces* 큰 소리를 지르고. Le llamaron *a voces*. 모두들 큰 소리로 그를 불렀다. *en voz alta* [*baja*] 큰 [작은] 소리로. Contésteme *en voz alto*. 큰 소리로 대답해 주시오. *un secreto a voces*. 공공연한 비밀.

vuelco 	남 전복; 도산. El coche dio un *vuelco*. 차가 뒤집혔다. *dar un vuelco el corazón* (놀라움·기쁨으로) 심장이 두근거리다.

vuelo 	남 ① 날아감(음); 비행. el *vuelo* de la golondrina es rápido. 제비가 날아가는 건 빠르다. *vuelo nocturno* 야간비행. ② (스커트·소맷부리 따위의) 여유, 퍼짐. *alzar el vuelo* 날아가다; 떠나가다. *en vuelo alto* [*bajo*] 높이 [낮게] 날아서.

vuelta¹ 	여 ① 귀환, 귀착. He sacado el billete de ida y *vuelta*. 나는 왕복 차표를 샀다. ② 순회, 회전, 선회(旋回). Demos una *vuelta* por el jardín. 공원을 한바퀴 돌자. ③ 뒤집힘; 넘어짐. El coche dio la *vuelta* y quedó con las ruedas hacia arriba. 차가 뒤집혀서 바퀴가 위쪽으로 됐다. ④ 감음. 땡땡이. Déle dos *vueltas* a la llave. 열쇠를 두번 돌려라. ⑤ (길 따위의) 커브, 모퉁이. Por la carretera llegaremos antes, que no tiene tantas *vueltas*. 그 길을 걸어가면 먼저 닿는다; 커브가 그리 많지 않으니까. ⑥ 거스름돈. ¿ Tiene usted *vuelta* de este billete? 이 지페의 거스름돈이 있는가요.

vuelto, ta² 圈 ① (어떤 방향으로) 향한; 옆으로 향한. Puse el cuadro *vuelto* hacia acá. 내가 액자를 이 편으로 향하게 걸었다. ② 뒤집은. Ponga usted los vasos *vueltos* sobre la mesa. 테이블에 컵을 엎어 놓으시오. 閇【남미】거스름돈. Cuente usted el *vuelto*. 거스름돈을 세어 주십오.

vuelva volver의 접속법 현재 1·3인칭 단수형.
vuelvan volver의 접속법 현재 3인칭 복수형.
vuelvas volver의 접속법 현재 2인칭 단수형.
vuelve volver의 직설법 현재 3인칭 단수형.
vuelven volver의 직설법 현재 3인칭 복수형.
vuelves volver의 직설법 현재 2인칭 단수형.
vuelvo volver의 직설법 현재 1인칭 단수형.

vuestro, tra 떼 ① [2인칭 복수의 소유격 대명사로서 형용사 형] 너희들·자네들의. ¿Dónde está *vuestra* hija? 자네들의 딸은 어디 있느냐. ② [관사를 붙여서] 너희들·자네들의 것. Su coche es éste; pero el *vuestro*, ¿dónde lo habéis dejado? 그의 차는 이것인데 너희들의 것은 어디 두었느냐.

vulgar 圈 ① 통속적인. Pierde por esas *vulgares* maneras que tiene. 그런 속된 짓을 하니까 그는 손해를 본다. ② (전문이 아닌) 일반·보통의. No tiene otros conocimientos sobre esto que los *vulgares* de todo el mundo. 그는 이것에 관해서 세상 사람들의 일반 지식 외에는 아무 것도 가지고 있지 못하다. ◇ **vulgarismo** 閇 속어(俗語).

vulgo 閇 [집합적] 일반·보통 사람. El *vulgo* no gusta de esto. 일반 사람은 이것을 좋아하지 않는다.

vulpécula/vulpeja 떼 【동물】여우(zorra).

vulva 떼 【해부】음문(陰門) [여자의 생식기]. ◇ **vulvitis** 떼 음문염(陰門炎).

vv. ustedes.

W

wagneriano, na 圈 바그너(풍)의.
wagnerismo 閇 와그너풍, 와그너파.
wat [覆 wats] 閇 【전기】와트(vatio).
whiski/whisky 閇 위스키. La palabra *whisky* a veces se pronuncia güisqui en español. 〈위스키〉라는 말은 스페인어로 〈귀스키〉라고 발음되는 일이 있다.
winchéster 閇 연발총.
wiski 閇 말 한 필이 끄는 이륜 마차.
witerita 떼 【광물】독중석(毒重石).
wolfram 閇 =volframio.
won 閇 원 [한국의 화폐 단위].

X

xántico, ca 형 황색의.

xantodermia 여 [의학] 피부 황색병.

xenofobia 여 외국인 배척·혐오. ◇ **xenófilo, la** 형 외국인을 싫어하는, ▣ 외국인을 싫어하는 사람.

xilófono ▣ 【악기】목금(木琴). ◇ **xilofonista** ▣ 목금 연주자.

xilografía 여 목판(인쇄). La *xilografía* consiste en el empleo de planchas de madera. 목판(인쇄)은 나무 판자를 사용하는데 기초를 두고 있쌀. ◇ **xilográfico, ca** 형 목판의. ◇ **xilógrafo** ▣ 목판사.

xpiano. cristiano.
Xpo. Cristo.
xptiano. cristiano.
Xpto. Cristo.
Xptóbal. Cristóbal.

Y

y [i-, hi-로 시작되는 말의 앞에서 e로 변함; 다만 글의 머리에서는 변하지 않음] 접 ① …와; 그리고. Tiene una casa moderna *y* cómoda. 그는 근대적인 그리고 살기 편한 집을 가지고 있다. Nieva y hacer frío de verdad. 눈이 와서 정말 춥다. ② [글 머리에서] 그리하여, 그건 그렇고. Y si fueras hombre.¿qué querrías ser? 그럼 만일 네가 남자였다면 무엇이 되고 싶었을까.

ya 부 ① [과거] 벌써, 이미. *Ya* te lo he dicho más de una vez. 나는 이미 너에게 이 일을 여러 번 말했었다. ② [현재] 이제, 지금은. *Ya* sabe usted que era rico, pero *ya* es pobre. 이미 아시다시피 그는 부자였으나 지금은 가난합니다. ③ [미래] 곧, 아직도; 언젠가는. *Ya* voy; espere un momento. 곧 가겠읍니다; 잠깐 기다려 주십시오. *Ya* te daré lo que me pides. 네가 달라고 하는 것을 언젠가는 주겠다. ¡ya! /¡ya, ya! 과연; 어떨는지. Te digo que he estado trabajando. – *Ya, ya*! 나는 너에게 말하지만, 일을 계속하고 있었던 거야. —옳거니 ! *ya que* …하는 이상은: *Ya que* estás aquí, ayúdame a arreglar esto. 네가 이곳에 있는 이상은 이것의 수선을 도와주게.

yacedor ▣ 목동.

yacer [34] 자 누워 있다, 묻혀 있다. Aquí *yace* el insigne músico. 그 고명한 음악가는 여기 묻혀 있다. ◇ **yacimiento** ▣ 광상(鑛床), 광맥; 지층.

yack ▣ =yak.

yak 영 야크 (티베트 지방의 들소).

yanqui 형 양키의. 명 양키(북아메리카 사람). Los *yanquis* pasaron la frontera. 양키들이 국경을 넘었다.

yarda 여 야드 〈길이의 단위〉.

yate 남 요트, 쾌속정.

yegua 여 【동물】 암말 [비교; caballo]. La *yegua* sirve de guía a su rebaño. 그 암말이 무리의 안내역을 맡고 있다. ◇ **yeguada** 여 말의 무리.

yelmo 남 투구; 【군대】 철모, 헬멧.

yema 여 싹, 움; 중앙부, 핵심.

yerba 여 풀, 잡초.

yerbatero 남 마초(馬草)상인, 건초상인.

yermar 타 황폐하게 하다, 적막하게 하다, 쓸쓸하게 하다.

yermo, ma 형 황폐한, 황량한, 불모의, 황무지의, 경작되지 않은, 무인(無人)의. 남 황지, 황야.

yerno 남 사위. El *yerno* saludó a su suegra afectuosamente. 사위는 장모에게 애정을 담아서 인사했다.

yeso 남 석고, 회반죽; 석고상. Han dado de *yeso* a la pared. 그들은 벽에 회반죽을 발랐다.

yo 대 [1인칭 단수의 주격 대명사; 남녀 동형] 나. *Yo* no sé. 나는 모른다. Soy *yo* el que lo dice. 그렇게 말한 것은 나다. *Yo* misma le acompañaré. 내 자신이 함께 가겠소.

yodo 남 옥도, 요드. ◇ **yodado, da** 형 요드를 함유한. ◇ **yodismo** 남 요드 중독.

yogi 남 요가 수행자 [인도의].

yugo 남 멍에, 굴레; 속박. El sacudió el *yugo*. 그는 속박을 뿌리쳤다.

yugoslavo, va 형 유고슬라비아 (Yugoslavia)의. 명 유고슬라비아 사람.

Z

zacapela 여 외침, 고함소리, 소란, 소동.

zafar 타 꾸미다, 장식하다. ◇ ~**se** [+ de] 피하다, 도망가다.

zafiedad 여 시골식, 어색함.

zafiro 남 【보석】 사파이어, 청옥. Llevaba unos pendientes con un *zafiro*. 그녀는 사파이어 귀걸이를 달고 있었다.

zaga 여 후부, (순번의) 최후. *noir en zaga* 뒤지지 않다. Lola es guapa, pero su hermana *no le va en zaga*. 롤라는 아름답지만, 그 여동생도 뒤지지 않는다.

zagal 남 젊은이; 양치는 소년.

zaguán 남 현관, 포치.

zahareño, ña 형 야생의; 다루기 어려운; 건방진, 까다로운.
zaherimiento 남 비난; 질책.
zaherir 타 비난하다, 책하다, 혹평하다.
zahorí 남 점장이; 예언자.
zalamero, ra 형 말을 잘 하는. ◇ **zalamería** 여 아첨, 감언이설. Con *zalamerías* no se gana la confianza de nadie. 아첨으로는 어느 누구의 신뢰도 얻을 수 없다.
zanahoria 여 【식물】 당근, 홍당무.
zancada 여 긴 걸음.
zandía 여 【식물】 수박 (sandía).
zangamanga 여 허위; 거짓말, 사기.
zangorriana 여 우울, 침울.
zapa 여 삽; 【군대】 참호.
zapato 남 구두. Tienes roto ese *zapato*; llévalo a la zapatería. 네 구두는 찢어졌다; 구둣방에 가져가거라. ◇ **zapatería** 여 양화점. ◇ **zapatero, ra** 형 구두 직공·상인; 양화점 주인의 (아내). La *zapatera* es muy zalamera. 그 구둣방의 안주인은 말재주가 대단히 좋다. ◇ **zapatilla** 여 슬리퍼, 샌들식 구두. Salió a la puerta en *zapatillas*. 그는 슬리퍼를 신은 채로 문밖에 나갔다.
zaragalla 여 목탄.
zaragata 여 소란, 소동, 싸움.
zarandajas 여pl 잔여, 부스러기.
zarpa 여 【항해】 출범.
zarria 여 넝마, 누더기 옷.
zarzagán 남 찬바람(cierzo).
zarzuela 여 희가극.
zas 감 철썩! 탁!
zascandil 남 사기군; 벼락부자.
zona 여 지대; 구역(區域). En el agua del mar hay *zonas* más frías que otras. 바닷물에는 다른 구역보다 차가운 구역이 있다.
zoo 남 동물원.
zoobiología 여 동물 생리학.
zoológico, ca 형 동물(학)의. jardín [parque] zoológico 동물원. ◇ **zoología** 여 동물학. ◇ **zoólogo** 남 동물학자.
zooterapia 여 수의학(獸醫學).
zorrería 여 교활; 비행.
zorro, rra 형 ①【동물】 여우. ②교활한 사람. No vayas con ellas, es muy *zorra* y saldrás engañado más de cuatro veces. 그 여인하고 가지 마라; 대단히 교활한 여인이니까 너는 몇 번 속을지 모른다.
zozobrar 자 ①침몰하다. El velero *zozobró* a dos millas del puerto. 그 범선은 항구 밖 2해리의 곳에서 침몰했다. ②실패·좌절하다. ◇ **zozobra** 여 불안, 걱정.
zumbar 자 윙윙하다. Me *zumban* los oídos. 나는 귀울음이 들린다. ◇ **zumbido** 남 신음; (벌레의) 날개 소리. El *zumbido* de los motores era molesto. 모터 소리가 성가시었다.

zumo 图 (과실·야채의) 즙(jugo), 주스. Prefiero el *zumo* de naranja al de limón. 나는 레몬(주스)보다 오렌지 주스가 좋다.
zurcir [2] 타 꿰매다. Se me rompió el traje, pero una vez *zurcido*, apenas se notará. 옷이 찢어졌지만, 꿰매면 거의 눈에 띄지 않겠지. ◇ **zurcido, da** 형 짜깁기한, 꿰맨. 图 짜깁기.
zurrado 图 장갑(guante).
zurrar 타 ① 가죽을 무두질하다(adobar). ② 때리다; 혼내주다. ◇ **zurrador, ra** 图 가죽을 무두질하는 직공.
zurriaga 예 채찍, 가죽끈.
zurriagar 타 채찍질하다.
zurriagazo 图 채찍질; 재난.
zurrir 자 윙윙거리다; 후려치다. ◇ **zurrido, da** 형 윙윙거리는, 후려치는. 图 윙윙거림; 후려침.
zurrona 예 창녀.
zurupeto 图 암거래 상인.

불규칙동사색인

actuar 14	erguir 41	placer . . . 33
adecuar . . . 13	errar 22	poder 66
adquirir . . . 23	estar 57	poner 60
aducir 70	exigir 4	prohibir . . . 16
advertir . . . 48	extinguir . . 5	querer 67
agorar 27	haber 63	rehusar . . . 17
airar 15	hacer 68	reír 38
alzar 9	henchir . . . 42	reunir 16
andar 56	herir 47	saber 65
asir 35	hervir 49	sacar 7
caber 64	huir 74	salir 62
caer 72	ir 55	seguir 40
cambiar . . . 11	jugar 28	sentir 46
ceñir 43	leer 75	ser 54
cernir 21	lucir 32	servir 37
coger 3	menguar . . . 10	tañer 45
conocer . . . 31	morir 51	tener 58
contar 24	mullir 44	traer 71
crecer 30	nacer 29	valer 61
dar 52	oír 73	vencer 1
decir 69	oler 26	venir 59
delinquir . . . 6	pagar 8	ver 53
dormir 50	pedir 36	volver 25
elegir 39	pensar 19	yacer 34
enviar 12	perder 20	zurcir 2

숫자는 동사번호

동 사 활 용 표

I. 규칙동사 (1) (부정법·직설법·가능법)
   규칙동사 (2) (명령법·접속법)
II. 정자법의 주의를 요하는 동사 (1) -cer -cir, -ger -gir, -guir -quir
   ① vencer ② zurcir ③ coger ④ exigir
   ⑤ extinguir ⑥ delinquir
III. 정자법의 주의를 요하는 동사 (2) -car -gar -zar -guar
   ⑦ sacar ⑧ pagar ⑨ alzar ⑩ menguar
IV. 악센트의 주의를 요하는 동사 (1) -iar -uar
   ⑪ cambiar ⑫ enviar ⑬ adecuar ⑭ actuar
V. 악센트의 주의를 요하는 동사 (2) -ai- -eu-, -ehu- -ohi-, *etc.*
   ⑮ airar ⑯ reunir ⑰ rehusar ⑱ prohibir
VI. 어간모음변화 e → i → ie 의 동사
   ⑲ pensar ⑳ perder ㉑ cernir ㉒ errar
   ㉓ adquirir
VII. 어간모음변화 o → u → ue 의 동사
   ㉔ contar ㉕ volver ㉖ oler ㉗ agorar
   ㉘ jugar
VIII. 어간자음변화 c → zc, s → sg 의 동사
   ㉙ nacer ㉚ crecer ㉛ conocer ㉜ lucir
   ㉝ placer ㉞ yacer ㉟ asir
IX. 어간모음변화 e → i 의 동사, 부 -chir -llir -ner -nir
   ㊱ pedir ㊲ servir ㊳ reír ㊴ elegir
   ㊵ seguir ㊶ erguir ㊷ hanchir e ㊸ cenir
   ㊹ mullir ㊺ taner
X. 어간모음변화 e → ie → i, o → ue → u 의 동사
   ㊻ sentir ㊼ herir ㊽ advertir ㊾ hervir
   ㊿ dormir ⑤① morir
XI. 단음절동사
   ⑤② dar ⑤③ ver ⑤④ ser ⑤⑤ ir
XII. 특수한 동사
   ⑤⑥ andar ⑤⑦ estar
XIII. 미래형과 가능법이 불규칙한 동사
   ⑤⑧ tener ⑤⑨ venir ⑥⓪ poner ⑥① valer
   ⑥② salir ⑥③ haber ⑥④ caber ⑥⑤ saber
   ⑥⑥ poder ⑥⑦ querer ⑥⑧ hacer ⑥⑨ decir
XIV. 기타의 불규칙동사 -ducir, -aer -oir -uir -eer
   ⑦⓪ aducir ⑦① traer ⑦② caer ⑦③ oir
   ⑦④ huir ⑦⑤ leer

I. 규칙동사 (1) (부정법·직설법·가능법)

-ar 동사	-er 동사	-ir 동사	조동사 haber
부정법			완료형
부정법 amar 현재분사 amando 과거분사 amado	comer comiendo comido	vivir viviendo vivido	부정형완료형: haber +pp. 현재분사완료형: habiendo +pp.
직설법·현재			직·완료과거
amo amas ama amamos amáis aman	como comes come comemos coméis comen	vivo vives vive vivimos vivís viven	he has ha hemos habéis han } +pp.
직설법·불완료과거			직·대과거
amaba amabas amaba amábamos amabais amaban	comía comías comía comíamos comíais comían	vivía vivías vivía vivíamos vivíais vivían	había habías había habíamos habíais habían } +pp.
직설법·부정과거			직·전과거
amé amaste amó amamos amasteis amaron	comí comiste comió comimos comisteis comieron	viví viviste vivió vivimos vivisteis vivieron	hube hubiste hubo hubimos hubisteis hubieron } +pp.
직설법·미래			직·완료미래
amaré amarás amará amaremos amaréis amarán	comeré comerás comerá comeremos comeréis comerán	viviré vivirás vivirá viviremos viviréis vivirán	habré habrás habrá habremos habréis habrán } +pp.
가능법·불완료형			가·완료형
amaría amarías amaría amaríamos amaríais amarían	comería comerías comería comeríamos comeríais comerían	viviría vivirías viviría viviríamos viviríais vivirían	habría habrías habría habríamos habríais habrían } +pp.

II. 정자법의 주의를 요하는 동사 (1)　　-cer -cir -ger etc.

부정법	직·현재	접·현재	명령형
① I. **vencer** G. venciendo P. vencido	venzo vences vence vencemos vencéis vencen	venza venzas venza venzamos venzáis venzan	venza vence venza venzamos venced venzan
② I. **zurcir** G. zurciendo P. zurcido	zurzo zurces zurce zurcimos zurcís zurcen	zurza zurzas zurza zurzamos zurzáis zurzan	zurza zurce zurza zurzamos zurcid zurzan
③ I. **coger** G. cogiendo P. cogido	cojo coges coge cogemos cogéis cogen	coja cojas coja cojamos cojáis cojan	coja coge coja cojamos coged cojan
④ I. **exigir** G. exigiendo P. exigido	exijo exiges exige exigimos exigís exigen	exija exijas exija exijamos exijáis exijan	exija exige exija exijamos exigid exijan
⑤ I. **extinguir** G. extinguiendo P. extinguido	extingo extingues extingue extinguimos extinguís extinguen	extinga extingas extinga extingamos extingáis extingan	extinga extingue extinga extingamos extinguid extingan
⑥ I. **delinquir** G. delinquiendo P. delinquido	delinco delinques delinque delinquimos delinquís delinquen	delinca delincas delinca delincamos delincáis delincan	delinca delinque delinca delincamos delinquid delincan

III. 정자법의 주의를 요하는 동사 (2)　　-car -gar -zar -guar

부정법	직·부정과	접·현재	명령형
⑦ I. **sacar** G. sacando P. sacado	saqué sacaste sacó sacamos sacasteis sacaron	saque saques saque saquemos saquéis saquen	saque saca saque saquemos sacad saquen
⑧ I. **pagar** G. pagando P. pagado	pagué pagaste pagó pagamos pagasteis pagaron	pague pagues pague paguemos paguéis paguen	pague paga pague paguemos pagad paguen
⑨ I. **alzar** G. alzando P. alzado	alcé alzaste alzó alzamos alzasteis alzaron	alce alces alce alcemos alcéis alcen	alce alza alce alcemos alzad alcen
⑩ I. **menguar** G. menguando P. menguado	mengüé menguaste menguó menguamos menguasteis menguaron	mengüe mengües mengüe mengüemos mengüéis mengüen	mengüe mengua mengüe mengüemos menguad mengüen

IV. 액센트의 주의를 요하는 동사(1)   -iar -uar

부정법	직·현재	접·현재	명령형
11 I. **cambiar** G. cambiando P. cambiado	cambio cambias cambia cambiamos cambiáis cambian	cambie cambies cambie cambiemos cambiéis cambien	cambia cambie cambiemos cambiad cambien
12 I. **enviar** G. enviando P. enviado	envío envías envía enviamos enviáis envían	envíe envíes envíe enviemos enviéis envíen	envía envíe enviemos enviad envíen
13 I. **adecuar** G. adecuando P. adecuado	adecuo adecuas adecua adecuamos adecuáis adecuan	adecue adecues adecue adecuemos adecuéis adecuen	adecua adecue adecuemos adecuad adecuen
14 I. **actuar** G. actuando P. actuado	actúo actúas actúa actuamos actuáis actúan	actúe actúes actúe actuemos actuéis actúen	actúa actúe actuemos actuad actúen

V. 액센트의 주의를 요하는 동사(2)
-ai- -eu-, -ehu- -ohi- etc.

부정법	직·현재	접·현재	명령형
15 I. **airar** G. airando P. airado	aíro aíras aíra airamos airáis aíran	aíre aíres aíre airemos airéis aíren	aíra aíre airemos airad aíren
16 I. **reunir** G. reuniendo P. reunido	reúno reúnes reúne reunimos reunís reúnen	reúna reúnas reúna reunamos reunáis reúnan	reúna reúne reunamos reunid reúnan
17 I. **rehusar** G. rehusando P. rehusado	rehúso rehúsas rehúsa rehusamos rehusáis rehúsan	rehúse rehúses rehúse rehusemos rehuséis rehúsen	rehúse rehúsa rehúse rehusemos rehusad rehúsen
18 I. **prohibir** G. prohibiendo P. prohibido	prohíbo prohíbes prohíbe prohibimos prohibís prohíben	prohíba prohíbas prohíba prohibamos prohibáis prohíban	prohíba prohíbe prohíba prohibamos prohibid prohíban

VI. 어간모음변화 e·i → ie 의 동사

부정법	직·현재	접·현재	명령형
19 I. pensar G. pensando P. pensado	pienso piensas piensa pensamos pensáis piensan	piense pienses piense pensemos penséis piensen	piense piensa piense pensemos pensad piensen
20 I. perder G. perdiendo P. perdido	pierdo pierdes pierde perdemos perdéis pierden	pierda pierdas pierda perdamos perdáis pierdan	pierde pierda perdamos perded pierdan
21 I. cernir G. cerniendo P. cernido	cierno ciernes cierne cernimos cernís ciernen	cierna ciernas cierna cernamos cernáis ciernan	cierna cierne cierna cernamos cernid ciernan
22 I. errar G. errando P. errado	yerro yerras yerra erramos erráis yerran	yerre yerres yerre erremos erréis yerren	yerre yerra yerre erremos errad yerren
23 I. adquirir G. adquiriendo P. adquirido	adquiero adquieres adquiere adquirimos adquirís adquieren	adquiera adquieras adquiera adquiramos adquiráis adquieran	adquiere adquiera adquiramos adquirid adquieran

VII. 어간모음변화 o·u → ue 의 동사

부정법	직·현재	접·현재	명령형
24 I. contar G. contando P. contado	cuento cuentas cuenta contamos contáis cuentan	cuente cuentes cuente contemos contéis cuenten	cuente cuenta cuente contemos contad cuenten
25 I. volver G. volviendo P. *vuelto*	vuelvo vuelves vuelve volvemos volvéis vuelven	vuelva vuelvas vuelva volvamos volváis vuelvan	vuelva vuelve vuelva volvamos volved vuelvan
26 I. oler G. oliendo P. olido	huelo hueles huele olemos oléis huelen	huela huelas huela olamos oláis huelan	huela huele huela olamos oled huelan
27 I. agorar G. agorando P. agorado	agüero agüeras agüera agoramos agoráis agüeran	agüere agüeres agüere agoremos agoréis agüeren	agüere agüera agüere agoremos agorad agüeren
28 I. jugar G. jugando P. jugado	juego juegas juega jugamos jugáis juegan	juegue juegues juegue juguemos juguéis jueguen	juegue juega juegue juguemos jugad jueguen

VIII. 어간자음변화 c→zc, s→sg 의 동사

부정법	직·현재	접·현재	명령형
I. nacer 30 G. naciendo P. nacido	nazco naces nace nacemos nacéis nacen	nazca nazcas nazca nazcamos nazcáis nazcan	nazca nace nazca nazcamos naced nazcan
I. crecer G. creciendo P. crecido	crezco creces crece crecemos crecéis crecen	crezca crezcas crezca crezcamos crezcáis crezcan	crezca crece crezca crezcamos creced crezcan
I. conocer 31 G. conociendo P. conocido	conozco conoces conoce conocemos conocéis conocen	conozca conozcas conozca conozcamos conozcáis conozcan	conozca conoce conozca conozcamos conoced conozcan
I. lucir 32 G. luciendo P. lucido	luzco luces luce lucimos lucís lucen	luzca luzcas luzca luzcamos luzcáis luzcan	luzca luce luzca luzcamos lucid luzcan
I. placer 33 G. placiendo P. placido	plazco places place placemos placéis placen	plazca plazcas plazca plazcamos plazcáis plazcan	plazca place plazca plazcamos placed plazcan

[주] 접·현·삼인칭단수에 특수한 2종의 불규칙형을 갖는다. 더욱 직·부정과거 3인칭단수에 plugo, 복수에 pluguieron plegue, plega 의 형; 접속법과거의 2형과 미래와는 제3인칭단수에만 활용: pluguiera, pluguiese, pluguiere.

I. yacer 34 G. yaciendo P. yacido	yazco yaces yace yacemos yacéis yacen	yazca yazcas yazca yazcamos yazcáis yazcan	yazca yaz, yace yazca yazcamos yaced yazcan
	yazgo	yazga yazgas yazga yazgamos yazgáis yazgan	yazga yaz, yace yazga yazgamos yaced yazgan
	yago	yaga yagas yaga yagamos yagáis yagan	yaga yaz, yace yaga yagamos yaced yagan
I. asir 35 G. asiendo P. asido	asgo ases ase asimos asís asen	asga asgas asga asgamos asgáis asgan	asga ase asga asgamos asid asgan

IX. 어간모음변화 e → i 의 동사

부정법	직·현재	접·현재	명령형
36 I. **pedir** G. *pidiendo* P. pedido	pido pides pide pedimos pedís piden	pida pidas pida pidamos pidáis pidan	pida pide pida pidamos pedid pidan
37 I. **servir** G. *sirviendo* P. servido	sirvo sirves sirve servimos servís sirven	sirva sirvas sirva sirvamos sirváis sirvan	sirva sirve sirva sirvamos servid sirvan
38 I. **reír** G. *riendo* P. *reído*	río ríes ríe reímos reís ríen	ría rías ría riamos riais (riáis) rían	ría ríe ría riamos reíd rían
39 I. **elegir** G. *eligiendo* P. elegido	*elijo* eliges elige elegimos elegís eligen	elija elijas elija elijamos elijáis elijan	elija elige elija elijamos elegid elijan
40 I. **seguir** G. *siguiendo* P. seguido	*sigo* sigues sigue seguimos seguís siguen	siga sigas siga sigamos sigáis sigan	siga sigue siga sigamos seguid sigan
41 I. **erguir** G. *irguiendo* P. erguido	irgo, yergo irgues, yergues irgue, yergue erguimos erguís irguen, yerguen	irga, yer- irgas, yer- irga, yer- irgamos, yer- irgáis, yer- irgan, yer-	irga, yer- irgue, yer- irga, yer- irgamos, yer- erguid irgan, yer-
42 I. **henchir** G. *hinchendo* P. henchido	hincho hinches hinche henchimos henchís hinchen	hincha hinchas hincha hinchamos hincháis hinchan	hincha hinche hincha hinchamos henchid hinchan
43 I. **ceñir** G *ciñendo* P. ceñido	ciño ciñes ciñe ceñimos ceñís ciñen	ciña ciñas ciña ciñamos ciñáis ciñan	ciña ciñe ciña ciñamos ceñid ciñan
44 I. **mullir** G. *mullendo* P. mullido			
45 I. **tañer** G. *tañendo* P. tañido			

-chir -llir -ner -nir

직·부정과거	접·과 ra	접·과 se	접·미래
pedí	pidiera	pidiese	pidiere
pediste	pidieras	pidieses	pidieres
pidió	pidiera	pidiese	pidiere
pedimos	pidiéramos	pidiésemos	pidiéremos
pedisteis	pidierais	pidieseis	pidiereis
pidieron	pidieran	pidiesen	pidieren
serví	sirviera	sirviese	sirviere
serviste	sirvieras	sirvieses	sirvieres
sirvió	sirviera	sirviese	sirviere
servimos	sirviéramos	sirviésemos	sirviéremos
servisteis	sirvierais	sirvieseis	sirviereis
sirvieron	sirvieran	sirviesen	sirvieren
reí	riera	riese	riere
reíste	rieras	rieses	rieres
rio (rió)	riera	riese	riere
reímos	riéramos	riésemos	riéremos
reísteis	rierais	rieseis	riereis
rieron	rieran	riesen	rieren
elegí	eligiera	eligiese	eligiere
elegiste	eligieras	eligieses	eligieres
eligió	eligiera	eligiese	eligiere
elegimos	eligiéramos	eligiésemos	eligiéremos
elegisteis	eligierais	eligieseis	eligiereis
eligieron	eligieran	eligiesen	eligieren
seguí	siguiera	siguiese	siguiere
seguiste	siguieras	siguieses	siguieres
siguió	siguiera	siguiese	siguiere
seguimos	siguiéramos	siguiésemos	siguiéremos
seguisteis	siguierais	siguieseis	siguiereis
siguieron	siguieran	siguiesen	siguieren
erguí	irguiera	irguiese	irguiere
erguiste	irguieras	irguieses	irguieres
irguió	irguiera	irguiese	irguiere
erguimos	irguiéramos	irguiésemos	irguiéremos
erguisteis	irguierais	irguieseis	irguiereis
irguieron	irguieran	irguiesen	irguieren
henchí	hinchera	hinchese	hinchere
henchiste	hincheras	hincheses	hincheres
hinchó	hinchera	hinchese	hinchere
henchimos	hincháramos	hinchésemos	hinchéremos
henchisteis	hincherais	hincheseis	hinchereis
hincheron	hincheran	hinchesen	hincheren
ceñí	ciñera	ciñese	ciñere
ceñiste	ciñeras	ciñeses	ciñeres
ciñó	ciñera	ciñese	ciñere
ceñimos	ciñéramos	ciñésemos	ciñéremos
ceñisteis	ciñerais	ciñeseis	ciñereis
ciñeron	ciñeran	ciñesen	ciñeren
mullí	mullera	mullese	mullere
mulliste	mulleras	mulleses	mulleres
mulló	mullera	mullese	mullere
mullimos	mulléramos	mullésemos	mulléremos
mullisteis	mullerais	mulleseis	mullereis
mulleron	mulleran	mullesen	mulleren
tañí	tañera	tañese	tañere
tañiste	tañeras	tañeses	tañeres
tañó	tañera	tañese	tañere
tañimos	tañéramos	tañésemos	tañéremos
tañisteis	tañerais	tañeseis	tañereis
tañeron	tañeran	tañesen	tañeren

X. 어간모음변화

부정법	직·현재	접·현재	명령형
46 I. **sentir** G. *sintiendo* P. sentido	siento sientes siente sentimos sentís sienten	sienta sientas sienta *sintamos* *sintáis* sientan	sienta siente sienta sintamos sentid sientan
47 I. **herir** G. *hiriendo* P. herido	hiero hieres hiere herimos herís hieren	hiera hieras hiera *hiramos* *hiráis* hieran	hiera hiere hiera hiramos herid hieran
48 I. **advertir** G. *advirtiendo* P. advertido	advierto adviertes advierte advertimos advertís advierten	advierta adviertas advierta *advirtamos* *advirtáis* adviertan	advierta advierte advierta advirtamos advertid adviertan
49 I. **hervir** G. *hirviendo* P. hervido	hiervo hierves hierve hervimos hervís hierven	hierva hiervas hierva *hirvamos* *hirváis* hiervan	hierva hierve hierva hirvamos hervid hiervan
50 I. **dormir** G. *durmiendo* P. dormido	duermo duermes duerme dormimos dormís duermen	duerma duermas duerma *durmamos* *durmáis* duerman	duerme duerma durmamos dormid duerman
51 I. **morir** G. *muriendo* P. muerto	muero mueres muere morimos morís mueren	muera mueras muera *muramos* *murdis* mueran	muere muera muramos morid mueran

XI. 단음절동사

부정법	직·현재	접·현재	명령형	직·불완과
52 I. **dar** G. dando P. dado	doy das da damos dais dan	dé des dé demos deis den	*dé* da *dé* demos dad den	daba dabas daba dábamos dabais daban
53 I. **ver** G. viendo P. *visto*	veo ves ve vemos veis (véis) ven	vea veas vea veamos veáis vean	vea ve vea veamos ved vean	veía veías veía veíamos veíais veían
54 I. **ser** G. siendo P. sido	soy eres es somos sois son	sea seas sea seamos seáis sean	sea *sé* sea seamos sed sean	era eras era *éramos* erais eran
55 I. **ir** G. yendo P. ido	voy vas va vamos vais van	vaya vayas vaya vayamos vayáis vayan	vaya *ve* vaya *vamos* id vayan	iba ibas iba íbamos ibais iban

e → ie·i, o → ue·u 의 동사

직·부정과거	접·과 ra	접·과 se	접·미래
sentí	sintiera	sintiese	sintiera
sentiste	sintieras	sintieses	sintieras
sintió	sintiera	sintiese	sintiera
sentimos	sintiéramos	sintiésemos	sintiéramos
sentisteis	sintierais	sintieseis	sintierais
sintieron	sintieran	sintiesen	sintieran

직·부정과거	접·과 ra	접·과 se	접·미래
herí	hiriera	hiriese	hiriera
heriste	hirieras	hirieses	hirieras
hirió	hiriera	hiriese	hiriera
herimos	hiriéramos	hiriésemos	hiriéramos
heristeis	hirierais	hirieseis	hirierais
hirieron	hirieran	hiriesen	hirieran

직·부정과거	접·과 ra	접·과 se	접·미래
advertí	advirtiera	advirtiese	advirtiera
advertiste	advirtieras	advirtieses	advirtieras
advirtió	advirtiera	advirtiese	advirtiera
advertimos	advirtiéramos	advirtiésemos	advirtiéramos
advertisteis	advirtierais	advirtieseis	advirtierais
advirtieron	advirtieran	advirtiesen	advirtieran

직·부정과거	접·과 ra	접·과 se	접·미래
herví	hirviera	hirviese	hirviera
herviste	hirvieras	hirvieses	hirvieras
hirvió	hirviera	hirviese	hirviera
hervimos	hirviéramos	hirviésemos	hirviéramos
hervisteis	hirvierais	hirvieseis	hirvierais
hirvieron	hirvieran	hirviesen	hirvieran

직·부정과거	접·과 ra	접·과 se	접·미래
dormí	durmiera	durmiese	durmiera
dormiste	durmieras	durmieses	durmieras
durmió	durmiera	durmiese	durmiera
dormimos	durmiéramos	durmiésemos	durmiéramos
dormisteis	durmierais	durmieseis	durmierais
durmieron	durmieran	durmiesen	durmieran

직·부정과거	접·과 ra	접·과 se	접·미래
morí	muriera	muriese	muriera
moriste	murieras	murieses	murieras
murió	muriera	muriese	muriera
morimos	muriéramos	muriésemos	muriéramos
moristeis	murierais	murieseis	murierais
murieron	murieran	muriesen	murieran

dar ver ser ir

직·부정과거	접·과 ra	접·과 se	접·미래
di	diera	diese	diere
diste	dieras	dieses	dieres
dio (dió)	diera	diese	diere
dimos	diéramos	diésemos	diéremos
disteis	dierais	dieseis	diereis
dieron	dieran	diesen	dieren

직·부정과거	접·과 ra	접·과 se	접·미래
vi (ví)	viera	viese	viere
viste	vieras	vieses	vieres
vio (vió)	viera	viese	viere
vimos	viéramos	viésemos	viéremos
visteis	vierais	vieseis	viereis
vieron	vieran	viesen	vieren

직·부정과거	접·과 ra	접·과 se	접·미래
fui (fuí)	fuera	fuese	fuere
fuiste	fueras	fueses	fueres
fue (fué)	fuera	fuese	fuere
fuimos	fuéramos	fuésemos	fuéremos
fuisteis	fuerais	fueseis	fuereis
fueron	fueran	fuesen	fueren

직·부정과거	접·과 ra	접·과 se	접·미래
fui (fuí)	fuera	fuese	fuere
fuiste	fueras	fueses	fueres
fue (fué)	fuera	fuese	fuere
fuimos	fuéramos	fuésemos	fuéremos
fuisteis	fuerais	fueseis	fuereis
fueron	fueran	fuesen	fueren

XII. 특수한 동사

부정과거	직·현재	접·현재	명령형
56 I. **andar** G. andando P. andado			
57 I. **estar** G. estando P. estado	estoy estás está estamos estáis están	esté estés esté estemos estéis estén	esté está esté estemos estad estén

XIII. 미래형과 가능법이

부정법	직·현재	접·현재	명령형	직·미래
58 I. **tener** G. teniendo P. tenido	tengo tienes tiene tenemos tenéis tienen	tenga tengas tenga tengamos tengáis tengan	tenga *ten* tenga tengamos tened tengan	tendré tendrás tendrá tendremos tendréis tendrán
59 I. **venir** G. viniendo P. venido	vengo vienes viene venimos venís vienen	venga vengas venga vengamos vengáis vengan	venga *ven* venga vengamos venid vengan	vendré vendrás vendrá vendremos vendréis vendrán
60 I. **poner** G. poniendo P. *puesto*	pongo pones pone ponemos ponéis ponen	ponga pongas ponga pongamos pongáis pongan	ponga *pon* ponga pongamos poned pongan	pondré pondrás pondrá pondremos pondréis pondrán
61 I. **valer** G. valiendo P. valido	valgo vales vale valemos valéis valen	valga valgas valga valgamos valgáis valgan	valga *val*, vale valga valgamos valed valgan	valdré valdrás valdrá valdremos valdréis valdrán
62 I. **salir** G. saliendo P. salido	salgo sales sale salimos salís salen	salga salgas salga salgamos salgáis salgan	salga *sal* salga salgambs salid salgan	saldré saldrás saldrá saldremos saldréis saldrán
63 I. **haber** G. habiendo P. habido	he has ha, hay hemos habéis han	haya hayas haya hayamos hayáis hayan	haya *he* haya hayamos habed hayan	habré habrás habrá habremos habréis habrán
64 I. **caber** G. cabiendo P. cabido	*quepo* cabes cabe cabemos cabéis caben	quepa quepas quepa quepamos quepáis quepan	quepa cabe quepa quepamos cabed quepan	cabré cabrás cabrá cabremos cabréis cabrán
65 I. **saber** G. sabiendo P. sabido	*sé* sabes sabe sabemos sabéis saben	sepa sepas sepa sepamos sepáis sepan	sepa sabe sepa sepamos sabed sepan	sabré sabrás sabrá sabremos sabréis sabrán

andar estar

직·부정과거	접·과 ra	접·과 se	접·미래
anduve	anduviera	anduviese	anduviere
anduviste	anduvieras	anduvieses	anduvieres
anduvo	anduviera	anduviese	anduviere
anduvimos	anduviéramos	anduviésemos	anduviéremos
anduvisteis	anduvierais	anduvieseis	anduviereis
anduvieron	anduvieran	anduviesen	anduvieren
estuve	estuviera	estuviese	estuviere
estuviste	estuvieras	estuvieses	estuvieres
estuvo	estuviera	estuviese	estuviere
estuvimos	estuviéramos	estuviésemos	estuviéremos
estuvisteis	estuvierais	estuvieseis	estuviereis
estuvieron	estuvieran	estuviesen	estuvieren

불규칙한 동사

가능법	직·부정과거	접·과 ra	접·과 se	접·미래
tendría	tuve	tuviera	tuviese	tuviere
tendrías	tuviste	tuvieras	tuvieses	tuvieres
tendría	tuvo	tuviera	tuviese	tuviere
tendríamos	tuvimos	tuviéramos	tuviésemos	tuviéremos
tendríais	tuvisteis	tuvierais	tuvieseis	tuviereis
tendrían	tuvieron	tuvieran	tuviesen	tuvieren
vendría	vine	viniera	viniese	viniere
vendrías	viniste	vinieras	vinieses	vinieres
vendría	vino	viniera	viniese	viniere
vendríamos	vinimos	viniéramos	viniésemos	viniéremos
vendríais	vinisteis	vinierais	vinieseis	viniereis
vendrían	vinieron	vinieran	viniesen	vinieren
pondría	puse	pusiera	pusiese	pusiere
pondrías	pusiste	pusieras	pusieses	pusieres
pondría	puso	pusiera	pusiese	pusiere
pondríamos	pusimos	pusiéramos	pusiésemos	pusiéremos
pondríais	pusisteis	pusierais	pusieseis	pusiereis
pondrían	pusieron	pusieran	pusiesen	pusieren
valdría				
valdrías				
valdría				
valdríamos				
valdríais				
valdrían				
saldría				
saldrías				
saldría				
saldríamos				
saldríais				
saldrían				
habría	hube	hubiera	hubiese	hubiere
habrías	hubiste	hubieras	hubieses	hubieres
habría	hubo	hubiera	hubiese	hubiere
habríamos	hubimos	hubiéramos	hubiésemos	hubiéremos
habríais	hubisteis	hubierais	hubieseis	hubiereis
habrían	hubieron	hubieran	hubiesen	hubieren
cabría	cupe	cupiera	cupiese	cupiere
cabrías	cupiste	cupieras	cupieses	cupieres
cabría	cupo	cupiera	cupiese	cupiere
cabríamos	cupimos	cupiéramos	cupiésemos	cupiéremos
cabríais	cupisteis	cupierais	cupieseis	cupiereis
cabrían	cupieron	cupieran	cupiesen	cupieren
sabría	supe	supiera	supiese	supiere
sabrías	supiste	supieras	supieses	supieres
sabría	supo	supiera	supiese	supiere
sabríamos	supimos	supiéramos	supiésemos	supiéremos
sabríais	supisteis	supierais	supieseis	supiereis
sabrían	supieron	supieran	supiesen	supieren

XIII. 미래형과 가능형이

부정법	직·현재	접·현재	명령형	직·미래
66 I. **poder** G. *pudiendo* P. *podido*	puedo puedes puede podemos podéis pueden	pueda puedas pueda podamos podáis puedan	pueda pueda pueda podamos poded puedan	podré podrás podrá podremos podréis podrán
67 I. **querer** G. *queriendo* P. *querido*	quiero quieres quiere queremos queréis quieren	quiera quieras quiera queramos queráis quieran	quiera quiera quiera queramos quered quieran	querré querrás querrá querremos querréis querrán
68 I. **hacer** G. *haciendo* P. *hecho*	*hago* haces hace hacemos hacéis hacen	haga hagas haga hagamos hagáis hagan	haga *haz* haga hagamos haced hagan	haré harás hará haremos haréis harán
69 I. **decir** G. *diciendo* P. *dicho*	*digo* dices dice decimos decís dicen	diga digas diga digamos digáis digan	diga *di* diga digamos decid digan	diré dirás dirá diremos diréis dirán

XIV. 기타의 불규칙동사

부정법	직·현재	접·현재	명령형
70 I. **aducir** G. *aduciendo* P. *aducido*	*aduzco* aduces aduce aducimos aducís aducen	aduzca aduzcas aduzca aduzcamos aduzcáis aduzcan	aduzca aduce aduzca aduzcamos aducid aduzcan
71 I. **traer** G. *trayendo* P. *traído*	*traigo* traes trae traemos traéis traen	traiga traigas traiga traigamos traigáis traigan	traiga traiga traigamos traed traigan
72 I. **caer** G. *cayendo* P. *caído*	*caigo* caes cae caemos caéis caen	caiga caigas caiga caigamos caigáis caigan	caiga caiga caigamos caed caigan
73 I. **oír** G. *oyendo* P. *oído*	oigo oyes oye oímos oís oyen	oiga oigas oiga oigamos oigáis oigan	oiga oye oiga oigamos oíd oigan
74 I. **huir** G. *huyendo* P. *huido*	huyo huyes huye huimos huis (huís) huyen	huya huyas huya huyamos huyáis huyan	huya huye huya huyamos huid huyan
75 I. **leer** G. *leyendo* P. *leído*			

불규칙한 동사(계속)

가능법	직·부정과거	접·과 ra	접·과 se	접·미래
podría	pude	pudiera	pudiese	pudiere
podrías	pudiste	pudieras	pudieses	pudieres
podría	pudo	pudiera	pudiese	pudiere
podríamos	pudimos	pudiéramos	pudiésemos	pudiéremos
podríais	pudisteis	pudierais	pudieseis	pudiereis
podrían	pudieron	pudieran	pudiesen	pudieren
querría	quise	quisiera	quisiese	quisiere
querrías	quisiste	quisieras	quisieses	quisieres
querría	quiso	quisiera	quisiese	quisiere
querríamos	quisimos	quisiéramos	quisiésemos	quisiéremos
querríais	quisisteis	quisierais	quisieseis	quisiereis
querrían	quisieron	quisieran	quisiesen	quisieren
haría	hice	hiciera	hiciese	hiciere
harías	hiciste	hicieras	hicieses	hicieres
haría	hizo	hiciera	hiciese	hiciere
haríamos	hicimos	hiciéramos	hiciésemos	hiciéremos
haríais	hicisteis	hicierais	hicieseis	hiciereis
harían	hicieron	hicieran	hiciesen	hicieren
diría	dije	dijera	dijese	dijere
dirías	dijiste	dijeras	dijeses	dijeres
diría	dijo	dijera	dijese	dijere
diríamos	dijimos	dijéramos	dijésemos	dijéremos
diríais	dijisteis	dijerais	dijeseis	dijereis
dirían	dijeron	dijeran	dijesen	dijeren

-ducir -aer -oir -eer

직·부정과거	접·과 ra	접·과 se	접·미래
aduje	adujera	adujese	adujere
adujiste	adujeras	adujeses	adujeres
adujo	adujera	adujese	adujere
adujimos	adujéramos	adujésemos	adujéremos
adujisteis	adujerais	adujeseis	adujereis
adujeron	adujeran	adujesen	adujeren
traje	trajera	trajese	trajere
trajiste	trajeras	trajeses	trajeres
trajo	trajera	trajese	trajere
trajimos	trajéramos	trajésemos	trajéremos
trajisteis	trajerais	trajeseis	trajereis
trajeron	trajeran	trajesen	trajeren
caí	cayera	cayese	cayere
caíste	cayeras	cayeses	cayeres
cayó	cayera	cayese	cayere
caímos	cayéramos	cayésemos	cayéremos
caísteis	cayerais	cayeseis	cayereis
cayeron	cayeran	cayesen	cayeren
oí	oyera	oyese	oyere
oíste	oyeras	oyeses	oyeres
oyó	oyera	oyese	oyere
oímos	oyéramos	oyésemos	oyéremos
oísteis	oyerais	oyeseis	oyereis
oyeron	oyeran	oyesen	oyeren
hui (huí)	huyera	huyese	huyere
huiste	huyeras	huyeses	huyeres
huyó	huyera	huyese	huyere
huimos	huyéramos	huyésemos	huyéremos
huisteis	huyerais	huyeseis	huyereis
huyeron	huyeran	huyesen	huyeren
leí	leyera	leyese	leyere
leíste	leyeras	leyeses	leyeres
leyó	leyera	leyese	leyere
leímos	leyéramos	leyésemos	leyéremos
leísteis	leyerais	leyeseis	leyereis
leyeron	leyeran	leyesen	leyeren

❖ 저자경력 ❖

현재 스페인어문화원 및 도서출판 월출의 대표이며 종로외국어학원에서 스페인어를 강의하고 있음.

1982년 제 1차 중남미 여행(칠레, 아르헨띠나, 우루구아이, 브라질, 빠라구아이, 볼리비아, 뻬루, 에꾸아도르, 콜롬비아, 멕시코 등)을 3개월간 했으며 아르헨띠나, 칠레에서 스페인어 강의.

1988년 제 2차 중남미, 카리브해 (빠라구아이, 뻬루, 칠레, 아르헨띠나, 도미니카, 브라질, 볼리비아, 꼴롬비아, 에꾸아도르, 베네수엘라, 파나마, 온두라스, 구아떼말라, 멕시코, 니카라구아, 엘살바도르, 코스따리카)및 스페인 등을 218일간 여행했으며 볼리비아, 빠라구아이에서 스페인어 강의.

주요저서는 「김충식 **韓西辭典**」, 「표준 스페인어」, 「완벽 스페인어」, 「완벽 스페인어작문」, 번역「돈키호테」, 번역시집「마음의 역사」, 중남미여행기「마추삑추에 서다」외 20여 권이 있음.